INVENTAIRE

DES ARCHIVES COMMUNALES

ANTÉRIEURES A 1790.

SÉRIE AA.

VILLE DE NARBONNE

INVENTAIRE

DES

ARCHIVES COMMUNALES

ANTÉRIEURES A 1790

RÉDIGÉ

par M. GERMAIN MOUYNÈS, archiviste du département de l'Aude.

SÉRIE AA.

(Actes constitutifs et politiques de la commune.)

NARBONNE

E. CAILLARD, IMPRIMEUR-LIBRAIRE, RUE ST-JACQUES, 81.

1877

AVANT-PROPOS.

Tandis que la plupart de nos anciens dépôts d'archives, victimes inoffensives des haines suscitées contre les institutions et les hommes du régime passé, étaient dispersés ou anéantis durant la tourmente révolutionnaire, les uns remis aux arsenaux, sous un faux air de patriotisme, pour en faire des gargousses, les autres livrés au pillage comme aliment aux passions aveugles de la foule, ou brûlés en grand apparat officiel pour obéir à des ordres qu'il faudrait appeler stupides s'ils étaient qualifiables, les archives municipales de Narbonne échappaient heureusement à tous les dangers et nous restaient intactes. Elles sont redevables de ce rare privilége à l'esprit de clocher qui a toujours régné dans tous les rangs de la population et, aussi, au culte intelligent que les diverses administrations chargées des destinées de la ville paraissent s'être, à l'envi, successivement légué, à travers les régimes politiques les plus opposés, pour les documents où sont consignées les preuves de sa grande situation régionale, qui sont ainsi arrivés jusqu'à nous comme témoignages inattaquables de son glorieux passé.

Au dire des hommes compétents, les archives de Narbonne comptent au nombre des plus considérables du pays et peuvent prendre rang parmi nos richesses nationales. Elles tiennent cette importance exceptionnelle de la situation que la ville occupait durant la plus grande partie du moyen âge.

A cette époque Narbonne n'était plus la *secunda Roma* de la période gallo-romaine, ni même la ville aux trois rois des temps carolingiens; mais grâce à sa situation topographique, qui en avait fait un boulevard du pays, et surtout au génie pratique de ses habitants et à leur esprit d'initiative et d'entreprise, elle était encore le principal centre commercial, industriel et maritime du pays.

Au moyen âge, nulle ville du midi ne rivalisait avec Narbonne pour l'activité politique et pour l'importance de la population. Alors elle envoyait des contingents aux rois d'Espagne pour les aider dans leurs luttes contre les Maures ; elle liait des rapports avec les républiques italiennes, établissait des consuls à l'étranger et fournissait au roi de France jusqu'à 6,000 hommes de troupes dans une même guerre, tout en déclarant et fesant reconnaître que sa propre garde et celle de la frontière dont elle avait la charge exclusive, la dispensaient de pareils services et qu'elle ne les rendait que par dévouement à la cause du roi qu'elle ne séparait jamais de l'intérêt public.

Narbonne était alors une grande cité. Fière de sa population, qui s'élevait encore à plus de 200,000 âmes, elle avait, à côté de ses coutumes particulières, des institutions municipales précises, délibérées en commun avec les officiers qu'elle s'était donnés, des règlements organiques qui constituaient ses droits de cité, des franchises municipales conquises une à une sur la puissance féodale et qu'elle défendait énergiquement, en les entourant d'une incessante vigilance, après les avoir placées sous la garantie de l'autorité royale, partout favorable au mouvement d'émancipation communale qui est l'un des traits dominants de cette époque. Ainsi organisée, la ville de Narbonne ressemblait à ces riches cités italiennes qui fondèrent leur propre autonomie et surent acquérir une réputation universelle en donnant aux échanges et aux rapports internationaux, malgré l'imperfection des voies de communication et l'insuffisance des moyens de crédit, une étendue qui excite encore l'admiration.

Quand la prospérité de la ville était à son apogée, les vaisseaux de Narbonne sillonnaient la Méditerranée dans tous les sens. Ils transportaient les riches produits de son sol et de ses nombreuses manufactures, en même temps que ceux qui lui venaient de son immense trafic commercial, en Espagne, en Sicile, en Italie et dans les échelles du Levant, à Constantinople, à Damas, à Smyrne et jusqu'à Alexandrie, où elle entretenait des consuls « pour recueillir ses marchands, « les drécier à leurs affaires et cognoistre de leurs débats, » et où elle avait établi de grandes maisons « fondées et gouvernées pour et en son nom. » Ses traités avec les villes maritimes de la Provence, avec Gênes, Savone et Ventimille, avec les rois d'Aragon et les empereurs de Constantinople, les priviléges qu'elle en avait obtenus, la protection dont elle couvrait, dans les pays étrangers, ses nationaux, et, dans ses propres murs, ceux qui venaient y chercher la liberté, donnent la mesure du prestige et de la puissance qu'elle avait su conquérir.

Cependant, et comme il est partout quelque roche tarpéienne auprès du capitole, cette prospérité éblouissante eut d'accablants revers. Le passé de la ville n'a nullement à en rougir puisqu'ils sont uniquement dus à des causes défiant toute lutte humaine et qu'elle ne pouvait ni prévoir ni conjurer; mais ils ne la firent pas moins promptement sinon irrévocablement déchoir de la splendeur que lui avaient acquise et le génie de ses habitants et sa situation topographique privilégiée.

Frappée de tous les côtés à la fois, et comme par autant de coups de foudre, par la déviation de la rivière d'Aude, qui laissait à sec ses nombreuses usines et abandonnait son lit primitif et séculaire pour se jeter vers Coursan à la suite de grandes et fréquentes inondations, d'autant plus grandes et fréquentes que les contrées de son bassin supérieur étaient plus couvertes de forêts; par les atterrissements dus aux prodigieux apports limoneux de la rivière, qui comblaient son port de Capelles et entravaient la traversée des étangs; par la peste noire, qui décimait sa population et lui enlevait d'un seul coup 30,000 âmes; fléaux auxquels vint se joindre le désastreux passage des compagnies du prince de Galles, qui ne laissèrent debout que la Cité, après avoir détruit le Bourg et les faubourgs de Villeneuve, de St-Loup, des Augustins, de Rivesaltes, de Belvèse et de St-Martin, la ville assista, impuissante et vaincue, à l'écroulement rapide de sa grandeur, et après avoir été remplie de mouvement, d'activité et de vie, elle tomba en pleine solitude; ses rues devinrent désertes, ses maisons furent abandonnées et le plus grand nombre tombaient en ruine, couvrant le sol des débris que la vétusté en détachait. Elle n'abrita plus qu'une population dont tant de calamités avaient brisé l'énergie, et qui se vit d'ailleurs bientôt réduite dans une proportion inouïe, on pourrait dire incroyable si elle n'était attestée par d'irrécusables documents contemporains. De tout son glorieux passé, la ville ne conserva d'abord que ses vieilles institutions. Elle les perdit ensuite, une à une, sous prétexte d'un contrôle que des discussions intestines ne justifiaient que trop, par l'action envahissante du pouvoir royal qui fit malheureusement oublier le bienfait résultant de la disparition des derniers vestiges de la féodalité par les rigueurs d'une centralisation systématique, dans laquelle vinrent s'engloutir et disparaître toutes les franchises communales, abri séculaire de libertés qu'entouraient d'un amour si jaloux ceux qui ne les avaient obtenues et conservées jusque-là qu'au prix de luttes incessantes. Comme toutes ses voisines, la ville de Narbonne n'avait pu garder le moindre reste d'individualité. Toutes ses franchises avaient disparu jusqu'à la dernière, et, lorsqu'éclata la révolution de 1790, de ses anciennes institutions elle n'eut rien à défendre contre l'esprit nouveau qui jetait dans le même moule toutes les municipalités du pays, grandes ou petites.

Les chroniques comme les historiens éclairent peu ce passé tour à tour brillant ou lamentable de Narbonne, et s'il n'existait pas d'autres sources il serait impossible de présenter dans un cadre exact ce que la ville était dans son lustre et ce qu'elle a été après sa chute. Mais de même qu'il lui reste, de la magnificence de ses anciens monuments, des témoins éloquents et précieux, qu'elle couvre de prévenances et de caresses comme elle savait jadis entourer de soins et de vigilance ses vieilles libertés, elle a ses archives, vrai trésor sauvé par un patriotisme éclairé, justement soucieux de conserver les preuves écrites de la marche glorieuse de la ville, comme aussi des étapes qu'elle a parcourues pour descendre du faîte de ses grandeurs aux humiliations de sa décadence.

La chute de Narbonne est profonde. Mais est-elle irrémédiable ? Après être descendue jusqu'aux proportions d'un mince et chétif village, serait-il dans sa destinée de redevenir grande, populeuse et prospère ? Nul œil humain ne peut sonder les mystères de l'avenir. Mais en scrutant le passé on pourrait en tirer des déductions qui solliciteront un jour les méditations de quelque esprit sérieux et le séduiront peut-être.

Port de mer naturel à l'embouchure primitive de l'Aude, Narbonne était devenue la seconde Rome, la première ville des Gaules. Que deviendrait-elle, que serait-elle pour les contrées environnantes, trop mal partagées sous le rapport du service de la navigation sur les côtes inhospitalières de cette partie du golfe de Lyon, si sa destinée la rendait de nouveau ville maritime en la plaçant, par une œuvre artificielle, à la tête du port naturel qu'elle a dans son voisinage ?

L'amour de Narbonne pour tout ce qui rappelle et atteste son passé n'est pas né d'hier.

C'est à lui certainement que donnaient satisfaction les Valois lorsqu'ils fesaient enchasser avec précaution dans les murs de la ville les restes de ses temples romains et de ses monuments des premiers âges du Christianisme. C'est lui encore, qui, au cours de la démolition de ces mêmes murs, a pieusement recueilli ces restes, un à un, et, les rangeant par époques, en a fait pour la ville de vrais trophées d'archéologie, non moins éloquentes pages d'histoire que véritables monuments de l'art ancien, abrités dans ses monuments modernes. N'est-ce pas aussi à lui que revient la paternité des décisions nombreuses où les administrations municipales qui se sont succédées ont consigné leur sollicitude pour la conservation des titres de la famille communale ?

A travers le souci d'affaires multiples et aux prises avec des difficultés susceptibles de lasser les plus chauds dévouements, ces administrations se sont constamment occupées et préoccupées des archives de la ville.

Dès les premiers temps du consulat, c'était la transcription répétée et dans des thalamus merveilleusement conservés des coutumes et des franchises, des règlements intérieurs, des exemptions et privilèges particuliers, des droits et des attributions consulaires; plus tard, ce sont des classements fréquents, des inventaires renouvelés, qui manquent de méthode, sans doute, mais qui accusent la pensée constante et la volonté d'assurer le bon état des titres qui en sont l'objet. Enfin, et pour que rien n'indique une négligence quelconque, le local et le matériel des archives ont aussi leur tour.

Les anciens peuples conservaient leurs archives dans les temples élevés à leurs divinités.

Sans pousser ainsi jusqu'à la hauteur d'un culte religieux la pensée de la conservation de ses archives, la ville de Narbonne s'est toujours complue à répondre à toutes les incitations de son patriotisme intelligent à leur égard. Les tenant pour inestimables, elle les traitait à l'égard de ses trésors numéraires, qu'elle y déposait, côte à côte, avec les armes destinées à sa défense, renfermant le tout sous multiples serrures dont les clés étaient placées en diverses mains pour éviter la plus petite indiscrétion. Elle y renfermait même la clé « de la châsse où reposait le corps du glorieux « S. Paul-Serge, patron de la ville, » dont les consuls avaient la garde, ce qui est l'indice d'une sollicitude voisine de la vénération, dans une époque où tant de place était donnée aux idées religieuses.

Il est présumable que lorsque les consuls fesaient dresser leurs thalamus, ils s'occupaient aussi du classement et de l'inventaire des actes et documents qui étaient l'objet de cette transcription. Le premier soin appelle, ce semble, trop naturellement le second pour que celui-ci ait pu être négligé. Cependant il n'existe aucune preuve d'un travail de ce genre fait à cette époque.

Le plus ancien inventaire exécuté à la suite d'un classement est consigné dans le registre coté BB. 56. Il porte pour date l'année 1553 et a trait, non à l'ensemble, mais à une partie des archives de la ville, à celles qui comprenaient « les livres et documents que journellement demeurent en la maison « consulaire de Narbonne, lesquelz ont esté bailhez en garde à M. Paul Vignes, à présent greffier du « consulat; lesquelz a promis de rendre et restituer à MM. les consulz toutes et quanttefoys que « par eulx en sera requis. »

Douze années plus tard, en 1565, la mesure devenait plus générale.

Les consuls de Narbonne, frappés de l'importance d'un travail de classement et d'inventaire des archives de la ville au point de vue d'une intelligente et saine entente des nécessités d'une bonne administration de ses affaires, exposaient, de leur propre initiative, au conseil matriculé, « y avoir « plusieurs pappiers et documens dans les archifz de la maison consullaire qui pourriont porter « proffict à la républicque de ladicte ville. » Et ils ajoutaient, sous forme de conclusion: « seroict « bon depputer gens ydoines et souffisans pour iceulx visiter et en faire ung reppertoire afin de « scavoir quels pappiers peuvent estre audicts archifz. » Le conseil matriculé, ainsi saisi, accueillait la proposition en toutes ses parties et il adoptait la résolution suivante: « les pappiers et documens « des archifz de la maison consullaire de Narbonne seront visités, desquels en sera faict un « répertoire. » A la suite de ce vote, les deux opérations furent confiées à une commission composée de deux lettrés, MM. Barthélemy Baliste et Paul Despchier.

Un travail considérable est sorti des mains de cette commission. Tous les documents des archives examinés un à un, ainsi qu'en témoignent les cotes et les analyses qu'ils portent, furent répartis en un nombre de caissons ou layettes en bois qui existent encore, où ils furent soigneusement serrés et mis à l'abri de l'action lente mais destructive de la poussière, après avoir été inscrits dans un volumineux inventaire qui a toujours été désigné sous le nom d'Inventaire Deapchier, sans doute parce que M. Paul Deapchier, l'un des deux lettrés choisis par le conseil, y a pris la principale part, l'autre s'étant de bonne heure effacé. Malheureusement cet inventaire n'est pas méthodique et les documents y sont analysés un peu comme ils sont tombés sous la main; mais il faut y reconnaitre une sérieuse tentative de classement, qui a eu pour résultat certain de contribuer puissamment à la bonne conservation des archives de la ville.

Du reste l'Inventaire Deapchier a presque une histoire.

Commencé en 1565, il ne fut livré aux consuls que plus de 20 ans après, par la veuve de son premier auteur, mort sinon à la peine du moins durant la peine, car son travail fut remis inachevé et les consuls durent en confier la suite à un autre lettré, Me Pierre Duport, docteur en droit, qui compléta l'œuvre, il est vrai, mais en y consacrant une autre période de 20 ans, puisque l'inventaire ne fut terminé et mis au net que dans le cours de l'année 1609.

Quarante années pour un travail de pareille nature! Quelques suppositions que l'on veuille admettre touchant les difficultés des opérations et les soins dont elles étaient entourées dans le but de leur donner un caractère durable, ces quarante années n'indiquent pas précisement une mise en œuvre bien active; mais elles prouvent, de la part de l'administration municipale, une rare persistance dans la poursuite et l'exécution de tous les moyens dont elle disposait au bénéfice de la bonne situation de ses archives.

Dès 1566, M. Paul Deapchier était envoyé à la cour avec mission de poursuivre auprès du roi la solution de diverses affaires fort importantes pour la ville. Il s'agissait de l'exemption du logement des compagnies du régiment de Sarlaboz que Dampville y avait mises en garnison, « comme une clef « principale du royaume, » à l'occasion des craintes qu'inspiraient les mouvements des religionnaires; de la confirmation des priviléges de la ville; du don de la *blanque* du sel; de l'imposition à établir afin de parer à la solde et à l'entretien de la morte-paye, de récente création, etc. Il séjourna quelques temps à Paris, et l'année qui suivit son retour le vit nommer en qualité de syndic de la ville. Il fut le premier titulaire de cette charge, qui lui donnait particulièrement mission « de faire « doléances au roi de tous et chascuns les tortz, griefz et malvais tractemens que sont et seront faictz « aux manans et habitans de ladicte ville de Nerbonne par quelque personnaige que ce soict. » L'allusion visait surtout l'officier alors pourvu de la capitainerie de Narbonne, charge dont l'établissement, qui remontait seulement à l'année 1531, gênait l'action politique et jusque-là sans contre-poids de l'autorité consulaire. Cette affaire était jugée si capitale que le syndic de la ville fut autorisé à se rendre de nouveau à la cour, s'il le reconnaissait utile. M. Paul Deapchier usa de la latitude qui lui était laissée et revint à Paris, où il séjourna jusqu'aux premiers jours du mois de mars 1569. Mais, à son retour, le capitaine ou gouverneur de la ville, qui n'ignorait pas ses démarches et lui en tenait grief, prit occasion des bruits de peste qui circulaient pour l'éloigner de ses murs et lui en fermer les portes. Ces représailles, peu avouables dans un représentant de l'autorité royale, durèrent longtemps et faillirent susciter des embarras au gouverneur. Le viguier et le juge du roi s'en mêlèrent, le vicaire-général de l'archevêque et le grand-archidiacre, puissances locales avec lesquelles il fallait compter, s'en émurent, les notables, eux-mêmes, intervinrent activement, et ce fut sous leur commune pression et sous la menace d'une plainte directe au roi que le gouverneur consentit enfin à céder. M. Paul Deapchier entra dans la ville et reprit ses fonctions de syndic et aussi le classement et l'inventaire des archives.

Mais un fâcheux incident vint aussitôt l'arrêter. Il s'aperçut qu'une partie de son travail d'analyses avait disparu. Durant son absence, elle lui avait été enlevée et nulles recherches ne purent le mettre sur sa trace. Pourtant il fallait poursuivre l'œuvre et il lui en coûtait de recommencer la portion perdue. Il résolut alors de s'adresser aux officiers royaux de la viguerie, pour en avoir injonction « de fere publier monitoire général pour scavoir qui pourrait avoir en son pouvoir ung « caïer de l'Inventaire rayzonné par lui faict des pappiers et escriptures concernant les affaires de la « républicque de ladicte ville, ny qui retiendront aulcuns pappiers d'icelle. »

Ce monitoire dut être publié sur la fin de l'année 1572. Quel en fut l'effet? Rien ne l'indique mieux que son renouvellement, qui eut lieu au mois de janvier suivant, avec cette modification qu'il était aussi dirigé, d'une manière générale, « contre tous ceulx qui détiendriont pappiers appartenant « à l'université de la ville de Nerbonne. » La nouvelle tentative ne fut pas plus heureuse que la première. M. Paul Deapchier dut alors se résoudre à reprendre sa tâche.

Cependant, l'administration municipale ne cessait de montrer sa volonté de la faire marcher activement en lui en facilitant les moyens.

En 1577, une délibération du conseil matriculé le priait « de vouloir bien continuer et parachever « l'Inventaire ou Répertoire des papiers et documentz de la ville dès longtemps commencé, comme « estant très-requis et nécessaire pour le bien et proffit d'icelle; lequel Deapchier pourra prandre « avec luy tel homme que bon luy semblera pour luy estre aydant si besoing est; et après est remis « à MM. les consulz de le gratifier comme cognoistront estre raisonnable. »

Neuf ans après, en 1586, M. Paul Deapchier, malgré son aide, était encore à l'œuvre quand la mort vint le surprendre. Il l'avait poussée assez loin, ainsi qu'on va le voir, mais il la laissait inachevée, et le conseil matriculé dut adopter le seul parti auquel il fut possible de s'arrêter : il chargea les consuls « de recouvrer le Répertoire des papiers et documens de la ville faict par feu M. Pol « Deapchier, pour icelluy retirer des mains de Mademoiselle sa femme. » Et comme le conseil ne reculait devant aucun sacrifice, il les autorisa, en outre, « à accorder avec elle ce qu'elle demandera « dudict Répertoire. »

Munis de ce pouvoir, les consuls traitèrent avec la veuve Deapchier et en obtinrent « la remise « du Répertoire commencé à faire par le défunt et par luy advencé des tiltres et documens antiens « de la ville... et dont les consulz ont grand besoing tous les jours pour la conservation des droicts « et esmollemens de ladicte ville. » Le traité intervenu est de l'année 1586.

Donc l'Inventaire Deapchier était avancé, mais il n'était pas achevé et de ce fait son utilité s'en trouvait amoindrie, sinon nulle. Dans cette situation, les consuls traitèrent pour son achèvement avec

M. Pierre Duport, docteur en droit, qui réalisa les espérances fondées sur son aptitude et ses lumières en divisant les titres par nature d'affaires, ce qui avait lieu pour la première fois, conformément à des instructions concertées d'avance, et en ajoutant au travail destiné à compléter l'Inventaire Deapchier un Répertoire sommaire dont il sera dit plus bas quelques mots.

D'après le témoignage des consuls, M. Pierre Duport se mit résolûment à l'œuvre, et cependant il ne la termina qu'après plus de 20 années de labeur, en 1609. Les consuls eurent alors la satisfaction de la présenter au conseil après en avoir poursuivi en commun la réalisation avec tant de persistance, et l'on voit, dans la communication qu'elle motivait de leur part, qu'ils étaient non pas seulement pénétrés des exigences d'un bon classement matériel mais qu'ils avaient une entente relative de la nécessité et des conditions d'un classement méthodique. Ils disaient au conseil « qu'ayant baillé à « continuer et parachever le Répertoire des documens de la ville à M. Pierre Duport, docteur, il y « auroict tellement travailhé qu'il est sur la fin de l'œuvre. Et de tant que, par son contract, il est « tenu fere un recueil et déclaration en abrégé de la désignation desdicts actes par luy répertoriés, « pour ceulx quy concernent mesme faict estre remis en ung mesme lieu et en ung fardeau et caisson « à part et séparé, et que a esté remarqué y avoir d'actes audict Répertoire quy concernent le faict « d'autres actes répertoriés par feu maistre Deapchier, et, partant, les actes qu'on pourrait avoir « besoing estre de difficile recherche, il seroict bon que ledict sieur Duport, travaillant à ladicte « abrégée déclaration des actes par luy répertoriés, il luy doict comprendre ceulx dudict Répertoire « dudict sieur Deapchier. »

Tout autant que les consuls, le conseil était désireux de réaliser la bonne tenue des documents de la ville, dont il appréciait les richesses, et il voulait assurer leur utilité dans toute la mesure que comportaient les idées d'ordre méthodique exposées par les consuls. Aussi s'empressa-t-il de les adopter et c'est à son vote qu'est dû le travail désigné sous le nom de Répertoire Duport.

MM. Deapchier et Duport ont donc été successivement chargés de l'exécution du premier travail général de classement et d'inventaire des documents de la ville.

Au début de l'œuvre, le programme arrêté paraît n'avoir eu d'autre préoccupation que celle de distinguer les documents par leurs cotes.

A l'époque où se rapporte l'inventaire en question, les documents de la ville étaient au nombre de 1,530. Deapchier en a analysé la majeure partie, d'après les cotes dont ils sont chargés, mais il n'en a inventorié qu'un cinquième à peu près et s'est arrêté à l'acte coté n° 339. La suite, qui représente les quatre cinquièmes du travail, est l'œuvre du docteur Duport, ce qui n'a pas empêché cet ouvrage d'avoir été jusqu'ici désigné sous le nom d'Inventaire Deapchier, que nous continuerons à lui donner tout en condamnant cette préférence qui n'est à aucun point de vue justifiable puisque la plus large et plus intelligente portion de l'œuvre est entièrement due à M. Duport.

Le classement méthodique terminé et les documents cotés et analysés, il ne restait plus qu'à faire mettre au net l'Inventaire. Ce fut la tâche de deux scribes, MM. Souboyran et de Guissanne, qui y consacrèrent une année entière. Il n'est pas futile de relever cette indication, car elle donne la mesure de l'importance du travail de rédaction exécuté par les auteurs de l'Inventaire.

Mais tout ce qui précède n'était pas suffisant et s'il avait été jugé indispensable d'établir dans les archives un ordre concerté, il n'était pas moins nécessaire d'en assurer la conservation. Pour cela il fallait créer une responsabilité. En 1625 le conseil y pourvut en nommant le greffier consulaire, qui était en même temps notaire, « garde des archif. pour respondre des actes et tiltres quy sont dans « iceulx. » Il allait même plus loin.

L'Inventaire Deapchier s'arrêtait à l'année 1609. Il fallait continuer et le classement et l'inventaire, et avoir ensuite plusieurs copies de celui-ci. En conséquence, le conseil prenait dans cette vue et pour accentuer la responsabilité du greffier consulaire, une résolution conçue en ces termes: « il « sera faict ung inventaire général, pour en estre faict plusieurs copies. Pour lequel inventaire faire « en la forme requize, est député M. Garrigues et M. Rathery, lorsque besoing sera. A quoi MM. les « consulz tiendront l'œil pour voir le travail quy sera employé à la faction dudict inventaire. Et sitost « qu'il sera faict et le greffier chargé du conten" en icelluy, luy sera bailhé une clef desdicts archifz « pour son assurance. » Ensuite, dans la crainte que quelques documents eussent été tirés des archives, il ajoutait : « cependant sera publié chefs de monitoire contre tous ceulx quy détiennent « aulcungs actes desdicts archifz, jusques à excommunication. »

Le nouvel inventaire général, voté par le conseil et confié à MM. Garrigues et Rathery, était terminé en 1628 et M. Senty, alors greffier consulaire, prenait charge des documents faisant l'objet de ses analyses en constatant, par les numéros de leurs cotes dans la prise en charge et par le mot *deficit* dans la marge de l'Inventaire, les actes au nombre de 50 qui avaient disparu à cette époque.

Le titre donné à l'Inventaire dans sa suscription établit qu'il a été dressé en exécution de la délibération municipale du 10 août 1625, par les députés Claude Rathery, docteur et avocat, et Pierre Garrigues. Il était donc naturel de le désigner sous les noms de ses vrais auteurs. Cependant, par une substitution encore moins justifiée que celle dont nous avons parlé à l'occasion du précédent inventaire, l'œuvre de MM. Rathery et Garrigues a été toujours intitulée Inventaire Senty, du nom du greffier archiviste alors en exercice, quoique celui-ci n'eût absolument aucune connaissance en paléographie, ni même en langue latine, et qu'il n'eût pris aucune part à sa rédaction. Toute sa coopération s'était bornée à la prise en charge des documents dont il avait la garde et à faire « ranger de nouveau lesdicts tiltres suivant l'intantion des députés du conseil... et à recevoir une « clefz des archifz.... pour respondre desdicts actes. »

En 1644, M. Senty se démettait de sa charge de greffier consulaire, et il était remplacé par M. Jean Gaubert, notaire, son gendre. Mais le conseil avait dû remarquer certaines négligences de la part du premier, et il saisissait l'occasion que sa démission lui offrait pour charger les consuls, avec l'assistance de cinq de ses principaux membres: MM. de Tarailhan, de Vires, d'Homps, Fabre Léonard et Denos, « de vérifier le contenu en l'Inventaire des actes et papiers de la ville, desquels « ledict Senty est chargé, et s'il en a aucuns vers soy les fere remettre dans les archifz et ensuite « procéder à un nouveau inventaire de tous lesdicts actes et papiers et d'iceux faire charger ledict « Gaubert. Estans ensuitte lesdicts consulz et successeurs priés de ne bailher poinct leur clef des « archifz que suivant les anciennes formes. »

Le greffier consulaire perdait ainsi la clef dont il avait été nanti comme garantie de sa responsabilité, et cependant il devait prendre charge des archives. On va voir ce qui résulta de cette étrange contradiction.

Le vote du conseil, qui était une nouvelle expression de la sollicitude vigilante dont il entourait les archives de la ville et des soins qu'il se donnait pour en assurer la conservation matérielle, ne reçut aucune exécution, quoique le conseil revint à la charge, dans le mois de mai 1650, à propos d'une réparation qui venait d'être faite au local. A c. moment, il décida que les documents des archives seraient vérifiés par une commission de deux avocats, qui en feraient « un nouveau « classement et que l'inventaire seroict continué. » Mais ces sages précautions n'eurent aucune suite; toutes les volontés se trouvèrent paralysées par la contradiction que nous avons relevée; la commission émanée du conseil se soucia peu d'entreprendre un travail épineux et considérable, dont personne n'aurait la responsabilité, et, de son côté, le greffier consulaire, dépouillé de la clef qui avait, jusque-là, couvert la sienne, clef qui ne lui fut rendue que longtemps après, n'eut pas même à prendre charge des archives.

Ainsi qu'il fallait s'y attendre, cette situation engendra promptement un désordre susceptible d'annihiler toutes les améliorations dont les archives avaient été l'objet, et ce désordre allait, grandissant d'année en année, compromettre, peut-être, l'existence même des archives, lorsque l'attention du conseil en fut frappée. Moins de trente années avaient suffi pour produire ce déplorable résultat.

Le conseil le reconnaissait dès l'année 1677. Une délibération de cette année porte que les archives de la ville sont « dans un si grand désordre qu'il est impossible de trouver les articles dont « on a besoin, quelque nécessité qu'on en ait. » Et afin de remédier à cet état de choses, né, il faut l'avouer, de plusieurs causes, mais surtout d'un excès de précautions, il décide « que les archives « seront baillées à régler par le sentiment de MM. les consuls, au plus grand avantage qu'ils « trouveront. »

De ce vote est sorti, en 1678, un travail désigné sous le titre d'Inventaire Carouge.

Cet inventaire a un mérite réel. Il est relativement méthodique. Mais ce mérite est terni par un vice de rédaction dont le moindre inconvénient est de passer sous silence la majeure partie des documents, sous prétexte que, suivant l'appréciation de l'auteur, ils n'avaient pas d'application pratique et partant pas d'utilité, comme si des titres authentiques et officiels, réunis en collection, même considérés en dehors des études générales ou spéciales pour lesquelles ils sont une précieuse mine de richesses, ne se rattachaient pas toujours non pas seulement à des intérêts spéculatifs mais à des besoins publics et privés, variés, nombreux, dont un incident imprévu peut accroître à tout instant l'importance dans une mesure que nulle supposition ne peut à l'avance se permettre de déterminer.

Dans l'espace d'une année, M. Carouge eut expédié la besogne. Nous employons à dessein ces expressions, dont la justification se trouve et dans ce qui précède et dans ce qui va suivre touchant la manière leste et superficielle qui forme le cachet dominant du travail de M. Carouge.

Les consuls et le conseil voulaient faire une œuvre sérieuse. C'était là une pensée constante de la part du conseil, et, quant aux consuls, elle résulte, avec la plus grande évidence, des clauses du traité qu'ils avaient conclu avec M. Carouge, au mois de juin 1677. « Ce traité, y est-il dit, est passé « pour régler et mettre en bon état tous les vieux actes, titres et documents qui sont dans les archives « de la maison consulaire, tant des registres où ils sont insérés que des autres qui sont dans les « armoires, caissons ou autres endroits généralement quelconques, à la réserve de ceux qui sont

« écrits en français et desquels la lettre se trouve lisible et facile à lire; desquels toutefois, comme « de tous les autres, il sera tenu de faire un inventaire raisonné, qui contiendra l'essence desdits « actes et les endroits où ils seront mis dans les archives, séparément les uns des autres, chacun « suivant la nature de ce qu'ils traitent, avec les cotes nécessaires pour les trouver commodément « toutes les fois qu'on en aura besoin; avec cette condition qu'au cas où il y aurait quelques lignes « desdits actes si fort effacées qu'il y aurait peine de les lire, le sieur Carouge sera tenu d'en re- « mettre les lettres et de les rendre lisibles, sans gâter ni altérer les caractères desdits actes. »

Par ce traité, où tout serait à louer sans la clause finale, qui ne peut s'expliquer que par la confiance aveugle dont se fesait précéder un talent à tout le moins contestable, la ville demandait et M. Carouge promettait un inventaire raisonné, c'est-à-dire contenant une analyse particulière pour chacun des actes ou dossiers ou chacune des affaires qui composaient les archives municipales.

On le voit, la ville, fidèle à sa pensée constante, désirait connaître à fond ses archives; c'était le but qu'elle voulait atteindre dès cette époque. Les clauses du traité ne laissent pas le moindre doute à cet égard.

Or, l'inventaire sorti de l'engagement des parties, loin de donner satisfaction sur ce point capital du programme, semble au contraire s'être appliqué à s'en écarter sciemment, volontairement, un peu sans doute pour abréger le travail, beaucoup peut-être pour tourner, au lieu de les attaquer résolûment, les difficultés âpres, les labeurs pénibles et fatigants d'une œuvre pareille.

Sans cela, comment s'expliquer que des registres entiers, des thalamus, contenant de très-nombreux documents, des actes organiques, des titres de propriété ou de droits d'usage d'un intérêt considérable, aient pu être analysés dans moins de deux lignes de rédaction? Comment comprendre que des documents concernant les droits, les attributions, les priviléges particuliers des consulats du Bourg et de la Cité, les contestations qui en sont nées entre les deux administrations consulaires, les facultés particulières aux habitants de l'un et de l'autre consulats, etc., aient pu être négligés et comme mis de côté sans mériter l'aumône d'une brève analyse, sous le titre de documents sans objet, ou même aient reçu des mentions de cette force: Pièces inutiles à conserver à cause de l'union des deux consulats, ou à cause de la suppression de tel privilége? Un nouvel inventaire, peut-être inférieur à ses aînés, était produit, mais l'inventaire *raisonné*, l'inventaire analytique, objet des vœux constants des consuls et du conseil, était encore à naître.

L'insuccès de l'œuvre tentée avec la coopération de M. Carouge, homme d'ailleurs de quelque mérite puisqu'il était avocat au Parlement de Dijon et devint ensuite archiviste du Domaine à la cour des Comptes de Montpellier, arrêta toute nouvelle initiative tendant au même but. Toutefois il ne divertit ni ne diminua autrement l'attention dont les archives étaient l'objet, et, s'il clôtura la série des inventaires anciens, c'est-à-dire antérieurs à 1790, il n'empêcha pas l'administration municipale de veiller à la conservation des archives de la ville.

Cependant les consuls, que leur renouvellement fréquent et périodique enlevait aux affaires avant qu'ils eussent pu en avoir la tradition, virent leur zèle se refroidir. Préoccupés des justifications qu'ils avaient à produire à l'intendance pour la voirie, les bâtiments communaux, les finances, ils tiraient des archives, sans en prendre note, des pièces originales, des dossiers entiers, qui passaient entre les mains des procureurs de la ville, et comme la durée de leur exercice n'était que d'une année les consuls nouveaux s'inquiétaient peu de faire rentrer les pièces qui en avaient été extraites par leurs prédécesseurs.

Cet état de choses, reconnu par les consuls eux-mêmes, ne pouvait durer longtemps sans amener la dispersion des archives. Il éveilla l'attention du conseil, qui prit la résolution suivante au mois de janvier 1682 : « Pour faire l'état des titres et documents qui ont été tirés des archives pour les « affaires de la communauté, demeure député M. de Lamotte ; lequel, ayant une fois remis dans les « archives tous les actes qui s'en trouveront déserteux et qui auront été recouvrés, prendra une « clef outre et pardessus celles de MM. les consuls et du greffier. Et, au cas d'absence, il sera obligé « de la remettre à telle personne qu'il jugera à propos.... Et pour éviter l'égarement des titres et « papiers, il sera tenu un registre dans les archives, dans lequel seront insérés les reçus des actes « qui en seront tirés, de l'avis du conseil de ville et non autrement. »

La mesure, quoique excellente, parut aux consuls revêtir vis-à-vis d'eux un tel caractère de suspicion qu'ils s'en plaignirent vivement. Placer une huitième serrure aux archives pour en confier la clef à un simple conseiller, était une atteinte directe à leur délicatesse. Ils en appelèrent aux sentiments du conseil. Mais celui-ci tint bon et tout en déclarant qu'il n'avait aucun dessein « de s'en « prendre à eux, » qu'ils lui inspiraient toute confiance et jouissaient de son estime, il confirma son vote précédent et l'accentua en ces termes : « Ladite déclaration sera journellement exécutée jusques « à consommation. Auquel effet M. de Lamotte est prié de se rendre journellement à l'hôtel de ville, « à 8 heures du matin et à 3 heures de relevée. Et en cas par maladie ou absence ou autre empê- « chement, il n'y pourrait pas vaquer, il lui est donné pouvoir de subroger tel de MM. du conseil « que bon lui semblera, qui sera porteur de sa clef. »

Cette clef, qui inquiétait la susceptibilité des consuls, était pourtant une création sage, née d'un besoin de contrôle si parfaitement justifié que la province l'adopta 60 années plus tard, en décidant, par forme de règlement général, que les archives municipales seraient dorénavant fermées par trois clefs seulement, remises l'une au premier consul, l'autre au premier conseiller et la dernière au greffier consulaire.

M. de Lamotte rétablit l'ordre dans les archives et il y consacra un temps considérable. Mais grâce à l'inconvénient des responsabilités collectives, qui sont la négation de toute responsabilité réelle, cet ordre ne fut pas longtemps maintenu, ainsi qu'on le voit dans le rapport que dressa, en l'année 1734, M. Guilhaumat, délégué des États de Languedoc pour faire la visite de ces archives. « Les titres et papiers, dit-il, sont sans aucun ordre, la plupart confondus, et on peut dire « que les archives sont en très-mauvais état. »

Il y avait certainement quelque exagération dans les expressions employées par le rédacteur du rapport, mais le fond était vrai ; l'ordre réalisé au prix de tant d'efforts avait été détruit en quelques années. M. d'Armissan, premier consul, confirmait le fait en 1740, dans une proposition qu'il présentait au conseil à l'effet d'améliorer le local, en se fondant sur le motif « que les archives de la « ville sont depuis longtemps en grande confusion ; qu'il s'y perd beaucoup de titres qui se gâtent « tous les jours et sont rongés par les rats parce que la pièce où elles sont placées est très-obscure

« et très-humide. » A la suite de cette proposition le local fut amélioré, mais l'ordre ne fut pas réalisé et à partir de ce moment il ne fut plus l'objet d'une tentative utile de rétablissement, quelque impérieuses que fussent les affaires auxquelles il aurait eu à pourvoir.

Et cependant le conseil se montrait toujours unanime dès qu'il était question de cet ordre, dont nul ne méconnaissait l'incontestable nécessité et pour lequel on n'eut compté ni le temps ni la dépense. Les précédents du conseil en témoignent. Mais, s'il est malheureusement trop aisé de détruire un ordre qui a coûté des années d'efforts laborieux et qui exige des connaissances spéciales et un dévouement professionnel fort étendus, créer ou rétablir cet ordre est une œuvre très-longue et très-difficile. Pour une opération de ce genre, hérissée de difficultés capables d'effrayer les plus mâles courages, quelque chose de plus que la bonne volonté du conseil était nécessaire. Il fallait trouver sous la main une aptitude qui consentît à s'y dévouer. Cette aptitude ne s'étant pas rencontrée, toutes les résolutions du conseil demeurèrent stériles.

Ainsi, en 1762, M. Angles, procureur du Roi en l'hôtel de ville, prenant l'initiative d'un effort à tenter pour rétablir l'ordre dans les archives, en fesait l'objet d'une réquisition qu'il motivait sur un intérêt d'affaires. « La communauté, disait-il, étant tous les jours exposée à des discussions sur « les limites de son terroir et sur la faculté de ses habitants de faire du bois, ne peut se défendre et « réprimer l'entreprise des seigneurs voisins qu'autant qu'elle s'étaiera sur des titres. » Et il ajoutait : « il est certain que ces titres sont dans les archives ou devers le greffe de la ville ; mais la confusion « des papiers sur différentes matières a été jusqu'ici un obstacle à les trouver. Une plus longue re- « cherche est cependant nécessaire, puisque en nous fixant sur l'objet desdites limites elle doit encore « nous donner des connaissances sur l'étendue de tous les droits de la communauté et sur les pri- « viléges de ses officiers. Pour les acquérir, ces connaissances, il n'y a pas de moyens plus sûr que « de mettre quelque ordre dans les archives et dans le greffe par un dépouillement exact de tous les « papiers et un inventaire par ordre des matières. C'est ce qu'il requiert pour le bien et avantage de « la communauté. »

A cette réquisition, le conseil répondait par un vote unanime et il désignait MM. de Richeroye, premier consul, Angles, procureur du Roi, et Morel, avocat, « pour mettre en règle et par ordre de « matières les papiers, actes et titres de la communauté... et en dresser un inventaire. » Quel travail fut le fruit de cette résolution ?

Dix ans plus tard, en 1772, M. de Portal, premier consul, rappelait que le conseil avait nommé une commission « pour régler les pièces qui sont dans les archives de la communauté, de même que « celles du greffe. » Mais ses membres étaient morts ou ne fesaient plus partie du conseil et le but qu'elle était chargée de poursuivre n'avait pas été réalisé. Il était donc nécessaire d'organiser une nouvelle commission, et cette fois le conseil la composait de sept membres qui étaient MM. le chevalier de Viguier, Castan et Lagarde, avocats, Solier, docteur en médecine, Enjalric, Domergue et Landes, négociants. Avec la même mission que sa devancière, « régler les pièces qui sont dans les archives, « de même que celles du greffe, et en dresser un inventaire, » cette commission recevait, de plus, le mandat de faire réintégrer les papiers qu'un ancien greffier avait encore en sa possession.

Ce n'est pas tout. Trois ans après, en 1775, à la suite d'une ordonnance de MM. les commissaires du roi aux États, qui enjoignait à toutes les administrations municipales de la province de faire connaître, d'une manière détaillée, l'état actuel de leurs archives et de leur conservation matérielle, des inventaires qui en avaient été dressés, etc., il y était aussitôt répondu, par la municipalité de Narbonne, au moyen d'une délibération fort explicite du conseil (v. BB. 50, f° 146, t. II), où la situation défectueuse des archives est loin d'être dissimulée à côté d'une affirmation portant que « MM. les « consuls, les autres officiers de ville et le greffier s'occupaient actuellement à mettre en règle « toutes les pièces..., qui sont dans un désordre complet. » Et enfin, frappée de la nécessité de faire sortir les archives d'une telle situation, l'administration de la ville, par l'organe de M. Enjalric, lieutenant de maire, exposait à ce même conseil qu'il était indispensable de se pourvoir devant MM. les commissaires, à l'effet d'obtenir l'autorisation « de mettre en ordre les archives municipales, » sauf à demander ensuite à M. l'intendant de la province « la permission de traiter avec un archi- « vaire entendu pour travailler à cette opération, et cela avec d'autant plus de raison, ajoute-t-il, « qu'elles sont, de l'aveu de tout le monde, dans le plus grand désordre, ce qui a porté dans plusieurs « occasions le plus grand préjudice. D'autre part, le renouvellement du cadastre, auquel on travaille, « met dans la nécessité de connaître les différents titres qui règlent la ville pour les limites avec les « communes limitrophes. Plusieurs corps et particuliers ont profité de ce désordre pour s'affranchir « de payer les tailles. Il importe donc essentiellement à la ville de se mettre en règle sous ce rapport ; « ce qu'elle ne saurait faire qu'en connaissant parfaitement les titres qui doivent assujettir les biens « prétendus nobles au paiement des tailles et impositions. » Sur cet exposé, le conseil autorisait le double pourvoi exigé pour la mise en ordre des archives municipales, sous la réserve de faire approuver, plus tard, le traité à passer « avec un archivaire entendu. »

Toutes les tentatives avaient donc échoué, les unes après les autres, malgré d'actifs dévouements, et le conseil reconnaissait enfin qu'une œuvre aussi ardue qu'un classement méthodique dans un dépôt d'archives aussi considérable que celui de Narbonne, ne pouvait sûrement aboutir qu'entre les mains d'une individualité spéciale ayant déjà fait ses preuves.

Cet « archivaire entendu » que réclamait le conseil pouvait seul, en effet, entreprendre un tel travail avec fruit. Mais la ville ne put le trouver et c'est pour ce motif que ses archives restèrent en l'état, c'est-à-dire dans un désordre regrettable et dangereux au double point de vue de leur propre conservation matérielle et de la défense des intérêts de la ville.

Elles traversèrent ainsi la période Révolutionnaire et les régimes qui se succédèrent jusqu'à la chute de la Restauration, sans autre incident que celui d'échapper, grâce à un admirable esprit de patriotisme local, aux ordres inqualifiables qui en avaient commandé la destruction.

Sous ces régimes, d'autres préoccupations avaient absorbé les esprits.

Mais le réveil littéraire qui suivit la révolution de 1830, devint, au grand profit des recherches historiques, le signal d'une recrudescence d'ardeur dont le ministère de l'Instruction publique, qui s'en était fait le foyer, s'efforçait d'étendre le rayonnement sur tous les points du territoire.

En tête du mouvement était le Comité des chartes, chroniques et inscriptions.

Ce Comité, dont les archives de Narbonne avaient frappé l'attention, adressait à M. le maire de la ville, sous la date du 18 avril 1838, la lettre suivante, signée de M. Cousin, ministre de l'Instruction publique : « Je suis informé que les archives de la ville de Narbonne renferment de précieux

« documents historiques, qui, entassés dans des greniers humides et mal disposés, sont menacés « d'une destruction complète. Il est important, Monsieur le maire, que l'autorité municipale cherche « à porter un prompt remède à cette confusion et à ce désordre. Je connais les louables efforts que « vous avez déjà faits pour arriver à ce but en faisant relier avec soin les douze thalamus et l'inven- « taire de Carouge qui se trouvent dans ce dépôt, et je vous prie d'agréer tous mes remerciements « pour cette première et importante amélioration. Mais il reste encore beaucoup à faire et je suis « persuadé que je puis toujours compter sur votre zèle et votre activité. Je pense qu'il serait utile « de faire transporter tous les documents historiques et même toutes les archives, s'il y avait lieu, « dans une des salles de la bibliothèque de Narbonne, qui serait interdite au public. Ce premier « soin serait déjà un grand service rendu aux sciences historiques, qui trouveront dans vos archi- « ves, j'en suis assuré, de nombreux manuscrits à consulter avec fruit. Après cette translation, je « vous engagerai vivement à faire classer et cataloguer ce précieux dépôt. M. le docteur Caffort, de « la Commission archéologique de Narbonne, serait très-propre à exécuter un pareil travail, et s'il « voulait bien l'entreprendre je m'empresserais de lui donner un témoignage public de ma satisfac- « tion en le nommant correspondant de mon ministère pour les travaux historiques. J'espère, « Monsieur le maire, que vous comprendrez toute l'importance de la mesure que je vous indique, « et j'aime à croire que le conseil municipal de la ville de Narbonne regardera comme un devoir « d'arracher le dépôt de ses archives à une destruction complète et inévitable. »

Les archives de la ville ne furent pas transportées dans les salles de la bibliothèque. On ne discerne pas nettement l'utilité qui en serait résultée au profit de l'ordre et du classement. Mais lorsque la mairie fut transférée dans les bâtiments de l'archevêché, que la ville avait acquis du Domaine, des locaux ajourés et sains leur furent affectés et, depuis, leur situation sous ce rapport n'a plus rien laissé à désirer.

De leur côté, les soins matériels recommandés par le Comité des chartes ne furent pas négligés. On en voit la preuve dans les nombreuses reliures qui datent de cette époque et qu'on n'examine pas sans quelque étonnement en se prenant, peut-être, à regretter celles dont elles ont pris la place sans en conserver le cachet. Mais ce fut tout. Il n'y eut aucune tentative de classement.

Vint ensuite l'instruction du 16 juin 1842, donnée par M. le ministre de l'Intérieur, qui avait pris la direction du service des archives communales. Mais les archives de Narbonne, avec leurs grandes collections antérieures à 1790, se prêtaient difficilement au cadre de cette instruction, et de son application à ces archives il n'en sortit qu'un travail désigné sous le titre d'Inventaire Rosier, qui n'est qu'une copie résumée et incomplète de l'Inventaire Carouge. Ce fut encore une tentative louable, mais stérile, et les archives de Narbonne n'en furent ni mieux classées ni mieux connues.

Il était réservé à l'instruction ministérielle du 25 août 1857, qui a prescrit le classement des archives antérieures à 1790 dans un cadre spécial et des séries déterminées, d'être le point de départ de l'unique travail de classement et d'inventaire qui ait été utilement appliqué aux archives de Narbonne. Dans ce qui nous reste à dire touchant la mise en pratique de cette instruction, nous ferons la part qui revient à chacun, et comme aucun encouragement n'a été marchandé au cours des travaux qui en sont la conséquence, nul mérite aussi ne sera oublié.

Avec la prescription relative au classement et à l'inventaire des archives communales antérieures à 1790, a coïncidé l'application d'une mesure dont l'influence a incessamment grandi au profit de la conservation et de la vulgarisation de cette partie de nos richesses nationales. Nous voulons parler de l'inspection générale des archives organisée par le ministère de l'Intérieur.

M. Eugène de Rozière, membre de l'Institut, inspecteur général des archives, chargé de visiter le dépôt de Narbonne, a rempli cette mission en 1862, et avec sa grande expérience et sa science profonde, qui l'ont placé en si haute estime dans le monde savant, il en a, le premier, signalé les richesses, en déclarant, ce sont ses propres expressions, qu'elles constituent l'un des plus importants dépôts du pays. Séduit par cette masse de documents inexplorés et à peu près inconnus, même de la cité qui se fait une juste gloire de leur possession, à l'aide desquels on peut suivre, jour par jour, le fonctionnement séculaire d'institutions auxquelles nos pères étaient, non sans raison, si fortement attachés et qu'ils respectaient avec un soin dont les mœurs modernes et l'instabilité de nos sentiments et de nos préférences nous laisseraient difficilement soupçonner l'étendue, il s'est employé de toutes manières, par des instructions écrites, par des conseils répétés, par des indications précises, à diriger le classement qu'il en a provoqué, et il a, lui-même, jeté les bases du programme que l'Administration municipale, dominée par le désir de connaître et de faire connaître à fond ses archives, s'est proposé de suivre pour la rédaction et la publication de leur inventaire, tout en se renfermant dans le cadre tracé par l'instruction ministérielle du 25 août 1857. Ce programme consiste :

— Dans l'analyse exacte, mais mesurée à l'étendue que leur intérêt comportera, de chacun des documents conservés dans les archives, de chacune des affaires soumises au conseil, qu'elle soit restée unique ou qu'elle soit revenue périodiquement, ainsi que de chaque acte consulaire, de manière à faire connaître, comme saisie sur nature, la marche journalière de l'administration communale;

— Dans la publication in extenso et sous forme d'annexes qui, suivant les goûts ou les préférences de chacun, prendront place à la suite de chaque série de l'inventaire ou pourront former un volume séparé, de tous les documents constitutifs et organiques, de ceux qui intéressent l'histoire générale et l'histoire locale, la philologie, les recherches généalogiques et topographiques, les études administratives, la statistique, l'industrie, le commerce intérieur et extérieur, la navigation, etc.

— Dans l'addition de notes historiques sur les localités du pays narbonnais, dont le sort a été lié, de près ou de loin, à celui de la ville placée à leur tête, et de notes destinées à expliquer les expressions dont le sens précis pourrait échapper, les usages disparus, les habitudes et les pratiques administratives ou locales, aujourd'hui si difficiles à comprendre dans leur esprit et leur portée à l'aide de leur seule désignation onomastique; enfin les faits, les accidents, les événements sur lesquels l'attention peut mériter d'être plus particulièrement sollicitée.

D'après ce programme, l'Inventaire des archives communales de Narbonne antérieures à 1790 sera divisé de la manière suivante : — Série AA. Actes constitutifs et politiques de la commune, 1 vol.; — Série BB. Administration communale, 2 vol.; — Série CC. Impôts et comptabilité; — série DD. Propriétés communales; — série EE. Affaires militaires; marine; — série FF. Justice; procédures; police; — série GG. Cultes; instruction; assistance publique; — série HH. Agriculture; industrie; commerce; — série II. Documents divers ne se rattachant pas aux séries précédentes, 1 vol.; — Annexes, dans l'un des cas dont il a été déjà parlé, 1 vol.

Ainsi, dans le classement des archives communales de Narbonne antérieures à 1790 et dans la préparation de leur inventaire, la conception et l'organisation sont surtout l'œuvre de M. Eugène de Rozière et tout le mérite lui en revient.

Quant à la part de l'Administration municipale, qui, à travers les situations diverses résultant du conflit des opinions, ne s'est jamais démentie dans son empressement à voter toutes les mesures qu'a exigées un travail de si grande importance, elle se déduit de la délibération suivante, qui a marqué le début de l'entreprise et lui a ouvert la marche :

« L'an mil huit cent soixante-trois et le dix-neuf août, le conseil municipal de la ville de Narbonne, réuni dans le lieu ordinaire de ses séances, à l'hôtel de ville,... présents : MM. Peyrusse, maire, Rosier, Narbonnès, Espallac, Cauvet, Azeau, Garric, Sabatier, Camp, Favatier, Bonnet, Larroque, Bardel et Pessieto.

« M. le maire rappelle les diverses circulaires préfectorales ainsi que les dépêches spéciales qu'il a reçues relativement aux archives communales. L'Administration municipale et le conseil se sont préoccupés souvent de la nécessité du dépouillement et du classement de ce dépôt précieux, qui recèle des richesses inutiles dans son état actuel. Mais les travaux d'appropriation des nouveaux locaux destinés aux archives retardaient forcément l'adoption des mesures propres à faire cesser cette situation déplorable à tous les points de vue. Les locaux sont maintenant prêts et n'attendent que les dispositions intérieures, qui ne peuvent être faites que sur les indications de la personne chargée du classement.

« Les connaissances spéciales que ce travail exige, les garanties de toute sorte que doit offrir un archiviste, rendent son choix difficile. M. le maire pense qu'avant d'arrêter une décision à cet égard, il serait convenable de prendre l'avis d'un homme que recommandent autant les succès obtenus déjà dans des travaux semblables que toutes les qualités d'un caractère éprouvé, M. Mouynès, archiviste du département. Si le conseil donnait son assentiment à sa proposition, M. le maire le prierait de venir visiter les archives de la ville de Narbonne et d'estimer, avec le concours d'une commission nommée à cet effet, ce qu'il conviendrait de faire pour arriver au classement des archives et à la confection d'un inventaire complet.

« Le conseil municipal adopte la proposition de M. le maire, et désigne MM. Cauvet, Pessieto, Favatier et Narbonnès pour faire partie de la commission à laquelle il donne pouvoir de s'entendre avec M. Mouynès pour tout ce qui a rapport aux archives, et même pour le charger du travail de dépouillement, de classement et d'inventaire à opérer. »

Pour nous, que nos fonctions aux Archives départementales de l'Aude ont tout naturellement désigné au choix de l'Administration municipale de Narbonne pour l'exécution de son œuvre, nous nous sommes profondément pénétré de ses desseins et nous nous estimerons heureux et fier d'avoir consacré, à les seconder, toute notre aptitude et tous nos soins, si l'accueil qui sera fait à la publication si patriotiquement poursuivie par la ville, peut paraître autoriser la pensée que nous n'avons pas trop présumé de nos forces en acceptant la mission de concourir à l'érection du monument qu'elle a voulu élever à la gloire de son ancienne splendeur.

G. MOUYNÈS,
Archiviste de la Préfecture de l'Aude.

Département de l'Aude.

VILLE DE NARBONNE.

INVENTAIRE

DES ARCHIVES COMMUNALES

ANTÉRIEURES A 1790 (*).

SÉRIE AA.

Actes constitutifs et politiques de la Commune.

Priviléges et franchises accordés par le comte de Toulouse, le vicomte et l'archevêque de Narbonne.

AA. 1. — 1 pièce (parchemin), orig. latin.

1218 (6 des kalend. de mai (26 avril). — Donation faite aux consuls de Narbonne, pour le Bourg, la Cité et les faubourgs, par le viguier et le baile de l'archevêque, de la *rève* (1) des marchandises achetées par les habitants ou vendues par eux, dans leurs boutiques ou maisons, pour les étrangers vivant et demeurant avec eux.

AA. 2. — 3 pièces (parchemin), 1 pièce (papier), orig. et copie latin.

1272 (5 des kal. de décembre (27 novembre).— * Le vicomte Aymeric, fils d'Amalric et de dame Philippe, fait don aux consuls : — de la moitié du treuil de l'huile; — du courtage de l'huile, du miel et du vin; — du droit de défendre l'entrée du vin et de la vendange, par eau ou par terre, les habitants de la ville exceptés, lesquels ne pouvaient faire entrer cependant que les vins provenant de leurs récoltes levées dans le terroir de la ville. Ce droit n'était pas concédé aux consuls d'une manière absolue. Ils ne pouvaient défendre l'entrée du vin que huit jours après avoir requis le vicomte de la défendre lui-même. Les contraventions à cette défense étaient punies de la confiscation au profit de celui qui les avait révélées, des consuls et du vicomte, chacun pour un tiers. — En outre, le Vicomte promet de ne pas diviser sa seigneurie qu'il s'engage à laisser entière à un seul héritier; — il fixe le taux des droits des notaires pour la rédaction de leurs actes; — déclare que les officiers de sa justice seront annuels; — permet aux consuls de recevoir les étrangers au titre d'habitants; — les accrédite auprès de la maison des Templiers d'Aretuse (1) pour que les habitants y puissent jouir de

(1) Terme de fiscalité féodale. — Droit perçu à l'achat et à la vente des marchandises.

(*) Les Archives communales de Narbonne renferment des documents d'une très-grande importance pour l'histoire générale et pour l'histoire locale, pour les études philologiques, pour les recherches topographiques, pour tout ce qui concerne l'organisation municipale, la police, la voirie, les droits féodaux, les coutumes, l'industrie, le commerce général et le commerce maritime, la navigation, etc. Dans le programme arrêté par l'Administration de la ville, ces documents, après avoir fait l'objet d'une analyse au rang indiqué par la division et l'ordre des matières, doivent être publiés, in extenso et par ordre chronologique, aux Annexes de l'inventaire. Les documents ainsi publiés seront marqués d'un *.

(1) Tortose.

l'exemption de la leude, etc. En échange, les Consuls s'engagent à lui payer annuellement, à la Noël, une albergue d'une obole d'or ou de 5 sous tournois et consentent à ce qu'il puisse lever la leude sur les marchandises et « choses » qui seront portées dans Narbonne. (Transc. au 1er thal., f° 13; au 2e thal., f° 4; au 6e thal., f° 55 v°, et au 7e, f° 14 (roman). — Copie de cette donation faite en 1292; — autre copie de pareille époque; — copie informe faite au XVIIe siècle.

AA. 3. — 1 pièce (parchemin), cop. latin.

1277 (veille des kal. de juin (31 mai). — * Interprétation donnée par Pierre de Montbrun, en vertu des pouvoirs qu'il s'était réservés, sur quelques articles de sa sentence du 10 novembre 1277, relativement: — à l'attribution de la qualité de citoyen et des exemptions qui étaient attachées à ce titre; — à la durée de la résidence effective que devaient avoir les étrangers pour être reçus à cette qualité; — à la leude due par les étrangers pour leurs biens, pour les draps, les tissus de lin, etc. (Transc. au 2e thal., f° 17 v°, et au 7e thal. (roman), f° 34.)

AA. 4. — 3 pièces (parchemin), orig. et vid. latin; 1 sc. cire blanche, sur cordelette en coton.

1249 (vendredi avant la fête de St. Laurent (9 août), — **1336** (29 novembre). — * Charte de protection donnée aux habitants de Narbonne par Raymond, comte de Toulouse, et par le vicomte Amalric. Ils prennent sous leur défense tous leurs droits, leurs maisons, leurs biens, et les droits et biens immeubles de l'archevêque, à l'exception des droits que le vicomte pouvait y avoir, et à l'occasion desquels il promet, cependant, de ne lui faire aucune guerre. Le chapitre de Narbonne, l'abbé et le chapitre de St.-Paul, les frères prêcheurs, les minimes, les frères hospitaliers de Jérusalem et tous leurs biens sont compris dans la charte du comte et du vicomte, ainsi que tous les autres ordres de Narbonne ou de son district, tous les clercs du Bourg et de la Cité, les clercs étrangers, avec tous leurs biens, et reçoivent la faculté d'aller, de venir et de séjourner où bon leur semble. Aucun condamné pour hérésie ne peut résider dans le Bourg et la Cité du consentement ou du fait du comte et du vicomte, lesquels promettent de ne prendre aucun ôtage. De plus, ils donnent sécurité aux citoyens et aux clercs qui avaient quitté le Bourg pour se réfugier dans la Cité et étaient revenus dans le Bourg; — ils permettent aux habitants du Bourg de résider dans la Cité, ou dans le Bourg, ou dans les faubourgs de la ville, suivant leurs préférences, — et pardonnent à tous les habitants leurs injures ou offenses. — Copie d'un vidimus de cette charte, donné le 4 des ides de juillet (12 juillet) 1307, par le viguier de Béziers. — Autre vidimus, donné le 3 des kal. de décembre (29 novembre) 1336, par Bernard de Paul, viguier de la Cour séculière de l'église St.-Paul de Narbonne.

AA. 5. — 1 pièce (parchemin), expéd. latin.

1333 (19 janvier). — Lettres patentes, données en parlement de Paris, approbatives de l'accord (1) conclu entre les consuls du Bourg et de la Cité et le vicomte Aymeric, portant reconnaissance et confirmation des priviléges de la ville, concernant: — l'organisation de la Cour du vicomte dont les officiers devaient être annuels et ne pouvaient rentrer en charge qu'après un délai de trois ans; — les délais des citations au civil et au criminel; — les droits à payer aux notaires pour la rédaction de leurs actes; — l'arrestation des adultères; — l'enlèvement des portes des maisons des habitants contumaces; — le transport par eau du bois destiné à l'usage des habitants; — la pêche du poisson en mer ou dans les étangs depuis le Traucador, près de Leucate, jusqu'au grau de Vendres (2); — l'intervention du viguier et des officiers de la Cour du vicomte dans la police de la rue Chaude; — la liberté des personnes qui la fréquentent, etc.

AA. 6. — 1 pièce (parchemin), cop. latin.

1333 (19 janvier).—Arrêt du Parlement de Paris qui confirme l'accord conclu entre le vicomte Aymeric et les consuls de Narbonne pour la reconnaissance et l'extension de leurs priviléges et de ceux des habitants concernant l'organisation et l'exercice de la justice, les délais des citations au civil et au criminel, les droits des notaires pour la rédaction de leurs actes, l'arrestation des adultères, l'enlèvement des portes des maisons des contumaces, le transport par eau du bois affecté aux usages des habitants, la liberté des personnes qui fréquentent la rue Chaude, le droit de l'accusé de choisir sa juridiction, etc.

AA. 7. — 1 pièce (parchemin), orig. latin.

1335 (23 mai). — * Acte des accords conclus par voie de transaction et composition entre le vicomte Aymeric et les consuls du Bourg et de la Cité, à la suite des contesta-

(1) C'est à la suite de cet accord et des lettres patentes qui l'approuvent que furent passés, entre les consuls et le vicomte, les actes portés au 1er thal., f°s 112 à 148, et publiés dans leur ordre de date aux Annexes de l'inventaire.

(2) On désigne dans le pays, sous le nom de grau (gradus), la coupure naturelle ou artificielle qui maintient les eaux d'un étang en communication avec celles de la mer.

tions et débats qui s'étaient élevés entr'eux au sujet de quelques priviléges et coutumes de la ville. — Ces accords traitent : — du droit qu'avait le vicomte de prendre, sur le poisson pêché depuis le Traucador, près du cap de Leucate, jusqu'au grau de Vendres, la quantité qu'il jugeait nécessaire pour l'usage de sa maison ; — des sentences de son juge des appellations, définitives ou interlocutoires, rendues entre habitants de Narbonne ou entre étrangers et habitants de la ville, pour lesquelles ceux-ci ne devaient payer aucun honoraire ; — de l'entrée du bois dans la ville, qui était exempte de toute leude pour les habitants ; — de la rue Chaude ou bordel, que le Vicomte permettait d'établir, afin d'éviter des scandales dans sa juridiction, sous les formes, le mode et les priviléges de la rue Chaude de Montpellier ; — de l'arrestation des adultères, qui ne pouvait avoir lieu dans la rue Chaude quels que fussent l'état et la condition des personnes, ni en dehors de cette rue lorsque le crime était commis avec une femme publique ;— du serment que devaient prêter le viguier du vicomte, son juge ordinaire, son juge des appellations, son procureur, le clavaire et le sous-viguier, avant d'entrer dans l'exercice de leurs charges, — et de la connaissance des infractions aux accords passés entre le vicomte et les consuls. Ces accords doivent faire foi en et hors jugement, être perpétuellement observés et maintenus, et les parties conviennent de reconnaître au sénéchal de Carcassonne tout pouvoir de les contraindre à leur exécution. (Cet acte est la *tersa carta* transc. au 1er thal., fos 138 vo, à 148.)

AA. 8. — 1 pièce (parchemin), orig. latin.

1335 (25 mai).— * Promesse du vicomte Aymeric de garder, protéger et défendre les coutumes de la ville, écrites ou non écrites, ses habitants, leurs femmes, leurs enfants et leurs biens, dans et hors la ville, avec le serment de fidélité des consuls et desdits habitants qui avaient été convoqués, pour le prêter, dans la cour du palais du vicomte. Ils jurent de lui être fidèles et de garder, protéger et défendre, lui, sa personne, son héritier et sa seigneurie de toutes leurs forces, ainsi que ses biens, sa vie et ses membres selon le pouvoir qu'ils en auront de Dieu et sauf le serment par lequel ils sont liés envers le roi. (Transc. au 1er thal., fo 7.)

AA. 9. — 1 pièce (parchemin), orig. latin.

1335 (25 mai).— * Les Consuls et le peuple du Bourg et de la Cité, convoqués dans la cour du palais du vicomte, reçoivent la promesse et le serment du vicomte Aymeric d'observer, garder, protéger et défendre les coutumes de la ville, écrites ou non écrites, les conventions conclues avec ses prédécesseurs, et de protéger les consuls et les habitants en leurs personnes, leurs femmes, leurs enfants et leurs biens, dans et hors la ville. A leur tour, les Consuls et le peuple prêtent serment de fidélité au vicomte et promettent de le protéger, garder et défendre, sauf le serment de fidélité par lequel ils sont liés envers le roi, « contra omnes qui vivere possunt et mori. » — Témoins qui figurent dans l'acte : Pierre de Narbonne, abbé de St.-Paul ; le chevalier Aymeric de Narbonne, seigneur de Périnhan (1) ; Bérenger Arnaud, seigneur de Montredon ; Pierre de St.-Martin ; Pierre de Montclar ; Jean Margalion ; Bérenger Vésian, notaire ; etc.

AA. 10. — 2 pièces (parchemin), orig. latin.

1335 (26 mai). — Le viguier, le juge ordinaire, le juge des appellations, le procureur et le clavaire du vicomte Aymeric, jurent d'exécuter et faire inviolablement exécuter et observer les accords passés, le 23 mai 1335, entre le vicomte et les consuls de Narbonne, contenant, entr'autres articles : « libertatem piscium qui capientur in decimali et « districtu Narbone videlicet de loco dicto lo Traucador « qui est prope capud de Laucata usque ad gradum castri « de Venres et in aliis locis ibi designatis, nec non et « quod judex appellationum pro sportulis nichil debet « exhigere vel levare et alius qui loquitur de libertate « lignorum et in quo habitur mencio de meretricibus « degentibus in postribulo lupanari seu carreria ca[illegible]da. »

AA. 11. — 2 pièces (parchemin), orig. latin.

1336 (17 juin). — Les officiers du vicomte Amalric, Pierre Chrétien, son juge ordinaire ; Bernard Stephani, son juge des appellations ; Raymond Ferraud, son sous-viguier ; Guillaume Stephani, son clavaire ; Bernard Merlin, procureur ; Jean Cannet, notaire criminel, et Roger de Camplong, viguier, jurent de maintenir, observer et faire inviolablement exécuter les accords passés entre les consuls et le vicomte, le 23 mai 1335.

AA. 12. — 1 pièce (parchemin), orig. latin.

1337 (31 décembre). — Jean Blanquier, viguier, et Jacques Fustier, procureur du vicomte Amalric, en exécution des accords passés, le 23 mai 1335, entre le vicomte Aymeric et les consuls du Bourg et de la Cité, jurent, ainsi que leurs lieutenants, sur les saints Évangiles, d'observer et de faire observer inviolablement ces accords, en présence de Pierre Raymond du Rivage, Pierre Raynaud et Pierre Bérenger, consuls de la Cité, et de Bérenger Bonet et Raymond Bédos, consuls du Bourg.

(1) Ou Pérignan, aujourd'hui Fleury.

AA. 13. — 1 pièce (parchemin), orig. latin.

1338 (5 janvier). — Serment prêté sur les saints Évangiles, en présence des consuls, par les officiers de la Cour du vicomte Aymeric, d'observer, garder, maintenir et défendre les accords passés, en 1335, entre le vicomte et les consuls, contenant confirmation et extension des priviléges des habitants de la ville.

AA. 14. — 1 pièce (parchemin), orig. latin.

1338 (5 janvier). — Pour l'exécution des accords passés entre le vicomte Aymeric et les consuls de Narbonne, le 23 mai 1335, Pierre-Raymond Maynard et Amiel Verger, viguier et juge du vicomte, jurent, avant leur entrée en fonctions, d'observer et de faire inviolablement observer ces accords, et spécialement en ce qui concerne : — le poisson pêché depuis le Traucador, près du cap de Leucate, jusqu'au grau du château de Vendres; — les sentences du juge des appellations; — l'entrée du bois; — la rue Chaude et les femmes de mauvaise vie.

Droit, pour l'accusé, de faire choix de sa juridiction.

AA. 15. — 1 pièce (parchemin), cop. latin.

1289 (décembre). — * Reconnaissance faite, après enquête, par les officiers de la Cour du vicomte Aymeric, à l'occasion du vol d'une pièce de drap commis par le fils de Guillaume Adalbert, dans la boutique de Guillaume de Pène et Pierre de Montpezat, pareurs, de la faculté, pour tout habitant de Narbonne, de choisir la Cour par laquelle il voulait faire juger sa cause, soit au civil, soit au criminel. (Transc. au 3e thal., f° 59; au 6e thal., f° 47 v°; et, en roman, au 7e thal., f° 49 v°.)

AA. 16. — 2 pièces (parchemin), orig. et vid. latin et français; 1 sc. cire verte, sur lanière de parchemin.

1320. — Vidimus des lettres de Philippe V, datées du 31 décembre 1320, par lesquelles il est mandé au sénéchal de Carcassonne d'empêcher les officiers des Cours de Narbonne de troubler les habitants de cette ville dans le privilége qu'ils ont de pouvoir faire choix de celle de ces Cours où ils veulent faire vider leurs causes, tant au civil qu'au criminel (1). — Présentation de ces mêmes lettres pour leur exécution, faite par Sicard Fabre, procureur des consuls, à Pierre de Prats, lieutenant du baile royal de Narbonne.

AA. 17. — 1 pièce (papier), cop. latin.

XIVe siècle. — Articles de production, dressés par les consuls à l'occasion du pariage conclu entre le vicomte et le roi, pour raison de leur juridiction à Narbonne, énumérant les droits et priviléges des consuls et des habitants de la ville, entr'autres : — la faculté, pour chaque habitant, de faire choix de sa juridiction, au civil comme au criminel; — le privilége de ne pouvoir être jugé et condamné que d'après le conseil des prud'hommes; — le droit, pour les consuls, d'instituer et de destituer les courtiers, courtières, *inquanteurs* et crieurs, et les bandiers du territoire; — les attributions des consuls concernant la garde et la police des rues et chemins, les *montres pour l'exercit et la cavalcate*, ainsi que la contrainte contre ceux qui refusaient de marcher à la suite de l'étendard de la ville pour le service du roi, etc., etc.

Privilége, pour les habitants, de ne pouvoir être cités en jugement hors du diocèse.

AA. 18. — 2 pièces (parchemin), orig. et copie latin.

1294 (12 des kal. de février (21 janvier). — Acte de la présentation par Pierre Bédos, consul du Bourg, et de la réception, par l'évêque de Béziers, des lettres du pape Alexandre IV, données la 3e année de son pontificat (1256), qui accordent aux habitants de Narbonne, par considération de leur constante dévotion envers le saint siége, le privilége de ne pouvoir être cités en jugement hors du diocèse, pour leurs personnes et leurs biens situés dans l'étendue du diocèse de Narbonne. — Copie de ces lettres papales faite, en 1279, par Vésian Guiraud et Pierre Bonet, notaires de Narbonne.

Présence des prud'hommes a l'instruction et au jugement des causes.

AA. 19. — 1 pièce (parchemin), orig. latin.

1329 (15 juillet). — Lettres de Philippe VI au sénéchal de Carcassonne et au viguier de Béziers, qui leur mandent de ne pas tolérer que les officiers de la Cour du vicomte troublent les consuls, leurs conseillers et aides, dans leurs priviléges et libertés, notamment, en ce qui concerne la présence des « probi homines, » dans les informations et dans le prononcé des sentences qui doit être fait « de consilio » de ces mêmes prud'hommes. — Partie

(1) Il y avait cinq Cours à Narbonne : la Cour commune du roi et du vicomte « ratione pariagii ; » celle de l'archevêque; celle de l'abbé de St.-Paul; celle du chapitre St.-Paul et celle du sacristain de la même église.

expositive de ces lettres : « cum ipsi Consules et eorum « consiliarii et ministri sint nobis immediate subjecti, et « sub nostra salvagardia speciali, solum et insolidum a « nobis dictos consulatus et certas libertates teneant, inter « quas est una, quod in inquestis et causis criminalibus « debet procedi presentibus probis hominibus, et sententia « promulgari de consilio proborum hominum dicte ville. »

AA. 20. — Registre, 240 feuillets in-8° (papier); couvertures en parchemin.

1331-1332. — Enquête faite par Bertrand Castel, viguier de Béziers, à la demande des consuls du Bourg et de la Cité et en vertu des lettres de Philippe VI, du 31 octobre 1331, pour la preuve du privilége dont jouissaient les habitants dans les Cours temporelles de la ville et que leur contestait le vicomte, de ne pouvoir être l'objet d'une instruction ni d'un jugement en matière criminelle, notamment dans les accusations de vol, d'homicide, de viol et rapt de femmes, de veuves ou de filles, d'effraction, etc., qu'avec l'assistance et le concours des prud'hommes. Les Consuls prouvent dans cette enquête : « quod usus est in « villa Narbone et franquesia, in et a tantis temporibus « quod de contrario hominis memoria non existit, quod si « aliquis delatus captus et detentus fuerit in quacumque « curia Narbone pro ejus inquisitione, absolutione, con- « dempnatione, proceres Civitatis et Burgi Narbone sunt « per curiales ipsarum curiarum vocandi et vocantur ut « vocari consueverunt. — Item... quod proceres ville Nar- « bone vocantur et vocari consueverunt cum proceditur « captos et detentos de crimine in quacumque curia et « omni causa seu majoris partis ipsarum consilio petito et « obtento juxta eorum demerita condempnantur aut etiam « absolventur prout calitas criminis hoc exhigit. — Item... « quod dicti consules sunt per se et suos antecessores « juxta libertates usus et franquesias dicte ville et domini « nostri regis in possessione et saysina predicta faciendi « seu qua a octuaginta, quinquaginta... quinque, duobus, « uno mensibus citra et ultra et a tanto tempore quod de « contrario hominum memoria non existit. — Item... quod « predicta sunt ad eo notoria et manifesta quod probatione « non indigent in villa Narbone a dictis temporibus citra et « ultra in qua possessione seu quasi evocandi et consilium « probendi sunt dicti consules per dictos proceres in con- « dempnationibus et absolutionibus faciendis in curiis ville « Narbone et cum eorum consilio petito et obtento seu « majoris partis eorum sunt omnino faciende. — Item.... « quod dicte libertates et franquesie sive usus ville Nar- « bone cum consulatibus Civitatis et Burgi immediate te- « nentur a domino nostro rege et sub ejus salvagardia « speciali existunt. — Item... quod curiales dicti domini « vicecomitis Narbone de novo a paucis temporibus citra « novum costellum (1) sive pillolium fecerunt in civitate « Narbone seu fieri fecerunt. — Item..... quod curiales « domini vicecomitis inquisitionem fecerunt contra Duran- « tum Feri, sutorem Narbone et quandam mulierem « vocatam Cantholam de Podiosurigario, habitatores Nar- « bone asserentes ipsos esse blasfematores Dei et Virginis « matris ejus quos ad costellum sive pillolium standum de « facto condempnarunt proceribus non vocatis, etc. » Ces « proceres, » qui constituaient un véritable jury, avaient des droits plus étendus que ceux du jury actuel, puisqu'ils assistaient à toutes les phases de la procédure et délibéraient sur le maintien de l'arrestation ou la mise en liberté du détenu, sur toutes les mesures à prendre dans le cours de l'instruction, sur la culpabilité ou la non culpabilité de l'accusé et sur la peine qui devait lui être appliquée. Leur opinion dans tous ces cas faisait loi pour le juge. Ils étaient au nombre de 12, de 16 et quelquefois plus, jusqu'au nombre de 20. — D'après les dépositions reçues dans l'enquête, la pénalité appliquée par les Cours temporelles de Narbonne, conformément à l'opinion des prud'hommes, était : — la pendaison pour fait de proxénétisme à l'égard de mineures : « quod erat accusatus, » dit un témoin, « quod quandam pupillam piuzellam vendiderat pro deffloranda ; » — la fustigation par les rues de la ville et l'amputation d'une oreille, pour vol de peaux de mouton dans une mégisserie; — l'exposition publique et l'exil, ou la flagellation sur le visage avec des tripes ou ventres de moutons « cum tripis « seu ventre mutonum, » pour blasphème contre Dieu et la sainte Vierge; — la fracture des bras et des jambes et l'amputation des doigts des pieds et des mains, puis enfin la pendaison, pour vol ou enlèvement d'enfants; — l'amputation des deux oreilles et la pendaison, pour récidive de vols; — la pendaison, pour vol de bestiaux; — le jeûne au pain et à l'eau, pendant huit jours, pour blasphème contre Dieu seulement; — l'amputation d'une main, pour vol

(1) Le costellum ou costellus n'était pas seulement un pilori, un carcan, des fourches patibulaires, un poteau, etc. C'était un véritable échafaud, un instrument infamant, qui servait à tous les genres de supplice, depuis la simple exposition jusqu'à la peine de mort. On y fustigeait des femmes de mauvaise vie, comme dans les rues et carrefours de la ville; on y crucifiait les voleurs et pendait les assassins. Le costellum de la Cour du vicomte, laquelle avait d'ailleurs ses fourches patibulaires sur le « plan » de la porte du Roi ou Porte-Roy, était dressé sur le marché de la Cité, devant la Vicomté, à peu près à la place qui correspond aujourd'hui au point formant la section de l'axe du pont des Marchands et de la rue Droite, sur la ligne se dirigeant de la grande tour de l'archevêché vers le plan des barques de la Cité. *On y montait par une échelle. Il y avait sur la place du Blé,* dans le Bourg, un autre costellum qui avait été dressé par Raymond de Bourg, emphitéote du vicomte, pour l'exécution des actes de haute justice de sa Cour.

dans une maison rurale, etc. Ces peines étaient prononcées par le juge sur l'avis de la majorité des prud'hommes appelés. S'il y avait partage, « si vero partes dictorum « procerum sint equales et quod una teneat illum delatum « comisisse quod sibi amputetur auris et alia teneat quod « sibi amputetur pes vel similia pati, » le juge, suivant sa préférence, prononçait l'une ou l'autre peine, sans pouvoir en appliquer une autre.

AA. 21. — 1 pièce (parchemin), orig. latin; frag. de sceau cire blanche.

1377 (22 juillet). — Mandement de Charles V au sénéchal de Carcassonne, qui lui enjoint d'obliger le viguier et le juge nouvellement établis dans la ville de Narbonne, à observer le privilége des habitants d'après lequel les officiers des seigneurs ayant juridiction temporelle sont tenus de procéder dans les causes criminelles conformément à l'opinion des prud'hommes.

AA. 22. — 1 pièce (parchemin), orig. latin.

1380 (3 avril). — Mandement de Charles VI aux viguier et juge de Narbonne, dont les offices venaient d'être créés depuis peu d'années (1), qui leur ordonne de n'informer dans les causes criminelles et mettre à la torture les taillables de la ville, que les prud'hommes appelés et conformément à leur opinion, suivant les coutumes et priviléges des habitants.

Promesses réciproques du vicomte, des consuls et des habitants, d'observer les priviléges, droits, immunités et franchises.

AA. 23. — 1 pièce (parchemin), orig. latin.

1262 (12 des kalendes de juillet (20 juin). — Pierre Raymond de Montpellier, Guillaume Malesherbes et Raymond Cerdagne, consuls de la Cité, requièrent le vicomte Amalric d'observer leurs libertés, coutumes et usages, ainsi qu'il l'avait juré, et ils lui déclarent que, de leur côté, ils n'entendent rien entreprendre contre ses propres droits.

AA. 24. — 2 pièces (parchemin), orig. latin.

1263 (7 des kalend. d'avril (26 mars). — Protestation des consuls contre l'ordre donné par le vicomte Amalric à des chevaliers et tenanciers de fiefs réunis en assemblée à Pradines de traiter les hommes natifs de Narbonne ou réputés citoyens de la ville comme leurs propres vassaux, et d'en exiger les mêmes services. Les Consuls invoquent le privilége en vertu duquel tout habitant devenait exempt dès qu'il avait prêté serment entre les mains des consuls, pourvu qu'il eût fait abandon de la maison qu'il tenait de son seigneur, et déclarent au vicomte qu'en cas de refus de sa part de révoquer l'ordre qu'il a donné, ils se placent sous la protection et sauvegarde du roi « sub protectione « et custodia et deffensione illustrissimi domini nostri « Lodoyci, Dei gratia, regis Francie. Inhibentes vobis in « quantum possumus ex parte dicti domini regis ne contra « nos et dictos cives nostros et universitatem nostram... « bona nostra et civium nostrorum et universitatis..... « ulterius in aliquo procedatis nec procedi permittatis a « dictis militibus et ab aliis qui a vobis tenent cavalairiva « seu feuda militum. » — Étaient consuls de Narbonne : Bernard de Montolieu, Jacques Benedicti, Guillaume Helya et Pierre Antechrist.

AA. 25. — 1 pièce (parchemin), orig. latin.

1270 (4 des kalendes de mai (28 avril). — Serment de fidélité prêté au vicomte Amalric par les « probi homines, » bourgeois, pareurs, tisserands, aludiers, charpentiers et ouvriers sur bois, armuriers, meuniers, pêcheurs, fourniers, etc., tous nominativement désignés. — Un dépouillement de ce curieux document, lequel, du reste, n'est qu'un fragment de l'acte qui devait comprendre tous les chefs de famille prêtant le serment dû au vicomte, donne les résultats suivants, qu'il peut être très-utile de consulter, sur la population de la ville et sa répartition dans les divers états, métiers ou industries : — pour la Cité, *paratores*, 95; *sutores*, 63; *textores*, 45; *probi homines de Ponte*, 25; *sartores*, 38; *peissonerii*, 43; *fusterii*, 36; *aventurerii*, 30; *fabri*, 22; *macellatores*, 46; *arquejatores*, 23; *munderii*, 37; *aluderii*, 41; *corraterii*, 16; *piscatores*, 34; *furnerii*, 3; *manganerii*, 4; *lanatores*, 114; *ortolani*, 13; — pour le Bourg, *bladerii*, 27; *fabri*, 33; *sutores*, 55; *portantes saco*, 47; *aventurerii*, 30; *peyrerii*, 20.

AA. 26. — 3 pièces (parchemin), orig. et cop. latin.

1270 (3 des nones d'août (3 août), — dimanche avant la fête de saint Luc (17 octobre). —* Présentation faite par Jean Benedicti, Jacques Benedicti, Bernard Guerald et Guillaume de Fulhau, consuls de la Cité, et par Bernard d'Olargues, Jean Vairan et Pierre Guérald dit Blanc, consuls du Bourg, à un notaire pour en dresser acte, des lettres

(1) La création de la viguerie de Narbonne, qui était un démembrement de celle de Béziers, date de l'année 1347.

de Guillaume de Cohardon, sénéchal de Carcassonne, adressées à son très-cher ami Amalric, vicomte de Narbonne, par lesquelles il lui mande, pour son propre intérêt et pour éviter des troubles et périls imminents: — de laisser faire les criées et le guet par la ville; — d'admettre devant sa Cour les défenses et exceptions qu'y présenteraient les Consuls, s'ils y étaient appelés; — d'observer et faire observer les formes usitées dans la nomination des nouveaux consuls; — de ne pas permettre les conciliabules, les conjurations, et de les dissoudre s'il en existait; — de garder de tout dommage en leurs personnes et leurs biens « illos qui in guerra domino Regi fideliter adhererunt; » — de maintenir le peuple dans son obéissance envers les consuls, — et de révoquer tout ce qu'il aurait pu faire contrairement à ces recommandations et à celles qu'il venait de lui adresser dernièrement « pro bono statu dicte « ville. » (Les lettres qui portent ces recommandations sont du 3 des kal. d'août (30 juillet) 1270; vid., 1er thal., fº 13.) — Lettre de Guillaume de Cohardon au vicomte Amalric, lui mandant qu'il entend que ce qu'il lui a recommandé et enjoint concernant le consulat, les criées et autres affaires des consuls et de la ville, soit exécuté et suivi pour la conservation de leurs libertés et bonnes coutumes, auxquelles il veut qu'il ne soit porté aucune atteinte, sauf en tout le droit du roi.

AA. 27. — 1 pièce (parchemin), orig. latin.

1293 (3 des nones, — 4 des ides de septembre (3-10 septembre). — A la réquisition des consuls du Bourg et de la Cité, le vicomte Aymeric promet de garder et faire garder les libertés « bonos usus » et coutumes de la ville et d'observer les conventions passées avec les habitants, principalement *les dernières* (celles du 27 novembre 1272, interprétées par sentences arbitrales de l'archevêque Pierre de Montbrun, des 10 novembre 1273 et 31 mai 1277).

AA. 28. — 3 pièces (parchemin), orig. et cop. latin.

1298 (7 des kal. de novembre (26 octobre). — Le vicomte Amalric, en présence des consuls et du peuple du Bourg et de la Cité, convoqués dans son palais au son des trompettes et par les crieurs publics, approuve et confirme les libertés et coutumes de la ville, écrites ou non écrites, et les conventions passées entre les habitants et ses prédécesseurs, principalement celles qui ont été conclues avec son père, le vicomte Aymeric, de bonne mémoire. Les Consuls et le peuple, à leur tour, lui prêtent serment de fidélité « levatis manibus » et promettent de le garder, protéger et défendre, lui, sa seigneurie, son héritier et ses biens de toutes leurs forces, et leurs biens, leurs vies et membres suivant le pouvoir que Dieu leur en donnera, dedans et dehors. — Copie de cet acte faite en 1311 par les notaires Bernard d'Oreilles, Guillaume Assaud et Jean Cumbergue. — Témoins qui figurent dans l'original : Amalric de Narbonne, cousin du vicomte; les chevaliers Bérenger et Guillaume de Pierrepertuse, frères; Jean de Folaquier; Guy d'Aubian; Guillaume Maurel; Jean Ferrare; Jacques Godoris; Guiraud de Randon; Pierre de Valbuissière, chapelain de la chapelle de St.-Sauveur (1) dans le palais du vicomte; Pierre Arnaud de Fraissé; Pierre Sitbert; Jacques de Nuce; Pierre Arnaud de Cascastel; Raymond de Pierrepertuse; Guillaume Record; Guillaume Besse, etc., etc.

AA. 29. — 1 pièce (parchemin), orig. latin.

1299 (16 des kal. d'octobre (16 septembre). — Réquisition faite aux consuls du Bourg, par les préposés ou capitaines des métiers, marchands, pareurs, tisserands, bouchers, peaussiers, charpentiers et ouvriers sur bois, bladiers, tailleurs, courtiers, merciers, brassiers et cultivateurs., etc., de défendre, conserver et maintenir les coutumes, immunités, usages et libertés de la ville, comme ils l'ont promis et juré sur les saints Évangiles lors de leur nomination et entrée en charge, sans y souffrir aucune atteinte de la part de toutes personnes ecclésiastiques ou *mondaines*, leur promettant, en retour, de les aider de leurs conseils et de leurs actes, de tout leur pouvoir, en tout ce qu'ils feront pour la protection et défense de ces coutumes, immunités et usages.

AA. 30. — 1 pièce (parchemin), orig. latin.

1328 (7 des kal. d'août (18 juillet). — * Le vicomte Aymeric ayant requis Pons Sallèles et Bernard Alaman, consuls du Bourg; Guiraud Bec et Thérin Platon, consuls de la Cité, de lui prêter serment de fidélité en la forme accoutumée, en leur nom et au nom de l'université du Bourg et de la Cité, les Consuls lui déclarent qu'avant de prêter ce serment, ils veulent en délibérer. Plus tard, le 6 des ides de novembre, les Consuls répondent qu'ils sont disposés à prêter le serment exigé, si le vicomte veut révoquer les nouveautés introduites dans l'exercice de la

(1) Cette chapelle était de la collation de l'archevêque, auquel elle avait été attribuée par une bulle de Luce III. En 1250, Innocent IV y avait défendu la célébration des offices divins sans mandement exprès du pape. On y conservait plusieurs reliques, entr'autres celle de St. Amans. Outre l'autel mage, elle possédait deux autels dédiés l'un à N. D., l'autre à St. Guillaume, qui étaient desservis par deux prêtres dotés, dont l'institution appartenait à l'archevêque.

justice et contre les priviléges et coutumes de la ville, les exemptions de ses habitants, etc., d'après l'exposé qu'ils lui en font par cédule écrite.

AA. 31. — 1 pièce (parchemin), orig. latin.

1336 (23 juin). — Serment de fidélité des consuls et du peuple du Bourg et de la Cité au vicomte Amalric, et promesse du vicomte de garder, protéger et défendre les coutumes et priviléges de la ville, ses habitants, leurs femmes, leurs enfants et leurs biens.

AA. 32. — 3 pièces (parchemin), dont une contient deux actes, orig. et vid. latin; 1 sc. cire rouge sur lanière de parch.

1342 (17 mars). — Serment de fidélité prêté par les Consuls et le peuple de Narbonne au vicomte Aymeric, et promesse faite par le Vicomte d'observer, garder et faire garder toutes les coutumes et libertés de la ville, écrites ou non écrites, qu'il approuve et confirme. — Parmi les témoins de l'acte figurent : nobles Pierre Raymond de Montbrun; Guillaume de Pierrepertuse, seigneur de Villesèque; Guillaume d'Anduze, coseigneur de Sallèles; Olivier de Glève, seigneur de Gléon; Raymond de Cuxac et Bermond de Sejan. — Vidimus, fait en 1383 par Michel Précol, viguier de Narbonne, du serment des consuls et du peuple de Narbonne et de la promesse du vicomte. (Le serment est transcrit au 1er thal., f° 106.)

AA. 33. — 2 pièces (papier), en 4 feuillets chacune, cop. latin.

1342 (17 mars). — Serment de fidélité des consuls et du peuple de Narbonne au vicomte Aymeric, et promesse du vicomte d'observer les coutumes et libertés de la ville. — Ce serment est tiré, par extrait, « d'un gros « libvre couvert de postes et de bazane blanche escript « en parchemin estant dans les archifz de la maison con« sulaire de Narbone. » (C'est le 1er thal.; vid. AA. 46.) — Titre de cet extrait : « Carta del sagrament de la fizeltat « prestat per Mossenhor lo vesconte als cossols et al pobol « de Narbone degardar e deffendre els e leurs personas e « leurs costumas dedins e deforas els Cossolz el pobol « dessusd ly jureron aquo meteys salvan lo dreg de nostre « senhor lo rey de France. » — Copie informe de ce même serment, prise au XVIe siècle.

Droits du roi a Narbonne comme roi de France et comme duc de Narbonne.

AA. 34. — 1 pièce (parchemin), orig. latin.

1301 (16 des kal. de février (17 janvier). — Réponses faites par les Consuls du Bourg et de la Cité aux questions suivantes qui leur avaient été adressées personnellement par Guy de Caprare, sénéchal de Carcassonne, dans l'hôtel de Raymond de Pollan, archidiacre de Fenouillèdes : Le roi a-t-il directement le droit d'*exercit* et de *cavalcate* dans Narbonne, ou l'a-t-il par la main du vicomte? Reçoit-il, par sa *main propre*, le serment de fidélité des habitants de la ville, ou par la main du vicomte ou d'un autre seigneur? De qui les consuls tiennent-ils le consulat, dans le Bourg comme dans la Cité? — Après avoir déclaré qu'ils n'entendent préjudicier en rien aux libertés et coutumes de la ville, les Consuls répondent : — sur le premier point, que lorsque le roi mande l'*exercit*, c'est immédiatement aux consuls, lesquels mandent, à leur tour, et réunissent la montre, la conduisent et la présentent au roi, ou à son représentant, ce qui a été de tout temps pratiqué à Narbonne; — sur le second point, que le roi reçoit directement, par lui-même ou par ses députés, le serment des habitants, qui lui jurent fidélité contre tout homme, vivant ou mort, même contre le vicomte, s'il lui était rebelle, — et sur le troisième point, que les consuls tiennent le consulat directement du roi, avec tous ses droits, ses libertés et prérogatives, ainsi que l'ont toujours tenu leurs prédécesseurs. Enfin, à une quatrième question du sénéchal relative au dernier subside de guerre, les Consuls répondent que ce subside a été payé en entier et intégralement par la ville au trésorier du roi à Carcassonne, et qu'il ne leur en a été rien remboursé.

AA. 35. — 1 pièce (parchemin), orig. latin.

1309 (7 des kal. de septembre (26 août). — Pierre Amiel, régent du consulat de la Cité, et Michel d'Alzonne et Jean Vitalis, régents du consulat du Bourg, en présence de noble Pierre Habert, juge de la Cour commune (1) de Narbonne, remettent à Pierre Adalbert, juge royal du Lauraguais, et Jean Roger, procureur du roi en la sénéchaussée de Carcassonne, commissaires à ces fins nommés par le sénéchal, une cédule contenant l'énumération des priviléges des habitants ainsi que des droits, priviléges et attributions des consulats de Narbonne concernant : — les tailles et impositions; — la tenue des conseils de ville; — le serment de fidélité des habitants nouvellement reçus à la résidence et aux priviléges et charges de la ville; — le banderage et l'institution des bandiers du territoire; — les courtiers et courtières, crieurs et *inquanteurs;* — la

(1) La Cour commune de Narbonne venait d'être organisée par suite du pariage conclu en 1309 entre le roi et le vicomte Amalric. Le vicomte ne conservait plus, en vertu de ce pariage, qu'une Cour « extra Narbonam » pour les justices qu'il possédait en dehors de la ville. Le siége de cette Cour fut établi à St.-Pierre-des-Clars.

garde et la police des rues et chemins, des murs, *caves* et fossés de la ville; — la police de la rivière d'Aude, ses bords et ses rivages; — le guet et la patrouille; — la visite des grains et l'approvisionnement de la ville; — l'*exercit* et la *cavalcate;* — les corps et métiers; — les poids et mesures; — la police des noces et baptêmes, des habillements et parures; — les vendanges et leur transport; — la salubrité de la ville, etc.

AA. 36. — 1 pièce (parchemin), orig. latin; 1 sc. cire rouge sur cordelette de chanvre vert.

1337 (10 janvier). — * Déclaration faite à Pierre de la Palud, sénéchal de Carcassonne, par les consuls du Bourg et de la Cité, contenant l'énumération : — de leurs droits et priviléges; — des droits qui appartiennent au roi dans Narbonne, comme roi de France, comme duc de Narbonne et comme seigneur du temporel qui avait jadis appartenu au chapitre Saint-Paul dans la ville et son territoire; — des droits du vicomte Amalric et de l'archevêque, dans le Bourg, la Cité et leurs dépendances. (Transc. au 1er thal., f° 237.)

UNION DES DEUX CONSULATS DU BOURG ET DE LA CITÉ.

AA. 37. — 1 pièce (parchemin), orig. latin.

1322 (29 juillet). — Présentation faite par Bertrand Fabre, assesseur ou conseiller des consuls du Bourg, et par Bérenger Lucian, assesseur ou conseiller des consuls de la Cité, a Raymond Foucauld, procureur général du roi en la sénéchaussée de Carcassonne, et Arnaud Assalit, procureur pour le roi en la même sénéchaussée « super incursibus heresum, » des lettres de Hugues Giraud, seigneur de Hélérion, sénéchal de Carcassonne, qui donnent licence et pouvoir aux consuls et conseillers du Bourg et de la Cité de se réunir dans l'un ou l'autre des deux consulats ou dans un établissement religieux, pour traiter de l'union des deux consulats, qu'ils demandaient pour l'avantage, la commodité et la tranquillité de la ville.

AA. 38. — 1 pièce (parchemin), vid. latin.

1327 (11 août). — Vidimus, expédié par Hugues de Crusy, garde de la prévôté de Paris, des lettres patentes de Charles IV, du 3 août 1327, concédées à la prière des procureurs des consuls du Bourg et de la Cité, et prescrivant l'ouverture d'une enquête pour constater les avantages et les inconvénients de l'union des deux consulats, « et si « equaliter ad quietem et ad tranquillitatem majoremque « commodum sibi publiceque rei cedat. »

AA. 39. — 1 pièce (parchemin), orig. latin.

1328 (25 février). — Présentation faite à Eustache Fabre, viguier, et Étienne de Molecone, juge de Béziers, par Bérenger d'Ursières, consul de la Cité, et Aymeric Roserguo, consul du Bourg, des lettres patentes de Charles IV, du 3 août 1327, accordées à la demande des consuls du Bourg et de la Cité, et prescrivant l'ouverture d'une enquête et information sur les avantages et les inconvénients de l'union des deux consulats.

AA. 40. — 2 pièces (parchemin), orig. roman.

XIVe siècle. — * Instructions données aux deux consuls envoyés à Paris pour solliciter l'union des deux consulats. — Titre de ces instructions : « Ad enformacion « des dos senhors que anaran en Fransa per la vila de « Narbona es ben de soplegar al rey nostre senhor que li « plasia que nos autrege los capitols desotz escritz. »

AA. 41. — 3 pièces (papier); 3 pièces (parchemin), orig. lat. et franç.; 2 sc. cire verte.

1338 (12 juin), — **1609.** — * Lettres patentes de Philippe VI (1), prononçant, sur la demande des consuls de Narbonne, l'union des deux consulats du Bourg et de la Cité, nonobstant les oppositions de l'archevêque et du vicomte à cette union et à la déclaration faite par les consuls qu'ils tiennent leur consulat immédiatement du roi, comme duc de Narbonne. Ces lettres confirment les libertés, usages, coutumes, franchises et droits dont la ville était auparavant en possession; maintiennent le nombre de ses consuls et conseillers, les formes de leur élection et le nombre des clavaires; donnent aux consuls permission d'établir le siége du consulat dans le Bourg ou dans la Cité, comme il pourra mieux convenir, ou sur le Pont-Vieux, et leur conservent la faculté de nommer et établir les courtiers, courtières, crieurs et *inquanteurs* publics. (Transc. au 1er thal., f° 55.) — Lettres patentes de Henri IV, y attachées, avec leur entérinement au Parlement de Toulouse, qui confirment cette union ainsi que tous les priviléges, droits, facultés et pouvoirs concédés aux consuls et aux habitants de la ville.

AA. 42. — 3 pièces (parchemin), orig. et cop. lat.

1338 (12 juin). — * Lettres patentes de Philippe VI, qui prononcent l'union des deux consulats du Bourg et de

(1) Ces lettres furent délivrées en double original, l'un pour le consulat du Bourg, l'autre pour le consulat de la Cité.

la Cité, et confirment les privilèges, franchises, immunités et coutumes de la ville. (Transc. au 1er thal., f° 55.) Cette union est concédée sur les instances de la ville et moyennant le paiement d'une somme de 5,000 livres tournois, nonobstant les oppositions de l'archevêque et du vicomte. — Présentation de ces lettres, faite par les consuls Bernard Assaud et Jacques Bonet au sénéchal de Carcassonne, pour leur entérinement et enregistrement dans sa Cour.

AA. 43. — 1 pièce (parchemin), orig. latin.

1338 (3 août). — Délibération prise par les conseillers du Bourg, sur le vû des lettres patentes du 12 juin 1338 qui prononcent l'union des deux consulats, donnant aux consuls permission et pouvoir de régler cette union avec les consuls de la Cité, « sub modis, formis, conventionibus, « pactis et conditionibus » qui seront convenus avec ces consuls, d'après le conseil et sur l'assentiment de Bernard Amanni, Jean Vitalis, Bernard Alaman, Pons Bédos, Pierre Quintilhan et Pierre-Guillaume Assalhit, que le Conseil adjoint aux consuls pour la conclusion de cette affaire.

AA. 44. — 1 pièce (parchemin), orig. latin.

1338 (4 août). — Délibération des conseillers de la Cité, prise sur le vû des lettres patentes du 12 juin 1338 prononçant l'union des deux consulats, qui donne aux consuls permission et autorisation de régler cette union avec les consuls du Bourg, sous les modes, formes, conventions, pactes et conditions à déterminer entr'eux, avec le conseil et l'assentiment de Jean Margalion, Durand Baudon, Pierre Raynard, Pierre Vitalis, Blaise Boyer et Pierre Bérenger, que le Conseil adjoint aux consuls pour conclure cette union.

AA. 45. — 1 pièce (parchemin), orig. latin.

1338 (3-19 août). — Fragment des * actes délibérés entre les consuls du Bourg et de la Cité, pour l'exécution des lettres patentes du 12 juin 1338 qui prononcent l'union des deux consulats. (Ces actes sont transcrits en entier au 1er thal., f° 55 et suivants).

AA. 46. — 4 pièces (parchemin), orig. latin.

1338-1341. — Quittances de la somme de 5,000 livres tournois payée au roi, entre les mains de son trésorier à Carcassonne, pour l'union des deux consulats accordée par lettres patentes du 12 juin 1338.

AA. 47. — 1 pièce (parchemin), orig. lat.; 1 sc. cire verte sur lacs de soie verte et rouge.

1470 (janvier). — Lettres patentes de Louis XI, qui, sur la requête des consuls, confirment l'union des deux consulats du Bourg et de la Cité, avec toutes leurs immunités, franchises et privilèges, notamment la ferme du droit de courtage, l'institution et la destitution des courtiers et *inquanteurs*, etc. Ces lettres confirment aussi la création de la viguerie concédée, malgré les oppositions de la ville de Béziers, de l'archevêque et du vicomte de Narbonne, par lettres patentes et arrêt du Parlement de Paris de 1347, insérés dans la confirmation sous forme de vidimus.

Union de la Vicomté a la Couronne.
Confirmation des privilèges de la ville a l'occasion de cette union.

AA. 48. — 1 pièce (parchemin), orig. franç.

1508 (15 mai). — Lettres patentes de Louis XII, datées de Lyon, par lesquelles, à la requête des consuls, manans et habitants de Narbonne, et en considération de ce que « lad. ville, qui est la principalle de la viguerie « dud. Narbonne et lune des plus anciennes cités et villes « de nostre royaume, située et assise en pays de frontiere, « clef et garde de tout nostre pays de Languedoc, et « laquelle pour son anticquité est appellé la seconde « Romme, qui tousjours a esté bonne et loyalle et obeys- « sante a nous et a noz prédécesseurs Roys de France sans « jamais avoir varié, et laquelle a supporté jusques a pré- « sent tout le faiz et charge ou la plus grant partie des « guerres qui par cy devant ont esté es quartiers d'Espai- « gne, » le Roi mande au sénéchal de Carcassonne de se transporter à Narbonne pour y faire « extraire et doubler « les lettres, livrets et pancartes, » dont lesdits consuls et habitants « se vouldroient ayder » pour n'être pas troublés en leurs privilèges, coutumes, libertés et franchises, à l'occasion de l'échange fait de la Vicomté, unie à la Couronne, contre le duché de Nemours, que le roi avait donné à Gaston de Foix, vicomte de Narbonne.

AA. 49. — Registre (parchemin), 64 feuillets in-f°, cop. latin et franç.

1508. — Privilèges, coutumes, immunités et droits de la ville de Narbonne, des années 1231 à 1448, tirés des archives consulaires par Arnauld Boyer, seigneur de Montclar, juge mage et lieutenant né du sénéchal Jean de Levis, maréchal de la Foy, en la présence et avec l'assistance de Guy des Loges, procureur du roi en la sénéchaussée de Carcassonne, et en exécution des lettres patentes de Louis XII, du 15 mai 1508. Les Consuls lui exhibèrent ces privilèges en deux livres, « desquels lung ils nomment « communément Livre segond, dit *Talamut*, script en par- « chemin, couvert de postes et de peau blanche, fermant « a deux crochetz et commenceant en son premier feulhet « en lettre rouge faicte a vermilhon ainsi que sensuyt : « *Carte del bandayrage*...... Lautre livre aussi script en « parchemyn couvert de postes et de peau vieilhe avec cinq « bolhons de laton a chaine dez postes de lad. couverte par « dessus sans aulcuns fermoirs, quilz nomment le livre « cinquiesme. » (*V.* art. AA. 101 et AA. 105.)

AA. 50. — 1 cahier (parchemin), 16 feuillets in-4°, latin et franç.

1508 (20 juin). — Procès-verbal de la prise de possession par Jean de Levis, sénéchal de Carcassonne, au nom de Louis XII, de la Vicomté de Narbonne unie à la Couronne au moyen de l'échange fait avec Gaston de Foix, dernier vicomte de Narbonne, contre le duché de Nemours. Le sénéchal de Carcassonne, dans cette prise de possession, était assisté d'Arnauld Boyer, son juge mage; de François Luillier, trésorier du roi; de Michel de Banes, avocat, et de Guy des Loges, procureur du roi. Les Consuls de Narbonne donnent leur acquiescement à la prise de possession, sous la réserve de leurs droits et privilèges, et sous la condition : — qu'une clef du boulevard du vicomte leur sera remise;— qu'ils auront la garde de toutes les clefs de la ville; — qu'ils en nommeront le capitaine. Voici la formule de cet acquiescement : « Et « semblement les consulz de Nerbonne dessus nommés, « lesquels par la bouche du vénérable messire Jéronyme « de Exéa, docteur, et Andrée Poytevyn, licencié en loix, « ont dit et proposué que *urbs ipsa Narbone fuit semper et* « *est nervus dominationis regis Francorum, premaxime* « *ab illo citra tempore quo monarcha ille et christia-* « *nissimus princeps Karolus magnus, Romanorum im-* « *perator et Francorum rex, in cujus personam trans-* « *latum est imperium a Grecis in Germanos, zelo fidey* « *catholice ac christiane religionis succensus, Narbo-* « *nenses et alias occidentales plagas atque regiones,* « *congregatis christianorum fidelium exercitatibus, a* « *jugo Sarranice potestatis liberavit, et gentem Sarra-* « *cenitam expulit populo auxiliante et a post sub dominio* « *principis nostri remansit, sub cujus tegimine* despuis « ont vescu et sont délibérés vivre, et que *ratione subjecti* « elle a esté bonne vraye subgecte et tres obéissante a la « coronne de France, assize *in patria limitropha et ter-* « *rens hostes, permultis privilegiis* par les feuz Roys et « Roy régnant *decorata*, disans estre tres joyeulx et bien « eureux de ceste noble et belle unyon a lad. coronne de « France, permutation et eschange, laquelle longuement « et cordiallement avoient désirée, *veluti sancti patres* « *adventum Salvatoris*, eulx déclairans bons vrays et « loyaulx tres obéissans serviteurs et subgectz, et comme « tels vouloir obéir et entendre assuivre et acomplir la « voulonté dud. seigneur. Et pour ce que *superioribus* « *annis tempore aliorum vicecomitum* lad. cité et ville de « Nerbonne avoit aulcuns privilèges donnés par lesd. vis- « contes, ensemble certains accortz et transhactions, re- « quierent que en iceulx soyent entretenus, et en ce faisant « feront le bien du Roy nostred. sire et de ladicte univer- « sité, laquelle par cydevant a esté grandement engarcée « par les anciens enemys a cause que, comme dit est, est « située aux limites et extremités du présent royaulme ; « *inter que privilegia*, acord et transhaction, *etiam ab* « *immemoratis temporibus* cest que *tempore hostilitatis* « *et guerre* ilz ont *introytum et exitum porte vicecomita-* « *lis*, et que *possunt et valent eligere capitaneum* pour la « garde, conduyte, conservation et défence desd. cité et « ville de Nerbonne, tenir et garder une clef du boule- « vard dud. Visconte, *ut securius et comodius universitas* « *ipsa valeat et possit thueri*, et aussi les clefz de lad. « ville et cité, *nomine tamen dicti domini nostri regis*, « requérant comme dessus. »

AA. 51. — 3 pièces (papier), latin; 2 pièces (parch.), lat. et franç., orig. et cop.; 1 sc. cire verte sur fils de soie verte et rouge.

1508 (octobre), — **1509** (7 août). — Confirmation des « pactions, accords, convencions, transactions et pri- « villéges » de la ville, par Louis XII, comme vicomte et vrai seigneur de Narbonne, à la suite de l'échange qu'il avait fait de la Vicomté contre le duché de Nemours donné à Gaston de Foix, dernier vicomte de Narbonne. — Publication et enregistrement de cette confirmation en la Cour du sénéchal de Carcassonne. (Transc. au 4e thal., f° 170.) — Copie de cette confirmation, avec les lettres de son enregistrement en la Cour du sénéchal, tirée de l'original par le notaire Azam, greffier du consulat, en 1684.

SERMENTS DE FIDÉLITÉ AU ROI.

AA. 52. — 1 pièce (parchemin), orig. latin.

1271 (6 des kal. de juin (27 mai). — * Serment de fidélité prêté au roi entre les mains de Barthélemy de Pech, juge et lieutenant de Guillaume de Cohardon, sénéchal de Carcassonne et Béziers, par les consuls du Bourg et de la Cité, à l'occasion de l'avènement de Philippe III. (Transc., en latin, au 1er thal., f° 255, et en roman, au 7me thal., f° 66.)

AA. 53. — 2 pièces (parchemin), orig. et vid. latin.

1292 (28 février). — Serment de fidélité prêté au roi et à *la couronne* de France, par les consuls, au nom du peuple de Narbonne, entre les mains d'Hugues Guiraud, sénéchal de Carcassonne, « in plano et cimiterio sancti Felicis civitatis Narbone. » (Transc. au 1er thal., f° 256 v°.) — Vidimus de ce serment délivré en 1373 par Michel Précel, viguier de Narbonne.

AA. 54. — 1 pièce (parchemin), orig. latin.

1299 (8 septembre). — Serment de fidélité au roi et à *la couronne* de France, prêté entre les mains de Pierre de Mornay, seigneur de Séricate-Naberte, sénéchal de Carcassonne, par Bernard Sartre, Pierre Remejan, Antoine Villarnaud et Pons Sallèle, lieutenant de Bernard Bertrand, consuls de Narbonne, et par les conseillers et les principaux habitants de la ville, réunis sur le *plan* (1) situé devant l'église de « Monachia » (2).

Confirmations des priviléges généraux, libertés, droits, franchises, coutumes et immunités de la ville.

AA. 55. — 1 pièce (parchemin), orig. latin.

1306 (nones de juillet (7 juillet). — Réquisition faite par les consuls du Bourg et par les régents du consulat de la Cité, aux vicaires généraux de l'archevêque, pour la réparation des griefs et injustices que plusieurs de leurs actes et ordonnances contiennent au préjudice et mépris des priviléges généraux et libertés des habitants, dont la ville poursuit la confirmation. Ces griefs et injustices sont les suivants : — au lieu de faire exécuter les sentences rendues au criminel par la Cour de l'archevêque, ils les convertissent en amendes pécuniaires, ou laissent les condamnés mourir dans leurs prisons ; — il n'existe qu'un seul notaire dans cette Cour, au lieu de deux qu'elle doit avoir ; — les droits d'écriture pour les actes notariés, qui devraient être de 12 deniers seulement par feuillet, sont augmentés de deux deniers pour la correction, et deux sous pour le sceau ; — l'assignation en Cour, avec sceau pendant, qui était taxée à 6 deniers, a été portée à deux sous ; — le bénéfice de l'absolution, dont la concession était gratuite, n'est maintenant donné à chaque excommunié qu'à la condition de payer, pour l'obtenir, certaines sommes d'argent ; — l'official ajourne le prononcé de ses sentences, même dans les causes les plus simples, ce qui est un très-grand dommage pour les parties ; — au lieu de deux notaires pour la réception des testaments et des mariages, il n'y en a plus qu'un, lequel exige 10 liv. tournois de ce qui n'était auparavant taxé qu'à 30 sous, d'où il résulte que beaucoup d'habitants, pour ne pas subir cette extorsion, ne testent plus ou font leurs dernières dispositions hors de la ville ; — l'official procède contre les consuls, sans monitoire préalable et sans observer les formes du droit commun, par voie d'excommunication publique, sans aucune considération pour leur charge ; — contrairement aux droits des consuls, ils les empêchent de veiller aux réparations et au bon état de la rivière d'Aude, à la police et à la libre circulation des rues et chemins ; — ils prohibent aux habitants le droit de prendre, sans aucune redevance, des pierres et de la terre (1) de l'île de Cauquenne (2), etc.

AA. 56. — 1 pièce (parchemin), orig. latin.

1317 (9 avril). — Lettres patentes de Philippe V, données de Béziers, par lesquelles il est enjoint au sénéchal de Carcassonne, ou pour lui à son lieutenant et aux officiers justiciers du royaume, de faire inviolablement garder et observer les statuts et ordonnances concernant les priviléges de la ville, et d'empêcher que ses habitants n'éprouvent aucun trouble en leur jouissance.

AA. 57. — 2 pièces (parchemin), orig latin ; 1 sc. cire verte sur fils de soie verte et rouge.

1317 (avril). — Confirmation des priviléges géné-

(1) Terrain plat, vulgairement appelé *pla* ou *plo*.

(2) Notre-Dame du Bourg ou de Lamourguié.

(1) Terre blanche, espèce de craie dont les habitants se servaient pour la préparation de leurs draps. Ils en tiraient aussi du territoire de la seigneurie de Gruissan, où ils exploitaient une mine de craie, vulgairement désignée sous le nom de *grédo*, que l'archevêque Pierre Amiel avait concédée à Bernard Faydit en 1235.

(2) L'île de Cauquenne, aujourd'hui Ste.-Lucie, fut vendue à Bérenger, archevêque de Narbonne, en 1200, par Udalguier de Sejan, fils de Bermond de Sejan, avec tous ses droits et appartenances de mer, étangs, terres, garrigues, montagnes, chasse, vermillon, pêches, entrées et issues, eaux douces et salées et droit de patronat sur l'église N.-D. qui y était édifiée, pour le prix de 4,000 sous melgoriens. Cette église est peut-être tout ce qui restait du monastère de Bénédictins qui existait dans l'île sous les premiers Carlovingiens, et dont était abbé, en 838, David, qui obtint de Charles le Chauve des donations considérables, entr'autres l'île entière de Cauquenne et le port qui y était contigu. Ce monastère fut plus tard réuni à l'abbaye de Lagrasse et réduit à l'état de simple prieuré. Le cardinal de Joyeuse voulut le rétablir. A cet effet il fit donation de l'île, en 1614, à l'ordre de Saint-Basile, sous la condition d'y entretenir douze religieux. Mais ses revenus n'ayant pas été reconnus suffisants, la bulle qui autorisait l'établissement des religieux ne put être fulminée. Mgr. Louis de

raux de la ville, de ses libertés, antiques franchises, coutumes et droits quelconques, par le roi Philippe V. Cette confirmation est datée de Béziers, où le roi avait reçu des habitants le serment de fidélité prêté par Bernard de Montolieu, leur procureur pour la Cité, et par Raymond Nicole pour le Bourg. L'approbation du serment de fidélité de l'une et l'autre partie de la ville est donnée sous cette formule : « quod omnes et singuli fideles et legales im- « perpetuum nobis erunt et pro conservandis statu et « honore nostris coroneque Francie, necnon jure nostro « et heredis nostri masculi regis Francie, exponent per- « sonas et bona contra omnem hominem qui vivere possit « et mori. »

AA. 58. — 1 pièce (parchemin), vid. latin.

1323 (29 avril, — 6 mai). — Présentation faite par Bernard Paul, bourgeois et consul du Bourg, à Rostan Peyrier, coseigneur de Bagnoles, juge mage en la sénéchaussée de Carcassonne et lieutenant du sénéchal, tenant ses assises à Béziers, de onze lettres patentes de Charles IV, de 1323, à l'effet de procéder à leur exécution. Ces lettres mandent au sénéchal de faire rigoureusement observer les priviléges et coutumes de la ville, qu'il devait maintenir nonobstant toutes lettres à ce contraires, principalement en ce qui concerne : — les citations données par les officiers curiaux de l'archevêque, sous prétexte de leur juridiction spirituelle, pour des causes ressortissant aux juridictions temporelles; — le salaire des sergents pour les citations en témoignage dans les causes royales, — les défenses faites par les juges, dont les sentences sont frappées d'appel, aux notaires désignés pour en dresser acte, de procéder à la rédaction de cet acte avant d'avoir reçu leurs réponses sur l'appel; — les exécutions arbitraires pratiquées en violation de la coutume, qui exige une demande préalable de paiement, contre les possesseurs de biens tenus de l'archevêque en emphytéose, par cela seul qu'ils n'en paient pas le cens à l'échéance; — la contrainte exercée, sur la seule assignation des notaires, et parties adverses non appelées, pour le paiement de l'honoraire des écritures de ces notaires; — le trouble donné aux consuls dans le droit des habitants de faire paître leurs troupeaux et de les abreuver dans le territoire de leur banderage de l'Ile del Lec, sous prétexte du différend qui existait entre le précepteur de la maison de St.-Jean de Jérusalem et les dits consuls, au sujet de la propriété de certains terroirs de cette île, le Cres, las Gachas de Capardo, etc.; — le nouveau péage établi dans leurs terres, contre le droit des habitants du Bourg, par les seigneurs de Villesèque et divers prélats et barons de la sénéchaussée, etc.

AA. 59. — 1 pièce (parchemin), orig. latin.

1350 (29 mars). — Lettres patentes du roi Jean, portant confirmation et approbation des priviléges, libertés, usages, franchises et coutumes de la ville. Ces lettres sont accordées, de grâce spéciale, en considération de la constante fidélité des habitants et de leur empressement à octroyer le subside demandé par le roi pour ses besoins présents, empressement qui les plaçait « pre aliis communitatibus lingue Occitanie. »

AA. 60. — 1 pièce (parchemin), orig. latin; 1 sc. cire rouge sur lanière de parchemin.

1360 (11 mai). — Confirmation des priviléges, libertés, franchises, coutumes et usages de la ville, par Jean, comte de Poitiers, lieutenant du roi en Languedoc.

AA. 61. — 1 pièce (parchemin), vid. latin.

1385 (21 juin). — Vidimus donné par Jean Conoit, juge royal de Béziers, des lettres patentes de Charles VI, du mois d'avril 1381, confirmatives des immunités, franchises, libertés, coutumes et usages antiques de la ville.

AA. 62. — 1 pièce (parchemin), orig. latin; 1 pièce (papier), copie.

XIVe siècle. — Mémoire remis à Pierre Boquier, avocat, et Pierre-Raymond Maynard, consuls, députés à Paris pour *les affaires* particulières de la ville, notamment pour obtenir des lettres du roi portant « quod nullus

---

Vervins, successeur du cardinal à l'archevêché, s'y opposa, après avoir fait d'ailleurs diverses réserves de droits de chasse et de garenne, en déclarant qu'en tout état de choses, il entendait que l'île fit retour, sans en rien excepter, à la manse archiépiscopale, si après s'y être établis les religieux abandonnaient leur monastère. Cependant, le syndic de l'ordre de St.-Basile voulait profiter de la donation du cardinal. Il eut alors recours à Henriette-Catherine de Joyeuse, duchesse de Guise, nièce et seule héritière du cardinal, et en obtint une somme de 5,400 liv. tournois qu'elle affectait à la dotation du futur monastère, tout en consentant à ce que le personnel qui devait y être entretenu fût réduit à six religieux, et même, si cet ordre ne pouvait accepter avec cette réduction, à deux religieux qui seraient fournis par le couvent de St.-François de Narbonne. Les Cordeliers Jean Slandeau et Siméon Michel acceptèrent ces dernières conditions; mais ils ne purent se maintenir dans l'île. En 1617, ils durent l'abandonner, et tous les actes relatifs à leur établissement furent annulés.

Avant d'appartenir aux Bénédictins, l'île de Cauquenne avait fait partie de la dotation de l'église de Narbonne. Le comte Milon, qui s'en était emparé, dut en faire le délaissement à l'archevêque en vertu d'un ordre des commissaires que Charlemagne avait envoyés pour vider leurs différends.

« habitator Narbone pro aliquibus denuntiationibus ponatur in inquestam, nisi denuntians se obliget de refundendis expensis, et ad penam talionis se astringat, si deficiat in probando, » et des lettres qui contiennent défenses aux officiers des Cours de Narbonne de procéder dans les causes criminelles contre les libertés, « quod curie non possunt se intromittere de aliquibus querimoniis, nisi facta fuerit querimonia, » les officiers de ces Cours s'étant efforcés, depuis quelque temps, d'instruire ces causes « ex suo officio. »

AA. 63. — 1 pièce (parchemin), orig. latin.

1426 (10 mai). — Lettres patentes de Charles VII, par lesquelles il est enjoint au sénéchal de Carcassonne de faire maintenir les consuls et les habitants de Narbonne en la possession et paisible jouissance de leurs libertés, coutumes et franchises, et notamment de certaine solennité qu'ils célèbrent chaque année, suivant la coutume, les jour et fête de l'Ascension.

AA. 64. — 2 pièces (parchemin), orig. et vid. franç.

1498 (juin). — Confirmation « de tous et chacuns les privilléges, droiz, coustumes, usaiges, franchises, dons, libertez, prérogatives, graces et octroys » de la ville de Narbonne, par Louis XII. (Transc. au 2e thal., fo 164.) — Vidimus de cette confirmation, donné le 1er avril 1533 par Gabriel de Montredon, seigneur de Montredon et Escales, viguier, et Pierre Delort, seigneur de Tarailhan, juge de Narbonne.

AA. 65. — 1 pièce (parchemin), orig. franç.

1517 (janvier). — Confirmation, par François Ier, de « tous et chacuns les previlleiges, drois, coustumes, usaiges, franchises, libertez, prérogatives, dons, graces et octroyz, qui ont esté donnez et octroyez.... le temps passé » aux habitants de Narbonne.

AA. 66. — 2 pièces (parchemin), orig. franç.

1564-1566. — Confirmation des priviléges, coutumes, libertés et franchises de la ville, par Charles IX.

AA. 67. — 1 pièce (parchemin), orig. franç.; 1 sc. cire verte sur fils de soie verte et rouge.

1574 (octobre). — Lettres patentes de Henri III, données à Lyon, confirmatives des « grandz privilléges, droictz, usaiges, exemptions, prérogatives, dons, graces, octroiz, franchises et libertez » de la ville.

AA. 68. — 3 pièces (parchemin), orig. et copie franç., 1 sceau plaqué.

1596-1601. — Lettres patentes de Henri IV, avec leur entérinement en la Cour des Comptes et l'attache de Henri, duc de Montmorency, qui, pour donner aux habitants de Narbonne « toute occasion et subject de persévérer en la dévotion et fidélité quilz ont de tout temps rendue a nos prédécesseurs Roys, et de sexciter et évertuer de plus en plus a la garde et conservation de lad. ville contre les mauvais desseings et praticques des ennemis, » confirment et approuvent tous les priviléges desdits habitants, leurs libertés, immunités, exemptions et franchises.

AA. 69. — 11 pièces (parchemin), orig. et cop. franç.

1604-1614. — Confirmation des priviléges et exemptions de la ville (crue de 4 sous 6 deniers par quintal de sel pour la solde de la morte-paye de 300 hommes; entretien des portes, ponts-levis et *clédats;* priviléges généraux, immunités, exemptions et franchises; affranchissement perpétuel des tailles, de l'équivalent et des leudes, etc.) par lettres patentes de Henri IV et de Louis XIII. — Entérinement de ces lettres patentes, par la Chambre des Comptes de Montpellier, par les présidents généraux des finances, intendants des gabelles, etc.

AA. 70. — 1 pièce (parchemin), cop. franç.

1611 (juillet). — Lettres patentes de Louis XIII, avec leur entérinement par les trésoriers généraux de France en la Chambre des Comptes, approuvant et confirmant « tous et chacuns les privilléges, franchises, libertés, exemptions et immunités » de la ville.

AA. 71. — 1 pièce (parchemin), vid. latin; 1 sc. cire rouge sur cordelette de chanvre vert.

1315 (18 avril). — Vidimus donné par Guillaume Agnel, régent de la Cour commune de Narbonne, des lettres patentes de Louis X, du 1er avril 1315, accordées aux villes et villages du Languedoc, et portant : — révocation des commissaires royaux chargés de la vente des biens des Juifs; — suppression de la finance des fiefs et arrière-fiefs, qui, de mains nobles, passent à des roturiers, ainsi que des fiefs non sujets à un service envers le roi; — permission d'exporter les comestibles; — confirmation des priviléges, libertés et franchises, dont ces villes jouissent depuis saint Louis; — règlement pour la tenue des assises, les frais de voyage des officiers de justice, etc. (Transc. au 1er thal., fo 109; au 2e thal., fo 85.)

AA. 72. — 2 pièces (parchemin), orig. et vid. latin; 1 sceau cire verte sur fils de soie verte et rouge.

1317 (7 avril), — **1401** (octobre). — Lettres patentes de Philippe V, données à Béziers, qui portent, à la supplication des États du Languedoc que le roi y avait convoqués et réunis en sa présence, confirmation des privilèges accordés aux villes de la province depuis le temps de saint Louis. — Vidimus de ces lettres, délivré à Narbonne le 26 novembre 1317, par Rostan Peyrier, coseigneur de Bagnoles, juge mage et lieutenant d'Aymeric de Cros, sénéchal de Carcassonne. — Lettres patentes de Charles VI approuvant et confirmant lesdites lettres, dont elles contiennent la transcription sous forme de vidimus.

Privilèges accordés aux habitants de Narbonne dans le royaume d'Aragon.

AA. 73. — 2 pièces (parchemin), orig. et cop. latin.

1148 (8 des kal. d'octobre (24 septembre). — * Privilèges accordés aux habitants de Narbonne dans la ville de Tortose, par Raymond Bérenger, comte de Barcelone, roi d'Aragon. (Transc. au 2me thal., f° 33; au 6me thal., f° 110 v°.)

AA. 74. — 3 pièces (parchemin), cop. latin.

1148-1241. — Copie des * privilèges accordés aux habitants de Narbonne par Raymond Bérenger, roi d'Aragon, comte de Barcelone, et de la * confirmation de ces privilèges par Guillaume de Monte-Catano, fils de Raymond de Monte-Catano, seigneur de Tortose. (Copie de la confirmation. au 1er thal., f° 258 v°; au 5me thal., f° 27 v°.)

AA. 75. — 2 pièces (parchemin), cop. latin.

1271 (kal. de décembre (1er décembre). — * Confirmation par Raymond de Monte-Catano, seigneur de Frage, des privilèges que Raymond Bérenger, comte de Barcelone, roi d'Aragon, avait accordés aux habitants de Narbonne en 1148, en considération de l'aide gratuite qu'ils lui avaient donnée pour chasser les Sarrasins de sa ville de Tortose, « in adquirenda civitate et terre Dertusensi, et a manu impiorum Sarracenorum extrahenda. »

AA. 76. — 3 pièces (parchemin), orig. et cop. latin.

1282 (18 des kal. de décembre (14 novembre). — Lettres patentes d'Alphonse, fils aîné du roi d'Aragon, adressées aux « lezdariis » de Tortose et du cap et grau d'Emposte, par lesquelles il leur est ordonné de n'exiger ni leude ni péage des habitants de Narbonne, qui en sont exempts par leurs privilèges, et de rendre et restituer les marchandises et biens qui peuvent leur avoir été pris pour raison de ce droit. — Copie de ces lettres patentes faite en 1296 par Pierre Vesian, notaire de Narbonne.

AA. 77. — 1 pièce (parchemin), orig. latin.

1282 (9 des kal. de décembre (23 novembre). — Présentation faite par Guiraud de Gruissan, marchand de Narbonne, à Samson Calderon, leudier du grau d'Emposte, des lettres patentes d'Alphonse, fils aîné du roi d'Aragon, qui mandent aux leudiers de Tortose de n'exiger ni leude ni péage des habitants de Narbonne, soit au grau, soit au cap d'Emposte, et dans tout le territoire de Tortose. A la suite de cette présentation, réquisition est faite par Guiraud de Gruissan, en son nom et au nom de ses associés, au leudier du grau d'Emposte, de restituer les marchandises à eux indûment saisies à l'occasion de cette leude.

AA. 78. — 4 pièces (parchemin), orig. latin.

1296 (nones de mai (7 mai), — 17 des kal. de juin (16 mai). — Présentation par Bérenger Amaron et Arnaud Goncellin, syndics de Narbonne, à l'évêque de Tortose, à Pierre de Fabrere, à Arnaud de Terracheria, péagers de Tortose, et aux leudiers du cap d'Emposte, des lettres patentes de Jacques, roi d'Aragon, du 6 des nones de mai 1296, datées du siége d'Orioles que le roi faisait alors, par lesquelles il est enjoint aux leudiers de Tortose et du cap et grau d'Emposte, de remettre entre les mains de l'évêque de Tortose, jusqu'à ce qu'il en soit autrement ordonné, la leude exigée des habitants de Narbonne dans ce grau et dans le territoire de Tortose.

AA. 79. — 2 pièces (parchemin), orig. latin.

1296 (17 des kal. de juin (16 mai). — Présentation faite par Bérenger Amaron et Arnaud Goncellin, à l'évêque de Tortose et aux leudiers de cette ville, des lettres de Jacques, roi d'Aragon, de Majorque et de Valence, comte de Barcelone, datées des jardins d'Almoradi, dans le royaume de Murcie, le 1er mai 1296, par lesquelles il est donné commission à cet évêque de faire informer des droits des habitants de Narbonne à l'exemption de la leude dans le port et le grau d'Emposte.

AA. 80. — 1 pièce (parchemin), orig. latin.

1296 (9 des kal. de juin (24 mai). — Réponse faite par l'un des leudiers de Tortose à l'ordre que leur avait signifié l'évêque de cette ville, sur la réquisition de Bérenger Amaron et Arnaud Goncellin, syndics de Narbonne, d'exécuter les lettres patentes de Jacques, roi d'Aragon, du 1er mai 1296. Ces lettres leur enjoignent de remettre entre les mains de cet évêque, jusqu'à ce qu'il en soit autrement ordonné, le produit de la leude levée sur les habitants de Narbonne. Dans sa réponse, le leudier de Tortose se déclare prêt à consigner ce produit entre les mains d'Arnaud de Miraillis, citoyen et « campsor » de Tortose.

AA. 81. — 1 pièce (parchemin) orig. latin.

1296 (4 des kal. d'octobre (28 septembre). — Lettres patentes de Jacques, roi d'Aragon, de Valence et Murcie, comte de Barcelone, données sur l'information faite par l'évêque de Tortose, par lesquelles il est enjoint aux leudiers de cette ville et du cap et grau d'Emposte, de tenir les habitants de Narbonne exempts de toute leude et de péage, conformément à leurs anciens priviléges, pour tous leurs biens et marchandises, à l'entrée et à la sortie, par terre et par mer, dans lesdits lieux et tous leurs districts.

AA. 82. — 1 pièce (parchemin), vid. latin; 1 sc. cire rouge sur cordelette de coton.

1317.—Vidimus délivré par Étienne Pasquier, viguier de la Cour commune de Narbonne, des * priviléges accordés aux habitants de Narbonne, en 1148, par Raymond Bérenger, comte de Barcelone, roi d'Aragon, en considération des services qu'ils lui avaient rendus dans la guerre contre les Maures, et des lettres patentes de Jacques, roi d'Aragon, de Valence et Murcie, comte de Barcelone, données en 1296, sur information faite par l'évêque de Tortose, par lesquelles il est enjoint aux leudiers de cette ville et du cap et grau d'Emposte, de tenir lesdits habitants exempts de toute leude, conformément à leurs anciens priviléges, pour tous leurs biens et marchandises, à l'entrée et à la sortie, par terre comme par mer, dans lesdits lieux et leurs districts.

AA. 83. — 3 pièces (parchemin), orig. latin; 1 sc. cire rouge sur lanière de parchemin.

1344-1433. — Lettres patentes de Pierre, roi d'Aragon, datées de Perpignan, approuvant et confirmant celles de l'infant Alphonse, du 18 des kal. de décembre 1282, et celles de Jacques, roi d'Aragon, du 4 des kal. d'octobre 1296, qui déclarent les habitants de Narbonne exempts de toute leude et de tout péage, par terre et par mer, à Tortose et au cap et grau d'Emposte.— Autres lettres (1) du même Pierre, roi d'Aragon, datées de Roses, qui confirment celles du roi Jacques, de 1296. — Vidimus desdites lettres du 4 des kalendes d'octobre 1296, délivré par les consuls de Narbonne le 15 avril 1433.

(1) L'obtention de ces lettres avait été poursuivie, par les consuls de Narbonne, pour mettre fin aux contestations dont était l'objet, de la part du péager de la ville de Tortose, l'exemption de leude qu'y réclamaient les habitants de Narbonne.

Priviléges des habitants de Narbonne dans la Sicile et les îles voisines.

AA. 84. — 1 pièce (parchemin), orig. latin; 1 sc. cire rouge, dans une capsule de bois.

1321 (18 juin). — * Priviléges, franchises et droits accordés aux habitants de Narbonne, dans la Sicile et les îles voisines, par Frédéric, roi de Trinacrie.

AA. 85. — 1 pièce (parchemin), orig. latin.; 1 sc. cire rouge, dans une capsule de bois.

1321 (18 juin). — Diplôme qui étend aux habitants des faubourgs de Narbonne les priviléges accordés aux habitants de la ville même, dans la Sicile et les îles voisines, par le roi de Trinacrie.

Priviléges des habitants de Narbonne a Constantinople et dans l'île de Rhodes.

AA. 86. — 2 pièces (parchemin), vid. latin, et orig. grec et latin; 1 sceau plaqué cire rouge.

1346 (21 avril), — **XIVe siècle.** — Vidimus délivré par Hugues Arnaud, seigneur de Montredon, viguier, et Guillaume Chaussier, juge en la viguerie du vicomte Aymeric, du * privilége accordé aux habitants de Narbonne faisant le commerce ou résidant à Constantinople et dans les terres de l'empire d'Orient. — Confirmation de ce privilége, dont l'original, qui était scellé de la bulle d'or de l'Empire, n'existe plus aux archives de la ville.

AA. 87. — 2 pièces (parchemin), orig. latin; 1 sc. plomb sur fils de soie rouge et jaune.

1356 (15 juillet). — * Priviléges accordés aux habitants de Narbonne dans l'île et les ports de Rhodes, par Roger de Pins, grand-maître de l'ordre de St.-Jean de Jérusalem. (Transc. au 3me thal., fo 104 vo.)

Priviléges accordés par le comte des Empuries.

AA. 88. — 1 pièce (parchemin), orig. latin.

1297 (4 des kal. de novembre (29 octobre). — * Priviléges accordés aux habitants de Narbonne par Pons Hugues, comte des Empuries. Le comte, au nom de ses chevaliers et de tous ses sujets, prend sous sa protection la ville de Narbonne et tous ses habitants, marchands ou autres, leurs personnes et leurs biens, et leur permet de résider, aller et venir, eux et leurs familles, par terre comme par mer, dans tout le pays soumis à sa domination.

PRIVILÈGES ACCORDÉS PAR L'ORDRE DE St-FRANÇOIS.

AA. 89. — 1 pièce (parchemin), orig. latin.

1293 (23 septembre). — Lettres de frère Jean, général de l'ordre de St-François, datées de Toulouse, qui reçoivent les consuls, les nobles, les bourgeois, les marchands et travailleurs de Narbonne, « famose et celebris civitatis, » de l'un et l'autre sexe, en considération de la faveur dont les religieux de St-François jouissent dans la ville, à la participation en toutes les messes, prières, jeunes et oraisons des religieux de l'ordre, ainsi que de leurs sœurs, les religieuses de Ste-Claire.

SAUVEGARDES ROYALES.

AA. 90. — 1 pièce (parchemin), orig. latin et français.

1313 (3 des kal. de mars (27 février). — Notification faite par Bernard Molinier, baile royal de Narbonne, à Arnaud Régis, official, Guillaume de Pomeribes, sous-viguier, et Guillaume Sanche, procureur de l'archevêque, des lettres de sauvegarde royale accordées par Philippe IV, aux consuls du Bourg et de la Cité, en 1312.

AA. 91. — 1 pièce (parchemin), orig. latin.

1315 (nones de mars (7 mars). — Présentation faite par les consuls à Guillaume de Valence, lieutenant de l'official de Narbonne, des lettres de sauvegarde accordées en 1313, par Philippe IV, aux consuls de la Cité, leurs conseillers, aides et messagers, pour les défendre de toutes injures, oppressions manifestes, violences et innovations.

AA. 92. — 1 pièce (parchemin), orig. latin; 1 sc. cire blanche sur lanière de parchemin.

1328 (8 octobre). — Sauvegarde accordée par Philippe VI, au consulat de la Cité, pour ses consuls, leurs conseillers, aides, sergents, messagers, et pour tous les membres du consulat, ses droits, libertés et franchises.

AA. 93. — 1 pièce (parchemin), vid. latin.

1365 (16 juillet). — Vidimus délivré par Jean Michel, viguier de Narbonne, des lettres de sauvegarde royale et spéciale, accordées aux consuls de Narbonne, en 1364, par Charles V.

AA. 94. — 2 pièces (parchemin), orig. latin; 2 sceaux cire rouge sur lanière de parchemin.

1391 (4 avril). — Mandements donnés par Girardin de Rollencourt, viguier de Narbonne, aux sergents royaux de la ville, d'exécuter les lettres de sauvegarde royale et spéciale accordées aux consuls de Narbonne, par le roi Jean, en 1362.

AA. 95. — 2 pièces (parchemin) orig. latin.

1394 (26 mai). — Lettres de sauvegarde royale et spéciale accordées aux consuls de Narbonne, par Charles VI. — Mandement de Bertrand Besset, juge de Narbonne, adressé aux sergents royaux de la viguerie, pour l'exécution de ces lettres.

AA. 96. — 2 pièces (parchemin), orig. latin.

1442 (25 mai, — 9 juin). — Lettres de sauvegarde royale et spéciale, datées de Narbonne et accordées aux consuls de cette ville par Charles VII. — Exécutoire de ces lettres délivré par Aymeric de Vieusac, viguier royal de Narbonne.

AA. 97. — 1 pièce (parchemin), orig. lat.; 1 sc. cire blanche sur lanière de parchemin.

1461 (20 novembre). — Lettres de sauvegarde, datées de Tours, accordées aux consuls de Narbonne, leurs notaires, conseillers et sergents, par Louis XI.

AA. 98. — 1 pièce (parchemin), orig. latin; fragment de sceau cire rouge.

1408 (23 janvier). — Délégation de pouvoirs donnée à trois avocats de Narbonne, pour éviter à la ville des dépenses et frais de voyage, par Léger Saporis, conseiller du duc de Berry, commissaire et conservateur « privilegiorum et libertatum, per dominum nostrum Francorum « regem et ejus predecessores, consulibus et aliis habitatoribus et singularibus ville et vicarie Narbone, actenus « concessorum. »

CARTULAIRES.

AA. 99. — Registre (parchemin), 387 feuillets in-f°, cartonnage couvert de parchemin.

1148-1567. — 1er THALAMUS (1).

F° 1. — **1221** (2 des kalendes de décembre (30 novembre). — Déclaration d'Aymeric, « par la grâce de

(1) D'après le plan adopté pour cet inventaire, chacun des actes contenus aux 12 thalamus que possèdent les Archives de Narbonne

Dieu » vicomte de Narbonne, par laquelle il reconnaît que Guillaume Amalric, Bertrand de Bosco, Bernard Trenquier, Bérenger Gaucelin et Sicard Ademar, consuls de la Cité, et leurs prédécesseurs, ont été et sont en possession et jouissance des droits de ban et de lignerage, de dépaissance et abreuvage des troupeaux, et de *pignore*, dans le territoire de l'île del Lec, depuis la tour du comte Pierre jusqu'à l'étang qui divise la Corbière, et dans les terres comprises entre le Ga-Rabios, la Goule-d'Aude et l'étang de Petrociis, le ténement de Perdipas et les territoires de Cuxac et de Coursan exceptés. Ces droits, qui avaient été concédés par la vicomtesse Ermengarde, furent ensuite confirmés par Raymond, comte de Toulouse, duc de Narbonne et marquis de Provence. (Transcrit au 2e thal., f° 117.)

Rubrique : Carta del bandayrage del Lec e det madona Meniart am lo vescompte doneron a la villa, e fouc cofermada per lo compte de Tholosa.

F° 1 v°. — **1166** (12 novembre); — **1224** (8 octobre). — * Convention et confédération de paix, de concorde et commerce, passée le 12 novembre 1166, entre les consuls de Gênes et Guillaume de Saint-Grisand, député de l'archevêque Pons, de la vicomtesse Ermengarde et de tout le peuple de Narbonne. — Nouvelles conventions semblables, conclues le 8 octobre 1224, entre Andalo de Bononia, podestat de Gênes, et Guillaume Peyre et Bernard de Léone, consuls et députés de Narbonne. (Transc. au 6e thal., fos 76 et 77 v°.)

Rubrique : Carta de las franquesas de Jenoa.

F° 4 v°. — **1259** (9 des kalendes d'octobre (23 septembre). — Sentence arbitrale rendue par Bernard d'Outreville, Aymeric Palier et Guillaume Fabre, dans le différend entre Pierre des Empuries, Michel Helya, Jacques de Saint-Pons, Pierre de Fraissé, consuls de la Cité, et Imbert de Sestable, Guillaume Vaquier et Bernard Stephani, consuls du Bourg, d'une part, et le chevalier Bernard de Saint-Étienne, Guillelme et Agnès, filles de Guillaume de Rieu, et Sicard Fabre, tuteur de Guiraud de Rieu, d'autre part, au sujet de la levée du droit de cosse sur les blés, les légumes et les fruits vendus à Narbonne.

Rubrique : Carta de las cossas.

F° 6. — **1279** (3 des nones de novembre (3 novembre). — Sentence du juge de Béziers, rendue dans une procédure poursuivie par Arnaud Manifacier, marchand de Carcassonne, contre Guillaume Raymond, fermier du droit de cosse (1), aux fins d'obtenir récréance et restitution de 6 setiers de blé qu'il faisait sortir de Narbonne pour être expédiés à Montpellier, et que le fermier avait fait arrêter et saisir pour garantie du paiement de ce droit. Arnaud Manifacier se prétendait exempt du droit de cosse en sa qualité d'habitant de Carcassonne; contrairement à cette prétention, la sentence maintient le droit du fermier.

Rubrique : Carta de sentencia de las cossas del blat, que N Arnaud Manifacier, de Carcassona, trasia blat de Narbona per portar a Monpeslier; en Guillaume Raymond demandava li las cossas, e per aquo avia li arrestatz 6 sestiers de froment et 1 eymina de fust; e fouc declarat per lo juge de Beres quel dit Arnaud Manifacier pagues las cossas au Guillaume Raymond.

F° 7. — **1335** (25 mai). — * Serment et promesse de garder et conserver les coutumes de Narbonne, faits par le vicomte Aymeric, en présence de Raymond de Montbrun, Jean Dardenc, Bérenger Boquier, Pierre Ayguin et Pierre Raynard, consuls de la Cité, de Bérenger Alambert, Pierre-Raymond Rouch, Guillaume de Moux, Raymond Vermeil, Bernard Boyer et Bernard Cabirol, consuls du Bourg, et du peuple du Bourg et de la Cité convoqué dans le palais vicomtal, au son de la trompette. Les consuls du Bourg et de la Cité et les habitants de Narbonne lui promettent en retour fidélité, et jurent de le garder, défendre et protéger de toutes leurs forces, dans la ville et au dehors.

Rubrique : Carta que mosen Aymeric, vescompte de Narbona, juree gardar e servar las franquesas escrichas e non scrichas, els cossols els singulas et lurs moles et lurs efans et lurs bes, dedintz e deforas. Els cossols el poble jurero esser fizels a mossen lo vescomte, e servar e gardar sa persona e sos membres, sa honor e sos heretias, e sa senhoria deffendre per tot lur poder.

F° 9. — **1308** (juillet). — Lettres patentes de Philippe IV,

fera l'objet d'une analyse dont le rang est déterminé par l'ordre de pagination de ces thalamus.

Les rubriques données aux actes sont généralement en langue romane; c'est par exception que quelques-unes sont écrites en français, d'autres en latin. La plupart de ces dernières ont été ajoutées plusieurs siècles après l'époque de la transcription des actes auxquels elles se rapportent, et n'offrent pas assez d'intérêt pour être relevées. Mais toutes les rubriques en roman, rédigées au moment de cette transcription, et les rubriques en français de l'époque, se recommandent, par cela même, à l'attention des philologues; aussi ont-elles été soigneusement copiées pour être placées à la suite de l'analyse de ces actes. Quant aux actes eux-mêmes, ils sont presque tous en latin. Il ne sera donc fait mention de la langue qui a été employée qu'à l'égard des actes, peu nombreux d'ailleurs, qui sont écrits en roman ou en français.

(1) Droit fixé au 40e du setier, qui étoit levé au profit de seigneurs particuliers, sur les blés, légumes et fruits vendus au marché ou dans la ville de Narbonne. Arnaud du Lac, seigneur de Boutenac, qui était possesseur d'une portion de ce droit, en fit cession à la ville en 1523.

confirmatives de la vente que Gérard de Cortone, chanoine de Paris, commissaire chargé de la vente des biens provenant des Juifs, avait faite aux consuls de la Cité, comme plus offrants et derniers enchérisseurs, de diverses maisons ayant appartenu à Momet Tauros, dit le Roi juif, parmi lesquelles figurait la maison vulgairement appelée la Cour du roi juif, où était alors établi le consulat de la Cité.

RUBRIQUE : Letra que mosen Guiraut de Quartona, comessari a vendre los bes dels Juzieus, vendet als cossols de Ciutat los ostals que eran ahutz del Rey juzieu, en que ara fan cossolat, e es i encorporada la letra de sa comession, es lauzat e confermat per nostre senhor lo rey.

F° 10. — **1257** (8 des kalend. de mars (22 février). — Confirmation faite par le vicomte Amalric aux consuls de Narbonne, agissant et acceptant pour le compte de la ville, de la donation (1) du poids du blé et de la farine avec le droit qui y était perçu. — Étaient consuls, pour la Cité, Bertrand du Capitole, Pierre des Empuries, Arnaud Carbonel et Guillaume Johannis, et pour le Bourg, Laurent Saragosse, Amoros, Arnaud Raymond, Pierre du Lac et Raymond de Parazols.

RUBRIQUE : Carta quel vescomte lauzec et coffermec a la viela la donacion del pes del blat et metre pesayre per man de la viela, e donec a la viela que tot blat ques pezes que pague 1 meala narboneza per quintal, el emolument fos de la viela.

F° 11. — **1257** (11 des kalendes d'octobre (21 septembre). — Sentence arbitrale prononcée par Pierre, archidiacre de Fenouillet, Guiraud des Empuries et Pons Alaros, entre le chapelain de St-Étienne de Villeneuve (2) et les consuls de la Cité, Sicard Fabre, le chevalier Pierre-Raymond de Montbrun, Jean Astafort, Pierre Portal et Pierre Arnaud, sur le droit de prémice que le chapelain levait dans les vignes des ténements de Gazagnepas, Vignier-Mourrut, les Asprés, Fontcouverte, Traucias, etc. Ce droit demeure fixé, pour chaque *mojade* de vigne, à un panier de raisins de la mesure de 5 pugnères et demie, 16 pugnères faisant le setier. (Transc. au 5e thal., f° 45 v°; au 11e thal., f° 17.)

RUBRIQUE : Carta de compromes que feron cossols de Ciutat ab mossen R. de Bassan, rector de la gleysa de St-Esteve de Vialanova, sobre la premessia dels razins quel dit rector pren en las vinhas del termini de Gazanhapas, del Vignier Morrut, dels Aspres, de Fontcuberta, de Traussa, dels Vazes, e de Canhan et dels autres termenals, en que lo dit capelan pren premessia de quada mojada de vinha 1 panier de razims, e fouc proununciat e declarat per mossen P. arquidiaque de Fenolhet e per los autres arbitres, que d'aqui avant lo dit rector recepia de quada mojada de vinha 1 panier de razims, local deu tenir 5 ponheyrias e miega de blat, de lasquals no deu aver 16 ponheyrias al sestier.

F° 12. — **1251** (6 des kalendes de décembre (26 novembre). — Sentence arbitrale rendue entre l'économe du chapitre St-Just, d'une part, et Jean Grandis et Bérenger de Lastours, consuls de la Cité, d'autre part, au sujet de la dîme des olives. L'économe prétendait que cette dîme était fixée au 10e du produit, sans aucuns frais pour le chapitre. Au contraire, les consuls affirmaient qu'elle était de la 17e partie, à prendre sous l'arbre, au moment de la cueillette. Par cette sentence, le droit demeure fixé à une mesure sur 10, 4 mesures non sujettes à la dîme étant déduites pour les frais de la récolte. (Transc. au 5e thal., f° 34.)

RUBRIQUE : Carta e compromes que feron cossols de la Ciutat am lo capitol de Sant Just, sobrel deume de las olivas, e fouc pronunciat e declarat per los arbitres, que d'aqui avant las olivas se deumon al quatorzen per la mession quel senhor de qui son las olivas fa entre culir e portar.

F° 13. — **1270** (3 des kalendes d'août (30 juillet). — * Lettres de Guillaume de Cohardon, sénéchal de Carcassonne, par lesquelles il mande au vicomte Amalric, pour prévenir des troubles imminents : — de laisser faire le guet par la ville ; — d'admettre devant sa Cour les défenses des consuls dans les plaintes qui y seraient portées contre eux ; — de dissoudre les conciliabules et les conjurations ; — de saisir et retenir ceux qui, exilés de Narbonne par ordre du roi, à la suite de la guerre contre Raymond, comte de Toulouse, dont ils avaient suivi le parti, y rentreraient sans expresse permission ; — de défendre en leurs personnes et leurs biens ceux qui étaient restés fidèles au roi dans cette guerre ; — de maintenir le peuple dans son obéissance envers les consuls ; — d'observer et faire observer les formes usitées pour leur nomination, etc.

RUBRIQUE : Carta en que ha encorporada une letra del senescals de Carcassona, en que mandava al vescomte que no empaches los cossols a far los gaytz, e que aquels que eran yssilatz de Narbona per la guerra del comte de Tholosa, car se tenian ab el, prezes, e aquels que eran statz am lo rey deffendes e gardes de totas enjurias, e que mandes al pobol que obezis als cossols.

F° 14. — **1232** (7 des ides de juin (7 juin). — * Charte de la donation du poids du blé et de la farine, faite par le vicomte Aymeric, aux habitants du Bourg et de la Cité,

(1) Cette donation est de 1232 (v. infra, f° 14).

(2) Faubourg de Narbonne construit à l'est de la Cité, sur la rive gauche de la rivière d'Aude.

pour arrêter les vols et les fraudes qui se commettaient dans les moulins de la ville.

Rubrique : Carta que mossenher lo vescomte det à la viela lo pes del blat e de la farina que se molgra en los molis que son dis Narbona, en sos terratoris, e que negun no auze ni prezumesca portar blat als molis entro sia pezatz, ni del molin no porton la farina al ostal entro sia pezada.

F° 15. — **1222** (6 des kalendes d'avril (27 mars), pour la transaction ; — 4 des nones d'avril (2 avril), pour la confirmation par le prieur du vestiaire de Cassan ; — 8 des ides d'avril (6 avril), pour celle du conseil de la Cité). — Transaction entre Pierre-Raymond de Montbrun, Pierre-Raymond du Rivage, Arnaud de Bages, Jean Adressa et Bernard Lespignan, consuls de la Cité, d'une part, et le vestiaire de Cassan, d'autre part, au sujet des droits de banderage et de dépaissance de toutes sortes de bestiaux et troupeaux dans le territoire d'Aubian, dont jouissaient les habitants de la Cité. A la suite viennent les confirmations de la transaction, par le prieur du vestiaire de Cassan et par le conseil de la Cité.

Rubrique : Carta de composition fayta sobrel terratori d'Albian, contenen en cal maneyra los cossols de Narbona el vestiari de Cassan devon, en lo termini dessus dit, metre bandiers, e levar ban, e fouc lauzat e coformat per lo prior el covent de Cassan e per los cossols els cossoliers de la Ciutat.

F° 19 v°. — **1232** (12 des kal. d'août (21 juillet). — * Concession faite par le vicomte Aymeric, moyennant 400 sous melgoriens de quatre deniers chacun, à Aymeric Palier, Raymond Ynard, Guillaume de Pech et Pons de Leuc, consuls de la Cité, et à Raymond Faydit, Raymond de Pierregoric, Bernard Ermengaud, Pierre-Raymond-Jacques de Vaur et Guillaume de Vaur, consuls du Bourg, de la faculté de faire enlever tous les empêchements mis à l'écoulement des eaux de la rivière d'Aude, entre le Gallabios et le pont de Narbonne (1). — (Transc. au 2e thal., f° 83; au 5e thal., f° 49 v°; — en roman, au 7e thal., f° 13.)

Rubrique : Carta que mossenher N Aymeric, vescomte de Narbona, autreiec e donec a la villa de Narbona que totz empachiers o playssadas que fosson en Aude, del loc apelat Gua Rabios entro lo pont de Narbona, que cossols ho poguesson far levar, e per aquesta donacion ac lo vescompte de la ville 400 s. de malgoyres.

F° 20 v°. — **1253** (3 des kal. de mars (27 février). — * Déclaration concernant la levée de la leude de la mer au grau de Narbonne. Cette déclaration est faite à Montpellier, en présence d'Arnaud de Cantobre, lieutenant de Guillaume de Roquefeuil, lieutenant du roi d'Aragon, et devant Raymond de Conques, baile de Montpellier, Guillaume de Crusols, Jean de Lacase, Tocet Dausac, Bernard Ricart, Bernard de Montagnac, Pierre de Sallèles, Pierre Garric, Jean Guiraud, Pierre Joffre, Bernard Dieulafoi, Guillaume Borthomieu et Pons Garnier, consuls de Montpellier; par Guillaume-Bernard de Sestable et Guiraud des Empuries, consuls de Narbonne, Raymond du Lac, légiste, Bernard Blancard, sous-viguier du vicomte, maître Raymond Gaufre et Pierre-Arnaud de Naysa, baile de la cour de Mgr l'archevêque, qui s'étaient rendus exprès à Montpellier pour l'interprétation et la rectification de cette leude. (Roman.) — Transc. au f° 86 v° de ce même thalamus.)

Rubrique : Carta de la declaracion de las laudas de la mar, en qual maneyra devon paguar, et es scricha en romans.

F° 22. — **1319** (1er octobre). — Convention passée avec les commissaires du roi sur le fait de la réformation du Languedoc, par les syndics, procureurs et consuls des villes et communautés dépendant du district du salin (1) de Carcassonne, par laquelle ce salin est maintenu dans ses franchises, droits, usages et libertés, sans qu'il y puisse rien être innové, moyennant la finance de 60 s. tournois par feu pour les 50,000 feux auxquels ce district était évalué ; ladite finance payable par sixième en 6 années.

Rubrique : Carta de la sal de la finansa de Carcassona per lo salin, e que lo senescalc de Carcassona no y meta gabela de sal.

F° 30. — **1330** (20 août). — Transaction entre les consuls de la Cité et le vestiaire de Cassan, d'une part, et le monastère de Fontfroide, d'autre part, au sujet de l'usage de la dépaissance dans une portion du territoire d'Aubian, située sous le mont Caraton.

Rubrique : Carta de composicion faita entre los cossols de Ciutat el vestiari de Cassan, de una part, el sendic de Fontfrega, d'autra, sobre los depasquiers d'alcus locz situatz en lo terratori d'Albian, e fouc lauzat per l'abat de Fontfrega e per lo covent.

F° 33. — **1332** (4 des kal. de mars (26 février). — Sentence du juge de Béziers, qui relaxe des fins du procès divers habitants de la Cité accusés d'avoir attaqué et battu des bergers du Bourg gardant leurs troupeaux et ceux de l'hôpital des pauvres et des lépreux du Bourg, au tènement dit le Pech-Vermeiller.

Rubrique : Sentencia absolutoria de una significacion

(1) V. la note placée à la suite de l'analyse de l'acte inventorié sous le f° 325 de ce même thalamus.

(1) Le mot salin doit s'entendre, dans le texte, du lieu où était déposé le sel nécessaire à la consommation d'une contrée.

que fouc dada a Bezes, contra ... Pos Bedos, en Sicart Fabre et motz d'autres de la Ciutat, sobrel fayt de Pueg Vermelier.

F° 34 v°. — **1249** (vendredi avant la fête de saint Laurent (9 août). — * Charte de protection et sauvegarde pour leurs personnes, leurs familles et leurs biens, donnée par Raymond, comte de Toulouse, duc de Narbonne, marquis de Provence, et Amalric, vicomte de Narbonne, à l'archevêque, au chapitre St-Just, à l'abbé et au chapitre Saint-Paul, aux couvents des Frères prêcheurs, mineurs et hospitaliers de Jérusalem, et à tous les habitants de Narbonne, auxquels ils promettent de pardonner toute injure ou offense reçue, de n'introduire aucun hérétique dans la ville, etc. Arnaud Barrau, bourgeois de Toulouse, et Olivier de Fermes promettent, par serment sur les saints Évangiles, de faire exécuter par le comte de Toulouse et le vicomte de Narbonne leurs engagements.

Rubrique : Carta que mossen Raymond, comte de Tholoza, duc de Narbona, marques de Proensa, e mossenher N Amalric, vescomte de Narbona, promereson a gardar e salvar totz los abitans de Narbona, e tenir sals e segurs els e lurs molers e lurs efans e lurs bes.

F° 35 v°. — **1250** (9 des kalendes d'octobre (23 septembre). — Transaction formant règlement pour la levée du droit de cosse, passée entre les seigneurs auxquels ce droit appartenait (1) et Pierre des Empuries, Michel Helya, Jacques de Saint-Pons et Pierre de Fraissé, consuls de la Cité, et Imbert de Sestablo, Guillaume Vaquier et Bernard Stephani, consuls du Bourg.

Rubrique : Carta del compromes e prononsiacion faita entre cossols de Ciutat et de Borc, de una part, els senhors de las cossas, d'autra, en cal maneyra se devon levar las cossas del blat e dels legums e de fruchas.

F° 37. — **1271** (kal. d'août (1er août). — * Instrument d'une criée faite dans la ville de Narbonne, par commandement des officiers de la Cour de Mgr l'archevêque et de celle du vicomte Aymeric, pour défendre la vente, ailleurs qu'au marché ou sur la place de Narbonne, du poisson pris entre le cap de Leucate et le grau de Vendres, et pour défendre aux revendeurs l'achat de légumes, bois, blé, fromages, oies et volailles, etc., avant l'heure de midi, et aux bouchers d'exposer en vente des viandes non fraîches, de la brebis pour du mouton, etc. (Transc., en roman, au 7e thal., f° 40 v°.)

Rubrique : Carta en que se conten una crida que feron far las Cortz de mossenhors l'arsevesque e del vescomte am cossel de prozomes de Narbona, contenens que degun home que prezes peys del cap de Laucata, entro lo gra de Vendres, nol auzes vendre ni en camin ni en autra part entro sia ahutz a la plassa de Narbona, ni negun revendeyre no auze comprar ni peys ni cassa ni autras causes, entro lo sen de mieg jorn sia passatz, e que mazeliers no auzon tener carns corrumpudas ni non degudas.

(1) Ces seigneurs étaient primitivement désignés sous le nom de *seigneurs du setier*.

F° 38. — **1244** (3 octobre). — * Sentence du juge de la principauté de Gênes, statuant que les habitants de Narbonne, en vertu de la convention passée entre les deux villes, n'ont aucun droit à payer pour le blé porté sur la place de Raybe, ni pour leurs maisons de Gênes.

Rubrique : Carta de sentencia donada per lo juge de la potestat de Jenoa, que per lo blat que homes de Narbona aian ni pauson en la plassa de Raybe ren no pague al comune de Jenoa, e que de revas ni de ribas de maysos de Jenoa ren no pagon.

F° 38 v°. — **1319** (27 janvier). — Vidimus délivré par Théobald Mulet, lieutenant du sénéchal de Carcassonne, de divers arrêts royaux ou des Parlements de Paris tenus à la Chandeleur et à la Pentecôte, ordonnant : — la reprise des terres usurpées sur le domaine ; — la punition des clercs homicides et malfaiteurs publics, que les officiers des Cours épiscopales libèrent alors que les laïques accusés des mêmes crimes sont sévèrement punis ; — la restitution à Andelve, fille de Tonques, pour en jouir sa vie durant, du château de Badens, qui avait été donné par le roi à son défunt père ; — que les marchands et bénéficiers cléricaux, qui, à cause de leur tonsure, s'efforcent de ne pas contribuer au don fait au roi pour l'armée, y soient rigoureusement contraints ; — que les clercs, mariés ou non mariés, qui sont marchands, ou se livrent à une profession quelconque, soient tenus de cesser leur commerce ou leur industrie s'ils veulent conserver leurs bénéfices cléricaux ; — qu'aucun clerc ne puisse porter des armes, ni être viguier dans une justice temporelle ; — que tous les officiers des Cours temporelles ou civiles doivent être séculiers, etc.

Rubrique : Carta que se contenon gran ren d'arotz del rey, e que las armas quels clergues portaran los sian toltas e non rendudas, e que clergues mercadiers e menestayrals, conjugatz e non conjugatz, pagon a talas e a quistas.

F° 41. — **1302** (2 des nones d'août (4 août). — Sentence de Guy de Caprare, sénéchal de Carcassonne, qui relaxe, après information, les consuls et corégents du Bourg et de la Cité, des faits qui leur avaient été imputés dans la rébellion armée et le soulèvement populaire organisés contre Pierre Roche, juge de Limoux, et ses sergents, pour leur enlever un accusé d'homicide, nommé Bernard Jean, dont le transfert dans les prisons de Carcassonne avait été ordonné par Adam de Cuxac, châtelain de Montréal et lieutenant du sénéchal de Carcassonne.

RUBRIQUE : Carta de sentencia absolutoria d'una signification que fouc donada contra cossols de Boro et de Cieutat, car se disia que avian tolt a mayestre P. Roqua en B. Johan borsier que trayt de la Cort del vescompte.

F° 13. — **1272** (5 des kalendes de décembre (27 novembre). — * Donation faite par le vicomte Aymeric, du vivant de Philippe, sa mère, à Raymond Petri, Pierre Guerre, Jean Guitard, Pierre-Raymond Roche, et Guillaume Salles, consuls de la Cité : — de la moitié du treuil et du mesurage de l'huile; — du courtage de l'huile, du miel et du vin; — du droit de défendre l'entrée du vin et de la vendange, dans la ville ou ses faubourgs, aux étrangers ainsi qu'aux habitants, excepté, pour ces derniers, les vins et la vendange provenant des récoltes faites dans le territoire de la ville, etc. Le vicomte promet, en outre, de ne pas diviser sa seigneurie, pour laquelle il n'y aura toujours qu'un héritier et successeur unique ; — il fixe le taux des droits des notaires et écrivains de sa Cour, pour la réception des dépositions en justice, des actes de tutelle, curatelle, émancipation, etc.; — déclare que les officiers de sa justice seront annuels; — permet aux consuls de recevoir les étrangers au titre d'habitants, etc. Cette donation est faite moyennent l'albergue annuelle d'une obole d'or ou de 5 sous tournois, au choix du vicomte, payable à la fête de Noël. (Transc. au 2° thal., f° 4; au 6° thal., f° 55 v°; — en roman, au 7° thal., f° 14.)

RUBRIQUE : Carta quels cossols an part al truel de l'oli e podon far lo vet del vin o de la vendemia, e quant es pres per comes les cossols n'an la tersa part.

F° 49 v°. — **1279** (7 des kalendes de décembre (25 novembre). — Inhibitions et défenses faites de l'ordre exprès du sénéchal de Carcassonne, Philippe de Mons, au vicomte Aymeric, par le chevalier Pierre de Rocey, viguier, et Guillaume Bonmacip, juge de Béziers, de s'immiscer en rien dans les affaires relatives à l'exercice du pouvoir consulaire que les consuls tiennent immédiatement de l'autorité du roi, et aux consuls de troubler ou empêcher le vicomte et ses officiers dans les fonctions de leur juridiction. L'immixtion que ces défenses devaient arrêter avait jeté la discorde entre le vicomte et les consuls, et faisait craindre que les parties n'en vinssent aux armes pour soutenir leurs prétentions.

RUBRIQUE : Carta quel viguier el jutge de Bezes feron enibissien a mossenher N Aymeric, vescomte de Narbona, que no s'entremezes de cossols ni los fes deguna enjuria, car cossols no tenon lo cossolat del man del rey, e feron enibission a cossols que en ren no offendesson la jurisdiction de mossenher lo vescomte.

F° 50 v°. — **1232** (7 des kalendes de mars (24 février), pour l'approbation du vicomte ; — 14 des kal. de janvier (19 décembre), pour celle de l'archevêque, donnée à Capestang ; — **1233** (7 des kalend. de mars (23 février), pour celle de l'abbé de Saint-Paul. — * Coutumes de la ville de Narbonne, approuvées par le vicomte Aymeric, par l'archevêque de Narbonne et par Guillaume Peyronnet, abbé de Saint-Paul. (Transc., en latin, au 2° thal., f° 1 ; au 3° thal., f° 8; au 4° thal., f° 1 ; au 6° thal., f° 2; au 9° thal., f° 8 v°; au 10° thal., f° 89; — en roman, au 3° thal., f° 29; au 6° thal., f° 12 v°; au 8° thal., f° 9 ; au 10° thal., f° 8.)

RUBRIQUE : Carta de las libertatz e de las franquezas de Narbona, lauzadas per mossenher l'arsevesque e per mossenher lo vescomte e per l'abat de Sant Paul.

F° 54. — **1236** (kalendes d'avril (1er avril). — Donation faite par le vicomte Aymeric aux consuls de la Cité, Vesian de Bages, Aymeric Palier, Guillaume Fabre, Bérenger Gervais et Pierre de Cortone, d'un *patu* situé à la porte Aiguière, devant le palais de la Vicomté, entre la rivière d'Aude, les magasins d'Ermengarde, femme de Pons de Leuc, et la rue qui mène à la rivière, pour y construire une place, un portique ou un marché public. Ce *patu* est désigné dans la donation sous les confrontations suivantes : « ab altano in manso seu « operatoriis Ermengardis, uxoris Pontii de Leucho; de « meridie in Atace; de circio in via illa qua itur auriendum « in Atace; ab aquilone in carraria publica. » (Transc. au 5° thal., f° 21.)

RUBRIQUE : Carta que mossenher lo vescompte det als cossols de Cieutat lo plan qu'es davant la cort del vescompte, que s'apela lo plan de Portagueyra, e det lo dabis entro cel.

F° 55. — **1338** (12 juin), pour les lettres patentes ; — (3, 4, 16, 17, 19 août), pour les actes des consuls. — * Lettres patentes de Philippe VI, qui prononcent l'union des deux consulats du Bourg et de la Cité, avec jouissance de tous les priviléges, franchises, immunités et coutumes de la ville. — Actes délibérés entre les consuls des deux consulats pour l'exécution de cette union, qui fixent le siége du consulat, pour une année, dans le Bourg, et pour l'année suivante, dans la Cité ; — remplacent les sceaux, armes et bannières propres à chaque consulat par des sceaux, armes et bannières uniques ; — portent à 12, pour les deux consulats unis, le nombre des consuls, qui était auparavant de 7 pour le Bourg et de 5 pour la Cité ; — déterminent les formes et l'époque de leur élection; — règlent la jouissance des vacants, pâturages, garrigues, droits et biens du patrimoine de la ville, etc.

Rubrique : Carta cant los cossolatz de la Ciutat e del Borc de Narbona se uniron.

F° 74 v°. — 1317 (10 des kalendes de juillet (22 juin). — Vidimus délivré par Guillaume Rozoard, lieutenant de Jean de Fare, clerc et juge royal de Béziers, des lettres patentes de Jacques, roi d'Aragon, du 8 des kal. d'août 1313, par lesquelles il déclare qu'il sera payé annuellement aux consuls de Narbonne 20 marmondines d'or, à titre de récupération, pour les marchands de la ville, de l'excédant des *pignores* dont il les avait frappés à la frontière.

Rubrique : Vidimus de la letra de Tortoza, que fa 20 marmondinas d'aur de usage als cossols de la Cieutat de Narbona.

F° 75 v°. — 1317 (samedi après la fête de saint Martin (12 novembre).— Vidimus des lettres patentes de Philippe V, du mois de janvier 1316, qui donnent aux consuls, comme administrateurs de la maison des Lépreux de la Cité, l'autorisation d'acquérir pour 100 livres de terre ou de revenu en censives.

Rubrique : Letra per lo rey nostre senhor autreyada d'especial gratia als cossols de Ciutat, a la mayson de Sant Lauzes dels mezels, que puescan comprar C libras de renda.

F° 76. — 1252 (3 des kalendes de novembre (30 octobre). — Transaction arbitrale entre Guillaume, archevêque de Narbonne, et les consuls de la Cité, Pierre-Raymond de Narbonne, Bernard Maynard, Pons Alaros, Michel Helya et Pierre Bernard, sur les dimensions d'un couvert que l'archevêque faisait édifier devant la poissonnerie et les macels (boucherie) de la ville. (Transc. au 5e thal., f° 37 v°.)

Rubrique : Carta de compromes sobre las taulas de la peyssonayria, cant deu aver de una taula entro l'autra, e cant deu aver lo terrat d'aut.

F° 77 v°. — 1291 (5 des ides de juillet (11 juillet). — Réquisition faite par Izarn de Lieuran, Bernard Laurent et Pierre de Varilles, corégents, par l'autorité du roi, du consulat de la Cité, au baile royal du pays Narbonnais, afin qu'il ait à mettre sous sa garde, protection et défense, et à faire tenir libre de tout empêchement et obstruction d'ouvrages quelconques, la rue partant du pied de la chapelle de la Magdelaine et allant à l'église St-Just; laquelle rue était affectée aux marchands, vendeurs et revendeurs. — Acquiescement du baile à cette réquisition.

Rubrique : Carta que cossols requiriron lo bayle del rey que, co el vis, ses tot empachier la carreyra que va de la plassa de Ciutat entro Sant Just, e aqui estesson, per lo dreg de la viala, vendeyrizes e revendeyrizes, quels gardes els deffendes en lor possession; el bayle respondec que el era apparelatz de gardar e de deffendre.

F° 79. — 1325 (4 des kalendes de février (29 janvier). — Sentence arbitrale rendue par Guillaume Catala, entre Bérengère, abbesse du monastère N.-D. des Olieux, et les consuls de la Cité, Bernard Franc, Jean Fabre, noble Jean Margalion et Jean Sapte, sur le ban et le banderage des pacages du ténement des Olieux.

Rubrique : Carta de una sententia arbitraria que dec maystre G. Catalani, sobrel fait quels cossols de la Ciutat menavan en contra las morguas des Olieus, e declarec en cal maneyra se degues paguar lo ban, ni en cal cas ne son tengudas las donas ni en cal cas ne son tengutz los pastres.

F° 83. — 1221 (3 des nones de février (3 février). — * Statut délibéré par les trois Cours réunies de l'archevêque, de l'abbé de St-Paul et du vicomte de Narbonne, sur les droits et actions des créanciers contre leurs débiteurs, les cessions de biens de ces derniers, leur emprisonnement, leurs cautions responsables, etc. — Ce statut fut approuvé sous forme d'acquiescement par les consuls de la Cité, Guillaume Amalric, Bertrand de Bosco, Bernard Trenquier, Bérenger Gaucelin et Sicard Ademar, et par ceux du Bourg, Étienne Raymond, Bérenger Amoros, Guillaume d'Olargues, Bonet, Alfaric, Guillaume de Roquecourbe et Bascol. (Transc., en roman, au 2e thal., f° 93 v°; au 3e thal., f° 34 v°; au 3e thal., f° 44 v°; au 6e thal., f° 16 v°; au 6e thal., f° 28; au 8e thal., f° 33; au 10e thal., f° 54; — en latin, au 9e thal., f° 6 v°.)

Rubrique : Carta que tot crezedor puesca tenir son deutor en grilos, dins la viala, a pan et ad aygua.

F° 84 v°. — 1317 (7 avril). — Lettres patentes de Philippe V, datées de Bourges, et concédées sur les représentations et à la prière de Bernard de Montolieu, procureur de la ville, par lesquelles, en considération de leur constante fidélité, le roi, révoquant tous ordres ou actes à ce contraires, mande au sénéchal de Carcassonne de maintenir les consuls et habitants de Narbonne en tous leurs priviléges, coutumes, libertés et franchises, comme ils en jouissaient au temps de saint Louis.

Rubrique : Carta de letras rialz, en lascals se conten quel rei recomanda la viala de fiseltat e de bona constantia, per lascals manda al senescalc quels cossols e la viala aia a gardar salvament e quieta, e los serve las franquezas e lurs establimens de sanct Luis.

F° 86 v°. — 1258 (3 des kal. de mars (27 février). — * Déclaration concernant la levée de la leude de la mer au grau de Narbonne. (Roman.) — (Transc. au f° 20 v° de ce même thalamus.)

Rubrique : Carta contenen que los senhors de Narbona devon penre leuda dels lens e de las barcas que passan, am causas leudals, al gra de Narbona o que del gra se podon vezer.

F° 87 v°. — 1270 (12 avril). — * Renouvellement et confirmation du traité de paix, concorde et commerce conclu le 8 octobre 1224, par leurs ambassadeurs réciproques, entre les villes de Gênes et de Narbonne.

Rubrique : Carta original de la patz que cossols de Narbona feron am la potestat et am lo comun de Genoa.

F° 91 v°. — 1314 (5 des ides de décembre (9 décembre). — Vidimus délivré par Pons d'Alzonne, juge en la Cour du vicomte Amalric pour sa terre « extra Narbonam, » des * lettres de Bernard Barbel, recteur en la temporalité (1) de l'archevêché de Narbonne, datées du 4 des ides de décembre 1310, par lesquelles il mande au baile de Séjan de ne donner ni permettre aucun trouble ou empêchement à l'usage du bois et de l'eau qu'ont les pêcheurs de Narbonne dans l'île de Cauquenne.

Rubrique : Carta en que ha una letra de mossen Bernat Barbel, regidor de la terra e del temporal de l'arsovesque, que manda al bayle de Sejan que no empachs los pescadors de Narbona, que legut es als ditz pescadors que podon far cabanas e lenhar a lurs us a la ila de Cauquena, m que, am rabasseyras o am ayssadas o en autra maneyra, no derabon la lenha, o que no lan portesson en lurs ostals.

F° 92 v°. — 1309 (4 des nones de mai (4 mai), — 2 des ides de mai (14 mai). — Lettres de Guy de Caprare, sénéchal de Carcassonne, par lesquelles il mande au vicomte Amalric de ne donner aucun empêchement, par lui ou par ses officiers et sujets, à l'exercice du droit de banderage des consuls dans la terre de Moujan et à l'île del Lec. Sur la présentation de ces lettres, qui fut faite par Laurent Carbonel, consul de la Cité, le vicomte se déclare prêt à y obtempérer et à conserver la ville dans ses usages sur lesdites terres.

Rubrique : Carta en que ha una letra quel senescale mandava a mossenher lo vescomte que no empaches los bandiers de la viala que no bandejesson a Motjan et al Lec, cant avian acostumat, e mossenher lo vescomte respondec que el no volia empachar la viala en sos uses acostumatz.

(1) Par opposition à la Cour ecclésiastique ou spirituelle de l'archevêque de Narbonne, on désignait, sous le nom de temporalité, la réunion de ses justices civiles. Les justices civiles de tous les corps religieux prenaient aussi la même désignation et s'intitulaient : temporalité du chapitre St-Just, temporalité de l'abbé de St-Paul, etc.

F° 93 v°. — 1308 (nones d'août (5 août). — * Statut délibéré par les consuls et les conseillers jurés de la Cité, pour l'établissement des bandiers ou gardes des pacages et possessions du territoire. Ce statut règle l'exercice du banderage, l'estimation des *talles* ou dommages causés par les bestiaux au pacage commun ou dans les prés, jardins, vignes et possessions des particuliers, etc. Il fut communiqué et soumis au peuple, qui promit de l'observer et l'approuva, dans l'église St-Félix de Narbonne, où il avait été assemblé « in parlamento. »

Rubrique : Carta dels stablimens faytz sobrels bans, e que han jurat los bandiers de la maneyra de pagar los bans e sobrel fayt de las ramas, e fouc fayt am las gens del rey et am parlament que fouc faytz a Sanct Felitz.

F° 98. — 1324 (15 des kalendes de novembre (18 octobre). — Transaction passée entre Jean Margalion, Pierre de Pratz et Jean Sapte, consuls de la Cité, et les syndics d'Armissan, sur le pacage des bestiaux des habitants de ce lieu. Par cette transaction, le pacage est concédé aux habitants d'Armissan dans les combes de Val farnière et de Gissane, situées sous le chemin de Narbonne à la mer, moyennant une albergue annuelle de 100 sous tourn., payable le lendemain de la fête de saint Luc, et dans la portion du territoire de la Cité, appelée Val falmière, allant de ce val « usque ad pedem montis rotundi, qui pes dicti « montis respicit versus ecclesiam Sancti Stephani de Valle « falmeria, et de ipso monte rotundo usque ad serram de « Doventa, recta linea, et usque ad Conchas, et de ipsis « Conchis usque ad dictam serram, et de ipsa serra, recta « linea, usque ad Requissolam, et inde redeundo usque « ad laborantiam de Rochis, » moyennant une autre albergue annuelle fixée à 30 sous tournois, payable le même jour, avec faculté pour les habitants de Narbonne de faire dépaître et abreuver leurs troupeaux, de nuit comme de jour, dans tout le territoire d'Armissan.

Rubrique : Vidimus de la transaction fayta entrels cossols de Narbona els sendicz d'Armissan, per loqual apar del dreg e del us de paycher e de bandejar que cascun ha en lo termini d'Armissan, e quels sendicz fan de pension cascun an als ditz cossolz, en la festa de sanct Luc, C s. tornes.

F° 106. — 1342 (17 mars). — Promesse faite, sous serment prêté sur les saints Évangiles, par le vicomte Aymeric, aux consuls de la ville, qui étaient Pierre-Raymond de St-Just, Guillaume Dauxion, Pierre Sévérac, Bernard Assaud, Raymond Bonet, Raymond Bédos, Guillaume Palme, Jacques Gaubert, Bernard Cabirol et Bernard Stephani, et au peuple du Bourg et de la Cité convoqué dans le palais de la Vicomté, où il s'était rendu « cum magna multitudine, » de renoncer à toute exception de minorité (1) à l'occasion du serment qu'il allait prêter aux consuls et aux habitants de Narbonne de garder, conserver, protéger et défendre les coutumes de la ville, écrites ou non écrites, ainsi que ses habitants en leurs personnes, leurs femmes, leurs enfants et leurs biens, dans la ville et au dehors.

Rubrique : Carta del sagrament de la fizeltat prestat als cossols de Narbona per mossenher lo vescomte, que no venga encontra las costumas de la viala per rasou de menoretat.

F° 106 v°. — 1289 (17 mars). — Serment de fidélité prêté au vicomte Aymeric par les consuls et les habitants de Narbonne, après qu'il eût juré lui-même de défendre les coutumes de la ville et de protéger ses habitants en leurs personnes, leurs femmes, leurs enfants et leurs biens. Ce serment contient promesse, de la part des consuls et des habitants, de garder, protéger et défendre le vicomte de toutes leurs forces, ainsi que sa vie et ses membres, son héritier et sa seigneurie, « salvo tamen, est-il dit, « fidelitatis juramento... per universitatem prestito domino « nostro regi et sine ejus prejudicio, per quod eidem do- « mino nostro regi et sue inclite corone sumus astricti et « obligati contra omnes qui vivere possint et mori, et « specialiter contra vos dictum dominum vicecomitem, « si casus contingeret, quod Deus advertat, et salvo in « omnibus jure regis. »

Rubrique : Carta del sagrament de la fizeltat prestat per mossenher lo vescompte, als cossols et al pobol de Narbona, de gardar e deffendre els e lurs personas e lurs costumas, dedins e deforas; els cossols el pobol desusdit li jureron aquo meteys, salvan lo dreg de nostre senhor lo rey de Fransa.

F° 108. — 1225 (10 des kal. de mars (20 février). — * Concession faite par le vicomte Aymeric aux consuls et aux habitants de la ville, d'après laquelle le droit de mouture du blé, qui était fixé par setier à une pugnère, les 16 formant le setier, devait être payé en nature de blé et non de farine.

Rubrique : Carta que mossenher lo vescompte det a la viella quels mondiers moutureson en blat e non en farina, e que non prezeson remouta; e que los mondiers tengan, al molturar, ponheyras drechureyras que n'aia 16 al sestier, e que mezure a ras, e quel senhor de qui sera lo blat paguie e raza la mezura.

F° 109. — 1315. — Présentation faite à Aymeric de Cros, sénéchal de Carcassonne, par Guillaume Fabre, consul de la Cité, des lettres patentes de Louis X, du 1er avril 1315, qui confirment les priviléges et coutumes de Narbonne et des autres villes et communautés du Languedoc, avec concession de nouveaux priviléges concernant : — les informations contre les Juifs; — les fiefs et arrière-fiefs donnés en emphytéose ou acapit; — le jugement des prévenus de crimes par les juges de leur résidence; — la publicité de l'interrogatoire des accusés et de leur mise à la question, qui auparavant avaient lieu en secret; — la vente des charges et offices, etc. Ces lettres lues, le sénéchal de Carcassonne, le viguier et le juge criminel de Béziers promettent et jurent d'en exécuter le contenu.

Rubrique : Carta de la presentassion de hun privilego del rey Luys sobrel fayt dels Juzieus, dels fieus e dels reyre fieus, e sobre motas d'autras causas; local privilege fouc presentatz a mosen Aymeric del Cros, senescale de Carcassona, et el de prezent va jurar de tenir e servar lo privilego e las libertatz de Narbona, et aquo meteytz fec jurar al viguier et al juge et al procurayre et al jutge de crims.

F°s 112 à 148. — 1335 (23 mai). — * Actes de l'accord conclu entre les consuls du Bourg et de la Cité et le vicomte Aymeric, confirmé par lettres patentes données en Parlement de Paris, le 19 janvier 1333 (1), qui contiennent, de la part du vicomte, reconnaissance, renouvellement et extension des priviléges des habitants, avec promesse de les maintenir et confirmer. Ces priviléges concernent : — l'organisation de sa Cour, dont les officiers devaient être annuels et ne pouvaient rentrer en charge qu'après un intervalle de trois ans; — les délais des citations au civil et au criminel; — les droits à payer aux notaires pour la rédaction de leurs actes, le nombre de lettres à la ligne et de lignes à la page que devaient avoir ces actes; — l'arrestation des adultères qui ne pouvait être faite dans la rue Chaude, quels que fussent l'état et la condition des personnes, ni en dehors de cette rue lorsque l'adultère était commis avec une femme publique; laquelle arrestation devait d'ailleurs être pratiquée par les gens et serviteurs du vicomte, sans dol ni fraude, et sans qu'ils pussent dépouiller de leurs bourses, de leurs bas et chaussures, de leurs habits et joyaux les personnes arrêtées, ni les jeter dans un cachot « in vili carcere; » — l'enlèvement des portes des maisons des habitants cités, jugés ou condamnés par contumace; — le transport par eau du bois affecté à l'usage des habitants, lequel était exempt de tout droit envers le vicomte; — le droit réservé au vicomte de prendre, sur le poisson qui était pêché depuis le Traucador, près du cap de Leucate, jusqu'au grau de Vendres, et qui était porté dans la ville de Narbonne, ce qu'il jugeait

(1) Le vicomte Aymeric déclare dans cette promesse qu'il est majeur de quatorze ans et mineur de vingt-cinq.

(1) V. ces lettres patentes, article AA. 5.

nécessaire pour l'usage de sa maison; — l'intervention du viguier et des officiers du vicomte dans la police de la rue Chaude; — la liberté des personnes mariées ou non qui la fréquentent ou y habitent, etc. — Cet accord fut conclu moyennant une somme de 5,000 livres tournois, payée au vicomte par la ville. (Transc. au 2e thal., fos 95 à 115; au 7e thal. (in parte), fos 85 à 104.)

Rubriques : Carta primeyra de composicion e d'acordi entre mossenher lo vescompte e sa Cort els cossols de Narbonne, sobre las libertatz e las franquezas de la viela et hac ne 5 m. libras.

Carta segunda de las empetracios d'alcus articles escritz en la premeyra carta.

La tersa carta e dereyra de la carreyra Cauda, en autra maneyra apelat bordel.

Fo 149. — 1318 (30 décembre); — 1319 (7 des kal. d'août (26 juillet). — Lettres envoyées au viguier de Béziers par Rostan Peyrier, coseigneur de Bagnoles, juge mage du sénéchal de Carcassonne, pour le charger de l'exécution des lettres patentes de Philippe V, du 13 avril 1317, qui prescrivent l'enlèvement des obstacles qu'opposait à l'écoulement des eaux de la rivière d'Aude et à la navigation qui s'y faisait par navires, pour le transport des blés et autres marchandises, la surélévation des chaussées des moulins construits sur son lit. Ces chaussées, en contrariant la navigation, réduisaient les leudes levées au profit du roi et les annulaient presque, si bien que le Pont-Neuf, établi sur la rivière dans l'intérieur de la ville, et dont l'entretien était pris sur la leude, n'avait pu être réparé et se trouvait à l'état de ruine. Sur le vu de ces lettres, le viguier de Béziers assigne devant lui les procureurs de l'archevêque de Narbonne, de l'abbé de St-Paul, du chapitre St-Just et de l'abbé de Fontfroide, les consuls du Bourg et de la Cité, et tous les intéressés aux moulins existant sur la rivière; reçoit leurs dires au sujet des dimensions à laisser aux chaussées, et les amène à convenir, par forme de commun accord, que leur élévation doit être réduite. * Ces chaussées sont : — celle du moulin à 12 meules de l'archevêque, qui était placée au-dessous du Pont-Vieux; — celle qui était sous le Pont-Mage vieux (1), dans la seconde arche, du côté du Bourg, qui servait aux moulins de Bernard de Saint-Just, de Fontfroide et du chapitre Saint-Just, — et celles du moulin du Gua, du moulin de Bérenger Amaron, des moulins de Ruanelli (Raonel) et de Gasanhabes, appartenant à l'abbaye de Fontfroide, et du moulin du Vern ou Vernon, situé au-dessus de Cuxac.

Rubrique : Carta sobre los empachiers d'Aude e de las paycheyras en lo dit loc d'Aude assetiadas.

Fo 169. — 1344 (21 juin). — * Lettres du chevalier Jourdain de Barre, connétable de la Cité de Carcassonne et lieutenant du sénéchal, constatant que les instruments des notaires de Narbonne, qui, précédemment, n'étaient pas signés, font foi en justice à l'égal de ceux qui sont signés par eux, en conformité de l'usage introduit depuis environ trente ans.

Rubrique : Letra que mossen Jordan de Barra, cavalier, conestable e loc tenent del senescalc de Carcassona, contenen que totz estrumens o cartas recopudas per los notaris... de Narbona e sueschrichas, quant que no foson senhadas, obtengan en juriri valor e fermetat àsi co si foson senhadas, exceptat de 30 ans a ensa (1) losquals ditz notaris an acostumat de senhar lurs cartas e lurs estrumens.

Fo 170. — 1338 (3 février); — 1339 (1er mars). — * Procès-verbal des opérations faites par Bertrand Castel, juge de Béziers, sur la demande des consuls, pour l'exécution des lettres qu'ils avaient obtenues d'André de Kadrellis, sénéchal de Carcassonne, prescrivant l'enlèvement des plantations faites et des ouvrages construits sur les bords de la rivière d'Aude qui en rétrécissaient le lit et en obstruaient le cours, ainsi que sur les bords des dérivations et robines anciennement construites pour diminuer la hauteur des inondations. Le sénéchal André de Kadrellis avait délivré ces lettres après une première visite personnelle faite sur les lieux, à la suite de fréquentes inondations et d'un débordement de la rivière qui avaient fait courir les plus grands dangers à la ville, avaient emporté plusieurs de ses maisons, fait périr plusieurs de ses habitants et ravagé la campagne environnante. Pour prévenir le retour de ces inondations, les consuls demandent le rétablissement, en leur état primitif : — de la robine ancienne « a capite loci vocati Ga Rabios, juxta castrum de « Sallela, usque ad pontem de Leunis; » — d'autre robine qui part de la rivière d'Aude « loco vocato pons Berengarii « Martini » et se dirige vers St-Georges; — de la dérivation « scolatorium » de Raonel, qui se dirige vers le pont de David, sur le chemin de Narbonne à Capestang; — d'autre dérivation ancienne, appelée de Malpertus, qui de

(1) Le Pont-Mage vieux n'est autre que le Pont-des-Marchands. Il avait plusieurs arches. La chaussée en pierre construite sous sa seconde arche, du côté du Bourg, faisait mouvoir quatre moulins qui étaient situés en dehors du pont, sur l'emplacement occupé aujourd'hui par la promenade des Barques.

(1) Cette exception n'est pas spécifiée dans le document. La rubrique, procédant par induction, dit que les actes datés de moins de 30 ans et que les notaires n'auraient pas signés, ne font pas foi en justice, mais seulement ceux qui ont plus de 30 années de date.

la rivière d'Aude court vers la maison de la leude de Narbonne placée sur le chemin de Narbonne à Béziers, et se dirige ensuite vers les ponts de « Quatuor quorundis et de « Miega lega, » sur le chemin de Narbonne à Coursan, et de là vers l'étang, etc. Pour faire droit à leur réquisition, le juge de Béziers nomme des commissaires experts chargés de visiter les lieux, et ceux-ci fixent les dimensions en largeur et en profondeur qui doivent être données à ces dérivations et robines.

Rubrique : Carta contenen lo fayt de las robinas de Salella e de Gua Rabios, en cal maneyra se devon far.

F° 181. — **1340** (15 avril). — * Transaction passée entre le damoiseau Raymond de Séjan, consul de Narbonne, au nom et comme procureur des autres consuls de la ville, d'une part, et le sacristain majeur de l'église Saint-Just, le recteur de la chapelle paroissiale Notre-Dame de Bethléem, en ladite église, les recteurs des églises Sainte-Marie-Majeure, en la Cité, de Saint-Cosme et de Saint-Sébastien, le sacristain mineur de l'église collégiale Saint-Paul et le prieur de Sainte-Marie du Bourg (1), d'autre part, sur le fait des redevances qui doivent leur être payées « a nubentibus. » Suivant les coutumes anciennement observées, et que la transaction remet en vigueur, la redevance à payer était réglée sur la dot des conjoints. Dans la paroisse St-Just, les futurs devaient payer : — pour une dot de 200 livres tournois et au-dessus, 3 sous tournois au sacristain du chapitre et 2 sous 6 deniers au recteur de la chapelle N.-D. de Bethléem ; — pour une dot de 100 livres tournois à 200 livres, 2 sous 6 deniers au sacristain et 2 sous au recteur ; — pour une dot de 100 sous tournois à 100 livres, 2 sous au sacristain et 18 deniers au recteur. Les mêmes redevances devaient être payées par leurs paroissiens aux recteurs des églises Ste-Marie-Majeure, St-Cosme et St-Sébastien. Quant aux paroissiens de St-Paul, à l'exception de ceux qui demeuraient dans le lieu désigné sous le nom de Nega Saumas, et aux paroissiens de Ste-Marie du Bourg, ils devaient payer : — 4 sous tournois pour une dot de 200 livres et au-dessus ; — 3 sous pour une dot de 100 à 200 livres ; — 2 sous pour une dot de 100 sous à 100 livres tournois. — Les collègues de Raymond de Séjan au consulat de l'année 1340 étaient : Durand Baudon, bourgeois, Pierre Cathala, Raymond Fabras, peaussier, Guillaume Scrivan, marchand mangonnier, Bernard Amaron, Guillaume Folquin, Bernard Palme, Raymond Ricols, pareur, Pierre d'Aire, tisserand, Guillaume de Grave, barbier, et Bernard Benedicti, le vieux. Ils avaient été nommés, suivant la coutume, par les consuls sortants, et agréés par le conseil, le jour de la fête de saint Luc, évangéliste, (18 octobre) 1339.

Rubrique : Carta de composicion sobrel fayt de las nubcias, fayta entre los cossols de la villa de Narbona, els sacristas de Sant Just e de Sant Paul, el prior de Lamourgua, els rectors de las gleyras de Ciutat, en cal maneyra devon aver segon las quantitatz que cascun penra am sa moler, e fouc conformada per los sacristas, el prior, els rectors, els cossols desusditz e lauzada.

F° 196 v°. — **1340** (5 avril). — Transaction entre les consuls de la ville, d'une part, et le chapitre de l'église de Narbonne (Saint-Just), Bertrand, évêque d'Ostie, prébendier et sacristain majeur en ladite église, le recteur de la chapelle Notre-Dame de Bethléem et autres titulaires de bénéfices ecclésiastiques, d'autre part, réglant le taux et l'époque du paiement de la dîme des agneaux et des bêtes à laine dépaissant dans l'étendue du territoire des paroisses de la ville. — Le taux de la dîme et des prémices demeure fixé au vingtième du produit. Il devait être payé annuellement le 1er mai, à la charge par les habitants de nourrir et entretenir ce produit jusqu'au 12 du même mois, s'il n'était pas perçu avant par les décimateurs. Par cette transaction, les consuls de Narbonne renoncent au bénéfice du * privilége concédé aux habitants de la ville par Célestin, évêque de Ste-Ruffine, légat du pape, en 1222, pour les dédommager des « angustias et tribula- « tiones quas passi sunt pro deffencione negocii Jesu « Christi. » — Ce privilége dispensait les habitants de Narbonne du paiement de la dîme et des prémices des bêtes ovines, et déclarait excommuniés tous ceux qui leur avaient fait quelque dommage, principalement les habitants de Capestang, « qui ad hoc fuerunt pessimi, » ceux de Béziers, de Puisserguier, Villeneuve, Cazouls, Montels, Villespassants, Cruzy, Vias, Murviel, Corneilhan, Thézan, Colombiers, Célian, Sérignan, Lespignan, Cessenon, Azille, Laredorte, Olonzac, Peyriac, Pépieux, Cesseras, qui avaient embrassé l'hérésie Albigeoise et avaient saccagé, brûlé et détruit les jardins, vignes, récoltes et moulins des habitants de Narbonne, qui étaient demeurés fidèles à leurs croyances catholiques. (V. AA. 114, cartulaire B, f° 87 v°.)

Rubrique : Carta de compositiou fayta entrels cossols de la viela de Narbona, d'una part, e las personas eclesiasticas, d'autra, sobrel fayt del deume e primicia de las lanas e dels anhels dels habitans de Ciutat, en qual maneyra lo devon donay, ni en qual non.

F° 219. — **1330** (mardi avant la fête de saint Luc,

(1) Ste-Marie du Bourg est l'église actuelle de N.-D. de Lamourguié, non livrée au culte. Elle portait, au XIIe siècle, le nom de Ste-Marie de Monachia. En patois local, Monachia a dû être rendu par La Mounaquié, et, en roman, par Morguessa, féminin de Morgues, qui veut dire Moine. — C'est par corruption de cette première forme que lui est venu le nom de Lamourguié.

évangéliste (16 octobre). — Transaction passée entre Guiraud de Montbrun, Raymond de Ferrals, Raymond Franc, Bernard Lespignan et Pierre Viguier, consuls de la Cité, et les consuls de la communauté de Cuxac, au sujet de la faculté et du droit réclamés par les habitants de cette communauté de faire dépaître, *pernocter* et abreuver leurs bestiaux, gros et menus, dans les ténements de St-Baudile, de Peyresicade, de Lieuran, de Prat de Na Bertrande, de l'Hôpital, de Fontanilles, dels Matfrezes et del Bénéfici. — Cette transaction, qui fut préparée par les experts réciproquement nommés par les parties, règle les formes de la nomination du bandier des territoires compris dans le banderage en litige, et déclare communs aux habitants de Narbonne et de Cuxac : — l'abreuvoir établi « in loco « vocato pontem Berengarii Martini, in rippa fluminis « Atacis ; » — le chemin et le fossé établis entre le pont de Bérenger Martin et le pont de St-Baudile (ce chemin et ce fossé formaient la limite du territoire des deux communautés) ; — le chemin assis entre le pont de St-Baudile et le pont de St-Pierre de Lieuran ; — les ténements compris dans les limites suivantes : du pont de St-Pierre de Lieuran au valhat d'en Eybrin ; de ce point au pré de Na Bertrande ; de là aux ténements dits Asperos de Lieuran et le Mayran, au chemin de Lobale qui fait division entre le territoire d'Aubian et celui d'Asperos de Lieuran, et au chemin de Narbonne à Capestang, jusqu'aux ponts de Clot-Lobis et de St-Pierre de Lieuran situés sur le même chemin.

Rubrique : Carta de transaction e de la composition que feron los cossols de Cieutat am los sendicz del castel de Cucsac, sobrel fayt del bandayrage e las divisios e las limitacios dels termenals entre la viella el dit castel, el usage quel comun de Cucsac fa al comun de la Cieutat, que son per cad'an 30 s. a pagar lo jorn de Sant Andrieu, e devon los portar a Narbona a la mayson del cossolat de Cieutat, et otra que deu presentar als cossols de Ciutat lo bandier, cant l'an elegit, el bandier deu jurar en poder dels cossols.

F° 235 v°. — **1315** (13 des kal. de juin (20 mai). — Engagement pris, vis-à-vis des consuls de la ville, par Arnaud Bertrand, du lieu de Coursan, qui avait construit, au lieu dit *las Launas*, pour la mise en jeu de son moulin, une chaussée qui était une cause de dommages pour le chemin public et pour les propriétés voisines, de construire et entretenir, à ses frais, deux arches au pont des *Launas*, pour faciliter l'écoulement des eaux d'inondation. Ces deux arches devaient avoir chacune 12 pans d'ouverture.

Rubrique : Carta que N Arnaud Bertrand, de Corsan, deu tenir hubertz et adreyts II pontz en lo cap del pont apelat de las Launas de Narbona, de ampleza cascun de XII palms o de mays, en tal maneyra que un carrel (1) hi puesca passar ses degun empachier.

F° 237. — **1327** (10 janvier). — * Déclaration des consuls du Bourg et de la Cité, faite à Pierre de la Palud, sénéchal de Carcassonne, contenant l'énumération : — de leurs droits et privilèges ; — des droits qui appartiennent au roi dans Narbonne, comme roi de France, comme duc de Narbonne et comme seigneur du temporel qui avait jadis appartenu au vénérable chapitre St-Paul, dans la ville et son territoire ; — des droits du vicomte Amalric et de l'archevêque, soit dans le Bourg, soit dans la Cité et leurs dépendances. Les droits du roi, comme roi de France, comprennent : — le serment de fidélité des consuls et de tous les habitants de la ville « contra omnes qui possunt « vivere et mori, et specialiter contra vicecomitem Nar- « bone, in casu in quo esset rebellis corone Francie ; » — l'*exercit* et la *cavalcata* ou levée d'hommes et de chevaux pour la défense du royaume ; — les secondes appellations ; — la connaissance, en second, des causes du sceau mage de Narbonne ; — les premières appellations des temporalités de l'abbé de St-Paul et du sacristain majeur (St-Paul) de Narbonne ; — la connaissance des plaintes formées contre les curiaux de toutes les Cours de Narbonne ; — la connaissance et la punition des crimes de falsification des monnaies, brisement et violation de sauvegarde royale ; — enfin tous les droits qui appartenaient au chapitre de l'église collégiale Saint-Paul « antequam « dicta jura devenissent ad manum regiam quoad juris- « dictionem altam et bassam et ejus excercitium ; » et, comme duc de Narbonne : — « omnia jura, quecumque « sint illa, que comes Tholose et dux Narbone habebat « et habere debebat, ut dux Narbone, in Narbona et « ejus pertinenciis, antequam comitatus et ducatus pre- « dicti ad dominum nostrum regem pervenissent, et inter « cetera jura consulatus Civitatis et Burgi Narbone cum « eorum membris, libertatibus, consuetudinibus, usi- « bus, etc. ; » — la connaissance des injures faites aux consuls et à leurs conseillers et agents ; — la connaissance de toutes les causes dans lesquelles les consuls sont accusateurs ou accusés, « actores vel rei ; » — la connaissance de toutes les questions survenant entre un particulier et l'un des seigneurs ayant juridiction temporelle dans la ville ; — enfin la réception du serment que les consuls doivent prêter, suivant la coutume, au commencement de leur consulat.

Rubrique : Carta de la juridiction e del poder que nostre senhor lo rey de Fransa, coma roy e coma duc de Narbona, e mossenher lo vescompte, e l'arsevesque, els cossols de Narbona, an en la vialla de Narbona.

(1) Courant d'eau dont le lit est de largeur suffisante pour laisser passer une charrette.

F° 254. — 1342 (25 septembre). — Annulation, par Jean de Pont-Armérier, châtelain de Cessenon, de la sentence qu'il avait rendue, en qualité de commissaire chargé de la recherche et de la punition des déserteurs de l'armée de Gascogne, contre Bérenger, tisserand, de Narbonne, qu'il avait condamné, pour fait de désertion, à l'amputation de la main droite, et qu'il détenait dans la prison de Malepague, en attendant son exécution. Cette annulation fut prononcée sur la réquisition de Bernard Merlin, procureur des consuls, basée sur le privilége d'après lequel aucun citoyen de la ville ne peut être jugé et condamné ou absous, en matière criminelle, que conformément à l'opinion des prud'hommes. En rapportant sa sentence, le châtelain déclare qu'il n'a pas voulu « aliquid facere contra libertates et franquesias ville « Narbone, et quod si aliquid fecerat contra libertates pre- « dictas, id ex nunc pro tunc et ex tunc et pro nunc « revocat. »

Rubrique : Carta quel castelan de Cessenon, comissari donat a punir los serviens que de la guerra de Gascunha eran vengutz ses licentia, a requesta del procurayre dels senhors Cossols revoquet una sentencia que avia dada, ses cossel de prosomes, contra Berenger, ticheyre, de perdre lo ponez dreg, car era dada ses cossel de prosomes.

F° 255. — 1271 (6 des kalendes de juin (27 mai). —* Serment de fidélité prêté au roi entre les mains de Barthélemy de Pech, juge de Carcassonne, qui était assisté de Gaufrid d'Avesia, viguier de Béziers et lieutenant de Guillaume de Cohardon, sénéchal de Carcassonne, et du chevalier Richard de Dusag, viguier royal du Minervois, par Géraud de Rieu, Bernard Fabre, Pierre de St-Pons, Bernard Manganier, consuls de la Cité, et Bernard Dauphin, Pierre Adalbert, Raymond Rouch, Étienne de Trulhas, Guillaume de Roquecourbe et Guillaume de Nouvelles, consuls du Bourg, par la plupart des conseillers et par les principaux habitants de la ville, à l'occasion de l'avénement de Philippe III. (Transc., en roman, au 7e thal., f° 66.)

Rubrique : Carta del sagrament de la fizeltat prestat a nostre senhor lo rey de Fransa per los cossols el pobol de Narbona.

F° 256 v°. — 1322 (28 février). — Serment de fidélité prêté au roi et à la *couronne de France*, entre les mains de Hugues Guiraud, seigneur de Hélérion, sénéchal de Carcassonne, par Pierre-Raymond de Montbrun, Pierre-Raymond du Rivage, Jean Adressa et Bernard Lespignan, consuls de la Cité, et Bernard Bonmacip, Raymond de Foix, Guillaume de Poaliers, Pierre de Limoux, Guillaume Bérenger et Laurent Gavaudan, consuls du Bourg, en leur nom et au nom du peuple, qui, selon l'usage, avait été convoqué, pour être présent à la prestation de ce serment, « voce preconia et cum tubis, publice et generaliter. »

Rubrique : Carta del sagrament de la fizeltat prestat al senescal de Carcassona, per nostre senhor lo rey, per les cossols de la Ciutat e del Borc, e per tot lo pobol avistat am son de trompa, de auctoritat de cossols dessusditz.

F° 258. — 1148 (24 septembre). —* Franchises accordées aux habitants de Narbonne dans la ville de Tortose, par Raymond Bérenger, comte de Barcelone. (Tansc. au 2e thal., f° 33; au 6e thal., f° 110 v°.)

Rubrique : Carta original de la franquesa de Tortosa, de lacal totas las autras cartas dessendon e d'ela an fondament.

F° 258 v°. — 1241 (8 des kalendes d'août (25 juillet). —* Confirmation des franchises des habitants de Narbonne dans la ville de Tortose, accordée par Guillaume de Monte-Catano, seigneur de Tortose, au vicomte Amalric et aux consuls de la ville, qui étaient le chevalier Pierre-Raymond de Montbrun, Bernard de Bages, Pierre d'Albars, Pierre-Raymond Radols, Guillaume Fabre, Raymond Bonet, Bernard Rouch, Bernard Boixon, Guillaume Arnaud, Bernard de Montpezat et Pierre de Paradan. (Transc. au 5e thal., f° 27 v°.)

Rubrique : Carta de confermacion e de donacion de las franquesas de Tortosa.

F° 260. — 1280 (8 des ides de mai (8 mai). — Sentence arbitrale rendue par Bernard de Séricate, entre le vestiaire de Cassan et les syndics des consuls et de la communauté de Montels, concernant la dépaissance des bestiaux gros et menus des habitants de Montels dans le territoire d'Aubian. Cette sentence maintient ces habitants au droit de dépaissance sur les terres d'Aubian « a « loco in quo est quidam ulmus, versus meredíem, usque « ad locum qui dicitur Archas, recta linea, et de dicto loco « de Archas, recta linea, usque ad scolador stagni, a parte « altani, et de dicto scolatorio stagni predicti, recta linea, « secundum quod cavea tendit, usque ad caminum Nar- « bone versus circium, et supradictum caminum versus « circium secundum quod est acthenus consuetum. »

Rubrique : Carta de compromes entrels sendicz de Montels el vestiari d'Albian sobrel termini d'Albian.

F° 261. — 1329 (12 mars). — Ordonnance rendue par Bertrand Castel, docteur ès-lois, juge de Béziers, et Viard de Villars, commissaires à ces fins nommés par lettres d'André de Kadrellis, sénéchal de Carcassonne, qui fixe à 5 s. t. par *mojade* (1) de terre la cotisation imposée aux rive-

(1) La mojade valait un arpent, et l'arpent 3 séterées. La mojade était la mesure de superficie en usage dans le pays. Elle se subdivisait en séterées, quarterées, pugnères et coups ou boisseaux.

rains dont les possessions, sujettes aux inondations de la rivière d'Aude, devaient profiter des travaux projetés pour prévenir ces inondations ou en diminuer les effets. Ces travaux comprenaient: — la réparation des ponts; — le recreusement et l'élargissement des tranchées, robines et autres ouvrages construits en vue de faciliter l'écoulement des eaux, principalement de la robine de Ga-Rabios; — l'enlèvement des plantations et de tous les obstacles qui s'opposaient au libre cours de la rivière, etc. Cette ordonnance fut rendue en présence des députés de Villedaigne, de Cuxac, de Sallèles, de Coursan et de Narbonne. Les députés de Narbonne avaient été nommés par Arnaud de Bages, Pierre Bérenger, Jean Dardenc, consuls de la Cité, et par Jean Blanquier, Pons d'Antugnac et Bernard Alaman, consuls du Bourg. En attendant leur emploi aux travaux préventifs des inondations, les fonds provenant de cette cotisation devaient être déposés dans une « theca trium « clavaturarum... que ponatur in civitate Narbone, de qua « unus probus de Civitate et alius de Burgo tenebit unam « et alius probus, nomine domini nostri regis, tenebit « aliam clavem. »

Rubrique : Carta co fouc azordenat tal de 5 s. t. per mojada per lo fayt de la robina, aytantas de vegadas cant necessitat seria.

F° 265. — **1329** (27 mai). — * Transaction passée entre Jean Margalion, Jean Dardenc, Arnaud de Bages, Pons Bédos et Pierre Bérenger, consuls de la Cité, et Hugues Lager, précepteur de la maison de Saint-Pierre de la Mer, de l'ordre de Saint-Jean de Jérusalem, sise dans l'île del Lec, au sujet de leurs prétentions respectives aux droits de propriété, seigneurie et jouissance, dépaissance et lignerage, cueillette du vermillon, censes et foriscapes, dans les ténements de l'île del Lec, désignés sous les noms de lo Cres, las Gachas, Pueg Rascas, los Escoriatz, Val Lobeyra, Val Longa, Plan de Mala Salada, Capardo, Plan Dugon, Podium de Beraut, Rec Dortolz, Femna Morta, Pueg Roc, Comba de Lavit, Pausa Martin, Plan de la Cabrayrissa, la Scalaytrala, lo Fregador, Huel Sal, Pertusat et le Rivage de la mer. — Par cette transaction, les parties délimitent le terrain contentieux et désignent les points où seront posés les *termes* fixant les limites adoptées par elles.

Rubrique : Carta de compromes e transactio fayta entre los senhors cossols de la Ciutat de Narbona, d'una part, el commandayre de la mayson de Sant Pierre la Mar, d'autra part, sobrels termenals del Lec, e fouc lauzada e cofermada per lo prior de Sant Gili e per los senhors cossols e per tot lo cocel.

F° 279 v°. — **1344** (27 septembre). — Acte dressé par Guillaume Amoros, Pierre Vitalis et Bertrand Amiel, consuls de Narbonne, agissant en vertu des pouvoirs *de tout temps* (1) attribués à leur consulat, duquel il résulte que, parcourant les deux rives de la rivière d'Aude, depuis le point appelé Matafera ou Gasanhatge, appartenant au monastère de Fontfroide, jusqu'au Pont-Vieux de Narbonne, et de ce point jusqu'au Ga-Rabois (2), en passant par les ténements du Vicomte, du Gasanhatge d'en Blanquier ou de Na Barbayrane, de Benezeche, du Gasanhatge de Sant-Estève, du Gasanhatge de Bérenger Amaron, du Champ de l'hôpital des pauvres du Bourg, des Minorettes, du Gua de Cabrepinte (3), du Gasanhatge de Saint-Paul, du Colombier ou Ribesaltes; par le Pont-Neuf de Belvèze, la Blanquerie, le Veyra ou Rocon, Raonel, Audemort, Navis de Tamarig, lo Bruel, qui avait appartenu à la Charité de Narbonne, le Moulin de Gasanhabes et le Moulin de Raonel, appartenant au monastère de Fontfroide, le Bosquet, etc., ils ont fait enlever, dans tous ces ténements, abattre ou arracher, « cum picassis ferreis seu « securibus, » les arbres fruitiers ou d'agrément plantés sur les bords de la rivière, et qui en empêchaient le libre cours.

Rubrique : Carta contenen quels senhors cossols de Narbona feron trenquar, talhar e remoure totz los empachiers que enpachavam lo cors d'Aude, de quada part del Pont Vielh de Narbona entro la bastida apelada d'en P. Aguers.

F° 287. — **1344** (27 septembre). — Acte dressé par Guillaume de Grave et Raymond Margalion, consuls de Narbonne, à l'effet de constater que, parcourant la rivière d'Aude, sur ses deux rives, entre les possessions d'Arnaud de Bosco, marchand de Narbonne, sises à la tête du terroir du Bosquet, vers Raonel, le Gua-Rabios et le Pont-Vieux de Narbonne, ils en ont fait enlever, abattre ou arracher les plantations qui s'opposaient au libre écoulement des eaux de la rivière. — Les ténements parcourus sont désignés sous les noms de la Salada (4), Moulin du Gua, Rivage de Saint-Paul et Malpertus.

(1) Cette expression ne doit être acceptée que dans un sens très-restreint, puisque la cession des droits de voirie des vicomtes sur la rivière n'avait été consentie aux consuls que le 12 des kalend. d'août (21 juillet) 1232, par le vicomte Aymeric, peu de temps après qu'il eût approuvé les coutumes de la ville.

(2) Ga-Rabios, littéralement Gué furieux. Le mot est du pur roman et a évidemment pris ici sa véritable orthographe. Mais dans les actes en latin il est communément écrit *Gua;* c'est cette orthographe qui sera suivie dans la suite de cet inventaire.

(3) Aujourd'hui simplement le *Gua,* sur le canal de la Robine, rive droite, en amont de la ville.

(4) Anciennement Salata ou Celata. D'après divers documents, parmi lesquels se place un diplôme de Charles le Chauve, confirmatif de la dotation de l'église de Narbonne, le ténement de Celata était

Rubrique : Carta contenent quels senhors cossols de Narbona feron trenquar, talhar, erremoure totz los empachiers que enpachavam lo cors d'Aude, de quada part del termeni del Bosquet entro lo moulin del Ga.

F° 290 v°. — 1344 (15 janvier). — Permission donnée par Durand Baudon, Guillaume de Moux et Pierre de Montclar, consuls de Narbonne, à Pierre Caysol, citoyen de la ville, de faire entrer, pour les besoins de sa provision, une *sarcinate* (1) de vin provenant de sa récolte du territoire de St-Pierre del Lec.

Rubrique : Carta contenent quels senhors cossols de la viala de Narbona autrejeron, de gratia special, an Peyre Caysol, ciutadan e habitator de Narbona, que pogues metre dins la dita viala una saumada de vin, loqual dizia que fasia portar de Sant Pierre lo Lec ad ops de sa provesion.

F° 290 v°. — 1344 (26 juin). — Permission donnée par Raymond Margalion, Pierre de Montclar, Bernard Pelat et Bernard Amiel, consuls de Narbonne, à Jean Blanquier, sous-viguier de la Cour du vicomte, de faire entrer dans la ville, pour les besoins de sa provision, 4 sarcinates de vin qu'il avait récoltées dans le territoire de Grandselve.

Rubrique : Carta contenent quels senhors cossols de Narbona autrejeron, de gratia special, an Johan Blanquier, borzes, sotz viguier de la Cort de mosenher lo vescompte de Narbona, que pogues metre dinz la dita viala de Narbona IIII ss. de vin, lasquals dizia que fasia portar de Granceiva ad ops de sa provesion.

F° 291. — 1344 (16 septembre). — Permission donnée par Raymond Margalion, Pierre Vitalis, Guillaume de Gravo et Pierre de Montclar, consuls de Narbonne, à Me Jean Bondonat, notaire de Narbonne, de faire entrer dans la ville, pour les besoins de sa provision, 8 muids de vin, qu'il faisait porter du lieu de Cuxac.

Rubrique : Carta contenen quels senhors cossols de Narbona autrejeron, de gracia special, a mayestre Jehan Bondonayre, notari de Narbona, que pogues metre dintz la dita viella de Narbona, 8 mueytz de vin, losquals dizia que fazia portar del castel de Cucsac ad obs de sa provesion.

F° 291 v°. — 1344 (12 octobre). — Permission donnée par Pierre Vitalis et François Bas, consuls de Narbonne, à Simon Soberge et Jean Cornet, notaires de Narbonne, de faire entrer dans la ville, pour les besoins de leurs maisons, 7 muids de vin qu'ils faisaient porter du lieu de Roubia.

Rubrique : Carta contenen quels senhors cossols de Narbona autrejeron, de gracia special, a mayestre Symon Soberge et a mayestre Johan Cornet, notaris de Narbona, que noguesson metre dintz la dita villa de Narbona set mueytz de vin, losquals dizian que fazian portar del castel de Robian ad obs de lur provizion.

F° 292. — 1307 (5 des ides d'octobre (11 octobre). — Vente faite par Gérard de Cortone, chanoine de Paris, commissaire du roi « super negociis Judeorum,........ « captis dudum Judeys qui reperti fuerunt morari apud « Narbonam..... et a regno Francie exulatis et ejectis ac « eorum bonis omnibus captis et saysitis et ad manum « domini nostri regis positis, annotatis et descriptis, » à Guillaume Maynard et Bernard Rayambaud, consuls de la Cité, comme plus offrants et derniers enchérisseurs, de diverses maisons, parmi lesquelles la maison dite *Cortada regis* (1), qui avait appartenu à Momet Tauros, surnommé le Roi juif, et une autre maison dans laquelle demeurait maître Abraham (2), qui avait appartenu à Vitalis Lescaleta, arrêté comme juif réfractaire.

Rubrique : Carta contenen que cossols de la Ciutat de Narbona comprezon de mossen Guiraut de Cortona, comissari deputat per nostre senher lo rey de Fransa sobrel fayt dels Juzieus, l'ostal que fouc d'en Momet Tauros, juzieu, per autre nom apelat Rey juzieu, e d'autres hostals tenentz ab l'ostal desusdit, en local hostal feron lo cossolat de la Ciutat.

F° 297. — 1307 (21 décembre). — Vente faite par Gérard de Cortone, chanoine de Paris, commissaire chargé de l'aliénation des biens confisqués sur les Juifs, aux consuls de la Cité, comme derniers enchérisseurs à *l'extinction de*

situé en amont de la ville, entre les ténements dits lo Bruel ou lo Breil et celui du Rivage de St-Paul, au nord de l'église St-Félix, qui se trouvait, elle-même, au nord du bastion auquel elle a donné son nom. Tous ces ténements étaient situés au nord-est de la ville. Il faudrait dès lors admettre que la rivière d'Aude, après s'être rapprochée de la montagne de la Clape, en courant de l'ouest au nord-est et en avoir suivi la direction parallèlement, formait un coude violent pour revenir sur la ville, en passant auprès du mont Judaïque qui était situé entre l'entrée de la rivière dans la ville, le chemin de Narbonne à Béziers et la Porte-Régine ou Porte-Roy, aujourd'hui désignée sous le nom de Porte de Béziers.

(1) Sarcinate ou saumate, mesure équivalant à une charge de bête de somme. Le mot sarcinate n'est plus usité; mais on dit encore, dans le patois vulgaire du pays, *saumata*, pour exprimer l'action de mettre la vendange dans des comportes ou tinettes vinaires.

(1) C'est dans cette *Cortada regis* que fut établi le consulat de la Cité et ensuite le siége de la viguerie, créée, en 1347, par lettres patentes de Philippe VI et par arrêt du Parlement de Paris de la même date.

(2) Probablement un dignitaire de la colonie juive établie à Narbonne.

la chandelle, de plusieurs maisons situées dans la Cité et au voisinage de la *Cortada regis*, qui avaient appartenu à Samuel Vitalis de Scalcta (1), à Salomon de Saverdun, à Vitalis Gipseri, juifs expulsés du royaume. Pour opérer la vente des biens des Juifs, des lettres patentes de Philippe IV avaient député le chevalier Guillaume de Marcilhac et le sénéchal de Carcassonne; mais leur pouvoir fut révoqué, et des lettres patentes du 15 mai 1307 chargèrent de la vente de ces biens Gérard de Cortone, dont le zèle promettait au roi, à cause de ses fonctions cléricales, « uberiorem et celeriorem effectum, » dans la spoliation qui était poursuivie contre les Juifs.

Rubrique : Carta contenen que Cossols de la Ciutat feron compra d'alqus hostals que foron dels Juzieus, losquals ara fan usage al cosolat de Narbona, que foron vendutz per M. Guiraut de Cortona, commissari de nostre senher lo rey, deputat a vendre los bes que foron sa entras dels Juzieus.

F° 299 v°. — **1331** (3 des ides de septembre (11 septembre). — * Statuts délibérés et arrêtés par le corps des mondiers (meuniers) de la Cité et du Bourg, pour l'observation des fêtes chômées, la sépulture des mondiers décédés, le poids des sacs de blé, le paiement de la mouture, etc.

Rubrique : Carta contenen las hordenansas faytas per los mondiers sobre colre las festas, e sobre autres statutz e penas stablidas per los ditz mondiers.

F° 315. — **1298** (11 des kalendes de mai (21 avril). — Sentence arbitrale rendue par Arnaud de Narbonne, Jean Dardenc et Bernard Laurent, entre Bernard Rayambaud et Bérenger son frère, agissant pour eux et pour divers habitants de Narbonne, de l'aveu et avec l'assentiment de Guillaume Fabre, Jacques Vigor, Pierre d'Orsières et Pierre Arquier, consuls de la Cité, d'une part, et Pons de Malves, châtelain de Marmorières, d'autre part, dans leurs différends pendants en la cour de Pérignan au sujet de la possession et jouissance des pacages du territoire de Marmorières. Cette sentence conserve aux habitants de la Cité les droits de pacage et de lignerage dans la combe de « Valle Merderia, » et attribue au châtelain de Marmorières le pacage ainsi que tous autres droits dans les ténements inclus entre le pech de Spérandieu, la carrière des Ruschers allant de Saint-Pierre del Lec à la Montagne, la combe d'en Armengau, l'herm sis entre le colh de Manha et la combe de Naferrage, et la carrière de Saint-Pierre del Lec à Armissan.

Rubrique : Carta de compromes am pronunciacion fayta entre los senhors cossols de Ciutat, d'una part, en Pos de Malvas, caslan del castel de Marmoreyras, d'autra part, sobre los termenals del dit castel de Marmoreyras.

(1) Dans l'acte qui précède, le juif Samuel de Scalcta est désigné sous le patronymique de Lescalcta. L'identité de ce nom patronymique ne paraît pas douteuse.

F° 318. — **1312** (8 des ides de juillet (8 juillet). — * Déclaration faite à la requête du procureur du roi en la sénéchaussée de Carcassonne, entre les mains d'Aymeric de Cros, sénéchal de Carcassonne, par laquelle les consuls du Bourg, Bérenger Amaron, Bernard Paul, Guillaume d'Olargues, damoiseau Guillaume-Raymond de Bages, Arnaud Goncellin et Jacques de Gleises, assistés de tous leurs conseillers et des corps d'état, reconnaissent qu'ils tiennent leur consulat du roi, ainsi que tous leurs droits, leurs prérogatives et priviléges comme l'avaient reconnu de tout temps leurs prédécesseurs, sous la condition expresse que le roi approuvera et confirmera leurs libertés, leurs franchises et usages, et leurs coutumes écrites ou non écrites. (Transc. au 2e thal., f° 70 v°.)

Rubrique : Carta en que se conten quel procurayre del rey requerit en presencia del senescalc als cossols del Borg de Narbona que com lo cossolat del dit Borg se tengues del rey, que els ho regonoguesson, lacal conferon et presteron sagrament al rey, local pres lo senescalc de Carcassona.

F° 320. — **1255** (4-2 des kalendes de mars (26-28 février). — Sentence arbitrale rendue entre le chevalier Pierre-Raymond de Montbrun, Bernard de Montolieu, Jean Astafort, Pierre de Caudières, consuls de la Cité, Raymond de Foix, Pierre Maynard, Pierre Dieusède et Pierre-Raymond de Canet, consuls du Bourg, d'une part, et l'archevêque de Narbonne et le prieur de Sainte-Marie du Bourg, d'autre part, sur leurs différends au sujet des droits prélevés sur les porcs salés dans la ville par les macelliers (bouchers). Cette sentence fixe le droit de l'archevêque et du prieur à un denier narbonnais pour chaque porc salé exposé en vente, sauf préalable paiement par la ville, à titre d'indemnité, d'une somme de 40 livres tournois à l'archevêque et au prieur.

Rubrique : Carta de compromes fayt entre mossenher l'arcevesque el prior de la Morguia, d'una part, els cossols de Narbona d'autra part, et a y pronunciaciscion sobre la senhoria que pren mossenher l'arcevesque el prior en los porcz quels mazelies salan dins Narbona.

F° 322 v°. — **1301** (nones d'août (5 août). — Révocation faite par Jean Molinier, baile royal de la ville de Narbonne et du pays Narbonnais, de la criée et annonce de la foire de St-Just et St-Pasteur, ordonnée par les officiers curiaux de l'archevêque et du vicomte, contre les droits et libertés des consuls de la ville.

Rubrique : Carta de revocassion d'una crida que las Cors

avian fayta de la feyra de Sant Just censa cossel de prosomes, e per so fouc revocada per lo bayle del rey per mandament fayt ad el per lo viguier de Beses.

F° 324. — **1293** (6 des ides d'août (8 août). — Appel à l'indulgence des consuls du Bourg fait par les bandiers du territoire, à l'occasion des fraudes et malversations qu'ils avaient commises dans l'exercice de leur banderage. Avant d'entrer en procès avec la communauté au sujet de ces fraudes, ils déclarent s'en remettre à la discrétion des consuls pour l'application de la peine qu'ils peuvent avoir encourue. En conséquence, les consuls du Bourg, qui étaient Jacques Gros, Pierre de Forajatz, Bernard Laurent et Bernard Roger, les condamnent à 50 sous tournois d'amende et les destituent de leur charge.

RUBRIQUE : Carta que bandiers, que avian mefayt en lur uffici, se sotzmeson a volontat de cossols, e cossols puniron en 50 s. turneses per pena e los priveron de lor uffici de bandayria.

F° 325. — **1318** (16 des kalendes d'octobre (16 septembre). — Lettres de Foulques de Tornac, clerc royal, juge mage en la sénéchaussée de Carcassonne, par lesquelles il mande au viguier de Béziers de ne mettre lui-même ni souffrir aucun empêchement, de la part des officiers curiaux des cours communes de Narbonne ou d'autres personnes, à l'exercice de la faculté et du droit qu'ont les consuls de la ville de faire enlever les îles, plantations et autres obstacles qui s'opposent au cours de l'eau, dans la rivière d'Aude, entre le Gua-Rabios et le Pont-Vieux de Narbonne, suivant la concession que le vicomte Aymeric en avait faite à Aymeric Palier, Raymond Ynard, Guillaume de Pech et Pons de Leuc, consuls de la Cité, et à Raymond Faydit, Raymond de Pierregorie, Bernard Ermengaud, Pierre-Raymond-Jacques de Vaur et Guillaume de Vaur, consuls du Bourg, le 12 des kal. d'août 1232, moyennant le paiement de 400 s. melgoriens de 4 deniers chacun (1).

RUBRIQUE : Carta en que ha una letra del senescalc per laqual manda al viguier de Bezes que no empache cossols de Narbona a remoure los empachias d'Aude, coma ad els se pertanga.

F° 328. — **1344** (6 janvier). — Mainlevée donnée par ordre de Gérard de Ronsilion, sénéchal de Carcassonne, de la saisie pratiquée au nom du roi sur les tables des *inquants*, dont la ville était en possession et qu'elle donnait à ferme. Ces tables étaient situées sur la place du Bourg, partie de *cers*, vers l'ancienne Parerie, devant la maison de Pierre-Raymond de Montbrun, qui contenait l'*operatorium* où était déposé le livre sur lequel s'inscrivaient les *inquants* et les ventes, ainsi que les émoluments qui en provenaient. La saisie étant reconnue illégale et contraire aux droits des consuls, la ville rentre en possession de ces tables. Comme conséquence de la récréance obtenue par les consuls, le commissaire chargé de son exécution y procède « amovendo realiter de pariete unam astel« lam pictam signis regiis sive floribus lilii appositam « ibidem.... in signum manus regie. » — Étaient consuls de Narbonne : Pierre-Raymond de Montpellier, Pierre Got, Blaise Boyer et Pierre d'Ermenis. (Transc. au 4e thal., f° 142.)

RUBRIQUE : Carta contenent que la man rial fouc moguda et levada dels tauliers dels enquantz de Narbona per mossen Guilhem Viguier, comissari ad aquo deputat per mossenher lo senescalc de Carcassona.

F° 331 v°. — **1345** (21 janvier). — Opposition faite par les consuls de Narbonne à la plantation de fourches et hastes, à laquelle procédait Raynaud Rocel en qualité de commissaire du viguier de Béziers, pour diviser le territoire de l'île del Lec entre les habitants de Narbonne, ceux de la seigneurie de Gruissan, et l'archevêque à qui appartenait cette seigneurie. Les consuls motivent leur opposition sur ce que les habitants de Narbonne ont toujours été en possession du territoire del Lec, suivant la teneur de divers documents émanés du vicomte Aymeric et de la vicomtesse Ermengarde (voir la déclaration du vicomte Aymeric transcrite au f° 4 du présent thalamus), dans la vicomté desquels se trouvait le château de Pérignan, dont le territoire del Lec et les ténements de la tour du comte Pierre (1), l'étang de Narbonne « quod dividit Corbariam, »

---

(1) Les faits sur lesquels est motivé le transport fait aux consuls des droits de voirie du vicomte sur la rivière offrent un assez triste tableau de la situation où la négligence de l'exercice de ces droits avait jeté la ville et son territoire. « Inspecta, dit la cession, maxima utilitate « tam Civitatis quam Burgi Narbone et tocius eorumdem populi ac « extraneorum intrantium in Narbona, cum aliquando contingeret « propter cressitudinem Atacis, que se spargebat fere per caminos « Civitatis et honores ejusdem ac etiam Burgi, ita quod tunc intrantes « et exeuntes Narbonam pertransire vix poterant nisi periculose, et « quia etiam major pars honorum tam Civitatis quam Burgi pro dicta « cressitudine Atacis submergebantur, ita quod semina ibi apposita « non valebant.... » Les intérêts de la voirie avaient donc, jusque-là, occupé peu de place dans la sollicitude des vicomtes, et, tout en s'en déchargeant sur la vigilance des consuls, ils trouvaient le moyen de le faire à titre onéreux pour la ville. On voit, par des actes précédemment analysés, que les consuls prirent à cœur les droits cédés, et qu'ils en usèrent vigoureusement pour arrêter les dégâts causés par les inondations qui dévastaient le territoire.

(1) La tour du comte Pierre, poste fortifié bâti près de la mer pour en surveiller les abords, était placée dans le voisinage de Saint-Pierre de la Mer, qui appartenait à la maison de Saint-Jean de Jérusalem. Dans la localité, elle est connue sous le nom de Redoute St-Pierre, que lui donnent les cartes géographiques.

la combe do Vite, le col de Doventa, la roque de Doventa, la plaine de las Gachas, le Mourral près de l'église N.-D. des Auzils, le Barral-Barralet, las Portas, la Gotina, le portel de Lampartit et le Castel-Pezol, qui font partie du territoire del Lec, sont les dépendances.

Rubrique : Carta de contradiction fayta per los cossols de Narbona a mayestre Raynaut Rocel, que se disia comessari deputat per mossen Johan Guitart a dressar forcat e metre bastos en lo termini del Lec.

F° 340 v°. — **1344** (20 décembre). — Révocation et annulation, par les officiers curiaux du vicomte, de la recherche et saisie de fausses mesures et de faux poids qu'ils avaient faites dans la ville de Narbonne, contre les priviléges des consuls, auxquels seuls appartient le droit de les faire.

Rubrique : Carta de revocassion fayta per los curials de la cort de mossenher lo vescomte de Narbona de una cerqua que los dits curials fasian generalment per Narbona.

F° 341. — **1344** (3 août). — Opposition faite, par les officiers curiaux de l'archevêché de Narbonne, à l'exécution de la commission de Guillaume Agnel, commissaire chargé de procéder à l'enlèvement des plantations qui obstruaient le cours de la rivière d'Aude, aux ténements du Bruel, du Salata, du Rivage de Saint-Paul, du Gasanhatge de Bérenger Amaron et du Bousquet. Cette opposition est motivée sur ce que ces ténements, dépendant de la juridiction de l'archevêque, la commission de Guillaume Agnel est injurieuse à ses droits et leur est préjudiciable.

Rubrique : Carta de contradiction et appellacion fayta per las gens de mossenher l'arcevesque ad alcus homes elegitz per maistre Guilhem Anbel, losquals trenquavan les aybres en lo termini del Bruelh, en que ha resposta del dit maistre Guilhem comessari sobre aquo deputat ayssi quant se dizia.

F° 346 v°. — **1332** (16 octobre). — Consentement (1) donné par Guillaume de Ventenac et Jean de Bourbon, commissaires sur le fait des gabelles, à l'annulation de l'obligation par laquelle Pierre du Lac, Pierre Franc, Bernard Assaud et Pierre Payen, consuls de la Cité, s'étaient engagés (1332) à payer au roi, en leur nom et au nom des habitants, 5,111 livres 2 sous tournois pour leur part de la somme de 150,000 livres tournois offerte par la sénéchaussée de Carcassonne pour l'extinction perpétuelle de la gabelle des draps. Sur cette somme, les consuls devaient payer actuellement 2,227 livres 10 sous. Les commissaires consentent aussi à ce que les consuls soient dégagés de toute autre obligation de paiement concernant la gabelle « si paratores nobiles et ecclesiastice persone (1) « partem dicte summe centum quinquaginta millium libra- « rum turonensium eis impositam seu imponendam non « solverent. » Sous le bénéfice de ce consentement, la gabelle demeurait maintenue.

Rubrique : Carta en que los comissaris donatz sobre la revocation de la gabelha dels draps promeson a cossols de Ciutat que si parayres nobles et personas ecclesiastiquas no pagavan ad els la part ad els empauzada o empauzadoyra de la summa de 150,000 lib. 10 s. t. quels ditz cossolz pagan 2,227 lib. 10 s. t. de tota la summa fosson quetis.

F° 347 v°. — **1333** (14 juin).— Quittance donnée par Marquis Scotisse, trésorier du roi en la sénéchaussée de Carcassonne, de la somme de 445 livres 10 sous tournois, payée par les consuls du Bourg et de la Cité, à compte des 5,111 livres 2 sous tournois que la ville de Narbonne devait payer pour sa part des 150,000 livres offertes au roi par les communautés de la sénéchaussée de Carcassonne et Béziers pour l'extinction de la gabelle des draps (2).

Rubrique : Carta de regonoyssensa fayta per lo thesauriar de Beses de nostre senhor lo rey, de 445 lib. 10 s. torn. pagadas per la primeyra pagua del fayt de la gabelha.

F° 363. — **1278** (2 des ides de mai (14 mai). — Acte par lequel Pierre Stephani, blancher de Narbonne, sur la réquisition de Jean de Portal, Raymond de Malras et Arnaud Docèse, consuls de la Cité, reconnaît que le passage situé entre sa maison et le mur dit de Belvèze appartient à

(1) Ce consentement n'eut pas d'effet; la suppression de la gabelle fut maintenue et la ville dut payer la quote part qui lui avait été assignée sur le prix du rachat de cette gabelle.

(1) Ce texte démontre que la noblesse ne dérogeait pas par l'exercice d'une charge ou d'une profession, d'un art, d'un métier purement manuels; les gens d'église et les clercs eux-mêmes se livraient au négoce et aux arts industriels.

(2) Les esprits étaient fort partagés sur l'utilité du maintien ou de la suppression de la gabelle des draps. Les uns pensaient qu'elle était profitable au bien commun du pays; les autres en demandaient l'extinction pour toujours, comme nuisible à la fabrication. Ce dernier sentiment l'avait d'abord emporté dans les communautés de la sénéchaussée, puisqu'elle avait fait offrir au roi 150,000 livres pour cette extinction. Mais des plaintes s'élevèrent de la part de ceux qui préféraient son maintien au paiement de la somme considérable portée dans l'offre de la sénéchaussée. Ces plaintes parvinrent jusqu'au roi, et, par lettres patentes du 11 mai 1331, des commissaires spéciaux furent envoyés sur les lieux pour y procéder à une enquête générale et prononcer définitivement sur le maintien ou la suppression de la gabelle. Ces commissaires s'arrêtèrent à cette dernière mesure, en présence de l'opinion générale qui avait prévalu, et fixèrent à cinq années, suivant l'intention du roi, la durée du délai dans lequel la somme offerte devait être acquittée. Narbonne, l'une des plus importantes villes de fabrique de la sénéchaussée, puisqu'elle devait payer, à elle seule, le trentième de l'offre totale, s'était prononcée pour le maintien de la gabelle.

la ville, qu'il doit le laisser toujours libre et l'entretenir comme voie publique, et qu'il doit couvrir, à ses propres dépens, le gachil (1) qui est contigu à ce mur et dont il ne peut se servir que du consentement des consuls, sans préjudice des droits de la ville, à laquelle il déclare que le mur et le gachil appartiennent.

RUBRIQUE : Carta que en P. Steve, blanquier, promes a senhors cossols tener cubert e trenquar a lur voluntat un gachil, loqual de lur cossentiment fec en son hostal e sobrel mur de Belvezer.

F° 364. — Copie de l'acte précédent.

F° 364 v°. — **1272** (7 des ides de septembre (7 septembre). — Saisie de 6 setiers de froment que Pierre Serdagne et Cap-Dalbert faisaient sortir de Narbonne et transporter par barque sur la rivière d'Aude. Cette saisie est pratiquée pour cause d'infraction aux défenses qui avaient été faites, à cri public, de tirer du blé de Narbonne, par eau, depuis le grau de Vendres jusqu'au cap de Leucate. Le tiers de la saisie est attribué aux consuls, un tiers aux deux cours de l'archevêque et du vicomte, et le tiers restant à celui qui avait fait connaître l'infraction. (Transc. au 3e thal. f° 58).

Rubrique : Carta que cossols e las cortz d'arcevesque e del vescomte preseron 6 sesties de froment que se trasian de Narbona, e fouc pres en Aude, et am dos cortz agron lo tertz del blat, e cossols l'autre tertz, et aquel que ho essenhet l'autre tertz, quar era cridat que hon no auzes trayre blat de Narbona.

F° 365 v°. — **1331** (11 mars), pour le pouvoir des commissaires royaux; — **1332** (24 février), pour l'ordonnance de suppression; — **1333** (1-2 mars), pour l'adhésion des pareurs à cette suppression. — Ordonnance de Jean de Bourbon, Guillaume de Ventenac et Guy de Vela, sénéchal de Carcassonne et Béziers, commissaires du roi sur le fait de la gabelle des draps, par laquelle ils prononcent la suppression de cette gabelle dans la sénéchaussée de Carcassonne, moyennant le paiement, dans l'espace de trois années, d'une somme de 150,000 liv. t. Cette somme devait être répartie entre les gens d'église, les barons, les pareurs et habitants nobles des villes et tous les autres habitants, eu égard au nombre et à l'état des feux que ces villes contenaient. Par la suppression de la gabelle et des ordonnances qui en avaient fixé l'application, l'exportation des draps et des matières servant à leur fabrication et à leur préparation, devenait permise dans toute l'étendue de la sénéchaussée de Carcassonne. Voici l'indication de ces matières prise dans l'ordonnance d'extinction de la gabelle: « lane agnelini, animalia lanigera, pelles lanute, filum « laneum, panni crudi, grana, gauda, gayda, garensa, tin- « tenetum, cardones domestici sive franchi clavati, cineres « atque ligna et cetera omnia et singula que ad paraturam, « tincturam ac aptacionem et perfectionem pannorum... « utilia, necessaria et expedientia sunt. » — Lettres patentes de Philippe VI, du 11 mars 1331, contenant le pouvoir donné à ces commissaires. — Publication de ces lettres patentes et de l'ordonnance de suppression et extinction de la gabelle, faite par crieur public, dans le milieu de la Parerie du Bourg, et en présence de Vital de Prision, baile du roi, suivie de l'adhésion donnée à la suppression de la gabelle par Jean Tasquier, Pierre Ermengaud, Etienne Raynaud, Bernard Guiraud, Guillaume Fabre, Guillaume Puissan, Bernard Pelat et Jean Docèse, pareurs de Narbonne, pour eux et au nom de tous les autres pareurs de la ville.

RUBRIQUE : Carta de revocassion de la gabelha.

F° 368 v°. — **1291** (3 des nones d'août (3 août). — Lettres du juge de Béziers, adressées à Jean de Meley, châtelain de Cessenon, par lesquelles il lui est enjoint de faire rendre à certains marchands de Narbonne une charge de laine qu'ils avaient achetée à Cessenon, et qui leur avait été saisie indûment à l'occasion de la leude, puisque les habitants de Narbonne étaient exempts de leude et de péage à Cessenon, conformément à leurs priviléges, comme les habitants de Cessenon en étaient eux-mêmes exempts dans la ville de Narbonne.

RUBRIQUE : Carta que gens de Cessenon no pagan leuda a Narbona, ni las gens de Narbona a Cessenon.

F° 369. — **1339** (23 juillet, — 2 août, — 9 novembre). — Quittances, au nombre de quatre, faites par Mathieu Gayte, trésorier du roi dans la sénéchaussée de Carcassonne et Béziers, pour la somme totale de 1,200 liv. tournois payée par la ville, pour la part qui lui était assignée sur les dépenses de l'armée de Gascogne « contra Burdegalenses. »

F° 369. — **1340** (4-24 janvier, — 15-21 décembre). — Quittances, au nombre de quatre, faites par Mathieu Gayte, trésorier du roi à Carcassonne, pour la somme totale de 625 liv. tournois formant la part de la ville dans le subside nouvellement demandé par le roi pour l'armée de Gascogne.

F° 369 v°. — **1340** (11 novembre). — Lettres de l'évêque d'Auch et de Pierre de la Palud, seigneur de Varambon, sénéchal de Toulouse et Albi, qui portent, contre les consuls des villes principales de la sénéchaussée de Carcassonne et Béziers, contrainte pour le paiement du subside demandé par le roi pour l'armée de Gascogne.

(1) Du mot roman *gacha* ou *gayta*, guet. Espèce de guérite placée sur les remparts.

F° 370. — **1338** (16 décembre), pour le pouvoir donné à Bertrand de Lameulh; — **1342** (14 juin, — 14 juillet), pour les quittances. — Quittances données par Jean Chapayron, vice-gérant de Bertrand de Lameulh, lieutenant de Mathieu Gayte, trésorier du roi à Carcassonne, pour la somme de 3,000 liv. tourn. payée par les mains de Bernard Cabirol et Bernard Assaud, consuls de Narbonne, à compte des 3,500 livres imposées à la ville par l'évêque de Beauvais à titre de subside pour la guerre de Gascogne. — Lettres contenant le pouvoir donné à Bertrand de Lameulh pour faire la recette de ce subside.

F° 371. — **1342** (10 décembre). — Quittance de la somme de 250 livres tournois payée à Raymond Balbet, receveur de l'Agenais, par les consuls de Narbonne, à compte des 3,500 livres assignées à la ville par l'évêque de Beauvais pour sa part du subside accordé au roi pour les dépenses de la guerre de Gascogne.

F° 371 v°. — **1339-1343.** — Lettres du 16 juin 1341 par lesquelles l'évêque de Beauvais, commissaire du roi, accepte la somme de 1,200 livres tournois spontanément offerte au roi par la ville de Narbonne, à titre de subside de guerre. Cette somme était payable, moitié dans l'octave de la fête de saint Jean-Baptiste, et l'autre moitié le 1er août 1341. Par ces lettres, il est fait injonction aux gens du roi de ne rien demander à la ville au-delà de cette somme de 1,200 livres. — Autres lettres de l'évêque de Beauvais, du 6 décembre 1343, qui réduisent de moitié la somme de 500 livres restant due par les consuls de Narbonne sur les 3,500 livres assignées à la ville pour subside de guerre. Cette somme ainsi réduite devait être payée à Raynaud Balbet, receveur du pays d'Agenais. — Autres lettres du même évêque, du 4 février 1343, par lesquelles il mande aux gens du roi qu'ayant fait remise aux consuls de Narbonne de la moitié des 500 livres tournois qu'ils devaient pour reste de subside de guerre, ils aient à faire cesser toutes diligences faites contre ces consuls, à l'effet de les contraindre au paiement de l'autre moitié. — Lettres de Pierre de Ruppé, seigneur de Foncian, lieutenant du roi en la sénéchaussée de Carcassonne, datées du 5 juillet 1339, par lesquelles, sur le vû des lettres de l'évêque de Beauvais, du 25 juin 1339, il mande au receveur du roi à Carcassonne, de ne rien exiger des consuls de Narbonne au-delà de la somme de 1,200 livres qu'ils ont offerte au roi pour la guerre de Gascogne, « attentis et consideratis « gratuitis serviciis et mutuis factis per habitatores predicte « ville et gravaminibus et aliis subsidiis passis occasione « ejusdem guerre. » (Ces dernières lettres sont transc. au 3e thal., f° 113 v°.)

F° 373. — **1343** (16 mars). — Quittance donnée par Bernard Francis, lieutenant de Mathieu Gayte, trésorier du roi à Carcassonne, pour la somme de 600 liv. tournois que la ville lui avait comptée en paiement de la moitié échue durant l'octave de la fête de saint Jean-Baptiste, en 1341, sur les 1,200 livres qu'elle avait offertes au roi pour subside de guerre.

F° 373. — **1343** (16 mars). — Déclaration délivrée par Bernard Francis, lieutenant du trésorier du roi à Carcassonne, pour faire cesser toute nouvelle demande aux consuls de Narbonne, par laquelle il constate et certifie qu'il a reçu, au nom de ces consuls, des lettres d'Ademar, juge mage et lieutenant du sénéchal de Carcassonne, portant que le subside pour la guerre de Gascogne imposé à la ville en 1340, et fixé à 625 liv. tournois (1), a été payé par elle dans la même année 1340, ainsi qu'il résulte des indications du livre spécial tenu en la Cour du sénéchal pour la recette de ce subside.

F° 373 v°. — **1344** (7 janvier). — Vidimus délivré par Pierre d'Ampuy, viguier de Béziers, des lettres de Jean, évêque de Beauvais, du 14 juin 1342, qui mandent aux gens du roi de n'exiger des consuls de Narbonne, pour leur quote part du subside demandé à la province pour la guerre de Gascogne, que les 3,500 liv. qu'il a imposées à la ville, en 1342.

F° 373 v°. — **1344** (31 mars). — Quittance de 208 liv. fortes et de 14 sous t., délivrée aux consuls de Narbonne par Jean Chapayron, vice-gérant du lieutenant du trésorier du roi à Carcassonne. Ces 208 liv. 14 sous tourn., le marc d'argent étant compté pour 9 liv. 4 sous tourn., formaient la somme de 600 livres tourn., monnaie courante en 1341, montant du subside de guerre qui avait été imposé à la ville.

F° 374. — **1344** (15 mai, — 2 juin, — 7 juillet). — Quittances délivrées aux consuls de Narbonne pour la somme totale de 1,100 livres tournois versée par eux à

(1) Ce subside, d'abord fixé à 10 sous par feu, dont le produit aurait été de 1,250 livres, fut ensuite réduit à 5 sous par feu, formant les 625 livres payées par la ville. D'après les données de ces chiffres, on trouverait que la ville de Narbonne avait, en 1340, date de l'imposition du subside et de son paiement, 2,500 feux. Si l'on observe que les clercs, les gens d'église et leurs officiers, agents ou serviteurs, les pauvres, les Juifs, les étrangers qui ne pouvaient être reçus aux droits et charges du domicile qu'après dix ans de résidence, n'étaient pas compris au nombre des feux taillables, et que, pour être compté pour feu, le chef de maison devait posséder certain revenu fixe annuel, il faut admettre que ce nombre de feux devait représenter une population considérable. Voir à ce sujet, entr'autres documents, les lettres patentes de Charles VI, de l'année 1405, publiées aux Annexes de l'inventaire, qui portent la population de la ville de Narbonne, au milieu du XIVe siècle, à plus de 200,000 âmes.

Jacques André et à Jean Chapayron, vice-gérant de Bertrand de Lameulh, lieutenants de Mathieu Gayte, trésorier du roi pour la sénéchaussée de Carcassonne et Béziers, formant la part de la ville dans le subside demandé par le roi en l'année 1343, pour la réforme des monnaies.

F° 374 v°. — **1343** (28 juillet). — Mandement de Philippe VI au sénéchal de Carcassonne, portant injonction au procureur du roi en la sénéchaussée de se joindre aux consuls de Narbonne dans certaines instances qu'ils formaient contre l'archevêque, pour y défendre les intérêts du roi.

F° 374 (bis). — **1343** (3 décembre). — Lettres de commission et instructions données par le roi à Jean de Milon et à Jean Foucauld, ses conseillers et commissaires sur le fait de la réforme des monnaies. Pour couvrir les dépenses de cette réforme, qui était entreprise dans le but de ramener les monnaies au poids et à la valeur qu'elles avaient au temps de saint Louis, le roi demandait un subside de 4 den. pour chaque 20 sous provenant du prix de la vente des marchandises pendant une année entière, ou une imposition par feu équivalant à ce subside, au choix des communautés. — Traité fait avec les commissaires royaux par les consuls de Narbonne, au nom de la ville qui n'avait accepté ni l'un ni l'autre mode. D'après ce traité, la ville s'engage à payer, par voie d'abonnement, une somme de 1,100 liv. t. en deux termes égaux, l'un à la fête de Pâques, l'autre à celle de la Pentecôte.

F° 375 v°. — **1342** (18 juin). — Vidimus délivré par Amalric de Voisins, seigneur de Couffoulens, lieutenant du sénéchal de Carcassonne, des lettres de l'évêque de Beauvais, du 14 juin 1342, par lesquelles il mande aux gens du roi de n'exiger des consuls de Narbonne, pour leur portion du subside destiné au paiement des dépenses de la guerre de Gascogne, que les 3,500 liv. t. qu'il venait d'assigner à la ville.

F° 377. — **1267** (12 des kal. de février (21 janvier). — Bref du pape Clément IV, par lequel, en vertu de son pouvoir apostolique et en reconnaissance de la sincère dévotion des habitants de Narbonne envers le saint-siége, il leur accorde, pour trois ans, le privilége de ne pouvoir être cités ou appelés en jugement hors du diocèse, pour leurs personnes ou leurs raisons, actions et biens situés dans l'étendue de ce diocèse, pourvu toutefois qu'ils soient prêts à comparaître devant le juge compétent. Texte de ce privilége : « Hinc est quod nos vestris supplicationibus « inclinati, ut vos aut aliquis seu aliqui ex vobis et habita- « tores Civitatis et Burgi ipsius, comuniter (1) vel divisim « extra Narbonensem dyocesim, super bonis que infra « illam habetis, seu super personalibus actionibus, dum- « modo infra dyocesim ipsam parati sitis de vobis conque- « rentibus coram competenti judice juri parere, seu justicie « plenitudinem exhibere, per litteras sedis apostolice vel « leguatorum ipsius impetratas, dummodo per illas pro- « cessum in aliquo non existat, vel imposterum impe- « trandas, cujuscumque tenoris existant, que de indulto « hujusmodi plenam et expressam non facerent mentionem, « vocari vel trahi ad judicium nequeatis, vobis et habitato- « ribus ipsis, auctoritate apostolica de speciali gratia indul- « gemus. Presentibus post triennium minime valituris. »

(1) C'est *conjunctim* qui devait se trouver dans le bref original.

F° 377. — **1228** (16 des kal. d'octobre (16 septembre). — Déclaration (partie de la) par laquelle le vicomte Aymeric et Marguerite, sa femme, reconnaissent que Bernard de Saint-Étienne, neveu de Guillaume-Raymond de Bourg, tient d'eux, à titre de fief d'honneur, la *viguerie de la Vicomté du Bourg*, comprenant l'usage des anguilles et des *carnens;* la surveillance du pain vendu sur la place publique; la *conduite* des mariées de leur demeure à l'église et vice versâ; l'exécution des voleurs qu'il devait « mittere « in costello et condere in crucem (1). » (Transc. au 3e thal., f° 149.)

F° 377 v°. — **1299** (5 des nones d'octobre (3 octobre). — Charte par laquelle le vicomte Aymeric dispense tous possesseurs de vignes et champs dans son fief de Gasagnepas, du paiement des cens et droits seigneuriaux qu'il y prélevait, et leur accorde la faculté d'y placer des bandiers, d'y interdire le pacage, la chasse, etc., moyennant le paiement d'une somme de 20 sous tournois.

RUBRIQUE : Carta que los prosomes que an possesios a Gasapas metan bandies, e que mosen lo vescomte no in pot metre, e que los bans so de aquels.

F° 379 (2). — **1377** (13 mai). — Transaction entre le damoiseau Pierre du Rivage, Richard Cornelhan, Jean Pelat, Jean Jordan, Raymond Bérenger, Pierre Bages, Raymond Sabate et Guillaume Catala, consuls de Narbonne, d'une part, et les consuls de Pérignan, d'autre part, sur leurs prétentions respectives aux droits de banderage et de dépaissance et abreuvage des troupeaux sur quelques portions de l'île del Lec. Par cette transaction, qui fut consentie moyennant le paiement annuel d'une albergue de 4 liv., monnaie courante, par la communauté de Pérignan à celle de Narbonne, la dépaissance est concédée aux habitants de Pérignan exclusivement dans les territoires compris entre le portel de las Gachas, le portel

(1) C'est l'office de bourreau élevé à la dignité de fief d'honneur.

(2) Le f° 378 manque au thalamus.

de la Scalayrola, las Buadelas, le Campsol, le Stanhol, la cave de Martrenhs, l'étang de Tarailhan, la cave de Conchis, le molon de Costarnaud, l'étang Salsorier, le Morblanc et la tour du comte Pierre. Les consuls de Narbonne avaient fondé leurs droits à la jouissance du terrain litigieux sur la charte du 30 novembre 1221 (1), insérée dans la transaction, par laquelle le vicomte Aymeric les reconnaît en possession et jouissance du banderage et des droits de pacage et de lignerage dans les terres de l'île del Lec et les hermes et bois compris dans les limites suivantes : la tour du comte Pierre, l'étang qui divise la Corbière, le Gua-Rabios, la Goule-d'Aude et l'étang de Petroclis, excepté le territoire de Perdipas et ceux de Cuxac et de Coursan.

Rubrique : Carta de transhaction inter consules civitatis Narbone et consules et habitatores loci de Periniano.

F° 385 v°. — 1372 (20 novembre). — Approbation, par le viguier de Narbonne, en exécution des lettres qu'il avait reçues de Louis, duc d'Anjou, lieutenant du roi « in partibus Occitanie, » d'un acte d'échange passé entre les frères Bernard et Guillaume Sauveur, peaussiers de Narbonne, d'une part, et Jeanne, femme de Jean Trenquier, d'autre part, duquel acte il résultait qu'une soulte de 50

(1) C'est la déclaration du vicomte Aymeric transcrite au f° 1 de ce thalamus. Le vicomte l'avait consentie aux consuls comme seigneur foncier de l'île del Lec, dont le territoire dépendait de la seigneurie de Pérignan. Cette seigneurie était possédée depuis très-longtemps par les vicomtes de Narbonne, et, dès 1080, son étendue se trouvait comprise dans la donation des dîmes du sel faite par Pierre de Narbonne et Aymeric, Hugues et Bérenger frères, ses neveux, aux chanoines du chapitre St-Paul. Après la mort d'Amalric, fils du vicomte Aymeric et de Marguerite de Montmorency, sa seconde femme, ses deux fils Aymeric et Amalric, mettant fin à leurs différends au sujet de leurs droits patrimoniaux, convinrent, par un accord du 9 des kal. d'avril (24 mars) 1271, ménagé par leurs amis communs, qu'Aymeric aurait pour son lot la Vicomté de Narbonne, conformément à la donation paternelle qui lui en avait été faite, et qu'Amalric, son frère puîné, aurait la baronnie de Pérignan avec une assignation de 1,000 livres de revenu sur les fiefs et seigneuries dépendant de la Vicomté, à l'exception toutefois de la ville de Narbonne et de son territoire. Aymeric et Amalric faisaient, quelques jours après la date de leur accord, le 11 des kalend. de juin (22 mai) 1271, le dénombrement de leurs biens entre les mains de Guillaume de Cohardon, sénéchal de Carcassonne. Pérignan y est désigné avec le titre de château.

D'après un acte des ides de mai (15 mai) 1278, Amalric affranchit les habitants de sa seigneurie, qui étaient auparavant serfs et mainmortables. Il était marié à Alcayette de Rodez. Son successeur fut Aymeric, son fils, qui prêta le serment d'hommage, auquel il était tenu pour raison de la baronnie, à Philippe le Long, à l'occasion de son avénement à la couronne, en 1316.

Le 1er mai 1280, Amalric avait concédé à Pons d'Engala, précepteur de l'ordre de Malte, la maison de Saint-Pierre, sous les réserves de la justice « mere mixte et impere. » Il aliénait aussi, peu de temps après, au profit de Pons de Malves, le domaine de Marmorières. Un acte de bornage intervint entre les contractants, en juin 1301, et, dès 1293, Pons de Malves avait fait fixer par arbitres toutes les terres del Lec qui devaient lui être réservées, d'après son acte d'inféodation, pour la dépaissance de ses troupeaux.

Le vicomte de Narbonne et le baron de Pérignan n'ayant pu s'accorder sur les limites de leurs seigneuries, passèrent un compromis le 8 des ides de février (6 février) 1271, par lequel ils choisirent pour arbitre Guy de Levis, maréchal de la Foy, seigneur de Mirepoix. Dix ans après, en 1281, cet arbitre rendit une sentence par laquelle il détermina l'étendue de la baronnie de Pérignan, qui comprenait toute l'île del Lec ainsi que la juridiction sur toutes les terres, châteaux et villages dépendant de cette île. Pour exécuter cette sentence, Guy de Levis chargea Benoît Constantin, habitant de Narbonne, de planter des bornes entre la Vicomté et l'île del Lec. Constantin se transporta sur les lieux, et planta vingt bornes distinctes, dont la dernière aboutissait aux terres fermes de Celeyran « usque ad divisiones Sereinani. » Pareilles plantations de bornes eurent lieu pour fixer les limites du territoire de Pérignan avec la seigneurie de Salles, qui appartenait à l'archevêque, d'après une sentence du 8 des ides d'avril (6 avril) 1293, et avec la seigneurie de Gruissan, qui appartenait aussi à l'archevêque conformément à un acte de l'année 1313.

En l'année 1302, Amalric avait donné à son fils aîné Aymeric la baronnie de Pérignan avec clause de substitution au profit de ses enfants, et, à défaut de ceux-ci, au profit de son second fils Amalric ou de ses enfants. Aymeric, qui n'avait pas d'enfants, sans tenir compte de la substitution établie au profit de son frère et de ses neveux, vendit la baronnie de Pérignan à Philippe VI, en 1346. A sa mort, et sur la requête des héritiers substitués, divers arrêts du Parlement de Paris déclarèrent la substitution ouverte. Toutefois, l'arrêt qui annula la vente faite au roi se fit longtemps attendre, car le rétablissement de l'ayant droit des substitués en la possession de la baronnie de Pérignan ne fut prononcé que le 28 avril 1543, au profit d'Aymeric dit de Bar. Les barons de Pérignan, ainsi dépossédés de leur seigneurie pendant deux cents ans (de 1346 à 1543), avaient perdu leurs titres et leurs papiers de famille. Un arrêt du Parlement de Paris du 5 août 1544 leur permit de faire procéder contre les détenteurs de ces titres par voie de censure ecclésiastique.

Aymeric de Bar, au profit duquel avait été rendu, en 1543, l'arrêt de réintégration, n'avait, au moment de sa mort, qu'un enfant mineur, Guillaume de Narbonne. Ses tuteurs abandonnèrent la baronnie de Pérignan à Cyprien de Narbonne, son oncle, par suite d'une transaction passée le 29 mars 1561. Ce dernier mourut laissant pour héritier Antoine de Bar, son fils, qui ne lui survécut pas longtemps. Les habitants de Pérignan furent soupçonnés de les avoir empoisonnés tous les deux.

Par le décès d'Antoine de Bar, la baronnie de Pérignan passa à Claire Dupuis, sa mère. Celle-ci se maria en secondes noces avec le sieur de Montmouton, et eut de ce second mariage deux filles. A sa mort, l'une d'elles, Antoinette de Montmouton, qui avait épousé Charles de Thézan, baron de St-Geniès, eut, pour sa part, dans la succession de sa mère, la baronnie de Pérignan. Hercule de Thézan, son fils, la recueillit après elle et la vendit, le 9 janvier 1651, à Henri de Fleury, trésorier de France à Montpellier, pour le prix de 75,000 livres. Celui-ci la transmit à Gabriel de Fleury, son fils, le 21 octobre 1680. Elle advint ensuite à Mgr de Fleury, alors évêque de Fréjus, qui la donna à André-Hercule de Rosset, marquis de Roquosel. C'est après cette donation que la baronnie de Pérignan fut érigée en duché-pairie par l'influence du cardinal, et c'est à la suite de ce changement que le village de Pérignan a perdu le nom qu'il avait jusqu'alors porté pour prendre celui de Fleury qu'il a conservé depuis.

liv. tournois payée à cette dernière devait donner lieu au prélèvement d'un foriscape au profit du vicomte de Narbonne, seigneur des terres qui faisaient l'objet de l'échange. Ces terres étaient situées à Livière, lieu dit le Gasanbatge d'en Johan Ramon. Les agents du vicomte avaient refusé de donner cette approbation, qui leur appartenait de droit, et de prélever le foriscape dû. Ils se fondaient sur des lettres patentes de Charles V, insérées dans l'approbation, et datées du 12 février 1371, par lesquelles le roi ordonnait que toutes les causes et actions du vicomte de Narbonne, qui avait été appelé à la Cour et y était retenu à cause de sa charge d'amiral de France, ce qui l'empêchait de veiller à ses propres intérêts, seraient tenues en état jusques à son retour dans la Vicomté.

F° 387.— **1560** (11 octobre).— Provision de la charge de cinquantenier de la morte-paye donnée par Honorat de Savoie, commandant de cette morte-paye dont la solde était à la charge de la ville, au sieur Antoine Boisson, sur la présentation de Paul Deapchier et Avyen Menuety, consuls de Narbonne.

F° 387 v°. — **1567** (17 février). — Procès-verbal des réquisitions faites par les consuls à François de la Jugie, baron de Rieux, gouverneur de Narbonne, concernant l'exécution d'une délibération du conseil politique de la ville relative à l'arrestation, à l'audition et au jugement d'Antoine Boisson, cinquantenier de la morte-paye, accusé d'être d'intelligence avec les ennemis de la ville pour leur en livrer l'entrée. Celui-ci déclarait l'accusation fausse, et offrait, au cas où il pourrait être convaincu de culpabilité, *d'être tiré à quatre chevaux tout vif.*

AA. 100. — Registre, 336 feuillets in-fol. (papier); reliure en carton.

1148-1567. — Copie du cartulaire intitulé 1er thalamus, faite, vers 1844, par l'espagnol réfugié Palau, prêtre du diocèse de Barcelone.

AA. 101. — Registre (parchemin), 182 feuillets in-fol.; cartonnage couvert de parchemin.

1148-XVIe siècle. — 2me Thalamus (1).

F° 1. — **1232** (7 des kal. de mars (24 février), pour la confirmation par le vicomte Aymeric; — **1232** (14 des kal. de janvier (19 décembre), pour la confirmation par l'archevêque de Narbonne; — **1233** (7 des kal. de mars (23 février), pour la confirmation par l'abbé de St-Paul. — * Coutumes de Narbonne. (Transc., en roman, au 3e thal., f° 29; au 6e thal., f° 12 v°; au 8e thal., f° 9; au 10e thal., f° 8; — en latin, au 1er thal., f° 50 v°; au 3e thal., f° 8; au 4e thal., f° 1; au 6e thal., f° 2; au 9e thal., f° 8 v°; au 10e thal., f° 89.)

Rubrique : Las costumas de Narbona, en latin, confermadas per mossenher lo vescomte et mossenher l'arcevesque et l'abat de Sant Paul.

F° 4. — **1272** (5 des kalend. de décembre (27 novembre).— * Cession faite par le vicomte Aymeric, fils d'Amalric, du vivant de sa mère Philippe, aux consuls de la Cité, Raymond Petri, Pierre Guerre, Jean Guitard, Pierre-Raymond Roche et Guillaume de Salles : — de la moitié du produit du treuil de l'huile; — de la moitié du botage (1) du vin et des droits qu'il pouvait prétendre sur l'autre moitié de ce droit appartenant au chevalier Guillaume du Plan; — du droit de défendre l'entrée du vin et de la vendange dans la ville ou ses faubourgs, aux étrangers comme aux habitants de Narbonne, excepté, toutefois, en faveur de ces derniers, le vin récolté dans le territoire de la ville. — Le vicomte, en outre, promet de ne pas partager entre plusieurs héritiers, et de maintenir, au contraire, toujours en la possession d'un seul, son fief de Narbonne. Il taxe les frais des actes reçus par les notaires et les écrivains pour les assignations, les auditions de témoins, les affirmations, protestations et exemptions, les actes de tutelle, de curatelle, d'émancipation et d'adoption, les inventaires, les décrets de justice, etc.; exempte les habitants de Narbonne et ceux du district de Gênes de tout droit de leude, péage ou prestations, etc. (Transc., en latin, au 1er thal., f° 43; au 6e thal., f° 55 v°; — en roman, au 7e thal., f° 11.)

Rubrique : Carta de compromes fayt entre mossenher lo vescomte els senhos cossols de Narbona sus lo vet del vin, e sus la leuda e la declaracion del dit compromes, e fa mencio de la sal, e del truelh de l'oli, e del botage del mel, e de taxacio d'escripturas, e de acusatz de crim, cant si absento, e de citacios e officies.

F° 11 v°.— **1272** (4 des ides de novembre (10 novembre). — Compromis par lequel le vicomte Aymeric et les

(1) En tête de ce thalamus est un calendrier Julien, en 3 feuillets, qui contiennent chacun 2 mois à la page.

(1) Botage ou courtage. Ce mot vient de l'infinitif du verbe roman *bota* ou *bouta*, qui signifie donner, livrer, placer, remettre. Il est encore usité avec le même sens dans certaines contrées du Midi. L'archevêque de Narbonne avait possédé une portion de la moitié du droit de botage du vin, qui appartenait, en 1272, au chevalier Guillaume du Plan. Il avait acheté cette portion de Raymonde Rolland, fille de Pons, le 5 juillet 1230, pour deux tiers, et de Pierre-Raymond de Jonquières, le 16 mai 1231, pour l'autre tiers. Guillaume du Plan et Alamande, sa mère, vendirent cette moitié du botage du vin aux consuls de Narbonne, le 13 septembre 1273, pour la somme de 30 livres tournois.

consuls du Bourg, Pierre Albert, Pierre-Arnaud de Naysa, Pierre-Étienne d'Homps, Jean Vairan et Raymond Ruphi, déclarent remettre à l'archevêque de Narbonne le règlement arbitral de leurs différends au sujet : — de la leude et du péage des marchandises appartenant aux étrangers reçus au titre d'habitants, que les consuls prétendaient devoir, en cette qualité, être exempts de ces droits; — du droit du treuil de l'huile; — du botage du vin et du miel; — de la vente du sel; — de l'entrée du vin et de la vendange, etc. — * Sentence prononcée par l'archevêque, qui modère le tarif de la leude pour diverses natures de marchandises. (Transcrit, en roman, au 3e thal., f° 52; au 6e thal., f° 41 ; au 7e thal., f° 25 v°; — en latin, au 6e thal., f° 65.)

RUBRIQUE : Carta de compromes e declaracion fayta sus lo fayt de la leuda, quels habitans de Narbona no pagon leuda en Narbona, e fa mencio d'autras causas dejos scritas, e de botage de l'oli e del vet del vin.

F° 17 v°. — **1277** (2 des kal. de juin (31 mai). — * Interprétation donnée par l'archevêque de Narbonne (1) sur quelques articles de sa sentence du 4 des ides de novembre 1273, qui règle les différends existant entre les consuls et le vicomte Aymeric, au sujet de la leude et du péage des marchandises. Cette interprétation explique et complète les articles de la sentence de l'archevêque relatifs : — à l'attribution de la qualité de citoyen et des exemptions qui y sont attachées; — à la durée de la résidence que les étrangers doivent avoir pour être admis à cette qualité; — à la leude due par les étrangers pour leurs biens, pour les draps, les tissus de lin, etc. — Étaient consuls du Bourg : Hugues de Saint-Bars et Pierre-Raymond de Tantavel, et, de la Cité : Pierre-Raymond Fabre et Jean Dardenc. (Transc., en roman, au 7e thal., f° 34.)

RUBRIQUE : Quarta de declaracion fayta sus lo fayt de la leuda, quels homes estans habitans de Narbona no paguesson leuda entro a IIc liuras, e si avyan habitat en Narbona per X ans, que no paguesson leuda a Narbona, e declara que sian quittis coma les autras ciutadas de Narbona, may que aguesson habitat en Narbona per X ans.

F° 19. — **1316** (4 des ides de mars (12 mars). — Acte duquel il résulte qu'un vagabond de Narbonne, nommé Bérenger Maurel, arrêté et détenu dans les prisons du chapitre Saint-Paul par le procureur du chapitre, sous la prévention de coups et blessures, fut tiré de prison et montré en public, sur la réquisition des procureurs des autres cours, à l'effet de déclarer la juridiction dont il avait fait choix pour le jugement de sa cause.

(1) Pierre de Montbrun.

RUBRIQUE : Carta que home pres per las cortz de Narbona deu esse mostrat a prosomes per saber si lo dit home vol esser d'aquel for o d'autre.

F° 21. — **1302** (7 des ides d'octobre (9 octobre). — * Modifications apportées aux coutumes de Narbonne par le vicomte Aymeric, l'archevêque de Narbonne, l'abbé, le chapitre et le sacristain de St-Paul. Ces modifications, qui traitent principalement du port des armes, de l'arrestation des gens pris en flagrant délit de coups, rixes et injures, furent approuvées par les officiers des cours de Narbonne et par les consuls du Bourg, Bérenger Cabanel, Pierre Bonet, Jean d'Aigues-vives et Guillaume Peyrusse, et par les consuls de la Cité, Bernard Barbier et Guiraud de Glève. Elles devaient être appliquées jusques à la fête de Noël suivante.

RUBRIQUE : Carta de ordenansas e estatutz faytz en Narbona sus los portamens de las armas, e quels bandies podon portar armas fazen lor offici de bandayria, e que los ciotadas de Narbona podon penre homes e menar a la Cort cant los trobo batens et corosans.

F° 24. — **1305** (16 des kalend. d'avril (17 mars). — * Libertés et exemptions dont les nobles et « cives generosi » jouissent dans la ville de Narbonne, d'après la déclaration qu'en avaient faite les consuls du Bourg et de la Cité devant le lieutenant de Guillaume de Rabastens, sénéchal de Carcassonne, suivant des lettres patentes de Philippe IV, du 3 février 1303.

RUBRIQUE : Carta de libertatz que an los nobles en Narbona, e fa mencio d'alcun subsidi que fo autriat per aumbre de fuocz.

F° 26. — **1274** (6 des kal. de septembre (27 août). — Acquiescement donné par l'abbé de St-Paul, sur la prière d'Udalguier du Rivage et Guillaume de Villefranche, consuls de la Cité, et de Raymond Agarn, Raymond Rouch, Hugues de St-Bars et Guiraud d'Oupian, consuls du Bourg, au droit dont jouissent les consuls de la ville d'empêcher l'entrée du vin et de la vendange, depuis la fête de la Toussaint jusqu'aux vendanges suivantes. Cet acquiescement est donné par l'abbé de St-Paul, sous la réserve, pour lui et ses successeurs, du droit de faire entrer le vin et la vendange provenant de leurs revenus, à toute époque de l'année. (Transc., en roman, au 7e thal., f° 39.)

RUBRIQUE : Carta que l'abat de Sant Paul consenti en lo vet dal vi.

F° 27. — **1308** (4 des nones de juillet (4 juillet). — * Sentence rendue entre deux habitants de la ville par la Cour de l'abbé de St-Paul, de laquelle il résulte que, suivant la coutume et les usages de Narbonne, le loyer des habitations doit être payé par préférence aux autres dettes.

Rubrique: Carta de sentencia que loguier de hostal se deu pagar davant tot autre deute.

F° 28 v°. — 1218 (4 des kal. de janvier (29 décembre). — Arbitrage entre le monastère de Fontfroide et Bérenger Amaron, Bernard Trenquier, Bernard Amiel, Pons d'Antugnac, Guillaume Vincens et Bernard Jacques, consuls du Bourg, à la suite de saisies faites par les bandiers consulaires sur des bestiaux du monastère, et par des gens de ce monastère sur des bestiaux appartenant à des habitants de Narbonne, dans les terres dépendant des domaines de Jonquières et de Montlaurés. Par cet arbitrage, le ténement dit *les Arenals* est déclaré faire partie du domaine de Montlaurés (1). Dix moutons appartenant au monastère de Fontfroide, saisis sur ce ténement, avaient été livrés à la boucherie; en représentation de leur valeur totale, les consuls durent payer au monastère une somme de 20 s. t.

Rubrique: Carta de acordy fayt e compromes entre cossols e Fonfrega, sus lo fayt de 2 penhoragies que foron faytz en los termenals de Montlaures e de Jonqueyras.

F° 30. — 1300 (veille des ides de novembre (12 novembre). — Sentence rendue par Guillaume Gros, juge en la Cour du vicomte, dans un litige entre Pierre Arnaud, argentier de Narbonne, agissant en son nom et comme tuteur d'Agnès, sa fille, veuve de Pierre de Fulhan, d'une part, et Bérenger de Saint-Christophe, avocat, ex-juge du vicomte, d'autre part, au sujet d'une tasse d'argent que ce dernier avait reçue, à titre de présent, pour l'instruction de certaine affaire en répétition de la dot de ladite Agnès. De cette sentence il résulte que le juge du vicomte n'avait d'honoraires, dans les *causes pécuniaires,* au nombre desquelles étaient rangées les causes dotales, que pour le prononcé des sentences : « cum nobis...... constet per « confessionem dicti magistri Berengarii de Sancto Christoforo ipsum habuisse quandam tascam cujusdam ciphi « argenti pro questione quam audiverat et terminaverat, ut « judex, constetque per ejus confessionem ipsam causam « esse et fuisse pecuniariam, et quod in causis pecuniariis, in quibus cadit justitia, non consueverunt a partibus « pignora levari, et in confessum nullo sunt partes judicis, « nisi in pronunciando. Idcirco ipsum.... ad restitutionem « dicte tasse similiter condempnamus. »

Rubrique : Carta quel juge del vescomte no deu res aver de las sentencias que dona en causa pecuniaria ny dels dotz de femnas.

F° 33. — 1148 (21 septembre). — * Priviléges accordés aux habitants de Narbonne, dans la ville de Tortose, par Raymond Bérenger, comte de Barcelone, roi d'Aragon. (Transc. au 1er thal., f° 258; au 6e thal. f° 110 v°.)

Rubrique : Privalege de Tortosa, quels homes de Narbona no pagon leuda a Tortosa.

F° 34. — 1296 (4 des kal. d'octobre (28 septembre). — Lettres patentes de Jacques, roi d'Aragon, Majorque, Valence et Murcie, comte de Barcelone, données après information faite par l'évêque de Tortose, qui confirment l'exemption de la leude accordée aux habitants de Narbonne à Tortose, au grau et au cap d'Emposte, et dans l'étendue de leurs districts.

Rubrique : Letra del rey d'Aragon que volya quels homes de Narbona fosson quittis de leuda a Tortoza, ayssy quant avyan acostumat antiquamen, fayta sus aquo enformacion per l'avesque de Tortosa, e es en aquesta letra enscrit pus a plen.

F° 36 v°. — 1315 (nones de novembre (5 novembre). — Lettres de Philippe V, adressées au podestat, à l'abbé et au capitaine de Gênes, sur la demande des consuls de Narbonne, pour leur recommander l'observation des franchises dont les habitants de la ville jouissent dans le district de Gênes.

Rubrique : Carta en que a una letra del rey Philip, que requeyria lo comun de Jenoa, a requesta dels cossols de Narbona, que observesson las franquesas que an los mercadies de Narbona a Jenoa, lasquals franquesas so apres en una petitio.

F° 39 v°. — 1225 (13 des kal. d'octobre (19 septembre). — * Traité de paix, concorde et commerce, conclu pour 19 ans entre Roger et Conrad, vicaires de Prohin de Inchoardis, de Milan, par la grâce de Dieu podestat de Pise, et Guillaume Petri et Bernard de Léone, nonces et légats du vicomte Aymeric, de l'archevêque et de la ville de Narbonne.

---

(1) Le domaine de Montlaurés est désigné dans l'arbitrage sous le nom de *grangia de Sancto-Laurencio* ou de *Monte-Laurencio*. Cette dénomination exclut radicalement l'étymologie populaire de *Mons lauri*, montagne du Laurier, donnée à Montlaurés. Ce domaine passa au monastère de Fontfroide par suite de l'union à ce monastère des religieux, qui, dès le XIe siècle, et par conséquent avant la fondation de Fontfroide, qui ne date que du XIIe, s'étaient établis à Montlaurés et y vivaient sous la protection des vicomtes de Narbonne, dont ils avaient reçu diverses donations, entr'autres du vicomte Bérenger et de Garsindes sa femme. En l'année 1065, ce vicomte leur donnait Ursières ou Orsières. Ces religieux se transportèrent dans le monastère de Fontfroide avec tous leurs biens, peu de temps après que la vicomtesse Ermengarde eut donné, en 1157, à Fontfroide, le terrain même sur lequel le monastère était établi. Montlaurés appartenait originairement aux comtes de Toulouse. Il passa, en 954, aux vicomtes de Narbonne, par suite d'un échange que fit à cette époque le vicomte Matfred avec Raymond Pons, comte de Toulouse.

Il y avait à Montlaurés un château fortifié, qui a existé jusqu'en 1575. A cette époque, il fut démantelé, afin que les religionnaires ne pussent s'y établir et le tourner contre la ville de Narbonne qui suivait le parti de la ligue.

Rubrique : Carta que aquels de Piza prometian a tenir sals e segurs aquels de Narbona am los mercadayrias, e de non los far deguna offensa, et quant deus pagar mercadayrias a Piza.

F° 41. — 1306. — Déclaration, par serment sur les saintes Écritures, exigée de Guillaume Record, pour établir qu'il est citoyen de Narbonne et doit jouir, à Gênes, de toutes les franchises attachées à cette qualité.

Rubrique : Carta de la declaracion fayta a Jenoa dels privileges quels homes de Narbona an a Jenoa.

F° 43. — 1277 (5 des ides d'octobre (11 octobre). — Compromis par lequel Laurent de Saragosse, Raymond Agarn, Hugues de St-Bars, Raymond de Moux, pareur, et Pierre-Raymond de Tautavel, consuls du Bourg, d'une part, et Pierre-Étienne d'Homps et ses adhérents, d'autre part, déclarent qu'ils remettent à Bernard Gras, sacristain de St-Paul, et à Pierre de Fraissé, juriste, le règlement du différend existant entr'eux au sujet de l'élection consulaire, des attributions des consuls, etc.

Rubrique : Carta de compromes que fa mencio del debat que era sus la eleccio dels cossols de Borc de Narbona.

F° 44 v°. — 1278 (6 des kal. d'avril (27 mars), — 9 des kal. d'août (24 juillet). — * Sentence arbitrale rendue par Bernard Gras, sacristain majeur de St-Paul, et Pierre de Fraissé, juriste, sur le différend existant entre les consuls et divers habitants du Bourg au sujet de l'élection consulaire, de sa forme, de son époque, des attributions, droits et privilèges des consuls, etc. (Transc., en roman, au 3° thal., f° 50 v°; au 6° thal., f° 38 v°; — en latin, au 3° thal., f° 48; au 6° thal. f° 30 v°.)

Rubrique : Carta de declaracio e de sentencia fayta sus lo debat qu'era entre los susditz senhos cossols, en qual maneyra cossols sian elegitz, e que devon jurar e servar la forma ayssi dejos ordenada, e d'alcunas causas pertenens a lur offici.

F° 47. — 1294 (2 des ides d'octobre (14 octobre), — 5 des ides de novembre (9 novembre). — * Sentence arbitrale (1) rendue par Clément de Fraissé, docteur ès-lois, et Jean Martin, juriste, sur le différend né entre les consuls du Bourg, Guillaume Hulard, Bernard Amaron, Bernard Bonet, Raymond-Jean d'Homps, Guillaume Vincent, pareur, et Jean Catala, tisserand, les vingt-quatre « talliatores » qu'ils avaient nommés pour procéder à l'assiette des tailles sur les habitants, hommes ou femmes, « pro suis facultatibus, » et le conseil du consulat, au sujet du mode et des règles à suivre pour cette assiette. (Transc. au 6° thal., f° 48 v°.)

Rubrique : Carta de compromes e de prounnciacio sus la maneyria del tal que se fec en aquel temps en Narbona, e foue ordenat com se devya far e la maneyria que si devya servar, e fa mencio de marchas.

F° 51. — 1288 (6 des kalend. de mars (25 février). — Compromis passé entre les syndics du monastère de Fontfroide, d'une part, et Pierre Beruns, Raymond de Moux, Pierre de Dones, pareur, Raymond Barbier, Jean Hospitalier, lieutenant de Pierre Filhol, et Guillaume de Gallac, consuls du Bourg, d'autre part, sur leurs différends au sujet des droits de dépaissance et de lignerage dans les terres de Jonquières et d'Orsières (1). Le règlement de ces différends est remis à Bérenger de Boutenac et à Bérenger Amaron, pour en décider souverainement comme arbitres. — * Sentence de ces arbitres. (Transc., en roman, au 7° thal., f° 52 v°; — en latin, au 6° thal., f° 71 v°.)

Rubrique : Carta de la division dels termenals de Narbona am las grangas de Jonqueyras et Osseyras, e de la maneyra dels deumes et de las lenhas.

F° 55. — 1279 (6 des ides de juin (8 juin). — Confirmation par Ansaldus Ceba et Guillaume de Turri, ambassadeurs de Gênes auprès des communautés de Montpellier et de Narbonne, du traité de paix, concorde et commerce passé entre les villes de Gênes et de Narbonne, le 8 du mois d'octobre 1224, et * nouveaux accords conclus entre ces deux dernières villes « in palatio comuni Burgi Narbone. » (Transc. au 6° thal., f° 81.) — Étaient consuls de Narbonne, en 1279, date de ces nouveaux accords, pour le Bourg : Bernard Dauphin, Pierre-Arnaud de Naysa, Bernard Gaucelin, Raymond Catala et Arnaud Olive; pour la Cité : Sicard de Monthrun, Jacques Fabre, Bernard Sanche, Vitalis Moissac et Pierre de Mattes.

Rubrique : Carta de certas convenensas entre Jenouezes et Narboneses e de Monpelier.

F° 60 v°. — 1312 (4 des ides de février (10 février). — Vidimus délivré par Arnaud Scarbot, docteur ès-lois, juge

---

(1) Les dispositions de cette sentence ont été modifiées par un avis de Bérenger d'Olargues, daté du 10 décembre 1322, donné à la demande des consuls, des procureurs des pareurs du Bourg et des possesseurs de biens immeubles, qui sera analysé dans la série CC.

(1) Orsières a été possédé par l'abbaye de Fontfroide jusqu'à la suppression des corporations religieuses, en 1790. Ce domaine avait fait partie de la dotation de l'église de Narbonne, et il figure parmi ceux que les commissaires de Charlemagne ordonnèrent au comte Milon, en 779, de rendre à l'archevêque de Narbonne, sur lequel il les avait usurpés. Il passa plus tard en la possession des vicomtes de Narbonne, et, en 1065, le vicomte Bérenger et Garsindes, sa femme, en firent donation aux religieux du prieuré de Montlaurès, qui l'apportèrent au monastère de Fontfroide lors de leur union à ce monastère dans le XII° siècle.

de la Cour commune de Narbonne, des * conventions passées la veille des kalendes de juin (31 mai) 1301, entre le vicomte Amalric et les marchands résidant sur les terres de Jacques, roi de Majorque, comte de Roussillon et Cerdagne, seigneur de Montpellier, concernant la leude des bois qui étaient voiturés par mer, dont la levée s'effectuait au profit du vicomte et de l'archevêque au grau de Narbonne.

Rubrique : Carta de la leuda que devon pagar totz lens de Cathalas que passon o intron dins lo gra de Narbona.

F° 63. — 1308 (11 des kal. de mars (19 février). — * Accord passé entre Gilles, archevêque de Narbonne, le vicomte Amalric et les consuls du Bourg et de la Cité, sur le poids et la valeur des monnaies (1) frappées par l'archevêque et le vicomte de Narbonne. — Gardes de la monnaie nommés par les parties; — leur serment. — Publication de l'accord dans les rues de la ville, au nom de l'archevêque et du vicomte, par les crieurs publics « hac voce tantum dicentes spargendo verba que secuntur : fam vos « saber que aysso es la moneda dels Narbones, bona e « lial, que an faga far e fan far mossenher l'arsevesque de « Narbona e mossenher lo vescomte de Narbona, lical « prengatz totz, so es assaber III d'aquestz Narbones per « II deniers tornes petitz de la ley de sant Luys. » — Étaient consuls du Bourg : Pierre Bonhomme, Pierre Hu'ard, Bernard Serre, Arnaud Goncellin, Bernard Angles et Raymond-Jean d'Homps; consuls de la Cité : Bernard Fabre, Pierre de Berre ou de Berron, Sicard Fabre et Bérenger Fabre. (Latin et roman.)

Rubrique : Carta de la moneda dels Narboneses que se baton per mossenher l'arcevesque el vescomte e cosso's de Narbona.

F° 68. — 1275 (6 des kal. d'octobre (26 septembre). — * Conventions passées entre les consuls de Narbonne et François Tadi, ambassadeur de Pise, à la suite et pour réparation des meurtres, vols de marchandises et déprédations dont quelques citoyens de Narbonne avaient été l'objet de la part des habitants de Pise, dans le district de la principauté.

Rubrique : Carta de cert accord fayt entre aquels de Pisa e de Narbona, sobre alcunas raubayrias que eran faytas an aquels de Narbona.

F° 70 v°. — 1312 (8 des ides de juillet (8 juillet). — * Serment de fidélité prêté au roi entre les mains d'Aymeric de Cros, sénéchal de Carcassonne, à la réquisition du procureur du roi en la sénéchaussée, par les consuls, les membres du conseil et les représentants des corps des marchands, pareurs, merciers, etc. du Bourg. Par leur serment les consuls reconnaissent, sous la réserve de la confirmation des libertés, franchises, immunités et usages des habitants, et de leurs coutumes écrites ou non écrites, qu'ils tiennent le consulat du roi seul, immédiatement et en corps. — Étaient consuls du Bourg : Bernard Amaron, Bernard Paul, Guillaume d'Olargues, Guillaume-Raymond de

(1) La monnaie de Narbonne appartenait d'abord aux comtes et aux vicomtes, qui la tenaient en fief du roi. En 1104, Aymeric et la comtesse Maeldis, sa mère, firent donation temporaire de la monnaie à Jean Monédier ou Monestier, à la charge pour lui de leur payer une livre de *plate* (argent en lingots) pour chaque semaine de la durée de la fabrication. En 1111, ils renouvelèrent cette même donation à Jean Monédier et à sa femme, mais à titre perpétuel et sous la même condition du paiement d'une livre d'argent par semaine. A la mort de Monédier, la monnaie fit retour au vicomte. Par un acte de l'année 1215, Aymeric, fils de la vicomtesse Ermengarde et du comte Pierre, en fit donation à l'archevêque. Mais il s'en était réservé une part, et il serait plus vrai de dire, non pas qu'il lui avait donné la monnaie, mais qu'il l'avait associé au droit de battre monnaie, que, jusque-là, il avait seul exercé dans la vicomté.

Cette association fut la cause d'un différend considérable qui s'éleva entre le vicomte Amalric et l'archevêque Maurin, en 1266. Les consuls de la ville, usant d'un droit qu'ils tenaient de leur charge, avaient requis le vicomte de faire fabriquer de nouvelles espèces pour faciliter les échanges. Amalric, sur l'avis de l'abbé de St-Paul qu'il avait consulté, acquiesça à la demande des consuls. Mais l'archevêque, soutenant que le vicomte ne pouvait, seul et sans sa participation, battre monnaie, lui défendit de passer outre, le menaçant d'interdit et d'excommunication s'il ne déférait à cette défense. Amalric n'en tint aucun compte, et pendant que, d'un côté, il appelait au pape de la prétention de l'archevêque et de ses menaces, de l'autre, celui-ci les réalisait, frappait d'interdit les terres du vicomte et l'excommuniait, ainsi que tous les ouvriers de la monnaie et les habitants qu'il avait consultés ou employés, l'abbé de St-Paul comme les autres.

Le pape chargea aussitôt l'évêque d'Agde de vider le différend. Mais tous ses efforts furent inutiles; il ne lui fut pas possible de concilier les droits des parties, que celles-ci continuèrent de défendre vivement de part et d'autre. Leur différend s'accrut même d'une nouvelle prétention de l'archevêque. Après avoir soutenu que le vicomte ne pouvait seul battre monnaie il en fit fabriquer lui-même, sans la participation du vicomte, comme on le voit par la sommation qu'Amalric fit aux consuls, en 1270 de ne pas consentir à la monnaie que faisait frapper l'archevêque et de ne pas l'employer dans le commerce. Ce fut l'accord, analysé dans l'article dont cette note dépend, qui y mit fin. Cet accord n'a pas été connu des historiens du Languedoc. Ils se sont, en effet, bornés à mentionner le différend sans en indiquer la solution. Cependant, ils paraissent croire que l'affaire avait été vidée par l'évêque d'Agde avant 1270, tandis qu'à cette date la contestation s'était aggravée comme nous venons de le dire, d'un nouvel incident. Il est d'ailleurs constant que l'évêque d'Agde ne put prendre aucune décision. La preuve en est dans les deux lettres que lui adressa le pape Clément V, dès son avénement au pontificat, en 1305, pour lui enjoindre de prononcer entre l'archevêque et le vicomte, qui étaient alors à la veille de vider eux-mêmes leur querelle.

Par l'acte de l'année 1215, le vicomte donnait à l'archevêque, en même temps que la monnaie, la moitié de la leude de la mer qui était levée au grau de Narbonne et les châteaux de Cabrières et de Fontez.

Le château de Fontez fut originairement possédé par un chevalier

Bourg, Arnaud Goncellin et Jacques de Gleises. (Transc. au 1er thal. f° 318.)

Rubrique : Carta de moament del cossolat.

F° 73. — **1314** (15 des kal. de septembre (17 août).— * *Revue* et *montre* des gens d'armes du Bourg, faite par corps de métiers, de l'ordre du sénéchal de Carcassonne, devant le baile de Narbonne, à l'occasion de la guerre avec la Flandre.

Rubrique : Carta de mostra de certas gens d'armas que feron cossols al senescale de Carcassona, per la guerra de Flandres.

F° 75 v°. — **1317** (7-2 des kal. de novembre (26-31 octobre). — Présentation faite à Raymond Avignon, lieutenant du baile royal de Narbonne et du Narbonnais, par les consuls du Bourg et de la Cité, de lettres du sénéchal de Carcassonne qui ordonnent la mise en liberté, sous caution, d'un habitant de la Cité accusé de certains crimes, et que le viguier de la Cour commune, assigné pour répondre de cet abus devant le sénéchal, retenait en prison et voulait juger, quoiqu'il eût, suivant les priviléges et coutumes de la ville, déclaré qu'il entendait être jugé par la Cour temporelle de l'archevêque. — Procédure d'exécution de ces lettres, constitution de caution pour l'accusé, etc.

Rubrique : Carta que un home de Narbona era pres, e avya allegat for, e nol volyan rendre; e fonc remes, car avyan allegat for.

F° 78. — **1323** (13 septembre). — Achat fait de dame Sestable, dite Alamande, veuve de Hugues du Plan, agissant comme tutrice de Guillaume du Plan, son fils, par les consuls du Bourg et de la Cité, moyennant le prix de 30 liv. t., du droit qui appartenait à ce dernier « in botatico « vini quod a quibusdam personis portatur et immititur « in Narbonam. » Ce droit était de la moitié du produit du botage du vin; l'autre moitié avait été concédée aux consuls par le vicomte Aymeric, le 5 des kal. de décembre (27 novembre) 1272.

Rubrique : Carta de la compra que feron cossols del dreg que prenya Huc Desplas sus lo botage del vin.

F° 80. — **1317** (8 des kal. de février (25 janvier). — Criée de la défense faite par les consuls aux habitants du Bourg de se jeter des boules de neige, sous peine d'amende. La criée est faite par les trois « precones » du consulat, suivant l'usage, au son de la trompette et en ces termes : « Aujatz queus manda hom de part des senhors cossols « del Borg de Narbona, que negun hom ni neguna femna « no sia tam ausartz que auze gitar, la un vays l'autre, pilot « de neu, sotz la siza que stablida es. » Elle eut lieu, en présence de témoins qui la certifient, sur divers points du Bourg : à la fargue de Séguier, au plan des Forgerons, au plan d'en Portas, hors du portail de Monachia (Lamourguié), au plan de Monachia, à la rue du four Devodat, à la rue Blanche, sur la place du Bourg, au Pont-Vieux, à la

---

nommé Jean, qui avait vaillamment combattu les Sarrasins dans le diocèse de Barcelone, durant la guerre survenue, en 793, entre les enfants d'Abdérame qui se disputaient la succession de leur père. Dans une grande bataille livrée aux Sarrasins par les Français, aux environs de Barcelone, dans une plaine appelée *ad Pontes*, Jean, après avoir tué un grand nombre d'ennemis, les avait mis en pleine déroute et s'était emparé de riches dépouilles. Il choisit dans son butin un beau cheval, une cuirasse merveilleusement travaillée et une épée indienne à fourreau d'argent, qu'il offrit au fils de Charlemagne. En récompense de ses services et en retour du don que son fils en avait reçu, Charlemagne lui donna le château de Fontez par un diplôme de l'année 795, pour en jouir, lui et ses successeurs, sans aucun trouble et sans redevance. En 815, Louis le Débonnaire lui confirma cette donation et l'étendit au *villar* de Carbonnières, sans prestation d'aucune redevance, pour lui et ses enfants, et avec toute justice sur les hommes qui s'y trouvaient à l'exclusion de tous comtes, viguiers ou autres moindres officiers. Enfin Teutfried, son fils, y fut aussi confirmé, pour lui et sa postérité, par deux diplômes de Charles le Chauve, l'un de l'année 843, l'autre de 849.

Ce château de Fontez, aujourd'hui Fontjoncouse, est passé plusieurs fois des mains de l'archevêque dans celles du vicomte. Un seigneur appelé Jean, qui descendait du chevalier du même nom auquel Charlemagne en fit don en 795, l'avait cédé, du consentement d'Oda, sa femme, à l'archevêque Aymeric, en 963, avec ses trois églises de Ste-Léocadie, de St-Christophe et de St-Victor. D'après un diplôme de Louis le Jeune, l'archevêque le possédait encore en 1157; mais il passa bientôt en la possession du vicomte, puisque un demi-siècle après, en 1215, Aymeric le donnait à l'archevêque, lequel dut le rendre au vicomte en l'année 1232, par suite d'une sentence prononcée par le comte de Foix et par l'évêque de Béziers pris pour arbitres des différends existant entre le vicomte et l'archevêque. Mais le vicomte ne le conserva pas longtemps et, en 1337, il était de nouveau la propriété de l'archevêque. Le 2 décembre de cette même année et en l'année 1341, Gimbert ou Gausbert de Donos lui en faisait hommage. Cet hommage fut renouvelé, un siècle après, par Pierre de Donos, descendant de Gimbert, en faveur de l'archevêque Jean de Harcourt.

Des différends s'étant élevés entre l'archevêque et son feudataire, le règlement en fut remis à un arbitrage, dans lequel furent aussi représentés les habitants de Fontjoncouse, pour les droits et usages qu'ils possédaient dans la seigneurie. Gimbert de Donos, pour bien établir les siens et les sauvegarder dans l'acte d'hommage qu'il devait faire à l'archevêque, fit insérer en entier l'arbitrage dans cet acte. D'après la traduction qui en est donnée par un inventaire des documents dont se composaient les archives de l'archevêché, les habitants de Fontjoncouse pouvaient faire paître leurs bestiaux de toute espèce, tant de nuit que de jour, dans le terroir de Rieupaut, qui était une dépendance de la seigneurie, et les y faire *jacer et pernocter* avec faculté d'abreuvage, de la même manière qu'ils exerçaient ces droits dans tout le territoire de Fontjoncouse. Ils avaient aussi le droit d'affouage pour le bois sec et le bois vert, mais pour leur usage seulement, et sans pouvoir le vendre ou le porter ailleurs qu'à Fontjoncouse. De leur côté, les habitants de Donos avaient la faculté de faire paître dans le terroir de Rieupaut leur bétail aratoire, lorsqu'il y était employé soit à la culture des terres, soit à la cueillette des récoltes.

Parerie-Vieille, à la Parerie-Neuve, à la tête de cette Parerie-Neuve, devant la maison de Fontfroide, au portail de Raymond-Jean, au portail de Cap de Pla, au plan situé devant la porte de St-Paul côté du *cers*, dans le fossat de St-Paul, etc. — Étaient consuls du Bourg : Bernard Paul, Raymond de Foix, Arnaud Benedicti, Bérenger Alambert, Guillaume Ferrand et Guillaume Bonpas.

Rubrique : Carta de crida que feron far cossols que degun no auzes gitar pilotz de neu, la un contra l'autre, sus la syza stablida.

F° 82. — **1314** (10 des kalend. d'août (23 juillet). — Criée de la foire de St-Just, faite de la part du roi, de l'archevêque, du vicomte Amalric et des consuls. — La criée est faite dans les termes suivants : « Augatz, augatz, ho « queus fa hom assabor de part de nostre senhor lo rey de « Fransa e de mossenhor l'arzevesque de Narbona e de « mossenhor N Amalric, vescomte e senhor de Narbona, « ab cosel de proshomes de Ciutat e de Borc, que tot hom « puesca venir sals e segurs a la feyra de Sant Just, XV « jorns davant e XV jorns aprop, si doncas propria colpa « non avia de son cors. »

Rubrique : Carta de crida fayta en Narbona de part lo rey e l'arcevesque el vescomte e cossols, que tot home pogues venir sal e segur a la feyra, XV jorns davan e XV jorns apres.

F° 83. — **1232** (12 des kalendes d'août (21 juillet). — Cession faite par le vicomte Aymeric aux consuls de Narbonne, de la faculté et du pouvoir de faire enlever, arracher ou détruire les îles, plantations et empêchements qui s'opposent au libre cours de la rivière d'Aude, depuis le Ga-Rabios jusqu'au pont de Narbonne. (Transc., en latin, au 1er thal., f° 19 v°; au 5e thal., f° 49 v°; — en roman, au 7e thal., f° 13.)

Rubrique : Carta quel vescomte det licencia a cossols de levar los empachies d'Aude, del Ga-Rabios entro al pont de Narbona.

F° 85. — **1315** (30 mai). — Notification, sous forme de vidimus, faite par le sénéchal de Carcassonne au baile royal de Narbonne, des lettres patentes de Louis X, du 1er avril 1315 (v. 1er thal., f° 109, art. AA. 99), accordées aux villes et villages du Languedoc, qui portent : — révocation des commissaires nommés pour la vente des biens des Juifs, « quorum occasione mala plurima perpetrantur ; » — permission d'exporter les comestibles ; — suppression de la finance exigée pour les fiefs et arrière-fiefs, qui de mains nobles passent à des roturiers, ainsi que de la finance des fiefs et arrière-fiefs, non sujets à un service envers le roi, donnés en emphytéose ou acapit par des gens d'Église à des personnes non nobles et de celle des alleux donnés en acapit, pourvu qu'ils ne soient pas des alleux « magne rei cum juridictione et districtu ; » auquel cas leur aliénation de noble à non noble demeure défendue, et ne pourra avoir lieu que par permission expresse du roi, etc.

Rubrique : Carta exequtoria del senescalc de Carcassona autrejada a requesta de cossols, sus lo fayt dels deutes dels Jusieus, e de finansas, e transportz de fieus, e de garnisos de servens et de confirmacios de privileges de sant Loys, e de motas autras ordenansas adonc faytas.

F° 88. — **1232.** — * Coutumes et franchises des chevaliers et nobles de Narbonne et du Narbonnais, octroyées par le vicomte Aymeric. (Roman.) — (Transc., au 3e thal., f° 11 ; au 6e thal., f° 6; au 8e thal., f° 7; au 10e thal., f° 4.)

Rubrique : Costumas e franquezas que an cavaliers e nobles de Narbona en la Cort de mossenher lo vescomte de Narbona, e foron faytas entre lo dit vescomte els ditz nobles.

F° 89 v°. — **1248.** — * Règlement relatif à l'établissement des bandiers et à l'exercice du banderage dans le territoire du Bourg, arrêté, partie en 1248, par les consuls Raymond-Bérenger de Saribeyra, Imbert de Sestable, Guiraud Amoros, Pierre Rossignol, Pierre Lauret et Mathieu de Cruscades, et partie sans indication de date, par les consuls Guiraud-Lonc Gaubert, Guillaume-Bernard de Sestable, Guillaume Dieusède, Bernard de Montolieu et Aymeric Teisseyre. — (Transc., en roman et latin, au 6e thal. f° 17 v°; — en roman, au 3e thal. f° 18.)

Rubrique : La forma del bang que deu pagar aquel que sera trobat en lo vinhier de Borc, de nuetz o de dias, e del bestiar, e dels bandies, e del sagramen que devon prestar.

F° 90 v°. — **XIIIe siècle.** — * Serment exigé de tout homme étranger qui venait habiter dans le Bourg, à Narbonne. (Roman.) — (Transc. au 3e thal., f° 21 v°; au 6e thal., f° 18 v°; au 7e thal., f° 5.)

Rubrique : La forma del sagramen que deu prestar tot home estranher que venga habitar en Narbona novelhamen.

F° 91. — **XIIIe siècle** (1). — * Serment que doivent prêter les nouveaux consuls avant d'être installés en leur charge; leurs droits et leurs devoirs dans l'exercice des fonctions du consulat. (Transc., en latin, au 3e thal., f° 21 v°; au 6e thal., f° 23; — en roman, au 9e thal., f° 1 ; au 10e thal., f° 71 v°.)

Rubrique : La forma del sagramen que devon prestar cossols novelamen creatz, e las causas que devon servar

(1) D'après le titre en roman, transcrit au 9e thal., f° 1, et au 10e thal., f° 71 v°, ce document est du mois de février 1249.

duran lo temps do lur cossolat, o do alcunas causas pertenens a cossols et cum devo ampara aquels que defendo las libertatz de la viela.

F° 92. — **1269** (juin). — * Règlement relatif à l'exercice des fonctions consulaires, arrêté par commun assentiment des conseils du Bourg et de la Cité. — Obligation pour les consuls de se prêter aide et assistance, au besoin, pendant la durée de leur charge; leur serment, etc. (Roman.) — (Transc. au 3e thal., f° 38; au 6e thal., f° 25 v°; au 10e thal., f° 113 v°.)

RUBRIQUE : Ordenansas e establimens que feron cossols a honor e profieg de la viela, e per observar e deffendre totas costumas de Narbona, e fouc fayt per ben de patz am lo gran cossel.

F° 93. — **1271** (25 mars). — * Serment prêté par le vicomte Aymeric aux consuls du Bourg et de la Cité, et serment prêté par ces consuls au vicomte. (Roman.) — (Transc. au 3e thal., f° 43 ; au 6e thal., f° 28.)

RUBRIQUE : La forma del sagramen que deu prestar mossenher lo vescomte a cossols, els cossols al vescomte de Narbona.

F° 93 v°. — **1281** (3 des nones de février (3 février). — * Coutumes des trois Cours ordinaires de Narbonne, dans les causes en cession de biens de la part des débiteurs à l'égard de leurs créanciers. (Roman.) — Transc., en latin, au 1er thal., f° 83 ; au 9e thal., f° 6 v° ; — en roman, au 3e thal., f°s 34 v° et 44 v°; au 6e thal., f°s 16 v° et 28 ; au 8e thal., f° 33 ; au 10e thal., f° 54.)

RUBRIQUE : La forma que devon servar las Cortz de Narbona sus aquels que fan cession de lurs bes, e juran non poder en Narbona en frau de lurs crezedors.

F° 95. — **1335** (23 mai). — Actes des accords conclus entre les consuls du Bourg et de la Cité et le vicomte Aymeric, et approuvés par lettres patentes et arrêt du Parlement de Paris, du 19 janvier 1333, contenant reconnaissance, renouvellement et extension de priviléges en faveur des habitants, en ce qui concerne : — l'organisation de la Cour du vicomte ; — la durée des charges de ses officiers curiaux ; — les délais des citations au civil et au criminel ; — les frais dus aux notaires pour la rédaction de leurs actes; — l'arrestation des adultères; — l'enlèvement des portes des maisons des habitants jugés par contumace ; — la liberté et la police de la rue Chaude, etc. (Transc. au 1er thal., f°s 112 à 148; au 7e thal., (in parte) f°s 85 à 104.)

RUBRIQUE : Carta de tractat e de accord fayt entre mossenher lo vescomte e cossols de Narbona, en que se contenon diverses aponchamens sus los juges e viguies del vescomte, que no devon esse may annuals, e com se devo far citacios e taxacios d'escripturas e d'autres privileges, e prescriptio non corre contra las causas contengudas en aquest instrument, e grans res d'autres articles de libertatz; ac ne lo vescomte 5 m. liuras.

F° 117. — **1221** (2 des kal. de décembre (30 novembre). — Déclaration du vicomte Aymeric, par laquelle il reconnaît que les consuls de la Cité ont toujours été et sont en possession et jouissance des droits de ban, de lignerage, de dépaissance et d'abreuvage des troupeaux dans le territoire de l'île del Lec (1), « a loco vocato *Turris comitis Petri* « usque ad locum seu stagnum quod dividit Corbariam »

---

(1) Le territoire de l'île del Lec est maintenant relié à la terre ferme, sur toute sa longueur au couchant, et forme, à son confront du levant, le rivage même de la mer. Il était autrefois séparé du continent par les eaux qui couvraient les basses plaines, au nord et à l'est de la ville, et qu'on désignait sous les noms d'étang de Pérignan, étang Salin, étang Salsoyrard, étang de Petrocils, etc. Sidoine Apollinaire, qui indique les îles voisines de Narbonne, appelle l'île del Lec *insula Lieci* ou *Leci*. Aujourd'hui, ce territoire est plus connu sous le nom de la Clape, qu'il a pris de la montagne qui se prolonge sur toute son étendue, du nord au midi, depuis l'embouchure de la rivière d'Aude, entre Fleury, anciennement Pérignan, et Vendres, jusqu'au grau par lequel l'étang de Bages est uni à la mer. *La déclaration du vicomte* Aymeric, de 1221, considère cette montagne comme une ramification ou même une partie de la Corbière, dont elle n'est séparée que par l'étang « quod dividit Corbariam. » Cet étang doit être celui qui est actuellement désigné sous le nom d'étang de Bages.

Dom Vic et dom Vaissette, dans la table de l'*Histoire du Languedoc*, confondent l'île del Lec avec l'île de Cauquenne, et lui donnent le nom de Ste-Lucie. Il ne faut voir dans ce fait qu'une simple erreur de typographie. C'est l'île de Cauquenne, située à l'extrémité méridionale del Lec, au-dessous de Gruissan, qui est appelée maintenant île Ste-Lucie, et non celle del Lec, qui est beaucoup plus étendue et en est parfaitement distincte.

Les limites indiquées dans la déclaration de 1221, et la sentence arbitrale qui intervint, en 1293, entre les consuls de la Cité et le châtelain de Marmorières, peu de temps après l'inféodation de cette seigneurie, qu'Amalric, baron de Pérignan, avait faite à Pons de Maives, ne peuvent laisser aucun doute à cet égard. Un acte de l'année 1281, dressé par Benoît Constantin, délimitateur désigné par Guy de Levis, maréchal de la Foy, arbitre nommé dans le différend auquel avait donné lieu l'étendue de la baronnie de Pérignan, entre le vicomte Aymeric et Amalric son frère, fils du vicomte Amalric, vient encore fortifier cette opinion. Il établit, en effet, d'après un dénombrement de l'année 1126, que les terres de Pérignan et de l'île del Lec, qui ne formaient qu'une même seigneurie, embrassent toute l'étendue de terre bornée au couchant par les limites du territoire de Narbonne, sur une longueur fixée par vingt bodules, qui furent plantées alors par le dit Benoît Constantin, en marchant du midi au nord, sur des points déterminés, et dont la première, au midi, était placée au bord de la mer, et la dernière, au nord, sur les limites ou terres fermes de Celeyran « usque ad divisiones Serreirani. » Ces bornes étaient dressées de distance en distance le long de l'étang, resté une dépendance de la vicomté, qui séparait au couchant l'île del Lec des terres de Narbonne. La réserve de cet étang avait été faite par le comte Pierre, lorsqu'il maria, en 1126, Alix, sa nièce, à laquelle il constituait pour et dans tout le territoire compris « a loco vocato *Vadum* « *Rabiosum* usque ad locum vocatum *Gola d'Aude* « et deinde usque ad stagnum de Petrociis, » à l'exception de Perdipas et des territoires de Cuxac et de Coursan. Ces droits, concédés aux consuls par la vicomtesse Ermengarde, leur furent ensuite confirmés par Raymond, comte de Toulouse. (Transc. au 1er thal. f° 1.)

F° 117 v°. — **1448** (1er février). — Cession faite par voie de transaction aux consuls Bernard Contadis et Raymond Cavalier, par Guillaume Aymeric, marchand de Narbonne, et Flore, sa sœur, femme de Jean Rodil, notaire, du droit de banderage dont ceux-ci se prétendaient en possession sur quelques parties du territoire de la ville, et principalement dans la grande condamine (1) du Bousquet, qu'ils possédaient par indivis.

F° 118 v°. — **1450** (20 septembre). — Licence donnée par les consuls Raymond Malros, licencié ès-lois, Jean Vitalis d'Ermenis, Guillaume Pradal, Jacques Baliste et Pierre de Gaussion, à l'archevêque Jean de Harcourt, qui l'avait fait demander par Guillaume Panassac, prêtre, son viguier, pour l'abreuvage, dans le territoire de la ville, des 500 bêtes à laine entretenues dans ses terres de Montels et d'Aubian (2). (Transc. au 11e thal. f° 98.)

Nota. Le f° 119 du thalamus a été enlevé.

F° 120 v°. — **1480** (12 avril). — Ordonnance rendue par l'évêque d'Alby, lieutenant du roi dans le Langue-

---

apanage les terres de Vendres, de Lespignan et de Castelnau, qui formaient, avec Celeyran les confronts nord de l'île del Lec. Enfin, comme dernière preuve on peut citer le dénombrement qu'Aymeric de Narbonne, fils d'Amalric, premier baron de Pérignan, fit de la baronnie de Pérignan, en l'année 1313. Dans ce dénombrement, il est dit qu'Aymeric perçoit, à cause de cette baronnie dont dépendait l'île del Lec, les droits de pêche depuis Vendres jusqu'à Gruissan : « habet « maria a juridictione loci de Venere usque ad juridictione loci de « Gruissano. » Donc l'île del Lec, située entre Vendres et Gruissan, ne peut pas être confondue avec l'île de Cauquenne, aujourd'hui Ste-Lucie, qui se trouve tout à fait au midi, bien au-dessous de Gruissan.

L'île del Lec paraît avoir fait partie de la dotation de l'église de Narbonne. Cependant, dès l'année 821, l'abbaye de Caunes y avait des possessions ainsi qu'on le voit dans un jugement rendu sous cette date, par le vidame Agilbert, au profit de Jean, abbé de Caunes.

A propos de ce procès, il est utile de noter que, suivant les historiens du Languedoc, il fut jugé, ou du moins instruit par enquête, d'après l'usage qui était pratiqué à cette époque, dans l'église de St-Julien-le-Martyr, située dans l'intérieur de la ville de Narbonne. Ici encore, il y a une erreur évidente. Y a-t-il jamais eu à Narbonne une église de St-Julien? En l'absence de tout document autre que le jugement dont nous venons de parler, soit parmi les documents édités, soit parmi les actes si nombreux qui sont conservés dans les archives de la ville ou font partie des fonds concernant ses anciens établissements, il serait déjà permis de concevoir des doutes ; mais nous allons plus loin et nous croyons pouvoir affirmer qu'il n'y a pas eu, à Narbonne, d'église placée sous le vocable de St-Julien, tandis qu'il est certain, au contraire, que sous les Carlovingiens il existait, dans l'intérieur de la ville, une église de St-Quentin-le-Martyr, mentionnée dans plusieurs diplômes de l'époque : dans une confirmation de Charles le Simple, de 920 ; dans une donation de l'année 924, faite à l'évêque Eriffons et au prêtre Golfard, qualifiés de *serviteurs de Dieu dans l'église de Saint-Quentin-le-Martyr, fondée dans les murs de Narbonne,* etc. D'après une autorisation de pratiquer des jours, donnée par l'archevêque Bérenger, en 1160, à Guillaume, Amalric, Pierre et Arnaud de Narbonne, ses neveux, il est même possible de préciser l'emplacement de l'église de St-Quentin-le-Martyr, dont il ne reste aujourd'hui aucun vestige. Elle était bâtie auprès de l'église de la Magdeleine, qui est encore debout, dans la direction est du cloître actuel de l'église St-Just, édifiée sur les fondations de l'ancienne église St-Just, bâtie par Charlemagne. C'est dans cette église de St-Quentin-le-Martyr qu'a dû être rendu le jugement dont il s'agit.

L'église, ou plutôt la chapelle de St-Pierre-de-la-Mer, existant dans l'île del Lec, et qui portait le titre de prieuré avant d'être donnée à l'ordre de St-Jean-de-Jérusalem, avait d'abord appartenu à l'abbaye de Lagrasse, et cela très-probablement dès les premiers temps de la fondation de l'abbaye ; car on voit dans un diplôme de Charles le Chauve, de l'année 870, rapporté par Baluze, que l'abbé Sunifred fut confirmé dans sa possession après que Humfrid, marquis de Gothie, l'eut échangé, suivant un ordre du roi, avec l'archevêque Frédold, de qui l'abbaye de Lagrasse en fit l'acquisition. Par un diplôme précédent, de l'année 750, le même archevêque avait reçu de Charles le Chauve la donation de tout ce qui appartenait au fisc royal dans l'île, et notamment un territoire appelé St-Saturnin.

La vicomtesse Adélaïde avait aussi des possessions dans l'île del Lec. Elle en légua une portion cultivée en vigne, au tènement dit Aigues-Vives, par son second testament daté de 990, à l'abbaye de St-Sauveur d'Aniane.

Les habitants de la Cité jouissaient dans l'île de droits d'usage fort étendus, et ils étaient si bien reconnus en la possession légitime de ces droits, qu'ils en avaient cédé une partie aux habitants des communautés d'Armissan et de Pérignan, qui leur payaient, pour ce motif, diverses albergues annuelles.

Enfin l'abbaye de Lagrasse y posséda longtemps une seigneurie foncière avec justices, cens, foriscapes. Elle l'aliéna en 1561, en exécution de l'édit de Charles IX, qui prescrivait, pour les affaires urgentes du royaume, la vente des biens des églises et corps religieux, et des lettres patentes de l'année suivante, qui, en acceptant l'offre de 30,000 livres faite par le clergé, autorisaient le rachat des biens aliénés moyennant le remboursement du prix de vente. Ce fut la ville de Narbonne qui se rendit adjudicataire de cette seigneurie, à la criée et aux enchères, devant Me Martin Astorg, lieutenant particulier du sénéchal de Carcassonne, pour le prix de 2,000 livres tourn. L'acte d'adjudication fut dressé le 4 octobre 1564. C'est à partir de cette date que les consuls de Narbonne prirent, dans les actes publics du consulat, la qualité de seigneurs del Lec, et ensuite, de la Clape.

(1) Condamime ou condomine, terre possédée par deux ou plusieurs seigneurs. Dans cette acception le mot condomine a le même sens que co-seigneurie. Il est aussi pris et s'emploie encore dans le Midi pour désigner une terre ayant plusieurs versants et dont le milieu s'élève en forme de pic ou de crête plus ou moins allongée.

(2) La seigneurie de Montels appartenait à l'archevêque, celle d'Aubian à l'abbaye de Cassan. Charles le Simple avait donné Montels à l'archevêque Aygon, par un diplôme de l'année 922.

doc, entre les consuls de Narbonne, Pierre Dapchier, licencié en médecine, Pierre Lafage, marchand, Bononat Sirvent, pareur, Me Louis Guyot, notaire, et Barthélemy Boccard, laboureur, d'une part, et les procureurs et syndics des lieux et communautés dépendant du diocèse de Narbonne, d'autre part, dans le différend survenu entre eux au sujet de la quotité que la ville de Narbonne devait prendre dans la part assignée au diocèse sur les sommes octroyées au roi par les États tenus à Annonay (1479?), et à Montpellier, en 1480. Les syndics des lieux et communautés du diocèse soutenaient que Narbonne devait prendre, suivant les nouvelles estimes diocésaines, « le quart et demy que non le neufvieme et demy des sommes votées. » L'ordonnance rendue par l'évêque d'Alby entre les consuls de Narbonne et les syndics du diocèse, fixe cette part au 6e et demi. (Français.)

Rubrique : Ordonnance et appointement donné par très-révérend père en Dieu Mgr d'Alby, lieutenant en Languedoc pour le roy, notre sire, sur les débats, questions et plaidoieries entre les manens et habitans de la ville Cité et Bourg de Nerbonne et les manans et habitans de la diocese dudit Nerbonne.

Fo 122. — **1480** (12 avril). — Évocation par l'évêque d'Alby, lieutenant du roi dans le Languedoc, du procès pendant devant la Cour du sénéchal de Carcassonne, entre les consuls de Narbonne, d'une part, et Étienne Nardot, maçon de Carcassonne, « tant en son propre nom, que « comme procureur de Contustin et d'Anthoine Lefranc, « massons, demeurans à Thoulouze, au sujet des réparations « et de la perfection de la paixiere de Narbonne, qui est « assize pres du lieu de Cussac, pour laquelle imperfection « grans et innumérables domaiges et intérestz sont survenus « et de jour en jour surviennent aux habitants dudit « Narbonne. » Après avoir mis sous la main du roi le droit de la blanque du sel, dont les entrepreneurs de la paissière prétendaient que les consuls leur avaient cédé la moitié, l'évêque d'Alby décide que les consuls pourront donner l'ouvrage « de la paixiere (chaussée) à autres si bon leur « semble et trouvent meilleur expédient, » sauf à contraindre les premiers entrepreneurs à l'achever s'ils ne trouvent personne qui puisse s'en charger ; et, afin d'assurer l'entier achèvement de la chaussée, il charge messire Pierre Alby, chanoine, et Jean Azalbert, marchand de Narbonne, de faire la levée « du droit de la blanque et faire la repparation « nécessaire a la dicte paixiere tellement que le « fleuve d'Aude preigne son cours entre la Cité et Bourg « dudit Narbonne, ainsi qu'il soulait faire. » (Français.)

Rubrique : Appointement donné par révérend pere en Dieu, Mgr d'Alby, lieutenant en Languedoc, pour faire la repparation de la pessiere de Narbonne, par lequel appointement a esté ordonné vénérable homme messire Pierre Alby, chanoine de Narbonne, et Jehan Azalbert, marchant, à faire la dite repparacion.

Fo 122 vo. — **1486** (28 septembre). — Modération, à 20 sous, de l'amende prononcée par les consuls contre cinq habitants de Moussan, qui avaient été surpris se livrant à la pêche, « cum diversis retibus et aliis tesuris, » dans l'étang Salin situé entre Narbonne et le territoire de Vinassan. Ces pêcheurs y avaient pris une grande quantité de poisson qu'ils avaient l'intention de porter à Moussan, contrairement aux droits de la ville. Leurs filets, leurs bêtes de bât, leurs *comportes*, le poisson pris, leur avaient été saisis et confisqués, et une forte amende leur avait été infligée par sentence des consuls François Peyronne, Marquis Vitalis et Ayme Plasazonat. La modération de cette amende leur est accordée moyennant la déclaration par laquelle ils reconnaissent qu'ils n'ont aucun droit de pêche dans le dit étang.

Fo 122 vo. — **XVe siècle.** — Articles produits par les consuls de Narbonne, devant les commissaires des Aides établis en Languedoc, dans le procès qu'ils soutenaient contre les syndics de St-Just et St-Pasteur, de la collégiale St-Paul et de la collégiale St-Étienne, et contre les chapelains et autres gens d'Église de Narbonne, pour raison de leur refus de contribuer aux charges de la ville pour leurs biens ruraux. Ces articles, au nombre de 152, après avoir prouvé le droit de la ville à comprendre dans son compoix ou livre des estimes tous les biens ruraux, tant pour les dépenses municipales que pour les deniers royaux, établissent au point de vue général la nécessité de l'impôt, dans l'intérêt de la chose publique, « ad resistendum inimicis. » — « Si resistencia inimicis, y est-il dit, facta non fuisset, « mala multa et dampna innumerabilia omnibus et quibuscumque personis habitantibus vel pocessionibus eorumdem in hoc regno inevitabiliter evenissent, et inter « cetera inimici invasissent intencione depredendi civitates « Narbone et alias, saltim intrasent territorium civitatis et « civitatum et depredati fuissent res et personas quas invenissent, aliquos occidissent, alios aprisonassent, domos « comburissent et destruxissent edificia, cepissent animalia, « territorii possessionibus dampna omnia inferri possibilia intulissent, depopulassent agros, permansissent in « territoriis tam Narbonne (1) quam aliis ad continuandum « multiplicandumque distipaciones, jacturas, molestias et « dampnorum illaciones; mediante autem resistencia, sive

(1) Cet article fait peut-être allusion à la résistance que Narbonne opposa aux attaques des Albigeois, dont la plupart des localités voisines, à l'exemple de Béziers et de Carcassonne, avaient suivi le parti ; peut-être aussi aux compagnies du prince de Galles qui dévastèrent le Languedoc.

« premissis et aliis terribilissimis et inextimabilibus dispen- « diis obviatum. » — Dans un autre article, qui réfute certain argument tiré de la conduite de Pharaon, roi d'Égypte, envers ses prêtres, et mis en avant par les gens d'Église, qui s'aidaient de tous exemples pour couvrir la faiblesse de leur cause (1), et la défendaient de tous leurs moyens d'action, en vue de faire consacrer une exemption injuste de droit et de fait, aux yeux des consuls de Narbonne, ceux-ci disent : « et quando dicitur quia constitutionibus genera- « lium consiliorum et decretis apostolicis et discipulis ec- « clesie et persone ecclesiastice sunt immunes a quibus- « cumque talliis et collectis et cetera, respondetur non sic « esse..... Nec obstat quod, ex adverso, per ipsas partes « adversas in similitudine de Faraone allegatur,.... quod « Pharao, rex Egypti, tempore famis, ministravit sacerdoti- « bus et vendendo bladum non compulit eos predia eis tra- « dita sub servitutis jugo afficere et cetera, quia illud, « salva pace, non servit materie nostre in qua sumus. Pha- « rao enim, rex Egypti, erat ydolorum cultor, et non aperit « hic textus quod sacerdotes illi, qui ad simulacra ydolo- « rum colenda erant instituti, reciperent decimas et premi- « cias et alias oblationes ex quibus vivere possent, et forte « tunc illi sacerdotes vivebant de orreo Pharaonis..... « Postea autem supervenerunt levite, quibus date sunt de- « cime et primicie, ex lege divina primitus per Deum in- « stitute, sed nondum nisi in diebus Moysi in vim legis « scripte et ordinate, ex quibus levite qui illas receperunt « una cum oblationibus apost fuerunt educati. Et ultimus « textus ille non dat aliam immunitatem prediis dictorum « sacerdotum. Et sic si dicta predia sacerdotum erant una « cum prediis laycorum ad alia onera supportanda affecta, « Pharao circa illud nihil videtur immutasse. »

F° 133. — **1486** (6 mars), — **1487** (28 mai). — Diettes et plaidoiries tenues devant le Parlement de Toulouse, sur l'appel qu'y avaient relevé les gens d'Église contre les consuls de Narbonne, dans le procès porté d'abord devant les commissaires des Aides en Languedoc, concernant la taille des biens ruraux ecclésiastiques. (Français.)

F° 141 v°. — **1493** (5 octobre). — Publication du traité de paix conclu entre Charles VIII, roi de France et « le roi et royne de Castille et d'Aragon, » qui fait cession à l'Espagne de la ville de Perpignan et du comté de Roussillon. — Étaient consuls de Narbonne et ordonnèrent la publication de ce traité dans la ville : Raymond Belhomme, Raulin Séguier, Jean Durand, Vincent Dissaut, Bernard Adressa et Louis de Labatut, notaire. (Français.)

(1) Cependant la difficulté ne prit fin que par transaction. La ville dut consentir à l'exemption des tailles pour tous les biens alors en la possession des gens d'Église, sauf à imposer, à l'avenir, les biens acquis par eux sous forme quelconque. En échange de cette concession, la ville reçut en propriété une portion du moulin du Gua.

F° 142. — **1493** (27 septembre). — Document écrit sous forme de notes, relatif aux mesures prises en vue de l'exécution du traité conclu entre la France et l'Espagne. — Il y est dit que deux officiers doivent être désignés par le roi de France, et deux par le roi d'Espagne, pour régler les différends pendants entre les sujets des deux royaumes par suite des représailles exercées durant la guerre, ainsi que les questions que soulèvent l'attribution du produit de certain *vectigal* de 15 deniers, le prieuré de Rividario et l'abbaye de Villabertram en Roussillon. Ces officiers devaient siéger une année à Perpignan et une année à Narbonne. — Au sujet des contestations pendantes entre Leucate et St-Laurent, relatives aux pasquiers et à la pêche dans la mer et sur l'étang situé entre les deux localités, la solution en est remise au gouverneur du Roussillon, pour le roi d'Espagne, et au sénéchal de Carcassonne, pour le roi de France.

F° 142 v°. — **1493** (29 septembre). — Lettres de Ferdinand, roi d'Aragon, donnant licence aux « neofitos » et à tous ceux de la race juive de résider dans les comtés de Roussillon et de Cerdagne, avec leurs familles et leurs biens, sans y pouvoir être inquiétés ni recherchés pour les crimes dont ils avaient été inculpés auparavant.

F° 142 v°. **1493** (25 septembre). — * Lettres de Ferdinand, roi d'Espagne, adressées à Bernard de Villamari, capitaine général de sa marine, et à François de Pau, capitaine de ses galères, ordonnant le renvoi et la mise en liberté de tous les sujets du roi de France qui étaient prisonniers en Espagne. (Catalan.)

F° 143. — **1493** (28 septembre). — Lettres de Ferdinand et d'Élisabeth, roi et reine d'Espagne, qui portent, en exécution de l'un des articles du traité de paix conclu avec la France, nomination de conservateurs des marchands et du commerce pour les comtés de Roussillon et Cerdagne et pour les provinces de Biscaye et Guipuscoa.

F° 143. — **1493** (28 septembre). — Lettres de Ferdinand, roi d'Espagne, adressées à ses généraux, vice-rois, gouverneurs et capitaines d'intérieur ou d'outre-mer, par lesquelles il leur mande, pour l'exécution de l'un des articles du traité conclu avec la France (1), de favoriser et protéger en leurs personnes, leurs familles et leurs biens,

(1) Les conférences qui précédèrent ce traité furent tenues à Narbonne entre les ambassadeurs de France et ceux d'Espagne, au mois de janvier 1493.

à l'égal des sujets espagnols, les sujets du roi de France qui se rendront en Espagne pour s'y livrer au commerce ou y faire leur résidence.

F° 143 v°. — **1493** (3 novembre) (1). — Lettres de Charles VIII, adressés aux consuls de Narbonne, par lesquelles il leur ordonne, ainsi qu'il l'a déjà fait « a aucunes « bonnes citéz et villes... et habitans en icelles prochaines « des fins et limites des pays et royaumes, » de jurer par serment et promettre « que aucune chouse ne soit cy apres « faicte ou contrevenne au fait des alliances, confédéracions « et articles » conclus avec l'Espagne. (Français.)

Rubrique : La teneur des letres du roy nostre sire, mandées aus seigneurs les conseuls de Narbonne, qu'ils eussent à jurer les promesses, pactes et articles et confédéracions, faites entre le dit sire et le roy de Castille, sus la reddition du Roussilhon, ausquels est contenue paix perpétuelle entre les dits seigneurs.

F° 144. — **1493** (7 octobre). — Pouvoir donné à Raymond Belhomme et aux autres consuls de Narbonne, par le conseil général de la ville, de prêter le serment exigé des villes frontières, par les lettres de Charles VIII, du 3 octobre 1493, pour l'exécution du traité de paix conclu entre la France et l'Espagne.

F° 145 v°. — **1493** (8 octobre). — Acte du serment prêté par les consuls de Narbonne, pour eux et pour les habitants de la ville, comme place frontière, contenant engagement de garder, observer et maintenir les promesses et obligations contractées dans le traité de paix conclu entre la France et l'Espagne.

F° 147 v°. — **1493** (14 octobre). — Traité de paix et confédération conclu entre Charles VIII, roi de France, et le roi et la reine d'Espagne. (Français.)

Rubrique : Ce sont les articles des traictés et confédéracions d'entre le roy de France très-chrétien, d'une part, et tres haulx et tres puissans prince et princesse le roi et regnie d'Espaigne.

F° 149. — **1493** (22 mars). — Délibération du conseil général de Narbonne, qui homologue et approuve la transaction passée entre les consuls, d'une part, et les syndics du chapitre St-Just, des collégiales St-Paul et St-Étienne et du clergé de Narbonne, d'autre part, au sujet de la taille des biens ruraux ecclésiastiques. C'est par suite de cette transaction, datée du 11 mars 1492, et transcrite en entier dans la délibération, que la ville fut mise en possession de l'une des six portions du moulin de Gua, bâti en amont de ses murs, sur le *canal* (1) de la rivière d'Aude. (Latin et français.)

F° 151 v°. — **1493** (21 mars). — Fragment de la délibération prise par le chapitre St-Just, en présence de Mgr George d'Amboise, archevêque de Narbonne, pour l'homologation de la transaction passée avec les consuls de la ville au sujet de la taille des biens ruraux ecclésiastiques. Dans l'exposé des faits du procès alors pendant entre parties devant le Parlement de Toulouse, procès auquel la transaction mettait fin, le chapitre établit qu'il pouvait exercer des répétitions contre la ville de Narbonne pour des sommes considérables, en représentation de la valeur des terres qui avaient servi pour la construction de la grande robine (2) creusée par les consuls depuis moins de 25 ans « in rippariam Atacis... ad illam venire faciendam « apud Narbonam. » D'après le dire du chapitre, 25 mojades de terre lui avaient été prises pour cette construction.

F° 154. — **1494** (2 février). — Homologation par le grand conseil juré de la ville de la transaction passée entre le chapitre de l'église St-Paul et les consuls de Narbonne, le 14 décembre 1493, sur le taux et la forme de la levée de la dîme des olives dans le ténement de St-Paul. Cette dîme est fixée au treizième du produit de la récolte. — Les consuls de Narbonne, pour l'année 1493, étaient : François Catala « pro scala nobilium et burgensium; » Pierre Sartre « pro scala mercatorum; » Arnaud de Beaulieu « pro « scala ministerialium; » Étienne Peyronne « pro scala « placeriorum; » Rodrigue Martin « pro scala paratorum. »

Rubrique : Carta contenen l'accord faict entre lo venerable chappitre de St-Pol et los signors consolz de la villa, touchant la manieyra de paga la decima de las ollives al dit chappitre, que se reculisson dins los termenals decimary.

(1) La date du mois est erronée. C'est *octobre* qu'il faut au lieu de *novembre*.

(1) En faisant pratiquer des coupures pour redresser le lit de la rivière et en augmenter la pente, en établissant des relèvements de terre ou chaussées sur ses bords, afin d'en contenir les eaux et de diminuer la fréquence des inondations qui dévastaient les basses plaines avoisinant la ville, les consuls avaient été amenés à canaliser, pour ainsi dire, la portion de la rivière d'Aude qui se trouve comprise entre Narbonne et Cuxac. C'est sous le nom de Robine d'Aude que cette portion est ordinairement désignée. Elle prend ici accidentellement la dénomination de canal, mais aucunes marchandises n'y étaient voiturées. Les convois s'arrêtaient au port de Narbonne, à l'aval du Pont-Vieux. Ce n'est qu'après la construction du Canal du Midi que la portion de rivière dont il s'agit a été réellement canalisée par l'établissement des écluses du Gua, de Raonel et de Moussoulens, que la ville venait de terminer en 1692, époque où elle baillait à ferme, pour la première fois, les droits qu'elle était autorisée à y percevoir par lettres patentes du 18 novembre 1690.

(2) L'une des coupures faites par les consuls pour augmenter la pente des eaux de la rivière et en redresser le lit.

F° 157. — **1496** (12 mars). — Vidimus délivré par Guillaume de Lacroix, écuyer, gouverneur de Montpellier et trésorier des guerres, des lettres patentes de Charles VIII, du 13 décembre 1495, portant, par mesure de représailles, que les draps d'Espagne ne pourront être vendus en Languedoc « plus hault de quatre escus d'or la cane, affin que « a ce moyen les habitants de nostred. pays, qui ont « grande abundance de bonnes laines, et est led. pays dis- « posé a bien exercer l'art de draperie, se puissent exercer « de mieulx en mieulx, habituer à faire lesd. draps, et « que l'argent dud. pays pour achapter autres draps « estrangers ne soit transpourté hors de notre royaume, « et que a ce moyen led. pays de Languedoc, qui est fort « dépopulé, se puisse peupler au bien et prouffit de nous et « de la chose publicque. » (Français.)

F° 157 v°. — **1496** (12 mars). — Vidimus délivré par Guillaume de Lacroix, trésorier des guerres, des lettres patentes de Charles VIII, du 13 décembre 1495, qui, sur la demande des États du Languedoc, déclarent imposables à la taille, suivant les coutumes et usages anciens, les biens ruraux « situez es fins, limites et juridictions du Langue- « doc, acquis, tenuz et possédez par les conseillers du Par- « lement de Toulouse et tous les autres officiers royaux, » qui prétendaient, pour raison de leurs offices, les posséder exempts de tailles. (Français.)

F° 158. — **1379** (24 décembre). — Acte par lequel Guillaume Stephani, François Villa et Thomas Baruey, consuls de Narbonne, donnent leur consentement à la récréance de mules appartenant à des habitants de Gruissan, qui avaient été saisies dépaissant dans le territoire de l'île del Lec. Cette récréance est consentie sous cette condition que les mules saisies seront tenues à titre précaire.

F° 158 v°. — **1387** (21 octobre). — Consentement donné par les consuls de Narbonne, Jean Pelat, François Catala, Jean du Lac et Raymond Aignes, à la restitution de 600 bêtes à laine appartenant à un habitant de Gruissan, qui avaient été saisies dépaissant, contre les droits de la ville, dans le ténement de la Lenha, dépendant de son banderage. — Reconnaissance par cet habitant du droit de ban de la ville sur ledit ténement.

F° 159 v°. — **1372** (11 mars). — Consentement donné par les consuls de Narbonne, Pierre du Lac, Richard Cornelhan, François Philippe, François Catala et Jean Rome, à la restitution de 16 bêtes à laine, qui avaient été confisquées sur un habitant de Feuilla, pendant qu'il les faisait dépaître dans le territoire de Narbonne, quoiqu'il ne fut pas taillable de cette ville.

F° 160. — **1387** (9 septembre). — Consentement donné par Pierre du Rivage, François Catala, Jean Pelat, Jacques Vitalis de Castres, Jean du Lac et Jean Pascal, consuls de Narbonne, à la restitution de 100 chèvres, qui avaient été saisies à Guiraud Murtafó de Gruissan, dépaissant dans le ténement de la Bastide d'en Verdanel, dépendant de la Lenha (1). Ce consentement est donné sous la condition, pour le saisi, de reconnaître le droit de la ville au banderage de ce ténement. — Reconnaissance de ce droit par Guiraud Murtafó.

---

(1) La Leigne, en roman Lucnha ou Lenha, est un ténement situé sur les limites de Narbonne et de Gruissan, dépendant de leurs territoires par portions inégales. Il a donné lieu à d'interminables procédures entre ces deux communautés, qui s'en disputaient les droits de pacage et de lignerage. La Leigne était de la mouvance de l'archevêque et faisait partie de la dotation primitive de l'église de Narbonne. En 1192, Guillaume de Tourouzelle, qui faisait son testament 30 années plus tard, en léguant son fief de Villedaigne à l'abbaye N.-D. de Rieunettes, et à Bernard de Saissac, son neveu, toutes ses terres, ses salsuries et salins, ses rivages et étangs, ses quartes, tasques, lods et foriscapes, pêcheries d'eau douce et d'eau salée de la Leigne, passait nouvelle reconnaissance de ce fief en faveur de l'archevêque. Guillaume de Rieu, fils d'autre Guillaume de Rieu, en fit hommage, dans l'année 1251, aux nones d'août, « genoux fléchis et ses mains jointes dans les mains de l'archevêque, » lui jurant fidélité en toutes choses et pour toutes choses. Pierre du Lac le reconnut, dans les mêmes conditions, une première fois en 1256, et une seconde en 1273, tant pour lui que pour sa femme, Guillelme, fille de Pierre de la Voulte. Raymond du Lac, fils de Pierre et de Guillelme de la Voulte, le reconnut à son tour, en 1293. Pierre du Lac, fils de Raymond, le baillait à nouveau fief, en 1327, à Bringuier Estève, tisserand de Narbonne, sous la tasque des fruits y excroissants et sous l'entrée de deux gélines grasses. Le ténement du Pech de Conilhac était une dépendance du fief de la Leigne.

L'archevêque de Narbonne avait consenti diverses inféodations partielles des terres de ce fief qui lui avait fait retour dès le XIV° siècle. En 1506, Robert Orieult, agissant comme trésorier de l'archevêque, baillait à nouvel acapit 200 mojades de terre du fief de la Leigne à Raoul Séguier, bourgeois de Narbonne, pour y établir des salines. Ces 200 mojades de terre sont désignées, dans l'acte de leur inféodation, sous les confronts suivants : cers, la rivière d'Aude; auta, les étangs de Narbonne et de Campignol et les aiguilles de ces étangs; midi, le grand coin de l'étang de Narbonne et herm s'étendant de ce coin jusques à la rivière, et aquilon, le coin de l'étang de Campignol près de las Tanquades et herm allant de ce point jusques à la rivière d'Aude. Dans l'année 1507, trois nouvelles aliénations, chacune de la même contenance, étaient faites par le procureur de l'archevêque et par son trésorier, à Guillaume Orieult, marchand de Narbonne, et à Guillaume Alcoynes. Les 200 mojades de la première de ces inféodations avaient pour confronts : de cers, la rivière d'Aude; d'auta, l'étang de Narbonne; midi, la vieille cave, et aquilon, le salin de Raoul Séguier. Les 200 mojades de la deuxième étaient confrontées : au cers, par le grand étang de Bages; au levant, par la rivière d'Aude; au midi, par l'Ardeilhon, et à l'aquilon, par les terres de Mandirac. Enfin, les confronts des 200 mojades de la troisième inféodation étaient les suivants : cers, la rivière d'Aude; auta, le coin de l'étang de Campignol et le Pech de Conilhac; midi, le Pech de Conilhac et herm de Gruissan, et aquilon, le rec de Cap d'Aude.

RUBRIQUE : Instrument de confession de ban faict par Guyraud Murtafé de Gruyssan.

F° 160 v°. — **1495** (30 décembre). — Vidimus délivré par Guillaume de Lacroix, gouverneur de Montpellier, des lettres patentes de Charles VIII, du 18 décembre 1495, prescrivant l'exécution de l'ordonnance du 10 du même mois, qui porte imposition d'une taxe de 10 deniers par quintal de sel pour être levée, outre le droit de gabelle du roi, sur tous les greniers du Languedoc, pendant une année, commençant le 1er janvier suivant. Le produit de cette imposition demeurait affecté aux fortifications « de « plusieurs villes et places de Languedoc et entre autres « le bourg de Carcassonne et les villes de Bésiers et Nar- « bonne.... assises sur la frontiere de Roussilhon.... pour « obvier et résister aux courses et entreprises des Arra- « gonnoys. » (Français.)

RUBRIQUE : Double des lettres des dix deniers donnés par le roi nostre sire sur chacun quintal de sel vendu par tous les greniers a sel du Languedoc.

F° 161. — **1496** (18 mai). — Lettres patentes de Charles VIII, adressées au duc de Bourbonnais, gouverneur du Languedoc, qui lèvent les défenses faites pendant la guerre de tirer, transporter et vendre des « guesdes (1) « et autres denrées et marchandises licites, réservé blez « et vivres, » et en permettent aux habitants du Languedoc le trafic partout, « mesmement en Espaigne et autres lieux « ou ils ont acoustumé le faire. » (Français.)

RUBRIQUE : Double de certaines lettres royaulx sur la traicte des guesdes et autres marchandises de ce présent pays en Espaigne et ailheurs.

F° 162. — **1496** (31 décembre). — Vidimus délivré par Étienne de Vest, sénéchal de Beaucaire et Nîmes, des lettres patentes de Charles VIII, du 16 décembre 1496, avec les lettres exécutoires d'attache des généraux des finances, qui maintiennent, pour 3 ans, la crue de 10 deniers par quintal de sel sur tous les greniers du Languedoc, affectée aux réparations « des foussés et murailhes » de Carcassonne, Narbonne et Béziers, dans la proportion suivante : 5 den. pour Narbonne, 3 den. pour Carcassonne et 2 den. pour Béziers. Ces trois villes, qui étaient les boulevards de la frontière *arrière-mise*, s'étaient trouvées « si « peu emparées a la venue de la guerre qu'elles eussent « esté en grant péril de surprinse si ne feust la résistance « que y a esté mise a force de gens de guerre et autre- « ment. » — La réparation des fortifications de ces villes devait être faite « par l'ordonnance, advis et délibération des « sieurs de Sainct André et de Chabannes (1) ou l'ung « d'eux. » (Français.)

RUBRIQUE : Vidimus de la continuacion des dix deniers prins sur les graniers a sel pour les villes de Narbonne, Carcassonne et Béziers.

F° 162 v°. — **1497** (janvier). — Vidimus délivré par Étienne de Vest, sénéchal de Beaucaire et Nîmes, des lettres patentes de Charles VIII, du 16 décembre 1496, contenant renouvellement des défenses de l'importation des draps et ouvrages de laine des pays de Catalogne et de Sardaigne. Ces défenses portent : « que aucun, de « quelque estat, nacion ou condicion qu'il soit, ne soit « doresnavant si osé ne hardi de tirer, ne faire tirer, ne « descendre, par eau, ne par terre, directement ou indi- « rectement,...... aucuns draps et ouvraiges de layne des « dits pays de Roussilhon, Cathelongue et Sardaigne, a « quelque pris qu'ils soyent ou puissent estre, et ce sur « paine de confiscation des marchandises, mullets, bestes « ou navires de transport,... et d'amende arbitraire. » Le produit de ces amendes et confiscations demeurait appliqué, moitié à ceux qui révélaient les contraventions, et moitié aux fortifications de Narbonne, Carcassonne et Béziers. Par ces défenses, qui n'étaient qu'une représaille du subside « importable et excessif » que le roi d'Espagne avait imposé sur toutes les marchandises venant de France, les fabriques de Rouen et de Bourges devaient avoir meilleure « vuydange » de leurs produits, et les 200,000 liv. tourn. auxquelles pouvaient monter annuellement les marchandises importées de ces pays demeuraient dans le royaume. Le subside imposé par le roi d'Espagne était de 10 sous pour livre. Il avait presque anéanti le commerce de draperie du Languedoc. « Naguieres, disent les lettres paten- « tes du 16 décembre 1496, quant noz subgetz de nostre « dit pays de Languedoc, qui habundent grandement en « laynes, ont veu qu'ilz n'avoient plus de liberté de vendre « et expédier leurs dites laynes, ainsi qu'ilz avoyent acous- « tumé, se sont disposez et habituez a exploicter sur le lieu « les dites laines et faire bonne et loyalle draperie tant a « Narbonne, Carcassonne, Montpellier, Thoulouse et « Béziers que autres lieux. » — Publication de ces lettres patentes à Narbonne, Montpellier, etc. (Français.)

RUBRIQUE : Lettres quant au faict des draps d'Espaigne.

F° 163 v°. — **1496** (8 mars). — Nomination de Jean Merchant à la charge de contrôleur des deniers provenant de la crue sur le sel affectée aux réparations des fossés et murailles « ja commencées a faire ez villes de Carcassonne, « Narbonne et Béziers. » — Le contrôleur nommé avait

(1) Guesdes, en langage vulgaire *Godes*, nom donné au pastel dont on se servait pour teindre les draps en bleu.

(1) Jean de La Roche Aymon, seigneur de Chabannes. Il était lieutenant du duc de Bourbonnais, gouverneur de Languedoc.

pour attributions « lo regart a ce qui sera faict et mys « esdits ouvraiges et réparacions et la facon d'icelles, « fournissement de matieres, sallaires d'ouvriers et maneuvres et autres chozes nécessaires pour ôter souspeçon « d'abuz et négligence esdites chozes, et memement que les « deniers qui pour ce seront départiz et délivrez auxdits « consuls ne soient employez a autre uzaige et les dits « ouvraiges retardez contre l'intencion du roy. » (Français.)

Rubrique : Double des lettres de commission du controleur des foussés.

F° 164. — 1498 (juin). — Confirmation des privilèges, libertés, franchises et coutumes de Narbonne, par Louis XII. (Français.)

Rubrique : Double de la confirmacion des privilleges de Narbonne, faicte par le roy Loys.

F° 164 v°. — 1491 (1er septembre). — Bail à nouvel acapit fait par les consuls de Narbonne, Barthélemy Chavardès, bourgeois; Jean Berre, marchand; Barthélemy Blanc, chaussetier, et Radulphe Sabatier, notaire, en présence de Guillaume Caderonne, lieutenant de Gaspard de Villeneuve, seigneur de Montbrun, gouverneur de la terre et vicomté de Narbonne, pour Jean, comte de Foix et d'Étampes, vicomte de Narbonne, à Mathieu Peyronne, marchand, d'une pièce de terre située dans les barbacanes de la Cité, devant le portail Salinier. Cette pièce de terre avait 7 cannes de largeur. Elle était contiguë « cum platea « capitis Pontis Veteris. » Voici ses confronts : « de circio « cum heremitate sive terris vacantibus; de altano cum « platea cooperta ante dictum Pontem Veterem; de meri« die cum ripparia Atacis, et de aquilone cum carreria « publica (1). »

F° 165 v°. — 1491 (28 octobre). — Bail à nouvel acapit consenti par les consuls à Jean Vignes, d'une pièce de terre sise au portail Salinier, moyennant la prestation annuelle de 4 sous tournois. Cette pièce de terre était contiguë, côté d'auta, avec la pièce baillée en acapit à Mathieu Peyronne, le 1er septembre 1491. (Vid. supra f° 164 v°.)

F° 166 v°. — 1498 (14 mai). — Lettres de Louis XII, par lesquelles il renonce, en vue de soulager le peuple, aux 300,000 livres qui étaient payées au roi lors de son avénement, et réduit de 2 sous pour livre « son propre estat et « despence » afin, disent ces lettres, « de donner a co« gnoistre par effect, a notre dit peuple et subgets, le désir « que avons a leur solaigement et relevement des dites « charges. » Les 2 sous pour livre de la réduction devaient porter sur le dernier quartier des tailles de l'année courante. — Let'res d'attache des généraux des finances pour l'exécution de ces lettres. (Français.)

Rubrique : Double des lettres de rabais des 2 sous pour livre.

F° 167 v°. — 1481 (15 mai). — Sentence par laquelle Jacques Gombaud, juge royal de Narbonne, déclare, sur la requête de François Arnaud et Jean Dupuy, consuls de la ville, et de Nicolas Rodil, Guillaume Alcoynes et Aymes Plat, nourrisseurs de bestiaux, que les habitants de Narbonne ont le droit de dépaissance et de passage dans le territoire de St-Pierre del Lec, contigu à l'étang de Narbonne, pour tous les bestiaux de race bovine, chevaline, lanifère et non lanifère, contrairement aux prétentions opposées des consuls d'Armissan et de Vinassan, et du procureur de l'abbé de Lagrasse, comme seigneur de St-Pierre del Lec.

F° 169. — 1500 (25 septembre). — Sentence arbitrale rendue entre les consuls de Narbonne, Pierre de Domneuve, Jacques Sabatier, Jean Berre, Jean Cathelan, notaire, et Louis de Labatut, d'une part, et Étienne Dominique, *sergent de la sainte Inquisition*, d'autre part, sur le procès soutenu par ce dernier pour se faire déclarer, à cause de son office, exempt, lui et ses biens, des tailles imposées par les consuls de la ville, tant pour les charges communes que pour le paiement des deniers du roi. Les arbitres des parties, qui étaient Pierre Audemar et Guillaume Aymes, déclarent que la charge de sergent de l'Inquisition ne peut dispenser du paiement des tailles, et maintiennent les consuls au droit de faire vendre les objets qu'ils avaient saisis sur Étienne Dominique pour le contraindre au paiement de celles qui lui sont imposées.

F° 170. — 1493 (17 mars). — Ratification par l'archevêque de Narbonne, de la cession d'une portion du moulin du Gua, faite à la ville par le chapitre St-Just, dans la transaction intervenue au sujet de la taille des biens ruraux des gens d'Église, entre le clergé et les consuls de Narbonne, le 11 mars 1492. — (Transc. au 3e thal., f° 103 v°.)

F° 170 v°. — 1487 (5 janvier). — Sentence de Jacques Gombaud, juge royal de Narbonne, qui déclare les consuls de la ville en possession du droit de banderage et des herbages de tout le territoire de Narbonne, avec la faculté d'imposer le ban à tous nourrisseurs de la ville, de même

(1) La pièce de terre donnée en acapit était donc, d'après ces confronts, située dans l'emplacement qu'occupe le massif des maisons construites au couchant du pont des Marchands, côté de la Cité, entre ce pont et la rue qui conduit au plan des Barques, où étaient les merlussières de la ville. La « *platea cooperta,* » qui est indiquée pour le confront d'Auta, servait à la poissonnerie et aux *macels* de la ville.

qu'aux étrangers. Ceux-ci pouvaient *accorder* (1) avec les consuls pour tous leurs troupeaux envoyés au pacage.

Fº 171 vº. — **1501** (16 septembre). — Défense faites, à la réquisition des États de Languedoc tenus au Puy, en 1501, par les commissaires du roi aux dits États, de tirer aucuns blés du Languedoc « dont les habitants sont en « grand danger de famine, » sous peine de confiscation de corps et de biens. (Français.)

Rubrique : Double des lettres de la traite des blés fore le Languedoc.

Fº 172 vº. — **1501** (26 juillet). — Abolition (2) par Louis XII du droit de marque sur les marchandises, qui était levé dans la ville de Narbonne. (Français.)

Rubrique : Double des lettres roiaulx contenant la révocation du droit de la marque.

Fº 172 vº. — **1501** (25 septembre). — Vidimus délivré par Étienne de Vest, sénéchal de Beaucaire et Nîmes, des lettres patentes de Louis XII, du 22 septembre 1501, portant défenses de tirer et exporter des blés du pays de Languedoc « qui est a présent en danger de famine. » (Français.)

Rubrique : Double des lettres royaulx contenant deffense de non tirer blez hors du pais.

Fº 173. — **1501** (24 septembre). — Vidimus des lettres de Louis XII, du mois de juillet 1501, qui ordonnent, pour éviter tous procès et toutes fraudes dans la vente des marchandises, que toutes les villes du Languedoc devront se servir de cannes, aunes, romaines et poids pareils à ceux de la ville de Montpellier, et que les draps devront être mesurés *au dos*, et non pas sur la lisière. (Français.)

Rubrique : Double de la commission royale, par laquelle a esté dit que totas las villes de Languedoc se gouverneront à ung poiz et mesure.

Fº 173 vº. — **1501** (24 septembre). Vidimus des lettres patentes de Louis XII, du 22 juillet 1501, obligeant les monnoyeurs, forgeurs de fer et d'acier, les laboureurs et autres gens qui font métier, à contribuer, sous peine de contrainte, au paiement des tailles et des deniers royaux. (Français.)

Rubrique : Doble des lettres roiaulx par lesquelles est mandé porter aux tailles.

Fº 174. — **1501** (26 septembre, — 7 octobre). — Lettres du lieutenant du duc de Bourbonnais, gouverneur du Languedoc, faisant, sur les doléances et *complaignances* des États tenus au Puy, en 1501, inhibitions et défenses aux fermiers et gardes de la *traite foraine* de Narbonne, de molester les marchands, ni d'exiger d'eux rien au-delà « *du vray denier* » de cette traite, sous peine d'amende arbitraire et d'information « des abuz, pilleries, exactions « indeues, rençonnements par cy-devant faictz et qui do- « resnavant se feront. » — Signification de ces lettres aux gardes de la foraine. (Français.)

Fº 174 vº. — **1501** (27 mai). — Délimitation du Dex, par Mathieu Peyronne, Henri Guissan, Bertrand Serezon, Siméon Berre, Barthélemy Blanc et Bréhard Fabre, consuls de Narbonne, et les experts à eux joints par le grand conseil juré de la ville « congregat et adjoustat. » — Le Dex, pour la cité, commençait à la croix d'en Saorre, sur le chemin de Gruissan, suivait le chemin Salinier, la carrière del Griffol jusques à las Pausados de la Sal et à Puech-Ribal, se dirigeait sur Vinhe-Morrut, le claus d'en Cazals, la Font-Cuberte, le chemin de Vinassan, la carrière vieille de Coursan, le camp de Pierre Delort, juge royal de Narbonne, la Peyre-Ficade, la carrière del Pozet, le grand chemin de Coursan, le Canha, la cave Mayral, l'église de St-Jordy, l'Alfaric, la carrière de la Bastide-Redonde, l'ort de la Bastide-Redonde, le pont d'Alby, et enfin sur la carrière du *moly* de Raonel. — Pour le Bourg, le Dex était fixé par les points suivants : l'église de St-Laurent, la rivière d'Aude, la garrigue de St-Laurent, la carrière de Capelles, la font d'en Pépy, le Puech-Carrassier, le Puech de Mont-Lobat, le *rec* de Jonquières, l'aiguevers du Villar de Fargues, le Puech de Montlaur, le Puech de Mouetto, le terroir du Veyret, l'aiguevers de Valfernière et Assegras, « entro lo terme de Boccacers et una ymage de « Nostre-Dame, que es en un pilar de peyre bastit em lo « camy per loqual om ba de la present villa de Narbonne « al loc de Nebia, » la serre de Lebrettes, le chemin de Marcorignan, les Amarats, la Bastide de Malvezy et le Puech-Roby. (Roman.)

Rubrique : Regestre des dexs del terminal de Narbonne.

Fº 175 vº. — **XVIe siècle.** — Questions soulevées par Louis d'Exéa, professeur ès-lois, et réponses de Pierre de Domneuve, licencié ès-droits, touchant le droit, attribué aux consuls de Narbonne et au conseil général de la ville ou la majeure partie de ce conseil, de fixer, élargir ou restreindre l'étendue du Dex dans le territoire de la ville. —

(1) Accorder, c'est-à-dire traiter avec les consuls pour obtenir d'eux, moyennant certaine redevance annuelle, l'autorisation d'envoyer les troupeaux dans les pacages de la ville.

(2) Cette abolition qui était conforme au vœu des habitants de la ville, fut accordée à la demande des États de Languedoc, qui envoyèrent à la Cour le juge d'Uzès pour la solliciter, en même temps que l'ordonnance qui rendait obligatoires, pour toutes les villes du Languedoc, les cannes, aunes, romaines et poids de la ville de Montpellier.

Autres réponses sur le même objet, faites par Nicolas Rodil, bachelier ès-droits.

F° 179. — **1500** (11 janvier). — Appointement donné par la Cour du sénéchal de Carcassonne, contre les nourrisseurs et gardeurs de troupeaux qui contreviennent aux défenses faites par le roi de mener paître les troupeaux dans les vignes et olivettes du territoire.

RUBRIQUE : Copia litterarum appunctamenti lati per curiam domini senescalli contra los nozcidos.

F° 179 v°. — **1502** (13 mars). — Bail à nouvelle emphytéose ou acapit, fait par les consuls à Mathieu Peyronne, marchand de Narbonne, de certain patu situé devant l'archevêché, ayant pour confronts : « de circio quoddam « alio patuo; de altano dicto Peyronne; de meridie rippa« ria Atacis et de aquilone itinere publico per quod itur de « portali Salinario ad Pontem Novum (1). » — Étaient consuls de Narbonne : André Poytevin, juge de la Vicomté pour Gaston, comte de Foix, vicomte de Narbonne; Bertrand Cathala, procureur en ladite Vicomté; Nicolas Rodil, bachelier ès-lois; Barthélemy St.-Jean, Guillaume Dauphin et Barthélemy Contadis.

F° 180 v°.— **1503** (3 avril).—Approbation donnée par les officiers de la Cour du vicomte à la vente consentie par Mathieu Peyronne, en faveur de Guillaume Orieult, de deux maisons et deux boutiques contiguës, situées « extra « menia civitatis Narbone (2) » devant le portail Salinier de la Cité. Les confronts des objets vendus sont désignés de la manière suivante : « de circio cum quadam domo dicti « Peyrone; de altano cum portico facto et hedifficato in « capite Pontis Veteris; de aquilone cum via publica; de « meridie cum ripparia Atacis. »

F° 181 v°. — **XVe siècle.** — * Tarif du péage levé au profit de la ville à la barrière de Pontserme.

RUBRIQUE : Aysso sont las causas que pagan al barrage de Pontserme.

F° 182 v°. — **1392** (22 mai). — Permission donnée par Jean Rouch et Étienne Pascal, consuls de Narbonne, à Jean Guilhem, marchand, de reconstruire deux boutiques sur deux patus situés à la tête du Pont-Vieux et adossés au rempart, côté du Bourg. Les deux patus donnés par les consuls en emphytéose perpétuelle étaient ce qui restait de deux « operatoria, que propter mortalitates et guerras (1), « que temporibus retroactis in istis partibus viguerunt, « fuerunt destructa et omnino diructa, exceptis duabus ar« chis lapideis super quibus dicta duo operatoria erant « constructa. »

AA. 102. — Registre (papier), 207 feuillets in-fol.; demi-reliure, dos en peau.

1148-XVIe siècle. — Copie du cartulaire intitulé 2e thalamus, faite vers 1846, par M. Palau, prêtre espagnol réfugié, du diocèse de Barcelone.

AA. 103. — Registre (parchemin), 157 feuillets in-fol.; cartonnage couvert de parchemin.

1153-XVIe siècle. — 3e THALAMUS.

F° 1 v°. — XVIe siècle. — Fragment d'un appointement rendu entre les consuls de Narbonne et l'abbesse des Olieux, au sujet des droits de dépaissance, de banderage et d'emphytéose dans les terres et granges de Montredon, de Figuières, de Fontanilles et dans toute l'île del Lec, qui étaient en litige entre les parties.

F° 2.— **1280** (4 des kal. de juin (29 mai).— Transaction arbitrale au sujet de la dépaissance et de l'abreuvage des troupeaux, passée entre Bérengère, abbesse de N.-D. de « Lapideto (2) diocesis Narbone, » et les religieuses de ce monastère, d'une part, et les habitants de Moussan, d'autre part. Le pacage réservé aux troupeaux gros ou menus du monastère est compris entre les points suivants : le bâtiment du monastère, le *rieu* « quod dividit vallem de La« pideto et de Samartres..... usque ad planum de Samar« tres, » le fief de Raymond de Morières et son courtal, au cers dudit fief en suivant le chemin qui les divise, l'en-

(1) Ce Pont-Neuf est le pont des Carmes. Le chemin qui débouchait du portail Salinier aboutissait d'un côté au pont des Marchands, et, de l'autre, au Pont-Neuf. Il passait au pied des remparts de la Cité, sur un terrain vacant qui avait été abandonné par la rivière. Ce chemin est devenu la rue actuelle d'Entre-deux-Villes.

(2) L'espace occupé par la rue Entre-deux-Villes et le massif des maisons bâties entre cette rue et la rivière d'Aude, au midi de l'archevêché, séparait de la rivière les remparts de la Cité. Le portail Salinier, qui donnait accès sur la rivière, était situé près de l'archevêché, à l'ouest de la partie des remparts faisant face à la tête d'attache du Pont-Vieux ou pont des Marchands, sur la berge de l'Aude.

(1) Les compagnies du prince de Galles, qui avaient tenté vainement l'attaque de la Cité, avaient pris et détruit le Bourg et les faubourgs de la ville, Belvèze, St-Jean, Villeneuve, etc., et toutes les constructions qui se trouvaient édifiées sur les espaces restés libres entre les bords de la rivière et les remparts du Bourg et de la Cité. Les deux operatoria dont il est question dans cet article et les autres constructions avoisinant le pont des Marchands étaient de ce nombre.

(2) Le monastère N.-D. de Lapidet, qu'on a désigné aussi et plus communément sous le nom de Lebrettes, était situé dans le territoire du Bourg, sur le chemin de Marcorignan, à demi-lieue de Narbonne. Il fut fondé en l'année 1234, par Guillaumette Gaubert. L'archevêque de Narbonne, pour favoriser les intentions de la fondatrice, dota le nouveau monastère et lui donna, avec divers droits seigneu-

trée de la Val-Lobière, le champ de Bertrand Gairaud de Moussan, le *clapier* de Vetulas, le *clapier* de la combe de Pierre, le fief de Jean Creissan, le pech Escarlar, le pech Ventilian, l'herm de St-Just, le pech de la font de Thon, la dent de Roque et enfin le champ de Geisse.

F° 4. — **1492** (19 octobre). — Lettres des ambassadeurs de Charles VIII, adressées aux gens d'Église et aux consuls de Narbonne, pour leur annoncer la conclusion de la paix avec le roi et la reine de Castille et de Léon. — Publication de cette paix. (Français.)

F° 5. — **1468** (23 mars). — Transaction arbitrale entre les gens d'Église de Narbonne, d'une part, et Pierre Olivier, Jean Vitalis d'Ermenis, Jean Combres, pareur, Raymond Belhomme, Henri du Verger, barbier, et Martin de Mairand, consuls de la ville, d'autre part, concernant l'exemption de la taille des biens ruraux ecclésiastiques, et des maisons des cloîtres de St-Just, de St-Paul et de St-Sébastien.

F° 7. — En tête de ce folio on lit la rubrique suivante, qui est le titre général que l'écrivain a voulu donner au thalamus : Aquest libre fon compilatz e tranlatatz de las cutumas del Borc de Narbona e de Narbones en l'an de nostre seior Jesu-Christ que hom contava de la carnatio 1256, empodier des seiors consols, so es asabier del seior Bernard Mainart, et d'en Bernard Dalfi et d'en Arnaud de Bages et d'en Raymon Blanquier et d'en Pierre de Caudiers et d'en Bernard Robi.—Ensuite viennent trois évangiles : celui de S. Jean « In principio erat verbum ; » celui « de S. Marc « In illo tempore, Maria Magdalene et « Maria Jacobi et Salome, » et celui de S. Luc « In illo « tempore, dixit Jesus discipulis suis, erunt signa in sol « et luna. »

F° 7 v°. — **1235** (19 juillet). —* Sentence rendue par Ricobonus, Obertus Passuis et Hugo de Flisco, juges désignés par la principauté de Gênes, au sujet de l'application de l'amende spécifiée par l'article des traités passés entre les villes de Gênes et de Narbonne, intitulé : « De « mercibus contrariis. » Cette sentence déclare que la peine prévue n'est pas applicable aux habitants de Narbonne. (Transc. au 5e thal. f° 33 ; au 6e thal. f° 1 v°.)

Rubrique : Aysso es la sentencia de Jenoa e de Narbona.

F° 8. — **1232** (7 des kal. de mars (24 février), pour l'approbation par le vicomte Aymeric; — 14 des kal. de janvier (19 décembre), pour l'approbation par l'archevêque de Narbonne ; — **1233** (7 des kal. de mars (23 février), pour l'approbation par l'abbé de St-Paul. — * Coutumes de Narbonne. (Tranc., en latin, au 1er thal., f° 50 v°; au 2e thal., f° 1 ; au 4e thal., f° 1 ; au 6e thal., f° 2 ; au 9e thal., f° 8 v°; au 10e thal., f° 89 ; — en roman, au 3e thal., f° 29; au 6e thal., f° 12 v°; au 8e thal., f° 9 ; au 10e thal., f° 8.)

F° 11. — **1232**. — *Coutumes et franchises des chevaliers de Narbonne et du Narbonnais, octroyées par le vicomte Aymeric. (Roman.) (Transc. au 2e thal., f° 88; au 6e thal., f° 6 ; au 8e thal., f° 7; au 10e thal., f° 4.)

Rubrique : Aysso son las costumas dels cavaiers.

F° 12. — **XIIIe siècle** (1). — * Réglement ou statut concernant la vente et la revente du poisson pêché dans les étangs et en mer, entre le cap et le district de Leucate et le grau de Vendres. D'après ce statut, tout le produit de la pêche doit être porté sur le marché de Narbonne, pour y être exposé et mis en vente. Il n'est fait d'exception à cette obligation que pour les quantités qui pouvaient être nécessaires aux voyageurs et aux habitants mêmes des lieux de la résidence des pêcheurs. (Transc. en roman, au 8e thal., f° 28 v°; — en latin, au 6e thal., f° 7 ; au 9e thal., f° 13 ; au 10e thal., f° 45 v°.)

Rubrique : Establiment dels piscadors.

F° 12 v°. — **XIIIe siècle**. — * Réglements de police pour les macelliers (bouchers), les revendeurs de blé et les marchands de gibier et de sauvagine. Pour le gibier et la sauvagine, les prix de vente sont fixés ainsi qu'il suit : « par perdicium, VIII denariis narbonensibus ; par jan- « gularum, IV den. narb.; par pixarum, VIII den. narb.; « caro cirogrillorum, V den. narb.; caro leporum, X den. « narb.; par columbarum, III den. narb.; par anetum et « gabrorum, VIIII den. narb.; par fulcarum, V den. « narb.; par columbarum cadonx, V den. narb.; par erbo- « num, VI den. narb.; par cercellarum, IIII den. narb.;

---

riaux, les mortuaires, c'est-à-dire le droit de sépulture, les oblations, les vigiles, et l'autorisa à recevoir les fiefs qui lui adviendraient par donations ou autres voies légitimes. Il lui unit aussi l'église de St-Hilaire qui se trouvait dans son voisinage. Pour raison de tous ces dons, l'abbesse devait prêter serment de sujétion et obéissance, au moment de son institution, entre les mains de l'archevêque. Dès ses premières années, le monastère de Lebrettes était florissant; mais sa prospérité fut courte. Les religieuses qui s'y étaient établies durent l'abandonner et se réfugier dans la ville pour se soustraire aux fureurs des guerres, qui, à cette époque, dévastaient le Languedoc. En 1404, ces religieuses étaient dans le dénuement; elles ne possédaient, pour toutes ressources, qu'un revenu de 10 livres tournois et un terrain appelé la Moreyre, qui leur rapportait annuellement 42 setiers de froment.

(1) D'après le statut sur la cuisson du pain, sur la vente et la revente du poisson, sur les bouchers et sur les revendeurs de blé, transcrit, en roman, au 8e thal., f° 28 v°, et dont ce statut et le réglement porté en l'article qui suit sont des extraits transcrits en latin, la date précise de l'acte est 1213 (septembre).

« par crebollorum, X den. narb.; item tres calandris, « I den. narb. » (Transc. au 6e thal., fo 7 vo; au 9e thal., fo 13 vo.)

Rubriques : Aquest es dels maseliers. — Dels revendedors del blat. — Aysso es establiment cant se deu vendre tota salvazina ni auzelam.

Fo 13. — **1249** (4 des nones d'août (2 août). — * Règlement arrêté par les viguier et juge de la Vicomté et par le viguier de l'archevêché, de concert avec les consuls de Narbonne et sur leur réquisition, pour l'observation des dimanches et fêtes et pour la police des rues et chemins. (Transc., en latin, au 6e thal., fo 8; au 9e thal., fo 15; — en roman, au 7e thal., fo 5 vo.)

Rubrique : Aiso son los establiments que hom no fasa a las festas que son dihias dejous.

Fo 13 vo. — **1249** (6 des nones de juillet (2 juillet). — * Coutumes de Narbonne sur la prescription des créances. — Les mêmes coutumes en roman. (Transc., en latin et en roman, au 6e thal., fo 9; — en latin, au 9e thal., fo 14; — en roman, au 8e thal., fo 31 vo; au 10e thal., fo 51 vo.)

Rubrique : Aiso es la costuma que hom no puesca demandar deute que X ans aiha estat que no sia demandat.

Fo 14. — **1259** (2 des kalendes d'août (31 juillet). — Condamnation prononcée par Bernard Dauphin, Bernard Gautier, Raymond Blanquier, Bernard de Montolieu, Bernard de Pech, Hugues de Saint-Bars, Bernard Olier, Pierre-Raymond de Montbrun, Raymond Audoin, Sicard Fabre et Bernard d'Albesuns, consuls du Bourg et de la Cité, contre des habitants de la ville qui, ayant acquis du vicomte Aymeric la *devèze* de la « grana » (1), avaient contraint les autres habitants, hommes ou femmes, à leur livrer à vil prix la « grana » qui était déjà récoltée, et avaient par ce fait occasionné une émeute dans laquelle les consuls avaient été injuriés et frappés. (Transc. au 6e thal., fo 9 vo; au 9e thal., fo 71 vo.)

Rubrique : Aisso es la forma quant los cossols aneron a la devesa de la grana.

Fo 14 vo. — **1238** (7 des kal. de juillet (25 juin). — * Règlement approuvé et confirmé par le vicomte Amalric, pour les mondiers (meuniers) et pour la mouture du blé, avec le serment exigé de tout meunier, farinier ou conducteur de bêtes de somme servant au transport des blés et farines. (Roman.) — (Transc., en latin, au 9e thal., fo 15 vo; — en roman, au 6e thal., fo 10 vo; au 8e thal., fo 17; au 10e thal., fo 23.)

Rubrique : Aiso es l'establiment dels mondiers.

(1) Kermès? La grana était employée pour la teinture des draps écarlates.

Fo 16. — **XIIIe siècle** (1). — * Table (2) du poids que doivent avoir la pâte et le pain mis en vente, d'après le prix du setier de froment. (Roman.) — (Transc., en latin, au 9e thal., fo 18 vo; — en roman, au 8e thal., fo 20; au 10e thal., fo 29 vo.)

Rubrique : Aiso es del pes del pan.

Fo 18. — **XIIIe siècle** (3). — * Ban ou peines prononcées pour les contraventions commises en matière de banderage, par suite d'enlèvement de bois et de raisins dans les vignes, ou pour cause de dépaissance et de chasse. (Transc. au 6e thal., fo 17 vo.)

Rubrique : Aiso es lo ban del bestiar.

Fo 18. — **1248** (juillet). — * Règlement pour le choix et la nomination des bandiers; — leurs obligations dans l'exercice du banderage; — taux des amendes encourues pour les contraventions. (Roman.) — (Transc., en roman et en latin, au 6e thal., fo 17 vo; — en latin, au 2e thal., fo 89 vo.)

Rubrique : Aisso es la forma en cal maneira juran bandiers.

Fo 19. — **1258**, pour l'arbitrage; — **1260** (5 des ides d'avril (9 avril), pour l'approbation par l'abbé de St-Paul. — * Arbitrage rendu par Bernard d'Outreville et Guillaume Fabre, entre les officiers curiaux du vicomte et ceux de l'archevêque, d'une part, et entre Pierre-Raymond de Bages, Raymond Petri, Bérenger de Lastours et Bérenger Gautier, consuls de la Cité, et Imbert de Sestable, Guillaume Amoros, Bernard de Camp, Udalguier, peaussier, et Alfaric, tonnelier, consuls du Bourg, d'autre part, qui consacre en faveur des habitants le droit de faire choix, parmi les juridictions de la ville, de celle par laquelle ils veulent faire juger leurs causes, soit au civil, soit au criminel. — Approbation de cet arbitrage par l'abbé de Saint-Paul. (Transc., en roman, au 7e thal., fo 47; au 10e thal., fo 79 vo; — en latin, au 9e thal., fo 26.)

Rubrique : Aiso es la costuma que tot hom se pot far d'autra senoria ans quel mesage.

Fo 20. — **XIIIe siècle**. — * Tarif des droits à payer

(1) La date précise de cette table, d'après le texte transc. au 8e thal., fo 20, est le 15 des kal. de juin (18 mai) 1251.

(2) Le fonctionnement de cette table est fort curieux. Sous l'empire de la taxe officielle, le prix du pain montait ou descendait suivant la hausse ou la baisse du prix du blé, mais le poids du pain restait le même. Avec la table dont il s'agit, le prix du pain demeurait au contraire invariable; c'était son poids qui augmentait ou diminuait proportionnellement au prix du blé.

(3) Le même document, transc. au 6e thal., fo 17 vo, est daté du mois de juillet 1248.

aux courtiers pour leurs courtages. (Roman.) — (Transc., en roman, au présent thal., f° 127; au 9° thal., f°s 4 v° et 72 v°.)

Rubrique : Ayso es la forma quo devo aver los corratiers per lur corratage.

F° 21. — **XIII° siècle.** — * Obligations des courtiers dans l'exercice de leur charge. (Roman.)— (Transc., en roman, au 6° thal., f° 18.)

Rubrique : Aiso es l'establiment en cal gisa juran coratiers e corateiras.

F° 21 v°. — **XIII° siècle.** — * Serment exigé des étrangers admis à faire leur résidence dans le Bourg, à Narbonne. (Roman.) — (Transc., en roman, au 2° thal., f° 90 v°; au 6° thal., f° 18 v°; au 7° thal., f° 5.)

Rubrique : Aiso es la forma en cal guisa deu jurar tot estranhier que se fa novel habitant de Narbona.

F° 22. — **1254** (16 des kal. de septembre (17 août).— * Compromis passé entre les pareurs et les tisserands pour le règlement de leurs différends en ce qui concerne l'exercice de leurs professions. — Exposé, article par article, de leurs prétentions respectives. — Arbitrage sur ces prétentions rendu par les consuls du Bourg et de la Cité. (Transc., en latin, au 6° thal., f° 18 v°; — en roman, au 7° thal., f° 79; au 10° thal., f° 58.)

Rubrique : Aiso es la ordenament fait entrels paraires els tiseires.

F° 24 v°. — **XIII° siècle** (1). — * Serment que doivent prêter les consuls avant de prendre possession de leur charge; — leurs droits et leurs devoirs dans l'exercice des fonctions du consulat; — promesse d'indemniser les habitants qui seront lésés dans leurs personnes ou leurs biens en défendant les priviléges de la ville. (Transc., en roman, au 9° thal., f° 1; au 10° thal., f° 74 v°; — en latin, au 2° thal., f° 91; au 6° thal., f° 23.)

Rubrique : Aquest capitol es que cossol podon far cridar parlament ab trompas, e careiras, e gaiha. — Aiso es la costuma que la vila deu gardar de tot dan tot home que mez es a defendre las libertaz e franquesas de la vila.

F° 25 v°. — **1293** (1er septembre). — * Ordonnance rendue sous le consulat de Bernard de Saribeyra, Bernard Amoros, Bonet Contrasti jeune, Bernard Aymeric, Jean Guitard, pareur, et Raymond Helya, barbier, consuls du Bourg, portant que les consuls, le conseil, ni la ville ne protégeront ni ne défendront, dedans ni dehors, les clercs qui à cause de cette qualité refuseront de participer aux charges et tailles de la ville, et que ces clercs ne pourront être ni consuls ni membres du conseil. (Roman.) — (Transc., en roman, au 6° thal., f° 23.)

Rubrique ; Aisso es establiment fait contra aquelhs que s'arazonan per clergues que no volon pagar sa quista com los autres habitans de vila.

F° 25 v°. — **1560** (2 décembre). — Transaction sur procès pendant devant le vicomte de Joyeuse, lieutenant du roi en Languedoc, entre les consuls de Narbonne pour l'année 1559 et ceux de l'année 1560, au sujet de l'élection consulaire de cette dernière année. Cette élection demeurant acceptée et approuvée par les opposants, fin est mise au procès en présence de Raymond de Fourquevaulx, gouverneur et viguier de Narbonne. (Français.)

Rubrique : Transhaction et accord fait et passé entre messieurs les consulz de l'année 1559 avec les messieurs consulz de l'année 60 pour raison de leur ellection consulaire.

F° 27.— **1258** (15 décembre).— * Décision des consuls du Bourg et de la Cité, prise avec l'assentiment du conseil de la ville, d'après laquelle la cause de tout habitant de Narbonne, appelé par lettres du saint siége ou par lettres cléricales devant un juge établi hors de Narbonne, doit être défendue, jusqu'à conclusion définitive, aux frais et dépens de la communauté. Cette décision devait être appliquée pendant 10 années seulement. — Étaient consuls du Bourg : Imbert de Sestable, Bernard Dauphin, Raymond Blanquier, Pierre Adalbert, Guillaume Vaquier et Bernard Stephani, et de la Cité : Pierre-Raymond de Montpellier, Bérenger de Salles, Bernard de Montolieu, Pierre-Étienne de Pech et Bérenger Speron. (Transc., en latin, au 5° thal., f° 47; au 6° thal., f° 23 v°; — en roman, au 7° thal., f° 59.)

F° 27. — **1258** (15 décembre). — Statut arrêté par les consuls, fixant le taux annuel que doivent payer, pour leurs tailles, les citoyens de Narbonne résidant hors de la ville, dans les villages du Narbonnais ou hors du Narbonnais. Extrait de ce statut : « Quicumque sit civis Narbone vel erit « pro tempore, faciens suum domicilium in castris Narbo- « nesii, det et dare teneatur comunitati Narbone quolibet « anno, fiat quista in Narbona vel non, duos solidos mel- « gorienses pro denario et ad rationem denarii. Si autem « civis sit Narbone, qui suum domicilium faciat extra Nar- « bonam et extra Narbonesium, det et dare teneatur dicte « comunitati anno quolibet quatuor solidos melgorienses « pro denario et ad rationem denarii, sive fiat quista in « Narbona vel non. Hec autem statuerunt ad honera dicte « comunitatis sustinenda. » (Transc., en latin, au 5° thal., f° 47; au 6° thal., f° 23 v°; au 9° thal., f° 36.)

(1) La date précise de ce document est le mois de février 1249, d'après la transcription qui en est faite au 9° thal., f° 1, et au 10° thal., f° 74 v°.

F° 27. — **1281** (janvier). — Statut d'après lequel le produit des legs faits par testament ou de toute autre manière à la Charité du Bourg doit être déposé dans une caisse particulière, placée dans la maison de Fontfroide, pour être ensuite employé par les aumôniers chargés de l'administration de l'établissement à l'achat de fiefs ou de propriétés rurales. Ce statut fut arrêté par les consuls du Bourg, qui étaient Pierre-Arnaud de Naysa, Bernard Maynard, Arnaud de Bages, Raymond Agarn, Guiraud de Malgors et Arnaud Ebrard, assistés de leur conseil des prud'hommes et du conseil juré de la communauté. (Transc., en latin, au 6e thal., f° 24; — en roman, au 7e thal., f° 11 v°.)

F° 27. — **1279** (octobre). — Prorogation et renouvellement par les consuls du Bourg, Guillaume-Raymond de Bourg, Guillaume Bonet, Clément de Fraissé, Guillaume-Arnaud de Trulhas, Jean de Bages et Pierre-Raymond de Canet, de l'assentiment de leur conseil, pour valoir jusqu'à ce qu'il en soit autrement ordonné, de la décision d'après laquelle la ville doit défendre, à ses frais et dépens, et jusqu'à conclusion définitive, les causes de ceux de ses habitants qui sont assignés par lettres cléricales, à la requête de clercs ou de laïques, devant un juge non établi dans la ville. (Transc., en latin, au 6e thal., f° 24 v°; — en roman, au 7e thal., f° 59 v°.)

F° 27 v°. — **1259** (6 des ides de juin (8 juin). — * Interprétation et explication faites par les consuls, les conseils de la ville et le peuple, « convocato parlamento generali « tocius ville ante ecclesiam sancti Felicis, » de la lettre et de l'esprit de la coutume commençant par ces mots : « Si « aliquis decesserit ab intestato et sine liberis, » en ce qui concerne les droits de la femme et des héritiers naturels des décédés ab intestat. (Transc., en roman, au 10e thal., f° 83; — en latin, au 6e thal., f° 24 v°; au 9e thal., f° 31 v°; au 10e thal., f° 103.)

Rubrique : Aiso es la desclaration de la costuma de las donas que no demandon ren els bens del marit.

F° 28 v°. — **XIIIe siècle.** — Lettres de Louis IX, par lesquelles il mande au sénéchal de Carcassonne de suspendre jusqu'au prochain Parlement, qui devait être tenu à la St-Martin, toutes poursuites contre les bourgeois de Narbonne pour le recouvrement de l'amende dont ils avaient été frappés à cause de leur refus de donner, suivant l'ordre du lieutenant du roi, un gage-caution (assecurare) au précenteur de Narbonne.

F° 28 v°. — **XIIIe siècle.** — Lettres de Louis IX qui enjoignent au sénéchal de Carcassonne de ne pas permettre que les coutumes de Narbonne, « bonas et approbatas, » soient violées. (Transc., en latin, au 9e thal., f° 35 v°.)

F° 28 v°. — **XIIIe siècle.** — * Tarif, sous forme de mémoire, des droits de leude dus pour les marchandises voiturées par la Robine de Narbonne. (Roman.)

Rubrique : Aiso es remembrament de la leuda de la Robina.

F° 29. — **1232** (7 des kalend. de mars (24 février (1). — * Coutumes de Narbonne, en langue romane (2). (Transc., en latin, au 1er thal., f° 50 v°; au 2e thal., f° 1; au 3e thal., f° 8; au 4e thal., f° 1; au 6e thal., f° 2; au 9e thal., f° 8 v°; au 10e thal., f° 89; — en roman, au 6e thal., f° 12 v°; au 8e thal., f° 9; au 10e thal., f° 8.)

Rubrique : Aiso son las costumas de Narbona, en romanz.

F° 34 v°. — **1221** (3 février). — * Coutumes des trois Cours ordinaires de Narbonne (celle du vicomte, celle de l'archevêque et celle de l'abbé de St-Paul) relatives aux cessions de biens. (Roman.) — (Transc., en latin, au 1er thal., f° 83; au 9e thal., f° 6 v°; — en roman, au 2e thal., f° 93 v°; au 3e thal., f° 44 v°; au 6e thal., f°s 16 v° et 28; au 8e thal., f° 33; au 10e thal., f° 54.)

Rubrique : Aiso es la costuma d'aquels que dezemparan lurs bens.

F° 37. — **XIIIe siècle.** — * Règlement pour la police du marché. Ce règlement fait défense : — à tous revendeurs de blé, de poisson, d'œufs, de fromages frais, de jardinage et de fruits, de cuillers et ustensiles de bois, de gélines, oies et autres sortes de volailles, de paraître sur le marché et d'y rien acheter avant l'heure de midi, de même que dans la ville et au dehors dans toute l'étendue de son territoire, et d'acheter aucuns comestibles portés dans la ville par les étrangers avant qu'ils ne les aient exposés en vente publique sur le marché; — à tous marchands de poisson, de vendre comme frais le poisson au-delà du jour où il a été pris et du lendemain de ce même jour, passé lequel tout le poisson doit être ouvert, puis salé publiquement et vendu comme tel. Ceux qui contrevenaient à ces dispositions étaient privés, pendant une année entière, de la faculté d'exercer le commerce de revente dans la ville, sous peine de confiscation des objets mis en vente. Tout

(1) Cette date est celle de l'approbation des coutumes par le vicomte Aymeric.

(2) Les coutumes de Narbonne rédigées en latin sont publiées aux pièces annexes. C'est dans cette langue qu'elles ont été approuvées par les seigneurs justiciers de la ville, le vicomte, l'archevêque et l'abbé de Saint-Paul, après délibération de leurs Cours respectives. Elles furent traduites en roman, pour en populariser la connaissance. La comparaison des écritures démontre que la traduction en langue romane suivit de très-près la rédaction en langue latine. Les deux textes seront mis en regard dans les Annexes.

habitant de Narbonne pouvait opérer cette confiscation et s'en attribuer le produit. (Roman.)

RUBRIQUE : Aiso es l'establiment dels revendedors, que no compron entre miegs dia sis sonaz.

F° 37 v°. — **1269** (5 des ides d'avril (9 avril). — * Approbation, par l'abbé de Saint-Paul, de l'arbitrage rendu par Bernard d'Outreville et Guillaume Fabre, en 1253, entre les consuls de Narbonne et les officiers des Cours de l'archevêque et du vicomte, dans leur différend au sujet du droit, que les consuls revendiquaient pour les habitants, de faire choix, parmi les juridictions de la ville, de celle par laquelle ils voulaient faire juger leurs causes, au civil comme au criminel. (Transc. à la suite de l'arbitrage, en latin, au 3e thal., f° 10, au 9e thal., f° 26 ; — en roman, au 7e thal., f° 47 ; au 10e thal., f° 79 v°.

F° 38. — **1269** (juin). — * Statut concernant l'exercice des fonctions consulaires, arrêté après délibération et par commun assentiment des conseils du Bourg et de la Cité. Les consuls se doivent assistance et secours pendant la durée de leur charge, « laissaz autres negossis et tote negli-« gentia, gracia, temor, odi o amor. » (Roman. — Transc. au 2e thal., f° 92 ; au 6e thal., f° 25 v°, au 10e thal., f° 113 v°.

RUBRIQUE : Aiso es la forma del sagrament quels cossols fan quant intran el cossolat, lo un cossolat a l'autre.

F° 39. — **XIIIe siècle.** — * Tarif de la taille que devaient payer les habitants de Narbonne, hommes ou femmes, suivant leur position de fortune. D'après ce tarif, tout habitant, quelque faible que fût son avoir, était contribuable, et la taille individuelle n'était jamais moindre d'un denier pour un homme et d'une mealhe (1) pour une femme. Entre 20 livres et 50 livres de fortune, l'homme devait payer 3 mealhes et la femme 1 denier ; entre 1,000 et 2,000 sous, l'homme était taxé à 2 deniers et la femme à 3 mealhes ; à 3,000 sous, l'homme payait 3 deniers, la femme 2 deniers 1 mealhe ; et au-dessus de 3,000 sous, le taux était de 1 denier pour chaque 1,000 sous, tant pour l'homme que pour la femme. Pour chaque 1,000 sous de fonds d'héritage, le taux de la taille, uniforme pour l'homme comme pour la femme, était fixé à 1 denier 1 mealhe. (Roman.)

RUBRIQUE : E nom de Dieu aiso es la forma de la tala de la vila antiga.

F° 39 v°. — **1269** (juin). — * Règlement arrêté par les consuls du Bourg pour les fiançailles, les visites aux nouveaux mariés, les baptêmes. (Roman.) — (Transc. au 6e thal., f° 26.)

RUBRIQUES : Aiso son establiments de novias e de philoli. — Anciennes et plaisantes coutumes qui s'observoient au faict des fiancailles et des bapteames, escrittes en langue vulgaire.

F° 40 v°. — **1269** (juin). — Copie du règlement précédent, avec * addition d'autres règles sur les sépultures, sur les mariages, les présents aux donzelles, aux enfants et aux servantes. (Roman.)

RUBRIQUE : Autres plaisantes ordonnances sur le mesme fait et touchant les cérémonies nuptiales et pour le fait des sépultures.

F° 42. — **1274** (juin). — * Règlement de police concernant les fumiers, le jet des immondices et des eaux sales. (Roman. — Transc. au 6e thal, f° 27 v°.)

RUBRIQUE : Aiso es l'establiment dels femories.

F° 42 v°. — **1270** (jeudi avant l'Ascension (15 mai). — * Lettres de Louis IX, datées d'Aiguesmortes et adressées aux consuls du Bourg et de la Cité, en remercîment de leur don et libéralité de 1,000 liv. tourn. pour son voyage *transmarin*.

RUBRIQUE : Lettres du roi Louis aux consuls de Narbonne.

F° 42 v°. — **1270** (mai). — * Lettres de Louis IX, datées de Nîmes, qui annoncent aux consuls de Narbonne la réception, par son trésorier, du subside de 500 liv. t. qu'ils avaient offert au roi pour leur contribution aux frais de la guerre de la Terre Sainte.

F° 42 v°. — **1270** (11 des kalend. de mai (21 avril). — Quittance de 500 liv. t. délivrée aux consuls par Guillaume de Cohardon, sénéchal de Carcassonne, à compte du subside de 1,000 livres offert par la ville à Louis IX pour le passage de la mer.

F° 42 v°. — **1286** (4 mai). — Lettres de Jean de Burlats, sénéchal de Carcassonne, mandant au viguier de Béziers d'arrêter les poursuites dirigées contre les habitants de Narbonne pour les obliger au paiement du subside destiné à la solde des hommes d'armes qui avaient été chargés de la garde de la ville (1).

(1) *Mealhe* ou *maille*, petite pièce de monnaie qui valait la moitié du denier, ou douze grains.

(1) Ces hommes d'armes avaient été chargés de la garde de la ville et du palais de la Vicomté pendant l'emprisonnement du vicomte Aymeric, que Philippe III avait fait arrêter, en 1282, pour s'être lié ainsi que ses frères, Amalric, baron de Périgнan, et Guillaume de Narbonne chanoine de St-Just, par un traité secret avec le roi de Castille. Ce fut le baron de Pérignan qui dévoila lui-même ce traité, à la suite des divisions qui s'étaient élevées entre lui et le vicomte Aymeric, son frère, à l'occasion du partage des biens du vicomte

F° 43. — **1271** (Annonciation de N. D. (25 mars). — * Serment prêté par le vicomte Aymeric (1) aux consuls de Narbonne, en présence des officiers de sa Cour, « ajus« tat parlament, » devant la principale porte de son palais, et serment prêté par lesdits consuls au vicomte. (Roman. — Transc. au 2e thal. f° 93; au 6e thal. f° 28.)

RUBRIQUE : Jurament del vescomte que prestet als cossols de Narbona.

F° 43 v°. — **1276** (2 des ides d'août (12 août). — Lettre du chevalier Gaufrid de Colletrion, connétable de Carcassonne et lieutenant du sénéchal, portant acceptation de l'offre de 1,000 liv. t., faite au roi pour l'armée de Béarn et de Navarre par la ville de Narbonne, quoiqu'elle fût exempte de toute charge de cette nature d'après ses anciens privilèges.

F° 43 v°. — **1276**. — Vidimus délivré par Gaufrid de Colletrion, connétable de Carcassonne (Cité), et lieutenant du sénéchal, des lettres patentes de Philippe III, du vendredi avant la fête de sainte Magdeleine (24 juillet 1276), qui déclarent ses barons, chevaliers et sujets de la sénéchaussée de Carcassonne exempts de tous nouveaux subsides pour l'armée.

F° 43 v°. — **1276** (9 septembre). — Quittance de 250 liv. t., faite aux consuls par Pierre de Saint-Denis, receveur des deniers royaux à Carcassonne, pour partie des 1,000 liv. t. offertes au roi à titre de subside destiné à l'armée de Béarn et de Navarre.

F° 44. — **1276** (2 des ides d'août (12 août). — Acte d'offre d'une somme de 1,000 liv. t. fait, par la ville et au nom de ses consuls, à Gaufrid de Colletrion, connétable de Carcassonne, à titre de subside pour l'armée de Navarre, sous la réserve expresse des droits et immunités de la ville, qui était exempte de toute charge de cette nature, et sous cette stipulation formelle que son offre n'est motivée que par le désir de venir en aide au roi « in tanta necessitatis arcidio ex gracia, » et qu'elle n'entend renoncer ni porter atteinte, par cette offre, à aucun de ses privilèges : « non intendunt « renunciare in aliquo suis libertatibus, consuetudinibus, « usibus, ymmunitatibus sive juri, nec sibi nec eorum pos« teris facere prejudicium, nec se, consules seu civitatem « ac universitatem predictam alicui subjicere vel submit« tere servituti. » (Transc., en roman, au 7e thal., f° 70.

F° 44. — **1277** (6 janvier). — Quittance de la somme de 250 liv. t. payée à Pierre de Saint-Denis, receveur des deniers du roi à Carcassonne, pour partie des 1,000 liv. t. offertes par la ville pour l'armée de Navarre.

F° 44 v°. — **1271** (3 des nones de février (3 février). — * Coutumes des trois Cours ordinaires de Narbonne, relatives aux cessions de biens. (Roman. — Transc., en latin, au 1er thal., f° 83; au 9e thal., f° 6 v°. — en roman, au 2e thal., f° 93 v°; au 3e thal., f° 34 v°; au 6e thal., f° 16 v° et 28; au 8e thal., f° 33; au 10e thal., f° 54.

RUBRIQUE : Aysso parla d'aquels que dezamparan lurs bes et juran non poder.

F° 45 v°. — **1276** (6 des ides d'août (8 août). — Acte dressé sur la protestation faite à Guillaume de Cohardon, sénéchal de Carcassonne, par Bernard de Montolieu, consul du Bourg, et Guillaume Sicre, consul de la Cité, au nom de leurs collègues des deux consulats, que ni les consuls ni aucun habitant de Narbonne ne sont tenus d'aller à l'armée du roi, devant Morlane, en Béarn, ni de fournir aucun subside pour la guerre; mais que, si la demande en est faite à la ville, à titre gracieux et sous la réserve de ses privilèges et immunités, ses habitants iront à ladite armée, ou bien elle fournira comme offre volontaire et libéralité spontanée les sommes qui seront requises pour cette armée : « Ipsi (disent les consuls) nec de jure, nec de consue« tudine, neque ex debito vel usu teneantur ire ad exerci« tum in tali casu, nec ex tali causa ex qua submonitio est « facta, et in tantum sint liberi et ymmunes et esse consue« verint quod pro vicecomite vel etiam domino rege nostro « non consueverint ad exercitum sive cavalgatam in tali casu « nec extra conquestam, nec etiam occasione talis exerci« tus teneantur ad aliquam pecunie quantitatem prestandam « loco servitii si ex debito petatur ab eisdem. Verum, si ex « gratia requiratis ab ipsis ut gratuitum servitium domino « regi impendant in presenti et eant ad dictum locum de « Morlano et exinde in Navarram..... dummodo eis pre« judiciare non possit in posterum si in presenti concedant « gratuitum sive spontaneum servitium domino regi ante« dicto, et ex hoc non possint submitti nove servituti et suis « libertatibus non possit in aliquo derogari et de hoc fiat « eis securitas per litteram competentem. »

F° 46. — **1275** (décembre). — Ordonnance de Philippe III, concernant le cours des monnaies. Voici les principales dispositions de cette ordonnance, qui fut adres-

Amalric, leur père. Philippe III, après avoir fait saisir la Vicomté par les chevaliers Guy le Bas et Robert Sans-Avoir, ses commissaires, qui mirent dans le palais vicomtal une garnison commandée par le viguier de Carcassonne, fit conduire le vicomte Aymeric et Guillaume, son frère, à Paris, où il les retint prisonniers pendant deux ans. Aymeric n'obtint qu'en 1281 la mainlevée de la Vicomté ainsi que la restitution de 1207 liv. qu'il avait payées pour les frais de son arrestation et de son emprisonnement.

(1) Le vicomte Aymeric prêtait serment aux consuls et aux habitants et recevait d'eux le serment de fidélité à l'occasion de sa prise de possession de la Vicomté. Il succédait au vicomte Amalric, son père, mort au mois de décembre 1270.

sée au sénéchal de Carcassonne, avec ordre de lui donner la plus grande publicité et d'en envoyer des copies à tous les barons de la sénéchaussée : — elle défend, sous peine d'amende, le cours de la monnaie étrangère et l'achat et la vente de cette monnaie; si le contrevenant est réputé riche, l'amende est plus forte et s'augmente d'une peine corporelle ; — dans les terres ou il n'y a d'autre monnaie propre que celle du roi, aucune autre monnaie ne peut être admise, et dans les terres qui ont une monnaie propre, la monnaie du roi y doit avoir cours suivant son poids et sa valeur ; — les sous parisis et les sous tournois, « licet sint pelati, » quoiqu'ils soient usés et pourvu qu'ils aient conservé quelques restes de coin, sur l'une ou l'autre face, ne peuvent être refusés et doivent être reçus sans réduction de valeur ; — les barons qui tiennent du roi le droit de monnaie, ne peuvent mettre en cours, dans leurs terres, que leur monnaie propre ; ceux qui n'ont pas de monnaie propre dans leurs baronnies, n'y doivent admettre que la monnaie du roi, sauf néanmoins celle qui y aurait cours depuis longues années; — les barons qui font frapper monnaie ne peuvent émettre des pièces de moindre poids et valeur que leur monnaie ordinaire, si ce n'est à la condition d'indiquer cette valeur sur l'une ou l'autre face des pièces, « versus crucem vel versus pilam, » par une marque apparente et intelligible pour tous; les contraventions à cette prescription sont punies de la confiscation; — chaque ville où il est battu monnaie doit avoir son signe particulier, et nulle ville ne doit imiter le signe d'une autre ville; — tous les argentiers des villes doivent se servir d'argent fin ainsi que le font les argentiers de Tours; etc.

F° 46 v°. — **1279** (24 décembre). — Lettres patentes de Philippe III, qui mandent au sénéchal de Carcassonne de ne rien faire pour obliger les consuls de Narbonne au paiement, avant le délai qui leur a été assigné, de certaine amende de 1,000 liv., déjà réduite à 500 liv., qui avait été prononcée contre eux.

F° 46 v°. — **XIII° siècle.** — Lettres de Philippe III, qui mandent au sénéchal de Carcassonne de faire saisir les biens du vicomte et de l'archevêque, s'ils n'ont pas encore exécuté l'ordre qui leur a été donné de rendre les marchandises saisies à des marchands aragonais pour défaut de paiement de la leude. En représentation de leurs marchandises, ces Aragonais avaient fait, à leur tour, et par voie de représailles, saisir-arrêter dans le royaume d'Aragon des marchandises appartenant à des habitants de Narbonne.

F° 47. — **XIII° siècle** (1). — Lettres de Philippe III, par lesquelles il est enjoint au vicomte et à l'archevêque de Narbonne de rendre et restituer aux sujets du roi d'Aragon les marchandises qu'ils leur avaient fait saisir, pour défaut de paiement de la leude, lors de leur passage dans le district de la ville. En représentation de ces marchandises, des mesures de représailles avaient été exercées, dans l'Aragon, contre plusieurs négociants de Narbonne au grand dommage et préjudice de leur commerce.

F° 47. — **1280** (samedi veille de Pâques (20 avril). — Quittance de 250 liv. tourn. faite par Pierre de St-Denis, receveur des revenus royaux dans la sénéchaussée de Carcassonne, à Pierre de Dones, consul du Bourg, au nom de la communauté, pour partie de l'amende de 1,000 liv., réduite à 500 liv., qui avait été prononcée contre la ville.

F° 47. — **XIII° siècle.** — * Criée faite par les rues de la ville, de la part du roi, du connétable et des barons *de la ost*, annonçant : — la défense de vendre le froment au-dessus de 8 sous le setier; le *raou* (1), 6 sous le setier ; l'avoine, 6 sous le setier, et l'orge, 4 sous 6 deniers; — l'obligation pour tout habitant de payer ses dettes avant de quitter la ville, sous peine corporelle et d'amende, etc. (Roman.)

F° 47 v°. — **XIII° siècle** (2). — * Règlement arrêté par les consuls du Bourg et de la Cité, avec l'assistance du conseil juré de la ville, concernant les habillements des femmes et des filles. (Roman.) — (Transc. au 6e thal., f° 29 v°.)

F° 48. — **1277** (5 des ides d'octobre (11 octobre), — **1278** (9 des kal. d'août (24 juillet). — * Sentence arbitrale rendue entre les consuls et divers habitants syndiqués du Bourg, par Raymond Gras, sacristain majeur de Saint-Paul, et Pierre de Fraissé, juriste, contenant règlement sur le mode, la forme et les époques de l'élection consulaire qui avait lieu deux fois par an; sur le renouvellement des consuls qui ne pouvaient être réélus qu'après un intervalle de trois ans; sur leurs gages, leurs attributions, droits et obligations; sur la comptabilité des clavaires jurés qui devaient être élus annuellement par le conseil général ; sur la juridiction consulaire; sur l'élection des assesseurs des consuls avec salaire payé par la communauté, etc. La disposition qui concerne spécialement l'élection des consuls porte que cette élection devait être faite en la forme suivante : arrivés au moment de sortir de charge, les consuls devaient appeler 18 habitants parmi les plus capables,

(1) D'après la présentation de ces lettres, qui fut faite à l'archevêque par les consuls, en 1280, elles sont du samedi 24 décembre 1279.

(1) *Raou* ou *araou*, ou encore *rahou*, mélange de blé et de seigle.

(2) La date précise de ce règlement est l'année 1274 (vid. la note mise au f° 29 v° du 6e thal. AA. 106.)

savoir 12 *plassiers* et 6 artisans, entre lesquels et par la voie du sort il en était désigné 12 que les consuls sortants s'adjoignaient, après leur avoir fait prêter serment, pour élire à la majorité des voix les nouveaux consuls, leurs successeurs. Cette élection ainsi accomplie devait être tenue soigneusement secrète et n'était proclamée et rendue publique, à l'expiration des fonctions des anciens consuls, qu'en présence du peuple convoqué « in parlamento comuni. » (Transc., en roman, au 3e thal., f° 50 v°; au 6e thal., f° 38 v°; — en latin, au 2e thal., f° 44 v°; au 6e thal., f° 30 v°.)

F° 50. — **1282** (23 janvier). — Acte d'offre d'une somme de 500 liv. tourn. fait par deux « probi homines » du Bourg, au nom de ses consuls et de ses habitants, à Philippe de Mons, sénéchal de Carcassonne, pour les affaires du roi, sous la réserve expresse des priviléges et franchises de la communauté, qu'ils déclarent exempte de toute charge de cette nature. (Transc., en roman, au 7e thal., f° 71; — en latin, au 6e thal., f° 37 v°.)

F° 50 v°. — **XIIIe siècle** (1). — * Arbitrage rendu par Raymond Gras, sacristain majeur de Saint-Paul, et Pierre de Fraissé, juriste, contenant règlement sur l'élection consulaire pour le Bourg, les droits et obligations des consuls, leurs gages et attributions, etc. (Roman.) — (Transc., en latin, au 2e thal., f° 44 v°; au 3e thal., f° 48; au 6e thal., f° 30 v°; — en roman, au 6e thal., f° 38 v°.)

Rubrique : Aisso son los capitols de la ordinacion facha per los savis baros los senhors mayestre R. Gras, sagristan mager de mossenher Sant Paul, en P. de Fraiche, savi de dreg, arbitres arbitradors o amicables composidors per las partz cominalment elegutz, sobre la forma e la maneira d'elegir cossols el Borc, e sobrel regimen dels faiz del Borc.

F° 52. — **XIIIe siècle** (2). — * Sentence prononcée par l'archevêque Pierre de Montbrun (3) dans le différend existant entre le vicomte Aymeric et les consuls du Bourg, au sujet : — de l'exemption du péage et de la leude, dont les consuls prétendaient que les étrangers reçus au titre d'habitants devaient profiter tout comme les habitants même de la ville ; — du droit du treuil de l'huile et du botage du vin et du miel ; — de l'entrée du vin et de la vendange, etc. (Roman.) Par cette sentence, Pierre de Montbrun modifie et réduit le tarif de la leude. (Transc., en latin, au 2e thal., f° 11 v°; au 6e thal., f° 65; — en roman, au 6e thal., f° 41; au 7e thal., f° 25 v°.)

Rubrique : Aysso es la leuda de Narbona, lacal fouc ordenada am carta de compromes que fouc fayt l'an M CC LXXIII a IIII idus de novembre, local compromes fouc fayt entre mossenher lo vescomte els cossols, e fouc arbitre mossen P. de Monbrun, arcevesque de Narbona.

F° 55. — **1282** (juin). — Lettres patentes de Philippe III, portant suppression de la leude et du péage de la Mer, dits de Béziers, levés pour le roi « in gradu de « Serinhano aut in gradu Agathense seu in Latis (1) prope « Montempessullanum. » La leude de Béziers était onéreuse et entravait les affaires. Pour en obtenir la suppression, les marchands qui y étaient intéressés s'étaient cotisés et avaient offert au roi, en échange, une somme de 1,000 livres tournois qui lui fut effectivement payée : « nobis « mercantes accedentes gratiam quam sibi feceramus, « disent ces lettres, de predicta leuda anullata dederunt « mille librarum turonensium. »

Rubrique : La leode de Beziers.

F° 56 v°. — **1286** (mercredi avant la chaire de Saint-Pierre (21 février), — **1341** (18 avril). — * Modifications et additions au règlement fait par les consuls pour les fourniers du Bourg, au mois de décembre de l'année 1243, « sobre lo cosemen del pan. Les fourniers doivent « traire la pasta de la maison de cascuna persona dels abi- « tans del dig Borc e portar aisela al forn e pueisas coire « ses trastot logier de fornaiha o de tortel, si non tasolamen « lo XX pan. » Ils doivent aussi « coire cascuna senmana « senes alcun servisi, a cascuna persona, doas fromaiha- « das (2) e doas panadas (3) de carn o de peis grandas o « paucas, » etc. (Roman.) — (Transc. au 6e thal., f° 45 v°.)

Rubrique : Aiso son los establimens dels forniers del Borc de Narbona.

F° 57 v°. — **1287** (mardi après la fête de l'Assomption (16 août). — Lettres patentes de Philippe IV, adressées à Girin d'Amplepuy, sénéchal de Carcassonne, contenant ordre : — de suspendre, jusques à la prochaine fête de Noël, la levée de la finance affectée aux dépenses des hommes d'armes préposés à la garde du palais de la Vicomté, pendant l'emprisonnement du vicomte ; — de faire rouvrir les portes des maisons de la ville qui ont été scellées, par voie de contrainte, pour la perception de cette finance ;

---

(1) L'arbitrage et le compromis qui l'a précédé, rédigés en latin et transc. au f° 48 de ce thalamus, sont datés des 11 octobre 1277 et 24 juillet 1278.

(2) D'après le texte latin transcrit au 2e thal., f° 11 v°, la date précise de la sentence est le 10 novembre 1273.

(3) Pierre de Montbrun fut élu archevêque de Narbonne en 1272. Il était notaire, camérier et chapelain du pape.

(1) Château de Lates, appelé aussi la Palud.

(2) Lait durci que l'on faisait cuire au four après y avoir additionné une certaine quantité de farine.

(3) Instrument de cuisine en forme de poële.

— de ne pas permettre de réduction sur les sommes à payer aux hommes d'armes de Narbonne (1) qui étaient allés au devant du roi, au pas de la Cluse; — de rétablir la ville et son administration en l'état où elles se trouvaient lors de l'emprisonnement du vicomte, quand elles furent mises sous la main du roi (2).

F° 58. — **1288** (17 avril). — Quittance de la somme de 2,734 liv. 4 sous 10 den. tournois, payée à Pierre de St-Denis, receveur des revenus du roi en la sénéchaussée de Carcassonne, sur les 2,994 liv. 10 deniers tournois qui formaient la part à laquelle était taxée la ville de Narbonne pour les frais des hommes d'armes chargés de sa garde pendant l'emprisonnement du vicomte.

Rubrique : De la garda de Narbona per la guerre d'Aragonos.

F° 58. — **1301**. — Salaire fixé par les consuls et le conseil pour les écuyers ou valets consulaires du Bourg. Ce salaire, outre un logement et la moitié des amendes ou bans frappés sur les contrevenants aux statuts qui défendent le jet des eaux sales dans les rues, est pour chaque valet de 8 livres petites tournois, plus un vêtement et une chaussure par an, qui étaient livrés à la fête de Noël. — Étaient consuls du Bourg, en 1301, Bernard Amaron, Pierre Hulard et Guillaume de Poaliers.

Rubrique : Les gaiges qu'avoient les messages du consulat

F° 58 v°. — **1289**. — * Règlement établi par Pierre-Raymond Rouch, Jacques Bonet, Guillaume Maynard, Pierre Hudalard, Pierre Goncellin et Raymond Andorre, consuls du Bourg, pour le traitement des malades admis dans l'hôpital des pauvres du Bourg. Ces pauvres devaient être servis par trois sœurs. Lorsque la convalescence des malades permettait l'usage de la viande dans leur régime, l'hôpital devait fournir journellement la moitié d'une poule ou d'un poulet pour chaque malade et un denier par jour quand ils pouvaient user d'autres viandes, qu'ils devaient alors se procurer au moyen de ce denier, etc. (Transc., en roman, au 7e thal., f° 7 v°; — en latin, au 6e thal., f° 47.)

Rubrique : Establiment perpetual dels malautes de l'hospital dels paubres del Borc.

F° 59. — **1289** (décembre). — * Reconnaissance faite après enquête, par les officiers de la Cour du vicomte Aymeric, de la faculté pour tout habitant de Narbonne de choisir, parmi les juridictions de la ville, celle par laquelle il entendait faire juger sa cause, soit au civil soit au criminel. Cette enquête fut ouverte à l'occasion du vol d'une pièce de drap commis dans la boutique de Guillaume de Pène et Pierre de Montpezat, pareurs, et dont était accusé un autre pareur que sa résidence plaçait dans la juridiction du vicomte. Les officiers curiaux du vicomte avaient prétendu que le choix de la juridiction ne pouvait être fait que dans les causes civiles; mais, en présence des résultats de l'enquête, ils renoncèrent à cette prétention qu'ils avaient soutenue même contre le vicomte, qui était opposé à leur sentiment, et reconnurent « quod de usu antiquo longissi- « mis temporibus observato in Narbona, universi et singuli « habitatores Narbone poterant in criminibus et civilibus « causis et casibus forum suum mutare, antequam tamen « vidissent nuncium citantem ipsum ejus curie de cujus « foro erat ratione domicilii tempore hujusmodi citationis. » (Transc., en roman, au 7e thal., f° 49 v°; — en latin, au 6e thal., f° 47 v°.)

Rubrique : En causa criminal et civil.

F° 61. — **1286** (15 février). — **1290** (10 juin). — * Articles délibérés et arrêtés par le capitaine et le conseil des anciens de Gênes : — sur les réclamations des marchands étrangers; — sur l'examen, l'acceptation ou le rejet de ces réclamations; — sur les demandes en dédommagement (represalie) pour cause de confiscation, soustraction ou perte de marchandises. A la suite de ces articles se trouvent des lettres de libre circulation délivrées par le capitaine de Gênes à M. Platon, juriste, et à Pierre-Raymond Rouch, envoyés en qualité d'ambassadeurs à Gênes par les consuls du Bourg et ceux de la Cité. — Étaient consuls, en l'année 1290, dans le Bourg : Raymond Johannis, Guillaume d'Olargues, Bernard Bonet, Bernard Porcel, Bernard de Parazols et Pierre de Bages, et dans la Cité : Guillaume Maynard, Izarn de Lieuran, Pierre de Varilles et Bernard Laures.

Rubrique : Aysso sont los capitols de Jeno.

F° 62 v°. — **1290** (juin). — * Destitution de Pierre Guilhem, commandeur de l'hôpital des pauvres du Bourg, prononcée par les consuls Raymond-Jean de Solm, Bernard Amaron, Bernard Alambert, Jean Hospitalier, Pons Folquin et Jacques Arquejat. Pierre Guilhem est déclaré pour toujours exclu de l'hôpital, où il ne pourra « intrar « ni caber, ni per comandaire, ni per fraire, ni per donat,

(1) Sur l'ordre de Philippe III, le vicomte Aymeric, alors lieutenant du sénéchal de Carcassonne, avait levé à Narbonne et dans la viguerie de Béziers des soldats armés de flèches, de lances et d'arbalètes, avec lesquels il devait faciliter le passage des Pyrénées à l'armée du roi qui revenait de la Catalogne, au mois de septembre 1285. Aymeric, à la tête de sa troupe, s'était porté à la rencontre du roi et avait rallié l'armée au pas de la Cluse, près de Panissars. Aucun document n'établit le nombre des soldats commandés par le vicomte Aymeric, mais il devait être assez considérable, puisque la ville de Béziers à elle seule en avait fourni 200, d'après une attestation délivrée par le vicomte.

(2) V. la note suprà f° 42 v° de ce même thalamus.

« ni per message. » Il est aussi déclaré exclu à perpétuité du conseil et du consulat. (Roman.)

F° 63. — **1292** (7 décembre). — Lettres de Philippe IV, adressées au sénéchal de Carcassonne, qui reçoivent appelants devant le Parlement Raymond-Jean Constantin, Bérenger Porcel et les autres consuls de Narbonne, de l'amende à laquelle ils avaient été condamnés par le sénéchal de Carcassonne, pour « pacis fractione (1), armorum portatione. » (Transc. au 6e thal., f° 100 v°.)

F° 63. — **1294** (mardi jour de la fête de saint Paul (14 décembre). — Lettres de Philippe IV, adressées à Jean de Cassagnolle, juge royal du Minervois, par lesquelles il est substitué à Guillaume de Nogaret, juge mage en la sénéchaussée de Beaucaire, pour l'instruction et l'expédition de l'appel que les consuls de Narbonne avaient porté devant le Parlement, en raison de l'amende de 1,000 liv. (?) qui avait été prononcée contre eux par le sénéchal de Carcassonne. (Transc. au 6e thal., f° 101 v°.)

F° 63. — **1293** (jeudi après la quinzaine de Pâques (16 avril). — Lettres de Philippe IV, adressées au sénéchal de Carcassonne, pour qu'il eût à faire droit, sans délai, à la demande des consuls de Narbonne, concernant la restitution d'une somme de 212 liv. indûment exigée de la ville par Philippe de Mons, alors sénéchal de Carcassonne, « occasione cujusdem ligni armati (2)... pro mare custo« diendo. » (Transc. au 6e thal., f° 99.)

F° 63 v°. — **1293** (jeudi après la quinzaine de Pâques (16 avril). — Lettres de Philippe IV, qui mandent au sénéchal de Carcassonne de réintégrer les consuls de Narbonne en la possession du treuil de l'huile, par eux acquis du vicomte Aymeric, en l'année 1272, et dont ils avaient été spoliés pendant le procès que leur faisait le procureur du roi en la sénéchaussée au sujet de cette acquisition. (Transc. au 6e thal., f° 100 v°.)

F° 63 v°. — **1293** (samedi après la quinzaine de la Résurrection (19 avril). — Lettres de Philippe IV, adressées au sénéchal de Carcassonne, pour qu'il eût à faire rembourser aux procureurs ou syndics des consuls et habitants du Bourg, les frais par eux exposés dans le voyage qu'ils avaient fait à Paris, pour y poursuivre le règlement de diverses affaires que lesdits consuls et habitants avaient à la Cour. (Transc. au 6e thal., f° 99 v°.)

F° 63 v°. — **1292** (jour de l'Ascension (11 mai). — * Lettres de Philippe IV, qui accordent aux consuls et habitants de Narbonne la faculté de porter et vendre leurs vins, par terre et par mer, où bon leur semblera, sauf chez les ennemis du royaume.

F° 63 v°. — **1294** (5 janvier). — Lettres de Philippe IV, contenant mandement au sénéchal de Carcassonne de ne pas appeler devant sa Cour les habitants de la ville, mais de suivre le statut de Louis IX, qui place Narbonne et lesdits habitants dans le ressort de la viguerie de Béziers, hors duquel « non extrahantur nec adjornentur. »

F° 63 v°. — **1294**. — Lettres de Philippe IV, par lesquelles il enjoint au sénéchal de Carcassonne de faire garder et maintenir les priviléges et coutumes de la ville, notamment en ce qui concerne la police des poids et mesures. Ces lettres ajoutent : « et si vicecomes Narbone « novitatem aliquam contra hec vellet seu mitteretur « inducere, occasione litterarum aliquarum a nobis in « absentia partis obtentarum, sive super sua malitia, « sive ratione ponderum vel mensurarum dicte ville, « vocatis qui fuerunt evocandi, super hoc procedatis, « exhibeatis partibus in hujusmodi celeris justicie com« plementum. »

F° 64. — **1295** (24 décembre). — Lettres de Philippe IV, qui dispensent les habitants de Narbonne et toute la province du Languedoc du paiement, à Aigues-Mortes et à Nîmes, du denier pour livre picte et obole des échanges, qui était alors levé dans la Campanie, à Nîmes, à Aigues-Mortes et autres lieux.

F° 64. — **1308** (jeudi après la décollation de S. Jean-Baptiste (5 septembre). — Lettres de Philippe IV, qui mandent au sénéchal de Carcassonne de faire disparaître des Cours de Carcassonne et Béziers ainsi que des juridictions seigneuriales de la sénéchaussée, l'abus introduit depuis peu relativement à la détention préventive des accusés. Voici dans quels termes les lettres constatent cet abus : « cum a paucis temporibus citra, propter importunita-

(1) Il s'agit des entreprises et voies de fait qu'ils avaient exécutées, à main armée, ou laissé commettre par les habitants, sur les biens et juridictions de l'archevêque, avec lequel ils étaient en procès au sujet de leurs droits d'usage, de pêche, affouage, dépaissance, etc., à l'île de Cauquenne, dans les étangs d'en Barrot, d'Alausans, etc., dans les vignes du Terren, à Mandirac, etc. Ce procès ne fut terminé qu'en 1324, par voie de transaction.

(2) Ce navire avait été armé vers l'année 1282, suivant un ordre du sénéchal de Carcassonne, par des officiers de la sénéchaussée. Il fit des courses contre les Aragonais, ennemis « domini regis et ecclesie, » qui s'étaient mis en mer dans le but de faire une descente sur les côtes de la province, et leur enleva plusieurs galères. Les consuls avaient demandé le remboursement des sommes qui avaient été exigées d'eux pour ce navire, en se fondant sur ce qu'il avait été armé sans leur participation ni leur consentement, et sur ce que les prises qu'il avait faites étaient si considérables qu'elles couvraient et au-delà tous les frais de son armement.

« tem (1) curialium, introductum fuerit quod si aliquis « pro aliquo presumpto delicto vel crimine in curia esset « detentus, quamquam nichil contra eum probaretur, vel « alius esset casus in quo esset comitendus fidejussorie « cautioni, curia eum non dir itit nisi satisdet de judicato « solvendo, licet velit et se offerat de stando juri et judicio « parendo. »

F° 64 v°. — **1299.** — Destitution de Pierre Talabuc, prononcée par les consuls du Bourg, pour cause de malversation et méfait dans l'exercice de sa charge de courtier. Cette destitution est faite « enquesio, aysi cant rasos ni « dregtz vol, ni el cossolat del Borc de Narbona contra « corratiers es acustumat anticament enquere..... facha e « complida la dicha enquesta » par lesdits consuls, qui « atroberon.... que lo dig P. Talabuc avia motas vegua- « das falat en son ufici, malesas e fraus faitas a motas « gens privadas et stranhas; » à cause de quoi les consuls, « volens lo dig P. Talabuc sas colpas requirens en tal ma- « neira punir que la pena de luy ad autres semblans cau- « sas fasens transpasse en ysample, » firent publier la destitution dans la ville, à son de trompe, « per so que las « gens no fosson en aquel P. Talabuc deceubudas. »

F° 65 v°. — **1254** (décembre). — * Ordonnances de Louis IX concernant l'exercice de la justice, les jeux, la police, les réquisitions de vivres et de chevaux, les filles publiques, dans les sénéchaussées de Beaucaire et de Carcassonne. (Transc., en roman, au 5e thal., f° 76; au 7e thal., f° 61.)

Rubrique : La ordenansa de sant Luys, rey de Fransa, continentes multas ordenansas contra dominos senescallos et alios judices ordinarios.

F° 69. — **XIIIe siècle.** — Serment (2) par lequel le vicomte Amalric jure et promet aux consuls et au peuple de Narbonne, de conserver, garder et maintenir les coutumes écrites de la ville.

Rubrique : Lo sagrament que fe mossenher lo vescom de Narbona.

F° 69 v°. — **1307** (mercredi avant la Nativité de saint Jean-Baptiste (23 juin). — * Lettres de Jean d'Alnet, sénéchal de Carcassonne, adressées au baile royal de Narbonne et du Narbonnais, par lesquelles il lui mande de faire réédifier le Pont-Vieux de Narbonne, qu'une inondation venait de rompre en partie. Cette rupture avait rendu le passage du pont si dangereux qu'il s'était déjà produit de nombreux accidents. Plusieurs hommes étaient tombés dans la rivière et s'y étaient noyés; des bestiaux avaient péri. Cependant, les consuls du Bourg et ceux de la Cité refusaient de réparer le pont à cause du désaccord qui s'était élevé entr'eux au sujet de la répartition de la dépense. Pour terminer le différend, le sénéchal, après avoir fait constater par enquête comment avait été réglée la dépense de reconstruction de ce même pont, qui avait été refait « retroactis temporibus, » ordonne au baile de diviser la somme en trois parts, qui seront payées, l'une par les seigneurs de la ville, l'autre par les possesseurs des maisons, boutiques et moulins sis « in dicto ponte, » et la dernière par les consuls du Bourg et de la Cité. Le cas étant urgent, le sénéchal rend le baile personnellement responsable des accidents, qui, pour cause de négligence ou de retard dans l'exécution de l'ordre transmis, viendraient à se produire : « quod opus predictum, lui dit-il, breviter perficiatur et « quod predicta pericula evitentur; sciturі enim quod si in « premissis negligentes fueritis seu remissi, pericula, que « propter deffectum reffectionis pontis predicti evenire « contingerent, vobis imputaremus, et contra vos et bona « vestra procederemus previa ratione prout justicia sua- « deret. »

Rubrique : La ordenansa del pont.

F° 69 v°. — **XIVe siècle.** — Lettres de Jean d'Alnet, sénéchal de Carcassonne, qui transmettent au baile royal de Narbonne et du Narbonnais, pour en faire l'exécution, des lettres de Philippe IV, du 22 juin 1308, portant injonction au sénéchal de contraindre au paiement des tailles qui leur sont imposées par les consuls de la ville, pour les dépenses d'utilité commune dans l'un et l'autre consulat, les clercs mariés et les clercs tonsurés se livrant de leurs mains aux arts mécaniques ou au commerce. La contrainte contre les récalcitrants devait s'exercer par voie de saisie de leurs biens temporels, de leurs outils ou de leurs marchandises. Jusqu'alors, les clercs s'étaient refusés au paiement de ces tailles, et ils y étaient encouragés par l'official de l'archevêque, qui frappait d'excommunication les consuls et leurs clavaires dès qu'ils manifestaient la volonté de

(1) Carpentier, qui a ajouté ce mot au Glossaire de du Cange, ne lui donne que le sens d'improbité, d'injure verbale. Dans notre opinion il doit être pris ici pour innovation illégale, abus de pouvoir.

(2) Le vicomte Amalric dut prêter ce serment vers le commencement de l'année 1238, époque où il succéda au vicomte Aymeric, son père, qui avait approuvé en 1232, comme le firent de leur côté l'archevêque de Narbonne et l'abbé de Saint-Paul, les coutumes écrites de la ville. Dès le milieu de l'année 1238, le vicomte Amalric approuvait le règlement des meuniers; et, au mois de février de cette même année, il avait prêté entre les mains de l'archevêque le serment auquel il était obligé comme son vassal et son emphytéote, à raison de la Vicomté, pour tout ce qu'il tenait de lui dans le Bourg et la Cité. (V. la note mise à l'article porté sous la cote f° 17, 8e thal., AA. 108, où il est prouvé que le vicomte Amalric succéda à Aymeric, son père, en 1238 et non en 1239, comme l'ont avancé Catel, les historiens du Languedoc, etc.)

recourir contre ces clercs aux mesures d'exécution. Pour faire cesser le préjudice qui en résultait pour la rentrée des tailles, le roi prescrit au sénéchal de passer outre sur les actes de l'official de l'archevêque ou de tout autre juge ecclésiastique : « et si dictus officialis vel alius judex eccle- « siasticus executionem hujusmodi presumpserit impedire, « super hoc provideatis de remedio opportuno. »

Rubrique : Contra los clergues molheratz.

F° 70. — 1308 (6 des kal. d'octobre (26 septembre). — Lettres de Jean d'Alnet, sénéchal de Carcassonne, ordonnant au baile royal de Narbonne d'enjoindre à l'official de l'archevêque de ne pas connaître des causes civiles « mere reales » de la juridiction temporelle de Narbonne, qu'il usurpait en s'immisçant dans cette juridiction comme juge ecclésiastique. Les lettres du sénéchal constatent de la manière suivante les entreprises de l'official : « res mi- « randa auribus nostris insonuit quod officialis Narbone « causas civiles mere reales et omnino ad notionem tem- « poralis curie pertinentes audire non dubitat et descidere « non veretur, et, quod gravius gerimus, cum in hac « parte ab ejus sententia provocari contingit, obmisso do- « mino rege, a quo temporalis jurisdictio Narbone velut a « duce principaliter et principe teneri dinoscitur, ad sedem « apostolicam quumque provocatur in grave prejudicium « domini nostri regis et etiam subjectorum, quos pro rebus « hujusmodi, quibus adeundus esset judex sine dubio « temporalis, censura ecclesiastica subire coram eo judi- « cium, idem officialis indistincte compellit, uti volens « gladio bis acuto, more sedentis in trono superiori, alias- « que usurpationes adversus curialem temporalem facere « non postponit. »

Rubrique : Lettres du séneschal contre l'official qui usurpoit la juridiction temporelle.

F° 70 v°. — XIIIe siècle. — * Règlement arrêté par les consuls pour l'admission, dans l'hôpital du Bourg, des frères et des sœurs destinés au service des pauvres. Ces frères et ces sœurs devaient prêter serment de chasteté et d'obéissance entre les mains des consuls, et ensuite entre celles du commandeur de l'hôpital. (Roman.)

Rubrique : Ayso son las ordenansas dels frayres e de las sors que hom recep a l'ospital des paubres.

F° 71. — 1316 (15 des kal. de mars (16 février). — * Instrument dressé à la suite d'une procédure criminelle suivie contre Guillaume de Quillan devant la Cour de l'archevêque, duquel il résulte que les habitants de Narbonne, prévenus de crimes, doivent être jugés, condamnés ou absous par le conseil et avec l'adjonction à la Cour saisie d'un certain nombre de prud'hommes, désignés moitié par les consuls du Bourg et moitié par les consuls de la Cité. Le fait qui avait donné lieu à cette procédure était un cas particulier, dont les officiers curiaux de l'archevêque voulaient faire une exception au privilége d'après lequel les habitants de Narbonne ne pouvaient être jugés au criminel qu'avec l'assistance des prud'hommes. Guillaume de Quillan avait assailli, de nuit, un messager (appariteur ou huissier) de l'archevêque, dans l'exercice de son ministère, et lui avait cassé un bras. Les curiaux de l'archevêché, voyant dans ces violences un attentat personnel contre l'archevêque et non contre la sûreté publique, prétendaient que l'archevêque se devait faire justice à lui-même, et qu'ils avaient, dès lors, le droit de juger l'accusé sans la participation des prud'hommes, laquelle n'était obligatoire, selon eux, que dans les cas ordinaires. Mais les consuls soutenaient le contraire en se fondant sur la coutume commençant par ces mots : « de aliquibus querimoniis. » La contestation ayant été soumise personnellement à l'archevêque, il la trancha dans le sens des consuls, ne voulant pas, suivant ses propres expressions « que en aquest cas fos faitz prejuzezi a la vila, ni per el ni per los sieus fos en re nafrada la costuma nils establimens » de la ville, et il donna ordre à son official de faire appeler, comme à l'ordinaire, les prud'hommes pour assister au jugement de l'accusé. Les consuls désignèrent six prud'hommes, trois du Bourg et trois de la Cité, et, par leur conseil, Guillaume de Quillan fut condamné à 40 livres narbonnaises d'amende, dont 20 au profit de l'archevêque et 20 au profit de son messager. (Roman.) — (Transc. au 10e thal., f° 135 v°.)

F° 72 v°. — 1495 (5 février). — * Acte passé entre les consuls de Narbonne et nobles Jean de Montredon, seigneur de Montredon, et Guillaume de Neveys, seigneur de Botonet et Ornaisons, par lequel ces derniers concèdent à la ville, moyennant l'albergue d'une paire de gants de la valeur de 2 sous 6 deniers, payable à chaque mutation de seigneur, la faculté et le droit de passage pour l'aqueduc des fontaines de la ville dans la seigneurie de Montredon ainsi que sur les terres de la seigneurie de St-Pierre des Clars (1). L'évêque d'Alby et le trésorier de la sénéchaussée de Carcassonne, commissaires royaux pour l'aliénation des domaines, passèrent vente, à titre d'engagement, le même jour, à Jean de Montredon et Guillaume de Neveys, de cette même seigneurie de St-Pierre des Clars. (Latin et roman.)

Rubrique : Instrument de l'acordi fait entre los messiurs consols de la ville de Narbonne, d'una part, et los nobles homes Jehan de Montredont, seignor del loc de Montredont, et Guillaumes de Neve, seignor de Bothonet, d'autra part, sus los termes de Sanct Pierre des Claz et lo passatge de las ayguas de la fontayne et bestiar.

(1) Voir note A, à la fin du volume.

F° 74 v°. — **1495** (14 février). — Quittance de l'albergue d'une paire de gants payée à Jean de Montredon, « semel in vita, » par les consuls de Narbonne, pour le droit de passage de l'aqueduc des fontaines de la ville sur les terres de la seigneurie de Montredon et pour la construction du pont établi sur le *rec mayral* qui le traverse. Étaient consuls de la ville : Guillaume Alcoynes, Mathieu Peyronne, Pierre Lafage, Jean Catala, Pierre Saletas et Bochard Fabre.

F° 75. — **1495** (8 février). — Ratification, par le grand conseil juré de la ville, réuni « sono tubarum clangentium « et voce preconis, ut moris est, » de l'acte passé le 5 février 1495, entre les consuls de Narbonne, d'une part, et noble Jean de Montredon, seigneur de Montredon, et Guillaume de Neveys, seigneur de Botonet et Ornaisons, d'autre part, qui accorde auxdits consuls faculté de passage pour l'aqueduc des fontaines de la ville sur les terres des seigneuries de Montredon et de St-Pierre-des-Clars, moyennant une albergue payable à chaque mutation de seigneur.

F° 76. — **XIIIe siècle.** — * Droits de leude et de transit que les Génois devaient payer dans la ville de Narbonne pour leurs marchandises. Ces marchandises, qui étaient déclarées exemptes de la *malatolta* (1), sont indiquées dans l'ordre suivant : « pebre, gingibre, laca, brazil, « ences, girofle, tota especiairia, endi de baga, endi de « guolf, endi de Chipre, coire e laton, cera, coton filat o « non, amenlos, comin, sayn, seu, lana lavada, lana sutza, « archica, reguelisia, sabon, anhisses, acier, guala, classa, « alums, carbe e lin, lin d'Alixandria, vintena e canabas, « tela, estamenhas, leousses, traslisses, flessadas, goda- « mecis, cordoan, escodatz, pelhs de cabritz, motoninas, « aludas, parges, pels d'anhels, pelhs de conils, pelhs « d'esquirols, pelhs de catz e faïnas e volps e lebres, pena « de conils, froment, ordi e sivada, gannachas e pellotz, « oli, cuers de buou, copos, cavalh, rocin e palafren, « peys salat, drap de Narbona, drap de Fransa, drap de « Genoa, pan de sucre, boquinas, filadis de seda, borra « de seda, safran, ase e buou, motos e fedas, pores e « trueias, sarrazin, argent vin, mersairia et azur. » (Roman.)

RUBRIQUE : Aisso son las franquezas que an Genoues en la vila de Narbona per razon del pezatge e de las leudas, so es assaber que Genoues son franc de la malatolta, lo remanent pagon coma autres mercadiers comus de diversas partz.

F° 82. — **XVIe siècle.** — * Lettres de François Ier, datées du château d'Amboise, annonçant aux consuls la naissance du dauphin, et les invitant à organiser, à cette occasion, des réjouissances publiques et un feu de joie. (Français.)

F° 82. — **XVIe siècle.** — Lettres de François Ier, adressées aux consuls de Narbonne, qui leur mandent et enjoignent de donner aide, assistance et secours à M. de la Chesnaye du Castera, envoyé en qualité de commissaire royal pour le règlement de certaines affaires dans le Languedoc, d'obtempérer à ses ordres et lui obéir ainsi qu'à ses commis et ses députés en tout ce dont ils seront requis, « et a ce ne faites faulte, dit le roi, sur tant que craignez « a nous desplaire et de respondre sur vous propres per- « sonnes et biens. » (Français.)

F° 82 v°. — **XIIIe siècle.** — * Règlement concernant le choix et la nomination des bandiers, la prestation de leur serment et l'exercice de leur charge dans le vignier Migau, la garrigue Plane, le vignier du Villar, la condamine de Lamourguié, las Plagas, la font de l'Abeille, la condamine de Naflos, la condamine de Nargra, Jonquières, Boccacers, Mougens, les Arenals, le plan de la Pigayrola et autres ténements du territoire du Bourg. (Roman.)

F° 84. — **XIIIe siècle.** — * Droits, attributions, priviléges et pouvoirs des consuls de Narbonne, avec quelques coutumes et priviléges des habitants de la ville. Des dispositions contenues dans ce document, qui est dressé en 54 articles, il résulte : — qu'il existe à Narbonne cinq juridictions avec haute et basse justice ; — que l'archevêque ni les autres seigneurs justiciers n'ont au civil ni au criminel de compétence sur un habitant de la ville, qu'à la condition que cet habitant l'a reconnue par le choix qu'il en fait pour juger sa cause, excepté pour les cas d'adultère et de bigamie d'après la coutume qui porte : « si qui deprehensi fue- « rint in adulterio, vel postquam moniti fuerint a judice « suo, fama precedente sinistre suspitionis, nedum intrent « alicujus ausu temerario contrahire presumpserint, ambo « vir et mulier, precedente eos mascota, nudi per villam « publice fustigentur nec penam aliam pasciantur; eandem « penam pasciantur qui scienter cum duabus uxoribus con- « traxerint de facto, et mulier similiter » ; — que le roi seul a juridiction sur les consuls, les conseillers consulaires et les chefs de métiers pour les délits commis dans les fonctions de leurs charges ; — que les informations et procédures, jusques à la sentence définitive inclusivement, doivent être faites en la présence et suivant l'opinion des prud'hommes ; — que les consuls ont seuls le droit de nommer et destituer les courtiers, les courtières, les crieurs publics, les bandiers, les *messagers* et valets consulaires, et de recevoir leur serment ; — qu'ils ont aussi seuls le droit de connaître

(1) La malatolta était tantôt du 6e et tantôt du 7e du droit à payer pour chaque nature de marchandise.

de toutes insubordinations de la part des artisans et ouvriers vis-à-vis des chefs de métiers; — que la police des rues et chemins, dans la ville et au-dehors, des constructions particulières, des *cares* et fossés de la ville, des bords et rivages de l'Aude, des fumiers, des eaux sales et immondices, etc., appartient exclusivement aux consuls; — qu'ils peuvent faire les criées et proclamations concernant les défenses de sortir sans lumière, dans les rues de la ville, après le son de minuit; — qu'ils ont le ban des vendanges; — qu'ils font le guet et la patrouille; — qu'en temps de cherté des grains, ils peuvent faire le recensement des blés dans toutes les maisons de la ville et les faire porter au marché pour y être vendus; — qu'ils peuvent défendre la sortie des blés de la ville; — qu'ils ont la garde de ses portes et de leurs clefs; — qu'ils mandent, au nom du roi, l'*exercit* et la *cavalcate;* — qu'ils peuvent recevoir, pour le roi, le serment des conseillers et celui des habitants de la ville; — qu'ils en convoquent le conseil quand ils le jugent utile; — qu'ils font la *quête* et imposent les tailles nécessaires pour les dépenses communes, et peuvent contraindre à leur paiement les taillables récalcitrants, par voie de saisie et vente de gages, par clôture de leurs maisons ou par enlèvement de leurs portes; — qu'ils ont la police des poids et mesures et la garde et conservation de leurs étalons; — qu'ils reçoivent chaque année le serment des meuniers et des fourniers; — qu'ils ont la police de la poissonnerie et de la boucherie; — que les contestations entre pareurs et tisserands, pour raison de leurs professions, leur appartiennent, et que de leurs décisions il ne peut en être appelé qu'au roi; — que les officiers des Cours de Narbonne ne peuvent faire ajourner à cri public les accusés contumaces qu'après expiration de certain délai; — que les juges de ces Cours ne doivent prendre que 5 sous pour l'honoraire de leurs sentences interlocutoires ou définitives, ainsi que des interpositions de décret, tant au civil qu'au criminel; — qu'ils ne peuvent renvoyer par composition un accusé d'injures ou de coups et blessures, avant que cet accusé n'ait composé avec son accusateur même, injurié ou blessé; — que les consuls ont la surveillance de la monnaie frappée par les seigneurs de la ville; — qu'aucune peine pécuniaire, excepté pour les crimes d'hérésie et de lèse-majesté, ne peut être appliquée à ceux qui sont condamnés au supplice des fourches (la pendaison), à la mutilation d'un ou de plusieurs membres, à la flagellation, à la marque du fer rouge, à l'exil; — que le père n'a pas à répondre du fils, à moins qu'il ne lui ait donné asile et retraite, sciemment, après la perpétration du crime ou du délit; — enfin, que le propriétaire d'une maison, lorsqu'il veut l'habiter lui-même, peut faire cesser le bail du locataire qui l'habite, à moins de convention contraire entre les parties.

F° 87. — **1294** (24 octobre). — Fragment de la transaction passée entre l'archevêque de Narbonne et les consuls du Bourg, sur leurs différends au sujet : — du droit de banderage, qu'ils prétendaient réciproquement sur les trois condamines des Clauzels « extra portale beate Marie de Monachia, » sur le tamarigal d'Arnet et sur la Mailhole et Mandirac (1); — du droit, pour l'archevêque, de prendre un panier de raisins dans les vignes de Te[illegible]en; — de la faculté, pour les habitants, de cueillir la b[illegible]se (2) dans les trois étangs d'en Barrot, de Saint-Laurent et d'Alausans, appartenant à l'archevêque; — de la propriété, que réclamait l'archevêque, de tout le sel produit naturellement et sans aucune main-d'œuvre, dans les *cares* et fossés desdits étangs; — du droit appelé « brassagium » qui était dû à l'archevêque par les habitants possesseurs de vignes dans la vignier de Saint-Laurent, et qu'ils refusaient de lui payer lorsqu'ils avaient arraché ces vignes pour en cultiver le sol en blé; — du droit que l'archevêque contestait aux consuls de tenir dressée devant leur maison consulaire une perche, pour y suspendre les fausses mesures et les faux poids dont ils avaient fait la saisie par eux-mêmes ou par leurs agents; — du droit attribué aux consuls de faire le guet et la patrouille quand ils le jugeraient nécessaire dans l'intérêt de la tranquillité publique; etc.

F° 90. — **1443** (21 octobre). — Arrêt rendu par les généraux conseillers sur le fait de la justice dans la province du Languedoc, en approbation et homologation de l'accord conclu, le 18 octobre 1443, entre parties, pour mettre fin au litige soutenu contre le vicomte de Narbonne, Guillaume de Tynières, et contre divers habitants de Gruissan, par les consuls de Narbonne, pour faire maintenir le droit de libre pêche des habitants de la ville dans l'étang de Bages, contrairement audit vicomte, qui prétendait y avoir droit de ramade ou de ramate (3). L'étang de Bages est délimité dans l'accord par les confrontations suivantes : « a quibusdam partibus cum certis terminalibus sive territo- « riis Narbone communiter vocatis Cauquena, Ardalho,

(1) Mandirac, aujourd'hui uni à la terre ferme et livré à la culture, était entièrement entouré d'eau; il fut donné en 855, sous le nom d'île, à l'Église de Narbonne, par Charles le Chauve. L'archevêque le bailla bientôt en engagement, et, en 1192, Jourdain de Saint-Félix, qui le tenait en arrière-fief, en passait reconnaissance à l'archevêque Béranger, comme bien noble de la dotation ecclésiastique.

(2) Nom vulgaire donné à la massette à feuilles longues et étroites, qui croît naturellement dans les terrains bas, marécageux et salés. On l'exploite dans le pays pour faire des nattes, pour former le siége des chaises communes, etc.

(3) Le droit de ramate comprenait plusieurs facultés distinctes. Il attribuait aux usagers le pouvoir de couper le bois nécessaire pour la confection des ramates, espèces de poches formées de gaules d'osier d'où le poisson ne pouvait sortir après y avoir pénétré; la faculté de

« Mandirac, Quatorze, la Guarrigua, et cum quibusdam « aliis terminalibus locorum de Bagis, de Lacu, de Petriaco « et de Sejano, dicte Narbone diocesis eidem stagno cir- « cumvicinorum. » Le vicomte soutenait qu'à raison de sa Vicomté il pouvait bailler en acapit, à qui bon lui semblait, et à l'exclusion de tous autres, telles portions de la partie de l'étang qui lui appartenait, pour en faire des ramates à l'effet d'y pêcher à la pantane, à la ramate ou autres genres de filets, moyennant une censive annuelle ou un droit de tasque. Dans les termes dont se sert le vicomte pour faire l'exposé de son droit de ramate se trouve contenue la définition de la *ramate pêcherie :* « dare, tradere « et concedere ad novum acapitum sive emphiteosim per- « petuam certam seu certas partes ipsius stagni dicte sue « jurisdictioni affrontatas et magis propinquiores quibus- « cumque personis voluisset cum censu sive usatico aut « tasca vel alias cum servitute et honore quocumque pro « suo libito voluntatis, et ibidem eisdem personis dare et « concedere licentiam piscandi cum certis retibus sive « tessuris vocatis pantanis, ramatis, aut aliis generibus « retium quorumcumque, et pariter erigendi, construendi, « plantandi et rediffìcandi ramatas seu similitudinem ra- « matarum cum plantatione paulorum et bacculorum ad « fines piscandi in eodem stagno cum dictis pantanis et tes- « suris pro libito voluntatis personarum emphiteotarum. » A cette prétention du vicomte, les consuls de Narbonne répondaient qu'entre autres libertés, franchises, privilèges et prééminences qu'ils avaient à raison de leur consulat, qui relevait du roi seul, et dont ils jouissaient non seulement dans le royaume de France, « sed etiam in pluribus « aliis regnis et dicionibus tam in terra quam in mari, » ils avaient la faculté de la pêche dans ledit étang de Bages, sur toute son étendue, sans aucune redevance au profit de qui que ce soit, et avec le pouvoir de défendre d'y établir des ramates ou d'y pêcher à la pantane, à la ramate ou avec d'autres engins de pêche prohibés; que c'était en vertu de cette faculté, qu'en 1441, parcourant l'étang à l'effet d'y assurer le libre exercice de la pêche aux habitants de Narbonne, ils avaient fait détruire et renverser des ramates qui avaient été établies dans l'étang, en face du pech d'Auta, etc. Par l'accord, il est convenu, entre parties : — que l'archevêque, le vicomte de Narbonne et les autres seigneurs de l'étang ont, chacun dans sa juridiction, le droit de bailler en acapit les ramates, moyennant le paiement d'un cens annuel fixé à la 11e partie du produit; — que, seuls, lesdits seigneurs auront les droits de lods et d'entrée de ces ramates, ainsi que le droit de prélation et de rétention lors des ventes et aliénations qu'en pourront consentir les emphytéotes; — que les consuls de la ville de Narbonne ne pourront prétendre de ces emphytéotes que la 15e partie du poisson pêché dans lesdites ramates; — que les ramates peuvent être vendues à qui que ce soit; — que leurs acquéreurs, d'où qu'ils soient, seront mis au compoix de Narbonne pour y être imposés; — que les habitants de Narbonne, de même que tous habitants d'autres lieux, sans aucune distinction, pourront pêcher dans l'étang avec les filets permis « cum artibus permissis velute « boligiis (1) et aliis ut modo faciunt et ante faciebant, » ainsi qu'avec les ramates; — que s'il arrivait qu'un ou plusieurs seigneurs ayant juridiction sur l'étang ne voulussent ni donner en emphytéose tout ou partie de la pêche, ni autoriser les ramates, et privassent, par ce refus, les autres seigneurs des tasques qu'ils ont le droit d'y recevoir, et la ville de Narbonne de la quinzième part du produit de la pêche dont il vient d'être parlé, l'archevêque, le vicomte et les consuls de Narbonne devraient les y contraindre par la voie judiciaire.

F° 94. — 1288 (veille des kal. de mai (30 avril). — * Tarif du poids que doit avoir le pain suivant ses diverses qualités, d'après le prix du setier de froment à la mercuriale de la ville. Les qualités de pain dont le poids est taxé sont le *moflet*, ou pain blanc; l'*amtot*, littéralement toute farine, ou pain second; le *tonhol*, ou pain noir; l'*araou*, ou pain fait de farine de blé et de seigle. Ce tarif est rédigé dans le même système que celui du statut transc. au 8e thal., f° 20, et, comme lui (le prix du setier de froment étant donné entre les prix extrêmes de 3 sous tourn. le setier et 12 sous tourn.), il fixe le poids que doit avoir le pain, et donne de plus le nombre de pains que l'on devait tirer de chaque setier de froment suivant les qualités de pain fabriquées. Pour le pain moflet ou pain blanc, la quantité de pains fabriquée, quand le setier de froment valait 3 s. tourn., devait être de 43 pains, qui pesaient ensemble 108 livres grosses de 16 onces l'une; naturellement, cette quantité augmente dans la proportion même du prix du setier de froment. Ainsi, lorsque le setier, coûtant 3 s. tourn., devait produire 43 pains, ce même setier

faire la pêche au moyen de ces ramates, et celle de disposer lesdites ramates dans telle partie convenable d'un étang, d'une rivière, qui prenait de ce fait le nom de ramate, et qu'on entourait de pieux mobiles, fichés en terre. Tout l'espace entouré par ces pieux et ces pieux eux-mêmes étaient appelés ramates. Pour le seigneur, le droit de ramate n'était autre chose que le produit en nature qu'il en retirait annuellement, la faculté d'autoriser la construction des ramates, etc.

(1) Cette nouvelle acception donnée au mot *boligium* confirme pleinement ce que nous disons plus bas à propos de ce mot et du mot *sacirret* dans la note mise à l'art. concernant la déclaration consentie à Guillaume Raymond de Bourg, en 1273. *Boligium* n'est pas un lieu où l'on conserve les anguilles, ou bien l'endroit même où on les prend, comme le dit Carpentier dans ses additions sur du Cange, c'est un genre de filet, un instrument de pêche. (V. la note *infra*, f° 149.)

devait produire 46 pains quand il était à 3 sous 3 deniers; 48 pains, quand il était à 3 sous 6 den. tourn.; 51 pains, quand il était à 3 sous 9 deniers; 54 pains, quand il était à 4 sous tourn.; 65 pains, quand il était à 5 sous tourn.; 75 pains, quand il était à 6 s. t.; 87 pains, quand il était à 7 s. t., et ainsi de suite jusqu'à 12 s. le setier, auquel prix le setier de froment devait produire 142 pains. On comprend que le poids du pain « denairal, » c'est-à-dire du prix d'un denier, diminuait en raison même de l'augmentation du nombre de pains fabriqués avec le setier de froment. Lorsque du setier de froment il était tiré 43 pains, le pain d'un denier, bien cuit, devait peser 32 onces; lorsqu'il en était formé 142 pains, le poids du pain devait être de 10 onces moins un quart. D'après ces données, à 4 s. tourn. le setier de froment, le pain mollet, vendu 1 d. t., devait peser 25 onces; à 5 s. le setier, 21 onces et demie; à 6 s. le setier, 18 onces; à 7 s. le setier, 16 onces; à 8 s. le setier, 14 onces; à 9 sous le setier, 13 onces moins un demi-quart; à 10 s. le setier, 11 onces et un quart; à 12 s. le setier, 10 onces moins un quart (1).

Rubrique : Aysso es l'escrig o la ordenansa del pes del pan blanc e brun, segon l'estamen de Narbona.

F° 103 v°. — **1335** (24 mai). — Criée faite par ordre des consuls pour la convocation du peuple à la prestation du serment des consuls et des habitants du Bourg au vicomte de Narbonne, et pour la réception du serment du vicomte aux consuls et aux habitants de la ville, à l'occasion de la rédaction en actes publics, qui eût lieu le 23 mai 1335, des accords approuvés par lettres patentes du 19 janvier 1333, intervenus entre le vicomte et les consuls, pour la reconnaissance et l'extention des privilèges de la ville. Cette convocation s'adresse à tout chef de maison, majeur de 14 ans. Elle est conçue en ces termes: « Aujatz, « aujatz ho qu'eus manda; hom eus fa saber, de part dels « senhors cossols del Borc de Narbona, que tot hom, cap « d'ostal, mager de XIV ans, sia deman, ad hora de prima, « personalment, al cossolat del Borg, per far e per dir « ams los senhors cossols davanditz alcunas causas que « hom lur dira pertocans lo profieg e la utilitat del comunh « e de la vilha del dit Borc. » (Roman.)

F° 103 v°. — **1493** (17 mars). — Ratification par Mgr George d'Amboise, archevêque de Narbonne, de la cession d'une portion du moulin du Gua, faite à la ville par le chapitre Saint-Just, le 11 mars 1492, dans la transaction relative à la taille des biens ruraux des gens d'Église. (Transc, au 2e thal., f° 170.)

(1) Pour comprendre le fonctionnement de ce tarif, il faut ne pas perdre de vue que le prix du pain est invariable; que le poids augmente quand le prix du setier de froment diminue et que ce même poids diminue quand le prix du froment augmente.

F° 104 v°. — **1356** (15 juillet). — * Privilèges accordés aux habitants de Narbonne, dans l'île et les ports de Rhodes par Roger de Pins, grand-maître de l'ordre de Saint-Jean-de-Jérusalem. Les habitants de Narbonne pouvaient aller dans l'île et y résider pour y faire le commerce et le trafic des marchandises; ils pouvaient y établir un consul dont les attributions étaient « audiendi, cognoscendi et diffinien- « di, vertentes inter eos, omnes et singulas petitiones, « questiones et demandas super factis tantum mercationum « aut navigationis vel marine. » La reconnaissance de ce consul était obligatoire pour tous les commerçants ou résidents narbonnais; il pouvait les contraindre, par le ministère d'un sergent ou de son « bastonerius » porteur de bâton, et, après en avoir référé au châtelain de l'île, les faire emprisonner, « et quod si quis premisso consuli non « paruerit in predictis, consul ipse rebellum hujusmodi « cum suo sargento seu bastonerio possit et valeat facere « in nostro retrudi carcere, usque ad ejus volontatem, « castellano curie nostre Rodi prius reverentia exhibita. » (V. ci-dessus, n° AA, 87.)

Rubrique : Carta quels homes de Narbona son franx in Rodas e hi podon metre cossol.

F° 106 v°. — **1469** (15 octobre). — Lettres de Louis XI, adressées au général et au receveur général des finances du Languedoc, par lesquelles il leur est enjoint, après information « sur le droit de robinage et de la maniere « comment il a esté levé le temps passé, et aussi de la dé- « molition de la paissiere (chaussée de Sallèles) et détour- « nement de la riviere, » de maintenir les consuls de Narbonne, si l'intérêt de la chose publique le requiert, en la faculté de continuer la levée de ce droit, pendant 10 ans, « ainsi qu'ils souloient faire, » pour en employer le produit aux réparations de la rivière d'Aude et de sa paissière, qui « depuis aucuns temps en ça par grandes inundations « a esté rompue et la dicte riviere espandue par lez maraiz « en maniere que les navires ne pevent a présent venir ni « aborder en ladicte ville, mais vont aborder a certain lac « apellé le lac de Capelles, distant de la dicte ville demie « lieue ou environ. » (Français.)

F° 107. — **1470** (23 mai). — Lettres exécutoires du droit de robinage maintenu aux consuls par Pierre de Refuge et Jean de la Loire, général et receveur général des finances en Languedoc. Le tarif des droits à payer pour les diverses sortes de marchandises et de bâtiments servant à leur transport par la Robine est fixé de la manière suivante : « paga lenh de una cuberta, 10 s. t.; galea, 10 s. « t.; pansil, 10 s. t.; barca sans cuberta, 4 s. t.; barca « cuberta, 10 s. t.; l'aut, 1 s. t.; balle d'espicierie, 6 s. « t.; poni de sera, 2 s. 6 d. t.; fais de cuer de biou ou de « cordoa, 1 s. t.; balla de pastel, roja, alun, galas, 6 d.

« t.; sporta de figa ou de rasini, 2 d. t.; jarra plena d'oli, « 2 d. t.; jarra plena sabo ou de alquitra, 2 d. t.; pan de « pega, 2 d. t.; tozella, fromen, fabas, peses, tot legum « per costiar, 4 d. t.; ordi, sivada, arrao, ajil, lo costiar, « 2 d. t.; lo mueg del vi, 1 s. t.; balla de draps, 2 s. t.; « baco de car salada, 6 d. t.; poni ou balla de ris, 8 d. t.; « rodo, lo cestier, 3 d. t.; rusca, lo cestier, 3 d. t.; jarra de « tonina, 3 d. t.; barril de sarda, 2 d. t.; liassa de cabasses, « 2 d. t.; balla de sarrias, 2 d. t.; cayssa de papier, 10 d. « t.; obra de terra, lo centener, 2 d. t.; balla de grana, « 10 s. t.; barqui d'argent viu, 5 s. t.; sclau ou esclava, « 5 s. t. (1); balla de coffol, 6 d. t.; balla de safra, 12 d. t.; « balla de rausa, 6 d. t.; jarra plena de mel, 6 d. t.; carra- « tel de mel, 1 s. 6 d. t.; balla de tellas, 15 s. t.; balla de « canabasses, 5 s. t.; lo fais de barro, 3 d. t.; tota obra de « spart ou semblan en aquelha, lo costal, 3 d. t.; lo XII « de laca, 1 mealha. Et totas causas que non sien dessus « expressadas, pagan 1 d. t. » Cet exécutoire, en obligeant les consuls à affecter le produit du robinage « a l'entrete- « nement de la riviere, » fait connaître en ces termes l'état dans lequel se trouvaient alors cette rivière et la chaussée qui avait été construite pour la ramener dans son lit par Narbonne : « par la depposition de plusieurs tesmoings par « nous sur ce examinés, qui lesd. droits ont paiez et veu « payer jusques que la paissiere qui retenoit et arrestoit la « dicte riviere, et icelle faisoit venir par le canal qui vient « au dit lieu de Nerbonne, a esté par empétuosité de la « dicte riviere rompue; despuis laquelle rompture la dicte « rivière a délaissé son cors et prins autre chemin, telle- « ment que led. canal qui venoit et vient aud. Narbonne « est presque demouré a sec et en maniere que plus n'a esté « ne n'est a présent navigable, ainsi que apparu nous est de « la rompture de lad. paissiere qui est cause de la trans- « mutation du cors de lad. riviere, que a icelle paissiere « remectre suz et repparer lesd. consulz font besougner « soingneusement; et jà y a eu grande despense faicte ainsi « que avons veu a l'ueil. » (Français et roman.)

F° 109. — **1470** (1er juin). — Autres lettres exécutoires du droit de robinage, données aux consuls par Jean de Ronchard et Jacques Gombaud, viguier et juge de Narbonne.

F° 109 v°. — **1481** (11 novembre). — Appointement rendu par le vicomte Guillaume Tristan de Nébouzan, chambellan du roi, lieutenant de l'évêque d'Alby, lieutenant général en Languedoc, dans le différend existant entre le chapitre St-Just et les consuls de Narbonne au sujet de la taille et des crues et aides des biens dudit chapitre. Les consuls de Narbonne, qui étaient Antoine Martinguy, écuyer, Simon Maury, Jean Sansore, dit Jean de Paris, Jean Boysson, François Arnaud et Jean Dupuys, soutenaient que le chapitre devait participer aux tailles, crues et aides ou subsides octroyés au roi par les États de la province, à raison de la portion qui était mise à la charge de la ville, pour tous les biens du chapitre et des chanoines qui étaient dits d'*ancienne contribution*. Tout en maintenant les parties en leurs prétentions respectives, l'appointement fixe à 300 livres l'arriéré des tailles que dut payer le chapitre, sans toutefois tirer à conséquence pour l'avenir et seulement « aiant regard et considération au povre peu- « ple et pour le sollaigement d'icelluy et pour les grans « charges qu'il a a supporter. » Il décide, en outre, que toutes les questions alors pendantes entre les consuls et les gens d'Église de Narbonne seront remises, pour être souverainement tranchées, à Mgr l'évêque d'Alby, et pour être vidées le jour de la prochaine fête de saint Jean-Baptiste, à l'effet de « mectre paix, fin, loy et concorde perpétuel pour l'avenir » entre parties.

F° 110 v°. — **1508** (23 septembre). — Dispense donnée par Michel Briconnet, vicaire au spirituel et au temporel de l'archevêque, par laquelle Pierre David, consul de Narbonne, demeure relevé de certain serment, que, « iracondia « motus.... contra bonas mores, » il avait prêté, sur les saints Évangiles, au préjudice et grave dommage de la chose publique. Cette dispense est accordée sous la condition, par l'impétrant, de faire aveu du crime commis par la prestation de ce serment, et d'en faire pénitence.

F° 111. — **1335** (28 avril). — Déclaration du vicomte Aymeric, contenant reconnaissance en faveur des consuls et habitants de Narbonne, de l'exemption du droit de leude dont ils jouissaient dans le château du Lac (1), à Villefranche du pont de Berre (2), et dans les autres lieux et châteaux lui appartenant dans l'étendue de la Vicomté.

RUBRIQUE : La leuda del Lac e de Vialafranca e dels autres del vescomtat.

---

(1) L'homme ou la femme esclaves, taxés comme marchandise sujette au droit de robinage, payaient donc autant que 5 fagots de cuirs de bœuf, 10 balles de pastel, etc.

(1) Voir note B, à la fin du volume.

(2) Aujourd'hui Villefalse, qui dépendait de la Vicomté en toute juridiction haute, moyenne et basse. Le vicomte Amalric en avait cédé la moitié au roi dans l'acte du pariage qui fut conclu en 1309, par l'entremise de Gérard de Cortone. Ce pariage ayant été annulé en 1323, le vicomte rentra par ce fait en possession de toute la juridiction de Villefalse, mais il la posséda peu de temps, s'il est vrai qu'il en reprit réellement possession, et dut bientôt en faire une nouvelle aliénation, car elle appartenait au roi, en totalité, avant l'année 1340. On voit, en effet, que lors de la réunion de Leucate à la couronne, qui eut lieu en 1312, le roi y ayant établi un officier pour exercer le commandement du château et rendre la justice, agrandit sa juridiction en unissant au ressort de Leucate plusieurs justices voisines,

F° 111 v°. — **1335** (23 juin).— Déclaration de Bérenger de St-Étienne, seigneur de Lastours, par laquelle il reconnait que les consuls et habitants du Bourg ont été de tout temps et sont en possession du droit de lignerage dans les terres du château de Lastours, « longe et prope, » sous la condition que les bêtes de somme, parties de Narbonne pour transporter les bois exploités dans lesdites terres, puissent rentrer le même jour dans la ville.

Rubrique : Carta que lo senhor del castel de las Tors cofesset a senhors cossols que tot hom de Narbona pot et es acostumat de talar e de portar lenha de tots los termenals de las Tors.

F° 112. — **XIII° siècle.** — * Tarif de la leude payée par les habitants de Narbonne à Lésignan (1). (Roman.)

Rubrique : La leuda d'Alaric (2) que se leva al castel de Lesinhan.

F° 113. — **1338** (12 septembre). — Présentation faite par les syndics de Narbonne à Bonjean de Vallongue, lieutenant du trésorier des finances à Carcassonne, des lettres patentes de Philippe VI du 23 juillet 1337, qui fixent à 1,250 liv. tournois, payables en deux termes, la part de la ville dans le subside imposé pour la guerre de Gascogne, d'après le chiffre du subside qui lui fut imposé, en 1328, pour la guerre de Flandre.

Rubrique : Estrument que la viela de Narbona paga per entier subsidi 1,250 libras t. e non pus, e per mieg subsidi 625 libras tornes.

F° 113 v°. — **1340** (11 novembre). — Lettres de l'archevêque d'Auch et de Pierre de la Palud, seigneur de Varambon, sénéchal de Toulouse, conseiller, capitaine et lieutenant du roi dans le Languedoc, adressées aux commissaires chargés de la rentrée du subside de guerre imposé aux communautés de la sénéchaussée de Carcassonne et de la viguerie de Béziers, pour la guerre de Gascogne, d'après lesquelles le subside qu'ils ont à recevoir de la ville de Narbonne doit être fixé conformément aux lettres patentes de Philippe VI du 23 juillet 1337.

Rubrique : Letras sobrel fag del subsidi.

F° 113 v°. — **1339** (5 juillet). — Lettres de Pierre de Ruppé, seigneur de Foncian, lieutenant du sénéchal de Carcassonne, adressées au receveur du roi à Carcassonne et au viguier de Béziers, contenant vidimus des lettres de l'évêque de Beauvais, lieutenant général du roi « in par- « tibus Occitanis et Xantonensis, » du 25 juin 1339, qui réduisent à 1,200 liv. tournois le subside imposé à la ville de Narbonne pour la guerre « actentis servitiis et mutuis « factis per habitatores ville predicte et gravaminibus et « aliis subsidiis passis occasione ejusdem guerre. » Par ces lettres, Pierre de Ruppé mande au receveur du roi à Carcassonne de ne rien exiger des consuls de Narbonne au-delà des 1,200 livres qu'ils ont offertes pour la guerre de Gascogne. (Transc. au 1er thal., f° 371 v°.)

F° 114 v°. — **1349** (24 décembre). — Autorisation donnée par Bernard d'Ursières, Raymond Quarante, Guillaume Vital, Bernard Amiel, Roméo Guillabert, Bernard Palarés et Jean Sabatier, consuls de Narbonne, pour la remise de 3 saumates de vin saisies au chanoine St-Marc, qui les faisait pénétrer dans la ville sans licence des consuls, et contrairement au droit qu'ils ont d'interdire l'entrée du vin depuis la fête de la Toussaint jusqu'aux vendanges suivantes.

F° 114 v°. — **1357** (fête de St-Luc (18 octobre). — Publication faite dans le consulat de la Cité, en présence du peuple et des conseillers assemblés suivant la coutume « am trompas et sanafiels, » du statut délibéré *en conseil des consuls*, portant « que totz aquels que d'ayssi enant « seran accessors de la dita viela, aja a jurar en son co- « mensamen que tot lo temps que vivra el no sera en « contra la viela, ni a persona del mon no dara cossel que « puesca venir en dampnage de la viela. » (Roman.)

F° 115. — **1299** (veille des ides de février (12 février). — Cession et vente faite moyennant 60 liv. tournois, par Guiraud de Rieu, damoiseau de Narbonne, au vicomte Amalric, représenté par Pierre de Valbuissière, son procureur, de la leude des oignons, choux et autres légumes (ortalicia) levée au bout du Pont-Vieux, dans la Cité (1).

---

entr'autres celles du Lac et de Villefalse. Cette union est de l'année 1340. Rien ne constate qu'elle ait fait naître aucune opposition, du moins en ce qui concerne ces deux localités. Il y a donc lieu de penser qu'après l'annulation du pariage de 1309, le roi avait encore conservé les justices du Lac et de Villefalse, ou qu'il les rattacha à son domaine par un accord particulier avec le vicomte de Narbonne, pour accroître d'autant l'autorité des châtelains de Leucate.

(1) La localité dont il s'agit ici est désignée dans les anciens documents, sous les noms de Ledinhano ou Lesinhano. Il faut donc écrire Lésignan et non Lézignan. C'est à tort que l'on suit quelquefois cette dernière orthographe.

(2) Sous les administrations syndicales diocésaines, les communes étaient divisées par quartiers. Dans le diocèse de Narbonne, Lésignan était le chef-lieu d'un quartier qui avait pris son nom de la montagne d'Alaric, dont les dernières pentes viennent s'éteindre sur le territoire de la commune. C'est aussi de cette montagne que la leude levée à Lésignan prenait le nom de leude d'Alaric.

(1) Le Bourg et la Cité étaient à cette époque entourés de remparts qui en faisaient deux places distinctes; elles ne communiquaient entr'elles que par un pont, aujourd'hui le Pont-des-Marchands. C'est sur la tête de ce pont et au portail appelé le Portail salinier ou Portal

Cette cession est faite devant les notaires Pons Gilbert et Guillaume Pagés, en présence du damoiseau Roger d'Anduse, de Guillaume Gaubert, de Pierre Bruguière et de Pierre Adhémar.

Rubrique : Carta de la leuda de las cebas, caulx et autres ortalicia, que se leva al cap del pon de Narbona, que compre mossenhor lo vescomte.

F° 115 v°. — **1273** (juin (1). — * Leudaire de Narbonne. (Roman.) — (Voyez plus bas, f° 153.)

Rubrique : Leudary vielh de Narbona, loqual es estat moderat, per que aquest es emendat en alcunas causas, e non pas en totas, per que cove regardar la un et l'autre.

F° 120. — **XIIIe siècle** (2). — * Tarif des droits de robinage levés au profit de la ville sur les marchandises voiturées par la rivière d'Aude, entre la mer et Narbonne. (Roman.) — (Transc. au f° 155 du même thal. et au 6e thal., f° 109.)

Rubrique : Aysso es de la robina.

F° 121. — **XIIIe siècle.** — * Leudaire de la mer, levé à Montpellier, Lates, Aigues-Mortes, Frontignan, Agde, Vias, Sérignan, Vendres, Collioure et au grau (3) de Narbonne. (Roman.)

Rubrique : Ayso es lo registre de las leudas de las mars de Narbona, lasquals se prendo a Monpelier e a Lhatas e ad Aygas mortas e Affrontinha e ad Agde e a Vyatz e a Serinha e a Vendres e a Coplieur e al gra de Narbona.

F° 124. — **1153.** — * Vieux leudaire de Narbonne. (Roman.)

Rubrique : Ayso son las leudas vielhas, las quantitatz dels avers que devon donar per leuda venden o compran; en leudas drechas a la maytat mossen lo vescomte e l'autra maytat entre mossenher l'arcevesque els syvaties, mays empero los fieus del Borc a mossen lo vescomte las VII partz, els autres syvaties la VIII^a; aysso en intran e en yssen per terra, mays pero quant intra ny hyers per mar, compran o venden, los syvaties no y an ren, may mossen lo vescomte e l'arcevesque mieg per mieg.

F° 127. — **XIIIe siècle.** — * Tarif des droits à payer aux courtiers et aux courtières pour la vente de l' « aur « filat, alum de bolcan, avelhanas, ampolhas de veyre, « archicca, brazil e blanquet e bezanas, buou e bacca, « draps vermelh de grana, draps de Reins e de Bruges, « sperola e strieps, » et autres natures de marchandises. (Roman.) — (Transc. au présent thal., f° 20; au 9e thal., f°s 4 v° et 72 v°.)

Rubrique : Aysso se porten als corratiers de la corratadura.

F° 129. — **1265.** — * Leude des sabots (patis), fixée pour combler une omission de l'ancien leudaire. (Roman.)

Rubrique : Aysso es determinacio d'alcun contrast que era en la leuda.

F° 129 v°. — **1262** (août). — Attestation de Bernard Dauphin, viguier, Guiraud des Empuries, Bernard Bonet et divers autres habitants du Bourg et de la Cité, constatant qu'ayant acheté du courrier (corredor) de Tortose, nommé Guilhem, certaine quantité d'huile, ils en ont payé le droit de mesurage au vicomte. (Roman.)

Rubrique : Aysso es determinacio de mensurage d'oli que deu aver mossenher lo vescomte.

F° 130. **XIVe siècle.** — * Acte par lequel le vicomte Aymeric, d'accord avec les consuls du Bourg et de la Cité, complète un article des privilèges des habitants concernant l'immunité de la leude et du péage. — Cette immunité est acquise aux habitants originaires de Narbonne, même lorsqu'ils ne résident pas continuellement dans la ville, pourvu toutefois qu'ils y aient leur domicile réel et non interrompu pendant le quart de l'année au moins.

F° 130 v°. — **XIIIe siècle.** — Notes historiques sur la ville de Narbonne, son antiquité, son importance, les hommes remarquables qui y sont nés, etc. — D'après ces notes, les premiers navigateurs qui aient traversé la mer sont des marchands de Narbonne; — la Cité était déjà

salé, donnant accès dans la Cité, qu'était levée la leude du jardinage vendue au vicomte par cet acte. Pareille leude était très-probablement levée à l'autre tête du pont, du côté du Bourg. Si l'on admet que la leude était levée aux deux bouts du Pont-des-Marchands, il en résulterait qu'on aboutissait à ce pont de chaque côté de la rivière, par des chemins qui passaient sur ses bords, en longeant les remparts, en amont comme en aval du pont, et que, quoique la ville eut d'autres portes, comme celles de Cap de Pla, Raymond-Jean Birbal, etc., on n'y entrait d'ordinaire que par les deux portes placées au nord et au sud, à l'extrémité du Pont-des-Marchands. Les autres portes, à part celles de Porte-Roy et de Lamourguié, par lesquelles passait la route de Perpignan à Béziers, en traversant toute la ville, devaient rester fermées par mesure de sûreté.

(1) Le thalamus porte ici la date de 1173; mais c'est une erreur évidente du copiste. Un peu plus bas, f° 153, le même leudaire se trouve reproduit avec la véritable date de 1273.

(2) La date précise de ce document, dont la copie est de nouveau transc. au f° 155 du même thalamus, est le mois de juin 1273.

(3) La leude de la mer levée au grau de Narbonne appartenait aux vicomtes. Aymeric, fils de la vicomtesse Ermengarde et du comte Pierre, en donna la moitié à l'archevêque, par un acte de l'année 1215, ainsi que la moitié de la monnaie et les châteaux de Cabrières et de Fontez ou Fontjoncouse. Cette donation importante fut confirmée par le pape Honoré III, en 1222. Le vicomte Aymeric s'était réservé pour droit seigneurial des biens donnés une albergue annuelle de 50 chevaliers et une rente, aussi annuelle, de 30 setiers de froment et 30 setiers d'orge.

emmurée au temps où le roi David, suivant les archives trouvées en la possession des Juifs d'Avignon, envoya des cavaliers à Narbonne pour y conclure un traité d'alliance; — des trois grandes Cours, appelées Capitoles, que les Romains avaient établies pour l'administration de la justice dans tout l'empire, l'une siégeait à Narbonne, et avait pour son ressort les Espagnes et les Gaules. Le Capitole de Narbonne était désigné sous le nom de Capduel; — Narbonne prend dans ses armoiries la clé d'or parce qu'elle était ville maritime et clé de frontière; — l'empereur Carinus, cousin germain de saint Sébastien, qui régnait en l'an de la nativité 288, était originaire de Narbonne; — la ville était convertie à la foi catholique 40 ans après la mort de Jésus-Christ; — lors de l'arrivée de saint Paul Serge les *consuls* et le peuple allèrent à sa rencontre jusqu'à Aussignan pour lui présenter les clés de la ville, qui était très-prospère; elle possédait de grandes richesses, comptait de puissantes corporations anoblies, avait une population nombreuse, était entourée de plantations et de jardins, de terres fertiles, d'eaux abondantes et jouissait d'un climat sain, « avia grans « riquesas e grans noblesas de gens, e gran poble e bonas « terras e bos aybres e bos frutz, bonas aygas e bon ayre; » — parmi les premiers prédicateurs de la foi qui sont sortis de Narbonne, on compte saint Sébastien, saint Fabien, saint Guilhem, saint Ferréol, saint Sernin; — aucun prédicateur de la foi chrétienne n'a été martyrisé à Narbonne; c'est pour cela que le pape Clément IV appelle sainte son église Saint-Just et Saint-Pasteur qu'il a fait édifier; — un ambassadeur du pape Sylvestre s'étant arrêté dans la ville pendant quelque temps, à son retour d'Espagne, les habitants de Béziers, de Capestang, Cazouls, Murviel et de 40 autres lieux voisins vinrent à Narbonne pour sommer les habitants de le leur livrer sous prétexte qu'il était hérétique; mais ceux-ci s'y refusèrent et le firent conduire sain et sauf jusqu'à Rome. Pour tirer vengeance de la ville, le « pobolar » de Béziers, de Capestang, etc., brûla et dévasta tout le territoire de Narbonne jusqu'à l'ormeau des Mizels; — la province de Narbonne était régie par le droit civil romain comme les provinces romaines de l'Italie même. (Roman et latin.)

Rubrique : Aysso son las antiquitatz e las noblesas antiquas de la vila de Narbona.

F° 131 v°. — **1470** (12 septembre). — Criée, faite par ordre des consuls, de l'ordonnance par laquelle ils venaient de fixer le droit qui devait être payé à ceux qui avaient « lo govern » des pressoirs. L'ordonnance des consuls, « coma an aquels que aperten lo governamen de la « villa, » dispose « que los pressayres que an lo govern « de las pressas per pressar la vendemia tant del Borc « coma de la Ciutat de hors en avant non ajan a prendre, « levar ny exhigir per pressar la vendemia dels habitants « de Narbona de vint saumadas enjos si no tres d. torn. « per saumada, e que aian a portar a las pressas la raca et « la trayie de las tinas; lasquals pressas faran menar da- « vant las portas d'aquels de qui sera la vendemia, ayssi « cum es stat acostumat pel temps passat; de vint saumadas « entro de quaranta 2 d. melg.; de quaranta saumadas « entro a cent saumadas ou de mays 2 d. t. Et aysso man- « dan los senhos cossols estre observat per los dits pres- « sayres presens et adevinir sus la pena de la siza stablida, « laqual pagaran sens deguna merce totas vegadas que se « trobaran que faran lo contrari. »

F° 132 v°. — **XIV° siècle.** — Note des comtés qui dépendent de la couronne de France par le fait de l'union du duché de Narbonne (1). — Cette note est ainsi conçue : « Los comptatz que ten lo Rey a causa del ducat de Nar- « bona unit a la corona, primo lo comptat de Rossilho, lo « comptat de Nymes, lo comptat de Castras, lo comptat « d'Alaric, lo comptat de Carcassona. »

Rubrique : Lo ducat de Narbona.

F° 133. — **1514** (7 juillet). — Sentence interlocutoire rendue par Jean de Levis, maréchal de la Foy, conseiller et chambellan du roi, sénéchal de Carcassonne, dans un litige pendant entre les consuls de Narbonne et le chapitre St-Just, au sujet du dex. Le chapitre soutenait, contrairement aux prétentions des consuls, qu'il avait le droit de faire dépaître ses bestiaux, gros et menus, dans les terres qu'embrassaient les limites du dex, fixées par les consuls conformément à l'usage. Ceux-ci, de leur côté, réclamaient contre le syndic et les chanoines du chapitre « recredenciam « possessionis et saysine prohibendi ne inmittant seu inmitti « faciant sua animalia bovina, equina sive cavalina, causa « depascendi, intra decos terminalium dicte ville Narbone « sine licencia dictorum consulum, et dum contrarium « fiet, ipsa animalia intra dictos decos et etiam extra illos « intra terminalia Narbone, dum compertum fuerit damp- « num aut talam inferre aut commisisse, pro banno pig- « norandi seu pignorari faciendi animaliaque capta pro « pignore ad domum communem, vulgariter dictam la « Caritat, adducendi et penam consortam pro banno le- « vandi et exigendi. » Les parties demeurant appointées en leurs fins contraires, qu'elles sont admises à prouver avant la fête de l'Assomption prochaine, la récréance demandée par les consuls leur est accordée, et Michel de Banis, licencié ès-lois, avocat du roi en la sénéchaussée de Carcassonne, est nommé commissaire spécial à l'effet de se rendre sur les lieux contentieux pour mettre l'interlocutoire à exécution au profit des consuls.

(1) Le duché de Narbonne fut cédé à Louis IX par Raymond VII, comte de Toulouse, par l'article 13 du traité de Paris de l'année 1229.

F° 134. — **1350** (21 janvier). — Lettres du roi Jean portant que le montant des droits perçus par l'archevêque de Narbonne sur les excommuniés « persistant dans leur excommunication », et pour les dispenses relatives aux mariages *clandestins* (1), sera rétabli conformément à l'ancien statut, qui le fixe à 2 sous par an ou une livre de cire pour chaque excommunié, et à 2 den. tournois pour chaque empreinte de sceau sur les dispenses de ban pour les mariages clandestins. La suscription de ces lettres résume en ces termes les plaintes que les consuls avaient adressées au roi au sujet des innovations introduites par les officiers de l'archevêché : « ex conquestione consulum « Narbone accepimus quod cum dilectus et fidelis noster « archiepiscopus Narbone per se et gentes suas recipere « consueverit ab antiquo a quolibet cive Narbone excomunicato et in excomunicatione percistente anno quolibet duos solidos monete usualis vel unam libram cere, « ad electionem excomunicati dandos et erogandos in « usus fabrice ecclesie Narbone, et pro qualibet imprenta « sigilli curie sue duos denarios turonenses dumtaxat, « quodque dum acthenus per dictos cives nuptie contrahebantur clandestino, bannis non editis, vel dum eis dabatur licentiam contrahendi matrimonium, bannorum « solempnisatione non servata, nichil a talibus contrahentibus pro predictis exhigebat, nichilominus gentes dicti « archiepiscopi nunc et a paucis temporibus citra, novum « modum exhigendi innoventes contra morem antiquum, « exhigunt et exhigere nittuntur a dictis excomunicatis pro « quolibet mense quinque solidos ratione dicte libre cere, « quos convertunt in utilitate dicti archiepiscopi, et pro « imprenta sigilli suy ac pro licencia quam concedunt sive « remissione quam faciunt super matrimonio clandestino « et bannorum bannitate non servata extorquent peccunias quantas volunt in eorum consulum ac universitatis « et singulorum dicte ville prejudicium, dampnum non « modicum et gravamen, ut asserunt consules. »

F° 134 v°. — **1401** (8 avril). — Vidimus délivré par Pierre de Mornay, dit Galuet, sénéchal de Carcassonne, des lettres patentes de Philippe IV, qui approuvent l'échange fait, en avril 1312, entre Gérard de Cortone, commissaire du roi, et Gaubert de Durban, du château de Leucate appartenant à ce dernier et à Bernard et Raymond, ses frères, contre le château de Villegly advenu au roi par la mort de Bertrande, fille de Blanche de Minerve, qui en était usufruitière à titre précaire (2).

Rubrique : Aquest vidimus fa mencio quant lo Rey donet o cambiet lo castel de Vilayglin per lo castel els termenals de Laucata.

F° 136 v°. — **1405** (27 septembre). — * Lettres de Robert de Caylus, sénéchal de Carcassonne, au viguier de Narbonne, touchant certains articles de la coutume que les consuls de la ville lui avaient soumis dans un acte de production pour les faire maintenir et observer. Ces articles sont relatifs : — à la faculté pour l'accusé ou l'assigné de faire le choix de la juridiction temporelle par laquelle il veut faire juger sa cause, au civil comme au criminel ; — au droit dont jouit le débiteur rentrant dans la ville après s'en être volontairement absenté, de faire rouvrir, de son autorité propre, la porte de sa maison, lorsqu'elle a été scellée, pendant sa contumace, par ses créanciers, moyennant toutefois la remise d'un gage à l'un de ses voisins, en signe d'obéissance et de soumission à la justice ; — au droit que possèdent les habitants de Narbonne de requérir un sergent royal à l'effet d'arrêter, lorsqu'il se trouve dans l'intérieur de la ville, l'étranger contre lequel ils ont une action ; — à la faculté pour lesdits habitants de traiter par composition amiable avec cet étranger, et pour celui-ci de se retirer librement, après avoir amiablement composé, sans licence, congé ou permission d'aucun juge ; etc. — Publication de ces lettres. — Série des articles de la coutume dont elles recommandent l'observation. Dans un exposé préliminaire que contient l'acte de production, les consuls de Narbonne établissent : — qu'ils tiennent, régissent, administrent et gouvernent le consulat de Narbonne, tous ses droits, usages, privilèges et libertés, directement du roi ; — que la ville de Narbonne est une antique cité « et nedum antiqua « et notabilis, ymo antiquissima pre ceteris civitatibus tocius « regni Francie, ymo quasi tocius orbis, prout in antiquis « cronicis et aliis istoriis sanctorum patrum legitur, et hoc « est notorium et manifestum etiam inter infideles Sarracenos et alios Sarracenos ; » — qu'elle est siége métropolitain, résidence d'un archevêque primat et de ses officiers au spirituel et au temporel, lequel archevêque a dix évêques pour suffragants, savoir : les évêques de Carcassonne, Béziers, Maguelonne, Elne, Nîmes, Agde, Uzès, Lodève, Saint-Pons-de-Thomières et Alet, et que la province narbonaise ecclésiastique (1) compte plus de vingt abbés ou autres chefs religieux ; — qu'un vicomte y résidait avec ses officiers depuis très-longtemps et y réside encore pour l'exercice de la justice ; — qu'en outre, les juridictions de l'abbé de Saint Paul, du chapitre Saint-Paul, du sacristain majeur de Saint-Paul, s'exercent chacune dans la ville par

(1) Cette expression doit s'entendre des mariages pour lesquels il n'était pas fait de publication de bans.

(2) Voir note C, à la fin du volume.

(1) La province ecclésiastique de Narbonne avait à peu près la même étendue que le duché de Narbonne, qui n'embrassait de plus que le diocèse de Castres et la partie de l'Albigeois comprise dans la sénéchaussée de Carcassonne.

un viguier et un juge ordinaires, qui connaissent de toutes causes quelconques, tant civiles que criminelles, tant à l'égard des habitants de la ville que des forains; — enfin, que ces diverses juridictions ont la haute, moyenne et basse justice, mère et mixte impère, et par conséquent la connaissance de toutes causes, quelles qu'elles soient, au civil comme au criminel, ce qu'ils exposent dans les termes suivants: « item dicunt dicti consules quod dicti quique domini « temporales et eorum quilibet, videlicet dominus narbo- « nensis archiepiscopus racione sue temporalitatis quam « habet in dicta villa Narbone, et dominus vicecomes « Narbone, dominus abbas Sancti Pauli Narbone, venera- « bile capitulum Sancti Pauli Narbone, et dominus sacrista « major Sancti Pauli Narbone, quilibet per se, habent et « habere consueverunt juridictionem altam, mediam et « bassam, merumque et mixtum imperium et exercicium « eorumdem ac cognitionem de quibuscumque causis, tam « civilibus quam criminalibus, et pro hiis exercendis tenent « et eorum quilibet habent per se, vicarios, judices et alios « officiarios et servientes ad cognoscendum de quibus- « cumque causis et exercendum juridictionem suam ordi- « nariam in dicta villa Narbone, prout eos et eorum quem- « libet tangit juxta libertates dicte ville Narbone, et eis « semper salvis. » C'est parmi ces cinq Cours ordinaires que l'habitant de la ville, lorsque « convenitur aut citatur « tam ad requestam partis quam ex officio curie aut alias, » pouvait faire le choix de celle par laquelle il entendait être jugé.

F° 139. — **1477** (23 juillet). — * Lettres de Jean de Montredon, viguier de Narbonne, qui déclarent les consuls de la ville en possession et jouissance du privilége d'élire et choisir chaque année un comte des franchises, lequel tient siége sur la place du Bourg, à la tête du Pont-Vieux ou devant la maison consulaire, suivant l'indication que lui en donnent les consuls. Le comte des franchises avait mission de recevoir les requêtes en délaissement des terres surchargées de censes ou usages: « cui comiti, me- « diantibus publicis instrumentis per notarium consulatus « dicte ville receptis, habitatores dicte ville Narbone et alii « extranei possessiones et predia in dicta villa et termina- « libus ejusdem possedentes et magnis et excessivis usati- « cis onerati aut alias eis inutiles, possunt illas relaxare « coram dicto comite, et incontinenti relaxatis coram eis « dictis possessionibus, tales dictas possessiones relaxantes « remanent quittii et immunes de quibuscumque arreragiis « dictarum possessionum relaxatarum. »

F° 140. — **1477** (8 juin). — Lettres de Louis d'Amboise, évêque d'Alby, lieutenant du roi au gouvernement du Languedoc, qui portent suppression de la leude de Collioure levée à Narbonne par un agent d'Étienne de Poyssion, capitaine de St-Michel de Collioure, sur les marchandises chargées à Narbonne pour être portées par mer à Barcelone, dans la Catalogne, à Valence, aux îles Majorques et dans la Sicile. Cette suppression est prononcée sur une requête des consuls de Narbonne par laquelle ils avaient remontré qu'il était levé dans la ville « plusieurs grans droys et trueges » sur les marchandises qui s'y chargent, tels que la leude de l'archevêque et du vicomte, le droit de la rêve et de la maîtrise des ports, le droit de robinage, et que « y mectre, souffrir et andvoier « led. nouveau droict ou vectigal de la leude de Conliure « seroit pourchasser et faire fouir les merchans de ne riens « charger aud. Narbonne, que seroit au tres grant grief, « domage et interest de lad. ville. » (Français.)

Rubrique : Coppie des lettres de révocation de la lioude de Conliure, laquelle ne se doit lever a Narbonne.

F° 140 v°. — **1481-1483.** — Vidimus des lettres patentes de Louis XI, du mois de mai 1481, qui dispensent de toutes tailles, impositions et subsides les biens du chapitre Saint-Just, dont les revenus ne pouvaient suffire aux dépenses du service divin, et ceux de l'aumône de l'église Saint-Just, à cause « des pestilances, stérilités et autres « inconvénians advenus si devant et de l'éritasion des « guerres et divisions que puis aucuns temps en ça ont « esté en nos payz et comté de Rossilhon et Serdaigne. » — Exécutoire de ces lettres patentes délivré le 23 mai 1483 par Oton Daydier, sénéchal de Carcassonne et Béziers, avec le détail des biens amortis dispensés de la taille. Au nombre de ces biens se trouvent 4 des 9 portions du moulin du Gua, dont la propriété était passée aux mains du chapitre, savoir : — en 1459, par acquisition d'une portion qui appartenait à Philibert et Antoine de Neve ou Neveys, de la maison d'Ornaisons; — en 1465, par donation d'une portion appartenant à Jeanne de Vaulx, veuve de Bernard Uri; — en 1468, par la donation d'une demi-portion faite par Durand de Chaussenons, chanoine de St-Just; — en 1471, par acquisition d'une portion appartenant à Jean et Pierre Perpeyre, — et en 1482, par la donation d'une demi-portion faite par Briant Le Poltre, chanoine de St-Just. (Français et latin.)

Rubrique : L'amortissement concédé et octroyé par le roy Loys de bonne mémoyre derneyrement tres-pacé au vénérable chapitre de l'églize de Narbonne.

F° 143. — **1488** (22 mai). — Ordonnance de l'évêque d'Alby, portant fixation de l'honoraire et des frais dûs aux consuls et aux habitants de Narbonne lorsqu'ils sont envoyés hors de la ville pour y poursuivre le règlement des affaires communes. La journée d'un consul, avec 2 chevaux et un écuyer pour sa suite, est taxée à 30 sous tournois, et celle d'un marchand ou de tout autre habitant, non consul, avec un cheval, à 15 sous tournois.

F° 143 v°. — **1484** (25 juin). — * Arrêt rendu par messire Bernard Lauret, premier président au Parlement de Toulouse, et Antoine Bayard, trésorier général du Languedoc, commissaires du roi aux États de la province, dans le différend existant entre les consuls de la ville et plusieurs de ses habitants syndiqués, au sujet : — de la rédaction du compoix ou livre des estimes; — des dépenses de la ville; — de l'élection et du nombre des consuls; — du nombre et de la nomination des conseillers; — de la gestion des clavaires, etc. Cet arrêt met hors de cause les parties en tout ce qui concerne les comptes et *lièves* de la ville depuis dix ans, pour le principal, sauf réserve des informations faites sur les excès qui y avaient été commis, et ordonne : — que les compoix et livres d'*estimes* des biens et facultés des habitants seront refaits « deuement, « sainctement et justement selon Dieu et conscience, » par 18 personnages designés, 6 par les auteurs de l'arrêt, dont .. de chaque échelle, 6 par les consuls et les 6 autres par les habitants syndiqués; — que les quotités des tailles et deniers des charges de la ville seront fixées sur ces estimes *au sol la livre et le fort portant le faible*, pour une durée de 5 ans, après laquelle le compoix devait être refait; — qu'il ne sera rien mis ou *glosé* sur le livre compoix, afin d'éviter toute fraude, et que les parties qui seront chargées ou déchargées seront consignées sur le livre du consulat et ensuite sur le livre de cotisation fait chaque année sans rien *muer* sur le compoix; — qu'après la rédaction du compoix, chaque habitant doit recevoir son *tillet* (1); — que le compoix sera déposé aux *archieux* de la ville afin que « l'en ny puisse rien muer ne adjouster; » — que le nombre des consuls, qui était de 6, et le nombre des conseillers, qui était de 80, seront maintenus, sans aucune diminution, jusqu'à nouvel ordre. La nomination des consuls et des conseillers avait donné lieu à de grandes divisions qui avaient troublé la paix publique. Pour prévenir ces divisions et apaiser les esprits, après avoir entendu les nobles, les bourgeois, les marchands, qui voulaient que le nombre des consuls fut réduit à quatre et le nombre des conseillers à quarante, « actendue la diminucion du peuple « com'a esté a cause des mortalitez, tellemant que facille- « ment ne peult on trouver chacun an grant nombre de « consuls et conseillers ydoines et souffisans, » et le *peuple menu* avec quelques-uns des grands de la ville qui étaient d'opinion contraire et voulaient que le consulat fut conservé, quant au nombre des consuls et des conseillers, dans les privilèges qui lui avaient été accordés lors de sa fondation, les commissaires du roi nomment eux-mêmes les 80 conseillers qui sont distribués en six échelles, composées, savoir : la première échelle de la Cité, des nobles, des clercs et des bourgeois, la deuxième, des marchands, et la troisième, des gens de métiers et artisans; et la première échelle du Bourg, des bourgeois, *plassiers* et marchands, la deuxième, des pareurs, et la troisième, des artisans. Ils ordonnent ensuite : — que l'élection consulaire sera faite chaque année le jour de N.-D. de février, le matin, après la messe autant que possible ou bien dans l'après dinée, mais de jour « et non myo de nuict, » à peine d'une amende de 100 marcs d'argent; — qu'avant chaque élection, les consuls jureront, sur les Saints Évangiles, entre les mains du premier consul, de nommer et élire *les plus gens de bien et notables personnages*, chacun en son échelle, sans *port, faveur, haine ni affection;* — que semblable serment sera fait par les nouveaux consuls, dès le lendemain de leur élection, pour la nomination de leurs conseillers chacun dans son échelle, et sans interruption ni mutation aucune à partir du moment de leur élection; — que les conseillers ainsi nommés seront enregistrés le jour même de leur nomination au livre de ville (1), sous peine d'être privés du bénéfice de cette création et nomination, qui était, dans ce cas, dévolu aux officiers du roi; — que, dorénavant, au commencement de leurs fonctions, les consuls nouvellement élus remettront au notaire du consulat un registre pour y inscrire les noms des conseillers, toutes les délibérations prises (2), ainsi que les actes passés pendant la durée de leur consulat; — qu'aucun emprunt ne pourra être fait sans nécessité urgente et sans préalable délibération du conseil; — que tout habitant convaincu d'avoir fait élection de consul ou de conseiller par corruption, conspiration ou collusion, sera privé de tout honneur consulaire, et, en outre, puni suivant la gravité du cas; — que les consuls ne pourront entamer ou engager aucun procès contre qui que ce soit, ni faire aucuns voyages ou composer aucune ambassade sans délibération du conseil; — que ces ambassades seront faites « a moins de perso- « naiges, frais et despens que faire se pourra et selon la « qualité des matieres; » — que les impositions de deniers pour les affaires de la ville seront faites justement, modérément et par délibération de tout le conseil ou de sa plus grande partie; lesquels deniers auront alors la même *con-*

(1) On entendait par le mot *tillet* le relevé de l'allivrement estimatif des biens, possessions et facultés imposables de chaque habitant.

(1) Ce livre était appelé le registre matricule ou simplement la Matricule.

(2) Les registres des délibérations municipales conservés dans les archives de Narbonne ne remontent qu'à l'année 1557. C'est donc une lacune de 72 années que présentent ces registres de délibérations, qui devraient partir de 1484.

trainte que ceux du roi ; — que les clavaires de la ville rendront le compte de leur gestion, pour la recette comme pour la dépense, durant l'année suivante ; — que ce compte sera ouï et clos par six auditeurs pris un dans chaque échelle du Bourg et de la Cité ; — que la rentrée des tailles sera faite avec diligence et sans réduction ni ménagement en faveur de qui que ce soit, si ce n'est pour cause juste et nécessaire reconnue par délibération de tout le conseil ou de sa plus grande partie, — et enfin que, tout en faisant bonne diligence pour « cueillir » les quotités individuelles des tailles, les clavaires commenceront leurs levées par les plus « puissans, apparans et solvables, » afin de soulager les pauvres. Moyennant l'exécution de ces ordres, disent les commissaires du roi, « sera paix, amour et concorde « entre tous les manans et habitans de Narbonne et cesse- « ront doresnavant tous mauvais langaiges, rencunes, « sédicions et monopoles, et vivront ensemble en bonne « amour, union et transquillité, tous entendans et ayans « l'ueil et regard a Dieu, au bien et honneur du roy et de « la chose publicque. » (Français.)

F° 147. — **1280** (2 des nones d'octobre (6 octobre). — Acte constatant la remise faite aux consuls du Bourg, par Bernard de St-Christophe, juge de Narbonne, de cannes fausses et de faux poids qu'il avait fait saisir, et que les consuls réclamaient, en vertu des attributions et priviléges du consulat, pour être détruits par eux, suivant la coutume, « cum temporibus retroactis usitatum esset. »

F° 147 v°. — **XVIe siècle.** — Fixation des limites du dex, par les consuls de la ville, séparément pour le territoire du Bourg et pour celui de la Cité. (Roman.)

Rubrique : Los dex de la Ciutat ; — los dex del Bourg.

F° 148 v°. — **1508.** — Note concernant le creusement de *caves mayrals* ou *azagadous* faits par les consuls de Narbonne, en 1508, pour l'arrosage des terres et pour l'entretien du poisson dans l'étang Salin, situé près de Vinassan. Il est fait mention dans cette note de la construction de sept ponts pour le passage de ces *azagadous* sous les chemins de Coursan, de Cuxac, de Vinassan, du Poset, de St-Gregory et de la Bastide-Redonde. Les ponts furent construits aux dépens de la ville ; les *caves mayrals* aux frais des possesseurs des terrains traversés. — Étaient consuls de Narbonne : Joachim Gancian, Pierre David, Denis Dumes, Honorat Pélissier, Guillaume Dellun et François Angles. » (Français.)

Rubrique : Azagadous.

F° 149. — **1273** (14 des kalendes d'avril (19 mars). — Déclaration par laquelle le vicomte Aymeric reconnaît qu'il a remis à Guillaume-Raymond de Bourg, fils de Bernard de St-Étienne, pour l'exercer comme ses prédécesseurs l'ont tenue pendant de longues années, à titre de fief d'honneur, la viguerie de la *seigneurie vicomtale* du Bourg, pour toutes ses facultés, ses prérogatives, ses revenus, qui comprennent : — l'usage des anguilles pêchées dans les étangs salés de Narbonne et du Narbonnais, dans les étangs de Salces et de Vendres et tous autres étangs dont le poisson devait être porté pour y être mis en vente sur le marché de Narbonne : cet usage est de 20 anguilles « de quolibet boligio et de quolibet sacirret (1) ; » — l'usage des étaux de la boucherie ; — la surveillance de la vente du pain sur la place publique : lorsque le poids du pain vendu n'était pas en rapport avec le prix du setier de froment, l'emphytéote devait rompre le pain et le jeter sur la place ; — la conduite des nouveaux mariés à l'église, à pied ou sur un cheval blanc, et le retour à leur maison, dans les

---

(1) Dans ses additions au Glossaire de du Cange, Carpentier paraît avoir mal interprété, en ne reproduisant qu'une partie du texte de ce document, le sens des deux mots *boligio* et *sacirret*, et, de plus, il en a dénaturé l'orthographe.

Le texte auquel Carpentier emprunte ces deux mots est ainsi conçu : « et tenetis pro ipsa vicaria usaticum anguillarum, videlicet de quo- « libet stagno salso Narbone et Narbonesii de Salsis et de Veneribus « et de omnibus aliis locis de quibus anguille portantur apud Nar- « bonam, XXti anguillas de quolibet boligio et de quolibet sacirret « duas vices septimana. »

Boligio et sacirret sont parfaitement lisibles dans ce texte ; chacune de leurs lettres, bien détachée de son antérieure et de sa subséquente, est distincte, franchement tracée, et s'accuse si nettement dans tous ses traits qu'aucune hésitation n'est possible. L'erreur de Carpentier est évidente. Il aurait dû écrire *boligium* et *sacirretum*, au lieu de *bolagium* et *savarretum*.

Quant à la signification des deux mots, Carpentier pense que *bolagium* s'entendait du lieu où les anguilles étaient mises en réserve ou pêchées : *locus fluminis ubi capiuntur anguille vel servantur*, et que *savarretum*, qu'il fait dériver de *salvarium*, se disait du lieu où les poissons sont conservés : *locus ubi pisces servantur*. A l'appui de son opinion, il cite une partie seulement du texte que nous avons intégralement reproduit, et, en l'expliquant comme une phrase complète, il croit que le vicomte avait donné par le bail à fief des cens et revenus de sa viguerie, 20 anguilles prises dans un réservoir, un vivier, une pêcherie, qui devaient être livrées deux fois par semaine. Cela n'est ni praticable ni intelligible.

En prenant le texte dans son entier, on voit, au contraire, que la phrase est très-précise et très-logique. Elle fixe la quotité de l'usage inféodé : *XXti anguillas...... duas vices septimana* ; elle indique le lieu ou plutôt les divers lieux de la provenance de ces anguilles : *stagno salso Narbone et Narbonesii, de Salsis et de Veneribus et de omnibus aliis locis de quibus anguille portantur, etc.* ; enfin, elle désigne l'objet ou les objets sur lesquels porte la quotité de l'usage, c'est-à-dire la quantité qui servait de base pour son prélèvement. Cette quantité, ces objets sont nécessairement exprimés par ce membre de phrase *de quolibet boligio et de quolibet sacirret*, comme l'explique très-clairement la place qui lui est donnée dans le texte.

Mais il reste à déterminer ce qu'il faut entendre par *boligium* et *sacirretum*.

Le mot *sacirret* vient-il du mot roman *sarcinal* ou *sarcinale*,

mêmes conditions : « et debetis ducere ad ecclesias et « reducere nubtas sive novias et habere inde procuratio- « nem (1), et si habueritis equitatuiam, in qua nubta « equitet, debetis inde habere civatam ipsi equitature; » — la punition des voleurs du marché : « et debetis fures « qui furabunt in mercato bladi mittere in costello et « condere in crucem in modum furis, » etc. — Reconnaissance consentie au vicomte pour son fief, par Guillaume-Raymond de Bourg, avec le serment de fidélité et d'hommage-lige que ce dernier lui prête « flexis genibus, junctis manibus » à l'occasion de ce fief. (Transc., en partie, au 1er thal., f° 377.)

Rubrique : Aysso es la carta contenent que lo pan que lo pezayre pren per mens de pes se deu trincar e gitar en la plassa, e que lo senhor deu tenyr un cabal blanc per cavalgar las novyas e menar e retornar de la gleysa.

F° 150. — **XIIIe siècle.** — * Calendrier julien pour le diocèse de Narbonne.

F° 153. — **1273** (juin). — * Leudaire de Narbonne. (Roman.) — (Transc. au présent thal., f° **115** v°; au 6e thal., f° 106.)

Rubrique. Leuda de Narbona.

F° 155. — **1273** (juin). — * Tarif des droits de robinage levés sur les marchandises voiturées par la rivière d'Aude. (Roman.) — (Transc. au présent thal., f° **120** ; au 6e thal., f° 109.)

Rubrique : Ayso es de la robina.

F° 155 v°. — **1340** (15 juillet). — Reconnaissance des consuls de Narbonne, par laquelle ils déclarent que les habitants de Magalats ne sont pas soumis au paiement de la leude à Narbonne. Par leur ordre, il est fait restitution de celle qui avait été exigée par les agents de l'archevêque et de Guillaume de Narbonne, copropriétaires de cette leude. (Roman.)

Rubrique : Com los homes de Magalas no pagan leuda a Narbona.

F° 156. — **XIIIe siècle.** — Sentence rendue par le viguier de Béziers sur procès pendant entre les seigneurs du setier (1) « sestayralis bladi » et les consuls, de laquelle il résulte que le droit de cosse n'est pas dû pour le blé porté à Narbonne par les étrangers lorsqu'il n'y est pas vendu et qu'il est reporté hors de la ville, ni pour le blé vendu par les étrangers dans ladite ville sans y avoir été apporté ou introduit par eux. Dispositif de cette sentence : « Idcirco ex premissis et aliis que ex substancia dicti pro- « cessus colligi possunt et haberi, et que animum judicantis « movere possunt, per nostram diffinitivam sentenciam « quam in hiis scriptis ferimus declarando, pronunciamus « et etiam cognoscendo, dictis dominis mercati sestayralis « predicti seu deputatis ab eis non competere jus perci- « piendi seu habendi et levandi cossias ab hominibus ex- « traneis de Narbona blada sua imittentibus in Narbona « et de Narbona extrahentibus et ipsa ibidem non venden- « tibus, sed solum et duntaxat ipsa blada mensurantibus « seu recognoscentibus cum mensura vel coffinis aut alias, « necnon et eis non competere jus percipiendi, habendi et « levandi cossias ab hominibus extraneis quibuscumque « bladum in Narbona solum vendentibus, non tamen « imittentibus in Narbona. »

Rubrique : Sentencia donada per lo juge de Bezes sobre lo fayt de las cossas.

F° 156. — **1411** (28 janvier). — Note constatant la donation faite aux consuls du Bourg par le chevalier Pierre du Vivier et Aybrin de Donos, lieutenant du vicomte qui était alors en Sardaigne (2), et Antoine Belshoms, son pro-

mesure, appelée aussi *saumate*, équivalant à la charge d'une bête de somme? Cela nous paraît infiniment probable, et, s'il en est ainsi, le mot *boligium* représenterait, de son côté, une mesure à peu près semblable, ou bien un engin de pêche, ou un ustensile (comporte, tinette, vase quelconque) de cette contenance, dans lequel les pêcheurs plaçaient les anguilles pour les porter des étangs où elles avaient été pêchées jusqu'au marché de Narbonne, où elles devaient être mises en vente après avoir payé l'usage dont il s'agit. Nous allons même plus loin, nous pensons que *boligium*, ou *bolagium*, pour l'écrire comme Carpentier, s'est formé de *bolla*, mot saxon qui désigne une mesure de la valeur du setier, et qu'il n'est pas autre chose que le nom même du setier. Dans tous les cas, il n'est pas douteux que *boligium* et *sacirretum*, ustensile ou mesure, réglaient tous les deux, au même degré, l'exercice de l'usage des anguilles baillé à fief par le vicomte et qu'ils doivent avoir, par conséquent, à peu près la même signification, puisque notre texte les place en même rang et même ligne.

(1) Certaine redevance fixe convertie en une somme d'argent, qui représentait, dans l'espèce, la valeur du repas que la mariée devait donner à l'emphytéote du vicomte, en outre de l'avoine pour la monture quand il la fournissait.

(1) On appelait seigneurs du setier ou seigneurs du marché, les propriétaires du droit de cosse qui était levé sur les grains, légumes et fruits portés et vendus dans la ville ou sur le marché par les étrangers. Ce droit était du 40e du setier.

(2) Le vicomte Guillaume, petit-fils du vicomte Aymeric et de Béatrix d'Arborée, prétendait à la succession de Marian Doria, prince de Sardaigne, mort sans postérité, en 1403, qui était fils de Brancaléon Doria, mari de Léonor d'Arborée, sœur de Béatrix. Il s'était, en conséquence, rendu dans l'île pour recevoir le serment de fidélité que les habitants avaient offert de lui prêter et pour soutenir ses droits contre Martin, roi de Sicile, fils du roi d'Aragon, qui avait entrepris de soumettre l'île par les armes. Martin défit complètement le vicomte et son allié Brancaléon Doria dans la bataille qu'il leur livra en 1409. Cependant, le vicomte n'abandonna pas ses droits, et, à la mort du roi de Sicile, il se trouvait encore dans l'île de Sardaigne au commencement de 1411 ; mais il ne put parvenir à y rétablir ses affaires, et il

cureur, de la pierre des quatre moulins (1) qui avaient été jadis construits à Saint-Salvaire. Cette pierre devait être employée à la réparation des murailles du Bourg. — Étaient consuls de Narbonne. François Viélar, Guillaume Vidal et Jacques Brés. (Roman.)

F° 156 v°. — **1300-1484.** — Notes historiques, contenant : — la mention d'une cherté extraordinaire du blé, qui commença le premier jour du mois de mai 1459, et dura jusqu'à la nouvelle récolte ; — les noms des consuls élus pour l'année 1484, qui sont : Nicolas Rodil, Pierre Lafage, Barthélemy Blanc, Pierre Danis, *plassier*, Antoine Baral, pareur, et Antoine Sabatier, notaire ; — la réception de Jean Fabre à la charge de bandier du Bourg, et de Jean de Meles à celle de garde de la Cité, etc., etc.

F° 157. — **1528** (décembre). — Procès-verbal dressé par les consuls pour constater que les décimateurs du chapitre St-Paul, qui voulaient lever la dîme des olives au 10e de leur produit, avaient été contraints de la réduire au 13e de ce produit, ainsi qu'il avait toujours été fait et que le chapitre l'avait lui-même reconnu dans l'assemblée tenue sur cette affaire à la demande et sur les représentations des consuls de la ville. (Roman.)

AA. 104. — Registre (parchemin), 203 feuillets in-fol. ; cartonnage recouvert de parchemin.

1126-XVIe siècle. — 4e Thalamus.

F° 1. — **1232** (2 des kal. de mars (29 février (2). — * Coutumes de Narbonne approuvées par le vicomte Aymeric. (Transc., en roman, au 3e thal., f° 29 ; au 6e thal., f° 12 v° ; au 8e thal., f° 9 ; au 10e thal., f° 8 ; — en latin, au 1er thal., f° 50 v° ; au 2e thal., f° 1 ; au 3e thal., f° 8 ; au 6e thal., f° 2 ; au 9e thal., f° 8 v° ; au 10e thal., f° 89.)

F° 4 v°. — **1497** (8 mai). — Sentence rendue, après descente sur les lieux, par messire Jean de Montredon et Pierre Delort, seigneur de Tarailhan, viguier et juge royaux de Narbonne, dans le litige existant entre les consuls de la ville et Philippe de Dorland, seigneur de Moujan, au sujet des droits de dépaissance, de lignerage et de ban, dont les habitants de Narbonne étaient en possession dans les terres de Moujan, à l'exception de la devèze de la grange même de Moujan, et du droit d'y prendre du sable pour leurs constructions. La sentence rendue maintient les habitants dans cette possession. — Supplique des consuls, énumérant en ces termes les droits qui ont fait l'objet de la décision précédente : « ...... fuerunt ac esse debuerunt « et debent in veris usu, possessione, facultate et saysina « seu quasi juris depascendi et pasturandi, depascique ... « et aliis omnimodo expleitandi quecumque eorum animalia grossa et minuta per totum territorium et terminalia « loci sive grangie de Mojano impare dempta molestia. « Item etiam fuerunt ac esse debent in possessione et saysina seu quasi lignandi et ligna quecumque silvestra « capiendi, scindendi, secum asportandi per totum dictum « territorium. Item fuerunt et esse debuerunt et debent de « jure, usu et possessione, quod banderii dicte ville Narbone bandeiarunt et bandiegare debuerunt et debent illi « et non alii per totum dictum territorium,.. et custodiam « dicti territorii habuerunt et habent et ita fuerunt.. prout « in ceteris terminalibus dicte ville, et banna et emolumenta « exinde proveniencia habendi, levandi et exhigendi prout « in ceteris... Item in jure, usu et possessione et saysina « seu quasi soli dumtaxat fuerunt consules determinandi « et cognoscendi et decidendi dicta banna et talas. Insuper « fuerunt ac esse debent in jure, usu et possessione ... « quod si animalia omnium habitatorum Narbone reperta « fuere depascendo in devesio predicto de Mojano, solvendi « solum et dumtaxat dicto domino de Mojano pro banno, « qualibet vice, pro quolibet animali grosso, octo denarios « turonenses de die et XVI denarios turonenses de nocte, « et pro quolibet animali minuto de die sex denarios turonenses et de nocte XII denarios turonenses. Preterea « fuerunt et esse debuerunt et debent in jure, usu, facultate, libertate, possessione et saysina seu quasi dicti « domini consules, universitas et homines habitatores dicte « ville Narbone, per se seu eorum famulos et servitores, « eorum et cujuslibet eorum vice, nomine seu mandato, « arenam fodiendi in dicto territorio de Mojano, excepto « dicto devesio, et signanter in quodam terminali vocato « lo Arruenal, quod terminale sive arenale fuit et est situatum et confrontatur cum dicto devesio de Mojano et cum « stagno vocato de Narbona, taliter quod dictum arenale « fuit et est extra dictum devesum et prope dictum stagnum. » — Étaient consuls de Narbonne, en 1497 : Alexandre Maurin, Bertrand Serezon, Jean Lanes, Jean Torgoyn, Arnaud Séguier et Jean Sansore, dit Jean de Paris, notaire.

F° 6. — **1499** (29 janvier). — Sentence rendue par Jean de Montredon, viguier, et Pierre Delort, juge de

---

rentra en France, où le dauphin utilisa ses services en lui confiant le commandement d'un corps d'armée qui devait opérer sur les frontières de la Normandie.

(1) Ces moulins étaient du nombre de ceux que le vicomte Amalric avait fait démolir, pour affamer la ville, dans la guerre ouverte qu'il lui avait déclarée en 1381.

(2) Cette date est erronée. Les coutumes de Narbonne ont été approuvées par le vicomte Aymeric le 7 des kal. de mars 1232, qui correspond, à cause du bissexte, au 24 février. Voyez, à cet égard, les différents thalamus où le texte des coutumes est reproduit.

Narbonne, qui maintient la grange de Ricardelle dans le banderage de la ville. — Ricardelle appartenait à Pierre David, bourgeois de Narbonne.

F° 9. — **1339.** — Exemptions et priviléges des nobles, hommes d'armes et gens d'Église, dans les sénéchaussées de Toulouse, Carcassonne, Beaucaire, etc., accordés par lettres patentes de Philippe VI, en 1339. A ces lettres patentes est joint l'acquiescement qu'y donnèrent, la même année, les comtes, vicomtes et barons de ces sénéchaussées; elles confirment les priviléges antérieurement accordés aux nobles par Louis IX et par Philippe IV.

F° 21. — **1345** (18 octobre), — **1346** (1er mars). — Transaction passée entre les consuls de Narbonne, d'une part, et l'archevêque de Narbonne et le syndic des habitants de Montels, d'autre part, au sujet de la dépaissance des bestiaux dans les terres de la juridiction de Montels.— La transaction réserve exclusivement pour le bétail gros et menu des habitants de Narbonne tout le terrain d'Aubian, jusques aux bornes placées du consentement des parties par Bérenger d'Ursières, et de là au pont d'Arnaud sur le chemin de Narbonne à Montels, à la Nérose, à la *rase* du champ de Jean Rouch, à la carrière allant du pont Septime à Ouveilhan, à Pech-Alphi, au pré ou étang d'Aubian, à la tête de la robine dite du pré d'Aubian, au bord de la condamine de Lort sur le chemin d'Ouveilhan, à la tête de la condamine del Gronh, au Salsoyrard, à l'étang qui s'y joint et à la tour den Barrau dans le territoire de Capestang. — Approbation de cette transaction par les conseils de Narbonne et de Montels. — Pour l'année 1345, les consuls de Narbonne étaient: Pierre-Raymond de Montpellier, Pons de Malves, Guillaume Cogomblis, Blaise Boyer, Raymond Gras, Bernard Palme, Pierre d'Ermenis, Pierre Got, Guillaume-Vital de Castres, Pierre Narbonnés, Aymeric Roserguo et Bernard d'Albars.— Les consuls de l'année 1346 étaient: Pierre-Raymond de Saint-Just, Pierre-Raymond Maynard, Blaise Flandine, Bernard Palarés, Bernard André, Raymond-Foix Bonet, Raymond Bédos, Bérenger Amaron, André Benoit, Bérenger Pardeilhan, Bernard Cortillis et Jean Sabatier.

F° 42. — **1346** (30 mars). — * Règlement pour la fabrication des draps dans la ville de Narbonne, fait par les consuls, avec l'autorisation de Pierre de Bourbon, lieutenant du roi en Gascogne et en Languedoc, devant le juge mage de Carcassonne et avec l'assentiment des principaux pareurs et tisserands de la ville. Ce règlement était devenu nécessaire, y est-il dit, pour prévenir la « diffamation et la détérioration » des draps de Narbonne, que devaient inévitablement produire les fraudes auxquelles se livraient Bérenger du Lac et autres pareurs et tisserands de draps, au grand détriment de la ville et de son commerce. (Latin et roman.)

F° 49 v°. — **1426** (25 avril). — Vidimus délivré par Jean de Montredon, écuyer, conseiller du roi et son viguier à Narbonne, des * Lettres patentes de Philippe VI, de l'année 1338, qui prononcent l'union des deux consulats du Bourg et de la Cité (transc. au 1er thal., f° 55), et des lettres patentes de Charles VI, du mois de juillet 1408, confirmatives de la viguerie de Narbonne créée en 1347.

F° 53. — **1345** (21 décembre). — Transaction entre les consuls de Narbonne, d'une part, et l'archevêque de Narbonne et les habitants de Gruissan, d'autre part, sur la délimitation de leurs pacages. Le territoire compris entre la bastide de Durand, Castel Pezol, la combe des Yssartz, le portel à la tête de cette combe, la combe de Pierre Canelle vers la mer, et la roque de la bastide de Canelle, demeure indivis et commun, pour la dépaissance et le lignerage, aux habitants de Narbonne et à ceux de Gruissan. La portion de territoire exclusivement attribuée, pour tous usages, aux habitants de Narbonne, est fixée dans la transaction de la manière suivante: « Item voluerunt partes « predicte, quibus supra nominibus, quod loca que sunt de « dicto portello qui est in capite combe dels Yssartz et in « pariete dicti Petri Canelle et in descensu combe vocate « Petri Canelle usque ad portellum dictum de Lampartit « qui est prope collum dictum de las Portas, sequendo « serram sive crestam rocarum que sunt a dicto portello « dicti Petri Canelle usque ad dictum portellum de Lam- « partit de versus Narbonam et aquilonem, sint propria « consulum et habitatorum ac civium Narbone et ad usus « dominorum consulum et civium et habitatorum Narbone « solum et insolidum deputata, et quod syndici et habita- « tores de Gruyssano, aut aliqui ex eis, ultra serram sive « crestam dictarum rocarum de versus Narbonan et aqui- « lonem non possint nec eis liceat animalia sua quecumque « causa depascendi vel alias immittere nec immitti facere « nec alio modo quolibet explectare, absque banno et pena « banni. » La portion exclusivement attribuée aux habitants de Gruissan, tant pour la dépaissance que pour l'abreuvage des bestiaux, pour la stabulation « jacendi pernoctandi, » pour la faculté de ramasser le vermillon, mais sans aucun droit d'y faire « ruscas » (écorce de chêne vert pour la tannerie), et sans autre droit de lignerage que celui qui « comprend buzos, argilhay, tomos, motgeriam, murtam « et garrolham siccam, » est délimitée par ces points: le col de las Portas, situé près du portel de Lampertit; la crête des rochers qui se dirige vers le nord jusques à la morrade du plan de Nabagas ou de Valvices; l'entrée de la combe de Valvices en montant à la morrade du plan des Auzils; l'église N.-D. des Auzils; la crête et les morrades

des rochers qui se dirigent vers le nord jusqu'à la morrade du jassil (1) den Robaut; la bastide de Pierre Narbonne; la morrade (2) placée sur la bastide de Nagasqua; la morrade de las Gachas; la roche du col de Doventa; la carrière (3) de Narbonne à la bastide de Guiraud Verger; le sommet du col de Doventa; le plan de las Gachas; la caune (4) de Caunaberte vers la mer; le chemin de la bastide de Montredon à l'église N.-D. des Auzils, au-dessus de la bastide de Pierre Narbonne; le Grand-Clapier placé sur le même chemin, à la vue de ladite église; le plan des Auzils; la combe de Caunegon; le col de Barral-Barralet; le plan de Nabagas; le plan sobre las Portas et la borne du col de las Portas, près du portel de Lampartit.

RUBRIQUE : Carta de division del termenal devesit entre Gruyssa e Narbona, e del acordi fait entre la viala et mossel arsevesque e los sendix de Gruissa.

F° 76. — **1345** (? décembre). — Transaction entre les consuls et l'archevêque, au sujet des tables de bois et des *cayrones* ou tables de pierre établies sur la place du Bourg (5), au devant du consulat, dont l'archevêque était en possession, et qu'il baillait à titre d'emphytéose. Ces tables faisaient obstacle à la circulation et avaient été enlevées par ordre des consuls « in adventu jocundo domini nostri regis « et inclitissimo domino regino consortis sue, ut transitum « ipsius domini regis et gentium suarum non impedirent. »

F° 92. — **1345** (21 décembre). — Transaction entre les consuls, d'une part, et l'archevêque de Narbonne et les habitants de Gruissan, d'autre part, sur leurs prétentions respectives aux droits de banderage, de lignerage et de dépaissance des troupeaux, gros ou menus, dans les ténements du Jonquari et du Salvoyrard, qui sont compris dans les limites suivantes : le Pech rouge, où se trouve une ancienne borne au-dessous des fourches patibulaires dressées pour la seigneurie de Gruissan (1); l'étang dit los Bains de la Reine; le chemin ou sentier qui conduit de Gruissan à la Maison de St-Pierre de la Mer et le littoral. D'après la transaction, les habitants de Narbonne n'avaient dans ce territoire, quant au lignerage, que la faculté « lignandi « ligna colligendi ad eorum usum de dictis locis non ex- « trahendo, sed ibidem cremando solum et dumtaxat, si « indigeant ratione eorum victus. »

F° 108. — **1345** (16-19 juillet). — * Procédure faite par Guillaume Agnel, commissaire royal, pour l'exécution des lettres patentes de Philippe VI, du 12 février 1344, qui autorisent les travaux projetés en vue d'éviter les dommages causés par les débordements de la rivière d'Aude et de ramener dans Narbonne le lit de cette rivière qu'elle avait totalement abandonné par l'effet des inondations. La nature et l'assiette des travaux avaient été déterminées, et ces travaux avaient même déjà reçu un commencement d'exécution. Ils consistaient dans la construction d'une chaussée destinée à barrer le nouveau lit de la rivière. Mais les consuls ayant reconnu que cette chaussée ne pouvait être solidement établie, et que, dans tous les cas, elle serait insuffisante, avaient demandé l'autorisation de changer le projet et d'ouvrir dans les terres, après enquête et vérification d'experts, une tranchée pour servir de nouveau lit à la rivière. Les consuls indiquent pour l'emplacement de cette tranchée l'abreuvoir de Cuxac, le point dit la Rivière del Castel et le ténement désigné sous le nom de Navem de Tamarieg. Après avoir assigné à comparaître sur les lieux tous ceux qui y avaient des possessions, champs ou prairies, pour exprimer leur avis sur l'ouvrage projeté et sur son emplacement, le commissaire nomme sept experts chargés de procéder à l'examen des lieux et de donner leur opinion sur l'utilité et la direction de la tranchée proposée. Les principaux possesseurs des terrains qui devaient être traversés sont le vicomte, représenté par

(1) Jassil signifie petite jasse. On appelle *jasse* une construction élevée dans les montagnes, les garrigues, les terres de parcours, pour abriter contre le mauvais temps ou pendant la nuit les troupeaux envoyés à la dépaissance sur des points éloignés de la bergerie.

(2) Morrade, crête de rochers sur le sommet d'une colline ou les revers d'un plateau.

(3) Carrière est synonime de chemin, mais dans un sens tout à fait restreint. Par ce mot, on désigne un chemin muletier ou simplement un sentier.

(4) Combe, caune, sont à peu près synonimes. Dans le pays, on désigne indifféremment, sous ces deux noms, des dépressions de terrain étroites et allongées ou de forme arrondie, mais toujours de faible étendue, qui sont limitées par les relèvements de petites collines. On désigne aussi, sous le nom de caune, les grottes naturelles et les crevasses ou excavations que présentent les montagnes.

(5) Cette place était affectée au marché du Bourg pour la vente du pain, des fruits et des légumes et autres comestibles. La transaction intervenue entre les consuls et l'archevêque contient un renseignement très-intéressant sur la topographie des lieux qui formaient l'objet de leur litige. On y lit : « universitas Narbone et singuli cives « et habitatores ejusdem erant et sunt et suique predecessores fuerunt « pacifice et quiete in quadam parte dicte platee, tunc vacua et omni « edificio carente, que est inter domum dicti consulatus et viam publicam per quam itur de Perpiniano Bitterrim et econtra. » D'après ce texte, il est certain qu'il n'existait, à cette époque, aucune construction à la tête ouest du Pont-Vieux, côté du Bourg. Tout le terrain y était libre jusqu'à la place, et servait aux étaux des marchands dressés devant le consulat et le long de la route de Perpignan à Béziers. Cette route était la grande artère par laquelle s'effectuait tout le mouvement entre ces deux villes; elle traversait Narbonne depuis la Porte-Roy ou Porte de Béziers jusqu'au portail de Lamourguié, en passant à l'ouest du consulat du Bourg, entre ce consulat et la place.

(1) Voir note D, à la fin du volume.

Bernard Pellegri, son procureur; le chapitre St-Just, représenté par Guillaume Spazot, son baile mage; le chapitre St-Paul, représenté par Jacques Arnaud; l'abbé de St-Paul, représenté par Jourdain Bédos, et Guillaume de Narbonne, seigneur de Montaigut, lequel, à cause de son état d'aliénation mentale, « mente captus, » avait un curateur *ad lites* nommé Jacques Fustier, qui comparut pour la défense de ses intérêts. La rivière avait creusé son lit nouveau à partir du point dit le Pont de Bérenger Martin, et c'est là que devait être construite la digue ou chaussée d'abord projetée pour barrer la rivière et la forcer à reprendre son cours naturel par Narbonne. Il résulte de l'enquête faite par Guillaume Agnel que cet ouvrage fut généralement reconnu insuffisant, trop dispendieux, d'une réussite incertaine parce que la rivière avait sur ce point trop de pente, et qu'il était préférable et plus utile de construire la tranchée proposée par les consuls. Voici, à ce sujet, l'opinion formulée par l'un des experts entendus dans l'enquête : « Et primo habito juramento a « dicto Petro Gauterii, fusterio et livelatore, qui dicebatur « in talibus et similibus expertus, et per ipsum Petrum « Gauterii prestito corporali juramento ad sancta Dei qua- « tuor Evangelia de veritate dicenda, omni amore, favore, « odio et rancore postpositis et cessantibus, interrogatus « per dictum dominum commissarium si dicta ruptura, que « ibidem fieri preparabatur, erat necessaria et utilis rey « publice, et si sine dicta appertura vel alia flumen Atacis, « qui jam ab alveo naturali deviaverat, et per alium locum « insolitum cursum seu meatum suum faciebat, et villam « Narbone et ejus alveum naturalem totaliter dimiserat, « ipsa aqua posset reduci ad primum statum claudendo « illum locum per quem nunc fluebat vel alias, dixit, suo « juramento, quod attento quod appertura illa, per quam « nunc flumen Atacis fluebat et decurrebat, magnam habe- « bat casucham et deppenden, et quod in claudendo dictam « apperturam plures expense pluries facte fuerant et de « consilio proborum in talibus expertorum, et attento et « quod incontinenti cum una pars dicte rupture claudeba- « tur, quod statim aqua, propter velocem impetum quem « ibi habet, alibi frangebat et faciebat pejus quam prius fa- « ceret, ut dixit, quod, hiis attentis, illa ruptura non potest « claudi ministerio hominis sine maxima difficultate et cum « maximis expensis, et quod, si clauderetur, quod aqua, « propter magnum deppenden quod ibi habet, alibi fran- « geret et pejus faceret quam nunc faciat, ut dixit. Dixit « eciam quod dicta apertura que fieri preparabatur et in « loco ubi est signata, est nedum utilis sed eciam necessaria « utilitati rey publice ville Narbone. Interrogatus quomodo « scit, dixit per ea que supra deposuit et pro eo etiam quia « villa Narbone et molendina que sunt in ipso flumine ca- « rent et carebunt totaliter aqua, nisi dicta appertura fiat « et alveus dicti fluminis per dictam rupturam totaliter mu- « tetur, sicut dixit. » Le commissaire royal rend ensuite une ordonnance pour fixer la direction et les points d'assiette de la tranchée, depuis l'abreuvoir de Cuxac, au couchant de ce village et au-dessous du château de Védilhan, qui est sa tête de départ, jusqu'à la rive de l'ancien lit au Navem de Tamarieg. Enfin, il fait estimer par Raymond Dedieu, Guillaume Touchebœuf, Raymond de Salis, Antoine André et Bernard Floressac, la valeur des terres traversées et en arrête le prix, d'après l'estimation de ces experts, à 45 liv. tourn. par mojade, avec addition de 100 s. t. par mojade pour les terres du chapitre St-Paul, en représentation des dîmes qu'il y percevait.

F° 119 v°. — **1346** (24-28 juin, — 24 septembre). — * Procédure, avec relation d'experts, relative : — à l'exécution des travaux à faire pour ramener la rivière d'Aude dans son ancien lit, par Narbonne, et pour remédier aux inondations; — à la révision du niveau des *paissières* des moulins de Gazanhabes, de Raonel, de Bérenger Amaron, du Gua et des moulins établis sous le Pont-Vieux, qui étaient considérées comme une des causes des inondations de la rivière d'Aude et du changement de son lit. — Acquiescement donné à cette procédure par les propriétaires de ces moulins. — Après avoir fait connaître l'importance du commerce qui s'effectuait anciennement à Narbonne par la rivière d'Aude, la suscription de la procédure donne en ces termes l'aperçu de la situation qui était faite à la ville par l'effet du changement de lit de la rivière : « cum flumen « Atacis publicum et navigale, quod ab olim consuevit de- « currere et per alveum suum naturalem et antiquissimum « suum de directo facere per medium ville Narbone et « exinde stagna et maritima subintrare, per quod infinite « et innumerabiles mercationes et merces portabantur et « transvehebantur de diversis mundi partibus cum magno « et diverso genere navigiorum usque ad villam Narbone, « et de villa Narbone eciam portabantur et transvehebantur « ultra mare et alias diversas partes mundi propter portum « congruum dicte ville, quod cedebat in maximam tuicio- « nem et conservationem ac augmentum rey publice dicte « ville Narbone et tocius provincie Narbone ac universalis « regni Francorum, derelicto predicto suo proprio alveo « et naturali ac assueto, plures anni sunt elapsi, inceperit « alibi fluere, vagari et decurrere extra dictam villam per « mediam leucam et ultra, alveo sibi alio usurpato et as- « sumpto, ex quo inundationes aquarum dampnabiles et « terribiles ex tunc provenerunt per universas planicies « dicte ville Narbone et multorum aliorum locorum cir- « cumvicinorum, quarum occasione dampna irreparabilia « et innumerabilia in tota republica dicebantur exorta, « cum ex hoc portus dicte ville sit perditus, mercationes « fieri consuete cessent, et molendina de Gasanhabes, de

« Roanello, Berengarii Amaronis, de Vado, et que sunt « subtus Pontem Veterem (1) dicte ville, facta sint deserta « et inutilia ad molendum, terre frugifere facta sint etiam « infertiles, aer corruptioni deditus cum sordicies seu im- « mundicies que in ipso flumine prohiciuntur et prohici « consueverint per aquam mundari non possint ut consue- « verant, aqua dulcis et potabilis fuerit deperdita, itinera « publica dicebantur destructa et perdita, taliter quod « tempore inundationum aquarum per eadem quis tute « transire non poterat, ymo, quod nephandius est, a dicto « tempore citra multi itinerantes ex dictis aquarum inun- « dationibus subito et miserabiliter periisse dicuntur. »

RUBRIQUE : Carta sobrel acordi fait entre la viela e Fontfrejha e en Brenguiar Amaron, dals molis que son comus en la ribeyra d'Aude.

F° 126. — **1346** (24 septembre). — Procédure pour l'exécution de l'ordonnance de Guillaume Agnel, commissaire royal, qui prescrit l'abaissement du niveau des chaussées des moulins du Gua, de Raonel, de Gasanhabes, ainsi que de ceux qui sont établis sous le Pont-Vieux, et l'enlèvement des plantations et constructions, qui, en obstruant ou retrécissant le cours de la rivière d'Aude, ont provoqué les inondations par l'effet desquelles ses eaux se sont créé un nouveau lit, à près d'une lieue de la ville, en abandonnant totalement celui qui passe dans ses murs, entre le Bourg et la Cité. Il ne restait plus d'eau dans le lit abandonné ; les immondices y séjournaient, corrompaient l'air, et, par le manque absolu d'eau vive et courante, la préparation des draps, qui avait une grande importance à Narbonne et occupait la plupart des moulins de la rivière, n'y était plus possible : « quod licet olim, dit la procédure, « certus alveus factus et ordinatus fuisset, per quem flumen « Atacis currebat et dirviabatur per dictam civitatem et « villam pro necessitate et utilitate dicte ville, nichilominus « dictus alveus nuper propter inundationes aquarum adeo « ruptus et destructus extitit, quod dictum flumen per civi- « tatem et villam antedictas transire non potest, ymo nunc « currit et dirviatur extra dictas civitatem et villam per « unam leucam vel circa, cujus occasione civitas et villa « predicte ac habitatores et tota res publica earumdem « enormiter leduntur et dampnificantur, eo quod habitato- « res predicti non habent aquam dulcem pro eorum neces- « sitatibus sufficienter, aerque dictarum civitatis et ville, « propter immundicies que ad dictum flumen prohici non « possunt more solito, efficitur putridus et corruptus, pan- « nique, qui in magna quantitate ibi sunt, non possunt « comode prout hactenus consuetum fuerat preparari, ac « eorum possessiones quasi facte sint infertiles. » Cette procédure homologue la relation de Guillaume Jaubert, de Perpignan ; de Barthélemy Boyer, carrier de Vieusans ; de Séguier Laure, de Montpellier ; de Jean Amat, carrier de Cuxac, et de Raymond Johannis, charpentier de Narbonne, experts prud'hommes nommés par les consuls, agissant « pro utilitate rey publice ville Narbone, » par Guy Radulphe, chanoine et prévôt de l'église de Narbonne, par frère Jean Panguet, religieux du monastère de Fontfroide, et par Bérenger Amaron, tous intéressés aux travaux à faire et aux chaussées à régler, pour procéder à la visite des lieux et à leur examen, dans tout le parcours de la rivière, depuis la tête du lit nouvellement formé jusqu'à Narbonne et à la mer. Ces experts étaient, en outre, chargés d'indiquer les modifications à faire au régime de la rivière, les ouvrages à construire pour prévenir les inondations et faciliter le libre cours de la rivière jusqu'à la mer. Leur relation est rapportée en ces termes dans la procédure : « concorditer « retulerunt se vidisse flumen Atacis a loco vocato l'abeu- « rador de Cutsiacho usque ad mare et paxerias et saltus « ac carrasserias molendinorum, et livellum aque et casu- « cham quam habet dictum flumen a Ponte Veteri usque « ad mare, et juxta eorum arbitrium concorditer declarasse « quod apertura que signata est fieri juxta Navem de Ta- « marieg, incipiendo a l'abeurador de Cutsac et fluiendo « in ipso flumine subtus Navem et juxta quemdam cam- « pum magistri Bernardi Stephani notarii, fiat, et quod « dicta apertura cavetur de latitudine de basso quatuor « cannarum et alto sex cannarum, et quod cavetur tantum « quousque aqua reperiatur de subtus, et quod tota terra « que de dictis quatuor cannis de basso et sex desuper ele- « vabitur et amovebitur et ponatur ab utroque latere dicte « aperture, extra viginti cannas pro dicta apertura facienda « signatas et occupatas ; verumtamen, si dicta apertura ca-

(1) Les plus anciens moulins de Narbonne paraissent être ceux qui étaient construits au-dessous du Pont-Vieux. L'un d'eux était désigné sous le nom de Matepezouls ; un autre était appelé le Moulin du Filou ou des Budelliers. Ces moulins existaient dès le IXe siècle. A cette époque, ils appartenaient aux Juifs. Confisqués sur eux, ils furent donnés, en 924, par Charles le Simple, à l'évêque Eriffons et au prêtre Golfard, « serviteurs de Jésus-Christ et de St-Quintin le martyr, » dont l'église était édifiée dans l'intérieur de la ville. Il ne reste plus de traces de cette église, mais son emplacement est clairement indiqué dans un acte de l'année 1160, par lequel l'archevêque Bérenger autorise ses neveux Guillaume Amalric, Pierre et Arnaud de Narbonne, à faire des jours à l'un de leurs *mas* situés sur le marché de la Cité, et leur donne un terrain contigu à ce mas et à l'église de la Magdeleine. Voici les confronts de ce terrain : midi et orient, ledit mas ; cers, l'église St-Quintin. L'église St-Quintin, voisine de la Magdeleine, était donc située au nord de cette dernière église dans la direction du prolongement de la partie nord du cloître actuel de Saint-Just. Le marché de la Cité était alors la rue, exclusivement affectée aux marchands, vendeurs et revendeurs, qui allait de St-Just vers la Magdeleine du côté du midi, et vers la rue Droite du côté du levant.

Les moulins donnés à Eriffons et à Golfard, par Charles le Simple, étaient assis dans une île formée au-dessous du Pont-Vieux par la rivière d'Aude.

« vetur cum animalibus et artificiis ad hoc aptis, consulue- « runt quod omnes viginti canne caventur desuper et deinde « diminuendo sic et taliter quod in basso habeat quatuor « cannas. — Item consuluerunt quod, facta dicta apertura « ac cavatis dictis sex cannis desuper et quatuor de basso « in longitudine, quod antequam aperiatur desuper, fiat in « rippa ipsius aperture, de versus altanum sive bastidam « venerabilis capituli ecclesie narbonensis, unus paries de « bonis lapidibus et semento, latitudinis unius canne in « basso et desuper quinque palmorum et in longitudine « decem cannarum versus aperturam noviter faciendam et « sex cannarum de versus rippam fluminis nunc currentis, « vel tantum quantum habebit paxeria ibidem facienda, et « quod dictus paries habeat quatuor cannas super terram. « — Item quod, facto dicto pariete et dicta apertura aperta, « fiat una paxeria bona de lapidibus vel de fusta incipiendo « juxta dictum murum noviter faciendum et finiendum in « alia rippa ipsius fluminis versus Cutsiachum. — Item « quod juxta Navem de Tamarieg fiat alia paxeria, ad fi- « nem quod aqua non reddeat versus rupturam pontis « Berengarii Martini. — Item consuluerunt quod omnes « paxerie deprimantur in latitudine duodecim cannarum « incipiendo juxta saltus cujuslibet molendinorum, juxta « formam inferius annotatam, et quod omnes carrasserie « que sunt in ipsis paxeriis sint infra illas duodecim cannas, « et quod residuum dictarum paxeriarum remaneat in « statu in quo nunc est. — Item dixerunt se fecisse unam « crucem scultam in quolibet molendino qui est a dicta « apertura usque ac Pontem Vetus et in latere janue parve « per quam intratur ad paxerias cujuslibet molendinorum « predictorum et in tam alto et patenti loco quod per « aquam abscondi non possit, cujusquidem crucis forma est « talis +—+; et consuluerunt quod omnes paxerie quan- « tum continent dicte duodecim canne baxentur et depri- « mantur, sic et in tantum quod de bordono ipsius crucis « quod stat in quolibet molendino ex traverso usque ad « altiorem lapidem paxeriarum predictarum, dictarum « duodecim cannarum sit una canna octo palmorum. — « Item consuluerunt quod omnes saltus molendinorum « deprimantur et reducantur ad statum antiquum et quod « omnes carrasserie deprimantur ultra saltus molendino- « rum per duos palmos. — Item consuluerunt quod in « passu de Gasanhab fiat una aygueria latitudinis unius « canne et bassa ad livellum carrasserie dicti molendini, et « quod illi lapides qui sunt in dicto passu, de versus flu- « men Atacis, amoveantur et reducantur ad statum ipsius « passus. — Item consuluerunt quod in quolibet sabbato « et in vigiliis festorum quibus molendina molere non « consueverunt, omnes paxerie apperiantur et remaneant « apperte usque in crastinum post missarum solennia. — « Item consuluerunt quod in paxeria cooperta que est « inter molendinum narbonensis archiepiscopi et molen- « dinum Raymundi Drudonis, fiat una carrasseria tres « cannarum, tam bassa quod nulli lapides remaneant de « subtus, ad finem quod aqua que perinde transibit curet « dictum flumen, et quod si per hujusmodi curationem et « alia remedia supra et infra data et danda dicta molen- « dina non possint meliorari et utilia fieri, quod dicta car- « rasseria aptetur et elevetur prout fuerit faciendum juxta « livellum aque. — Item dixerunt se livelasse aquam de « Ponte Veteri usque ad finem condamine de Flexo de « versus mare, et invenisse quod de dicto ponte usque ad « dictum finem dicte condamine sunt tres palmi et medius « de casucha. — Item livelaverunt de dicta condamina « usque ad mare, et invenerunt quod stagnum de Gruys- « sano et gula gradus Narbone sunt in uno livello, et me- « liorem casucham habet flumen in loco ubi nunc cadit, « quam haberet in stagno de Gruyssano, pro eo quia habet « majorem profunditatem aque. — Item dixerunt quod « stagnum Narbone potest et posset faciliter et sine magnis « sumptibus curari, et quod, ipso curato, flumen reparabi- « tur. — Item consuluerunt quod condamina de Flexo « dividatur, et quod fiat per dictam condaminam novus « alveus per quem transeat dictum flumen, dicentes quod « si dictus alveus fiat per dictam condaminam, et dictum « stagnum Narbone disrazetur et curetur, quod flumen erit « ita bonum sicut fuit, et quod sine predictis, specialiter sine « alveo dicte condamine de Flexo, dictum flumen reparari « non possit. — Item dixerunt et consuluerunt quod omnes « praxate, arbores et impedimenta que sunt de Vadio Ra- « bioso usque ad mare, tollantur et amoveantur, taliter « quod arbores impedientes cursum aque totaliter evel- « lantur et ex toto amoveantur; nam si truncarentur, pullu- « larent et majus nocumentum prestarent. — Item dixerunt « et consuluerunt quod inhibeatur ut nullus audeat aliquas « plantationes fieri infra dictum flumen, nisi solum et « dumtaxat versus illam partem versus quam flumen des- « trueret rippas, in qua rippa possint arbores plantari ad « finem solum deffendendi rippam et non impediendi cur- « sum aque; quod si facerent, amoveantur ex toto. Et quia « humanum judicium falli et decipi potest, ideo fuerunt « protestati magistri superius nominati quod si pro nunc « vel in futurum sanius et utilius consilium dari possit per « facti experientiam vel alias, in addendo, detrahendo, « mutando vel alias, quod dicto consilio addi, detrahi et « mutari possit, prout utilius videbitur faciendum. »

RUBRIQUE : Carta d'una provisionis fayta sus las paysseyras del fluvy d'Aude.

F° 132 v°. — **1340** (30 septembre). — Acte de la réquisition faite par les consuls de Narbonne, « in porticu « que est inter palacium vetus et novum domus archiepis- « copalis Narbone, » au vicaire général de l'archevêque et au syndic du chapitre St-Just, concernant le paiement de la part assignée aux gens d'Église dans la dépense de construction des ouvrages projetés pour ramener la rivière d'Aude dans son ancien lit, par Narbonne. Cette dépense est répartie en trois parts, dont deux sont à la charge de la ville et une à la charge des nobles et des gens d'Église.

RUBRIQUE : Carta sus la reparacio del fluvy d'Aude.

F° 135. — **1345** (15 février); — **1347** (15 septembre).— Ordonnances de Philippe VI, envoyées sous forme de vidimus au viguier de Narbonne par Gérard de Ronsilion, sénéchal de Carcassonne, rendues « pour la repara- « cion de alcus griefs de son pueple et réformacion du « governement d'icellui pour le temps a venir, » à la suite de l'assemblée des barons, prélats, chapitres et bonnes villes du royaume convoquée au jour de N. D. de la Chandeleur de l'année 1345. (Français et latin).— Ordonnance de Jean, comte de Poitiers, lieutenant du roi dans la Guyenne et le Languedoc, sur les doléances présentées au roi par les villes et communautés de la sénéchaussée de Carcassonne et Béziers. Cette ordonnance est datée de Carcassonne. — Par ces ordonnances, Philippe VI, après avoir déclaré, ainsi qu'il l'a fait connaître aux États de la Chandeleur, que son intention n'est pas de réunir au domaine la gabelle du sel et l'imposition de 4 den. pour livre « qui estoient mult desplasans » au peuple, ni de les rendre perpétuelles, comme on a pu le penser, et qu'il désire, au contraire, que « par bon conseil et advis bonne voie fust « convenable trouvée par laquelle l'en mist bonne provi- « sion sur le fayt de la guerre » pour remplacer lesdites gabelle et imposition, décrète : — que tous emprunts forcés du roi, de la reine et du duc de Normandie ne se renouvelleront plus et ne seront plus faits que de plein gré et sans aucune contrainte; — que le nombre des sergents des sénéchaussées et bailliages sera ramené en son ancien état sans qu'il soit loisible à ces sergents de *sergenter* par sénéchaussées et bailliages, mais seulement par prévôtés et châtellenies; — que nul ne pourra, à l'avenir, faire des réquisitions de vivres ou de chevaux, si ce n'est à deniers comptants au prix vénal des objets requis, sous peine d'emprisonnements par tous les officiers des justices des lieux où semblables réquisitions auront été faites; cette défense s'étend à toutes personnes, même de la lignée royale, aux lieutenants du roi, aux connétables ou amiraux, aux maîtres des comptes de l'hôtel du roi, du parlement ou de tous siéges et offices, aux princes, barons ou chevaliers, etc.; — qu'il ne sera plus délivré des lettres d'État que par le roi ou ses lieutenants; — que les maîtres des eaux et forêts ne connaîtront désormais que des excès et delits commis dans lesdites eaux et forêts, et que les ajournements qu'ils auront à prononcer devront être faits à jour et heure fixes; — que les sénéchaux, baillis et prévôts devront procéder par eux-mêmes à l'audition des témoins au lieu de les commettre à leurs clers et *affuys*; — qu'aucun commissaire du parlement ne pourra prendre, par jour, au delà de 40 s. parisis en pays de parisis et tournois en pays tournois; — qu'il ne sera obéi à aucuns commissaires sur faits d'usure, de falsification des monnaies, de traite des grains et marchandises hors du royaume et autres cas semblables, à moins qu'ils ne soient pourvus de lettres spéciales, etc.

F° 142. — **1344** (6 janvier). — Révocation et mainlevée de la saisie qui avait été pratiquée par commission de la Cour du sénéchal de Carcassonne, expédiée à la requête de l'archevêque de Narbonne, sur les tables des *inquants* que la ville possédait à la place du Bourg et dont l'archevêque revendiquait la propriété. Ces tables étaient placées devant la maison de Pierre-Raymond de Montbrun, où était situé l' « operatorium » contenant le livre sur lequel s'inscrivaient les *inquants* et les ventes, ainsi que les émoluments qui en provenaient. La révocation de cette saisie réserve les droits de toutes parties. (Transc. au 1er thal., f° 328.)

F° 144. — **1344** (1er avril). — Échange fait par les consuls avec Durand Baudon, bourgeois de Narbonne, d'un passage appartenant à la ville et attenant à une maison dudit Baudon, contre un patu sis dans la Cité et confrontant du midi la rivière. Ce patu est cédé aux consuls moyennant une soulte en leur faveur de 50 liv. tournois. Il était tenu de la directe de l'abbé de Montolieu, sous l'usage annuel de 2 sous.

F° 145. — **1345** (28-30 août). — Présentation, lecture et intimation faites à la requête de Bérenger d'Ursières, syndic des consuls, aux officiers de la Cour du vicomte et de la temporalité de l'archevêque, des lettres de Guillaume Viguier et d'Amalric de Voisins, lieutenants du sénéchal de Carcassonne, qui maintiennent les consuls au droit et au pouvoir de faire seuls le guet dans la ville et son district, de nuit comme de jour, toutes les fois qu'ils le jugent convenable. Ces officiers protestent contre la teneur des lettres intimées; ils les déclarent obtenues « ex falsis suggestioni- « bus et tacita veritate, » et en relèvent appel. — Les officiers du vicomte et de l'archevêque s'autorisaient de certain ordre qu'ils avaient reçu du châtelain de Minerve, dans leur prétention au droit de faire le guet avec port d'armes, contre les consuls à qui appartenaient la garde de la ville et la charge de veiller à sa défense et à sa sécurité, tant à l'intérieur qu'au dehors, par terre comme par mer. — Voici comment les lettres d'Amalric de Voisins s'expliquent à ce sujet et reconnaissent le droit revendiqué par les consuls : « exposuerunt nobis consules Narbone quod cum « ipsi et eorum predecessores sint et fuerint in possessione

« et saysina seu quasi libertatum, ratione eorum consulatus, quem a domino nostro rege tenent immediate una « cum eorum juribus et libertatibus universis, excubiandi « et excubias faciendi et mandandi, de die et de nocte, in « dicta villa et ejus districtu, quatinus eisdem consulibus « expediens videtur et facere volunt, et inhibendi ac pro- « hibendi curialibus et servientibus Curiarum Narbone ne « excubient quamdiu consules per se et eorum gentes ex- « cubiant et excubiare disponunt; nichilominus subvicarii « et servientes ac gentes Curiarum dominorum archiepis- « copi et vicecomitis Narbone, ipsis consulibus et eorum « gentibus excubiantibus, per dictam villam excubias fa- « cere et incedere armati per eamdem nituntur, fingentes « hoc posse fieri virtute cujusdam mandati generalis (1) « noviter facti per castellanum de Minerba seu alium, de « mandato Curie domini senescalli dictis consulibus et « curialibus dictarum Curiarum de custodiendo villam et « loca per mare et per terram, licet, ut premissum est, « dicte Curie seu earum curialibus non liceat excubiare « quamdiu consules et universitas dicte ville excubias fa- « cere volunt; que predicta cedunt nedum in prejudicium « ipsorum consulum sed et in usurpationem juris regii, a « quo dictus consulatus cum ejus libertatibus tenetur. « Unde cum nostra intentio non existat per litteras dicti « domini senescalli....... dicto castellano directas seu per « mandata per eumdem inde facta super premissis dictis « libertatibus et franquesiis dicte universitatis et consulum « Narbone, que a domino nostro rege tenentur et de qui- « bus sumus informati, prejudicium inferre quominus uti « valeant prout prius facere poterant ante concessionem « dictarum litterarum, nec earum pretextu aliquod jus « novum concedere curialibus... super excubiis faciendis, « sed quod dicti consules utantur et faciant prout acthenus « consueverunt. Quarum vobis...... mandamus, quatinus « nostram intentionem curialibus..... intimetis. »

F° 148 v°. — **1346** (22 novembre). — Collation de la chapellenie du Corpus-Christi, fondée dans l'église N. D. de Lamourguié par testament de Raymond de Latour, marchand, du 1er novembre 1300. En attribuant le patronat de cette chapellenie aux consuls, le testateur avait légué pour le service de sa fondation une somme de 6,000 sous tournois.

F° 152. — **1346** (10 août). — * Ordonnance de Pierre Aurelzier, chantre d'Amiens, et de Gilles de Maldiers, chanoine de Rodez, commissaires nommés par lettres patentes de Philippe VI, du 11 juillet 1345, à l'effet de préparer l'exécution des travaux nécessaires pour ramener la rivière d'Aude dans son ancien lit. Après avoir visité les lieux, où furent convoqués tous ceux qui avaient intérêt aux travaux projetés, savoir : l'archevêque, représenté par son procureur; les chapitres St-Just, St-Étienne, St-Paul, l'abbé de Fontfroide, le prieur de Lamourguié et les autres gens d'Église, le vicomte de Narbonne et les consuls de Narbonne, Sallèles, Coursan, Cuxac, Capestang, Védilhan, Moussan, Pérignan, St-Pierre del Lec, Céleyran, Vendres, Ouveilhan, Vinassan, Armissan, Salles, Quarante, Célian, etc., les commissaires fixent par cette ordonnance à 3,000 liv tourn. la part de ces consuls dans la dépense des travaux à faire, et à 1,500 liv. tourn. celle des gens d'Église et des nobles. Ils décident, en outre : — que l'ancien lit de l'Aude, à la condamine du Fleix, appartenant à l'archevêque, sera clos et abandonné à l'archevêque en échange du terrain qui lui sera pris pour le nouveau lit à construire au bout de cette condamine; — que le Rieumerdier sera déplacé aux frais des consuls de Narbonne, s'il est reconnu, après due information, qu'il a été construit par eux; — que l'archevêque et les gens d'Église intéressés auxdits travaux se concerteront pour répartir entr'eux, à proportion de l'utilité qu'ils doivent en retirer, la portion de la dépense mise à leur charge, etc. (Transc. au 11e thal., f° 86.)

F° 157 v°. — **1339** (3 décembre). — Lettres d'Adhémar Baille, juge mage de Carcassonne, avec leur exécutoire, qui fixent l'honoraire des sergents royaux de la Cour de Narbonne. Taux de ces honoraires : — pour chaque diette, 3 sous tournois pour un sergent à cheval, et 18 den. tourn. pour un sergent à pied; — pour une saisie ou une restitution de saisie, 2 den. tourn.; — pour la fermeture ou le scellé et l'ouverture des maisons des contumaces, 2 den. tourn.

F° 158 v°. — **1341** (22 février). — Déclaration par laquelle les officiers de la Cour du vicomte reconnaissent qu'ils sont tenus de prêter serment (1) entre les mains des consuls de maintenir inviolablement, garder et observer les priviléges et libertés de la ville. — Serment prêté par ces officiers, qui étaient le damoiseau Raymond de Sejan, viguier; Bernard Pulle, juge ordinaire, et Pierre Boyer, juge des appellations.

F° 159 v°. — **1343** (22 janvier). — Collation en faveur de Barthélemy Séguier, de la chapellenie fondée en l'église

(1) L'ordre général dont il s'agit avait été donne par la Cour du sénéchal de Carcassonne pour empêcher les menées des émissaires que les Anglais avaient répandus dans la province, sous des déguisements monastiques, pour faire soulever le peuple contre l'autorité du roi.

(1) Cette obligation découlait pour les officiers curiaux du vicomte des accords conclus, en 1335, entre les consuls de la ville et le vicomte Aymeric. (Vid. AA. 7; AA. 99, 1er thal., f° 119 à 148, etc.)

N.-D. de Lamourguié, par Pons Béronie, habitant de Narbonne, suivant son testament par lequel il lègue une somme de 5,000 sous melgoriens devant servir à l'acquisition d'un fief ou de revenus destinés à l'entretien du titulaire de ladite chapellenie. Le droit de patronat des consuls est établi par la clause suivante du testament du fondateur : « et gadiatores mei, dum vixerint, ut patrones, ibi presbyterum « ydoneum representent, nominent et ponant dum vixerint tanquam patroni, et post decessum eorum ad consulatum Burgi Narbone potestas hujusmodi revertatur, « qui infra unum mensem post mortem unius alium « presbyterum perpetuum ponant et constituant. »

F° 161. — **1322** (4 des kal. de décembre (28 novembre). — Prestation de serment entre les mains des consuls du Bourg, par le bandier que le monastère de Fontfroide avait nommé pour la garde du ténement de Boccacers.

F° 162. — **1317** (12 des kal. de mars (18 février). — Nomination par Bernard Paul, Guillaume Ferrand et Guillaume de Bonpas, consuls du Bourg, d'un bandier du consulat pour la garde du ténement de Boccacers.

F° 162 v°. — **1318** (3 des kal. de janvier (30 décembre). — Serment prêté entre les mains des consuls du Bourg par le bandier que le monastère de Fontfroide avait nommé pour la garde du ténement de Boccacers, et par sa caution.

F° 163. — **1321** (3 des ides de mars (13 mars). — Nomination par les consuls du Bourg, sur la présentation qui leur en est faite par le syndic du monastère de Fontfroide, d'un bandier pour la garde des ténements de Boccacers, Mougens, Chandayzel et les Arenals, pendant l'année 1321. — Étaient consuls du Bourg : Bérenger Amaron, Sejan Portalis, Guillaume Ferrand, Bernard Alambert et Jacques de Gleises. (Transc. au f° 165 de ce même thal.)

F° 163 v°. — **1322** (8 des kal. de mars (22 février). — Nomination par Raymond de Foix, Guillaume de Poaliers, Pierre de Limoux, Guillaume Bérenger et Laurent Gavaudan, consuls du Bourg, sur la présentation du syndic du monastère de Fontfroide, d'un bandier pour la garde des ténements de Boccacers, Chandayzel et les Arenals. (Transc. au f° 165 v° de ce même thal.)

F° 164. — **1322** (10 des kal. de décembre (22 novembre). — Nomination par Bérenger Arnaud, Pierre-Raymond Rouch, Bérenger Hulard et Bernard Jacques, consuls du Bourg, de deux bandiers pour la garde des ténements de Pech-Vermellier, Font de l'Abeille, Pech-Agals, Pech des plages de Camplain, Figayroles, Combelongue et Pech d'Ursières ou Orsières.

F° 164 v°. — **1322** (nones de décembre (5 décembre). — Nomination par les consuls du Bourg de deux bandiers pour la garde du ténement de Jonquières. Ces deux bandiers leur avaient été présentés par Jacques Castelnau, Guillaume Dieulafoy, Jacques Auriac et Étienne Estagel, propriétaires de vignes dans ce ténement.

F° 165. — **1321** (3 des ides de mars (13 mars). — Nomination faite par les consuls du Bourg, sur la présentation du syndic du monastère de Fontfroide, d'un bandier pour la garde des ténements de Boccacers, Mougens, Chandayzel et les Arenals. (Transc. au f° 163 du présent thal.)

F° 165 v°. — **1322** (8 des kal. de mars (22 février). — Nomination par les consuls du Bourg, sur la présentation qui leur en est faite par frère Jean Esquirol, syndic du monastère de Fontfroide, d'un bandier pour la garde des ténements de Boccacers, Chandayzel et les Arenals. (Transc. au f° 163 v° du présent thal.)

F° 166. — **1325** (6 des kalend. de mai (26 avril). — Nomination faite par Bernard Bardine et Pierre Barbier, consuls du Bourg, d'un bandier qui leur est présenté par le syndic du monastère de Fontfroide pour la garde des ténements de Boccacers, Chandayzel et les Arenals.

F° 166 v°. — **1336** (30 avril). — Nomination faite par les consuls du Bourg d'un bandier pour la garde du ténement de Boccacers, sur la présentation de frère Jean Guiraud, syndic du monastère de Fontfroide.

F° 167. — **1345** (13 janvier). — Permission donnée à Christophe Maynard, habitant de Coursan, par Guillaume Cogomblis et Bernard d'Albars, consuls, et Pierre Chrétien, assesseur consulaire, de faire la chasse dans les terres ensemencées du territoire de Narbonne aux grues et autres oiseaux qui faisaient de très-grands dégâts, principalement aux champs de blé et de fèves, sous la condition qu'il sera responsable de tous dommages et que le huitième du produit de la chasse sera attribué à la ville.

Rubrique : Carta que los cossoltz donero lecenssia, coma an aquelz que se apertinya, de cassar aucelhtz dintz los terminaltz de la Ciutat e del Borc, e donava la octava part de la cassa alez ditz cossoltz, e promes a paguar talas si las fes.

F° 168. — **1473** (9 novembre). — Procédure faite par Jean de Montredon, viguier de Narbonne, à la requête des consuls, relativement à l'exécution partielle d'un arrêt général, qui était intitulé : de novis dissaysinis. Les consuls se fondaient sur le premier chapitre de cet arrêt pour faire reconnaître leur droit : — de fixer le prix des comestibles exposés en vente, en vertu du « jus afforandi » qui leur appartient, et de punir ceux qui vendent au-dessus de ce prix ; — de connaître, à l'exclusion de tous autres juges, des faux poids et des fausses mesures, soit contre ceux qui fabriquent ces faux poids et ces fausses mesures, soit contre ceux qui s'en servent, et de punir les uns et les autres par l'application de la *cize* établie ; — de prohiber l'achat des comestibles avant midi, dans le marché, par les revendeurs et revendeuses. — Étaient consuls de Narbonne : Jean Rafeyre, Antoine Séguier, Guillaume Baron, Jean Trossel et Remy Guyot.

F° 170. — **1508** (octobre). — Lettres de Louis XII données comme seigneur de la Vicomté de Narbonne, qu'il avait acquise de Gaston de Foix, par suite de l'échange dans lequel il lui avait abandonné le duché de Nemours. Ces lettres confirment « les belles pactions, accords, tran- « shactions et conventions touchant plusieurs beaulx pri- « villéges, prérogatives et préhéminances octroyez et « concédez par les vicomtes de Narbonne aux habitants de « la ville. » (Français.)

F° 172. — **1297** (ides de juin (13 juin). — Testament de Pierre d'Armentières, précepteur de la maison des Lépreux ou Mizels (1) de la Cité. Après avoir élu sépulture dans le cimetière de l'église St-Laurent, ou dans celui de l'église St-Felix, le testateur lègue : — 5 s. tourn. à Pierre Guiraud, son filleul ; — 5 sous tourn. à Ermengarde, sa filleule, fille de Pierre Fica, de Thézan ; — 20 s. tourn. à Ermessende, autre fille de Pierre Fica, pour l'aider à se marier, et une cape de *rossette* qui avait appartenu à sa femme ; — 15 s. t. à Pierre Dapes, chapelain des Lépreux ; — sa meilleure tunique blanche à Simon, qui était l'écrivain de cette maison ; — un « supertunicale de burello « cum capucio ejusdem panni, » à Jean Roche, prêtre ; — et ses autres habillements aux pauvres de la ville qui seront désignés par ses exécuteurs testamentaires. — Pour doter l'institution d'un chapelain, appelé *prêtre moyen*, qu'il fonde dans l'église Saint-Laurent des Mizels, il donne le capital destiné à créer un revenu annuel de 100 s. t., et veut que ce revenu soit réuni à celui qui avait été donné par Jean Bistan, pour une fondation pareille, afin qu'il soit pourvu à l'entretien d'un seul prêtre résidant dans cette église et y célébrant journellement et à perpétuité le service divin pour le repos de son âme, de celle de Jean Bistan et pour le salut de leurs épouses. Enfin, il veut que tout le reste de ses biens soit affecté aux besoins de la maison des Mizels, et, à défaut, il institue Dieu et les pauvres de Narbonne pour ses héritiers universels.

F° 173 v°. — **1306** (4 des nones de mai (4 mai). — Échange fait par Bernard Julac, habitant de Cuxac, avec la maison des Lépreux de la Cité, d'une pièce de terre sujette à la censive annuelle de 2 setiers de blé ou 15 s. t., qui était située dans la directe de Guillaume de Rieu, au ténement de Rapalpo, contre une autre pièce de terre située dans le territoire de Cuxac, au ténement de Liouran. Guillaume de Rieu intervenant dans l'échange fait don aux Lépreux de la censive et des lods et foriscapes qui affectaient la première de ces pièces de terre. — Témoins de l'échange : Bernard Michel, prêtre, Bérenger Cathala et le damoiseau Guillaume de Cruzy.

F° 174 v°. — **1256** (2 des ides de juin (12 juin). — Vente d'une pièce de terre en franc alleu, située aux Tamarigs, dans le territoire de la Cité, faite moyennant le prix de 100 s. melg. par Douce, veuve de Raymond de Portal, du lieu de Gruissan.

F° 175 v°. — **1243** (8 des ides d'octobre (8 octobre). — Bail à nouvel acapit consenti à Jean Oliba par Jean Adalbert, commandeur de la maison des Lépreux de la Cité, et par Jean Bistan, l'un et l'autre agissant comme coseigneurs, de partie d'un patu situé dans le faubourg de Villeneuve, au levant de la maison des Lépreux. Ce patu est donné en acapit moyennant 4 s. melg. de censive annuelle avec faculté pour l'emphytéote de réduire cette censive à 6 den. melg., par amortissement successif du capital sur le pied de 12 deniers pour 20 s. de ce capital.

F° 176. — **1246** (5 des ides d'octobre (11 octobre). — Vente faite par le juif Boumacip, à la maison des Lépreux de la Cité et aux frères et sœurs qui l'administrent, des foriscapes, quartes, lods et droits seigneuriaux qu'il avait sur diverses possessions appartenant à ladite maison, situées aux ténements de Ramian et de Saint-Georges. — Prix de la vente : 140 s. melg.

F° 177. — **1258** (ides de février (13 février). — Donation faite à Guillaume Jacques, commandeur de la maison des Lépreux de la Cité, et aux frères et sœurs de cette maison, par Bernard Darles, charpentier, et Bernarde, sa femme, d'une pièce de terre située dans le territoire de la Cité, au ténement dit le Salsoyrard. — Témoins qui figurent dans l'acte : Pierre-Pons de Boutenac, Guillaume Florence, Raymond Sifred et Jean de Longoux.

F° 178. — **1301** (3 des kal. de mars (27 février). —

(1) Mizels, infirmes, malades ou malheureux inspirant la pitié. La maison des Lépreux ou Mizels de la Cité était située, d'après un ancien plan qui nous a été communiqué par M. Larraye, de Narbonne, dans la direction nord de la ville, au carrefour que formait la bifurcation de la route de Béziers, dans le ténement dit la Malautié, à peu près sur l'emplacement occupé actuellement par l'atelier de réparation des machines dans de la gare du chemin de fer.

Bail à nouvel acapit consenti à frère Guillaume Raymond, précepteur de la maison des Lépreux de la Cité, d'une pièce de terre située au tènement de Villejuif, appartenant au sacristain mineur de l'église Saint-Paul. Ce bail est fait sous la réserve des droits de lods et foriscapes et sous la censive annuelle d'une mesure de blé quand la terre sera cultivée en blé, de la 9e portion de la récolte si elle est cultivée en vigne et de 3 cartons de cire ou 15 den. t. si elle est laissée en herm. Cette même censive devait être payée à chaque mutation du précepteur de la maison des Lépreux.

F° 179. — **1177** (12 des kal. d'octobre (20 septembre). — Vente d'une pièce de terre située au tènement des Fourques, faite par Pierre Bremond à Raymond, ministre et vicaire de la maison des Infirmes (Lépreux) de la Cité, pour le prix de 100 s. melg. de 4 den. chacun. Guillaume d'Argens intervient dans l'acte, paie cette somme et en fait don à l'acheteur.

F° 179 v°. — **1172** (ides de mars (15 mars). — Vente d'une pièce de terre cultivée en vigne dans la seigneurie de la vicomtesse Ermengarde, au tenement de Ramian, faite à Othon, procureur de la maison des Lépreux de la Cité, pour le prix de 20 sous melgoriens. — Vendeur: Pierre Hugon. — Cette pièce de terre était sujette à la censive annuelle de la 4e partie de la récolte. Pour droits de lods, l'acquéreur dut payer 40 deniers melg. — Témoins de la vente: Pierre Gaucelin, Guillaume d'Argens, Pierre de Belpech, Guillaume Escler et Guillaume Serres.

F° 180. — **1171** (avril). — * Lettres de Pons, archevêque de Narbonne, qui autorisent la construction d'une église (1) pour le service religieux de la maison des Lépreux de la Cité, bâtie hors des murs de la ville, et l'institution dans cette église d'un prêtre chargé du soin des âmes et de la célébration des offices divins. — La présentation de ce prêtre est réservée aux Lepreux qui doivent en faire le choix devant le sacristain de St-Just. Il est interdit à tout habitant du Bourg et de la Cité, *même aux femmes relevant de couches*, de pénétrer dans l'église autorisée, à moins d'être déjà atteint de la lèpre. Ces lettres ordonnent, en outre, que la sépulture des lépreux aura lieu dans le cimetière de St-Félix, sous la condition que le lit et les draps qui serviront pour la cérémonie des sépultures seront rapportés diligemment dans ladite maison.

F° 181. — **1210** (8 des ides de juillet (8 juillet). — Donation faite à la maison des Infirmes par Pons de Juillans et Marie, sa femme, d'une maison longeant le rempart de la Cité, tenue à titre emphytéotique par Pons Nez-de-Vache qui l'avait acquise de Pierre Nez-de-Vache et d'Adalacie, sa femme. Dans cette donation, la maison des Infirmes est représentée par Raymond Guiraud, de Narbonne, son procureur. — Témoins de la donation: Bernard Peregri, Étienne de Nazal, Pons Rainal et Bernard Robin. L'acte est dressé par Étienne de Balme, notaire public de Marseille.

F° 181 v°. — **1236** (6 des ides de mars (10 mars). — Bail à nouvel acapit fait par Guillaume-Raymond de Montpellier, Pierre-Raymond son frère, et Sicard Fabre, à Raymond Escudier et Guillaume Alquier, procureurs de la maison des Mizels de la Cité, de cinq des six portions d'une vigne située dans le tenement du Moraver, dépendant de leur coseigneurie. Cette vigne était sujette à la censive annuelle de la *quarte* des fruits récoltés et d'une mesure de blé. Le bail impose aux emphytéotes la condition d'arracher la vigne, d'en cultiver le sol comme champ et de payer 20 s. melg. pour droit d'entrée.

F° 182 v°. — **1167** (13 des kal. d'avril (20 mars). — * Échange fait entre le chapitre St-Just et la maison des Infirmes de la Cité. Le chapitre donne un champ situé au tènement des Fourques, dont il se réserve les dîmes et les prémices. La maison des Infirmes donne la quarte, le foriscape et autres droits sur 2 *mojades* de vigne situées dans le tènement de Vasis. Le champ des Fourques était tenu, à titre emphytéotique, par Pierre Brémond, et les deux mojades de vigne, que Guillaume de Magalas avait léguées à la maison des Infirmes, etaient tenues au même titre par Guillaume Bistan. Dans l'échange, le chapitre est représenté par Guillaume de Sardonic, Roger, archidiacre, Pierre Bernard, sacristain, Brémond, précenteur, Hugues, prieur, et Guillaume du Plan, prévôt.

F° 183 v°. — **1266** (2 des nones de septembre (4 septembre). — Vente en franc alleu faite par Guillaume et Sicard Fabre à Pierre de Gaudiers, précepteur de la maison des Lepreux de la Cite, d'un champ avec le ruisseau en dépendant situé dans le tènement de las Planos, joignant la condamine du chapitre Saint-Just. — Prix de la vente: 100 liv. t., qui furent payés avec les fonds provenant d'un legs de pareille somme fait à ladite maison par Jean Bistan, fils d'autre Jean Bistan, pour la dotation d'un *prêtre moyen* qu'il avait fondé dans l'église St-Laurent. — Une note du XVIe siècle mise en regard de la vente, dans la marge du thalamus, désigne le champ vendu comme étant celui qui appartenait à l'hôpital de Narbonne au tènement de Chandayzel.

F° 184 v°. — **1216** (ides d'octobre (15 octobre). — Vente faite à la maison des Mizels de la Cité par Bernard

(1) Cette église fut placée sous le vocable de saint Laurent qui est aussi quelquefois donné à la maison même des Lépreux.

Nègre, moyennant le prix de 50 s. melg., d'une parcelle de vigne « cum suo solo et planterio » située dans le ténement de Ramian.

F° 185 v°. — **1301** (3 des kal. de mars (27 février). — Vente d'une pièce de terre située dans le ténement de Villejuif, faite à Guillaume Raymond, précepteur de la maison des Mizels de la Cité, par Arnaude, veuve de Pierre André, berger de Narbonne. — Prix de la vente : 7 livres tournois La pièce de terre vendue avait pour confronts le fief du monastère N.-D. des Olieux et le Val de Corbière; elle dépendait de la directe du sacristain mineur de St-Paul.

F° 186 v°. — **1258** (2 des kal. de novembre (31 octobre). — Vente en franc alleu faite à la maison des Mizels de la Cité par Guillelme, femme de Pons de Cap-de-Pins, d'une pièce de terre située dans le territoire de la Cité, au ténement de Moure-Nègre, pour le prix de 10 livres melgoriens.

F° 187 v°. — **1240** (5 des ides de mai (11 mai). — Vente faite par Bérenger et Raymond d'Ouveilhan à Jean Bistan et à Jean Adalbert, ce dernier agissant comme commandeur de la maison des Mizels de la Cité, de la censive annuelle de 12 den. narbonnais, du foriscape et des lods et droits seigneuriaux grevant une maison, située au faubourg de Villeneuve, que les acquéreurs de ces droits possédaient par indivis et par moitié. — Témoins de la vente : Bérenger du Rivage, Guillaume-Pierre de Rieupoul, Pierre-Bérenger d'Ouveilhan et Géraud Contastin.

F° 188 v°. — **1126** (8 des kal. d'avril (25 mars). — Vente de la quarte d'un champ situé dans le ténement des Mizels, faite par Pierre-Raymond du Capitole et Florence, sa femme, à Arnaud de Missoleyres, ministre et vicaire de la maison des Infirmes de la Cité, pour le prix de 15 sous melg. de 4 den. chacun.

F° 189. — **1318** (2 des ides de janvier (31 décembre). Accord conclu entre le procureur de Raymond Soubiran, sacristain mineur de l'église St-Paul, et Jean Dedieu, hebdomadier de la même église, d'une part, et Guillaume Dossa, procureur de la maison des Lépreux de la Cité, agissant avec le consentement et la volonté expresse des consuls « per quos dicta domus regitur, » d'autre part, d'après lequel certaine bastide avec ses terres, possessions, hermes, directes, maisons et arbres dépendant du ténement de Ricardelle, dans le territoire del Lec, sont déclarés être la propriété de la maison des Lépreux, sauf les censives, foriscapes et autres droits seigneuriaux, qui appartiennent à la sacristie et à l'*hebdomade* de l'église St-Paul.

F° 192. — **1192** (9 des kalend. de mai (23 avril). — Vente faite pour le prix de 100 s. melg. à la maison des Mizels de la Cité, par Pierre Cotet, des droits qu'il pouvait avoir sur une pièce de terre allodiale située à Carcomprat, que l'oncle du vendeur avait donnée à ladite maison par son dernier testament. — Témoins de la vente : Arnaud Amalric, Raymond de St-Jory, Bérenger de Capestang, Pierre-Raymond Fabre et Arnaud Fort.

F° 192 v°. — **1282** (5 des ides de juin (9 juin). — Approbation par Géraud de Narbonne, fils d'autre Géraud de Narbonne, des donations faites à la maison des Mizels de la Cité par Pierre Niel, prédécesseur de Jean Adalbert, précepteur de ladite maison, et par Bens Nez-de-Vache. Ces donations consistaient en un champ et divers salins situés dans le territoire de la Cité. Le champ était sujet à la censive annuelle de 12 den. narbonnais payables à la fête de Noël. Le droit seigneurial sur les salins était du tiers de leur produit.

F° 193 v°. — **1237** (3 des ides de décembre (11 décembre). — Acte par lequel Pierre-Raymond et Bérenger d'Ouveilhan, pour eux et pour Aliezlavezer, leur mère, confirment la vente d'une moitié de maison faite à Jean Adalbert, commandeur de la maison des Mizels de la Cité, par Bérengère Raimbaud. Cette maison était située à Narbonne dans le faubourg de Villeneuve et dépendait de la directe desdits Pierre-Raymond et Bérenger d'Ouveilhan. — Les témoins de l'acte sont Pierre-Raymond de Navac, Bernard Pons, conseiller de la maison des Mizels, Guillaume Alquier et Bernard de Marmorières.

F° 194. — **1331** (23 avril). — Vente faite par Pierre Mathieu, avocat, à Sicard d'Alforge, de Davejean, procureur de la maison de Saint-Laurent (Lépreux de la Cité), d'une vigne située au ténement de Moujan dans la directe du sacristain mineur de Saint-Paul, sujette à la censive annuelle de 8 s. t. payables le jour de la fête de Saint-Just et, de plus, à une albergue de 4 s. 6 den. t. payables à chaque mutation du procureur, précepteur ou commandeur de ladite maison, quel qu'en soit le nom, sur le pied d'un tournois d'argent pour 12 den. t. petits. — Prix de la vente : 37 liv. 10 s. t. — Approbation de cette vente par messire Guillaume de Bofflac, sacristain mineur de Saint-Paul. — Sicard d'Alforge avait été nommé procureur de la maison de Saint-Laurent par Raymond de Salles, Pierre-Raymond de Montolieu, Pierre-Vitalis de Castres, Arnaud Narbonnés et Blaise Boyer, consuls de la Cité, le 29 janvier 1331, en présence de Raymond de Saint-Michel, docteur ès-lois, Bérenger d'Arnaud, seigneur de Montredon, Guillaume Charrier, avocat, Bernard Guittard, Bernard Foraville et Pierre Guiffred, bénéficiers en l'église Saint-Paul de Narbonne.

F° 198 — **XVI° siècle.** — * Ordonnance rendue par Guillaume Genoyer, Jacques Jordan, Julien Portes, Pierre Semène et Jean Villes, chargés, en qualité de prud'hommes, de fixer les dimensions règlementaires de la fabrique de Narbonne, pour les draps *mesclatz*, *cadisses*, *cadisses arenals*, *le drap ample et le cortrait*. — A la suite de cette ordonnance se trouve la mention d'une décision des consuls d'après laquelle les tisserands ne pouvaient fabriquer les draps *mesclatz* qu'avec des « penches » (rots) de 40 pans, marqués aux armes de la ville, sous peine de voir ces draps déclarés faux, et, comme tels, déchirés et accrochés à la potence dressée devant la maison consulaire. (Roman.)

F° 199. — **XVI° siècle.** — Tableau des terres que les hôpitaux de Narbonne possédaient dans les territoires de Narbonne, Coursan et Moussan, et que les consuls, comme administrateurs de ces hôpitaux, baillaient à *labourance*. (Roman.)

RUBRIQUE : Terras dels hospitals que Messiurs consols baillen a laboransa dins lo terminal de Narbona. — Las terras que son à Corsan. — Las terras que son a Mossan.

F° 202. — **1512** (30 janvier). — Acte passé entre les consuls de Narbonne, Guillaume Alcoynes, Bernard Beauxhoms, Jean Girodis, Barthélemy Contadis et Cyrus Cellier, d'une part, et les habitants de Gruissan, représentés par Jean Raissac, leur procureur, d'autre part, concernant l'autorisation donnée à ces derniers par lesdits consuls de transporter leurs barques sur la terre ferme par certain passage existant près de l'île de Cauquenne, au lieu dit lo Bastardel, pour aller de l'étang de Narbonne à la rivière d'Aude et vice versâ. Cette autorisation est donnée sous certaines conditions et particulièrement sous l'obligation suivante : « que losdits habitans de Gruissan faran et « seran tengutz de faire de jour en jour, a la simple réqui- « sition desd. messieurs consols de Narbona ou leur scin- « dic, una levade que partira del pié de Cauquena et ven- « dra fenir au pié et tenent deldit passaige ont lesdites « barques passaran, tout ainsi et de la fason que la levada « del saly de honorable homme Raulin Séguier... es faita « ou millor, tallament que la ribiera non posqua defluyr « ny mudar son cors devers lodit estang,... » l'entretien de cette digue demeurant perpétuellement à la charge des habitants de Gruissan. (Latin et roman.)

RUBRIQUE : Instrument de certain passaige concédé par les consuls de Nerbonne aux scindictz et habitans de Gruissan, pour passer leurs barques et entrer dans la riviere d'Aude.

F° 203. — **1522** (28 janvier). — Procuration donnée à Jean Raissac, par les habitants de Gruissan réunis en conseil, et par leurs consuls, pour conclure avec les consuls de Narbonne l'accord relatif au passage concédé auxdits habitants pour aller de l'étang de Narbonne à la rivière d'Aude et vice versâ.

AA. 105. — Registre (parchemin), 115 feuillets in-fol.; cartonnage couvert de parchemin.

1146-XVI° siècle. — 5° THALAMUS.

F° 1. — **XVI° siècle.** — Table des actes contenus au thalamus. Commencée en 1558, par Pierre Troutaud, notaire royal et consul, cette table a été continuée par une main dont on reconnaît l'écriture dans les rubriques de plusieurs de ces actes.

F° 3. — **1249** (juin). — Titre du thalamus conçu dans les termes suivants : « Hoc est registrum communitatis seu « universitatis civitatis Narbone, quod fuit factum anno « nativitatis domini nostri Jesu Christi M CC XL VIIII, « mense junii, rege Ludoyco regnante et domino Amal- « rico Dei gratia vicecomite et domino Narbone, consuli- « bus ejusdem civitatis existentibus Bertrando de Capitolio, « Poncio Alarosio, Johanne Astaforti, Berengario de Tur- « ribus et Poncio Alquerio. »

F° 4. — **XVI° siècle.** — * Tarif des droits de robinage perçus par la ville de Narbonne sur les marchandises voiturées par son canal de la Robine. (Français.)

F° 5. — **1228** (kalendes de septembre (1er septembre). — Testament de Guillaume Jordan, meunier. Pour le salut de son âme il prend sur ses biens 200 sous melgoriens, qu'il distribue au chapelain de Saint-Étienne et aux deux prêtres qui desservent cette église, aux quatre maisons des Pauvres et des Lépreux du Bourg et de la Cité, et aux couvents des Minimes, des frères Prêcheurs, et des religieux du St-Esprit et de la Ste-Trinité. En restitution de ce qu'il peut avoir pris par usure, il donne 20 sous pour les âmes de ceux qui les ont souffertes, et lègue, en outre, à la Charité de la Cité une rente annuelle d'un setier de blé mitaden (1). Il institue Marie Andrève, sa femme, son héritière universelle, et nomme Jean de St-Paul et Gaucelin, meunier, en qualité de « gadiatores » ou exécuteurs testamentaires.

F° 5 v°. — **1230** (5 des ides de juin (9 juin). — Testament de Pierre de la Voute. Il lègue 50 sous melgoriens à l'œuvre mage de l'église Ste-Marie Majeure (2), 20 sous au recteur de cette église, 5 sous aux deux prêtres et 3 sous

(1) Blé mitaden, espèce de blé dur cultivé dans le pays.

(2) Cette église était communément désignée sous le nom de N.-D. la Major, l'une des cinq paroisses de la ville.

au diacre qui la desservent. A la Charité de la Cité, il lègue 2 maisons, l'une allodiale et l'autre sujette à une censive annuelle de 18 deniers, payable à Jean Bistan, mais exempte des lods et foriscapes. A l'aumône de St-Just, il donne 20 s. melg.; 20 s. à celle de St-Paul et 10 s. à celle de Ste-Marie du Bourg (Lamourguié). Pour le service des pauvres infirmes, il lègue à l'hôpital de la Cité (1) un lit « bonum munitum culcitra et linteis et cohopertorio et « coissinio et pulumati; » et comme Bernarde, sa femme, qui lui avait apporté en dot 2,200 sous melg., devait avoir 1,000 s. d'augment ce qui élevait son droit à 3,200 s. melgoriens, il veut que cette dot et l'augment soient de 4,000 s. melgoriens, à prendre sur ses entiers biens, en considération de ce qu'elle avait été pour lui bonne et fidèle. En outre, il lui lègue ses « pairios et pairolas..... omnes « cascias et verva et parapsides, fucinulas et sartagines et « concas et bassinos et omne ornamentum coquine, et une « ciphum argenteum et omnem ornamentum parietum « camere, et tabulas et bancos et sellas, et unum vaixillum « de duobus modiis et aliud quod est novum et aliud de « uno modio et dimidio et aliud de L migeriis. » et toute son autre vaisselle vinaire.

F° 8. — **1254** (3 des kal. de juin (30 mai). — Donation entre vifs faite à la Charite de la Cité par Guillaume Fabre, Raymond Petri et Aymeric Blanquier, comme exécuteurs testamentaires de Jean Bistan et de Garsendes, sa femme, *en vertu du droit et de la propriété et dominité de l'âme dudit Bistan*. Cette donation se compose de la redevance annuelle, des cens et des foriscapes et lods auxquels était sujette, au profit des testateurs, certaine maison que la Charité possédait dans la Cité; elle comprend aussi tous les arrérages de droits de cens, lods et foriscapes que la Charite pouvait leur devoir au moment de leur decès, pour raison d'autres maisons ou biens.

F° 9. — **1219** (16 des kal. d'avril (17 mars). — Testament de Bernard du Plan, par lequel il donne : —son lit convenablement garni à N.-D. la Major; — 20 sous melg. au chapelain, 5 s. au prêtre et 2 s. au diacre de cette église; — 12 deniers pour la sonnerie funèbre; — son mas de Capestang qui sera vendu par ses exécuteurs testamentaires, et 500 s. melg. qui seront ajoutés au prix de ce mas, pour l'achat d'un fief au nom de N.-D. la Major, affecté à l'institution d'un chapelain chargé de célébrer, chaque jour, une messe pour le repos de son âme et le salut de ses enfants. Il veut que le jour de sa mort il soit dit dix messes à la même intention, dans cette église, et que les dix prêtres chargés de leur célébration soient nourris pendant toute la journée par ladite église. A l'aumône des pauvres, il donne 4 setiers de froment pour être distribués en pains; à l'aumône de Saint-Just, 10 s. melg.; à celle de Saint-Paul, 10 sous; à Sainte-Marie du Bourg, 10 sous; aux quatre hôpitaux et aux Mizels de la Cité et du Bourg, 5 sous; aux frères de St-Antoine, du St-Esprit et de la Ste-Trinité, 5 sous; à Jordane, sa femme, tous les droits qu'elle tient de *sa charte nuptiale* et la libre disposition de tous les biens de la succession sans en rendre aucun compte à ses enfants, tant qu'elle restera veuve; à Agnès, sa fille, 4,000 sous melg. qu'il lui avait promis et une maison et un mas meublés; à Garsende, Ricarde, Bernarde et Bonette, ses autres filles, 3,000 sous melg. à chacune: à Guillaume, son fils, sa boutique située sur le pont, son fief de Livière tenu par Hugues du Plan, son frère, et le fief de Montredon; à Berenger, son autre fils, le mas de Villeneuve avec sa seigneurie, et à Bernard, son troisième fils, la maison qui lui venait de son grand-père avec quatre champs sis à Salsurias (1), le tout avec tous leurs droits. Enfin, il institue pour son héritier universel Raymond, son fils aîné, avec substitution de ses héritiers les uns à l'égard des autres, au cas de prédécès sans enfants.

F° 10.— **1230** (5 des kal. de juillet (27 juin).— Vente faite par Raymond du Plan, fils de Bernard du Plan, à Vesian de Bages, Imbert Laurent, Bérenger Gervais et Bernard Magisvalet, consuls de la Cité, agissant pour la Charité, de la maison qu'il possédait en franc alleu à Villeneuve de Narbonne (2). Cette maison confrontait du midi la rivière d'Aude. — Prix de la vente : 4,000 sous melg. de 4 den. chacun.

F° 11. — **1197** (nones de juillet (7 Juillet). — Vente faite par Pierre Rodolon, Belris, sa sœur, enfants d'Ermessende Rodolon, et Raymond Dedmérier, leur père, à Hugues du Plan, moyennant 1,200 s. melg., de la maison qu'ils possédaient à Villeneuve de Narbonne. Le prix de cette maison, constitué en dot à Ermessende Rodolon, avait été acquitté par Bernard du Plan, fils de l'acquéreur. (Cette maison est celle qui fut vendue, en 1230, par Raymond du Plan à la Charité de la Cité. V. supra f° 10.)

(1) L'hôpital de la Charité, situé dans la Cité, était désigné sous les divers noms de maison des Pauvres infirmes, ou simplement des Pauvres de la Cité, ou d'hôpital de la Cité.

(1) Ce nom de tènement est écrit dans les documents Salsoyras, Salsurias et Salsoyras. Cette dernière forme est celle qui se rapproche le plus du roman. Le sens du mot Salsoyras est terrain salifère ou produisant des salicornes.

(2) Cette désignation de Villeneuve de Narbonne s'applique à un faubourg construit hors de la ville, à peu de distance des murs de la Cité. Il longeait la rivière d'Aude au lieu dit ad Naves, aujourd'hui les Barques, et s'étendait jusqu'au tènement dit la Malautié, où il se reliait avec le quartier juif, en contournant la Cité de l'est au nord-ouest.

F° 12. — **1190** (6 des ides d'avril (8 avril). — Acte par lequel Flos, fille de Rotland Saulnier et femme de Pierre Mitdench, et Bernard Paula, Petronelle, sa femme, et leurs enfants, cèdent à Bernard du Plan le droit de toucher 600 sous melg. à eux dus par Hugues du Plan, qui avait engagé pour cette somme la maison qu'il avait acquise de Pierre Rodolon. — Témoins de l'acte. Pons de Malves, Guillaume Guirbert et Raymond-Géraud de Bages.

F° 12 v°. — **1193** (4 des kal. de mars (26 février). — Vente faite par Adalaïs et Morut, son mari, et par Guillelme, fille de Guillaume Rodolon, et Jean, son mari, de deux des trois portions qui leur appartiennent sur certaine maison située à Villeneuve de Narbonne. (C'est la maison vendue à la Charité de la Cité par Raymond du Plan, en 1230. V. supra f° 10.) — Approbation de cette vente par le comte Pierre, vicomte de Narbonne. — Témoins qui figurent dans l'acte : Guillaume du Plan, sacristain, Pierre-Arnaud du Lac, Arnaud Amalric et Bérenger de la Voute.

F° 13. — **1216** (3 des nones d'octobre (5 octobre). — Testament de Bernard de Cortone. Il lègue : — 2,000 sous « ad opes albatorum; » — 1,000 s. melg. pour l'achat d'un fief dont le revenu sera affecté à la Charité de la Cité; — 20 s. melg. au chapelain de N.-D. la Major; — 2 sous à chacun des prêtres qui desservent cette église, — et 5 sous aux quatre hôpitaux des Pauvres et Mizels du Bourg et de la Cité, aux frères du Saint-Esprit, de Saint-Antoine, de la Sainte-Trinité et de Fontcaude. Aux héritiers de Bernard de Calms, il lègue 20 sous, et à Bonmacip, fils du Roi juif, 22 den. et sa cape de *caparesce*. Enfin, il donne diverses sommes à ses parents, 2 setiers d'orge à un certain Canade, de Coursan ; 2 setiers de froment à Rambert; 50 sous à Guillelme, sa cousine; 50 s. pour servir au mariage de la fille de Guillaume Raymond; des habits pour les pauvres, etc. Pour tout le reste de ses biens, fiefs, droits et possessions mobilières ou immobilières, il constitue sa mère, Marie, et son frère, Pierre de Cortone, ses héritiers, pour en disposer suivant leur volonté. Les exécuteurs testamentaires qu'il désigne sont Pierre Margalion, Bernard du Plan, Bérenger de St-Sébastien, Bernard Trenquier et Guillaume de Magalats, son associé.

F° 13 v°. — **1217** (3 des ides de novembre (11 novembre). — Vente faite par Guillaume Alquier, Aladaïs, fille de Pierre d'Ouveilhan, sa femme, et par leur fils, à la Charité de la Cité, représentée par les consuls, d'une maison avec toutes ses appartenances, située sur la paroisse Saint-Sébastien, dans le fief d'Adalaïs de Jonquières. Le confront ouest de la maison vendue est un verger qui appartenait à Guillaume Trencavel. — Prix de la vente : 1,000 sous melg., qui furent payés au moyen de pareille somme léguée à l'aumône, à la Charité commune des pauvres et aux « Albatis » (1) de la Cité, par Bernard de Cortone.

F° 15. — **1229** (2 des ides de novembre (12 novembre). — Vente d'un *mas*, situé dans la Cité et dans le fief de la Charité, faite à la Charité et à l'aumône de la Cité pour les « *A bati* » et pour les suaires des pauvres décédés, moyennant le prix de 4,000 sous melg. Cette vente est faite par Raymonde, fille de Raymond de Saint-Jory, femme de Jean Sagnaire, par Guillaume-Raymond de Montpellier et et par Pierre d'Aizene, en présence de Sicard Fabre, Jean Astafort et Arnaud Corzani. La Charité et l'aumône de la Cité sont représentées dans l'acte par Guiraud des Empuries, Jean de Malves, Pierre Durant et Pierre de la Croix, consuls de la Cité.

F° 15 v°. — **1229** (2 des ides de novembre (12 novembre). — Acquisition faite par la Charité, les « *Albati* » et le Suaire des pauvres de la Cité, moyennant le prix de 200 sous melg., de deux maisons situées dans la paroisse Saint-Sébastien, provenant de la succession de Jean de Spéradan, médecin. La vente de ces deux maisons était prescrite et leur prix determiné par une clause du testament de Jean de Speradan, qui avait nommé Raymond Ynard pour son exécuteur testamentaire.

F° 16 v°. — **1218** (3 des kal. de février (30 janvier). — Vente faite par Guillaume Monédier, du conseil de Jean Bistan, son oncle, à Bernard du Plan, Bernard Trenquier et Bérenger de St-Sébastien, procureurs de la Charité de la Cité, d'une maison qu'il possédait entre le mur et le *muret* de la ville. — Prix de la vente : 480 s. melg. Cette somme est donnée à la Charité par Bernard Adhémar et Fine Manganière, sa femme, sous la condition qu'ils auront, leur vie durant, la jouissance de la maison vendue. — Témoins de la vente : Guillaume Magaude, Raymond Ynard, Guillaume des Empuries et Pierre, curé de Saint-Sébastien.

F° 17 v°. — **1234** (15 des kal. de mars (15 février). — Acquisition faite par Raymond Frichors et Pierre Jordan, procureurs de la Charité de la Cité, des 16 den. narbonnais de redevance annuelle et des droits de cens et de foriscape qui grevaient la maison que Raymond de St-Jory avait acquise de Raymond de Porte-Régine. — Prix de l'acquisition : 60 s. melgoriens.

F° 18. — **1216** (12 des kal. de janvier (21 décembre). — Vente faite par la veuve de Raymond Dubreuil et par

(1) Était-ce les cathécumènes nouvellement convertis, qui étaient vêtus de blanc, ou bien la confrérie de Blancs de la congrégation des serfs de Ste-Marie?

Gérald et Guillaume-Pons Dubreuil, à la Charité de la Cité et aux administrateurs des « Albati, » de la moitié de quatre boutiques situées « in capite pontis Narbone versus « civitatem. » Ces quatre boutiques, dont l'autre moitié appartenait à Gaubert, étaient confrontées « ab altano, in « carraria qua intratur in molendinis de porta Aquaria et « in flumine Atacis; de meridie, in molendinis porte « Aquarie et in Atace; de circio, in carraria Pontis; de « aquilone, in carraria subtus castrum (1) porte Aquarie. » — Prix de la vente : 1,650 sous melg. — Témoins qui figurent dans l'acte : Pierre-Raymond Fabre, Bérenger Radols, Pierre de Ginestas, « gramaticus, » Bérenger de Porte-Roy, Pierre de Bolonac, Pierre Girbert et Raymond de Dodencs.

F° 19 v°. — **1229** (ides d'avril (13 avril). — Défenses faites par le vicomte Aymeric de pêcher dans l'étang de Narbonne avec le filet vulgairement appelé *bargine*, ou brugine, qui détruisait tout le poisson, épuisait l'étang et le rendait « heromum ab omnibus piscibus, » au grand dommage des pêcheurs de l'étang et de l'alimentation de la ville. — Serment par lequel Jean Garcias, viguier du vicomte, jure de faire exécuter ces défenses, qui furent ensuite publiées à son de trompe, par toute la ville, en présence du chevalier Pierre de Coursan, de Pierre-Raymond de Montbrun, Bernard de Roquecourbe, Udalguier del Lec, Bernard et Raymond Escudier, Guillaume de Montolieu, Pierre-Raymond du Rivage, Raymond de Bages, Pons de Malves, etc.

F° 20. — **1237** (3 des kal. d'octobre (29 septembre). — Bail en acapit consenti avec l'assentiment des consuls de la Cité par Raymond Pons, procureur de la Charité, de partie d'un champ donné à la Charité par Raymond Audebaud. — Emphytéotes : Pierre Bernard, dit Roaiss, et Lombarde, sa femme. — Prix du bail : 20 sous melg. pour droit d'entrée et une redevance annuelle et perpétuelle de 2 setiers d'orge, mesure de Narbonne.

F° 21. — **1236** (kal. d'avril (1er avril). — Don fait par le vicomte Aymeric à Vesian de Bages, Aymeric Palier, Guillaume Fabre, Berenger Gervais et Pierre de Cortone, consuls de la Cité, agissant en cette qualité, d'un patu situé devant le palais de la Vicomté, dans l'alleu de la porte Aiguière. Ce patu devait servir à la construction d'une place, d'un portique ou d'un marché public. — Témoins qui figurent dans l'acte : Aymeric, fils du vicomte, Raymond du Plan, Pierre-Raymond de Montbrun, le chevalier Bernard de Roquecourbe, Essamene Peyre et Étienne d'Albars. (Transc. au 1er thal., f° 54.)

F° 21 v°. — **1177** (novembre). — Vente faite par Pierre du Lac, procureur, et Durand, frère de la maison des Mizels de la Cité, avec le consentement des prud'hommes de la Cité, de la maison donnée aux Mizels par Ricarde, fille de Raymond Pastre, et Douce, sa sœur, autorisée par Amiel, son mari, pour la rédemption de leurs âmes. La maison vendue était située dans la paroisse St-Sébastien, et faisait partie du fief de Raymond de Porte-Régine, ou Porte-Roy. — Prix de la vente : 150 sous melgoriens. — Acquéreur : Raymond de St-Georges.

F° 22. — **1219** (janvier). — Bail en acapit d'une saline *marine*, avec ses appartenances, située « subtus podium « Auderium ubi vocant ad operam rotundam, » fait par Pons de Taillebois à Pierre de Bolonac et Ricarde, sa femme, moyennant un droit d'entrée de 30 s. melg., une censive annuelle de 5 sous melg. et une *saumate* de sel, payables à la fête de saint Michel. Cette saline est confrontée par les salines de Pierre de Malvies et d'Arnaud Calvière et par une « aculea » (1). — Témoins du bail : Pierre Timberge, écrivain, Pons de Montpezat, Pierre-Raymond de Pise et Michel de Villeneuve.

F° 22 v°. — **1146** (3 des nones d'août (3 août). — Bail en acapit fait par Raymond de Porte-Roy et Pierre, son frère, avec l'assentiment de Bernard de Porte-Roy, son autre frère, à Raymond Pastre et Douce, sa femme, de la moitié d'un petit jardin situé au-devant de leur maison construite près de la Porte-Roy. — Prix du bail : 32 sous narbonnais de 4 den. chacun, pour droit d'entrée, et une censive annuelle de 16 den. narbonnais.

F° 23. — **1210** (7 des kal. de septembre (26 août). — Bail en acapit fait à Pierre Dupuy, à sa femme et à ses enfants, par Raymond du Plan, du consentement de Jordane, sa mère, des salines qu'il possédait à Pechempal « cum suo cloto et ovisinis et marejadoribus » et toutes leurs dépendances et appartenances, sous la réserve de la *lauzime*, du foriscape, de l'agrier et des autres droits seigneuriaux. Le cens annuel était du tiers du sel produit, taux auquel avaient été baillées en emphytéose les salines que Géraud ou Gérald de Narbonne possédait sur le même point. — Prix du bail, désigné sous le nom de droit d'entrée, 10 sous melg. de 4 den. — Témoins de l'acte : Pierre

(1) Par sa situation en avant de la ligne des remparts de la Cité et sur la tête du Pont-des-Marchands, ce fort commandait en même temps ce pont et le chemin qui longeait la rivière d'Aude au pied des remparts.

(1) Cette *aculea* devait être située dans le voisinage du pech ou roc de Conilhac, sur les bords de l'étang de l'Ayrole, au pied duquel passait encore, avant le redressement qu'elle a subi il y a 40 ans environ, la rivière d'Aude qui a donné à ce ténement son nom de pech Audier, podium Auderium.

Duverger de Montréal, Bernard Peregri et Guillaume Bigorre.

F° 23 v°. — **1230** (11 des kal. de mai (21 avril). — Vente d'une vigne faite au monastère N.-D. de Quarante, par Raymond Porcaucises et Rixendis, son frère, fils de Pierre Porcaucises, de Coursan. Cette vigne était située à la Mailhole. — Prix de la vente : 6 s. melgor. Raymond de Terral, cellerier du chapitre de Quarante, stipule dans cette vente pour le monastère. L'acte est dressé par Guillaume de Paulignan, écrivain public de Narbonne, en présence de Pierre et Géraud Gasc, Raymond de Villelaur et Pierre Benoit.

F° 24 v°. — **1230** (6 des nones de mai (2 mai). — Bail à nouvel acapit fait par Raymond de Terral, cellerier du monastère de Quarante, sur l'ordre de Bérenger, abbé de ce monastère, à Pierre de Bolonac, de trois pièces de terre en vigne, situées à la mailhole de Quarante, pour les cultiver en vigne ou en blé à la volonté du preneur. Le bail est fait sous la redevance annuelle de 2 setiers d'orge, payables à la fête de saint Just et sous la réserve des droits seigneuriaux de lods et de foriscapes, avec faculté pour l'emphytéote de payer la redevance en argent, sur le pied de 4 s. melgoriens le setier, lorsque le prix de l'orge s'élèvera au-dessus de cette somme.

F° 25. — **1232** (fête de St-Michel (29 septembre). — Testament de Guillaume Pons, de Buades. — Après avoir élu sepulture dans le cimetière de St-Félix, il lègue pour le salut de son âme : — à l'église St-Sébastien, 10 sous melgoriens, à son hebdomade (1), 2 sous melgoriens ; — à chacun des prêtres de cette église, 12 den. melg. ; — aux quatre maisons des Pauvres et des Mizels du Bourg et de la Cité et à la maison de Ste-Eulalie de Barcelone, 5 sous melg. ; — aux frères du St-Esprit, de la Ste-Trinité et de St-Antoine, 2 sous melg. ; — aux aumônes de St-Just et de St-Paul, 10 sous narbonnais ; — à la manse de Ste-Marie du Bourg, 5 sous narbonnais ; — à la maison de Villelongue, 5 sous narbonnais ; — à la Charité de la Cité, la cinquième partie d'une vigne située aux Asprès, sans réserve d'aucun droit de seigneurie, foriscape, etc. Tous ces legs devaient être prelevés sur le prix des outils et effets du défunt, « expleita et fusti et pannorum, » propres à la fabrication des draps. Le surplus de la valeur desdits outils et effets entrait dans le legs de Guillaume Pons, fils aîné (?) du testateur, auquel il lègue, en outre, 600 liv. qu'il avait employées aux réparations de sa maison d'habitation et qui provenaient de la dot de Saurimunde, sa femme. Enfin, à Pierre Pons, son autre fils, il lègue la *falcidie*. Les exécuteurs testamentaires nommés sont Bernard de St-Brice, *succenteur* de l'église Saint-Just, et Bernard du Rivage, avocat.

F° 26. — **1233** (10 des kalend. d'avril (23 mars). — Transaction entre Raymond Frichors et Pierre Jordan, procureurs de la Charité de la Cité, agissant pour la communauté de ladite Cité, au nom de ses consuls, d'une part, et Pierre Crébabux et Bernard, son frère, d'autre part, au sujet de certaine substitution, dont la Charité reclamait le bénéfice. Par l'effet de cette transaction, qui fut faite du consentement de Pierre-Raymond de Monthrun, Bernard Morut, Guiraud des Empuries et Bernard Gairal, consuls de la Cité, la Charité donne en acapit aux deux frères Crebabux la vigne, objet du litige, qu'ils avaient acquise de Gibelin de Marmorières. Le bail leur en est fait pour le prix de 200 sous melgor., sans réserve des droits de lods et de foriscape, mais sous la redevance du 16e du produit annuel, payable à Villeneuve de Narbonne ou à Belvèze (1).

F° 27. — **1238** (4 des ides d'avril (10 avril). — * Pactes de mariage entre Pierre Bolonac et Guillelme, fille d'Étienne Fabre, de Coursan, citoyen de Narbonne. — La dot de la future est de 800 sous melg., dont 250 sur les biens de sa mère. Des 800 s. melg. de la dot constituee, 400 s. sont payés comptant et 400 s. en une moitié de mailheul (2) sis dans le territoire de Narbonne, au tènement des Asprès, dependant de la directe de Giraud ou Gérald de Narbonne, dont la jouissance est réservée au mari jusqu'au paiement du capital. De plus, il est donné à la future des habits de *rosseta* et deux lits munis de leurs draps. Le mari, au cas de prédécès de la future avec ou sans enfants, a la propriété des habits et des deux lits, les 400 sous et la moitié du mailheul faisant retour à la famille de la future si elle meurt sans enfants. En augment de dot, le futur donne à la future 350 sous melg., qu'il lui reconnaît et assigne sur ses biens propres au cas de prédécès avec ou sans enfants.

F° 27 v°. — **1241** (8 des kal. d'août (25 juillet). — * Confirmation, par Guillaume de Monte-Catano, seigneur de Tortose, des privilèges accordés aux habitants de Narbonne, le 24 septembre 1148, par Raymond Bérenger.

(1) Hebdomade, service rempli pendant une semaine par ceux des membres d'un chapitre, d'un couvent, qui étaient chargés de célébrer l'office, de présider le chapitre, etc. Dans les églises, on désignait sous le nom d'hebdomade le service qui consistait dans la célébration des messes obituaires.

(1) Faubourg de Narbonne situé hors des murs de la Cité, vers l'ouest, sur la rive gauche de la rivière d'Aude. En 1236, ce faubourg, qui s'étendait jusqu'auprès du cimetière des Juifs, était entouré de murs et de fossés.

(2) Vigne encore jeune, ou nouvellement plantée.

comte de Barcelone, roi d'Aragon. (Transc. au 1er thal., f° 258 v°.)

RUBRIQUE : De Tortosa.

F° 29. **1247** (18 février « circa tertiam »). — * Traité conclu entre Bernard de Bages et Bonet Alfaric, nonces et procureurs de la ville de Narbonne, et Bernard de Castronovo, podestat, Lanfrancus Albaricus, Octobonus de Cruce, Bonvassalis Sardena, Jean de Turca et Philippe Ebriacus, conseillers de Gênes, par lequel cette ville s'engage à payer à celle de Narbonne une indemnité de 1,130 liv., à titre de dommages pour les soustractions (raubaria) commises par les habitants de Gênes au préjudice des habitants de Narbonne. Les nonces de cette dernière ville étaient désignés par lettres des consuls du Bourg et de la Cité, munies du sceau de chacun des deux consulats, ayant sur une face « ymago beate Virginis habentis filium « in brachio » et sur l'autre face « ymago agni Dei. »

F° 30 v°. — **1246** (9 décembre). — * Confirmation des traités de paix, concorde et commerce passés entre la communauté de Narbonne et la principauté de Savône. (Transc. au 6e thal., f° 86.)

RUBRIQUE : Acordi intre los de la cieutat de Saona et los senhors cossols de Narbona.

F° 32. — **1244** (10 des kal. de janvier (23 décembre). — Cession faite par le juif Abraham, fils de David, de Montpellier, aux consuls de la Cité, de tous les droits qu'il pouvait avoir sur un patu situé sur la place de la Cité. Par cette cession, il s'interdit toute pose de tables ou de bancs sur le patu cédé, comme il en avait le droit en vertu de la concession que la vicomtesse Ermengarde et le vicomte Aymeric en avaient faite à ses auteurs, mais avec la réserve expresse qu'il lui sera attribué en propriété par la ville une portion du sol de ce patu pour y construire une muraille, dans laquelle il sera pratiqué « uxalariam ad intrandum et « ascendendum et exeundum per scalarium in solarium » de sa boutique, avec faculté d'établir autant de portes et fenêtres qu'il le jugera à propos s'il construit un « abannum » au-dessus de cette boutique. — Témoins de la cession : Guillaume-Raymond de Montpellier, Bernard de Bages, Guillaume Fabre, Raymond du Lac, Bertrand de Bosco et les trois juifs Éléazar de Natan, Bondia de Sorgéris et Judas de Natan.

F° 33. — **1250** (6 avril). — * Sentence rendue par Simon de Burciago, juge et assesseur de Girard de Corrége, podestat de la principauté de Gênes, assisté de Napoléon de Vultabio et d'Ansaldus d'Aste, qui renvoie de toute peine Guillaume d'Ouveilhan, habitant de Narbonne, auquel les consuls de mer avaient fait saisir un sac de laine qu'ils refusaient de lui rendre en se fondant sur les dispositions de l'article « de contrariis mercibus » des traités conclus entre les villes de Gênes et de Narbonne. La sentence déclare que cet article n'est pas applicable aux habitants de cette dernière ville.

F° 33. — **XIIIe siècle** (1). — * Sentence rendue par Ricobonus, Obertus Passuis et Hugo de Flisco, juges de la principauté de Gênes, portant qu'il ne peut être fait application aux habitants de Narbonne, ni à leurs biens et marchandises, des peines contenues dans l'article « de contrariis mercibus » des traités conclus entre les villes de Gênes et de Narbonne. (Transc. au 3e thal., f° 7 v°; — au 6e thal., f° 1 v°.)

F° 33 v°. — **1249** (12 avril). — * Sentence rendue par Thomas de Ugéto, juge assesseur de Bernard de Malavolta, podestat de Gênes, assisté de Napoléon de Vultabio, qui relaxe Bernard Jordan, à cause de sa qualité de citoyen de Narbonne, du 10e que lui réclamaient les consuls de mer, à Gênes, pour les marchandises qu'il y importait de Pise.

F° 34. — **1251** (6 des kal. de décembre (26 novembre). — Sentence arbitrale rendue entre les consuls de la Cité et le baile ou économe du chapitre St-Just, sur leur différend au sujet de la dîme des olives dans le décimaire du chapitre, aux ténements des Mizels, Trille-Margalion, Cros-Auros, Roquette, vers l'hort de la Major, et au territoire de Moujan. (Transc. au 1er thal., f° 12.)

RUBRIQUE : Deume de las olyvas del terme de la Cieutat de Nerbonne et Mojan.

F° 34 v°. — **1249** (5 des ides de janvier (9 janvier). — Vente faite par Bernard Carrière, archidiacre de la Corbière, et Étienne, sacristain de l'église St-Just, prévôts de cette église, à Charles, archiprêtre de Narbonne, d'une pièce de terre attenant à l'église St-Félix (2), pour servir à

(1) D'après le texte transc. au 3e thal., f° 7 v°, et au 6e thal., f° 1 v°, la date exacte de cette sentence est le 19 juillet 1235.

(2) L'église St-Félix était fort ancienne. Charles le Simple, sur la recommandation d'Adélaïde, sa mère, en fit donation à l'église Saint-Just de Narbonne, par un diplôme du 8 des ides de juin 906, à la prière de l'archevêque Arnuste, qui lui avait fait représenter que son siége (l'église Saint-Just) et presque toutes les églises de Narbonne étaient en ruine, et ne pouvaient être réparées à cause de leur pauvreté. Elle était construite vers le nord-ouest, hors des murs actuels de la ville, en avant du portail de Laurac, près du mont Judaïque, entre les ténements du Celata et de la Maladrerie ou la Malautié. Sa collation appartenait à l'archevêque, sur la présentation du chapitre Saint-Just, et son dernier titulaire bénéficiaire en fut pourvu vers l'année 1515. Elle fut démolie lors de la construction du bastion de St-Félix auquel elle a donné son nom. Le droit de visite que le chapelain devait payer à l'archidiacre représentant de l'archevêque était fixé à demi-procuration.

l'agrandissement de son cimetière. — Prix de la vente : 20 liv. melg. — La pièce de terre vendue a pour confront du levant le cimetière de l'église St-Félix, et du midi le chemin (1) conduisant au moulin du Gua.

F° 35 v°. — 1237 (4 des kal. d'octobre (28 septembre). — Vente d'une maison située dans la paroisse N.-D. la Major, faite à la Charité et au Suaire des pauvres de la Cité par Bérengère, majeure de 22 ans et disposant de ses droits « existens sui juris, » et Aladaïs, femme de Bernard d'Orlac, filles de Guillaume Carbonnel. — Prix de la vente : 800 s. melg. qui furent payés au moyen du legs de pareille somme fait à la Charité par Bernard André. — Approbation de cette vente, au nom de la Cour du vicomte, par Bertrand de Bosco, qui en était le viguier. — Témoins qui figurent dans l'acte : Pierre d'Albars, Jean Morrut, Bernard de Castelmaure et Arnaud de Calvo.

F° 36 v°. — 1252 (9 des kal. d'octobre (23 septembre). — Sentence arbitrale rendue par Bernard d'Outreville sur le litige qui s'était élevé entre les habitants du Lac et les pêcheurs de Narbonne, relativement à l'exercice de la pêche dans l'étang de Narbonne. Cette sentence adjuge aux habitants du Lac la faculté exclusive de la pêche dans le canal « de altis » (2), et déclare la pêche dans tout l'étang de Narbonne commune aux habitants de Narbonne et à ceux du Lac. (Transc. au f° 55 v° du présent thal.)

F° 37 v°. — 1252 (3 des kal. de novembre (30 octobre). — Sentence arbitrale rendue par Guillaume Fabre, Raymond Petri et Guiraud des Empuries, entre les consuls de la Cité et l'archevêque de Narbonne, au sujet du couvert que l'archevêque faisait construire au devant des tables des macels et de la poissonnerie de la Cité (3), « super tabulis « curatairie et canabassairie (1) ante peixonairiam et macel- « lum. » D'après la sentence des arbitres, le couvert devait être porté à la hauteur de 12 pans à partir du sol, et le passage réservé entre les tables devait être de 7 pans aux deux têtes du passage et de 6 pans et demi dans son milieu. (Transc. au 1er thal., f° 76.)

F° 38 v°. — 1253 (6 des kal. de juillet (26 juin). — Approbation par Guy Govion, viguier de Béziers, du legs fait à la Charité de la Cité, par Bernard de Bolonac, d'un champ situé dans le tènement des Tamarigs, qui avait fait partie du fief de Guillaume Alfaric, dont tous les biens avaient été saisis et confisqués au profit du roi pour crime d'hérésie. Ce champ était sujet à la censive annuelle d'une marmondine d'or de la valeur de 5 s., payable à la fête de Noël.

Rubrique : A Tamarictz es aquest camp de la Caritat.

F° 39. — 1222 (ides de février (13 février). — Testament de Jean de Tourouzelle. — Après avoir élu sépulture dans le cimetière de Sainte-Marie de Rieunettes ou Rieumondier, il lègue : — au monastère de ce nom son fief de Villedaigne (2) et 100 s. melg. pour la *pitance* du couvent; — à l'hôpital de St-Jean de Jérusalem d'Homps, les enfants de Pons, cordonnier de Tourouzelle, avec tout ce qui leur appartient, maisons, possessions et dépendances, et avec toute seigneurie, tels et ainsi que Bérenger de Tourouzelle, son cousin, les lui avait légués, plus deux setiers de blé mitaden une fois payés ; — à la maison des Lepreux d'Homps, aussi 2 setiers de blé mitaden; — à l'église Ste-Marie de Tourouzelle, un vêtement sacerdotal de lin : — à la Charité de la Cité, une rente annuelle de 2 setiers de blé mitaden; — aux Lépreux de la Cité, 10 s. narbon., plus sa part de l'usage et des droits seigneuriaux de la maison que Na Bens Nez-de-Vache leur avait léguée, ladite maison située dans le faubourg de Villeneuve ;— à l'hôpital des Infirmes, 10 s. narbon.;— à l'œuvre de la Rédemption des captifs et aux ordres du St-Esprit et de St-Antoine, 3 s. narbon.; — à l'œuvre de St-Félix, 2 sous narbon.; — à l'aumône de St-Just, 10 sous; — à l'église et aux clercs de St-Sébastien, 5 sous, etc. Pour le repos de son âme, il fait restituer aux habitants d'Arzens 30 s. melg., et à Pierre Pons, de Tourouzelle, 6 setiers d'orge, et il veut qu'il soit célébré perpétuellement un anniversaire le jour de sa mort par 3 prêtres et 2 clercs, qui devront être largement nourris pendant tout le jour de cet anniversaire. A Garcende Barthélemye, il lègue 200 s. melg., plus 4 setiers de froment

(1) Ce chemin devait déboucher de la porte de Laurac située entre la porte de Coyran placée au bord de la Robine, rive gauche, et la porte de Béziers ou Porte-Roy.

(2) Nom donné à une portion de l'étang de Narbonne.

(3) Les macels et la poissonnerie étaient situés à l'ouest de la tête du Pont-Vieux, sur un terrain abandonné par la rivière au pied du rempart de la Cité, dont il n'était séparé que par un chemin public, aujourd'hui la rue Entre-deux-Villes, aboutissant au Pont-Vieux et au portail Salinier. Ces macels étaient placés vis-à-vis de ce portail, qui était construit tout auprès de la portion du rempart démolie vers l'année 1820 pour faire place à la tour carrée du nouveau palais de l'archevêché. Le couvert que l'archevêque avait fait édifier sur ce point, devant les macels, fut transformé dans la suite en boutiques qui étaient baillées à cens ou usage. Ces boutiques étaient au nombre de quatre. Elles ont existé jusqu'à la date de la construction de la fontaine dite de la Cité, à la fin du XVe siècle. On voit dans un dénombrement des biens de l'archevêque qu'il percevait de la ville, en 1547, une censive de 3 liv. 13 s. 9 den. pour son droit seigneurial du sol de ces boutiques qu'occupait alors ladite fontaine.

(1) L'acte mentionne dans ce passage les tables où se plaçaient les courtiers et les marchands ou fabricants de toiles pour faire leurs opérations.

(2) Voir note E, à la fin du volume.

et 4 setiers d'orge, qui devront lui être remis dans son habitation à Narbonne annuellement pendant 6 années consécutives; ce legs devra être acquitté par Gensane de Tourouzelle, sa sœur, et, à son défaut, par Bernard de Saissac, son neveu, qui, dans ce cas, aura la vigne de Micaure, dans le viguier des Lépreux; — à la même Garcende, il donne l' « estagam » (habitation personnelle) de la maison qu'il charge Gensane de Tourouzelle de racheter de Jean Mostaro, moyennant 30 s. melg.; — à Bernard de Saissac, il donne la huitième partie lui appartenant des terres, salines, *salsuries*, rivages et étangs, quartes, tasques, lods et foriscapes, pêcheries d'eau douce et d'eau salée, etc., du ténement de la Loina (la Leigne ou Luenhe), sous la condition de servir annuellement à la Charité de la Cité la rente des 2 setiers de blé qu'il lui lègue, payable à la fête de Pâques; — à ladite Gensane de Tourouzelle, il donne l'entier fief qu'il possède dans la Cité et dans le Bourg, et dans le Narbonnais, près de l'Orbieu, au ténement dit le Malval, tel qu'il se compose et sauf les parties qu'il en a léguées, sous la condition de payer dans deux ans à Bernard de Saissac les 800 s. melg. que ce dernier et son père lui avaient prêtés pour racheter ce fief qu'il avait engagé à Jean Bistan, etc. Si l'un de ses héritiers n'exécute pas les clauses du testament, il demeure privé de toutes choses léguées, et le testament est déclaré nul pour ce qui le concerne. — Témoins du testament : Rainard de Saint-Jory, Berenger de St-Sébastien, Benoit de St-Pons, Pierre de Trèbes, Bernard de St-Jory et Guillaume Trenquier.

F° 40 v°.— **1235** (10 des kal. de mars (20 février).— Donation entre vifs faite à la maison de Saint-Antoine de Vienne, recevant et acceptant pour elle le commandeur de la maison de St-Antoine de Narbonne, par Bernard du Plan, pour le salut de son âme et pour la rémission de ses péchés et de ceux de ses enfants, de tous les droits de lods et foriscapes qu'il avait, comme seigneur foncier, sur la maison leguée à l'ordre de St-Antoine par la femme et le fils de Raymond Taschi. Cette maison était bâtie dans le faubourg de Villeneuve. — Témoins qui figurent dans l'acte : Raymond, chapelain de l'eglise Saint-Étienne; Guillaume de Lapalme et Pierre Radulphe.

F° 41. — **1227** (4 des nones d'août (2 août). — Testament de Pierre Gaston, meunier, par lequel il lègue : — à l'œuvre de l'église N.-D. la Major, 10 sous melg.; — au chapelain de cette église, 5 sous; — à ses deux prêtres, 12 den., et à son diacre, 12 den.; — aux Mizels de la Cité, 12 den.; — au vicomte Aymeric, 20 s. melg.; — à la confrérie de Narbonne, 10 s. melg. En outre, il donne à sa femme, pour en jouir pendant sa vie et à charge de retour à l'hôpital des pauvres de la Cité, la moitie d'une maison lui appartenant dans la paroisse N.-D. la Major et d'une vigne au ténement des Asprés, qu'il avait acquises conjointement avec sa femme. L'hôpital, après la prise de possession de cette moitié de maison et de vigne, devait servir à la Charité de la Cité une rente annuelle et perpétuelle de 4 setiers de blé mitaden. En tout le reste de ses biens, il constitue sa femme pour héritière universelle.

F° 42.— **1259** (14 des kal. de janvier (19 décembre). — Vente faite par Jean Alègre, précepteur de l'hôpital des pauvres de la Cité, de la moitié de vigne et de la moitié de maison léguées à cet hôpital par Pierre Gaston. Cette vente est faite à Guillaume de Pennautier, marchand de Narbonne, qui déjà avait acquis de la veuve du testateur l'autre moitié de ces deux immeubles. La maison dépendait de la paroisse N.-D. la Major et du fief du chevalier Raymond de Quarante et de Pierre Margalion, son frère; la vigne, sise aux Asprés, dépendait du fief de Jean Bistan.— Prix de la vente : 15 liv. melg. pour la moitié de vigne, et 28 liv. 10 s. melg. pour la moitié de maison.

F° 43. — **1257** (3 des nones d'août (3 août).— Vente par Guillaume Alquier, Bernard Fabre, tisserand de toiles, Raymond Johannis, pareur, et Michel Helya, marchand, exécuteurs testamentaires de Raymonde Rossel, à la Charité de la Cité, représentée par les consuls Pierre des Empuries, Arnaud Carbonnel et Guillaume Johannis, d'une maison située dans la paroisse St-Sébastien, que la défunte possédait au moment de son décès par indivis avec son fils Bérenger comme représentant et ayant cause de son père. Cette vente est consentie pour le prix de 1,000 s. melg. de 4 den. d'argent fin chacun. Elle a lieu, porte l'acte, « cum multa deliberatione factaque diligenter subastatione et preconizatione per villam Narbone, sicut « usus, moris seu consuetudinis est ibi subastari. »

F° 44. — **1256** (4 des nones de novembre (2 novembre). — Testament de Guillaume Izarn. Il choisit sépulture dans le cimetière de N.-D. la Major, sa paroisse, et lègue : — 20 sous à l'église la Major; — 2 s. au prêtre de cette église; — 18 den. à chacun de ses desservants; — 20 sous à la chandelle de la Ste-Vierge; — 5 s. au luminaire de St-Blaise; — 5 s. au luminaire de St-Laurent; — 25 s. à l'œuvre de la Major; — 10 s. aux processions de St-Just, de St-Paul et de N.-D. du Bourg; — 50 sous au couvent de Fontfroide pour sa pitance; — 25 s. à l'infirmerie « fratrum monachorum » (Bénédictins de N.-D. de Lamourguié (?); — 100 sous à la maison de Ste-Marie de Cassan; — 25 s. aux frères Mineurs pour leur pitance, et 25 s. à leur œuvre; — 25 s. pour la pitance des frères Prêcheurs;— 10 s. pour la pitance des sœurs de St-Damien et 10 autres s. à leur œuvre; — 2 s. aux quatre hôpitaux des pauvres et aux Mizels du Bourg et de la Cité, — et 12 den. « reclusis hinc et inde. » — A la maison de St-Jean de Jérusalem, il donne « unam loricam et unum capellum « et unum ensem, » ainsi qu'à la maison des Templiers; — à l'œuvre de Ste-Marie des Auzils, 10 s. melg., etc. — Il lègue, en outre, 100 s. melg. pour le mariage de chacune des deux filles de Jean Gaston, à charge de convertir le legs en œuvres de piété et de charité au cas de leur mort « ante maritamentum; » — une rente de 30 sous melg. à l'église N.-D. la Major pour l'entretien d'un prêtre chargé de dire la messe chaque jour pendant toute la Septuagésime, à condition d'être nourri à la table du chapelain de ladite église, etc.

F° 45 v°. — **1257** (11 des kal. d'octobre (21 septembre). — Sentence arbitrale rendue par Pierre, archidiacre de Fenouillet, Guiraud des Empuries et Pons Alaros, entre les consuls de la Cité et le chapelain de l'église Saint-Étienne du faubourg de Villeneuve, au sujet des prémices que ce chapelain prélevait sur les vignes des ténements de Gasagnepas, Vignier-Mourrut, les Asprés, Fontcouverte, Vasis, Canhan, etc. Ces prémices consistaient, par mojade de vigne, en un panier de raisins de 5 pugnères et demie, les 16 pugnères formant le setier. (Transc. au 1er thal., f° 11; au 11e thal., f° 17.)

Rubrique : La premicia de Guasanhapas.

F° 46.— **1255** (8 des ides de septembre (6 septembre). — Bail à nouvel acapit fait par Guillaume Fabre, Guiraud des Empuries, Bernard Olier et Bernard Aurelas, consuls de la Cité, à Guillaume-Bernard de Cuxac, fils de Pierre-Pons de Cuxac, et à Raymond Teisseire, par indivis, de deux pièces de terre que Bernard de St-Laurent avait léguées à la Charité de la Cité. La redevance annuelle de ces deux pièces de terre est fixée à 7 liv. 55 sous melg., sous toutes réserves des lods et foriscapes.

F° 47. — **1258** (décembre). — * Décision prise par les consuls et les conseillers du Bourg et de la Cité, portant que la ville prend à sa charge, pour une durée de 10 ans, sauf à révoquer la mesure si l'expérience le commande, la défense et les frais, jusqu'à conclusion définitive, des causes pour lesquelles tout habitant de Narbonne pourrait être assigné par lettres papales ou ecclésiastiques devant une juridiction établie hors de Narbonne. (Transc., en roman, au 7e thal., f° 59; — en latin, au 3e thal., f° 27; au 6e thal., f° 23 v°.)

F° 47. — **1258** (15 décembre). — Statut délibéré et arrêté en commun par les consuls et les conseillers du Bourg et de la Cité, fixant le taux annuel que doivent payer pour leurs tailles les citoyens de Narbonne résidant hors de la ville, dans les villages du Narbonnais ou hors du Narbonnais. (Transc. au 3e thal., f° 27; au 6e thal., f° 23 v°; au 9e thal., f° 36.)

F° 47 v°. — **1171** (avril). — * Lettres de Pons, archevêque de Narbonne, qui, de l'assentiment du chapitre St-Just, permettent la construction d'une église ou d'un oratoire dans la maison des Lépreux de la Cité, avec institution d'un prêtre pour y célébrer les offices divins. La présentation de ce prêtre demeurait réservée aux Lépreux et son investiture à l'archevêque. Défenses sont faites à tout habitant de Narbonne de paraître dans la future église, à moins qu'il ne soit lépreux lui-même. (Transc. au 4e thal., f° 180.)

F° 48. — **1258** (2 août). — Lettres d'Étienne de Dardeys, lieutenant de Pierre d'Auteuil, sénéchal de Carcassonne, par lesquelles il mande aux consuls du Bourg et de la Cité de se rendre devant Castres le mardi avant la fête de l'Assomption, « cum armis, cum pane ad unum men- « sem.... ad pacem prosequendam » (1).

F° 48 v°. — **1224** (2 des nones de janvier (4 janvier). — Testament de Guillaume Bertrand. Après avoir fait divers legs pies, payables en argent, à l'aumône de St-Just, à celle de St-Paul, à la manse de N.-D. du Bourg, à l'église St-Félix, etc., le testateur donne son fils Guillaume *pour frère hospitalier* à la maison de St-Jean de Jérusalem, « et cum eo 500 solidos melgorienses, quos habeat pro sua « hereditate, et nichil aliud plus petat, et sumat habitum re- « ligionis cum compleverit etatem XX annorum.» Il lègue à sa fille Agnès son moulin de Gasanhabes, ou, si elle le préfère, 3,000 sous melgoriens qui lui seront comptés par ses deux autres fils, Bertrand et Aymeric, auxquels ledit moulin reviendra par égales parts. Il donne, de plus, à son fils Bertrand, sa condamine de Saint-Basile, son jardin de Livière, etc. Si sa fille Agnès vient à se marier sans le consentement et contre la volonté de sa mère, elle restera privée de la part qu'il lui fait dans ses biens. Il en est de même pour ses fils, auxquels, dit le testateur, « nec liceat

(1) Philippe de Montfort, seigneur de Castres, voulait réunir à ses domaines, à cause de son titre de suzerain, les biens confisqués sur les hérétiques. De son côté, Bertrand l'Ancien, vicomte de Lautrec, réclamait le même droit pour les faydits de sa vicomté, et pour le faire prévaloir, soutenu d'ailleurs par Amalric, vicomte de Narbonne, il engagea la guerre contre Philippe. Le roi voulant mettre un terme à cette lutte ordonna au sénéchal de Carcassonne d'interposer son autorité et de l'appuyer même par la force. Prévoyant qu'il serait obligé d'y recourir, le sénéchal convoqua les habitants de Narbonne devant Castres, avec ordre de se munir de vivres pour un mois. Du reste, les droits de Bertrand de Lautrec furent reconnus fondés par le sénéchal, qui lui attribua tous les biens dépendant de sa vicomté qui avaient été confisqués avant l'année 1229, date du traité de paix conclu entre le roi et Raymond, comte de Toulouse.

« ire contra volontatem suam, nam ipsam uxorem meam « Audam volo esse dominam et potentem infantium meo« rum et omnium bonorum meorum. » — Témoins du testament : Guillaume Petri, changeur, Jean Mostarp, Guinard et Joseph d'Azérier, Ermengaud Froment et Pierre du Capitole.

F° 49 v°. — **1263** (6 des ides de décembre (8 décembre). — Réquisition faite au vicomte Amalric par Jean Maistre et Raymond Ermengaud, consuls de la Cité, en présence de Bernard Amoros, de Guillaume de Durban, de Guillaume de Villespassants et du chevalier Pierre-Raymond de Bages, pour qu'il eût, en exécution de son serment, à conserver les coutumes de la ville, écrites ou non écrites, et à protéger et défendre ses habitants en leurs personnes, leurs femmes, leurs enfants et leurs biens.

F° 49 v°. — **1262** (12 des kal. d'août (21 juillet). — * Cession faite par le vicomte Aymeric aux consuls de la Cité et du Bourg, pour le prix de 400 s. melg. de 4 den. chacun, du pouvoir de faire enlever, arracher ou détruire, sans contradiction de la part de quelque personne que ce soit, noble ou non noble, les îles, plantations et empêchements qui s'opposent au cours de la rivière d'Aude, depuis le Gua-Rabios jusqu'au pont de Narbonne. (Transc., en latin, au 1er thal., f° 49 v°; au 2e thal., f° 83; — en roman, au 7e thal., f° 13.)

RUBRIQUE : Carta que consolz podon faire ostar toutz empaschers que son a la ribeira d'Aude, despeis lou Ga-Rabios jusques au pont de Narbonne.

F° 51 v°. — **1268** (jeudi après la Résurrection de Jésus-Christ (18 mai). — Acte dressé dans la chapelle du château de la Cité de Carcassonne, en présence de Barthélemy de Pech, juge de Carcassonne, Pierre de Purvine, viguier de la même ville, Bérenger de Conques, Jean de Paris, Pierre Fournier, Raymond Fabre, abbé de Caunes, et Pierre Chabassier, son juge ordinaire, duquel il résulte que Guillaume de Cohardon, sénéchal de Carcassonne, ayant mandé à l'archevêque de Narbonne, « pro debito justicie « et juxta consuetudinem fori, » de donner à Raymond Jordan, consul de la Cité, des lettres de sûreté pour sa personne et main-levée de ses biens sous bonne et suffisante caution, l'archevêque avait répondu au sénéchal qu'il allait se conformer à sa prière. Mais cet officier lui ayant répliqué qu'il n'avait fait, à ce sujet, aucune prière, et lui avait, au contraire, donné un ordre formel « pro debito justicie, » l'archevêque s'était alors exécuté et avait transmis l'ordre à Gérald, abbé de St-Paul, à Bernardin, archidiacre de la Corbière, ses juges pour la temporalité de l'archevêché, et au baile de cette temporalité à Narbonne, lesquels avaient promis de le mettre à exécution.

F° 52 v°. — **1264**. — * Ordonnance de Thomas de Montceléard, sénéchal de Carcassonne, rendue pour la publication et l'exécution du statut de Louis IX sur le cours et l'émission des nouvelles monnaies et sur la valeur des monnaies en usage dans la sénéchaussée.

Cours fixé pour ces monnaies :

Écus bretons, nantois et angevins...	15 pour 12 tournois.
Mansois	1 pour 2 angevins, bretons ou nantois, c'est-à-dire 7 den. et obole mansois pour 12 tourn.
Sterlins ou estelins	1 pour 4 tournois.
Toulousains, albigeois et morlains...	12 pour 18 tournois.
Cahorsins........................	15 pour 12 tournois.
Viennois, valentinois et royaux-Marseille........................	15 pour 12 tournois.
Clermontais et monnaies du Puy en Velay........................	15 et obole pour 12 tourn.
Melgoriens........................	14 pour 12 tourn. ou 23 sous melg. pour 20 s. tournois.
Marc d'argent de Montpellier.......	54 s. *quand le marc d'argent royal qui lui est supérieur est de 5 deniers de plus.*

F° 53. — **1271** (kal. de juin (1er juin). — Présentation faite par les consuls de Narbonne à un notaire, pour en dresser acte, des lettres de Louis IX, du jeudi avant la fête de l'Ascension (15 mai) 1270, qui agréent l'offre de 1,000 livres faite par la ville pour *la traversée de la mer*, et de celles du même mois de mai 1270, qui acceptent les 500 livres offertes pour les frais de la guerre sainte. Dans ces deux lettres, Louis IX reconnaît que la ville n'est tenue, d'après ses privilèges, à aucun subside de cette nature, et que ses offres sont de pure libéralité. (Les lettres de Louis IX du 15 mai 1270, insérées dans la présentation, sont transc., en roman, au 7e thal., f° 69 v°.)

F° 54 v°. — **1274** (nones d'août (5 août). — Déposition de Pierre Membrat, qui avait été nommé par les consuls à la charge de précepteur de l'hôpital des pauvres de la Cité. Cette déposition est prononcée par les consuls, de l'avis et du consentement du conseil juré et des prud'hommes de la Cité assemblés tout exprès, suivant l'usage, dans la maison commune. Elle est motivée sur la mauvaise administration de Membrat, et sur les vols et crimes par lui commis dans cette administration, qui avaient occasionné son arrestation et ensuite son emprisonnement par les officiers curiaux de l'archevêque.

F° 55. — **1274** (12 des kal. de juillet (20 juin). — Acte dressé à la suite de la résolution prise par les officiers de la Cour du vicomte, sur la demande que leur avaient faite les consuls de la Cité de se joindre à eux, vu l'urgence, pour faire ensemble un « *scorcol* » (1) à l'effet de découvrir l'auteur ou les auteurs d'un vol commis dans la ville pendant la nuit précédente. Les officiers curiaux du vicomte et les consuls étant alors en procès au sujet de l'exercice du droit de *scorcol*, le litige fut réservé, et il demeura convenu que la visite domiciliaire serait faite par des « probi homines » désignés, et qu'il serait déclaré, afin de sauvegarder le droit tel qu'il serait ultérieurement fixé, que ces « probi homines » agissaient, dans la circonstance, au nom des curiaux ou des consuls, selon que la décision à intervenir attribuerait aux uns ou aux autres le droit contesté.

F° 55 v°. — **1252** (9 des kal. d'octobre (23 septembre). — Sentence arbitrale rendue par Bernard d'Outreville, entre les habitants du Lac et les pêcheurs de Narbonne, sur leurs prétentions respectives au droit de pêche dans l'étang de Narbonne. (Transc. au f° 36 v° du présent thalamus.)

F° 56. — **1279** (15 des kalendes d'avril (18 mars). — Lettres d'Isnard d'Aucceveins, seigneur d'Agout, viguier de Marseille, qui annoncent aux consuls de Narbonne que pour fortifier l'affection sincère qui unit les habitants de Marseille à ceux de Narbonne et consolider les rapports que les deux villes entretiennent depuis longtemps, « ad « solidandam fidei et amoris puritatem inter civitatem « Narbone et civitatem Massilie longevis temporibus ob- « servatam, » l'ambassadeur envoyé par Jean Fabre et Guillaume de Poaliers, recteurs des marchands de Narbonne, en leur propre nom et au nom de ces marchands, a été reçu à Marseille et qu'il lui a été délivré des patentes de sûreté et un sauf-conduit pour faciliter sa mission.

F° 56 v°. — **1279** (ides d'août (13 août). — Lettres du viguier royal de Béziers qui assignent les consuls de Narbonne à comparaître devant lui, à Béziers, pour avoir à répondre des voies de fait exercées sur des habitants de Ginestas, qui avaient été cruellement battus et frappés dans la ville, quoiqu'ils fussent placés, comme habitants de la seigneurie de Ginestas qui appartenait au roi, sous sa sauvegarde spéciale. Ces excès avaient été commis par plusieurs habitants de Narbonne par suite du droit abusif que s'arrogeaient les consuls et la communauté « ut qui- « libet de suis infra Narbonam de quocumque extraneo in « publici juris dispendium propriam possit sumere ultio- « nem, homines de Genestaribus domini regis, si forsan « Narbonam intrarent, offenderent in personas. »

F° 57. — **1280** (ides d'août (13 août). — Extrait d'un arrêt du Conseil du roi rendu à la requête des consuls de la Cité, par lequel il est enjoint au sénéchal de Carcassonne de mander au vicomte Aymeric et au syndicat qui s'était formé contre les consuls, de ne rien faire au préjudice des attributions consulaires, qui comprennent, entr'autres droits, celui d'asseoir et lever les tailles nécessaires pour le paiement des dépenses d'utilité commune et le remboursement des dettes contractées pour les besoins de la communauté pendant la durée de leur charge, sous la condition, toutefois, de les imposer et recouvrer avant son expiration.

Rubrique : Aisso es l'arest quen Bernard Ribeiro a porte de Franssa contrals cendics.

F° 58. — **1272** (7 des ides de septembre (7 septembre). — Confiscation de 6 setiers de blé froment, faite au préjudice des nommés Cap-Dalbert et Pierre Sordagne, qui avaient tenté de les faire sortir de Narbonne par la rivière d'Aude, malgré la défense récemment publiée d'exporter du blé, par eau, depuis le grau de Vendres jusqu'au cap de Leucate. Le tiers du froment confisqué est attribué aux consuls, un autre tiers aux deux Cours du vicomte et de l'archevêque, et le tiers restant à celui qui avait fait connaître l'infraction « pro ensenhaduris » (1). Pierre Ramier, notaire public de Narbonne, dressa l'acte de cette confiscation en présence de cinq témoins : Arnaud Crousat, Pierre Melon, Pierre Symon, Gérald Latrille et Étienne de Vignes. (Transc. au 1er thal., f° 364 v°.)

F° 63. — **1481** (18 octobre). — Faits proposés par les officiers royaux et par les consuls de Narbonne contre Jean de Chaussenons, procureur royal général en la sénéchaussée de Carcassonne, pour la défense et la conservation du statut de la viguerie de Narbonne et des privilèges des habitants de son ressort, dans le différend auquel donnait lieu l'arrestation de divers habitants de Roubia, de Mirepeisset, de Fabrezan, lieux dépendants de la viguerie de Narbonne, que les officiers de cette viguerie et les consuls prétendaient avoir été faite au préjudice de ce statut. Les consuls disaient : « et primo super captione quo- « rumdam habitatorum locorum de Robiano et de Mira- « piseto quod ipsi moram trahebant in vicaria Narbone, « cum dicta loca sunt sita infra eamdem, per sequelam « non poterant trahi ad aliud tribunal quam vicarii et « judicis regiorum Narbone, cum illud prohibeant arres- « tum et privilegia habitatoribus ville et vicarie Narbone « per dominum nostrum regem et suos predecessores « concessa. » A cela le procureur royal général répondait que ni lui ni les autres officiers de la sénéchaussée n'avaient entendu violer l'arrêt de création de la viguerie ni les pri-

(1) Visite domiciliaire. Le mot *scorcol* est encore usité dans l'idiome local avec la même signification; seulement, il se prononce *scourcoul*.

(1) Littéralement, pour ses renseignements, ses indications.

viléges et libertés des habitants domiciliés dans son ressort, et qu'il n'avait fait procéder à l'arrestation dont il s'agit que parce qu'il y avait urgence, et que les hommes qui en avaient été l'objet, tous accusés de crimes graves qui étaient jusque-là restés impunis, au grand scandale de la justice et en particulier de la viguerie, s'étaient échappés depuis près de 10 ans, pendant la tenue des assises du sénechal, pour se réfugier hors du territoire de ladite viguerie.

F° 65. — **1428** (22 décembre). — Sentence arbitrale rendue par Jean Teste, licencié ès-lois, bachelier en droit canon, official de Narbonne, et Pierre Vitalis, licencié ès-lois, entre le chapitre St-Just et Bernard Izarn, Raymond Berre, Guillaume Boyer, Pierre Montlaur et Étienne de Belais, consuls de Narbonne, dans leur différend au sujet des droits de banderage, de lignerage et de dépaissance et abreuvage des troupeaux dans les terres de la bastide de Rieumar, aussi appelée de l'Official, dont le chapitre réclamait la possession et la jouissance comme en étant seigneur haut, moyen et bas. Cette sentence dispose que la bastide de Rieumar avec toutes ses terres, telles qu'elles sont bornées par la *bodulation* (1) que noble Arnaud du Lac, Jean Fournier, Jean Nadal et Guillaume Bérenger en avaient faite le 3 novembre 1423, est la propriété franche et allodiale du chapitre, qui, seul, y a les droits de banderage, de lignerage et de dépaissance et abreuvage.

F° 70 v°. — **1514** (22-23 juillet). — Appointement rendu entre l'archevêque de Narbonne et les consuls, par Raymond Assailhit, docteur ès-lois, magistrat présidial en la sénéchaussée de Carcassonne, commissaire royal en cette partie, par lequel la place du Salin est maintenue en la possession et propriété de la ville pour y mettre les bestiaux gros et menus lors de la tenue des foires, y dépiquer les diverses natures de recoltes en grains, y déposer à l'embarquement et au débarquement les marchandises voiturées sur la rivière d'Aude, y réunir les hommes en cas de guerre ou pour les dresser au maniement des armes, etc. — Notification de cet appointement à Bernard Lermite, lieutenant du visiteur des gabelles du Languedoc.

F° 76. — **1254** (décembre). — * Ordonnances de Louis IX concernant l'exercice de la justice, les jeux, les filles publiques, les réquisitions de vivres et de chevaux, etc., dans les sénéchaussées de Beaucaire et de Carcassonne. (Roman.) — (Transc., en latin, au 3e thal., f° 65 v°; — en roman, au 7e thal., f° 64.)

Rubrique : Aisso son los establimens faiz per lo senhor rei de Fransa, losquals en Gui Folquois aportec sagellaz del sagel del rei, et foron recitaz e legiz ajustat coceli general de prelaz et de barons et de cavaers de la terra, a Besers, en l'an can hom contava M CC LV.

F° 80 v°. — **1269** (lendemain de la fête de St-Pierre et St-Paul (30 juin). — Lettres de Louis IX adressées aux sénéchaux de Beaucaire et de Carcassonne, qui leur enjoignent d'exécuter les ordres qui leur seront remis par les commissaires royaux Arnulphe de Courferraud et Raymond Marchi.

F° 80 v°. — **1269** (lendemain de la fête de St-Denis (10 octobre). — Acceptation par les commissaires royaux Arnulphe de Courferrand et Raymond Marchi de l'offre de 1.000 livres tourn. faite au roi par la ville, « ad opus et « subsidium sui passagii transmarini. » Cette somme est offerte de la part de la ville par pure libéralité, « ex dona-« cione gratuita et sine omni intencione aliquam malam « consuetudinem vel servitutem subeundi, et absque omni « prejuditio juris, libertatum et consuetudinum.... ex hac « oblatione nunc et in perpetuum faciendo. »

F° 82 v°. — **1251** (nones de juillet (7 juillet). — * Sentence arbitrale prononcée par l'evêque de Béziers et Guy Fulcodi, juriste, dans les differents existant entre l'archevêque et le vicomte Amalric, au sujet : — du droit de criée et de publication ; — de l'exercice de la juridiction temporelle de l'archevêque dans la Cité, le Bourg et les faubourgs de Narbonne, pour les causes de sang, d'adultère et autres tant civiles que criminelles dépendant de cette juridiction, « ratione religionis, ordinis, domicilii seu contractus, vel « maleficii, » dont le vicomte, suivant les coutumes, était tenu d'exécuter les sentences ; — du partage de la leude perçue à Narbonne et de la répression des infractions qui s'y commettent ; — du droit appartenant à l'archevêque sur les boutiques du pont, et de la faculté dont il jouit de faire pêcher dans la rivière d'Aude « a paxeria pontis in-« ferius usque ad paxeriam molendinorum de filo ; » — des amendes « bandimenta » prononcées dans les foires, dont le produit appartient à l'archevêque ; — de la défense faite par le vicomte aux feudataires de l'archevêque de lui consentir reconnaissance pour les biens qu'ils tiennent de lui ; — de la restitution des biens enlevés par le vicomte aux habitants de Cuxac (1) « occasione crucis assumpte ; » — de la levée des tasques des tènements de Figairol et de

(1) Les bornes placées pour délimiter une possession territoriale prenaient, en roman, et ont conservé dans l'idiome local, le nom de *bozola*, *bouzola* et *boudula*, d'où est venu le mot *bodulation*, employé dans tous les documents terriers pour exprimer l'action de placer ces bornes. Pour interdire aux troupeaux l'entrée d'une parcelle plantée, en récolte pendante ou en chaume, son possesseur met les unes sur les autres quelques mottes de terre, en forme de pyramide ou de cône, qui prennent aussi le nom de *boudula*.

(1) Voir note F, à la fin du volume.

Comadamade; — du droit de l'archevêque d'établir un notaire pour recevoir les testaments, les actes de fiançailles et tous autres contrats; — du titre de seigneur de Narbonne que prenait le vicomte dans le sceau de la Vicomté et qu'il se faisait donner par les notaires dans la suscription de leurs actes; — de l'obligation imposée par le vicomte aux habitants de Capestang de comparaître en justice devant sa Cour; — de la défense faite par le vicomte de construire dans le champ de Margalion, quoique ce champ soit de la juridiction de l'archevêque; — de la reconnaissance et de la vente du Capitole de Narbonne exigée de Bertrand du Capitole par le vicomte, au préjudice des droits de seigneurie de l'archevêque, etc. C'est à la suite et pour cause de ces différends que l'archevêque avait excommunié le vicomte. Les arbitres ordonnent que l'archevêque relèvera le vicomte de cette excommunication dès qu'il lui aura donné satisfaction en exécutant de leur sentence, etc.

Fº 86. — **1253** (12 juin). — * Concession faite par le vicomte Amalric aux consuls du Bourg et de la Cité, de la faculté d'appeler les habitants de la ville en assemblée générale ou en parlement « cum tubis et preconibus, quumcum- « que et quoscienscumque et ubicumque et ex quacumque « causa et prout melius et utilius dicte universitatis consu- « libus videbitur expedire. » Cette faculté était contestée aux consuls par le vicomte, qui avait chargé Raymond du Lac, Aymeric Palier, juristes, Bernard de Bages, avocat, et Sicard Fabre, d'examiner l'affaire, de procéder à une enquête et de prononcer ensuite entre parties (1).

Fº 87. — **1253** (nones d'avril (5 avril), — nones de mai (7 mai). — * Enquête faite par Raymond du Lac, Aymeric Palier, Sicard Fabre et Bernard de Bages, prud'hommes désignés par le vicomte Amalric et acceptés par les consuls de Narbonne, pour procéder à une instruction et prononcer définitivement sur le différend existant entr'eux au sujet du droit que réclamaient les consuls d'assembler les habitants au son de la trompette, soit en conseil général, soit en parlement de la ville, sans autorisation ni licence du vicomte ou de ses officiers curiaux. Il est établi par cette enquête, dans laquelle furent produits de nombreux témoins, que les consuls convoquent le peuple au son de la trompette et au cri de « via al parlament ad sant Esteve, » ou « ad claustrum, » tantôt dans un lieu, tantôt dans un autre, à St-Paul, à St-Just, au Cloître, à St-Étienne, au Breuil, etc. Des assemblées générales ou parlements avaient été plusieurs fois tenus à Narbonne pour des cas extraordinaires: — la pendaison de Bernard Rouch qui avait été consul; — la pendaison de Soliman, l'un des crieurs des consuls, que le vicomte Amalric fit exécuter après que le comte de Toulouse fut entré à Narbonne; — l'assassinat d'un enfant chrétien par un juif et l'exécution de ce juif; — la guerre entre le vicomte et la ville, et entre le Bourg et la Cité, lorsque Arnaud Margalion fut tué et que le vicomte eut fait arrêter, à cette occasion, Bertrand Astafort, Guillaume Durant et Bernard Barbier; — les injures que Guiraud Baret, chapelain de St-Félix, avait proférées contre Bérenger de Lastours, etc.

Rubrique : Aiso es lo devisimen de las trompas e del parlament.

Fº 93. — **1228** (avril) (1). — * Constitutions et privilèges donnés par Simon de Montfort aux églises, maisons et personnes ecclésiastiques de la province, avec ses ordonnances concernant : — les auteurs ou fauteurs de la guerre et les violateurs de la paix; — le rétablissement des justices; — l'extirpation de l'hérésie; — la police; — les tailles et décimes; — le service militaire; — les droits dus au comte et aux seigneurs ses feudataires; — les devoirs des vassaux envers leurs seigneurs; — l'imposition du cens annuel de 3 den. melg. en faveur de l'Église romaine; — l'exemption des tailles accordée aux clercs qui ne sont pas mariés et ne se livrent ni à une profession ni à un commerce quelconque; — le bannissement des femmes qui, bien que catholiques, étaient mariées à des ennemis du comte; — la défense faite aux veuves ou héritières nobles de se marier avec d'autres que des Français sans l'expresse permission du comte, durant l'espace de 10 ans; — la défense de reconstruire les châteaux et forteresses qu'il avait fait démolir, etc.

Fº 99. — **1525** (15 décembre). — Lettres d'Odet de Foix, seigneur de Lautrec, lieutenant général du roi en Languedoc, adressées aux consuls de Narbonne pour leur faire part du don, que la régente venait de faire à la ville, d'une somme de 3,000 liv. par an, pendant cinq années, sous forme de réduction sur le montant des tailles annuelles. (Français.)

Fº 99 vº. — **1525** (11 décembre). — Lettres de Madame, régente de France, adressées aux viguier et juge de Narbonne, qui leur enjoignent d'ordonner au receveur

(1) L'enquête qui était alors ouverte étant tout en faveur des consuls, le vicomte voulut prévenir la décision des arbitres afin de donner à sa concession, qui n'est que la reconnaissance d'un droit incontestable, les apparences d'une libéralité gratuite et spontanée.

(1) Il y a dans cette date une erreur de copiste évidente. Simon de Montfort était mort depuis longtemps, en 1228. On sait, d'ailleurs, que la constitution qu'il donna, à Pamiers, pour la pacification et la police des pays qu'il avait conquis, constitution qu'il entoura, pour en augmenter l'autorité, des apparences d'une délibération de l'assemblée des évêques, barons et principaux bourgeois soumis à sa domination, est datée du mois de novembre de l'année 1212.

particulier de la ville de ne prendre « aucuns gaiges, droiz et prouffitz » pour la somme de 3,000 liv. dont elle a fait don aux consuls, par lettres patentes du 14 novembre 1525, sous forme de réduction sur les tailles annuelles de la ville, pendant une durée de 5 années. (Français.)

F° 100 v°. — **1528** (1-13 mars). — Lettres patentes de François Ier, avec les lettres exécutoires d'attache du trésorier de son épargne et des généraux des finances, qui confirment et continuent, pour autres cinq années, le don de 3,000 liv. sur les tailles annuelles, fait à la ville par la régente-mère, en 1525. Cette libéralité devait faciliter le paiement des travaux des fortifications, du logement des gens de guerre et des frais d'entretien de la grande chaussée d'Aude. « Sans la continuation et prolon- « gation d'iceluy, les habitants et manans de nostre ville « et cité de Narbonne, est-il dit dans ces lettres patentes, « demoureroient encoires grandement endommaigés et « intéressés des pertes, intérestz et dommaiges qu'ilz ont « eu et soustenu par cy devant pour les rempars et fortiffi- « cations de lad. ville, pour lesquels plusieurs maisons « d'icelle ville ont esté abbatues et démolies, ensemble « plusieurs arbres fructiers, tant oliviers que autres, et ne « leur seroit bonnement possible de supporter les fraiz et « despenses qu'il leur convient journellement et conviendra « faire cy apres. » (Français.)

F° 104. — **1529** (5 août). — Criée et publication du traité de paix, union et confédération conclu entre le roi de France, le pape, Charles-Quint, « eslu empereur roy de « Germanie et de Castille, » Henri, roi d'Angleterre, « deffendeur de la foy, » et Ferdinand, roi de Hongrie. (Français.)

F° 104 v°. — **1531** (18-26 juillet). — * Lettres patentes de François Ier portant création en *office formé* de la capitainerie de la ville de Narbonne. — Lettres d'entérinement et de vérification de ces lettres patentes par Anne de Montmorency, grand maître et maréchal de France, gouverneur du Languedoc. La création de la capitainerie de Narbonne est motivée par l'importance que donne à la ville sa position stratégique sur la frontière du Roussillon, importance qui était telle qu'à diverses époques le commandement de la ville avait dû être confié à « plusieurs bons personaiges, » et par la nécessité d'assurer la conservation du matériel et des approvisionnements de guerre déposés dans son arsenal, qui la rendaient « l'une des principales villes et « places des frontieres du royaulme. » (Français.)

F° 105. — **1531** (18 juillet, — 2 septembre). — Provisions de l'office de capitaine gouverneur de la ville de Narbonne, accordées à Aymeric de Bazilhac, « mareschal des « lougis du roi, » par François Ier. — Serment de fidélité prêté entre les mains du cardinal de Sens, par M. de Bazilhac, avant la prise de possession de son office. — Enregistrement de ces provisions en la Cour des Comptes. (Français.)

F° 107. — **1531** (27 juillet). — Procédure faite par Gabriel de Montredon, viguier de Narbonne, pour l'exécution de l'appointement donné par M. de Châteauneuf, lieutenant du roi en Languedoc, sur une * requête des consuls de Narbonne par laquelle ils demandent que les clefs des portes de la ville leur soient remises par M. de Bazilhac, pour en disposer comme ils le pratiquaient, en temps de paix, avant la création de l'office de capitaine gouverneur de la ville. — Étaient consuls de Narbonne : Jean Vidal, Arnaud Séguier, Guillaume Auriol, Thomas Milhas, Simon Corneau et Pierre Sudre. (Français.)

Rubrique : Instrument de la reddition de certaines clefz delz pourtalz de la ville, que avoit monsieur de Bazilhac en son pouvoir.

F° 108 v°. — **1532** (2 juillet, — 24 septembre). — Lettres patentes de François Ier qui placent la garde des clefs de toutes les portes de Narbonne, grandes ou petites, de jour comme de nuit, entre les mains du capitaine gouverneur de la ville. Les motifs de la remise, au capitaine gouverneur, des clefs de la ville et de leur *maniement* qui était auparavant dans les attributions des consuls, sont exprimés en ces termes : « considéré ensemble l'importance « dont est lad. ville a nous et a la coronne de France, « estant stituée, comme elle est, en lieu limitrophe et l'une « de principallez clefz de nostred. pays de Languedoc, « désirans obvier aux inconvéniens que en pourroient « souldre cy apres, et autres bonnes considérations a ce « nous mouvens....., ordonnons par ces présentes que « nostre vouloir et intention est que nostred. capitaine de « Nerbonne ayt doresnevant le maniement et garde des « clefz de toutez les portes...., en deffendent sur grosses « poynes... ausd. habitans de plus ne quereler ne faire en « lad. ville aucuns manipoles ou débatz en quelque ma- « niere que ce soit. » — Lettres de vérification et entérinement de ces lettres patentes, données par Anne de Montmorency, gouverneur du Languedoc. (Français.)

Rubrique : Doble des lettres touchant les clefz de la ville, que demande le capitaine.

F° 109. — **1531** (4 septembre, — 3 octobre). — Lettres de François Ier données sur une requête présentée par les consuls pour obtenir, « sur les greniers a sel de « Narbonne ou alieurs, quelque somme de deniers pour « leur ayder a refaire et radiffier une paxiere ou sauchée « sur la riviere d'Aude, affin de divertir le nouveau cours « qu'elle a prins au moyen de la roine et démollition des « anciennes chaucées et paxiers de lad. riviere par les

« inundations des eaus, et pour faire retourner lad. riviere « par le cours ancien passant par lad. ville de Nerbonne, « laquelle est ville de frontiere et clef du pays de Langue- « doc. » Par ces lettres, François Ier fait don aux consuls d'une somme de 1,000 liv., à prendre sur le revenu du grenier à sel de Narbonne pour l'année courante, et d'une autre somme de 1,000 livres, à prendre sur le revenu du même grenier pour l'année suivante; il permet, en outre, aux consuls « de cuyllir, lever et amasser semblable octroy « de cinq deniers tournoiz pour quintal de sel qui sera « vendu aux greniers a sel de Nerbonne, Capestang, Pey- « riac, Séjan (1), et a les chambres du Lac et Palme (la) « pour le temps et terme de vingt et quatre ans, sans « diminution du droit du roi. » Le produit de cet octroi devait parer aux dépenses que la ville avait à faire « pour « réduyre et remettre le cours d'Aude, a la charge que « led. cours serait réduyt et remys dedans deux ans. » Le compte de la recette et de l'emploi du produit de ces cinq deniers devait être rendu par les consuls devant les viguier et juge royaux de la ville. — Lettres exécutoires d'attache de ces lettres patentes, délivrées après leur vérification par les généraux des finances et par Guillaume Prudhomme, trésorier de l'épargne du roi. (Français.)

Fo 111. — **1533** (17 mai). — Lettres de François Ier, adressées aux gens des Comptes, à Montpellier, par lesquelles il leur est mandé de vérifier et entériner les lettres patentes du don fait à la ville, pour une durée de 24 ans, de 5 deniers de crue sur chaque quintal de sel vendu aux greniers de Narbonne, Capestang, Peyriac, Séjan et aux chambres à sel du Lac et de Lapalme, pour en affecter le produit, qui était désigné sous le nom de la *blanche du sel* et qui devait être recouvré par le clavaire consulaire, aux réparations de la chaussée d'Aude. (Français.)

Fo 111 vo. — **1533** (17 mai). — Lettre missive d'Anne de Montmorency, grand maître et maréchal de France, gouverneur du Languedoc, concernant la garde des clefs de la ville, que les consuls réclamaient comme l'un de leurs privilèges. Le maréchal, en rappelant aux consuls qu'il a toujours recherché les moyens d'accroître le bien-être des habitants de son gouvernement, s'exprime en ces termes pour leur faire connaître son désir de leur être particulièrement utile : « a quoy ... mectray peyne non seullement « de vous faire observer esd. privileiges, franchises et li- « bertez dont avez coustume de user, mays iceulz vous « faire augmenter en tout ce que, estant sur les lieux, ou « j'espere estre bientoust, verray et cognoistray que se « pourra faire. » Et comme il avait obtenu de Bazilhac, gouverneur de la ville, que l'exécution des lettres patentes du 2 juillet 1532 fût suspendue provisoirement, il annonce aux consuls ce résultat dans les termes suivants : « en actendant j'ay parlé aud. sr de Bazilhac, qui est ici et « en charge, que, nonobstant le contenu es lettres paten- « tes qui lui ont esté expédiées pour la garde des clefs de « la ville de Nerbonne, il n'ait a en faire poursuite en « quelque sorte que ce soyt, mays vous en laisse joyr et « user comme vous avez de coustume, ensemble desd. « privileiges, franchises et libertez, sans vous y faire ne « donner aucun destourbier ou empeschement, jusques a « ce que par cy apres il ait pleu au roy autrement en or- « donner; vous advisant que moy estant dela ., apres « retour de ce voyage, regarderay a vous conserver les « utilitez et comoditez que pourrez avoir... Aussi mectray « peine de vous faire continuer l'octroy que le roi vous a « faict par cydevant, arrivé que led. sire sera en mon gou- « vernement. » (Français.)

(1) V. sur Séjan, aujourd'hui Sigean, la note G à la fin du volume.

Fo 112. — **1533** (11 août). — Continuation, pour une période de 5 années, de l'affranchissement des tailles précédemment accordé à la ville pour les réparations de la rivière et de la grande chaussée d'Aude. Les consuls avaient profité du séjour du roi à Narbonne pour lui demander cet affranchissement, ainsi que la confirmation des leudes et péages levés sur les marchandises voiturées par la Robine. Dans la supplique qu'ils avaient présentée pour solliciter cette faveur, les consuls exposent au roi que la ville supporte des charges considérables pour les travaux de ses fortifications, et pour les réparations de la rivière d'Aude qu'il est nécessaire de ramener dans son ancien lit par Narbonne, où l'eau manque totalement. Ils déclarent que ces charges écraseront les habitants « pour raison de « leur groce povreté en laquelle sont constituez, si de bé- « guine grace et joyeulx advaynement... ne leur estoyt « subvenu en les affranchissant des tailles et impositions a « perpétuité, comme sont toutes autres villes de frontiere. » (Français.)

Fo 112 vo. — **1535** (8 février). — Permission donnée aux consuls de Narbonne, par François Ier, de vendre ou engager les deniers de la *blanche du sel*, pour tel nombre d'années qu'ils jugeront convenable sur les 24 années de l'octroi qu'ils en ont obtenu par lettres patentes du 4 septembre 1531. Cette permission est donnée dans le but de procurer à la ville les ressources qu'elle devait consacrer d'urgence aux travaux de réparation de la chaussée d'Aude que les inondations avaient emportée. Toutes les eaux de la rivière se dirigeaient vers Coursan, et avaient abandonné complètement l'ancien lit qui passait par Narbonne, si bien que les habitants n'avaient plus, pour leurs besoins domestiques, que l'eau des puits, et ces puits, en tout temps insuffisants, tarissaient même pendant les chaleurs de l'été.

Sous ce rapport, la permission accordée aux consuls résume de la manière suivante la position qui était faite à la ville : « l'une des choses le plus requise et nécessaire pour « la conservation de lad. ville et des habitans en icelle, « c'est la riviere d'Aude qui passe par icelle, et sans laquelle conviendroict lad. ville demourer champestre et « inhabitée au moyen de ce que souventesfoys, par temps « d'esté et grans challeurs, les puis tarissent et n'ont autre « moyen les habitans d'avoir eaus doulces que par le « moyen de lad. riviere ; aussy en temps de guerre et ou il « conviendroict mectre nombre de gens et chevaulx en lad. « ville, les puys ne seroyent suffisans et ny pouroyent « résider et estre secourus d'eaues... Or est il que des« puys aucun temps ença les robines, turcies et chaulcées « de lad. riviere ont esté et sont rompues au dessus de lad. « ville et tellement que sans grant ayde et secours de ré« parations elle se feust destournée et prins cours par « aultre voye, qui eust esté et seroyt dommaige inestima« ble... a la chose publique de nostre royaulme. » (Français.)

F° 114. — **1538** (10 août). — * Publication de la permission donnée, par le roi, de faire la traite, le trafic et le transport des grains dans tout le royaume et au dehors. (Français).

F° 114. — **1538** (?) 29 août). — * Lettre d'Anne de Montmorency, datée de Blois, par laquelle il donne avis aux consuls de Narbonne qu'à raison de la *stérilité* des blés, qui lui a été démontrée tant par les diverses lettres qu'il a reçues d'eux que par plusieurs autres documents, il a donné ordre au sénéchal de Toulouse, son lieutenant au gouvernement du Languedoc, de « serrer » la traite des grains et d'en défendre la sortie dans toute la province. (Français.)

F° 114 v°. — **1541** (12 août). — Lettres de provision de la charge de lieutenant général pour le roi en Languedoc, accordées au chevalier de Montpezat. Ces lettres donnent au lieutenant du roi pleine autorité et plein pouvoir pour « faire vivre en bon ordre, justice et police les gens « de guerre tant à cheval que de pied, remuer les gar« nisons de la gendarmerie, les faire aproucher et establyr « en tels lieux et endroictz qu'il verra bon estre, mectre « gens dedans les villes et places, les faire fortiffier et « remparer, mectre gens de guerre dedans et icelles faire « fournir de vivres et munitions en telles quantités que « besoing sera pour les tenir seures a ce qu'il n'en puisse « avoir aucung incovéniant, faire les montres et revues « par les commissaires des guerres qu'il avisera ordon« ner.., mectre taux aux vivres, prendre garde et avoir « l'eueil a ce que les gens de guerre ne facent aucunes « violances, pilleries, exactions, ne rançonnemant sur le « povre peuple, mays vivent selon les ordonnances.., et de « faire de ceulx qui auront délinqué la punition, correction « et justice telle et sy rigoureuse que le cas le requéra, de « sorte que ce soyt exemple a tous autres. Et générallement de faire et faire faire... tout ce qu'il verra cognois« tre estre requis, util et nécessaire pour la seureté et deffence du pays. » (Français.)

F° 115. — **XVI° siècle.** — * Fragment d'un acte par lequel les consuls proclament la composition du conseil de la maison commune, le nombre de ses membres, leur division en six états, nobles et clercs, bourgeois, marchands, notaires (qui formaient le 4° et le 5° état), *ménestériaulx* et laboureurs, l'époque du renouvellement des conseillers et des consuls, etc. (Français.)

AA. 106. — Registre (parchemin), 115 feuillets petit in-fol.; cartonnage couvert de parchemin.

1148-XVI° siècle. — 6° THALAMUS.

Feuillet de garde. — Note concernant l'entrée du roi Louis XIII à Narbonne. Cette note est conçue en ces termes : « Le XVII juillet 1622 le roy Louys XIII° fist son « entrée dans la ville de Narbonne, estant consulz messieurs « Jean de Raynoard, sieur de Lardilhon, François Lenoir, « Jean Horliac, Anthoine Cazalbon, Jean Montanier et « Anthoine Barcellon, faict par moy soubsigné Cellarié, « signé pour Senty, notaire greffier. »

F° 1. — **XIII° siècle.** — Titre du thalamus : « Aqueste libre fon compilatz e translatatz de las costumas « de Narbona e de Narbones, en l'an de nostre senhor « Jesu Christ que hom comtava de l'incarnatio MCCLV, « en poder dels senhors cossols so es a saber en Bernard « Mainard, e den Bernard Dalfi, e den Arnaud de Bages, « e den Raymond Blanquier, e den Pierre de Caudiers, e « den Bernard Robi. » — Après ce titre sont transcrits des fragments des Évangiles de S. Jean : « In principio erat verbum, » de S. Marc : « In illo tempore Maria Magdalene et Maria Jacobi, » de S. Mathieu : « In illo tempore Jesus dixit discipulis suis : attendite a falsis prophetis, » et de S. Luc : « In illo tempore dixit Jesus discipulis suis : erunt signa in sole et luna et stellis. »

F° 1 v°. — **1235** (19 juillet). — * Sentence rendue par Ricobonus, Obertus Passuis et Hugo de Flisco, juges de la principauté de Gênes, portant qu'il ne peut être fait application aux habitants de Narbonne, des peines contenues en l'article « de mercibus contrariis » du traité passé entre Narbonne et Gênes. Cette sentence est rendue au profit de Guillaume Coutelier, habitant de Narbonne.

RUBRIQUE : Aiso es sentencia entr' omes de Jhenoa e de Narbona.

F° 2. — **1232** (7 des kal. de mars (24 février), pour l'approbation du vicomte, — 14 des kal. de janvier (19 décembre), pour celle de l'archevêque; — **1233** (7 des kal. de mars (23 février), pour celle de l'abbé de St-Paul. — * Coutumes de Narbonne. (Transc., en roman, au 3e thal., f° 29; au 6e thal., f° 12 v°; au 8e thal., f° 9; au 10e thal., f° 8; — en latin, au 1er thal., f° 50 v°; au 2e thal., f° 1; au 3e thal., f° 8; au 4e thal., f° 1; au 9e thal., f° 8 v°; au 10e thal., f° 89.)

Rubrique : Aiso son las costumas en lati.

F° 6. — **1232.** — * Coutumes des chevaliers de Narbonne et du Narbonnais, octroyées par le vicomte Aymeric en présence de Bérenger de Boutenac, Pierre-Raymond de Montbrun, Bernard de Roquecourbe, Raymond du Lac, Bernard Udalard, Pierre Aman et Guillaume d'Olonzac. (Roman.) — (Transc. au 2e thal., f° 88; au 3e thal., f° 11; au 8e thal., f° 7; au 10e thal., f° 4.)

Rubrique : Aysso son las costumas dels cavalliers.

F° 7. — **XIIIe siècle** (1). — * Statut concernant la vente du poisson pêché en mer ou dans les étangs, depuis le cap de Leucate et tout le district de Leucate jusqu'au grau de Vendres. (Transc., en roman, au 8e thal., f° 28 v°; — en latin, au 3e thal., f° 12; au 9e thal., f° 13; au 10e thal., f° 45 v°.)

Rubrique : Contra los peyssonies.

F° 7 v°. — **XIIIe siècle.** — * Statut concernant les macelliers (bouchers), les revendeurs de blé et la vente du gibier et de la sauvagine. (Transc., en roman, au 8e thal., f° 28 v°; — en latin, au 3e thal., f° 12 v°; au 9e thal., f° 13 v°.)

Rubriques : Dels mazellyes; — dels revendedors del blat; — des chasseurs; — taux du gibbier.

F° 8. — **1249** (4 des nones d'août (2 août). — * Statut relatif à l'observation des dimanches et jours fériés et à la police des rues et chemins, arrêté par les viguier et juge de la Vicomté et le viguier de la temporalité de l'archevêque, sur la demande expresse et avec la participation de Bertrand du Capitole, Pons Alaros, Pons Alquier, consuls de la Cité, et Bernard Agarn, Raymond Blanquier, Bernard Gervais, Guiraud Valard, Raymond Trenquier, Bérenger de Lastours, Jean Astafort, et Guiraud de Malgors, consuls du Bourg. (Transc., en roman, au 7e thal., f° 5 v°; — en latin, au 3e thal., f° 13; au 9e thal., f° 15.)

(1) Les statuts mentionnés dans cet article et dans le suivant font partie du statut général de 1243 sur la cuisson et le droit de cuisson du pain, sur la pêche et la vente du poisson, sur les macelliers et sur les revendeurs de blé transc., en roman, au 8e thal., f° 28 v°.

F° 9. — **1249** (6 des nones de juillet (2 juillet). — * Coutume de Narbonne et du Narbonnais sur la prescription des créances. — La même coutume, en roman. (Transc., en latin et en roman, au 3e thal., f° 13 v°; — en latin, au 9e thal., f° 14; — en roman, au 8e thal., f° 31 v°; au 10e thal., f° 51 v°.)

Rubrique : Que hom no pot demandar deute apres X ans.

F° 9 v°. — **1252** (2 des kal. d'août (31 juillet). — Condamnation à 100 et à 50 liv. melg. d'amende, prononcée par les consuls du Bourg et de la Cité contre Pierre de Pérignan, Bernard Manent, Guillaume Gros, Pons Barbier et Bernard de Gentian qui, ayant acheté du vicomte Aymeric la *devèze de la grana*, avaient contraint les habitants de Narbonne, hommes ou femmes, à leur livrer à vil prix la *grana* qu'ils avaient déjà recueillie dans cette *devèze*, avaient battu et maltraité ceux qui refusaient de la livrer, et avaient par là occasionné une émeute dans laquelle les consuls furent injuriés et frappés. (Transc. au 3e thal., f° 14; au 9e thal., f° 71 v°.)

Rubrique : Aysso es la deveza de grana.

F° 10 v°. — **1238** (7 des kal. de juillet (25 juin). — * Règlement concernant les mondiers (meuniers), la mouture et le pesage du blé. Ce règlement est suivi de la formule du serment exigé de tout meunier, farinier et conducteur de bêtes de somme servant au transport des blés et farines. Il est approuvé et confirmé par le vicomte Amalric, en présence de Sicard Fabre, Guiraud Dubreuil, Imbert Laurent et Pierre de Savoute, consuls de la Cité, et de Raymond de Pierregoric, Bérenger d'Ortous, etc. (Roman.) — (Transc., en latin, au 9e thal., f° 15 v°; — en roman, au 3e thal., f° 14 v°; au 8e thal., f° 17; au 10e thal., f° 23.)

Rubrique : Aysso es la hordenanssa dels mondiers e dels farinyers.

F° 12 v°. — **1232** (1). — * Coutumes de Narbonne. (Roman.) — (Transc., en latin, au 1er thal., f° 50 v°; au 2e thal., f° 1; au 3e thal., f° 8; au 4e thal., f° 1; au 6e thal., f° 2; au 9e thal., f° 8 v°; au 10e thal., f° 89; — en roman, au 3e thal., f° 29; au 8e thal., f° 9; au 10e thal., f° 89.)

Rubrique : Sus las costumas de Narbona.

F° 16 v°. — **1291** (3 février). — * Coutumes des trois Cours ordinaires de Narbonne, sur les cessions de biens.

(1) L'approbation de ces coutumes par le vicomte Aymeric ne porte aucune date du jour ni du mois. Le thalamus ne donne pas, non plus, les approbations sous réserve qu'en firent l'archevêque de Narbonne et l'abbé de St-Paul. (Voyez, pour les dates exactes de ces coutumes, les articles AA. 103, f° 8; AA. 104, f° 1, etc.)

(Roman.) — (Transc., en latin, au 1er thal., f° 89; au 9e thal., f° 6 v°; — en roman, au 2e thal., f° 93 v°; au 3e thal., f°s 34 v° et 44 v°; au 6e thal., f° 28; au 8e thal., f° 33; au 10e thal., f° 54.)

RUBRIQUE : D'aquels que juran non poder.

F° 17. — **XIIIe siècle** (1). — Statut contenant la nomenclature (2) des objets mobiliers compris sous la désignation de *cambra*, qui étaient attribués à la femme du débiteur faisant cession de biens à ses créanciers. Ces objets sont les suivants : « cobertors, lansols, vanoas, au- « reliers, coich*is*, flassadas, sacs *lierz*, *lierz* de fust, « cortinas, toa*lhas*, *ter*sors, tapitz, bancals, una es*toi*ra « de paret o autra de sol, escudelas de fust penchas e de « terra que son pausadas en paretz, *1* enap d'argent o « *mai* segon la calitat de la persona, enaps de fust, con- « cas d'eram, bas*is*, anels d'aur, *dos* o *tres caissas* planas, « taulas longas *e* redondas, escauns non trop grans e « escaunels, bechis *d*'estanh e d'argent, candelabres « d'eram e de fust o de fer que *sun* pausaz *a* taula e « entorn lampesa, boiss*as* d'argent, d'eram e d'evori « lascals las donas tenon en lur caichetas per lurs joias « tener, e non garni*men* de fer ni au*tre*, que s'apelon nis « con*tengon* a garnir. » (Roman.) — (Transc., en latin, au 9e thal., f° 27; — en roman, au 10e thal., f° 73 v°.)

F° 17 v°. — **1248** (juin-juillet). — * Ban ou taux des amendes prononcées contre ceux qui contreviennent aux règlements relatifs au banderage, par suite d'indue dépaissance, de faits de chasse ou d'enlèvement de bois et vol de raisins dans les vignes. Ce ban est suivi du règlement concernant la nomination des bandiers chargés de la garde des *vigniers* dits de l'Archevêque, de Jean Amiel, du Peirim, de la Clause de St-Paul, du Villar, etc., fait en juillet 1248 par Raymond-Bérenger de Saribeyra, Imbert de Sestable, Guiraud Amoros, Pierre Rossignol, Pierre Lauret et Mathieu de Cruscades, consuls du Bourg. (Roman et latin.) — (Transc., en roman, au 3e thal., f° 18; — en latin, au 2e thal., f° 89 v°.)

RUBRIQUE : Aysso es la forma del ban.

F° 18. — **XIIIe siècle**. — * Obligations des courtiers dans l'exercice de leur charge. (Roman.) — (Transc. au 3e thal., f° 21.)

RUBRIQUE : La ordenansa des corratiers.

F° 18 v°. — **XIIIe siècle**. — * Serment exigé des étrangers admis à établir leur résidence dans le Bourg, à Narbonne. (Roman.) — (Transc. au 2e thal., f° 90 v°; au 3e thal., f° 21 v°; au 7e thal., f° 5.)

RUBRIQUE : Lo sagrament dels habitans novels.

F° 18 v°. — **1254** (16 des kal. de septembre (17 août). — * Compromis entre les pareurs et les tisserands de draps du Bourg et de la Cité pour le règlement, par voie d'arbitrage, de leurs différends concernant l'exercice et les droits de leurs professions. — Exposé, article par article, de leurs prétentions réciproques. — Arbitrage sur ces prétentions formant règlement pour le tissage et la préparation des draps, rendu par le chevalier Bérenger de Narbonne, Sicard Fabre, Bernard Maynard, Guillaume Helya, Pierre Arnaud, consuls de la Cité, Arnaud de Bages, Raymond de Foix, Raymond Trenquier et Pierre-Raynaud ou Raymond de Canet, consuls du Bourg. (Transc., en roman, au 7e thal., f° 79; au 10e thal., f° 58; — en latin, au 3e thal., f° 22.)

RUBRIQUE : Compromes de parayres e teyscheyres.

F° 23. — **XIIIe siècle** (1). — * Serment des consuls entrant en charge; leurs droits et leurs devoirs dans l'exercice des fonctions du consulat. Les consuls — prêtent serment, avant de commencer leurs fonctions, « sub exter- « minatione divini judicis » et sur les saints Évangiles; — ils convoquent le peuple en parlement général, au son de la trompette, toutes les fois qu'ils le jugent utile, et au moins une fois par mois; — ils font le guet et la patrouille pour assurer le maintien de la tranquillité publique; — dans l'intérêt de la salubrité, ils font publier chaque samedi que tout habitant doit, sous peine d'amende, faire nettoyer la rue sur le parcours de la façade de son habitation; — ils doivent veiller à ce qu'il ne soit pas jeté des immondices dans les rues, et qu'il ne soit établi aucun dépôt de fumiers dans l'intérieur de la ville, ni dans ses fossés, non plus que dans les faubourgs; — ils doivent vendre, aux enchères et après publication pendant huitaine, les denrées reçues en nature par la Charité pour le paiement des loyers du moulin, ou à titre de rente, de donation, de legs, etc.; — ils instituent les précepteurs et les frères et sœurs des hôpitaux, ainsi que des maisons des Mizels, et se font rendre compte de la recette et de l'emploi des revenus de ces maisons au moins une fois par an; — ils font observer la coutume et les usages relatifs aux saisies vulgairement appelées *marques* qu'ils autorisent; — ils ont la garde des objets saisis, jusqu'à ce que les particuliers qui ont provoqué les *marques* soient complètement désintéressés; —

(1) La date précise de ce statut est le 15 des kalendes de novembre (18 octobre) 1239, d'après le texte latin transc. au 9e thal., f° 27.

(2) Cette nomenclature et celle que nous donnons à l'art. AA. 110, 10e thalamus, f° 73 v°, présentent des variantes qu'il était utile de signaler. Elles sont indiquées en italique.

(1) D'après le titre en roman, transc. au 9e thal., f° 1, AA. 109, et au 10e thal., f° 74 v°, AA. 110, la date précise de ce document est le mois de février 1249.

ils ne doivent donner l'autorisation de pratiquer les saisies qu'après avoir, au moins sommairement, connu de la dette ou du motif pour lesquels elles sont réclamées ; — ils doivent, à peine de nullité, inscrire sur un registre public, tenu dans la maison consulaire, le nom de celui qui a obtenu la permission de saisir, et le délai dans lequel elle doit être utilisée; — ils doivent prendre en main les causes des habitants qui sont lésés en défendant les privilèges et libertés de la ville, et les indemniser sur les fonds de la communauté de toutes pertes et de tous dommages qu'ils peuvent avoir éprouvés (1) ; — enfin, au moment de sortir de charge, ils doivent choisir et élire pour leur succéder les personnes les plus capables et les plus dévouées, auxquelles ils rendent fidèlement compte de l'emploi des deniers imposés pendant la durée de leur administration. (Transc., en roman, au 9e thal., f° 1; au 10e thal., f° 74 v°; — en latin, au 2e thal., f° 91; au 3e thal., f° 24 v°.)

F° 23. — **1298** (1er septembre). — * Ordonnance rendue par les consuls et les conseils jurés réunis (2), portant que la ville, les consuls et le conseil ne défendront et ne protégeront en leurs personnes, leurs familles et leurs biens, dans la ville ni au dehors, les clercs qui refuseront de participer aux charges et tailles communes de la même manière que doivent y contribuer les autres habitants de Narbonne, et que ces clercs ne pourront être ni consuls ni membres du conseil. (Roman.) — (Transc. au 3e thal., f° 25.)

Rubrique : Dels clergues que no volon donar a quista.

F° 23 v°. — **1258** (décembre). — * Décision des consuls du Bourg et de la Cité, prise en conseil général de la ville, portant que les causes de tout habitant de Narbonne appelé par lettres papales ou par lettres ecclésiastiques, à la requête de clercs ou de laïques, devant un juge quelconque établi hors de Narbonne, seront défendues jusqu'à conclusion définitive aux frais et dépens de la ville. Cette décision devait avoir son effet pendant une durée de dix ans. (Transc., en roman, au 7e thal., f° 59 ; — en latin, au 3e thal., f° 27 ; au 5e thal., f° 47.)

Rubrique : Estatut contra aquels que citon fora de Narbona ab letras papals.

F° 23 v°. — **1258** (décembre). — Statut délibéré par les consuls du Bourg et de la Cité, en conseil général de la ville et avec l'assentiment des prud'hommes « habito « concilio plurium virorum et sapientum, » fixant le taux annuel que doivent payer pour leurs tailles les citoyens de Narbonne résidant hors de la ville, dans les villages du Narbonnais, ou hors du Narbonnais. (Transc. au 3e thal., f° 27; au 5e thal., f° 47; au 9e thal., f° 36.)

Rubrique : Statut antic quant devian dar los estranhs.

F° 24. — **1261** (janvier). — * Statut arrêté par les consuls du Bourg, avec l'assentiment spécial des prud'hommes « plurium procerum » et du conseil juré tout entier, pour réglementer la réception, la conservation et l'emploi des deniers provenant des legs faits par testament ou de tout autre manière à la Charité du Bourg. (Transc., en roman, au 7e thal., f° 11 v°; — en latin, au 3e thal., f° 27.)

Rubrique : De la Caritat.

F° 24 v°. — **1270** (octobre). — Statut des consuls et du conseil général ou conseil juré du Bourg, « generali « concilio seu conciliariis juratis... presentibus, volenti- « bus, » qui porte renouvellement, pour valoir jusqu'à ce qu'il en soit autrement décidé, du statut par lequel la communauté s'est engagée à défendre, à ses propres frais et dépens, les causes des habitants qui sont assignés sur requête laïque ou de clercs, par lettres papales ou ecclésiastiques, devant un juge établi hors de Narbonne. (Transc., en roman, au 7e thal., f° 59 v°; — en latin, au 3e thal., f° 27.)

Rubrique : Aysso es la ordenansa contra aquels que citon fora de Narbona ab letras papals.

F° 24 v°. — **1259** (6 des ides de juin (8 juin). — * Interprétation et explication de la lettre et de l'esprit de la coutume de Narbonne commençant par ces mots : « Si « aliquis decesserit ab intestato et sine liberis,» en ce qui concerne les droits de la femme et des héritiers naturels dans les biens du décédé ab intestat. (Transc., en roman, au 10e thal., f° 83 ; — en latin, au 3e thal., f° 27 v°; au 9e thal., f° 31 v°; au 10e thal., f° 103.)

Rubrique : La declaracion d'aquela costuma : si alcus se mor intestatz.

F° 25 v°. — **1260** (juin). — * Statut délibéré par commun assentiment des consuls du Bourg et de la Cité et du conseil général de la ville, à l'effet de rétablir l'amitié, la concorde et la paix entre les deux consulats, portant que les consuls nouvellement élus dans le Bourg et dans la Cité sont tenus de se réunir pour prêter ensemble, entre les mains de leurs prédécesseurs également réunis pour la circonstance, le serment de défendre, garder et maintenir les usages, coutumes, règlements et statuts de la ville, et de se donner réciproquement, toute affaire cessante et *sans crainte, sans haine et sans affection*, bon conseil, aide et assistance dans l'exercice de leur charge. (Roman.)

---

(1) Cette partie des obligations des consuls a fait l'objet d'un statut spécial qui fut délibéré en l'année 1251 (V. 10e thal., f° 78, AA. 110.)

(2) Le conseil juré du Bourg et celui de la Cité.

— (Transc. au 2e thal., f° 92; au 3e thal., f° 38; au 10e thal., f° 113 v°.)

Rubrique : Aysso es l'establimens que los cossols de Borc e de Ciutat devon jurar, los us als autres, de mantenir las franquesas.

F° 26. — **1269** (juin). — * Règlement des consuls du Bourg, arrêté « per cominal profieg, » concernant les fiançailles, les visites aux nouveau-mariés, les baptêmes, les sépultures, les présents aux donzelles, aux enfants et aux servantes. (Roman.) — (Transc. au 3e thal., f°s 39 v° et 40 v°.)

Rubrique : Stabliment sus lo bateyar dels enfans, que deu pagar lo payrin si menessa contra l'establiment.

F° 27 v°. — **1274** (juin). — * Règlement de police concernant les fumiers, les boues, le jet d'immondices et d'eaux sales, arrêté par les consuls Raymond-Jean de Solm, Laurent de Saragosse, Bernard de Montolieu, Etienne de Trulhas, Raymond de Moux et Guillaume de Roufflac, avec l'assentiment et l'approbation du conseil juré du Bourg, « a coservament de la sanitat de las gens « del Borc. » Ce règlement défend le dépôt de fumiers, autour du Bourg, dans toute la zône qui, partant de Rivesaltes (1), de Notre-Dame du Carmel, du portail de Saint-Paul, du portail de Notre-Dame de Lamourguié et de la Mailhole, points principaux de l'enceinte du Bourg, s'étend jusques à la vigne de Pierre Cotet, au carrefour des chemins du Veyret et de Carcassonne, près de Cap de Pla, au chemin de Fontfroide, à la vigne de Pierre de Sales, au chemin du clot de Nidolel, à l'hort d'Arnaud Ebrard, au pont de l'Aiguille false et à l'hort de Nabroma. (Roman) — (Transc. au 3e thal., f° 42.)

Rubrique : Dels femoriers, rauzada.

F° 28. — **1271** (25 mars). — * Serment prêté aux consuls du Bourg et de la Cité par le vicomte Aymeric, et au vicomte par ces consuls en leur nom et au nom de tous les habitants de la ville. Etaient consuls du Bourg : Bernard Dauphin, Pierre Adalbert, Raymond Rouch, Etienne de Trulhas, Guillaume de Roquecourbe, Jean de Nouvelles; et consuls de la Cité : Guiraud de Rieu, Bernard Fabre, marchand, Pierre de St-Pons, pareur, et Bernard Manganier, tisserand. (Roman.) — (Transc. au 2e thal., f° 93; au 3e thal., f° 43.)

F° 28. — **1281** (3 des nones de février (3 février). — * Coutumes des trois Cours ordinaires de Narbonne sur les cessions de biens. (Roman.) — Transc., en latin, au 1er thal., f° 83; au 9e thal., f° 6 v°; — en roman, au 2e thal., f° 93 v°; au 3e thal., f°s 34 v° et 44 v°; au 6e thal., f° 16 v°; au 8e thal., f° 33; au 10e thal., f° 54.)

Rubrique : D'aquels que desamparon lurs bes.

F° 29 v°. — **XIIIe siècle** (1). — * Règlement arrêté par les consuls du Bourg et de la Cité, « al bon estament et « al bon regiment » de la ville, concernant les habillements des femmes et des filles, « *dona, femna ni donzela.* » Ce règlement est fait par les consuls du consentement du conseil juré. Les consuls déclarent qu'ils ont avec ce conseil tout pouvoir d'amender, modifier, restreindre ou étendre les dispositions qui régissent la matière. (Roman.) — (Transc. au 3e thal., f° 47 v°.)

Rubrique : De vestimentis.

F° 30 v°. — **1277-1278** (6 des kalendes d'avril (27 mars) — 9 des kalendes d'août (24 juillet). — * Sentence arbitrale rendue par Bernard Gras, sacristain majeur de Saint-Paul et par Pierre de Fraissé, juriste, entre les consuls, d'une part, et divers habitants du Bourg réunis en syndicat, d'autre part, contenant règlement sur le mode, la forme et l'époque de l'élection consulaire, le renouvellement des consuls, leurs gages, leurs attributions, droits et obligations dans l'exercice des fonctions du consulat, etc. (Transc., en roman, au 3e thal., f° 50 v°; au 6e thal., f° 38 v°; — en latin, au 2e thal., f° 44 v°; au 3e thal., f° 48.)

Rubrique : La ordenansa de la maneyra d'eslegir cossols, e alcuns autres establimens.

F° 34 v°. — **1305** (4-2 des kal. de mars (26-28 février). — Sentence arbitrale rendue par Jacques, abbé de Saint-Aphrodise, chanoine de Narbonne, entre les consuls du Bourg et de la Cité, d'une part, l'archevêque de Narbonne et Pierre Rostain, prieur de Ste-Marie du Bourg (Lamourguié), d'autre part, dans leur différend relatif aux droits que ces derniers prélevaient sur les porcs qui étaient salés dans la ville ou au dehors, soit par les macelliers (bouchers), soit par les autres habitants, pour être mis en vente. Ces droits demeurent fixés par la sentence à 4 den. narbonnais pour chaque porc salé, sauf paiement par la ville d'une somme de 40 liv. tourn. au prieur et à l'archevêque. — Témoins de la sentence : Bernard d'Amilian, chanoine et archidiacre de Narbonne, Rutine-Bérenger de Narbonne, sacristain, Bernard Carrière, archidiacre de la Corbière,

---

(1) Rivesaltes est le nom qui était donné à la partie du Bourg située sur le bord de la rivière d'Aude, en face de la porte de Coyran. Cette porte était bâtie à l'entrée du faubourg de Belvèze construit à l'ouest de la Cité, sur la rive gauche de la rivière.

(1) Lors de la rédaction de ce règlement, Raymond-Jean de Solm, Laurent de Saragosse, Bernard de Montolieu, Etienne de Trulhas, Raymond de Moux et Guillaume de Roufflac étaient consuls du Bourg. Sa date précise est donc l'année 1274 (vid. supra l'analyse donnée sous le f° 27 v°.)

Jean André et Raymond Dieudonné, prêtres de l'église Ste-Marie du Bourg, Bernard Dauphin, Raymond Bonet, Raymond Trenquier, Sicard Fabre, Pierre-Raymond de Montpellier, Arnaud de Bages, Bernard de Montpezat, arpenteur « corrigiarius, » et Bernard d'Albanique. (Transc. au présent thal., f° 52.)

RUBRIQUE : Sobre la saladura dels porcs.

F° 37 v°. — **1282** (23 janvier). — Acte d'offre fait à Philippe de Mons, sénéchal de Carcassonne, par Jean Fabre et Pierre-Raymond Rouch, « probi homines » du Bourg, au nom de ses consuls et habitants, pour le paiement d'un subside de 500 liv. tourn. offert « pro negotiis « domino rege ad presens incumbentibus, » sous la réserve expresse des priviléges et franchises de la ville, qu'ils déclarent exempte de toute charge de cette nature. (Transc., en roman, au 7° thal., f° 71 ; — en latin, au 3° thal., f° 50 v°.)

RUBRIQUE : Aysso es una protestation que fon facha davant mossen Philip de Mons, per razon de V cents libras que foron dadas al rey de gracia. In libro nigro sunt registrate quedam littere in quibus continetur quod rex Ludovicus recepit dictum subsidium sub dictis protestationibus (1).

F° 38 v°. — **XIII° siècle** (2). — * Sentence arbitrale rendue par Bernard Gras, sacristain majeur de Saint-Paul, et Pierre de Fraissé, juriste, contenant règlement sur le mode, la forme et l'époque de l'élection consulaire du Bourg, les gages des consuls, leurs attributions, droits et obligations, etc. (Roman.) — (Transc., en latin, au 2° thal. f° 44 v°; au 3° thal., f° 48; au 6° thal., f° 30 v°; — en roman, au 3° thal., f° 50 v°.)

RUBRIQUE : Aysso son los capitols de la ordenacion que fon facha per los savis baros lo senhor maistre B. Gras, sagristan mager de monsenher sant Paul, en Peire de Fraiche, savi en dreg, arbitres arbitradors o amicablament composidors per las pars cominalment elegitz, sobre la forma e la maneira de elegir cossols el Borc, e sobrel regimen dels faiz del Borc.

F° 44. — **XIII° siècle** (1). — * Fragment de la sentence prononcée par Pierre de Montbrun, archevêque de Narbonne, dans le différend existant entre le vicomte Aymeric et les consuls du Bourg, concernant : — l'exemption du péage et de la leude réclamée par les consuls pour les étrangers reçus comme habitants; — le droit du treuil de l'huile; — le botage du vin et du miel; — l'entrée du vin et de la vendange; — le tarif de la leude. (Roman.) — (Transc., en latin, au 2° thal., f° 44 v°; au 6° thal., f° 65; — en roman, au 3° thal., f° 52; au 7° thal., f° 25 v°.)

RUBRIQUE : Leudari.

F° 45 v°. — **1286** (mercredi avant la Chaire de Saint-Pierre (21 février). — * Modifications au règlement de l'année 1243 concernant les fourniers du Bourg. Ces modifications sont faites, du consentement et avec l'autorisation du vicomte Aymeric et de Pierre de la Croix, son viguier, par les consuls du Bourg qui étaient Raymond-Jean Drudon, Bérenger Porcel, Bérenger Bonet, Bernard de Montolieu, Pierre Nadal et Guillaume d'Oupia. Pour donner plus d'autorité à ce nouveau statut, « per el refer-« mament d'aquest establiment, » les consuls le firent accepter, sous la foi du serment, par les fourniers du Bourg, en présence de plusieurs artisans et de Bonet Contastin et Raymond de Poaliers, marchands « de « plassa. » (Roman.) — (Transc. au 3° thal., f° 56 v°.)

RUBRIQUE : Aysso es ordenansa dels forniers.

F° 47. — **1289.** — * Règlement fait par les consuls et le conseil juré du Bourg, relativement aux soins à donner aux malades admis à l'hôpital. (Transc., en roman, au 7° thal., f° 7 v°; — en latin, au 3° thal., f° 58 v°.)

F° 47 v°. — **1289** (décembre). — * Reconnaissance faite après enquête, par les officiers curiaux du vicomte Aymeric, de la faculté dont jouit tout habitant de Narbonne de choisir, parmi les juridictions de la ville, celle par laquelle il entend faire juger sa cause, soit au civil soit au criminel. (Transc., en roman, au 7° thal., f° 49 v°; — en latin, au 3° thal., f° 59.)

RUBRIQUE : De allegacion de for.

F° 48 v°. — **1294** (2 des ides d'octobre (14 octobre), — 5 des ides de novembre (9 novembre). — * Sentence rendue par Clément de Fraissé, docteur ès-lois, et Jean Martin, juriste, sur le différend relatif au mode et aux règles à suivre dans la répartition des tailles, qui s'était élevé

(1) L'acte analysé dans cet article concerne une offre faite au sénéchal de Carcassonne pour le compte du roi, et, comme cet acte est de l'année 1282, ce roi ne peut être que Philippe III, qui régnait alors. Cependant, la rubrique parle, non pas d'une offre seulement, mais d'un paiement déjà fait « quod recepit rex Ludovicus, » et, de plus, elle mentionne un roi Louis, ce qui ne peut s'appliquer ni à Louis IX, qui avait cessé de régner, ni à Louis X, qui ne monta sur le trône qu'en 1315. La rubrique est donc doublement fautive, à moins que son rédacteur, pour justifier l'offre de paiement faite par les consuls, n'ait voulu rappeler qu'un paiement semblable avait été fait à Louis IX, en 1270, pour la guerre sainte. Dans ce cas, le livre noir désigné par la rubrique serait le 5° thal. (V. AA. 105, f° 53.)

(2) La date précise du document est le 24 juillet 1278, d'après les copies qui en sont données au 2° thal., f° 44 v°, AA. 101, etc.

(1) La date précise de la sentence est le 10 novembre 1273 (vid. f° 11 v° du 2° thal., AA. 101, etc.)

entre les consuls du Bourg, leur conseil et les vingt-quatre répartiteurs « talliatores » qu'ils avaient nommés pour procéder à cette répartition. (Transc. au 2e thal., f° 74.)

Rubrique : La ordenansa del talh, e de las marquas. Clemes de Fraycho.

F° 52. — **1205** (1-2 des kal. de mars (26-28 février). — Sentence arbitrale par laquelle, moyennant une libéralité de 40 liv. tournois faite par la ville à l'archevêque de Narbonne et au prieur de Ste-Marie du Bourg (Lamourguié), le droit que ces derniers prélevaient sur les porcs salés mis en vente dans la ville, soit par les macelliers, soit par les habitants, demeure fixé à 1 den. narbonnais pour chaque porc. (Transc. au présent thal., f° 34 v°.)

F° 55 v°.— **1272** (5 des kal. de décembre (27 novembre).— * Donation faite par le vicomte Aymeric, du vivant de Philippe (1), sa mère, aux consuls de la Cité : — de la moitié du treuil de l'huile; — de la moitié du botage du vin et du miel portés dans la ville; — des droits qu'il pouvait prétendre sur l'autre moitié du botage du vin, qui était possédée par le chevalier Guillaume du Plan; — du droit de défendre l'entrée du vin et de la vendange, etc. — Par cette donation, le vicomte promet, en outre, de ne pas partager sa seigneurie qui ne pourra jamais être transmise qu'à un seul héritier; — il taxe les frais des actes reçus par les notaires et les écrivains publics pour les assignations, les auditions de témoins, les affirmations, les exceptions, les actes de tutelle; — il fixe les formes de la procédure contre les accusés en état de contumace; — il déclare que les juges de sa Cour seront annuels; que les habitants de Narbonne et ceux du district de Gênes seront exempts de tous droits de leude, péage ou prestation, etc., le tout moyennant l'albergue d'une obole d'or ou de 5 sous tournois que les consuls prennent l'engagement de lui payer annuellement à la fête de Noël. (Transc., en roman, au 7e thal., f° 14; — en latin, au 1er thal., f° 43; au 2e thal., f° 4.)

Rubrique : La carta de l'escambi del truelh de l'oli e del botagge.

F° 65. — **1273** (4 des ides de novembre (10 novembre). — * Sentence arbitrale rendue par Pierre de Montbrun, archevêque de Narbonne, dans le différend qui s'était élevé entre le vicomte Aymeric et les consuls du Bourg relativement à la leude et au péage, au treuil de l'huile, au botage du vin et du miel, à l'entrée du vin et de la vendange, etc. (Transc., en roman, au 3e thal., f° 52; au 6e thal., f° 41; au 7e thal., f° 25 v°; — en latin, au 2e thal., f° 11 v°.)

Rubrique : De leuda. E que arcevesque Narbones confermet l'escambi fayt per lo vescomte, e declaret la leuda.

F° 74 v°.— **1288** (6 des kal. de mars (25 février). — * Sentence arbitrale rendue par Bérenger de Boutenac et par Bérenger Amaron, marchand, entre le monastère de Fontfroide (1), d'une part, et les consuls du Bourg, d'autre part, sur leurs différends concernant les droits de dépaissance, d'abreuvage des troupeaux et de lignerage que les habitants du Bourg exerçaient dans les terres des domaines d'Orsières et de Jonquières. (Transc., en roman, au 7e thal., f° 52 v°; — en latin, au 2e thal., f° 54.)

F° 76. — **1166** (12 novembre). — * Convention et confédération de paix, de concorde et commerce passée, pour cinq ans, entre les consuls de Gênes et Guillaume de Saint-Grisand, député de l'archevêque Pons, de la vicomtesse Ermengarde et de tout le peuple de Narbonne. (Transc. au 1er thal., f° 1 v°.)

Rubrique : Gennes.

F° 77 v°. — **1224** (8 octobre). — * Nouvelles conventions de paix et concorde passées entre Andalo de Bononia, podestat de Gênes, et Guillaume Peyre et Bernard de Léone, consuls et députés de Narbonne, pour le Bourg et la Cité, au nom du vicomte Aymeric, de l'archevêque Pons et des bourgeois et habitants de la ville. (Transc. au 1er thal., f° 1 v°.)

Rubrique : Gennes.

F° 79 v°. — **1243** (23 mai). — * Sentence rendue par Lanfrancus Cigalla, en vertu de l'autorité qu'il tient de Manuele de Madio, podestat de Gênes, par laquelle les habitants de Narbonne sont déclarés exempts à Gênes du droit de *dacite* exigé des étrangers « lecatione quartinorum. »

F° 79 v°. — **1254** (?). — * Sentence d'Airaldini, juge et assesseur de Rodolphe de Graidano, podestat de la principauté de Gênes, rendue sur les articles de production proposés par Bernard de Jordan et Raymond Baçan, syndics et ambassadeurs des consuls de Narbonne, de laquelle il résulte que les habitants de cette ville ne seront plus tenus de payer le droit de *dacite* de 3 s. qui était exigé d'eux depuis l'année 1237, à leur entrée à Gênes, dès qu'il aura produit une somme de 110 liv. 12 sous. Cette somme restait due sur celle de 308 liv. 6 s. qui avait été allouée, à titre de représailles, et déduction faite de tous frais de perception et dépens, au profit d'un habitant de Carthagène nommé Oger, pour le couvrir des pertes que lui avaient fait éprouver des habitants de Narbonne.

(1) Philippe d'Anduse.

(1) Voir note H, à la fin du volume.

F° 84. — **1279** (6 des ides de juin (8 juin). — Confirmation par les ambassadeurs de Gênes et les consuls du Bourg et de la Cité, du traité de paix et concorde intervenu entre Gênes et Narbonne, le 8 du mois d'octobre **1224**, et * nouveaux articles d'accord et convention passés entre ces deux villes. (Transc. au 2e thal., f° 55.)

F° 86. — **1246** (9 décembre). — * Confirmation des conventions de paix, concorde et commerce passées entre les villes de Narbonne et de Savône. Dans cette confirmation, la ville de Savône est représentée par Roger de Pise, son podestat, et la ville de Narbonne par Bernard de Bages et Bonet Alfaric, qui prennent e titre de nonces et ambassadeurs des consuls et habitants de Narbonne. (Transc. au 5e thal., f° 30 v°.)

Rubrique : Aysso son las covenensas faytas entre hommes de Saona e de Narbona.

F° 88 v°. — **1278** (31 août); — **1279** (ides de juin (13 juin). — * Création et élection d'un consul dans la ville de Pise, par les mariniers et marchands qui se livrent au négoce dans cette ville et son district. — Acceptation du titre de consul par Ugolinus Scellecti, habitant de Pise, et confirmation de son élection par Bernard Ynard et Arnaud de Trulhas, ambassadeurs du Bourg et de la Cité. Ces ambassadeurs fixent, en même temps, les droits que devront payer au consul en exercice les navires qui fréquentent la ville et les ports du district de Pise.

F° 91. — **1270** (veille des nones de septembre (4 septembre), — veille des nones de décembre (4 décembre. — * Approbation et ratification par les conseils du Bourg et de la Cité réunis en conseil général « preconisato et vocato « ut moris est, » des explications présentées à Barthélemy de Pech, lieutenant de Guillaume de Cohardon, sénéchal de Carcassonne, par Arnaud de Narbonne, Jean Benedicti, Jacques de Saint-Pons, Bernard Guérald ou Guiraud et Guillaume de Fulhan, consuls de la Cité, Pierre-Arnaud de Nayssa, Raymond-Jean d'Homps, Bernard d'Olargues, Jean Vayran, Pierre Guérald dit Blanc et Géraud Talabuc, consuls du Bourg, dans l'information qui était poursuivie contre eux par suite des contraventions qu'ils avaient commises : — en donnant licence à plusieurs trafiquants de tirer des blés de la ville, par mer, malgré la défense générale d'exportation qui avait été faite, pour toute la sénéchaussée de Carcassonne, par le roi et ensuite par Gaufrid de Collétrion, viguier de Béziers; — en restreignant, sans aucun droit, une semblable défense qui avait été faite par le sénéchal lui-même; — enfin, en empêchant l'embarquement des blés qui devaient être dirigés vers le port d'Aigues-Mortes, où se faisaient des approvisionnements, *ad passagium transmarini*, d'après les ordres de Guillaume de Mora et d'Arnulphe de Courferrand, lieutenants du roi dans ce port. — Acceptation de ces explications par le sénéchal de Carcassonne.

Rubrique : Aysso es una escuzacion que feron li cossols davant lo senescaut que los captava, quar avian donada licensa az alcus de trayre blat de Narbona.

F° 95 v°. — **1225** (nones de mai (7 mai). — Lettres du pape Honoré III, qui recommandent à la bienveillance du roi l'archevêque élu de Narbonne, l'église et le peuple de la Cité, « cum negotio fidei devote et constanter astiterint « multosque labores et pericula pertulerint pro eodem. » (Transc., en roman, au 7e thal., f° 2.)

Rubrique : Lettres du saint pere le pape Honoré pour faire prier pour le roi Louis (1).

F° 95 v°. — **1225** (2 des nones de mai (6 mai). — Lettres du pape Honoré III par lesquelles il recommande à la bienveillance du cardinal de Saint-Ange, légat apostolique, l'archevêque élu de Narbonne, l'église et les habitants de la Cité, quoiqu'il soit persuadé que déjà il les ait lui-même jugés dignes d'être favorablement traités, à cause de leur zèle et de leur constante dévotion pour la foi catholique. (Transc., en roman, au 7e thal., f° 2 v°.)

Rubrique : Lettres du saint pere le pape Honoré pour faire prier.

F° 96. — **1266** (kal. de janvier (1er janvier). — Bref du pape Clément IV, qui avait été archevêque de Narbonne, par lequel il accorde, pour 3 ans, aux habitants de la ville, le privilége spécial de ne pouvoir être appelés par lettres papales ou des légats du saint siége, pour eux et leurs familles, ni pour leurs biens situés dans l'étendue du diocèse de Narbonne, devant aucune juridiction établie hors de ce diocèse, pourvu que l'assignation ne leur ait pas encore été notifiée. Texte du dispositif de ce privilége : « Hinc est « quod nos vestris supplicationibus inclinati, ut vos, con- « junctim aut aliqui seu aliquis vestrum divisim, extra « Narbonensem diocesim super hiis que infra illam habetis, « seu super personalibus actionibus, dummodo infra illam « sitis parati de vobis conquerentibus coram competenti « judice justicie plenitudinem exhibere, nequeatis ad judi- « cium evocari per litteras sedis apostolice, vel legatorum « ipsius, impetratas, per quas numdum ad citationem par- « tium sit processum, seu etiam impetrandas, cujuscumque « tenoris existant, nisi eedem littere impetrande plenam et « expressam de hac indulgentia mentionem facerent, vobis « auctoritate presentium indulgemus. Presentibus post tri- « ennium minime valituris. » (Transc., en roman, au 7e thal., f° 58 v°.)

(1) Cette rubrique et celle du document suivant dénaturent complètement le sens et l'objet des actes auxquels elles se rapportent.

RUBRIQUE : Letra apostolical que degun no sia trait fora son ordinari per letras apostolicals o autrament.

F° 96 v°. — **1294** (nones de novembre (5 novembre). — Bref du pape Boniface VIII, par lequel il est mandé aux abbés de Lagrasse et de St-Pons de Thomières de remplir eux-mêmes, s'il arrivait que l'archevêque de Narbonne le négligeât, l'ordre qui lui a été donné de déclarer privés de leurs bénéfices les clercs de la ville de Narbonne qui se livrent au négoce ou à des travaux mécaniques, tandis qu'ils doivent se consacrer exclusivement aux offices divins « ut ad suum spectat officium laudibus vacent divinis. »

RUBRIQUE : ..... St Pos de Tomieras he a l'abat de Lagrassa, hen defauta de l'arsevesque que amoneste tot clerc mercadegant que s'en laysse, si no que les denuncie privat de privilegge clerical.

F° 97. — **1294** (5 des kal. de novembre (28 octobre). — * Bref du pape Boniface VIII, qui permet la construction d'un oratoire dans l'hôpital du Bourg, avec institution d'un chapelain perpétuel pour y célébrer les offices divins et entendre les confessions des pauvres et des malades admis dans cet hôpital. (Transc., en roman, au 7e thal., f° 6 v°.)

RUBRIQUE : Letra que l'hospital puesca aver capella la yns, he capela que hi cante he que auga les malautes de coffessiu.

F° 99. — **1286** (4 novembre). — Lettres patentes de Philippe IV, qui mandent à Robert, comte d'Artois, commandant de l'armée de Gascogne, de ne pas permettre que le « subsidium quinquagesimali » (1) soit imposé aux consuls et habitants du Bourg, s'il reconnaît qu'ils ont déjà servi, à leurs frais, dans son armée.

F° 99. — **1293** (jeudi après la quinzaine de Pâques (16 avril). — Lettres patentes de Philippe IV adressées au sénéchal de Carcassonne, par lesquelles il lui est enjoint de faire droit, sans délai, à la demande présentée par les consuls de Narbonne en restitution d'une somme de 212 liv. tourn., indûment exigée de la ville par Philippe de Mons, sénéchal de Carcassonne, « occasione cujusdam ligni ar« mati... pro mare custodiendo (2), licet ad ea non pre« buerint assensum. » (Transc. au 3e thal., f° 63.)

RUBRIQUE : Lettres du roy Philippe contre ceulx de Carcassonne, pour la restitution de certain argent prins pour de bois.

(1) Fourniture de 50 hommes d'armes équipés et prêts à entrer en campagne.

(2) V., au sujet de ce navire, la note mise à l'article porté sous le f° 63 du 3e thal., art. AA. 103.

F° 99 v°. — **1292** (jeudi avant les Brandons (12 février). — Lettres patentes de Philippe IV, qui ordonnent au sénéchal de Carcassonne de rétablir les consuls de la Cité dans tous les droits de leur consulat, surtout en ce qui concerne le privilége relatif à l'exercice des fonctions de ce consulat, qui relèvent directement de la main du roi, « maxime cum « eumdem consulatum in manu nostra teneri et gubernari « faciamus. »

RUBRIQUE : Lettre du roy Philippe dressée au séneschal de Carcassonne pour maintenir les consuls en leurs priviléges.

F° 99 v°. — **1293** (lundi avant Lœtare Jerusalem (2 mars). — Lettres patentes de Philippe IV qui, sur une requête qu'avaient présentée les *corégents* du consulat de la Cité, mandent au sénéchal de Carcassonne de maintenir ces corégents en toutes leurs libertés et immunités, de ne pas permettre qu'elles soient violées, et de conserver intact le droit du roi en tout ce qui est relatif à ce consulat.

RUBRIQUE : Lettre du roy Philippe pour la conservation de nos facultés.

F° 99 v°. — **1293** (samedi après la quinzaine de la Résurrection (19 avril.) — Lettres de Philippe IV, par lesquelles il est enjoint au sénéchal de Carcassonne de faire rembourser aux procureurs ou syndics des consuls du Bourg, suivant la demande qu'ils en avaient formée, les frais par eux exposés dans le voyage qu'ils avaient fait à Paris « pro negotiis tangentibus communem utilitatem universitatis Narbone. » (Transc. au 3e thal., f° 63 v°.)

RUBRIQUE : Lettres du roy Philippe pour quelques fraiz demandés a la ville pour certains depputtés aux affaires d'icelle.

F° 100. — **1293** (fête de St-Vincent (22 janvier). — Lettres de Philippe IV, adressées aux commissaires des laines, « *inquisitoribus lanarum*, » par lesquelles il leur rappelle qu'ils doivent se borner à exiger des habitants qui auront importé des laines, contrairement aux règlements qui en prohibent l'entrée, une caution, afin que s'ils ne livrent pas les laines ainsi importées, pour être confisquées, la valeur en soit payée par cette caution. Ces lettres leur défendent d'ajouter à cette rigueur, en faisant incarcérer sans formalité légale préalable et sans aucune preuve de délit ou de contravention, comme ils avaient l'habitude de le faire dans la levée de la leude, des « probi « homines » et des personnes de condition, qu'ils se contentaient ensuite de renvoyer en leur disant qu'ils les avaient pris pour les vrais coupables, « vos indifferenter « capitis et ad carcerem ducitis probos homines et graves « personas que in nullo deliquerunt pro exactionibus fa« ciendis, et quando ducti sunt usque ad carcerem dicitis « eis quod recedant quia alios credebatis habere, et sic

« ipsos innocentes injuste et de facto diffamatis, aliquomi-
« nus rationabili super hoc exquisito colore. »

Fº 100 vº. — **1293** (jeudi après la fête de St-Nicolas (7 décembre). — Lettres de Philippe IV, adressées au sénéchal de Carcassonne, par lesquelles les consuls du Bourg et de la Cité sont reçus appelants devant le Parlement, *aux jours* de la sénéchaussée de Carcassonne, de l'information dirigée contre eux et de l'amende dont ils avaient été frappés par le sénéchal « pro pacis fractione, « armorum portatione.... et aliis excessibus eisdem impo-« sitis. » (Transc. au 3e thal., fº 63.)

Fº 100 vº. — **1293** (jeudi après la quinzaine de Pâques (16 avril). — Lettres patentes de Philippe IV, qui mandent au sénéchal de Carcassonne de rétablir les consuls de Narbonne en la possession du treuil de l'huile qu'ils avaient acquis du vicomte Aymeric en 1272 (1), et dont ils avaient été spoliés par la saisie que le procureur du roi en la sénéchaussée avait requise contre eux, pendant le procès qu'il leur faisait au sujet de cette possession. (Transc. au 3e thal., fº 63 vº.)

Fº 101. — **1293** (lundi avant le dimanche de Lætare Jerusalem (2 mars). — Lettres patentes de Philippe IV, qui mandent au sénéchal de Carcassonne de ne pas négliger davantage l'exécution des ordres qu'il lui a déjà donnés, à la réquisition des régents du consulat de la Cité et des consuls du Bourg, touchant le règlement de certaines affaires de la ville qui ne sont pas autrement mentionnées.

Fº 101. — **1296** (mardi après le jour de la Toussaint (2 novembre). — Lettres patentes de Philippe IV, qui mandent à Robert, comte d'Artois, de ne pas laisser contraindre les consuls et habitants du Bourg à la fourniture du *subside quinquagésimal*, s'il lui est prouvé qu'ils ont déjà payé le fouage et le « mutuum » ordonnés pour parer à la défense du royaume, et qu'ils ont envoyé des soldats armés et équipés pour l'armée qu'il commandait en Gascogne.

Rubrique : Lettre du roy Philippe portant exemption de certain subcide pour la levée des gens de guerre.

Fº 101. — **1294** (mardi fête de St-Paul (11 décembre). — Lettres patentes de Philippe IV, qui substituent Jean de Cassagnoles, juge royal de Minerve, à Guillaume de Nogaret, juge mage en la sénéchaussée de Beaucaire, pour l'instruction et l'expédition de l'appel relevé au Parlement, par les consuls de Narbonne, de certaine amende qui avait été prononcée contre eux par le sénéchal de Carcassonne. (Transc. au 3e thal., fº 63.)

(1) V. la cession faite aux consuls, par le vicomte Aymeric, le 5 des kal. de décembre (27 novembre) 1272, fº 43 du 1er thal., art. AA. 100, etc.

Fº 103. — **XIIIe siècle.** — Calendrier julien du diocèse de Narbonne, dressé en 3 feuillets qui contiennent chacun deux mois à la page. La fête de S. Eutrope, évêque, fixée au 30 avril, celle de S. Roch, au 16 août, et celle de la Conception de la Ste Vierge, au 8 décembre, ont été ajoutées à ce calendrier, en écriture du XVIe siècle.

Fº 106. — **1273** (juin). — * Leudaire de Narbonne. (Roman.) — (Transc. au 3e thal., fºs 115 vº et 153.)

Rubrique : Aysso es la leuda de Narbona, lacal fouc moderada ab carta de compromes fayt, de que fouc arbitre mossen P. arcovesque de la santa gleysa de Narbona, els cossols de susditz.

Fº 109. — **XIIIe** siècle (1). — * Tarif des droits de robinage levés au profit de la ville sur les marchandises voiturées par la rivière d'Aude. (Roman.) — (Transc. au 3e thal., fºs 120 et 155.)

Fº 110 vº. — **1148** (8 des kal. d'octobre (24 septembre). — * Priviléges accordés aux habitants de Narbonne dans la ville de Tortose, par Raymond Bérenger, roi d'Aragon, comte de Barcelone. (Transc. au 1er thal., fº 258; au 3e thal., fº 33.)

Rubrique : Aysso es lo privilego que an los homes de Narbona en la ciutat de Tortosa.

Fº 110 vº. — **1271** (kalend. de décembre (1er décembre). — * Confirmation des franchises et priviléges dont les habitants de Narbonne jouissent dans la ville de Tortose, accordée aux consuls du Bourg et de la Cité, par Raymond de Monte-Catano, seigneur de Frage, en présence de Guillaume-Raymond de Monte-Catano, son frère, de Guillaume de Ste Murato et Bérenger Pynnol, viguier et baile de Tortose, du chevalier Bernard de Priviano et de Guillaume de Pax. Cette confirmation est donnée sur le vu d'une copie du privilége accordé aux habitants de Narbonne, en 1148, par Raymond Bérenger, roi d'Aragon, comte de Barcelone, qui avait été expédiée conforme à l'original par Mathieu de Vaur, écrivain public de Narbonne, en présence de quatre lettrés qui, après l'avoir collationnée, en avaient certifié l'exactitude.

Fº 112 vº. — **1282** (15 des kal. de septembre (18 août). — Attestation par laquelle Hugues Garini, juge en la Cour

(1) Ce tarif est du mois de Juin 1273 d'après la copie transc. au 3e thal., fº 155.

du vicomte « pro domino rege Francie, » (1), déclare que sur la demande des consuls de Narbonne, il a fait faire, en sa présence et sous la forme authentique exigée par la coutume de Narbonne (2), des copies des priviléges accordés aux habitants de Narbonne, dans la ville de Tortose, par les comtes de Barcelone et les seigneurs de Tortose, pour être soumises aux officiers du roi d'Aragon qui troublaient ces habitants dans la jouissance desdits priviléges.

F° 113. — **1282** (18 des kal. de décembre (14 novembre). — Lettres de l'infant Alphonse, fils aîné du roi d'Aragon, délivrées sur le vu d'une enquête faite par Sébastien de Manso, viguier de Tortose, qui fut soumise à Raymond de Toylano, juge en la Cour de l'infant, par lesquelles il est mandé aux leudiers de Tortose et du grau et cap d'Emposte de n'exiger des habitants de Narbonne, pour leurs biens et marchandises, par terre comme par mer, aucuns droits de leude ni de péage, conformément aux priviléges dont ils avaient joui jusqu'alors, et de leur restituer, sur la simple production de ces lettres, tout ce qu'ils pourraient avoir pris d'eux pour raison de ces droits.

F° 113 v°. — **1516** (20 décembre); — **1517** (9 janvier). — Lettres de François Ier adressées aux consuls de Narbonne, par lesquelles le roi leur mande, en exécution du traité conclu à Noyon à l'occasion du mariage de Louise de France, fille aînée du roi, avec le roi d'Espagne, de donner leur consentement à ce traité qu'ils doivent « ratif- « fier afin que la chose soit plus estable. » Ce consentement était demandé à la ville de Narbonne parce qu'elle était du nombre des douze bonnes villes du royaume désignées par le roi d'Espagne pour agréer ce traité et y consentir en en « baillant leurs lettres et scellés par lesquelles promecte- « ront entretenir ce dict traicté et s'il advenoit que le roi, « la reine ou leur fille ou autres dames qui doivent succé- « der en son deffault en son lieu, y contreviensissent, en ce « cas ne les aydoront, assisteront ou favoriseront, ayns « au contraire donneront toute aide, faveur et assistance « audit roi catholicque. » — Ratification de ce traité du bon vouloir et du consentement des bourgeois, marchands et habitants de Narbonne exprès convoqués pour en délibérer, par les consuls de Narbonne, qui étaient Raulin Séguier, Henri Guissano, Guillaume Laurieult, Honoré Pélissier, Paul Arnaud et Jean Roche. (Français.)

(1) Le vicomte Aymeric était alors prisonnier à Paris, où le roi Philippe III, qui avait fait saisir la Vicomté, le retenait ainsi que Guillaume, son frère, chanoine de Chartres, à cause de leurs intelligences avec le roi d'Aragon.

(2) D'après la coutume de Narbonne, la copie d'un acte n'était authentique qu'à la condition d'être faite par un notaire ou un écrivain public, en présence de quatre lettrés « viri litterati, » qui lisaient mot à mot l'acte dans l'original et le collationnaient avec la copie, « occulo ad occulum legentes et comprobantes. »

AA. 107. — Registre (parchemin), 104 feuillets in-fol.; cartonnage couvert de parchemin.

1210-1484. — 7° THALAMUS.

F° de garde. — Table des actes contenus dans le thalamus. (Roman.) Au verso de ce feuillet on lit les vers suivants :

Vult crux lucis cinerum charismatadia
Ut sit in anguarea quarta sequens feria.
Anno christi M CCCC LXXX IIII, inter crucis tempora,
Ingentem pluit Altissimus pluinam,
Que valde afficit colligentes rassema
Inundantem fere omnia Narbone terminalia.
Laudetur Deus una cum Virgine Maria.

F° 1 (1). — Commencement de l'évangile de S. Mathieu « Missus est Gabriel angelus a Deo in civitatem, » et de l'évangile de S. Jean « In principio erat Verbum. » — Suite de l'évangile selon S. Luc « In illo tempore loquente Jesu « ad turbas. » — Évangile selon S. Marc « Recumbentibus « undecim discipulis. »

F° 2. — **1225** (nones de mai (7 mai). — Lettres du pape Honoré III, qui recommandent à la bienveillance de Louis IX l'archevêque élu de Narbonne, l'église et les habitants de la Cité, à cause du zèle et de la dévotion dont ils ont constamment fait preuve pour la défense des intérêts de la religion, et afin de voir accroître leurs bonnes dispositions qui serviront d'exemple aux autres « cum al negoci « de la fe devotament totz temps e fermament aian estat, « e motz trebalhs e perilhs n'aian sofertat...., en aichi ab « fervor benivoli na prosseguescas que la lur devo..n per « dreg deia penre creychement, e quels autres, per ey- « chample de lor, a ben far deian esser provocatz. » (Roman.) — (Transc., en latin, au 6° thal., f° 95 v°.)

RUBRIQUE : Aysso son letras papals, en que lauza le papa lo pobol de Narbona de devocion e de fermetat de la fe, e que motz trebalhs n'an sostengutz.

F° 2 v°. — **1225** (2 des nones de mai (6 mai). — Lettres d'Honoré III, adressées au cardinal de St-Ange, légat apostolique, pour lui recommander l'archevêque

(1) Ce folio a été l'objet d'une mutilation bien regrettable. Le commencement de l'évangile selon saint Mathieu était précédé d'une miniature dont le sujet était probablement tiré de cet évangile. La miniature a été enlevée et remplacée par un dessin extrêmement grossier. Il n'est resté qu'une lettre grise, d'une belle exécution, et une vignette, représentant des animaux naturels ou à tête humaine, qui n'est pas sans mérite.

élu de Narbonne, « especialment la persona del honrant « fraire nostre elegit de Narbona, » l'église et les habitants de la Cité, en considération de leur zèle et de leur dévouement aux intérêts de la foi catholique. (Roman.) — (Transc., en latin, au 6e thal., f° 95 v°.)

F° 2 v°. — **1236** (7 des ides de juillet (9 juillet). — Lettres de Grégoire IX, adressées aux consuls et au peuple de la ville de Narbonne pour les féliciter de la ferveur de leur foi, de leur dévotion et de leur zèle dans la défense de l'Église, dont le pape avait reçu de nombreux témoignages de la part de son légat, le cardinal diacre de St-Ange. Le pape les exhorte à persévérer dans cette même conduite jusqu'à la fin, pour mériter d'être recommandables à Dieu et aux hommes. (Roman.) — Voici les termes de ces lettres : « Gregoris, etc..., gracias faym al donador de totas « gracias de la gracia queus ha donada, quar motz d'au- « tres d'entorn vostra region, donans lor pe en comocion, « aus negatz en abis de desesperacion. Vos (1), en la fe etz, « en devocion de Dieu e de la Gleyza fermamens estans tant « per la voluntat quant per fag, plazetz a Jesu Christ con- « fortan las mans dessoutas, els genolhs frevols sostenen, « en aychi quel negoci de patz e de fe per vos, aychi com « l'amat filh nostre R. de Sant Angel, diaque cardenal « legat de la sea apostolical, avem apres, recomtant que « de la purtat de la vostra fe, e de la devocion qu'avetz « avuda vays elh motas gracias nos ha recomtadas, en « aquelhas partidas nostre senhor fazent adressat, agrada- « bles creychemens pren. Empero quar no qui aura co- « mensat, mas qui aura perseverat es coronat, per so « quar als correns en l'estadi de totas vertutz sola perseve- « ransa pren lo loguier promes, la universitat vostra amo- « nestam e pregam carament per apostolicals escritz a vos « mandans e escoujurans, per nostre senhor Jesu Christ, « que, ab continuada fervor la cauza de Crist, aychi cum « lauzablament avetz comensat, de coratge prosseguens, « per elh finalment estiatz, en aychi que vays Dieus e vays « homes ne siatz dignes d'esser lauzatz, e que nos el da- « vandig cardenals a vos siam favorables e benignes. »

F° 3. — **1236** (2 des ides d'avril (12 avril). — Lettres de Grégoire IX, adressées au vicomte Aymeric, qui est qualifié du titre de noble baron, et au peuple de la Cité et du Bourg, pour les féliciter de la conduite ferme et dévouée à la sainte Église et à la foi chrétienne qu'ils ont tenue pendant la guerre des Albigeois et en laquelle il les exhorte à persévérer. Comparant l'ardeur de leur foi à celle de Matathias et de ses fils, qui s'étaient soulevés pour venger la loi de Dieu contre Antiochus qui déshonorait le temple en sacrifiant aux idoles, le pape presse le vicomte et le peuple de Narbonne de demeurer toujours fidèles à l'Église, et de lui rester unis contre les hérétiques qu'ils ont déjà combattus jusqu'au sang et qu'il appelle bêtes sauvages des forêts. « En « aychi, disent ces lettres, vos de grans lauzors etz lau- « zadors, qui embrazatz de l'amor de la fe crestiana, « et efforsatz de la fortaleza del Sant Esperit, prepauzada « a vos l'esperanza de la salut eternal, contra los mal- « vatz Albegezes, ses departir, vos etz tengutz ab vos- « tra mayre espoza de Crist, so es assaber santa Gleiza, « alsquals baronilment tro al sanc avetz contrastat, e « neys una hora no avetz volgut treva far, per laqual « cauza vays vos losquals conoychem e sabem, per « guerentia major de tota exception, so es per espe- « riensa, torr de David edificada ab batalheiras de den- « telhs, e garnida de fortz armaduras contra las bestias « salvatgas de las selvas, so es contrals heretges, por- « tans especial affection d'amor, la vostra universitat « pregam et amonestam carament, que avens gonelha « tro al talo ab lo filh creyssent e ajustans lo sacrifici « de matin ab aquelh de vespre, vos mostretz en la fe es- « tables et en obra fazeires, et en aychi en devocion de « Dieu o de la sieva santa Gleyra vulatz perseverar, que « a Dieu venga a gloria e a nos a gaug, e als autres a « eychample e a vos az ajustament de meritz. »

F° 4. — **1237** (2 des kalendes de mai (30 avril). — Lettres de Grégoire IX, adressées au *noble baron* Aymeric, vicomte, et aux *autres proshomes* de la ville de Narbonne, par lesquelles le pape les prie et les conjure d'embrasser la cause de Jésus-Christ et de se lever contre cette grande partie du peuple qui est couverte des ténèbres de l'hérésie. Extrait de ces lettres : « Cum se- « gont que tristz e dolens recomtan gran partida del pobol « crestian ja cubreysson tenebras de malvada heretgia, « degun sacrifici a Dieu pus plazent no podetz far que « queus levetz contra los perverses homes qui, aychi « coma lagostas eyschens del fum de l'afernatz, la meys- « son de nostre senhor devoran e escampon, per que fort « nos alegram e de gran gaug nos sadolam, quar, segont « que a nostras aurellas es recomtat, vos embratz d'amor, « de devocion e de fe, sobre aysso que per aitals la en- « teyra gonelha de Crist es trencada e esquissada, e « cossirans aychi co homes catolics que servir a Dieu « renhar es, avetz ferm prepauzament sobre aysso, a « mandament de nostres delegatz, donar cosselh et ad- « juda. La fervor dones de la vostra caritat en nostre « senhor comendans, la universitat vostra pregam e es-

(1) La traduction en langue romane de la lettre de Grégoire IX est en certains points inintelligible. Malgré cela, nous l'avons copiée textuellement. Le lecteur versé dans la connaissance de la langue romane pourra faire facilement les corrections qu'exigerait la restitution du texte, probablement altéré par le copiste.

« conjuram en nostre senhor Jesu Crist, que la sieva « cauza contrals davanditz prenens de coratge, la Gleiza « e la fe catolica vos estudietz ab estudi de pietat nuyrir, « en aychi que, ajudant lo vostre poder e dels autres « catolics, aquelhs qui han perdut lo sen queyran remez « do salut quant veyran lo perilh do lurs personas e de « lurs causas, e que a la malautia desus dicha, tan mal- « vada, valentmon sia contrastat. »

F° 4 v°. — **1222** (4 des kal. de mai (28 avril). — * Sentence d'excommunication prononcée par Célestin, évêque de Ste Rufine, légat du saint siége, contre tous ceux qui ont été, qui sont ou qui seront à l'avenir pour les hérétiques dans la guerre « del negoci de Jesu Crist, » ou qui ont porté quelque dommage aux habitants de Narbonne et pris part à la dévastation de leurs vignes, champs, jardins, vergers et moulins, et en particulier contre les habitants de Capestang qui en cela se sont montrés « sobre malvatz, » et les habitants de Béziers, de Puisserguier, Villeneuve, Cazouls, Montels, Villespassants, Cruzy, Bize, Florensac, Murviel, Corneilhan, Thézan, Colombiers, Polhes, Célian, Sauvian, Sérignan, Lespignan, Causse, Cessenon, Vias, Bessan, Azille, Laredorthe, Olonzac, Peyriac, Pépieux, Cesseras et autres lieux, jusqu'à ce que les dégâts supportés par la ville de Narbonne, estimés sur la relation de quatre experts dont deux nommés par la ville et les deux autres par l'église de Narbonne, soient pleinement réparés. Jusque-là les habitants de tous ces lieux demeurent mis, en leurs personnes et leurs biens, à la merci des habitants de Narbonne. (Roman.) — A la suite de cette sentence se trouvent mises en note les remarques suivantes qu'elle a provoquées chez l'écrivain du thalamus : « Per las cau- « zas desus scrichas, y est-il dit, podem saber e entendre « que la vila de Narbona totz temps es estada ferma en « le fe catolical e que motz trebalhs n'a sofertatz, e de « totz l'a Dieus delivrada e tracha az honor, e aychi lo « y promes mossenher sant Paul, coffessor, segon ques « troba en la sieva legenda. Encara mays podem vezer « e entendre quels autres enemics de Narbona son amer- « matz e abaychatz, e Narbona es creguda e melhurada. « En que pot hom conoysser e proar que de bosfaitz ren « Dieus bon gazarda. »

F° 5. — **XIIIe siècle.** — * Serment que devaient prêter les étrangers admis à établir leur résidence dans le Bourg, à Narbonne. Ces étrangers devaient jurer : — d'être et de rester fervents catholiques romains; — de fuir tout esprit de secte et toute apparence d'hérésie et de *vaudoisie;* — de défendre de toutes leurs forces les franchises de la ville et ses habitants; — de ne prendre part à aucune fraude contre les droits des seigneurs; — de garder le secret sur les affaires de la ville et de dévoiler, au contraire, tout ce qu'ils découvriraient de dommageable à ses intérêts et à sa sûreté; — d'obéir aux consuls et leur donner aide et main forte. Enfin, ils devaient jurer qu'ils n'avaient pas assisté à la mort des prieurs tués à Carcassonne, ni des frères Prêcheurs qui furent massacrés à Avignonet, ni à la mort des deux clercs écrivains tués à Caunes, ni à l'incendie des livres des frères Prêcheurs accompli dans cette localité, et qu'ils n'avaient participé ni consenti à aucun de ces faits. (Roman). — (Transc. au 2e thal., f° 90 v°; au 3e thal., f° 24 v°; au 6e thal., f° 18 v°.)

Rubrique : Aysso es la forma en qual guiza deu jurar tot hom que jure le staga de la vila del Borc de Narbona.

F° 5 v°. — **1249** (4 des nones d'août (2 août). — * Règlement arrêté par les viguier et juge de la Vicomté et par le viguier de la temporalité de l'archevêque, de concert avec les prud'hommes de la ville et sur la demande des consuls du Bourg et de la Cité, pour l'observation des dimanches et jours de fêtes, et pour la police des rues et chemins. Ce règlement interdit, sous peine de confiscation, tout transport de tuiles, fumiers, sable, plâtre, chaux, terre, décombres, pierres, etc., et toute vente d'objets non comestibles excepté ceux qui peuvent être nécessaires aux nouveau-baptisés, aux malades et aux morts, les dimanches, les quatre fêtes de N. D., les trois jours de la fête de Noël, les deux jours de la fête de Pâques et de celle de la Pentecôte, le Vendredi-Saint, les jours de l'Apparition et de l'Ascension, le premier jour de l'An, la fête de S. Paul, en carême, et toutes les fêtes des apôtres portant jeune. Il défend aussi la tenue de la foire dans le *fossat* de St-Paul, attendu que c'est *un lieu sacré.* (Roman.) — (Transc., en latin, au 3e thal., f° 13; au 6e thal., f° 8; au 9e thal., f° 15.)

Rubrique : Ordenansa de colre las festas e d'onrar los locs sacratz.

F° 6 v°. — **1294** (5 des kal. de novembre (28 octobre). — * Bref du pape Boniface VIII, qui autorise, sur la demande des consuls du Bourg, la construction d'un oratoire dans l'hôpital du Bourg, avec institution d'un chapelain perpétuel pour y célébrer les offices divins et entendre les confessions des pauvres et des malades. (Roman.) — (Transc., en latin, au 6e thal., f° 97.)

Rubrique : Aysso es la ordenansa de l'hospital del Borc de Narbona.

F° 7. — **1271** (veille de St-Jean des moissons (24 juin). — Règlement des comptes présentés par Guillaume Peytavi, en sa qualité de commandeur de l'hòpital du Bourg. Ce règlement est fait par les consuls, qui étaient les patrons et administrateurs nés de cet hôpital. Ils reconnaissent et déclarent que, depuis le commencement de sa gestion, le commandeur a reçu 384 liv. 2 s. 6 d., et dépensé 388 liv. 17 deniers « que avia mes en la mession de l'alberc; » ensuite ils vérifient l'encaisse, le vestiaire, les biens de l'hôpital, son bétail, ses outils, « quant en bestiar, quant en « esplecha, quant en autras cauzas, » le mobilier de l'hôpital, et ils les trouvent conformes à « aquo ques conten « en lo libre antic. » (Roman.)

F° 7 v°. — **1281.** — Nomination, faite par les consuls, de Raymond Boet aux fonctions de commandeur de l'hôpital des pauvres du Bourg. Les consuls procèdent en même temps au récolement des biens de cet hôpital. (Roman.)

F° 7 v°. — **1282** (1er juillet). — Nomination de Pierre Guilhem aux fonctions de commandeur de l'hôpital des pauvres du Bourg, faite par Laurent de Saragosse, Hugues de St-Bars, Guiraud Gaston, pareur, et Baudoin, tisserand, consuls *de la ville du Bourg* de Narbonne. Déclaration des consuls constatant le récolement par eux fait des biens de cet hôpital. (Roman.)

F° 7 v°. — **1285** (veille de St-Nicolas (5 décembre). — Nomination d'Arnaud Baron aux fonctions de commandeur de l'hôpital du Bourg, faite par les consuls, avec la mention du récolement des biens de cet hôpital, « regono- « gron li cossol las causas de l'hospital... e troberon aquo « ques conten en lo libre antic. (Roman.)

F° 7 v°. — **1289.** — * Règlement établi par les consuls et le conseil juré du Bourg, pour le traitement des malades admis dans l'hôpital des Pauvres du Bourg. Ce règlement est fait en l'honneur de Dieu et de *madame* sainte Marie, sa mère, et pour le salut du peuple. (Roman.) — (Transc., en latin, au 3e thal., f° 58 v°; au 6e thal., f° 47.)

F° 8 v°. — **1285-1306.** — * Notes historiques et remarques concernant l'administration de l'hôpital des pauvres du Bourg, depuis l'entrée en fonctions du commandeur Arnaud Baron, nommé en 1285 et qui fut déposé en 1302, par suite de son inconduite et de sa mauvaise gestion. A la sortie de Bernard Tourouzelle, qui avait été nommé commandeur en 1306, les consuls confièrent l'administration de l'hôpital à l'un des prud'hommes du Bourg, pour le soustraire aux malversations, à l'immoralité et aux dilapidations des commandeurs. (Roman.)

F° 9 v°. — **1271-1284.** — Arrêtés des comptes de la maison des Mizels (Lépreux), faits par les consuls du Bourg, avec la vérification de l'encaisse, du vestiaire et du mobilier de cette maison. (Roman.) — Résultats de ces arrêtés :

1271. — Gestion du commandeur Perpinhan.
Recette......... 166 liv. 8 s. 7 d.
Dépense........ 166 liv. 8 s. 7 d.

1284. — Gestion du commandeur Raymond.
Recette......... 279 liv. 3 s. 6 d.
Dépense........ 276 liv. 16 s. 8 d.

Étaient consuls du Bourg, en 1284 : Guillaume Bonet, Amoros, Pierre-Raymond Rouch, Jean Fabre, marchand, Pierre Arnaud, argentier, et Bermond Raphanel, pareur.

Rubrique : Aysso es la ordenansa de la mayson dels Mezelhs del Borc de Narbona.

F° 10. — **1294-1306.** — * Note concernant la maison des Mizels du Bourg. Cette note contient en substance : — que les consuls du Bourg reçurent, en 1294, Pierre Géli, tailleur, en qualité de frère dans la maison des Mizels, pendant la gestion du commandeur Arnaud Bonet; — qu'au mois de mai 1297 frère Raymond Andorre fut nommé commandeur de la maison et que Me Jean de Monestier, son chapelain, y fut reçu en qualité de frère, promit, sous la foi du serment, d'y vivre chastement et honnêtement, et fit don de trois habillements de chapelain, d'un calice d'argent doré avec sa patène et d'un missel, sous la condition qu'il serait pourvu à tous ses besoins en santé comme en maladie; — qu'au mois de juillet 1297, Guillaume Franc, de Lésignan, fut nommé commandeur; — qu'une contestation s'étant élevée entre ce commandeur et Guillaume Beauxhoms, commandeur de l'hôpital des Pauvres, au sujet de la répartition du pain recueilli dans les quêtes faites pour l'une et l'autre maison, les consuls décidèrent que le produit de cette quête serait réparti entre les deux maisons par portions égales; — que, dans le mois de décembre 1306, frère Bernard de Lhopital fut nommé commandeur par les consuls. (Roman.) — De plus, l'auteur de cette note fait les remarques suivantes : « Per las causas dessus dichas par manifestament que li « senhor cossols de la vila del Borc de Narbona son « senhor e patron e mayestre e regidor de la mayzon dels « Mezelhs e de sas pertenensas, e ylh donon l'aministra a « qui se volon, e ylh pauzan comandayres els despauzan, « e ylh recebon los frayres e las sors, e demandon e re- « cebon comte de las cauzas administradas, e az els per- « tanh la correction dels frayres e de las sors. Encara « mays par manifestament que las gens de Narbona totz « temps se son estudiadas en obras de pietat e d'umilitat, « quar en la mayzon dessus dicha li paubre mezelh son « ostalat e servit, per que n'esperon bon merit de Dieu, « quar qui ben ser bon gazardo n'aten.

F° 11 v°. — **1261** (janvier). — * Statut dressé par les

consuls et le conseil juré du Bourg, avec l'assentiment des prud'hommes, d'après lequel le produit des legs faits par testament ou de tout autre manière à l'aumône et à la Charité *commune* du Bourg (1), doit être déposé dans une caisse particulière placée dans la maison de Fontfroide, pour être ensuite affecté à l'achat de propriétés et de fiefs productifs de revenus. L'achat de ces propriétés et fiefs devait être fait, avec l'autorisation des consuls, par les aumôniers de ces deux établissements, qui étaient eux-mêmes nommés par les consuls. En entrant en charge, les consuls devaient prêter serment d'exécuter et faire maintenir ce statut. — A la suite du statut se *trouve* une note concernant la Charité du Bourg, qui est conçue en ces termes : « Per las cauzas dessus dichas e per tropas d'autras que son escrichas en los libres antics del cossolat, e « en los libres de mayestre Guillaume Ricort, notari, « par manifestament e clarament que li cossol son senhor « e patron del fag de la Caritat, e ylh fan procurayres e « livran l'aministracion a quis volon. Encara mays par « manifestament e clarament que li cossol e las gens de la « vila del Borc de Narbona s'esforson e fan lur poder co « aian la dona de las vertutz, quar, segon que an dig li « antic, karitatz es en tan belh estamen que pietatz la re- « seuh e la clau, vertutz la vol, dreytura la cougau, « amors la quier e patz la vay seguen, poder la defen, « merce les amics e bontatz abrics sus el gra aussor ab « lo Dieu d'amor, cuy esperitz armatz ve ab los huelhs « clars de la fe. » (Roman.) — Transc., en latin, au 3e thal., f° 27; au 6e thal., f° 24.)

Rubrique : Aysso es la ordenansa de la Caritat del Borc de Narbona.

F° 13. — **1232** (12 des kal. d'août (25 juillet). — * Cession faite par le vicomte Aymeric, aux consuls de Narbonne, de la faculté de faire arracher, enlever ou détruire, sans contradiction de la part de quelque personne que ce soit, noble ou non noble, « totas las ylhas et las « playssadas que huey son e d'essi enant seran enfra « Aude, » qui s'opposent au libre écoulement des eaux de la rivière depuis le Gua-Rabios jusqu'au pont de Narbonne. La concession est faite moyennant le prix de 400 s. melg. de 4 den. chacun. (Roman.) — (Transc., en latin, au 1er thal., f° 19 v°; au 2e thal., f° 83; au 5e thal., f° 49 v°.)

Rubrique : Aysso es la carta de las playssadas de la ribeira d'Aude, que pertanh als senhors cossols.

(1) L'aumône et la Charité du Bourg ne formaient qu'un même établissement. Les deux noms qu'il avait reçus indiquaient sa double destination : 1° le soin personnel des pauvres dans la maison qui était le centre de l'établissement ; 2° la distribution de secours temporaires, en nature ou en argent, aux voyageurs privés de ressources et aux indigents.

F° 14. — **1232** (5 des kalendes de décembre (27 novembre). — * Donation faite par le vicomte Aymeric, aux consuls de la Cité, moyennant l'albergue annuelle d'une obole d'or, payable à la fête de Noël, — de la moitié du treuil de l'huile ; — du botage ou courtage de l'huile, du vin et du miel ; — du droit de défendre l'entrée du vin et de la vendange, par terre ou par eau, dans la ville ou ses faubourgs, aux étrangers comme aux habitants, ces derniers ayant cependant la faculté de faire entrer le vin *récolté dans le territoire* de la ville ; — des droits qu'il pouvait avoir sur la portion du botage du vin appartenant à Guillaume du Plan, fils du chevalier Hugues du Plan, etc. — Le vicomte prend, en outre, l'engagement de ne pas *diviser*, entre plusieurs héritiers, sa seigneurie de Narbonne qui doit toujours être transmise à un seul ; — il arrête un tarif pour les actes des notaires et des écrivains publics ; — il exempte les habitants de Narbonne et ceux de la ville de Gênes et de son district du paiement de la leude ; — permet aux consuls de recevoir les étrangers aux avantages et aux charges du titre d'habitants, etc. (Roman.) — (Transc., en latin, au 1er thal., f° 43 ; au 2e thal., f° 4 ; au 6e thal., f° 55.)

Rubrique : Aysso es l'escambi que fetz la vila ab mossenher N Aymeric dels estrangiers ab lo truelh de l'oli e ab lo botagge. E la ordenansa de la Cort de totas escripturas, e dels *messatges*, e de cridar los accusatz de crim.

F° 25 v°. — **1272** (4 des ides de novembre (10 novembre). — * Sentence arbitrale rendue par Pierre de Montbrun, archevêque de Narbonne, entre le vicomte Aymeric et les consuls du Bourg, au sujet : — de l'exemption de la leude, dont les consuls prétendaient que les étrangers reçus au titre d'habitants devaient jouir comme les habitants eux-mêmes ; — du droit du treuil de l'huile ; — du botage du vin et du miel ; — de la vente du sel, etc. Cette sentence modifie le tarif de la leude à l'égard de diverses marchandises. (Roman.) — (Transc., en latin, au 2e thal., f° 11 v° ; au 6e thal., f° 65 ; — en roman, au 3e thal., f° 52 ; au 6e thal., f° 41.)

Rubrique : Aysso es la declaracios que fetz mossenher en P., arsevesque de Narbona, sobre l'estrument dessus pauzat, e atempra las leudas, e declara del botatge, e coferma lo capitol de cridar los acusats de crim, el capitol dels curials de mossenher N Aymeric, e manda que aquellas covenensas que foron autreyadas a la Ciutat sian autreyadas al Borc e que lor fassa semblant estrument, e declara dels estranhs.

F° 34. — **1277** (veille des kal. de juin (31 mai). — * Interprétation donnée par Pierre de Montbrun, archevêque de Narbonne, en vertu des pouvoirs qu'il tenait du vicomte Aymeric et des consuls du Bourg et de la Cité, sur quelques articles de sa sentence arbitrale du 4 des ides de novembre (10 novembre) 1273, relatifs : — à l'attribution de la qualité de citoyen habitant de la ville et des exemptions attachées à cette qualité; — à la durée de la résidence effective que doivent avoir les étrangers pour être admis aux charges et aux avantages du titre d'habitants; — à la leude due par les étrangers pour les draps, pour les tissus de lin servant à leur habillement et à celui de leurs familles « per son vestir o de sa maynada, » qui sont exempts de leude lorsqu'ils ne sont pas achetés par pièces entières, etc. Cette interprétation est reçue et rédigée en acte authentique par Bérenger Tymbergue, notaire et écrivain public de Narbonne, dans la chambre de l'archevêché, en présence des consuls du Bourg et de la Cité, de l'archidiacre et de l'official de Narbonne, et de Bonet Contastin, Guillaume-Raymond de Montpellier, bourgeois, Raymond de Moux, pareur, Bernard de Séricate, baile de l'archevêque, etc. (Roman.) — (Transc., en latin, au 2e thal., f° 17 v°.)

RUBRIQUE : Aysso es una autra declaracios que fe lo dig mossenhor l'arsevesque, sobre alcus capitols dessusditz, e declara mielhs qui son ciutadans, e si los massips dels mercadiers son quitis de leudas, et de quals draps de Narbona devon li estrangier donar leuda.

F° 35 v°. — 1303 (mars). — Lettres patentes de Philippe IV, qui approuvent l'amortissement relatif au treuil de l'huile et au botage du vin et du miel, que le chevalier Gautier de Joinville, seigneur de Vaucouleurs, et Lambert de Vouziers, commissaires du roi pour la réformation de la sénéchaussée de Carcassonne, avaient consenti aux consuls du Bourg et de la Cité, moyennant 240 liv. tournois. Le treuil de l'huile et le botage du vin avaient été concédés aux consuls par le vicomte Aymeric le 5 des kal. de décembre (27 novembre) 1272 (1), et ils étaient tombés en commisse « per aysso quar lo fieu del « davant dit vescomte, loqual se ten de nostre senhor lo « rey, per aysso era estatz amermatz, e per aysso encara « mays quar de noble a non noble, e especialment a uni- « versitat que quays man morta es reputada, eran vengutz. » Les consuls soutenaient que le vicomte n'avait pas amoindri son fief, parce que s'il avait cédé le treuil de l'huile et le botage, la ville, de son côté, lui avait transporté une valeur équivalente, ou même supérieure, en lui attribuant le droit de se faire payer la leude des maisons ayant une valeur de 10 liv. acquises par les étrangers, bien que ceux-ci en fussent auparavant affranchis; que dès lors les objets cédés n'étaient pas tombés en commisse, « avian « transportat en lo davandig mossenher N Aymeric aytal « dreg que avian, so es assaber que totz estranhs volens « comprar e comprans, a Narbona, mayzon de valor de « X libras de tornes, era francs e emuns de donar leuda en « Narbona, laqual cauza ara no es, per so que lo davan- « dig fieu nos pot dire esser amermatz... e per lo trans- « portament en lo dig vescomte fach, se pot mielhs dire « cregut. » Devant les commissaires de la réformation la ville s'était fait représenter par Guiraud de Gléon, régent du consulat de la Cité et Bernard Bardine, consul du Bourg. (Roman.)

RUBRIQUE : Aysso es lo lauzime de nostre senhor lo rey, de l'escambi del truelh de l'oli e del mesuratge e del botagge.

F° 39. — 1224 (6 des kal. de septembre (27 août). — Acquiescement donné par Guiraud, abbé de St-Paul, sur la prière des consuls du Bourg et de la Cité, à la cession que le vicomte Aymeric avait faite à la ville, de la faculté d'empêcher l'entrée du vin et de la vendange, sous peine de confiscation. L'objet confisqué devait être attribué un tiers à celui qui révélait la fraude, et deux tiers au seigneur justicier. L'abbé de St-Paul se réserve néanmoins, pour lui et pour ses successeurs, le droit de faire entrer librement, à toute époque de l'année, la vendange et le vin provenant des récoltes et des rentes ou dîmes de son bénéfice ecclésiastique. (Roman.)— (Transc., en latin, au 2e thal., f° 26.)

RUBRIQUE : Aysso es lo lauzime de mossenher l'abbat de St-Paul, del vin e de la vendemia.

F° 40 v°. — 1271 (kalend. d'août (1er août). — * Criée faite dans les rues de la ville, du mandement des officiers de la Cour de l'archevêque et de celle du vicomte et sur le conseil des prud'hommes du Bourg et de la Cité, — pour renouveler la défense de vendre, avant de l'avoir porté au marché ou sur la place publique de Narbonne, le poisson pêché entre le cap de Leucate et le grau de Vendres, sauf l'exception faite en faveur des habitants des lieux où le poisson aura été pris, lesquels peuvent en acheter, mais pour leur subsistance seulement; — pour défendre aux revendeurs l'achat des légumes verts ou secs, du bois, du blé, du fromage, des oies et volailles, etc., avant l'heure

(1) Le vicomte de Narbonne étant feudataire de la couronne ne pouvait aliéner son fief en main non noble, ni en mainmorte comme l'était la ville, sans expresse autorisation du roi. Cette autorisation n'avait pas été obtenue pour la cession du treuil de l'huile et du botage du vin et du miel qui étaient une portion du fief du vicomte. Leur aliénation en mainmorte était donc irrégulière et dès lors les objets aliénés étaient tombés *in commissum*, c'est-à-dire au pouvoir de la main du roi et de son domaine. Pour régulariser la possession de cette portion du fief du vicomte, les consuls, après avoir renoncé à l'instance qu'ils avaient d'abord engagée contre les officiers du domaine, durent réclamer l'amortissement des objets cédés et payer la finance à laquelle cet amortissement avait été évalué, au profit du roi, par les commissaires de la réformation.

de midi sonnée; aux bouchers de s'associer ou de se coaliser pour la vente des viandes, et d'exposer en vente des viandes corrompues, de la brebis pour du mouton, etc. (Roman.) — (Transc., en latin, au 1er thal. f° 37.)

RUBRIQUE : Aysso es una crida e una ordenansa ques fe de peysoniers e de revendedors e de mazeliers.

F° 40 v°. — 1265 (vêpres de Ste Luce (13 décembre). —* Note constatant l'émission de la monnaie nouvellement frappée par le vicomte Amalric. Guillaume-Raymond de Bourg, en qualité d'emphytéote de la viguerie de la Vicomté, fut chargé de cette émission. La monnaie était de 3 den. méalhe, du poids de 25 s. 8 den. le marc. (Roman.)

RUBRIQUE : Aysso es la ordenansa de la moneda.

F° 40 v°. — 1271 (13 des kal. de mars (17 février). — * Engagement (1) sous serment sur les saints Évangiles, pris par Guillaume, archidiacre de Fenouillèdes, et Bérenger, sacristain de l'église de Narbonne (St-Just), au nom de l'archevêque Maurin dont ils étaient les lieutenants (2), de faire maintenir en son cours, par l'autorité de la juridiction archiépiscopale, la monnaie nouvellement frappée par l'archevêque, vérifiée et approuvée par les experts à ce commis, et celle qu'il ferait frapper à l'avenir dans les mêmes conditions. Le titre de la nouvelle monnaie est de 3 den. mealhe narbonnais d'argent fin, le marc du poids de 25 sous 8 den. narbonnais blancs. — Témoins de l'engagement : Guiraud de Rieu, Bernard Fabre, Bernard Manganier, Pierre de St-Pons, Raymond Rouch, Étienne de Trulhas, Guillaume de Roquecourbe, Jean de Nouvelles, etc. (Roman.)

RUBRIQUE : Aysso es del fag de la moneda que fon facha el temps de mossenher en Maurin, arsevesque de Narbona.

F° 42 v°. — 1271 (13 des kal. de mars (17 février). — Promesse faite aux consuls du Bourg et de la Cité par Bertrand, évêque de Toulouse, Guillaume, archidiacre de Fenouillèdes, et Bérenger, sacristain de l'église de Narbonne, de faire ratifier et approuver par l'archevêque Maurin l'engagement qu'ils viennent de prendre en son nom, vis-à-vis des consuls, de faire maintenir de tout leur pouvoir le cours de la monnaie déjà frappée ou à frapper à l'avenir par l'archevêque. Cette promesse est faite en ces termes : « ylh faran e curaran quel dig mossenher l'arsevesque lauzara, aproara e cofermara tot aquo que fag « es per los ditz senhors procurayres per razon de la moneda nova dels narbonezes, laqual lo dig mossenher « l'arsevesque a facha batre e fargar segon que en l'estrument d'aqui fag, l'an el dia que aquest, plus pleneyrament « se conten. E encara mays tot aquo... que avian promes « als ditz cossols e a la universitat dessus dicha per razon « de la moneda. E si lo davandig mossenher l'arsevesque « las davandichas cauzas far recusava, e ratificar e lauzar « no las volia, promezeron los ditz senhors procurayres « donar copia en forma publica...., totz temps a requesta « delhs cossols de Narbona, de la procuration e del poder « d'aquelhs meteysses senhors procurayres, loqual han « del dig mossenher l'arsevesque. » Elle fut consentie en présence — du chapitre St-Just qui était représenté par Bernard, archidiacre de la Corbière, Bernard Bellin, archidiacre du Razès, Étienne Amiel, précenteur (cabiscol), Arnaud de Vallis, sous-précenteur (sots cabiscol), Benamat, Gandolphe, Pons d'Alzonne, Pierre Sivade, Raymond Barbel et Pierre-Raymond de Montpellier, chanoines; — de Guiraud, abbé de St-Paul; du chapitre de cette église, représenté par Bernard Augier, sacristain mineur, et les chanoines Bérenger de Porsan et Raymond de Bages; — de Pierre-Raymond de Montpellier, bourgeois de Narbonne, et Guillaume-Raymond de Montpellier, son fils; — d'Arnaud de Narbonne; — de Jean Duportal, de Guillaume-Raymond de Bourg et plusieurs autres citoyens du Bourg et de la Cité. (Roman.)

F° 43 v°. — 1271 (13 des kal. de mars (17 février).— * Engagement sous la foi du serment pris par les consuls du Bourg et de la Cité, à la réquisition des procureurs de l'archevêque Maurin, de recevoir et faire recevoir par les habitants de la ville la nouvelle monnaie que l'archevêque venait de faire frapper, sous la condition, toutefois, qu'elle aura le poids et le titre légal, et qu'il sera établi des experts chargés de la vérifier, « homes fizels, e bos e de bona « opinion, » lesquels devront être choisis parmi les habitants originaires de Narbonne ou ceux qui y font leur résidence. (Roman.)

F° 44 v°. — 1271 (13 des kal. de mars (17 février).— * Serment exigé des procureurs de l'archevêque, par les consuls du Bourg et de la Cité, en raison de la monnaie qui venait d'être frappée. Les consuls demandaient que les procureurs de l'archevêque garantissent par serment le titre de la nouvelle monnaie et que, de plus, le serment fut reçu par eux, ainsi que le faisaient les vicomtes. Loin d'accéder à cette demande, les procureurs, se fondant sur leur qualité de clercs et de prêtres ordonnés, « cum ylh « sian clergue e ordenatz, » prêtèrent le serment entre les mains de l'évêque de Toulouse, sous cette réserve expresse formulée par les consuls « que sil dig sagrament, de dreg.

(1) Les consuls avaient accepté la nouvelle monnaie sans tenir compte de la sommation que le vicomte leur avait signifiée l'année précédente. Craignant d'être attaqués par ce dernier, ils avaient exigé de l'archevêque l'engagement analysé dans cet article.

(2) L'archevêque Maurin était alors absent. Il accompagnait saint Louis dans sa seconde croisade.

« o d'us, o de costuma, se deu far en poder de cossols.... « per mossenher l'arsevesque de Narbona, o per sos suc- « cessors, que non prejudique a els ni a la davandicha « universitat de Narbona...., quar en totas cauzas e per « totas cauzas volgron e protesteron li dig cossols, a elhs « e a la davandicha universitat, esser sal lur dreg. »

F° 46. — 1266 (2 des ides de janvier (12 janvier). — * Bref de Clément IV, qui donne pouvoir à l'abbé de Fontfroide, au prévôt de Lésignan et au sacristain mineur de l'église St-Paul, de juger l'appel, relevé par les consuls, relatif à l'excommunication prononcée contre eux par l'official de l'archevêque, parce qu'ils avaient refusé d'admettre et de laisser circuler la monnaie que l'archevêque venait de faire battre, sans leur assentiment ni leur réquisition, au mépris des prérogatives consulaires. (Roman.)

Rubrique : Aysso es la letra de la moneda que fon facha derreyrament.

F° 47. — 1253. — * Arbitrage rendu par Bernard d'Outreville et Guillaume Fabre, entre les officiers curiaux du vicomte et ceux de l'archevêque, d'une part, et les consuls du Bourg et de la Cité, d'autre part, qui consacre en faveur des habitants de Narbonne le droit dont ils jouissent de choisir, parmi les juridictions de la ville, celle par laquelle ils veulent faire juger leurs causes, soit au civil, soit au criminel. (Roman.) — (Transc., en latin, au 3e thal., f° 19; au 9e thal., f° 26; — en roman, au 10e thal., f° 79 v°.)

Rubrique : Aysso es la costuma que hom se pot far d'autra senhoria en tot cas, ans que aia vist lo messatge de la Cort.

F° 48 v°. — 1269 (5 des ides d'avril (9 avril). — * Confirmation et approbation, par l'abbé de St-Paul, de l'arbitrage rendu par Bernard d'Outreville et Guillaume Fabre, en 1253, entre les consuls du Bourg et de la Cité, d'une part, et les officiers curiaux de l'archevêque et ceux du vicomte, d'autre part, qui consacre le droit revendiqué par les consuls, pour les habitants de Narbonne, de faire choix, parmi les juridictions de la ville, de celle par laquelle ils veulent faire juger leurs causes, soit au civil, soit au criminel. (Roman.) — (Transc., en latin, au 3e thal., f°s 19 et 37.)

Rubrique : Aysso es quo cofermet mossenher l'abat de Sant Paul la dicha costuma.

F° 49 v°. — 1299 (décembre). — * Reconnaissance, faite après enquête, par les officiers de la Cour du vicomte, du droit qu'avait tout habitant de Narbonne de faire choix, avant d'avoir reçu le *message* que la Cour saisie devait envoyer, de celle des juridictions de la ville par laquelle il voulait faire juger sa cause, tant au civil qu'au criminel. (Roman.) — (Transc., en latin, au 3e thal., f° 59; au 6e thal., f° 47 v°.)

Rubrique : D'aquo meteyhs.

F° 50 v°. — 1295 (veille des nones de juin (4 juin). — Acte des réquisitions faites par les consuls du Bourg et de la Cité à Pierre-Arnaud de Fraissé (1), juge en la Cour du vicomte, pour la réintégration de trois accusés qui avaient, en attendant leur jugement, été tirés hors de la ville et incarcérés dans les prisons du château de Saint-Pierre-des-Clars, dans la viguerie foraine du vicomte, contrairement aux priviléges invoqués par les consuls, avec les réponses faites à ces réquisitions par le juge de la Vicomté. Ces réponses contiennent la reconnaissance du droit des consuls à la réintégration réclamée. Le juge y déclare : — qu'il n'a pas pris ou fait prendre lui-même les prisonniers dont il s'agit, et qu'ils ne sont donc pas détenus de son autorité; — qu'il ne les a pas non plus délivrés au viguier « de la « terra defora Narbona » du vicomte, pour y être jugés et punis d'après leurs forfaits; — qu'enfin, s'il en était requis par les officiers de la Cour de l'abbé de St-Paul, que ces prisonniers avaient choisie pour connaître de leur cause, il est prêt à leur faire droit, conformément aux usages, coutumes et libertés de la ville. L'acte est reçu par Guillaume Record, notaire, en présence de Jean Martin, docteur en droit, Jean Ferrier, notaire, et Jean Cambades, clerc en l'église Saint-Paul. (Roman.)

Rubrique : Franquesa es de Narbona que li senhor no devon getar alcun ciutadan ni habitador de Narbona foras la vila per preyzon ni per justiziar, e entre los autres endevenc se lo cas ques siec.

F° 52. — 1301 (samedi après Pâques (8 avril). — Lettres patentes de Philippe IV, qui mandent au sénéchal de Carcassonne d'obliger l'archevêque et le vicomte de Narbonne à suivre et observer strictement la coutume qui veut que « los homes falhens, magerment criminalment, « en la vila davandicha e en son destreg, e aqui prezes, « aqui meteyhs esser justiziatz e punitz. » Les consuls s'étaient plaints au roi de ce que les officiers curiaux de

---

(1) Pierre-Arnaud de Fraissé, juge du vicomte périt par la main du bourreau. Ce seigneur fut accusé de nombreux crimes devant la Cour du vicomte. Larcins, vols, concussions, corruptions, empoisonnements, il avait usé de tout pour satisfaire ses haines et sa rapacité. Il avait volé plusieurs actes au vicomte et les avait vendus à l'archevêque. Pour faire taire un page du vicomte qui avait découvert le fait et menaçait de le dévoiler, il l'empoisonna. Moyennant salaire, il s'était laissé corrompre par le syndic de l'abbaye de Fontfroide, pour abandonner un procès qu'il devait poursuivre au nom du vicomte Aymeric, au sujet d'un bois qui était l'objet d'une contestation entre ce dernier et l'abbaye, etc. Arrêté par ordre de la Cour du vicomte, pour avoir à répondre de ses crimes, il fut condamné à être noyé dans la rivière d'Aude, et ses biens furent confisqués.

l'archevêque et du vicomte, tout en reconnaissant cette coutume, y contrevenaient souvent et faisaient juger les accusés ou exécuter les jugements dont ils avaient été l'objet hors de la ville, afin de pouvoir à leur gré diminuer plus facilement la peine ou même les renvoyer sans les punir : « Ab tot aysso, disaient les consuls, l'arsevesque el vescoms de Narbona, o lurs gens, elhs avens ferm, de « novelh e non degudament sos davanditz fallens e motz « d'aquells, per que plus leugeirament ses pena los puescan layssar anar, laqual cauza soven fan, segon ques « ditz, contra la davandicha costuma, az autres locs fora « la davandicha vila per justiziar e per punir fan menar, « els jutjamens en ayssi contr'aquels faytz mandon a exsecucion. » (Roman.)

Rubrique : D'aysso meteys una letra.

F° 52 v°. — **1288** (6 des kal. de mars (25 février). — * Sentence arbitrale rendue entre le monastère de Fontfroide et les consuls du Bourg, dans leurs différends au sujet des droits d'usage dont les habitants du Bourg prétendaient être en possession dans les terres d'Orsières et de Jonquières, qui appartenaient audit monastère. Le compromis passé entre parties est reçu par Jean de St-Pons, notaire de Narbonne, en présence de Guillaume de Solatge et Clément de Fraissé, docteurs ès-droits, du chevalier Bernard de Durban, d'Imbert Rouch et de Bernard Assallit, peaussier. Après avoir visité les lieux contentieux, les arbitres déclarent que toutes les terres d'Orsières et de Jonquières sont en *devèze* ou en défend au profit du monastère de Fontfroide, lequel en peut seul disposer comme de chose propre et les convertir à tous usages et empêcher qu'aucun bétail gros ou menu y puisse entrer pour cause de dépaissance. Cette défense s'applique au territoire compris dans les limites suivantes : la serre de Vente-Farine, le badil (1) du col d'Orsières, le pech de la carrière d'Orsières, le Pech-Peyroux, le col de la combe d'Arnaud, le col de la viste d'Argillac, la viste de la combe Loubatière, la tête de la combe d'Arnaud, la viste de la combe de Durand, le pech de la Bade, la montagne de la Bade et la serre qui descend de cette montagne, le four à chaux de Camplan, le chemin de la grange de Jonquières à Prat-de-Cest sur le col de Camplan, le cortal du Corp, la combe des Treilles, Pechredon, la combe des Buffaneyres, la serre de Campilars, la viste de la Gleyra, la roque du vieux four de l'Étang et le chemin qui va rejoindre la serre de Vente-Farine. Les habitants du Bourg n'ont d'autre usage dans cette devèze que celui de ramasser du bois qu'ils doivent couper ou arracher avec les mains; s'ils se servent d'un instrument, il sera confisqué. En dehors des points indiqués pour la devèze du monastère, le droit de dépaissance est reconnu franc de redevance aux habitants de Narbonne, à toute époque de l'année, tant de nuit que de jour, pour toute sorte de bétail, ainsi que le droit de lignerage. Cependant, la dépaissance ne leur est permise dans le pré de l'Étang que depuis la fête de la Toussaint, dite de *Martror*, jusqu'à la fête N.-D. de la Chandeleur. (Roman.) —(Transc., en latin, au 2e thal., f° 50; au 6e thal., f° 71 v°.)

Rubrique : Carta des castelz d'Orceyras et Jonquieres et sentence arbitralle avec les consuls de Narbonne et religieux de Fontfroide touchant la legne.

F° 58 v°. — **1266** (kal. de janvier (1er janvier.) — Bref du pape Clément IV, par lequel il accorde aux habitants de Narbonne, pendant 3 ans, le privilége spécial de ne pouvoir être appelés, pour eux ni pour leurs biens situés dans l'étendue du diocèse, par lettres papales ou des légats du saint siége, devant aucune juridiction établie hors de l'étendue de ce diocèse, pourvu toutefois qu'ils soient prêts à comparaître devant le juge compétent et que l'assignation ne leur ait pas encore été notifiée. Texte du dispositif de ce privilége : « Per que nos per vostras supplicacios enclinat, que vos comunamens o alcun o alcus « de vos partidament, fora la dyoceza de Narbona sobre « aquellas cauzas que avetz enfra aquelha e sobre persoz nals actios, mentre empero enfra aquella siatz appa« rellatz als complanhens de vos denant jutge covenable « far pleneza de drechura, no puscatz a juezi esser appel« latz per letras de la sea apostolical, o de sos legatz, « empetradas, per lasquals encara no sia procezit a cita« tion de las partz, ny encara mays per empetradoyras de « qualque tenor sian, si doncs aquellas meteyssas letras « empetradoyras pleneyra e espressa d'aquesta indulgen« tia no fazian mencion, vos per auctoritat de las prezens « autreyam. Las prezens letras apres III aus non ren va« ledoyras. » (Roman.) — (Transc., en latin, au 6e thal., f° 96.)

Rubrique : Aysso es la ordenansa del asse apostolical contra aquelhs qui citon ab letras papals.

F° 59. — **1256** (8 des kal. de mai (24 avril). — Lettres du pape Alexandre IV, qui accordent aux habitants du Bourg, sur la demande de leurs consuls, le privilége de ne pouvoir être cités en jugement par lettres apostoliques, hors de l'étendue du diocèse de Narbonne, dans les causes concernant les biens situés dans ce diocèse. Ce privilége leur est accordé en considération de ce qu'ils avaient, de tout temps, été fidèles et dévoués à l'Église romaine : « per que vos a nos e a la gleiza de Roma totz « temps otz estatz devotz et fizels. » (Roman.)

(1) *Badil* signifie petite bade. Dans l'idiome local, on désigne sous le nom de *bade* des points couverts ou élevés qui peuvent servir de lieu d'observation.

F° 59. — **1258** (décembre). — * Décision prise par les consuls et le conseil général du Bourg et de la Cité, d'après l'avis de savants jurisconsultes, portant que la ville prend à sa charge, pour une durée de dix ans, sous la faculté néanmoins de révoquer la mesure si l'expérience le commande, la conduite et la défense, jusqu'à conclusion, des causes pour lesquelles tout habitant de Narbonne pourrait être appelé, par lettres papales ou ecclésiastiques, données sur requête de clercs ou de laïques, devant une juridiction établie hors de la ville de Narbonne. (Roman.) — (Transc., en latin, au 3e thal., f° 27; au 5e thal., f° 47; au 6e thal., f° 23 v°.)

Rubrique : Aysso es establiment d'aquo meteys.

F° 59 v°. — **1279** (mois d'octobre). — * Renouvellement par les consuls du Bourg et leur conseil général ou conseil juré, de la décision portant que la communauté doit défendre, à ses frais et propres dépens, les causes de ceux de ses habitants qui sont cités en jugement, sur requêtes de clercs ou de laïques, par lettres papales ou ecclésiastiques, devant un juge établi hors de la ville. Cette mesure sera appliquée jusqu'à ce que la communauté en ait autrement décidé. (Roman.) — (Transc., en latin, au 3e thal., f° 27; au 6e thal., f° 24 v°.)

Rubrique : D'aquo meteys autre estatut.

F° 60. — **1294** (nones de novembre (5 novembre). — Lettres du pape Boniface VIII, qui mandent aux abbés de Lagrasse et de St-Pons de Thomières de remplir eux-mêmes, s'il arrivait que l'archevêque de Narbonne le négligeât, l'ordre qu'il lui a donné de déclarer privés de leurs privilèges et bénéfices cléricaux les clercs de la ville de Narbonne qui se livrent au commerce ou à un travail mécanique. (Roman.) — (Transc., en latin, au 6e thal., f° 96 v°.)

Rubrique : Aysso es privilegi contra los clercs qui fan obras mecanichas.

F° 61. — **1254** (décembre). — * Ordonnance de Louis IX, concernant l'exercice de la justice, les tailles, les jeux, la police, les filles publiques, les réquisitions de vivres et de chevaux, etc., dans les sénéchaussées de Beaucaire et de Carcassonne. Cette ordonnance dispose que : — tous viguiers et officiers curiaux doivent réprimer et empêcher toutes impositions ou quêtes qui ne seraient pas légales ; — les sénéchaux des deux sénéchaussées doivent jurer de faire rendre droit et justice, suivant les us et coutumes des localités, par tous juges et officiers supérieurs ou inférieurs, tant aux étrangers qu'aux habitants natifs, sans acception de nation ou de personne et de ne recevoir aucun don ni présent d'or ou d'argent, d'effets mobiliers ou objets immobiliers, à l'exception néanmoins de comestibles, pourvu qu'ils ne dépassent pas, dans une semaine, la valeur de 10 s. parisis ; — ces viguiers et officiers curiaux ne peuvent contracter, vis-à-vis de ceux qui plaident ou doivent prochainement plaider devant eux, aucun emprunt excédant 20 livres ; — ils ne peuvent, non plus, rien donner ni envoyer aux membres du conseil du roi, ni à leurs femmes, à leurs enfants ou à leurs fiancées, ni aux commissaires royaux chargés de la réformation de la justice ; — ils ne doivent rien recevoir de la vente des bailies ni des émoluments qui en proviennent et ne peuvent rien percevoir en raison des affaires concernant la monnaie, ni de celles qui se rapportent au nolisement des navires par les marchands ou les pèlerins qui vont en terre sainte; — ils ne doivent tolérer ni bailes injustes ou infidèles, ni mauvais exacteurs, ni usuriers, ni vies désordonnées et doivent, au contraire, les corriger et les punir avec exactitude ; — ils doivent s'interdire toute parole de mépris ou pouvant tourner à injure contre Dieu, la sainte Vierge ou les saints ; — il leur est interdit d'acquérir aucune possession dans le ressort de leurs juridictions pendant toute la durée de leurs charges ; — ils ne peuvent décréter aucun emprisonnement pour dette, si ce n'est pour dette envers le roi, lorsque le débiteur peut donner caution, et qu'il ne la donne pas ; ils ne le peuvent pas non plus à l'égard de ceux qui sont sous le coup d'une accusation criminelle, à moins que l'importance du crime ne le requière; — ils doivent communiquer aux accusés, lorsqu'ils le demandent, les actes de la procédure qui les concerne ; — la torture ne peut être appliquée sur la seule déposition d'un témoin aux personnes honnêtes et de bonne réputation, surtout si elles sont pauvres; — les amendes appliquées pour raison de maléfices et forfaits ne peuvent être exigées, si elles n'ont été prononcées publiquement et sur l'avis de personnes éclairées; — il est interdit aux sénéchaux de vendre les bailies des sénéchaussées à leurs fils, ou leurs frères, ni à leurs neveux et cousins, ou à leurs alliés ; — la vente des armes aux Sarrasins est interdite en tout temps, et celle de tous autres objets lorsqu'ils seront en guerre avec les chrétiens; — les bailes doivent rester dans le ressort de leurs bailies durant les 50 jours qui suivent la cessation de leur office, afin de répondre de toutes plaintes qui pourraient s'élever contre eux; — les femmes de mauvaise vie doivent être expulsées et leurs biens confisqués, même leurs robes et habillements; — la maison que son propriétaire a louée, sciemment, à une femme publique, tombe en commisse au profit du seigneur dont elle relève ; — les jeux de dés, de tables et d'échecs sont interdits ainsi que la fabrication et le commerce des objets dont se servent les joueurs, etc. (Roman.) — (Transc., en latin, au 3e thal., f° 65 v°; — en roman, au 5e thal., f° 76.)

Rubrique : Aysso es la ordenansa que toca la corona

de Fransa, e premeyrament los arrestz els establimentz de Sant Loys que tocon la senescaussia de Carcassona o de Belcayre.

F° 66. — **1271** (6 des kal. de juin (27 mai). — * Serment de fidélité prêté entre les mains de Barthélemy de Pech, clerc du roi, juge et lieutenant de Guillaume de Cohardon, sénéchal de Carcassonne et Béziers, par les consuls du Bourg et de la Cité, en présence de Guillaume d'Avignac, viguier, et de Pons Arnaud, juge de la Vicomté, à l'occasion de l'avènement de Philippe III. Barthélemy de Pech s'était rendu exprès à Narbonne pour y recevoir ce serment, en vertu de la commission du sénéchal par laquelle il était autorisé à contraindre les consuls à sa prestation. (Roman.) — (Transc., en latin, au 1er thal., f° 255.)

Rubrique : Aysso es la carta del sagrament que la vila de Narbona fetz al rey.

F° 68 v°. — **1263** (octave de la Nativité de la sainte Vierge (15 septembre). — * Lettres de Pierre d'Auteuil, sénéchal de Carcassonne, par lesquelles, de la part du roi, il mande aux consuls du Bourg et de la Cité de se rendre à Lagrasse, où il devait lui-même se trouver le mardi après l'octave de la Nativité de la sainte Vierge (18 septembre), pour assurer la défense du pays et s'opposer au dessein qu'avait formé le fils du roi d'Aragon de faire irruption sur les terres du roi de France « coma enemics ab armas e per « forsa, » d'après les avis qu'Olivier de Termes avait donnés au sénéchal. (Roman.)

Rubrique : Aquestas letras proan que nostre senhor lo rey e sas gens, quant volon ost e cavalgada, la mandan als cossols e a la universitat, ses tot mejan.

F° 69. — **1279** (lundi avant Pentecôte (16 mai). — * Lettres de Philippe de Mons, sénéchal de Carcassonne, par lesquelles il ordonne aux consuls du Bourg et de la Cité, de s'armer et équiper sans bruit, et d'armer les habitants de la ville, « en armas e en cavalhs armatz e vostres « sotzmezes apparelhar e ab armas garnir fassatz, » afin de se trouver prêts à partir pour le service du roi, quand ils en seront requis. (Roman.)

F° 69. — **1289** (samedi après l'octave de St-Pierre et St-Paul (10 juillet). — * Ordre adressé par Simon Briseteste, sénéchal de Carcassonne, « als sieus savis baros » consuls du Bourg et de la Cité et aux habitants de la ville, pour qu'ils eussent à s'armer secrètement « cochozament » et équiper « en armas covenablas e en cavalhs armatz e garnitz, » pour être prêts, au premier jour et dès qu'ils en seront requis, à partir pour le service du roi contre les ennemis qui projetaient de faire irruption dans le pays. (Roman.)

F° 69 v°. — **1270** (jeudi avant la fête de l'Ascension (15 mai). — Lettres de Louis IX, datées d'Aigues-Mortes, adressées aux consuls du Bourg et de la Cité, par lesquelles le roi, agréant l'offre de 1,000 liv. faite par eux à Arnulphe de Courferrand et Raymond Marchi, à titre de subside pour le voyage d'outre-mer, reconnaît que cette offre est faite gracieusement et par pure libéralité, sans que la ville, d'après ses privilèges, soit tenue à aucun subside de cette nature. A raison de ce fait, le roi déclare que l'offre de la ville ne pourra être à l'avenir invoquée contre elle et porter préjudice à ses immunités, « ses tot prejuizi de vostre « dreg, dit le roi, e de vostra libertat, ni per aysso no « entendem enduyre novella costuma. » (Roman.) — (Ces lettres sont transcrites, en latin, dans la présentation qui en fut faite à un notaire pour en dresser acte, le 1er juin 1271 ; vid. 5e thal., f° 53.)

Rubrique : Las letras ques siegon fan fe e proan que si tot la vila alcuna vegada a prestat o donat alcuna quantitat a nostre senhor lo rey, que non o fazia per deute, mas per gracia, ni nostre senhor lo rey nols entendia per aysso sosmettre a servitut.

F° 70. — **1276** (2 des ides d'août (12 août). — Acte de l'offre d'une somme de 1,000 liv. tournois, faite au nom des consuls du Bourg et de la Cité à Gaudfrid de Collétrion, connétable de la Cité de Carcassonne, lieutenant du chevalier Guillaume de Cohardon, sénéchal de Carcassonne, à titre de subside pour l'armée de Navarre. Cette offre est faite avec toutes protestations de droit, sous la réserve expresse des priviléges et immunités de la ville, qui est exempte de toute espèce de subside pour la guerre, et sous la condition formelle qu'il ne pourra lui être plus rien demandé en argent ou en hommes. En faisant cette offre, qui n'est motivée que par le désir « al davandig nostre « senhor lo rey, en article de tan gran necessitat, de gracia « socorre e ajudar, » les consuls déclarent n'entendre renoncer ni porter atteinte à aucun de leurs priviléges : « no entendon renunciar en alcuna cauza a lurs libertatz, « ni a lurs costumas, ni a lurs uzes, ni a lurs enmunitatz, « ni a lurs dregz, ni a si ni a lurs successors far prejuezi.... « ni la universitat dessus dicha sotzmetre ad alcuna ser« vitut, e sals ara e enant aquellas cauzas que dessus son « espressadas. » (Roman.) — (Transc., en latin, au 3e thal., f° 44.)

F° 71. — **1282** (mardi après la fête de St-Vincent (23 janvier). — Acte de l'offre faite à Philippe de Mons, sénéchal de Carcassonne, par deux « prozomes, » au nom des consuls et habitants du Bourg, « per los negocis del « davandig nostre senhor lo rey que ara de prezent li son « azichitz, » d'une somme de 500 liv. tourn., sous la réserve des priviléges et franchises de leur communauté, qu'ils déclarent exempte de toute charge de cette nature, et sous cette protestation formelle que, « per las cauzas « que diran, offerran, o prepauzaran, no entendon re-« nunciar en alcuna cauza a lurs libertatz, ni a lours cos-« tumas, ni a lurs uzes,.. ni a si, ni a lurs successors, far « prejuizi. » En acceptant l'offre des consuls, le sénéchal, de son côté, réserve expressément le droit du roi et déclare qu'il n'entend porter aucun préjudice à ce droit, ni en affranchir les consuls et la communauté : « laqual pre-« sentacion... receup al entendement e segont l'entende-« ment de nostre senhor lo rey, e sal lo dreg de nostre « senhor lo rey en totas cauzas, e que per la prezenta-« cion e l'acceptacion e las protestacios dessus dichas, al « dreg e al deute de nostre senhor lo rey, en alcuna cauza « prejudicar no enten, ni quitansa far... als homes o a « la universitat del Borc de Narbona, ni a aquellas cau-« zas... que son tengut. » (Roman.) — (Transc., en latin, au 3e thal., f° 50; au 6e thal., f° 37 v°.)

Nota. Cet acte est suivi d'une observation rédigée par l'écrivain du thalamus, constatant que la ville avait en sa possession plusieurs documents relatifs aux immunités dont elle jouissait concernant les subsides de guerre, et que ces documents ne sont pas transcrits dans le thalamus pour éviter « l'alongament de la obra. »

F° 72. — **1297** (5 des ides de mai (11 mai). — * Répliques et protestations faites par le damoiseau Raymond de Pierrepertuse, consul, Jean Martin, procureur, et Clément de Fraissé, assesseur des consuls du Bourg, à Jean de Laforest, clerc royal, siégeant dans le consistoire de la Cité de Carcassonne, à l'occasion des demandes qu'il faisait à la communauté concernant : — une fourniture d'hommes pour l'armée qui était alors dans l'Albigeois ; — le paiement d'un subside pour la guerre présente (la guerre de Flandre); — la remise d'un état des noms de tous les conseillers du Bourg. Ces répliques sont présentées sous la forme d'une cédule d'appel au roi, qui se trouvait à cette époque dans l'Albigeois. Elles contiennent en substance : — que la communauté n'était tenue de répondre à aucune de ces demandes; — qu'elle avait déjà fourni, pour les guerres de Gascogne et de Guyenne, 3,000 de ses habitants, et que ces habitants y étaient morts; — que le fils aîné du vicomte Aymeric y était encore, comme ils le croyaient fermement, avec de nombreux habitants qu'il avait emmenés ; — que le roi d'Aragon avait armé plusieurs galères qui croisaient dans les eaux de Narbonne et enlevaient les marchandises des négociants de la ville, ce qui les tenait en grande crainte, « temiam e paor aviam, « e tota la vila temia que non per patz mas per guerra se « fazian; » — que la ville était dépeuplée et ne pouvait fournir d'autres levées, sans courir les plus grands dangers pour elle et pour tout le pays dont elle était la clef, « fos « de gens mot despullada e denudada, si ara mays se de-« nudava es despullava pogra esser perilhs e dampna-« ges sobre grans de la vila ; » — que ces nouvelles demandes n'auraient pas été faites si cette situation avait été connue du roi ; — que la communauté du Bourg devait dès lors en appeler et en appelait expressément au roi et se retirait devant lui et son conseil, pour en être exonérée. Développant les motifs de cet appel, les représentants des consuls ajoutent : — que la ville de Narbonne a été surchargée, tant en fouages qu'en emprunts, et en envois d'hommes d'armes à ses frais pour la présente guerre et pour les guerres de Catalogne, de Venise et de Gênes; — que les habitants du Bourg, qui sont marchands pour la plus grande partie, n'osant plus aller à Alexandrie depuis la prise de la ville d'Acre, éprouvent de fortes pertes ; — que ce dommage est d'autant plus grand que depuis l'interdiction de la sortie des laines et des bodros (1), qui étaient deux branches importantes du commerce dont les habitants retiraient de grands avantages, la ville est considérablement appauvrie, etc. — En ce qui concerne l'état nominatif des conseillers du Bourg, le refus de le remettre au commissaire royal n'est pas suggéré seulement par la défiance qu'inspirait l'attitude hautaine de ce personnage; il est surtout fondé sur une règle propre à l'organisation du consulat du Bourg, d'après laquelle les noms des conseillers devaient être tenus secrets. La conduite du commissaire et la règle invoquée par les consuls, règle qu'il est fort difficile d'expliquer, sont rappelées en ces termes, dans leurs protestations : « fem respondre... « que vist diligentment nostres estatutz e pessadas las li-« bertatz, sis revelavam los noms dels cosselhiers del « davandig Borc, aquo se faria contra los uzes e las « libertatz del Borc dessusdig, per nostre senhor lo rey « motas vegadas aproatz, e contra lur propri sagrament, « e pogra esser gran perilh e gran escandol de la dita « vila, magerment per aysso quar avian paor e devian « aver, per los faitz e per las paraulas del davandig mos-« senher en Johan, que, personalment e singularment, « greuges e treballes los cosselhiers si saubes lurs noms, « per laqual cauza no trobaria la universitat del Borc de-« gun home qui volgues penre lo cargue de dar cosselh « a la vila, e en aissi la davandicha vila poiria sofrir gran « dampnatge per falliment de cosselh; per que, per es-« quivar los davanditz perilhs d'armas e de corses, e de « causas, no li podiam en bona maneira dar los noms de « nostres cosselliers. »

F° 76 v°. — **1310**. — * Défenses par forme de statut

(1) Laine en toison, que l'on désignait aussi sous le nom d'aous.

faites pour 10 ans, à partir de la prochaine fête de Pâques, par les trois seigneurs de Narbonne, l'archevêque, le vicomte et l'abbé de St-Paul, avec l'assentiment des consuls du Bourg, à tout habitant: — d'assaillir qui que ce soit avec aucune espèce d'armes, couteaux, épées, pierres ou bâtons, à peine de 100 ou de 200 s. narbonnais d'amende, et d'être fustigé dans les rues et banni à perpétuité de la ville à défaut de paiement de l'amende dans les trois jours; — de former aucun attroupement, provoquer aucune sédition ou mouvement populaires, ou y contribuer avec armes, à peine de 200 s. d'amende et autre peine arbitraire à la discrétion du seigneur; — de proférer des injures, à peine de 50 s. d'amende; — de faire nuitamment aucune *tale* (1) aux récoltes, à peine de 100 s. d'amende; — de frapper ou maltraiter qui que ce soit, à peine de fustigation et d'exil perpétuel, avec amende de 20 s. narbonnais pour un brassier, de 50 s. pour un artisan, et de 100 s. pour un bourgeois ou un marchand. (Roman.)

Rubrique : Aisso es la ordenansa de non portar armas, facha de cossentiment de la vila.

F° 78 v°. — **1212** (août). — * Statut arrêté par l'archevêque, l'abbé de St-Paul et le vicomte Aymeric, seigneurs de Narbonne, avec l'assentiment de Bernard Gervais, Jean Chatmar, Guiraud Lonc, Bonet Alfaric, Raymond de Léon et Guiraud de St-Pons, consuls du Bourg et de leur conseil, en présence de tout le peuple du Bourg, à l'effet de prévenir les injures, les coups et blessures, meurtres et homicides, qui étaient devenus fréquents dans la ville. Par ce statut, qui devait avoir une durée de dix ans, les seigneurs de Narbonne: — fixent les délais de la présentation des plaintes pour faits d'injures; — limitent le nombre des témoins « companhos » et des avocats que les parties auront le droit d'amener pour assister au jugement de leurs plaintes; — défendent l'arrestation d'un particulier par un autre particulier sans autorisation préalable de la Cour dont il ressort, ainsi que l'audition de celui qui se plaint d'injures verbales ou de voies de fait, lorsqu'il a lui-même rendu injures pour injures et coups pour coups. Le plaignant était alors passible d'une amende arbitraire au profit du seigneur justicier. (Roman.)

F° 79. — **1254** (16 des kal. de septembre (17 août). — * Compromis entre les tisserands et les pareurs de draps; exposition, article par article, de leurs prétentions réciproques, et sentence arbitrale rendue par les consuls de Narbonne, pour le règlement de « las discordias que eran, e « de totas las questios e senglas que la una part a l'autra « fazian o far podian en qualque maneyra, sobre los artificis o las artz » entre lesdits tisserands et pareurs, relativement à l'exercice et aux droits de leurs professions. (Roman.) — (Transc., en latin, au 3e thal., f° 22; au 6e thal., f° 18 v°; — en roman, au 10e thal., f° 58.)

Rubrique : Aysso es la ordenansa dels parayres e dels tisxeires.

F° 85 à 104. — **1335** (23 mai). — * Actes des accords conclus entre les consuls du Bourg et de la Cité, d'une part, et le vicomte Aymeric, d'autre part, approuvés par lettres patentes données en Parlement de Paris, le 19 janvier 1333, qui contiennent reconnaissance, renouvellement et concession de priviléges en faveur des habitants de la ville, concernant : — l'organisation de la Cour du vicomte; — la durée de la charge de ses officiers curiaux; — les délais des citations au civil et au criminel; — les frais dus aux notaires pour la rédaction de leurs actes; — l'arrestation des adultères; — la confiscation des portes des maisons des accusés contumaces; — les droits de lignerage des habitants dans le territoire de Narbonne; — les lods des échanges; — les saisies d'autorité de justice; — les ouvertures pratiquées dans les remparts de la ville; — le droit pour tout habitant cité en témoignage de choisir, parmi les cinq Cours de la ville, celle par laquelle il veut faire juger sa cause, même après avoir prêté serment en qualité de témoin, s'il vient à être pris comme principal accusé, tout ainsi qu'il aurait pu le faire avant d'être assigné en témoignage, etc. (Transc. au 1er thal., f°s 112 à 148; au 2e thal. (in parte), f°s 95 à 145.)

AA. 108. — Registre (parchemin), 44 feuillets in-4°; cartonnage couvert de parchemin.

1221-XVIe siècle. — 8e Thalamus.

Feuillets de garde. — 1er feuillet. — Deux grossières enluminures, posées recto et verso, représentant, la première, le Christ en croix, ayant sa mère et S. Jean à ses côtés, et la seconde, le Sauveur du monde assis sur un trône porté par deux griffons et orné de l'écu aux armes de la ville, qui sont : de gueules à la clef de frontière et à la croix archiépiscopale d'or, au chef de France. Ce feuillet est collé sur un onglet en parchemin détaché d'un évangéliaire du IXe siècle, écrit sur deux colonnes. — Sur le verso du feuillet suivant on lit cette pensée : « Quy bien se mire « bien se voyt; quy bien se voyt bien se cognoit; quy bien « se cognoit pauc se prise; quy pauc se prise sage est. » — Les trois feuillets qui viennent à la suite portent diverses inscriptions consignées sans ordre ni but. Elles sont des premières années du XVIe siècle. L'une d'elles est relative à la Bazoche, qui avait, à Narbonne, son roi assisté de

(1) Dégât causé aux récoltes sur pied.

conseillers. Une autre donne les résultats de l'élection consulaire du 2 février 1502. Cette inscription prouve que parmi les six consuls qui étaient annuellement nommés pour administrer la ville, trois étaient pris dans le Bourg et trois dans la Cité, sans distinction des échelles auxquelles ils appartenaient par état. Les consuls nommés en 1502 sont MM. Rodil, Dauphin, Contadis, St-Jean, Siguier et Campdomerc. Deux noms bazochiens, Gaudichon et Rominagrobis illustré par Lafontaine, sont placés en regard des noms des consuls. Une dernière inscription constate la mort, survenue le 15 juin 1501, d'un religieux du nom de frère Bernard, qui avait la charge de l'entretien des fontaines de la ville.

F^os 1 à 6. — **XIIIe siècle.** — Calendrier julien pour le diocèse de Narbonne.

F° 7. — **1232.** — * Coutumes des chevaliers de Narbonne et du Narbonnais, octroyées par le vicomte Aymeric. (Roman.) — (Transc. au 2e thal., f° 88; au 3e thal., f° 11; au 6e thal., f° 6; au 8e thal., f° 7; au 10e thal., f° 4.)

Rubrique : Aiso son las costumas dels cavasiers.

F° 9. — **1232** (7 des kal. de mars (24 février), pour l'approbation par le vicomte Aymeric; — 14 des kal. de janvier (19 décembre), pour l'approbation par l'archevêque de Narbonne; — **1233** (7 des kal. de mars (23 février), pour l'approbation par l'abbé de St-Paul. — * Coutumes de Narbonne. (Roman.) — (Transc., en latin, au 1er thal., f° 50 v°; au 2e thal., f° 1; au 3e thal., f° 8; au 4e thal., f° 1; au 6e thal., f° 2; au 9e thal., f° 8 v°; au 10e thal., f° 89; — en roman, au 3e thal., f° 29; au 6e thal., f° 12 v°; au 10e thal., f° 8.)

Rubrique : Aiso son las costumas de Narbona.

F° 17. — **1238** (7 des kalend. de juillet (25 juin). — * Règlement approuvé et confirmé par le vicomte Amalric (1) pour les meuniers et la mouture des grains, avec le serment exigé de tout meunier, farinier ou conducteur de bêtes de somme servant au transport des blés et farines. Le vicomte Amalric, qui venait de succéder au vicomte Aymeric, son père, avait en vue de remédier par ce règlement « a las « malesas dels mondiers e dels fariniers e dels menadors « de las bestias, e als malvatz engans, e als laironecis que « sovendeiramont eran faitz. » Il l'avait établi du consentement des meuniers et fariniers eux-mêmes et avec l'acquiescement de tous les habitants de la ville. (Roman.) — (Transc., en latin, au 9e thal., f° 15 v°; — en roman, au 3e thal., f° 14 v°; au 6e thal., f° 10 v°; — au 10e thal., f° 23.)

Rubrique : Establiment des mousniers et du poids de la farine. — Aiso es la forma del sagrament dels mondiers.

F° 20. — **1251** (15 des kal. de juin (18 mai). — * Statut arrêté par les consuls du Bourg et de la Cité, de l'assentiment de leurs conseillers et en présence de Raymond du Lac, juge de la Cour du vicomte, portant le tarif du poids que doit avoir le pain en pâte et après sa cuisson suivant le prix du setier de froment, et fixant les peines encourues par les « flequiers et flequieres » qui y contreviennent. Le poids du pain après sa cuisson, pour ses diverses qualités, est déterminé par ce statut sur la base de 1 den. melg. et 1 den. narbonnais pour le prix du pain, d'après la mercuriale du setier de froment, depuis le prix de 10 s. le setier en diminuant de 6 den. en 6 den. jusqu'au prix de 2 sous 6 den. le setier. Les diverses qualités de pain fabriquées sont désignées de la manière suivante : De tonhols de 1 d. melg. ab lo tot, passatz a barutel casolan; — de tonhols de 1 den. narbones ab lo tot, passatz a barutel casolan; — de moflet de 1 den. melg. ab lo tot, passatz, etc.; — de moflet de 1 den. narbones, etc.; — de tonhols de 1 den. melg. passatz a barutel prim et de 1 den. narbones d'aicela meteisa maneira; — de pan moflet blanc passat a barutel prim; — de pan d'entreclet et d'araou. (Roman.) — (Transc., en latin, au 9e thal., f° 18 v°; — en roman, au 3e thal., f° 16; au 10e thal., f° 29 v°.)

Rubrique : Aiso es l'establiment dels flequiers e de las flequeiras.

F° 28 v°. — **1243** (septembre). — * Statut arrêté par les consuls de la Cité, Bernard d'Angles, Bernard Louis, Pons Alaros, Bernard Barbier et Arnaud de Campagne, d'autorité et du consentement de la Cour du vicomte, sous la sanction de Pierre de la Croix qui en était viguier, et avec l'acquiescement de la communauté, concernant : — la cuisson du pain « sobre lo cosement del pan; » — le droit de cuisson du pain; — le transport de la pâte, de la maison des particuliers aux fours, et le transport du pain, de ces fours aux maisons des particuliers; — la cuisson des « fromaggadas padonadas de carn o de peis et ufortas, « sian grans o paucas. » (Les infractions à cette partie du statut étaient déférées au juge compétent, lequel devait les réprimer d'après l'opinion des prud'hommes, sur la plainte

(1) Les historiens du Languedoc se sont trompés lorsqu'ils ont écrit, d'après Catel, que le vicomte Amalric n'avait succédé à Aymeric IV, son père, qu'en l'année 1239. Aymeric était mort dès le commencement de l'année 1238. Au mois de février de cette dernière année, le vicomte Amalric avait reçu le serment de fidélité des habitants de la ville, et s'était lui-même reconnu vassal de l'archevêque par l'acte d'hommage consenti à Pierre Amiel pour tout ce qu'il tenait de lui, dans le Bourg et la Cité, à raison de sa Vicomté et suivant la transaction qui était intervenue entre son père et l'archevêque, le 2 des kal. de septembre (31 août) 1232. Le vicomte Amalric, comme il l'explique lui-même dans la suscription du règlement concernant les meuniers, s'appliqua, dès son avènement à la Vicomté, à la réformation de divers abus que son père avait tolérés pendant sa vieillesse.

qui lui était présentée, et sans qu'il put en être informé d'office); — l'apport au marché de Narbonne, pour y être exposé en vente, de tout le poisson pêché en mer ou dans les étangs « que son del destreg de Narbona, » depuis le cap de Leucate jusques au grau de Vendres; — les bouchers et les revendeurs de blé. (Roman.) — (Transc., par extraits: pour la cuisson du pain, en latin, au 9e thal., f° 12; — en roman, au 10e thal., f° 45 v°; pour le poisson, en latin, au 3e thal., f° 12; au 6e thal., f° 7; au 9e thal., f° 13; — en roman, au 10e thal., f° 45 v°; pour les bouchers et les revendeurs de blé, en latin, au 6e thal., f° 7 v°; — en roman, au 10e thal., f° 45 v°.)

Rubrique : Aiso son los establimens faitz sobrels forniers. — Aiso son los establimens faitz sobre los pescadors els revendedors del peig. — Aiso son los establimens dels maseliers. — Aiso son los establimens dels revendedors del blat.

F° 31 v°. — **1249** (6 des nones de juillet (2 juillet).— * Coutume de Narbonne et du Narbonnais, approuvée par le vicomte Amalric, par l'archevêque de Narbonne et par l'abbé de St-Paul, sur la prescription des créances. Cette coutume ne devait pas avoir d'effet rétroactif; elle l'explique par cette disposition : « Et aquest estatut aia ferme« tat e Narbona et e Narbones, els faitz e els negossis « endevenidors, mais ad aquels que passatz so no s'esten« dan. » (Roman.) — (Transc., en latin et en roman, au 3e thal., f° 13 v° ; au 6e thal., f° 9 ; — en latin, au 9e thal., f° 14; — en roman, au 10e thal., f° 51 v°.)

Rubrique : Aiso es establiment que fon faitz sobre aquels que son pagatz dels deutes e retenon las cartas.

F° 33. — **1271** (3 des nones de février (3 février). — * Coutumes des trois Cours ordinaires de Narbonne dans les cessions de biens. (Roman.) — (Transc., en latin, au 1er thal., f° 83; au 9e thal., f° 6 v°; — en roman, au 2e thal., f° 93 v°; au 3e thal., f° 34 v° et 44 v°; au 6e thal., fos 16 v° et 28; au 10e thal., f° 54.)

Rubrique : D'aicels que juran non poder, e desamparan sos bens.

F° 35. — Commencement de l'évangile selon S. Jean « In principio erat verbum. »

F° 35. — Évangile selon S. Mathieu « In illo tempore, « Maria Magdalene et Maria Jacobi. »

F° 35 v°. — Suite de l'évangile selon S. Marc « In illo « tempore, recumbentibus undecim discipulis. »

F° 36. — Évangile selon S. Jean « In illo tempore, « dixit Jhesus discipulis suis : Si quis diligit me. »

F° 36 v°. — Évangile selon S. Luc « In illo tempore, « missus est angelus Gabriel. »

F° 37. — **XIVe siècle.** — * Tableau des lieux distraits de la viguerie de Béziers pour former la viguerie royale de Narbonne créée par lettres patentes de l'année 1347, données en Parlement de Paris, et organisée par lettres patentes de l'année 1368. (Roman.)

Rubrique : Aquest son los locs de la viguayria real de Narbona, ayssi cant dejos se enseguisson.

F° 39. — **XIIIe siècle.** — * Tableau des localités, divisées par vigueries, qui dépendaient du diocèse de Narbonne (1). Ce diocèse était composé des 75 localités qui formaient la viguerie de Narbonne, de 10 localités qui dépendaient de la viguerie de Béziers, de 27 localités comprises dans la viguerie du Minervois et de 52 localités dans la viguerie de Termenés. (Roman.)

Rubrique : Ayso sont los locs que sont dedins la dyoseza de Narbona.

F° 40 v°. — **1492** (10 octobre). — Lettres de Charles VIII, adressées aux consuls, « comme bons et « loyaulx subjetz, » pour leur notifier la naissance du « dauphin, né le même jour, enbiron quatre heures du « matin. » Ces lettres après avoir été présentées, le 3 novembre 1492, aux consuls de Narbonne, qui étaient Me Nicolas Rodil, bachelier ès-droits, François Peyronne, marchand du Bourg, Guillaume Caderonne, marchand de la Cité, Raymond Boyssa, pareur, Jean Vignes et Pascal Bolard, furent immédiatement publiées à son de trompe dans la ville, et le lendemain « feust faicte « sollempnexiocession par le peuple bien honestement et « dévocieusement ont estions lesd. messieurs conseulz... « et tout le peuple de Nerbonne, louant Dieu de tout « leur cueur de la naissance dud. monssieur le daulphin, « et puys apres vespres fait fut feu de joye davant la « mayson commune dud. Bourg ont estions, ajoustés lesd. « messieurs viguier et juge, borgeois, merchands et bor« goises en grant nombre, ont tout le peuple se réjoissoit « et faictes dances bien honestement, et puis apres en dicte « féries repentives de deux jours apres ensuivant, lesquels « pendant, sont esté faites plusieurs joyeuseirs et estra-

(1) Il ne s'agit ici que du diocèse temporel de Narbonne, c'est-à-dire de l'ensemble des communautés qui étaient réunies en syndicat pour l'administration des affaires d'intérêt commun : la construction et l'entretien des routes autres que celles dites de sénéchaussée; la répartition des tailles et deniers royaux, les impositions de la province; les cours d'eaux, etc. Cette administration était placée sous la direction d'un fonctionnaire électif et triennal, qui prenait le nom de syndic diocésain, et d'un conseil composé des consuls des communautés *en tour*, qui prenait le nom d'assiette. Le diocèse spirituel de Narbonne était bien plus considérable. Il s'étendait jusqu'au Razès, dont il prenait une partie, et jusqu'au pays de Fenouillèdes.

« temens soy allégrans de lad. nativité et naissance et « faictes collations. » (Français.)

F° 41. — **XV° siècle.** — * Ordre et cérémonial qui devaient être observés dans les processions du Corpus Christi, où prenaient place huit consuls ou un pareil nombre d'habitants choisis parmi les principaux de la ville, « sint octo consules, vel octo de melioribus civitatis, parati, « tenentes in manibus eorum virgas pictas, super quibus « sit papilio de panno cerico deaurato, cum torticiis accen-« sis que portentur per bonos homines dicte civitatis. »

F° 42 v°. — **1496** (8 septembre). — Lettres de Charles VIII, annonçant aux consuls de Narbonne qui étaient M° André Poytevin, licencié ès-lois, François Peyronne, bourgeois, Jean Berre, marchand, Siméon Berre, pareur, Jean Lanes et Jean de la Croix, l'heureux accouchement de la reine, arrivé à une heure de l'après-midi, le jour de la Nativité de la Sainte Vierge. Ces lettres furent reçues par les consuls le 2 octobre. (Français.)

F° 43. — **1499** (28 août). — Lettres de Louis XII, datées de Lyon, qui notifient aux consuls la victoire remportée par l'armée française aux portes de Milan, et la reddition de Tortone, de Laroque, de Valence, de Castillans et autres villes et places fortes du Milanais. Par ces lettres, Louis XII demande des prières et des processions publiques et solennelles « afin que Dieu plaise « octroyer, dit-il, a nostre tres chere et tres amée com-« paigne et espouse la royne grace de son fruit dont elle « est a présent ensaincte, tellement que puissions avoir « lignée d'elle comme il est requis pour le bien et salut « de nostre royaume... et qu'il nous vueille donner au « surplus tousjours prospérité pour parvenir a la fin » (la conquête du duché de Milan). Il y explique aussi, de la manière suivante, l'origine des droits de la couronne à la possession de ce duché, et la légitimité de la guerre qu'il avait entreprise contre le duc Sforce qui l'avait usurpé : « Vous avez peu scavoir le bon droit et juste « querelle que avons en la duché de Millan, laquelle nous « appartient a cause de feue nostre tres chere dame et « grant mere, madame Valentine duchesse d'Orléans qui « estoit filhe du feu duc dud. Millan, Jehan Galéas, et la-« quelle par le déces de ses pere et frere, le duc Philippe « Marie, demeura seulle héritiere et devoit succéder en « lad. duché qui des lors fut usurpée par le sieur Fran-« cisque Sforce, pere du sieur Ludovic a présent occupa-« teur d'icelle qui est la principale de nos seigneuries, que « par avant nostre advenement a la couronne avons tous-« jours plus affectée et désiré recouvrer et réduire en « nostre main et obéissance, en ensuivant le vouloir de « feu nostre tres cher seigneur et pere, que Dieu absoille, « qui se mist grandement en son devoir pour icelle recou-« vrer, et pareillement feu nostre tres cher seigneur et « prédécesseur le roi Charles VII, qui pour ce faire lui « bailla grant nombre de gens de guerre. Mais toutesfoiz « il n'y peut parvenir obstant aucuns grans affaires qui « survindrent lors en ce royaume. Et a ceste cause avons « advisé de piéça tous les moyens a nous possibles pour « y parvenir, tant par le conseil de feu nostre tres cher « seigneur et cousin le roy Charles, que Dieu absoille, que « depuis nostre advenement a la couronne par les déli-« bération et advis des princes et seigneurs de nostre sang « et gens de nostre conseil, ausquelz assemblé qu'il estoit « tres requis y envoyer une grande et puissante armée. « Et que tant pour le recouvrement de nostred. duché « que pour expulser et chasser le dit sieur Ludovic, qui « tousjours n'a fait que praticquer moiens pour susciter « guerres et divisions en nostre royaume, comme l'effect « l'a assez démontré des le vivant de feu nostre tres cher « seigneur et cousin le roy Charles, que Dieu pardonne. « Et l'année passée par la venue du roy des Romains en « nostre pais de Champaigne qui, a sa requeste seulle et « payement, y vint cuidant nous surprendre, que pa-« reillement pour mectre fin ausd. guerres et mieulx cy « apres en soulager nostre peuple, par la paix et au moyen « du grant revenu dud. duché de Millan ainsi que le dési-« rons faire de tout nostre cueur. Aussi puis naguieres « a fait venir les Turcz, ennemys de nostre foy, es terres « des Venitiens et autres terres des chrétiens, comme « nostre sainct pere le pape et lesd. Vénitiens nous ont « escript et fait savoir. Avec l'ayde de Dieu, nostre créa-« teur, qui est protecteur et conservateur du bon droit, « pourrions parvenir aud. recouvrement de lad. du-« ché, ce que espérons en brief, moyennant l'ayde de « nostred. créateur. Et pour ce faire avons envoyé et « fait assembler en nostre comté d'Ast grand nombre de « gens de guerre, avec le meilleur ordre et police que « avons peu adviser, ou il y a de grans personnaiges et « bons chiefz de guerre; lesquelz puis naguieres se sont « mis aux champs pour réduire la dicte duché en nostre « obéissance, et tellement y ont exploicté qu'ilz ont réduit en « nostre obéissance les villes et places de Laroque... etc., « lesquelles choses tenons euvres miraculeuses venans de « Dieu nostred. créateur, veu lesd. fortaresses et le peu « de temps qu'elles ont esté réduites, dont sommes tenuz « randre graces a nostred. créateur, moyennant l'ayde « duquel et nostre bon droit espérons en brief parvenir au « parachevement de nostred. antreprinse et conqueste. Des-« quelles choses vous avons bien volu escripre et advertir. »

F° 44 v°. — **XV° siècle.** — Notes prises à l'occasion: — de l'entrée à Narbonne de l'archevêque Georges d'Amboise, qui eut lieu le dimanche 30 décembre 1493; — de la conclusion du procès pendant entre la ville et le clergé relativement aux tailles des biens ruraux ecclésiastiques, qui est rappelée en ces termes: « L'an de la nativité de « Nostre Seigneur M CCCC IIII^xx et XIII, feust fait l'ap- « poinctement de la ville et de l'esglise et clergé de Ner- « bonne que tant avoit duré de temps (1), estans consulz « en ladicte année Raymond Beauxhoms, borgois, Raulin « Séguier, Jehan Durant, merchant, Vincens Dissave, « parayre, Bernard Adressa et maistre Luys de Labatut..., « et icelluy appoinctement et acord passé de concensu « parcium par arrest de Parlement consenciente procu- « ratore regio; » — de la paix conclue entre la France et le royaume de Castille et Aragon, par suite de laquelle la ville de Perpignan et le Roussillon furent rendus à l'Espagne; — de la remise faite aux consuls de Narbonne, sous inventaire dressé par Me Mouton, notaire, de toute l'artillerie qui s'était trouvée dans le Roussillon. (Français.)

AA. 109. — Registre (parchemin), 76 feuillets in-4°; cartonnage couvert de parchemin.

1221-1613. — 9e Thalamus.

2e feuillet de garde. — **1508-1585.** — Notes concernant les fontaines de la ville: « L'an mil cinq cens et « huict feurent faictes les fontaines de la pressent ville de « Narbonne. — L'an mil cinq cens quatre vings et cinq « la fontene de Sainct Pol a esté mise dans le balouard neuf « dernier St-Pol, dans la présant ville de Narbonne. »

Fo 1. — **1249** (février). — * Serment des consuls entrant en charge; leurs droits et leurs devoirs dans l'exercice des fonctions consulaires. (Roman.) — (Transc., en latin, au 2e thal., fo 91; au 3e thal., fo 24 vo; au 6e thal., fo 23; — en roman, au 10e thal., fo 74 vo.)

Rubrique: In nomine Patris et Filii et Spiritus Sancti, amen. Aisso es la forma del sagrament loqual devon far li consol de la Ciutaut de Narbona, aqui meteis quo els intrant e recebon lo cossolat.

Fo 1 vo. — **XIIIe siècle.** — * Tarif des droits à payer aux courtiers pour leurs courtages. (Roman.) — (Transc. au 3e thal., fos 20 et 127; au 9e thal., fo 72 vo.)

Rubrique: Aysso son las costumas dels coratiars.

Fo 3 vo. — **XIIIe siècle.** — * Serment exigé des Juifs prenant une charge quelconque et notamment l'office de courtier. Le juif devait jurer par le Dieu tout-puissant, par le Dieu Eloï, par le Dieu Sabaoth, par le Dieu qui apparut à Moyse dans sa vision, par les dix commandements de Dieu, par les soixante et dix noms de Dieu, d'être loyal en sa charge. En outre, d'après la formule du serment, il appelait sur lui, s'il venait à se parjurer, la fièvre quotidienne et la fièvre quarte, toutes les transgressions de ses aïeux, la perte de tous ses gains qui passeraient à ses ennemis, la colère de Dieu qui le rendrait faible et chancelant devant eux en brisant et sa force et son pouvoir, qui devait jeter le pillage dans sa maison, vouer son corps aux bêtes sanguinaires, à la peste, à la destruction comme une charogne, qui devait le priver de tout secours humain et de toutes provisions, et cependant l'affamer jusqu'à lui faire manger le crâne de ses fils et de ses filles, etc. A la suite de chacune de ces malédictions, il répondait « amen ». (Roman.)

Rubrique: Aysso es la forma en cal maneyra devon jurar totz los Jusieus que volon eser coratiars, ni autres Jusieus per neguna autra causa.

Fo 6 vo. — **1221** (3 des nones de février (3 février). — * Coutumes des trois Cours ordinaires de Narbonne, qui étaient celle du vicomte, celle de l'archevêque et celle de l'abbé de St-Paul, dans les cessions de biens. (Transc., en roman, au 2e thal., fo 93 vo; au 3e thal., fo 34 vo; au 3e thal., fo 44 vo; au 6e thal., fo 16 vo; au 6e thal., fo 28; au 8e thal., fo 33; au 10e thal., fo 54; — en latin, au 1er thal., fo 83.)

Rubrique: Contra facientes cessionem bonorum.

Fo 8 vo. — **1232** (7 des kal. de mars (24 février), pour l'approbation par le vicomte Aymeric; — 14 des kal. de janvier (19 décembre), pour l'approbation par l'archevêque; — **1233** (7 des kal. de mars (23 février), pour l'approbation par l'abbé de St-Paul. — * Coutumes de Narbonne. (Transc., en roman, au 3e thal., fo 29; au 6e thal., fo 12 vo; au 8e thal., fo 9; au 10e thal., fo 8; — en latin, au 1er thal., fo 50 vo; au 2e thal., fo 1; au 3e thal., fo 8; au 4e thal., fo 1; au 6e thal., fo 2; au 10e thal., fo 89.)

Fo 12 vo. — **1243** (septembre). — * Statut arrêté par les consuls de la Cité, d'autorité et du consentement de la Cour du vicomte, et avec l'acquiescement de la communauté, concernant: — la cuisson du pain, des « caseatas et « panatas » de viande ou de poisson; — le transport de

(1) Cette note rend nécessaire une explication. Le procès relatif aux tailles des biens ruraux ecclésiastiques, porté d'abord devant les commissaires des Aides du Languedoc, et ensuite, par appel, devant le Parlement de Toulouse, fut terminé par une transaction du 11 mars 1492, laquelle fut homologuée par le conseil général de la ville, le 22 mars 1493. La note considère avec raison cette homologation comme la fin du procès et c'est pour ce motif qu'elle l'appelle *appoinctement*, c'est-à-dire convention finale *de la ville et de l'esglise et clergé de Nerbonne.*

la pâte et du pain, etc. (Transc., en roman, au 8e thal., f° 28 v°; au 10e thal., f° 45 v°.)

Rubrique : Aiso es l'establiment dels forniers.

F° 13. — **XIIIe siècle** (1). — * Statut concernant l'apport et la mise en vente, au marché de Narbonne, du poisson pêché en mer ou dans les étangs, depuis le cap de Leucate jusques au grau de Vendres. Ce statut est arrêté d'autorité et du consentement de la Cour du vicomte et approuvé en toutes ses dispositions par ledit vicomte. D'après l'une d'elles, les pêcheurs, vendeurs et revendeurs de poisson, en cas de violation du statut, étaient privés de l'exercice de leur profession pendant tout une année « ita « quod nec etiam ab aliquo vel ab aliquibus indulgentiam « valeant premeriri. » (Transc., en roman, au 8e thal., f° 28 v°; au 10e thal., f° 45 v°; — en latin, au 3e thal., f° 12; au 6e thal., f° 7.)

F° 13 v°. — **XIIIe siècle.** — * Statut contenant règlement de police pour les bouchers et pour la vente du gibier et de la sauvagine au marché de la ville. (Transc. in parte), en roman, au 8e thal., f° 28 v°; — en latin, au 3e thal., f° 12 v°; au 6e thal., f° 7 v°.)

F° 14. — **1249** (nones de juillet (7 juillet). — * Coutumes de Narbonne et du Narbonnais, sur la prescription des créances, approuvées par le vicomte, par l'archevêque et par l'abbé de Saint-Paul. (Transc., en roman, au 8e thal., f° 31 v°; au 10e thal., f° 51 v°; — en latin et en roman, au 3e thal., f° 13 v°; au 6e thal., f° 9.)

F° 15. — **1249** (4 des nones d'août (2 août). — * Règlement concernant l'observation des dimanches et jours fériés et la police des rues de la ville et des chemins. (Transc., en roman, au 7e thal., f° 5 v°; — en latin, au 3e thal., f° 13; au 6e thal., f° 8.)

F° 15 v°. — **1238** (7 des kal. de juillet (25 juin). — * Règlement pour les mondiers (meuniers) et pour le pesage et la mouture du blé, avec le serment exigé de tout meunier, farinier, ou conducteur de bêtes de somme servant au transport des blés et farines. (Transc., en roman, au 3e thal., f° 14 v°; au 6e thal., f° 10 v°; au 8e thal., f° 17; au 10e thal., f° 23.)

F° 18 v°.—**1251** (15 des kal. de juin (18 mai).—* Statut arrêté par les consuls du Bourg et de la Cité, avec l'assentiment de leurs conseillers et en présence du juge de la Cour du vicomte, portant tarif pour le poids que doit avoir le pain en pâte et après sa cuisson, basé sur le prix du setier de froment et les diverses qualités de pain fabriquées. Ces qualités de pain sont indiquées de la manière suivante par les rubriques du statut : « De tonholibus « unius denarii Narbone cum toto, passatis cum barutello « casolano. De mofleto unius denarii melgoriensis cum « toto, passato cum barutello casolano. De mofleto unius « denarii Narbone cum toto, passato cum barutello caso- « lano. De tonholibus unius denarii melgoriensis, passatis « cum barutello primo et de pane ejusdem materie unius « denarii Narbone. De pane mofleto albo, passato cum « barutello primo. De pane intercleti et arraonis. » — Peines prononcées contre les contrevenants à ce statut. (Transc., en roman, au 3e thal., f° 16; au 8e thal., f° 20; au 10e thal., f° 29 v°.)

F° 22 v°. — **1252** (18 des kalendes de janvier (15 décembre). — Sentence arbitrale rendue par les consuls de la Cité entre Gaucerand, seigneur de Fontjoncouse, et Godon, originaire de cette même localité, qui était venu résider à Narbonne où il avait acquis la qualité de citoyen, par laquelle les consuls décident que les biens du dit Godon, dont Gaucerand s'était emparé sous prétexte qu'il avait quitté sa seigneurie quoiqu'il fût son homme-lige, « quem dicebat hominem suum esse, » doivent lui être restitués, attendu sa qualité d'homme libre de Narbonne qui avait été prouvée par enquête testimoniale, « cum eisdem consulibus esset certum, predictum Godo- « num esse de libertate Narbone... cum constaret eis tam « per dicta testium productorum quam per cartularium « communitatis Civitatis. »

F° 23. — **1251** (5 des ides d'août (9 août). — * Statut délibéré par les consuls et le conseil général de la Cité, par lequel il est décidé que la communauté doit réparer à ses frais, d'après l'appréciation que doivent en faire les consuls, le dommage que subira tout habitant de Narbonne en défendant, soit de fait, soit verbalement, les libertés du consulat, celles de la ville, ou même les consuls ou la personne de l'un d'eux, « quicumque ad defensionem « consulum civitatis Narbone vel uniuscujuscumque pre- « dictorum consulum, se opposuerit, conservando liberta- « tem seu libertates Narbone seu defendendo, de facto vel « de dicto, adversus quaslibet personas. » (Transc., en roman, au 10e thal., f° 78.)

F° 23. — **1251.** — * Sentence arbitrale rendue par le chevalier Pierre-Raymond de Narbonne, Guillaume Fabre, Pons Alaros, Jean Fabre et Pierre Vigors, entre le chevalier Pierre-Raymond d'Ouveilhan (1) et Pierre Paidis, qu'il

(1) Ce statut et celui qui est porté à l'article suivant sont extraits, l'un et l'autre, du statut sur la cuisson et le droit de cuisson du pain, sur la pêche et la vente du poisson, sur les bouchers, sur les revendeurs de blé, transc., en roman, au 8e thal., f° 28 v°, dont la date précise est le mois de septembre 1243.

(1) Voir note I, à la fin du volume.

disait être son homme-lige, et que, pour certaine cause, il détenait à ce titre dans sa prison. Celui-ci niait cette qualité et revendiquait sa mise en liberté comme citoyen libre de Narbonne, couvert par les priviléges et immunités des habitants de cette ville, « ad libertatem Narbone procla- « mante. » Par leur sentence, les consuls donnent satisfaction contre Pierre-Raymond d'Ouveilhan à Pierre Paidis, qui avait été relaché sur leur simple affirmation, et ils le déclarent citoyen libre de la ville, « auditis rationibus « partibus pronunciaverunt Narbone liberum civem esse. »

F° 23 v°. — **1252** (3 des nones et veille des ides de septembre (3-12 septembre). — * Acte duquel il résulte que les consuls de la Cité, qui étaient le chevalier Pierre-Raymond de Narbonne, Bernard Maynard, Pons Alaros, Michel Helya et Pierre Bernard, s'étaient présentés personnellement devant l'archevêque de Narbonne pour lui demander copie d'un acte délibéré par les officiers de la Cour du vicomte Amalric. Les consuls demandaient cet acte parce qu'il constatait que les officiers du vicomte avaient illégalement maintenu en état d'arrestation un valet consulaire, accusé de meurtre, et avaient tenté de le juger, quoiqu'il eût choisi la juridiction de l'archevêque, devant laquelle il fut ensuite renvoyé. — Copie de cet acte délivrée aux consuls par les officiers du vicomte.

F° 24. — **1253** (6 des ides de mars (10 mars). — Déclaration des consuls de la Cité, par laquelle ils ordonnent aux fourniers de renoncer à certaine convention qu'ils avaient arrêtée entre eux pour fixer le prix du bois de chauffage de leurs fours, et leur font défense de concerter rien de pareil à l'avenir. La convention des fourniers, annulée par les consuls à cause du préjudice manifeste qu'elle causait aux intérêts des habitants de la Cité, fixait ainsi qu'il suit le prix de ce bois : « 10 den. saumate vitium, et « pro una saumata de tamarisses 12 den., et qualibet sau- « mata garrole 8 den. melg., que dicta linha debebat per « venditores ad furnos .... aportari. »

F° 24 v°. — **1253.** — Acte constatant que le chevalier Ermengaud de Fabrezan, qui détenait dans sa prison Guillaume Majoris, quoiqu'il se fût déclaré, par droit de résidence, citoyen libre de Narbonne, s'était empressé de le mettre en liberté, sur le vu des lettres que lui avaient adressées le chevalier Hugues du Plan, Guillaume-Raymond de Montpellier, Guiraud des Empuries, Pierre Rouch et Bernard de Talayran, consuls de la Cité, pour lui affirmer qu'en effet ledit Guillaume Majoris « esset de libertate « Narbone. »

F° 25. — **1253** (5 des kal. de juin (28 mai.) — Acte dressé à la réquisition de Guillaume Cabal et Guillaume Alaman, consuls de la mer, par lequel il est constaté que Pierre Catala, chapelain de Ricuterrier, en faisant édifier une maison dans le faubourg de Villeneuve, à Narbonne, près du portail Saint-Étienne donnant accès dans ce faubourg, avait empiété sur la voie publique ; que les consuls de la Cité, appelés sur les lieux par les consuls de la mer, s'y étaient rendus, accompagnés de leurs prud'hommes, pour indiquer à Pierre Catala l'alignement qu'il devait suivre ; que le viguier du vicomte s'y étant aussi transporté avait approuvé et confirmé l'opération des consuls, comme il l'annonça publiquement auxdits consuls en leur disant : « Domini consules detis unicuique suum jus, » tout en maintenant intact le droit de Raymond de St-Séverin dans la directe duquel se trouvait le sol de la maison en construction ; enfin, que le vicomte Amalric, passant lui-même accidentellement sur ce point, avait approuvé, à son tour, la conduite des consuls et leur avait dit qu'ils avaient très-bien agi, puisque la police de la voirie était dans leurs attributions : « Optime hoc facitis quia rectificatis et cus- « toditis vias publicas, nam ad vos et ad probos homines « pertinet ut carrarie deffendantur et custodiantur, et dic- « tum edificium erat nimis super carrariam inceptum. »

Rubrique : Le soing de la beauté et largeur des rues appartient aux consuls.

F° 25. — **1253** (7 des kal. d'août (26 juillet). — Acte dressé pour constater les incidents de la mise en liberté de deux prisonniers que les consuls avaient réclamés en se fondant sur l'article de la coutume : « de aliquibus querimoniis, » qui exclut, dans les causes criminelles, toute intervention d'office du ministère public. Le cas était relatif à deux habitants de Narbonne qui, se trouvant en procès et s'étant rencontrés sur le chemin de Cap de Pla, entre le Cap et la ville, s'étaient battus et très-gravement blessés, et avaient été incarcérés, pour ce fait, dans les prisons du chapitre St-Paul, dans la juridiction duquel avait eu lieu la rencontre. Mais les officiers curiaux du vicomte les avaient tirés des mains des officiers du chapitre et les retenaient eux-mêmes prisonniers en attendant le jugement. Ce que voyant, les consuls après s'être assurés que ni l'un ni l'autre des deux prisonniers n'avait porté plainte, ni personne pour eux, avaient requis les officiers du vicomte de les relâcher sans nulle peine, ni amende et sans jugement, puisque, disaient-ils, il n'y avait pas de partie plaignante et que dans l'espèce « non « debent se intromittere Curie nisi eis facta fuerit que- « rimonia. »

F° 25 v°. — **XIII° siècle** (1). — Déclaration faite

(1) *Cette déclaration est de l'année 1253, époque où Raymond Fabre, Raymond Petri et Bérenger de Lastours, devant lesquels elle fut faite, étaient consuls de la Cité.*

devant les consuls de la Cité par Pierre-Raymond Dédos, viguier de la temporalité de l'archevêque de Narbonne, en présence du juge et du baile de ladite temporalité, concernant la coutume qui devait être suivie dans les causes pour fait d'injures. Cette déclaration est conçue en ces termes : « tale usum erat in dicta Curia quod si aliquis « conquestus esset de aliquo, ratione injurie, quamvis « ipsa Curia seu curiales ejusdem mitterent pro illo qui « fecit injurias, et facerent audiri sibi injurias et ille qui « fecit injurias antequam firmaret, posset se concordari « cum illo cui fecit ipsas injurias, ipsa Curia non poterat « sibi petere justiciam pro ipsis injuriis. » (Transc., en « roman, au 10e thal., f° 112 v°.)

F° 26. — **1253.** — * Arbitrage rendu par Bernard d'Outreville et Guillaume Fabre, entre les officiers curiaux du vicomte et ceux de l'archevêque de Narbonne, d'une part, et les consuls du Bourg et de la Cité, d'autre part, qui consacre, pour les habitants, la faculté de faire choix, parmi les juridictions de la ville, de celle par laquelle ils veulent faire juger leurs causes, soit au civil, soit au criminel. (Transc., en roman, au 7e thal., f° 17 ; au 10e thal., f° 79 v° ; — en latin, au 3e thal., f° 19.)

F° 26 v°. — **1254** (13 des kal. de février (20 janvier). — Arbitrage prononcé par Bernard de Gentian et Guillaume de Paulignan, entre les officiers de la Cour du vicomte et ceux de la temporalité de l'archevêque, d'une part, et les marchands de poisson, d'autre part, dans le différend qui s'était élevé entr'eux concernant le droit de seigneurie que ces officiers réclamaient pour un poisson dont on ignorait le nom, « grossitudinis unius grossi hominis, » qui avait été porté à la poissonnerie de la ville pour y être vendu. L'arbitrage déclare que les seigneurs n'avaient de droit que sur les dauphins, les thons et les « tonine, » thons salés.

F° 27. — **1239** (15 des kalendes de novembre (18 octobre.) — Nomenclature, arrêtée par les consuls du Bourg et de la Cité, des meubles et effets compris sous la désignation de « camera, » qui devaient être attribués à la femme du débiteur faisant cession de biens à ses créanciers. Voici cette nomenclature : « culcitras et ala- « matraca, cohopertoria, linteamina, vanoas, auricula- « ria, coxinaria, flaciatas, sacones lecti et lectos fusti, « et cortinas, mapas, manutergia, tapeta et bancalia, et « storiam unam parietis et aliam de solo, scutellas ligneas « pictas et terreas que apparent in parietibus, et unum « cifum argenteum si ibi est, vel plus, secundum qualita- « tem persone, et quinque vel plus coclearia argentea et « fustea, secundum qualitatem persone, et concas heneas, « et pelves, anulos duos vel tres, et caxias planas, et ta- « bulas rotundas et longas, et scanna non multum ma- « gna, baxina stangnea argentea, et candelabra henea et « lignea et ferrea que ponuntur ad mensam et que sunt « circa lampadem, et ampollas, et boixias argenteas et « heneas vel ebureas quas domine tenent in capsulis suis « pro jois suis tenendis et conservandis, et non munimenta « ferrea vel alia que appellatione armorum continentur. « De vestibus ad presens supersedeo, neque lectus mor- « tui continetur sub appellatione camere. » (Transc., en roman, au 6e thal., f° 17; au 10e thal., f° 73 v°.)

F° 27 v°. — **1254** (ides de mars (15 mars.) — * Arbitrage rendu par quatre prud'hommes de la ville, dont deux du Bourg et deux de la Cité, entre les officiers de la Cour du vicomte, d'une part, et les consuls de Narbonne et divers habitants de Gênes, d'autre part, sur leur différend relatif à la leude de l'alun de Bolcano que ces officiers réclamaient. L'arbitrage déclare que l'alun n'est pas sujet à la leude, tant pour les Génois que pour les habitants de la ville.

F° 28. — **1254.** — Arbitrage rendu par six prud'hommes de la ville entre les officiers curiaux du vicomte et les consuls du Bourg et de la Cité, sur leur différend relatif à la juridiction qui devait connaître de la cause de Raymond de Portal, habitant temporairement au lieu du Villar. Raymond de Portal avait battu et frappé jusqu'au sang le filleul de Bernard de Montpezat. Sur la plainte formée par ce dernier, l'accusé s'était déclaré de la juridiction de l'archevêque et les consuls soutenaient son droit, en se fondant sur la coutume de Narbonne, contre Pierre Boyer, viguier, Bernard d'Outreville, juge, et Bernard Blancard, sous-viguier de la Vicomté, qui voulaient poursuivre l'affaire et refusaient de se dessaisir de la plainte sous prétexte que l'action incriminée s'était produite dans le ressort de la juridiction du vicomte. Par leur arbitrage, les prud'hommes confirmèrent le droit de Raymond de Portal touchant le choix de la juridiction, comme le soutenaient les consuls, et déclarèrent qu'il devait répondre, pour le fait qui lui était imputé, devant la Cour de l'archevêque et non devant celle du vicomte.

F° 28 v°.— **1255.** — Acte duquel il résulte 1° que Pierre d'Albars, qui avait donné lieu à diverses plaintes portées devant la Cour de l'archevêque, refusant de se présenter quoiqu'il eut été assigné par *messager* et que les portes de sa maison eussent été enlevées par voie de contrainte, le baile de ladite Cour requit les consuls de la Cité de faire eux-mêmes comparaître l'accusé, comme ils en avaient le pouvoir suivant la coutume ; 2° et que deux des consuls nouvellement élus, acquiesçant à la réquisition du baile, se présentèrent, de leurs personnes, chez Pierre d'Albars et l'amenèrent devant ladite Cour. La réquisition du baile et l'exécution dont elle fut suivie de la part des consuls constatent en ces termes la coutume suivie en pareille circonstance : « Domini, Petrus de Albaribus de « Civitate non vult venire ad Curiam, admonitus per nun- « cios dicte Curie ratione querimoniarum que de ipso in « eadem Curia deponuntur, ratione quarum cum per nun- « cios dicte Curie noluerit venire, cum a nunciis Curie « domini archiepiscopi et domini Amalrici, quia in juri- « dictione ejus ipse Petrus de Albaribus moratur, fecimus « extrahi hostia domus sue, et adhuc perseverat in sua « contumacia et non vult venire ad Curiam, ego nollem « facere aliquid contra libertatem Narbone set eam volo « penitus conservare, rogo vos quod dictum Petrum de « Albaribus venire ad dictam Curiam faciatis. Dicti vero « consules responderunt ei quod super his facerent quod « deberent,... iverunt ad domum Petri de Albaribus et « eum duxerunt ad Curiam domini archiepiscopi coram « dicto bajulo et eidem dicto bajulo tradiderunt; qui dictus « bajulus in honore et reverentia dictorum consulum pro- « misit dictum Petrum recedere, assignando diem eidem « Petro qua in dicta Curia compareret satisfacturus de « ipso conquerentibus. »

F° 28 v°. — **1252.** — Note constatant la réquisition faite par les officiers curiaux de l'archevêque aux consuls, Pierre-Raymond de Montbrun, Bernard de Montolieu et Bernard Olier, pour qu'ils eussent à faire présenter devant la Cour un jardinier, du nom de Cuxac, qui refusait d'obéir à la sommation qui lui en avait été faite, et mentionnant l'acquiescement donné à cette réquisition par les consuls, qui, de leurs personnes, se rendirent chez ledit Cuxac et l'amenèrent, en présence de plusieurs prud'hommes, devant la Cour de l'archevêque.

F° 29. — **1255.** — Note constatant un fait semblable au précédent, auquel avait donné lieu Jean de Clermont, boucher. Pour le forcer à comparaître devant la Cour de l'archevêque où il était cité par ses créanciers, les *messagers* du baile, qui l'avaient auparavant sommé de se présenter, avaient enlevé les portes de son habitation ; mais il persistait dans sa contumace et dut être amené, suivant la coutume, par les consuls en personne.

F° 29. — **1255.** — Sentence arbitrale rendue entre les consuls et les officiers de la Cour du vicomte dans le cas suivant. Jean de Roubia, tisserand, ayant donné à un habitant du Bourg sa fille en mariage, la conduisait à l'église, accompagnée d'une multitude de gens parmi lesquels se répandit le bruit que deux femmes devaient jeter des « fachilas » sur la mariée. Celle-ci étant morte des suites du trouble qu'elle en avait éprouvé, le père avait dénoncé les deux femmes aux officiers de la Cour du vicomte, qui, sur cette seule dénonciation, firent assigner devant eux et puis incarcérer ces deux femmes. Mais les consuls réclamèrent leur mise en liberté, en se fondant sur la coutume « de homicidio » qui, d'après leur sentiment, ne pouvait être applicable à ce cas, parce qu'il n'était pas possible d'y reconnaître les caractères de l'homicide réel. Les officiers du vicomte soutenaient l'opinion contraire. Ils pensaient « quod iste casus poterat intelligi « sub homicidio, et ideo dicebant se posse in dicto casu « intromittere sola denuntiatione eis facta, quamvis nulla « alia processerit querimonia. » Pour vider le différend, le vicomte Amalric dut intervenir. Il nomma cinq légistes qui étaient Bernard d'Outreville, Pierre de Fraïssé, Imbert de Sestable, Guillaume Fabre et Guillaume-Raymond de Montpellier, avec mission d'examiner l'affaire et de la résoudre. Après mûre consultation, ces arbitres prononcèrent leur résolution en ces termes : « dictam Curiam non « se debere intromittere sola denuntiatione in casu supe- « rius nominato nisi prius querimonia fuerit proposita « coram ea, cum non videatur in hoc casu vere homici- « dium esse factum, et statim dicte mulieres fuerint libere... « nisi de ipsis mulieribus super his querimonia esset « facta. » (Transc., en roman, au 10e thal., f° 108 v°.)

F° 29 v°. — **1255.** — Acte relatif à la faculté de tester. Krisom de Montpellier ayant fait son testament et désigné ses exécuteurs testamentaires, Pierre-Raymond Bédos, viguier de la Cour de l'archevêque, à la réquisition de certains parents du testateur, mais contre la volonté des exécuteurs nommés, avait fait enlever, de la maison de Krisom, une caisse dans laquelle était enfermé son argent et l'avait déposée dans la maison de Fontfroide pour y être gardée jusqu'à nouvel ordre. Ce fait fut considéré par les consuls comme attentatoire au droit des habitants, à l'usage ancien et aux libertés de Narbonne, d'après lesquels « cuilibet civi Narbone licitum est de rebus suis « prout ei placuerit legitime testari et suam inde facere « voluntatem. » Dès qu'ils en eurent connaissance et pour conserver intact le droit en question, les consuls se rendirent dans la maison de Fontfroide, reprirent la caisse, la firent remettre dans la maison de Krisom et ensuite, d'après la volonté formellement exprimée par ses exécuteurs testamentaires, la firent reporter dans la maison de Fontfroide, où elle fut déposée et gardée au nom desdits exécuteurs testamentaires, afin de prévenir toute perte au préjudice de celui à qui la caisse resterait attribuée par le testament.

F° 30. — **1255.** — Acte constatant la mise en liberté de Bernard Adalbert, accordée par les officiers du vicomte, sur la réquisition des consuls de la Cité motivée sur le droit dont jouissaient les habitants de faire choix, parmi les juridictions temporelles de la ville, de celle par laquelle ils voulaient faire juger leurs causes. Les incidents de cette mise en liberté sont expliqués par l'acte de la manière suivante. Cité devant la Cour du vicomte pour y répondre de certains faits, Bernard Adalbert s'y était présenté et avait choisi la juridiction de l'archevêque. Il fut alors mis en demeure de justifier par un acte du choix qu'il avait fait. Mais n'ayant pu produire copie de cet acte dans le délai indiqué, parce que les officiers de l'archevêque ne la lui avaient pas encore remise, il lui fut enjoint par les curiaux du vicomte de donner satisfaction à l'auteur de la plainte déposée contre lui, sous peine de ne pouvoir sortir de la Cour : « imposuerunt ei..... quod « aut responderet in dicta Curia domini Amalrici et faceret « jus illi qui querimoniam de eo deposuerat, aut de dicta « Curia non exiret. » Aussitôt que les consuls furent instruits du fait, « cognoscentes hoc esse factum contra usum « et libertatem Narbone, » ils se rendirent de leurs personnes à la Vicomté et réclamèrent la mise en liberté du détenu, « cum non deberet compelli precise respondere « in dicta Curia, ymo, on obstante hora sibi assignata, « quamvis preterita sit, nichilominus est admittendus ad « forum suum allegandum. » Les officiers du vicomte, qui avaient d'abord soutenu le contraire, s'étant enfin rendus à cet avis, relâchèrent Bernard Adalbert, en lui ordonnant, toutefois, de justifier, d'après l'usage jusqu'alors suivi, de la juridiction dont il avait fait choix. Ces officiers étaient Bernard d'Outreville, juge, Pierre Boyer, viguier, et Bernard Blancard, sous-viguier du vicomte.

F° 30. — **1257** (15 des kalendes d'avril (18 mars. — Acte dressé en présence de Pons Mercier, Béranger Roger, Pons Alaros, Guillaume Estrade et autres témoins, à l'effet de constater que Bertrand du Capitole, Pierre des Empuries, Antoine Carbonnel, Guillaume Johannis et Pierre Denis, consuls de la Cité, suivant la réquisition qui leur en avait été faite de la part de Pierre Boyer, viguier du vicomte, par l'intermédiaire de Raymond de Toulouse et de Pons de Saint-Gilles, ses *messagers,* avaient amené devant lui, pour y répondre de certaine plainte, Raymond Helya, qui avait jusqu'alors refusé de se présenter. Les consuls avaient exécuté cette réquisition et amené le contumace au viguier « dicentes ei, ecce Ray- « mondum Helya quem nobis vobis adducere precepistis « pro causa quam habet cum Berengario Blanchi, de « Burgo, in Curia. »

F° 30 v°. — **1257**. — Sentence rendue par les consuls et les prud'hommes de la Cité, entre les officiers de la Cour du vicomte et certains pêcheurs, au sujet du droit qui était réclamé par lesdits officiers pour un dauphin pêché dans les eaux de Salces qui avait été porté, tout entier, à la poissonnerie de Narbonne pour y être exposé en vente. Par cette sentence il est déclaré que le droit demandé était réellement dû, quoique le dauphin dont il s'agit eut été pris dans d'autres eaux que celles de Narbonne, parce qu'il était porté tout entier dans la ville, « nam, est-il dit, si « contingeret quod unquam delphinus caperetur cum dal- « finaria, vel alio modo, sine rete tamen, et non integer in « peissonaria Narbone portaretur, in tali delphino Curie « nichil debent ibi habere solum modo quod sit entami- « natus. »

F° 30 v°. — **1258** (7 des ides d'août (7 août). — Acte constatant que dans les Cours de la ville on ne pouvait procéder, en matière criminelle, que sur une plainte formelle et écrite, et que les poursuites ne pouvaient avoir lieu d'office, ni en vertu d'une dénonciation verbale. La Cour du vicomte avait fait prendre et incarcérer, sur la dénonciation de Bernard du Rivage, deux habitants de la Cité qui avaient volé des gerbes, et il allait être procédé contre eux par voie d'information. Les consuls voyant dans ce fait une atteinte aux coutumes de la ville, puisque aucune plainte n'avait été déposée contre les détenus, « cum nemo « contra eos, super premissis querimoniam deponeret, » réclamèrent leur mise en liberté. Mais les officiers du vicomte s'y refusèrent en prétendant qu'ils pouvaient régulièrement instruire la cause. Cependant, sur les instances des consuls et après délibération tenue avec Bernard d'Outreville, juge de la Vicomté, et Aymeric Palier, juriste, le vicomte décida que les détenus seraient remis aux consuls, sous l'obligation de prêter serment de se présenter, à la première réquisition, si une plainte venait à être formulée contre eux relativement au fait dénoncé par Bernard du Rivage.

F° 31 v°. — **1259** (6 des ides de juin (8 juin). — * Interprétation de la lettre et de l'esprit de la coutume : « Si aliquis decesserit ab intestato et sine liberis, » relativement aux droits de la femme et des héritiers naturels des décédés. Cette interprétation fut arrêtée par les consuls et par le peuple convoqué pour en délibérer, « in generali « concilio totius ville ad hoc specialiter convocato, » devant l'église St-Félix. Elle a été rédigée en acte public devant quarante-six témoins pris vingt-quatre dans le Bourg et vingt-deux dans la Cité. (Transc., en roman, au 10e thal., f° 83; — en latin, au 3e thal., f° 27 v°; au 6e thal., f° 24 v°; au 10e thal., f° 103.)

F° 32 v°. — **1263** (8 avril). — Autorisation donnée, par les prud'hommes de la ville, à Bernard Dauphin, viguier du vicomte, de faire les perquisitions et arrestations qu'il jugera necessaires en vue de découvrir les auteurs de vols nombreux et considérables récemment commis dans la ville. Le viguier ne pouvait procéder d'office à aucune arrestation sans enfreindre la coutume, et il avait demandé qu'il lui fût permis « quod pro dictis furtis posset capere « qui sibi viderentur capiendi, salvo universitati Narbone « quod hujusmodi concessio et captio predicte consuetudini « nec ipsi universitati in aliquo prejudicium minime gene- « raret. « L'acquiescement des prud'hommes à cette demande est donné sous la réserve suivante : « protestato et « salvo dicte universitati omni jure suo tam in consue- « tudine predicta quam in omnibus aliis, et salvo etiam « quod contra dictos captos in aliquo ulterius non proce- « datur sine concilio proborum hominum sed pocius « de consilio eorumdem, juxta tenorem consuetudinis. » Guillaume de Salles, Bernard de Montolieu, Jacques Bénédicti, Guillaume Helya et Pierre Antechrist, consuls de la Cité, sont présents à la rédaction de l'acte. Les prud'hommes de la ville sont Pierre-Raymond de Montpellier, Pierre Boyer, Guiraud des Empuries et Guillaume Alaros, pour la Cité, Guillaume Amoros, Raymond Bonet, Imbert de Sestable, Raymond de Foix, Raymond Agarn, Guillaume-Raymond de Bourg et Amoros, pour le Bourg.

F° 33. — **1264** (4 des nones d'avril (2 avril). — Déclaration par laquelle Raymond Barbel, official de l'archevêché, obtempérant à la prière et à la réquisition des consuls de la Cité, séquestre entre ses mains les biens de Jacquette, fille de Guillaume Dejean, courtier, décédée ab intestat. Cette mesure devait durer jusqu'au moment où les droits des héritiers naturels seraient fixés : « quousque « esset cognitum ad quem vel quos bona predicta debeant « pertinere. » Elle avait pour but d'empêcher l'effusion du sang entre les parents de la branche paternelle et ceux de la branche maternelle de la défunte, qui, étant en discord au sujet de leurs droits, avaient tenté, en usant de violences réciproques, de prendre possession des biens composant l'hérédité. — Témoins de la déclaration : Pierre-Raymond Bédos, jeune, Guillaume Fabre, Guillaume Alaros, Jean de Valés et Raymond Catala, notaire.

F° 33 v°. — **1265** (ides d'octobre (15 octobre). — Acte duquel il résulte que les officiers de la Cour de l'archevêque, à la suite du décès de Michel et Pierre Roger, pour se couvrir des loyers que devaient les décédés en raison d'un étal qu'ils tenaient de l'archevêque, sur la place de la Cité, et pour assurer le provision alimentaire due à leurs veuves, s'étant mis en possession des biens de la succession, contrairement aux droits des héritiers naturels qui étaient les frères des défunts, alors absents, durent les restituer en entier et sans condition à ces derniers, sur les protestations des consuls de la Cité, qui avaient représenté à ces officiers que les usages de la ville n'autorisaient pas de pareilles entreprises. — Ces consuls étaient Guillaume-Raymond de Montpellier, Pons Alaros, Bernard Stephani et Raymond Lombard. — Témoins qui figurent dans l'acte : Bernard de Poaliers, Raymond Salvan, Jean de Valés, Pierre Antechrist, Pierre Sartre, Bernard de Galhac, etc.

F° 34. — **1265** (10 des kal. de décembre (22 novembre). — Serment par lequel le vicomte Amalric, sur la demande et les instances des consuls, promet à l'un d'eux, devant le parlement général convoqué dans la cour du palais de la Vicomté, de maintenir et conserver durant sa vie la monnaie narbonnaise qu'il venait de faire battre. Le vicomte Amalric confirme en même temps la monnaie qu'avait fait battre le vicomte Aymeric, son père. — Extrait de la formule du serment : « Dominus Amalricus, Dei gratia, « vicecomes et dominus Narbone,..... juravit monetam « narbonesam, quam de novo faciebat, in manu Pontii « Alarosii, et eam manutenere et servare, in omni vita « sua, et etiam confirmavit monetam narbonesam per « dominum Aymericum, patrem suum condam, nuper « factam. » — Étaient consuls de la Cité : Guillaume-Raymond de Montpellier, Pons Alaros, Bernard Stephani et Raymond Lombard, et du Bourg, Pierre-Arnaud de Nayssa, Bonet Contastin, Guillaume-Arnaud de Trulhas, Bernard Faydit, Bernard Revel et Raymond Andorre.

F° 35 v°. — **XIII° siècle.** — Lettres de Louis IX, par lesquelles il est enjoint au sénéchal de Carcassonne de ne pas permettre que les coutumes « burgensium Narbone, « bonas et approbatas et a dominis juratas » soient violées. (Transc. au 3° thal., f° 28 v°.)

F° 35 v°. — **XIII° siècle** (1). — Lettres du chevalier Arnulphe de Courferrand et de Guillaume de Mora, pannetier du roi, par lesquelles il est mandé aux consuls de la Cité d'autoriser Bernard de Ribaute et ses associés, qui étaient chargés de fabriquer, à Narbonne, le biscuit destiné au passage de la mer, à faire sortir de la ville et de son district 500 setiers d'avoine comme le pouvoir leur en était concédé par les termes de leur commission.

F° 36. — **1258** (décembre). — Statut délibéré et arrêté en commun, par les consuls et les conseils du Bourg et de la Cité, pour fixer le taux annuel des tailles que doivent payer les citoyens de Narbonne résidant hors de la ville, dans les villages du Narbonnais ou hors du Narbonnais. (Transc. au 3° thal., f° 27; au 5° thal., f° 47; au 6° thal., f° 23 v°.)

F° 36 v°. — **1270** (4 des ides de février (10 février). — Acte dressé sur la réquisition faite par les consuls aux

(1) Ces lettres doivent être de l'année 1270, époque où Louis IX préparait sa seconde croisade.

notaires de la ville, qui étaient au nombre de six, d'observer et garder la coutume de Narbonne conçue en ces termes : « Notarii vel tabelliones qui hodie sunt vel in antea « fuerint in Narbona, ullo loco vel tempore aliqua ratione « vel occasione non sunt compellendi revelare vel mani« festare dominis vel eorum officialibus, ea que ipsi notant « vel scribunt vel coram eis secrete dicuntur, nisi ad fe« rendum testimonium ratio flagitaverit. » — L'acte est dressé par Jean Mercadier, écrivain public de Narbonne, en présence de Bernard de Montolieu, Arnaud Figuier, Pierre-Étienne Dupont et Jean Ynard.

F° 37. — **1270** (nones d'avril (5 avril). — Instrument d'une criée faite dans la ville pour publier la permission de *la traite* du blé destiné à l'armée de la croisade.—Formule de cette criée : « aujhats ho aujhats ho de part de mosenher « l'archevesque e de mosenher N Amalric, ab cossel de « prosomes de Narbona, tot hom que vuela traire e portar « blat ad Acre e ad Aigas-Mortas es a Motpeslier que o « puesca far. » — Témoins qui figurent dans l'acte : Pierre Bédos, vieux, viguier de la Cour de l'archevêque, Raymond Tuson, recteur de l'église de Montredon, Jean Sorgian et Pierre Melon.

F° 37 v°. — **1270** (6 des ides de mai (10 mai).—Réquisition et protestations faites par les consuls de la Cité à Pons Arnaud, juge, et Bernard Dauphin, viguier de la Cour du vicomte Amalric, pour qu'ils eussent à suspendre, jusqu'à l'arrivée du vicomte et jusqu'à ce qu'ils en eussent délibéré avec leur conseil, une inquisition (non spécifiée dans le titre) qu'ils faisaient dans la ville, contrairement à la coutume et au mépris des priviléges des habitants. — Témoins de la réquisition : Pierre Ysarn, notaire de la Cour du vicomte, Guillaume Alaros, Raymond Sartre, jeune, et Guillaume Petri, notaire, qui rédigea l'acte.

F° 37 v°. — **1270** (5 des ides de mai (11 mai).—Réquisition faite par les consuls de la Cité à Bernard, archidiacre de la Corbière et official du diocèse, pour qu'il eût à se départir de l'inquisition à laquelle il faisait procéder dans la ville, contrairement à la coutume, et à leur remettre les articles sur lesquels cette inquisition était basée. L'official répondant à la réquisition par un refus formel, les consuls lui déclarent qu'ils en relèvent appel devant l'archevêque et, au besoin, devant le légat du saint siége, si leur appel devant l'archevêque n'était pas reçu. — Témoins de la réquisition : Guillaume Alaros, Michel Helya et Bernard Matfred, clerc de Narbonne.

F° 38. — **1271** (nones d'août (5 août). — Lettres de convocation des consuls et *des villes* de Narbonne, Carcassonne, Béziers, Agde et Lodève au conseil « prelatorum « et alium bonorum virorum, prout in institutis regalibus « continetur, » qui devait être tenu, à Béziers, le jeudi après la fête de saint Laurent (13 août), pour délibérer sur la nécessité et l'utilité de prohiber la sortie, par terre comme par eau, du blé qui se trouvait dans la sénéchaussée. Cette mesure était instamment demandée par les habitants « propter messes steriles et bladi caristiam imminentem. » Les lettres sont données à Carcassonne, par Gaufrid d'Avesia, lieutenant du sénéchal, viguier de Béziers.

F° 38 v°. — **1278** (veille des ides de novembre (12 novembre). — * Lettres de Bernard de Roquevaire, juge mage de la Cour du palais de Marseille, lieutenant du chevalier Raynaud de Courlieu, viguier de ladite ville, adressées aux consuls du Bourg et de la Cité, par lesquelles il leur demande, afin de conserver et augmenter l'affection qui règne, depuis longues années, dans les relations et les rapports commerciaux des citoyens de l'une et l'autre ville, de traiter avec bienveillance et avec loyauté certains habitants de Marseille dont ils retenaient les biens, et en particulier Raymond Fabre, qui avait été l'objet d'une saisie à la requête de Géraud d'Outreville. A cette occasion, et pour faire preuve de ses bonnes dispositions à l'égard de la ville de Narbonne, Bertrand de Roquevaire déclare aux consuls que ses habitants peuvent aller dans la ville de Marseille, y séjourner, s'y livrer au commerce, la quitter, sans être inquiétés dans leurs personnes ni dans leurs biens et marchandises, malgré l'illégalité des mesures de rigueur exercées à Narbonne contre des habitants de Marseille. Il ajoute, enfin, que les consuls de Narbonne sont, d'ailleurs, parfaitement justifiés de toute participation à ces mesures, tant par le contenu de leurs missives que par les explications qu'ils ont fournies par l'intermédiaire de leurs ambassadeurs à Marseille.

F° 39. — **1312** (samedi après la fête de saint Mathieu (23 septembre). — * Protestation des consuls du Bourg et de la Cité contre une sentence du juge des appellations rendue dans les circonstances suivantes. Le juge ordinaire de la Cour commune de Narbonne (le pariage) avait rendu, contre un accusé nommé Guillaume Foyssat, une sentence qui le condamnait à être traîné par la ville et à être pendu, « ad rotoguandum per villam, et suspendendum per « gullam. » Il avait prononcé cette sentence avec l'assistance des *probi homines* et en se conformant à leur opinion, ainsi que le voulait la coutume. — Sur l'appel, le juge des appellations de la même Cour commune, statuant sans l'assistance des *probi homines*, avait condamné l'accusé à être pendu seulement et non à être traîné auparavant dans les rues de la ville. — Les consuls, se fondant sur cette diminution de peine et sur l'absence des *probi homines* qui constituait une violation flagrante de la coutume, relèvent appel *viva voce* de la sentence rendue par ledit juge des appellations, devant le sénéchal et au besoin devant le roi, protestent pour qu'il soit sursis à l'exécution tant que l'appel sera pendant, et refusent d'entendre les observations et les réponses du juge.—Témoins de l'appel : Bernard de Feudo, Jean de Stanfort, juristes, Guillaume Pagés et Raymond Jaubert.

F° 40 v°. — **1313** (8 des kal. de juin (25 mai). — Décision par laquelle Pierre Alaros, Laurent Carbonnel et Pierre Delort, régents du consulat de la Cité, « auctoritate « regia, » fixent à 35 s. tournois la valeur des pierres et moellons provenant des remparts de la Cité, que Pierre-Raymond de Broa avait emportés pour les approprier à son usage. Jean et Bernard Téren, oncle et neveu, constitués cautions de Pierre-Raymond de Broa, promettent de payer cette somme à la fête de St-Jean-Baptiste. Les régents du consulat de la Cité déclarent que cette qualité, en laquelle ils agissent, leur attribue exclusivement la conservation et la garde des remparts. — Témoins de l'acte : Raymond Dauxion, docteur ès-lois, et Jean Dardenc. L'acte est passé dans la maison commune de la Cité (1).

F° 42. — **XIV° siècle** (2). — Conclusions prises en faveur des consuls du Bourg et de la Cité dans une procédure que le vicomte et l'archevêque poursuivaient contre eux, relativement au droit de faire la garde et le guet, de jour comme de nuit, pour prévenir les troubles et assurer le maintien de la tranquillité publique. Les consuls revendiquaient ce droit comme l'une des attributions des deux consulats qui relevaient immédiatement du roi comme duc de Narbonne. D'après ces conclusions, les consuls étaient « ab antiquo a tantis et citra temporibus quorum in con- « trarium hominum memoria non existit, in possessione et « sayzina vel quasi et usu longevo sua auctoritate de die et « de nocte faciendi gaschum et excubias per villam Nar- « bone et ejus suburbia et pertinentias, longe et prope, et « aufferendi arma personis ipsa arma illicite portantibus et « illa arma ad dictos consulatus portandi et ea frangendi « et suspendendi infra dictos consulatus, vel inde suas fa- « ciendi voluntates, et dum gaschum seu excubias faciunt « de die et de nocte prohibendi, sub pena auferendi arma, « curialibus seu officialibus civitatis Narbone quum ipsis « consulibus, seu ministris eorumdem consulum, gaschum « seu excubias facientibus dicti curiales non gaschent nec « fiant excubias. »

F° 43. — **1367** (janvier-mai). — Procédure portée devant l'official de Narbonne, par le précepteur de l'hôpital des pauvres de la Cité (1), contre Gissane, fille et héritière de Raymond de Foix, bourgeois, représentée par Bérenger de Foix, son tuteur. Le précepteur lui réclamait un arrérage de 93 setiers 7 pugnères de blé pour quatorze années du produit de la portion du droit de cosse appartenant à cet hôpital. Sur l'aveu de la partie adverse, l'official déclara que l'hôpital était fondé à exiger le paiement de l'arrérage dû. La sentence sur ce point est ainsi conçue : « visa confessione supra per dictum Berengarium Fuxi « facta, attendens quod de jure in confessum nulle sunt « partes judicis nisi in precipiendo sive condempnando. « Ideo precipit dicto Berengario Fuxi ibidem presenti, hu- « jusmodi preceptum in se gratis suscipienti, quod solvat « et satisfaciat dicto preceptori nomine dicti hospitalis « Civitatis Narbone videlicet dicta nonaginta tria sestaria « et septem ponherias frumenti supra per dictum precepto- « rem petita, una cum expensis in et pro hac causa factis, « quorum taxationem idem dominus officialis sibi reserva- « vit. » L'official de Narbonne était Bertrand Ayron, licencié en décrets, chanoine de l'église collégiale St-Aphrodise de Béziers. Pour se faire remplacer dans le jugement de cette procédure, il avait constitué huit lieutenants avec pouvoir, pour chacun d'eux, d'agir en l'absence des autres. Ces lieutenants étaient Pierre de Nole et Jacques Maynier, chanoines de Clermont, Pierre de Monsales, recteur de l'église de Lacaunette, au diocèse de St-Pons, Guillaume Siguier, chanoine sacristain de l'église de Gisson, dans le diocèse d'Urgel, Arnaud Paydin, recteur de Laroque-de-Fa, Eustache Brun, bachelier ès-lois, du diocèse de St-Flour, Raymond de Franc, recteur de la chapelle N.-D. de Béthléem dans l'église St-Just, et Dieudonné Bofflas, recteur de l'église St-Sébastien. Le droit de cosse était alors affermé moyennant la rente annuelle de 50 setiers de blé.

RUBRIQUE : Carta de la cossa de blat que pren quascun dia fasendier l'ospital dels pauvres de Ciutat sur l'eretier d'en Raymond Fois saentras.

(1) Cet acte est, croyons-nous, le premier document qui ait été dressé dans la maison commune de la Cité. Du moins, nous n'avons pas trouvé, dans les archives, d'autre acte portant cette mention, qui soit antérieur à l'année 1313. L'inauguration de la maison du consulat peut donc être fixée à cette même année. Auparavant, les affaires de la communauté étaient traitées dans les églises, sur les places, dans le fossé de St-Paul, au pied de l'orme de St-Paul ou en pleine campagne.— La maison du consulat était appelée la *Cortada regis,* nom qu'elle avait lorsque les consuls en firent l'acquisition aux enchères, en 1307. Elle provenait de la vente des biens de Momet Tauros, dit le Roi juif. (V. art. AA. 100, f° 292.)

(2) André de Kadrellis, sénéchal de Carcassonne, fut chargé de faire une enquête dans cette procédure. Il était sénéchal en l'année 1328. C'est donc vers cette date que durent être produites les conclusions qui font l'objet de cet article.

(1) Cet hôpital est plus communément désigné sous le nom d'hôpital de la Croix.

F° 56. — **1368** (23 février). — Cession faite par Bérenger de Foix, en sa qualité de tuteur et légitime administrateur de Gissane, fille de Raymond de Foix, aux précepteurs de l'hôpital de la Cité et de l'hôpital du Bourg, situé « prope « fossatum, » du produit du droit de cosse qui lui appartient en cette qualité « in et super bladayria. » Cette cession est consentie, en présence et avec l'approbation des consuls, pour couvrir : 1° l'hôpital de la Cité des 93 setiers 7 pugnères de blé qui lui étaient dus par l'effet de la sentence de l'official de Narbonne du mois de mai 1367, et 2° l'hôpital du Bourg d'un arrérage de 52 setiers 1 émine de blé. Ce blé provenait de la portion qui appartenait à ces deux hôpitaux sur le droit de cosse. La portion de l'hôpital du Bourg était de deux cosses, c'est-à-dire deux mesures pour chaque jour de l'année, excepté les jours fériés et les dimanches, et celle de l'hôpital de la Cité d'une cosse.— Les consuls de Narbonne étaient le damoiseau Pierre du Lac, Pons Sallèles, Jean Rome, Pierre d'Aire, Jean de Malves, Jean Olivier et François Philippe. L'acte est reçu par Jean Bondonat, notaire de Narbonne, en présence d'Ysarn de St-Michel, licencié ès-lois, et de Pierre Molhet et Pons Salvat, marchands de Narbonne.

Rubrique : Ratifficatio faita per los senhors cossols de la carta preceden de la cossa del blat, que pren l'ospital de Ciutat sus l'eretier den R. Fois saentras.

F° 58. — **1613** (5 septembre). — Ordonnance du connétable Henri de Montmorency, gouverneur du Languedoc, rendue à la Grange-des-Prés, entre M. de Ricardelle, commis *par provision* à la garde des clefs de Narbonne, et les consuls de la ville, qui avaient demandé la remise d'une partie de ces clefs par l'intermédiaire d'une commission composée de deux consuls, du syndic de la ville (M. Reboul de Marmorières, premier consul l'année précédente), et de douze des principaux conseillers matriculés. Cette ordonnance divise les clefs de la ville, qui étaient au nombre de 36, en deux portions égales. L'une de ces portions est laissée entre les mains de M. de Ricardelle, l'autre entre les mains des consuls. Par l'effet de cette division, la moitié des clefs de chaque porte, de chaque râteau ou pont-levis, se trouve aux mains de M. de Ricardelle, c'est-à-dire du capitaine gouverneur de la ville ou de son lieutenant, l'autre aux mains des consuls, afin d'éviter toute surprise et de garantir efficacement la sécurité de la ville. La remise de la moitié des clefs aux consuls leur est faite en considération « des fidelles services que les habitans de ladite ville de « Narbonne ont tousjours rendu au roy a la garde et con- « servation d'icelle, quelques orages et divisions de guerre « quy aient reigné dans le royaume, et affin de leur donner « subject a l'advenir de continuer leur fidélitté, estans les « vrais et naturels mortes paies de Sa Majesté dans ceste « clef de France sy importante a tout l'estat. » L'ordonnance est rendue en présence de M. de Thémines, chevalier de l'ordre du St-Esprit, lieutenant du roi au gouvernement du Quercy, et de M. Dufaure, conseiller d'État, intendant de justice dans le Languedoc.

Nota. Les folios 60 à 70 de ce thalamus sont en blanc.

F° 71 v°. — **XIII° siècle** (1). — Condamnation prononcée par les consuls du Bourg et de la Cité contre des habitants de Narbonne qui, après avoir acquis du vicomte Aymeric la *devèze de la grana*, avaient contraint les autres habitants, hommes ou femmes, à leur livrer à vil prix la *grana* qu'ils avaient amassée dans cette *devèze*, avaient battu et maltraité ceux qui refusaient de la livrer, et avaient provoqué par cette brutalité une émeute dans laquelle les consuls furent injuriés et frappés. — Témoins qui figurent dans l'acte : Raymond Rouch, le chevalier Géraud de Narbonne, Bérenger Arnaud, Raymond Trenquier, André Duportal, Arnaud Carbonnel, Guillaume du Rivage, Guiraud des Empuries, Bérenger de Lastours, Guillaume de Luc, Guillaume Gotmas, Guillaume Alfaric, peintre, Bernard Gaucelme, Guiraud de Maguelonne, Bérenger d'Avesac, Pierre Blanquier, Pons Alaros, Bernard Mainal, etc. (Transc. au 3e thal., f° 14; au 6e thal., f° 9 v°.)

F° 72 v°. — **XIII° siècle.** — * Tarif des droits à payer aux courtiers pour leurs courtages. (Roman.) — (Transc. au 3e thal., f°s 20 et 127; au 9e thal., f° 1 v°.)

Rubrique : Aiso son las corrataduras que om deu donar a corratiers per aquelas causas ques vendon.

F° 74. — **1245** (ides de mars (15 mars). — * Accord conclu entre la Cour de l'archevêque et celle du vicomte relativement à l'attribution des dépouilles des condamnés. D'après cet accord, l'exécution des suppliciés était exclusivement réservée à la Cour du vicomte. Lorsque ce supplicié avait été arrêté vêtu de deux tuniques « gonelas » ou plus, ou d'une tunique et d'un surtout « sobretot, » ou d'une tunique et d'une cape, il devait être livré à la Cour du vicomte vêtu d'une tunique seulement, de ses chausses et de sa chemise, mais nu-pieds. S'il n'était vêtu que d'une tunique au moment de son arrestation, il devait être remis en chemise et en chausses seulement, dépouillé de toute chaussure. Lorsque le condamné devait être simplement fustigé, son surtout ainsi que ses autres vêtements étaient abandonnés au geôlier de la prison de l'archevêque et sa chaussure à la Cour du vicomte. Ces dispositions n'étaient pas applicables aux accusés d'adultère. Ceux-ci, d'après la coutume, conservaient l'entière propriété de tous leurs vêtements, ainsi que de leurs chaussures et bijoux. (Roman.)—

(1) Ce document, d'après la transcription qui en est donnée au f° 14 du 3e thal., AA. 103, est du 2 des kal. d'août (31 juillet) 1252.

(Transc., en latin, au 9e thal., f° 74 v°; — en roman, au 10e thal., f° 127.)

F° 74 v°. — **1245** (ides de mars (15 mars). — * Accord entre la Cour de l'archevêque et celle du vicomte relativement à l'attribution des dépouilles des condamnés. (Transc., en roman, au 9e thal., f° 74; au 10e thal., f° 127.)

F° 75 v°. — **1484**. — Note portant que les consuls de Narbonne, Nicolas Rodil, bachelier ès-lois, Pierre David, marchand, Pierre Lafage, marchand, Antoine Barral, pareur, Barthélemy Blanc, chaussetier, et Raulin Sabatier, notaire, firent construire dans ladite année « lo qubert « del cap del Pont Vielh devers Siutat, » par Barthélemy Teule et François Conil, charpentiers de Narbonne. Le coût de ce couvert fut de 169 liv. tourn. payées par mains de Jacques Sabatier, clavaire consulaire. (Roman.)

F° 75 v°. — **1501**. — Note relative à l'agrandissement de la place de la Cité. Cette note est ainsi conçue: « L'an « mil cinq cens e hun, estans consols los senhos sen « Mauti Peiroua, borges, sen Anric Guissana, plassier, « Bertrant Sercison, merchant, sen Simeon Berra, pa- « raire, sen Berthomieu Blanca, menestairal, sen Bochart « Fabre, menestairal, feron alongar la plassa del cap del « pont de Siutat fins a la mureta devers lo Vescomtat. »

F° 76. — **1511**. — Note concernant la construction des fontaines du Bourg et de la Cité: « estans consols « honorables homes sen Guillaumes Alcoynes, bourges, « Johan Girodis, merchant, mestre Berthomieu Contadis, « notari, tos tres de la Cieutat, Bernard Belhoms, pla- « sier, Peyre Sanhas, paraire, et mestre Cibus Celier, « barbieu, del Borc, foron donadas a faire a mestre « Anthoni Mauri, perier, las dos fontainas et griffolz tant « de Bourc que de Cieutat, et foron faitas de peyra mabre « de sanct Pons et, fait mercat, costeron quatre cens « scutz del soley, valent l'escut 36 s. 6 den. t. »

F° 76. — **1512**. — Note concernant les fontaines: « estans consols egreges et venerables homes moussen « Peyre de Casanova, doctor et juge real de la Vescontat « de Narbona, sen Franses Vendrel, merchant, sen Johan « Berra, sen Johan Viguier, mestre Johan Bonet, pelis- « sier, e sen Ramon Sicart,... foron faitz et pausatz los dos « griffols, so es lo de la Ciutat et del Borc, en la sorta et « maniera que son de peyra de mabre, losquals feron por- « tar de sanct Poins de Thomyeyras, losquals foron « bailatz a pretz faitz a mestre Anthoni Mauri, peyrier, « por lo pretz de quatre cens scutz del solelh, de que la « villa ly a baylat, oultra la susdita soma, per so que non « si salvava, cent vint et set liuras set soubz VIII denies, « ainsi que apar per los commandamens faitz a sen Johan « Barbier, clavari de la susdita annada. »

AA. 110. — Registre (parchemin), 148 feuillets petit in-f°; cartonnage couvert de parchemin.

1221-XVIe siècle. — 10e Thalamus.

Feuillets de garde. — Les deux premiers feuillets de garde de ce thalamus sont empruntés à un manuscrit du XIIIe siècle (f°s 22 et 25). Ce manuscrit contenait une dissertation sur la passion de N. S. Jésus-Christ, appuyée de textes tirés des œuvres de saint Augustin, saint Cyrille, saint Ambroise, Bède et autres pères de l'Église. Le folio suivant contient un fragment de la reconnaissance du vicomte Aymeric, du 14 des kal. d'avril (19 mars) 1272, par laquelle il déclare qu'il a remis à Guillaume-Raymond de Bourg, fils de Bernard de Saint-Étienne, pour l'exercer, comme l'ont tenue leurs prédécesseurs, à titre de fief d'honneur, *la viguerie de la seigneurie vicomtale du Bourg,* « villicationem seu vicariam dominationis vicecomitalis « Burgi Narbone. » Au verso de ce folio sont transcrites des lettres de Philippe III, sans date de l'année, qui informent les consuls de Narbonne de la mission dont le sénéchal de Carcassonne et autres gens du roi sont chargés dans cette sénéchaussée, « ad ea que cedant ad fidei stabilitatem. » Les six folios suivants sont remplis par le calendrier julien à l'usage du diocèse. La fête de Ste Anne fixée au 26 juillet, celle de Ste Claire fixée au 12 août et celle de St Louis, roi de France, au 25 du même mois, ont été ajoutées à ce calendrier. D'après le caractère de l'écriture, cette addition a été faite pendant le XVIe siècle.

F° 1. — **XIIIe siècle.** — Titre du thalamus: « Aquest « libre fon compilatz e translatatz de las costumas de la « Ciutat de Narbona e de Narbones, en l'an de nostre « senhior Jesu Christ quan hom contava de la encarnation « M CC LXVI, empoder dels senhiors consols, so es asa- « ber del senhior en Bertrand de Capduel, e d'en Bernard « de Montoliu, e d'en P. Alaros, e d'en P. Portal, e d'en « G. Helyas. » — Commencement de l'évangile selon S. Jean « In principio erat verbum. »

F° 2. — **XIIIe siècle.** — Évangile selon S. Marc « In « illo tempore, Maria Magdalene et Maria Jacobi. »

F° 2 v°. — Évangile selon S. Mathieu « In illo tempore, « dixit Jesus discipulis suis, attendite a falsis prophetis. »

F° 3. — Évangile selon S. Luc « In illo tempore, dixit « Jesus discipulis suis, erunt signa in sole et luna et stellis. »

F° 4. — **1232**. — * Coutumes des chevaliers de Narbonne et du Narbonnais, octroyées par le vicomte Aymeric en présence de Bérenger de Boutenac, Pierre-Raymond de Montbrun, Bernard de Roquecourbe, Raymond du

Lac, Bernard Valart (1), Pierre Aman et Guillaume d'Olonzac. (Roman.) — (Transc., au 2e thal., f° 88; au 3e thal., f° 11; au 6e thal., f° 6; au 8e thal., f° 7.)

RUBRIQUE : Aiso son las costumas dels cavasiers.

F° 8. — **1232** (7 des kal. de mars (24 février), pour l'approbation par le vicomte Aymeric; — 14 des kalendes de janvier (19 décembre), pour l'approbation par l'archevêque de Narbonne; — **1233** (7 des kal. de mars (23 février), pour l'approbation par l'abbé de St-Paul. — * Coutumes de Narbonne. (Roman.)— (Transc., en latin, au 1er thal., f° 50 v°; au 2e thal., f° 1; au 3e thal., f° 8; au 4e thal., f° 1; au 6e thal., f° 2; au 9e thal., f° 8 v°; au 10e thal., f° 89; — en roman, au 3e thal., f° 29; au 6e thal., f° 12 v°; au 8e thal., f° 9.)

RUBRIQUE : Aiso son las costumas de Narbona en roman, et en cartas son en lati.

F° 23. — **1238** (7 des kalendes de juillet (25 juin).— * Règlement approuvé et confirmé par le vicomte Amalric pour les mondiers (meuniers) et pour la mouture et le pesage du blé, avec le serment exigé de tout meunier, farinier ou conducteur de bêtes de somme servant au transport des blés et farines. (Roman.)— (Transc., en latin, au 9e thal., f° 15 v°; — en roman, au 3e thal., f° 11 v°; au 6e thal., f° 10 v°; au 8e thal., f° 17.)

RUBRIQUE : Dels moliniers et molturas. — Aiso es la forma del sagrament dels mondiers.

F° 29 v°. — **1251** (15 des kal. de juin (18 mai). — * Statut arrêté par les consuls du Bourg et de la Cité, avec l'assentiment de leurs conseils et en présence du juge de la Cour du vicomte, portant tarif pour le poids que doit avoir le pain en pâte et après la cuisson, en prenant pour base le prix du setier de froment fixé au marché de la ville, avec les peines encourues par les « flequiers et flequeyras » qui y contreviennent. (Roman.)— (Transc., en latin, au 9e thal., f° 18 v°; — en roman, au 3e thal., f° 16; au 8e thal., f° 20.)

RUBRIQUE : Aiso es l'establiment dels flequiers et de las flequeiras. — De toinhols de 1 den. melgoire ab lo tot, passatz a barutel casolan.— De tonhols de 1 den. narbones ab lo tot, passatz ab barutel casolan.—De moflet de 1 den. melgoire ab lo tot, passat ab barutel casolan. — De moflet de 1 den. narbones ab lo tot, passat ab barutel casolan.— De tonhiols de 1 den. melgoire passatz ab barutel prim e de pan de 1 den. narbones d'aisela meteisa maneira.— De pan moflet blanc passat ab barutel prim.— De pan de entreclet et d'arraou.—La pena d'aquels que defalon el pan.

(1) Dans le texte transc. au 6e thal., f° 6, le nom de ce consul est Udalard et non Valart.

F° 45 v°. — **1248** (septembre). — * Statut arrêté par les consuls de la Cité, d'autorité et avec le consentement de la Cour du vicomte Amalric représentée par Pierre de la Croix, qui en était viguier, concernant : — les fourniers, sur la cuisson du pain, des « fromatjadas o panadas de carn « o de peig, e padenadas de carn o de peig ;» — les pêcheurs, au sujet de l'apport au marché de Narbonne, où il devait être exposé en vente, du poisson pêché en mer ou dans les étangs entre le cap de Leucate et le grau de Vendres; — les bouchers, les revendeurs de blé et de comestibles, etc. (Roman.) — (Transc., en entier et en roman, au 8e thal., f° 28 v°; — par extraits, en latin : pour les fourniers, au 9e thal., f° 12; pour les pêcheurs, au 3e thal., f° 12; au 6e thal., f° 7; au 9e thal., f° 13; pour les bouchers et les revendeurs de blé, au 3e thal., f° 12 v°; au 6e thal., f° 7 v°; au 9e thal., f° 13 v°.)

RUBRIQUES : Aiso son los establimens faiz sobre los forniers.— Aiso son los establimens faitz sobre los pescadors els revendedors del peig. — Aiso son los establimens dels mazeliers. — Aiso son los establimens dels revendedors del blat.

F° 51 v°. — **1249** (6 des nones de juillet (2 juillet).— * Coutumes de Narbonne et du Narbonnais sur la prescription des créances. (Roman.) — (Transc., en latin et en roman, au 3e thal., f° 13 v°; au 6e thal., f° 9; — en roman, au 8e thal., f° 31 v°; — en latin, au 9e thal., f° 14.)

RUBRIQUE : Aiso es l'establiment que fon faiz sobre aquels que son pagaz dels deutes e retenon las cartas.

F° 54. — **1221** (3 février). — * Coutumes des trois Cours ordinaires de Narbonne dans les cessions de biens. (Roman.) — (Transc., en latin, au 1er thal., f° 83; au 9e thal., f° 6 v°; — en roman, au 2e thal., f° 93 v°; au 3e thal., f°s 31 v° et 44 v°; au 6e thal., f°s 16 v° et 28; au 8e thal., f° 33.)

RUBRIQUE : D'aicels que juran non poder e desamparan sos bens.

F° 58. — **1254** (16 des kal. de septembre (17 août). — * Compromis entre les pareurs et les tisserands du Bourg et de la Cité pour le règlement, par voie d'arbitrage, de leurs différends concernant l'exercice et les droits de leurs professions. — Exposé, article par article, de leurs prétentions réciproques.— Arbitrage sur ces prétentions rendu par les consuls de Narbonne. (Roman.) — (Transc., en latin, au 3e thal., f° 22; au 6e thal., f° 18 v°; — en roman, au 7e thal., f° 79.)

RUBRIQUE : Aiso es l'establiment que fon faiz dels paradors e dels teichedors.

F° 72. — **XIIIe siècle.** — * Obligations des courtières dans l'exercice de leurs charges. (Roman.)

RUBRIQUE : De las corrateiras en qual maneira devon jurar.

Fo 72 vo. — **XIIIe siècle.** — Fragment du * règlement relatif à l'exercice de la charge de bandier du territoire. (Roman.) — (Transc., en latin, au 2e thal., fo 89 vo; — en roman et en latin, au 6e thal., fo 17 vo.)

RUBRIQUE : Dels bandiers.

Fo 73 vo. — **XIIIe siècle** (1). — Nomenclature (2) arrêtée par les consuls et les prud'hommes du Bourg et de la Cité, des meubles et effets compris sous la désignation de « cambra, » qui devaient être attribués à la femme du débiteur faisant cession de biens à ses créanciers : « cobertors, lansols, vanoas, *conseras*, coichins, aure-« liers, flassadas, sacx *leyz*, *leyz* de fust, cortinas, toalas, « *tressors*, tapitz, bancals, una es*tueira* de paret e autra « de sol, escudelas de fust penthas e de terra que son « pausadas en paret, enap d'argent *I* o *mais* segon la cali-« tat de la persona, enaps de fust, concas d'eram, bas-« *sins*, anels d'aur, *II* o *III caichas* planas, taulas longas « *o* redondas, escauns non trop grans e escaunels, bechis « *de* estanh e d'argent, candelabres d'eram e de fust e de « fer que *son* pausaz *en* taula e entorn lampesa, boi*chas* « d'argent, d'eram o d'evori, lascals las donas tenon en lurs « caichetas per lurs joias tener, e non garni*mens* de far « ni au*tres*, que s'apelon nis con*tenon* a garnir; *lieg de « mort nos conten en apellation de cambra.* » (Roman.) — (Transc., en latin, au 9e thal., fo 27; — en roman, au 6e thal., fo 17.)

RUBRIQUE : Aiso son las causas que son de cambra.

Fo 74 vo. — **1249** (février). — * Serment que doivent prêter les consuls de la Cité avant de prendre possession de leur charge; — leurs droits et leurs devoirs dans l'exercice des fonctions consulaires, concernant le guet et la patrouille, la police des rues et des chemins, les fumiers et immondices, l'observation des coutumes, la convocation et la tenue des conseils, les saisies vulgairement appelées marques, etc. (Roman.) — (Transc., en latin, au 2e thal., fo 94; au 3e thal., fo 24 vo; au 6e thal., fo 23; — en roman, au 9e thal., fo 1.)

RUBRIQUE : Aiso es la forma del sagrament loqual devon far li consol de la Ciutat de Narbona aqui metois quo els intran o recebon lo consolat.

Fo 78. — **1251** (5 des ides d'août (9 août). — * Statut délibéré par les consuls et le conseil général de la Cité, par lequel il est décidé que la communauté doit réparer à ses propres frais, d'après l'appréciation que les consuls doivent en faire, le dommage éprouvé par l'habitant de la Cité qui s'emploie à défendre, soit de fait soit verbalement, les libertés et franchises du consulat, celles de la ville, ou même les consuls ou la personne de l'un d'eux : « que, qualque hom qual fos, a defendement dels cosols « de la Ciutat de Narbona, o de calque qual causa dels « davandiz consols, se prepausaria per conservar o man-« tenir las libertatz o las franquesas de Narbona, o defen-« dria, en fag o en dig, contra qualsque quals personas. » (Roman.) — (Transc., en latin, au 9e thal., fo 23.)

RUBRIQUE : D'aquels que recebon dampnatge per la franquesa mantener.

Fo 79. — **XIIIe siècle** (1). — * Statut décrétant la peine applicable aux conseillers qui violent le secret des délibérations du conseil. Cette peine est l'exclusion complète de tous les conseils de la communauté durant l'espace de cinq années. (Roman.)

RUBRIQUE : D'aicels que revelan jurat consel.

Fo 79. — **XIIIe siècle.** — * Statut relatif aux coalitions entre artisans, marchands ou changeurs, et à la police des mesures qui servent à la vente du vin. Le vin devait être vendu à la mesure exacte « a drechureiras mesuras. » Le débitant devait tenir la *demi migère* et le *quarton*. Il était interdit aux artisans, aux marchands, aux changeurs, de se coaliser pour changer les conditions de leur art ou de leur trafic. Le concert n'était permis que lorsqu'il s'agissait de suspendre le travail pendant les jours fériés ou de régler le crédit « e de far cresensas. » (Roman.)

RUBRIQUE : De las covenensas.

Fo 79 vo. — **1253.** — * Arbitrage rendu par Bernard d'Outreville et Guillaume Fabre, entre les officiers curiaux du vicomte et ceux de l'archevêque, d'une part, et les consuls du Bourg et de la Cité, d'autre part, qui consacre en faveur des habitants de Narbonne le droit de choisir, parmi les juridictions de la ville, celle par laquelle ils entendront faire juger leurs causes, au civil comme au criminel. (Roman.) — (Transc., en latin, au 3e thal., fo 19; au 9e thal., fo 26; — en roman, au 7e thal., fo 47.)

RUBRIQUE : Que hom se pot far d'autra senhoria.

Fo 83. — **1259** (6 des ides de juin (8 juin). — * Inter-

(1) Ce même document, transc., en latin, au 9e thal., fo 27, est porté à la date du 15 des kal. de novembre (18 octobre) 1239.

(2) Les caractères en italique indiquent les variantes que cette nomenclature présente sur celle que nous avons donnée à l'article AA 106, 6e thal., fo 17.

(1) Cet acte paraît être une suite du statut analysé dans le précédent article, relatif à la réparation des dommages que tout habitant éprouvait en défendant les intérêts ou les libertés de la communauté. Dans cette hypothèse, il serait de la même date, c'est-à-dire du 5 des ides d'août (9 août) 1251.

prétation et explication, par les consuls et par le peuple de la ville convoqué en conseil général, devant l'église St-Félix, de la lettre et de l'esprit de la coutume de Narbonne ainsi conçue : « Si alcuns morra entestaz o senes « enfans o dichendens, la maire sobrestant, los bens que « ad aquel meteiz mort endevenran de part paire o de « pairal linhada tornon als pus propris de la linhada pai- « ral entro al ters gra enclusament, fait comte segon a « dreg en aquels meteiches bes, si non lo paire d'aquel « veis delqual los bens ad aital dechendent senes testa- « ment s'endevenran en autra maneira adordenat aura. « En los autres empero bens foz entre la maire ad el « meteis, non estans los devanditz pus primiers, foz intre « la maire en tot, » en ce qui touche aux droits de la mère et des héritiers naturels sur les biens des décédés ab intestat. (Roman.) — (Transc., en latin, au 3e thal., f° 27 v°; au 6e thal., f° 24 v°; au 9e thal., f° 31 v°; au 10e thal., f° 103.)

F° 86 v°. — **1269** (5 des ides d'avril (9 avril). — * Approbation, par l'abbé de St-Paul, de l'arbitrage rendu par Bernard d'Outreville et Guillaume Fabre, entre les officiers curiaux du vicomte et de l'archevêque, d'une part, et les consuls du Bourg et de la Cité, d'autre part, qui consacre, en faveur des habitants de la ville, la faculté dont ils jouissent, de faire choix de la juridiction par laquelle ils entendent faire juger leurs causes, au civil comme au criminel. (Roman.) — (Transc., en latin, au 3e thal., f° 19.)

F° 89. — **1232** (7 des kal. de mars (24 février), pour l'approbation par le vicomte Aymeric; — 14 des kal de janvier (19 décembre), pour l'approbation par l'archevêque de Narbonne; — **1233** (7 des kal. de mars (23 février), pour l'approbation par l'abbé de St-Paul. — * Coutumes de Narbonne. (Transc., en roman, au 3e thal., f° 29; au 6e thal., f° 12 v°; au 8e thal., f° 9; au 10e thal., f° 8; — en latin, au 1er thal., f° 50 v°; au 2e thal., f° 1; au 3e thal., f° 8; au 4e thal., f° 1; au 6e thal., f° 2; au 9e thal., f° 8 v°.)

F° 103. — **1259** (6 des ides de juin (8 juin). — * Interprétation et explication par les consuls et par le peuple de la ville, convoqué en conseil général, de la lettre et de l'esprit de la coutume de Narbonne commençant par ces mots : « Si aliquis decesserit ab intestato et sine liberis, » en ce qui concerne les droits de la mère et des héritiers naturels des décédés ab intestat. (Transc., en roman, au 10e thal., f° 83; — en latin, au 3e thal., f° 27 v°; au 6e thal., f° 24 v°; au 9e thal., f° 31 v°.)

Rubrique : Aiso es la declaration.

F° 106. — **XIIIe siècle.** — * Article de la coutume commençant par ces mots : « Siquis creditor habens publicum instrumentum, » concernant la prescription des créances.

Rubrique : Le debte du créancier est prescrit s'il demeure dix ans sans être demandé.

F° 106 v°. — **XIIIe siècle** (1). — * Coutume de Narbonne sur : — les recherches domiciliaires; — l'exécution des condamnations pour fait d'injures; — les moyens de contrainte employés après trois citations faites chacune à un jour d'intervalle contre les assignés qui refusent de comparaître; — la défense de l'exportation du blé. (Roman.)

Rubriques : De serqua. — D'enjuria. — De complancha. — De vet de blat.

F° 108 v°. — **1255.** — Sentence arbitrale rendue par cinq légistes désignés par le vicomte Amalric, dans le différend qui s'était élevé entre les consuls et les officiers curiaux du vicomte, relativement à l'application de la coutume commençant par ces mots : « de homicidio, » d'après laquelle les Cours temporelles de la ville ne peuvent procéder d'office à aucune information en matière criminelle. Il s'agissait, dans l'espèce, de la dénonciation faite à l'une de ces Cours, par Jean Roubia, contre deux femmes qu'il accusait, mais sans en avoir fait l'objet d'une plainte écrite, d'avoir jeté un sort « fachilas » sur sa fille, au moment où elle se rendait à l'église pour faire bénir son mariage, et d'avoir causé sa mort par suite du trouble qu'elle en avait éprouvé. La sentence des arbitres statue qu'aucune poursuite ne peut être faite sur une simple dénonciation et sans plainte préalable. (Roman.) — (Transc., en latin, au 9e thal., f° 29.)

F° 111. — **1266.** — * Acte dressé pour constater la décision rendue par des prud'hommes nommés par le vicomte Amalric dans le cas suivant. Le baile que le vicomte avait à Coursan avait fait arrêter Raymond de Thézan, habitant de Narbonne, pour raison du meurtre dont il s'était rendu coupable envers un habitant de Villeneuve, dans le territoire de Grandselve, et le retenait prisonnier pour l'obliger à fournir caution en attendant qu'une dénonciation eut été faite contre lui, ou qu'il eut été l'objet d'une plainte formelle, auquel cas il devait être remis à celle des Cours de Narbonne qui serait saisie de l'affaire. Mais les consuls soutenaient que Raymond de Thézan ne pouvait être retenu prisonnier à aucun titre, parce qu'il était domicilié à Narbonne, qu'il était prêt à se présenter en justice pour faire vider sa cause contre tout plaignant qui se présenterait, qu'il était, d'ailleurs, d'*autre condition que les habitants des châteaux*, « car el non era d'aital co son aicols dels

(1) Cette coutume doit être de la première moitié du XIIIe siècle. Plusieurs actes transcrits au 9e thal. constatent son application dès cette époque.

castels, » qu'aucune plainte n'avait été portée contre lui, et qu'ainsi il devait être mis en liberté sans condition. Il est décidé par les prud'hommes choisis pour arbitres « quel « davandig R. no era *tenguiz de fermar à Corsan*, *ni* en « esta vila, si doncs hom nos clamava de lui. »

F° 112 v°. — **XIII° siècle** (1). — Déclaration faite devant les consuls de la Cité, par Pierre-Raymond Bédos, viguier de la temporalité de l'archevêque, en présence des officiers curiaux de cette temporalité, concernant la coutume qui devait être suivie dans les causes pour fait d'injures. De cette déclaration il résulte que les Cours ne pouvaient continuer la poursuite de la cause introduite, même lorsque son instruction était commencée et que le plaignant et l'accusé avaient été entendus, si le plaignant se désistait par suite d'un accord avec l'auteur des injures avant que l'accusé eut fourni caution. Elle est conçue en ces termes : « Aital costuma era en la davandicha Cort, que si alcuns « se complanheria d'alcun per rason d'enjurias, ja sia aiso « que la Cort, ols curials d'aicela, tramesesson per aicel « que fe las enjurias, e fesson ausir a lui las enjurias, et « aicel que fe las enjurias, enanz que fermes, se podia « acordar ab aicel alcal fe aicelas enjurias, aicela Cort non « podia à lui demandar justisia per aicelas enjurias. » (Roman.) — (Transc., en latin, au 9° thal., f° 25 v°.)

F° 113 v°. — **XIII° siècle** (2). — * Statut délibéré par commun assentiment des consuls du Bourg et de la Cité et du conseil général de la ville, dans le but de rétablir l'amitié, la concorde et la paix entre les deux consulats, « ad utilitat e a bon estament de tota la causa publica de « la Ciutat e del Borc de Narbona. E a paz e a concordia « e assuaujament de totz e de cascun coservar, e en sobre- « tot a la antiga fermetat de la acostumada amor e de la « unitat reparar, » pour l'exercice des fonctions consulaires. Les consuls nouvellement nommés dans les deux consulats doivent se réunir pour prêter serment entre les mains de leurs prédécesseurs, et ils se doivent réciproquement aide, assistance et bon conseil pendant la durée de leurs fonctions. (Roman.) — (Transc. au 2° thal., f° 92; au 3° thal., f° 38; au 6° thal., f° 25 v°.)

F° 115. — **XIII° siècle.** — * Droits, attributions, pouvoir et juridiction des consuls de la Cité, rédigés en vingt articles. Les consuls peuvent réunir le conseil et recevoir le serment de ses membres, de leur propre autorité et toutes les fois qu'ils le jugent utile; — ils reçoivent le serment des habitants quand ils le trouvent nécessaire pour la conservation des droits du roi, pour la tranquillité de la ville et pour la défense de ses droits ainsi que de ceux du consulat; — ils peuvent renforcer le conseil avec ou sans convocation et de leur propre autorité, toutes les fois qu'ils le jugent convenable; — ils convoquent le parlement de la ville au son des trompettes; — ils imposent les tailles et lèvent la quête avec l'assentiment du conseil pour parer aux dépenses communes, et contraignent les récalcitrants par saisie de gages qu'ils mettent ensuite en vente; — ils nomment et instituent les bandiers du territoire et reçoivent leur serment; — ils établissent les courtiers et les courtières, acceptent leurs cautions, leur font prêter serment, et les destituent en cas de malversation; — ils instituent les crieurs publics; — ils veillent à la police des rues et des chemins, à la propreté des murs et des fossés; — ils font le guet et la patrouille, les visites domiciliaires, la recherche du blé en temps de cherté; — ils établissent les gardes du marché au blé; — ils surveillent et assurent l'écoulement des eaux de la rivière d'Aude; — ils mandent l'*exercit* et la *cavalcate;* — enfin, ils ont une clef du portail du Roi, du portail des frères Mineurs, du portail du Pont et de tous les autres portails de la Cité et de ses faubourgs. (Roman.) — (Transc., en latin, au présent thal., f° 121.)

Rubrique : Ayso es uffici e poder de cossolat e de cossols.

F° 120. — **XVI° siècle.** — * Serment des consuls de Narbonne. Par ce serment, qu'ils prêtent sur les saints Évangiles, ils promettent : — d'exercer régulièrement leurs fonctions; — de conserver les droits et l'*honneur* du roi, ceux de la ville et ceux du consulat; — de maintenir les libertés, franchises, usages, coutumes, statuts et privilèges des habitants; — de garder et *entretenir*, envers et contre tous, les habitants de la Cité et du Bourg, tant pauvres que riches; — de préserver ces habitants de toute *oppression et foule;* — de commettre, pour l'assiette des tailles, des gens de bonne conscience « que justement et esgalement « y procédissent en ensuyvant les statutz de la ville »; — et, enfin, de désigner leurs successeurs en faisant « bonne « véritadiere nomination de troys personnes chacun de « leur gré et eschelle,.... cessant toute amour, amitié, ne « aussi pour raison de parenthelle...., plus proffitables au « regimen et gouvernement de la chouse publicque, des « biens de la université et consulat, des hospitals, grant « assiz au fossé de monsieur Saint Paul du Bourg, de la « Croix de la Cité et des pauvres Ladres et aussi de la « maison commune Carité. « (Français.)

F° 121. — **XIII° siècle.** — * Droits, attributions, pouvoirs et juridiction des consuls de la Cité, rédigés en vingt articles. (Transc., en roman, au présent thal., f° 115.)

(1) Voyez, pour la date exacte de l'acte, la note mise à l'art. AA. 109, 9° thal., f° 25 v°.

(2) D'après le texte transc. au 2° thal., f° 92, au 3° thal., f° 38 v°, ce document est du mois de juin 1269.

Fº 127. — **1265** (ides de mars (15 mars). — * Accord entre la Cour de l'archevêque et celle du vicomte de Narbonne, relativement à l'attribution de la dépouille des condamnés. (Roman.) — (Transc. en latin, au 9ᵉ thal., fº 74 vº; — en roman, au 9ᵉ thal., fº 74.)

Fº 128 vº. — **1272** (7 des ides de novembre (7 novembre). — * Règlement arrêté par les consuls de la Cité et le conseil « ajustat » convoqué dans l'église St-Étienne, « la on es acoustumat de far parlament general, » pour les fiançailles, les visites aux nouveau-mariés, les baptêmes, les sépultures, les présents aux donzelles, aux enfants et aux servantes. — Le fiancé, d'après ce règlement, ne pouvait *aller voir* sa future (1) qu'avec douze prud'hommes au plus, accompagnés de quatre porteurs de torches; en cas de contravention à cette règle, il devait payer, s'il était placier, c'est-à-dire marchand, 20 s. pour lui, 10 s. pour ceux qui l'accompagnaient en sus des douze prud'hommes, et 5 s. pour les porteurs de torches; s'il était artisan, 5 s. pour lui, 5 s. pour les prud'hommes et 5 s. pour les torches, et s'il était brassier, 2 s. pour lui, 2 s. pour les prud'hommes, et 2 s. pour les torches. — Les femmes ne pouvaient aller voir les nouveau-mariés qu'avec des lanternes et non des torches, à moins qu'elles ne fussent accompagnées du futur qui pouvait alors se faire suivre par quatre torches, ou moins, suivant sa convenance. — Si le mariage avait lieu de nuit, la mariée pouvait se faire suivre par quatre torches au plus. Au-dessus de ce nombre, elle devait payer 10 s. si elle était mariée à un marchand, 5 s. si elle était femme d'un artisan, 2 s. si elle épousait un brassier. La mariée pouvait se faire accompagner par un nombre illimité d'hommes. Il était formellement interdit au fiancé et à la fiancée de faire aucuns cadeaux de bijoux à leurs parents respectifs, sous peine de 60 s., de 30 s. et de 10 s. d'amende d'après leur qualité. — Pour un baptême, le père ne pouvait être accompagné que de quatre hommes, le parrain compris. — Les femmes, mères, sœurs ou nièces des défunts jusqu'au 4ᵉ degré, ne pouvaient suivre aucun convoi funéraire; elles devaient rester à la maison mortuaire contrairement à ce qui était pratiqué, sous peine d'une amende de 20 s., de 10 s. ou de 5 s. suivant leur qualité. La même défense s'étendait aux aides et aux servantes, sous peine de 2 s. d'amende, etc. (Roman.)

Fº 133. — **1276** (juin). — * Règlement de police pour la Caularia (2) de la Cité. Ce règlement avait pour but de faciliter la circulation des acheteurs, des charrettes et des bêtes de transport, des promeneurs « e gent fonia, » la séparation des jardiniers d'avec les revendeuses de légumes et fruits, lesquelles, à la faveur de leur mélange avec les jardiniers, évitaient d'être reconnues et pouvaient vendre leurs marchandises à plus chers deniers en faisant passer *des légumes de revente pour légumes frais.* Il fut rendu, à la réquisition des prud'hommes de Narbonne, par les consuls de la Cité avec le consentement de leur conseil. D'après son dispositif, et selon ce qui était anciennement pratiqué, les revendeuses de légumes ne pouvaient prendre place et s'établir dans la Caularia. (Roman.)

Rubrique : Establiment de las revendeyrises et ortalanas de las plassas.

Fº 135 vº. — **1276** (15 des kal. de mars (16 février). — * Acte dressé par le notaire Arnaud Rosset, à l'effet de constater l'issue d'une contestation qui s'était élevée entre l'official et les officiers curiaux de l'archevêque de Narbonne, d'une part, et les consuls du Bourg et de la Cité, d'autre part, au sujet du jugement du cas criminel imputé à Guillaume de Quillan, qui était accusé de coups et blessures envers un messager de la Cour de l'archevêque, dans l'exercice de sa charge, auquel il avait cassé un bras. Les officiers de l'archevêque voulaient connaître de ce cas, d'office et sans s'adjoindre les prud'hommes, contrairement à la coutume « de aliquibus querimoniis, » en faisant néanmoins cette distinction qu'ils prononceraient, dans l'espèce, non sur le fait en lui-même, mais en raison de l'outrage fait à l'archevêque et à sa Cour, résultant de ce que le crime avait été commis par personne privée sur un agent de l'archevêque. Mais les consuls s'y opposaient et réclamaient l'observation de la coutume. La contestation ayant été soumise à l'archevêque, il fut décidé que la distinction proposée ne pouvait être admise et que l'accusé serait jugé, pour toutes les circonstances de son crime, conformément à la demande des consuls, comme l'exigeait la coutume, avec l'adjonction et par le conseil des prud'hommes : « disian « e affirmavan que per razon del crim o de l'exces desusdig, « sil qual era avutz faitz per lo dig G. de Quilan, mosenher « l'arsevesque nils curials de la sieva Cort no devian ni « podian condampnar, punir, ni sentenciar lo davandig « G. de Quilan, mais los prosomes de Narbona en aixi co « en autres crims et excesses es acostumat de far, segon que « es en la costuma de Narbona escricha, aproada e lan« sada per mossenher l'arsevesque de Narbona, et els esta« blimens faitz de novel se conten, e segon que es usat en « Narbona per mot de temps, e si encontra aisso se fasia « seria pejusesi de tota la vila et en aisso se franherian los « establimens e la costuma davandicha, laquala costuma « comenssa en aixi : « de aliquibus querimoniis. » — Par la sentence qui fut rendue, l'accusé demeure condamné en

(1) C'est-à-dire la prendre chez elle et la conduire à l'église pour la cérémonie du mariage.

(2) La Caularia dépendait de la Cité. Elle était située en face de la Vicomté, au levant d'un massif de maisons qui furent démolies, en 1583, pour dégager le pont des Marchands et agrandir la place jusqu'au palais de l'archevêque.

20 liv. tourn. de dommages envers le messager blessé et 20 liv. tourn. d'amende au profit de l'archevêque. (Roman.) —(Transc. au 3e thal., f° 70.)

F° 139.— **1278** (avril).—* Statut arrêté par les consuls de la Cité, concernant les courtières de draps et de laines, les crieurs d'habillements, de matières d'or et d'argent, les courtiers de bestiaux, de propriétés, etc. Voici ses principales dispositions : — les courtières doivent, par elles-mêmes ou par leurs maris, fournir un cautionnement de la somme de 50 liv. et par une tierce personne, qui ne doit être ni un pareur ni un tisserand, une somme de 100 liv.;— elles ne peuvent rien vendre dans les maisons, ni dans leurs logements, mais seulement sur la voie publique ; — elles doivent *peser* les marchandises elles-mêmes et non par un représentant, fût-ce même l'acheteur, avec livres et poids poinçonnés, « ab pezes senhalatz et ab liuras senhaladas ; » — elles ne peuvent rien retenir sur les deniers provenant de leurs ventes et doivent remettre l'entier produit de ces ventes aux propriétaires des objets vendus ou à leurs représentants; — si un objet mis en vente appartient à un étranger, elles doivent le déclarer à l'acheteur en ces termes : « Senher, aquesta cauza es d'aital persona que es de « fora esta vila, et ad el donatz los deniers, cora que « venga; » — elles doivent faire leurs ventes au plus offrant, et ne peuvent recevoir les offres de leurs maris, de leurs fils ni de leurs frères;—les crieurs de matières d'or et d'argent doivent cautionner pour 100 liv. tourn. par eux-mêmes et pour 200 liv. tourn. par tierce personne; — le propriétaire de la chose mise en vente ne peut dire et enchérir sur les offres, etc. (Roman.)

Rubrique : Aisso son los capitols establitz sobre las portairizes de draps e de lanas, e d'autras causas, en la forma delsquals capitols devon jurar et esser receubudas, et aquetz capitols foron faitz et adordenatz el cossolat de Udalguier de Lac, e d'en Johan des Portal, e d'en Berenguier Raimbaut, e d'en Ramon Malras, e d'en Arnaut Docezi.

F° 141 v°.— **1278**. — * Statut délibéré par les consuls de la Cité et leur conseil, portant qu'avant de sortir de leur charge, « ans que de l'offici del cossolat yescan, » les consuls doivent acquitter en entier les dettes contractées pendant la durée de leur consulat et faire la *quête*, s'il est nécessaire, pour parer au paiement de ces dettes. (Roman.)

F° 141 v°. — **1342** (15 mars). — Décision des consuls de Narbonne, prise avec l'assentiment de leurs conseillers et confirmée par les membres du *grand conseil*, « de con- « silio descretorum virorum consiliorum suorum, ad hoc « per eos vocatorum, de voluntate magni consilii per quod « fuerat finatum, » par laquelle l'indemnité accordée aux consuls, pour leurs robes consulaires, est fixée à une once d'or pour chacun d'eux, ou à 40 liv. tourn. si l'once d'or descend au-dessous de cette valeur.— Étaient consuls de Narbonne : le chevalier Pierre-Raymond de Saint-Just, Guillaume Dalcis, Pierre Sévérac, Bernard Assaud, Guillaume Piquot, Foix Bonet, Bernard Bédos, Guillaume Palme, Jacques Gaubert et Bernard Cabirol. Les conseillers consulaires étaient Pierre-Raymond de Montpellier, Bertrand Baudon, Raymond de Ferrals, Pierre Narbonnés, Bernard Vesian, Pierre Got, Raymond Dalmas, Guiraud Scrivan, Paul Teulier, Bernard Morel, Pierre Quintillan, Bernard Stephani, Bertrand Guiraud, Blaise Boyer, Bertrand Vincens, Pierre-Vitalis de Castres, Pons Sallèles, etc.

F° 142. — **XIII**e **siècle**.— * Statut délibéré par les consuls de la Cité, Raymond de Quarante, Raymond de Ferrals, Jean de Lieuran, Pierre-Raymond Maynard et Bernard Manganier, avec l'assentiment du parlement général réuni dans l'église St-Étienne, portant que la communauté défendra, à ses frais et dépens, les causes de ceux des habitants de la Cité faisant continuelle résidence dans la ville, qui seraient cités hors de Narbonne par lettres papales ou ecclésiastiques, si les démarches faites par les consuls pour accommoder l'affaire demeuraient infructueuses. Ceux qui étaient poursuivis pour injures envers des clercs ou des laïques étaient seuls exceptés de cette faveur.

Rubrique : L'on ne pouvoit tirer en instance les habitans de Narbonne ors leurs juridictions, soubz prétexte de lettres apostoliques.

F° 142 v°. — **1278** (décembre). — * Règlement délibéré par les consuls de la Cité, avec l'assentiment de leur « cossel ajustat, » concernant la police et la propreté des rues de la Cité et de ses faubourgs, les fumiers, le jet de décombres et immondices, d'eaux sales, etc. Ce règlement devait être approuvé et *juré par serment* par quinze à vingt prud'hommes de chaque métier, pris par rue et par île, par les consuls des Juifs et par vingt à trente membres de chaque juiverie. (Roman.)

Rubrique : Stablimens de las orduras et scobilas a las carreyras et barbacanas gittadas, et se devon proclamar al premier temps del consolat.

F° 142 v°. — **1323** (25 mai). — Lettres par lesquelles Guy de Vela, sénéchal de Carcassonne, prie les consuls de Narbonne d'autoriser la sortie de 500 setiers de blé destinés à la ville de Carcassonne. La rareté et la cherté du blé étaient si grandes dans cette ville, qu'elles avaient porté quelques-uns de ses principaux habitants à acheter, de leurs propres deniers, le blé nécessaire à la nourriture des pauvres qui s'y étaient rendus en grand nombre, « propter « nimiam caristiam bladi nunc vigentem in Carcassona et

« locis ibi vicinis tot et in tanta multitudine inhibi discur« rant pauperes helemosinas hospitalium querentes, quod « propter deffectum bladi eis non potest in victu suo neces« sario provideri nisi aliunde bladum habeatur, ex quo « possint tot pauperibus, ad laudem Dei, elemosine ero« gari. Et ob hoc nonnulli burgenses et alii boni viri Car« cassone, pietatis intuitu ad hoc moti, inter se concordave« rint quod in Narbona, ubi bladi abundantia comuniter « esse fertur, de suo emi faciant per Pontium Siguerii et « Guillelmum de Curtibus. »

Rubrique : Letra que mossenher lo senescalc prequec los cossols de Narbona que en laysesson trayre, ad ops de la universitat de Carcassona, V° sesties de blat.

AA. 111. — Registre (parchemin), 105 feuillets in-f°; cartonnage couvert de parchemin.

1346-1488. — 11° Thalamus.

Nota. Les dix premiers feuillets de ce thalamus manquent. Ils paraissent avoir été détachés par l'action de l'humidité.

F° 11. — 1372 (29 mars). — Licence donnée par Richard Corneilhan et Bernard-Vitalis de Castres, consuls de Narbonne, en leur nom et avec l'assentiment de François Catala, Jean Balador, François Philippe, Guillaume Aymeric, Pierre Molhet et François Roche, leurs collègues, à l'archevêque de Narbonne, représenté par son vicaire général, de faire paître ses troupeaux pendant huit jours consécutifs dans le territoire du banderage des consuls. Nul ne pouvait user du pacage dans le dex et le banderage de la ville. Pour obtenir la licence qui lui était accordée, le vicaire général de l'archevêque avait dû invoquer un cas de force majeure résultant des inondations qui couvraient la plus grande partie du territoire, aux environs de la ville, dans les plaines basses, « propter inundationes aquarum « presentium, de presenti a terminalibus dicte ville como« de exire seu alibi transduci animalia nequeunt. » L'acte est reçu par le notaire Pierre Fitou, dans la maison du vicaire général, en présence de Guillaume d'Artés et Pierre Noguier, prêtres bénéficiers en l'église St-Just, Bernard Guilabert, bourgeois, et Pierre Siguier, pareur.

F° 12 v°. — 1454 (8 avril). — Ordonnance rendue par Théobald Olivier, viguier royal de Limoux, lieutenant d'Antoine de Chabannes, comte de Dampmartin, sénéchal de Carcassonne, et tenant pour lui ses assises, à Narbonne, dans le petit consistoire de la Cour royale, assisté d'Antoine de Tornis, seigneur de Serres, Clermont, Termes et Argens, son assesseur, par laquelle il déclare que, retenant seulement les causes d'appel qui seraient portées devant lui « in deffectu justicie, » il ne veut, sous aucune forme, donner un empêchement quelconque aux consuls de Narbonne dans l'exercice de leurs attributions, et qu'ils ont le droit : — de « regendi et gubernandi rem publicam dicte « ville; » — de vérifier les poids et mesures, « stateras « atque cannas, aunas ; » — de saisir et faire porter à la maison consulaire les mesures ou poids suspects de falsification, les faire comparer avec les vrais poids et mesures, et statuer sur les falsifications et abus ; — de punir les coupables, etc. Pour justifier de la réelle possession des droits dont ils jouissent en ces matières, les consuls avaient exhibé divers instruments au lieutenant du sénéchal, notamment une déclaration approuvée par Pierre de la Palud, seigneur de Varambon, sénéchal de Carcassonne et Béziers, de l'année 1338 (janvier), où ces droits sont exprimés en ces termes : « item consules sunt in possessione habendi « cognitionem, correctionem et cohercionem quorumcum« que falsorum ponderum et falsarum balansarum, roma« narum et quarumcumque mensurarum falsarum, can« narum seu aunarum, et pectinum textorum, etiam contra « quascumque personas in dicta villa Narbone et ejus dis« trictu, et falsa reperta recipiendi et secum asportandi ad « consulatus eorumdem, et eadem ubi volunt frangendi « et fracta, quando eis placet, in eorum perticis publice « apponendi et appendendi, et quod nulla Curia Narbone « potest, sine ipsis consulibus, facere generale scrutinium « super predictis in dicta villa Narbone seu aliqua parte « ejusdem. Item tenendi exemplaria sive payros omnium « mensurarum et cannarum, aunarum et ponderum quo« rumcumque, quocumque nomine sive vocabulo nun« cupentur, et etiam de dextris illaquo exemplaria sive « payros tenendi in suis consulatibus, de quibus tradunt « copiam et formam volentibus recipere, et mensuras sive « pondera faciendi et illa tradendi, signata signis dictorum « consulatuum quoad pondera quecumque, et cum illis « cum dubitatur quod non sunt bone recognoscendi et « probandi pro jure consulatuum predictorum. » Témoins qui figurent dans cet acte : Raymond Fulcrand, procureur du roi, et Bernard Vivaud, juge mage en la sénéchaussée de Carcassonne, Bernard Teulier, licencié ès-lois, Bernard Stephani, Béronger d'Ursières, juristes, Bernard Merlin, avocat, Pierre Brome, notaire, Blaise Boyer, marchand de Narbonne. Il était signé par trois notaires de Narbonne, Pierre Mercadier, Bernard Sartre et Michel Stephani.

F° 14. — 1487 (10 août). — Bail à nouvelle emphytéose fait par les consuls à Jean Roquette, moyennant la censive annuelle de 2 liv. tourn. payable à la fête de Saint-Just, de la bastide del Lec dont Barthélemy Berre avait fait depuis longtemps le délaissement. Cette bastide était divisée en trois portions, qui étaient désignées sous les noms de Montolier, Nafolerqua et d'en Alguier-Salas. Elle confrontait le rivage de la mer, le territoire de Gruissan et les vacants appartenant à la ville. En sus de la censive annuelle indiquée, l'emphytéote devait payer 12 gélines pour droit d'entrée; il devait aussi payer les tailles et quêtes ordinaires faites dans la ville, tant pour les bestiaux gros ou menus existant dans ladite bastide, que pour les terres qui en dépendaient. — Témoins du bail : Jean Martial, changeur, Jean Boquier, cultivateur, Pierre Moux, écuyer consulaire, et Jean Berre, charpentier d'Armissan. Le bail est reçu par Suffred Momot, clerc royal, notaire de Narbonne.

F° 15 v°. — **1443** (16 mars). — Accord conclu entre les consuls de Narbonne et Guillaume Nadal, de Gruissan, par lequel les tailles ou indictions annuelles de sa bastide dite de Nadal, autrefois d'Arnaud du Lac, située dans le territoire de la ville, au ténement de Crebaolas (aujourd'hui Craboules), sont fixées à 1 liv. 10 s. tournois. D'après les consuls, cette bastide comprenait 17 mojades de terres bonnes et en culture, tandis que le tenancier n'en comptait que sept. — Les consuls de la ville qui figurent dans l'accord sont Étienne Peyronne, Pierre Sartre, Rodrigue Martin, Arnaud de Belloc et François Laurent.

F° 17. — **1257** (11 des kal. d'octobre (21 septembre). — Sentence arbitrale rendue par Pierre, archidiacre de Fenouillet, chapelain du pape, Guiraud des Empuries et Pons Alaros, entre le chapelain de St-Étienne de Villeneuve et les consuls de la Cité, au sujet des prémices que ce chapelain prélevait sur les vignes de Gasagnepas, Vignier-Mourrut, les Asprés, Fontcouverte, Vasis, Canhan, Traucias, etc. Ce droit demeure fixé par les arbitres, pour chaque mojade de vigne, à un panier de raisins de la mesure de cinq pugnères et demie, 16 pugnères faisant le setier. (Transc. au 1er thal., f° 11; au 5e thal., f° 45 v°.)

Rubrique : Carta de promessya dels vignas que pagan al rector de Sant Esteve de Vialanova, am lo panyer senhat am las armas de Narbona, sobre alqus termenals de Cyeutat, e deu tenyr V pugneras e myaga de blat.

F° 18. — **1246** (4 des kal. d'avril (29 mars). — Approbation donnée par le vicomte Amalric au testament de Raymond Escudier, habitant de Narbonne, daté du 1er octobre 1238, par lequel il institue un chapelain dans la maison des Mizels de la Cité. Pour l'entretien de ce chapelain, le fondateur avait légué sa condamine des bords de l'étang d'Ouveilhan, ainsi que les quartes, foriscapes et lods du fief de Lieuran qu'il avait acquis de dame Saurimonde de Coursan, de Guillaume et Just Gaches et de Guillaume et Pons Riquin, de Cuxac. L'approbation du vicomte est donnée sous la réserve de la censive annuelle d'une livre de cire, belle et bonne, tant pour les quartes, foriscapes et lods que pour la condamine, payable par le commandeur des Mizels le jour de la fête de Noël. — Droits de lods payés au vicomte en raison de l'approbation du testament : 100 sous melgoriens. — Témoins de l'approbation : Bernard Louis, viguier du vicomte, Pierre de Crémone, son juge, Raymond du Plan, le chevalier Géraud de Pépieux, Pierre Boyer, Guillaume Berthomieu, clerc du vicomte, et Géraud Contastin, notaire.

Rubrique : Carta del capellanyen dels Mezels de Ciutat fondat per R. Escudier, de Narbona, fait per son testament com apar dejos.

F° 19. — **1332** (29 mai). — Jugement rendu par Adhémar Baille, juge mage et lieutenant de Jean de Ruppé, sénéchal de Carcassonne, sur l'appel qu'avaient relevé devant lui Bernard de St-Étienne, Mabile, fille et héritière de Guillaume-Raymond de Bourg, représentée par Ricarde, sa mère et sa tutrice légale, Raymond de Capendu, Bérengère de Rieu, sa femme, et le monastère de Fontfroide, représenté par Pierre Agel, son syndic, comme seigneurs du droit de cosse, de la sentence prononcée par Bertrand Castel, juge royal de Béziers, dans le litige que les consuls de la ville soutenaient contr'eux, relativement à ce droit. La part de Raymond de Capendu et Bérengère de Rieu, sa femme, dans le droit de cosse, était de la quatrième partie. Ils en avaient fait vente, depuis la date de la sentence du premier juge (voy. cette sentence, art. AA. 103, f° 156), à André Benoit et Bernard, son frère, qui comparaissent dans l'appel. En confirmant cette sentence, le juge d'appel déclare que le droit de cosse ne peut être exigé des étrangers portant leurs blés dans la ville de Narbonne qui les remportaient sans les avoir vendus, ni de ceux qui vendaient leurs blés dans la ville sans les y faire entrer, mais seulement de ceux qui y vendaient leurs blés et les faisaient reconnaître et mesurer, soit avec la cosse ou mesure des seigneurs du setier, soit autrement. Dispositif de ce jugement : « quia, visis tam principalis quam presentis « appellationis causarum meritis, constat nobis, judici « majori ac locumtenenti predicto, judicem cause princi- « palis bene et juste pronunciasse et declarasse, cognovisse « et inhibuisse quathinus articuli concludentis seu petitio « traditi, in dicta causa principali, per dictos Civitatis et « Burgi Narbone consules, concernunt extraneos, seu « forenses a Narbona, blada sua inmitentes in Narbona et « de Narbona extrahentes et ipsa ibidem non vendentes, « sed solum et dumtaxat ipsa blada mensurantes seu re- « cognoscentes cum mensura vel cossinis aut alias, et par- « tem appellantem predictam, quoad premissa, male appel- « lasse, et quathenus dicti articuli seu petitio concernunt « dictos extraneos seu forenses sua blada in Narbona so- « lum vendentes non tamen inmitentes in Narbona, qua- « thinus tamen premissa proxime dicta dictos consules « Narbone tangunt, male et inique pronunciasse... Idcirco, « per hanc nostram diffinitivam sententiam quam ferimus

« in hiis scriptis, pronunciamus et declaramus dictum ju-
« dicem cause principalis quathinus dicti articuli conclu-
« dentis seu petitio concernunt dictos forenses et extraneos
« blada sua inmitentes in Narbona ac de Narbona extra-
« hentes et ipsa ibidem non vendentes, sed solum et dum-
« taxat ipsa blada mensurantes seu recognoscentes cum
« mensura vel cossinis aut alias, bene et juste pronun-
« ciasse, cognovisse, declarasse et inhibuisse, dictamque
« partem appellantem quoad hoc male et inique appellasse,
« et quathinus dicti articuli seu petitio concernunt dictos
« extraneos seu forenses blada sua in Narbona solum ven-
« dentes non tamen inmitentes in Narbona. »

F° 22. — **1388** (6 juillet). — Transaction passée entre le vicomte Aymeric, d'une part, et les consuls Richard Corneilhan et Raymond Bérenger, assistés des députés nommés par les consuls et le conseil de la ville, d'autre part, sur les diverses contestations qui avaient causé la guerre entre le vicomte et la ville. Par cette transaction, il est convenu et accordé entre parties : — que le vicomte renonce à toute répétition contre la ville au sujet des 750 bêtes à laine ou agneaux qui lui avaient été saisis pour cause de dépaissance dans le dex; — que la dépaissance est interdite pour toute espèce de bétail, excepté le bétail aratoire, dans les limites du dex de la ville fixées par les consuls actuels, ou à fixer chaque année par leurs successeurs sur une portion quelconque du territoire, à l'exception des terres de Gazagnepas, Livière et Ardailhon; — que ce dex, ainsi limité, demeure exclusivement réservé pour la nourriture des bestiaux du macel (la boucherie) de la ville; — que les consuls ont le droit d'élargir ou restreindre l'étendue du dex toutes les fois qu'ils le jugent utile; — que les bestiaux du vicomte doivent dépaître dans les ténements de Gazagnepas, Livière et Ardailhon, et que, s'ils sont trouvés hors de ces trois ténements, le vicomte doit payer la *tale* ou le dommage causé, mais non le ban ou l'amende. Sur la plainte du vicomte relative aux « duabus
« barbaquanis per dictos consules et universitatem ville
« Narbone, a pauco tempore citra, factis et erectis seu
« constructis in sui prejudicium, ut dicebat, quarum una
« est versus circium juxta flumen Atacis et protenditur de
« turre domini archiepiscopi Narbone, que est tertia a
« portali Salinerio, usque ad flumen Atacis et prosequendo
« ripam usque ad Pontem Veterem, alia vero est a parte
« altani procedens a pede turris vocate turris Ventose,
« scite loco dicto *al pla de las Naus*, usque ad flumen
« Atacis et sequendo dictam rippam Atacis versus circium
« usque ad dictum Pontem Veterem, asserens quod liber
« ingressus et egressus ab hospitio suo de extra dictam
« villam veniendo ad dictum ejus hospitium et ab ipso
« recedendo quipediebantur, propter appositiones dicta-
« rum barbacanarum contra morem solitum, » la ville s'engage à faire, à ses frais, dans le milieu de ces deux barbacanes, une porte de dix à douze pans de largeur, pour faciliter au vicomte, de même qu'à tous les habitants de la ville, l'entrée et la sortie de la Cité. — En outre, le vicomte conserve la faculté de nommer un capitaine chargé de veiller à la garde et au gouvernement de la ville, toutes les fois qu'il y aura péril de guerre « tam inimicorum
« quam latrunculorum seu cursorum. » Huit « probi ho-
« mines, » dont quatre du Bourg et quatre de la Cité, nommés moitié par le vicomte et moitié par les consuls, devront servir de conseil à ce capitaine dans toutes les affaires de sa charge : la réparation des murs, fossés et ouvrages de défense; les peines à prononcer contre ceux des habitants qui feraient défaut, de nuit comme de jour, à la garde des remparts et des portes de la ville, peines qui ne pouvaient être corporelles et devaient être exclusivement pécuniaires, applicables les unes à l'entretien des fortifications, les autres au capitaine de la ville, etc. Enfin moyennant une somme de 6,000 francs d'or que la ville prend l'engagement de lui payer, le vicomte renonce à toute demande de dommages pour les pertes que les habitants lui avaient fait éprouver dans les terres de la Vicomté, notamment à Bougna, à Marcorignan, à Cuxac, Coursan et Fabrezan. De leur côté, les consuls renoncent à toute indemnité en raison des dommages considérables que les troupes levées par le vicomte avaient causés aux habitants. Entre les articles de cette transaction, celui qui traite plus particulièrement de la conclusion de la paix entre le vicomte et les consuls, est conçu en ces termes : « Et cum
« hoc, voluerunt predicte partes et earum quelibet quod,
« cum premissis, sit ex nunc imperpetuum bona ac vera
« pax et tranquillitas inter partes predictas et quamlibet
« earumdem, cessetque omne hodium publicum et occul-
« tum inter eas, et ut pax et vera concordia hujusmodi
« firma permaneant in futurum, et de causis et hodiis pre-
« missis nulla imposterum memoria habeatur, et quod si
« aliquando quandocumque reperiretur aliquis familiaris
« dicti domini vicecomitis qui alicui civi Narbone odio,
« mala voluntate, vel alias, publice vel occulte, aliquid
« predictorum imperaret, vel etiam si aliquis consul vel
« singularis persona dicte ville aliquid predictorum alicui
« ex gentibus seu familiaribus ipsius domini vicecomitis
« odio, mala voluntate, seu alias, publice vel occulte, im-
« peraret, quod tales imperans vel imperantes, cujuscum-
« que auctoritatis fuerint, sic et taliter de et pro premissis,
« ad requisitionem dictorum consulum ac familiariorum
« ipsius domini vicecomitis seu injuriam passi, puniantur,
« corrigantur et castigentur, quod cedat aliis in exemplum
« et aliis similia imperare seu attemptare presumentibus
« materia precludatur, prout justicia suadebit. » Députés nommés pour assister les consuls dans la transaction : An-

toine Melet et Bernard Sartre, licenciés ès-lois, Jacques-Vitalis de Castres, François Catala, Antoine de Maisons, Raymond Aygues, Pierre Rouch, Alguier Salles, Jacques Vitalis, Jean Pelat, Jean Lac, Étienne Pascal et Jacques Narbonnés. Cette transaction est reçue par Jean de Fontaines, notaire de Béziers, dans le château de Puisserguier, en présence du chevalier Raymond Gombaud, Aymeric de Botiac, Jacques Brun, licencié ès-lois, Raymond de Castel, seigneur de Cascastel, Pierre-Arnaud de Fraissé, Jacques Coste, notaire de Puisserguier, et Arnaud Guillaume, bachelier ès-lois.

Rubrique : Carta de acordi fayt entre mossenhor lo vescomte els senhors cossols de Narbona, que fa mencion del ban de Leveyra e de Gasanhapas, de Ardalhon e dels dex que poden metre los consols al terme de Narbona et in quacumque parte dicte terminalis.

F° 26 v°. — **1389** (10 mai). — Ratification de la transaction passée, le 6 juillet 1388, entre les consuls de Narbonne et le vicomte Aymeric, consentie par le vicomte Guillaume, son fils, qui venait de lui succéder à la Vicomté de Narbonne. Cette ratification est reçue dans le château de Puisserguier par deux notaires royaux, Jean de Fontaines, notaire de Béziers, et Guillaume Stephani, notaire de Narbonne. Dans la suscription de l'acte, le vicomte Guillaume, après avoir dit que le vicomte Aymeric, par la transaction de 1388, avait eu surtout en vue son utilité personnelle et celle de ses enfants, ajoute ces expressions qui sont une entière approbation des motifs sur lesquels était basée la conclusion de la paix entre le vicomte et la ville : « quodque boni filii interest sui boni sequi vestigia « patris, cupiensque et affectans cum universitate predicta « dicte ville sue Narbone et singulis de eadem in pace esse « perpetuo et etiam remanere. » — Témoins de la ratification : noble Raymond Foulquier, licencié ès-lois, de Béziers, noble Bernard de Tission, de Puisserguier, Bernard de Séjan, Bernard Terrassier, recteur de Salles, Pierre Caunes, prêtre bénéficier en l'église St-Just, Jean Melet, notaire, Jean Roche et Jean Ferrals, de Narbonne.

Rubrique : Carta de retificacion fayta als senhors cossols per mossenhor lo vescomte de Narbona, de l'acordi de mossenhor son payre.

F° 28 v°. — **1393** (16 juin). — Quittance des 1,000 francs d'or dont le vicomte Guillaume avait fait cession à Izarn Teinturier et à Jean de Cartier dit Viane, *drapiers* de Montpellier, pour solde des 6,000 francs d'or dûs par la ville, en vertu de la transaction conclue entre les consuls de Narbonne et le vicomte Aymeric, le 6 juillet 1388, ratifiée par le vicomte Guillaume, son fils et son successeur, le 10 mai 1389. La quittance est reçue à Montpellier par le notaire Jean de Pins. Elle constate la libération intégrale de la ville ainsi que la remise de la transaction faite aux consuls par les cessionnaires Izarn Teinturier et Raymonde, veuve de Jean de Cartier. Les cessionnaires avaient été autorisés à faire la remise de cet acte par Pierre-Arnaud de Fraissé, *familier* et procureur spécial du vicomte, d'après le pouvoir qu'il lui en avait donné, le 11 juin 1393, par acte passé dans le château de Fabrezan, où le vicomte Guillaume faisait alors sa résidence. Cet acte porte que le vicomte agit comme cessionnaire de Jean de Sons ou de Solms, et que les 6,000 francs stipulés dans la transaction étaient payables audit Jean de Sons auquel le vicomte Aymeric en avait fait donation, ou à Pierre, vicomte d'Ille, dans le Roussillon, au cas de prédécès de Jean de Sons, et enfin à Aymeric, seigneur de Botiac, s'il survivait aux deux premiers.

Rubrique : Carta de la quytansa fayta des VI mil francz que foron donatz a mossenhor lo vescomte de Narbona.

F° 31 v°. — **1368** (juillet). — Lettres patentes de Charles V, qui organisent la viguerie de Narbonne à l'instar de celle de Béziers dont elle avait été détachée. Ce démembrement avait été ordonné par arrêts du Parlement de Paris, des années 1347 et 1364. Ce dernier est rapporté en entier dans lesdites lettres. La compétence du viguier et du juge institués pour la viguerie embrassait la connaissance « causarum et casuum civilium et criminalium et « aliorum omnium in dicta villa seu vicaria Narbone emergentium, de quibus tamen causis et casibus civilibus... « ad nos debet et potest cognitio pertinere de consuetudine « vel de jure, » et la connaissance en première instance « in omnibus casibus primi ressorti ad nos pertinentibus, « qui in dicta villa et vicaria emergent. » Les appels des sentences et décisions du viguier et du juge de Narbonne étaient portés devant le sénéchal de Carcassonne, lequel devait statuer sur ces appels, à Narbonne même, dans les assises qu'il devait y tenir six fois par an et régulièrement de deux en deux mois.

Rubrique : L'arest de la viguayria real de Narbona et privilege des habitans.

F° 36. — **1470** (19 octobre — 11 novembre). — Lettres de Louis XI, adressées aux gens d'Église, aux bourgeois et habitants de la ville, pour leur notifier la paix qui venait d'être conclue avec l'Angleterre. — Déclaration par laquelle les consuls de Narbonne, qui étaient Pierre Dapcher, Guy Trégoin, bourgeois, Pierre Arnaud, marchand, Rouanet Servant, Jean Bonaric et Pierre Pélissier, promettent de faire chanter les messes et faire les processions générales demandées par ces lettres, pour remercier « la glorieuse « vierge Marie mere de Dieu durans trois jors, » par l'intercession de laquelle la paix avait été obtenue. Le roi avait ordonné que pendant ces trois jours « tout le pueple ces-

« sent d'euvres terriennes et vacquent a rendre graces et « louanges a Dieu et a Nostre Dame. » (Français.)

Rubrique : Copie de letras reals tramesas per lo rey nostre subiran senhor per la pas et union del realme de Fransa am lo realme de Engleterra.

F° 37. — **1470** (11 novembre). — Criée faite par les rues de la ville, de l'ordre des consuls, pour l'exécution des lettres de Louis XI annonçant la conclusion de la paix avec le roi d'Angleterre. — Formule de cette criée : « de « mandament dels senhors cossols de Narbona, comanda « hom a tous los habitans de la dicta villa que dema de « mat, que cera dilus, dozeme deldit mes de octobre (1), « fassan netas las carrieyras, et apres seguiscan la pro- « cession general dema, dimarcs et dimecres enseguens, « on que vasa ni ont que non, et aysso sus la pena de la « siza stablida, laqual pagaran sens deguna merce, et aysso « per las bonas et grandes novellas que lo rey nostre subi- « ran senhor a mandadas, per la patz et union fayta entro « lo rey nostre subiran senhor am lo realme de Englaterra, « et que, durans losditz tres jours, non auson obrir las « botigas, ni fer degunas obras terrenals, mays far lausor « a Dieu de las bonas novellas dessusditas. »

F° 37. — **1458** (6 décembre). — Transaction passée entre Pierre de Dorland, seigneur de Moujan, et les consuls Pierre Chavardés, licencié ès-lois, Siméon du Rivage, Bernard Pradal, Pierre Fournier, notaire, et Raymond Bernard, concernant leurs prétentions réciproques au droit de lignerage et de dépaissance pour les bestiaux gros et menus, de nuit et de jour, dans l'étendue des terres dépendant de la grange de Moujan. Par suite de cette transaction, le droit de lignerage est maintenu au profit des habitants de Narbonne comme ils l'avaient de tout temps pratiqué, ainsi que le droit de dépaissance, dans toute l'étendue du territoire de Moujan, à l'exception de la *devèze* comprise dans les limites suivantes : la tête de la Cave-Mayral se dirigeant de l'étang de Narbonne ou étang Salin vers le monastère N.-D. des Olieux, la carrière vieille, la grange de Moujan, le champ carré situé au nord de cette grange, l'*entreffore* du chemin d'Armissan à la grange de Ricardelle, le mourel de la Serre et la crête de cette serre, la *vie* du pré de Moujan, la *cave* allant de ce pré à la *vie* du champ de Moujan, et la carrière de Gruissan à Vinassan. Les seigneurs de Moujan, déclarés citoyens de Narbonne, devaient jouir des libertés, franchises et immunités attachées à ce titre. Enfin 500 liv. tourn. étaient allouées au seigneur de Moujan et devaient lui être payées en quatre annuités égales. — Témoins de la transaction : noble Pierre de Dorland, fils dudit Pierre de Dorland, partie dans la transaction, Pierre de Vic, Antoine Siguier, Antoine Delort dit Razeyre, Pierre Martial, et Raymond Testor.

Rubrique : L'acordi fayt entre los senhors cossols de Narbona et mossenher de Moja.

F° 39. — **1464** (16 octobre). — * Déclaration de Louis XI, portant que, dans le pays de Languedoc, toutes terres, maisons, propriétés, rentes et autres possessions rurales et *contribuables*, qui ont été acquises par les gens d'Église, les nobles, les étudiants et autres privilégiés, ou qui le seront, à l'avenir, par vente ou par succession, par legs ou par donations, contribueront aux tailles et deniers royaux imposés annuellement à proportion de leurs *estimes*, et de la même manière qu'elles étaient imposées avant de passer dans les mains desdits privilégiés. Les acquisitions des gens d'Église étaient considérables ; elles s'élevaient au quart des possessions rurales, et comme la contribution en était reportée sur les terres des possesseurs non privilégiés, il en résultait, pour ceux-ci, une surtaxe ruineuse qui était « a la grande foule et destruction des « pouvres subgects..., tellement que plusieurs sont morts. » Cette déclaration, en supprimant les abus qui avaient engendré la surcharge, se fonde sur le principe que « équalité « devait estre gardée touchant le payement desdites tailles. » (Français.)

F° 41. — **1252** (22 février). — * Sentence arbitrale, sur production d'articles, rendue par Hugues Barrot, professeur ès-lois, chanoine et précenteur en l'église St-Just, Pierre de Rigaud, licencié ès-lois, noble Pierre de Tournemire et noble Lager de Villespassants, entre le vicomte et l'archevêque de Narbonne, dans leur différend relatif aux limites de leurs juridictions et des lieux qui en dépendaient, dans la ville même et son territoire : — pour les îles de St-Quentin, Ste-Marie, de la Roquette, des Stanals, de Margalion, de Salada, des Roses ; — pour les maisons qui bordaient les deux côtés de la rue de l'Aluderie, située hors des murs de la Cité, « subtus palatium archiepiscopale Nar- « bone et eidem palatio et muris Civitatis Narbone conti- « gua ; » — pour les bastides de St-Loup et de Gasquet ; — pour le Fleys et Gazagnepas ; — pour les îles situées devant le portail de St-Étienne, devant la porte Régine et devant la maison des Lépreux de la Cité ; — pour les faubourgs de Villeneuve et St-Martin ; — pour le cimetière des Juifs, appelé le « Mons Judaicus, » situé entre les remparts de la Cité et le chemin conduisant de la Porte-Roy à Pont-Serme ; — pour les ténements de Crebaolas, la Lonha, Sesqueyra, Gazagnage d'en Raynier, etc., etc.

Rubrique : Sentence arbitralle sur le différent d'entre le sieur révérendissime arcevesque de Narbonne et le sieur visconte de la dite ville, pour cause de leurs jurisdictions et justices.

(1) C'est *novembre* qu'il faut lire et non pas *octobre*.

F° 53. — **1296** (20 avril). — Transaction, à la suite d'une production respective d'articles, passée entre l'archevêque de Narbonne, comme seigneur temporel de Gruissan, et le syndic des habitants dudit Gruissan, d'une part, et les consuls de Narbonne, d'autre part, au sujet de la fixation des limites et de l'attribution des territoires de la Lenha et del Bruguier, ainsi que des droits respectifs de lignerage et de dépaissance réclamés par les habitants de Narbonne et ceux de Gruissan dans l'étendue de ces territoires. Dispositif de cette transaction en ce qui concerne les limites adoptées pour les deux territoires, les juridictions dont ils dépendaient et les droits de lignerage et de dépaissance formant l'objet du litige : « In primis « fuit per dictas partes concordatum quod dictum termi- « nale de la Luenha, de quo superius facta est mencio, « quoad usum animalia depascendi et ea inmittendi, « aquam appellandi, ligna sindendi et alias explectandi « prout confrontatur, videlicet a bastida Petri de Lacu « condam seu heredum ejus, vocata de Navauta, inclusive « usque ad Gulam Atacis et usque ad Stagnum Majus et « cum terminali domini vicecomitis, vocato Crebaolas, ex « parte aquilonis, et de altano cum stagnis ipsius domini « vicecomitis vocatis stanh Comtessa et Sesqueyra, et de « meridie cum stagno de Narbona, et de circio cum flumine « Atacis, erit integraliter et quoad omnes sui partes « comune pro indiviso ipsis ambabus partibus, et dicto « terminali de la Luenha habitantes de Narbona et de « Gruyssano, conjunctim vel divisim, uti libere predictis « poterunt absque impedimento quocumque. Quoad juri- « dictionem vero et ipsius excercicium, dictum terminale « prout superius confrontatur de dicta bastida Raymundi « et Arnaudi de Lacu, fratrum, usque ad podium de Co- « nilhaco inclusive, usque ad flumen Atacis sicut dictum « podium protenditur per traversium versus circium, erit « de territorio Narbone. Item concordarunt dicte partes « quod in predicta portione dicti terminalis que est de « territorio Narbone, prefati consules Narbone ydoneum « banderium curialibus temporalibus domini archiepiscopi « presentabunt, anno quolibet, die crastina festi Penthe- « costen Domini. Quiquidem banderius jurare tenebitur « quod fideliter se habebit et alia consueta. Emolumenta « vero dicti bandayragii dividentur, equis partibus, inter « dictum dominum archiepiscopum et predictos consules, « deductis vadiis et emolumentis premissis supradicti ban- « derii. Consules vero predicti emolumenta tradent dicto « banderio in solutum si vadia peteret que nimis grandia « viderentur, cum hoc quod, ut predictum est, emolu- « menta dividentur equis partibus si posset rationabiliter « arrendari. Item etiam concordarunt quod reliqua pars « dicti terminalis de la Luenha, prout confrontatur de « dicto podio de Conilhaco exclusive tendendo apud me- « ridiem et prout superius plenius confrontatur. supra et « prout protenditur de dicto podio de Conilhaco tendendo « apud circium versus flumen Atacis, quoad ea que juri- « dictionis sunt et ipsius excercicium, erunt de territorio « de Gruyssano, et in dicta parte dicti terminalis syndici « de Gruyssano banderium dictis curialibus prefati domini « archiepiscopi, dictis anno et die, similiter presentabunt, « qui juramentum recipient ut in alio est pretactum. De « emolumentis autem, deductis vadiis banderii, fiet divi- « sio. Si vero dominus archiepiscopus pro meliori diligentia « facienda in toto terminali predicto, expensis suis tamen, « alium banderium ponet, dicte partes prefactis dominis « tractatoribus remiserunt, promittentesque quod ratum « et gratum habebunt quicquid per eos super hoc fuerit « ordinatum, et hoc hinc ad festum Omnium Sanctorum « proximo futurum. Item concordarunt quod si continge- « ret comitti, in predicto terminali de la Luenha, aliquod « bannum per gentes de Narbona vel de Gruyssano, quod « solvent solum, pro banno cujuslibet animalis grossi unum « denarium, et pro animali minuto unum obolum turonen- « sem. Ab extraneis tamen, pro minuto animali, exhigen- « tur pro banno quatuor denarii; pro grosso vero sex « denarii turonenses. Item simili modo etiam convenerunt « dicte partes, quod soli habitatores utriusque locorum « predictorum ponent animalia sua in predicto terminali, « nec pastores extraney, qui non erunt habitatores ville « seu loci predictorum, poterunt ponere nisi viginti quin- « que animalia minuta et quatuor grossa. Contrarium fa- « cientes bannum seu penam incurrent supradicta. Pre- « dictus tamen dominus archiepiscopus, pro provisione « sua et laborantie sue quam imposterum habebit in Nar- « bona, ponet sine fraude animalia sua propria in pascuis « dicti terminalis, libere et inpune. Ulterius concordarunt « quod predictus dominus archiepiscopus tradere poterit « ad novum accapitum terras predicti terminalis, pro « bladis et vineis solum imposterum faciendis, reservatis « tamen pascuis cum fructus non erunt ut superius dictum « est. — Item dicti domini tractatores voluerunt quod ter- « minale del Bruguerio, de quo supra facta est mencio, et « prout confrontatur de altano cum bodula que est loco « dicto castelh Pezolh deinde, descendendo versus Lo- « niam, cum requo qui est inter dictum Bruguerium et « tenentiam bastide que fuit condam Durandi Bandonis, « usque ad fontem Salsum exclusive et versus Loniam, « confrontatur cum acculea vocata Palanquissa, hominibus « de Gruyssano imposterum integraliter remanebit, cum « hoc, tamen, quod habitatores ville Narbone poterunt « per finem dicti terminalis per viam et aqueversum que « est juxta castrum Pezolhos et tenentiam Raymondi de « Lacu et per quam itur versus flumen Atacis, sua ani- « malia inmittere eundo et solum redeundo ad istum finem

« precize. Et si per aliam partem dicti terminalis transirent « bannum incurrent applicandum hominibus de Gruyssano, « absque contradictione quacumque. Et huic ordinationi « dicte partes libere consenserunt. Quiquidem domini trac- « tatores voluerunt, et de voluntate et consensu partium « predictarum volunt, quod domini Bernardus Sartoris et « Raymundus Sancti Justi, licenciati in legibus, habeant « facere bodulari predictum iter, per quod eant dicta ani- « malia eundo et redeundo ad dictum flumen Atacis, eisdem « vices suas comittendo. Item dicti domini tractatores vo- « luerunt quod fons Salsus, prout confrontatur cum dicto « terminali de Bruguerio et de altano cum tenentia bastide « Raymundi de Lacu, de circio cum Palanquissa, de me- « ridie cum stagno vocato Campinhol, de aquilone cum « Joncari, sit et remaneat de territorio Narbone, cum hoc, « tamen, quod cappre circa dictum fontem capto, de qui- « bus in premissis articulis facta est mencio, seu earum « valor, Geraldo Murtafe restituentur. Item gratiose volue- « runt predicti consules Narbone quod si contingeret illos « de Gruyssano se aliquem ipsorum animalia sua ponere, « causa despascendi, in terminalibus dicte ville loco co- « missi quod se habere pretendunt, dicti consules Narbone « exhigant precize pro quolibet animali minuto duodecim « denarios et pro grosso viginti denarios, de die. De nocte, « vero, pro minuto decem octo denarios et pro grosso tres « solidos turonenses. Item quolibet pars confitebitur dic- « tum terminale de la Luenha esse in juridictione alta et « bassa dicti domini Narbonensis archiepiscopi. » — Les frères Raymond et Arnaud du Lac s'étaient d'abord opposés à cette transaction et avaient résolu de faire vider leur opposition devant le sénéchal de Carcassonne. Ils préten- daient posséder leur bastide en franc alleu, et exposaient en ces termes les motifs de leur opposition : « Nos fratres « predicti habeamus, teneamus et possideamus ac prede- « cessores nostri tenuerint, habuerint et possiderint, bono « jure et titulo justo, a centum et triginta annis citra et ul- « tra, pacifice et quiete, et absque contradictione quacum- « que, quandam bastidam nostram sitam juxta flumen « Atacis in capite insule de la Luenha nuncupatam, cum « hedifficiis, juribus, terminiis, terminalibus et territoriis « suis, sicut est bodulata, limitata et terminata, et medie- « tatem dicte insule usque ad locum vocatum Gulam Atacis « seu Robinam, et medietatem podii vocati de Conilhaco, « et medietatem bandayragii dicte insule et podii de Co- « nilhaco in feudum nobile sub homagio et sacramento « fidelitatis prestandi reverendi in Christo patris domini « nostri Narbonensis archiepiscopi. Item habeamus, tenea- « mus, possideamus ac predecessores nostri habuerunt, « tenuerunt et possiderunt, justo titulo et sine contradic- « tione quacumque, videlicet quandam partem illius ho- « noris et tenementi et pasturagii ac bandayragii quam « habemus et possidemus in francho et libero allodio sub « sacramento fidelitatis prestandi reverendo in Christo « patri domino archiepiscopo Narbonensi, in terminio et « territorio predicto vocato de la Luenha et in podio de « Conilhaco predicto. De quibus omnibus et singulis pre- « dictis ego Raymundus de Lacu, nominibus premissis, « me offero promptam fidem facere. » Les consuls de Nar- bonne (1) qui ont consenti la transaction sont Bernard Sartre, licencié ès-lois, Pierre Vitalis, marchand, Arnaud Peyronne, marchand, et Jean Balaguier, teinturier. Leur nomination est du 17 du mois de janvier 1396. Ils succé- daient au damoiseau Pierre du Rivage, à Jean Roques, boucher, Bernard Bertrand et Pierre Ruphi. Cette transac- tion est passée dans la salle capitulaire du couvent des frères Mineurs. — Témoins qui y figurent : Raymond de St-Just, licencié ès-lois, noble Henri de Thissiac, viguier en la temporalité de l'archevêque, le damoiseau Pierre du Rivage, Guillaume Bérenger, Jean de la Plaine, Jean-Pierre Bernard, de Treilles, et Antoine Malros, de Talayran.

RUBRIQUE : Carta de acordy fayt entre los senhos cos- sols de Narbona e mossenher l'arcevesque els sendixs de Gruyssa, sus lo debat de la Luenha e del Bruguyer.

F° 82. — **1396** (19 juin). — Transaction passée entre Bernard Sartre, licencié ès-lois, Arnaud Peyronne, Pierre Vitalis et Jean Balaguier, consuls de Narbonne, d'une part, et Raymond du Lac, damoiseau de Narbonne, en son nom et au nom d'Arnaud du Lac, son frère, d'autre part, au sujet des droits de pacage et de lignerage dans le terroir de la Luenha, qui résultaient, au profit des habitants de Narbonne, de la transaction passée entre les consuls de la ville et le syndic des habitants de Gruissan, le 20 avril 1396. Les parties conviennent que cette transaction sera maintenue en toute sa teneur, et Raymond du Lac, après avoir déclaré par serment qu'il renonce au bénéfice de l'opposition qu'il y avait faite, l'approuve pour lui ainsi que pour son frère, et consent au plein exercice des droits

(1) Le nombre des consuls de Narbonne qui, en 1338, époque de l'union des deux consulats du Bourg et de la Cité, avait été fixé à douze, n'était plus que de quatre, en 1396, dont deux pour le Bourg et deux pour la Cité. Pour arriver à cette réduction, les échelles avaient été réunies deux à deux dans chacune des deux parties de la ville, comme l'explique par les termes suivants l'acte de la nomi- nation des consuls de 1396 inséré dans la transaction :.... « nomina- « runt elegerunt et crearunt in consules... Civitatis et Burgi, vene- « rabilem... dominum Bernardum Sartoris, licenciati in legibus, de « et pro scala burgensium supplendo scale nobilium, et Petrum « Vitalis pro scala mercatorum supplendo scale ministerialium dicte « Civitatis, Arnaudum Peyrone pro scala burgensium et placeriorum « et Johannem Balag, tinctorem, pro scala ministerialium supplendo « scale paratorum dicti Burgi. »

qu'elle reconnaît aux habitants de Narbonne dans le territoire de la Luenha, à l'exception seulement de la bastide de Navoute et de la *devèze* qui en dépend. Cette *devèze*, qui est réservée à Raymond du Lac et à son frère par la transaction, était confrontée « de aquilo cum condamina dicta « de las Morguas, que est juxta dictam bastidam; de circio « cum flumine Atacis; de altano cum stagno Bosar domini « Guiraudi de Rivo; de meridie cum condamina que fuit « domini archiepiscopi Narbonensis, situata in introitu « terminalis de la Lonia, et sic de bodula in bodulam usque « ad stagnum Bosar. » Les habitants de Narbonne n'y avaient qu'un simple droit de passage, pour leurs bestiaux gros et menus, par un chemin de douze cannes de largeur, commençant à la condamine de las Morguas et se dirigeant sur l'entrée du territoire de la Leigne. Il devait être construit, aux frais de la ville, une « aculea » ou petit canal, en tête de cette condamine, pour assurer l'écoulement des eaux. Cette « aculea » devait avoir cinq pans de largeur sur trois pans de profondeur. Elle devait partir du rivage de la rivière d'Aude et se diriger vers le monastère N.-D. des Olieux. Raymond du Lac et Arnaud, son frère, étant mineurs de 25 ans et n'ayant pas de curateur à conseil, sont assistés dans la conclusion de cette transaction par leurs cousins, noble Guillaume et Raymond de Salles, et maître Eustache Brun, qui y donnent leur consentement.— Témoins de la transaction : Pierre Olive, bachelier ès-lois, Bernard Ysarn, Antoine Berre et Sanche de Fabre.

Rubrique : Instrumens que los Narboneses podon teny e fayre peyche lor bestia, gros et menut, al terme de la Leinha.

F° 84.— **1386** (23-24 novembre).—* Lettres de Roger d'Espagne, sénéchal de Carcassonne, par lesquelles il envoie au châtelain de Leucate, pour en faire l'exécution, des lettres patentes de Jean, comte de Poitiers, duc de Berry et d'Auvergne, lieutenant du roi dans le Languedoc, contenant mandement aux sénéchaux de Toulouse, de Carcassonne et de Beaucaire, de mettre sous la main du roi, par voie de saisie, pourvu qu'elle soit exécutée en dehors des lieux sacrés, les sujets du roi d'Aragon résidant dans les trois sénéchaussées, et de saisir aussi leurs marchandises, « mediante inventario. » Cette saisie était ordonnée par mesure de représailles, en raison de l'enlèvement d'un navire de commerce appelé *le St-Esprit*, frété par Arnaud Peyronne et Pierre Montirat, marchands de Narbonne, et dont Guillaume-Raymond de Montcade et ses complices, sujets du roi d'Aragon, s'étaient emparés dans le golfe de Crête, au mois de juin 1386. Ce navire était chargé de 30,000 florins d'or, en argent ou en marchandises qui consistaient en : — 66 ballots de draps des fabriques du Languedoc; — 864 jarres de terre, 476 *cautes* ou cruches et 53 bottes de miel; — 19 caisses de fouets; — 1 *carratillo* de corail; — 3 ballots de toile; — 2 ballots de tartre; — 11 sacs de noisettes; — 1 ballot de poignards et épées de Castres; — 1 *pont* d'amandes; — des habillements, des bijoux et enfin des vases d'argent. Il appartenait à Pierre Rabasson, de Collioure.

Rubrique : Raubaria faicta a Arnaud Peyrone et Peyre Montirat, marchans de Narbona, per Guilhem-Raymond de Moncada, catala.

F° 86. — **1346** (10 août). — * Ordonnance de Pierre Aurelzier, chantre d'Amiens, et de Gilles de Maldiers, chanoine de Rodez, commissaires du roi, rendue pour l'exécution des lettres patentes de Philippe VI, du 11 juillet 1345, à l'effet de préparer les travaux nécessaires pour ramener la rivière d'Aude dans son ancien lit, par Narbonne, qu'elle avait abandonné à la suite de grandes inondations. Par cette ordonnance, qui fut précédée d'une visite sur les lieux, où avaient été convoqués tous ceux qui avaient intérêt aux travaux projetés, l'archevêque de Narbonne, les chapitres St-Just et St-Paul, l'abbé de Fontfroide, le chapitre St-Étienne, noble Guillaume de Narbonne, le prieur de Lamourguié, le précepteur de la maison de St-Jean de Jérusalem, les consuls de Narbonne, de Sallèles, Coursan, Cuxac, Capestang, Védilhan, Moussan, Pérignan, Saint-Pierre del Lec, Céleyran, Vendres, Ouveilhan, Vinassan, Armissan, Salles, Quarante, Célian, etc., les commissaires du roi fixent à deux tiers, soit 3,000 liv., la portion pour laquelle les consuls de ces communautés doivent contribuer aux frais de construction des travaux à faire; l'autre tiers, soit 1,500 livres, est mis à la charge de l'archevêque, des gens d'Église et des nobles. Ils décident, en outre, que l'ancien lit de l'Aude, à la condamine du Fleys, doit être clos et abandonné à l'archevêque, moyennant une soulte en sa faveur de 250 liv. tourn., comme compensation des 10 mojades de terre qu'il doit céder, au bout de cette même condamine, pour l'ouverture et l'établissement d'un nouveau lit destiné à donner plus de pente aux eaux de la rivière, etc. (Transc. au 4e thal., f° 152.)

Rubrique : Carta en que se conte en qual maneyra fon facha una rumpuda per far una mayral hon passes Aude, et foro presas 10 mojadas de terra de mossenher l'arcevesque, en lo termini del Fleyx, per fa la dicha mayral, et en qual maneyra hy contribuyoro los ecclesiastix et los nobles et alcus castels d'entorn Narbona, et com fo fayt lo proses.

F° 89 v°. — **1360** (5 des nones de juillet (3 juillet).— Transaction passée entre le chapitre St-Just et Raymond Cambeterre, sacristain de l'église de Narbonne (St-Just), d'une part, et les jardiniers et possesseurs de jardins situés au ténement de Livière et dans le territoire de la Cité, d'autre part, au sujet de la dîme des fruits de ces jardins.

Cette dîme ne devait porter, d'après ces derniers, que sur les choux et les porreaux, tandis que le chapitre et le sacristain prétendaient qu'elle était due pour tous « caulibus, « porris, cepis, alliis, bimmibus, ferragibus et omnibus « aliis cujuscumque generis et etiam fructibus arborum. » Par cette transaction, la dîme en litige est convertie en une censive annuelle de 4 sous tournois par *mojade* de terre, payable la veille de la fête de Noël. Le décimaire du chapitre et du sacristain de St-Just comprenait les possessions du territoire de Livière situées en droite ligne de la condamine de Saint-Paul à la Porte-Roy et de la Porte-Roy au Pont-Neuf de Narbonne et à la rivière d'Aude. — Témoins de la transaction : Jacques Léontis et Bérenger d'Aspérat, bénéficiers en l'église St-Just, Jean Rosergue et Pierre de Prats, notaires.

Rubrique : Carta de la descima que fan los hortz de Leveyra et del termeny de la Ciutat de Narbona al sagristhan de la gleyza de Narbona.

F° 91 v°. — **1419** (28 septembre). — Saisie et confiscation opérées par les consuls de Narbonne contre deux revendeurs qui, contrairement aux règlements de police de la poissonnerie, avaient acheté du poisson avant l'heure de midi pour le revendre hors de la ville.

F° 91 v°. — **1419** (28 septembre). — Autre saisie et confiscation pratiquées pour le même motif par les consuls Benoit Stephani, Pierre Montlaur et Guillaume Vitalis. En outre de la confiscation, le saisi est déclaré privé, pendant une année entière, de la faculté de vendre ou acheter du poisson dans la ville de Narbonne.

Rubrique : Carta de confiscation contra peyssoniers.

F° 92. — **1305** (8 des kalendes de mai (24 avril). — Déclaration par laquelle Amalric de Narbonne, seigneur de Pérignan, fils du vicomte Amalric, reconnaît que le droit de banderage dans le territoire de l'île del Lec appartient exclusivement aux consuls de la Cité, à l'exception de la *devèze* de Pérignan et des terres et dépendances du château de Pérignan. Outre le droit de banderage, qui était la conséquence du droit de pacage dont les habitants de la Cité jouissaient dans l'île, ils y avaient le droit de lignerage sans aucune restriction et sans contradiction de la part de qui que ce soit, du seigneur de Pérignan comme de toute autre personne. De plus, si dans la suite certains droits portant sur le reste du territoire de l'île, touchant l'institution des bandiers, la levée des bans, le lignerage et la dépaissance, le banderage, qui ne seraient pas actuellement connus, venaient à se révéler, le seigneur de Pérignan en fait cession et donation irrévocable aux consuls à titre gratuit et sans condition. Dame Marie, femme d'Amalric, pour tout ce qui peut toucher à sa dot et à la donation qui lui a été faite par son contrat de mariage, approuve et confirme cette donation en présence de Jacques de Nupces, avocat, de Bernard Riambaud, marchand, de Bernard de Casanove, du damoiseau Bérenger d'Albars et de Pierre Riambaud, notaire de Pérignan.

Rubrique : Carta que a messenhors los consols de Narbona aparte mectre los bandiers en lo termenal del Lec. Banderages del Lec.

F° 93. — **1427** (26 février). — * Ordonnance rendue à la requête du procureur du roi par le chevalier Durand Fabre, seigneur de Gasparets, viguier, et Pierre d'Yzante, secrétaire du roi, juge de Narbonne, pour la réformation des abus qui s'étaient glissés dans les élections des consuls, des conseillers et autres officiers de la ville, dont l'époque était fixée au jour de N. D. de la Chandeleur. Cette ordonnance est basée sur divers mandements royaux et notamment sur des lettres patentes de Charles V, de l'année 1365, portant « sana et previsa consideratione quod nulli officiarii « dominorum temporalium presentis ville, eorumve servi- « tores seu familiares necnon nutritores animalium qui- « cumque, ad aliqua de dictis officiis consulatus admittan- « tur nec possint ullo tempore admitti. » Elle était motivée sur ce fait que, quoique d'après ces mandements chacun des consuls à la fin de son consulat dut faire, sans aucune préférence ni faveur, choix de trois hommes des plus aptes de son échelle, parmi lesquels devait être élu le consul appelé à lui succéder l'année suivante, il arrivait depuis quelques années que, par *une brigue désordonnée, au mépris de la crainte de Dieu, du roi et de la justice séculière,* quelques bourgeois, poussés par le désir de s'enrichir *aux dépens d'autrui*, s'étaient coalisés pour s'emparer de la direction des affaires de la ville, et avaient réussi à la concentrer et la maintenir en leurs mains en élisant leurs proches parents aux offices de consul, de conseiller ou de clavaire, etc., sous certains arrangements pécuniaires, « quorum talium regimen fuit, durante dicto tempore, valde « viciosum et dampnosum ita quod nullo anno potuit res « publica in aliquo reparari seu exaltari, quinymo fuit et « usque nunc remanet desolata. » Pour faire disparaître ce désordre et ces malversations, l'ordonnance porte injonction au baile royal de Narbonne de défendre aux consuls actuels, sous peine d'une amende de 200 marcs d'or : 1° de choisir pour candidats aux offices de consul, de conseiller, de clavaire, de chef de métier, les bourgeois étrangers, les officiers, agents ou serviteurs des seigneurs temporels de la ville et généralement les personnes qui seraient considérées comme incapables par le procureur du roi ; 2° de rien faire contre l'esprit et la teneur des mandements royaux relatifs aux élections, qui sont transcrits dans les registres du consulat. Les officiers, agents ou employés des seigneurs temporels exclus du consulat sont les officiers principaux, dits *intitulés*, qui reçoivent un honoraire annuel du seigneur. Quant aux officiers non principaux, ne recevant ni honoraire annuel ni pension, ils peuvent être nommés aux charges de consul et de conseiller. En ce qui concerne les nourrisseurs de bétail, ils ne peuvent être promus à ces charges que si les consuls actuels ont fixé les limites du dex dans les douze jours de l'ordonnance, et sous la condition de prêter serment, lors de leur élection, qu'ils ne connaîtront en aucune manière des affaires relatives aux limites du dex et les laisseront vider par les autres consuls. Cependant les limites de ce dex peuvent être réduites sur leur demande, « habita con-« sideratione ad raritatem populi ac quantitatem vinearum, « olivetarum seu pratorum cultorum seu non heremo-« rum, » etc. (Latin et roman.)

Rubrique : Reformatio contra los officiers dels senhors temporals de Narbona, et noyridos non sian consols, et si los noyridos eran cosols non termenen alcun debas dels bandeyrages, et fa mencion dels dex de Narbona de las possessios.

F° 97. — **1488** (1er février). — Cession faite aux consuls Bernard Contadis et Raymond Cavalier, par Guillaume Aymeric, marchand de Narbonne, et Flore, sa sœur, femme de Me Jean Rodil, notaire, du droit de banderage qu'ils prétendaient avoir comme succédant à Guillaume Aymeric, leur père, sur le territoire de la grande condamine du Bousquet, moyennant le prix de 500 s. d'or. — Témoins de la cession : Raymond Dartis, Raymond Portal, boucher, Étienne Cruscades, pareur, et Barthélemy Baliste, pareur, écuyer consulaire. L'acte est reçu par Jean de Golo, notaire de Narbonne.

F° 98. — **1450** (20 septembre). — Licence donnée par les consuls à Guillaume Panassac, prêtre, viguier de la maison archiépiscopale, d'abreuver dans le territoire de la ville les 500 bêtes à laine que Mgr Jean de Harcourt, archevêque de Narbonne, possède sur ses terres de Montels et d'Aubian. Cette licence est fondée sur ce que, dans les terres de l'archevêque, la sécheresse avait tari si complètement toutes les sources, que ses troupeaux « non « habent in dictis terminalibus ubi adaquare possint. » — Témoins de l'acte : noble Pierre Gentian, bourgeois, Jean Milhas, cultivateur, et Pierre Fortian, écuyer consulaire. (Transc. au 2e thal., f° 118 v°.)

F° 98 v°. — **1455** (10 février). — Révocation et annulation prononcées par Aymeric de Viousac, *écuyer de l'écurie* du roi, viguier, et Antoine Vitalis, juge de Narbonne, de la proclamation suivante qu'ils avaient fait publier par la ville : « de part mossenher lo viguier et juge reals de Nar-« bona, requesta a els per pluras personas de la dite vila « fayta, fa hom inhibition e deffensa a tota persona, de « qualque estat ho condition que sia, que non sia si auzart « de metre de nueg ni de jorn dintre las vinhas, pratz, « camps semenatz ni lauratz, ni olivers, entre que los fruts « sian de fora de lasditas possessios, et aysso sus la pena « de detz marcs de argent donadoyras a nostre senhor lo « rey de Fransa. » Les consuls avaient requis l'annulation de cette proclamation parce qu'elle constituait un empiètement manifeste sur leurs attributions, qui comprenaient la connaissance en première instance de toutes les affaires relatives au banderage. — Témoins de l'acte : Raymond Malros, Pierre Chavardés, licenciés ès-lois, et Étienne Peyronne, bourgeois. — Étaient consuls de Narbonne : Pierre Gentian, Antoine Garini, Antoine Siguier, Jean Balaguier et Raymond Dartis. (Latin et roman.)

F° 99 v°. — **1457** (25 août). — Acte dressé par Me Jean Rodil, notaire, sur la réquisition de Jean Pujol, Jacques Baliste et Bernard Contadis, consuls de Narbonne, pour constater que, suivant la faculté en laquelle ils sont maintenus par la sauvegarde royale qui leur a été accordée le 25 mai 1442, ces consuls se sont rendus sur le rivage de la rivière d'Aude, près de la chaussée construite pour ramener ses eaux dans leur ancien lit, par Narbonne, et ont fait couper, le long et sur les bords de la rivière, sans contradiction ni opposition de qui que ce soit, tous les arbres, les plantations, les souches, racines et herbes qui gênaient les eaux dans leur cours par *le canal* qui les amène à Narbonne, « scindendo, evellendo et amovendo arbores, fron-« des, socas, stipites, erbas, radices et alia quecumque « impedimenta existencia in rippis et oreriis dicte aque « Atacis et canalis sive alvei per quem aqua venit Narbo-« nam. » D'après cet acte, la chaussée de la rivière était distante de Védilhan de trois portées d'arbalète. — Témoins de l'acte : Pierre Sartre, marchand, Jean de Lassale, inspecteur des fossés de la ville « valaderius, » Georges Août et Arnaud Raymond, de Narbonne.

F° 100. — **1444** (23 octobre). — Transaction passée entre les officiers de Gaston, comte de Foix vicomte de Narbonne, et les consuls de la ville, dans leur différend relatif au bail à nouvel acapit d'une *andro[illegible]e* consenti par les consuls à un cordonnier nommé Pierre Bonponht. Cette androune était située dans le Bourg, à la tête du Pont-Vieux, « in capite Pontis Veteris sese tenentem et attingen-« tem cum turre et muro sive muralhia dicti Burgi et in « capite dicti Pontis Veteris a parte ipsius Burgi, et sine « aliquo medio contiguam cum portali dicti Pontis ab ipsa « parte Burgi, per quam andronam sive passagium est de « presenti et ab antiquo fuit aditus, transitus sive passa-« gium pro assendendo ad merletos dicti Burgi et quan-« dam turrim ibidem cum capite dicti Pontis Veteris sese « tenentem, et pro ascendendo et eundo ad dictam mura-« lhiam et turrim et ad alciora sive cacumine earum, cum-

« quo dicta androna sive passagium saltim ad usum sive « transitum ad dictam muralhiam et turrim est et semper « fuerat sine aliqua copertura. » Les consuls avaient aussi baillé en acapit audit Pierre Bonponht « quoddam sotulum « bassum terraneum in fundo dicte turris, » le tout sous la censive de 20 s. tourn. payables annuellement et applicables à la réparation des remparts du Bourg. Les officiers de la Vicomté, prétendant que l'*androune* et la tour se trouvaient dans la juridiction du vicomte, avaient fait défenses à l'emphytéote de continuer, sans leur permission, les constructions qu'il y faisait conformément aux réserves contenues dans son bail. Pour vider ce différend, il fut convenu que le bail serait refait sous les clauses suivantes : — que la censive annuelle serait de 12 der tourn., dont une moitié pour le vicomte et l'autre moitié pour les consuls; — que l'emphytéote payerait, en outre, une pension annuelle de 20 s. tourn. applicable à la réparation des murailles du Bourg; — que le droit du vicomte et celui des consuls de bailler en emphytéote les androunes ou passages et souterrains des tours, s'exercerait plus tard, au profit de la partie à laquelle il serait judiciairement attribué, etc.— Étaient consuls de Narbonne : Jean Chartam, bourgeois, Pierre Pradal, marchand, Antoine Laurent, pareur, Arnaud de Belloc et Gibert Daix, peaussier.

Rubrique (1) : Nouvel achept fait par messieurs les consulz et les officiers de monsieur le viscompte d'une place vacante assize au bout du Pont-Vieux de Narbonne, du costé de Bourc, a l'usage d'un sou indevis entre les dits sieurs vicomte et consulz, et vingt sous de pention anuel pour la repparation du consulat.

F° 104 v°. — **1457** (15 mai). — * Délibération prise par les consuls et le grand conseil juré de Narbonne, portant qu'à l'avenir on ne suivrait plus la coutume (2), récemment introduite, de faire présent d'une tasse d'argent du poids d'un marc, ornée des armes de la ville, aux consuls ou aux fils et aux filles, neveux ou nièces des consuls, à l'occasion de leurs mariages, « quando contingit et con« tingebat aliquem consulem aut filium vel filiam sive « nepotem aut neptem alicujus consulis nubere et matri« monium solemnisare..., durante anno sui consulatus, die « qua fiebat dicta solomnisatio, alii consules faciebant dari « et exsolvi per clavarium, de bonis communitatis, unam « taceam argenti ponderis unius marcho, cum armis ville, « dicto tali consuli, si nevgamus esset, aut filio vel filie sive « nepoti aut nepti, si nevgami vel nevgame existerent. » — Étaient consuls de Narbonne : noble François Catala, Jaubert Vitalis, Jean Pujol, Jacques Baliste, Bernard Contadis et Barthélemy Viguier.

(1) Cette rubrique contient presque autant d'erreurs que d'énonciations.

(2) Malgré cette délibération, l'usage ne fut pas abandonné. Suspendu un moment, il fut bientôt repris et ne fut réellement supprimé qu'à la suite du règlement arrêté, pour les dépenses de la ville, par les commissaires royaux chargés de la vérification des dettes des diocèses, villes et communautés de la province, en 1683.

AA. 112. — Registre (parchemin), 136 feuillets in-f°; cartonnage couvert de parchemin.

1483. — XVI° siècle. — 12° Thalamus.

Nota. Les deux premiers feuillets du thal. sont en blanc.

F° 3. — **1514** (29 juillet). — Achat fait par André Delort, bachelier en droit civil et en droit canon, Pierre Bouy et Julien Mercier, consuls de Narbonne, moyennant le prix de 12 liv. tourn., d'un champ situé au territoire de Cuxac, lieu dit le Gua del Vern, joignant *la tête de la chaussée vers Sallèles*. Ce champ, dont la contenance est de deux *mojades*, confronte par l'un de ses côtés la *carrière* « per « quam transit et transitum facit processio, tempore roga« tionum sive letanearum. » — Vendeur : Guillaume Masieyres, de Cuxac. — Témoins de l'acte : Arnaud de Médiville, médecin, et Guillaume Savarret, brassier, de Narbonne.

F° 3 v°. — **1513** (28 novembre). — Approbation par les consuls Bertrand Cerezon, Jean de la Croix, Étienne Capelle et Pierre Riquet, de la vente d'une maison située « in suburbio Civitatis Narbone et ante palatium archiepis« copale dicte ville et inter duos pontes, » faite à Jean Rigaud par Mathieu Peyronne. Cette maison dépendait, par indivis, de la directe du roi, comme ayant droit des vicomtes de Narbonne, et de la directe de la ville. Elle était confrontée : « de circio cum quadam alia domo dicti « Peyrone, venditoris; de altano cum certa alia domo ipsius « venditoris quam Johannes Bilhard, mercator, tenet in « arrendamentum ab eodem venditore; de meridie cum « littore fluminis Atacis, et de aquilone cum carreria « publica. » — Témoins de l'acte : Claude Tauchon, écuyer consulaire, et Bernard Dausson, boucher.

F° 5. — **1514** (30 septembre). — Approbation donnée par les consuls Julien Mercier et Jean de la Croix, à la vente d'un *patu* couvert, situé dans l'île St-Antoine, faite par Dominique de Celles à Jean Cabrol, cultivateur, pour le prix de 13 liv. 10 sous tourn. Cette somme fut payée en 6 écus d'or sol, et le reste en douzains. Ce patu confrontait du couchant maître Jean Marescot, notaire de l'archevêché. L'acte est reçu par maître Barthélemy de Cogomblis, notaire, en présence de Claude Tauchon, écuyer consulaire, et André Carratier, sergent.

F° 6 v°. — **1518** (5 octobre). — Approbation donnée

par Barthélemy Contadis, notaire, Pierre Laures, Étienne Capelle et Jacques Barbier, consuls de Narbonne, en leur qualité d'administrateurs perpétuels de l'hôpital St-Paul, à la vente d'une maison en ruine, dite lo Dalphi, située dans l'île qui était appelée île de l'hôpital Saint-Paul. La maison vendue confronte du levant le chemin qui la sépare du mur de la ville. Elle dépendait de la directe de l'hôpital St-Paul, dite le Fossat. — Vendeur : Pierre Beauxhostes, marchand, résidant tantôt à Narbonne et tantôt à Mirepeisset. — Acquéreur : Bernard Beauxhoms, bourgeois. — Prix de la vente : 150 liv. tournois.— Témoins de cette vente : Jacques Sabatier et Guillaume Cassaing, marchands, Étienne Capel, aubergiste, et Jean Brunet, notaire.

F° 7 v°. — **1518** (29 avril). — Vente faite avec le consentement de Barthélemy Contadis et de Jacques Barbier, consuls de Narbonne, par les exécuteurs testamentaires de Mathieu Peyronne, d'une maison située « in suburbiis (1) « Civitatis Narbone et ante palatium archiepiscopale. » — Acquéreur : Jean Bilhard, marchand. — Le prix était fixé à 300 liv. tournois qui furent payées en 125 écus d'or sol de 2 liv. tourn. pièce, 24 ducats d'or de 2 liv. 1 s. 6 d. et 4 sous ou douzains monnaie usuelle. La maison vendue dépendait de la directe de la Vicomté et de celle de la ville, sous la censive annuelle d'un sou tourn. pour le droit seigneurial de la ville. Elle était confrontée : « de circio cum « Johanne Rigaudi alias de Caunas, manganerio Narbo- « ne; de altano cum heredibus Guillelmi Dalphini, con- « dam mercatoris dicte ville; de meridie cum ripparia « Atacis; de aquilone cum carreria publica. »

F° 9. — **1521** (31 décembre). — Accord entre Henri Cahursin, docteur ès-droits, Bernardin Guissane, Julien Mercier, Jean Coste, Antoine Moux et Guillaume Delport, consuls de Narbonne, d'une part, et le chapitre St-Just, représenté par Michel Gascourt, précenteur, et Bernard de Cadre, Sébastien André, Philippe de Sainte-Colombe, Claude de Vabre, Jean Rabas et Jean Raffanel, chanoines, d'autre part, par lequel ce chapitre cède à la ville, en toute propriété, deux des neuf portions du moulin de la Ville. Cette cession est faite, en exécution d'un précédent engagement pris par le chapitre, 1° pour mettre fin aux difficultés qui s'étaient élevées entre lui et les consuls, au sujet des tailles de ce moulin; 2° pour couvrir la ville de l'exemption des tailles et impositions qu'elle accorde au chapitre pour les sept autres portions du même moulin, « ....pro « remissione et abolicione dictarum tailliarum denariorum « regiorum et aliorum affariorum et onerum publicorum; » 3° pour la couvrir des frais dont elle avait fait l'avance en raison du procès qu'elle avait soutenu, avec le chapitre, devant le présidial de Carcassonne, les Parlements de Toulouse et de Paris, et devant le grand conseil du roi, contre André Peytavi, licencié ès-droits, Barthélemy St-Jean, marchand, et Raoul Séguier, qui avaient construit ce moulin vers l'année 1504. A la suite de ce procès, dans lequel le chapitre St-Just était intervenu à cause de son moulin du Gua que le remou occasionné par la chaussée du nouveau moulin réduisait au chômage, André Peytavi et ses consorts, ne pouvant solder les dépens et dommages auxquels ils avaient été condamnés envers la ville et le chapitre, avaient fait cession au chapitre de toute la propriété de leur moulin, sous la condition d'être tenus quittes de la part de dommages et dépens attribués à la ville. Indépendamment des conditions qui précèdent, la ville doit payer au chapitre une soulte de 200 liv. tourn., par moitié, à la fête de la Pentecôte prochaine et dans le mois de septembre suivant, et de plus, elle prend à sa charge les deux neuvièmes des grosses réparations et des travaux d'entretien du moulin. Si le chapitre vend, à quelque époque que ce soit, une ou plusieurs des sept portions qu'il possède, celles-ci seront par ce seul fait soumises à toutes les tailles et impositions de la ville; au contraire, si les consuls vendent au chapitre les deux portions de la ville, elles seront exemptes de toutes charges.— Témoins qui figurent dans l'acte : Jean Couderc et Pierre Duval, prêtres, Jean Berre et Jean Salvaire, marchands, de Narbonne. Cet acte a été reçu en minute par maître Jean Contadis, notaire, et rédigé en la forme authentique, à la mort de ce dernier, par Yzarn Contadis, notaire, en vertu du brevet spécial qui lui avait été délivré par Gabriel de Montredon, seigneur d'Escales et de Montredon, et Pierre Delort, seigneur de Tarailhan et de Lebrettes, juge de Narbonne, pour régulariser et expédier aux parties les actes laissés en simples notes, ou en minutes, par Barthélemy Contadis, Jean Contadis, Guillaume de Livernière, Denis Loyseleur, Antoine Berthomieu, Jean Guilhermy, Ébrard Tournier, Étienne Loyseleur, Clément de Cluzel, Jean de Fabrique, Martin Foulques et Denis de Villenis, notaires royaux de Narbonne, décédés.

F° 11 v°. — **1567** (2 octobre). — Ordonnance du maréchal Henri de Montmorency, rendue sur les doléances que les consuls de Narbonne lui avaient présentées par requête, à la suite des « mauvais traictementz et choses « diverses » dont ils étaient l'objet de la part de M. de Rieux, capitaine gouverneur de la ville. Par cette ordonnance, les consuls sont renvoyés à se pourvoir devant

(1) Ce faubourg se composait du *macel*, de la poissonnerie et de quelques maisons qui étaient alors construites à l'ouest de la tête du Pont-des-Marchands, entre la rivière d'Aude et le chemin qui est devenu la rue Entre-deux-Villes. Du Pont-des-Marchands il s'étendait jusqu'à un terrain vague, qui était appelé le vacant Berthellier, sur lequel a été construit, de nos jours, le Château-d'Eau.

M. de Joyeuse, lieutenant général en Languedoc pendant l'absence du maréchal, et il leur est « enjoinct de vivre « doucement et paisiblement avec le gouverneur et de se « comporter en toute tranquillité et unyon avec lesdits « habitants de Narbonne, lesquelz le mareschal n'entend « estre aucunement empeschés en la jouissance de leurs « prévilléges et libertés a eulx accordés par les feus rois « de bonne mémoire. » M. de Joyeuse demeurait chargé « de procéder, sur les faits articulés par les consuls, à une enquête qui devait ensuite être remise devers le roi en son conseil pour y être pourvu.

F° 16. — **1528** (30 janvier). — Vente faite par noble Arnaud du Lac, coseigneur de Boutenac, à Simon d'Authemar, Pierre de Laye, Jean Viguier, Paul Arnaudi et Jean Barbier, consuls de Narbonne, moyennant le prix de 400 liv. tournois : — de la part qu'il avait sur le droit de cosse du blé vendu « tam in plateis Civitatis et Burgi Nar« bone quam in domibus habitatorum; » — du droit de poids du pain de *fleque* perçu dans la ville; — du droit levé sur les anguilles vendues au marché; — du droit de 10 sous tourn. levé sur certaines possessions sises « inter « duas aquas, » et autres censives et droits annuels auxquels étaient soumises diverses possessions dépendant des ténements de Livière, etc. — Témoins de la vente : Jean Prunier, Arnaud Séguier et Antoine Arnaud, marchands de Narbonne.

F° 17 v°. — **1528** (22 juin). — Annulation du bail en acapit de certaine pièce de terre et d'un herm situés à St-Georges, le long de la Mayral, appartenant au chapitre St-Just. Cette annulation est prononcée par Guillaume Contadis, Blaise Pascal, Jean Raffanel, et Bernard Gau, chanoines dudit chapitre, sur le délaissement des parcelles inféodées que l'emphythéote avait fait parce qu'il était troublé dans sa possession par les voisins.

Rubrique : Instrument de revocation fayta per messiurs canonges del capitol de Sanct Just de certeina pieça de terra que es a la Mayral, pres sanct Jordy, laqualla losditz canonges avia bailada a novel acapte.

F° 18. — **1528** (12 septembre). — Sentence rendue par Étienne Coldereau, licencié ès-droits, commissaire à ces fins nommé par le sénéchal de Carcassonne, sur l'appel relevé devant ledit sénéchal par Louis Richard dit Minard, *tambourin*, demeurant à Narbonne, de la sentence qui le condamnait à la question « sive turture, » prononcée contre lui par le viguier de Narbonne, pour raison des injures et blasphèmes qu'il avait proférés contre Simon d'Authemar, seigneur de Nouvelles, Louis Montanier, Alexandre St-Just et Jean Mercadier, consuls de Narbonne. Par cette sentence, qui fut rendue « en présence de l'appelant assisté « de maître Arnaud Senheren, bachilier es-droits, son « avocat et des demandeurs, » Louis Richard demeure condamné à faire amende honorable aux consuls et à leur demander pardon, à genoux et tête découverte. Pour l'exécution de cette sentence, il fut tiré de prison par Pierre de Courcelles, sous-viguier du roi et par plusieurs sergents royaux, et mené « avecques la torche du poix de deux livres « allumée, de la cour du Roy (1) jusques alla maison du « consulat de Narbonne, devant ledit commissaire, les « consuls estant assis dedans leurs chieres. » — Formule de l'amende honorable faite par le condamné en présence de la plupart des conseillers matriculés et de plusieurs habitants de la ville : « Je Loys Richard, de Narbonne, en « ensuyvant la teneur de la sentence donnée par vous, « monsieur le commissaire, demande pardon a Dieu a la « Vierge Marie et a toutz les sainets et sainctes de paradis, « et au roy notre souverain seigneur, et a vous honorables « consulz de la présent ville, icy présens et aultres, en vos « présences, de tous et chescuns les blasphememens, re« nyements de Dieu et de la Vierge Marie que ay comis et « parpétrés, lesquels est mencion a mon proces préven« cional contre moy faict, et aussi a vous mesieurs consulz, « de toutes injures vitupérés et aultres exces que ay comis « contre vostres personnes représentant la personne du « roy, et en demande mercy miséricorde. » (Latin et français.)

Rubrique : Instrument de certana ordonansa et sentencia donada per la Court de monsiur lo senechal de Carcassonna, ou certan commissari per la dita Court deppütat, a l'encontre de ung Loys Richart, de Narbona, appellant a la dita Court, per aucuns octrages dictz et faitz a messiurs consols de la dita villa, estans dins lo consolat de Ciotat.

F° 19 v°. — **1528** (3 mars). — Approbation donnée par Guillaume de Grèses, bachelier ès-droits, Simon d'Authemar, Louis Montanier, Alexandre St-Just, Bertrand Pascal et Jean Mercadier, consuls de Narbonne, à la vente d'un patu « sive androna » situé dans le Bourg et confrontant du nord les remparts, consentie par Jean Teisseire, habitant de Murviel, à Durand Brossa, cordonnier de Narbonne, moyennant le prix de 16 liv. tournois. Pour raison de cette approbation, l'acquéreur dût payer un foriscape de 2 liv. tournois. Le patu vendu dépendait de la directe de la ville, et il était sujet à la censive annuelle de 5 sous tournois.

F° 20. — **1528** (3 avril). — Permission donnée à Durand Brossa, par délibération « proborum hominum consilia-

(1) La Cour du roi, ancienne Cortada regis, dont il a été precedemment parlé (voy. AA. 100, f° 202, AA. 109, f° 42), servait en même temps de siége pour la viguerie royale de Narbonne et de prison pour les justiciables de son ressort.

« riorum » de la ville, de poser sur le rempart du Bourg, de manière à jeter les stillicides vers la rivière, la toiture de la construction qu'il faisait sur le patu par lui acquis de Jean Teisseire, lequel patu, qui joignait par son confront nord le rempart du Bourg, était situé à la tête du Pont-Vieux. Par cette permission, Durand Brossa demeurait soumis à l'obligation de démolir sa construction, sans indemnité, à la première réquisition des consuls, s'ils le jugeaient utile dans l'intérêt de la communauté. La même obligation avait été aussi imposée à maître Henri Sabatier, notaire de l'archevêque, à Jean Chabas, à Gabriel Salvaire, et à plusieurs autres habitants qui avaient été autorisés à appuyer, sur le même point, des constructions contre le rempart du Bourg.

F° 22. — **1483** (29 mars). — * Lettres de Charles VIII, qui autorisent, pour 5 années consécutives, à partir de l'année 1484, la continuation de la levée du droit de robinage perçu par la ville sur les navires, barques et marchandises arrivant à l'étang de Capelles ou à Narbonne, par la rivière d'Aude, ainsi qu'il a été perçu « par cydavant « par longtemps. » (Français.)

F° 22 v°. — **1490** (janvier). — Lettres de Charles VIII, données à Moulins, qui autorisent pour 10 ans, à partir de l'expiration des lettres patentes du 29 mars 1483, la continuation de la levée du droit de robinage perçu par la ville « sur les navires, danrées et marchandises amenées et « chargées tant sur la dicte riviere d'Aude que du dict lac « de Capelles tout ainsi et par la fourme et maniere qu'ilz « ont faict par cydevant..., pour les deniers qui en viendront et ysteront convertir et employer en la reffection, « réparation et entreténement des paixieres, pontz, chaul- « cées et aultres choses nécessaires, pour le faict et con- « duicte de la dicte riviere en estat navigeable. » (Français.)

F° 24. — **1499** (21 mars). — Lettres de Louis XII, données à Lyon, qui autorisent pour 10 années, à partir de l'expiration des lettres patentes données pour le même objet le 19 janvier 1490, la continuation de la « cueillette » du droit de robinage ou péage levé par la ville sur les navires, barques et marchandises arrivant à l'étang de Capelles ou à Narbonne par la rivière d'Aude « qui d'an- « cienneté a acoustumé de passer par lad. ville. » Le produit de ce droit demeurait affecté « a la reffection, répara- « tion et entreténement de la paissiere de lad. ville qui « retient et arreste la riviere d'Aude, et des pontz, foussez « et chaulcées d'icelle. » (Français.)

F° 25. — **1508** (4 mai). — Lettres de Louis XII, qui autorisent la continuation de la levée du droit de robinage, pour 10 ans, à partir de l'expiration des lettres patentes accordées pour le même objet le 21 mars 1499. (Français.)

F° 26. — **1514** (25 mars). — Lettres de François Ier, données à Paris, qui autorisent, pour 10 ans, la continuation de la levée du droit de robinage, sous la condition qu'il ne pourra être fait usage de ces lettres qu'après avoir rendu compte du produit du droit perçu, conformément aux précédentes lettres, datées du 4 mai 1508, qui autorisent la perception de ce droit. (Français.)

F° 27 v°. — **1528** (18 mai). — Lettres de François Ier, données à St-Germain-en-Laye, qui autorisent, pour 10 ans, la continuation de la levée du droit de robinage. Ces lettres sont contresignées par Montmorency, grand maître et maréchal de France. (Français.)

F° 29. — **1504** (23 février). — Sentence rendue par Gabriel de Montredon, seigneur de Montredon et d'Escales, et Pierre Delort, seigneur de Tarailhan, viguier et juge de Narbonne, dans le procès porté en la Cour de la viguerie de Narbonne par Robert Contadis, procureur du roi au siége, relativement à la préséance qu'il prétendait avoir sur les consuls, « in omnibus honoribus, pompis et socie- « tatibus hujusce Civitatis. » Cette sentence maintient les consuls de Narbonne en possession de la préséance contestée. Le dispositif en est ainsi conçu : « Nos judex « et commissarius antedictus, viso hujusmodi processu « cum deductis et productis in eo, matura consilii deli- « beratione prehabita, ordinamus, dicimus et declara- « mus fore locum statis querelle super primo capito pro « parte dictorum consulum suppplicantium quoad contenta « in eorum supplicatione et per consequens, nomine quo « experiuntur in contentis ejusdem, restabiliendos et rein- « tegrandos manutenendosque et conservandos fore in « possessione et saysina precedere dictum Contadis, no- « mine quo experitur, immediate post dominum viguerium « et nos judicem predictum regios Narbone, in omnibus « honoribus, pompis et societatibus Civitatis Narbone et « quos, tenore nostre presentis ordinationis, in dictis pos- « sessionibus et saysinis, predictis honoribus manutene- « mus et conservamus, pendente hujusmodi processu et per « modum provisionis; tollendo et amovendo omne impe- « dimentum et turbam super hoc appositos; inhibendo dicto « Contadis, procuratori jamdicto, ne dictos supplicantes « in premissis turbet, et hoc sub pena viginti quinque mer- « carum argenti domino nostro regi applicandarum. »

Rubrique : Double de la sentence en faveur des consulz de Narbonne, donnée contre maître Robert Contadis, comme procureur du roi, sur le fait des honneurs ausquelz lesd. consulz précéderont avant que luy.

F° 30. — **1534** (16 novembre). — Arrêt du Parlement de Toulouse, qui homologue et confirme la délibération des États du Languedoc, datée du 26 octobre 1532, portant défense « de mectre doresnavent aucun bestail aux vignes, « olivetes, prez, boys taillis ou plantez de nouveau et vergiers d'arbres fruictiers, sens licence et permission de « celluy ou ceulx a qui appartiendront lesd. vignes, olivetes, prez, boys, vergiers, a la charge toutesfoys que « ceulx a qui appartiennent lesd. prez, es lieux ou il y a « nécessité ou stérilité de boys, seront tenus, es lieux aptes « et convenables, planter et entretenir a tousjours souffisant « nombre de sauzes, peibliers ou autres arbres comodes « et aptes a porter boys a chauffer. » (Français.)

Rubrique : Dictum d'arrest contre les *parraguiers*, nourrisseurs et autres ayant bestail gros et menu, de ne mectre ne faire mectre aucun bestail en vignes, prez, olivetes, vergiers, boys, ne possessions, fruictz pendans.

F° 31. — **1537** (8 mars). — Supplique présentée par les consuls à M. de Fambas, sénéchal de Toulouse, lieutenant du roi au gouvernement du Languedoc, par laquelle ils demandent le maintien de l'ordonnance rendue contre un habitant de la ville, pour le contraindre à faire nettoyer le devant de sa maison, du côté de la rivière « ont a gecté et faict gecter beaucoup de immondices et « infections, que est pour engendrer mauvais ayr que pourroyt causer grant inconvénient de maladie pestilencielle « ou autre contaigieuse, » et dont cet habitant avait relevé appel. — Mandement conforme du sénéchal donné à Narbonne et contresigné par de Rochechouart. Ce mandement contient défenses à tous officiers justiciers de connaître de tout ce qui a trait à la salubrité publique, ce point étant exclusivement réservé aux consuls. Il est conçu dans les termes qui suivent : « est mandé a tous justiciers, « officiers du roy et autres, ne prandre Court ne cognoissance du contenu en lad. requeste, mais tant seullement les consulz de la présent ville de Nerbonne, « lequelz y procéderont sommairement et de plain ; faisant « commandement a tous subjectz du roy et autres habitans de la présent ville ne contrevenir a leurs commandemens, et ce, sur peine de dix livres tournois aud. « seigneur applicquée. » (Français.)

F° 31 v°. — **1517** (20 juillet). — Déclaration de Pierre Chabot, chanoine et prévôt du chapitre St-Paul, faite devant Claude Viguier, pareur, Guillaume Lanyer, notaire, et Jean Boquier, consuls, portant que c'est par erreur et sans droit que Jean Almerac, bénéficier et trésorier du chapitre, avait fait saisir le troupeau de bêtes à laine que Bertrand Delson dit Berdoulet, boucher de Narbonne, faisait paître dans un champ situé au pont de la Lauze, près du chemin conduisant à Fontfroide, attendu que ce champ n'est ni dans les terres ni dans la juridiction dudit chapitre, mais bien dans le territoire du banderage de la ville. L'acte est reçu par M° Jean Dominique, notaire, en présence de Bertrand Cerezon et Guillaume Cassaing, témoins requis.

F° 32. — **1541** (29 janvier). — Confirmation d'une sentence des consuls de Narbonne, rendue dans une affaire de police contre Jean Rusquier, boucher de la ville, et dont celui-ci avait relevé appel devant Gabriel de Montredon, seigneur de Montredon, et d'Escales, coseigneur de Montpezat, et Martin Delort, seigneur de Tarailhan et de Lebrettes, viguier et juge de Narbonne. (Français.)

F° 32 v°. — **1543** (13 mars). — Sentence rendue par les viguier et juge royaux de Narbonne, qui renvoie devant les consuls Julien Rusquier, boucher, appelant en la viguerie d'une décision prise le 29 novembre 1541, par laquelle Jean Mercier, Raymond Gaches et Claude Cabirol, alors consuls, lui refusent la récréance de 34 bêtes à laine qui lui avaient été saisies dépaissant dans les vignes du territoire, malgré l'offre qu'il avait faite de payer les dommages. (Français.)

F° 33. — **1543** (26 mai). — Sentence rendue par les consuls contre Julien Rusquier, sur le renvoi à eux fait par les viguier et juge royaux de Narbonne, de son appel fondé sur ce qu'il n'avait pas obtenu la récréance des 34 bêtes à laine qui lui avaient été saisies pour cause d'indue dépaissance dans les vignes du territoire. La sentence condamne l'appelant « en la peyne de la cize establye, « qu'est la somme de vingt-cinq livres cinq sols tournois, « avec despens. » Dans cette affaire, le clavaire du consulat occupait pour la ville. — Témoins de la sentence : Nicolas Bouquier et Jean Rodier. L'acte est signé, du mandement des consuls, par maître du Reau, notaire. (Français.)

F° 33 v°. — **1543** (1er juin). — Requête présentée aux consuls par Julien Rusquier, en réduction de l'amende ou cize prononcée contre lui par leur sentence du 26 mai 1543. — Appointement consulaire qui prononce le rejet de cette requête et maintient l'amende. (Français.)

Rubrique : Double de requeste a messieurs les consuls présentée par le susdit Rusquier, tendant affin luy voulloyr mytiguer les condempnations par eulx contre luy faictes.

F° 34 v°. — **XVIe siècle.** — Tableau des fournitures et vivres d'étape qui devaient être livrés aux troupes à pied, arrêté par M. de Montpezat, lieutenant du roi au gouvernement du Languedoc. Pour l'étape d'un jour, il devait être livré : — au capitaine, 48 pains du poids de 16 onces chacun, 12 cartons de vin, 9 livres *primes* de mouton, 9 livres primes de bœuf, un quintal de bois et demi-livre de chandelles, et quand c'était jour maigre, 9 livres primes de poisson salé et demi-livre d'huile ; — au lieutenant, 9 pains du poids de 16 onces, 6 cartons de vin, 4 livres et demie primes de mouton, 4 livres et demie primes de bœuf, une livre de lard, demi-quintal de bois, un carton de chandelles, et quand c'était jour maigre, 4 livres et demie primes de poisson salé et demi-livre d'huile; — à l'enseigne, 4 pains de onze onces chacun, 3 cartons de vin, 2 livres un quart primes de mouton, 2 livres un quart primes de bœuf, demi-livre de lard, un carteron de bois, demi-carteron de chandelles, et quand c'était jour maigre, 2 livres un quart primes de poisson salé et demi-livre d'huile; — à chaque centenier, 2 livres primes de poisson salé et un carteron d'huile; — enfin, à chaque homme de pied, 2 pains de 16 onces, un carton de vin, une livre prime de mouton, et pour chaque 25 hommes, 10 livres primes de bœuf et 2 quintaux de bois; quand c'était jour maigre, il devait être livré à chaque homme une livre de poisson. (Français.)

F° 35 v°. — **XVIe siècle.** — * Tableau des vivres et fournitures d'étape à livrer, pour jours maigres et jours gras, aux troupes en marche, arrêté à Narbonne par M. de Montpezat, lieutenant du roi au gouvernement du Languedoc. (Français.)

Rubrique : Autre taux des vivres qui seront baillez aux estapes tant aux gens d'armes que gens de pied.

F° 36 v°.— **1543** (25 avril).— Lettres de François Ier, adressées à M. de Montpezat, qui ordonnent la fourniture, par la province du Languedoc, de 20,000 asnées (1) de froment « pour estre incontinent convertiz en biscuitz pour l'armée de mer » réunie sur les côtes de la Provence. Au moyen du prix du biscuit payé par l'armée, la valeur de cette fourniture devait être remboursée à ceux qui seraient requis d'en faire l'avance. (Français.)

F° 37 v°. — **1543** (25 septembre). — Commission donnée par M. de Montpezat au sénéchal de Carcassonne, pour qu'il ait à faire commandement aux consuls et diocésains des villes et diocèses de la sénéchaussée, de répartir entre les communes la part mise à la charge de ces diocèses sur la fourniture de 20,000 asnées de blé ordonnée pour l'approvisionnement de l'armée de mer, qui était sur les côtes de la Provence. (Français.)

F° 38. — **XVIe siècle.** — Département entre les diocèses du Languedoc des 20,000 asnées de blé destinées à l'armée réunie sur les côtes de la Provence. Le diocèse de Narbonne figure dans ce département pour 3,768 setiers 10 pugnères; celui de Toulouse, pour 3,604 setiers 12 pugnères; celui de Carcassonne, pour 2,458 setiers 14 pugnères; celui de Béziers, pour 3,793 setiers 6 pugnères; celui de Montpellier, pour 3,392 setiers 2 pugnères; celui de Castres, pour 2,598 setiers 6 pugnères; celui de Saint-Pons, pour 1,675 setiers. (Français.)

F° 38 v°.— **1543** (22 septembre).— Commission donnée par le sénéchal de Carcassonne aux consuls et diocésains de Narbonne, pour faire la répartition, entre les diverses communautés qui composent le diocèse, de la part mise à sa charge sur la fourniture des 20,000 asnées de blé destinées à l'armée navale des côtes de la Provence. (Français.)

F° 39 v°. — **1543** (19 décembre). — Requête présentée au roi par ses « pouvres et loyaulx subjectz, consulz et « habitans de la ville et diocese de Narbonne, » pour obtenir l'exemption de la fourniture des 3,768 setiers 10 pugnères de blé mise à leur charge pour l'armée navale des côtes de la Provence.— Partie expositive de cette requête : « combien qu'ilz soyent en tout mouvement de guerre « chargez de gros nombre de gens de guerre, tant a cheval « que a pied, d'aultant que c'est la clef du pays de Languedoc, faisant frontiere au pays et comté de Roussillon, « et pour les saccaigemens et incurtions des ennemys icelle « diocese a esté et demeure destruite et la terre partye « inhabitable ainsi qu'il vous est, Sire, notoyre, dont par « ce moyen, veu la continuelle charge qu'ilz ont, ne deussent estre cothisez de fournir vivres au camp, quant sont « mandez, car ce seroyt les affamer et destruyre, et les « desmunir des petiz vivres qu'ilz cuillissent, d'autant qu'ilz « sont en pays infertil, limitrophe et par tiers habandonné « et inhabité, come bien fut advisé de ce les descharger « par votre lieutenant général au camp dressé les Avignon, « l'an 1536; toutesfoys, remonstré a votre séneschal de « Carcassonne, n'a-t-il obmys de les cothiser et aporter a « Marceille, pour leur portion de vingt mil asnées de bled, « la quantité de troys mil sept cens soixante huict sestiers, « dix ponieres bled, qu'est a eulx chose insuportable. Car « pendant la marche et cothisation, les ennemys en gros « nombre sont entrez en pays en ladicte diocese et ruyné « plusieurs villaiges, de sorte que pour garder leur entreprinse, le seigneur de Montpezat, vostre lieutenant en « Languedoc, promptement a faict assembler partie des « légionnaires et aussi les communes dud. diocese de Narbonne et deux ou troys autres prochaines, et le tout a « esté assemblé dans lad. diocese, ou ont demeuré par long « temps, ou n'ont espargné vosd. pouvres supplians, leurs « personnes et biens, soyt a porter par leurs charretes et « bestes les vivres aux gens de guerre, en habandonnant « leur petit labouraige et semencer, tellement que lesd. « ennemys, a leur grosse honte et confusion, sans pouvoyr « mectre leur entreprinse a exécution, s'en sont retournez. « Et fault que bien souvent lesd. supplians portent telles

(1) L'asnée était de 3 setiers mesure de Béziers.

« charges, a quoy les dioceses loingtenes dud. Languedoc « n'ont nul esgard et les veullent asservir et faire porter « lad. charge et qu'ilz facent tout, et ainsi que les autres « dioceses dud. Languedoc, aux garnisons des compaignies « qui sont ou pouroyent par cy apres estre et demeurer « aud. Languedoc, sans considérer que ordinairement « vostre lieutenant et sa suicte se tiennent aud. Narbonne « et les principaulx des compaignies ordonnez oud. pays. « Et, a chasque bruict, tous sont mandez et ce trouvent « dans icelle ville et diocese, et autres plusieurs charges « qu'ilz ont. » — Lettres de François Ier, données à Fontainebleau, qui, sur la demande d'exemption formée par le diocèse, ordonnent que la cotisation des 3,768 setiers, 10 pugnères de blé, qui en faisaient l'objet, sera maintenue, mais que pour combler le déficit résultant de l'exportation de cette quantité de blé pour le diocèse de Narbonne qui n'avait que des approvisionnements fort insuffisants, les diocèses voisins, Carcassonne, St-Pons de Thomières et Béziers, devront en faire verser une quantité semblable dans la ville de Narbonne, sur un ordre de M. de Montpezat. (Français.)

Fo 41. — **1544** (24 janvier). — Criée faite de la part du roi et sur mandement du vicomte de Joyeuse, seigneur d'Arques, lieutenant de M. de Montpezat, gouverneur du Languedoc, pour les réjouissances publiques ordonnées à l'occasion de la naissance du fils de Mgr le Dauphin. Le programme de ces réjouissances était simple, mais obligatoire : chaque habitant devait faire nettoyer la rue vis-à-vis de son habitation, enlever les immondices et ordures, puis faire sur place un feu de joie « entre troys heures ac« tandant les quatre apres midi,... sur peine d'estre pugni « comme rebelle au vouloyr et mandement du roy. » (Français.)

Fo 41 vo. — **1543** (21 janvier). — Sentence de Guy de Castelnau, sénéchal de Carcassonne, qui déboute Julien Rusquier, boucher, et sa femme, de l'appel qu'ils avaient relevé de certaine sentence rendue contre eux par les consuls de Narbonne. (Français.)

Fo 42. — **1544** (12 juillet). — Ordre du maréchal de Montpezat, gouverneur du Languedoc, concernant le guet. — Les habitants de Narbonne étaient tenus de faire le guet en personne et non par serviteurs, ni par gens à gages. Ceux qui s'y refusaient devaient être « tirés et mis hors la « ville sans parmectre que y puyssent retourner tant que « la guerre durera, et lesd. varletz ou gens de loage estre « foyetés par les carrefours. » A la date de cet ordre, le maréchal de Montpezat résidait à Narbonne. La criée en fut faite en présence d'Antoine Savy, Dominique de Malves, Mynguet Fabre, Durand Nautonier, Guiraud Nautonier, Julien Rusquier et Jacques Gentilhomme, témoins requis. (Français.)

Fo 42 vo. — **1544** (12 juillet). — Défense faite de la part du roi, par le maréchal de Montpezat, « a tous les habi« tans de la présent ville de Narbonne, de ne prandre a « fournir des consulz et diocésans des diocezes dudit pays « de Languedoc, ou d'autre pour eulx, les vivres qu'ilz « sont tenuz mectre dans ladite ville pour la munition « d'icelle, à la peyne de confiscation de corps et de biens. » — Criée de cette défense. (Français.)

Fo 42 vo. — **1544** (7 juillet). — Commandement fait aux habitants de Narbonne par M. de Montpezat, maréchal de France, d'avoir « a se fournir et pourveoir de fari« nes pour la nourriture et substance d'eulx et leur famille « pour le temps et espace de troys moys, et ce, dans huict « jours prochain venant, aultrement, ledit temps passé, « ceulx qui se trouveront n'avoir faite la dite provision « seront déjetez et chassez de la dite ville comme faulx « habitans. » — Criée de ce commandement. (Français.)

Fo 43. — **1544** (11 juillet). — Défense faite par M. de Montpezat à tous habitants de la ville, de prendre « a fournir des consuls et diocésains des dioceses du pays « de Languedoc, ou d'aultre pour eulx, les vivres qu'ilz « sont tenuz mectre dans la dite ville, pour la municion « d'icelle, à la peyne de la confiscation de corps et de biens, « et aud. consulz et diocésains et a tous aultres ne leur « en bailler la charge, en quelque maniere que ce soit, sur « lad. peyne. » — Criée de cette défense. (Français.)

Fo 43. — **1544** (16 juillet). — Commandement fait de la part du roi, par le maréchal de Montpezat, « a tous gens « de guerre estans au service et soulde du roy, soy retirer « chacun a son enseigne ce jourd'huy dans l'heure de mydi, « sur peyne de la hart. » — Criée de ce commandement. (Français.)

Fo 43. — **1544** (16 juillet). — Commandement fait par le maréchal de Montpezat « a toutes gens de guerre, sur « peyne de la hart, de ne aller aux greniers ou bouticques « a sel de la ville de Narbonne, des Barcques ou aultres, « et d'illec prandre sel sans payer, ne injurier les officiers « desd. greniers. » — Criée de ce commandement. (Français.)

Fo 43 vo. — **1544** (28 juillet). — Ordre donné à tous les habitants, par le maréchal de Montpezat, « d'adporter « a la maison consulaire le dénombrement des farines et « boys qu'ilz ont en leur puissance dans la ville, et de faire « bonne et suffisante provision de boys, et semblablement « les fourniers, qu'il n'en puisse advenir faulte, sur peyne « d'estre tirez hors de la dicte ville, sans y retourner tant

« que les guerres dureront. » — Criée de cet ordre. (Français.)

Fo 43 vo. — **1544** (6 août). — Criées faites par mandement des consuls : — de la défense faite à tous courtiers et courtières d'user de leur office en quelque manière que ce soit avant d'avoir prêté serment entre les mains des consuls; — de la défense faite à tous « revendeurs et revendeuses de ne achepter aucune chose que soyt pour « manger, que l'heure de mydi ne soyt passée, et que elle « ayt esté plassaigée ; » — de la défense faite à « toutes « manieres de gens de ne chasser par les vignes du terri- « toire ; » — des défenses de mettre le feu « aux rastouls « du territoyre ; » — et de la défense « de gecter aucunes « eaux puantes ou nettes, ne immondices, par les rues de « la ville, ne es barbequanes. » (Français.)

Fo 44. — **1544** (11 août). — Permission donnée aux consuls par le cardinal diacre de Lorraine, archevêque de Narbonne, de construire, derrière la maison consulaire du Bourg, « des boutiques ou allées pour y faire retirer tous « et chascuns les revendeurs de merluz et autres selures, « ad ce que les eaus sallées et puantes de poissons ne in- « fectassent lad. ville. » Pour le droit de seigneurie du terrain sur lequel ces boutiques étaient assises, la ville devait payer annuellement à l'archevêque, à la fête de la Toussaint, une censive de 2 sous tournois. (Français.)

Fo 44 vo. — **1544** (?) (21 août). — Lettre missive du connétable de Montmorency, datée de Châtillon-sur-Loing, par laquelle il remercie, en ces termes, les consuls de leurs bonnes dispositions à son égard : « J'ay receu la lettre que « m'avez escripte par la ou j'ai veu le bon vouloir et affec- « tion que vous avez en mon endroit, de quoy je vous « mercie de bon cueur, vous priant de croyre que tous les « endroitz la ou j'auray le moyen de vous pouvoir faire « plaisir, et à tous ceulx du pays, que je m'y emploieray « tres vouluntiers comme vous le cognoistrez tousjours par « effect. »

Fo 44 vo. — **1544** (11 juin). — Lettres de François Ier, contresignées de l'Aubespine, qui portent à la connaissance des villes des diocèses de Toulouse, Alet et Limoux, Carcassonne, Rieux, Comenge, Montauban, Saint-Papoul et Narbonne, la commission donnée à M. de la Voulte concernant l'administration des vivres fournis, en 1542, pour l'armée campée sur la frontière du Roussillon et devant Perpignan. (Français.)

Fo 45. — **1544** (11 juin). — Missive envoyée aux consuls et diocésains de Narbonne, par M. de la Voulte, pour leur annoncer qu'ils connaîtront, par les explications que doit leur donner le porteur de sa lettre, les intentions du roi concernant l'administration des vivres de l'armée du Roussillon. (Français.)

Fo 45. — **1544** (13 février). — Défenses faites de la part de M. de Crussol, lieutenant du roi en Languedoc, à tous marchands ou autres personnes de quelque qualité ou condition que ce soit, de tirer *aucuns blés* hors de la ville de Narbonne et de son ressort, dans un rayon de quatre lieues. (Français.)

Fo 45 vo. — **1544** (12 mars). — Lettre de Pierre Boyer, docteur ès-droits, juge mage en la sénéchaussée de Carcassonne, par laquelle il demande aux consuls de Narbonne, comme chefs du diocèse, un état au vrai, réclamé par ordre du roi, « de tous les deniers, munitions, voic- « tures et autres choses quelzconques mis sus et imposés « en ladite sénéchaucée (en ce qui concernait le diocèse) « despuys cinq ans ença, contenant... pour quelle cause ce « a esté et par quelz mandemens et commissions en ce a « esté proceddé, qui a faict la réception de ce, et qui a esté « et est de ce coupable, quelz comptes en ont esté renduz, « a qui, et qu'est devenu le reliqua d'iceulx, ensemble les « consignations si aucunes en ont esté de ce faictes. » (Français.)

Fo 46. — **1544** (13 mars). — Lettre de Pierre Boyer, juge mage en la sénéchaussée de Carcassonne, par laquelle il réitère aux consuls la demande qu'il leur a faite de l'état des deniers et munitions dont l'imposition sur le diocèse a eu lieu depuis cinq ans. Cet état devait être présenté au roi, pour toute la sénéchaussée, dans le délai de 30 jours. (Français.)

Fo 46. — **1545** (8 avril). — Lettre du juge mage de Carcassonne, par laquelle il est accusé réception de l'état que les consuls lui avaient envoyé des munitions et deniers imposés depuis 5 ans sur les communautés du diocèse. Pour fixer l'attention des consuls, au sujet de l'importance qui était attachée à l'exactitude de leur état, le juge mage leur écrivait : « vous adviserez que rien ne soyt recellé a me envoyer, « affin que ne en soys en facherie, de quoy en seroys « desplaisant, bien considérez que en plus n'en puys cer- « tiorer le roy, de vostre dioceze, que ne me envoyerez. » (Français.)

Fo 46. — **1545** (21 avril). — Défenses et inhibitions faites au nom du roi par M. de Crussol, lieutenant au gouvernement du Languedoc, de mettre le feu *aux fumiers* placés le long des murs de la ville et autres lieux, sous peine du fouet et autre peine arbitraire, tant contre les auteurs du fait que contre ceux qui, en ayant connaissance, n'en feraient pas immédiatement la déclaration. Une prime de 10 liv. tournois est offerte à ceux qui révèleront les contraventions à ces défenses. — La criée des défenses est faite par les rues et carrefours de la ville, et à la place de la Cité, en présence de Simon Gardelle et Guiraud Gaichon; elle est faite au milieu du Pont des marchands, en présence de *sire* Durand Nautonier, consul, et de *sire* Jean-Antoine Juer, et elle est faite encore à la place du Bourg, en présence de Jacques St-Ange et Antoine Daffis, *témoins* requis. (Français.)

Fº 46 vº. — **1545** (9 mai). — Commandement fait de la part du roi par M. de Crussol, lieutenant au gouvernement du Languedoc, en l'absence de M. le duc d'Enghien, à tous « et chacuns les habitans et taillables de la ville, « qu'ilz ayent a aporter, par tout lundy prochain, les de- « niers de la cottisation que a esté mise sus, pour esgoutter « les eaues et aultres affaires de la ville. » Cette cotisation était de 2 liv. pour denier (1). Elle devait être acquittée entre les mains du clavaire du consulat. — Criée de ce commandement. (Français.)

Fº 46 vº. — **1545** (3 juin). — Défense faite par M. de Crussol à tous les habitants d'aller à la foire de Pézénas, « pour raison du danger de peste que est en la ville de « Montagnac et environs, sur peyne d'estre privez de l'en- « trée de la ville, » et à tous *mangonniers* et *autres poissonniers* de la ville « vendans merluz et aultre poisson sallé, « ne en vendre et distribuer doresnavant en la place publi- « que d'icelle joignant la boucherie, mais au lieu du salin « ainsi qu'il est ordonné, » sous peine de confiscation et d'amende arbitraire. — Criée de cette défense. (Français.)

Fº 47. — **1545** (6 mai). — Commission donnée par François Ier au vicomte de Joyeuse, seigneur d'Arques, capitaine gouverneur de la ville, pour qu'il ait à faire commandement aux habitants de Narbonne qu'il n'avait pu amener, quelques soins qu'il y eut employés, à faire le guet « assavoyr le jour aux portes et la nuit sur les mu- « railles, en quoi ils faisaient très mauvais et petit debvoir « de s'en acquitter, ainsi qu'ils doibvent et sont teneuz, et « le plus souvent y envoyent leurs vallez,... esquelz, oultre « qu'ils n'y peuvent satisfaire pour avoir travaillé le jour « a leurs industries, n'ont aulcune fiance pour estre la « pluspart estrangiers, » de faire à l'avenir ce guet en personne, sans aucune exception, sous peine d'être corrigés, punis et châtiés selon qu'il conviendra, « sinon qu'il y eust « empeschement legitime, ouquel cas il y pourroict envoyer « en leurs lieux personnaiges de service et de qui l'on se « puisse fyer, et la ou iceulx manans et habitans seroyent « défaillans. » (Français.)

Fº 47 vº. — **1545** (22 mai). — Arrêt du Parlement de Toulouse, rendu sur la requête du syndic général du Languedoc, par lequel il est enjoint à tous sénéchaux, baillis, maîtres des ports et passages, viguiers, juges, capitouls et autres magistrats, à tous seigneurs et consuls des villes et lieux du ressort, de faire réparer, « chacun en droit « soy, les chemyns et passaiges dangereulx ayans besoing « de réparation, en maniere que, tant les gens que bestail « et charretes, y puissent comodément et liberement pas- « ser sans danger et péril. » (Français.)

Fº 48. — **1545** (11 décembre). — Requête présentée par les consuls à François de Bourbon, duc d'Enghien, gouverneur du Languedoc, au sujet des vexations dont les habitants de Narbonne étaient l'objet de la part du vicomte de Joyeuse, son lieutenant au gouvernement du Languedoc et capitaine de la ville, à l'occasion du guet. S'appuyant sur « la grant, stable et scincere loyaulté et fidélité que ont « et ont cue envers la couronne de France les primogéni- « teurs et ancestres des supplians sans jamays avoyr varié, « tellement que d'icelle fidélité, les histoyres, tant grecques « que latines, sur toutes nations et provinces en donnent « le los et louange aux Narbonoys, » les consuls demandaient que le nombre des gens qui devaient, chaque nuit, faire le guet « tant assis que tournant » fut déterminé, et qu'il fut permis aux habitants, dont « toute la manière de « vivre gist et consiste en agriculture, » de s'y faire remplacer par d'autres habitants, dont eux et les cinquanteniers répondraient. — Ordonnance du duc d'Enghien qui fixe provisoirement à 40 hommes pour chaque nuit le nombre des gens du guet, avec faculté de s'y faire remplacer pour cause de maladie, de vieillesse, ou d'autre empêchement constaté. (Français.)

Fº 49 vº. — **1545** (16 janvier). — Ordonnance de police rendue par M. de Crussol, lieutenant du roi au gouvernement du Languedoc, pour réprimer et prévenir les crimes et délits « que se font et comectent tant de jour que de nuit « en ceste ville de Narbonne. » Cette ordonnance défend, sous peine de la hart : — de porter des masques ou déguisements, des épées, poignards « ou autres harnoys, » les capitaines, lieutenants, mortes payes et gentilhommes exceptés, ainsi que les hommes commandés pour faire le guet; — de se trouver de nuit, dans les rues et carrefours, autrement qu'avec un serviteur portant une torche ou une chandelle allumée et sans « harnays. » Elle enjoint aux consuls, cinquanteniers et dizainiers de « enquérir et sca- « voyr particulièrement en chacune maison... quelz gens

(1) Le denier exprimait le plus ordinairement une fraction du sou. En matière de contribution, il n'avait plus le même sens. Il exprimait alors un chiffre conventionnel de 400 livres, qui était employé pour fixer la contribution de chaque habitant d'après sa fortune personnelle. Ainsi, pour employer l'exemple ci-dessus, chaque habitant devait payer autant de fois 2 liv. de contribution qu'il avait de fois 400 liv. de fortune.

« y sont demourantz, en quel nombre, de quelle condition « et qualité et estat ils se meslent, et pour quelle cause ils « demeurent en la dite ville, et a tous lesdits demourantz « et habitans d'icelle de leur bailler les noms et surnoms « d'eux et de leurs demourantz en leurs dites maisons, et « pour quelle cause ils y sont. » Enfin elle ordonne que les noms et surnoms des habitants seront inscrits au greffe consulaire, sur un registre dont le double sera envoyé au gouverneur du Languedoc. (Français.)

F° 50. — **1545** (23 janvier). — Commandement fait de la part du roi, par M. de Crussol, lieutenant au gouvernement du Languedoc, aux habitants de la ville, de mettre et exposer en vente tous les blés en grenier qui dépassent les besoins de leur approvisionnement, sous peine « d'estre condempnez en grosses amendes, pugniz corpo« rellement s'il est besoing, et de tenir prison. » — Criée de ce commandement. (Français.)

F° 50 v°. — **1545** (10 février). — Défense faite par M. de Crussol, lieutenant au gouvernement du Languedoc en l'absence de M. le duc d'Enghien, à toutes personnes quels que soient leur état et condition, de transporter hors de la ville, directement ou indirectement, du blé, des farines ou du pain cuit, sous peine de confiscation. — Criée de cette défense. (Français.)

F° 51. — **1545** (27 mars); — **1546** (9 avril). — Lettres patentes de François Ier, qui défendent *la traite des vivres hors du royaume*, pour faciliter l'approvisionnement « en « grand amas de vivres de tous les lieulx pour la grosse et « puissante armée de terre jusques a 70,000 hommes mise « en Picardie, » et de l'armée navale équipée « pour, et en « mesme temps et ainsi que l'occasion se présentera, les « exploicter a l'encontre de l'Angloys, nostre ennemy, tant « a la défence et conservation de nostre royaulme, pays « et subjectz, que aussi pour le recouvrement de ce que « nostre dict ennemy a injustement usurpé et occuppé sur « nous. » — Publication de ces lettres patentes, faite par le notaire du Reau, au nom des consuls de Narbonne. (Français.)

F° 52. — **1545** (30 mars). — Lettres de François Ier, qui prescrivent la *montre* et revue des compagnies d'archers et de gens d'armes des pays de Bourgogne, Nivernais, Auvergne, La Marche, Foretz, Savoie, Piémont, Dauphiné, Provence, Languedoc, Bourbonnais, Bresse, Guyenne, Poitou, Le Maine, Bretagne et pays Chartrain. Cette revue demeurait fixée au premier jour du mois de mai 1545. (Français.)

F° 52 v°. — **1545** (22 avril). — Lettres de François Ier, qui donnent mission au premier conseiller de la Cour de justice des Aides séant à Montpellier, de reprendre la procédure commencée par M. de Montpezat à l'effet d'établir le montant exact des charrois faits par les habitants de Narbonne et par ceux du diocèse pour les fortifications de la ville. Ces charrois leur étaient comptés à 12 sous 6 den. par charrette à deux bêtes, tandis qu'ils en payaient 25 et 30 sous, d'où il résultait pour ces habitants une différence « insupportable, » dont les consuls demandaient le *répartement* entre tous les taillables du Languedoc. La surcharge qui avait ainsi pesé sur la ville et le diocèse de Narbonne avait été calculée et arrêtée, en sus de la taxe de 12 sous 6 den. tourn., à la somme de 5,021 livres 18 s. 6 d. obole tournois, qui devait être « esgallée et deppartie sur tous « les contribuables du Languedoc » de la même manière que les tailles royales étaient réparties. Mais la répartition de cette somme n'avait pu être faite par suite des oppositions qu'avait élevées le syndic général de la province. Sur ces oppositions, les consuls de Narbonne avaient demandé qu'il fut expédié contrainte et exécutoire contre le syndic général, et que des commissaires fussent désignés pour fixer le chiffre des nouveaux charrois faits par les habitants de la ville et ceux du diocèse depuis la date du précédent arrêté. Les commissaires nommés furent Me Jean de Cezelly, président en la chambre des Comptes de Montpellier, et le sieur de la Voulte, prévôt de l'hôtel du roi. Ces commissaires ayant appelé le syndic général procédèrent, en sa présence, au répartement sur tout le Languedoc de la somme de 5,021 liv. 18 s. 6 den., expédièrent contrainte pour l'exécution de ce répartement, et ordonnèrent qu'il serait dressé un autre compte, dûment arrêté dans le délai de six mois, des charrois nouvellement effectués. L'ordonnance que les commissaires avaient rendue en conséquence était devenue définitive par défaut d'appel; mais le syndic général du Languedoc, pour en éluder l'exécution, avait présenté au roi une requête dans laquelle il exposait: — que le prix de 12 s. 6 d. pour une journée de charrette à deux bêtes était raisonnable; — que le répartement fait par MM. de Cezelly et de la Voulte était contraire aux privilèges du Languedoc, — et enfin, que le diocèse de Narbonne avait été indemnisé de son excédant de charrois par la décharge de la part qu'il aurait dû supporter pour la portion des dépenses du camp d'Avignon mise sur la province. L'effet de cette requête fut de suspendre complètement l'exécution de l'ordonnance qu'elle attaquait, et de provoquer un nouvel ajournement de l'affaire par suite de l'instruction qu'elle rendait nécessaire. Cette instruction fut confiée à deux commissaires, qui étaient MM. de Cezelly et de Montpezat, dont la nomination était de l'année 1541. Le syndic général de la province, qui devait être présent à toutes les opérations de ces commissaires, persistant dans son système d'opposition, usa d'un tel « délayement » que ceux-ci ne purent rien arrêter, et l'un d'eux, M. de Montpezat, était mort sans qu'il eût été ordonné autre chose qu'un palliatif, la décharge des charrois qui seraient encore nécessaires. Cependant, la ville et le diocèse persistaient dans leurs réclamations au sujet du répartement des 5,021 liv. 18 sous 6 den. tournois, et ils y joignaient une demande analogue pour les frais de l'étape et du passage des gens de guerre, tant du camp de Perpignan que du camp *volant* dressé par M. de Montpezat, à St-Laurent et autres lieux, pour la défense commune du Languedoc. Les lettres patentes de commission au premier conseiller de la Cour des Aides de Montpellier sont données pour instruire l'ensemble des demandes des consuls de la ville et des diocésains, et pour vérifier les faits avancés dans sa dernière requête par le syndic général de la province. (Français.)

Fº 54. — **1540** (13 juin). — Lettres de François Ier, données à Fontainebleau, qui autorisent, pour six années consécutives, la continuation de la levée du droit de robinage ou péage perçu au profit de la ville sur les navires, barques et marchandises arrivant à Narbonne par la rivière d'Aude, ou abordant à l'étang de Capelles. Le produit de ce droit, qui était levé tant sur les marchandises elles-mêmes que sur les bâtiments servant à leur transport, était affecté « a la reffection, repparation, et entreténement des pais« sieres, ponts, chaussées, et autres choses nécessaires de « la riviere, pour le faict et conduite d'icelle à l'estat navi« gable, et non ailleurs. » Parmi les balles de pastel rouge, de cuirs de bœuf et de pièces de drap, parmi les boucauts de *pege* (poix) et de viandes salées, les jarres d'huile, les *sportes* de figues, les charges d'avoine, de *meil* (millet) et de raou, les setiers de tuzelle, de fèves, de pois, qui sont taxés d'après un chiffre variable, basé moins sur la valeur de la denrée que sur son volume, ou sur le degré de prohibition ou de protection dont elle était l'objet, l'esclave, mâle ou femelle, est taxé à 5 sous tournois la pièce. C'était trente fois le droit de robinage à percevoir pour un setier d'orge. (Français.)

Fº 54 vº. — **1533** (31 mai). — Lettres patentes de François Ier, par lesquelles il est fait don et octroi aux consuls et habitants de Narbonne, par forme de modération et *rabattement* sur les taxes auxquelles ils devaient être cotisés pour les deniers royaux des tailles, d'une somme annuelle de 3,000 livres tournois, pendant cinq années, en considération des « grandes pertes, intéresstz « et dommaiges que.... les manans et habitans de la ville « et cité de Narbonne ont par le passé soustenuz et sup« portez, portent et soustiennent encores de présent, a « l'occasion des rampartz et fortiffications qui ont esté par « cydevant faictz en lad. ville. Pour lesquelz plusieurs « maisons d'icelle ont esté abbatues et desmolies et sem« blablement grant nombre d'arbres fruictiers, tant oli« viers que autres, couppez et rasez..., ce qu'ilz ne pour« roient bonnement faire, ne aussi pareillement entretenir, « comme il est tres requis et nécessaire, la grant chaulsée « par laquelle la riviere est conduicte en lad. ville. » Ces lettres, qui sont contresignées de Montmorency, portent, sous cette formule, la mention de leur publication en la chambre des Comptes de Montpellier : « Lecta, publicata « et registrata in camera compotorum domini nostri regis « patrie Lingue occitane in Montepessullano sedente. » (Français.)

Fº 55 vº. — **1533** (4 juin). — Entérinement, par les généraux conseillers du roi sur le fait et gouvernement de ses finances, du don et octroi de 3,000 liv. tourn. fait aux habitants de Narbonne, par les lettres patentes de François Ier, du 31 mai 1533. (Français.)

Fº 56. — **1533** (16 septembre). — Entérinement, par les gens des Comptes du roi à Montpellier, des lettres patentes de François Ier, du 31 mai 1533, portant don et octroi aux habitants de Narbonne d'une somme de 3,000 liv. tourn., par forme de réduction sur les deniers royaux des tailles, pendant 5 années consécutives. (Français.)

Fº 56 vº. — **1533** (26 novembre). — Lettres de François Ier, données à la Côte-Saint-André, qui accordent aux habitants de Narbonne, pour en jouir à dater de l'expiration des lettres du 31 mai 1533, une prolongation de 5 années du don et octroi de 3,000 liv. t. à eux fait par ces dernières lettres, sous forme de modération sur les tailles annuelles, pour les dédommager des charges qu'ils avaient supportées en raison de la construction des remparts de la ville. Cette prolongation est accordée sur la demande qui en avait été faite au roi, lors de sa joyeuse entrée à Narbonne, par le cardinal de Lorraine, qui occupait alors le siége archiépiscopal, en considération de la grande fidélité dont les habitants avaient fait preuve envers le roi et ses prédécesseurs, et de ce que la ville est « l'une des plus an« ciennes et principalles villes et cités du royaume et la « clef du pays de Languedoc, laquelle par le passé a esté « subgecte et grandement chargée de gros nombre de gens « d'armes et de tout autre subcide mis sus pour le faict de « la guerre. » (Français.)

Fº 57 vº. — **1535** (6 mars). — Lettres de François Ier, données à Crémieux, qui prolongent, pour 10 années consécutives à dater du dernier octroi, le don de 3,000 liv. t. fait aux habitants de Narbonne, par forme de réduction sur les tailles, en dédommagement des charges qu'ils ont subies par le fait de la construction des remparts et fortifications de la ville. Les motifs de cette prolongation sont pris de la grande fidélité des habitants, de leur *sujétion* et obéissance, des *foules* qu'ils ont supportées à l'occasion de la guerre, ainsi que de la nécessité de les aider dans l'*entretènement* de la rivière d'Aude et de la chaussée. (Français.)

F° 58.— **1536** (16 février).— Entérinement, par les généraux conseillers du roi sur le fait et gouvernement de ses finances, des lettres de François Ier, du 6 mars 1535, qui prolongent pour 10 ans le don de 3,000 liv. tourn. fait aux habitants de la ville par forme de réduction sur les tailles. (Français.)

F° 58 v°.— **1536** (23 février).— Entérinement, par les gens des Comptes du roi à Montpellier, des lettres patentes, du 6 mars 1535, mentionnées au précédent article. Cet entérinement est consenti sous la condition que le don portera spécialement sur le montant des deniers de l'aide, de l'octroi et des crues, qui sera réduit d'autant, et que le reste de ces deniers sera « imposé et coéqué sur tous les « manans et habitans de lad. ville et cité de Narbonne, le « fort portant le faible. » (Français.)

F° 59. — **1537** (6 août). — Défenses faites de la part des consuls :— à tous courtiers et courtières d'user de leurs offices avant d'avoir prêté serment entre les mains des consuls, sous peine de la cize (1) de 25 livres ; — à tous revendeurs et revendeuses de rien acheter, avant l'heure de midi, « qui soyt pour manger et qui n'ait esté plassaigé; » — à « toutes manieres de gens » de chasser dans les vignes du territoire, « ne y entrer qu'elles ne soyent ven- « dengées ; » — à « toutes manyeres de gens de quelque « estat et qualité qu'ils soyent, » de mettre le feu aux « ras- « tols du territoyre » avant que la fête de St-Michel ne soit passée ; — et à tous manans et habitans de jeter des eaux puantes ou sales, des immondices et ordures par les rues ou barbecannes de la ville. — Criée de ces défenses par les trompettes de la ville, avec leur publication dans les places et lieux publics par deux sergents du consulat. (Français.)

F° 59 v°. — **1542** (15 août). — Acte dressé — par les consuls contre M. de Lupian, lieutenant du vicomte de Joyeuse, capitaine de la ville, à l'occasion de ce qu'il avait refusé d'acquiescer à leur demande en élargissement du *tambourin* qui ouvrait la marche des *fustiers* dans la célébration de leur fête de N.-D. d'Août, et qu'il avait fait arrêter et mettre en prison sous prétexte qu'il était défendu de donner d'aucun instrument dans la ville sans la permission du capitaine, — et par M. de Lupian contre le juge ordinaire de la viguerie, à l'occasion de ce qu'il avait fait élargir le prisonnier sur la simple demande des consuls.— Témoins de l'acte : Guillaume Contadis et Paul Delort, chanoines en l'église Saint-Just, Henri Esclavaire, Paul Déapcher, bourgeois, et Pierre Teissier. (Français.)

(1) Amende fixée par les consuls.

F° 60 v°. — **1547** (14 octobre). — Déclaration d'un sieur Pierre Imbert, sergent royal, par laquelle il confesse avoir reçu de Nicolas de Lacourt, comme procureur de l'hôpital de Narbonne, 7 charges de vin « prim, » bon et marchand, pour 7 charges de vendange que lui devait ledit hôpital.— Témoins : Jean Cadas et M° Ioland Dupont, clerc de Narbonne. (Roman.)

F° 60 v°. — **1547** (27 juillet). — Lettres patentes de Henri II, données à Reims, qui portent continuation, pour 10 ans, du don et octroi de 3,000 liv. tourn. fait aux habitants de Narbonne par forme de réduction sur les tailles. (Français.)

F° 61 v°. — **1549** (16 février). — Entérinement, par les généraux conseillers du roi sur le fait et gouvernement de ses finances à Montpellier, des lettres patentes du 27 juillet 1547, qui continuent, pour 10 ans, le don de 3,000 liv. tourn. fait aux habitants de Narbonne par forme de réduction sur les tailles. (Français.)

F° 62. — **1549** (19 mars). — Entérinement, par le Parlement de Toulouse, de certaines lettres obtenues par les consuls de Narbonne, en relief des fins de non recevoir et désertion d'appel opposées au syndic des consuls, manans et habitants de Narbonne, par les commissaires des requêtes du Palais, dans un procès pendant entre la ville et Antoine Cabassolle, valet de chambre du roi, concernant le paiement de 500 setiers de blé que ledit Cabassolle avait livrés aux consuls sur les 1,000 setiers qu'il s'était engagé à leur fournir pour l'approvisionnement de la ville. (Français.)

F° 63. — **1550** (5 novembre). — Acquisition faite de Marguerite Parazols, femme de Pierre Laurent, *hôte* de l'Écu de France, par Julien Mercier, Arnaud Séguier et Cibus Cellier, en qualité d'exécuteurs testamentaires de Mathieu Peyronne, bourgeois de Narbonne, d'une maison située à l'île St-Nazaire, et confrontée à l'ouest par le consistoire de l'Office des pareurs et par Vitalis Gros, aludier; à l'est par Jean Milhas, tondeur de draps; au midi par Jean de Lacroix, et au nord par la rue de la Parerie. Les exécuteurs testamentaires de Mathieu Peyronne acquièrent cette maison, conformément à ses dernières volontés, « ad utilitatem scolarum de novo in presenti civitate.... et teno- « rem sui predicti testamenti insequendo constructarum « et edificatarum. » — Prix de l'acquisition : 450 livres tourn. qui furent payées en 69 ducats d'or de 2 liv. 2 sous tourn. chacun et en une pièce d'or dite double castillane de 5 liv. 2 s. tourn. — Témoins qui figurent dans l'acte Antoine Claux, Étienne Ducret, sellier, et Benoit de Brinde, coutelier.

F° 64 v°. — **1520** (5 novembre).— Bail à nouvel acapit fait par les exécuteurs testamentaires de Mathieu Peyronne, « fondatoris principalis scolarum noviter edifficata« rum in civitate Narbone et prope portale sancti Cosme « et illi contiguarum, » à Pierre Laurent, hôte du logis de l'Écu de France, et à Marguerite Parazols, sa femme, de la maison que ceux-ci avaient vendue, par acte du 5 novembre 1520, auxdits exécuteurs testamentaires, « tam« quam administratoribus et gubernatoribus dictarum « scolarum. » Le bail de cette maison est fait moyennant la censive annuelle de 7 liv. 10 sous tourn., payable à la fête de Noël, et sous la réserve, en faveur desdites écoles, des droits de lods, foriscape, prélation, commise, incursion et autres en dépendant comme franc alleu.— Témoins de l'acte, qui fut reçu par Barthélemy de Cogomblis, notaire : Antoine Claux, forgeron, Étienne Ducret et Benoit de Brinde.

F° 66.— **1521** (3 septembre). — Acquisition, faite par les exécuteurs testamentaires de Mathieu Peyronne, d'une maison située île du Consulat, confrontée au midi et au nord par la rue publique, au cers par Pierre Rodil, et au marin par la maison dite de dona Antonia Delpech. — Prix de la vente : 300 liv. tourn. payées en une pièce de 4 ducats, 29 doubles ducats, 78 ducats et 3 écus sol. — Vendeur : René de la Rue, marchand. — Témoins qui figurent dans l'acte : Honoré Pélissier et Pierre Laurency, aubergiste.

F° 67. — **1521** (3 septembre). — Bail à nouvel acapit fait à René de la Rue, marchand, par les exécuteurs testamentaires de Mathieu Peyronne, de la maison qu'ils venaient de lui acheter, dans l'île du Consulat, pour en convertir les revenus à l'utilité des écoles fondées dans la Cité, par ledit Mathieu Peyronne, près du portail St-Cosme. — Conditions du bail : une censive annuelle de 15 liv. tourn., payable à la fête de Noël, avec réserve de tous droits de lods, foriscapes, prélation, etc., au profit des écoles.

F° 68 v°. — **1548** (?) 2 septembre). — Lettre du connétable de Montmorency, écrite aux consuls à l'occasion des mouvements populaires qui s'étaient produits à Angoulême, à Bordeaux et en Saintonge par suite de l'établissement de la gabelle du sel. « Craignant que telle maniere de gens « séditieux et malingz se extendissent... pour séduire et « corrompre la dévotion que les bons subjetz ont a l'obéis« sance de leur prince » dans son gouvernement du Languedoc, le connétable recommande aux consuls « de se « donner garde que aucunes entreprinses, émotions ou « assemblées ne ce fassent..., ne aucuns actes, soict de « faict ou de parolle, qui puisse tomber a émotion ou déso« béissance aucune. » (Français.)

F° 68 v°. — **1548** (?) 7 septembre).— Missive du comte de Villards, frère du connétable de Montmorency, écrite aux consuls à l'occasion des mouvements populaires survenus en Saintonge, à Angoulême et à Bordeaux. Un gentilhomme porteur de cette missive et de la lettre du connétable devait expliquer aux consuls l'objet de sa commission. Le comte exprimait l'espoir qu'ils ne voudraient pas faire *pis* que leurs prédécesseurs et il les informait qu'il avait fait part au roi « de leur bonne volonté et fidélité dont il « ne leur pouvait venir que du bien, outre un honneur « perpétuel. » (Français.)

F° 69.— **1548** (11 septembre).— Commission par laquelle Honorat de Savoie, comte de Villards, *captan* de Beuf, vicomte de Châtillon, baron de Montpezat, lieutenant du roi au gouvernement du Languedoc, charge le sénéchal de Carcassonne et les viguiers royaux de la sénéchaussée, de dresser, chacun en son ressort, *l'étape* à deux compagnies de gendarmerie et six enseignes de gens de pied qui étaient envoyées, pour le service du roi, dans la Guyenne en traversant le Languedoc. (Français.)

F° 69 v°. — **1548** (11 septembre). — Tableau arrêté par M. le comte de Villards, des vivres et fournitures à livrer aux troupes dans les lieux d'étape, *par jour ordinaire et jour de poisson*, pour les gens de pied et les hommes à cheval. Les lieux d'étape étaient fixés de la manière suivante : — pour les gens de pied : de Frontignan à Fabrezan; de Florensac à Capestang; de Capestang à La Caunette; de la Caunette à St-Amans; de St-Amans à Lavaur; — pour les hommes à cheval : de Capestang à Bizeles-Aillères; de Bize-les-Aillères à Peyriac-Minervois; de Peyriac à Cuxac et Caudebronde, et desdits lieux à Revel. (Français.)

F° 81. — **1548** (25 septembre). — Commission par laquelle le connétable de Montmorency, grand maître de France, gouverneur du Languedoc, charge Henry de Laye de la levée, dans le diocèse de Narbonne, « de 60 pionniers « bons et souffisants pour servir et employer à la conduite « de l'artillerie et munitions de guerre qui sont présen« tement en chemyn pour passer au pays et duché de « Guyenne, ou nous allons présentement, dit le connéta« ble (1), pour le service du roi. » (Français.)

(1) Le connétable de Montmorency, chargé de réduire les insurgés de la Saintonge, d'Angoulême et de Bordeaux (vid. supra, f° 68 v° et 69), avait tiré de son gouvernement du Languedoc 20 pièces de canon, pour la conduite desquelles le diocèse de Narbonne dut fournir un contingent de 60 hommes.

F° 81. — **1548** (septembre). — Lettres patentes de Henri II, qui confirment aux habitants de Narbonne, « en « considération de leur bonne amour, fidélité et loyaulté, » tous les priviléges, droits, usages, exemptions, dons, grâces et libertés dont les consuls pourront « faire apparoir « quand besoin sera, » pour en jouir et user à perpétuité. (Français.)

F° 82.— **1548** (25 février).— Commission donnée au viguier de Narbonne par les commissaires chargés de la vente du domaine royal dans le Languedoc, à l'effet de procéder à une enquête de *commodo vel incommodo*, sur la vente des droits seigneuriaux appartenant au roi sur la métairie de Lebrettes dans le territoire de Narbonne. Ces droits se composaient d'une censive annuelle de 11 setiers de blé et de 40 s. tournois. La vente devait aussi comprendre la juridiction haute, moyenne et basse, mère et mixte impère, avec pouvoir de nommer tous officiers de justice. Pour l'acquisition de ces objets, M. Martin Delort, juge en la viguerie de Narbonne, avait fait une offre de 190 liv. tournois. (Français.)

F° 83. — **XVIe siècle.** — Inventaire des pièces d'une production faite pour la ville, dans certain procès « démené en l'auditoire présidial de Carcassonne » entre les consuls de Narbonne et noble Aléxis Singlar, seigneur de Marmorières. (Français.)

F° 83 v°. — **1548** (28 juin). — Lettres patentes de Henri II, données à Y-sur-Tille, qui ordonnent, sur la demande qu'en avaient faite les États du Languedoc, la continuation de la levée des anciens péages et leudes, affectés à la réparation et à l'entretien des chemins et des ponts et *passages*. Le produit de cette levée devait être employé dans les terres mêmes où les droits étaient perçus, nonobstant toutes oppositions des communautés, des gens d'Église, des receveurs ou préposés, qui devaient être « constrainets « par prinse et saisinement desd. deniers et revenuz, et par « aultres voyes dues et raisonnables, a réparer et entrete- « nir lesd. chemins, pontz et passaiges tant que lesd. deniers « et revenuz y pourront suffire et fournir. » (Français.) — (Transc. au présent thal., f° 122.)

F° 84 v°.— **1548** (29 mars).— Entérinement, au Parlement de Toulouse, des lettres patentes de Henri II, qui ordonnent la continuation de la levée des droits de péage et de leude affectés à la réparation et à l'entretien des ponts, chemins et passages du Languedoc. (Français.)

F° 85. — **1548** (23 mars). — Lettre datée de Lyon par Antoine Contadis et Jean Périer, députés de la ville, par laquelle ils informent les consuls de la négociation d'une lettre de change de 1,000 livres, qu'ils s'étaient procurée pour parer aux frais de leur voyage à Compiègne, où se trouvait en ce moment la Cour. (Français.)

F° 85. — **1549** (15 avril). — Assignation donnée par les commissaires chargés de la vente du domaine royal dans le Languedoc, à Martin Delort, juge en la viguerie de Narbonne, qui avait déjà fait une offre pour l'acquisition des droits seigneuriaux et de la juridiction du domaine de Lebrettes, pour qu'il eut à se présenter devant eux à l'effet d'enchérir sur l'offre faite au nom de la ville par Sébastien André, premier consul, pour l'acquisition de ces mêmes droits, ou d'en voir passer acte de vente à la ville. Les commissaires chargés de la vente du domaine sont Michel Dufaur, juge mage en la sénéchaussée de Toulouse, Pierre Potier, seigneur de la Terrasse, et Jean Séjournant, conseiller de la reine, receveur général de son domaine et des revenus de ses terres et seigneuries. (Français.)

F° 86. — **1548** (2 juin). — Commission donnée par les commissaires chargés de la vente du domaine royal en Languedoc, au viguier de la Vicomté de Narbonne, à l'effet de procéder à une enquête au sujet « des droitz et debvoyrs, « honneurs, auctorités, préhéminences et prérogatives que « le roy a, prend et luy appartiennent et a coustume pren- « dre et percepvoir pour raison des uzaiges, censives et « jurisdiction haulte, moyenne et basse en et sur la mé- « tairie ou grange et terres de Lebrettes. » Une semblable enquête avait été ordonnée par commission du 25 février 1548; mais elle n'avait pu aboutir par suite des oppositions qu'y avait faites Me Martin Delort, juge de la Vicomté. (Français.)

F° 86 v°. — **1549** (23 novembre). — Réquisition faite à Sébastien André, premier consul, par Me Martin Delort, juge de Narbonne, pour qu'il eut à lui remettre l'original de la commission donnée par les commissaires chargés de la vente du domaine, pour informer des droits appartenant au roi sur la seigneurie de Lebrettes, lesquels devaient être mis en vente. Cette réquisition était fondée sur ce que le conseil général de la ville « ayant conclu qu'il ne luy seroict « faict destourbier ne empeschement, a l'achept de ladicte « seigneurie, » il voulait s'aider de l'original dont il s'agit pour faire l'acquisition des droits à vendre. — Remise de cette commission, faite sous la condition que l'acquéreur ne donnerait aucun trouble à la ville dans la jouissance des droits qu'avaient ses habitants sur la seigneurie de Lebrettes. (Français.)

F° 87. — **1549** (28 mai). — Arrêt du Parlement de Toulouse, par lequel il est enjoint aux capitouls, sénéchaux, viguiers et autres magistrats, de veiller à ce que les liards « estans bons et de tous coings du roy, faictz en ses mon- « nayes et de bonne loy, » aient cours et soient reçus par tous les sujets du ressort. Dans ce but, ces magistrats devaient faire les proclamations et injonctions requises, et procéder contre les récalcitrants par emprisonnement et autres peines corporelles ou par amendes. (Français.)

F° 87.— **1549** (27 juin).— Sentence rendue par M. de Nupces, régent et commissaire au sénéchal de Carcassonne, sur l'instance introduite devant le sénéchal par le syndic de la ville contre M. de Salles, écuyer, seigneur de Vinassan, par laquelle la ville est maintenue en « la possession, say« sine et liberté » de passer et repasser avec le bétail, tant gros que menu, soit des habitants eux-mêmes, soit de tous autres, « *qui auront accordé,* » par le chemin des bords du joncas de l'étang, pour aller au territoire de la Clape ou en revenir, « et ce liberement et sans encourir aulcune « peyne, sans toutesfois laisser arrester led. bestail aud. « chemyn sinon pour passer tant seullement et sans « fraulde. » Par cette sentence, le seigneur de Vinassan est maintenu en la possession du droit de prohiber et défendre, tant aux habitants de Narbonne qu'à tous ceux qui auraient *accordé,* de mener paître et pacager leurs bestiaux gros et menus dans le territoire de Vinassan sans sa permission. Les saisies pratiquées en cas de contravention étaient faites au profit du seigneur. (Français.)— (Transc. au présent thal., f°s 130 et 130 v°.)

F° 88.— **1549** (juillet,-1er août).— * Lettres patentes de Henri II, données en forme de charte, par lesquelles les habitants de la ville sont exemptés et affranchis « du « faict, payement et contribution » de leurs tailles ordinaires, ainsi que de la portion de l'équivalent, des leudes et péages, et de la contribution des munitions mortes. Cet affranchissement est motivé sur ce que « les grandes char« ges, pertes et incommoditez » que les habitants supportent, les ont mis en telle extrémité qu'ils sont contraints d'abandonner la ville; que plusieurs maisons ont été démolies « pour carrer la ville et la mectre en la défence qu'elle est, « et aussi pour les tranchées et esplanades; » que les bois des habitants ont été coupés pour monter les affûts de l'artillerie; que la fermeture des portes qui a lieu « de grand « heure, » alors que leur réouverture se fait tard, tient lesdits habitants en grande sujétion et leur fait perdre une partie du jour pour le labourage de leurs terres « ou « consiste leur principal bien et subsistance, et sont davan« tage en danger de leurs personnes et biens s'ils arrivent « ung peu tard, parcequ'ilz n'ont aucunes granges, ny « faulxbourgs es environs de la ville; » qu'en outre ils sont tenus de faire le guet et de loger les gens de guerre; qu'ils supportent des charges aussi grandes que celles de nulle autre des villes frontières « sans avoyr aucunes exemptions, « privilléges ny franchises non plus que les villes d'inté« rieur, » ce qui est une cause de diminution pour la population de la ville, parce que chacun, « au lieu de y venir « habiter, est porté tascher de s'en oster et tirer hors. » Par ces lettres patentes, il est en outre permis aux consuls de dresser « un poix ou seront prisées toutes et chascunes les « marchandises et autres choses qu'il sera besoing priser et « non ailleurs, » sous peine de confiscation desdites marchandises. Le droit de pesage est fixé à 3 d. t. pour chaque quintal de marchandise pesée. Au moyen de l'exemption des tailles et de l'établissement du poids public, les habitants demeuraient chargés de la garde de la ville et de faire le guet, « jusques au nombre de 200 hommes des plus « suffisantz qu'ilz pourront choisir et agréables au gouver« neur du pays. » Sur ce nombre d'hommes, dont la discipline appartenait au gouverneur de la ville, ou à son lieutenant, et en leur absence au capitaine, il devait en être fourni 50 pour le guet de chaque nuit.— Entérinement de ces lettres patentes par les trésoriers généraux de France. (Français.)— (Transc. au présent thal., f° 96 v°.)

F° 89 v°.— **1549** (?) 25 août).— Missive du connétable de Montmorency, par laquelle il annonce aux consuls qu'il a fait entendre au roi « la grande abondance des bledz « qu'on tiroit du Languedoc pour porter en Espaigne, suy« vant la traicte générale qu'il en avoit baillée, laquelle il « a voulu estre retirée et fermée. » (Français.)

F° 89 v°. — **1549** (?) 13 septembre). — Lettre du vicomte de Joyeuse, datée de Couiza, portant envoi aux consuls d'un double de la lettre du roi qui ordonne « la « ferme des bledz. » Ce double avait été envoyé au vicomte par le connétable de Montmorency, gouverneur du Languedoc. Les consuls en font la remise aux officiers du roi, qui étaient chargés de faire les criées et proclamations requises. (Français.)

F° 90. — **1549** (22 août). — Lettres de Henri II, qui chargent le connétable de Montmorency de faire « retirer « la traite du blé » dans tout son gouvernement du Languedoc. Depuis l'ouverture des traites générales accordées pour tout le royaume, une grande quantité de blé avait été exportée du Languedoc, à destination de l'Espagne principalement, et la disette se faisait déjà sentir dans la province. C'était pour calmer les inquiétudes que cette situation faisait naître que la traite était suspendue. L'urgence de cette mesure, au début de la récolte, est expliquée en ces termes dans la lettre du roi : « Combien que nous soyons au temps « qu'il en doibt avoir plus grande habondance que en nul « autre de l'année, toutesfoys il commence ja a y en avoir « si peu que la charté y est fort grande, à la grant foulle et « intérestz du pouvre peuple. » (Français.)

F° 90. — **1549** (?) 30 novembre). — Lettre de M. de Berthereau, bailli du palais, répondant à des remerciments que les consuls lui avaient adressés pour les soins qu'il s'était donnés à l'effet d'obtenir certaines provisions accordées à la ville. Il leur offre, en même temps, d'être leur intermédiaire dans toutes les demandes ou démarches qu'ils auront à faire à la Cour, et dans la poursuite de toutes affaires qui pourront les concerner. Afin d'épargner à la ville les grandes dépenses que lui occasionnait la fréquence des députations, seul mode employé jusque là pour la négociation des affaires, soit à Paris, soit auprès du Parlement, ou des Cours de la province, il ajoute : « ne vous mectez en peyne « d'envoyer ny faire autre despence pour la poursuite de « cella, ny d'autres choses qui vous puyssent toucher, car « en m'en advertissant seulement par la poste je mectray « peine que vous en serez satisfaictz en telle diligence « qu'aurez cause de vous en contenter, car je m'y employeray tousjours de bon cueur. » (Français.)

F° 90 v°. — **1549** (juillet,-août). — Vidimus donné par Pierre de Montredon, seigneur de Ste-Croix (1), Escales, Montredon et Murviel, coseigneur de Montpezat, viguier, et Martin Delort, seigneur de Porcaraigues et Lebrettes, juge de Narbonne, des * lettres patentes de Henri II, du mois de juillet 1549 (voy. supra, f° 38 et infra, f° 96 v°), qui affranchissent les habitants de Narbonne du paiement des tailles royales ordinaires, de leur portion de l'équivalent, des leudes et péages, ainsi que de la contribution des munitions mortes, et qui leur accordent, en même temps, la permission d'établir un poids public pour le pesage des marchandises, moyennant un droit de 3 den. tourn. par quintal, sous la condition de fournir 200 hommes pour la garde de la ville et le guet. (Français.)

F° 92 v°. — **1549** (30 novembre,-13 décembre). — Lettres patentes de Henri II, qui mandent aux gens des Comptes de Paris et au trésorier de l'épargne du roi, de faire incontinent jouir et *user* les habitants de Narbonne du privilége de l'exemption des tailles, des leudes et péages, de l'équivalent et de la contribution des munitions mortes, qui leur a été accordé par lettres patentes, en forme de charte, du mois de juillet 1549. — Entérinement de ces lettres patentes par les gens des Comptes. (Français.). — (Transc. au présent thal., f° 98.)

F° 93 v°. — **1549** (31 décembre,-17 janvier (2)). — Lettres patentes de Henri II, qui mandent aux gens des Comptes de Paris de procéder, sur le vu desdites lettres qui doivent servir « pour premiere, seconde et tierce jussion, « sans que cy apres soyt besoing en expédier autres, » à la vérification, expédition et insinuation des lettres patentes du mois de juillet 1549, et de faire jouir les habitants de Narbonne du privilége de l'exemption des tailles royales ordinaires, leudes et péages, contribution des munitions mortes et de l'équivalent, que ces lettres leur accordent. — Entérinement desdites lettres patentes par les gens des Comptes. (Français.) — (Transc. au présent thal., f° 99 v°.)

F° 95. — **1550** (7 juin). — Lettre par laquelle le connétable de Montmorency annonce aux consuls que le vicomte de Joyeuse vient de recevoir de lui l'ordre de prendre, pour faire le guet à chacune des portes de la ville, huit hommes seulement non compris les deux hallebardiers, ce qui fait onze hommes pour chaque porte, au lieu de quinze qu'il en demandait. (Français.)

F° 95. — **1550** (18 septembre). — Défense faite de la part du roi par le vicomte de Joyeuse, capitaine gouverneur de Narbonne, en sa qualité de lieutenant du connétable de Montmorency au gouvernement du Languedoc, de tirer aucune espèce de grains de toute l'étendue de ce gouvernement, par terre comme par mer, à moins d'un ordre formel du connétable, sous peine de confiscation de corps et de biens. — Criée de cette défense par les rues et places de la ville, faite par Pierre Sabatier, Jean Toulzanne et Antoine Cerclié, écuyers du consulat. (Français.)

F° 95 v°. — **1550** (6 juin). — Lettres *d'office* données au vicomte de Joyeuse, seigneur d'Arques, capitaine de Narbonne, par le connétable Anne de Montmorency, gouverneur du Languedoc, pour, en son absence et en l'absence du comte de Villards, son frère et son lieutenant au gouvernement du Languedoc, les remplacer l'un et l'autre en qualité de lieutenant, en tout ce qu'il verra « estre a « faire au plus pres de l'intention du roi. » L'absence du connétable, motivée sur la nécessité de sa présence à la Cour, est ainsi expliquée dans la suscription de ces lettres : « comme il ayt pleu au roy par cydevant nous donner la « charge et gouvernement de son pays de Languedoc, et « en icelluy nous faire son lieutenant général, en nostre « absance le seigneur comte de Villards, chevalier de « l'ordre du roy, nostre frere, pour l'absance duquel et « aussi pour les empeschemens que nous avons chascun « jour pres et a l'entour de la personne dud. sire, comme « chascun scayt, ne nous seroyt possible de vacquer et « entendre, come il est tres intéressé, aux choses qui surviennent et pevent survenir oud. pays. » (Français.)

F° 96. — **1551** (22 avril). — Ordonnance du juge royal de Narbonne, déclarative du droit de leude appartenant à la ville « de et sur chascun cestier de bled et autre

(1) La seigneurie de Ste-Croix, qui était limitrophe de celle de St-Pierre des Clars, était désignée sous le nom de Ste-Croix-du-Grand-Homme.

(2) L'année ne commençant qu'à Pâques, l'entérinement porte aussi le millésime 1549.

« grain sortant par son port. » Ce droit est de 4 d. tourn. par setier. La levée en était faite par voie de fermage. En 1551, le fermier de ce droit était Guillaume Mercier, seigneur de Lapalme. (Français.)

F° 96 v°. — **1549** (juillet, — 1er août). — * Lettres patentes de Henri II, données en forme de charte, qui affranchissent les habitants de Narbonne des tailles royales ordinaires, du droit d'équivalent, des leudes et péages, ainsi que de la contribution des munitions mortes, et leur accordent l'autorisation d'établir un poids public pour le pesage des marchandises, moyennant un droit de 3 den. tourn. par quintal, sous la condition de fournir 200 hommes chargés de garder la ville et d'y faire le guet. — Entérinement de ces lettres patentes par les trésoriers de France. (Français.) — (Transc. au présent thal., f° 88.)

F° 98. — **1549** (30 novembre, — 13 décembre). — Lettres patentes de Henri II, qui mandent aux gens des Comptes et au trésorier de l'épargne du roi, de faire jouir les habitants de Narbonne de l'affranchissement des tailles royales ordinaires, de l'équivalent, des leudes et péages et de la contribution des munitions mortes, qui leur a été accordé par * lettres patentes du mois de juillet 1549. — Entérinement de ces lettres par les gens des Comptes. (Français.)— (Transc. au présent thal., f° 92 v°.)

F° 99 v°. — **1549** (31 décembre, — 17 janvier). — Lettres patentes de Henri II, qui mandent aux gens des Comptes de Paris de procéder, sur le vu de ces lettres et sans qu'il soit besoin d'en expédier d'autres, à la vérification, expédition et insinuation des * lettres patentes du mois de juillet 1549, qui affranchissent les habitants de Narbonne de leurs tailles royales ordinaires, de leur portion du droit d'équivalent, des leudes et péages, et de la contribution des munitions mortes.— Entérinement de ces lettres patentes. (Français.)—(Transc. au présent thal., f° 93 v°.)

F° 100 v°. — **1550** (26 avril, — 26 juin). — Lettres patentes de Henri II, données en exécution de * celles du mois de juillet 1549, et portant que l'exemption des leudes et péages sera immédiatement appliquée à la ville, que la levée de ces droits sera faite à son profit, en attendant l'expiration des baux courants, et que, en ce qui concerne le droit d'équivalent, il sera payé, pour en tenir lieu jusqu'à cette expiration, une somme de 2,000 liv. tourn. par an sur la simple quittance des consuls. — Entérinement de ces lettres patentes par les trésoriers de France. (Français.)

F° 102. — **1550** (5 juillet). — Entérinement, par les généraux conseillers du roi sur le fait et gouvernement de ses finances, des * lettres patentes, sous forme de charte, du mois de juillet 1549, qui affranchissent les habitants de Narbonne de leurs tailles royales ordinaires, du droit d'équivalent, des leudes et péages et de la contribution des munitions mortes. (Français.)

F° 103. — **1550** (5 septembre). — Lettres de committimus données par les généraux conseillers du roi sur le fait de la justice des Aides des pays de Languedoc, Rouergue, Quercy et Guyenne, séant à Montpellier, pour l'ajournement du procureur général du roi à l'effet de voir ordonner l'exécution des * lettres patentes du mois de juillet 1549, qui portent affranchissement des tailles royales ordinaires, de l'équivalent, des leudes et péages, et de la contribution des munitions mortes en faveur des habitants de Narbonne. (Français.)

F° 104. — **1550** (19 février). — Arrêt du Parlement de Toulouse, concernant l'élection consulaire du 2 février 1550, rendu sur l'appel relevé, contre le syndic des nouveaux consuls de Narbonne par le procureur général du roi audit Parlement. Cet arrêt maintient l'élection attaquée, ordonne que les consuls élus prêteront leur serment entre les mains du viguier et du juge royaux de la ville, et appointe les parties à faire leurs productions contraires, par écrit, dans huitaine, sur les conclusions prises par le procureur général tendant à ce que le règlement relatif à la forme de l'élection consulaire de Narbonne soit conforme à celui de la ville de Béziers. Motifs de défense contre l'appel produits devant le Parlement par le syndic des consuls : « De l'an « mil cinq cens vingt neuf, a la poursuite et instance du « procureur général du roy, fut donné arrest par la Court « par lequel est constitué loy et déterminé la forme et ordre « pour procéder a l'élection des consulz en lad. ville. Lequel « arrest feust exécuté par feu M. Denys Robin, en son « vivant conseiller et second président en la Court, suyvant « lesquelz arrest et exécution depuis led. temps a esté pro- « cédé a l'élection des consulz, et mesmement ceste présente « année, le second jour du moys de février statué pour fere « lad. élection, les consulz de l'année précédente, appellez « quatre vingtz des autres habitans nommez conseillers, « auroyent procédé à l'élection de six personnaiges ydoines « et de qualité et souffisance requise pour estre consulz « ceste présente année. Quoy faisant ont ilz observé sans « enfraindre l'ordre et forme prescribs par lesd. arrestz et « exécution. Après la dicte élection M. Robert Contadis, « procureur du roy en la Court des viguier et juge de Nar- « bonne, qui auroyt paravant solicité faire mectre en élec- « tion ung Montanier, homme straugier, desplaisant de ce « qu'il auroit esté faict le contraire, pour empescher l'effaict « de lad. élection auroit usé d'ung moyen estrange. C'est « qu'il auroit présenté requeste au seigneur de Joyeuse. « capitaine en la dicte ville, par laquelle, faisant narrative « lad. élection avoir esté faicte par monopole et contre les

« arrestz de la Court, requéroit en estre enquis et inhibitions faictes ausd. esleuz ne s'entremectre a l'administration consulaire. Et ayant obtenu appoinctement tant a fin de inquisition que inhibitions suyvant la dicte requeste, auroit faict fere lesd. inhibitions ausd. consulz modernes, et par ce moyen, estans les consulz de l'année précédente desmys et abdiquez de leur charge et les modernes inhibez, lad. ville demeure destituée de l'administration consulaire qu'est fort nécessaire en icelle ville autant que en toute autre de ce royaulme. A cause de quoy, le scindic se seroit retiré ausd. viguier et juge pour en obtenir quelque provision sur ce. Ce que leur a esté refusé, voyre lesd. viguier et juge auroyent faictes inhibitions de nouveau de ne se mesler de lad. charge, avec injunction de randre les chaperons que leur avoyent esté desja baillez, et pour ce a esté contrainct se retirer a la Court, attendu le fait dont est question ou est requise prompte provision, et qu'il est question de l'entretenement et observation des arrestz par icelle donnez, et a baillé requeste afin qu'il plaise a icelle fere sortir effect lad. élection, ou bien que soit mandé ausd. viguier et juge ou séneschal de Carcassonne, apparu que soit icelle élection avoir esté faicte suyvant led. arrest et exécution, procéder a la réception du serment des dictz consulz modernes et a estre receu a la faire en jugement. » — Le procureur général, au contraire, soutenait en ces termes son appel en nullité et cassation de l'élection consulaire du 2 février 1550: « Il est assez notoyre ou bien est requis grant soing et sollicitude en la garde et administration publique de lad. ville de Narbonne et autres semblables, estans en frontiere, et que en lad. ville la charge consulaire est de grande importance, ou les consulz ont en partie la garde. Et pour ce que il a esté adverty que, sidevant, en procédant a l'élection des consulz, on le faict par forme d'eschelles, commo est appellé vulgairement, par moyen de laquelle sont receuz et admis en élection bien souvent gens insuffisans et de ville condition, et que par la Court ont esté donnez arrestz portans réfourmation de telles formes de ellection, et mesmement en la ville de Béziers, il auroit baillé requeste a la Court affin qu'il soit par icelle donné semblable règlement en la ville de Narbonne comme est donné par led. arrest de Bésiers et receu a fere lad. requeste en jugement, au moys de janvier dernier passé donné assignation aud. scindic; cependant, le second jour du moys de février, les consulz de l'année précédente ont procédé à l'exécution, pour laquelle empescher led. Contadis aurait baillé requeste aud. de Joyeuse, cappitaine en lad. ville, au moyen de laquelle il y a eu certaines inhibitions faictes ausd. consulz apres la requeste baillée par le procureur général. Laquelle et lettres sur ce expédiées furent par luy envoyées aud. Contadis pour fere exploicter. Et, au contraire, led. scindic a baillé la requeste que a présent a esté playdée. Et venant a ses conclusions conclud a l'intérinement de sa requeste,... et ce faisant qu'il soit donné semblable réglement et ordre en la forme de l'élection en lad. ville de Narbonne comme est donné par l'arrest donné quant à la ville de Bésiers, et inhibition estre faicte de ne y procéder par lad. forme d'eschelles comme a esté faict cy devant, et cependant, d'autant que par l'acte de lad. élection, dont luy a esté faict communication, ne trouve avoir esté faicte aucune contravention aux arrestz, et que les personnaiges esleuz sont de qualité et suffisance requise, en tant qu'il peut en avoir notice, déclare n'entendre empescher que lesd. consulz modernes ne soyent receuz a lad. charge, requérant estre commys et enjoinct au séneschal de Carcassonne procéder a la réception de leur serment. » (Français.)

F° 105. — 1551 (11 mai). — Arrêt donné par Honorat de Savoie, comte de Villards, lieutenant du roi au gouvernement du Languedoc, entre le procureur du roi en la viguerie de Narbonne et le syndic des consuls, manans et habitants de la ville, par lequel « il est enjoinct et commandé tres expressément aux consulz et administrateurs de la dicte ville, garder et conserver de poinct en poinct le réglement faict par mondit sieur le connestable, voulant entretenir leurs priviléges et statutz sans icelluy verser ne parvertir aulcunement jusques a ce que aultrement y ait esté pourveu, inhibé et deffendu, sur peyne de nullité de ellection et d'esmende arbitraire, d'user de brigues, bandes, et monopolles es ellections desdits consulz de la dite ville, ne de rayer, croiser ou oster aucung conseiller d'icelle dite ville sans cause et délibération de conseil, et en oultre que doresnavant les consulz, clavaire et autres comptables de la communaulté rendront compte et reliquat par devant les ordinaires de la ville, selon et suivant l'ordonnance et esdit du roy. » (Français.)

F° 105 v°. — 1551 (6 juin). — Arrêt donné par Honorat de Savoie, comte de Villards, lieutenant au gouvernement du Languedoc, sur une requête des consuls et habitants de Narbonne, entre le procureur du roi, « suppliant et empeschant la réception de certains consulz esleuz pour la présente année et demandeur en correction d'abbuz, d'une part, et le syndic « des manans et habitants de Narbonne, » d'autre part, qui porte que le troisième consul et le dernier seront reçus purement et simplement à la prestation du serment requis, et ensuite installés en leur charge, et déclare l'arrêt donné sur la même affaire, le 11 mai 1551, maintenu en tous ses autres chefs. (Français.)

F° 106. — 1551 (6 juin). — Requête présentée au comte de Villards par le syndic des consuls et habitants de Narbonne, à l'effet d'obtenir la nomination d'un commissaire chargé de la réception du serment des consuls, prescrit par les deux précédents arrêts. — Ordonnance qui commet le sénéchal de Carcassonne et les viguier et juge royaux de Narbonne pour la réception de ce serment. (Français.)

F° 106 v°. — **1551** (16 mai). — Requête des consuls et ordonnance conforme de M. le comte de Villards, donnée à Aigues-Mortes, en inhibitions et défenses « a toutes ma-« nieres de gens... de ne achepter aulcungs grains dans la « ville et diocese de Narbonne, iceulx emporter ou trans-« porter hors d'icelle, ny en faire munitions si ce n'est pour « la provision particuliere des dits habitants..., sur peyne « arbitraire. » Cette requête est motivée sur les spéculations auxquelles se livraient les marchands de grains. Il y est dit : « combien qu'il ne soyt permys ni loysible a « aulcungs merchands ny autres d'achepter les bledz ou « autres grains dans lad. ville et diocese, pour les traduyre « et enlever hors ou en fere munitions, et ce d'aultant que « lesd. grains estans dans lad. ville et diocese servent de « munitions aud. Narbonne advenant le besoyng. Ce néant-« moings aulcungs merchans et autres ont par cydevant « prins et levez partie d'iceulx grains, non tant seulement « dans led. diocese, mais aussi dans le corps de lad. ville, « que a esté cause que le bled est enchéry de dix ou douze « sols pour cestier plus qu'il n'eust faict. » (Français.)

F° 107. — **1551** (16 juin). — Criée de l'ordonnance rendue par le comte de Villards, qui fait défenses d'acheter des grains dans la ville ainsi que dans le diocèse de Narbonne, pour les exporter ou en faire *munitions*, si ce n'est pour l'approvisionnement des habitants. (Français.)

F° 107. — **1551** (3 juillet). — Permission donnée à noble Barthélemy Vendrel, seigneur de Laredorte et à Bernard Beccardit, sieur de Latour, par les consuls Paul Deapchier, Guillaume Didier, Pierre Troutaud et Guillaume Marcouyre, de construire un *clédat* de bois a la « ravalquere (1) » existant entre la maison du sieur de Latour, située Ile André Poytevin, dans le Bourg, et l'étable du seigneur de Laredorte, près de la muraille de la ville, afin d'empêcher les voisins d'y jeter leurs immondices. (Français.)

F° 107 v°. — **1551** (31 juillet). — Criée du commandement fait par les consuls aux habitants de la ville, « de « nettoier les rues chacun en son endroict, pourter les « inmondices pres les murailles et lieux non prohibez, et « néaulmoings habbatre les chemynées sortans sur les « rues ou ruelles, et fermer les pertuis d'icelles et autres « empeschiers des rues, fenestres et tuilles estans ruyneulx « et en danger de porter préjudice, et ce dans trois jours, « sur peyne de la *cize*. » (Français.)

F° 108. — **1551** (6 août). — Criée faite dans les rues de la ville, par les trois écuyers ou trompettes consulaires, du commandement fait par les consuls : — à tous courtiers ou courtières de n'avoir à user de leurs offices qu'après avoir prêté le serment requis entre les mains des consuls ; — à tous revendeurs et revendeuses de n'acheter « aulcune « chose que soyt pour manger que l'heure de mydi ne soyt « passée ; » — à toutes « manieres de gens de ne chasser « par les vignes du territoyre ne y entrer qu'elles ne soyent « vendangées ; » — de ne pas mettre le feu aux « rastouls « du territoyre » avant la fête de St-Michel ; — de ne jeter « aulcunes eaux puantes ou nettes ne inmondices par les « rues de la ville ne es barbequanes d'icelle. » (Français.)

F° 108 v°. — **1551** (juin, — août). — Arrêt de renvoi devant le sénéchal de Carcassonne, prononcé par le Parlement de Toulouse, sur l'appel qu'y avait relevé Pierre Massac, garde des ports et passages de Narbonne, à la suite du trouble que le procureur du roi en la maîtrise des ports lui donnait dans l'exercice de sa charge de consul. — Sentence définitive sur cet appel, rendue par le sénéchal de Carcassonne, en auditoire présidial à Béziers. L'appelant est déclaré absous et relaxé « des pétitions, demandes « et conclusions » formulées contre lui. (Français.)

F° 109. — **1551** (23 octobre). — Criée du commandement fait de par le roi et le comte de Villards, lieutenant général au gouvernement du Languedoc, « a tous estran-« giers et autres gens n'ayans adveu en la présent ville de « Narbonne, de quelque qualité que soyent, qu'ilz ayent « a vuyder icelle incontinent sur peyne de la hart, » et des inhibitions et défenses faites « a tous aultres, tant es-« trangiers que gens sans adveu, s'ilz ne sont soldatz ou « que n'ait maistre, de ne porter l'espée ne autres armes. » (Français.)

F° 109 v°. — **1551** (3 novembre). — Requête présentée au comte de Villards par le syndic général de la province, conformément à diverses délibérations des États du Languedoc, à l'effet de faire déclarer permis l'achat des blés de sénéchaussée à sénéchaussée et de diocèse à diocèse, « sous bonne et suffisante caution de ne les mener ne faire « conduire allieurs ne sur la riviere du Rosne, et ne les « faire sortir hors du gouvernement de Languedoc. » —

(1) Sous le nom de ravalquère ou ravalquière, on désignait également une gondole pavée et disposée en forme d'égout à ciel ouvert, servant à l'écoulement des eaux pluviales ou de vidange ; la bouche du puisard placé à la tête de l'égout auquel venait aboutir cette gondole ; ou encore cette sorte d'impasse étroite et allongée, sans aucune issue latérale, qui s'établit entre deux maisons lorsque les propriétaires ne se sont pas concédé le droit d'appui.

Ordonnance conforme rendue sur cette requête par le comte de Villards. (Français.)

F° 110. — **1551** (15 décembre). — Sentence rendue par la Cour royale de Narbonne, qui condamne Jean Garrigues, soldat de la garnison placée sous le commandement du vicomte de Joyeuse, capitaine gouverneur de la ville, pour fait de « délaissement du guet et centinelle, » à demander pardon à Dieu, au roi et au vicomte de Joyeuse, et le déclare inhabile à porter les armes. Injonction est faite, en outre, par cette sentence, à tous les soldats qui avaient été réunis pour en entendre le prononcé, « de garder leurs estations, centinelles et lieux ou seront ordonnez de garder, sans les habandonner jusques ad ce que seront levés, à la peine d'estre penduz et estranglés par leurs gorges habandonnant leurs dits guetz, suyvant la peyne du droict et discipline militaire. » (Français.)

F° 110 v°. — **1552** (15 décembre). — Attestation de Jean de Joyeuse, baron d'Arques, capitaine gouverneur de Narbonne, lieutenant du connétable de Montmorency au gouvernement du Languedoc, par laquelle il déclare que les 200 hommes « ordonnez et establiz par le roy nostre sire pour faire le guet et porte de la ville, pour la garde, deffence et thuyssion d'icelle soubz la soulde des consulz, manans et habitans de la dite ville, ont bien et deuement faict et font ledit service despuys la institution et establissement; scavoyr est 50 hommes chascune nuict de guet et garde, et aulcunes foys cent ou aultre plus grant nombre quant il nous plaict le commander. » (Français.)

F° 110 v°. — **1551** (21-24 octobre). — Présentation faite par Paul Deapchier et Guillaume Didier, consuls de Narbonne, aux commissaires présidant pour le roi aux États du Languedoc, des lettres patentes du 26 avril 1550, données pour l'exécution de * celles du mois de juillet 1549, qui affranchissent les habitants des tailles ordinaires, du droit d'équivalent, des leudes et péages et de la contribution des munitions mortes. Les consuls, en faisant cette présentation, demandaient que lors de l'adjudication du bail à ferme du droit d'équivalent, la ville fut distraite et séparée du corps du diocèse. Cette distraction leur fut accordée, malgré les protestations et réquisitions contraires de Jean Salamou, docteur ès-droits, et Robert Leblanc, juge ordinaire de Nîmes, syndics généraux du Languedoc, qui voyaient dans le don fait à la ville de Narbonne un grand préjudice au reste du diocèse. — L'exécution des lettres patentes d'affranchissement des tailles, accordées à la ville, était vivement combattue. La province, le diocèse surtout, au nom desquels agissaient les syndics du Languedoc, s'y opposaient de toutes leurs forces. En présence des États, alors réunis à Montpellier, et au moment où les droits d'équivalent dont la ville était déclarée affranchie allaient être mis en adjudication, ils attaquaient ce privilége par une requête dans laquelle ils remontraient aux États, pour les entraîner dans leur opposition, « que l'afferme de l'équivalent est au prouffit du pays en diminution de l'ayde, et que de donner ce privileige a la dicte ville de Nerbonne se seroit grandement surcharger led. pays, s'il luy falloit porter la portion que peult monter lad. ville, mesme que la diocese sans la dicte ville pour le regard dud. équivallent est de petite estandue, joinct que en temps de guerre les habitans de lad. diocese, pour estre en frontiere et mectre leurs personnes et biens en seurté, sont contrainctz et ont accoustumé se retirer en la ville de Nerbonne et lors le droict de l'équivallent de tout led. diocese est entierement perdu pour le pays; joinct que par les lettres sur ce obtenues par les habitans dud. Nerbonne, led. Sire n'entend bailler pour le trienne courant aux dits habitans si n'est la somme de deux mil livres tournois (1), et leur permect par cy apres de prandre et lever le dict droict par leurs mains, si monte led. droict de l'équivallent du seul corps de la ville annuellement quatre mil livres et plus, qui seroyt un grant prejudice au pays, et plusieurs autres incommoditez et dommaiges que led. pays seroit contrainct suffrir qu'il entand plus amplement remonstrer au roi, requérant que, pour ce fere, il plaise luy renvoyer sans rien inneuver cependant de la forme acoustumée pour le regard de l'équivallent, et comprandre lad. ville de Nerbonne avec led. diocese. » Ils ajoutaient, enfin, que, dans le cas contraire, ils n'entendaient consentir en rien à ce qui serait fait pour l'adjudication de la ferme de ce droit, si elle était donnée sans que la ville y fut comprise, et qu'ils y faisaient opposition « pour le regard de l'intérest dud. pays. » (Français.)

F° 113. — **1551** (2-3 février). — Acte dressé sur les réquisitions respectives des parties, pour constater que les viguier et juge royaux de Narbonne, en exécution des inhibitions à eux faites par M. de Joyeuse, capitaine de la ville, refusaient d'installer dans leur charge les consuls élus le 2 février 1551. Ces inhibitions avaient été provoquées par une requête du procureur du roi en la viguerie de Nar-

(1) Cette assertion n'est pas exacte. On voit, au contraire, par les lettres patentes du 26 avril 1550, que le roi avait voulu que la ville profitât immédiatement de l'exemption, en ce qui concernait l'équivalent comme pour tout le reste, puisqu'il ordonnait que, pendant le cours du bail existant, sur lequel on ne pouvait alors revenir, le produit de ce droit, évalué provisoirement à 2,000 liv., lui serait tenu en compte par voie de remboursement, au moyen d'une somme égale à prendre des deniers du roi. Ce n'était donc pas une somme de 2,000 livres qui était octroyée à la ville, mais bien le montant même de l'équivalent. La somme de 2,000 liv. n'en était que l'évaluation.

bonne demandant le maintien des anciens consuls, jusques après enquête sur les circonstances de l'élection des nouveaux consuls, qui n'ont « esté faitz suyvant ce que monsieur « le séneschal de Tolouse, commissaire de M. le connes- « table, en avoyt ordonné, ains ont estó faictz par monopol- « les, en tant que avant la dite création estait publié que « ceulx qui ont esté consulz en seroyent, qu'est chose per- « nitieuse que en une telle ville comme ceste cy de fron- « tiere se facent tels monopolles, qui pourroit redonder au « dommaige du roy et de la république de la présente « cité. » Les consuls anciens, déclarés maintenus en leur charge par le viguier et le juge de Narbonne, étaient Gabriel Delort, Paul Vignes, Pierre Courtés, Pierre Troutaud, Jean Jouve et Jean Tournier. L'élection du 2 février 1551, qui avait porté aux fonctions consulaires Pierre Maury, sieur de Pardeilhan, Paul Deapchier, Guillaume Didier, Pierre Massac, Jean Ventajou et Guillaume Marcouyre, avait été faite conformément aux règles établies, c'est-à-dire par la majorité des conseillers matriculés, échelle par échelle, sur une liste de trois candidats élus par les consuls sortants pour chacune des six charges consulaires. Cette forme d'élection et la prestation de serment des nouveaux consuls entre les mains des anciens, qui était observée depuis le XIIIe siècle (vid. 2e thal., f° 92, AA. 101; 3e thal., f° 38, AA. 103, etc.), sont constatées en ces termes dans la suscription de l'acte : « Dans la maison consulaire de la « Cité de Narbonne, estans assemblez nobles et honorables « hommes Gabriel Delort, Paul Vignes, ... consulz, avec « la plus grande partie de leurs conseillers expressément « appellez, a la fourme acoustumée, pour procéder a no- « mination et élection des consulz pour régir, gouverner « et administrer les biens et droictz de la républicque dud. « Nerbonne, pour l'année commençant led. jour, et a « semblable jour et feste (la Chandeleur) finissant, et apres « les sollempnitez gardées, et nomination faicte par lesd. « consulz de dix huict personnaiges, gens de bien, ydoynes « et cappables pour gouverner icelle républicque, et faictes « courir les voix par ordre a la façon ancienne, ellection « auroyt esté faicte par mesd. sieurs les conseillers, ou la « plus grande partie d'iceulx, des personnes de nobles et « honorables hommes Pierre Maury, sieur de Pardeilhan, « Paul Deapchier, etc., ausquelz mesd. sieurs les consulz « vieulx et conseillers auroyent donné pouvoyr et puis- « sance de bien et deuement régir, gouverner et adminis- « trer les biens de lad. ville, garder de tout leur pouvoyr « les auctoritez et prééminences d'icelle, et pour ce faire « mesd. sieurs les consulz nouveaulx ou la plus grande « partie d'iceulx l'auroyent ainsi juré entre les mains de « mesd. sieurs les consulz vieulx, promettant ainsi le faire « suyvant les anciens réglements et coustumes de Ner- « bonne.... » — Témoins qui figurent dans l'acte : noble Henri Sabatier, sieur de la bourgade, André Sabatier, Durand Nautonier, Jean Mathelin, Nicolas de la Court, François Fabre, Pierre Baliste, Barthélemy Osset, etc. — Avant la cloture de cet acte, trois des consuls nommés, Paul Deapcher, Guillaume Didier et Jean Ventajou, déclarent relever appel de leur élection. (Français.)

F° 114 v°. — **1552** (25 février). — Inhibitions et défenses faites par les consuls, en conséquence de la permission donnée à la ville d'établir un poids commun pour le pesage des marchandises, à tous marchands, revendeurs, regratiers, etc., tant habitants qu'étrangers, de vendre ou acheter quelque marchandise que ce soit sujette au pesage, sans la faire peser au poids de la ville, ou de l'exporter, sans prendre bulletin de MM. les consuls ou de leur commis audit poids. Ces défenses étaient faites à cause « de la grant incertitude et diversité des poix que sont en « ceste ville de Narbonne,.. et pour éviter a tous abuz et « fraudes que pourroyent estre sur ce commises. » — Criée de ces défenses dans le Bourg, la Cité et les places et lieux publics accoutumés. (Français.)

F° 115. — **1551** (20 septembre). — Commission donnée par Henri II, à son aumônier et protonotaire, d'instruire, dans les bonnes villes du royaume, la demande qu'avaient formée les marchands et traficants, à l'effet d'être remis « en semblable liberté qu'ilz avoient de faire user des cen- « sures et rigueurs ecclésiastiques contre leurs débiteurs » pour le recouvrement des créances. La suscription de cette commission est conçue en ces termes, qui donnent une idée des expédients financiers auxquels pouvait se prêter la vénalité de l'époque : « comme de la part de plusieurs « merchans de nostre royaume nous ayt esté remonstré « que par chascun jour ilz cognoissent, par effect et expé- « rience, que les ordonnances par lesquelles il leur est « deffendu de ne faire procéder, comme ilz faisoient au- « paravant, par censures ecclésiasticques, pour le recou- « vrement de leurs deniers et debtes a cause de la vente et « délivrance de leurs marchandises, leur sont grandement « préjudiciables et dommaigeables, et mectent en grande « longueur, retardement et difficulté le payement de leursd. « debtes, a la poursuyte desquelles ilz consument ung « grand temps avec gros fraiz. Au moyen de quoy, si « nostre plaisir estoyt les remectre en semblable liberté « qu'ilz aurient, de faire user desd. censures et rigueurs « ecclésiasticques contre leurs débiteurs, qui a ce seroient « submiz et submectent doresnavant par leurs contractz « et obligations, et contre ceulx aussi qui leur doibvent, « encores qu'il n'y eust submission ausd. censures par « leurs obligations, les faisant admonester de payer les « termes escheuz ung moys avant que les faire excommu- « nier, iceulx merchans nous ont offert et offrent reco-

« gnoistre envers nous ceste grace et faveur avec quelque « honneste don et présent gratuict, pour nous aider et « subvenir en nos affaires de guerre, qui sont a présent « telz que l'on peult veoir et cognoistre. » (Français.)

F° 115 v°. — **1551** (22-29 janvier). — Lettres patentes de Henri II, avec exécutoire délivré par le connétable Anne de Montmorency, gouverneur du Languedoc, qui autorisent les habitants de la ville de Marseille à tirer des pays de Languedoc et de Provence 6,000 charges de blé, pour leur provision et *avitaillement*. Cette permission est motivée sur ce que la récolte avait fait défaut à Marseille et dans tout son territoire. (Français.)

F° 116 v°. — **1551** (11 mars). — Lettre du comte de Villards, par laquelle il fait connaître aux consuls que l'intention du connétable n'est pas que son exécutoire joint aux lettres patentes de Henri II, du 22 janvier 1551, porte sur le diocèse de Narbonne, mais bien sur celui de Toulouse, où il existait de grandes quantités de blé (1). (Français.)

F° 117. — **1550** (20 mars). — Ordonnance de Henri II contenant le code de discipline des soldats et gens de guerre à pied. Ce code fut donné sur les propositions écrites du sieur de Châtillon, basées sur les règles de discipline qu'il avait établies pour les « vieilles bandes françoyses » qu'il commandait durant la guerre du Boulonnais. Cette ordonnance, qui fut publiée et enregistrée, le 6 juillet 1551, en la juridiction ordinaire de la connétablie et maréchaussée de France au siége de la Table de marbre du palais à Paris, constate en ces termes la valeur des *vieilles bandes françaises* et l'aptitude militaire des populations du royaume : « comme par cy devant, apres les affaires de la guerre du « consté de Boullonnoys passez, nous eussions résolu d'en- « tretenir, ainsi que nous faisons d'ordinaire, les vieilles « bandes de gens de pied Françoys qui durant lad. guerre « estoyent demeurez en noz fortz dud. Boullonnoys, ou ilz « ont faict, jusques au jour de la rédition de Boullongne, « plusieurs actes mémorables par leur hardiesse et vail- « lance, tellementque, pour les avoyr nous mesmes exploic- « tez a la derniere entreprinse que nous feismes aud. Boul- « lonnoys, nous avons congneu et expérimenté de combien « nostre force en tout temps est plus certayne d'avoyr gens « de nostre nation, expérimentez et aguerriz, prestz a fere « marcher et mectre en besongne quant l'affere se offre et « présente, que d'aller fere nouvelles levées de gens inexer- « citez et peu expérimentez au faict de la guerre, et quant « bien encores il est requis d'en faire, il est certain que une « desd. vieilles bandes entretenue en fera et dressera tou- « jours en ung instant autant qu'il y en viendra de nou- « velles de nostre nation, qui, pour ce jourd'huy, est « congneue et estimée autant aisée et facille a d'extrer au « faict de la guerre et la plus propre pour y employer que « nulle autre. » Voici quelques-unes de ses dispositions : « — Les cappitaines ne suborneront poinct les soldatz les « ungs des autres, ny les retireront en leurs compaignies, « sans avoyr leur congé par escript du cappitaine qu'ilz « laisseront. — Apres la monstre faicte le cappitaine ne « pourra donner congé au soldat jusques a la fin du moys, « et le soldat qui partira sans congé par escript sera passé « par les picques ou harquebusieres, selon les armes qu'il « portera... » — Quant les bandes deslogeront de lieu en « autre, le soldat ne pourra changer ne habandonner son « cappitaine sur peyne, si c'est dedans le moys, d'estre « passé par les picques... — Les armes que le soldat aura « jouées seront confisquées a son cappitaine, et les pourra « prendre ou il les trouvera, estant perdues tant pour celluy « qui les aura jouées que pour celluy qui les gaignera. — « Le soldat qui fauldra a la faction, sans licence de son « cappitaine, sera passé par les picques. — Le soldat qui « ne se trouvera aussi promptement, a une allarme, ordon- « nance ou autre affere, comme son enseigne, sera passé « par les picques. — Le soldat qui sans excuse légitime ha- « bandonnera le guet, escoute ou autre lieu ou son sergent « l'aura mye, sera passé par les picques. — Le sergent ma- « jeur sera obey des cappitaines, officiers et soldats en ce « qu'il commandera pour son office, et ce sur peyne, si c'est « du cappitaine ou officiers, d'estre pugniz arbitrairement « du coullonnel, si c'est soldat, de demander pardon au « roy, audit coullonnel et aud. sergent, devant toutes les « compaignies et estre despouillé et dégradé de toutes ar- « mes et bany des bandes. — Celluy qui injurira led. ser- « gent..., s'il est soldat sera passé par les picques. — Les « cappitaines facent, chacun en leurs bandes, que tous sol- « datz obeyssent a leur sergent et caps d'escoade en leurs « offices sans les injurier, sous peyne, si l'injure est ver- « balle, de luy demander pardon devant toutes les bandes, « et, si elle est de fait, d'estre passé par les picques. — Le sol- « dat qui en guerre donnera cry d'une nation sera passé « par les picques. — Celluy qui commencera une mutina- « tion sera passé par les picques. — Quant une querelle « surviendra, entre deux ou plusieurs, nul, s'il n'est cappi- « taine ou officier, ne pourra porter aulcunes armes que « son espée, sur peyne de confiscation... — Si ung cappi- « taine ou officier de bande survient en une querelle, et qu'il « trouve quelzques soldatz ayans l'espée au poing, soubdai- « nement pour les despartir criera ; ceulx qui auront mis

(1) Les consuls de Narbonne, sollicités par leur désir d'assurer la subsistance des habitants de la ville, avaient réclamé, en ce qui concernait le diocèse, le retrait de l'autorisation donnée aux habitants de Marseille d'acheter des blés dans le Languedoc, et le connétable s'était empressé de faire droit à leur demande.

« l'espée au poing ne pourront plus tirer nulz coups, sur « peyne d'estre passez par les picques. — Le soldat s'il a « querelle a ung autre ne pourra s'accompaigner sur peyne « que luy et ceulx qui l'accompaigneront seront passez par « les picques. — Le soldat qui de guet apend, meschante- « ment et avec avantaige, blessera ou tuera ung autre, « sera passé par les picques. — Le soldat qui sans légitime « occasion dira injure qui touche l'honneur d'ung autre, « lad. injure et honte retournera a luy mesme, et luy sera « déclarée devant toutes les compaignies. — Le soldat qui « sans juste occasion, desmentira ung autre sera mys en la « place publicque et, enseignes déployées et teste nue, de- « mandera pardon au coullonnel et a celluy qu'il aura des- « menty. — Le provocateur d'une querelle sans légitime « occasion perdra le camp et les armes. — Le soldat qui « donnera ung soufflet a ung autre, pour moindre occasion « que d'ung desmenty, en recepvera ung autre de celluy a « qui il aura donné, en la présence du coullonnel et du « mestre du camp, et sera banny des bandes. — Quant deux « soldats auront une querelle se retireront a leurs cappi- « taines qui regarderont a les accorder, lesquelz en com- « municqueront au mestre du camp, et, la ou ilz ne les « pourront appoincter, feront entendre le faict au coullonnel « pour en ordonner la raison. — Nul soldat ne pourra pré- « senter camp ne envoyer cartel a ung autre sans licence « du coullonnel, sur peyne d'estre desgradé des armes « et banny des bandes. Le soldat qui oultraigera ung autre « ou desgainera sur luy estant en guet, ordonnance ou fac- « tion, sera passé par les picques. — Celluy qui mettra la « main aux armes dedans ville et place de garde, perdra le « poing publicquement. — Le soldat qui en combatant per- « dra ses armes laschement, et qui se rendra sans grande « occasion, sera banny des bandes et incapable de jamais « porter armes. — Le soldat qui en assault ou prinse de « place ne suyvra son enseigne et la victoyre, pour s'amu- « ser a saiccager ou autre proufflet, apres la place prinse « sera dévalisé, dégradé et banny des bandes. — Le soldat « qui desrobera biens d'Église, a la guerre ou autrement, « sera pendu et estranglé. — Le soldat ne pourra parle- « menter ne avoyr conversation a trompete, tabourin ny « autre des ennemys, sans le congé de son cappitaine, ne « cappitaine sans le congé du coullonnel. — Celluy qui for- « cera femme ou fille sera pendu et estranglé. — Celluy « qui destroussera vivandiers ou marchans des nostres, « sera pendu et estranglé. — Le larron de bouticques sera « pendu et estranglé. — Le soldat qui pipera au jeu ou des- « robera les armes d'ung autre sera pendu et estranglé. — « Le soldat qui blasphémera le nom de Dieu en vain sera « mys en place publicque au carquant, par troys divers « jours, troys heures a chascune foys, et a la fin d'iceulx, la « teste nue demandant pardon a Dieu. — Nul soldat pourra « injurier ou empescher le provost des bandes ou ses gens « sur peyne de la vie. — Quand le coullonnel demandera « le soldat délinquant, celluy qui le recellera ou fera fuyre « sera pugny au lieu du fugitif. — Tout cappitaine trouvant « ung soldat faulsant les dessusd. ordonnances, le pourra « pugnyr et chastier, aultant d'aultre compaignye que de la « sienne, sans en pouvoyr estre reprins de personne. » (Français.)

F° 120 v°. — **1551** (11 mars). — Lettre de Henri II, adressée au cardinal Farnèse, archevêque de Narbonne, par laquelle il lui mande de faire toute diligence pour se rendre dans son diocèse, à l'effet de disposer le peuple dans le saint temps de Carême, par persuasions et admonestations aux prônes des paroisses, par sermons publics et par processions générales et particulières, « a prier Dieu qu'il « luy plaise avoyr et prandre en sa tutelle et protection la « France, ce royaulme tant uny et obéissant a son prince, » la personne du roi et de ceux qui composent sa suite, ainsi que la conduite « de son exercite, » que le roi remet en la main de Dieu « pour demourer seullement le ministre de « son bon vouloyr et plaisir, et d'exhorter les religious et « monasteres de religieulx et religieuses a faire le sembla- « ble, tant que la voix du peuple soit entendue au ciel. » (Français.)

F° 121 v°. — **1552** (29 avril). — Obligation imposée par les consuls à tous habitants de Narbonne ayant « puys et « aiguieres, de faire des conduitz soubz terre pour escoul- « ler les eaus, tellement qu'ilz ne se puissent escouller par « les rues, ne porter infection, sous peine de la cize. » — Criée de cette obligation, par les escuyers du consulat, avec sa publication par Bérard, sous-clerc de Narbonne, aux places et lieux accoutumés et *non accoutumés* de la ville, dans le Bourg et dans la Cité, au *canton* de St-Just, devant la maison du juge royal, à la place de la Cité, au pla de M. de Camps, à la place du Bourg, devant la maison de M. d'Exéa, devant l'Écu de France, à la Parerie, au pla des Infidèles, etc. (Français.)

F° 122. — **1548** (28 juin, — 29 mars). — Lettres patentes de Henri II, qui ordonnent que les seigneurs, les communautés, les gens d'Église, receveurs et autres, qui perçoivent les deniers et revenus des leudes et péages anciens, dont la levée continue à être permise, seront contraints, par prise et *saisiement* desdits deniers et revenus, à réparer et entretenir les chemins, ponts et passages, tant que ces deniers y pourront suffire. (Transc. au présent thal., f° 83 v°). — Entérinement de ces lettres patentes au parlement de Toulouse. (Français.)

F° 123 v°. — **1549** (28 avril). — Saisie de tous les deniers provenant de la ferme du droit de leude perçu à

Narbonne, faite entre les mains de Bérault Moynier, fermier de ce droit, avec inhibition d'en délivrer le montant à toute autre personne que le syndic général de la province, qui avait requis la saisie, ou que celle des consuls de Narbonne, chargés de l'employer aux réparations du pont de Villedaigne et autres ponts, chemins et passages voisins de la ville. (Français.)

Fº 124. — **1550** (2 septembre). — Déclaration de Henri II donnée pour l'interprétation des lettres patentes du 25 juin 1548, expédiées en forme d'édit. L'intention du roi étant « que les deniers des leudes et péaiges du pays de « Languedoc soyent employez aux réparations des ponts et « passaiges qui seront assiz sur les limites, terrouers, et « jurisdictions ou lesdits leudes et péaiges se lievent et per- « çoyvent et non ailleurs, » cette déclaration ordonne la levée de la saisie des deniers de la leude de Narbonne, par ce que le pont de Villedaigne, pour lequel elle avait été pratiquée, n'est aucunement assis dans les limites de la ville, ni en sa juridiction. (Français.)

Fº 125. — **1552** (7 janvier). — Traité *d'accord, paix et pacification* conclu entre le syndic du Languedoc et le syndic des pays de Sault, Fenouillèdes, Bugarach, les Bains, Sougraigne, au diocèse d'Alet, et la haute et la basse Corbière, au diocèse de Narbonne, à la suite et comme conséquence de l'entérinement des lettres patentes obtenues par ces derniers, le 2 octobre 1549, qui leur accordent la continuation « de diminuité et exemption de « tous deniers, tant ordinaires qu'extraordinaires, estappes, « frays des Estatz et autres. » Par cet accord, il était convenu : — que les habitants des localités affranchies jouiraient de l'effet de leur exemption et seraient tenus quittes de la contribution des frais des États, des foules, du taillon, des étapes, corvées, ustensiles et autres charges ordinaires et extraordinaires; — que la quotité desdites localités sur ces charges, depuis l'obtention de l'affranchissement jusqu'au jour de l'accord, serait mise « et esgallée » sur tout l'ensemble du pays de Languedoc et sur le rôle des frais faits dans la prochaine assemblée des États, pour en rembourser le montant à ceux qui en avaient fait l'avance;—que le diocèse de Narbonne et celui d'Alet et Limoux, pour les localités qui étaient déclarées affranchies, seraient déchargés de toutes leurs surcharges dont le montant serait ensuite réparti sur tout le Languedoc, — et enfin, qu'à l'expiration de l'affranchissement, si le roi ne voulait prendre à sa charge les quotités affranchies, comme il le faisait pour l'aide et pour l'octroi, au cas où lesdites localités voudraient poursuivre la continuation de leur affranchissement, elles demeureraient contribuables aux foules et au taillon sans qu'aucune somme put être répartie à leur décharge sur tout le Languedoc. — Temoins du traité : messire Guillaume de Joyeuse, évêque d'Alet; Aymeric de Narbonne, baron de Capendu; Pierre de Narbonne, sieur de Lupian; Jacques Peyrier, conseiller du roi en la sénéchaussée de Carcassonne; Jean le Lamyer, lieutenant du maître des Gabelles; noble Gabriel Delort, sieur de Tarailhan, et Arnaud Séguier, sieur de Pontserme. (Français.)

Fº 126. — **1552** (1er février). — Arrêt des généraux conseillers sur le fait de la justice des Aides et Finances des pays de Languedoc, Rouergue, Quercy et Guyenne, séant à Montpellier, donné pour l'homologation du traité passé, le 7 janvier 1552, entre le syndic du Languedoc et le syndic des pays de Sault, Fenouillèdes, haute et basse Corbière, devant Mº Antoine Fijac, notaire royal de Narbonne, dans la maison de la Vicomté, en présence du vicomte Jean de Joyeuse, capitaine gouverneur de la ville, relativement à l'exécution des lettres patentes du 2 octobre 1549, qui accordent à ces pays l'exemption des tailles ordinaires et extraordinaires, des étapes, etc. (Français.)

Fº 126 vº. — **XVIe siècle.** — Ordonnance d'Honorat de Savoie, comte de Villards, lieutenant du roi dans le Languedoc, qui fixe les lieux d'étape et de *benete* pour les gens de guerre à pied passant par le grand chemin de Toulouse pour se diriger sur Avignon, entre le diocèse de Carcassonne et celui de Béziers. Lieux désignés pour les étapes et les *benetes :* départ de Carcassonne, étape à Olonzac ou Azilhanet, dans le diocèse de Saint-Pons; *benete* à Pouzols; étape à Puysserguier, dans le diocèse de Narbonne; *benete* à Thézan; étape à Caux, dans le diocèse de Béziers. (Français.)

Fº 126 vº. — **1553** (21 mai). — Ordonnance d'Anne de Montmorency, gouverneur du Languedoc, qui prononce le renvoi du syndic général du Languedoc et du syndic du diocèse de Narbonne devant le vicomte de Joyeuse, capitaine gouverneur de la ville, dans le procès que poursuivait ce dernier syndic pour faire « esgaller, » sur tous les contribuables du pays de Languedoc, les dépenses et frais des *escoutes* et gardes déjà faites et qu'il pourra y avoir encore lieu de faire, tant par terre que par mer, sur les frontières du Roussillon, dans l'intérêt de la défense du pays. (Français.)

Fº 127 vº. — **1553** (9 mars). — Supplique présentée au roi par les consuls, manans et habitants de Narbonne, tendant à faire reporter sur le *demeurant* du pays de Languedoc la quotité assignée à la ville de Narbonne dans les frais des États, la contribution du taillon, la commutation des vivres, la réparation des fortifications, les corvées, les étapes et les munitions mortes. — Renvoi de cette supplique au connétable de Montmorency et, en son absence, au comte de Villards, pour être instruite et envoyée, avec avis clos et scellé, au conseil privé du roi. (Français.)

F° 128. — **1553** (13 juillet). — Criée du commandement fait de la part du roi par le vicomte de Joyeuse, lieutenant au gouvernement du Languedoc, à tous « vacabondz « de vuider la ville sur peine de la hart, et a toutes ma« nieres de gens, n'ayans vignes, de ne cuillir et emporter « agraz et razins, sur peyne du fouet. » (Français.)

F° 128 v°. — **1553** (14 juillet). — Lettres de Henri II, par lesquelles les maire, gouverneur, consuls ou jurats de la ville, sont commis pour recevoir le dénombrement des cens et rentes assis sur les maisons et places de Narbonne, qui sont d'origine féodale foncière, non rachetables ni amortissables, et qui appartiennent à des gens d'Église, des laïques ou autres seigneurs. (Français.)

F° 129. — **1553** (14-30 juillet). — Lettres patentes de Henri II, avec une missive de François de Chefdebien, receveur général des finances, à Montpellier, concernant l'exécution de l'édit rendu pour le rachat des cens et rentes foncières constituées sur les maisons, jardins, marais et places des villes et bourgs du royaume. (Français.)

F° 130. — **1549** (27 juin). — Sentence rendue au sénéchal de Carcassonne, entre le syndic des consuls et habitants de Narbonne et Jean de Salles, écuyer, seigneur de Vinassan, qui maintient lesdits habitants en la possession, *saisine et liberté* de passer et repasser avec leur bétail, tant gros que menu, sur le chemin du bord du joncas de l'étang, pour le conduire au territoire de la Clape ou en revenir. (Français.) — (Transc. au présent thal., f°s 87 et 130 v°.)

F° 130 v°. — **1554** (25 janvier). — Défense faite par les consuls de couper et arracher « aulcunes rassines de boys « a chauffer de dessoubz terre, » dans tout le territoire de Narbonne, sous peine de la *cize* applicable aux pauvres de l'hôpital. — Criée de cette défense par les écuyers du consulat. — Témoins de la criée : pour le Bourg, Aymat Barthe, Michel Bousquet, Alexandre Fraubrezier et Pierre Lagrange, et pour la Cité, Antoine Courcy, Me Pierre Troussel et Étienne Delun. (Français.)

F° 130 v°. — **1549** (27 juin). — Sentence rendue au sénéchal de Carcassonne, entre le syndic des consuls et habitants de Narbonne, d'une part, et Jean de Salles, seigneur de Vinassan, d'autre part, qui maintient lesdits habitants en la possession du droit de passage, avec leur bétail gros ou menu, sur le chemin du bord du joncas de l'étang, pour le conduire dans les pacages du territoire de la Clape ou en revenir. (Français.) — (Transc. au présent thal., f°s 87 et 130.)

F° 131 v°. — **1553** (20 novembre). — Désertion d'appel prononcée en la viguerie de Narbonne, contre Guiraud Tesseyre, qui avait appelé en ladite viguerie de certaine décision rendue, le 10 novembre, par les consuls de Narbonne, entre lui et Guillaume Dusau, habitant de cette ville. Cette désertion d'appel, motivée sur le défaut de production de la procédure de première instance, dans le délai assigné à l'appelant, est prononcée par le vicomte Jean de Joyeuse, baron d'Arques et Puivert, seigneur de Didier, et par Martin Delort, seigneur de Sérignan, Siran, Valras, Pourcaraignes et Lebrettes, viguier et juge royaux de Narbonne. (Français.)

F° 131 v°. — **1549** (2 octobre-19 février); — **1550** (1er avril). — Lettres patentes de Henri II, données à Compiègne, qui portent, en faveur des habitants des pays de Sault, Fenouillèdes, Bugarach, les Bains, Sougraigne, au diocèse d'Alet, et de la haute et basse Corbière, au diocèse de Narbonne, confirmation de l'exemption des tailles royales, octrois, crues, aides, réparations des fortifications et autres subsides et tributs quelconques, accordée à ces mêmes habitants par François Ier, le 20 février 1543, et y ajoutent, pour six années consécutives, l'exemption de la fourniture des vivres et des munitions de guerre. Les motifs de cette double exemption sont expliqués de la manière suivante dans la suscription des lettres patentes : « ayans « regard et considération aux pertes, ruynes, domaiges « et intérestz qu'ilz ont par cydevant heues et souffertes, a « l'occasion des guerres et divisions qui ont esté entre le « feu roy, nostre tres honoré seigneur et père, et l'empe« reur,.... afin qu'ilz oyent meilheur moyen de se relever « et soulaiger desd. pertes, domaiges et interetz, et aussy « pour leur donner occasion de continuer de plus en plus « la bonne fidélitté et obéissance qu'ilz ont tousjours portée « et portent a nous et a nostre couronne. » — Entérinement de ces lettres patentes par les généraux des Aides et Finances de Montpellier; — leur notification, par Paul Orthala, sergent royal de Narbonne, à Gabriel Delort, seigneur de Tarailhan, premier consul de ladite ville, comme représentant de l'administration syndicale du diocèse, à François d'Alézio, receveur de ce diocèse, etc., en présence de noble Jean Vidal, Pierre de Narbonne, Louis de Solier, Bernard Teixier, Amat Barthe, Sébastien Fonvieille, Sébastien André et Jean Lagrange. (Français.)

F° 133 v°. — **1554** (20 mai). — Requête présentée par les consuls à M. de Chefdebien, receveur général du Languedoc, tendant à ce qu'il soit fait défenses aux grenetiers de Narbonne, Peyriac et Séjan, de prendre pour leurs honoraires « aucune somme de deniers ou levures » sur le sel, même sur celui de Toulouse, tant pour eux que pour leurs commis, attendu qu'ils ont leurs gages ordinaires.—

ordonnance qui fixe ces droits à 46 liv. tourn. par an, pour le grenier de Narbonne, et à 6 liv. tourn., pour l'un ou l'autre des deux greniers à sel de Peyriac [illegible] et de Sigean. Français.

F° 334. — [illegible] (28 mai). — Requête présentée par les consuls aux viguier et juge royaux de Narbonne, à l'effet d'être autorisés à contraindre, par amendes, les conseillers de la maison de ville à se rendre aux conseils qui seront convoqués en la forme accoutumée, c'est-à-dire au son de la trompette. — * Ordonnance conforme qui autorise les consuls à frapper les conseillers défaillants d'une amende arbitraire, mais ne dépassant pas 100 sous tourn., applicable par moitié au roi et à la ville. — Dans leur requête, les consuls exposaient qu'ils avaient fait appeler vainement le conseil général en la maison consulaire, pour traiter de plusieurs affaires importantes pour la bonne administration de la ville ; les conseillers ne s'y étaient pas rendus en nombre suffisant. Ils ajoutaient qu'ils avaient même fait appeler ces conseillers personnellement par les ouvriers consulaires, « combien que leurs messagers, ung « chascun en son estat, ayent allé intimer ausdits con- « seillers soy trouver audit conseil pour estre et opiner « audit conseil, toutesfoys, au mespris desdits suppliants, « auctorité et gouvernement de ladite cité et bien publicque, « ne se voulurent trouver audit conseil,.. qui ne peult estre « un plus grant abus et mespris tant de vous, comme prin- « cipaulx magistrats, que des suppliants. » Français.

F° 335. — [illegible] (28 juin). — Arrêt rendu par le Parlement de Toulouse, entre le syndic du chapitre de l'église métropolitaine St-Just de Narbonne, d'une part, et le syndic des consuls et habitants de Narbonne, le viguier et le juge royaux de ladite ville, d'autre part, qui ordonne par provision et sans préjudice des droits des parties et des prérogatives des chanoines, archidiacres, *precentor, succentor* et autres dignités de ladite église, que les consuls pourront *de sorte à être* aux époques et places suivantes : « les jours de Nouel, Pasques et la Toussainctz, à la grand « messe, le jour de l'Epiphanie, de la Purification et « Assumption N. D., l'Ascension et de Corpus domini, le « jour St-Just et St-Pastour, le dimanche des Rameaulx, « à la prinse de possession de monsieur l'archevesque, « aux jours des sépultures et funérailles des trespassés, « tous lesdits jours à la messe et vespres, les jours de « Nouel, Penthecoste, de la Feste-Dieu ; auxquels jours les « consulz auront place à l'haut bout du cœur proche de « l'eglise saincte, ou la commaunye de messeurs les juge « et viguier royaulx quant ils y viendront avec eulx ou « sans eulx, pourveu qu'il ne sera loysible ausdits consulz « soy y trouver sans leurs robes et chaperons rouges, ex- « ceptez les jours de sépultures et funérailles qu'ils n'ont « accoustumé porter que le chaperon, et qu'ilz ne « soyent deux consulz pour le moins et qu'ilz ne mon- « tront aulcune sorte, et le feront assavoir à l'ordinaire « ou succenteur, par ung escuyer du consulat ou autre, à « mattyn avant venir et avant que la procession se fasse. » Français.

F° 336. — [illegible] (5 août). — Criée, faite de la part des consuls, des défenses suivantes : — « à tous courratiers et « courratières qu'ilz n'ayent à user dudit office en aulcune « manyère que premièrement n'ayent prins le serment « entre les mains de messieurs les consulz, de bien et « loyaulment exercer ledit office, et, pour ce faire, pré- « senter pleiges suffisans, sur la peine de la dize ; » — à tous revendeurs et revendeuses « de ne acheter aulcune « chose que soyt pour manger que l'heure de midy ne soyt « passée, et que ayt esté plassairgée. » — à toutes sortes de gens « de ne chasser pour les vignes du territoire ne y en- « trer qu'elles ne soyent vendengées ; » — de mettre [illegible] aux chiennes avant la fête de St-Michel ; — de « jeter « aulcunes eaux puantes ou notes, ne immondices, par les « rues de ladite ville, ne barbacanes d'icelle ; » — « d'acheter du blé [illegible], hors de la ville ni sur le chemins, ou sus de la provision nécessaire, sous peine de 25 liv. 5 sous tournois d'amende « payables sans merce. » Français.

F° 336 v°. — [illegible] (5 février). — Obligation imposée de la part du roi, par le vicomte de Joyeuse, comme lieutenant du duc de Montmorency au gouvernement de Languedoc, à tous les habitants de Narbonne d'avoir, sous trois jours, à faire connaître aux consuls de la ville le quantités de blé qu'ils auront en sus de leur approvisionnement, et à les exposer en vente publique, « avec inhibition que, si la ville en achepte et faict apporter, ne ser « pourrons ausdits habitans de le pouvoir vendre que a « premièrement celluy achepté par la ville ne soyt vendu. » — Criée de cet ordre, faite du mandement des consuls, par les ouvriers consulaires. Français.

FF. 112. — Registre, parchemin, 2 feuillets in-4°, sans couverture.

[illegible]. — (Cartulaire B 8 (1)).

F° 1. — [illegible] (8 juin). — Extrait du rôle, signé de la main du roi, à Blois, par lequel les consuls et habitants de Narbonne, sur leur requête et en exécution des lettres de toutes données le même jour, sont déchargés, exempt [illegible]

(1) Voyez note [illegible] à la fin du volume.

(1) Tous les documents transcrits dans ce cartulaire sont [illegible]

affranchis de la contribution des 50,000 hommes de pied, des vivres, étapes, corvées et réparations des places fortes du pays, des munitions de guerre et de toutes autres charges imposées ou à imposer, pour quelque cause que ce soit, moyennant le paiement, dans un délai fixé à trois mois, d'une somme de 2,000 liv. tournois, « fors pour le regard du taillon » qu'ils demeuraient tenus de payer de même que l'augmentation de solde de la gendarmerie. — Vidimus de ces lettres, donné par Blaise de Montell, licencié ès-droits, juge ordinaire et ressortal du roi et de la reine pour la vicomté de Carlades.

Fº 4 vº. — 1558 24 janvier. — Avis des gens séant au second bureau de la chambre des Comptes, donné après information faite par le vicomte de Joyeuse, capitaine gouverneur de Narbonne, et par M. de Chatillon, trésorier général des finances, à Montpellier, sur la requête, datée du 7 septembre 1555, par laquelle les consuls et habitants de la ville demandaient leur affranchissement de la contribution des 50,000 hommes de pied, des vivres, des étapes, des corvées et réparations des places fortes du pays, des munitions de guerre, etc. Cet avis conclut à ce que l'affranchissement demandé soit accordé, attendu que les charges des habitants de Narbonne, par suite du guet et de la garde de la ville, dépassent de 2,275 liv. l'exemption des tailles ordinaires qui leur est accordée par les lettres patentes, en forme de charte, du mois de juillet 1541. L'exemption des tailles ordinaires était évaluée à 7,925 liv. 8 den. tourn., tandis que les frais du guet et de la garde s'élevaient à 2,900 livres. L'information du vicomte de Joyeuse et de M. de Chatillon est résumée dans l'avis en ces termes : « contenant icelle information les incommodités d'icelle ville et desdits habitants, le guet qu'ils font et entretiennent, de jour et de nuit, à cause de la frontière et menaces des ennemis, tant pour la garde et défense d'icelle ville que pareillement du chasteau de Leucate, auquel lesdits habitants sont contraints, lorsqu'il est besoin de quelque emotion ou faveur de gens en la comté de Rossillon, frontière dud. Narbonne, de faire pourter et conduire, à leurs despens, artillerie, munitions, vivres, pour le service dud. seigneur (le roi), sans en avoir aucune recompense. » — Cet avis est signé par de Lamoignon, P. de Valles, chevalier de Marillac, Cruyat et Bolot.

Fº 5 vº. — 1558 4 juin. — Lettres patentes de François II, données à Blois, qui exemptent les consuls et habitants de Narbonne de la contribution des 50,000 hommes, de la réparation des places fortes du pays de Languedoc, des vivres, étapes, corvées, munitions des gens de guerre tant de pied que de cheval, des frais des États, et généralement de toutes autres charges, tant ordinaires qu'extraordinaires, imposées ou à imposer, pour quelque cause que ce soit, à l'exception cependant du taillon et de l'augmentation de la solde et des gages de la gendarmerie, qu'ils demeuraient tenus de payer (1), et sous la condition de verser entre les mains du receveur général des finances de Montpellier, une somme de 2,000 liv. tournois, dans les trois mois de la date desdites lettres.

Fº 6. — 1560 18 novembre. — Consentement donné par Honorat de Savoie, comte de Villars, lieutenant général du roi dans le Languedoc, à l'entérinement des lettres patentes de François II, du 4 juin 1560, qui portent exemption de la contribution des 50,000 hommes de pied, etc., accordée aux habitants de la ville. Ce consentement est transcrit de l'expédition qui en fut délivrée par M. de Montell, en la ville de Mur-de-Barrez, en présence de M. Jean de Caldagues, licencié ès-droits, procureur du roi en la vicomté de Carlades, et Jacques de Caldagues, marchand.

Fº 7. — 1560 2 janvier. — Lettres de Charles IX, datées d'Orléans, qui pour hâter le recouvrement, par la recette générale de Montpellier, des 2,000 liv. tourn. que les consuls de Narbonne avaient promises pour l'exemption accordée aux habitants, par les lettres patentes du 4 juin 1560, de la contribution des 50,000 hommes de pied, de la réparation des places fortes du pays, des vivres, étapes, etc., ordonnent à M. de Chatillon d'en faire faire l'assiette sur les habitants de la ville, « en la meilleure et plus prompte diligence » ; à défaut, les consuls et habitants de la ville devaient être contraints au paiement de cette somme, par les voies usitées pour le recouvrement des deniers royaux.

Fº 8. — 1560 24 mars. — Exécutoire de contrainte et commandement délivré par François d'Yvon, receveur général des finances, à Montpellier, pour obliger les consuls à verser, conformément à la condition imposée dans les lettres patentes du 4 juin 1560 et à l'injonction portée par les lettres de Charles IX, du 2 janvier suivant, la somme de 2,000 liv. tourn. qu'ils avaient à payer pour l'exemption de la contribution des 50,000 hommes de pied, de la réparation des places fortes du pays, etc., accordée aux consuls et habitants de Narbonne. — Notification de cet exécutoire par Guillaume Molin, huissier ordinaire en la chambre des Comptes de Montpellier. Les consuls qui ont reçu cette notification sont noble Pierre de Tréguan et Claude Pélissier, premier et second consul.

Fº 9 vº. — 1560 (2). — Lettres patentes du roi

(1) Le taillon et l'augmentation de la solde et des gages de la gendarmerie s'élevaient, pour la ville, à la somme de 525 liv. tourn. par an.

(2) Cette date doit être du mois de mai ou de juin 1562.

par les consuls, à l'effet d'obtenir l'exemption du taillon et de l'augmentation des gages et de la solde de la gendarmerie, dont le paiement avait été réservé dans les lettres d'affranchissement de la contribution des 50,000 hommes de pied, de la réparation des places fortes du pays, etc. La ville n'avait pu encore verser les 2,000 liv. tourn. promises pour l'exemption de ces contributions, malgré la contrainte décernée contre elle, par le receveur général des finances de Montpellier, et l'exécution dont avaient été l'objet deux de ses consuls, qui étaient retenus prisonniers depuis longtemps en vertu de cette contrainte. La requête est fondée sur l'impossibilité où se trouvait la ville de payer une somme aussi considérable, « a cause de la continuelle pestilance qu'a esté despuys troys ans aud. Narbonne, que « aussy parce qu'ilz n'ont jamais *accepté* ny jouy desd. « lettres de exemption a eulx expédiées.... et qui, durant « led. dangier de peste, se sont lesd. lettres et pieces y attachées perdues et esgarées sans avoir aulcunement servy « ausd. supplians, » et sur l'intention des rois Henri II et François II, qui était de soulager « lesd. pouvres supplians « que la nécessité constraint chacun jour de habandonner « la ville, pour se veoir, au lieu d'estre deschargez et soullaigez, surchargés de subsides plus que les autres villes « soient celles quy sount riches et au milieu du royaulme, « hors de tout danger, servitude et incommodité. » En ce qui regarde l'exemption poursuivie, la ville demandait d'être traitée sur le même pied que les villes de Toulouse, Aigues-Mortes, Cité de Carcassonne et le pays de la Corbière, qui jouissaient de cette exemption.

F° 11 v°. — **1561** (juin); — **1562** (13 mai). — Lettres patentes de Charles IX, données sur l'avis de son conseil privé, et contre-signées par Martial de Loménie, qui exemptent perpétuellement les habitants de Narbonne de tous subsides, charges ou emprunts, suivant le contenu des lettres patentes du mois de juillet 1549 et du 8 juin 1560, qui demeurent de tous points confirmées, et leur accordent, de plus, l'exemption du taillon et de l'augmentation des gages et de la solde de la gendarmerie, ainsi que de toutes autres charges imposées ou à imposer à l'avenir, pour quelque cause que ce soit, sous la condition du paiement, une fois effectué, de la somme de 2,000 liv. tourn. portée par les lettres patentes du 8 juin 1560, et sous le bénéfice de l'offre faite par lesdits habitants « de bien et « loiaulment entretenir deux cens hommes, tant en temps « de paix que de guerre, pour le service, guet et garde de « lad. ville. » — Enregistrement de ces lettres patentes en la chambre des Comptes du roi, à Montpellier.

F° 14 v°. — **1561** (18 juillet). — Consentement donné par Anne de Montmorency, pair et connétable de France, gouverneur du Languedoc, à l'entérinement des lettres patentes du mois de juin 1561, qui affranchissent les habitants de la ville du taillon, de l'augmentation des gages de la gendarmerie et de tous autres subsides, charges ou emprunts quelconques, de la même manière que sont exemptés et affranchis les habitants de Toulouse, d'Aigues-Mortes, de la Cité de Carcassonne et du pays de la Corbière.

F° 15 v°. — **1561** (27 septembre). — Quittance de la somme de 2,000 liv. tourn. payée par la ville à François Myron, receveur général des finances du Languedoc, à Montpellier, par les mains de Guillaume Dedier et Paul Despchier, comme condition de jouissance de l'affranchissement de la contribution des 50,000 hommes de pied, des étapes, corvées, réparations du pays, munitions de guerre, du taillon et de l'augmentation des gages de la gendarmerie, et autres charges quelconques, dont elle est déclarée exempte par les lettres patentes du 8 juin 1560 et du mois de juin 1561. Cette quittance est signée et déclarée conforme à l'original par le contrôleur général des finances, A. Contour.

F° 16. — **1561** (4 janvier). — Lettres patentes de Charles IX, contenant mandement aux gens des Comptes, à Paris, d'exécuter « sans y user d'aulcune restrinction, « modification et ne réservation, » les lettres du mois de juin 1561, qui affranchissent les habitants de Narbonne du taillon, de l'augmentation des gages de la gendarmerie et de toutes autres charges quelconques, imposées ou à imposer. Ces lettres sont contre-signées de l'Aubespine.

F° 18 v°. — **1561** (16 février). — Entérinement par les gens des Comptes, à Paris, des lettres patentes de Charles IX, du mois de juin 1561, données en forme de charte, qui affranchissent les habitants de la ville du taillon, de l'augmentation des gages de la gendarmerie, etc.

F° 19 v°. — **1561** (22 février). — Consentement donné par Paul Moreau, conseiller du roi et trésorier de son épargne, à l'entérinement des lettres patentes d'affranchissement du taillon, de l'augmentation des gages de la gendarmerie, etc., accordées aux habitants de la ville.

F° 20. — **1562** (15 mai) — Consentement à l'entérinement des lettres patentes du mois de juin 1561, qui affranchissent les habitants de Narbonne du taillon et de l'augmentation des gages de la gendarmerie, donné par François Chefdebien, conseiller du roi, général *sur le fait et le gouvernement* des finances, à Montpellier.

F° 21 v°. — **1563** (30 janvier). — Lettre du duc de Montmorency, datée de Vauvert et adressée aux consuls, en réponse à certains mémoires qu'ils lui avaient fait remettre par leurs délégués. Reconnaissant le zèle des habitants de la ville et le dévouement dont ils ont fait preuve pour le service du roi, « lorsqu'il en a esté besoing, sans y « rien espargner, » le duc exprime l'espoir qu'ils continueront à s'y employer « de bien en mieulx. Ce me sera, « dit-il, occasion de m'emploier envers Sa Majesté pour « vous faire obtenir ce que demandez et qu'est pourté par « vosd. mémoires, et aultres choses que cognoistrez estre « nécessaires pour l'augmention de vostre ville, pour ycelle « rendre plus peuplée de gens de bien et d'honneur, « n'aiant voulloir ne intenction que soyes privés de vos « anciennes libertés, franchises et coutumes. » Dans la souscription de cette lettre, le duc de Montmorency se déclare le *meilleur* ami desdits habitants.

F° 21 v°. — **1564** (29 septembre). — Lettre du duc de Montmorency, par laquelle il annonce aux consuls que le roi ayant l'intention de ne faire que *peu de séjour* en Provence, Sa Majesté s'acheminera avec la reine mère, le lundi 15 du mois d'octobre 1564, pour venir dans le gouvernement du Languedoc et se diriger ensuite sur Toulouse. Le duc invite les consuls à *faire estat* et se préparer pour recevoir le roi et la reine mère, en « donnant si bon « ordre, pour le passaige d'une telle Court, aux provisions « nécessaires que aulcune excuse ne surprinse ne se puisse « alléguer. » Les consuls devaient convoquer toute la noblesse des environs pour venir faire la révérence au roi. Cette lettre est précédée de la note suivante, relative à l'entrée de Charles IX à Narbonne et à l'exécution des ordres donnés aux consuls par le gouverneur du Languedoc : « cy apres est escript l'entrée du roi faicte en sa ville de « Narbonne en l'année mil cinq cens soixante quatre, « pour le respect de laquelle égreges et honnorables hom-« mes maistres François d'Exés, Jehan Vaissiere, Anthoine « Court, Gabriel Puymejan, Anthoine Barbier et François « Lenoir, consuls en lad. année, ont faict et présenté à « Sa Majesté et royne maire les honneurs et choses suy-« vantes, tout ainsi qu'il leur a esté ordonné par le conseil « de lad. ville, et ensuivant la lettre a eulx ensemble aux « officiers de lad. ville envoyée par monseigneur de Damp-« ville, gouverneur et lieutenant général pour led. sire au « présent pays. »

F° 22. — **1565** (17 février). — Lettres patentes de Charles IX, datées de Toulouse, qui affectent les revenus d'une prébende de l'église St-Just à l'entretien d'un ou de plusieurs régents au collége de Narbonne, pour l'instruction « en bonnes meurs et lettres de la jeunesse, » suivant la demande des États généraux tenus à Orléans, et qui mandent au sénéchal de Carcassonne ou à son lieutenant *en chacun de ses siéges*, de contraindre le chapitre de ladite église à verser dans la caisse de la ville les fruits provenant de cette prébende, pour en être fait emploi par les consuls. Malgré les sommations répétées qui lui avaient été faites, le chapitre refusait de s'exécuter. Pour vaincre sa résistance, ces lettres patentes portent au sénéchal les injonctions suivantes : « apres qu'il vous sera apparu des « sommations faictes ausd. chanoines et chapitre, et reffuz « par eulx faict, sans avoir esgard ny vous arrester a leurs « dires et quelzconques choses qu'ilz puyssent alléguer, « vous les contraigniez a rendre et restablir les fruictz « entiers d'une de leursd. prébendes despuis la vaccation « d'icelle,..... contraigniez les trésoriers, recepveurs et « fermiers dud. chapitre..... a exhiber et mectre en vos « mains tous terriers, livres des comptes, contratz de « fermiers et autres pieces servans a la liquidation des « fruictz, et suyvant la teneur de cet ordre faictes prendre « et lever, chascun an, par les mains du trésorier de la « ville,.... des droits, rentes et revenuz ausd. chapitre et « chanoines appartenans, telle part et pourtion qu'il leur « en pourra advenir à l'ung desd. chanoines résidans ac-« tuellement et faisant le service ordinaire,.... par toutes « voyes deues et raisonables, nonobstant toutes oppositions « ou appellations quelzconques. »

F° 23. — **1565** (7 mars). — Brevet de nomination, par Charles IX, des consuls de la ville pour l'année 1565. Ce brevet, daté de Toulouse et expédié sur la liste des candidats présentés par les consuls, manants et habitants de Narbonne « pour régir et administrer la républicque,... « comme les plus suffisans et capables et les plus amateurs « du repos publicq, » nomme consuls : pour le premier degré ou rang, Jean le Lamyer; pour le second rang, Arnaud Gros, marchand; pour le troisième rang, Alexandre Teyssier, teinturier; pour le quatrième rang, Jean Banes, m° maçon; pour le cinquième rang, Béraud Moynier, et pour le sixième rang, Jean Comenge. Il est contresigné Robertet.

F° 23. — **1565** (2 décembre). — Lettre du maréchal Henri de Montmorency, duc de Dampville, datée d'Avignon, relative aux règles à suivre pour l'élection consulaire, qui ne devait plus être faite, par la ville, qu'indirectement, sous la forme d'une présentation de candidats pour les six charges consulaires. Le maréchal annonce qu'ayant « receu « responce de Leurs Majestés,... en ce qui touche l'ellec-« tion, » il a voulu la communiquer aux consuls afin qu'ils aient à s'y conformer. Les ordres du roi s'appliquent nonseulement à Narbonne, mais aussi aux villes principales, même à celles qui sont pourvues d'un évêché. Ces ordres sont conçus dans les termes suivants : « approchant le temps « que se doivent faire les ellections de ceulx des villes prin-« cipalles..., la nomination en soict faicte en nombre dou-« ble, ainsi qu'il feust faict l'année passée, a ce qu'estant « lad. nomination démenée aug nombre double a Sad.

« Majesté, elle eslize pour consulz ceulx qu'elle verra bon « estre. »

F° 23 v°.— **1562** (31 juillet).— Arrêt du Parlement de Toulouse, par lequel, « attendu la notoire et euidente esté- « rillité de blez et aultres grains, charté d'yceulx et grand « nombre de pauvres mendians, pour obvyer aux désor- « dres, miseres et callamitez que les famines communé- « ment portent, » il est ordonné à tous magistrats et officiers du roi, aux seigneurs des localités, syndics, consuls et autres administrateurs publics, de « promptement et di- « ligement pourvoir chescun en sa jurisdiction et district a « la norriture, entreténement et subvention des pauvres « mendiens et aultres misérables personnes, et les contenir « ez lieux esquelzs sont habitans, sans leur parmettre vaguer « et discourir ailleurs, et pour ce fere se cottiser les pre- « miers entre eulx et monstrer l'exemple, et apres cottiser « aussi et impauser sur les aultres habitans, manans et « rézidans ez lieux bien aysés, justement et raisonablement, « telles sommes qu'ilz edviseront, pour ycelles.... distri- « buer aux vraiz pauvres,... appellé le curé du lieu, son « vicaire ou son fermier, et constraindre les reffuzans ou « délayans a payer les sommes ausquelles auront esté cot- « tisés, par exécutions et autres voyes de droict. » Les archevêques, évêques, abbés, prieurs, curés, religieux de St-Jean de Jérusalem, de St-Antoine et tous les bénéficiaires ecclésiastiques, devaient fournir la sixième partie des revenus de leurs bénéfices.

F° 24 v°.— **1562** (31 octobre).— Arrêt du Parlement de Toulouse, portant que la 6e partie des deniers provenant de l'*arrentement* des fruits des bénéfices religieux, déduction faite des dîmes accordées au roi, par le clergé, sera distribuée « aux vraiz pauvres par les mains des per- « sonnes ecclésiastiques, leurs procureurs ou fermiers, a « la proportion des deniers qui seront payés aux termes « des affermes de ces bénéfices. » Cet arrêt est rendu sur la requête du procureur du roi, présentée pour « prompte- « ment pourvoir aux abus et indues exécutions qui se pro- « duisaient journellement soubz colleur et prétexte de l'ar- « rest, donné le dernier jour du moys de julhet, sur la « subvention et norriture des pauvres. » Cet arrêt est signé Burnot.

F° 26.— **1566** (10 juin).—Lettres patentes de Charles IX, qui exemptent les habitants de Narbonne de la solde des trois compagnies du régiment de Sarlaboz, alors en garnison dans la ville. Ces lettres patentes, en confirmant les précédentes exemptions accordées à la ville, portent que les trois compagnies quitteront leur garnison sans que les habitants puissent être contraints au paiement de leur solde, nonobstant toutes lettres contraires, et que la garde continuera d'être faite, à Narbonne, par les deux cents hommes que la ville doit y entretenir, conformément aux lettres patentes de Henri II, du mois de juillet 1549.

F° 27.— **1566** (13 juillet).— Mandement de Pierre de Cheverry, seigneur de St-Michel-de-Lanés, général des finances du Languedoc, adressé à Pierre de Rech, trésorier de la bourse du pays de Languedoc, afin qu'il ait, en exécution des lettres patentes du 10 juin 1566, à tenir « quictes, paisibles et deschargez les manans et habitans « de Narbonne de leur contribution a lad. solde des trois « compagnies de Sarlaboz. »

F° 27 v°. — **1566** (13 juillet). — Consentement donné par M. de Garaud, sieur de Cumiés, conseiller du roi, trésorier de France en la généralité de Toulouse, à l'entérinement des lettres patentes données à St-Maur-des-Fossés, le 10 juin 1566, qui dispensent les habitants de Narbonne de toute contribution à la solde des trois compagnies du régiment de Sarlaboz.

F° 28 v°. — **1567** (11 janvier). — Règlement concernant la comptabilité des réparations et fortifications des villes et places fortes du royaume. Ce règlement crée deux commissaires, « l'ung du cousté de Piedmont, et l'autre du « cousté de Picardie et Champaigne, pour exercer la char- « ge de trézoriers desd. réparations et advitualhemens par « commissions, selon l'estendue et despartement faict au « trésorier de l'extraordinaire des guerres, ... et pour « tenir compte des deniers qui se despendront en répara- « tions et advitualhemens desd. places. » Ces commissaires devaient recouvrer les deniers affectés, dans l'état du roi, à la réparation de chacune des places du royaume, pour les porter ensuite dans ces places, « ou estanz arrivés seront « iceulx deniers mis en ung coffre quy fermera a trois « clefs différantes, en présence du cappitaine de la place « et du premier eschevin ou ung notable bourgeois choizi « et exleu par lesd. cappitaine et les autres manans et ha- « bitans de lad. place; lesquelz cappitaine, eschevin et « bourgeois auront chascun une clef dud. coffre et led. « trésorier ou son comis l'aultre et derniere: led. coffre en « charge dedans la maison dud. trésorier ou son comis. » Les détenteurs des clefs devaient aviser ensemble, chaque semaine, de la dépense à faire, et cette dépense devait être effectuée en leur présence par le trésorier des fortifications. Les paiements de chaque journée, faits par ledit trésorier, devaient être visés par eux et récapitulés par mois en un cahier également signé par eux, pour servir de décharge au trésorier, sous le contrôle desdits échevins et bourgeois. Au bout de l'année, ce cahier était envoyé à la chambre des Comptes, à Paris. Chacun des commissaires pouvait établir, sous sa responsabilité, un commis dans chacune des places fortes où il ne résidait pas lui-même. Ce commis était agréé par le capitaine de la place et par les habitants, sous la condition d'y faire sa résidence et d'être solvable. Le capitaine de la place devait aviser le roi de l'arrivée des fonds, de la nature des espèces dont ils étaient composés, et du montant de la dépense effectuée chaque mois. Quant aux marchés relatifs aux travaux, ils devaient être faits en présence du gouverneur du pays ou de son lieutenant, qui en envoyait l'état à la chambre des Comptes, en même temps que l'état des deniers des vivres. Afin que le roi put savoir quelle quantité de vivres se trouvait dans chaque place et quelle en était la qualité, les gouverneurs du pays devaient s'en faire rendre compte et en dresser un état, chaque six mois, qu'ils expédiaient au roi avec l'état des autres munitions de la place.

F° 29 v°. — **1567** (25 novembre). — Lettres du vicomte Guillaume de Joyeuse, lieutenant général pour le roi dans le Languedoc, qui commettent Michel de Cassaignes, bourgeois de Montpellier, pour se transporter dans les villes et diocèses de Narbonne et de Béziers, « sur le « commancement des noveaulx troubles suscités par au- « cungs de la novelle religion, lesquels, desvoyans de la « naturelle hobeyssance qu'ilz doibvent a Sa Majesté, se « seroyent saisis de plusieurs villes et commectroyent in- « finis maulx, et pour rompre leurs dessains et malheu- « reuses entreprinses, et garder que soubz ce prétexte ne « fussent commises plusieurs volleries et pilleries. » Le commissaire nommé avait ordre de se faire représenter les inventaires déjà dressés par de précédents commissaires, des biens meubles saisis sur les rebelles « qui s'estoyent « rendus fuitifs. » Comme ces derniers commissaires n'avaient « faict sur ce si exacte perquisition qu'il estait « requis, au moyen de quoi plusieurs biens meubles de- « muroyent esgarés entre les mains de plusieurs personnes « privées quy debvroit revenir au proffit du roy, » Michel de Cassaignes devait s'enquérir diligemment et par information auprès de ceux qui avaient été arrêtés et se trouvaient en prison, ou auprès de leurs domestiques, ou des domestiques des fugitifs, et de toutes autres personnes de la nouvelle religion, des meubles, denrées et marchandises qui provenaient des fugitifs, et contraindre ensuite tous détenteurs de ces biens, denrées et marchandises, à s'en désaisir par toutes voies dues et raisonnables, même par arrêt et par emprisonnement. Enfin, il devait faire mettre les blés en grenier et les vins en magasin, pour servir à la *munition* des diocèses et des villes. Les syndics ou consuls des villes devaient en prendre charge, « pourvoyant, toutes- « fois, a la norriture des femmes et enfans de ceulx a quy « appartiendront lesd. danrées, par l'advis et la tauxation « desd. consuls. »

F° 30 v°. — **1568** (24 janvier). — Ordonnance du vicomte de Joyeuse, lieutenant du roi au gouvernement du Languedoc, mise au pied d'une requête par laquelle les consuls, manants et habitants de Narbonne, en vertu de leurs lettres d'affranchissement de toutes charges et impositions relatives à la guerre, réclament leur exemption de l'emprunt destiné aux frais de la guerre contre les rebelles. Cette ordonnance porte que la ville, comme corps de communauté, ne doit pas être comprise dans la répartition des 5,000 liv. imposées par voie d'emprunt sur ses habitants aisés, ou réputés tels, par les viguier et juge royaux de la viguerie, agissant comme commissaires députés chargés des emprunts particuliers du diocèse de Narbonne, pour parer aux frais de la guerre contre les rebelles. Dans leur requête, les consuls déclarent qu'il n'y a « jamais eu a « Narbonne de ceulx de la nouvelle religion que environ « huict ou dix povres estrangiers artizans, qui s'estiont ve- « nus habiter la, vivans de leur mestier, lesquelz tous en- « semble ne scauroyent avoir de bien de valleur de « III^c liv. tourn., » et que, si la ville était comprise dans la répartition, « seroit faict tort aux catholicques, gens de bien « et vivans soubz l'obeyssance du roy, d'estre cotizés pour « la faulte desd. sédicieux et rebelles. » (Transc. au f° 32 v° du présent cartulaire).

F° 31. — **1569** (17 février). — Commandement fait de la part du roi, par les consuls de Narbonne, juges de la police, à tous habitants de la ville, quelles qu'en soient la qualité et la condition, de se trouver à la garde de nuit qui sera commandée par le capitaine, ou tout autre officier en ayant charge, « pendant le présent temps de guerre, » et de faire, dans les quinze jours suivants, provision de farine pour six mois. Tous vagabonds devaient quitter la ville dans les trois jours, sous peine du fouet. En outre, il est fait défenses de jouer publiquement à quelque jeu que ce soit pendant la célébration des offices divins, « et aussy de « ne jurer ny blasfémer le nom de Dieu, de la vierge Marye « et des sainctz de paradis, sur peyne d'avoir la langue « perssée et aultre peyne arbitraire. » — Criée de ce commandement par les rues et places de la ville.

F° 31 v°. — **1569** (23 mars). — Lettre du roi, datée de Metz, annonçant à M. de Rieux, gouverneur de Narbonne, la *grande* victoire remportée sur l'armée rebelle, le 12 mars 1569, « en laquelle le prince de Condé a esté tué et « beaucoup desd. rebelles prins prisoniers ou mortz, et « toute leur armée rompeue et deffaicte. » Charles IX ordonne des processions publiques, des feux d'artillerie et des feux de joie dans toutes les villes, en signe d'allégresse, pour remercier Dieu de cette victoire et de la favorable assistance qu'il lui avait plu de donner aux affaires du roi.

F° 32 v°. — **1568** (24 janvier). — Ordonnance du vicomte

de Joyeuse, chevalier de l'ordre du roi, capitaine de cinquante hommes d'armes de ses ordonnances, et son lieutenant au gouvernement du Languedoc, datée de Béziers, rendue conformément à la requête que lui avaient présentée les consuls, manants et habitants de Narbonne, pour être dispensés, comme corps de communauté, de l'emprunt destiné aux frais de la guerre contre les rebelles. (Transc. au f° 30 v° du présent cartulaire.)

F° 33. — **1569** (2 août). — Lettre de M. de Montmorency, datée de St-Michel-les-Toulouse, par lesquelles il mande aux consuls et diocésains de Narbonne qu'il n'a pu exempter le diocèse en corps de contribuer aux munitions et charrois de l'artillerie, et que, pour ce qui concerne le corps même de la ville, il n'a pas entendu préjudicier à ses affranchissements et priviléges; « partant vous donnares « ordre, ajoute le maréchal, de satisfere aux mandes que « vous ont esté envoyées pour fere lesd. munitions et « charrois d'artillerie exprimés, aultrement, ou le service « du roy seroit reculllé, je m'en prendray a vous, m'asseu- « rant que en ce ne vouldrez fere aulcune faulte. »

F° 33. — **1571** (3 décembre). — Lettre du duc de Montmorency, datée de Toulouse et remise au syndic du diocèse, en personne, par laquelle les consuls de Narbonne sont informés que le roi ne peut accorder à la ville la décharge des deux compagnies d'infanterie qui y sont logées, et dont elle déclarait ne pouvoir assurer la subsistance « a cause de la grande stérillité de tous vivres qui est en « lad. ville et es environs. » Ces compagnies devaient continuer à tenir garnison dans Narbonne « pour quelques occa- « sions présentes; » cependant, le paiement de leur solde devait être fait « de façon a mettre la ville hors d'intérest « et qu'elles ne lui apportent que bien peu de foulle. »

F° 33 v°. — **1572** (5 décembre). — Note des armes que les consuls avaient remises, pour le service du roi, à M. de Feurquevaulx, gouverneur de la ville. D'après cette note, les consuls avaient prêté à M. de Fourquevaulx : « unze picques viscaye, dont les quatre ne sont ferrées, et « une picque comune de frayne, lesquelles a promis ran- « dre a son retour de Toulouse. »

Nota. Les feuillets 34 à 42 du cartulaire sont en blanc.

AA. 114. — Registre (papier), 236 feuillets in-f°; cartonnage couvert de parchemin.

1313-1707. — Cartulaire B (1).

F° 1. — **1645** (3 septembre). — Ordonnance du maréchal de Schomberg, rendue entre les consuls et le maître des ports de Narbonne, au sujet de la place attribuée à ce dernier dans les cérémonies publiques et aux feux de joie. Quand le gouverneur de la ville assistait aux cérémonies publiques, le maître des ports pouvait y assister aussi, et alors il précédait les consuls. En l'absence du gouverneur, le maître des ports devait s'abstenir.

F° 1 v°. — **1645** (20 septembre). — Lettre du maréchal de Schomberg annonçant aux consuls la prise de Béthune, d'Illiers et de Saint-Venant, par l'armée du roi. Les consuls devront faire « tirer le canon et préparer un « feu de joie, » comme ils l'avaient fait pour la prise de Bourbourg.

F° 1 v°. — **1637** (26 septembre). — Arrêt du conseil d'État, qui homologue la délibération des États du Languedoc, du 26 octobre 1632, et l'arrêt du Parlement de Toulouse rendu à la suite, le 6 novembre 1634, par lesquels il est fait expresses défenses « a tous habitans, de quelque « condition qu'ils soient, de mettre ou fere mettre en aucun « temps nul bétail gros ny menu ez vignes, olivetes, jar- « dins, bergers d'arbres fruictiers, preds et bois taillis ou « nouvellement plantés tant qu'ils seront en danger d'estre « gastés, sans l'expresse permission et lissence de ceux a « quy lesd. biens appartiennent. » — Lettres d'attache délivrées pour l'exécution de l'arrêt du conseil.

F° 2 v°. — **1645** (15 juillet). — Arrêt du conseil d'État, qui, sur les instances des marchands du royaume, motivées par « la grande abondance de blez, vins, huiles et « légumes, » qui existait principalement dans le Languedoc, la Provence, le Poitou, la Guyenne et la Bretagne, permet à tous sujets de ces provinces de vendre ou échanger leurs denrées avec tels étrangers que bon leur semblera et de les exporter sans licence, permission ni attache ou passeport des gouverneurs de ces provinces. — Lettres d'attache délivrées pour l'exécution de cet arrêt dans la province du Languedoc, adressées au maréchal comte de Schomberg, « seul » lieutenant général du roi dans la province.

F° 3 v°. — **1645** (23 juillet). — Mandement du maréchal de Schomberg, qui prescrit l'exécution dans tout le Languedoc, jusqu'à ce qu'il en soit autrement ordonné par le roi, de l'arrêt du conseil d'État du 15 juillet, autorisant le trafic des blés, vins, huiles et légumes avec les étrangers, et qui en ordonne l'enregistrement et la publication. Ce mandement fait défenses à toutes personnes, sans distinction de condition, de mettre aucun empêchement à l'exécution de cet arrêt, ainsi qu'aux échanges et au commerce permis.

F° 4. — **1645** (4 octobre). — Arrêt du conseil d'État portant décharge, en faveur de la ville, des tailles auxquelles

(1) Tous les actes contenus dans ce cartulaire, moins trois, sont écrits en français. La langue employée ne sera indiquée que pour ceux qui forment l'exception.

étaient assujéties les terres prises, dans l'année 1635, pour les nouvelles fortifications. Ces terres appartenaient: — au couvent des frères Prêcheurs ; — à Pierre-Antoine de Trégoin, sieur de Ricardelle, lieutenant au gouvernement de Narbonne ; — à Jean d'Authemar, sieur de Tauran; — à Raulin de Reboul, écuyer, sieur de Marmorières; — à Henri Capolade, docteur et avocat; — à Antoine de Guissane, écuyer ; — à Pierre Garrigues ; — à Jean de Cogomblis; — à Germain Pélissier ; — à François de Cogomblis; — à Louis de Moulins; — à Jean-Paul de Cogomblis ; — à Jérôme Prades ; — à César Angles; — à Guillaume Séguy; — à Jean Campredon ; — à Pierre Gineste; — à Jean Plasolles ; — à Pierre Donnadieu ; — à Jean Gleize. — L'ensemble de la contenance de ces terres, d'après le relevé qui en avait été fait par M. de Bosquet, intendant de la province, était de 123 sétérées. Elles furent déchargées de la taille, au moyen de la *réduction de compte* opérée dans l'état du roi, à raison de 2 liv. tourn. par sétérée.

F° 4 v°.— **1646** (12 décembre).— Provisions de l'office de procureur du roi au siége royal et bureau de la foraine et des gabelles de Narbonne, expédiées, du consentement de la veuve et des enfants du dernier possesseur de cet office, à Mᵉ Pierre de Rathery, en remplacement de Mᵉ Antoine Revel, décédé.

F° 5 v°.— **1648** (6 décembre).— Ordonnance du maréchal de Schomberg, lieutenant général du roi au gouvernement du Languedoc, qui prescrit aux consuls de recevoir « dans la matricule et conseil de leur maison commune, « qui demeurera fixée au nombre de quatre vingts conseillers, sans en ce nombre comprendre les trois consuls qui « sont en charge, » les conseillers dont les noms suivent: — au premier banc, Jacques Ducup, ancien juge en la viguerie de Narbonne, Claude Mayal, Pierre de Rouhard, Raulin de Reboul et Louis de Bélissen, faisant, avec ceux qui restent de ce banc, le nombre de 21 conseillers ; — au second banc, Germain Pélissier, Bernard Caunes, Louis Perredon, Pierre Tournal et Guillaume Fabre, faisant pour le second banc, avec ceux qui y restaient, pareil nombre de 21 conseillers; — au troisième banc, Antoine-Marie Castel, Claude Sicard et Antoine Barsalou, faisant pour ce banc le nombre de 11 conseillers; — au quatrième banc, Pierre Bouissière, Pierre Falconis, Antoine Segean, Jacques Alaux et Louis Cabirol, complétant le nombre de 10 conseillers; — au cinquième banc, Gabriel Taules, Pierre Noguier, Paul Boutes, Raphael Paquier, Charles-André la Terrasse, Pierre Maron et Gabriel Fétard, faisant, avec les membres qui restaient de ce banc, le nombre de 10 conseillers, — et au sixième banc, Antoine Barradou et Jacques Cassaignes, faisant aussi pour ce banc semblable nombre de 10 conseillers.

F° 6.— **1641** (18 juin).— Arrêt du conseil d'État, qui, déboutant les consuls de leurs demandes, ordonne que Pierre-Antoine de Trégoin, sieur de Ricardelle, lieutenant du gouverneur de la ville, prendra en toutes les assemblées et cérémonies publiques où il a le droit d'assister, tant en présence qu'en l'absence du gouverneur, rang, *séance et prééminence* avant les consuls, selon ce qui se pratique dans les villes de St-Quentin, Boulogne, Ham et Anvers. — Dans la contestation tranchée par cet arrêt, les consuls, pour s'opposer à l'attribution du rang que réclamait le lieutenant du gouverneur, avaient argué : — des lettres patentes de Henri II, du mois de juillet 1549, portant exemption des tailles royales, leudes, péages et subsides en faveur des habitants de la ville, sous la condition de fournir 200 hommes d'armes pour y faire le guet; — de l'ordonnance du connétable de Montmorency concernant l'établissement du *jeu du prix* à l'arquebuse, dans laquelle il est dit que quoique le gouverneur et les magistrats assistent au jeu, le prix en sera donné par la main de l'un des consuls;— des lettres patentes de Henri IV, du 10 juin 1609, confirmatives de cette ordonnance ; — d'autre ordonnance du connétable de Montmorency, du 2 juillet 1609, formant règlement entre le gouverneur, les officiers du roi et les consuls de la ville, par laquelle il est fait défenses au gouverneur de s'immiscer en rien dans les affaires de l'administration de la justice et de la police, dont la connaissance est entièrement laissée auxdits officiers et consuls, « la seule « charge et surintendance de la garde de la ville demeu- « rant au gouverneur, » et qui déclare que les officiers royaux de la ville ont la connaissance des crimes des soldats de la garnison, que les consuls tiennent la moitié des clefs, et « qu'ils auront droicte la nomination des chefs et soldats de la morte-paye; » — d'un arrêt du Parlement de Toulouse, du 29 mai 1623, portant que le lieutenant principal au siége de Narbonne précèdera les consuls « en l'au- « ditoire du siége tant seulement; » — d'un arrêt du conseil d'État, du 30 janvier 1627, statuant que les consuls précèderont le lieutenant du juge ordinaire de la ville en toutes les assemblées publiques et particulières ; — des lettres de provision de la charge de lieutenant au gouvernement de Narbonne, expédiées à M. de Ricardelle, le 2 octobre 1632; — d'une ordonnance du maréchal de Schomberg, du 21 novembre 1635, par laquelle il est fait défenses aux consuls de convoquer aucunes assemblées générales ou particulières sans la permission du gouverneur de la ville, et, en son absence, de M. de Ricardelle, lesquels peuvent assister à ces assemblées et les présider ; — d'autre ordonnance du maréchal de Schomberg, du 30 novembre 1635, portant que les consuls ne sont tenus d'admettre le gouverneur, et son lieutenant en cas d'absence, que lors des assemblées générales ou conseils généraux, et que les consuls convoquent de leur propre autorité ces conseils auxquels M. de Ricardelle peut assister, non en qualité de lieutenant, mais d'après le rang qu'il occupe dans la matricule; — d'un arrêt du conseil d'État, du 16 octobre 1632, rendu à la suite de quelques désordres survenus dans la ville de Narbonne (1), qui avaient amené « mesme l'expulsion de M. de Ricar-« delle; » — de l'attestation faite devant le lieutenant général au siége de Béziers, établissant que le lieutenant au gouvernement de la ville « n'a jamais eu présence aupara-« vant le viguier, juge et consuls ez assemblées publiques, « soit en présence, soit en l'absence du gouverneur. » — Par opposition à ces actes, M. de Ricardelle avait produit dans le débat : — les provisions de la charge de gouverneur de la ville de Montpellier, du 18 août 1626, expédiées en faveur de M. de Segsey, dans lesquelles il est dit que le gouverneur de cette ville, et, en cas d'absence, son lieutenant, doit assister aux assemblées publiques; — l'attestation faite par-devant les juges de Carcassonne, établissant que le lieutenant de la morte-paye était présent en toutes les assemblées « auparavant les consuls; » — et des certificats des gouverneurs de Picardie, Guise, Péronne, Montdidier, Roye, St-Quentin, Boulogne, Ardres, Montreuil, Calais, Ham et Anvers, desquels il résulte que les lieutenants des gouverneurs, pourvus de ces places par le roi, précédaient en toutes assemblées publiques tous les magistrats, tant en présence qu'en l'absence du gouverneur, etc. — L'arrêt est basé sur les ordonnances des 9 avril et 30 septembre 1638, qui s'y trouvent visées et qui décident, la première, que « le « sieur de Ricardelle en toutes assemblées et actions publi-« ques, en l'absence du gouverneur de la ville, ou il doibt « acister, aura le mesme rang, séeance et prééminance que « le gouverneur, » et la seconde, que les consuls et habitants doivent donner au lieutenant, tant en présence qu'en l'absence du gouverneur, dans les assemblées et cérémonies publiques, les mêmes « rang et prééminence dont jouissent « les pourvus de semblables charges. » — Lettres d'attache délivrées pour l'exécution de cet arrêt.

F° 8 v°. — **1647** (18 mars). — Arrêt du conseil d'État, qui déclare régulière l'élection faite par les consuls et les habitants matriculés (conseillers), de M. Jean Denos, fils, à l'une des charges de capitaine de la garde bourgeoise, vacante par la démission de son père, et qui rejette l'opposition qu'y avait faite l'un des conseillers matriculés, en se fondant sur ce fait que le capitaine élu n'avait eu que 38 voix, la sienne comprise, tandis que son compétiteur, qui s'était abstenu, en avait eu 37. — Lettres d'attache expédiées sur cet arrêt.

F° 9. — **1645** (24 mai). — Arrêt du Parlement de Toulouse, rendu sur l'appel relevé par les consuls contre Isabeau de Rubie, fille et héritière de Jeanne de Jodouin, des sentences données à son profit par le sénéchal de Carcassonne, les 26 novembre 1633, 8 février et 3 août 1635. Cet arrêt décharge les consuls des demandes qui leur étaient faites par l'intimée, au sujet de la pension dont jouissait sa mère sur les deniers de l'aide et de l'octroi de la ville.

F° 9 v°. — **1642** (14 février). — Arrêt du Parlement, qui casse et annule une sentence des officiers royaux de Narbonne, dont les consuls avaient appelé, par laquelle ils étaient condamnés à payer une somme de 764 liv. 17 s., pour prix de drogues et médicaments fournis à l'époque de la peste (1628-1632), par un sieur Salamou, apothicaire.

F° 10. — **1647** (6 avril). — Démission donnée par noble Guillaume de Brettes de Thurin, sieur de Dunes, de sa place de conseiller au premier rang de la matricule, où il avait été nommé par délibération du conseil général du 4 novembre 1646. M. de Brettes déclinait cette charge et avait refusé de prêter le serment exigé. Sur de nouvelles réquisitions qui lui sont faites, par acte notarié, au nom de M. Pierre de Rouhard, écuyer, premier consul, il déclare, aussi par acte notarié, qu'il ne veut pas accepter la charge, ni prêter le serment requis, « ayant dessain de quitter de « jour en jour la ville et changer son domicile ailheurs, » et il autorise les consuls ainsi que le conseil à pourvoir à son remplacement.

F° 11. — **1647** (6 juin). — Arrêt du conseil d'État, avec les lettres d'attache expédiées pour son exécution, qui confirme l'élection faite le 28 avril 1647, *dans la maison commune*, de M. Marc Rambaud, lieutenant au siége de l'amirauté, en qualité de conseiller matriculé au premier banc, pour remplacer le sieur de Dunes, et de Laurent André, marchand, pour remplacer au second banc le sieur Rouget. Cette élection avait suscité diverses contestations auxquelles avaient donné lieu les députés des quartiers. Une scission entre les conseillers matriculés s'en était suivie. Quelques-uns de ces conseillers, auxquels s'étaient joints des habitants qui se donnaient la qualité de députés des quartiers, « soubz prétexte qu'ils avoict quelque acte « faict par-devant notaire, portant qu'ils avoient esté dep-« puttés en leurs quartiers par quelques habitans d'iceux, » et qui voulaient, sous la conduite et à l'instigation du sieur du Rivage, opiner à l'élection malgré l'opposition qu'y faisaient le viguier et le juge du roi, présidant l'assemblée,

(1) Ces désordres avaient été provoqués par les mesures qu'avait dû prendre M. le baron de Chabans, envoyé en qualité de commissaire royal pour veiller à la garde de la ville dont on suspectait la fidélité, et que l'on croyait gagnée à la faction de M. de Montmorency, qui en était gouverneur. (Voyez, pour la nature de ces désordres, d'ailleurs peu graves, les délibérations municipales de l'année 1632, série BB.)

se livrèrent à des violences, et, protestant contre les résultats de cette élection, ils se retirèrent devant Me Chopy, notaire, pour procéder, de leur côté, à l'élection de conseillers matriculés pour les deux places vacantes. L'arrêt du conseil d'État déclare cette élection illégale et en prononce l'annulation. Conformément à l'arrêt organique du mois d'octobre 1632, les députés des quartiers ne devaient être admis à voter, dans les élections, que sur la remise « des certifications » qui devaient leur être délivrées, pour constater leur qualité, par les capitaines de la bourgeoisie.

Fo 12 vo. — **1643** (21 août). — Arrêt du Parlement de Toulouse, rendu sur la requête du procureur général du roi, ordonnant que son précédent arrêt, du 21 juillet 1643, sera exécuté, avec étroites inhibitions et défenses d'y contrevenir. Cet arrêt déclare qu'il sera enquis « des amas de blés « et autres grains achetés en herbe sur les champs et au- « trement, » faits contrairement aux ordonnances du roi et aux règlements particuliers de la Cour, et qu'il sera procédé contre les coupables, par les juges ordinaires des lieux de la contravention, nonobstant toutes oppositions. Les blés et grains ainsi achetés devaient être confisqués. Le tiers en était attribué aux dénonciateurs.

Fo 13. — **1647** (2 août). — Arrêt du Parlement, par lequel il est fait inhibitions et défenses à tous marchands et à toutes personnes, sans distinction de qualité, « de faire « aucun monopole pour faire amas et achats de blé dans la « ville de Narbonne et lieux circonvoisins, ni iceux trans- « porter hors du royaume, à peine de confiscation, » et autre peine arbitraire, sauf toutefois « pour l'avituellement « des armées de Catalongne et Italie, auquel cas les mar- « chans seront tenus balher bonnes et suffisantes cautions « devant les officiers de la marine. »

Fo 13 vo. — **1647** (3 octobre). — Arrêt du conseil d'État, qui fait défenses, à peine de la vie, à toutes personnes, sans distinction de condition, de transporter ou faire transporter, directement ou indirectement, hors du royaume, aucuns blés, *baillarges* ou autres grains, nonobstant tous passeports et permis, qui sont déclarés révoqués. — Lettres d'attache expédiées pour l'exécution de cet arrêt.

Fo 14 vo. — **1646** (28 novembre). — Arrêt du conseil d'État, portant rétablissement d'un quartier de la morte-paye de Narbonne, qui avait été retranché dans l'état du roi, et ordonnant qu'à l'avenir, et à commencer de l'année 1647, le fonds de 16,500 liv. porté annuellement dans l'état de distribution des finances de la généralité de Montpellier, pour la morte-paye de Narbonne, lui sera entièrement consacré. — Lettres d'attache données pour l'exécution de cet arrêt.

Fo 15. — **1648** (2 janvier). — Lettre de M. de la Vrillière, secrétaire d'État, par laquelle avis est donné aux consuls du choix que le roi avait fait du sieur Portal, sur les trois candidats qu'ils avaient présentés, pour remplir la charge de capitaine de la morte-paye devenue vacante par le décès de M. de Bélissen.

Fo 15 vo. — **1648** (18 février). — Licence donnée à un sieur Isnard, par le comte de Bieule, lieutenant général en Languedoc, de faire charger au port de Narbonne 500 setiers de blé à destination de Toulon ou autres lieux de la Provence. En cas de contravention, soit dans la quantité du blé, soit dans le lieu du débarquement, les peines appliquées étaient la confiscation tant du blé que du navire affecté à son transport, et l'emprisonnement.

Fo 15 vo. — **1648** (12 février). — Licence donnée au sieur Daudé, de Narbonne, par le comte de Bieule, de faire sortir de la province et charger au port de Narbonne, 2,000 setiers de blé, sous la condition de les porter dans les États, terres et seigneuries des alliés du royaume, et de rapporter, dans le délai de deux mois, certificat en bonne forme des consuls et officiers des lieux de débarquement.

Fo 16. — **1648** (25 mars). — Commission expédiée à Jean Portal, pour la charge de capitaine de la morte-paye, dont il a été pourvu en remplacement de M. de Bélissen, décédé. M. Jean Portal avait été présenté à la nomination du roi, pour cette charge, par une délibération des consuls du 6 décembre 1647.

Fo 17. — **1648** (20 février-29 mars). — Commission expédiée à noble Henri de Verseilhe, sieur d'Argens, pour la charge de sergent-major de la ville, en remplacement de Louis de Bélissen, son beau-père, qui s'était démis de cette charge en sa faveur. — Lettres d'attache de Gaston d'Orléans, lieutenant du roi « en toute l'estendue des pro- « vinces de son royaulme, » et de Louis de Cardailhac, comte de Bieule, lieutenant général en Languedoc, délivrées pour l'exécution de cette commission.

Fo 19. — **1648** (23 juin). — Arrêt du Parlement de Toulouse, qui, sur la requête du procureur général, fait défenses à toutes personnes de porter des pistolets, *grands ou petits*, de jour comme de nuit, dans la ville de Narbonne et les autres villes et lieux du ressort du Parlement, à peine de la vie. L'exposé de la requête qui a motivé cet arrêt, contient : « qu'a cause des guerres qui sont depuis « longtemps au voisinage de Narbonne, la ville est remplie « d'un si grand nombre de fainéants, qui, ne sachant que « faire, s'occupent journellement a jouer aux cartes, et a « certain jeu de billard ou il se commet des maléfices aux- « quels il est impossible que les officiers puissent remédier,

« a cause que la plupart de ces gens qui y fréquantent et « berlandent mesmes sont toujours armés de trois ou qua- « tre pistoletz et autres armes a feu, ses débauches tienent « tous les bons habitans en halaine, n'ozant rien entre- « prandre contre eux, ce quy leur donne lieu a tout attemp- « ter; en telle sorte qu'il y a peu de nuicts qu'il n'y arrive « quelque malheur, et entre autres la veille de l'Assention « derniere, maistre Caunes, auditeur en la chambre des « Comptes de nostre ville de Montpellier, se retirant en la « *maison de son pere*, sur les onze heures de nuict, feust « tué sur la plasse d'ung coup de pistolet dans le vas du « ventre, sans qu'on aye jamais peu scavoir les auteurs de « cest assassinat, quelques dilligences et quelques soings « les officiers y ayent seu employer. » Ce même arrêt fait aussi *défenses à qui que ce soit* « de tenir aulcun jeu de « berlan et autres jeux prohibés, » sous peine de 500 liv. d'amende et autres peines arbitraires. (Transc. au f° 22 du présent cartulaire.)

F° 20. — **1637** (30 janvier). — Arrêt du conseil privé du roi, qui donne la préséance aux consuls sur le lieutenant du juge de la viguerie royale de Narbonne, en toutes assemblées publiques et particulières de la ville. — Lettres d'attache expédiées pour l'exécution de cet arrêt.

F° 21. — **1642** (19 février). — Arrêt du conseil d'État, qui maintient, sur la demande des États du Languedoc, les consuls des villes et lieux de la province en la faculté et au pouvoir de juger en première instance les faits relatifs à la police. — Lettres d'attache expédiées pour l'exécution de cet arrêt.

F° 22. — **1648** (23 juin). — Arrêt du Parlement de Toulouse, qui défend, à peine de la vie, le port des pistolets et armes à feu, de jour comme de nuit, dans la ville de Narbonne et les autres villes et lieux du ressort du Parlement, et qui défend, en outre, le berlan et les autres jeux prohibés, sous peine de 500 liv. d'amende. (Transc. au f° 19 du présent cartulaire.)

F° 23. — **1648** (30 juillet). — Arrêt du Parlement de Toulouse, rendu entre les consuls de Narbonne et le chapitre St-Paul, prenant, en appel, la cause de Pierre Imbert et Pierre Gairaud, fermiers de la boucherie dudit chapitre, par lequel il est ordonné aux consuls de continuer à exercer, comme par le passé, les fonctions de la police dans cette boucherie.

F° 23 v°. — **1648** (7 septembre). — Lettre du comte de Bieule, qui annonce aux consuls la victoire de Lens, remportée le 24 août 1648, par le prince de Condé, sur l'armée d'Espagne commandée par l'archiduc Léopold d'Autriche. Le comte ordonne aux consuls de faire un feu de joie en signe de réjouissance publique.

F° 24. — **1648** (7 septembre). — Ordonnance du comte de Bieule, lieutenant général pour le roi en Languedoc, qui *fait défense de transporter ou faire transporter*, directement ou indirectement, aucuns blés ni grains ou légumes hors de la province, à peine de confiscation de ces grains ainsi que des barques et des navires qui servent à leur transport.

F° 24 v°. — **1589** (30 décembre). — Transaction entre les consuls de la ville et le chapitre St-Paul, représenté par Jean-Honoré de Raynouard et Jacques de Gazis, chanoines, concernant la nomination du prédicateur de l'Avent et du Carême, et ses dépenses de bouche, de séjour et d'*escorte*. D'après cette transaction, le prédicateur devait être choisi de concert par les consuls et par le chapitre, et ses dépenses, ainsi que celles de son *compagnon*, devaient être réparties, par moitié, entre la ville et le chapitre. Antérieurement à l'année 1589, c'était la ville seule qui avait pourvu à tous les frais de prédication dans l'église St-Paul, aux stations de l'Avent et du Carême. Pour appeler le chapitre St-Paul à prendre sa part de la dépense, elle invoquait la cherté des vivres, des habillements, des livres, la *rareté des hommes doctes et de mérite*. En réalité, elle ne reconnaissait plus la prédication comme une nécessité, un instrument de l'administration municipale; elle commençait à la considérer comme n'ayant presque plus qu'un intérêt religieux, ce qu'elle n'avait pas fait auparavant. La suscription de la transaction, qui est ainsi conçue, laisse entrevoir les modifications survenues dans les idées : « Despuys que la ville de Narbonne eust receu la foy et reli- « gion catholique apostolique, par le ministere et prédica- « tion de Monsieur sainct Paul Sergieus, premier évesque « d'icelle, elle ayt, Dieu graces, persévéré en icelle foy et « religion, comme faict encore, quels empeschemens qu'y « ayent seu metre et donner les hérétiques et sismatiques, « et ennemis d'icelle, contre lesquels les messieurs consulz « et habitans ce sont virillement opposés en tous regnes et « occurrances, et mesmes de nostre tamps, ayans par tels « ennemis enduré des pertes infinies, ce que les a de tant « plus rendus estables et fermes en icelle relligion. Lesquels « sieurs consuls et habitans ont employé tous moyens, « sans nul espargner, pour fere prescher lad. relligion « en icelle ville de Narbonne, et avoir eu de personnes « graves et doctes, et de tous ordres, tels qu'ils ont peu « avoir sellon le tamps et saizon; et pour les estipandier, « nourrir et entretenir, les Avantz et Caresmes, ils ayent « faictz de despances exesives, comme aussy pour l'escorte « qu'il leur a falleu bailher, venant en lad. ville, que pour « leur retour, et pour les garantir desd. hérétiques; a quoy « ne pouvant lad. ville présantemant satisfaire, comme elle « a faict par le passé, et comme elle deszireroict, pour estre « pour ce jourd'huy les hommes doctes et de mérite rares

« et chers; pour estre les vivres, libres et habillemans a « haut prix, ce qu'ils auroinct faict entendre aux Messieurs « chanoines et chappitre de l'esglize collégialle dud. sainct « Pol, pour estre par eux aidés, secoureus et soulagés de « quelque partie d'icelle despance, eu esgard que lesd. « prescheurs preschent en lad. esglize sainct Pol, ou ils re« çoivent, avec leurs intitulés et parrochiens, commodité « et instruction, ce que led. chappitre de lad. esglize n'au« roict reffuzé, attendeu qu'il y agist de la piété et relli« gion, et, pour le bien de paix, accordé la moitié de lad. « despance. » — Consuls qui ont consenti la transaction : noble Jean de Boffias, Jean de Cogomblis, Nicolas Curdechesne, Étienne Motet et Jean Castel. — Témoins qui y figurent : Paul Platet, marchand, Raffit Fabre, Pierre Motard, apothicaire, et Pons Pascal, de Narbonne.

F° 25 v°. — **1636** (15 avril). — Arrêt du Parlement de Toulouse, qui annule l'élection consulaire du 2 février 1636, sur l'opposition qu'y avaient faite et l'appel qu'en avaient relevé plusieurs habitants de la ville réunis en syndicat. En ordonnant une nouvelle élection, cet arrêt porte que les consuls dont la nomination est annulée ne pourront y être candidats.

F° 26. — **1636** (15 avril). — Copie de l'arrêt analysé dans l'article qui précède.

F° 26 v°. — **1649** (2 mars). — Lettre de M. de Roux, juge mage en la sénéchaussée de Carcassonne, portant convocation des consuls à l'assemblée de la sénéchaussée, qui devait se réunir à Carcassonne, le 10 mars 1649, pour élire la députation aux États généraux du royaume, convoqués à Orléans, le 15 du même mois. Pour être admis à l'assemblée de la sénéchaussée, les consuls devaient être munis d'une procuration de leurs conseillers contenant pouvoir « d'accorder et discorder ce quy ce proposera. »

F° 26 v°. — **1649** (21 janvier). — Lettre du roi, adressée au sénéchal de Carcassonne et Béziers, relativement à la convocation des États généraux qui devaient se réunir à Orléans, pour aviser aux moyens de faire cesser les maux que les divisions intestines, « les pratiques quy ont aussy « prévalu sur les esprits inconsidérés et factieux de quel« ques uns de la cour du Parlement quy est de Paris,... « secondés par un prince du sang,... » occasionnaient au pays. Le sénéchal devait immédiatement faire assembler « a son de trompe et cry public » les membres des trois états du ressort de la sénéchaussée, pour « conférer sur « toutes les choses qu'ils verront estre a refformer et corri« ger, affin de mettre la justice, la police et la discipline du « royaulme en leur premiere et ancienne splendeur, pour « maintenir et faire subcister l'estat de la maison royalle, « le repos public, et conserver un chacun dans son devoir. » Cette assemblée devait ensuite élire trois députés, un pour chacun des trois ordres, en leur donnant « amples pouvoirs, instructions et mémoires pour... ce qu'il leur semblera bon et a proposer. »

F° 28. — **1649** (17 février). — Lettre du comte d'Aubijoux, lieutenant du roi au gouvernement du Languedoc, datée de la citadelle de Montpellier, et adressée au sénéchal de Carcassonne, concernant la convocation des États généraux d'Orléans. Par cette lettre, le comte d'Aubijoux invite le sénéchal à exécuter avec soin et avec la plus grande promptitude les instructions contenues dans la lettre royale relative auxdits États, et à lui faire connaître la date précise de la réunion de l'assemblée de la sénéchaussée.

F° 28 v°. — **1649** (février). — Lettre de M. le comte d'Aubijoux, gouverneur du Languedoc, par laquelle sa lettre du 17 février 1649, destinée au sénéchal de Carcassonne, est adressée directement à son juge mage « affin « qu'elle soict rendue plus promptement... pour faire suc« céder les choses selon les intentions de Sa Majesté, le « plus diligemant que faire se pourra, lors de l'assemblée « de ceux des trois états du ressort. »

F° 29. — **1649** (février). — Procès-verbal de l'assemblée de la sénéchaussée de Carcassonne, tenue pour la nomination des députés aux États généraux du royaume, convoqués à Orléans. Députés nommés dans cette assemblée : — pour l'état ecclésiastique, Mgr l'archevêque de Narbonne et messire François de Bosquet, évêque et comte de Lodève (1) ; — pour la noblesse, messire François de Moustier, comte de Rieux et Mérinville, maréchal de camp des armées du roi, mestre de camp d'un régiment de cavalerie, et messire François de Cardailhac, seigneur et baron de Villeneuve-la-Crémade; — et pour le tiers état, Anne de Roux, conseiller du roi, président et juge mage en la sénéchaussée de Carcassonne et Béziers; noble Christophe de Roux, seigneur d'Alzonne; Jean-Jacques Ducup, premier consul de Narbonne; noble François de Plantevit, sieur de Margon, premier consul de Béziers, et noble Henri de Roquefeuil, sieur de Converty, consul de Pézénas. — L'assemblée de la sénéchaussée était présidée par

(1) M. Germain, professeur d'histoire à la faculté de Montpellier, a publié, en 1859, une vie inédite de Mgr François de Bosquet, d'après le manuscrit appartenant à la bibliothèque impériale, tome 42, f° 79, de la collection dite du Languedoc. Il est dit, dans ce manuscrit, que Mgr de Bosquet, qui était originaire de Narbonne, fut député à l'assemblée du clergé tenue à Paris, au mois de mai 1655; mais il n'y est pas fait mention de sa députation aux États généraux d'Orléans, où il fut envoyé par l'etat ecclésiastique de la sénéchaussée de Carcassonne. Il nous a paru utile d'indiquer cette lacune, en même temps que nous donnons l'analyse de l'acte qui vient la combler.

Mgr Claude de Rebé, archevêque de Narbonne, président né des États du Languedoc. A côté du président étaient placés M. Anne de Roux, président et juge mage en la sénéchaussée de Carcassonne, et Mes François de Mestre et Jean de Médailhe, conseillers et avocats du roi en ladite sénéchaussée. Ils avaient la préséance sur les membres de la noblesse. Les membres de l'assemblée sont Mgrs Vitalis de Lestang, évêque de Carcassonne, Nicolas de Pavillon, évêque d'Alet, François de Bosquet, évêque et comte de Lodève, MM. les vicaires généraux de Castres, de Béziers et d'Agde; messire François de Cardailhac, seigneur de Mausse, qui avait droit de présence à cause de la baronnie de Villeneuve-la-Crémade, dont messire Louis de Cardailhac et Levis, comte de Bieule, son frère, lui avait fait cession pour ses droits légitimaires; le baron de Rieux; MM. Jean de Mahé, premier consul de Carcassonne, et noble Christophe de Roux, seigneur d'Alzonne, députés de Carcassonne; Jean-Jacques Ducup, docteur ès-droits, et Jean Amiel, bourgeois, premier et second consul, députés de Narbonne; noble François de Planievit, sieur de Margon, et Gabriel Estagnol, bourgeois, consuls et députés de Béziers; Jean Dutin, docteur et avocat, premier consul de Castres, Henri Jusieux, consul ancien de la même ville, et André Bouillé, premier consul de Mondragon, députés du diocèse de Castres; noble François de Portes, premier consul de St-Pons, Jean-Jacques de Molinier, sieur de Lafajolle, et noble Bernard de Graves, seigneur de Félines, consul de Lalivinière, députés de la ville et du diocèse de St-Pons; Gratien Gaussy, premier consul d'Agde, député du diocèse; Jean-Antoine Rousset, docteur, premier consul de Mirepoix, député de la ville et du diocèse de Mirepoix; Daniel de Besombes, premier consul de Lodève, et Geniés Tarrasson, députés de ladite ville; Bernard Papilandy, consul d'Alet, député du diocèse; Denis-Gérifloi de la Court, premier consul, député de Limoux; Henri de Russon, syndic du diocèse de Carcassonne; Jean de Bélissent, consul de Tuchan, et Jean Cassaignes, syndic, députés du diocèse de Narbonne; noble Marc-Antoine de Casteras, député du lieu de Sorbiac, qui était *en tour d'entrer* aux États; Jacques Massane, docteur et avocat, premier consul et député de Gailhac; noble Henri de Roquefeuil, député de Pézénas, premier consul de cette ville; Guillaume Baille, premier consul et député de Clermont. — Le cahier des doléances présentées au nom de l'assemblée de la sénéchaussée, fut préparé par Mgr l'évêque de Carcassonne, le baron de Rieux, les députés de Carcassonne, ceux de Narbonne, et M. Pierre de Roux, syndic général de la province.

F° 33. — **1639** (12 mai). — Arrêt du conseil d'État, contenant décharge, en faveur de la ville, d'une somme de 8,003 livres, formant, pour les premiers six mois de l'année 1633, le montant de la finance destinée à la solde de la morte-payé de Narbonne. Cette somme n'avait pas été portée dans l'*état du roi* (1). Cependant le fermier général des gabelles l'avait payée au clavaire de la ville, malgré cette omission, et il menaçait les consuls d'employer la contrainte pour les obliger à lui en faire le remboursement.

F° 34 v°. — **1648** (26 janvier). — Arrêt de la cour des Comptes, Aides et Finances de Montpellier, qui porte décharge, au profit du chapitre St-Paul, de la cotisation dont il avait été l'objet de la part des consuls de la commune de Coursan, dans le compoix cabaliste (2) de l'année 1621, pour les rentes qui lui appartenaient dans le territoire de ladite commune, soit en fondation d'obits, soit en capitaux constitués, et pour lesquelles rentes il était déjà cotisé dans le compoix cabaliste de la ville de Narbonne.

F° 35 v°. — **1650** (20 mars). — Ordonnance du roi, par laquelle il est accordé à M. de Bélissen, sergent-major de Narbonne, à raison de ses services, la paie d'un soldat par chaque compagnie de la morte-paye de la ville (3).

(1) En style de comptabilité, on appelait état du roi la distribution qui était faite, dans les bureaux des Finances, des fonds provenant des fermes royales entre les divers services publics auxquels ces fonds étaient destinés. C'était un véritable budget des dépenses appliqué à chaque nature de recettes pour en régler l'emploi, et, par suite, il y avait autant d'états du roi qu'il y avait de natures de recettes.

(2) *Le compoix* cabaliste est le rôle qui était dressé chaque année, à Narbonne par le conseil de la ville, et dans les communes par les consuls, pour la levée de l'imposition assise sur les bestiaux affectés au service d'une industrie, sur l'outillage d'une usine, d'une profession, sur les troupeaux et *cabaux d'une exploitation agricole*. C'est du mot cabaux que lui est venu son titre de compoix cabaliste. Ce rôle contenait aussi l'imposition de l'industrie, qui n'était autre que celle qui est maintenant désignée sous le nom de contribution des patentes, et l'imposition du revenu personnel des habitants, qui était basée soit sur leurs capitaux placés à intérêt ou à rente constituée, soit sur les profits réalisés dans une industrie, un négoce, un commerce quelconques.

(3) Lorsqu'on voulait procurer un bénéfice exceptionnel à un capitaine, l'on tolérait qu'il portât l'effectif de sa compagnie à un nombre d'hommes plus considérable qu'il ne l'était en réalité, et on lui donnait, par cette *dissimulation*, le *moyen* de *s'approprier* la paie d'un plus ou moins grand nombre de soldats. On appelait *passe-volant* l'homme qui était porté fictivement sur les cadres. Ainsi l'ordonnance qui est analysée ci-dessus, attribuait à M. de Bélissen un *passe-volant* par chaque compagnie de la *morte-paye*.

La ville de Narbonne payant la solde de cette milice, l'abus des passe-volants lui imposait une dépense qui ne correspondait pas à un service réel, et qui ne servait qu'à augmenter, au mépris des conventions arrêtées, le traitement des chefs. L'on verra, dans l'analyse des délibérations du conseil, que les conseillers de la ville et les consuls réclamèrent contre cet abus avec une vive énergie. Leurs réclamations étaient justes. Mais pouvaient-ils avoir la chance de les faire

F° 35 v°. — **1650** (8 avril). — Ordonnance de Gaston d'Orléans, lieutenant général au gouvernement du Languedoc, délivrée pour la mise à exécution de l'ordonnance royale qui accorde à M. de Bélissen, à raison des services qu'il a rendus dans sa charge de sergent-major de Narbonne, la paie d'un soldat par chaque compagnie de la morte-paye de la ville. Il était enjoint aux consuls de faire acquitter cette paie, par le clavaire, sur la simple quittance de M. de Bélissen, « sans aulcune difficulté, à peyne d'en « respondre en propre et privé nom. »

F° 36. — **1650** (6 juillet). — Transaction entre les consuls de la ville et le chapitre collégial St-Paul, qui modifie la transaction intervenue entre parties, le 30 décembre 1589 (vid. supra, f° 24 v°), relativement à la dépense et à la nomination du prédicateur de St-Paul. La nouvelle transaction porte qu'à l'avenir la nomination du prédicateur de la station de l'Avent et de celle du Carême sera faite, à compter de l'Avent, pour une année, alternativement par MM. les chanoines du chapitre St-Paul et par les consuls, et que la dépense en sera payée, de même, alternativement et sans division, par chacune des deux parties. Des contestations s'étant élevées au sujet de la nomination du prédicateur, le chapitre St-Paul et les consuls étaient à la veille d'introduire une instance judiciaire, les consuls pour faire maintenir la transaction et le chapitre pour en poursuivre l'annulation. Ce fut pour prévenir cette instance que les parties transigèrent sur leurs prétentions respectives. Dans la suscription de l'acte, les consuls déclarent qu'ils se sont déterminés par le désir de ne pas « blesser l'union estroite qui « a tousjours existé entre eux et le chapitre Sainct Paul, ny « la mémoire du glorieux sainct Paul Sergieux, patron de « lad. esglize et tutellere de lad. ville, pour laquelle tous ses « habitans ont une particuliere vénération, concourans ré-« ciproquement a l'édiffication du public. » — Dans cette transaction, le chapitre est représenté par messire Bernardin d'Authemar, abbé de St-Paul, Antoine de Soubiran, Jean Barrés, Jean de Villa, prevôt, et François de Reboul, chanoines audit chapitre. Noble Jacques de Lenoir, écuyer, Guillaume Morel, bourgeois, Jean Campredon, Pierre

accueillir, lorsque le pouvoir royal accordait sa protection à la fraude dont ils étaient victimes, et la régularisait en la rendrnt obligatoire?

L'ordonnance que nous avons analysée est de 1650. L'on n'était pas alors éloigné du jour où le roi, qui puisait si facilement dans la caisse de la ville, pour favoriser un protégé, devait frapper des peines les plus cruelles les chefs de troupes qui exploitaient l'industrie des *passe-volants*, et, sous ce rapport, il nous a paru utile de constater que les consuls et les conseillers de la ville se constituèrent, par leurs doléances, les précurseurs des réformes qui se firent jour treize ans après.

Il est dans la nature des abus de grandir toujours. Les *passe-volants* autorisés donnèrent naissance à ceux qui ne l'étaient pas. La tolérance du pouvoir royal se trouvant ainsi dépassée, et l'abus devenant de plus en plus sensible, l'on essaya de le limiter. Les délinquants furent surveillés dans les revues. Mais ce fut en vain. Pour dissimuler les vides produits par les *passe-volants*, les chefs faisaient figurer dans les compagnies, au moment des revues, les valets des officiers et la multitude des gens sans aveu qui suivent toujours les armées. Comme il n'y avait pas encore d'uniforme, il suffisait d'armer ces hommes d'une épée et d'un mousquet. Lorsque ce moyen ne suffisait pas, les capitaines qui trafiquaient des *passe-volants* se prêtaient les uns aux autres leurs soldats, et les faisaient paraître successivement dans les diverses compagnies qui étaient passées en revue. L'usage alors adopté d'appeler les soldats par leur nom de guerre, favorisait particulièrement cette combinaison.

Le trafic que nous signalons gagnant toujours de plus en plus, il en résulta que les chefs d'armée ne savaient jamais sur quel nombre d'hommes ils pouvaient compter. Comme le disait le maréchal de Luxembourg, les compagnies étaient toujours fortes pour le paiement, et faibles dans le service.

Après la bataille, les capitaines, pour masquer leur coupable industrie, se hâtaient d'inscrire au nombre des morts ceux qu'ils avaient porté dans les cadres comme *passe-volants*, de sorte que les pertes de l'armée française paraissaient, aux yeux de l'ennemi, plus considérables qu'elles ne l'étaient en réalité. Par suite de cette fraude, les régiments où il y avait le plus de *passe-volants* semblaient avoir souffert plus que les autres, et avoir plus de droits aux récompenses et aux distinctions. Il s'en suivit que les honneurs étaient attribués aux chefs en raison même de l'étendue qu'ils donnaient à leur concussion.

Le ministre Louvois résolut de mettre un terme à ces graves abus. Il donna des ordres pour que les coupables, quel que fût leur rang, fussent impitoyablement traduits devant la justice militaire. D'abord, les peines prononcées contre les délinquants furent assez douces, du moins eu égard aux mœurs du temps. L'ordonnance du 21 mars 1663 prononça contre eux la peine du fouet et les soumit à l'obligation de passer devant le front des troupes, avec un écriteau devant et derrière, portant ce seul mot : *passe-volant*. — Deux ans après, une ordonnance du 25 juillet 1665 ordonna qu'ils seraient marqués avec un fer rouge, sur le front ou sur la joue, par la main du bourreau. — Cette aggravation de sévérité n'ayant pas paru suffisante, une ordonnance du 15 juillet 1667 prononça la peine de mort. — En raison de son extrême sévérité, cette dernière peine était d'une application trop difficile ; une ordonnance du 1er juin 1676 la remplaça par la mutilation : le bourreau coupait le nez aux coupables.

Louvois fit exécuter ces ordonnances avec cette fermeté inexorable, qui était l'un des traits de son caractère. Mais pour qu'elles pussent être exécutées, il fallait découvrir les délinquants. Dans ce but, il récompensa les dénonciateurs ; il imposa aux intendants l'obligation de multiplier les revues, de les improviser, de les tenir secrètes afin de mieux surprendre ceux qui continuaient à trafiquer. Les intendants qui se montrèrent habiles et sévères furent magnifiquement récompensés ; ceux qui ne surent rien découvrir, et surtout ceux qui parurent favoriser les coupables, furent traités avec une sévérité extrême. Grâce à cet ensemble de mesures, il n'y eut plus de *passe-volants*.

Telle est, en résumé, l'histoire des passe-volants. Elle montre à quelles étranges conséquences peut entraîner la violation des principes du droit et de la justice. En 1650, les passe-volants sont regardés comme légitimes et des actes émanant de l'autorité les imposent à la ville de Narbonne. En 1667, cette même autorité frappe d'une peine infamante ou punit de mort ceux qui font le honteux trafic que ses encouragements ont provoqué.

Noguier, Michel Malard et Pierre Guignavert, consuls de la ville, traitent pour elle. Ils sont assistés de François de Labolandière et Henri de Capolade, avocats, et de Bernard Caunes, Jean Denos et Gabriel Fétard, députés du conseil général de la ville. — Témoins qui figurent dans la transaction : Philippe Caraguel, prêtre, et Jean Terrisse, marchand, de Narbonne. L'acte est rédigé par Me Gaubert, notaire royal, dans le petit consistoire de la maison consulaire.

F° 37. — **1650** (22 juillet). — Lettre du comte de Bieule, gouverneur du Languedoc, datée de Labruguière, par laquelle il communique aux consuls la nouvelle de la levée du siége de Guise, et la résolution prise par le roi d'entreprendre un voyage dans la Guyenne. Le comte invite les consuls à en donner connaissance « aux bons habitans de « la ville, en donnant tous leurs soings a ce que ces habi- « tans et ceulx du voisinage se contiennent dans leur « obéissance et fidélité » envers le roi.

F° 37 v°. — **1650** (30 septembre). — Lettre de Gaston d'Orléans, dans laquelle il remercie les consuls de l'affection qu'ils ont témoignée pour ses intérêts et de la joie qu'ils ont éprouvée à l'occasion de l'heureuse naissance de son fils. (Transc. au f° 39 v° de ce même cartulaire.)

F° 38. — **1650** (25 août). — Lettre du roi, datée de Libourne, invitant les consuls à se rendre aux États de la province, convoqués à Pézénas, pour le 10 octobre 1650.

F° 38 v°. — **1650** (9 septembre). — Lettre du roi, adressée aux consuls à l'occasion de la convocation des États de la province, à Pézénas, dont la tenue était jugée nécessaire pour rétablir l'ordre « qui avoit accoustumé « d'estre observé en la province du Languedoc. » Le roi, se fondant sur la connaissance particulière qu'il a acquise du zèle des consuls, les prie de faire tous leurs efforts pour porter l'assemblée à accorder aux *députés qui y seront présents de sa part* « le secours qu'ils se promettent dans « la conjoncture des affaires présentes. »

F° 38 v°. — **1650** (9 septembre). — Lettre de Gaston d'Orléans, par laquelle il recommande aux consuls de se trouver aux États de la province, convoqués à Pézénas, dont la tenue, d'abord fixée au 10, a été ajournée au 15 octobre, et d'employer tous leurs soins pour amener l'assemblée à accorder les secours qui lui seront demandés, au nom du roi et de la reine mère, régente, par leurs députés et commissaires. Il ajoute qu'il leur saura si bon gré de ce service qu'il s'en souviendra en toutes occasions *qui se présenteront pour leurs avantages.*

F° 39. — **1650** (13 septembre). — Lettre du comte de Bieule, accompagnant la lettre du roi et celle de Gaston d'Orléans, relatives à la convocation des consuls de Narbonne aux États de la province mandés à Pézénas, pour le 15 octobre.

F° 39 v°. — **1650** (30 septembre). — Lettre de Gaston d'Orléans, remerciant les consuls de l'affection qu'ils ont témoignée pour ses intérêts et de la joie qu'ils ont éprouvée à l'occasion de la naissance de son fils. (Transc. au f° 37 v° de ce même cartulaire.)

F° 40. — **1650** (27 août). — Arrêt de la cour des Comptes, Aides et Finances de Montpellier, qui accorde aux consuls la garantie qu'ils demandaient contre les héritiers de Pierre Rouch, bourgeois de Narbonne, concernant le paiement des intérêts arriérés de la créance de 6,000 liv. dont ces héritiers étaient porteurs sur la ville.

F° 40 v°. — **1650** (16 août). — Procès-verbal dressé par Pierre Noguier et Michel Malard, consuls, en qualité de députés de leurs collègues, sur la vérification des travaux de réparation à faire au canal de la rivière d'Aude (la Robine), « qui est la seule voie commode pour l'en- « tretien du commerce et du négoce de la ville, » et que les consuls sont chargés de conserver et maintenir en bon état de navigation, « ayant plus aux feus roys les faire « disposateurs du fonds destiné pour lad. réparation. » Ce procès-verbal, qui est dressé avec l'assistance de Pierre de Rathery, procureur du roi, de Pierre Grachy, avocat, d'André Serre et Guillaume Perredon, bourgeois, Pierre Labarthe, maçon, et Antoine Vidalet, charpentier, mentionne : — les réparations de la tête de la grande muraille du Caragol ; — la plantation de six grandes pièces de bois, dans l'étang de Gruissan, pour servir de signal aux bateaux qui du port de La Nouvelle se rendent à Narbonne, ou qui de Narbonne se dirigent vers ce port ; — le rétablissement de la calade (1) qui sépare le canal d'avec l'étang de Gruissan, laquelle a été détruite sur trois points ; — la restauration des deux paltocs (2) construits pour garantir cette calade, etc.

F° 41 v°. — **1631-1633.** — * Dénombrement fait devant Jean de Seigneuret, baron de Fabrezan, trésorier général et grand voyer de France, par les consuls de Narbonne, en cette qualité pour les fiefs, arrière-fiefs, droits et biens de la ville, et en qualité d'administrateurs nés des hôpitaux pour les biens et possessions de ces hôpitaux. Ce

(1) Digue ou chaussée pavée en moellons de fortes dimensions, posés de champ.

(2) Murs de revêtement des talus d'une chaussée, d'un canal, etc., construits en maçonnerie, ou bien en palplanches fichées en terre à coups de bélier et reliées entr'elles par des madriers disposés en sablières.

dénombrement fut remis le 24 septembre 1631 et homologué le 15 avril 1633, après la procédure requise pour sa publication et nonobstant les oppositions dont il fut l'objet de la part de dame Antoinette de Montmouton, baronne de Pérignan, relativement à l'île del Lec et à la Clape, et d'un sieur Gouttes, relativement au droit de cosse prélevé sur les blés vendus dans la ville. L'opposition de la baronne de Pérignan est fondée sur certaine sentence arbitrale de l'année 1281 (vid. AA. 99, f° 379, dans la note), rendue par Guy de Levis, maréchal de la Foy, sénéchal d'Albigeois, entre le vicomte Aymeric et Amalric, son frère, baron de Pérignan, qui adjuge à ce dernier l'île del Lec, ainsi que les quatre métairies des Olieux, Moujan, Rieumar et Villeneuve, situées dans le *district* de la ville de Narbonne. La liste des droits et biens dénombrés par les consuls comprend : — le consulat, qui est tenu immédiatement du roi, « sans pouvoir estre alienné de la couronne « de France et non pas maismes aux fils et fraires du « roy,... a thitre d'honneur sans aulcung esmolument; » — l'affranchissement du droit de leude pour toute l'étendue de la Vicomté vieille et particulièrement au lieu de Cessenon; — une portion et demie sur les quatre portions du droit de cosse prélevé sur les grains et légumes vendus par les étrangers dans l'intérieur de la ville, droit dont les habitants sont déclarés exempts par divers actes, notamment par une sentence du siége de la viguerie royale de Narbonne, de l'année 1552, confirmée par arrêt du grand conseil de l'année 1630; — le botage et le mesurage du vin et du miel, confirmés à la ville par arrêt du Parlement de Toulouse du 3 juillet 1620; — le courtage du blé et des autres marchandises, confirmé par lettres patentes du 17 juillet 1624; — le poids de la farine; — la faculté de faire construire des moulins à vent sur les remparts de la ville et de les bailler à nouvel achept, qui leur a été concédée par les vicomtes; — la faculté de faire couper, arracher, enlever et détruire tous empêchements mis à l'écoulement des eaux de la rivière d'Aude, depuis le Gua-Rabios, situé à la paissière de Sallèles, jusques au Pont-Vieux de Narbonne; — la seigneurie et juridiction directe de toute l'île del Lec, depuis la tour du comte Pierre jusques à l'étang qui divise la Corbière, à Goule-d'Aude (1) et à l'étang de Peyriés (1), avec les droits d'herbage, de pâturage et de banderage de cette île, les censives, les tasques, albergues, pensions, etc., et avec la faculté de permettre la pêche du poisson et la chasse aux oiseaux dans l'étang Salin, dit de Vinassan (2), dépendant de la directe donnée aux consuls par la vicomtesse Ermengarde, et confirmée par Raymond, comte de Toulouse, par le vicomte Aymeric, et par Louis XII (3) dans l'acte d'échange de la Vicomté contre le duché de Nemours qu'il céda au vicomte Gaston de Foix, comte d'Étampes; — le fief noble dit l'Aumône de la Caritat, grevé d'une distribution de pain fixée à 16 setiers de froment par an, à la fête de Saint-Sébastien; — le fief dit l'Hôpital de la Croix, consistant en censives et droits de lods et ventes; — le fief de l'École, consistant en rentes, censives et lods, destinés à l'entretien du collége et à la nourriture de quatre collégiats; — le fief de Prat-du-Rais, situé près de Cuxac, composé de droits de banderage, de pâturage et d'herbage; — les droits de banderage et de pâturage du territoire de Pontserme; — la rente annuelle ou albergue de 22 setiers de froment due pour le château de Prat-de-Cest, inféodé par les consuls à M. de Ricardelle; — les droits de banderage, de pacage et d'herbage de tout le territoire de Narbonne, à l'exception des ténements de Livière, Gazagnepas, Larnet et Saint-Paul; — la moitié des clefs des portes de la ville, qui appartient aux consuls, ainsi que la garde de l'autre moitié en l'absence du gouverneur; — enfin, la présentation, à la nomination du gouverneur, des capitaines, sergents et soldats de la morte-paye de la ville, dont les montres ou revues doivent se faire dans la maison consulaire.

F° 50 v°. — **1651** (14 février). — Lettre de M. de la Vrillière, par laquelle il remercie les consuls des assurances de fidélité au r[illegible] [illegible]s lui avaient données, et leur annonce la « retraitte de M. le cardinal hors de la « Cour et des affaires, et le retour de messieurs les princes « aupres de Leurs Majestés. » Il ajoute, pour exprimer la satisfaction que lui faisait éprouver la tournure des événements : « Je me contenteray de vous dire que je vois les « princes dans de sy bons sentimans, et dans de sy bonnes

(1) On désignait, sous le nom de Goule-d'Aude, l'embouchure même du canal de la Robine. La Goule-d'Aude a été creusée dans le grau reliant à la mer l'étang, qui divise la Corbière, mentionné comme limite des droits d'herbage et de banderage des consuls, dans la déclaration du vicomte Aymeric du 2 des kal. de décembre 1221 (voy. AA. 99, f° 1; AA. 101, f° 117). Cet étang est celui que l'on désigne actuellement, dans les cartes géographiques, par le triple nom d'étang de Bages, de Peyriac et de Séjan, parce qu'il est assis entre les territoires de ces trois communes. C'est l'ancien stagnum Rubresus de la Gaule Narbonnaise.

(1) L'étang de Peyriés, appelé dans les anciens documents stagnum Petrocils, n'est plus connu maintenant, soit dans le pays, soit dans les actes officiels, que sous le nom d'étang de Capestang.

(2) Le dessèchement de cet étang a été baillé à Jean Desponde, le 11 mai 1585, par contrat passé devant M° Guichon, notaire de Narbonne.

(3) Cette confirmation est attribuée à Louis XI par le texte du dénombrement; mais c'est une erreur. L'échange de la Vicomté de Narbonne contre le duché de Nemours n'ayant eu lieu qu'en 1508, c'est Louis XII qui a confirmé la directe dénombrée par les consuls. (Voy. AA. 48 à 51.)

« résolutions de restablir le repos et la tranquillité dans « les provinces, qu'il y a tout sujet de bien espérer, et que « doresnavant les affaires yront de bien en mieux. Je le « souhaite avec passion. »

Fº 50 vº. — **1651** (28 février). — Arrêt du conseil privé du roi, qui maintient les consuls de la ville de Limoux, élus aux fêtes de Noël de l'année 1650, dans l'exercice de leur charge, où ils étaient troublés par les officiers du présidial établi dans cette ville. — L'élection de ces consuls avait été l'objet d'une opposition devant le Parlement de Toulouse, provoquée par quelques *séditieux* et *mécontents*, et le Parlement l'avait cassée sous prétexte d'incompétence de l'officier qui y avait présidé. Il avait ensuite, par une usurpation de pouvoir, et au mépris des priviléges de la ville et de ses anciens statuts, commis M. Lenoir, l'un de ses membres, pour procéder à une nouvelle élection des consuls, avec autorisation de choisir de son chef et nommer d'office les *élisans*, et même les consuls, si le cas l'exigeait. Ce conseiller ne put remplir sa commission qu'en usant de violence. S'étant transporté à Limoux pour préparer l'élection ordonnée, il fut requis et sommé par les consuls *modernes* de les laisser jouir de leur charge. A cet effet, ces consuls lui avaient exposé la surprise intervenue dans l'arrêt du Parlement, et ils avaient formé opposition à son exécution en protestant de leur intention d'en appeler au roi s'il était passé outre. Le commissaire n'en tenant aucun compte, voulut procéder à la nouvelle élection, « ayant par force et violance faict esfort entrer dans la « ville force gens incognus, et enfoncé trois portes qu'on « avoit faict fermer pour empescher ce dézordre, et ne « trouvant personne qui, contre le repos et le bien de la « ville, voulut estre présent à cette exécution, estre des « élisans ny du nombre de ceux qu'on vouloit créer par « ceste voye extraordinaire, il en auroit choizi de son au« thorité, et nommé pour consuls Michel Boyer, Martin « Rosset et quelques autres habitants de Limoux, person« nes incapables, de fort basse extraction, et quy n'ont « point de bien, et quy, par conséquant, ne saveat gou« verner les affaires publiques, ny ne pouvant respondre « de tout le revenu de la comunaulté et de leur manie« mant. » Mais les autres consuls en appelèrent au roi, et une députation fut chargée de présenter leurs plaintes contre l'arrêt du Parlement et la procédure qui s'en était suivie. Les consuls déclaraient, dans la requête contenant leur appel, que l'arrêt du Parlement et tout ce que M. Lenoir avait fait pour son exécution constituaient un attentat manifeste, qui détruisait tous les anciens règlements et priviléges de la communauté, mettait la ville *en confusion et en désordre, et créait un péril d'émotion* s'il n'y était pourvu.

Fº 52. — **1651** (7 avril). — * Lettre de M. de la Vrillière, par laquelle il informe les consuls de la remise, qu'il avait faite au roi, des procès-verbaux dressés par eux sur la sédition qui s'était produite à Narbonne, le 21 mars 1651. Les causes de cette sédition étaient les exécutions violentes que poursuivaient les commissaires du Parlement de Toulouse et ceux de la chambre de l'Édit de Castres, à l'encontre des délibérations des États du Languedoc tenus à Pézénas, au mois d'octobre 1650, qui étaient soutenues par la cour des Comptes de Montpellier. D'après les expressions de cette lettre, il était peu de villes, dans la province, qui eussent donné satisfaction aux commissaires du Parlement, et ce qu'ils avaient pu accomplir dans quelques-unes, avec l'appui des religionnaires, menaçait déjà d'être désavoué par elles avant que le conseil du roi n'eût cassé tous les arrêts du Parlement, et n'eût enjoint à ses commissaires et à ceux de la chambre de l'Édit de Castres, *de rentrer aux lieux où ils devaient remplir leurs charges.*

Fº 53. — **1651** (7 avril). — Lettre de M. Goulas, annonçant aux consuls l'envoi de l'arrêt du conseil d'État, qui casse ceux du Parlement de Toulouse et de la chambre de l'Édit de Castres, rendus contre les délibérations des États du Languedoc tenus à Pézénas, au mois d'octobre 1650. Le conseil d'État avait prononcé cet arrêt pour rétablir le calme et la tranquillité dans la province, et pour faire cesser les procédures entreprises par les commissaires du Parlement pour l'exécution de ses arrêts.

Fº 53 vº. — **1651** (28 mars). — Arrêt du conseil d'État, rendu la reine mère régente, le roi et le duc d'Orléans présents, portant cassation des arrêts du Parlement de Toulouse et de la chambre de l'Édit de Castres, des 16 février et 11 mars 1651, et de tout ce qui s'en était suivi, comme donnés par attentat aux délibérations des États du Languedoc tenus à Pézénas, au mois d'octobre 1650. Cet arrêt confirme l'arrêt de la cour des Comptes, Aides et Finances de Montpellier, du 6 mars 1651, qui avait cassé et annulé ceux du Parlement et de la Chambre de l'Édit de Castres comme rendus incompétemment et sans pouvoir. Les délibérations des États du Languedoc dont il est fait mention auxdits arrêts, portent : « qu'il seroict faict « article dans le cayer des doléances quy doibt estre pré« zanté ceste année, pour demander au roy la cassation « de tous les nouveaux ordres quy se trouveront introduitz « par le Parlement de Toulouse contre les ordonnances « royaux, anciens uzaiges du pais, droictz, libertés et pri« villéges de la province; que les sommes par eulx con« senties seroient levées et payées à Sa Majesté, suivant « les arrets du conseil, et qu'en exécution des arretz du« dict conseil les habitans de la ville de Thoulouse, faute

« d'avoir impozé despuis plusieurs années les sommes « consanties, seroient solidérement contraintz en leurs « effetz, saizis et arrestez mesmes. » Prévoyant la résistance du Parlement, les États avaient décidé, en outre, « que sy, pendant le cours de l'année, il estoict faict obsta- « cle ou donné quelque empêchement aux ordres du roy « et deslibérations de l'assemblée qui eussent besoing de « prompt remede, le sieur archevesque de Narbonne, « prézidant desd. États, sur l'advis qui lui en seroit donné, « pourroit assembler aulcungs des prélatz, barons et « consulz pour prandre leur conseil, et advizer aux « moyens de droict convenables pour lesd. entreprinzes, « suivant ce quy s'est tousjours pratiqué pour les affaires « inopinées, tant dedans la province qu'en chescung dio- « ceze d'icelle. » Cette précaution irrita le Parlement, et ses officiers, par *une malicieuse interprétation* des intentions des États, leur imputèrent à crime d'avoir pourvu à la sûreté des deniers du roi et d'avoir tenu la main à l'exécution de ses ordres en recourant à l'autorité du conseil d'État. Ils avaient « essayé de les diffamer aupres « des peuples, et, pour agraver l'injure, par un arrest « donné par attantat, prononcé à l'audiance du 16 feb- « vrier dernier, avoient cassé les deslibérations cy dessus, « avec deffances aux gens des Estatz d'en décerner a l'ad- « venir de semblables, et aux subjectz de Sa Majesté d'y « defférer, ny s'assembler sans sa permission, a peyne « d'estre procédé contre eulx comme désobéissans a jus- « tice et perturbateurs du repos publiq et criminels. » La chambre de l'Édit de Castres, associant son action à celle du Parlement, avait aussi cassé les délibérations des États de Pézénas, « en se laissant emporter à son « exemple par un attentat encore plus manifeste. » Dans ce conflit de pouvoirs et d'autorité, la cour des Comptes de Montpellier était intervenue, de son côté, et se fondant sur ce qu'aucune compétence n'appartenait au Parlement de Toulouse, ni à la chambre de l'Édit de Castres, en ce qui touche au paiement des deniers des tailles et impositions de la province, elle avait déclaré nul et cassé tout ce qui avait été décidé par lesdits Parlements et chambre de l'Édit, ou exécuté par leurs commissaires.

F° 55. — **1651** (6 mars). — Arrêt de la cour des Comptes, Aides et Finances de Montpellier, rendu à la requête du procureur du roi, *les chambres et semestre réunis*, qui, attendu « qu'a la cour des Comptes seule « appartient souverainement et en dernier ressort la con- « naissance de tout ce qui touche aux tailles et imposi- « tions, » porte cassation des arrêts du Parlement de Toulouse, des 8 janvier 1649 et 16 février 1651. Par ce dernier arrêt, sous prétexte de réformer les abus et désordres qu'il prétendait reconnaître dans l'imposition des tailles de la province, le Parlement avait député des commissaires pour vérifier les malversations commises dans la levée des deniers « aux assiettes et diversions de ceux « des étapes, avec pouvoir d'en informer contre les cou- « pables jusqu'au jugement définitif exclusivement, » et il avait enjoint à tous magistrats, consuls, syndics des diocèses, étapiers, secrétaires, notaires et autres officiers, d'exhiber tous actes nécessaires à cette vérification (1).

F° 56 v°. — **1651** (29 mars). — Arrêt de la cour des Comptes, Aides et Finances de Montpellier, rendu les chambres réunies, qui casse et annule l'arrêt du Parlement de Toulouse du 11 mars 1651, donné par une contravention manifeste aux édits qui portent établissement de cette Cour et fixent sa juridiction. Cet arrêt ordonne « que tres « humbles remontrances seront faites au roi de l'entre- « prinze faite par ledit Parlement, et des parolles inju- « rieuzes et offansives couchées dans l'arrest, et que def- « fanses lui soient faictes d'en donner de tels et semblables, « a peyne d'interdiction...., et cependant que lesd. com- « missaires du Parlement, et tous autres porteurs et exécu- « teurs dud. arrest, seront prins et saizis au corps et con- « duitz en la conciergerie de la Cour, pour estre procédé « contre eux ainsi qu'il appartiendra, avec deffances a tous « gouverneurs, magistratz, consulz, scindicz et commu- « nautés, recepveurs, collecteurs et tous autres, d'exécut- « ter ny defférer ausd. arrestz et ordonnances desd. com- « missaires, a peyne de 20,000 liv. d'amende. » — Lettres d'attache délivrées pour l'exécution de cet arrêt.

F° 59 v° — **1649** (12 mars). — Procuration donnée par l'assemblée de la sénéchaussée de Carcassonne et Béziers, tenue à Carcassonne le même jour, 12 mars 1649, à Mgr Claude de Rebé, archevêque primat de Narbonne, Mgr François de Bosquet, évêque et comte de Lodève, messire François de Moustier, comte de Rieux et Mérinville, maréchal de camp, messire François de Cardailhac, seigneur de Mausse, baron de Villeneuve-la-Crémade, Anne de Roux, président et juge mage en la sénéchaussée de Carcassonne, noble Christophe de Roux, seigneur d'Alzonne, député de la ville de Carcassonne, Jean-Jacques Ducup, premier consul de la même ville, noble François de Plantevit, seigneur de Margon, premier consul de Béziers, et Henri de Roquefeuil, sieur de Converty, premier consul de Pézénas, nommés par cette assemblée en qualité de députés, pour assister aux États généraux convoqués à Orléans au 15 mars 1649. Cette procuration a été

(1) C'est à la suite des contraintes et exécutions exercées à Narbonne par le commissaire que le Parlement y avait envoyé, qu'avait eu lieu la sédition dont il est parlé dans la lettre de M. de la Vrillière, du 7 avril 1651. (Voy. supra f° 52.)

retenue par Barthélemy Farenc, notaire royal de Carcassonne. Elle précise en ces termes le pouvoir donné aux députés élus : « pour tous ensemble, les ungs en l'absance « des autres par maladie et autre empêchemant, au nom « desd. constituans, les gens des trois États de lad. sénes- « chaussée, ce trouver et comparoistre en l'assemblée desd. « États généraux du royaume, en lad. ville d'Orléans, et « partout ailheurs ou il plaira a Sa Majesté de les assem- « bler, et en icelle assemblée représenter a Sa Majesté les « mizeres et calamittés des peuples de lad. séneschaussée, « quy ce trouvent réduictz a une extreme pauvretté par « l'immansittée des foulles et des despances qu'ils ont « suportées, présenter les cayers des plaintes particulieres « délibérés en l'assemblée de ceste séneschaussée, affin « qu'il plaise a Sa Majesté prouvoir sur les justes doléan- « ces des constituans, les maintenir et conserver en leurs « antiens droitz, libertés et privilèges, les descharger des « subcides et impozitions extraordinaires quy ce levent a la « foulle et opression des habitans de lad. séneschaussée, « et, au surplus, pourront lesd. seigneurs depputtés pro- « pozer, remonstrer, procurer, deslibérer, octroyer, ac- « corder, discorder, conclure et généralletnent fere tout « ce qu'ils jugeront nécessaire pour la manutantion de tout « le royaulme, service de Sa Majesté, bien et repos publiq, « mesmes de conférer avec les depputtés des autres sénes- « chaussées sur les moyens et expédians plus propres « pour le bien et soulagemant du peuple. Promettant mesd. « seigneurs de l'assemblée avoir pour agréable, tenir, gar- « der et observer tout ce que par lesd. depputtés aura esté « fait, accordé et deslibéré en lad. assemblée générale, ne « les révoquer, ains les relepver de lad. charge de dep- « puttés, sous l'obligation des biens du général de lad. « séneschaussée, lesquelz ilz ont soubmis aux rigueurs « des cours et seelz de ce royaume, avec les renonciations « nécessaires. » — Témoins de l'acte : Guillaume Chibert, procureur au siége présidial, et Pierre Lailix, notaire royal de Carcassonne.

F° 60. — **1642** (22 février). — Arrêt du conseil d'État, portant qu'il sera sursis à la perception du droit de cosse et coup, levé sur le blé vendu dans la ville de Narbonne. Les États du Languedoc avaient demandé la suppression de ce droit, par l'article 18 de leur cahier des doléances de l'année 1642 (janvier). Ils se fondaient sur ce que « la ville « de Narbonne, quy contribue aux charges de la province « et en souffre d'autres particulieres a cauze du passage « des trouppes dans le Roussilhon et la Cathalouigne, ce « trouve encore vexcée par la levée de ce droit qu'on veult « prandre sur chasque cestier de blé quy ce vand et distri- « bue en icelle, ce quy rouineroit le commerce de lad. « ville dont il revient annuellement des grandes sommes « au pays pour le susport des charges. Et d'aultant qu'on « s'est avizé de demander le nouveau droit que despuis « quelques mois, qu'il n'en reviendroit presque point a « Sa Majesté qui n'en préthend que le cart, et que du « surplus il n'y a personne de tous ceux quy ce pourront « préthendre inthéressés quy veulent rien demander, ilz « requéroient... faire deffances de continuer la levée de ce « droit de copse et coup, et révoquer toutes les provisions « quy pourroient avoir esté despéchées sur ce subjet. » — Lettres d'attache délivrées pour l'exécution de cet arrêt.

F° 61. — **1651.** — Extrait du procès-verbal des délibérations prises par les États du Languedoc assemblés à Carcassonne, durant les mois de juillet à octobre 1651, en vue de maintenir les *peuples* de la province sous l'obéissance du roi et d'assurer la tranquillité et le repos du pays, qui menaçaient d'être troublés *par la faction organisée* dans la Guyenne, la Provence et l'Auvergne. Dans l'exposé que l'archevêque de Narbonne, président né des États, fait à l'assemblée sur la situation politique du pays, il est dit : « il n'y a personne quy ne sache la faction quy ce forme « présentemant dans le royaulme, et que, pour la fortiffier, « on arme dans la Guienne, dans la Provence et dans « l'Auvergne, et que mesmes le sieur de Marsin, lieutenant « général pour le roy en Cathalogne, a non seullemant « abandonné le service du roy et la charge dont Sa Majesté « l'avoit honoré, mais qu'il a mesme débauché la pluspart « des troupes de l'armée, et que toutes ces agitations, si « voisines de ceste province, la menassent vissiblemant de « grandz troubles s'il n'y est promptement pourveu, et que « pour cest effect il est de la prudence et du debvoir de « l'assemblée, en une occazion sy importante, de faire pa- « roistre son zelle et sa fidélitté au service du roy. » Ces États prirent diverses résolutions. Ils décidèrent unanimement : — qu'ils iraient en corps se présenter aux commissaires envoyés par le roi, devant lesquels ils protesteraient de leur inviolable attachement à la cause de S. M., qu'ils voulaient servir « avec une obéissance aveugle et une fidé- « litté tres entiere, » en y employant de bon cœur leurs vies et leurs biens ; — qu'ils prieraient les commissaires de se concerter avec eux sur les meilleurs moyens de maintenir la population dans son obéissance, et de s'opposer à toutes les tentatives qui pourraient se produire, etc. — Sur la nouvelle de l'arrivée de M. de Marsin aux environs de la ville de Limoux, la plus grande partie de la noblesse qui se trouvait aux États, M. le comte d'Aubijoux et les gentilhommes de sa suite, montèrent à cheval et se dirigèrent vers Limoux pour arrêter sa marche. — Une copie imprimée de la décision des États fut expédiée dans toutes les villes de la province, pour les inciter à faire « les mesmes « protestations d'obéissance, fidélitté et offres des biens et « des vies des habitans pour le service du roy.... » Cette même décision fut aussi envoyée à Gaston d'Orléans, afin qu'il donnât à la Cour « pareilhes assurances et protesta- « tions de fidélitté, » et qu'il offrit de la part des États tout ce qui serait en leur pouvoir pour qu'il ne fut porté aucune atteinte à l'autorité du roi.

F° 61 v°. — **1651** (14 octobre). — Arrêt du Parlement de Toulouse, rendu pour l'homologation du bail passé le 4 du même mois d'octobre à Pierre Monnac, par les consuls de Narbonne, pour le *fournissement* de la glace ou de la neige aux habitants de la ville, par privilége, depuis le 1er mai jusqu'à la fête de la Toussaint de chaque année.

F° 62. — **1651-1652.** — Tableau nominatif du capitaine et des caporaux et soldats composant la *famille du guet* établie dans la maison consulaire de Narbonne, pendant les années 1651 et 1652, en conséquence des délibérations du conseil de la ville. Les hommes de ce guet sont au nombre de 19. Ils avaient tous prêté le serment requis entre les mains des consuls.

F° 63. — **1652** (13 mars). — Lettre du roi, datée de Tours, qui adresse aux consuls l'ordonnance royale de la même date, rendue à la suite du mécontentement qu'excitait depuis quelques jours la conduite du duc d'Orléans, oncle du roi, et qui leur enjoint de n'obéir à aucun ordre venant du sieur de Choisy, son chancelier, qu'il avait envoyé dans le Languedoc pour y faire une levée de troupes, s'emparer de certaines places de guerre, augmenter les travaux de défenses de quelques autres, etc.

F° 63. — **1652** (13 mars). — Ordonnance du roi, motivée sur la conduite du duc d'Orléans, sur les intelligences qu'il entretenait avec le prince de Condé, sur les levées de gens de guerre qu'il avait placés sous le commandement du duc de Beaufort, sur le traité qu'il avait passé avec ce prince et signé publiquement, à Paris, en exécution duquel le duc de Nemours avait été envoyé à Bruxelles pour presser les Espagnols d'entrer en France par la Picardie, sur les soins qu'il se donnait pour favoriser les desseins des ennemis de l'autorité royale, en employant dans ce but le pouvoir dont il était revêtu dans le Languedoc, où « il auroict envoyé le sieur de Choisy, son chancellier, « avec plusieurs ordres pour y fere des levées de gens « de guerre, prendre les sels et les deniers de S. M., for- « tiffier des places, en saisir de nouvelles, y establir des « garnisons, empêcher le commerce et commetre tous les « actes d'hostillité qui font cognoistre les mauvaises inten- « tions que led. duc d'Orléans a contre cet Estat. » Par cette ordonnance, il est enjoint à tous gentilhommes, gouverneurs des places, officiers, consuls et habitants des villes et communautés de la province, et à toutes personnes, sans distinction de qualité et condition, de ne « re- « cevoir ny exécutter ny déférer a aulcung ordre venant « de la part dud. sieur duc d'Orléans, et ne recognoistre « cy apres les sieurs comtes de Roure et d'Aubijoux, ny « déférer aussy a leurs ordres et leur obéir en quoy que « ce soit, mesme d'avoir aulcune intelligence ny com- « merce avec eulx, ny avec le sieur de Choisy et tous au- « tres quy tiendront le party dud. sieur duc d'Orléans et « dud. prince de Condé, a peyne de la vie. »

F° 63 v°. — **1652** (6 juillet). — Lettre du comte de Bieule, qui transmet aux consuls la lettre du roi et l'ordonnance portant défenses d'obéir aux ordres du duc d'Orléans, du prince de Condé, des comtes de Roure et d'Aubijoux, du sieur de Choisy, et de tous ceux qui suivaient leur parti. Le comte de Bieule, en rappelant que la ville de Narbonne « a tousjours donné tant de preuves de « fidélitté et affection au service du roy, » ne doute pas que dans les conjonctures présentes elle ne se maintienne dans la plus entière obéissance.

F° 64. — **1652** (17 août). — Ordonnance de Mgr Claude de Rebé, archevêque primat de Narbonne, qui établit, suivant le vœu des habitants de la ville exprimé en conseil général, « dans la désolation du mal contagieux dont Dieu « les afflige, » la prière *du Miserere, à perpétuité et comme par vœu public*, pour rappeler au peuple le souvenir du fléau que ses *péchés lui ont autrefois* attiré, et pour prévenir la colère de Dieu par cette sorte de pénitence publique et générale. Afin que la prière établie puisse être faite avec plus de facilité, il est enjoint aux chapitres, paroisses, couvents, monastères et hôpitaux « de sonner a « huict heures du matin et a quatre heures du soir la plus « grosse cloche du clocher, comme on a accoutumé de « les sonner pour la prédication, durant l'espace du temps « qu'il faut pour réciter le Miserere, et dans le mesme temps « que celles de St-Just et de St-Paul. » A tous ceux et celles qui, avec la contrition de leurs péchés et un vif repentir, réciteront cette prière, il est accordé, pour chaque fois, un jour d'indulgence. Cette ordonnance est datée du château de Canet. Elle est contre-signée Ravaille.

F° 65. — **1653** (20 mars). — Ordonnance du roi, par laquelle il est accordé à M. du Cos, aide-major de la ville de Narbonne, en considération de ses services et comme témoignage de satisfaction, la solde d'un homme par chaque compagnie de la morte-paye. Cette solde devait être payée à M. du Cos, sur sa simple quittance, par le clavaire de la ville.

F° 65. — **1653** (14 mars). — Lettre du roi, donnant avis aux consuls des ordres donnés à M. d'Argentcour, maréchal de camp, gouverneur de la ville, à l'effet de prévenir le dessein qu'avaient formé les Espagnols de s'emparer de Narbonne, en y introduisant de l'artillerie par la voie du canal. Les consuls devaient aider M. d'Argentcour de tout leur pouvoir, et ils devaient s'y employer avec « le « courage, l'affection et la fidélité » dont ils avaient donné des preuves en maintes occasions.

F° 65 v°.— **1653** (18 avril).— Lettre écrite aux consuls par M. de la Vrillière, en réponse à celle qu'ils lui avaient adressée pour lui faire connaître la *résolution*, qu'ils venaient de prendre, de ne rien omettre pour conserver la ville en l'obéissance du roi, sur l'avis qu'ils avaient reçu du dessein formé par les Espagnols de s'emparer par surprise de la place. Dans ce but, comme M. d'Argentcour pouvait avoir besoin d'un plus grand nombre d'hommes que ceux qui composaient la garde bourgeoise, M. de la Vrillière engageait les consuls à se conformer aux instructions qui pourraient leur être données par le gouverneur de la ville, ou par son lieutenant, pour le plus grand avantage du service du roi. Cette même lettre informe les consuls de la victoire que M. de Beaujeu venait de remporter, près de Rocroy, où il avait défait un parti de 12 à 15,000 hommes des troupes du prince de Condé, qui étaient commandés par M. le comte de Coligny. Ce parti avait perdu 2 pièces de canon, 800 hommes tués et de nombreux prisonniers, parmi lesquels se trouvait le comte de Coligny et plusieurs de ses principaux officiers.

F° 66. — **1653**. — Extrait de la délibération des États du Languedoc tenus dans la ville de Nîmes, en l'année 1653, portant qu'en considération de ce que la ville de Narbonne *a l'honneur* d'avoir pour prélat le président né des États, ses députés auront annuellement l'entrée au bureau des Comptes, conjointement avec les quatre premières villes de la province, qui sont Toulouse, Montpellier, Carcassonne et Nîmes.

F° 66 v°.— **1632** (20 août).— Lettre du roi, adressée au baron de Chabans, par laquelle il lui est mandé de n'établir en garnison, dans la ville de Narbonne, les hommes de guerre qu'il devait y envoyer, suivant ses ordres, pour la mieux garantir de toute fâcheuse entreprise de la part des ennemis, que si les habitants lui en témoignaient le désir. Le roi craignait que les habitants de Narbonne ne prissent ombrage de l'arrivée des hommes de M. le baron de Chabans, et ne fussent portés à croire qu'il avait la pensée de les charger d'une garnison dont ils étaient affranchis par leurs priviléges.

F° 66 v°. — **1654** (7 septembre). — Lettres de provision de la charge de capitaine de la morte-paye, délivrées par le roi à M. André Serre, écuyer, en remplacement de M. Fillère. La nomination de M. Serre avait été présentée au roi par les consuls, en conseil général de la ville, suivant la coutume et conformément aux attributions consulaires.

F° 67 v°. — **1654** (20 décembre). — Titre de l'office de vicaire général du diocèse, donné par Mgr Claude de Rebé, archevêque de Narbonne, à M. Jean-François de Cazalets, docteur en théologie, grand archidiacre de Narbonne. Ce titre est daté de Montpellier, où Mgr de Rebé se trouvait alors pour la tenue des États de la province. Il est signé, pour expédition, par Baptiste Ravaille, secrétaire de l'archevêque. (Latin.)

F° 68 v°. — **1654** (15 juin). — Acte de cession de la boucherie de l'archevêché, ainsi que du droit de banderage avec faculté de pâturage dans les territoires du Vesq (1) et du Fleix (2), consenti aux consuls de la ville, par Mgr Claude de Rebé, archevêque primat de Narbonne,

---

(1) Le Vesq était possédé par l'archevêque en fief noble. Il était de la dotation primitive de l'église de Narbonne. Le nom du fief est écrit dans les anciens titres Fesq. Baillé une première fois en inféodation à Jean Bistan, il lui fut bientôt repris, à la suite d'une transaction arbitrale, par l'archevêque Arnaud, qui le lui inféoda de nouveau, le 6 janvier 1224, pour le lui reprendre encore. Le bail de 1224 était consenti sous l'obligation du serment de foi et hommage, et moyennant la censive annuelle d'une obole d'or, payable à la fête de St Jean-Baptiste, plus un droit d'entrée de 15,000 sous melgoriens, qui furent employés par l'archevêque « à l'extirpation de l'hérésie. » Le Fesq, d'après le bail qui vient d'être indiqué, était limité par les confronts suivants : d'auta les jardins de Moujan et de la ville judaïque ; du midi le rec Piscatoire, dont les deux rives dépendaient du fief ; du cers (ouest) le vignier de Perdipas, et d'aquilon les salines de Pechempal. L'une des clauses de ce bail porte qu'il était consenti pour cause urgente et à faculté de rachat, moyennant le paiement d'une somme de 1,000 liv., qui devait être fait dans un délai déterminé. L'archevêque laissa expirer ce délai, et, longtemps après, offrit le prix stipulé pour le rachat. Jean Bistan, sans s'émouvoir des menaces de l'archevêque, résista en se fondant sur ce que le terme fixé pour le rachat était expiré. De son côté, l'archevêque, pour vaincre sa résistance, employa les rigueurs canoniques. Mais il ne fallut rien moins, pour contraindre Jean Bistan à faire le délaissement du fief inféodé, qu'une bulle comminatoire du pape Honoré III, *donnée* sur les représentations de l'archevêque dans lesquelles il exposait qu'il avait consenti l'inféodation contre sa volonté, et seulement « pour « délivrer ses sujets de la tyrannie du comte de Toulouse. »

(2) Le fief du Fleix dépendait de la dotation primitive de l'église de Narbonne. Il était compris dans la confirmation des biens de cette église par le diplôme de Louis VII de l'année 1157. Dès 1195, le Fleix était engagé à Raymonde, fille de Géraud de Laredorte, laquelle en fit à cette époque le délaissement à l'archevêque Bérenger, pour le prix de 13,000 sous melgoriens. Il ne paraît pas que cette terre ait été de nouveau inféodée par les archevêques. Située à peu de distance de la ville et son sol produisant d'abondants pâturages, elle était surtout propre à la dépaissance des troupeaux. Les archevêques durent la conserver en leurs mains, comme ils le firent plus tard du Fesq, après son rachat, pour le pacage des bestiaux de leur boucherie, jusqu'au moment où ils en consentirent la cession à la ville par l'acte du 15 juin 1654.

moyennant le paiement d'une albergue annuelle de 600 liv. L'acte est reçu par Mᵉ Jean Gaubert, notaire royal et greffier consulaire de la ville, en présence de Jacques Gibert et Paul Senty, praticiens de Narbonne. D'après cet acte, la cession de la boucherie de l'archevêque était réalisée par les consuls, et avait été recherchée par eux, pour faciliter l'exercice de la police qui leur était exclusivement attribuée sur toutes les boucheries, et afin d'éviter le préjudice que causaient aux habitants les obligations imposées aux bouchers de la ville dans les baux du *fournissement* de la boucherie consulaire. Ces bouchers devaient, en effet, tenir leurs tables fournies et approvisionnées, en tout temps et en toute saison, en quantité suffisante pour tous les besoins des habitants, tandis que les bouchers de l'archevêque n'approvisionnaient les leurs que lorsqu'ils y trouvaient un bénéfice, et par ce moyen ils rejetaient toutes les chances de perte sur les bouchers de la ville, qui abandonnaient le fournissement de la boucherie ou ne le prenaient qu'à des conditions de prix plus onéreuses pour les habitants.

Fᵒ 70. — **1655** (20-28 avril-22 mai). — Provisions accordées par le roi à Jean-François de Couderc, sieur de Laprade, second gendre de M. Louis de Bélissen, pour la survivance de la charge de sergent-major de la ville, dont ce dernier était pourvu. Cette même survivance avait été donnée, en 1643, au fils unique de M. Louis de Bélissen, Jean de Bélissen, qui mourut en 1648, et, dans cette même année 1648, à Henri de Verzeilhe, sieur d'Argens, gendre de Louis de Bélissen, mort des suites des blessures qu'il avait reçues à l'armée de Catalogne, où il servait en qualité de capitaine de cavalerie. — Procès-verbal constatant l'installation de M. Jean-François de Couderc en sa charge, après la prestation du serment requis entre les mains de M. de Ricardelle. — Lettre du roi, par laquelle il est ordonné aux consuls et habitants de Narbonne de reconnaître le sieur de Couderc en cette charge.

Fᵒ 71 vᵒ. — **1655** (19 mai). — Ordonnance de Louis de Cardailhac et Levis, comte de Bieule, lieutenant général en Languedoc, datée de Béziers, qui déclare Jean-François de Couderc, sieur de Laprade, installé en la *possession réelle, actuelle et corporelle* de la charge de sergent-major en survivance de Narbonne dont il était pourvu, et enjoint aux consuls, habitants et gens de guerre de la ville de lui obéir en tout ce qui concerne cette charge. — Au bas de cette ordonnance est mentionnée la prestation de serment du titulaire entre les mains du comte de Bieule.

Fᵒ 72 vᵒ. — **1655** (10-23 juin). — Provisions de la charge de capitaine de la morte-paye, délivrées par le roi à Pierre d'Issanchon, sieur de la Roquette, sur la liste de trois candidats que les consuls, en conseil général de la ville, lui avaient présentée « suivant la forme accoutumée. » Cette charge était vacante par suite de la démission de M. de Portal. — Serment prêté par le titulaire entre les mains de M. de Ricardelle, lieutenant au gouvernement de la ville.

Fᵒ 73 vᵒ. — **1656** (mars). — Édit de confirmation des priviléges du Languedoc, donné sur la demande des États de la province, en considération de la constante fidélité de ses habitants, et « mesmes ayant esgard aux notables « sommes qu'ils ont fournies ez dernieres années et au don « gratuit de sectze cens mil livres qu'ils ont accordées la « présante année. » Cet édit révoque : — l'édit du mois de février 1655, qui contient attribution, aux receveurs des tailles, de 4 deniers pour livre sur les deniers affectés par la province au salaire des collecteurs, et qui excepte ces mêmes receveurs, ainsi que les contrôleurs, de la suppression de leurs offices ordonnée par l'édit du mois de mars 1654 ; — ce même édit du mois de mars 1654, dans la partie relative à l'augmentation de 5 s. pour livre sur les droits de la foraine et du domaine, et sur tous les autres droits aliénés ou non aliénés ; — les arrêts du conseil d'État donnés pour l'exécution de ce dernier édit, notamment celui du 21 juillet 1655 ; — la *jussion* du 18 janvier 1656, portant rétablissement du *doublement* de 7 s. 6 den. sur chaque minot ou quintal de sel vendu dans la province ; — l'arrêt du conseil d'État, du 10 décembre 1654, par lequel les étapiers de la province sont taxés au quarantième denier de tous leurs *maniements*, pour l'extinction de la chambre de justice ; — les deux arrêts du conseil d'État signifiés aux sieurs Le Secq et de Pennautier, trésoriers de la bourse du Languedoc, les 24 septembre et 23 novembre 1655, qui taxent aussi ces trésoriers pour l'extinction de la même chambre ; — la déclaration du 26 janvier 1655, qui porte augmentation des épices des trésoriers de France, moyennant finance ; — et, enfin, l'édit du mois de décembre 1652, portant augmentation des gages de tous les officiers de judicature et de finance du royaume, en tant que cet édit s'applique à la province.

Fᵒ 74 vᵒ. — **1656** (1-3 avril). — Arrêt rendu à la requête du syndic général du Languedoc, par la cour des Comptes, Aides et Finances de Montpellier, *les chambres et semestres assemblés*, pour le *registrement* de l'édit du mois de mars 1656, portant confirmation des priviléges de la province. Ce registrement est ordonné sous la condition que les sommes déjà levées par le fermier général des gabelles sur le doublement de 7 s. 6 d. par minot de sel, et par le fermier des droits de la foraine sur les 5 s. pour livre de ce droit, demeurent acquises au roi, et qu'il en sera justifié devant la cour en la forme ordinaire. — Notification de cet arrêt à M. Gobelin, commis général de la foraine, à Louis Moisant, fermier général des gabelles, et aux commis de la douane à Villeneuve, au port de Palavas et aux Moures.

F° 75 v°. — **1656** (6 mars). — Arrêt du conseil d'État, qui homologue la délibération des États du Languedoc, du 20 février 1656, portant que « pour ayder a l'armement de « mer que le roy faict par Sa Majesté contre les Espaignols « et Mailhorquins, quy empeschent la liberté du commerce de la province, » il sera levé 2 sous pour livre sur les fermes de la foraine et de la douane. — Lettres d'attache données pour l'exécution de cet arrêt.

F° 76. — **1656** (1-3 avril). — Arrêt de la cour des Comptes, Aides et Finances de Montpellier, rendu à la requête du syndic général de la province, pour l'enregistrement de l'arrêt du conseil d'État du 6 mars 1656, qui autorise la levée de la crue de 2 s. pour livre, votée par les États du Languedoc, « sur les droits des fermiers de la fo- « raine et douanes, quy se levent sur toutes les danrées quy « sortent et entrent par mer, subjettes a la réaprétiation « ordonnée par la déclaration et tariffe de l'année 1632, » d'après le règlement fait en conseil d'État le 23 août 1634. — Notification de cet arrêt aux fermiers généraux de la foraine et de la douane, et à leurs commis à Villeneuve, au port de Palavas et aux Moures.

F° 77 v°. — **1655** (15 décembre). — Provisions de la charge de gouverneur de Narbonne, accordées par le roi au comte Joachim de Quinçay, baron de Montaigu, lieutenant général des armées du roi, à la suite de la vacance de cette charge survenue par le décès de M. d'Argentcour. M. de Quinçay, par sa charge de gouverneur de la ville de Narbonne, qui est l'une des plus importantes places du Languedoc « pour estre frontiere de nos ennemis du costé « de Cataloigne, » avait le pouvoir « de comander aux « habitans et gens de guerre quy sont ou seront cy apres « establis en garnison dans la ville ce qu'ilz auront affaire « pour le service du roy, sureté et conservation d'icelle,... « faire vivre les habitans en bonne union et concorde les « uns avec les autres, et lesd. gens de guerre en bon ordre « et police suivant les ordonnances militaires,...... le tout « soubs l'authorité du gouverneur et lieutenants généraux « de la province. » Il lui était défendu de sortir de la place sans exprès congé du roi, signé de l'un des secrétaires d'État. Pour régler sa conduite en cas d'attaque de la ville par les ennemis, il avait reçu les instructions suivantes : « il deffendra les dehors, contrescarpes et fossés de lad. « ville aussy longuement et vaillamment qu'un homme « d'honneur y est obligé selon les loys de la guerre, sans « qu'il puisse rendre la place ausd. ennemys, ny capituler « avec eux, qu'il n'y ayt une bresche raisonable au corps « d'icelle, et qu'il n'ayt soustenu deux ou trois assauts. » M. de Quinçay s'était signalé par sa bravoure durant la guerre d'Italie.

F° 78 v°. — **1656** (24 février). — Lettres d'attache délivrées par Gaston d'Orléans, gouverneur du Languedoc, pour l'exécution des provisions de gouverneur de la ville de Narbonne expédiées à M. le comte de Quinçay. Ces lettres portent injonction aux habitants de la ville de reconnaître M. de Quinçay en ladite charge, et de lui obéir en toutes choses qui s'y rattachent.

F° 79. — **1656** (6 janvier). — Lettre du roi, adressée aux consuls et habitants de Narbonne, pour leur commander et enjoindre de reconnaître M. le comte de Quinçay en sa charge de gouverneur de la ville, et de lui obéir en tout ce qu'il ordonnera pour le bien du service du roi.

F° 79 v°. — **1656** (4 février-28 avril). — Arrêt de la cour des Comptes, Aides et Finances de Montpellier, portant rejet de l'appel qu'av . relevé, contre les consuls de Narbonne, le sieur Jean Deshortes, au sujet de son imposition, comme maître de poste, au rôle de l'industrie (compoix cabaliste) pour les années 1651 à 1655. — Notification de cet arrêt.

F° 79 v°. — **1656** (30 avril). — Provisions de la charge de lieutenant en survivance au gouvernement de Narbonne, accordées par le roi à Pierre-Hercule de Trégoin, sieur de Malvezy, gendre de M. de Ricardelle qui était pourvu de cette charge.

F° 80 v°. — **1656** (31 mai). — Lettres d'attache délivrées par Louis de Cardailhac et Levis, comte de Bieule, lieutenant général du roi dans le Languedoc, pour l'exécution des provisions de la charge de gouverneur de la ville en survivance, accordées au sieur de Malvezy. Ce dernier avait qualité et pouvoir de remplir les fonctions de cette charge conjointement avec le sieur de Ricardelle, « ou sé- « parément et l'un en l'absence de l'autre. » — Serment de fidélité prêté par le sieur de Malvezy, en raison de cette survivance, entre les mains de M. de Cardailhac, dans la ville de Villeneuve.

F° 81 v°. — **1656** (9 août). — Arrêt du Parlement de Toulouse, qui maintient MM. les viguier et juge royaux de Narbonne à la préséance sur le maître des ports, en toutes les assemblées publiques et politiques ou particulières de la ville. Le viguier de Narbonne était M. Charles de Cathelan ; le juge M. Antoine Pélissier, et le maître des ports M. Paul de Comenge. L'arrêt du Parlement est basé sur un arrêt du grand conseil, du 30 juin 1571, formant règlement entre les maîtres des ports, ponts et passages de Toulouse et les officiers de la sénéchaussée et de la viguerie de la même ville.

F° 83. — **1656** (6 septembre). — Provisions de la charge de juge en la juridiction du consulat de Narbonne (1) délivrées par MM. les consuls de Rathery, Bilhard, Cassan, Garrousse et Fournier, à maître Paul Vignes, avocat, en remplacement de maître Jean Fabre, aussi avocat, décédé. Ces provisions font mention du serment de fidélité prêté à ce titre, par le titulaire, entre les mains des consuls.

F° 83. — **1656** (29 août,-11 septembre). — Provisions de la charge de capitaine de la morte-paye devenue vacante par la démission de Jérôme de Bélissen, données par le roi, sur la présentation des consuls, à noble Louis de Bélissen, major de Narbonne, frère du démissionnaire. — Serment prêté par le nouveau titulaire entre les mains de M. de Ricardelle, lieutenant au gouvernement de la ville.

F° 84.— **1656** (25 septembre).— Arrêt du Parlement de Toulouse, rendu à la requête des consuls, par lequel ils sont autorisés à faire exécuter, sans le ministère du bourreau, et nonobstant toutes oppositions et appellations, les condamnations *au collier* qu'ils prononcent contre les femmes de basse condition publiquement prostituées, les gueux, les vagabonds et gens sans aveu, et contre les voleurs de fruits. (Transc. au f° 28 v° du présent cartulaire.)

F° 84. — **1656** (16 novembre, — 4 décembre). — Provisions accordées à noble Jean-Jacques de Cazalèdes, pour la charge de capitaine de la morte-paye devenue vacante par suite de la démission que noble Louis de Bélissen, major de Narbonne, en avait faite entre les mains des consuls. M. Jean-Jacques de Cazalèdes s'était signalé en plusieurs circonstances dans l'armée d'Italie, notamment au siége de Valence, où il servait en qualité de volontaire. — Serment prêté par le nouveau titulaire entre les mains de M. de Ricardelle.

F° 85. — **1657** (13 mars). — Délibération des États du Languedoc tenus en la ville de Béziers, par laquelle, sur l'assignation donnée à la ville de Narbonne, à la requête d'un sieur Joubar, demandeur en rétablissement du droit de cosse ou de coup sur tous les grains vendus dans ladite ville, le syndic général du Languedoc est autorisé à se présenter au conseil d'État pour y faire, aux charges et risques de la province, les poursuites nécessaires à l'effet d'obtenir la révocation de toutes lettres patentes et de tous arrêts donnés pour le rétablissement de ce droit, que les États considéraient comme ruineux pour le pays, particulièrement pour les habitants du Haut-Languedoc, « quy ne « sauroient débitter leurs denrées qu'en lad. ville, au moien « des embarquemens. » Le syndic général devait aussi se pourvoir devant la cour des Comptes, Aides et Finances de Montpellier, en opposition à l'enregistrement de ces lettres patentes et arrêts.

(1) La juridiction du consulat de Narbonne était formée des justices des seigneuries de St-Pierre del Lec, la Clape, Prat-du-Rais, Prat-de-Cest et Pontserme.

F° 85 v°.— **1656** (15 des kal. de janvier (18 décembre). — Bulle du pape Alexandre VII, qui nomme Mgr François de Fouquet, évêque d'Agde, coadjuteur et futur successeur de Mgr Claude de Rebé à l'archevêché de Narbonne. (Latin.)

F° 86 v°.— **1656** (15 des kal. de janvier (18 décembre). — Bref du pape Alexandre VII, qui porte à la connaissance du chapitre métropolitain St-Just la nomination de Mgr François de Fouquet, évêque d'Agde, au titre de coadjuteur et futur successeur de Mgr Claude de Rebé à l'archevêché de Narbonne. (Latin.)

F° 87.— **1657** (26 juin).— Lettre du roi, qui fait part aux consuls de la surprise qu'a excitée la délibération municipale du 6 mai 1657, relative à la compagnie de hallebardiers « servans pres la personne du gouverneur de la « ville », dont il a seul le commandement, et qui leur mande de ne « s'en point mesler pour tout, » mais bien de tenir les quatre compagnies de la morte-paye complètes, ainsi qu'ils y sont obligés, pour assurer la garde et la conservation de la place.

F° 87 v°.— **1840**.— Traduction faite par Jean Sonty, notaire royal et greffier consulaire, de la transaction (voy. AA. 99, f° 196 v°) passée entre l'archevêque, le chapitre St-Just, le sacristain majeur et le sacristain mineur de St-Paul, et les abbés et recteurs tant de la ville que du diocèse de Narbonne, d'une part, et les consuls de la ville, d'autre part, touchant la dîme et les prémices de la laine et des agneaux. Par cette transaction, les parties reviennent à la coutume ancienne, en vertu de laquelle toute la prémice et la moitié de la dîme appartenaient au recteur de la paroisse où le *seigneur* des bestiaux recevait les saints sacrements, et l'autre moitié de la dîme au recteur de l'église du lieu où ces bestiaux venaient à être transférés. L'application de cette coutume est ainsi déterminée : « Un « mois ne ce compte poinct, mais deslors que passent, a « scavoir : sy aulcung tienct son bestail en une autre pa- « roisse pour demy année, le recteur de la paroisse dans « laquelle led. bestail aura pasturé pour lad. demy année « aura la moitié de toutte la décime, et l'autre moitié avec « toutte la prémisse sera et appartiendra au recteur duquel « le maître dud. bestail est paroissien, et sy par cas ledict « bestail ne pasturat que deux, trois, quatre ou cinq mois, « sera tenu de payer au recteur où il aura pasturé au pro- « ratta du temps. Tous et chascuns les habitans de la Cité « de Narbonne, ayant bestail dans lad. ville ou le diocese,

« et qu'ils les tondissent et fissent tondre, ne payeront do- « resnavant que la 20e partie de la layne, tant pour le « décime que prémisse et non plus... La dixme des ai- « gneaux et chevreaux, quy ce souloit payer le jour du « Vendredy Saint, doresnavant ce payeront le premier jour « de may, auquel jour, et non plustost, commanceront de « dixmer,... et continueront de dixmer par doutze jours « apres; lesquels les habitans seront tenus les nourrir « jusques aud. jour, douctziesme may, sy par cas ils n'es- « toient venus dixmer plustot, et, passé led. douctziesme « may, sy par la négligence des recteurs ils n'estoient venus « dixmer, en ce cas le nouricier donnera et payera aud. « recteur la juste valleur ou commune extimation que val- « loict lesd. aigneaux et chevreaux le douctziesme may... » En ce qui concerne les étrangers qui avaient acquis la qualité d'habitants dans les formes accoutumées, la transaction s'exprime ainsi : « sy les consuls de la Citté recevoient pour « l'advenir aulcung pour jouir des libertés et franchizes « du consulat de Narbonne, ainsin qu'ils ont acoustumé « fere, que ceux la ainsin receus, s'ils ne ce transportent et « transferent dans lad. Citté, et la font leur vraye habitta- « tion, sans fraulde, ils payeront la vraye décime des « laynes tout ainsin comme s'ils n'avoient point esté receus « pour habittans, et ne jouiront aulcunement dud. privil- « liége. » Le titre primitif de la transaction a été reçu par Bernard Sartre, notaire à Narbonne.

F° 88 v°. — **1632** (30 juin). — Arrêt du Parlement de Toulouse, donné à la requête des consuls, par lequel il est ordonné que le règlement adopté par les capitouls, le 15 octobre 1631, relativement à la maladie contagieuse, « ensemble les autres ordres et reglemans quy seront faits « par le pere Louis Ribeyran, hermite, » seront exécutoires dans la ville de Narbonne.

F° 88 v°. — **1636** (25 septembre). — Arrêt du Parlement de Toulouse, qui autorise les consuls à faire exécuter, sans le ministère du bourreau, les condamnations *au collier* qu'ils prononcent contre les gueux, les vagabonds, les gens sans aveu, les femmes de basse condition qui se prostituent publiquement et les voleurs de fruits. (Transc. au f° 84 de ce même cartulaire.)

F° 89. — **1632** (7 juillet). — Arrêt du Parlement de Toulouse, rendu à la requête des consuls, par lequel il leur est permis de continuer, conformément à l'arrêt du 30 juin 1632, certaines procédures et instances criminelles commencées contre deux chirurgiens, qu'ils poursuivaient pour raison de contravention aux délibérations prises par le *conseil de santé*, relativement à la maladie contagieuse.

F° 89 v°. — **1658** (5 juillet). — Arrêt de la cour des Comptes, Aides et Finances de Montpellier, rendu entre les consuls de Narbonne et Raymond de Richeroye, bourgeois de ladite ville, premier enchérisseur sur le bail à ferme du droit de robinage, par lequel les consuls demeurent autorisés à passer ce bail à François Doumengat et à Jean-Antoine Roubin, marchands de Narbonne, derniers enchérisseurs, au prix de 3,050 livres par an, pour trois années, moyennant bonne et suffisante caution.

F° 91. — **1659** (21 juillet, — 2 septembre). — Provisions de la charge de capitaine de la morte-paye de Narbonne, devenue vacante par suite de la démission de M. André Serre, accordées à Jean Serre, son fils. Ces provisions étaient la récompense des services rendus par le père en diverses occasions, et principalement dans les travaux de fortification qui s'exécutaient, à Bordeaux, par ordre du roi, pour le rétablissement du château Trompette. — Serment prêté par le nouveau titulaire entre les mains de M. de Ricardelle, lieutenant au gouvernement de la ville.

F° 91 v°. — **1659** (22 octobre). — Arrêt du Parlement de Toulouse, qui homologue la délibération du 8 octobre 1659, prise en *conseil général de la maison consulaire*, à l'effet d'obtenir, suivant l'arrêt poursuivi en pareil cas par le syndic de la ville de Montpellier, dans l'année 1656, qu'il soit fait très-expresses défenses aux *parraguiers* (1) d'entrer dans les terres des particuliers, pour y faire paître leurs troupeaux, ni dans le territoire du dex, qui est spécialement réservé pour la dépaissance des bestiaux de la ville, ainsi que dans le reste du territoire de Narbonne, à moins qu'ils ne consentent « l'accordance acoustumée, » et qu'ils ne paient le droit ordinaire d'herbage, fixé à 50 sous par chaque centaine de bêtes à laine et à 8 sous pour chaque tête de gros bétail. Les contraventions à ces défenses étaient soustraites à la connaissance du sénéchal de Carcassonne et devaient être portées devant le Parlement de Toulouse.

F° 92 v°. — **1641** (22 octobre). — Ordonnance rendue au siége principal de la marine et amirauté de Narbonne, au nom du cardinal duc de Richelieu de Fronsac, surintendant général du commerce et de la navigation, portant confirmation du droit d'attache levé sur les bateaux qui

(1) Parraguier, du mot parroquia, paroisse, est le nom sous lequel furent d'abord désignés, sous le rapport de la dîme, par les recteurs des paroisses, les nourrisseurs de bestiaux et les bergers, leurs paroissiens, qui faisaient parquer les troupeaux dans leurs décimaires. Ce nom fut ensuite appliqué, d'une manière générale, à tous les possesseurs de bestiaux livrés à la dépaissance dans les terres de parcours. Il n'est pas resté en usage dans la langue vulgaire. Cependant, on emploie encore, dans les montagnes et les terres de pacage, la qualification de parro ou parra pour désigner, soit le berger, soit même le chien du troupeau qui est gardé dans les pacages pendant la nuit.

fréquentent le port de Narbonne, ainsi que du droit perçu sur les barques et bateaux qui entrent dans la ville chargés d'ails, d'oignons, de fruits, ou de poteries. Ces droits sont réglés de la manière suivante : — un sol pour droit d'attache de chaque barque ou bateau ; — un *bassin* comble d'oranges, de citrons et *limonnes* pour chaque bateau chargé de ces sortes de fruits ; — un *four* (1) d'ails ou oignons pour tout bateau chargé de semblables légumes ; — pour les bateaux chargés de jarres, de pots, d'assiettes et autres ouvrages en terre cuite, une pièce de chaque sorte pour chaque vingtaine de pièces. L'ordonnance a été rendue entre Mathieu Ceron, trésorier ordinaire du roi en la ville et viguerie de Narbonne, et Pierre Gairaud, qui était le fermier du droit dont il s'agit. Elle maintient une ordonnance du 19 septembre 1598, rendue en la maîtrise des ports de Narbonne, au profit de François Calvet et Barthélemy de Cogomblis, son héritier, qu'elle déclarait fondés a percevoir, ainsi que le faisaient, de leur côté, le roi comme vicomte de Narbonne et Mgr l'archevêque, le droit relatif aux bateaux portant des légumes, des fruits et des poteries. Les contraventions à cette ordonnance étaient passibles de 500 livres d'amende.

F° 94. — **1313.** — Traduction faite en 1641 par maître Garrousse, notaire à Narbonne, d'un acte daté de l'année *mil trois cent trectze, régnant Jean, roi de France*, constatant, après informations prises auprès de gens dignes de foi, la reconnaissance faite par Pierre et Guillaume Maynard, patrons de barques, du droit qu'avait le vicomte, et que ses prédécesseurs avaient exercé de temps immémorial, de prendre sur chaque capoul (2) chargé de bois, qui entrait dans la ville par la rivière d'Aude, une quantité de ce bois équivalant à *deux charges d'homme*, à quelque personne que ce bois appartînt et en quelque lieu de la ville que le capoul fût déchargé. L'acte primitif a été reçu par Raymond Jaubert, notaire à Narbonne, et rédigé en la forme publique et authentique, en 1348, par Germain d'Orsières, clerc de Me Fontaine, aussi notaire à Narbonne. — Témoins de cet acte : Pierre Long, Raymond Boutenac, Guillaume Armengaud, de Gasparets, et Jacques Boyer, de Villerouge-la-Panouse.

F° 95. — **XIVe siècle.** — Extrait traduit en français d'un mémoire contenant « les principales choses que le « seigneur Amalric, comme seigneur et vicomte de Nar« bonne, a et a acoustumé d'avoir dans la Citté et Bourg de « Narbonne et fauxbourgs d'icelle. » Cet extrait contient les deux articles suivants : « Premierement, tous les habi« tans de Narbonne, de quelle jurisdiction qu'ils soient, « sont obligés luy prester le serment de fidélitté. Plus, que « tous les hommes de la Vicomté de Narbonne ou d'ailleurs, « de quelle jurisdiction qu'ils soient, quy porteront du bois « avec leur bestial audict Narbonne, payeront une charge « de bois pour chasque beste et deux charges d'homme « pour chasque capoul, et dudict bestial une fois tant sul« lement l'année. »

F° 95 v°. — **1660** (16 mars). — Lettre, datée d'Aix, écrite aux consuls par le comte de Mérinville, pour leur notifier sa nomination à la charge de gouverneur de la ville.

F° 95 v°. — **1660** (23 mars). — Provisions de la charge de gouverneur de Narbonne, expédiées à François de Moustier, comte de Mérinville, lieutenant général des armées du roi, en remplacement de M. le comte de Quinçay, décédé. Ces provisions sont accordées par le roi en considération des services rendus par le comte de Mérinville, principalement dans l'armée de Catalogne. Elles lui donnent pouvoir de commander dans la ville, « ensemble la tour et « port de La Nouvelle et villaiges quy ont esté joincts aud. « gouvernement de Narbonne. »

F° 97. — **1660** (23 mars). — Lettre du roi, qui notifie aux consuls la nomination du comte de Mérinville à la charge de gouverneur de la ville de Narbonne, et leur enjoint de le reconnaître en cette charge et de lui obéir en tout ce qu'il commandera pour la sûreté et la conservation de la place.

F° 97. — **1660** (27 mars). — Lettres d'attache, datées d'Avignon, délivrées par Armand de Bourbon, prince de Conti, gouverneur du Languedoc, pour l'exécution des provisions accordées au comte de Mérinville pour la charge de gouverneur de Narbonne.

F° 98. — **1660** (3 février). — Lettre du roi, datée d'Aix, relative à la publication de la paix conclue avec l'Espagne, à la suite « des ouvertures d'une conférance du costé des « Pyrénées » dont le cardinal de Mazarin a été chargé, au projet de mariage du roi avec l'infante, et aux réjouissances publiques ordonnées à l'occasion de ces événements, qui sont « un grand ouvraige important. » — Proclamation du roi à ce sujet. Les consuls devaient assister à un *Te Deum* chanté dans l'église St-Just; ensuite ils devaient préparer des feux de joie et faire tirer le canon.

F° 99. — **1660** (28 juillet). — Ajournement donné par le Parlement de Toulouse contre Pierre d'Issanchon, sieur de la Roquette, capitaine de la morte-paye, pour avoir à répondre, aux fins civiles seulement, sur les informations faites contre lui à la requête des consuls, qui poursuivaient

(1) Le four était composé de deux douzaines d'oignons ou de gousses d'ail, rangées en deux cordes ou tresses de paille ou de jonc, qui étaient attachées ensemble par l'un de leurs bouts.

(2) Capoul, bateau non ponté.

l'obtention d'un décret enjoignant à tous habitants de leur rendre les honneurs dus à leur charge et de ne pas leur manquer de respect, à peine de 1,000 liv. d'amende.

F° 100. — **1660** (15 octobre). — Provisions de la charge d'aide-major au gouvernement de Narbonne, vacante par suite de la démission de M. du Cos, qui en était pourvu, accordées à François Jouve, lieutenant au régiment du comte de Mérinville.

F° 100 v°. — **1620** (12 février). — Arrêt du Parlement de Toulouse, rendu à la requête des consuls, qui porte que les amendes de 10 liv. et au-dessous, prononcées par les magistrats, consuls et officiers de police de la ville de Narbonne, ainsi que leurs ordonnances et règlements concernant la police, seront exécutoires par provision et nonobstant toutes oppositions et appellations.

F° 100 v°. — **1661** (4 février). — Ordonnance du roi, par laquelle il est accordé à François Jouve, aide-major au gouvernement de Narbonne, qui avait remplacé M. du Cos, la paie d'un soldat par chaque compagnie de la morte-paye, afin « de lui donner moien de servir en « lad. charge. »

F° 101. — **1661** (1er novembre). — Lettre du roi, datée de Fontainebleau, qui donne avis aux consuls de l'heureuse délivrance de la reine, et leur enjoint de faire des feux de joie en signe de réjouissance publique, après avoir fait tirer le canon, et d'assister au *Te Deum* chanté à cette occasion dans l'église principale de la ville.

F° 101 v°. — **1662** (20 janvier). — Ordonnance de main-forte, rendue à la requête du syndic général de la province, par le prince de Conti, gouverneur du Languedoc, contre les contribuables retardataires, sur les plaintes portées devant les États par le sieur Pierre Azam, collecteur des tailles de Narbonne, contenant « qu'il y a plusieurs « habitans et contribuables quy refusent de payer leur « cottité, et que, quelle dilligence qu'il y ayt peu fere, il « n'en a peu rettirer aucun payement, n'ayant pas assez « de force pour fere exécutter les constrainctes. »

F° 102. — **1637** (26 octobre). — Arrêt du Parlement de Toulouse, donné à la requête du syndic général de la province, qui lève l'exception insérée dans l'arrêt du 16 novembre 1634, relatif à la défense du pacage dans les possessions d'autrui, vignes, champs, olivettes, vergers, prés, bois plantés, etc., à moins de permission spéciale du propriétaire. Cette exception, qui déclarait l'arrêt non applicable aux lieux où il y avait « contrat ou transaction « sur l'entrée et pasturage du bestail, » avait servi de prétexte pour l'inexécution de l'arrêt et l'avait rendu complétement inutile, « en quoy le pauvre peuple souffre de l'o- « pression dont les plaintes ont esté portées aux Estats. »

F° 102 v°. — **1662** (20 novembre). — Lettre du roi, écrite aux consuls pour leur annoncer la naissance « d'une « fille dont la reine était heureusement accouchée le 18 no- « vembre. » Suivant l'usage, les consuls devaient assister au *Te Deum* chanté dans l'église St-Just, et ensuite ils devaient faire tirer le canon et allumer des feux de joie.

F° 103. — **1662** (11 septembre). — Règlement général concernant les impositions dans le Languedoc, arrêté par les commissaires du roi chargés de « la vérification des « debtes des dioceses, villes et communautez de la pro- « vince, » en vertu de leur commission du 10 mars 1662, et autorisé par arrêt du conseil d'État, du mois d'octobre de la même année. Dispositions principales de ce règlement: — le compoix terrier ne peut être refait, dans aucune localité, qu'après qu'il aura fait l'objet d'une délibération en conseil général, soumise à l'assiette diocésaine; — quand le nouveau compoix sera terminé, l'ancien devra être déposé aux archives du diocèse pour y avoir recours au besoin; — l'allivrement de ce nouveau compoix ne pourra être diminué ni augmenté sous quelque prétexte que ce soit; — cet allivrement servira de base pour la répartition des sommes qui devront être imposées; — les biens abandonnés ou en non-valeur seront mis aux enchères « en gros ou en détail; » — si ces biens ne sont pas adjugés faute d'enchérisseurs, ils seront distraits de l'imposition; — il en sera fait un état chaque année, dans le préambule des impositions, et cet état devra être lu par les *départeurs* (1) avant de procéder à leur travail; — en quelque état qu'ils soient, les vieux compoix devront être conservés dans les archives; — il sera dressé, chaque année, un état signé par les consuls et par l'officier qui aura autorisé le conseil général ou le conseil particulier auquel il devra être soumis, suivant la coutume. Cet état comprendra toutes les sommes à imposer, et il ne pourra y être rien ajouté, ni retranché, par les départeurs des impositions; — il ne pourra être fait imposition pour les dettes des villes, diocèses et communautés de la province, soit qu'elles proviennent de restes de comptes ou bien d'emprunts par obligation, si elles n'ont été auparavant vérifiées et reconnues par les commissaires du roi; — toutes les villes et communautés de la province devront approprier « un lieu com- « mode dans lequel seront mis les actes, titres et documens « d'icelles, pour y estre conservés et y avoir recours quand

(1) Nom sous lequel on désigne, dans les assiettes, les députés chargés de faire la répartition des tailles et impositions comprises dans la mande des États provinciaux, entre les communautés du diocèse.

« besoing sera, lequel lieu sera fermé sous deux clefs, « dont l'une sera mise entre les mains du premier consul « qui sera en charge, et l'autre entre les mains de celluy « qui sera nommé par la communauté ; » — il sera dressé un inventaire de tous ces actes, titres et documents, et chaque année les nouveaux actes concernant les affaires de la communauté seront ajoutés à cet inventaire ; — il sera tenu dans chaque communauté deux registres, l'un pour les quittances faites à la décharge de la communauté, l'autre pour l'inscription des clôtures des comptes remis par les consuls et par les collecteurs ; — ces comptes seront dressés en double original ; l'un de ces doubles sera laissé entre les mains du comptable, l'autre sera déposé aux archives ; — les *émoluments* des biens patrimoniaux des villes et communautés de la province ne pourront être affermés qu'après les publications et proclamations requises ; — la dernière enchère faite pour le fermage de ces émoluments devra être approuvée par délibération du conseil de la communauté ; — les comptes des consuls, clavaires et autres comptables des communautés, seront rendus dans le délai de six semaines de *la mutation* consulaire ; — les collecteurs ne pourront faire d'autres recettes et dépenses que celles qui seront comprises dans le livre des impositions ; — les consuls entrant en fonctions seront tenus de poursuivre le versement des reliquats des comptes précédemment rendus ; — le versement de ces reliquats sera fait le jour même de la reddition des comptes ; — dans les quinze jours qui suivront la réception de la *mande* du diocèse, les consuls devront faire procéder à l'adjudication de la levée des impositions, et ils devront remettre le livre de la collecte à celui qui aura fait la condition meilleure ; — dans ce livre il ne pourra *être fait emploi* que de la somme pour laquelle l'adjudication aura eu lieu, sans que cette somme puisse jamais excéder 20 deniers pour livre ; — les deniers imposés ne pourront être divertis, pour quelque cause que ce soit, à un autre usage que celui auquel ces deniers seront affectés ; — les communautés pourront contracter des emprunts pour le paiement de leurs dettes vérifiées et reconnues ; — aucun ouvrage public ne pourra être exécuté s'il n'en a été préalablement dressé un devis soumis aux proclamations et aux enchères, et si l'adjudication n'en a été délivrée à la *moins-dite*. A défaut la dépense sera mise à la charge des consuls. — Les commissaires qui ont dressé ce règlement sont MM. Armand de Bourbon, prince de Conti, Bazin, Caulet, Boyrargues, Tubœuf, l'évêque de St-Pons, Castries et Michel Rochepierre. (Transc. au f° 113 du présent cartulaire.)

F° 106 v°. — **1662** (5 octobre). — Arrêt du conseil d'État, qui homologue le règlement général dressé, le 11 septembre 1662, par les commissaires du roi chargés de la vérification des dettes des villes, communautés et diocèses de la province, concernant la levée et l'emploi des impositions de ces villes, communautés et diocèses. — Lettres patentes délivrées pour l'exécution de cet arrêt, qui devait être lu, publié et enregistré en la cour des Comptes, Aides et Finances de Montpellier. Les contraventions au règlement étaient réservées au conseil d'État, à l'exclusion de tous autres juges, à peine de l'amende encourue à raison de la désobéissance, et de nullité et cassation des procédures. (Transc. au f° 118 du présent cartulaire.)

F° 107 v°. — **1662** (25 octobre). — Ordonnance des commissaires royaux chargés de la vérification des dettes des villes, communautés et diocèses du Languedoc, qui enjoint à la cour des Comptes, Aides et Finances de Montpellier, d'observer le règlement général concernant les impositions de la province, et en décrète l'enregistrement au greffe de la commission.

F° 108 v°. — **1661** (1-2 avril). Délibérations prises en forme de règlement par les états du Languedoc, pour assurer la levée des tailles « quy se font par ordre du roi et du « consentement des États. » Lorsque, par suite d'affaires imprévues, la tenue des assiettes diocésaines se trouvait retardée, et que les mandes n'avaient pu être assez tôt expédiées pour que les impositions pussent être réparties entre les communautés avant l'échéance du premier terme de ces impositions, les diocèses pouvaient traiter, *en corps d'assiette*, avec leurs receveurs, pour les charger de faire l'avance de ce premier terme jusqu'à l'échéance du second, aux meilleures conditions, mais sans dépasser le taux de 8 pour 100 d'intérêt par an. Les États motivaient ces délibérations sur ce qu'ils avaient reconnu : — que des communautés entières, sous divers prétextes, ne payaient aucune part des impositions du roi, ni de celles de la province ; — qu'en diverses localités, les seigneurs particuliers, usant de toutes sortes de moyens, avaient contraint les habitants à abandonner leurs biens, s'en étaient aussitôt emparés, et refusaient d'en payer les tailles ; — que des communautés en corps s'opposaient au paiement de leurs impositions et poussaient le peuple à la sédition et à la révolte contre les receveurs, leurs commis et huissiers, principalement dans les diocèses de Viviers, Le Puy, Alby, Toulouse, Narbonne ; — que, dans les grandes villes, des hommes « au-dessus du commun » ayant office de judicature souveraine, subalterne ou de finance, des *personnes de main-forte*, jouissant du titre de gentilhomme, refusaient de participer aux tailles, et forçaient ces villes à reporter leur quote-part sur les habitants pauvres, qui étaient déjà accablés « par leur propre fardeau. » Afin de détruire ces abus et de contraindre les communautés, aussi bien que les particuliers, à rentrer « dans le devoir et ne se plus servir des

« voyes d'authorité pour se descharger d'une contribution « sy légitime, quy est establie dans cette province sur les « biens ruraux, les tailles y estant réelles, et ou la qualité « des personnes ne peut opérer aucune descharge, » les États décidaient : — que, dans les lieux qui étaient abandonnés par les habitants et dont les seigneurs s'étaient emparés, il serait envoyé des gardes pour faire saisir tous les fruits des biens desdits seigneurs, et même leurs bestiaux par une dérogation expresse au privilége qu'avait la province de ne pas *souffrir* la saisie des cabaux employés à la culture des terres ; — qu'à l'égard des communautés qui refusaient de payer leurs tailles, elles y seraient contraintes par main-forte exercée contre leurs principaux habitants, et, en cas de rébellion, contre tous leurs habitants ; — qu'il serait formellement interdit aux particuliers, sans aucune distinction de qualité et condition, de faire sortir aucune espèce de denrées de la ville où ils faisaient leur résidence, après l'échéance du premier terme des impositions, à moins d'administrer la preuve qu'ils avaient payé ce terme. Ceux qui avaient un titre d'office de judicature, les hommes de guerre, etc., pouvaient être « saisis en leurs gages, » et ceux qui n'avaient ni charge, ni office, étaient privés de *voix active et passive* dans les conseils de ville, aux élections et nominations consulaires, etc. Si les collecteurs rencontraient des résistances, ils devaient, après les trois commandements ou sommations d'usage, remettre les actes de ces commandements et sommations aux syndics des diocèses, qui demeuraient chargés d'employer les prévôts diocésains (1) ou une autre force armée, pour assurer l'exécution des contraintes expédiées contre les récalcitrants.

F° 111 v°. — **1663** (15 juin). — Lettre du roi, par laquelle il est mandé aux consuls de tenir la main à l'exécution des décrets et jugements, qui seront rendus par le juge compétent, dans la procédure ordonnée contre les auteurs de l'enlèvement de quelques filles du refuge de Narbonne, accompli par des jeunes gens de condition de la ville, le 17 mai 1663.

F° 112. — **1663** (19 juin). — Ordonnance du comte de Bieule, lieutenant général du roi dans le Languedoc, datée de Gaix, qui prescrit l'établissement d'un conseil de santé dans les villes de Frontignan, Villeneuve, Maguelonne, Agde, Sérignan, Vendres, Narbonne et La Nouvelle, afin d'empêcher l'introduction de la maladie contagieuse, qui était « fort eschauffée » dans le Levant, ainsi que sur les côtes de Barbarie, notamment à Tunis et à Alger. Ce conseil, composé de six des principaux habitants, avait mission de recevoir et examiner les patentes de toutes les barques arrivant dans les ports ou sur les plages de ces villes, de mettre ces barques en quarantaine dans le cas de soupçon, de viser leur passeport à la sortie, etc.

F° 113. — **1662** (11 septembre). — Règlement général arrêté par les commissaires du roi chargés de la vérification des dettes des villes, diocèses et communautés du Languedoc, concernant les impositions dans la province. (Transc. au f° 103 du présent cartulaire.)

F° 118. — **1662** (5 octobre). — Arrêt du conseil d'État, portant homologation du règlement général du 11 septembre 1662, relatif aux impositions dans la province. — Lettres patentes expédiées pour l'exécution de cet arrêt. (Transc. au f° 106 v° du présent cartulaire.)

F° 120. — **1663** (16 novembre). — Arrêt du conseil d'État, qui prononce l'annulation des arrêts concernant la morte-paye de la ville de Narbonne, rendus les 25 octobre 1658, 23 juillet 1659 et 11 mars 1660, ainsi que de celui de la cour des Comptes, Aides et Finances de Montpellier, du 30 juin 1659. Cet arrêt ordonne qu'à l'avenir les montres et revues des quatre compagnies de la morte-paye seront faites, en la forme accoutumée, dans l'hôtel de ville de Narbonne, par-devant les consuls, et que les appointements des capitaines et la solde des hommes de cette morte-paye s'effectueront par le receveur ou clavaire des consuls, sur leurs ordonnances. Il enjoint auxdits capitaines de tenir leurs compagnies au complet, et d'y recevoir les soldats que les consuls auront présentés au gouverneur de la ville, ou à son lieutenant en cas d'absence. En outre, il prescrit aux consuls de justifier, devant la cour des Comptes de Montpellier, de l'emploi des fonds destinés au paiement de la morte-paye, depuis la date de son organisation. — Dans leurs requêtes tendant à la cassation des arrêts annulés, les consuls exposent : « que depuis beaucoup de siecles « qu'ils sont soubs la domination des roys, ils ne se sont « jamais séparés de l'obéissance que de bons subjects doib- « vent a leur souverain, et comme clef de France et fron- « tiere d'Espagne, par mer et par terre, elle (la ville) a « esté de tout temps considérée de LL. MM. pour tres « inportante a l'Estat ; aussy la garde de lad. ville estoit « confiée a l'authorité et ancienne fidélité desd. consuls et « habitans jusques en l'année 1549, que, désirant procurer « du soulagement auxd. habitans, ils auroint eu recours « au roy Henry second, qui, par ses lettres pattantes du « mois de juillet de lad. année, auroict confirmé plusieurs « belles concessions a lad. ville (dont elle auroict jouy de

(1) On appelait prévôts diocésains les commandants de la maréchaussée établie, dans chaque diocèse, pour veiller au maintien de la sécurité publique. Ces commandants présidaient dans certains cas les cours présidiales qui jugeaient les criminels. Les décisions rendues par ces Cours, qui prenaient alors le titre de Cours prévôtales, étaient appelées jugements prévôtables.

« tout temps) et que les consuls fourniroint deux cens « hommes morte payes des plus suffisans et capables pour « faire lad. garde; auquel effect ils establirent, deslors, « quatre cinquanteniers pour commander lesd. deux cens « hommes, et leur firent payer leur solde par leur receveur « et clavaire, aux frais du général de lad. ville. » — Les consuls expliquent ensuite la série chronologique des mesures appliquées à la morte-paye, les règles observées dans les montres et revues, le mode de paiement de la solde, les différends qui surgirent de ce mode de paiement; enfin, ils réclament contre l'abus des passe-volants, qui réduisaient l'effectif des compagnies d'un homme sur sept, et rendaient le service impossible. Le résumé de leurs explications et des considérations dont ils les font suivre contient l'histoire de la morte-paye de Narbonne. Cet état de choses, disent-ils, avait duré jusques en l'année 1554. A cause des dangers que la fréquence et le voisinage des mouvements des religionnaires faisaient courir à la ville, la morte-paye fut alors portée par eux au nombre de 300 hommes, et Henri II avait approuvé cette augmentation par ses lettres patentes du 26 septembre 1554, autorisant les consuls à prélever, sur chaque minot ou quintal de sel vendu aux greniers de Narbonne, Peyriac et Séjan, une crue de 2 s. 6 d. pour payer le surcroît de solde qu'elle occasionnait. D'autres lettres patentes, datées du 4 septembre 1556, confirmatives de cette crue, ordonnent, en termes formels, que les deniers en provenant seront reçus par le clavaire de la ville, et qu'ils seront ensuite employés à la solde de la morte-paye, ainsi qu'à l'acquit des dettes *ensemble aux affaires et nécessités* de la ville. A cette première crue plusieurs autres vinrent s'ajouter successivement, soit pour supplément de solde à la morte-paye, soit pour la réparation des portes, ponts, arches et clédats de la ville, ou pour l'entretien du canal de la rivière d'Aude. Toutes ces diverses crues furent réduites, par lettres patentes de l'année 1599, en une seule, qui était de 4 sous 6 d., à prendre sur les dix-sept greniers à sel de la province. Henri IV avait confirmé cette crue unique et sa destination, par lettres patentes du 8 avril 1604. Après lui, Louis XIII, par lettres patentes de l'année 1614, et Louis XIV, par lettres patentes du 15 juillet 1659, les avaient à leur tour confirmées. Les consuls avaient donc toujours pourvu à la solde de la morte-paye, et c'était suivant leur ordre et d'après les règles qu'ils avaient eux-mêmes posées, que se faisaient les montres et les revues. Ces revues avaient lieu quatre fois par an, devant les consuls, dans l'hôtel de ville, « ou chaque cappitaine se ren« doict a la teste de sa compagnie, tambour battant, et le « payement estoit faict de l'ordonnance desd. consuls, par « leur receveur et clavaire, ausd. cappitaines et soldatz, « qui estoint appellés, a tour de roolle, par le fourrier de « la morte paye; les noms et surnoms desquels soldatz « estoint escriptz dans de cahiers tenus par le greffier dud. « hostel. » En appliquant cette règle, les consuls avaient toujours obligé les capitaines à maintenir leurs compagnies au complet, jusques en l'année 1632. Louis XIII ayant, dans cette même année, ordonné que, pour remplir les places devenues vacantes, les consuls présenteraient une liste de trois candidats, d'abord remise au gouverneur de la ville, ou à son lieutenant, en cas d'absence, chargés de la soumettre au roi, « quy en pourvoiroit un des trois, » cette innovation avait porté les capitaines des compagnies à penser « qu'ils estoint tirés de ce qu'ils doibvent aux con« suls, affin de pouvoir avec plus de facillité proffiter sur « leurs compagnies, bien qu'ils soint nommés par lesd. « consuls et payés par leurs ordres, *outre* l'honneur « qu'iceux consuls ont de tenir la moitié des clefs des « portes de lad. ville et de commander les armes de Sa « Majesté, en l'absence desd. gouverneur et lieutenant. » Mais les consuls s'étant bientôt aperçus que les compagnies n'étaient pas complètes, s'étaient pourvus contre cette infraction devant le maréchal de Schomberg, alors gouverneur du Languedoc, qui, sur leurs représentations, et après avoir entendu M. de Ricardelle, lieutenant au gouvernement de la ville, avait ordonné, le 25 mars 1645, que les compagnies seraient exactement tenues au nombre d'hommes fixé par l'ordonnance de création de la morte-paye (juillet 1549). En même temps, le maréchal avait mandé aux consuls de ne payer, lors des revues, que « les « soldatz effectifz quy auront actuellement servy le roy en « la fonction de lad. morte paye. » Quelque juste et nécessaire que fut la décision du maréchal de Schomberg, elle souleva diverses plaintes de la part des capitaines, que la vigilance des consuls contrariait. Ces plaintes ayant été portées devant le roi, M. de Bezons, intendant de la province, fut commis pour trancher le différend, après avoir entendu les capitaines et les consuls. L'ordonnance qu'il rendit, en présence de l'archevêque de Narbonne et de M. de Ricardelle, est du 4 juillet 1654. Elle porte : — que « pour empescher l'abus qui se com« mectoit, tant en la garde de lad. ville qu'en la monstre « et reveue quy se fesoit, lesd. cappitaines et soldats se« roint appellés par le roolle du fourrier, par devant lesd. « consuls, par nom et surnom, en la maniere accoustu« mée, ainsi qu'il s'estoict tousjours pratiqué, et, en cas « qu'il se trouvast aucun passe volan, il seroict tiré hors « des rangs pour estre puni selon la rigueur des ordon« nances; — qu'il seroict tenu conterolle des présens a « chaque garde pour estre rabattu et précompté aux def« faillans, » — et que les capitaines ne peuvent excéder, ni maltraiter ou renvoyer aucun soldat. De nouvelles contestations surgirent de cette ordonnance, qui avait pour but de résoudre et prévenir tous les différends en réglant les droits des consuls et en fixant les devoirs des capitaines de la morte-paye. Sous prétexte que les consuls devaient « les monstres » de quelques soldats qui avaient effectué leur service, les capitaines se pourvurent en contrainte devant la cour des Comptes de Montpellier. De leur côté, les consuls déclinèrent la compétence de cette cour, et portèrent l'affaire devant l'intendant de la province, lequel, par une ordonnance du 24 août 1645, renvoya les parties à se pourvoir devant le conseil d'État, tout en faisant défenses aux consuls de payer la morte-paye dans d'autres formes que celles qu'il avait prescrites par son ordonnance du 4 juillet 1654. Sur ce renvoi, intervint un arrêt du 24 juillet 1659, daté de Fontainebleau, qui renversait entièrement l'ordre que les consuls avaient jusque-là fait maintenir. Ceux-ci n'acceptèrent point cet arrêt, et ils en appelèrent immédiatement au roi. Cependant, le conseil d'État rendit un autre arrêt, le 17 août 1660, par lequel il ordonna que les parties feraient leurs productions respectives, par écrit, qui seraient soumises à M. de la Vrillière, chargé d'en faire le rapport au conseil. M. Denos, *citoyen* de Narbonne, eut mission de remettre les titres et mémoires des consuls, et de poursuivre la révocation des arrêts contraires à leurs attributions, notamment de celui du 24 juillet 1659. Dans leurs productions écrites, les consuls soutenaient que ces arrêts ne pouvaient être maintenus, 1° parce qu'ils permettaient aux capitaines de prendre eux-mêmes des soldats pour remplir les vides, faute de présentation par les consuls, et que ceux-ci ne faisaient pas cette présentation depuis qu'ils avaient vu leurs candidats toujours refusés, sous un prétexte quelconque, par les capitaines, dont l'intérêt était de maintenir ces vides afin de pouvoir simuler des nominations « pour proffiter de la solde « des places vacantes; » 2° parce qu'ils obligeaient les consuls à payer les 300 hommes des compagnies, de trois en trois mois, en argent effectif et sans délai, à peine de contrainte, alors que ce paiement ne devait être effectué qu'à la condition que le fonds en était fait dans l'état du roi, et qu'il avait été perçu par le clavaire de la ville; mais comme cette perception n'avait lieu que six semaines après l'échéance du terme, il en résultait que la contrainte était *injurieuse* aux consuls, « a l'honneur de leurs charges, et « a cest illustre advantage que pocede le consulat de Nar- « bonne, par les lettres pattantes du roy Philippe, de l'an « 1338, de dépandre immédiatement de Sa Majesté; » 3° parce qu'ils défendaient aux consuls de connaître de la discipline de la morte-paye et de la punition des soldats pris en flagrant délit, si ce n'est en cas d'absence du gouverneur et de son lieutenant, défense qui était contraire à l'ordonnance du connétable de Montmorency, du 3 juillet 1609, confirmée par lettres patentes de Henri IV, du 7 du même mois, par lesquelles cette connaissance est laissée « au magistrat et officiers de justice de lad. ville, comme « estans (les soldats) habitans d'icelle; » 4° parce qu'en ordonnant que les rôles des montres et revues de la morte-paye seront signés, séparément, des capitaines et des consuls, ces arrêts introduisent « une nouveauté extraordinaire » qui anéantit le pouvoir donné aux consuls d'exiger que les montres et revues soient faites devant eux, « outre « que c'est un moien infaillible ausd. cappitaines d'avoir « de passe volans dont les consuls ne scauroint les em- « pescher, puisqu'ils doibvent certiffier lesd. revues, estant « vray de dire que c'est les faire juges en leur propre « cause; » 5° parce qu'en permettant aux capitaines de faire saisir les deniers des fermes de la ville, ainsi que le fonds porté dans l'état du roi (1) pour la morte-paye, et d'en obtenir la délivrance sur leurs simples quittances remises ensuite au clavaire, par le fermier des gabelles, comme numéraire, c'est « laisser une tasche a la fidélité et « intégrité desd. consuls, » qui ont toujours employé, à sa destination, non-seulement le fonds de la morte-paye, mais des sommes considérables en sus de ce fonds, puisqu'il est prouvé, par les comptes qu'ils ont rendus depuis seize années, qu'il leur est dû un excédant de plus de 62,000 livres, provenant de l'augmentation de dépense occasionnée par la fréquence et par l'intensité des maladies contagieuses, qui avaient obligé les consuls à doubler et tripler même la solde, afin d'engager les soldats à rester dans la ville; 6° parce que si les capitaines avaient le pouvoir de retirer le fonds de la morte-paye, sur leurs simples quittances, « il ne se feroict jamais aucune monstre et reveue « de leurs compagnies, pour ce qu'ils auroint touché leur « solde et celle de leurs soldats, de sorte que lad. morte « paye seroict tousjours extremement foible, et possible « qu'une seulle compagnie serviroit pour deux, lesd. con- « suls estans privés d'en tenir controolle. Avant, et lors- « qu'ils les fesoint payer, ausd. monstres et reveues, sui- « vant l'ancien ordre, ils interrogeoint les soldats sur leur « service actuel, ce qui leur donnoit la terreur et empes- « choict les passe volans; » 7° parce que s'il est accordé dix passe-volants sur chaque compagnie, il ne restera que 65 hommes au lieu de 75, qui ne pourront faire le service de nuit sur les remparts, plus les patrouilles, et celui de jour aux portes, etc. Enfin, ils se fondaient sur cette considération que, par l'édit donné à Toulouse, en 1660, à la suite du don gratuit de 3 millions fait par les États du Languedoc, le roi ayant confirmé et rétabli les villes de la province en tous les droits, libertés, exemptions et privilèges dont elles étaient auparavant en possession, cette

(1) Ce fonds était le produit de la crue de 4 s. 6 den. prélevée sur le sel des dix-sept greniers de la province.

confirmation ne devait pas moins s'appliquer à la ville de Narbonne qu'aux autres cités « estans du corps desd. Estats. »

F° 124 v°. — 1664 (13 juin). — Lettre du roi, par laquelle il est fait envoi aux consuls d'une copie des *articles* relatifs à l'établissement de la compagnie des Indes, pour leur servir à la réception des engagements à contracter par ceux qui voudraient faire partie de cette compagnie, dont le but était « le rétablissement du commerce au dehors du « royaume, par le moyen duquel l'abondance de toutes « chozes peut y estre attirée et se respandre sur le général « et les particuliers d'icelluy, quy auront plus de facilité à « se défaire des denrées quy y croissent et quy ne s'y peu- « vent consommer, et a débiter les manufactures que s'y « font, dont la quantité, quy en sera augmentée par le « trafficq, donnera mattiere d'employer une infinitté de « personnes de tous ages et sexes. »

F° 125 v°. — 1664 (26 août). — Lettre du roi, par laquelle il est donné avis aux consuls des mesures qui avaient été arrêtées dans les conseils du roi pour faciliter et accroître le commerce du pays. Ces mesures comprenaient: — les ordres donnés aux gouverneurs et lieutenants généraux des provinces, aux compagnies souveraines, aux intendants de jusdce, officiers des présidiaux, etc., de protéger en toutes circonstances les marchands et négociants, et d'expédier promptement les procès qui pourraient être pendants devant eux; — l'allocation d'un million de livres affectée annuellement au *rétablissement* des manufactures et à l'*augmentation* de la navigation, en sus des sommes beaucoup plus considérables destinées aux compagnies des Indes orientales et des Indes occidentales; — l'abolition des péages établis sur la navigation dans les principales rivières; — la réparation des chemins publics, pour laquelle il avait été déjà dépensé plus d'un million; — l'allocation de subventions à ceux qui entreprendraient la restauration d'anciennes manufactures, ou qui en construiraient de nouvelles; — les ordres transmis aux ambassadeurs près des cours étrangères, pour qu'ils aient à tenir la main à ce que justice soit promptement rendue aux marchands, sur toutes leurs plaintes et réclamations; — l'affectation d'une maison commodément établie, appelée Maison du Commerce, au logement des membres des députations que les marchands auraient à envoyer à la Cour; — la création d'un emploi spécial « confié à une per- « sonne d'esprit et d'intelligence, » ayant mission de recevoir, dans cette maison, les marchands ou leurs envoyés, de solliciter le règlement de leurs affaires, et de leur remettre ou envoyer toutes expéditions dont ils pourraient avoir besoin, le tout sans aucuns frais; — les gratifications accordées aux négociants faisant le commerce sur mer, qui achèteraient des bâtiments, ou en feraient construire à neuf, pour les affecter à leur commerce et à la navigation au long cours, gratifications qui étaient étendues à chaque tonneau de marchandise importée ou exportée, etc.

F° 126 v°. — 1666 (22 février). — Réponse de M. de la Vrillière à la lettre que les consuls avaient adressée au roi touchant la mort de la *veuve reine mère*, et leur récente élection aux fonctions consulaires, ainsi que pour demander la décharge des frais d'étape imposés à la ville.

F° 127. — 1666 (22 mai). — Lettre du roi, par laquelle avis est donné aux consuls de la nomination de M. Henri-Sébastien de Cazalèdes à la charge de capitaine de la morte-paye, en remplacement de Jean-Jacques de Cazalèdes, son frère, démissionnaire.

F° 127 v°. — 1666 (22 mai). — Provisions accordées à M. Henri-Sébastien de Cazalèdes, pour la charge de capitaine de la morte-paye devenue vacante par la démission de son frère. Les consuls avaient présenté le nouveau titulaire à la nomination du roi, par une délibération du 23 mai de l'année précédente.

F° 128. — 1666 (26 août). — Arrêt du Parlement de Toulouse, rendu à la requête du syndic des principaux habitants de Narbonne, qui prononce, contre le sieur Fabre et ses agents, le maintien du bail qui lui a été passé par les consuls, le 1er avril 1661, pour la fourniture de la glace par privilége, et, à défaut, autorise contre ce même fournisseur l'exécution de l'ordonnance de contrainte rendue au bureau de la police de Narbonne, le 21 juillet 1666.

F° 128 v°. — 1666 (6 octobre). — Lettre de M. de la Vrillière, par laquelle il annonce aux consuls qu'il a « faict « entandre et valloir au roy » les explications qu'ils ont fournies pour justifier leur défaut de présence à la dernière procession de N.-D. d'août. En même temps, il leur fait connaître que le roi leur permet, « a l'advenir, en pa- « reille occasion, » d'assister à la cérémonie faite dans l'église St-Paul, où ils ont leur *séance ordinaire*, s'ils ne sont pas invités, par MM. les chanoines de l'église St-Just, à la procession faite dans cette église.

F° 129. — 1665. — Traduction du bref d'Alexandre VII, adressé à l'official de Narbonne, auquel il confère le pouvoir d'absoudre les habitants de la ville et du diocèse, et de bénir leurs personnes, leurs biens et tous les produits du territoire. Ce bref est donné sur la demande qu'en avaient faite les habitants de la ville et ceux des communautés et villages du diocèse, qui avaient fait exposer au pape: « qu'ils estoient tellement infestés d'une grande

« intemporité d'air, et leurs champs, biens et possessions « d'une sy grande quantité de chenilles, limaçons, vermissoaux, sautarelles et autres petis animaux nuissibles, « que les habitans et communautés en sont tres notable- « ment endommagés. » Pour appliquer un remède à ces maux et signaler leur origine, le bref ajoute : « Et d'autant « que cella peut provenir de quelque secret maladiction, « ou a cauze des censures ecclésiastiques encorues par « lesd. habitans et communautés, ou par quelcun d'entre « eux, et qu'en telles occasions il faut premierement avoir « recours a la divine clémance, nous estimons que l'ire de « Dieu, quy va tous les jours croissant pour les péchés « des hommes, ne peut estre mieux appaisée que quand « nous implorons son secours et miséricorde, avec un ceur « contrict, dans les nécésités publiques. C'est pourquoy « nous vous enjoignons,... par ses présantes, de par vous « mesmes, ou par autre personne constituée en dignité ec- « clésiastique que vous députerés à cest effect, admonester « et exorter de nostre part, en Nostre Seigneur, lesdictes « communautés et habitans, afin que, se souvenant des « meaux passés, et concidérans les présans et ceux dont « ils sont menacés, ils se convertissent a Dieu d'un cœur « dévot et contrit, et que, demandans pardon en toute hu- « milité de leurs péchés, ils taschent a s'avancer en la foy « catholique, en l'espérance de la gloire éternelle, et en « l'amour de Dieu et du prochain .... Et pour leur donner « occasion de mériter la divine grace, le pardon de leurs « péchés, et particulierement ce qu'ils demandent mainte- « nant, nous avons résolu de leur appliquer le céleste tré- « sor des indulgences, dont le seigneur nous a constitués « les dispensateurs en terre. C'est pourquoy nous vous « donnons commission et vous mandons ... qu'apres avoir « ordonné un jusne de trois jours dans lad. ville, lieux et « villaiges dud. diocese et dans le territoire d'iceux, et « faict une procession et ausmone publique, que vous or- « donnerez a vostre discrétion, vous donniez l'absolution « d'authorité apostolique, pour ceste fois sulement, ausdi- « tes communautés, universités, hommes et habitants, de « tous malédictions et autres censures et peynes ecclésias- « tiques, mesme contenues dans la bulle In cœna Domini, « quy peuvent avoir esté encourues par ignorance par eux « ou par leurs prédécesseurs. » L'official devait ensuite bénir les habitants, *eux et leurs personnes*, leurs champs, leurs possessions et biens quelconques, et même l'air, de la part de Dieu tout-puissant et de la part du pape. De plus, après avoir défendu « aux animaux nuisibles ou espirits « immondes quy se servent d'eux pour nuire ausdites com- « munautés, universités, hommes et habitans, de plus « incommoder et infester leurs champs, possessions et « biens et de plus faire aucun dommage,... et leur recom- « mander, de la part de Dieu, de fuir a la face de la saincte « Croix, que vous leur montrerez, et de cesser leurs ma- « léfices, a la gloire de Nostre Seigneur Jésus Christ, » il devait accorder une indulgence plénière et la rémission de tous leurs péchés aux fidèles de l'un et de l'autre sexe, vraiment pénitents, qui confesseraient leurs fautes et auraient reçu le saint Sacrement.

F° 130. — **1666** (9 mai). — Ordonnance de Jean d'Agen, licencié en sainte théologie, chanoine, trésorier et théologal en l'église cathédrale d'Alet, vicaire général de l'archevêque de Narbonne, rendue pour l'exécution du bref de bénédiction, absolution et indulgence, accordé par Alexandre VII aux habitants et aux villes et communautés du diocèse. Elle prescrit : — l'exposition du T.-S. Sacrement pendant huit jours, dans l'église de Lamourguié, à commencer du 9 mai; — un jeûne public les mercredi, vendredi et samedi suivants; — une aumône publique de 24 setiers de blé, par les consuls de la ville, pour être distribués en pain, par mains dignes, aux vrais pauvres; — une procession générale, dans laquelle devait figurer la tête de saint Sigismond, fixée au dimanche 16 mai, à l'heure des vêpres, suivie de la bénédiction solennelle des habitants. Les religieux et le clergé de l'église de Lamourguié devaient assister à cette procession, ainsi que toutes les compagnies de pénitents de la ville. Elle devait être terminée par la bénédiction des biens des habitants et de tout le territoire. — L'ordonnance est contresignée par M. Baduel, secrétaire de l'archevêché.

F° 130 v°. — **1666** (6 septembre). — Lettre de M. de la Vrillière, dans laquelle il dit aux consuls que le roi avait appris qu'ils n'avaient pas assisté à la dernière procession de N.-D. d'Août, faite dans toute la France pour l'accomplissement du vœu de Louis XIII, et qu'il avait éprouvé un vif mécontentement « de ce manquement et mauvais « exemple, dont le second d'entre vous est principalement « coupable. » Comme spécimen des formes observées par le pouvoir vis-à-vis des autorités locales, les expressions employées par M. de la Vrillière, pour exprimer le mécontentement du roi, méritent d'être textuellement rapportées : « Je suis obligé de vous dire que Sa Majesté l'a trouvé fort « mauvais, et que, comme par sa bonté elle se contante, « cette fois, de le blasmer et de vous faire advertir, elle ne « manquera pas, aussy, cy apres, de punir ceux quy « tomberont à l'advenir dans une faute et une négligance « sy concidérable et sy irrespectueuse. C'est a quoy je vous « exorte de prandre garde. »

F° 131. — **1666** (25 décembre). — Ordonnance du duc de Verneuil, gouverneur et lieutenant général du Languedoc, rendue pour arrêter les désordres, violences et voies de fait qui se commettaient journellement dans la province. En vue de prévenir ces excès, elle prescrit l'exécution rigoureuse des édits, déclarations du roi et ordonnances du prince de Conti, principalement de celle du 20 février 1661, qui défendent toutes assemblées et tous attroupements de gens armés, sans ordre exprès du roi, de son lieutenant dans le pays, ou de ceux qui y commandent en l'absence du gouverneur. Elle renouvelle, en même temps, la défense du port d'armes de chasse ou de guerre.— Les motifs de cette ordonnance sont rapportés dans les termes suivants, extraits de sa suscription : « toute sorte de per- « sonnes indifferement portant des armes, soit espés, pis- « tolets, mousquetons et fusils, font des assemblées et « atroupemens des gens armés, et se licencient de chasser « dans tels lieux que bon leur semble, à toute sorte de « bestes et gibier,.. mesme que les pages, laicqués et au- « tres gens de livrée portent l'espée dans toutes les villes « et lieux,... ce quy est de mauvais exemple et quy donne « lieu aux viollances, concussions et meurtres quy arri- « vent fréquemment. »

F° 132. — **1667** (13 août). — Ordonnance rendue par Claude Bazin de Bezons, intendant de la province, sur le renvoi qui lui avait été fait, par le conseil d'État, de la réclamation qu'avait suscitée, de la part de plusieurs habitants réunis en syndicat, l'élection de conseillers matriculés faite le 17 avril 1667. Cette ordonnance maintient l'élection de M. Jean Fabre à la place du sieur de Mayal, et, néanmoins, elle décide que la première place qui viendra à vaquer dans la première échelle, par décès, par démission ou autrement, sera dévolue à noble Gaspard de Gros, seigneur d'Homps (1), par préférence à tout autre, avec injonction aux consuls, qui se trouveront alors en charge, de l'installer dans cette échelle et de recevoir son serment (2). L'intendant base cette ordonnance : — sur les dispositions de l'arrêt du conseil, donné en l'année 1632; — sur un arrêt du conseil d'État, du mois de février 1626, contradictoirement rendu entre le syndic de certains habitants et les consuls de la ville, portant, entr'autres choses, que le nombre des quatre-vingts conseillers matriculés de la ville sera augmenté de vingt-quatre, outre les six consuls; — sur un autre arrêt du conseil d'État, du même mois de février 1626, portant 1° que « du consentement « des habitants matriculés et des habitants syndiqués, » la matricule serait composée de cent dix membres sans pouvoir être plus augmentée, « et qu'aucun estranger ne « seroit receu habitant de lad. ville et receu aux charges « municipales sans avoir obtenu lettres de naturalité, et « demeuré dix ans en icelle; » 2° que la première échelle sera composée, suivant les anciens statuts et règlements, de personnes nobles, ou vivant noblement, et de docteurs, avocats ou gradués, les uns et les autres habitants de la ville depuis six ans, au moins, « et taillhables dans icelle « ou dans le diocoze, ayant vallant cinq mille livres. »

F° 133. — **1667** (24 mai). — Arrêt du conseil d'État, rendu sur le vu de deux procès-verbaux, l'un de M. le comte de Rieux, lieutenant général du roi dans la Provence, gouverneur de Narbonne, l'autre des consuls de cette ville, dressés « sur tout ce quy s'est passé en deux « ellections faictes en icelle, le 17 avril dernier, pour rem- « plir la place du sieur de Mayal, conseiller matricullé « dont il s'estoit desmis; la premiere eslection faicte par « le sieur Donnadieu, un des consuls, et partie des con- « ceillers matricullés, de la personne de Jean Fabre,... « en présence du sieur Caubet, conceiller au séneschal de « Carcassonne, appelé pour authoriser lad. eslection, et « l'autre par les cinq autres consuls et l'autre partie des « conceillers matricullés, de la personne du sieur d'Homps, « originaire de lad. ville et un des principaux taillables, « en présence du viguier et procureur du roy de lad. ville « de Narbonne.» Cet arrêt, « pour assoupir les divisions... « intervenues et restablir l'ordre et le repos, » prononce le renvoi de l'affaire à MM. de Bezons et Tubeuf, intendants de justice de la province, avec injonction de la régler, après l'information requise, et l'un en l'absence de l'autre, en se conformant aux dispositions de l'arrêt organique donné en 1632. — Lettres d'attache délivrées pour l'exécution de cet arrêt.

F° 133 v°. — **1667** (5 décembre). — Arrêt du conseil d'État, qui commet M. de Bezons, intendant de justice, police et finances dans le Languedoc, « pour instruire et « juger en dernier ressort, avec de gradués..., toutes les « instances civiles et criminelles quy naistront a cause de « la recherche des usurpateurs du titre de noblesse, » faite en exécution de l'arrêt du 22 mars 1666, donné conformément à la réponse du roi au cahier des États du Languedoc, tenus en 1667. Les États demandaient, dans ce cahier, que l'amende applicable aux usurpateurs de titres nobiliaires fût réduite à 100 liv. en faveur de ceux qui feraient, dans les trois mois, leurs déclarations « qu'ils « ne prétendent soustenir la qualité de noble, chevalier ou « d'escuyer, par eux ou par leurs prédécesseurs induement « prize. » A l'égard de ceux qui voudront soutenir leur qualité de nobles et justifier d'une possession continuelle de leur titre de noblesse depuis l'année 1560, l'arrêt dispose qu'ils devront remettre leurs actes, dans le délai fixé par M. de Bezons, pour être communiqués aux commissaires chargés des poursuites à faire. Ceux qui n'avaient

(1) Voir la note L, à la fin du volume.

(2) M. Gaspard de Gros, seigneur d'Homps, se pourvut contre cette ordonnance au conseil privé du roi; mais son appel fut rejeté, et l'ordonnance fut maintenue par arrêt du 12 avril 1668.

pas fait leurs productions, dans ce même délai, étaient condamnés par défaut, comme usurpateurs.

Fº 135. — **1668** (16 mai). — Prestation de serment du sieur Jean Rey, chirurgien, nommé par les consuls à la charge de sergent dans la compagnie de la garde bourgeoise du capitaine Guillaume Morel, qui en avait fait la présentation.

Fº 135.— **1668** (22 mars).— Lettre du roi, datée de St-Germain-en-Laye, par laquelle il est donné pouvoir au comte de Mérinville de licencier la morte-paye de Narbonne, sauf à faire garder la ville par des troupes royales, comme cela se pratique dans les autres places fortes du royaume. Les sergents et les soldats de cette morte-paye, non mariés et non *habitués*, étaient obligés, suivant la volonté du roi, d'entrer dans l'une des compagnies des troupes royales.

Fº 135 vº. — **XVIIe siècle.** — Rôle des vingt-quatre localités du diocèse de Narbonne qui avaient droit d'entrée aux États de la province et aux assemblées du diocèse, et qui avaient le droit de *prendre* le syndicat du diocèse. Ces localités sont rangées dans l'ordre suivant : Capestang, Laure, Ouveilhan, Lésignan (1), Caunes, Azille, Peyriac-Minervois, Puisserguier, Cuxac, Rieux-Minervois, Coursan, Nissan, Séjan, Bize, Ginestas, Pépieux, Fabrezan, Pérignan, Gruissan, Peyriac-de-Mer, Lapalme, Tuchan, Durban, Villerouge.— Ce même rôle contient, dans l'ordre ci-après, les localités qui fournissaient les départeurs dans les assiettes diocésaines. Ces localités sont distribuées entre les trois contrées composant le diocèse, savoir: — Plat-Pays : Capestang, Ouveilhan, Lésignan, Puisserguier, Cuxac, Coursan, Nissan, Bize, Ginestas, Pérignan, Gruissan ; — Minervois : Laure, Caunes, Azille, Peyriac-Minervois, Rieux, Pépieux ;— Corbière : Séjan, Fabrezan, Peyriac-de-Mer, Lapalme, Tuchan, Durban, Villerouge.

Fº 135 vº. — **1668** (29 mai). — Proclamation du roi, datée de St-Germain-en-Laye, relative à la paix conclue entre la France et l'Espagne. Cette proclamation s'applique uniquement à faire ressortir les avantages commerciaux que la paix doit assurer aux peuples des deux royaumes. « Au moyen d'icelle, y est-il dit, il leur est permis d'aller, « venir, retourner et séjourner en tous les lieux desd. « royaumes, estatz et pays, négocier et faire commerce « de marchandizes, entretenir correspondance et avoir « communication les uns avec les autres, et ce en toute « liberté, franchize et seureté, tant par terre que par mer, « et sur les rivieres et autres eaux de deça et de della les « montz, ainsy qu'il a esté faict en temps de bonne paix. »

Fº 136. — **1668** (13 juin). — Lettre de M. le comte de Grignan, lieutenant général du Languedoc, datée de Fourques, qui adresse aux consuls la proclamation du roi relative à la paix conclue entre la France et l'Espagne, leur recommande de la faire publier, et d'assister ensuite au *Te Deum* qui sera chanté dans *les églises* principales, lequel devra être suivi d'un feu de joie en signe de réjouissance publique.

Fº 136 vº. — **1665** (20 juillet). — Arrêt du Parlement de Toulouse, qui, sur la requête des consuls, commet M. de Cambon, conseiller, pour ouïr toutes parties au sujet d'une délibération du conseil de la ville, datée du 21 juin 1665, dont les consuls demandaient l'homologation. Cette délibération concerne l'exercice du privilége attribué aux consuls de défendre ou permettre l'entrée de la vendange et du vin, aux forains et aux étrangers, dans la ville ainsi que dans ses faubourgs, tant par eau que par terre.

Fº 136 vº. — **1668** (12 avril). — Arrêt du conseil privé du roi, rendu entre Jean Fabre, avocat, conseiller matriculé, et noble Gaspard de Gros, seigneur d'Homps, aussi conseiller matriculé ancien de la ville, par lequel ce dernier demeure débouté des lettres *du grand sceau*, qui lui permettent de faire assigner son compétiteur pour se voir régler de juge, entre le Parlement de Toulouse et l'intendance de la province, et pour voir annuler l'ordonnance de M. de Bezons, du 13 août 1667 (v. supra fº 132). L'arrêt du conseil maintient cette ordonnance et condamne le demandeur aux dépens.— Parmi les pièces justificatives produites par Jean Fabre, défendeur, figure un arrêt du Parlement de Toulouse, du 28 janvier 1665, qui condamne, par défaut, Gaspard de Gros à être banni du ressort de la sénéchaussée de Carcassonne, pendant cinq années. A cet acte étaient jointes les pièces suivantes, qui prouvaient la capacité élective de M. Jean Fabre au 1er rang de la matricule, dans lequel il était maintenu : 1º sa nomination à ladite matricule, du 17 avril 1667 ; 2º les extraits baptistaires de ses trois enfants, qui étaient nés, sur la paroisse N.-D. la Major, en 1661, 1665 et 1668, d'où il résultait une résidence effective de plus de six années ; 3º un extrait du compoix terrier, qui constatait son imposition aux tailles de la ville pour la quotité minimum fixée par l'arrêt du Parlement de Toulouse, de l'année 1626 ; 4º sa nomination, en qualité d'habitant, comme —auditeur des comptes du clavaire, en 1662, — l'un des directeurs de l'hôpital de Narbonne, en 1663, — l'un des juges de la police, en 1665. — Lettres d'attache expédiées pour l'exécution de cet arrêt.

Fº 138 vº. — **1668** (7 septembre). — Déclaration du roi, statuant que tous contribuables aux tailles, « privilé-

(1) V. note M, à la fin du volume.

« giés ou non privilégiés, exempts ou non exempts, » paieront leurs entières cotités aux termes ordinaires fixés pour l'acquit des impositions, nonobstant toutes oppositions ou appellations, suivant l'ordre observé de tout temps, mais à charge de restitution des sommes payées, s'il en est ainsi ordonné en fin de cause. Dispositif de cette déclaration: « tous appelants des impositions faites dans les villes et « communautés de nostre ditte province du Languedoc, de « quelle qualitté et condition qu'ils puissent estre, seront « constrains a payer leurs entieres cottités par forme de « consignations ez mains des collecteurs, non seulement « des deniers royaux, mais encore des extraordinaires, et « généralement de toute sorte et nature de deniers qui se« ront imposés, sauf a leur estre restitués sy, en fin de « cause, parties ouyes, il est ainsy ordonné, et c'est no« nobstant les appellations rellevées en laditte cour des « Aydes de Montpellier, et sans préjudice d'icelles. »

F° 140. — **1668** (18 juin). — Arrêt du conseil d'État, portant qu'il ne sera fait, à l'avenir, aucune députation par les villes et communautés « que préalablement les maires, « eschevins ou consuls, n'en ayent faict cognoistre les rai« sons et le besoin aux commissaires départis par Sa Ma« jesté pour l'exécution de ses ordres. » Dans aucun cas, lesdits maires, échevins ou consuls ne pouvaient faire partie des députations autorisées. Les frais de voyage et de séjour qu'allouaient les villes occasionnèrent de graves abus, et comme ces frais étaient en général considérables, ils devinrent l'une des causes des dettes qu'elles avaient contractées. C'est ce que l'arrêt exprime en ces termes: « les debtes des villes et communautés procedent, en par« tie, des frais des voyages et députations des maires, « eschevins, consuls ou autres quy ont l'administration « des affaires publicques, lesquels ayant des affaires en « leurs mains ou autres affaires particulieres en la ville « de Paris, ou a la suitte de la Cour et aylheurs, font « naittre ou supposent des affaires ausd. villes, et se font « nommer et depputer pour les solliciter et poursuivre, et « ensuitte payer de leurs voyages et des longs séjours « qu'ils font pour leurs propres affaires. » — Lettres d'attache expédiées pour l'exécution de cet arrêt.

F° 141. — **1668** (30 juillet). — Ordonnance de M. Claude Bazin de Bezons, intendant de la province, prescrivant l'exécution, dans toutes les localités du Languedoc, de l'arrêt du conseil d'État du 18 juin 1668, relatif aux députations des villes, des communautés et des diocèses.

F° 141 v°. — **XVII° siècle.** — Rôle des habitants préposés à la garde des portes de la ville, dressé en exécution de la délibération du conseil du 9 septembre 1668, avec l'ordre qui devait être observé pour cette garde. Les vingt-quatre hommes qui en étaient chargés devaient se présenter dans la maison de ville toutes les fois qu'ils y étaient appelés par les consuls. Ils étaient divisés, par nombre égal, en deux escouades, qui étaient de garde par tour, et il ne pouvait y avoir aucune exemption du service personnel pendant les 24 heures de la durée de chaque faction. Des douze hommes de l'escouade de garde, six devaient *accompagner les clefs* pour la fermeture des deux portes de la ville, où ils relevaient les trois hommes de faction à chaque porte, et les six restants devaient se tenir dans la maison de ville, pour être à la disposition des consuls, et pour relever, à leur tour, les hommes de garde aux deux portes. La nomination et la destitution de ces hommes appartenaient aux consuls. Leurs gages étaient fixés à une somme de 7 liv. par mois, payée sur les fonds de la ville.

F° 142 v°. — **1667** (10 novembre). — Arrêt du conseil d'État, portant que les diocèses, villes et communautés de la province acquitteront leurs dettes en huit annuités, par voie d'imposition, d'octroi et subvention sur les denrées de consommation, ou en fonds d'héritage. — Lettres patentes d'attache données pour l'exécution de cet arrêt.

F° 144. — **1668** (24 février). — Ordonnance des commissaires du roi établis juges souverains pour la vérification des dettes des diocèses, villes et communautés du Languedoc, rendue pour l'exécution de l'arrêt du conseil d'État, du 10 novembre 1667, qui prescrit le paiement desdites dettes en huit annuités consécutives, à commencer de l'année courante, et en suivant l'ordre de priorité des hypothèques. Les communautés, d'après les dispositions de cette ordonnance, doivent faire option, dans les trois mois, du mode qu'elles veulent employer pour effectuer ce paiement. Les intérêts des dettes ne seront plus imposés à l'avenir qu'au denier vingt; s'ils sont imposés au denier seize, le « par en sus » sera imputé sur les capitaux, et les consuls et « cœquateurs » qui en auront fait l'imposition seront passibles de cent livres d'amende. Les consuls devront remettre les états des dettes des communautés dans les deux mois, à peine d'y être contraints par toutes voies et même par corps, etc.

F° 145. — **1648** (23 décembre). — Arrêt du conseil d'État, qui maintient les capitouls de Toulouse et les consuls des villes de la province dans le droit de connaître, en première instance, de toutes les affaires de police, sauf l'appel au Parlement, ainsi que cela se pratiquait d'après la coutume du Languedoc. — Lettres patentes d'attache données pour l'exécution de cet arrêt.

F° 146. — **1669** (20 mai). — Arrêt du conseil d'État, qui permet le transport, la vente et la sortie des blés et autres grains pour tous les États, royaumes ou provinces, sans qu'ils puissent être assujétis à aucun droit, jusqu'au 1er octobre 1669. — Cet arrêt est motivé sur « l'abondance « des bleds et autres grains qui sont dans le royaume, « proveneus du labour des sujects, qu'il a pleu a Dieu « de bénir, et de la paix et liberté du comerce dont ils ont « jouy, par la protection de Sa Majesté, despuis plusieurs « années. » — Lettres patentes d'attache données pour l'exécution de cet arrêt.

F° 146 v°. — **1669** (7 juin). — Publication, dans les *bourgs* et places publiques de Narbonne, de l'arrêt du conseil d'État qui autorise la vente et la sortie des grains en franchise.

F° 147. — **1669** (12 juillet). — Lettre de M. de la Vrillière adressée aux consuls en réponse à celle que ceux-ci lui avaient écrite pour le complimenter au sujet de la nomination de M. de Châteauneuf, son fils, à la charge de secrétaire d'État.

F° 147. — **1669** (17 mai). — Lettre du roi, portant rétablissement de la morte-paye de Narbonne. Ce rétablissement est motivé en ces termes : « ayant esté informez « qu'a l'occasion de l'ordre que nous avons donné, le « 22 mars de l'année dernière 1668, pour le licentiemant « de la morte paye de nostre ville de Narbonne, par la « lettre que nous avons escrite, sur ce sujet, au sieur « comte de Mérinville, ainsy qu'aux autres gouverneurs des « places de nostre province du Languedoc, vous estes en « doubte si nostre intention a esté de licentier les trois cens « hommes de la garde ordinaire de la ville, aussy bien que « la compagnie de cinquante halebardiers qui estoit desti- « née de servir prez le gouverneur d'icelle, et comme nous « n'avons point entendu... touscher aux privilèges de lad. « ville, lesquels nous voudrions plustot augmanter que « diminuer, et que nous scavons que celluy qui vous a esté « accordé par le feu roy... de vous pouvoir garder vous « mesmes, soubz l'auctorité des gouverneurs de la ville, a « esté fondé sur la fidélité et affection singuliere que vous « aves tousjours tesmoignée en diverses occasions impor- « tantes pour nostre service et des roys nos prédécesseurs, « mesmes lors des guerres civilles, et en l'année 1632 que « les ennemis de l'estat firent descente au port de la Nou- « velle, proche lad. ville, à dessein de s'en rendre les « maistres ; que d'ailleurs l'entretenement desd. trois cens « hommes n'est a aucune charge a noz finances ny au gé- « néral de noz subjetz de la province, puisqu'il ne se prend « point sur le fondz destiné pour le payemant des garnisons « ordinaires d'icelle, mais sur ce qui provient des droitz « qui se levent sur les habitans de lad. ville, nous vous « faisons cette lettre pour vous dire que nous trouvons bon « et entendons que vous continuiez a fere faire la garde « de nostred. ville de Narbonne par les trois cens hommes, « ainsy qu'il a esté cy devant faict. »

F° 148. — **1669** (22 novembre). — Commission de substitut du procureur du roi en la Cour royale de Narbonne, donnée à M. Jérôme Teyssèdre, avocat, par Henri Le Mazuyer, procureur général au Parlement de Toulouse. — Enregistrement de cette commission au *greffe royal* de la ville.

F° 148 v°. — **1670** (23 janvier). — Commission de substitut du procureur du roi en la Cour royale de Narbonne, délivrée à M. Paul Girard, avocat, par M. Le Mazuyer, procureur général au Parlement de Toulouse, en remplacement de M. Jérôme Teyssèdre, pourvu de cette charge, qui n'avait pas accepté. — Mention de l'enregistrement de cette commission fait du consentement des consuls.

F° 149. — **1670** (5 juillet). — Provisions accordées par le roi à M. Melchior de Jordy, écuyer, pour la charge de capitaine d'une compagnie de la morte-paye, vacante par la démission du sieur Jean Torches.

F° 149 v°. — **1669** (14 août). — Commission donnée par Henri de Daillon, marquis de Bouillé, grand-maître de l'artillerie de France, à M. François Berthelot, commissaire général des poudres et salpêtres, pour la fabrication générale des salpêtres et pour la confection et la vente des poudres, dans toute l'étendue du royaume. — Enregistrement de cette commission au contrôle général de l'artillerie de France, par le commissaire général des Suisses.

F° 151. — **1669** (10 décembre). — Arrêt du conseil d'État, qui défend à toutes personnes, sans distinction de condition et de qualité, de s'immiscer en la recherche, la confection et la vente des poudres et salpêtres, leur *raffinage* et leur transport, sans une permission expresse de M. François Berthelot, commissaire général des poudres et salpêtres de France.

F° 156. — **1670** (3 juin). — Lettre de M. de Castries, gouverneur de la province, relative aux réjouissances publiques ordonnées par le roi à l'occasion de l'exaltation de Clément X.

F° 156. — **1671** (17 janvier). — Lettre de M. le duc de Verneuil, gouverneur de la province, qui dispense les consuls de la députation qu'ils étaient dans l'habitude d'envoyer chaque année au gouverneur. Cette dispense est motivée sur la nécessité d'éviter les fortes dépenses que la députation eût occasionnées à la ville. Le duc déclare qu'à la place de la députation, il se contentera de recevoir une lettre particulière, qui lui apprendra que les consuls élus sont capables de remplir leurs charges, et que le public recevra « tout le secours ou le soulagement qu'il se promet « de leur conduitte. »

F° 156 v°. — **1671** (6 juin). — Procès-verbal de l'assemblée tenue en l'hôtel-de-ville de Narbonne, sous la présidence des consuls Séguy, Solier et Bastide, à la réquisition de Marc Bocaigne, commissaire général des manufactures du Languedoc, pour l'exécution des statuts et règlements généraux donnés « pour les longueurs, largeurs, « qualittés et teintures des draps, sarges et autres estoffes « de layne et de fil, pour la teinture des soyes, et pour la « jurisdiction des proces et diférans concernant lesd. ma« nufactures, attribuée par le roy aux maires et eschevins « des villes, bourgs et villaiges de son royaume. » Conformément à ces statuts généraux, l'assemblée nomme, à la pluralité des suffrages, quatre gardes jurés chargés de la visite des marchandises dans la ville, et de leur marque d'après les modèles fournis par ledit commissaire « depuis « quatre cannes et au dessus pour les estoffes de draperie, « et depuis six cannes et au dessus pour les petites estoffes. »

F° 157 v°. — **1671**. — Liste nominative des marchands *détaillers*, facturiers et teinturiers existant dans la ville de Narbonne. Le nombre de ces marchands est de 31 détaillers, 1 facturier et 3 teinturiers.

F° 159 v°. — **1671** (15 mars). — Transaction passée entre les consuls de Narbonne et Gédéon Brutel, cessionnaire du privilége de la fourniture de la glace dans toute la province du Languedoc, que le roi avait donné à MM. Rome et Lefebvre, officiers de sa maison. — M. Brutel, à cause du défaut de glacières dans la ville, n'avait pu exécuter la fourniture pour laquelle il avait traité avec les consuls, et ceux-ci l'ayant *multé* par amendes depuis 1669, un procès s'en était suivi. Par la transaction, les parties renoncent à la poursuite de ce procès, et fixent à nouveau les conditions de la fourniture de la glace. Cette fourniture devait être faite « chaque année glassante ou non glassante, » depuis le premier jour d'avril jusqu'au mois d'octobre, à raison de 6 d. la livre. — L'acte est reçu par Jean Gaubert, notaire royal à Narbonne. — Témoins qui y figurent : François Merlac, marchand, et Jacques Gibert, praticien.

F° 160 v°. — **1669** (17 février). — Arrêt de la cour des Comptes, Aides et Finances de Montpellier, qui permet l'entrée de la glace et de la neige à Narbonne, en franchise de douane. Cet arrêt est rendu sur l'appel que Jean-Paul André, adjudicataire de la fourniture de la glace, avait relevé en raison des condamnations prononcées contre lui, par le maître des Ports au bureau de la foraine de Narbonne, sur la requête du sieur Sébastien Lebar, fermier général de la douane *de Lyon*.

F° 161 v°. — **1671** (8 juin, - 22 septembre). — Ordonnance rendue par les députés chargés de procéder, dans la province du Languedoc et le ressort de la cour des Comptes, Aides et Finances de Montpellier, à la confection du terrier du domaine royal, et à la réception des aveux et dénombrements de tous les possesseurs de terres nobles, fiefs et justices mouvant du roi immédiatement, ou à cause de son comté de Toulouse et de ses autres seigneuries. Cette ordonnance est motivée sur « les tres grandes usur« pations commises sur le domaine de Sa Majesté, tant « a cause de sa minorité que des guerres de l'Estat et de « l'aliénation presque entiere de tous sesd. domaines, quy, « ayant esté engagés a des communautés, ont la pluspart « jouy par extinction des droits quy en dépendoient pour « en faire perdre la connoissance, ou a des particuliers, « quy, ayant quelques portions ausd. domaines, se sont « faicts reconnoistre par les vassaux comme s'ils estoient « les seigneurs incommutables. » Elle contient une instruction sur la forme qui devait être suivie pour la remise de ces aveux et dénombrements. Afin d'éviter toute confusion de fiefs, tout feudataire devait remettre un dénombrement distinct pour chaque terre noble, fief ou seigneurie, à moins que des lettres patentes n'en eussent prononcé l'union, en y énonçant le nom et le titre du fief, sa qualité, le pays où il est situé, la juridiction ou judicature dont il dépend, la terre ou seigneurie royale de sa mouvance, le titre de sa possession, qu'elle procède de succession, donation, partage, achat ou échange, ses limites et confrontations dont les possesseurs convenaient entre eux, par actes sous seing privé ou par-devant notaire, les justices haute, moyenne et basse, ou portions de justice en dépendant, ainsi que les droits de voirie, de pêche, chasse et garenne, droits d'habitation ou capitation, fouage, capte, arrière-capte, corvées, etc. — Ces feudataires devaient faire leurs dénombrements, savoir : — ceux des sénéchaussées de Toulouse et du Lauragais, devant le bureau établi à Toulouse; — ceux des sénéchaussées de Carcassonne, Béziers et Limoux, non compris la Vicomté de Narbonne et les diocèses de Castres et Alby, devant le bureau établi à Carcassonne; — ceux des sénéchaussées de Montpellier, Nîmes et Le Puy, et ceux de la Vicomté de Narbonne, devant le bureau établi à Montpellier; — et, enfin, ceux des diocèses de Castres et Alby, devant le bureau établi à Castres. Ces dénombrements devaient être remis dans les quarante jours de la date de l'ordonnance. A défaut, les fiefs devaient être mis sous la main du roi par saisie féodale et par séquestre. — Remise de cette ordonnance aux consuls de Narbonne, pour en faire la publication à l'issue de la messe paroissiale de l'église St-Paul.

F° 164 v°. — **1671** (23 septembre). — Arrêt du Parlement de Toulouse, qui homologue la délibération prise par le conseil de la ville, le 12 du même mois, pour rapporter celle du 21 juin 1665, dans la partie portant permission « aux vrais manans et habitans » de faire entrer à Narbonne, ou dans ses faubourgs, le vin par eux récolté hors du territoire de la ville. En conséquence de cet arrêt, et conformément aux termes du statut de l'année 1273 (la sentence rendue par l'archevêque Pierre de Montbrun, vid. AA. 103, 3e thal., f° 52, etc., etc.), et de la transaction passée en l'année 1622 avec Mgr de Vervins, archevêque de Narbonne, confirmée par arrêt du 10 mai 1625, la permission de faire entrer le vin non récolté dans le territoire de Narbonne, demeure restreinte aux seuls clercs et laïques n'ayant point de vignes dans ce territoire, sous la condition que les vignes où ils auront récolté le vin seront leur propriété vraie et personnelle, et qu'ils ne feront entrer que le vin nécessaire pour leur usage et pour celui de leurs familles, sans qu'ils puissent en mettre aucune quantité en vente.

F° 166. — 1671 (12 septembre). — Ordonnance de l'intendant de la province, qui autorise, à la requête des consuls de Narbonne, la nomination de M. de Tauran, premier consul, en qualité de député pour la poursuite de l'instance que la ville venait de porter devant la cour des Comptes, à Montpellier, contre les héritiers de Jean Constans et Étienne Aubert, entrepreneurs *de la muraille de 400 cannes* construite le long du canal de la Robine. Dans cette instance, les consuls demandaient la condamnation de ces entrepreneurs aux dommages que la ville avait subis, par suite de l'inexécution des conditions du bail d'adjudication des travaux.

F° 166 v°. — 1671 (6 octobre). — Arrêt du conseil d'État, portant que les marchands et négociants des villes et ports maritimes, dans lesquels sont établis les bureaux des *cinq grosses fermes*, jouiront du bénéfice de l'étape générale pour toutes les marchandises importées des provinces réputées étrangères, qui n'auraient pas fait l'objet de la déclaration exigée pour jouir des bénéfices de l'entrepôt, et qu'ils pourront exporter ces mêmes marchandises sans avoir aucun droit de sortie à payer. Cet arrêt porte, en outre, que les droits payés à l'entrée seront restitués. — Lettres d'attache expédiées pour l'exécution de cet arrêt.

F° 168. — 1671 (20 novembre). — Ordonnance rendue par les consuls de Narbonne, à la réquisition de M. de Cauquaine, commissaire général des manufactures du Languedoc, d'après laquelle la marque ancienne, qui avait servi pour les marchandises fabriquées avant la date du statut de l'année 1669, fixant les longueurs, largeurs et teintures des draps, des *sarges* et étoffes de laine et de fil, devra être brisée, dans les trois mois, afin qu'on ne puisse en abuser. Ce délai était demandé par les sieurs Pech, Gaja et Privat, gardes jurés de Narbonne, qui avaient exposé devant les consuls assemblés, que les marchands de Narbonne avaient « encore plusieurs marchandises quy leur doivent arriver « de la foire de Pézénas, lesquelles il est besoin de mar- « quer de lad. marque, outre qu'il leur est aporté en ceste « ville journellement quantité de sargues de Lacabarede « et Ferrieres, lesquelles ont acoustumé de leur estre « vandues au sortir du mestier et sans fouler, et quy ont « demy aulne de largeur, et, comme pour les randre plus « belles et plus vandables, lesd. marchands se sont advisés « de les fere fouler apres les avoir acheptées, icelles se « retraicissent d'environ demy pan, ainsy ne se trouvent « plus de la qualité portée par les reglemans, quy veullent « que les moindres estoffes ayent demy aulne de large « touttes aprestées. » En raison de ces faits, les gardes jurés réclamaient, dans l'intérêt des opérations du corps des marchands, « six mois de dellay pour achever celles « qu'ils ont au foulon et d'autres qu'ils ont a fere fouller. »

F° 168 v°. — 1671 (4 novembre). — Arrêt du conseil d'État, portant que les consuls des villes et communautés du Languedoc précèderont les lieutenants principaux, les lieutenants particuliers et les procureurs du roi des juridictions royales, dans les cérémonies et assemblées publiques. Cet arrêt est rendu à la requête du syndic général de la province, qui est fondée sur la déclaration du 30 octobre 1599, donnée pour fixer la préséance des consuls. — Lettres d'attache expédiées pour son exécution.

F° 169 v°. — 1672 (30 janvier). — Ordonnance de l'intendant de la province, par laquelle il est prescrit aux consuls de Narbonne de se trouver aux portes de la ville, lors de l'arrivée des troupes, pour les passer en revue, leur délivrer les billets de logement, et veiller à ce que l'étape leur soit immédiatement fournie. En cas d'inexactitude, ils sont déclarés responsables en leur propre nom. Ils ne doivent exempter du logement des gens de guerre que les personnes indiquées dans les règlements.

F° 170. — 1672 (24 février). — Lettre adressée aux consuls de Narbonne, par M. de la Vrillière, pour les inviter à tenir plus complètes les compagnies de la morte-paye, « en ce temps ou la ville n'ayant ni gouverneur, ni lieu- « tenant, sa garde se trouve confiée a leur fidélité et a « leur vigilance. »

F° 170. — 1672 (28 février). — Lettre de M. de Châteauneuf, par laquelle il recommande aux consuls de veiller soigneusement à la conservation de la ville, et il les avise de la nomination du comte de Mérinville à la charge de gouverneur de Narbonne, en remplacement de feu le comte, son père. Il leur annonce, aussi, que rien n'est encore décidé pour la charge de lieutenant, à cause du grand nombre des prétendants qui sont sur les rangs, mais qu'il y sera pourvu au premier jour.

F° 170 v°. — **1672** (15 avril,-7 mai). — Ordonnance du roi, portant injonction aux Hollandais résidant dans le royaume d'en sortir dans le délai de six mois, à compter de la date de l'ordonnance, pendant lequel délai « ils pourront « vandre et transporter seuremant leurs marchandises et « autres biens, » sans pouvoir être en cela troublés ni molestés, pour quelque prétexte que ce soit, si ce n'est par les voies ordinaires de la justice. — Décision de M. le marquis de Castries, lieutenant général de la province, gouverneur de la ville et de la citadelle de Montpellier, qui prescrit la publication de cette ordonnance.

F° 171 v°. — **1672** (15 avril,-7 mai). — Ordonnance du roi, datée de St-Germain-en-Laye, par laquelle il est enjoint aux Français résidant en Hollande de rentrer en France dans les 15 jours de sa publication, « a peine de « confiscation de corps et de biens. » — Décision de M. le marquis de Castries, lieutenant général de la province, qui prescrit la publication de cette ordonnance.

F° 172. — **1660.** — Notes rédigées par l'un des consuls en charge, intitulées « briefve mémoire des faits considéra- « bles qui se sont accomplis pendant l'année 1660. » Les faits consignés dans ce mémoire sont : — la publication de la paix ; — la réception faite au roi, le 8 avril, « venant « de Provence et s'en allant pour la consommation de son « mariage avec Marie-Thérèze d'Autriche, infante d'Es- « pagne ; » — la réception de Mgr François Fouquet, archevêque de Narbonne ; — la satisfaction exigée d'un capitaine de la morte-paye, qui avait « morgué les consuls « passant dans le revelin en robe rouge ; » — les visites officielles à Mgr l'archevêque ; — l'ouverture de la châsse du glorieux St Paul. — Le cérémonial de la publication de la paix est décrit de la manière suivante : « Des que nous « eusmes receu lettre de Sa Majesté, avec l'acte de publica- « tion de la paix, nous fusmes voir M. l'archevesque, quy « avoit aussy receu lettre de Sa Majesté pour faire chanter « le *Te Deum*, et nous résolumes tous ensemble que le « *Te Deum* se chanteroit le 19e febvrier, ce quy fust faict « en ceste sorte. Le conseil nous ayant ordonné de prendre « les robbes consulleres, quoyque ce fust devant le jour « que l'on célebre la feste de l'entrée du glorieux sainct Pol « Serge, nous partismes de la maison de ville vestus desd. « robes, la bande des violons devant nous, nos allebar- « diers et messages, suivis de toute la matriculle, et « allasmes dans l'église de St Paul rendre nos premiers « devoirs avec lesd. robes devant la chasse de ce grand « sainct, et, apres avoir faict nos prieres, nous suivismes « le chappitre de lad. esglise, en mesme ordre, dans l'es- « glise saincte de St Just et Pasteur ou tout le clergé et « maisons relligieuses s'estans rendus le *Te Deum* y fust « chanté, mond. seigneur l'archevesque y faisant l'office, « et, la cérémonie achevée, ayans accompagnié led. « chappitre de St Paul dans son esglise, nous reveismes, « en mesme ordre que dessus, a la maison consullere. « Apres midy nous partismes, en mesme ordre que nous « avons desja dict, mais a cheval, en housse, avec nos robes « et suivis des plus considérables habitans, aussy tous « a cheval, en grand nombre, et fusmes publier la paix en « six endroits de la ville, scavoir en trois endroicts de Citté « et trois de Bourg, le premier en la place, puis a la porte, « puis aux Barques de lad. Citté, puis en la porte, place et « Barques dud. Bourg ; l'acte de publication estant lu a « haute voix, par nostre greffier, avec la lettre de Sa Majesté, « nostre dict greffier estant aussy a cheval, avec housse, « et, la lecture achevée, tout le monde crioit : Vive le roy, « et nostre dict greffier et autres officiers distribuoient a « chasque endroict quantitté de coppies dud. acte de publi- « cation. Le mesme jour, sur le soir, nous fusmes en mesme « ordre, au feu de joye, précédés par M. l'archevesque et « M. le gouverneur et non d'autres magistrats, le procu- « reur du roy venant apres nous. M. l'archevesque y mist « le premier le feu. Il estoit en rochet et camail, et son « porte croix portoit la croix devant luy et surpelis. Nous « le fusmes prendre et ramener en son pallais, et le sieur « de Ricardelle, quy représentoit le gouverneur comme « lieutenant du roy, s'en vint avec nous en la maison de ville « ou il estoit venu nous prendre avec la morte paye. » — Pour l'entrée de Louis XIV à Narbonne, les notes s'expriment en ces termes : « N'ayant pas vouleu d'entrée solen- « nelle ny d'autre harangue que celle des consuls, quy par- « tirent en robe rouge, leurs allebardiers en masses d'ar- « gent devant eux, leur greffier derriere, portant sur le « col, dans un sac de satin rouge cramoisin, les clefs de « lad. ville, suivis de toute la bonne bourgeoisie de la ville, « et se rendirent a la porte de Béziers, et des qu'ils sceurent « que le roy estoit proche, ils se rendirent a demy chemin, « entre la maladrerie et la ville, et la, des que le carosse « du roy approcha, dans lequel estoit aussy la reyne, sa « mere, Monsieur le duc d'Anjou, son frere unique, « mademoiselle et madame la comtesse de Fléchy, le roy « commandant au cocher d'arrester le carrosse, je luy ha- « rangua et luy présenta les clefs, qu'il m'obligea de re- « prendre en me disant, se sousriant et de bonne grace : « Gardes les puisque vous les aves tousjours bien gardées. « Nous ne fismes pas d'autre harangue a la porte, mais « ayant suivy, en mesme ordre que dessus, le carrosse de « Sa Majesté jusques a l'archevesché ou il logea, avec la « reyne et Monsieur, ayant laissé nos allebardiers et

« masses consulleres en la place de Citté, chez M. Robin, « nostre collegue, nous montasmes a la salle haute, ou « ayant sallué Sa Majesté nous fusmes conduits a la cham- « bre de la reyne, que nous arangames aussy, a genoux, « comme le roy, laquelle nous remercia et nous acueilit « fort gracieusemant, aussy bien que Monsieur, que nous « fusmes aussy haranguer en son apartement, mais tout « debout; ensuite nous fusmes voir et haranguer Made- « moiselle en la maison du sieur Augé, bourgeois, ou « elle logeait, et le lendemain matin, nous fusmes com- « plimanter M. de Turenne, mareschal général de France, « et M. de la Vrilliere, comme secrettaire d'Estat ayant le « Languedoc en son despartement. Le roy s'en allant a « Perpignan, nous nous rendismes a la porte du Bourg et « le salluames, nous mettant a genoux. Nous en fismes de « mesme a son retour, et quand il partit d'icy, en poste, pour « Carcassonne. » Une partie du mémoire rend compte de ce qui était pratiqué pendant l'*adoration* de la sainte relique de St Paul par le peuple. La relique demeurait exposée pendant huit jours consécutifs, et, chaque jour, un consul, revêtu de son chaperon, passait la journée assis auprès de la châsse. Cette châsse (1) était gardée par deux des hallebardiers consulaires, en armes, placés l'un à droite, l'autre à gauche. Sur les instances des consuls, deux clefs de la relique leur avaient été confiées. Elles étaient conservées dans les archives de la ville.

F° 174 v°.— **1672** (5 mars,-20 mai).— Provisions de la charge de lieutenant au gouvernement de Narbonne, accordées par le roi a M. de la Maurensanne, en remplacement de M. de Malvezy, décédé. M. de la Maurensanne était précédemment commandant du Fort-Louis, près de Dunkerque. Il avait vingt-neuf ans de service et s'était trouvé à plusieurs batailles, dans lesquelles il avait reçu de nombreuses blessures. — Ordonnance de M. le marquis de Castries, expédiée pour l'exécution de ces provisions.— Serment prêté par le nouveau titulaire, entre les mains de M. de Castries.

F° 175 v°. — **1672** (22 juin). — Sentence rendue par François de Roux, seigneur de Puivert, juge mage en la sénéchaussée de Carcassonne, commissaire chargé de connaître des faits du domaine, par laquelle il ordonne la restitution de 2 setiers d'avoine et 4 sacs de grosse toile, qui avaient été confisqués sur le sieur Jean Rusquier, bourgeois de Narbonne, pour raison de la leude et du péage de Sérame, appartenant au roi. Les habitants de Narbonne sont reconnus exempts de cette leude, ainsi que ceux d'Escales, conformément au privilége des habitants de la Vicomté, constaté par la déclaration du vicomte Aymeric, du 28 avril 1335. (Vid. 3e thal., AA. 103, f° 111.)

F° 176 v°. — **1672** (15 février). — Provisions de la charge de gouverneur de Narbonne, accordées à messire Charles de Moustier, comte de Mérinville et de Rieux, capitaine-lieutenant de la compagnie de chevau-légers du dauphin, en remplacement du comte de Mérinville, son père, décédé.

F° 177 v°.— **1672** (?).— Tableau nominatif des hommes employés par la ville « lorsqu'il arrivera quelque insandie « de feu. » Ces hommes étaient au nombre de huit, dont quatre étaient pris dans le Bourg et quatre dans la Cité.

F° 178. — **1672** (7 juillet). — Règlement provisoire arrêté par le marquis de Castries, lieutenant général du Languedoc, sur l'ordre à observer dans les cérémonies publiques auxquelles se rendaient les consuls et le lieutenant du gouverneur de la ville. Quand les consuls allaient à un *Te Deum*, ils devaient entrer dans l'église par la grande porte, après avoir suivi le chemin accoutumé. Si le lieutenant se trouvait sur ce chemin, il lui était loisible de marcher devant les consuls, avec le cortége qui l'accompagnait, mais il ne pouvait faire corps avec eux, ni se mettre à la droite du premier consul. Pour les feux de joie, la morte-paye se rangeait en bataille, sur la place, près de la Vicomté; les consuls sortaient de la maison de ville, dans l'ordre ordinaire, et, quand ils arrivaient sur la place, la morte-paye devait avoir défilé. Le lieutenant avec son personnel d'officiers suivaient la morte-paye, et les consuls venaient immédiatement après.

F° 178 v°. — **1672** (26 juillet). — Arrêt du conseil d'État, qui fixe les préséances dans les cérémonies et assemblées publiques, entre les consuls de la ville et M. de la Maurensanne, lieutenant au gouvernement de Narbonne. Le lieutenant avait les mêmes honneurs et priviléges que le gouverneur de la place en son absence. Cet arrêt dispose que lorsque *un Te Deum* sera ordonné, les consuls se rendront « en l'esglise cathédralle de lad. « ville, passeront par devant la porte de la Viscompté, quy « est le logis dud. gouverneur, pour y prendre le sieur « lieutenant, quy pourra y aller et se mectre a la teste « desd. consuls, et prendre ensuitte dans l'esglise sa place « accoustumée. » — Lettres d'attache expédiées au nom du roi et signées par la reine Marie-Thérèse, pour l'exécution de cet arrêt.

F° 179. — **1672** (9 février). — * Acte passé entre Pierre-Germain de Pimont, intendant des affaires et de la maison

---

(1) La châsse qui renfermait les reliques de St Paul Serge était fermée à six clefs. Les consuls de Narbonne, le doyen du chapitre collégial et le premier marguillier de l'œuvre de l'égl. de St-Paul avaient chacun deux de ces clefs. Les consuls conservaient dans les archives de la ville les deux clefs qu'ils avaient en leur pouvoir.

de Mgr François Fouquet, archevêque de Narbonne, agissant comme son procureur spécialement fondé, et sœur Françoise Guyonneau, supérieure des sœurs de la congrégation de la Croix, à Paris, pour l'établissement, dans la ville de Narbonne, de trois sœurs de cette congrégation, qui devaient se livrer à l'instruction et à l'éducation gratuites des filles pauvres de la ville, « leur aprendre « a lire et escrire et les eslever dans les exercices et devoirs « de piété. » Le nombre des sœurs devait être porté à six par l'admission et l'aggrégation de sœurs du pays. L'archevêque dotait le nouvel établissement d'une rente annuelle de 900 livres. Au moyen de cette rente, les sœurs s'engageaient à parer annuellement à tous les frais de logement, nourriture, chauffage, etc., de diverses retraites spirituelles, ayant une durée de huit à dix jours, suivies dans leur couvent par un nombre de jeunes filles ou de femmes mariées, de vie et mœurs irréprochables, mais sans distinction de qualité et de condition, dont le nombre pouvait être porté jusqu'à vingt personnes pour chaque retraite. — L'acte est reçu par Nicolas-Armand Valin de Sérignan, notaire au châtelet de Paris.

F° 182 v°. — **1673** (19 octobre,- 1er novembre). — Ordonnance du roi, qui défend toute communication ou intelligence avec les Espagnols, à peine de la vie, et qui commande de leur courir sus, par terre comme par mer. — Ordonnance rendue pour sa publication par M. le marquis de Castries, lieutenant général du roi en Languedoc.

F° 183. — **1668** (8 octobre). — Arrêt du conseil d'État, portant que les consuls ont à recevoir une somme de 8,250 liv. due à la ville pour reste de celle de 16,500 liv. affectée, dans l'état des gabelles du roi, à la solde de la morte-paye pendant l'année 1662. Ce même arrêt déclare qu'à l'avenir il sera *fait fonds*, dans ledit état, de 10,000 liv. annuellement, qui seront affectées aux montres et revues de la morte-paye, et de 1,500 liv. destinées à l'entretien des ponts-levis, arches et ouvrages de la place. — Lettres d'attache expédiées pour l'exécution de cet arrêt.

F° 184. — **1667** (30 janvier). — Arrêt du conseil privé du roi, rendu entre les consuls de Narbonne et maître Jean d'Autemar, sieur de Laute, lieutenant au siége ordinaire (la viguerie) de la ville, statuant que les consuls doivent précéder ledit lieutenant en toutes les assemblées publiques ou particulières.

F° 184 v°. — **1673** (1er avril). — Procuration donnée par le conseil de direction de l'ordre du Mont-Carmel et de St-Lazare de Jérusalem, à M. Sylvain d'Hers, sieur de la Bugarie, à l'effet de prendre réelle et actuelle possession de toutes les maladreries, léproseries et commanderies administrées par des titulaires nommés par le roi, ou par son grand aumônier, ainsi que des revenus et biens qui en dépendent, conformément à l'arrêt de décembre 1672, dans toute l'étendue des diocèses de Montauban, Toulouse, Comminges, Mirepoix, Alet, St-Papoul, Lavaur, Castres, Rieux, St-Pons, Carcassonne, Narbonne, Agde, Béziers, Lodève, Montpellier, Nîmes, Uzès, Viviers, Le Puy, Mende et Perpignan. — Le conseil de direction de l'ordre du Mont-Carmel et de St-Lazare était composé de François-Michel Letellier, marquis de Louvois, grand vicaire général de l'ordre, Pierre Mirault, commandeur et chancelier, le baron François de Solas, président en la cour des Comptes, Aides et Finances de Montpellier, Bailly, général et grand prieur de l'ordre dans le Languedoc, Jean du Verdier, seigneur de Genouilhac, commandeur et procureur de l'ordre, Jacques Sibourt, seigneur de Sallux, commandeur, grand prévôt et maître des cérémonies, Gabriel de Chalvet, seigneur de Fresnay, commandeur de Montreuil-sur-Mer, Jean-Baptiste Lefébure de la Barre, commandeur de Charency, Philippe Raoud, seigneur des Planes et d'Andréville, gentilhomme de la manche de Mgr le dauphin, Jacques Nallot, commissaire ordinaire des guerres, contrôleur général de l'ordre, Thomas Bernin, sieur de la Perrandière, maître de la chambre aux deniers du roi, César Collin, receveur général des finances à Soissons, Gilles Hochereau, ancien secrétaire du roi, maison et couronne de France, Jean de Turmenies, receveur général des finances en la généralité d'Amiens, et Charles Ruau, sieur de la Barraudière. — La procuration est reçue par maître Guichard, notaire au châtelet de Paris.

F° 185 v°. — **1673** (14 octobre). — Arrêt du conseil d'État, rendu sur les représentations faites par les États du Languedoc, qui permet aux manufacturiers des Cévennes et à ceux des pays de Velay, Gévaudan et des lieux circonvoisins, de fabriquer leurs *cadis* de deux pans de largeur seulement, et de teindre ces cadis, ainsi que les *burates*, en *brézil pour le rouge*, nonobstant le règlement nouvellement arrêté par le roi pour les manufactures du royaume. Dans leurs représentations, les États du Languedoc exposaient : « qu'encores que l'exécution des regle- « ments généraux pour les manufactures qui se fabriquent « dans le royaume porte avec soy des avantaiges tres con- « cidérables, néantmoins... il y a nombre de manufactures « dans la province qui souffrent une diminution notable « par l'exécution des mesmes reglements, d'autant que le « principal débit de leurs étoffes se faisant ches les estran- « gers, ils se sont relachés de les prandre, lorsqu'on en a « vouleu augmenter le prix a cauze de l'augmentation des « largeurs, et par la bonne tainture qu'on leur a donné au « lieu de celle de brézil qu'il estoit en uzage ; en sorte que « ces mesmes estrangers se sont non seulement retirés du « comerce de Languedoc, mais ont attiré des ouvriers dans

« leurs pais, pour y faire fabriquer ses sortes de marchan« dises. » — Lettres patentes d'attache expédiées pour l'exécution de cet arrêt.

F° 187. — **1673** (18 novembre, - 14 décembre). — Arrêt du conseil d'État, qui, pour arrêter les contraventions journalières commises par les marchands et les teinturiers des provinces de Normandie, Champagne, Orléanais, Bourgogne, Poitou et Dauphiné, déclare maintenus, pour être rigoureusement exécutés en leur forme et teneur, les règlements généraux concernant les manufactures, donnés, au mois d'août 1669, pour fixer les longueurs, largeurs, teintures et marques des étoffes de laine et de lin, ainsi que les arrêts du conseil rendus pour l'interprétation de ces règlements. Cet arrêt ordonne aux maires, échevins, jurats, consuls, capitouls et autres juges, auxquels la connaissance des faits relatifs aux manufactures et des contraventions qui s'y peuvent commettre est attribuée en première instance, d'appliquer exactement ces règlements et arrêts, à peine d'être interdits de leurs charges, et de répondre en leur propre nom des amendes et confiscations qu'ils auraient dû prononcer conformément à leurs prescriptions. — Lettres d'attache expédiées pour l'exécution de cet arrêt. — Ordonnance de M. d'Aguesseau, qui en prescrit l'enregistrement, la lecture et la publication dans toutes les villes et localités de la province.

F° 188. — **1674** (18 juin). — Lettre du marquis de Louvois, par laquelle il communique aux consuls l'ordre qui venait d'être donné à M. d'Aguesseau, intendant de la province, de se transporter à Narbonne, pour procéder à une information sur les désordres commis dans cette ville par le régiment de Sault.

F° 188 v°. — **1674** (12 septembre). — Lettre adressée aux consuls par M. d'Aguesseau, pour leur faire connaître les explications fournies par M. de la Maurensanne, lieutenant du roi à Narbonne, sur les procédés violents dont il avait usé vis-à-vis d'eux, et qui avaient fait l'objet des plaintes que M. de Montfort venait de lui présenter de leur part. M. d'Aguesseau engage les consuls à vivre en bonne intelligence avec M. de la Maurensanne et à oublier toute espèce de ressentiment, jusqu'à ce que, par l'entremise de Mgr de Bonzy, tous leurs démêlés avec le lieutenant du roi puissent être aplanis.

F° 189. — **1674** (13 novembre). — Lettre de M. d'Aguesseau, intendant de la province, qui remet aux consuls l'*ordre d'interdit* donné par le roi contre M. de Saint-André, lieutenant-colonel du régiment de Sault, en punition des désordres que ce régiment avait commis à Narbonne, lors de son passage dans cette ville. C'est par les soins des consuls que cet ordre devait être signifié à M. de St-André, au moment où il rentrerait du Roussillon pour prendre ses quartiers d'hiver.

F° 189 v°. — **1674** (3 novembre). — Ordre du roi, portant interdiction de M. de Saint-André, lieutenant-colonel au régiment de Sault. Défenses sont faites aux officiers et soldats de ce régiment de le reconnaître en sa charge jusqu'à nouvel ordre. Cet ordre devait être *lu et publié à la tête* du régiment.

F° 189 v°. — **1675** (28 janvier). — Ordonnance de l'intendant de la province, par laquelle il est statué que les quartiers de la morte-paye seront acquittés, à l'avenir, par le clavaire de la ville, six semaines après leur échéance. Cette ordonnance est rendue sur une requête des consuls de Narbonne, présentée par forme d'opposition à l'ordonnance obtenue par les capitaines de la morte-paye, contre le clavaire de la ville, le 21 janvier 1675, qui l'obligeait, à peine de contrainte par corps, à payer la morte-paye, quartier par quartier, au jour même de l'échéance. Les consuls exposent dans cette requête que le clavaire, dont les capitaines poursuivaient l'arrestation et l'emprisonnement, n'est pas en mesure de payer la morte-paye dans ces conditions, parce que le fonds porté dans l'état des finances de la généralité de Montpellier (l'état du roi), pour *l'entretien des soldats mortes-payes* de Narbonne, n'est exigible et ne peut être payé au clavaire, par les receveurs généraux des finances, que six semaines après l'échéance de chaque quartier.

F° 190 v°. — **1675** (12 mars). — Lettre du roi, qui porte à la connaissance des consuls la nomination de M. le marquis de Montpezat à la charge de lieutenant général dans le Bas-Languedoc, en remplacement de M. le marquis de Castries, décédé, et leur enjoint de le reconnaître et lui obéir en tout ce qui dépend de cette charge.

F° 190 v°. — **1674** (4 décembre). — Arrêt du conseil d'État, rendu à la suite d'une contestation survenue entre M. de Cazalets, vicaire général de l'archevêché, et M. de la Maurensanne, lieutenant du roi au gouvernement de la ville, statuant que, *dans les feux de joie*, le vicaire général du diocèse, en l'absence de l'archevêque de Narbonne, a la *préséance à la droite sur les officiers du gouvernement* de la ville, et que l'usage, qui s'est en cela de tout temps observé, continuera d'être suivi sans aucune innovation. — Lettres d'attache délivrées pour l'exécution de cet arrêt.

F° 192. — **1675** (26 mars). — Arrêt rendu par M. Baudon, trésorier général des finances, en qualité d'arbitre entre M. de la Maurensanne, lieutenant du roi au gouvernement de la ville, et les consuls de Narbonne, pour vider leurs différends et régler leurs droits respectifs concernant la préséance. Cet arrêt dispose : — que l'arrêt du conseil d'État du 26 juillet 1672 (vid. supra, f° 178 v°), rendu *sur la marche pour aller à l'église*, sera exécuté selon sa forme et sa teneur quand le gouverneur de la ville sera absent, et que, lorsqu'il sera présent, M. de la Maurensanne se rendra chez le gouverneur pour l'accompagner si bon lui semble; — que dans un délai de six mois les consuls devront obtenir du roi ou de son gouverneur dans la province, la permission de faire porter des pertuisanes à leurs valets consulaires (1), l'ancienne coutume devant être jusque là observée;—que, dans la marche, le lieutenant, en l'absence du gouverneur et du viguier, prendra la droite et le premier consul la gauche; — que les informations faites tant par le viguier que par les consuls, contre M. de la Maurensanne, seront remises en original à M. le cardinal de Bonzy; sinon elles seront réputées cassées; — qu'en l'absence de M. de la Maurensanne, le premier consul, et à sa place le second, aura le commandement des armes et donnera le mot d'ordre, ce que les autres consuls ne pourront faire à moins qu'ils ne soient réunis en assemblée; — qu'après l'élection consulaire, le gouverneur de la ville étant présent, M. de la Maurensanne se rendra chez le gouverneur pour assister à la visite que lui feront les consuls suivant la coutume, et si le gouverneur s'absente ensuite de la ville, pendant le cours de l'année, les consuls seront tenus d'aller rendre visite à M. de la Maurensanne en livrée, si l'absence du gouverneur doit durer huit jours au moins; mais si huit jours avant l'élection consulaire M. de la Maurensanne s'absente et ne rentre dans la ville que le lendemain de la visite qui aurait été faite au gouverneur, les consuls iront lui faire leur visite sans livrée; — qu'il ne sera loisible à aucun habitant de bâtir ni faire aucun enclos sur les bastions, les remparts, ni les vacants qui en dépendent ou qui y sont contigus, sans la provision du roi et sans le consentement du gouverneur; — qu'il sera baillé 300 liv. par an à M. de la Maurensanne pour son logement personnel, payables de 6 en 6 mois et par avance; — qu'il sera *fait fonds* annuellement de 12,000 livres entre les mains du clavaire, pour l'entretien de la morte-paye, d'après l'état de distribution arrêté par M. l'intendant; — que M. de la Maurensanne fera ouvrir et fermer les portes de la ville aux heures accoutumées, et ainsi qu'il le jugera à propos suivant les occurrences; les jours de fête chômée et les dimanches, les clefs des portes demeureront entre les mains des portiers du roi et de la ville, pour servir à l'ouverture des portes si elle devient nécessaire, sans qu'il puisse, toutefois, à raison de cette ouverture, être rien exigé des voituriers ou autres personnes, quelles qu'elles soient, à peine de concussion; — que les sergents qui seront de garde aux portes ne pourront rien prendre, en nature ni autrement, sur le bois que les habitants introduisent dans la ville pour leurs besoins personnels, et qu'ils en useront *honnêtement*, dans le même cas, à l'égard des étrangers; — que M. de la Maurensame ne pourra se mêler, directement ni indirectement, des affaires de la police; — que les ordonnances rendues par le bureau de la police seront exécutées suivant leur forme et teneur, après qu'elles auront été autorisées par M. d'Aguesseau, intendant de la province. Quant au surplus des différends des parties, l'arrêt décide que le règlement fait en 1632, ainsi que les ordonnances de M. de Bezons, intendant de la province, concernant la police, seront exécutoires en leur ensemble, rien n'étant statué à cet égard par l'arbitre, de même que relativement à la demande faite par les capitaines de la morte-paye au sujet des montres et revues de l'année 1661, jusqu'à ce que les consuls aient reçu les quartiers de cette année du fermier général des gabelles.

F° 193 v°. — **1675** (20 mars). — Règlement de compte arrêté avec M. de la Roquette, pour les frais qu'il réclamait à la ville relativement au voyage et au séjour qu'il avait fait à Paris, avec l'agrément des consuls, pour y poursuivre la solution de l'affaire concernant le rétablissement de la morte-paye, qui avait été supprimée en l'année 1668. Ce règlement fixe les frais de voyage et de séjour de M. de la Roquette à 900 liv. tournois, dont 500 liv. à la charge de la ville et 400 liv. à la charge des capitaines de la morte-paye.

F° 194. — **1629** (16 septembre). — * Lettres patentes qui autorisent les révérends pères de la Doctrine chrétienne à s'établir dans la ville de Narbonne, pour y professer et enseigner publiquement « les bonnes lettres, arcts et sciences, avec la doctrine chrestienne en tel nombre de classes « qu'ils advizeront, et sans qu'ils puissent y estre troublés « ni inquiétés sous quelque prétexte ni par quelque per- « sonne que ce soit. »

F° 195. — **1675** (3 mai). — Arrêt du conseil d'État, par lequel il est ordonné que les consuls des *villes capitales* du Languedoc, suivant les dispositions de l'arrêt du 4 novembre 1671 (vid. supra, f° 168 v°), précèderont les lieutenants principaux, lieutenants particuliers et procureurs du roi des juridictions royales, dans toutes les assemblées publiques et particulières. Ce même arrêt, pour « restablir « le bon ordre et la tranquillité publicque » dans les com-

(1) Les valets consulaires portaient, depuis quelque temps, la pertuisane; mais ils n'y étaient pas autorisés par les commandants militaires de la province. Auparavant ils portaient seulement la masse d'argent. C'est de cette arme qu'ils prenaient le nom de *massiers*, sous lequel ils étaient désignés quand ils figuraient dans les cérémonies d'apparat.

munautés de la province, maintient les habitants « dans la « faculté d'eslire et nommer leurs consuls par pluralitté « des suffrages, » conformément à l'arrêt du conseil du 4 septembre 1651, portant règlement sur la forme des élections consulaires, « quy a du despuis servir de loy. » Enfin, il ordonne que les consuls qui auront été reçus aux États ne pourront être recherchés, sous quelque prétexte que ce soit, pour la restitution des taxations et émoluments qu'ils auront touchés en cette qualité. Cette partie de l'arrêt est motivée sur les représentations du syndic général de la province dans lesquelles il expose que « plusieurs « particuliers, par un esprit d'embition et d'avarice, pour « uzurper l'authoritté publicque, quy ne peut estre jamais « légitime en leurs personnes, entreprennent de donner « atteinte a ces reglements, et de troubler les commu- « nautés par toutes sortes de moyens, pour proffiter dans « le désordre de leurs affaires; ce quy arrive particuliere- « ment a celles quy ont esté réunyes au domaine du roy « despuys la déclaration de l'année 1667, et quy ont esté « cy devant occupées par des personnes de qualitté, enga- « gistes du domaine, lesquels, abusans dans ce temps de « leur crédit, ont aboly les anciennes formes pratiquées « dans les élections des consuls, et faict nommer iceux par « led. choix et l'eslection des juges des lieux, contre les « reglements de la province, suivant lesquels ils doivent « estre esleux par la pluralitté des suffrages libres, l'abus « qu'ils ont pratiqué dans le temps de leur engagement « leur persuade qu'ils peuvent présantement en uzer de « mesme, et faire passer pour une coustume un establisse- « mant introduit avec violence au préjudice de la liberté « publicque et de la loy généralle de la province, ces par- « ticuliers ont porté leurs entreprises dans cet exces que « lorsque les principaux habitans ont vouleu empescher « la continuation de ces abus, et procéder aux eslections « des consuls avec la liberté des suffrages, ils ont trouvé « moyen de les faire casser, mesme de faire condamner « les consuls esleux en cette forme, et receux ensuitte dans « les Estats généraux de lad. province, a la restitution « des esmolumans quy leur sont légitimement acquis pour « le service qu'ils ont rendeu au roy et a la province dans « l'assemblée. » — Lettres d'attache expédiées pour l'exécution de cet arrêt.

F° 196 v°. — **1675** (22 juillet). — Ordonnance de M. de Montpezat, lieutenant général du roi dans le Bas-Languedoc, qui, sur la requête des consuls présentée en conséquence de la décision prononcée par le cardinal de Bonzy conjointement avec M. d'Aguesseau, intendant de la province, entre eux et M. de la Maurensanne, le 22 mars 1675, leur permet de se faire précéder dans les cérémonies publiques, suivant la coutume, par deux hommes de livrée portant la pertuisane.

F° 197. — **1675** (3 juin). — Ordonnance de M. de Montpezat, lieutenant général en chef des armées du roi, et son gouverneur dans le Bas-Languedoc, rendue à la suite des modifications opérées dans les gîtes d'étape par les États généraux de la province, lors de leur dernière assemblée, par laquelle Ouveilhan est substitué à Narbonne pour le lieu d'étape des troupes désignées par le roi pour être dirigées de Béziers sur le Roussillon.

F° 197 v°. — **1674** (9 novembre). — Transaction passée entre Henri de Cogomblis, sieur du Rivage, et les consuls de Narbonne, relativement aux droits de lods dus par la ville pour l'acquisition qu'elle avait faite de deux maisons pour servir *d'écorchoir et de triperie*, qui dépendaient de la directe dudit sieur du Rivage, dans l'île Saint-Antoine, appelée auparavant île d'Espalais ou du Moulin à huile. Par cette transaction, il demeure arrêté entre les parties que les droits de lods dus sont réduits à la somme de 144 liv. 8 s. 10 deniers, et il est fait remise à la ville du tiers de ces droits calculés au taux de *six un* sur le pied de 4,000 liv. du capital de l'achat. De plus, une albergue annuelle et perpétuelle de 15 liv. *pour droit d'indemnité* à cause de la mutation de ces deux maisons, qui étaient passées en mainmorte par l'effet de l'achat que la ville en avait fait, est consentie au profit de M. du Rivage, pour lui être payée, chaque année, à la fête de St-Just et St-Pasteur. — Témoins qui figurent dans la transaction : Jacques Gibert et Thomas Collot, praticiens à Narbonne. L'acte est retenu par maître Antoine Chopy, notaire royal *du nombre réduit et réservé*, à Narbonne.

F° 199. — **1611** (juillet); — **1612** (5 décembre). — Lettres patentes de Louis XIII, qui portent confirmation des priviléges, libertés, franchises, immunités et exemptions dont jouissent les habitants de la ville. — Vérification de ces lettres patentes en la chambre des Comptes de Montpellier.

F° 200. — **1662** (6 octobre). — Arrêt du Parlement de Toulouse, qui, sur la poursuite du syndic de divers habitants de la ville, condamne les nommés Gaujal, majoural (1) de M. de Malvezy, Rouquet, Combes et Antoine Parazols, à six années de galères et à 600 liv. d'amende « le solvable pour l'insolvable, » pour raison *d'excès commis* sur les propriétés de ces mêmes habitants. Cet arrêt renouvelle expressément les inhibitions et défenses précédemment faites aux pasteurs, parraguiers et habitants de faire paître leurs bestiaux dans les vignes et olivettes du territoire, à peine de 4,000 liv. d'amende.

F° 200 v°. — **1676** (6 juin). — Lettre du roi, adressée

(1) Nom donné au chef d'un certain nombre de bergers préposés à la garde de plusieurs troupeaux.

à M. de la Maurensanne, portant qu'en l'absence du grand vicaire du diocèse, la place occupée par ce dignitaire, dans les cérémonies publiques et aux feux de joie, demeure dévolue à son vice-gérant.

F° 201. — **1675** (9 décembre). — Règlement concernant les dépenses ordinaires de la ville, arrêté par les commissaires du roi chargés de la vérification des dettes des diocèses, villes et communautés de la province. Ces dépenses ordinaires sont fixées à la somme de 10,378 livres. Elles comprennent : — les robes et chaperons consulaires ; — les gages du greffier, de l'avocat de la ville, des six écuyers consulaires, du fontainier et des bandiers ou gardes-terres ; — l'entretien de l'horloge ; — les gages du *romainier ;* — la pension des pères Doctrinaires du collége ; — les robes et habits des quatre collégiats entretenus par la ville dans ledit collége ; — les frais du prédicateur de St-Paul ; — les messes célébrées dans la chapelle du consulat ; — le salaire des auditeurs des comptes ; — le salaire des députés chargés de la rédaction du compoix cabaliste ; — les dix-huit cierges et flambeaux des offrandes consulaires ; — les dix-huit cierges et flambeaux servant dans les trois processions du saint Sacrement ; — l'huile des trois lampes entretenues par la ville, conformément au vœu qu'elle avait fait lors de la peste de 1629 ; — le salaire des deux gardes consulaires ; — le charbon nécessaire pour le chauffage de la maison de ville ; — le luminaire alloué pour leurs chapelles au prévôt de la bazoche (1) et aux surposés des marchands et de la confrairie de St-Sébastien ; — la subvention de 1,400 liv. allouée à l'hôpital de la Charité ; — les gages du garde qui, lors des crues, hausse et baisse les râteaux du pont des Carmes et du pont de la Cadène ; — l'entretien des vitres de l'hôtel de ville ; — l'entretien de la toiture des boucheries ; — l'entretien de l'écorchoir et de la triperie, des maisons du poids et de l'équivalent, ainsi que de l'hôtel de ville ; — l'albergue de 600 liv. due à Mgr l'archevêque pour l'extinction de sa boucherie et pour la cession des herbages du Vesq et du Fleix ; — enfin, les frais de procédure et les voyages faits dans l'intérêt de la ville. Le personnel des députations à faire par la ville est réglé de la manière suivante : — pour les visites d'honneur à faire au gouverneur de la province, quatre députés, dont deux consuls et deux conseillers ; — pour les visites au lieutenant général, trois députés ; — pour les députations relatives aux affaires de la ville, deux députés si les affaires sont traitées devant le gouverneur, et un seul si elles sont portées devant le lieutenant général. En ce qui concerne les visites d'honneur, les députés ne peuvent aller que dans le chef-lieu du diocèse voisin. Le tarif des frais de ces députations alloue, par journée de voyage, au premier consul, 6 livres, au second consul, 5 livres, et ainsi de suite pour les autres consuls suivant leur rang ; et pour les dépenses de séjour, *4 liv. 10 s. pour le premier consul et ainsi de suite* pour les autres consuls, tous frais de valets et de chevaux compris.

F° 205. — **1676** (11 mai). — Ordonnance des commissaires chargés de la vérification des dettes des diocèses, villes et communautés de la province, qui, sur la demande des consuls de la ville, porte les gages du fontainier à 390 liv. au lieu de 200 liv., « attendu la construction de la nou- « velle fontaine (1) qui se fait audit Narbonne. »

F° 206. — **1670** (21 juillet). — Arrêt du conseil d'État, qui attribue au viguier de Narbonne la préséance sur les consuls aux feux de joie et en toutes les assemblées générales ou particulières de la ville, conformément à ce qui a été décidé pour le viguier et le juge du roi à Béziers. Cet arrêt est rendu sur une requête de M. Charles de Cathelan, « viguier, juge et lieutenant criminel en chef « du roi en ses ville, viguerie et Vicomté de Narbonne, » par laquelle il exposait « qu'il est en lad. qualité chef de « la justice et police de lad. ville, et en possession paisible « et immémorialle d'estre apellé et précéder en touttes « assemblées généralles et particulieres les consuls d'icelle, « quy prestent annuellement, entre ses mains, le ser- « mant de fidélité qu'ils doibvent a Sa Majesté apres leur « eslection,... uzaige... tousjours inviolablemant observé « sans jamais avoir souffert aucune altération despuis en- « viron quatre siecles (2) que la viguerie de Narbonne « y feust establie par le roy Philippe de Vallois, sixiesme « du nom, a l'instante suplication des consuls de la ville. » Pour contester la préséance au viguier, les consuls se fondaient sur l'ordonnance du maréchal de Schomberg, gou-

(1) La bazoche avait sa chapelle dans la Magdeleine, là où est le local affecté aujourd'hui à l'école communale laïque.

(1) A cette époque, il n'y avait dans la ville que quatre fontaines : celle de la place du Bourg, celle de la place de la Cité, celle de l'hôpital établie, en 1585, dans le boulevard neuf, derrière St-Paul, et celle de la maison consulaire. Si on prenait dans leur véritable signification les expressions de l'ordonnance des commissaires de la vérification des dettes, on pourrait croire qu'une autre fontaine était alors en construction dans la ville. Ce serait une erreur. Ces expressions n'ont été employées que par une fausse extension donnée au mot fontaine, sous lequel on a désigné, indifféremment, soit l'ouvrage naturel ou artificiel d'où jaillissent les eaux, soit les canaux même qui rassemblent ces eaux. Ainsi, la construction que faisait la ville, en 1676, n'est pas autre chose qu'un aqueduc destiné à porter dans la conduite des eaux de source recueillies à St-Pierre-des-Clars, alimentant les fontaines de la ville, les eaux d'une autre source appelée le Trauc del Duc, afin d'augmenter le débit de ces fontaines qui était insuffisant.

(2) L'érection de la viguerie de Narbonne est de l'année 1347.

verneur du Languedoc, rendue le 3 septembre 1645 (vid. supra, fº 1 du présent cartulaire), entre les consuls de la ville et le maître des Ports, par laquelle il est décidé que lorsque les consuls commanderont les armes, en l'absence du gouverneur de la ville et de son lieutenant, le maître des Ports devra s'abstenir de paraître aux assemblées et cérémonies publiques. Mais le viguier leur opposait, outre un arrêt du conseil d'État, du 6 juillet 1657, qui maintient le viguier et le juge de Béziers en la préséance sur les consuls, « mesme apres l'union du gouver- « nement de la ville au consulat, » une délibération prise par le conseil politique de Narbonne, à la date du 11 août 1647, par laquelle il fut unanimement arrêté « que « les consuls appelleroient au feu de joye ordonné pour « la prise de la Bassée (Flandre) et autres quy se feroient « a l'advenir, led. viguier juge, et le procureur du roy, « ausquels ils donneroient les mesmes rang et séance « qu'ils ont en toutes assemblées, et non led. maistre « des Ports, attendeu lad. ordonnance du mareschal « de Schomberg,... laquelle deslibération... feust apres « confirmée et homologuée par le conseil général de lad. « ville, tenu le premier septembre ensuivant. » En conséquence de cette délibération et de son homologation, les consuls de cette année avaient fourni une déclaration par laquelle ils attestent « que le viguier de lad. ville est « leur vray magistrat et juge naturel, seul chef de la jus- « tice et police, et qu'ils ne luy ont jamais contesté la pré- « séance en toutte sorte d'actions, dans le temps mesme « qu'ils ont le comandement des armes, par l'absence des « gouverneur et lieutenant de la ville. » Il leur opposait aussi une autre déclaration des consuls, de la même année 1647, portant que « le viguier reçoit annuellemant « le sermant des nouveaux consuls, authorise les deslibé- « rations (1) consuleres, et préside aux assamblées du « bureau de la police, y recueille les voix, et conclud « les advis. » — Lettres patentes d'attache expédiées pour l'exécution de cet arrêt.

Fº 209. — **1677** (4 octobre). — Lettre du roi, datée de Versailles, par laquelle il est enjoint aux consuls de Narbonne de reconnaître M. le marquis de Montanègues en la charge de lieutenant général dans le Bas-Languedoc, dont il venait d'être pourvu en remplacement du marquis de Montpezat, décédé.

Fº 209. — **1677** (9 décembre). — Ordonnance de M. le duc de Verneuil, gouverneur du Languedoc, datée de Pézénas, par laquelle il est prescrit aux consuls de Narbonne de commander aux patrons des barques qui peuvent se trouver dans le grau de La Nouvelle, de conduire incessamment ces barques à Ste-Lucie, ou même à Narbonne, afin de les mettre à couvert des attaques de l'ennemi. Cet ordre est donné par le gouverneur du Languedoc, à la suite des avis qu'il avait reçus, d'après lesquels « les enne- « mis menaçoint de descendre à Leucatte et aux lieux « voisins pour les piller et brusler. »

Fº 209 vº. — **1677** (1 mai). — Requête présentée par les consuls à S. E. le cardinal de Bonzy, archevêque primat de Narbonne, à l'effet d'être maintenus en la place qu'ils occupaient dans le chœur de l'église collégiale St-Paul. Dans cette requête, qui est motivée sur la prétention émise par les chanoines de l'église St-Paul d'être en droit de modifier la place destinée aux consuls, en se fondant sur la récente ordonnance rendue par l'archevêque pour régler *la séance*, dans l'église métropolitaine St-Just, entre les *dignités, chanoines et magistrats*, les consuls exposent: « que despuis un temps immémorial ils sont dans ceste « honorable pocession d'estre consés anciens marguilliers « nays de l'esglise collégialle St Paul de lad. ville ; d'avoir « droit, en ceste qualité, d'acister et de prendre leur pre- « mier rang dans les assemblées de parroisse; d'estre les « gardiens de deux des clefs de la chasse ou repose le « précieux corps de nostre grand sainct Paul Sergius, qui « est le trésor et de ceste esglise et de ceste ville, et qu'ils « jouissent encore de ceste prérogative d'avoir séance dans « les premieres chaires hautes du cœur gauche de ladite « esglise, sans y avoir jamais esté précédés d'aucun des « messieurs du chapitre. » Cette possession est considérée par les consuls comme « une marque de la piété de leurs « devanciers et comme un portrait racourcy qui représante « mille biensfaits que ceste esglise a receus du consulat de « la ville. » Ils ajoutent qu'elle est appréciée par tous les habitants comme une récompense honorifique des vertus de leurs ancêtres, et qu'en dépouiller les consuls serait les priver « de ce qu'ils ont de plus cher dans le consulat, « de plus précieux et de plus capable d'entretenir et d'aug- « manter la dévotion des peuples dans une esglise si consu- « laire. » — Communication de cette requête au prévôt du chapitre St-Paul et au procureur fiscal de l'archevêque.

Fº 210. — **1677** (2 mai). — Intimation 1º de la requête des consuls de Narbonne, demandant leur maintenue en leurs places habituelles dans le chœur de l'église collégiale St-Paul, faite par l'huissier de la temporalité de l'archevêché à M. Candelou, procureur fiscal de l'archevêque, et à M. Vitalis, l'un des prévôts du chapitre St-Paul; 2º de l'ordonnance de communication rendue sur cette requête par le cardinal de Bonzy, archevêque de Narbonne.

(1) Il faut entendre, par ces expressions : « authorise les délibérations, » non pas l'approbation des délibérations elles-mêmes, mais bien la permission d'assembler le conseil que les consuls devaient obtenir préalablement à toute délibération.

F° 210. — 1677 (2-9 mai). — Ordonnance de Pierre de Bonzy, cardinal prêtre de la sainte église romaine du titre de St Onuphre, archevêque de Narbonne, grand aumônier de la reine, qui maintient les consuls de Narbonne, conformément à leur demande, en la possession des places qu'ils occupaient dans le chœur de l'église collégiale St-Paul. Ces places étaient les premières chaires du côté gauche du chœur. Si les chanoines les occupaient au moment de l'entrée des consuls dans l'église, ils devaient les quitter pour prendre celles du bas chœur du même côté. — Notification de cette ordonnance aux chanoines du chapitre St-Paul, par un huissier audiencier de la viguerie de Narbonne.

F° 210 v°. — 1677 (20 décembre). — Ordonnance de M. le duc de Verneuil, qui enjoint au sieur de Lapalme de retirer les hommes, que, sur son ordre, il avait placés à la tour de La Nouvelle, pour veiller à sa garde et à sa conservation contre les ennemis, « qui projettoint de faire « descente au port de La Nouvelle et lieux voisins, » d'après les avis formels que le duc avait reçus. La tour de La Nouvelle dépendait du gouvernement de Narbonne. Son commandement appartenait donc au gouverneur de la ville, et ce fut pour le rétablir en toute son étendue et son autorité, qui avaient été amoindries par l'ordre donné au sieur de Lapalme, que cet ordre fut révoqué, et que ce dernier dût retirer les hommes qu'il avait « establis à la garde dud. « port et de la tour de La Nouvelle et des autres endroicts « qui peuvent estre des deppendances dud. gouvernement « de Narbonne. »

F° 211. — 1677 (30 janvier). — Ordonnance de M. d'Aguesseau, intendant du Languedoc, datée de Carcassonne, par laquelle il est permis aux consuls de faire procéder, le dimanche 2 février, fête de la Chandeleur, jour fixé par les règlements pour la nomination consulaire, à l'élection d'un conseiller matriculé en remplacement de M. Guillaume Fabre, receveur des tailles du diocèse, décédé. Le défunt n'était pas encore inhumé, et ne pouvait l'être, ainsi que le disaient les consuls dans leur requête, « en ce temps que « l'Esglise mesme ne veut pas qu'on porte les morts au tombeau (1). » Cependant les usages du consulat, d'accord sur ce point avec la bienséance et avec le respect dû à la mémoire des morts, voulaient que le conseiller matriculé décédé ne pût être remplacé qu'après sa sépulture. Dans cette situation les consuls avaient demandé qu'il fut dérogé à ces usages et que l'élection eût lieu le jour même de l'élection consulaire, mais avant cette élection.

F° 211 v°. — 1642 (4-6 novembre). — Quittance de la somme de 1,877 liv. en principal et de celle de 187 liv. 14 « pour les deux sols pour livres de ce principal, qui étaient payées par les habitants de Narbonne à Pierre Pidou, secrétaire du roi, maison et couronne de France, commis à la recette générale des droits d'amortissement dus par les ecclésiastiques, bénéficiers, communautés et autres gens de mainmorte du royaume. Le droit d'amortissement payé par les habitants était dû pour « les biens et facultés « qu'ils possedent en commun. »

F° 211 v°. — 1679 (19 août). — Provisions de la charge de major au gouvernement de Narbonne, accordées à M. Gévaudan de Lassine, en remplacement de Jean-François de Coudere, sieur de Laprade, pourvu de cette charge le 20 avril 1655, qui s'en était démis en sa faveur. Cette charge était la récompense des services rendus par M. de Lassine, soit dans le grade de lieutenant-colonel au régiment dragons du Languedoc, soit dans celui de capitaine au régiment d'Auvergne, aux armées de Catalogne et dans les campagnes de Hollande, de Flandre et d'Allemagne.

F° 212 v°. — 1680 (25 mars). — Provisions de la charge de capitaine d'une compagnie de la morte-paye, accordées à M. Paul Vignes, sergent au régiment des gardes du roi, en remplacement de M. André Serre, décédé. M. Paul Vignes avait été présenté à la nomination du roi par les consuls, le 10 du même mois de mars, conformément au règlement donné le 16 octobre 1632.

F° 213. — 1680 (25 mars). — Lettre *de cachet*, datée de St-Germain-en-Laye, qui annonce aux consuls la nomination de M. Paul Vignes à la charge de capitaine de la morte-paye, vacante par le décès de M. André Serre, et leur enjoint de le reconnaître en cette charge.

F° 213. — 1680 (2 avril). — Arrêt du conseil d'État, qui permet la continuation, pendant 9 ans, de la levée du droit de subvention sur la viande de boucherie à raison de 4 d. pour livre. Le produit de ce droit, concurremment avec celui de l'équivalent, était affecté au paiement des dettes de la ville. Cet arrêt est rendu sur un procès-verbal de M. d'Aguesseau, intendant de la province, daté du 6 mars 1680, constatant qu'après nouvelle vérification des dettes de la ville vérifiées depuis l'année 1633, des comptes municipaux rendus depuis la même année, de l'emploi des deniers des impositions et des émoluments patrimoniaux, du produit de la subvention sur la viande de boucherie établie en l'année 1669, etc., il avait reconnu que le montant des dettes contractées par la ville et vérifiées était : — de 278,472 liv. 11 s. 8 d., de l'année 1633 à l'année 1645 inclusivement; — de 72,713 liv. 18 s. 1 d., de 1645 à 1653; — de 64,972 liv. 17 s. 3 d., de 1653 à 1659; — de 1,500 liv., de 1659 à 1664; — de 2,945 liv. 7 s.,

(1) L'Église ne permettait alors les inhumations qu'en dehors des dimanches et des jours de fête chômée.

de 1664 à 1668; — de 4,990 liv., de 1668 à 1675; — et de 30,431 liv. 7 s., de 1675 à 1679, soit ensemble 445,985 liv. 15 s. — En 1680, il ne restait dû par la ville qu'une somme de 264,681 liv. 3 s. 11 d., qui se distribuait ainsi :

Aux hôpitaux, chapitres, etc. 126,185 liv.

A divers particuliers ...... 138,495 liv. 3 s. 11 d.

Le droit de subvention autorisé par l'arrêt était affecté au paiement de cette dernière portion des dettes de la ville. Il devait être pourvu plus tard au paiement de l'autre portion. Quant à la levée de ce droit de subvention, elle devait être baillée à ferme et adjugée au dernier enchérisseur, en présence des consuls, par l'intendant de la province lui-même, et pour tel nombre d'années qu'il jugerait à propos de fixer dans les limites de l'arrêt.

F° 214 v°. — **1680** (27 avril). — Ordonnance de M. Henri d'Aguesseau, chevalier, conseiller du roi, président au grand conseil, intendant du Languedoc, qui prescrit la lecture et la publication de l'arrêt du conseil d'État, du 2 avril 1680, ainsi que la réception des offres relatives à la levée du droit de subvention de 4 den. pour livre sur la viande de boucherie, autorisée par cet arrêt, et du droit d'équivalent qui appartient à la ville. Ces offres devaient être reçues par M. de Cathelan, viguier de la ville, qui devait en dresser procès-verbal en présence des consuls. Elles devaient être ensuite transmises à l'intendant de la province, auquel était réservé le droit de prononcer définitivement l'adjudication de ces droits, au plus offrant, conjointement ou séparément, suivant l'avantage qui pourrait en résulter pour la ville.

F° 215. — **1680** (15 octobre). — Arrêt du conseil d'État, qui décharge Arnaud Vallés, Laurent Terrisse, Nicolas Guiraud, etc., consuls en l'année 1679, des poursuites exercées contre eux à l'occasion des réparations effectuées pour le curage du canal de la rivière d'Aude, « lequel « commance aux escluzes de Sallelles et finit dans l'estang « de Capelles. » Les consuls étaient accusés d'avoir fait ces réparations par bail simulé au profit des frères Trémolières, charpentiers, moyennant un prix de 46,000 liv., alors qu'au contraire, à cause du défaut de prétendants, ils avaient été obligés de les faire entièrement exécuter à la journée. A la suite de cette accusation, et après l'enquête à laquelle s'était livré, sur commission de l'intendant de la province du 12 septembre 1679, M. de Murat, conseiller au sénéchal et présidial de Carcassonne, les consuls qui en étaient l'objet avaient été déposés de leur charge. L'arrêt du conseil les y déclare rétablis, et il ordonne qu'ils jouiront « de tous les honneurs, droits, pré- « rogatives et advantages des autres bourgeois de lad. « ville, ainsin qu'ils en auroint peu faire auparavant. »

F° 216. — **1682** (24 février). — Lettre de M. l'intendant de la province, par laquelle il transmet aux consuls l'ordre donné par le roi de licencier les soldats de la compagnie de morte-paye du capitaine de Cazalèdes, qui était décédé. L'intention du roi, consignée dans cet ordre, était de supprimer de même les autres compagnies de la morte-paye, à mesure que se produiraient les vacances.

F° 216. — **1682** (21 avril). — Brevet de docteur en médecine de la faculté de Montpellier, délivré à Antoine Villefranque, de St-Thibéry, par Michel Chicoyneau, conseiller et médecin du roi, juge conseiller et professeur royal d'anatomie et de botanique en ladite faculté. (Latin.)

F° 218. — **1696** (30 septembre). — Notes relatives à la publication de la paix conclue entre le roi de France et Victor-Amédée II, duc de Savoie. Un *Te Deum* est chanté dans l'église métropolitaine St-Just. D'après l'ordre de M. le duc de Broglie, lieutenant général gouverneur de la province, la publication de la paix est faite par les consuls et leur secrétaire, à cheval, précédés de leurs hallebardiers et valets consulaires aussi à cheval. Plus de 300 exemplaires de la proclamation du roi et de celle du gouverneur, relatives à cette paix, sont distribués au peuple. Le soir, un feu de joie fut dressé sur le plan des Barques du Bourg, et les consuls « firent jetter plusieurs fuzées en « l'air et le dimanche suivant firent jetter beaucoup de « fuzées dans l'eau pour témoigner la joye de lad. paix. »

F° 218 v°. — **1696** (29 octobre). — Brevet royal qui autorise les consuls *à changer une des portes de la ville* et à en faire construire une autre vis-à-vis du plan des Barques (1).

F° 218 v°. — **1698** (19 janvier). — Notes relatives à la publication de la paix conclue entre le roi de France et le prince Léopold Ier, empereur d'Allemagne, « et les sei- « gneurs ellecteurs, princes et Estats de l'empire. »

F° 219. — **1697** (8 octobre,-20 décembre). — Arrêt du conseil d'État, donné à la requête du syndic général de la province, par lequel les villes qui ont acquis, moyennant finance, des droits seigneuriaux et féodaux extraordinaires et casuels appartenant au roi, sont dispensées du sol pour livre du prix de leurs acquisitions, qui avait été attribué aux procureurs du roi établis près les bureaux des finances des deux généralités de Toulouse et de Montpel-

(1) C'est la porte Ste-Catherine telle qu'elle existe encore. Cette porte a remplacé celle de St-Côme, qui était construite à l'ouest du bastion de ce même nom, et dont l'axe, perpendiculaire au cours du canal, se dirigeait vers le collége tenu par les pères Doctrinaires.

lier, « par ce seul motif de les rendre plus diligens d'en « faire la recherche et les poursuites, chacun en sa géné- « ralité. » — Lettres patentes expédiées sur cet arrêt. — Ordonnance de Nicolas de Lamoignon, comte de Launay, intendant de la province, qui en prescrit l'exécution.

F° 220. — **1686** (2 juillet). — Arrêt du conseil d'État, qui ordonne la construction d'un canal pour joindre le grand canal de communication des Mers à la Robine de Narbonne, au moyen des écluses et autres ouvrages jugés nécessaires d'après le devis que M. de Niquet en devait dresser, à la charge par l'entrepreneur de payer le prix des terrains à occuper pour cette construction. La ville est autorisée à affecter au paiement des ouvrages à construire les deniers provenant de la subvention sur la viande de boucherie primitivement destinés à l'acquittement de ses dettes, le produit de la ferme des droits d'équivalent et de robinage, ainsi que le *revenant-bon* de la somme de 10,000 liv. allouée dans les états des finances pour la solde des compagnies restantes de la morte-paye, qui était réduite à trois compagnies, au lieu de quatre, depuis le décès de M. de Cazalèdes. — Lettres patentes délivrées pour l'exécution de cet arrêt. — Autres lettres patentes qui chargent de cette exécution M. de Basville, intendant de la province.

F° 222. — **1689** (10-11 janvier). — Transaction entre les consuls et les capitaines de la morte-paye de Narbonne, sur leurs différends concernant les montres arriérées qui étaient réclamées à la ville, et concernant les passe-volants qui avaient été alloués, suivant un arrêt du conseil d'État, du 23 juillet 1659, confirmé par l'arrêt contradictoire rendu le 17 août 1660, *à cause de la modicité des gages de ces capitaines*, lesquels n'étaient que de douze livres par mois. D'après les capitaines, il leur était dû par la ville : 1° trois montres de l'année 1658 et les entières montres des années 1659 et 1660, chaque montre fixée à 666 liv. par compagnie ; 2° et une somme de près de 15,000 liv. pour les passe-volants, parce que la ville n'avait payé les passe-volants, de l'année 1662 à l'année 1682, que sur le pied de sept hommes par compagnie, tandis que le conseil d'État, par ses deux arrêts, avait alloué dix hommes. Par la transaction, toutes les prétentions des capitaines de la morte-paye sont réduites à la somme de 3,430 liv. 7 s. — Les capitaines qui figurent dans la transaction sont : noble Pierre d'Issanchon, sieur de la Rouquette, représenté par maître Jean Denis Dargelles, prêtre, recteur d'Aigne, au diocèse de St-Pons ; Jean-André Serre, représenté par maître Jean-André Serre, prêtre, bénéficier en l'église St-Paul ; noble Henri-Sébastien de Cazalèdes, représenté par noble André de Cazalèdes, son fils et son héritier, capitaine d'état-major au régiment de Tersay ; noble Melchior de Jordy de Cavanac, écuyer, représenté par maître Guillaume Fabre, juge royal en la viguerie de Narbonne. L'acte est dressé par Joseph Pradal, notaire royal et apostolique de St-Nazaire, dans la maison de madame de Tarrabust, à Narbonne. — Témoins de cet acte : Pierre Chastang, juge royal de Borne, et maître Joseph André, archiprêtre d'Azilhanet, au diocèse de St-Pons. — Ratification de la transaction par noble Blaise de Grave, seigneur d'Argens, premier consul de Narbonne, et par les capitaines qui s'y étaient fait représenter, ou par leurs ayants cause. Cette ratification est faite en présence de Mgr l'évêque de St-Pons, de maître Joseph André, archiprêtre d'Azilhanet, et de noble Charles de Guiraudés de St-Mézard, habitant de Narbonne.

F° 226. — **1698** (20 février). — Avis donné par M. Nicolas de Lamoignon, intendant du Languedoc, dans le différend existant entre les consuls de Narbonne, d'une part, les capitaines de la morte-paye et Mme la princesse de Harcourt, d'autre part, relativement à la réalisation du don que le roi avait fait à cette princesse des sommes non employées par la ville, depuis l'année 1634, au paiement de la morte-paye sur les fonds qui lui avaient été attribués avec cette destination dans les états d'emploi du produit des fermes générales des gabelles. Après avoir rappelé toutes les décisions dont la morte-paye a été l'objet depuis la date de sa création par les lettres d'affranchissement des tailles royales, du mois de juillet 1549, l'avis reconnaît implicitement que les consuls ont employé à sa destination le fonds de la morte-paye. Cependant il conclut à ce que la ville soit condamnée à payer à madame la princesse de Harcourt une somme de 33,000 liv. exigible dans un délai de 3 années, et par tiers chaque année. Pour arriver à cette conclusion tout à fait contradictoire, qui couvre une injustice flagrante, l'intendant déclare qu'après examen de tous les documents produits, il lui *semble* que la demande faite à la ville peut être réduite à la dépense que lui aurait coûté la solde des trois cents hommes de la morte-paye si elle avait toujours été tenue au complet, ce qui n'a pas eu lieu, soit à cause des retranchements du fonds dans les états du roi, soit par suite des divisions survenues entre les consuls et les capitaines, soit pour d'autres raisons.

F° 228 v°. — **1699** (26 mai). — Ordonnance de l'intendant de la province, rendue à la suite d'une surenchère faite par le sieur Aguelier, marchand de Narbonne, par laquelle il prescrit l'ouverture de nouvelles enchères, pendant huitaine, pour l'adjudication de la ferme du droit de robinage appartenant à la ville. Il est en outre décidé par cette ordonnance que, dans l'avenir, il ne pourra plus être *surdit* aux adjudications des fermes de Narbonne que par tiercement.

Fº 229. — **1703.** — Note relative au service funèbre que les consuls firent célébrer, pour le repos de l'âme de Mgr le cardinal de Bonzy, archevêque de Narbonne, dans la chapelle de l'hôtel-de-ville « y ayant un liet de « parade et chappelle ardente. » L'officiant était M. de Pignols, chanoine du chapitre St-Just. Il avait pour assistants MM. de Thézan de Luc et Audibert, aussi chanoines. MM. les directeurs de l'hôpital, que le cardinal avait institué pour son héritier, assistaient à la cérémonie.

Fº 229. — **1704.** — Mémoire descriptif concernant l'entrée pontificale de Mgr Charles Le Goux de la Berchère, archevêque de Narbonne, dans sa ville archiépiscopale, le 12 février 1704. Les consuls avaient ordonné « des illumi- « nations aux fenestres pour le soir de son arrivée, que « les rues ou Sa Grandeur passeroit feussent bien nettes « et tapissées, tous les messieurs de qualité devoient aller « lui rendre ses premiers homaiges a Coursan, et les mar- « chands et bourgeois avoient ordre de monter a cheval « pour l'accompaguer de Coursan jusqu'à Narbonne. » Le carrosse de l'archevêque était précédé et suivi de 150 hommes à cheval, « avec guidon » porté par le sieur Ferrier, marchand; venaient ensuite plusieurs carrosses et calèches appartenant à des habitants qui s'étaient rendus à Coursan pour faire partie de l'escorte. L'archevêque fut reçu à la porte de Béziers par le maire et les consuls, et par l'abbé de St-Paul. Le chapitre St-Just le reçut au moment où il entrait dans le palais archiépiscopal, sous le passage de l'Ancre.

Fº 231. — **1688** (13 octobre). — Ordonnance de l'intendant de la province, qui fixe l'emploi des 9,000 livres portées dans l'état du roi pour la solde de la morte-paye. Cette somme est distribuée de la manière suivante : au gouverneur, 1,160 liv.; au lieutenant du roi, 780 liv.; au major et à l'aide-major, 360 liv.; aux capitaines, 2,400 liv.; à dix soldats et deux portiers réservés pour la garde des portes, 1,440 liv.; réparations aux ponts-levis et ponts-dormants, arches, *clédats* et barrières, 1,500 liv.; chandelles des corps de garde, 60 liv.; construction du canal, 1,300 liv.

Fº 231 vº. — **1703** (18 avril). — Ordonnance de l'intendant, qui permet aux consuls d'affecter au paiement de la somme de 10,000 liv. à laquelle était fixée la finance de la réunion des offices de police au corps de la ville, les deniers provenant de la ferme de la subvention de 4 den. pour livre sur la viande de boucherie. Cette subvention avait été primitivement autorisée pour l'acquittement des dettes vérifiées de la ville.

Fº 231 vº. — **1703** (18 septembre). — Arrêt du conseil d'État, portant acceptation de l'offre de 10,000 liv. faite, au nom de la ville, par les consuls, pour la réunion au corps de la communauté des offices de lieutenant général, procureur du roi, greffier, commissaires et huissiers de police, créés par les édits des mois d'octobre et de novembre 1699. En déclarant ces offices unis et incorporés « au corps et communauté de la ville, » l'arrêt porte que les fonctions en seront exercées par les maire et consuls en charge, conjointement *avec ceux* que le conseil de la ville désignera, sans cependant qu'ils puissent jouir d'aucuns gages ni privilèges.

Fº 232. — **1703** (12 octobre). — Quittance de la somme de 10,000 liv. payée au nom de la ville pour le rachat des offices de police et pour leur réunion au corps de la communauté.

Fº 232 vº. — **1703** (12 octobre). — Quittance de la somme de 1,000 liv. pour les 2 s. pour livre de la finance du rachat des offices de police unis au corps de la communauté. Cette quittance est donnée par Jean Garnier, subrogé à M. Charles de Lacour de Beauval, primitivement chargé de recouvrer les sommes provenant de la vente desdits offices.

Fº 232 vº. — **1704.** — Note constatant la remise que devait faire Mgr l'évêque de St-Pons, des papiers qui lui avaient été confiés pour amener la transaction passée entre les consuls de la ville et les capitaines de la morte-paye, en 1699.

Fº 232 vº. — **1705** (13 mai). — Lettre de M. l'intendant, par laquelle il enjoint aux consuls de ne payer dorénavant les ouvrages exécutés dans l'étang, à l'embouchure de la Robine, près de Sainte-Lucie, par les entrepreneurs Boussounel et Théron, que sur les certificats délivrés par M. Jalabert, chargé de l'inspection de ces ouvrages.

Fº 233. — **1707** (29 janvier). — Transaction entre noble André de Joubert, Jean-Jacques de Boyer, seigneur d'Odards, et Jean-Antoine du Vidal, seigneur de Montferrier, syndics généraux de la province, agissant en vertu de la délibération des États du Languedoc du 21 janvier 1707, d'une part, et noble Antoine Azémar, conseiller du roi, auditeur en la cour des Comptes, Aides et Finances de Montpellier, Guillaume Pradel, bachelier ès-droits, Pierre Garnier-Deschênes et Blaise Montréal, propriétaires exclusifs du privilége de la fourniture de la glace et de la neige dans la province, comme mis aux lieu et place de MM. Rome et Lefebvre, premiers concessionnaires de ce privilége, d'autre part, relativement à l'exécution des clauses de la transaction passée avec ces derniers, le 1er avril 1661, au sujet de la même fourniture. La nouvelle transaction porte : — que, conformément aux lettres patentes du mois de mars 1705, les concessionnaires du privilége seront tenus de fournir de la glace et de la neige à toutes les villes et localités de la province, moyennant le prix de 6 den. la livre, depuis le mois d'avril jusqu'au dernier jour du mois d'octobre de chaque année; — que, dans le cas où il n'y aurait pas de gelées suffisantes, il sera permis aux villes d'adjuger la fourniture de la glace à la moins-dite d'un sol la livre, au dernier enchérisseur; — que dans les villes qui n'auront pas adjugé cette fourniture, à la date du 2 février de chaque année, les concessionnaires seront tenus de la faire, sans aucune autre formalité qu'une simple sommation, au prix d'un sol la livre, sans qu'ils puissent néanmoins vendre la glace approvisionnée dans les glacières au-dessus de 6 d. la livre, le prix d'un sol étant accordé pour celle qui serait apportée du dehors; — que si ce qui précède n'est pas exécuté, les maires et les consuls des villes pourront adjuger la glace à la folle-enchère, aux risques des concessionnaires; — que les concessionnaires pourront fournir la glace, dans les villes où ils ne l'ont pas encore fournie, aux conditions faites aux autres villes, pourvu qu'ils en fassent la déclaration avant le 1er décembre de chaque année; sinon, les maires et les consuls pourront faire remplir leurs glacières et en vendre le contenu comme ils aviseront; — enfin, que les particuliers qui ont des glacières pourront les faire remplir, mais pour leur usage personnel seulement, et sans qu'ils puissent vendre la glace, ni la donner, sous aucune forme.

Fº 233 vº.— **1699** (octobre).— Édit du roi, qui porte suppression des offices de conseillers lieutenants généraux de police, précédemment créés dans tout le royaume, à l'exception de la ville de Paris, et qui crée de nouveaux offices formés et héréditaires de conseillers lieutenants généraux de police dans chacune des villes du royaume et des pays, terres et seigneuries de l'obéissance du roi, ayant Parlement, cour des Aides, chambre des Comptes, siéges présidiaux, bailliages, sénéchaussées et autres juridictions royales. Les attributions des nouveaux offices de lieutenant de police comprennent: —la connaissance de tout ce qui se rattache à la sûreté des villes, au port d'armes prohibé par les ordonnances, au nettoiement des rues et places publiques, à l'entretien des lanternes dans les villes qui en sont déjà pourvues, aux approvisionnements de grains et autres subsistances, à la taxe du prix des denrées; — la visite et la surveillance des halles, foires et marchés, des hôtelleries, auberges, maisons garnies, cabarets, cafés, *tabacs* et autres lieux publics; — la connaissance des assemblées illicites, séditions, tumultes et désordres « quy arriveront « a l'occasion d'icelles; » — les manufactures et tout ce qui s'y rapporte; — les affaires relatives aux brevets d'apprentissage et aux élections des maîtres jurés de chacun des corps et métiers; — la réception des maîtres dans ces corps; — les rapports et procès-verbaux de visite faits par les maîtres jurés; — l'exécution des statuts et règlements des arts et métiers; — les incendies; — l'*étalonage* des poids, balances et mesures; — la réception du serment exigé des trafiquants de blé; — enfin, la connaissance des contraventions relatives aux statuts et règlements concernant la librairie et l'imprimerie. Leurs priviléges sont ceux dont jouissent les lieutenants généraux des présidiaux, des bailliages et sénéchaussées, qui consistent en l'exemption des tailles et subsides, du logement des gens de guerre, des tutelles et curatelles, du service du ban et arrière-ban et généralement de toutes charges publiques, du droit de committimus, avec jouissance d'un *franc-salé* fixé à un minot dans les villes siége d'un Parlement et à un demi-minot dans les autres villes.

Fº 234. — **1707** (24 mai). — Arrêt du conseil d'État, portant que les *traitants du recouvrement des affaires extraordinaires* établiront des bureaux dans toutes les villes où il y a siége d'Élection dans les pays d'Élection, et à l'égard des pays d'État dans toutes les villes où il y a évêché, bailliage ou sénéchaussée. Cet arrêt, après avoir statué qu'il ne sera rien exigé des redevables pour les premiers commandements dont ils seront l'objet, fixe ainsi qu'il suit les frais dus pour les exécutions poursuivies contre les débiteurs de l'extraordinaire : — 10 s. pour un commandement itératif; — 10 s. pour les saisies-arrêts; — 50 s. pour les exécutions de meubles; — 3 liv. pour les saisies de fruits, y compris le salaire des assistants; — 20 s. par lieue pour les déplacements des huissiers; — 3 liv. pour les établissements de garnison à demeure, non compris les 20 s. par lieue à l'aller et au retour pour frais de déplacement, le tout timbre du papier compris, mais non les droits de contrôle. Il est défendu, en outre, aux huissiers de faire aucune saisie ou exécution de meubles et aucune garnison à demeure, sans autorisation préalable de l'intendant de la province.

Fº 235.— **1706** (12 novembre); — **1707** (13 août). — Provisions de la charge de lieutenant au gouvernement de Narbonne, accordées au sieur des Isles, en remplacement de M. de Courtay, décédé. Le sieur des Isles avait trente-quatre années de service dans le corps des gardes du roi. Sa nomination était faite pour une durée de 3 ans. — Enregistrement de ces provisions au bureau des Finances de Montpellier et au greffe du consulat à Narbonne.

Fº 235 vº. — **1694** (20 janvier). — Quittance de la finance de 9,150 liv. payée par la ville pour le rachat et la réunion au corps de la communauté de l'office de garde des archives, greffier et départeur des rôles des impositions, créé héréditaire et domanial par l'édit du mois de décembre 1691.

F° 236. — **1694** (13 mai). — Quittance de la finance de 540 liv. payée par la ville pour 9 mois et 29 jours de l'année 1693 des gages attribués à l'office de garde des archives, greffier et départeur des rôles des impositions (1) supprimé et réuni au corps de la communauté.

F° 236. — **1694** (13 mai). — Quittance des 2 sous pour livre de la finance du rachat de l'office de garde des archives, greffier et départeur des rôles des impositions. Le montant de cette quittance est de 913 livres.

CC. 115. — Cahier parchemin, 6 feuillets in-f°; sans couverture.

1583-1587. — CARTULAIRE C.

F° 1. — **1583** (3 mai). — Mandement de Guillaume de Joyeuse, maréchal de France, lieutenant général pour le roi dans le Languedoc, qui ordonne la démolition, jusqu'au rez-de-terre, de la maison des héritiers de Raymond Domergue, faisant île sur la place de la Cité. La situation de cette maison pouvait la rendre, en cas d'émeute, dangereuse pour la sécurité des habitants. Sa démolition est exclusivement motivée sur cette considération, que le mandement développe en ces termes : « Nous ayant esté remonstré, par le procureur du roy, le dangier ou pourroict tomber la dicte ville, à cause d'une maison appartenant aux héretiers à feu Raymond Domergue, assize dans la place de Cité, faisant ysle par soy, tant pour commender à troys grans rues que pour empescher l'entrée et sourtie de la porte principalle de l'archevesché, et aultre de la maison dud. Viscomté en laquelle ordinairement les gouverneurs de la dite ville ont acoustumé loger, obstant laquelle, advenant quelque esmotion feust entre le peuple d'icelle, ou par la praticque et entreprinse d'aulcuns mal affectionnés au service du roy, quy s'en pourroienct emparer, les habitants de Cité ne scauroienct passer le long desdites rues pour aller au secours de leurs concitoyens habitans de Bourg, comme « aussy ceulx de Bourg seroient empeschiez à faire le semblable à ceulx de Cité, et auroient encore moins de moyen se randre ès maisons et fortz de l'archevesché et viscomté, sans très grand dangier de leurs vies; joinct aussy que la dite place est sy petite que cinquante hommes de pied n'y pourroient aysément estre rangés et mis en ordre de bataille, bien que se soict le lieu plus propre et commode de la dite ville, et seroict encores plus sy ladite maison en est ostée comme il seroict très requis de la faire abbatre, desmolir et esplanader pour rompre tous mauvais desseings et entreprinses que se pourroyent faire au prejudice du service de S. M. et perte de ladite ville. »

F° 2. — **1585** (janvier). — Lettres patentes de Henri III, portant création et établissement de deux foires franches dans la ville de Narbonne, fixées l'une au premier lundi du Carême, l'autre au 6 août de chaque année, chacune d'elles avec une durée de 10 jours. — Suscription de ces lettres patentes : « La ville de Narbonne sert de frontière ... estant l'une des principalles de nostre pais de Languedoc, assize près d'la mer Méditéranée, et au milieu d'icelle passe une rivière par laquelle jornellement arrivent plusieurs vayseaulx chargés de toute sorte de marchandises; au moyen de quoy y a eu de tout temps ung grand trafficq et commerce en ladite ville, tant à l'occasion d'infinis marchans qui y habitent de la pluspart de ceulx de nostre dict royaulme, qui ont acoustumé y fréquenter, que des aultres estrangiers quy en transportent lesdites marchandises; mays qu'ayans, depuis quelques années, les guerres civilles heu cours aud. pais plus qu'en nulle aultre province, ledit trafficq est presque du tout cessé; en sorte qu'avec les grandes charges et despances que ladite ville a esté contraincte supporter, mesme à l'entretènement des 300 morte paies, elle est à présant grandement appauvrie et désinnée de moiens. »

F° 2 v°. — **1585** (juin). — Lettres de jussion, données par Henri III, pour l'enregistrement au sénéchal de Carcassonne et en la viguerie de Narbonne, des lettres patentes du mois de janvier 1585, portant création des deux foires franches de Narbonne.

F° 3. — **1587** (24 janvier). — Ordonnance de Jean de Levis, maréchal de la Foy, sénéchal de Carcassonne, qui prescrit l'enregistrement, au greffe de la sénéchaussée, des lettres patentes du mois de janvier 1585, portant création des deux foires franches de Narbonne, et qui en commande la lecture et la proclamation, à son de trompe et cri public, dans la ville haute et la ville basse de Carcassonne et autres lieux accoutumés.

F° 4. — **1587** (11 février). — Ordonnance de Jean

(1) Le fisc se créa de grandes ressources, surtout dans les dernières années du XVIIe siècle, par la création et la vente des offices. Parmi ces offices, figuraient ceux qui attribuaient aux titulaires des fonctions municipales, à divers titres. Dans certains cas, ces créations tendaient à diminuer les franchises et libertés des villes; dans d'autres cas, elles leur imposaient la charge onéreuse de payer les gages des titulaires. Pour éviter l'un ou l'autre de ces inconvénients, les villes obtenaient la suppression de l'office, en le rachetant. La quittance que nous analysons signale un pas de plus dans ce système d'extorsion. L'office étant créé, le fisc fit payer à la ville, non-seulement le prix du rachat, soit 9,150 liv., mais encore le traitement attribué au titulaire de cet office, comme s'il lui était dû pendant un temps déterminé, alors que ce titulaire n'avait jamais existé.

d'Audéric, seigneur de Savignac, viguier, et Guillaume Martin, juge du roi en la ville, viguerie et Vicomté de Narbonne, rendue sur le vu de l'ordonnance du sénéchal de Carcassonne, du 24 janvier précédent, qui prescrit la publication et l'enregistrement des lettres patentes de création des deux foires franches à Narbonne, par laquelle ils déclarent n'entendre empêcher, qu'après leur enregistrement au greffe de la viguerie, ces lettres patentes soient lues et publiées, en la forme accoutumée, par les places et carrefours de la ville.

F° 5. — 1587 (11 juillet). — Lettres patentes de jussion, adressées aux gens des Comptes de Paris, par Henri III, pour leur prescrire d'exécuter nonobstant toutes oppositions, appellations, ordonnances, *restrinctions*, mandements et défenses, les lettres patentes du mois de janvier 1585, qui créent les deux foires franches de Narbonne. Les gens des Comptes s'étaient opposés à l'établissement de ces deux foires, et, par un arrêt du 18 ... 1585, ils avaient déclaré ne pouvoir procéder à la vérification des lettres patentes de leur création. Comme condition de l'octroi des deux foires, les consuls devaient augmenter de 100 hommes, pendant toute leur durée, la garde de la ville, qui était alors de 300 mortes-payes. Les motifs de cette jussion sont le bien et la commodité qui devaient résulter pour le public de l'établissement des deux foires; le *bon devoir*, la fidélité et l'obéissance des habitants de la ville envers le roi; enfin, les grandes charges et dépenses qu'ils avaient supportées durant les guerres passées et qu'ils supportaient encore pour la garde et la conservation de la ville, et « qu'il n'y a ville en Languedoc ou les foires puissent estre plus commodement establies, et ou le commerce se puisse faire avec plus de seureté et commodité publicque. »

AA. 116. — Registre (papier), 211 feuillets in-f°; reliure en basane.

1618-1645. — Cartulaire D.

F° 1. — 1618 (28 octobre[1]). — Lettre du connétable de Montmorency, par laquelle il invite les consuls à se rendre auprès de lui, à la Grange-des-prés-les-Pézenas, en lui apportant les clefs de la ville « novellement faictes. »

F° 1. — 1618 (3 septembre[1]). — Lettre du connétable de Montmorency, par laquelle il se plaint aux consuls du retard qu'ils ont mis à se rendre à l'invitation qu'il a précédemment adressée relativement aux clefs de la ville, et qu'il leur renouvelle. Dans cette lettre, le connétable salue les consuls en employant cette formule : « Vostre meilleur, entierement bon et tres affectionne amy. »

F° 1 v°. — 1618 (6 avril). — Lettre du connétable de Montmorency, dans laquelle il remercie les consuls de la visite que lui avait faite la députation composée de M. de Marmorières, syndic de la ville, et des consuls Portal et Béziers, au sujet du règlement de la question des clefs des portes. Il annonce, en outre, son projet de se rendre en personne à Narbonne « pour reconfirmer les assurances de son antienne et parfaicte amitié et de son desir passionne de la tesmoigner par toute sorte d'effectz. »

F° 1 v°. — 1614 (9 avril). — Lettre de Louis XIII, adressée aux consuls, à la suite de la mort du connétable, qui « a esté une des plus facheuses pertes.... tant pour la consideration de sa personne..., qu'aussy pour le soing et fidel debvoir qu'il rendoict a la conservation de la province de Languedoc et des subjectz d'icelle. » Pour consoler la province de cette perte, le roi fait part aux consuls de son intention d'en nommer gouverneur le duc de Montmorency, fils du connétable, ou bien le duc de Ventadour, et, jusques-là, il invite les consuls à veiller soigneusement au maintien de la tranquillité.

F° 2. — 1614. — Lettre du duc de Montmorency, écrite à la suite de la mort du connétable, dans laquelle il avise les consuls qu'il lui a *convenu* d'envoyer dans son gouvernement de Narbonne M. de St-Gentes pour y veiller au maintien de l'ordre et de la tranquillité. Le duc exprime par ces mots la douleur que lui cause la mort du connétable : « Il faut que je vous die que la perte que j'ay faicte m'est tellement sensible et me touche sy fort au cœur qu'a peyne puis je avoir le courage de vous escrire. »

F° 2 v°. — 1614. — Lettre du duc de Montmorency, amiral de France, dans laquelle il remercie les consuls des nouvelles assurances d'affection qu'ils lui avaient données, et il les prie d'y ajouter encore l'amitié qu'ils portaient au connétable. Il leur réitère aussi l'invitation qu'il leur a fait donner par son lieutenant, M. de St-Gentes, « de veilher et prendre soigneusement garde qu'il ne se passe rien dans la ville ny aux environs, au prejudice du service du roy. »

F° 3. — 1618 (21 décembre). — Ordonnance du connétable de Montmorency, qui prescrit l'élargissement de la rue des Carmes, « despuis le coing quy est vis a vis de l'enclos du couvent des Carmes jusques a l'autre coing, quy est au devant de la porte Connetable. » La rue était si étroite dans cette partie, dit l'ordonnance, « qu'a peyne une charrette y peult passer. » Cette ordonnance

[1] Les termes de cette lettre prouvent qu'elle a été écrite à la suite de la précédente, puisqu'elle en rappelle l'objet. Il y a donc erreur dans la date du mois. C'est novembre qu'il faut lire et non septembre.

prescrit aussi la démolition de deux maisons joignant ladite porte, « affin d'avoir l'espace capable de ranger les « soldatz, chascun matin et soir, lorsqu'il fauldra ouvrir et « fermer la porte. » Le prix des travaux de cette démolition devait être prélevé sur les fonds destinés aux fortifications.

F° 3 v°. — **1614** (5 mai). — Lettre de Louis XIII, qui annonce aux consuls la nomination du duc de Montmorency, amiral de France, à la charge de gouverneur du Languedoc, en remplacement du connétable, son père, et leur enjoint de lui obéir en tout ce qu'il leur prescrira.

F° 4. — **1614** (7 juillet). — Lettre du duc de Montmorency, par laquelle il envoie aux consuls la lettre que le roi leur a écrite au sujet de sa nomination au gouvernement du Languedoc, et il leur exprime ses regrets de n'avoir pu encore se rendre à Narbonne « a cause des fréquentes « maladies quy sont du costé de Thoulouse. »

F° 4 v°. — **1615** (30 juillet). — Lettre de Louis XIII. Après avoir fait connaître aux consuls que le prince de Condé, les ducs de Longueville et de Mayenne, le comte de Saint-Paul et le maréchal de Bouillon, ont refusé de l'accompagner dans son voyage en Guyenne, ce qui « donne « assez de subjetz d'antrer en deffiance de leurs intan- « tions, » le roi leur ordonne de veiller à la conservation de la ville, à ce qu'il n'y soit fait « aucunes pratiques ny « menées contraires au service du roi, » et d'empêcher que les princes y entrent, « ny aultres s'advouans d'eulx, « sans passeport. » Le roi leur recommande, d'ailleurs, de ne prendre à cette occasion aucun ombrage, et de conserver l'amitié et l'union qui existe entre la ville et les villes voisines.

F° 5 v°. — **1615** (13 août). — Lettre du duc de Ventadour, accompagnant la lettre du roi relative au refus des princes d'accompagner la Cour dans le voyage de Guyenne. Le duc recommande aux consuls de faire « exacte garde « en la ville en ayant ung soing bien particulier que per- « sonne ne y entre en trouppe et n'y fasse aulcune mono- « polle et assemblée, » et de mettre en cela « tant de pru- « dance et de circonspection que les voisins, tant d'une « religion que d'autre, ne s'en allarment, ny entrent par « ce regard en aulcung ombraige. » Les consuls de Narbonne sont ensuite invités à faire part du contenu de cette lettre à toutes les communautés du diocèse, en leur envoyant copie de la lettre du roi.

F° 6 v°. — **1615** (27 août). — Lettre du duc de Ventadour, qui accompagne une lettre du roi faisant connaître aux consuls les soins que la Cour s'est donnés « pour em- « pescher que le feu ne s'alume en ce royaulme. » Après avoir rappelé aux consuls qu'ils doivent prendre de ces soins l'occasion de contribuer aux « intantions et au conten- « tement » de LL. MM., il les invite à lui mander comment ils ont satisfait à la lettre du roi relative « au refus des « princes de l'accompagner dans le voyage de Guyenne. »

F° 7 v°. — **1615** (13 août). — Lettre du roi à M. le duc de Ventadour, lieutenant général du Languedoc, sur la situation générale des affaires du royaume, l'attitude prise par le prince de Condé, etc. Ce prince venait de répandre « ung certain escript en forme de magnifeste, « contenant les raisons quy l'ont meu de s'esloigner, et « de ce porter maintenant aux rézolutions ou il se retrou- « vre; lesquelles sont toutes fondées sur l'affection qu'il « doibt porter au publiq, au reppos de l'estat, et a la reffor- « mation des désordres qu'il s'y sont glisés; qui sont tous « prétextes espécieux desquels on s'est ordinairement servy « lhors que on a voulleu troubler et altérer la paix et la « tranquillité de ce royaulme. » Le roi rappelle que, pour prévenir cette résolution fâcheuse du prince, il lui a, par trois fois, envoyé M. de Villeroy, pour l'engager à rentrer à la Cour; qu'au lieu de répondre à ces avances il a préféré suivre d'autres conseils, « fermant les yeux a ce quy « est de la fidellité et hobeyssance a laquelle luy et tous « les Français sont naturellement obligés. » Déplorant ensuite les calamités qui peuvent en résulter pour le « pouvre « peuple, » il exprime sa résolution de travailler à les éviter en pourvoyant à la défense et à la sûreté de toutes les places, et spécialement dans les provinces « deça » (la lettre est datée de Paris) où « il semble qu'il veuille fere « son principal esfort. » De son coté, le duc devait veiller à ce que, dans toute l'étendue du Languedoc, il ne se fît aucune levée de gens de guerre. Il devait faire « courir « sus et tailler en pieces ceulx quy se mectroient en deb- « voir de le fere, » empêcher toutes sortes de *pratiques, menées et associations* contraires au repos des habitants, exhorter les villes à veiller à leur conservation, informer les principaux gentilhommes des intentions du roi, « pour « conforter et maintenir les bons en leur affection et fidé- « litté, et ramener les autres a leur debvoir, soict par ex- « hortations ou par peynes et communications, » etc.

F° 9 v°. — **1615** (16 septembre). — Lettre de M. Le Mazuyer, adressée aux consuls à l'occasion de sa nomination à la charge de premier président au Parlement de Toulouse. Il recommande aux consuls de prendre la loi pour guide de toutes leurs actions, et de l'informer « par bons avis de temps en temps de tout qui ce « passera. » Trois points, surtout, seront l'objet de sa vigilance : la distribution de la justice criminelle, qui est négligée par la crainte qu'inspire la violence des malfaiteurs, et qu'il s'efforcera de restaurer « affin que les impunités

« ne servent de trilhe aux méchants; » les abus qui se sont glissés dans la levée des droits du roi et qui motivent les plaintes du peuple, dont il faut prévenir le mécontentement, afin « qu'il ne vienne aux voyes d'effect plutot que « de ce pourvoir a la justice; » le repos de la province, l'union de tous ses habitants de l'une et de l'autre religion, dont on peut assurer le maintien par l'observation des édits de pacification, qui ont obtenu ce résultat surtout depuis la minorité du roi. Il communique ensuite le projet que le roi avait formé de s'arrêter à Bordeaux pour y répondre aux cahiers présentés par ceux de la religion réformée. Afin de leur donner « toute sorte de contentement, » il avait convoqué, dans cette ville, leurs principaux personnages pour les entendre personnellement sur toutes leurs demandes, etc.

F° 11 v°. — **1615** (1er octobre). — Réponse de M. Le Mazuyer à la lettre que lui avaient écrite les consuls, pour l'assurer de leur désir de se conformer à ses recommandations et de leur dévouement à la cause du roi. En continuant de veiller à la conservation de la ville, pour laquelle il n'y avait, cependant, à concevoir aucune crainte, les consuls devaient prendre les plus grandes précautions pour ne pas alarmer les villes voisines.

F° 12. — **1615** (3 octobre). — Lettre du duc de Montmorency, par laquelle, en exprimant aux consuls les regrets qu'il éprouve de n'avoir pu encore les visiter, « a cause, « dit-il, de la translation de l'assemblée de Grenoble dans « la ville de Nismes de laquelle le roi m'a commandé de « m'approcher, » il les invite à maintenir la ville « en l'o« béissance du roi et a demeurer sy fermes en leur fidé« litté... qu'aucunes persuasions des ennemys... ne « puissent tant soict peu l'esbraller. »

F° 12 v°. — **1615** (7 octobre). — Lettre de M. Le Mazuyer, au sujet de la prise d'armes de ceux de la religion réformée de la Haute-Guyenne, qui est le résultat des assemblées tenues près de Ste-Foy, où est leur rendez-vous général. Quoique les religionnaires du Languedoc aient fait preuve de leur volonté « de demerer en l'union, « concorde et correspondance, tant avec les consistoires de « leurs villes que avec les autres prochaines, » les consuls n'en doivent pas moins redoubler de soin pour assurer la conservation de la ville, sans user... « des voyes de faict, « ny mauvais desseing envers les voysins de lad. religion, « ny autres... moings affectionnés au service du roi. »

F° 13 v°. — **1615** (22 octobre). — Lettre de M. Le Mazuyer, par laquelle il fait part aux consuls du mariage du roi, qui venait d'être célébré le 18 octobre, et des précautions prises pour garantir la reine, contre toute tentative des religionnaires, dans son voyage depuis Bayonne. La reine avait été escortée de 4,000 hommes de pied, 500 Suisses et 1,500 chevaux, avec 4 pièces de canon, commandés par M. de Guise. M. de Gramont était allé audevant du roi avec 2,000 hommes de pied et 300 chevaux, qui avaient été jugés suffisants pour « empescher ceulx « qui seroint pourtés au mauvais desseing de s'opposer à « son passage. » Des prières publiques devaient être faites pour la prospérité du roi et de la reine. Quoique « Mrs des « villes de la religion prétendue réformée soint portés a la « respondance et union entre voisins, et obeyssance au « service du roi, » M. Le Mazuyer invite les consuls à redoubler de vigilance, et à « se garder de nuict et de jour « pour esviter surprinse. »

F° 14. — **1615** (18 octobre). — Lettre de Louis XIII, datée de Bordeaux, et adressée à M. Le Mazuyer, pour lui annoncer l'accomplissement des formalités du mariage de sa sœur avec le prince d'Espagne, qui avait eu lieu ce même jour, 18 octobre, dans cette ville, en même temps que s'accomplissaient, en Espagne, les formalités de son mariage avec l'infante.

F° 15. — **1615** (29 octobre,-7 novembre). — Ordonnance du duc de Montmorency et de Dampville, pair et amiral de France, de Guyenne et Bretagne, gouverneur du Languedoc, qui enjoint à tous consuls des villes de son gouvernement de confisquer les armes, les poudres et salpêtres, mèches et plombs qu'on ferait sortir de ces villes sans leur expresse permission. — Mention de la publication de cette ordonnance dans la cité de Carcassonne, en la cour du sénéchal, sur la requête de M. d'Aubusson, procureur du roi.

F° 15 v°. — **1616** (4 avril). — Lettre du duc de Montmorency, qui avise les consuls de la commission donnée au sieur de Beaucieu, lieutenant du prévôt général du Languedoc, à l'effet de retirer des magasins de Narbonne 200 quintaux de la meilleure poudre, pour servir au siége de Lombez. Les consuls devaient fournir 30 hommes de la morte-paye pour faire escorter cette poudre jusqu'à Carcassonne.

F° 16. — **1616** (22 juillet). — Lettre adressée aux consuls par le duc de Montmorency, pour les remercier des soins qu'ils s'étaient donnés à l'effet de découvrir l'auteur de certain libelle diffamatoire répandu dans le pays contre le duc, et des renseignements qu'ils lui avaient donnés à ce sujet. Le sieur de Caudebronde était envoyé auprès des consuls « pour en conférer discretemant jusqu'à « ce qu'il put lui mesme se rendre sur les lieux. »

F° 16 v°. — **1616** (7 septembre). — Ordonnance rendue par les gens tenant les requêtes du palais en la cour du Parlement de Toulouse, entre Pierre de Boyer de

Sorgues, baron de Sorgues, et Gabriel d'Audéric, sieur de Lastours, viguier du roi à Narbonne, seigneurs de Moujan, demandeurs en maintenue de la faculté de faire sortir leurs bestiaux du territoire de Moujan, pour les faire paître par tout le territoire de la ville, librement et sans avoir à payer aucune redevance, avec défenses aux consuls d'affermer les herbes de ce territoire, d'une part, et les consuls de Narbonne, d'autre part, par laquelle les demandeurs sont maintenus en la faculté revendiquée par eux, conformément à la transaction passée entre les consuls de la ville et le seigneur de Moujan, le 6 décembre 1458 (vid. AA. 111, 11e thal., f° 37). Cette ordonnance permet, en outre, aux seigneurs de Moujan, de défendre à tous ceux qui ne seront point réputés habitants de la ville, de faire entrer quelque espèce de bétail que ce soit dans le territoire de leur seigneurie, et aux consuls d'affermer les herbages de ce territoire, à peine de 500 liv. d'amende. Elle est fondée sur la donation de la seigneurie de Moujan, datée de la veille des kal. de juillet (30 juin) 1327, et sur un acte d'hommage qu'en fit le seigneur, le 16 juin 1396.

F° 17 v°. — **1616** (20 octobre). — Jugement des gens tenant les requêtes du palais en la cour du Parlement de Toulouse, rendu sur la demande des consuls de Narbonne, en rétractement de l'ordonnance du 7 septembre précédent, en ce qu'elle permet aux seigneurs de Moujan de faire paître leurs bestiaux dans le territoire de la ville, librement et sans avoir à payer aucune redevance. Ce jugement déclare l'ordonnance réformée en cette partie, et statue que, pour faire paître leurs bestiaux dans le territoire de la ville, les seigneurs de Moujan devront payer *l'accordance* tout comme les autres habitants de Narbonne.

F° 18. — **1617** (1er février). — Arrêt du Parlement de Toulouse, qui rejette l'appel du jugement porté en l'article précédent, relevé par Pierre de Boyer de Sorgues et Gabriel d'Audéric, sieur de Lastours, et déclare ce jugement maintenu en toutes ses dispositions.

F° 18 v°. — **1617** (16 mars). — Lettre du duc de Montmorency, datée de Pézénas, par laquelle il avise les consuls du dessein « qu'aucuns mal affectionnés au service « du roi auroient faict d'entreprendre sur la ville, » et il les invite à mieux veiller encore à sa garde et à sa conservation, afin d'empêcher le succès de ce dessein.

F° 19. — **1617** (14 avril). — Lettre du duc de Montmorency, qui prie les consuls de livrer au sieur de Dorieu huit quintaux de poudre, dont ils avaient refusé d'autoriser la sortie de la ville, pour être envoyée à Béziers.

F° 19. — **1617** (19 octobre). — Lettre de M. le duc de Ventadour, datée de Pézénas, ordonnant aux consuls de commettre un homme sûr et capable, pour conduire jusques à Carcassonne les hommes de guerre de la brigade du sieur d'Hounoux, auquel il a donné ordre de se rendre dans cette dernière ville « en marchant de quatre en quatre lieues, à la moindre foule des habitants. »

F° 19 v°. — **1618** (8 janvier). — Lettre du duc de Montmorency, qui ordonne aux consuls de faire publier « que tous ceulx quy ont accoutumé d'aller sur mer ayent « a se garder du fort de Brescou, » jusqu'à ce qu'il ait pu empêcher le commandant de ce fort de continuer ses courses et ses pirateries. Le roi avait mandé M. de Caumartin, conseiller d'État, pour ordonner au sieur Brouteil, commandant de Brescou, d'avoir à vider immédiatement le fort et d'aller lui rendre compte de sa conduite; mais, loin d'obtempérer à cet ordre, il avait « descouvert entie« rement le mauvais desseing qu'il avoit de longue main « préparé pour continuer ses pirateries et volleries, sans « voulloir recognoistre l'authoritté du roi. »

F° 20. — **1618** (15 janvier). — Lettre du duc de Montmorency, par laquelle il avise les consuls de la mission donnée au capitaine Fournier de visiter l'arsenal de la ville, pour reconnaître les pièces d'artillerie qui peuvent être propres au siége de Brescou. Le duc les prie de remettre à ce capitaine deux couleuvrines, avec vingt quintaux de poudre à canon, et six quintaux de poudre fine « pour l'arquebuzerie. »

F° 20 v°. — **1618** (17 janvier). — Lettre du duc de Montmorency, qui porte aux consuls l'autorisation de faire relâcher les barques que le sieur de la Magdeleine avait arrêtées, par son ordre, au port de La Nouvelle, « fors et « excepté le brigantin millorqués. »

F° 21. — **1618** (28 janvier). — Lettre du duc de Montmorency, en réponse à ce que les consuls lui avaient écrit concernant l'envoi des pièces d'artillerie qu'il lui avait demandées. Le duc les remercie de leurs bonnes dispositions, et il les prie de faire conduire les deux couleuvrines, avec les trois pièces de canon fournies par Séjan, jusques à Béziers, et de les faire accompagner par 24 pionniers.

F° 21. — **1618** (3 février). — Lettre du duc de Montmorency, dans laquelle il exprime aux consuls ses regrets de ce qu'ils n'ont donné aucune suite à la lettre que le commandeur de Montmorency, son frère, leur a écrite pour les inviter à livrer au capitaine Blanc le brigantin arrêté dans le port de La Nouvelle. Ce bâtiment devra être livré immédiatement, avec toutes ses voiles et ses agrès.

F° 21 v°. — **1618** (8 février). — Lettre du duc de Montmorency, qui porte ordre aux consuls de *recevoir* des mains du sieur Bardichon 40 quintaux de poudre à canon et 20 quintaux de poudre fine, ainsi que 200 *balles* de couleuvrine, et de celles de M. de St-Geniés, ou du sieur de Ricardelle, 20 quintaux de poudre à canon, pour les faire conduire à Béziers, aussitôt après la réception de sa lettre, et de là à Agde, où l'approvisionnement des munitions « pour l'assiégement et attaquement » du fort de Brescou était ordonné.

F° 22. — **1618** (25 octobre). — Lettre de la duchesse de Montmorency, datée de Pézénas, adressée à M. de Thézan de Luc, dans laquelle elle le prie de lui donner sa fille à tenir sur les fonts baptismaux, avec les consuls de la ville, qui en étaient les parrains. Il n'est pas sans intérêt de faire connaître le style si simple et si affectueux de cette lettre. En voici le contenu : « J'ay apris, il y a quelque « temps, que madame de Luc avet faict une fille. J'aves « faict dessing, croyant faire mon voiage a Thoulouse et « passer a Narbonne, vous la demander a baptesme comme « je fais par celle cy. On m'a assuré que vous l'avies desja « donnée à Messieurs les consulz de Narbonne, mais per- « sonne ne vous en scauroit estre plus obligée que moy, « ny la tenir de meilheur cœur avec eulx que je feray, « quy vous prie de me croire, Monsieur, votre tres affec- « tionnée a vous faire service. De Ursins, signée. »

F° 22 v°. — **1618** (30 novembre). — Lettre du duc de Montmorency, par laquelle il avise les consuls de l'envoi à La Nouvelle des canons qu'ils avaient fournis pour l'attaque du fort de Brescou, et il leur ordonne d'aller les y recevoir des mains du sieur de Pontserme, lieutenant du grand maître de l'artillerie dans le Languedoc, pour les faire ramener dans la ville.

F° 23. — **1619** (5 mars). — Lettre de M. Le Mazuyer, par laquelle il invite les consuls à se prémunir contre les faux rapports auxquels peut donner lieu le départ de la reine mère, « qui s'est retirée de Bloys nuictemant au des- « ceu de ses officiers, et a tiré vers Loches. » Il espère de la prudence de la reine « que ses actions seront dans l'ordre « que le roy luy prescrira, selon que la loy de Dieu et de « la nature et les sainctz effaictz des desportemens du passé « le font juger de l'advenir ; » cependant comme il pourrait s'en suivre quelque tentative contre la tranquillité publique, il les engage à veiller attentivement à la conservation de la ville, et à lui faire connaître tout ce qui pourra survenir dans le voisinage.

F° 23 v°. — **1619** (4 mars). — Lettre du duc de Montmorency, datée de Toulouse, écrite aux consuls à l'occasion du départ de la reine mère, « quy s'est acheminée vers « Loches, alors que le roy estoit sur le poinct de l'aller vi- « sitter a Bloys. » Certains bruits donnant lieu de craindre quelques tentatives contre le service du roi, le duc invite les consuls à tenir la ville « en tel estat qu'il n'y soict rien « innové..., prenant surtout soigneusement garde et te- « nant la main... qu'il ne ce face aucugne levée de gens « de guerre autour de la ville. »

F° 24. — **1619** (6 mars). — Lettre de M. de Luc, (de Saint-Geniés), lieutenant du gouverneur de la ville, datée de Luc, par laquelle il envoie aux consuls la lettre du duc de Montmorency relative aux soins que le départ de la reine mère commande pour maintenir la tranquillité publique.

F° 24 v°. — **1619** (6 mars). — Lettre de M. de Vitaut, intendant du Bas-Languedoc, par laquelle il ordonne aux consuls de courir sus à tous ceux qui tenteraient de lever des gens de guerre, ou qui s'enrôleraient, sans leur avoir communiqué les lettres de commission qui les autorisent. L'intendant espère que les consuls sauront maintenir la ville en sa fidélité envers le roi, « imitant ceux de Paris, « qui (lui) ont offert, sur ceste occurence, quinze mille « hommes de pied, deux mil chevaux et six millions pour « les soudoyer... » Cette lettre est motivée « sur le prompt « et inopiné despart de la reyne mere pour aller a Loches « et Angoulesmes, sur les praticques et menées qui se « font en ceste province par les agents de monsieur d'Es- « pernon. »

F° 25. — **1619** (4 mars). — Lettre de Louis XIII, qui annonce aux consuls le départ de la reine mère pour Loches et Angoulême, et leur enjoint, dans la crainte que ce départ ne soit suivi « de quelques mauvais effects, » d'exécuter étroitement les ordres que le duc de Montmorency leur donnera de sa part, pour maintenir la tranquillité publique et assurer la conservation de la ville.

F° 25 v°. — **1619** (15 mars). — Lettre du duc de Montmorency, accompagnant la lettre écrite aux consuls par le roi au sujet du départ de la reine mère.

F° 26. — **1619** (4 mars). — Lettre de Louis XIII au duc de Montmorency, par laquelle il lui fait connaître le départ de la reine mère de Blois pour Loches. Le roi ne peut croire que ceux qui ont persuadé à la reine de prendre cette grave résolution n'aient l'intention de passer outre et de se servir de son nom pour tenter quelque entreprise contre la tranquillité publique. En attendant qu'il « voye « plus clair et quelz seront leurs desportemens, » pour maintenir son autorité et pour châtier *leur insolence*, il mande au duc de se tenir préparé à lui prouver l'affection et la fidélité dont il lui a donné des témoignages, *et qu'il s'est promises de lui*, de veiller à ce qu'il ne se passe rien dans son gouvernement du Languedoc, et il ajoute : « sy « quelques ungs s'esmensipent de leur debvoir, vous leur

« couriez sus et fasiez ensorte qu'ilz soient reprins et chas- « tiés selon leurs démérittes, et, s'il est besoing y emploier « quelques forces extraordinaires, me faisant scavoir, je y « pourvoieray. »

F° 26 v°. — **1619** (6 juin). — Lettre du duc de Montmorency, par laquelle, ainsi qu'il venait de l'apprendre du sieur de Restanchières, il annonce aux consuls que la paix a été conclue, et qu'il leur communiquera plus tard tout ce qu'il aura appris à ce sujet.

F° 47. — **1619** (27 septembre). — Lettre du duc de Montmorency, qui donne aux consuls la nouvelle de l'entrevue du roi et de la reine mère, « de laquelle il ne « peut arriver que toutte sorte de bons succes. »

F° 27. — **1619** (6 septembre). — Lettre de Louis XIII, datée de Tours, adressée au duc de Montmorency, pour lui faire part de l'arrivée de la reine mère dans la ville de Tours, et de l'entrevue qu'il avait eue avec elle à trois lieues de cette ville, où il était allé la rejoindre. Le roi exprime en ces termes la satisfaction qu'il éprouvait de cette entrevue et les résultats qu'il s'en promettait pour le maintien de la tranquillité : « Cette action se passa avec tant de joye et de « contantement de part et d'autre, et de tous mes bons « serviteurs, que j'espère que désormes il sera bien mal « aizé de mettre aucune mauvaize inteligence entre nous, « car comme je luy ay faict cognoistre l'intention que j'ay « de l'aymer et honnorer comme je doibz, et me servir de « ses bons et prudentz conseilz aux occurrances princi- « palles de c'est Estat, elle m'a aussy, de sa part, particul- « lierement tesmoigné ung zelle et amour cordialle tant a « ma personne que au bien général de mon royaume, telle- « ment que j'espere de ceste action ung bon succes pour « l'advenir, pour le bien et affermissement du repos. » Par forme de post-scriptum, le roi ajoute que M. de Luynes a été fait duc et pair, et que la reine mère « donna un die- « mant de trente mil escus » à M. d'Épernon, en partant d'Angoulême, pour les services qu'elle en avait reçus.

F° 27 v°. — **1619** (10 octobre). — Requête des consuls à la chambre du Parlement de Toulouse séant en vacation, par laquelle ils demandent l'enregistrement des lettres patentes du 16 septembre 1619, qui autorisent l'établissement des pères de la Doctrine chrétienne à Narbonne, « pour y « enseigner et professer publicquement les bonnes lettres. »

F° 28. — **1619** (1) (16 septembre,-11 octobre). — * Lettres patentes de Louis XIII, datées de Tours, qui autorisent les pères de la Doctrine chrétienne à s'établir au collége de Narbonne, pour « y professer et enseigner publicquement « les bonnes lettres, arctz et sciences, avec la doctrine « chrétienne, en tel nombre de classes qu'ilz adviseront, « sans qu'ilz puissent y estre troublés ny inquiettés sous « quelque prétexte ny par quelque personne que ce soit. » — Arrêt d'enregistrement de ces lettres patentes au Parlement de Toulouse.

F° 30. — **1620** (29 février). — Arrêt du Parlement de Toulouse, rendu à la requête du syndic des consuls, par lequel il est ordonné qu'à l'avenir il ne pourra être permis d'user de banniment, arrestation ou saisie sur la solde des hommes de la morte-paye, et que cette solde ne pourra être délivrée par le clavaire à nul autre qu'aux soldats eux-mêmes, à peine d'en répondre personnellement.

F° 30 v°. — **1620** (6 août). — Lettre du duc de Montmorency, écrite aux consuls en réponse à celle qu'ils lui avaient adressée relativement à la nomination de M. de Mattes à la capitainerie de la tour de La Nouvelle. Le duc déclare qu'il n'a reçu à ce sujet aucun autre avis que le leur, et que si les lettres de provision de M. de Mattes lui sont présentées, il ne délivrera ses lettres d'attache qu'après les avoir ouïs *particulièrement*.

F° 31. — **1620** (26 novembre). — Lettre du duc de Montmorency, par laquelle il recommande très-expressément aux consuls de ne permettre la sortie des poudres et salpêtres, soufres et armes, que sur le vu d'un passeport du roi ou du gouverneur de la province.

F° 31 v°. — **1620** (3 juillet). — Arrêt du Parlement de Toulouse, qui, sur l'appel relevé par Ambroise de Ribeyroles, fermier du droit de courtage de l'huile et du miel pour les deux tiers qui appartiennent à la ville, l'autre tiers appartenant au roi, casse les ordonnances du bureau des Finances de Béziers, du 15 juillet 1619, d'après lesquelles il était permis au fermier de ce tiers de faire mesurer l'huile et le miel par d'autres mesures que celles des consuls et d'autres mains que celles de leur fermier. Les consuls appelés en intervention et en garantie par leur fermier, se joignent à l'appel et le fondent sur les motifs qui suivent : — ils ont seuls le droit de police dans la ville ; — de toute l'huile qui se vend dans la ville, ainsi que du miel qui s'y débite, il doit être payé un droit de 8 s. par charge, « sa- « voir : trois sous par le vendeur ou acheteur y habitant « et cinq sous par le forain, soit vendeur ou achepteur ; » — de ce droit, qui est ce qu'on appelle communément le courtage, un tiers appartient au roi et deux tiers à la ville : — la direction de la police dépendant exclusivement du consulat, les consuls ont seuls, en leur pouvoir, tous les

(1) Ces mêmes lettres patentes sont transcrites au f° 104 du cartulaire B, article AA. 114, où elles ont été portées, par erreur de date, à l'année 1670. Leur date vraie est l'année 1619, puisqu'elles ont été vérifiées et enregistrées au Parlement de Toulouse, à la requête des consuls, le 11 octobre de cette dernière année.

poids, *taux* et mesures dont il est fait usage à Narbonne, et personne ne peut tenir des poids, taux ou mesures sans les avoir fait préalablement vérifier et marquer aux armes de la ville par les consuls, qui, en outre, ont seuls le pouvoir de corriger et punir « en leur police tous ceulx quy se « trouvent avoir corrompeu ou altéré les mesures, ou « comis quelque abus ou malversation en ycelles; » — de temps immémorial, les consuls ont remis à leur fermier les mesures et ustensiles servant au mesurage de l'huile et du miel; — il n'est permis ni au vendeur ni à l'acheteur de faire mesurer par d'autres mesures que celles qui sont remises au fermier de la ville; cependant, il est loisible aux habitants de faire mesurer leurs denrées par telles personnes que bon leur semble, capables et expertes, mais seulement après avoir appelé ce fermier, et, lui présent, pour qu'il perçoive le droit de courtage, etc. Cette dernière faculté, que les consuls font dériver « de la générale liberté « quy est et doibt estre maintenue parmy les personnes « de libre et franche condition... quy a deuré de tout « temps aud. Narbonne, » le fermier du tiers appartenant au roi l'avait invoquée pour justifier sa demande devant le bureau des Finances.

F° 36. — **1620** (4 mai). — Arrêt du Parlement de Toulouse confirmatif du règlement de l'année 1619, concernant la vente du pain dans la ville de Narbonne. Les boulangers s'étaient pourvus en appel contre ce règlement, par l'intermédiaire de leur syndic, sous prétexte que le prix de la taxe n'était pas en rapport avec le prix du blé. D'après ce règlement, le prix du pain, lorsque le prix du blé était de 5 liv. 10 s. le setier à 6 liv., était fixé comme suit: 16 den. et demi le pain blanc, d'une livre; 14 d. le pain rousset; 11 den. le pain bis. L'arrêt autorise le boulanger de l'archevêque à faire cuire du pain pour ceux qui lui remettront du blé en échange, mais sans qu'il puisse le débiter ou le vendre aux particuliers, sous peine de confiscation.

F° 42. — **1621** (31 mars). — Arrêt de la cour des Comptes, Aides et Finances de Montpellier, rendu sur l'appel du syndic de divers habitants de Narbonne, demandeur en règlement de la cotization « des cabaux, meu-« bles lucratifs et industrie des habitants de la ville, » par lequel il est ordonné qu'à l'avenir « les cabaux, bestail « gros et meneu et tous meubles lucratifz et industrie des « habitans de lad. ville de Narbonne seront cottisés et com-« pésiés, et il est enjoint aux consulz de faire annuellement « procéder, en conseil général, a la nomination de six « prud'hommes de qualité et probité requise, lesquelz, « deuemant assermentés, procéderont seulz a l'estimation « et cottisation desd. cabaux, bestail gros et menu, meu-« bles lucratifz et industrie; pardevant lesquelz les habi-« tans de lad. ville se purgeront, par serment, de la valleur « de leurs cabaulx, et, pour plus emple vérification, se « pourront lesd. prud'hommes transporter ez maisons et « boutiques desd. habitans, et se fairont exhiber lesd. mar-« chandises, cabaux et livres de raison, auxquelz est en-« joint de cottiser et compésier ceux quy ont de l'argent « aux intérestz et a pension. » Ce même arrêt décide : — que le motif de l'imposition sera transcrit en tête du rôle; — que le compte des deniers de cette imposition sera soumis, par articles distincts, aux États de la province et aux assiettes du diocèse, séparément pour les deniers ordinaires et pour les deniers extraordinaires. Il fait défenses aux consuls d'asseoir aucune imposition « par cappitations ou « capsages, » et leur enjoint, au contraire, de les répartir au sol la livre. Les deniers exigés des habitants syndiqués, contrairement à ce dernier mode, devaient leur être tenus en compte sur le montant de leur imposition à venir, au sol la livre.

F° 43. — **1621** (6 octobre). — Lettre de la duchesse de Montmorency, qui remercie les consuls de certains avis qu'ils lui avaient donnés. Elle leur annonce, de son côté, que le marquis de Nonay, son neveu, est dans le Minervois pour s'opposer aux desseins de M. de Rohan, et, afin de stimuler leur dévouement, elle ajoute : « je m'assure que « vous l'assisterez de tout vostre pouvoir. Faictes-le, je « vous prie, et allez scavoir de luy ce qu'il pourroict avoir « affere de vous. Cella vous regarde en particullier. « D'ailheurs, vous estes sy bons serviteurs du roy que « je croy que vous ne pouvez fallir. Vous m'obligeres « beaucoup de me tenir advertie de tout ce qui se passera « en vos quartiers. »

F° 43. — **1621** (4 octobre). — Lettre de la duchesse de Montmorency, par laquelle, en renouvelant aux consuls l'ordre qu'elle leur a fait donner par *son ordonnance*, « comme il est grandement nécessaire d'armer une *far-« guate* ou un bateau, » elle leur enjoint, de nouveau, de procéder à cet armement, en prenant le bateau le meilleur et le plus approprié de leur port, et de le munir de toute l'artillerie nécessaire, qu'elle les autorise à prendre dans les magasins du roi.

F° 43 v°. — **1622** (14 septembre). — Ordonnance du comte Henri de Schomberg, exerçant la charge de grand maître et capitaine général de l'artillerie de France, qui enjoint à tous commissaires de l'artillerie chargés des levées de bétail et de charrettes, de représenter aux consuls des villes capitales de diocèse leurs commissions, afin que ceux-ci puissent faire le département de ces levées, de concert avec le syndic du diocèse, de manière à éviter les foules et abus qui peuvent s'y commettre. Cette ordonnance est datée du camp devant Montpellier. Elle est contre-signée par M. Repérant.

F° 44. — **1622** (18 mai). — Ordonnance du duc de Montmorency, qui, *pour certaines considérations*, fait remise au corps de la ville de Narbonne de la sixième partie, qui avait été mise à sa charge, des 1,151 setiers de blé que le diocèse de Narbonne avait ordre de fournir au sieur de Lapalme, commissaire des vivres, pour le camp de Montpellier.

F° 44 v°. — **1622** (24 octobre). — Ordonnance du duc de Montmorency, gouverneur du Languedoc, qui décharge la ville de la portion qu'elle devait fournir, conjointement avec les autres communautés du diocèse, pour les frais d'*entretènement* de la compagnie de gendarmes du duc, pendant les mois de juin et de juillet 1622.

F° 44 v°. — **1623** (27 mai). — Requête des consuls à M. de Valençay, maréchal de camp, commandant des troupes du roi dans le Bas-Languedoc, à l'effet d'obtenir décharge de la portion « des foins, avoines, pailles et usten- « ziles » imposée à la ville pour la nourriture des chevaux de la compagnie de carabiniers du sieur de Montbuisson. Cette requête est fondée sur ce que la ville est exempte de cette fourniture et de toutes autres semblables ou plus grandes, pour l'entretien ou le logement des gens de guerre, tant par les privilèges spéciaux qui lui ont été accordés par les rois de France, que par les transactions expresses passées pour ces objets avec le diocèse dont elle est la capitale. — Ordonnance conforme de M. de Valençay, contre-signée par Sublé.

F° 46. — **1623** (29 mai). — Arrêt du Parlement de Toulouse, rendu entre le syndic des consuls de Narbonne, intervenant en l'instance introduite par maître Jean d'Autemar, sieur de Laute, lieutenant principal au siége royal (la viguerie) de Narbonne, et Jean-François Ducup, juge royal audit siége, en opposition à l'arrêt du 21 février 1623, portant que, par provision, ledit lieutenant aura le droit de siéger et d'opiner « dans l'audience du siége, sur un banc « fleurdelisé placé au cousté droit du tribunal des viguier « et juge. » Dans son intervention, le syndic des consuls demande pour eux la préséance sur le lieutenant principal, tant dans l'auditoire de la viguerie qu'en toutes autres assemblées publiques ou particulières. L'arrêt déclare que le lieutenant principal prendra place à la droite du viguier et du juge de la viguerie, en l'auditoire de ladite viguerie et judicature royale seulement, et que les consuls se placeront à la gauche.

F° 47 v°. — **1623** (30 août). — Arrêt du Parlement de Toulouse, portant homologation de la transaction passée, le 11 janvier 1621, entre Cristophe de Cogomblis-Loyseleur, comme syndic de divers habitants de Narbonne, et les consuls de la ville, qui sont Jérôme de Castilhon, sieur de St-Martin-de-Toques, Jean Morel, Jean Revel et François Verzeille, sur le procès porté devant ledit Parlement en opposition à la sentence du sénéchal de Carcassonne, du 18 février 1617, qui maintient les consuls en la faculté d'affermer le droit de banderage du territoire, à raison *d'une quartière* par mojade, pour la partie de la Cité, et de 4 den. par mojade, pour la partie du Bourg, à prendre sur les terres labourables ainsi que sur les prés, vignes et autres possessions sujettes à la fraude. Sur cette opposition, les parties avaient été admises, par un arrêt du 3 mars 1618, à produire leurs dires par écrit, et les consuls, en particulier, après avoir consulté le conseil, devaient remettre leur avis « sur la conduicte ou incomodité de continuer « l'exaction dud. droict de banderage. » Afin d'éviter les frais de cette procédure, les parties conviennent, par leur transaction : — que les consuls commettront annuellement des bandiers pour *le gardiage* des terres de la Cité; — qu'ils recevront leur serment et leur remettront le bâton *banderail* marqué aux armoiries de la ville; — qu'ils pourront destituer ces bandiers en cas de négligence ou de malversation, comme ils le pratiquaient auparavant; — que pour le gardiage des terres de la Cité, qui se composent de prés, vignes et olivettes, il y aura cinq bandiers; — que ces bandiers seront tenus de garder avec soin toutes lesdites terres, de remettre au greffe des consuls un rapport sur les talhes ou dommages commis, d'en donner paiement, et d'asseoir les *albarans* (1) en présence de l'un des consuls; — que le règlement de ces talhes sera fait par des estimateurs jurés et assermentés, nommés par les consuls; — que le droit des propriétaires de poursuivre les auteurs de ces talhes, par la voie criminelle, demeure réservé, suivant les arrêts des cours souveraines et les règlements du pays de Languedoc; — que les frais des estimateurs, ainsi que ceux du greffier des consuls pour les albarans, seront payés par les auteurs du dommage; — qu'à raison de ces albarans, il ne pourra être exercé, directement ni indirectement, aucun recours contre la ville; — que chacun des bandiers aura, annuellement, 75 liv. de gages, et le greffier 30 liv. pour la tenue du registre des relations et des albarans; — que les bandiers, outre leurs gages, auront le quart de toutes les saisies qu'ils auront opérées, sans que les consuls puissent faire *aucune grâce*, si ce n'est sur les trois quarts restants, qui appartiennent à la ville; — que si les gages de

(1) Lorsque les dommages causés aux propriétés avaient été constatés par les bandiers, la valeur de ces dommages était fixée par des estimateurs, sur un bordereau qui était désigné sous le nom d'*albaran*. Ce bordereau était ensuite remis par les bandiers aux propriétaires, pour en poursuivre à leurs risques le recouvrement.

75 liv. n'étaient pas trouvés suffisants, ils pourront être augmentés par les consuls, avec le consentement du conseil général; — que ces gages seront, chaque année, répartis sur toutes les terres, prés, vignes et olivettes de la Cité, ainsi que sur les champs, qu'ils soient semés ou non, suivant leur qualité et leur contenance, « sans avoir esgard « à leurs expentes, les terres hermes, vaines, vagues et « incultes; » — que le cahier de cette répartition sera remis aux bandiers pour en faire la levée à leurs périls, risques et profits; — que le paiement en sera fait en deux termes égaux, le premier à la fin d'avril, le second à la fin d'août; — que les récalcitrants seront poursuivis par les bandiers, aux frais des propriétaires des terres du gardiage, sans aucun recours contre la communauté; — enfin, que tout propriétaire de terres peut saisir (pignorer) les bestiaux qui seront tenus dans leurs terres à garde faite et bâton planté, soit de nuit, soit de jour, en tout temps dans les champs semés, les vignes et les olivettes, et dans les prés pendant le temps prohibé. Le quart de la saisie appartient à celui qui l'a pratiquée, et les consuls ne peuvent faire remise que de l'excédant.

F° 51. — **1623** (21 mars). — Délibération par laquelle M. Gabriel Dumas, abbé de St-Paul, et les chanoines du chapitre, pour donner raison aux consuls du désordre qui s'était produit dans l'église St-Paul au moment où ils venaient, suivant la coutume, présenter leur offrande, décident que des délégués du chapitre iront trouver les consuls pour les assurer du déplaisir que leur a causé ce désordre, et pour les prier de se contenter de la satisfaction qui leur est donnée par le renvoi du maître de chapelle et d'un choriste qui sont reconnus pour en être les principaux auteurs.

F° 51 v°. — **1624** (8 mai). — Délibération des États du Languedoc, tenus en la ville de Béziers, qui décharge les consuls d'une quantité de 484 setiers de blé, dont ils avaient été déclarés responsables par une délibération des États tenus à Beaucaire, en date du 19 avril de la même année.

F° 52. — **1625** (18 janvier). — Lettre de M. Le Mazuyer, qui recommande aux consuls de faire meilleure garde, « afin de prévenir les desseins de ceulx qui voudroyent « uzer de surprinse de places pour troubler le reppos « public. » Cette lettre leur fait en même temps inhibitions et défenses « d'uzer d'aucunes voyes d'hostillitté, n'y sous- « tenir qu'il en soict faict par aucungs, ains contenir touttes « chozes dans l'ordre des édictz. »

F° 52 v°. — **1625** (22 janvier). — Lettre du roi, en forme de déclaration, relative aux troubles suscités par les religionnaires, qui ont pris les armes, se sont emparés de l'île de Ré, et ont armé des vaisseaux « pour dépréder, « comme ils ont desja commancé, » les sujets qui font le trafic le long des côtes. Afin d'arrêter leurs entreprises, la déclaration porte qu'il va être armé plusieurs bâtiments pour protéger le commerce et garantir les villes et places maritimes, que des troupes seront envoyées dans les provinces où les factieux sont le plus nombreux, et que, dans le Languedoc en particulier, 6,000 hommes de pied et 500 chevaux, commandés par les marquis de Portes et de Raigny, seront chargés de maintenir la tranquillité, « et de « réprimer et chastier ceux quy se jeteront dans la « rébellion. »

F° 54. — **1625** (5 février). — Lettre de M. Le Mazuyer, accompagnant la déclaration du roi relative aux troubles suscités par les religionnaires, qui, « pour inthéretz parti- « culiers et par correspondance avec les estrangers, » ont détruit le calme de l'État. Aux recommandations faites par le roi pour la conservation de la tranquillité publique, le Parlement de Toulouse a ajouté les suivantes : « ne soufrir « point la traverse des soldats vagabonds et la liberté de « cabaler contre le service du roy; arrester telles personnes « réformées de leurs factions, et leur faire le procès. » Les consuls devaient avertir de toutes ces dispositions les villes *voisinières*, ainsi que celles de leur juridiction.

F° 54 v°. — **1625** (12 mai). — Lettre de M. Le Mazuyer, par laquelle il fait connaître aux consuls les desseins des rebelles « pretz a esclore, estantz desja a faire des « courses, pétarder des maisons, prandre des prizonniers « et faire tous autres actes d'hostillitté, et mesmes, par « complotz, prins la pluspart des leurs qui c'estoint répandus « par les compaignes, ont quitté leurs demeures, rettiré « leurs bestiaux et meubles, et se sont mis a couvert dans « les villes de faction. » Le Parlement avait déjà pris des dispositions en vue d'arrêter le cours des choses; mais il avait dû en suspendre l'exécution, « sur la croyance que le « roy a eu que l'exces de sa bonté en leur endroict les dis- « pozeroit d'accepter les advantages qu'il leur avoit offert; « mais, s'ilz commancent, Dieu aydant, on les retrapera. »

F° 55. — **1625** (10 mai). — Arrêt du Parlement de Toulouse, rendu sur la requête verbale du procureur général du roi, expositive des menées des rebelles, des calomnies répandues par eux pour jeter l'inquiétude dans le pays, détruire toute confiance relativement à la conservation des édits de pacification, etc. Cet arrêt ordonne qu'il sera enquis, à la diligence du procureur général, des faits et *soustènements* d'armes, pour être ensuite procédé contre les coupables comme de raison. De plus, il déclare tous les sujets du roi, faisant profession de la R. P. R., leurs femmes, leurs enfants et leurs biens, mis sous la protection du roi et celle de la cour, « a la charge de se con-

« porter selon que doibvent de bons et fidelles subjectz, et « conformément aux éditz et déclarations de S. M., pour, « par eux, jouir du bénifice d'iceux; lesquelz a ordonné « estre receus et admis indifférement dans toutes les villes « catoliques pour s'y pouvoir rettirer sy bon leur semble « en toute scuretté, les mettant soubz la particulière pro-« tection et sauvegarde des officiers et consulz d'icelles « villes... » Enfin, il fait inhibitions et défenses à tous sujets du roi, de quelque condition et qualité qu'ils soient « de « faire aucunes courses ny commectre aucuns actes d'hos-« tilitté, prandre prisoniers, bestail ny biens, soubz peine « d'estre déclarés criminelz de lese majesté, » et il ordonne à tous officiers, magistrats, consuls, prévôts « vichenes-« chaulx » et leurs lieutenants et archers, gentilhommes et autres, de « leur courre sus ausd. perturbateurs a son de « toquesin, en sorte que la force en demeure au roy. »

F° 56 v°. — **1625** (17 juin). — Ordonnance du marquis de Thémines, maréchal de France, lieutenant général au gouvernement de Guyenne, commandant l'armée du Languedoc, qui prescrit aux consuls de livrer immédiatement 6 quintaux de poudre, 6 quintaux de mèche et autant de balles, pour l'armée du Bas-Languedoc, commandée par le marquis de Raigny, qui était dépourvue de munitions.

F° 57. — **1625** (17 juin). — Lettre du marquis de Thémines, qui adresse aux consuls son ordonnance relative à la fourniture de munitions pour l'armée commandée par le marquis de Raigny. Après avoir rappelé que les troupes de cette armée sont dépourvues de munitions de guerre, le marquis presse vivement les consuls de faire leur fourniture. Il leur écrit : « je vous prie et conjure, de tout mon « cœur, de les assister. »

F° 57. — **1625** (20 juin). — Lettre du marquis de Raigny, datée de Peyriac, par laquelle il adresse aux consuls, par l'entremise du syndic du diocèse, la lettre précédente et l'ordonnance du marquis de Thémines, relatives à la fourniture de munitions de guerre.

F° 57 v°. — **1625** (19 juin). — Lettre de Louis XIII, par laquelle il remercie les consuls des fournitures qu'ils avaient faites pour aider à reprendre la ville de Sommières, « et pour empescher que le duc de Rouan ne se soit pré-« valu de l'entreprise qu'il avoit faicte sur lad. place. »

F° 58. — **1625** (20 août). — Lettre du maréchal de Thémines, datée du camp devant Villefranche du Lauraguais, par laquelle il invite les consuls à envoyer immédiatement à Castelnaudary, dans l'intérêt du service du roi, un millier de poudre menue grainée, un millier de balles et un millier de mèches, dont le prix leur sera remboursé des premiers deniers du roi destinés aux dépenses de l'artillerie.

F° 58 v°. — **1625** (14 août). — Ordonnance du duc de Ventadour, lieutenant général au gouvernement du Languedoc, qui enjoint aux consuls des diocèses de Narbonne, Béziers et Agde, de fournir 60 chevaux ou mulets pour le service de l'artillerie.

F° 59. — **1625** (2 septembre). — Ordonnance du duc de Ventadour, datée de Castelnaudary, par laquelle, attendu que les *foules* du Bas-Languedoc, dont le diocèse de Narbonne fait partie, sont distinctes de celles du Haut-Languedoc, et qu'elles doivent être supportées séparément suivant les règlements des États de la province, ce diocèse est déchargé de la fourniture de 20 chevaux ou mulets prescrite par l'ordonnance du 14 août précédent.

F° 59 v°. — **1625** (2 septembre). — Lettre du duc de Ventadour, par laquelle il signale aux consuls l'inexécution des règlements arrêtés dans les États de la province, d'après lesquels il ne peut être fait aucune livraison de munitions de guerre sans l'ordre des gouverneurs. Le duc les invite ensuite à dresser un tableau de toutes les munitions qui peuvent exister dans les magasins de la ville et à le lui envoyer, afin qu'il puisse pourvoir aux besoins que commande le service du roi.

F° 60. — **1625** (?). — Lettre du duc de Ventadour, par laquelle il avise les consuls de son arrivée dans la ville, où il est venu pour reconnaître de plus près la *contenance* des ennemis, et il les prie de lui faire part de tout ce qu'ils pourront apprendre « de della. »

F° 60. — **1625** (14 septembre). — Lettre du maréchal de Thémines, datée du camp devant le Mas-d'Azil, qui remercie les consuls des soins qu'ils s'étaient donnés pour faire réparer l'artillerie et pour faire conduire les poudres et munitions de guerre destinées aux troupes du roi. S'il arrivait que M. de Rohan jetât ses troupes du côté de St-Pons, ou dans le voisinage de Narbonne, le maréchal est persuadé que les consuls s'opposeront de tout leur pouvoir à ses desseins, et il offre de les aider, en ce cas, « quand « il en sera besoing et que sa présence sera nécessaire. »

F° 60 v°. — **1626** (31 janvier). — Arrêt du Parlement de Toulouse, par lequel l'élection consulaire, qui devait avoir lieu le jour de la Purification, comme de coutume, est ajournée à quinzaine, les consuls actuels demeurant jusque-là maintenus en leur charge.

F° 61. — **1626** (9 février). — * Arrêt du Parlement de Toulouse, rendu entre le syndic des avocats de la ville et viguerie de Narbonne, Jean-François de Chefdebien, sieur d'Armissan et du Quatourze, et Pierre Saurin, syndic de divers nobles, bourgeois, marchands, notaires et procureurs, et les consuls de la ville, dans l'instance introduite par les premiers pour faire casser la matricule perpétuelle, déclarer nul tout ce qui a été fait par les conseillers de cette matricule, contrairement aux derniers arrêts du Parlement, et faire ordonner qu'à l'avenir il sera procédé à l'élection des consuls et des conseillers conformément au règlement arrêté par messire Bernard de Lauret, premier président (v. AA. 103, 3ethal., f° 143 v°), avec défenses aux consuls d'imposer aucunes sommes sur les habitants l'instance pendante, etc. Le syndic des avocats demande, en outre, que la moitié des places de la première échelle de la matricule soit réservée aux avocats. Par cet arrêt, qui admet les parties à dire et à produire par écrit ce que bon leur semblera, il est ordonné, provisoirement : — qu'il sera procédé, la présente année, à l'élection des consuls suivant l'ancienne forme, par les 86 conseillers matriculés, avec adjonction de 8 habitants des plus qualifiés de la ville, savoir : 4 gentilhommes et 4 avocats, dont la première échelle demeure augmentée, avec cette condition que la matricule sera réduite à son premier nombre de 86 conseillers par la suppression des places qui viendront à vaquer ; — que, lorsque la matricule aura été ramenée à 86 places de conseiller, il ne pourra être admis aucune *résignation* ;— que les parents des conseillers en place, dans les degrés de père à fils, de frères, oncles et neveux, ne pourront être élus conseillers, à peine de 4,000 liv. d'amende; — qu'il ne pourra être porté aux places devenues vacantes par décès que les « plus gens de bien et califiés » de la ville, suivant le rang des échelles; — enfin, que lorsqu'il sera procédé aux impositions de deniers et aux auditions des comptes de l'administration consulaire, il sera désigné pour ces opérations, au lieu de quatre matriculés, deux matriculés seulement et deux habitants de la ville, pourvu qu'ils ne soient parents ni alliés, en ce qui concerne les comptables, aux degrés prohibés.

F° 63 v°.— **1625** (13 janvier).—Lettre de M. Dufaure, président en la cour des Comptes, Aides et Finances de Montpellier, par laquelle il envoie aux consuls une copie de la déclaration du roi portant défense d'exporter le blé ainsi que les autres grains. Il les invite aussi à faire publier cette déclaration, et à empêcher la sortie des grains en faisant procéder avec rigueur contre tous les contrevenants.

F° 64. — **1626** (11 mai). — Arrêt du Parlement de Toulouse, qui prononce le rejet de l'appel que maître Louis Cabirol, notaire royal de Narbonne, avait relevé contre la nomination à la charge de consul dont il avait été l'objet le 18 février 1626. (Transc. au présent cartulaire, f° 82 v°.)

F° 65. — **1625** (11 avril). — Provisions accordées à Antoine Rouch, avocat, pour l'office de viguier en la ville et viguerie de Narbonne, devenu vacant par la démission qu'en avait faite noble Jean de Trégoin, sieur de Ricardelle.

F° 66. — **1625** (10-11 avril). — Quittance donnée par Bochard Champagny, trésorier des parties cazuelles, à Paris, de la somme de 4,000 liv. payée par Antoine Rouch, pour la résignation, faite à son profit par Jean de Trégoin, de l'office de viguier en la viguerie de Narbonne auquel il venait d'être nommé par le roi.

F° 66 v°. — **1625** (11 avril). — Quittance de la somme de 108 liv., pour le droit de marc d'or payé par Antoine Rouch, pour l'office de viguier en la viguerie de Narbonne, auquel il venait d'être nommé.

F° 66 v°. — **1626** (8-21 juillet).—Arrêt du Parlement de Toulouse, qui, sur le vu des lettres de provision de l'office de viguier en la viguerie de Narbonne, accordées à Antoine Rouch, avocat, ordonne la réception du titulaire en cet office, et l'y déclare installé, après avoir reçu de lui le serment requis. — Quittance donnée par le prévôt de la confrérie de la basoche, fondée dans le *couvent de Ste-Magdeleine*, à Narbonne, pour la somme de 7 liv. 7 s., payée par Antoine Rouch, pour son droit de réception en l'office de viguier.

F° 67 v°. — **1626** (21 octobre). — Lettre du duc de Ventadour, gouverneur du Languedoc, par laquelle il adresse aux consuls, avec ordre de la faire publier, l'ordonnance du roi qui défend les enrôlements et levées de gens de guerre faits dans le royaume sans sa permission.

F° 68. — **1626** (4 octobre). — Ordonnance du roi, datée de St-Germain-en-Laye, qui fait défenses à tous les sujets du royaume, quelles que soient leur condition et leur qualité, de faire des levées de gens de guerre à pied ou à cheval, pour quelque cause que ce soit, sans commission expresse du roi, scellée du grand sceau, sous les peines portées par les ordonnances.

F° 69. — **1626** (24 octobre). — Ordre donné à Toulouse, par le duc de Ventadour, pour la publication de l'ordonnance du roi qui fait défenses de lever des gens de guerre dans tout le royaume, sans commission scellée du grand sceau.

F° 69 v°.—**1627** (19 janvier).— Lettre de Louis XIII, qui enjoint aux consuls, « pour certaines considérations « importantes pour le repos et la tranquillité de la ville, » de surseoir à l'élection consulaire fixée au 2 du mois de février suivant, jusqu'à ce que le procès pendant devant le Parlement de Toulouse, sur le mode et les formes de cette élection, entre les consuls et les habitants réunis en syndicat, soit vidé et terminé.

F° 70. — **1625** (1er décembre). — Contrat passé entre Jean Denos, consul, noble Pierre de Gros, sieur d'Homps, et Jérôme de Castilhon, sieur de St-Martin-de-Toques, députés de la ville, d'une part, et maître Pons Veye, docteur en théologie, procureur fiscal en la Cour spirituelle de Narbonne, Pierre Rousquet, consul de Puisserguier, Arnaud Gendron, procureur des consuls d'Azille, Gabriel Fargues, consul de Séjan, et Pierre Armengaud, députés du diocèse de Narbonne, d'autre part, pour régler les portions qui étaient à la charge de la ville et celles qui devaient rester à la charge des autres communautés du diocèse dans l'imposition de certaines sommes, notamment de celle de 59,672 liv., autorisée par lettres patentes du 26 septembre précédent. L'acte est retenu par maître Etienne Bosquet, docteur ès-droits, notaire royal à Narbonne, en présence de noble Jean-Jacques de Molinier, sieur de la Fauguière, et de Jean Cassagne, praticien à Narbonne.

F° 71. — **1626** (19 décembre). — Arrêt de la cour des Comptes, Aides et Finances de Montpellier, rendu entre les consuls de Narbonne, demandeurs en vérification des lettres patentes du 17 juillet 1624, « concernant le corra- « taige des bledz vandus et débittés en lad. ville, » d'une part, et le syndic général du Languedoc, le fermier des droits forains et domaniaux de la province, et Nicolas Dussault, sieur de St-Moritaut, d'autre part, opposants à l'enregistrement de ces lettres patentes par le motif qu'elles sont contraires aux arrêts du conseil d'État rendus sur le fait du courtage des marchandises. Par cet arrêt, la cour déclare n'y avoir lieu de procéder à l'enregistrement desdites lettres patentes, sans préjudice du droit que les consuls de la ville ont de nommer et établir tel nombre de courtiers qu'ils jugeront utile pour faciliter le commerce, et à la charge, par ces courtiers, de ne prendre aucuns gages ni émoluments et de n'accepter que ce qui leur sera librement et volontairement donné par ceux qui emploieront leur intermédiaire. La cour déclare aussi maintenus les droits de mesurage et botage du blé, de l'huile, du miel et autres marchandises, dont une portion appartient au roi. Les lettres patentes du 17 juillet 1624 autorisaient les consuls à bailler à ferme le courtage et le mesurage du blé dans les mêmes formes que le courtage de l'huile et du miel, des chevaux et des *inquants*. Pour en demander l'enregistrement par la cour des Comptes, les consuls s'étaient appuyés : — d'un contrat de vente des émoluments des courtages, daté du 8 novembre 1333; — de deux extraits des thalamus de la ville, contenant le tarif des honoraires qui appartenaient aux courtiers sur les marchandises vendues par eux (v. AA. 103, 3e thal., f°s 20 et 127; AA. 109, 9e thal., f°s 1 v° et 72 v°); — des lettres patentes de Philippe VI, du 11 juin 1338, qui concèdent aux consuls de Narbonne la faculté d'affermer la levée du droit de courtage, sous la condition de n'exiger « que ce « quy avoict esté accoustumé d'estre levé, etc. »

F° 73. — **1624** (6 novembre). — Arrêt de la cour des Comptes, Aides et Finances de Montpellier, rendu entre les consuls et le maître des Ports au bureau de la foraine de Narbonne, par lequel il est ordonné que les consuls de Quillan paieront le droit de leude, tant du bois que des autres marchandises soumises à ce droit, qui entreront dans la ville de Narbonne.

F° 74 v°. — **1627** (25 avril). — Commission donnée par le roi à M. de Nesmond, conseiller d'État, pour se rendre à Narbonne à l'effet de se faire représenter, en exécution de l'arrêt du conseil du 30 mars 1627, les comptes et états d'emploi des deniers patrimoniaux de la ville, depuis l'année 1616, les vérifier et examiner, reconnaître les abus qui ont pu y être commis par les consuls, les conseillers et les habitants, etc. M. de Nesmond devait aussi faire procéder, en sa présence, à l'élection consulaire suivant les formes et statuts accoutumés, « en tenant la main que lad. « eslection tumbe sur personnes affectionnées au service « du roy, au bien et a la tranquillité de la ville. » Cette élection avait été différée jusque-là, à cause des différends auxquels elle avait donné lieu entre les consuls actuels et les habitants.

F° 76. — **1627** (25 avril). — Lettre de Louis XIII, par laquelle en avisant les consuls de la commission donnée à M. de Nesmond, au sujet de l'élection consulaire et de la comptabilité des revenus patrimoniaux de la ville, il leur enjoint d'obéir à tout ce qui leur sera ordonné par ce commissaire, et de suivre les avis et les conseils qu'il donnera « pour faire vivre les habitants en bonne union et concorde, « et pour les maintenir en repos et tranquillitté. »

F° 77. — **1627** (9 juillet). — Lettre de Louis XIII, datée de Villeroy, dans laquelle il exprime aux consuls sa satisfaction de l'empressement qu'ils ont mis à se conformer à tout ce qui leur a été recommandé et prescrit par M. de Nesmond, concernant les faits qui dépendaient de sa commission. Il les exhorte, ensuite, à persister dans ces sentiments de soumission et obéissance, à vivre en bonne intelligence avec les habitants, et à maintenir entr'eux l'union et la concorde, dont dépendent le repos et la tranquillité de la ville. (Transc. au présent cartulaire, f° 79 v°.

F° 77 v°. — **1627** (14-29 octobre). — Déclaration du roi contre le duc de Rohan et ses adhérents et complices. Cette déclaration enjoint au Parlement de Toulouse de faire le procès au duc, nonobstant tous priviléges, même celui de la pairie, desquels il est déchu et s'est rendu indigne *par l'énormité de son crime de rébellion et attentat à l'autorité royale*. Le procès doit être également fait à tous ses adhérents et complices, même aux villes et communautés du ressort du Parlement qui se sont jetées dans la rébellion. Enfin, ces villes et communautés sont déclarées coupables du crime de lèse-majesté et comme telles déchues « des « graces et priviléges des sujets de la R. P. R., sans espé-« rance d'aulcung restablissement. » — Enregistrement de cette déclaration en la cour du Parlement de Toulouse.

F° 79 v°. — **1627** (9 juillet). — Lettre de Louis XIII, dans laquelle il exprime sa satisfaction de l'empressement qui a été mis par les consuls à obéir aux recommandations de M. de Nesmond. (Transc. au présent cartulaire, f° 77.)

F° 80. — **1627** (4 mars). — Lettre du roi, par laquelle il fait connaître aux consuls : — que leurs différends avec divers habitants syndiqués, relativement à la matricule, ont été terminés par un arrêt rendu au conseil le 24 septembre 1626; — que, conformément à cet arrêt et pour cette fois seulement, ceux qui doivent entrer *par augmentation* dans la matricule ont été nommés; — que M. de Nesmond est chargé de l'exécution de l'arrêt; — qu'à cet effet il se rendra prochainement dans la ville, etc. Par cette lettre, le roi recommande, en outre, aux consuls, « de tenir une bonne « intelligence et correspondance avec le sieur de St Geniés, « gouverneur de la ville, ... et luy rendre le respect qui « est deu a sa charge. »

F° 80 v°. — **1630** (23 mars). — Arrêt du conseil d'État, rendu entre les consuls de la ville, M. Étienne Gouttes, avocat, cessionnaire du roi pour la recherche et la liquidation du domaine dans le Languedoc, et le syndic de l'abbaye de Fontfroide, relativement au droit de cosse qui est perçu dans la ville sur les blés, les grains et légumes qui y sont vendus par les étrangers. Par arrêt du 30 septembre 1627, le conseil avait confirmé une sentence des commissaires royaux chargés de la recherche et de la liquidation du domaine, dans le ressort de la cour du Parlement de Toulouse, datée du 23 décembre 1624, par laquelle le droit de cosse était déclaré appartenir au roi. Les consuls demandaient, par requête civile, à être rétablis en possession de ce droit ainsi qu'ils le possédaient avant la date de cette dernière sentence. De son côté, le syndic de Fontfroide demandait à être maintenu en la portion du droit de cosse qui lui avait été vendue par le roi, et à percevoir de la ville la somme annuelle de 60 liv., représentant la rente qu'elle s'était engagée à lui payer pour la cession que l'abbaye lui avait faite de cette même portion. L'arrêt décide, conformément à la demande des consuls, que les parties sont rétablies en l'état où elles se trouvaient avant l'arrêt du 30 septembre 1627; il casse la sentence du 23 décembre 1624 des commissaires de la recherche et de la liquidation du domaine, et il déclare maintenue une sentence produite par les consuls, en date du 30 janvier 1552, par laquelle le viguier du roi à Narbonne statue « que le droit de cosse « sera doresnavant cuilly, levé et exhigé sur tous les grains « qui se vendront par les estrangers non habitants dud. « Narbonne, a la place, hostelleries, maisons ou ailheurs, « dans lad. ville et terroyr d'icelle, mais non sur les « grains et légumes qui se vendent par lesd. habitants en « leurs maisons ou greniers, soit de leur creu ou haul-« trement, sinon qu'ilz les aportassent a débiter en lad. « place; auquel cas ils payeront demy cosse seulement, « dont en appartiendra un quart et demy au roy, un autre « quart et demi a la ville, et un quart au monastere de « Fontfroide. » Outre cette sentence du viguier de Narbonne, les consuls de la ville et le syndic de Fontfroide, avaient produit pour justifier leur demande : — une enquête de l'année 1331, relative à la perception du droit de cosse; — l'acte de la vente faite aux consuls, le 30 janvier 1523, par Arnaud du Lac, seigneur de Boutenac, de tout le droit de cosse que lui et ses prédécesseurs percevaient dans la ville; — des extraits des baux à ferme de ce droit, passés par les consuls en 1550, 1556 et 1562 à Jean Bonnecase, Raymond Paul, etc.; — un extrait du testament d'Anne de Rives, du 11 avril 1280, par lequel elle lègue au monastère de Fontfroide un quart du droit de cosse; — des lettres d'amortissement de Philippe III, du samedi après la Circoncision de l'année 1280, accordées audit monastère pour l'albergue de deux chevaliers à laquelle ce droit était soumis; — enfin, l'acte de l'adjudication faite à l'abbé de Fontfroide, le 13 décembre 1559, par les commissaires chargés de l'aliénation du domaine dans le Languedoc, de la part de ce droit appartenant au roi, moyennant le prix de 1,000 livres.

F° 82 v°. — **1626** (11 mai). — Arrêt du Parlement de Toulouse, qui prononce le rejet de l'appel que le sieur Louis Cabirol, notaire, y avait relevé de sa nomination à la charge de consul pour l'année courante. (Transc. au présent cartulaire, f° 64.)

F° 84. — **1630** (9 février). — Arrêt du Parlement de Toulouse, qui prononce le rejet de l'appel que plusieurs habitants réunis en syndicat et représentés par le sieur de Chefdebien d'Armissan, y avaient relevé contre l'élection de quatorze conseillers matriculés, faite le 4 novembre 1629, pour remplir les places d'un pareil nombre de conseillers qui étaient décédés, pendant l'année, par suite de la maladie contagieuse. Les motifs invoqués pour et contre l'appel, longuement développés par les parties, contiennent des renseignements intéressants sur les différends que suscitaient la composition de la matricule, les influences qu'elle subissait, et sur la situation que les ravages de la peste avaient faite à la ville depuis l'année 1628. Ils établissent, notamment : — que quelques personnes influentes, de la première échelle, s'étaient emparées des affaires et dirigeaient à leur gré les décisions de la matricule ; — que, pour remédier à cet état de choses, un arrêt du Parlement de Toulouse, du 9 février 1626, avait augmenté de huit membres la première échelle, dont quatre nobles et quatre avocats ; — que les quatre avocats désignés pour remplir les places introduites par cet arrêt dans la matricule « n'estant pas pour adhérer a ceux qui veulent « gouverner seuls, » il en fut nommé d'autres, ce qui provoqua de vives réclamations qui furent portées devant le conseil d'État ; — que le roi chargea M. de Nesmond de l'exécution de l'arrêt du 23 septembre 1627, qui faisait droit à ces réclamations en augmentant encore, de seize nouvelles places, la matricule dont les membres étaient ainsi portés au nombre de 110, etc. Cependant, la maladie contagieuse s'étant déclarée dans la ville, les principales familles *s'enfermèrent* dans leurs maisons, pendant l'année 1629, d'autres se réfugièrent dans les villages des environs, ou s'établirent en pleins champs. La panique était si grande qu'il ne resta plus dans la ville ni magistrats ni officiers publics. Les consuls, cependant, s'étaient dévoués pour rassurer la population. Quelques-uns étaient restés dans la ville, d'autres y rentrèrent, pour veiller à l'organisation et à l'administration des secours. Au commencement de l'année 1629, l'élection consulaire, qui eut lieu le 2 février, se fit par 35 conseillers seulement, en l'absence du viguier, qui devait légalement la présider. Ce magistrat était encore hors de la ville le dimanche de Quasimodo, jour dans lequel eut lieu une élection de conseillers matriculés. Les conseillers alors présents n'étaient plus qu'au nombre de 28 au lieu des 110 qui composaient la matricule. — Une assemblée fut tenue dans le village de Villedaigne, pour délibérer sur les affaires de la ville. Le viguier de Narbonne, le substitut du procureur du roi, les consuls et quelques-uns des principaux conseillers en faisaient partie. Il y fut pris une délibération, datée du 23 juin, qui nomme dix députés chargés d'administrer les affaires de la communauté, et notamment celles de la morte-paye pour laquelle il y avait urgence d'obtenir du roi la délivrance des deniers destinés à en payer la solde. — Depuis l'élection du dimanche de Quasimodo, quatorze conseillers étaient décédés. Pour remplir les places vacantes, le sieur de Vires, premier consul, était rentré à Narbonne avec quelques conseillers dont la plupart s'étaient réfugiés à Ginestas, où avait aussi été transféré le siége de la viguerie royale, et, dans une séance tenue le 4 novembre, ils avaient pourvu à toutes les places vacantes. Cette élection, qui faisait l'objet de l'appel rejeté par le Parlement, était attaquée par les habitants syndiqués, pour divers motifs dont les principaux étaient tirés : — du défaut de qualité des conseillers élus pour les échelles auxquelles ils avaient été portés ; — de ce que l'élection avait été faite malgré les oppositions et protestations auxquelles la composition de l'assemblée avait donné lieu de la part de plusieurs conseillers matriculés, que la fermeture des portes avait empêché de pénétrer dans la ville, etc.

F° 99 v°. — **1630** (30 novembre). — Ordonnance du duc de Montmorency, datée d'Agde, rendue pour l'interprétation de celle du 21 novembre 1630, dans la clause relative *à l'entrée et issue des portes*. La nouvelle ordonnance déclare qu'il n'est en rien dérogé « au pouvoyr que « les consuls ont accoustumé d'avoyr sur le faict de la « police, non plus qu'a celuy que led. sieur de Luc a heu « jusqu'icy sur la garde des portes de la ville, » et qu'en ces deux matières les règlements faits par le connétable devront être suivis de point en point, principalement celui du 2 juillet 1609, donné à Fontainebleau, qui contient les dispositions suivantes : « deffendons aud. sieur de St Geniés, « ou a celluy ou ceux qui commanderont en son absence, « d'entreprendre aulcune chose sur le faict de l'administration de la police et justice, ains en laisser la cognoissance aux officiers et consuls d'icelle, et aultres ausquels « il appartiendra, demeurant aud. sieur de St Geniés, et « aultres commendents en son absence, la seulle charge « et surintendance de la garde de lad. ville et la force des « armes. »

F° 100 v°. — **1631** (14 mai). — Requête présentée par les consuls à la cour des Comptes, Aides et Finances de Montpellier, pour obtenir la délivrance d'un extrait du compte relatif à l'année 1574, remis par M. Pierre d'Autemar, en qualité de receveur des tailles du diocèse, pour les parties constatant que la ville avait acquis du roi une rente de 300 liv., constituée sur les deniers de l'aide et octroi, et que cette rente lui avait été payée pour l'année 1574. — Extrait dudit compte, délivré par maître Sollier, notaire à Montpellier.

F° 101 v°. — **1631** (14 mai). — Copie délivrée par maître Sollier, notaire royal à Montpellier, du contrat de vente passé à la ville, le 16 juillet 1573, par les trésoriers de la généralité de Montpellier, pour une rente de 300 liv. constituée sur les deniers de l'aide et octroi, moyennant une somme de 3,600 livres. Les rentes dont le roi avait autorisé la vente devaient produire, au denier douze, une somme de 60,000 livres, destinée aux frais de l'armée commandée dans le Languedoc par le maréchal Henri de Montmorency. L'acte est signé de MM. François de

Chefdebien et Raymond Viard, trésoriers généraux des finances. — Témoins qui y figurent : messire Jacques de Bucelly, baron de la Mausson, chevalier de l'ordre du roi, et Jacques Montagnac, avocat du roi en la cour des Aides de Montpellier.

Fº 103 vº. — **1631** (11 mai). — Copie de l'ordonnance du 27 février 1576, par laquelle les commissaires chargés de la vente des rentes constituées sur les deniers de l'aide et octroi, enjoignent aux consuls de la ville « d'avoir « incontinant et promptemant a cotizer et despartir la « some de trois mil six cens livres tournois, sur les plus « riches et plus aisés » habitants de la ville (1). Cette copie est délivrée par Louis Cabirol et Achard, notaires de Narbonne.

Fº 104 vº. — **1631** (11 mai). — Copie faite par les notaires Louis Cabirol et Achard, de Narbonne, de la quittance délivrée par François de la Gorse, conseiller du roi, trésorier de l'extraordinaire de la guerre, pour la somme de 3,600 livres, formant, au denier douze, le principal de la rente de 300 liv. constituée à la ville, sur les deniers de l'aide et octroi, par le contrat du 16 juillet 1573.

Fº 105. — **1631** (7 mai). — Arrêt du conseil d'État, rendu entre les consuls de la ville et le syndic général du Languedoc, par lequel il est ordonné que, conformément aux lettres patentes du 9 juin 1561 (v. AA. 113, cartul. A., fº 11 vº), les habitants de Narbonne jouiront de l'exemption des tailles et du taillon, des crues qui y sont jointes, des droits héréditaires, des taxations, crues des garnisons et autres impositions quelconques, comme ils en ont joui auparavant, à la charge de payer la solde des 300 hommes de la morte-paye *sans aucune non-valeur*. Ce même arrêt fait inhibitions aux élus de l'élection de Narbonne de comprendre la ville dans les rôles de ces impositions; il décharge cette dernière des impositions dont elle a été l'objet pour les années 1629, 1630 et 1631, et casse toutes poursuites et saisies faites pour leur recouvrement. Les titres invoqués par les consuls pour justifier des droits de la ville à l'exemption des tailles, sont : — les lettres patentes du 9 juin 1561, ramenées dans le dispositif de l'arrêt; — un avis des trésoriers généraux de France, du 20 septembre 1630, portant que les habitants de Narbonne peuvent être déchargés 1º des portions pour lesquelles ils ont été imposés en l'année 1629, ainsi que de celles à venir, pour le principal de la taille, du taillon, et des crues et augmentations, dont le montant est de 5,668 liv. 15 s. 8 d. pour la taille et de 2,968 liv. 8 s. 10 den. pour le taillon et les augmentations; 2º des sommes auxquelles peuvent s'élever les droits héréditaires, sauf aux acquéreurs de ces droits à se retirer devant le roi pour raison de la décharge desdites sommes; — les lettres patentes confirmatives de ces exemptions, arrêts de vérification de ces lettres et lettres d'attache pour leur exécution, en date des 10 juin 1566, 16 septembre 1574, 14 septembre 1576, 15 janvier 1577, novembre 1596 et juillet 1611; — les lettres patentes en forme de charte du mois de juillet 1549, qui, en établissant une morte-paye de 200 hommes *habitants de la ville*, accordent à cette dernière l'exemption de la taille ordinaire et des crues, du droit d'équivalent, de la leude et des péages, et lui permettent d'établir un poids public dont elle percevra à son profit les émoluments; — autres lettres patentes du 26 septembre 1554, qui autorisent une crue de 2 s. 6 d. sur chaque minot de sel vendu aux greniers de Narbonne, Peyriac et Séjan, pour servir au paiement de la solde de la morte-paye, qui venait d'être augmentée de 100 hommes; — les lettres patentes du 20 novembre 1596, par lesquelles il est accordé à la ville une somme de 10,000 liv. à prendre sur la crue de 7 s. 6 d. par minot de sel vendu aux mêmes greniers, pour supplément de solde à la morte-paye; — — l'arrêt du conseil, du 23 avril 1578, portant que le nom de la ville sera rayé des rôles et des départements faits tant au conseil que par les trésoriers généraux, les gouverneurs du pays, les États, etc., et qu'elle ne sera « aulcunement nommée, ny comprinse aux commissions gé« nérales en vertu desquelles s'assemblent les États et se « font les impositions et levées de deniers; » — les lettres patentes en forme de déclaration et édit, du 30 décembre 1495, par lesquelles il est dit que, suivant les coutumes et usages anciens, tous les héritages ruraux « situés es fins, limittes et jurisdictions du pays de Lan« guedoc, acquis, tenus et possédés par quelques per« sonnes que ce soict, officiers de S. M. ou autres quel« conques, demeureront contribuables aux tailles et aydes, « et comme tels seront imposés suivant leurs bontés et « valleurs; » — enfin, les lettres patentes du 18 juin 1535, qui ont confirmé les précédentes. — Les consuls de Narbonne avaient aussi réclamé l'exemption des frais et gratifications des États du Languedoc, des dettes du pays, des entrées et assiettes. En ce qui concerne cette partie de leurs prétentions, l'arrêt les déclare mis hors de cause.

Fº 107. — **1631** (7 mai). — Lettres patentes d'attache, délivrées pour l'exécution du précédent arrêt.

Fº 107 vº. — **1631** (20 septembre). — Lettre de Louis XIII, datée de Narbonne, par laquelle il est or-

(1) La vente des rentes constituées sur les deniers de l'aide et octroi n'était, en réalité, qu'un emprunt forcé, dont la levée s'était faite par répartition entre les diocèses. Ceux-ci avaient réparti la part mise à leur charge entre les communautés dont ils étaient composés, et les communautés, à leur tour, avaient réparti entre leurs habitants les plus aisés la portion qui leur avait été attribuée.

donné aux consuls de *rendre* immédiatement à M. de Roux, commissaire royal de l'artillerie, certaine quantité de poudre, de plomb et de mèches qu'il avait achetée et payée des deniers affectés à sa charge, et que les consuls ne voulaient pas laisser sortir de la ville, ni prendre pour le compte de cette dernière.

F° 108. — **1632** (17 janvier). — Lettre de Louis XIII, datée de Metz, par laquelle il ordonne aux consuls d'avoir à *admettre*, lors de la prochaine élection consulaire, qui devait avoir lieu le 2 février, par préférence à tous autres candidats, M. Rathery, avocat, pour la première échelle, Jean de Cogomblis pour la seconde, le sieur Bilhard pour la troisième, Paul Montagnier pour la quatrième, le sieur de Lacroix pour la cinquième, et le sieur Pascal pour la sixième. Cet ordre est motivé sur l'importance qu'il y avait, dans les circonstances présentes, à voir les charges consulaires occupées par des personnes sûres, capables, dévouées au service du roi, étrangères aux « partialittés, brigues et « monopolles quy se font sur le subject de la nouvelle « eslection, » surtout en présence de renseignements certains, relatifs aux « dessaings et entreprinses » qui se forment contre la sûreté de la ville. Tout en insistant sur la nécessité de la nomination qu'il vient de faire des consuls de l'année 1632, et afin d'écarter les craintes que cette nomination pourrait faire naître relativement à la conservation des franchises municipales de la ville, le roi déclare en ces termes qu'elle n'est faite que pour l'année seulement, et sans qu'elle puisse préjudicier en rien à ces franchises : « Laquelle eslection nous n'entendons néaulmoings pré- « judicier en aulcune façon a la liberté de vos priviliéges, « dans lesquels vous debvez croire que nostre intantion est « de vous maintenir et conserver, sans qu'il y soit rien « innové, ny diminué, ayant, pour ceste foys sullement, « déziré faire lad. nomination pour prévenir les inconve- « nians quy pourroient arriver sy par brigues, monopolles « ou aultremant, lesd. charges estoient occupées par per- « sonnes quy n'eussent les qualittés propres. »

F° 108 v°. — **1632** (30 janvier). — Lettre du duc de Montmorency, datée d'Avignon, par laquelle il recommande aux consuls et, au besoin, leur ordonne de se conformer exactement « aux intantions du roy sur le subject « du consulat » pour la prochaine élection. Le duc s'efforce de rassurer les consuls touchant la conservation des franchises de la ville, et il leur promet d'employer dans ce but tout son crédit auprès du roi.

F° 109. — **1632** (30 juillet). — Lettre de Louis XIII, datée de St-Germain-en-Laye, par laquelle il mande aux consuls que le duc de Montmorency « s'estant oublié jus- « ques a ce point que de le desservir et de prendre part « aux affections de ceux qui soubs le nom du duc d'Orléans « veulent troubler le repos de la France et vueulent *prévenir* « les maux qu'il peult causer par le pouvoir que loy donne « l'authorité de sa charge » dans la province du Languedoc, ils aient à ne plus le reconnaître en qualité de gouverneur de la province, et à chasser de la ville le sieur de St-Geniès. Après avoir exécuté cet ordre, les consuls devaient veiller à la sûreté et à la conservation de la ville en l'obéissance du roi et en son « ancienne fidélitté et affection « en attendant, leur dit le roi, que nous aions plus emple- « ment pourveu, ainsin que nous ferons incontinant, a « tout ce quy vous sera nécessaire pour résister vigoureu- « semant aux desseings et entreprinzes que les enemis de « nostre Estat vouldroinct faire sur lad. ville, pour s'en « prévalloir dans leurs pernitieux dessaings. »

F° 109 v°. — **1632** (16 octobre). — * Arrêt du conseil d'État, rendu à Narbonne, en présence du roi, sur la plainte des principaux habitants de la ville et à la suite de l'information à laquelle s'était livré messire Jean Aubery, conseiller d'État en la direction des Finances, sur les troubles suscités par une lettre taxée de faux qui avait été adressée par le sieur de St-Martin-de-Toques à M. de Ricardelle, son neveu, au sujet des élections. Pendant ces troubles, le sieur Gibron, premier consul, les sieurs de Ricardelle frères, les frères Bélissen, Comenge, Villurbanne, Fillère, Bastide et Baille avaient été chassés de la ville, le 18 août 1632, « au grand scandale, par une esmotion populaire « excitée en icelle. » Afin que « pareilz désordres n'arri- « vent a l'advenir dans la ville et que tous les habitans « d'icelle vivent en l'union et concorde requize entre de « bons concitoyens, » il est ordonné par cet arrêt : — que le sieur Gibron, premier consul, et les sieurs de Ricardelle, Bélissen, Comenge, Villurbanne, Fillère, Baille, conseillers (?), seront rétablis aux charges qu'ils occupaient avant d'être chassés de la ville, et que, pour cet effet, les autres consuls, assistés de douze matriculés, dont six de la première échelle et six de la seconde, seront tenus, lors du premier conseil assemblé en la maison commune, d'aller les prendre en personne, et de les conduire dans ladite maison commune pour les réinstaller, avec défenses « aux « consulz et habitans d'uzer plus de semblables violences « a l'advenir, ny s'armer que par les commandemens du « gouverneur quy sera estably....., a peine d'estre punis « comme séditieux et perturbateurs du repos publicq; » — qu'il sera informé « de la vérité ou falcité » de la lettre du sieur de St-Martin-de-Toques au sieur de Ricardelle, par un maître des requêtes qui sera député à cet effet; — que, par ce même député, le procès « sera fait et parfait a « tous ceux qui se trouveront coupables, jusques a sen- « tence définitive, » ainsi qu'au sieur Louis Malède, arrêté et détenu dans les prisons de l'archevêché pour raison des séditions survenues; — que les sieurs François d'Autemar, sieur de Vires, Jean d'Autemar, sieur de Tauran, l'abbé d'Osne, fils dudit sieur de Vires, le cadet de Vires, son frère, Vireboso, Tarailhan, Férayroles, Roussel, Lastours, Cogomblis, second consul, Angles, troisième consul, de Rouch, viguier royal, Ducup, juge, Rouch, procureur du roi, Daubine, sergent-major, Seigneuret et Granier, sortiront de la ville et du diocèse de Narbonne dans les vingt-quatre heures, avec défenses d'y rentrer jusqu'à nouvel ordre; — que lesdits sieurs de Vires, Tarailhan, Vireboso, Férayroles, Cogomblis, Angles et Roussel, qui sont conseillers, ne pourront plus faire partie de la matricule, ainsi que les sieurs Dumas, Curdechesne, Garrigues, Jérôme Rouch et Paul de Cogomblis, quoique ces derniers ne soient pas exilés de la ville; — que le sieur Raulin de Reboul sera arrêté et apréhendé au corps, sinon il sera sommé de se présenter dans les trois jours, et ses biens seront saisis d'autorité de justice; — que la matricule sera dorénavant de quatre-vingts conseillers réunissant les conditions exigées par l'arrêt du 23 septembre 1627; — qu'il ne sera plus pourvu aux places vacantes jusqu'à ce que la matricule soit ramenée à ce nombre de membres; — qu'à l'avenir les consuls de la ville seront pris, par moitié, parmi les conseillers de la matricule et parmi les principaux et plus notables habitants de la ville; — que les élections de conseillers aux places devenues vacantes seront faites « par la matricule et conseil général « de la ville, » avec adjonction de seize habitants, pris deux dans chaque quartier, et nommés par les habitants, qui s'assembleront pour en faire la nomination, quartier par quartier, chez le capitaine de la garde bourgeoise; — que ces seize habitants seront pris tant parmi les nobles que parmi les officiers, les bourgeois et les marchands; — que les nominations aux charges de capitaine de la bourgeoisie seront faites, par les consuls et les matriculés, au premier conseil qui sera tenu après la vacance; — que, pour les nominations aux charges de capitaine de la morte-paye, les consuls et les matriculés présenteront, par l'intermédiaire du gouverneur, une liste de trois candidats qui sera ensuite soumise au roi; — que les nominations des mortes-payes seront faites par le gouverneur, sur une liste de quatre candidats présentée par les consuls et les matriculés; — qu'il sera pourvu par le gouverneur lui-même aux vacances qui viendront à se produire dans la compagnie de cinquante archers établie pour sa garde; — enfin, que les consuls et conseillers ne pourront procéder à aucune imposition qu'après y avoir été autorisés par lettres patentes du grand sceau.

F° 143. — **1632** (2-18 octobre). — Provisions de la charge de lieutenant au gouvernement de Narbonne, accordées par le roi à Pierre-Antoine de Trégoin, sieur de Ricardelle. Cette charge était devenue vacante « par la « rébellion et forfaicture du baron de Moux. » — Mention de la prestation du serment par le nouveau titulaire de la charge, entre les mains du duc de Ventadour, lieutenant général au gouvernement du Languedoc.

F° 143 v°. — **1632** (18 octobre). — Ordonnance de Charles de Levis, duc de Ventadour, pair de France, lieutenant général au gouvernement du Languedoc, qui enjoint aux consuls et aux habitants de la ville, ainsi qu'aux gens de guerre qui y sont ou seront établis, de reconnaître le sieur de Ricardelle en sa charge de lieutenant du gouverneur de la ville, et de lui obéir en tout ce qu'il ordonnera pour le service du roi.

F° 144. — **1632** (31 octobre). — Lettre de Louis XIII, par laquelle, en informant les consuls de la nomination qui vient d'être faite de M. de Persy à la charge de gouverneur de la ville, en remplacement de M. de Luc (1) qui s'était « sy « fort oublié que de se rebellir » contre l'autorité du roi, ils aient à le reconnaître et à lui obéir en tout ce qui concerne ladite charge.

F° 144 v°. — **1632** (12 novembre). — Lettre du maréchal de Schomberg, datée de Bordeaux, par laquelle il *conjure* les consuls de vivre en bonne intelligence et union avec M. de Persy, nouveau gouverneur de la ville, que ses grandes qualités ont désigné au choix du roi. Afin de mieux faire connaître la nature des relations que le maréchal désirait voir établies entre le gouverneur de la ville et les consuls, il leur écrit : « Je vous prie aussy de le consi- « dérer comme une personne que j'affectionne, et de faire « estat de moy. »

F° 145. — **1632** (octobre). — Lettres patentes de Louis XIII, datées de Toulouse, qui portent ratification et confirmation des statuts et règlements de la maîtrise des tailleurs, déjà approuvés par lettres patentes de Charles VIII du mois de mars 1484, et de Henri IV du mois de décembre 1600. Ces statuts avaient, dans le principe, été approuvés par le juge royal, les consuls de la ville et les officiers de l'archevêché, « pour empescher les abuz quy se commec- « toint par plusieurs compaignons dud. mestier de tailleur « d'abits, lesquels n'estant habitans et domiciliés, sans « expériance et sans avoir faict de chefz d'heuvre en la

(1) M. de Luc ou de St-Geniès n'était pas gouverneur de la ville. Il n'était que le lieutenant du duc de Montmorency, qui avait été pourvu de cette charge du vivant du connétable de Montmorency, son père, et alors qu'il était en bas âge. Le texte même des provisions accordées à M. de Persy pour la charge de gouverneur de Narbonne (v. f° 120 v° du présent cartulaire) dissipe complètement la confusion que la lettre du roi fait sur ce point.

« forme ordinaire aud. mestier,...... cauzaict ung grand « domage aux habitans de la ville;.... laquelle pour estre « des plus antiennes de ce royaulme... méritoit bien qu'on « luy octroyat maistrise. »

F° 117 v°. — 1632 (15 novembre). — Acte par lequel les consuls accordent aux surposés des maîtres tailleurs de la ville le *registrement* des lettres patentes de 1632, qui confirment les statuts et règlements de leur corps dressés à l'instar de ceux du corps des maîtres tailleurs de la ville de Montpellier.

F° 118. — 1633 (24 janvier). — Présentation faite aux consuls par Arnaud Couraïlh, syndic, Jacques Joulia et Jean Germain, surposés de la maîtrise des tailleurs de Narbonne, de deux maîtres de la ville de Béziers qu'ils avaient fait appeler « pour leur dresser leur chef d'heuvre, a l'imi« tation des maistres de la ville de Montpellier. » — Réception par les consuls du serment de ces deux maîtres tailleurs.

F° 118 v°. — 1633 (11 janvier). — * Arrêt du conseil d'État, rendu sur la requête présentée par les consuls et les conseillers matriculés de la ville, relativement à l'exécution de l'arrêt du 16 octobre 1632, en ce qui touche aux « rangs, « séance et voix délibérative » des seize personnes ajoutées au conseil de la matricule pour les élections consulaires, ainsi qu'aux *rangs* des consuls, qui doivent être pris trois dans la matricule et trois parmi les plus notables habitants. Cet arrêt décide que le premier consul, le troisième et le cinquième seront pris parmi les conseillers matriculés, et le second consul, le quatrième et le sixième hors de la matricule, pour une année, et que l'année suivante le premier consul, le troisième et le cinquième seront pris hors de la matricule et le second consul, le quatrième et le sixième dans la matricule, et ainsi de suite d'année en année, alternativement. Il décide aussi que les seize personnes ajoutées au conseil de la matricule auront leurs rang et séance séparément, sur deux bancs qui seront placés l'un derrière l'autre, vis-à-vis du siége des consuls, au milieu du parquet de la salle où se tiennent les assemblées de ville, « sur lesquels lesd. depputés prandront leurs places, « les plus apparans sur le premier banc, et les autres sur le « deuxiesme, chescung selon sa qualitté, et sans dézordre « et confusion. » En cas de contestations à ce sujet, elles devaient être jugées sur le champ par les consuls et les conseillers matriculés, nonobstant toutes récusations ou oppositions. Dans les élections consulaires, les voix de ces députés devaient être recueillies avant celles des consuls et des conseillers. — Lettres patentes d'attache délivrées pour l'exécution de cet arrêt.

F° 120. — 1633 (11 janvier). — Lettre de Louis XIII, qui accompagne l'envoi de l'arrêt du conseil d'État du même jour, 11 janvier, rendu pour l'exécution de celui du 16 octobre 1632, en ce qui concerne les élections consulaires. Par cette lettre, le roi déclare aux consuls que, quoiqu'il eût arrêté dans sa pensée de nommer, dans cette même année, à toutes les charges consulaires, il avait abandonné ce projet « pour l'entiere confiance » qu'il accorde à leur fidélité et à leur dévouement, d'après les renseignements qui ont été fournis par l'archevêque de Narbonne. Le roi ajoute ensuite, pour appeler l'attention des consuls sur la nécessité qui s'impose à eux d'agir avec prudence et modération : « Nous avons volleu vous laisser l'entiere liberté « de lad. eslection et de vos suffrages, sachant que vous en « uzerez avec tant de circonspection, en mettant dans lesd. « charges des personnes dignes d'un tel employ et que « vous recognoistrez estre les plus zellées a nostred. service, « que nous en recepvrons la satisfaction que nous en « debvons attendre, ainsy que nous vous ordonnons de « fere, et d'adjouster toute créance a tout ce que le sieur « de Persy vous fera entendre. »

F° 120 v°. — 1632 (31 octobre, - 12 novembre). — Provisions de la charge de gouverneur de la ville de Narbonne, accordées au sieur de Persy, en remplacement du duc de Montmorency, dernier titulaire. Ces provisions, qui sont datées de Toulouse, sont motivées sur les marques de fidélité et de dévouement données par le sieur de Persy dans les fonctions importantes qui lui avaient été confiées. — Mention de la prestation du serment de fidélité du nouveau titulaire, entre les mains de M. le marquis de Châteauneuf, garde des sceaux de France.

F° 122. — 1633 (15 mars). — Arrêt de la cour des Comptes, Aides et Finances de Montpellier, rendu entre Nicolas Miguot, qui avait traité, avec le roi, « de la vente « et establissement des vingt-deux bureaux et siéges d'es« lection créés par édict du mois de juillet 1629, » demandant que la ville fut condamnée à lui payer une somme de 2,142 liv. 7 s. à laquelle était fixée la quotité des droits héréditaires et des droits de vérification et signature des rôles des impositions ordinaires et extraordinaires de la ville, d'une part, et les consuls de Narbonne d'autre part, par lequel il est accordé à ces derniers décharge entière des droits dont il s'agit, et il leur est donné main-levée de la saisie (1) que le sieur Nicolas Miguot avait fait pratiquer pour le recouvrement de ces droits entre les mains de Jacques Sartre, fermier général des gabelles à sel de la province. L'arrêt fonde cette décharge principalement sur

(1) Cette saisie s'appliquait aux deniers destinés à la solde de la morte-paye, qui étaient prélevés, d'après les états du roi, sur le produit des greniers à sel de la province.

les exemptions accordées à la ville par les lettres patentes du mois de juin de l'année 1561. (Vid. AA. 113, cartul. A, f° 11 v°.)

F° 123. — 1629 (14 décembre). — Lettre de Louis XIII, qui informe les consuls de la nomination du sieur Dufaure à la charge de sergent-major de la ville de Narbonne, et leur enjoint de le reconnaître en cette charge, de vivre avec lui en bonne intelligence, et de déférer à tout ce qu'il leur fera *entendre* pour la conservation de la ville en son obéissance.

F° 123. — 1629 (30 novembre). — Provisions de la charge de sergent-major de la ville de Narbonne, accordées au sieur Dufaure.

F° 124. — 1631 (28 juillet). — Acte d'hommage et serment de fidélité fait, dans la salle de la Vicomté, pardevant Jean de Seigneuret, seigneur de Fabrezan, conseiller du roi, trésorier général et grand voyer de France au bureau des Finances établi à Pézénas, intendant des gabelles du Languedoc, commissaire chargé de la réception « des hommages, vérification des dénombrements et « renouvellement des recognoissances des droits du do- « maine » en toute l'étendue de la viguerie et Vicomté de Narbonne, à la diligence de M. David de Falc, secrétaire ordinaire de la chambre du roi, par noble Jean Delort, sieur de Tarailhan, Paul Léonnard, bourgeois, maître Jean Chavard, auditeur des comptes *pour* le roi, à Narbonne, Daniel Estival, marchand, maître Pierre Falconis, notaire royal, et Paul Boutes, marchand, consuls de Narbonne, agissant en vertu de la délibération prise le 27 juillet par le conseil de la ville, « pour les privilèges, biens, « droits et facultés qu'ilz ont et possedent tant dans lad. « ville que dehors dans la Viscomté, en corps de commu- « nauté, lesquelz ils bailheront par déclaration au vray « et pour le menu » dans le délai fixé. Ce serment est prêté par les consuls « a genoux, sans sainture, espée ny « esperons. » Par sa formule les consuls promettent et jurent, pour toute la communauté de Narbonne, « d'estre « bons, fidelles subjectz et vassauls » du roi et de ses successeurs, « d'employer leur vies et biens pour l'exécu- « tion de son servisse envers tous et contre tous, garder « ses secretz et ne les réveller, descouvrir touttes les « conspirations et entreprinses quy pourront estre faictes « contre sa personne et son Estat venant a leur cognoissan- « ce, et généralement observer tout ce quy est contenu « en l'antienne et nouvelle forme de serment de fidélitté. » En retour de ce serment, le commissaire promet aux consuls, au nom du roi, de les maintenir ainsi que leurs successeurs et la communauté en tous leurs droits, leurs privilèges et franchises, et de les en faire jouir comme leurs devanciers en ont joui, à la charge d'en remettre un état détaillé et d'en justifier dans le délai de quarante jours, sous peine de les voir saisis et réunis au domaine du roi.

F° 126 v°. — 1633 (21 mars). — Ordonnance de Jean de Seigneuret, seigneur de Fabrezan, trésorier général et grand voyer de France au bureau des Finances établi à Pézénas, commissaire chargé de la réception des serments d'hommage et fidélité, et de la vérification des dénombrements dans l'étendue de la Vicomté de Narbonne, par laquelle le dénombrement remis par les consuls de Narbonne, en ce qui concerne l'étang Salin, *est tenu pour vérifié* nonobstant les oppositions qu'y avaient faites maître Étienne Gouttes, avocat, qui avait traité avec le roi pour la liquidation du domaine dans le ressort du Parlement de Toulouse, et le sieur Guillaume Guy, feudataire dudit étang. Pour justifier de leurs droits à la propriété des terres de l'étang Salin, les consuls avaient produit : — un cahier de *complaintes* des consuls contre le vicomte, dans une instance portée devant le Parlement de Paris au sujet de diverses affaires, parmi lesquelles figure la propriété de l'étang Salin, qui leur était contestée par le vicomte ; — certaines lettres du Parlement de Paris, du 23 août 1379, sous forme de commission, obtenues de ce même Parlement par le vicomte, concernant ledit étang ; — des extraits des recettes faites par les clavaires de la ville pour les rentes de la ferme du droit de pêche dans l'étang, pendant les années 1429, 1432, etc. ; — les délibérations prises par le conseil de ville, les 27 avril 1522 et 23 août 1523, pour défendre au procès intenté par l'abbé de Lagrasse pour raison de la propriété de l'étang ; — vingt-huit saisies faites par les consuls, en l'année 1526, contre des pêcheurs qui se livraient à la pêche dans l'étang, sans permission ou licence de la ville ; — des extraits 1° des reconnaissances exigées des tenanciers par les consuls ; 2° des baux à nouvelle emphytéose qu'ils avaient consentis pour les terres de l'étang, durant l'année 1568, sous la réserve de la censive annuelle par eux fixée ; — le contrat de ferme de la chasse et de la pêche de l'étang Salin, consenti à Étienne Sélier et Pierre Pech, par les consuls, le 5 novembre 1556, depuis la date de ce contrat jusques au jour de N.-D. de février de l'année suivante, avec faculté « de prandre et « gager les barques et *ridaries* qu'ils trouveraient pêchant « et chassant dans l'étang, » dont la confiscation était opérée par moitié à leur profit et à celui de la ville ; — une sentence donnée par le sénéchal de Carcassonne, le 29 mai 1582, entre le syndic des consuls et habitants de Narbonne, demandeur au possessoire tant de la juridiction haute, moyenne et basse de l'île del Lec, que de la faculté de prohiber la pêche dans l'étang Salin dépendant de cette île au territoire de Narbonne, ainsi que la dépaissance des bestiaux, gros ou menus, sans licence ou permission des consuls, d'une part, et Philippe de Bélissen, seigneur d'Armissan, d'autre part, laquelle porte, entr'autres dispositions, qu'il est permis aux consuls de prohiber la chasse, la pêche et la dépaissance dans ledit étang, et d'en bailler les terres à nouvelle emphytéose à qui bon leur semble ; — le contrat passé entre les consuls de Narbonne et le vicaire général de l'archevêque, le chapitre de l'église Saint-Just, l'abbé de Saint-Paul, René de Marron et Miles de Marion, trésoriers généraux de France, d'une part, et les consuls et habitants de Coursan, d'autre part, pour le bail à prix fait du dessèchement de l'étang Salin, dit aussi de Vinassan, au sieur Jean Desponde, sous la date du 11 mai 1585, devant maître Guichon, notaire de Narbonne; — les articles et conditions de ce dessèchement, etc. A ces actes et documents, le sieur Guillaume Guy, feudataire de l'étang, avait opposé : — un *vieux* titre de l'année 1368, contenant arrentement de la chasse dans l'étang Salin, par le vicomte de Narbonne ; — le bail d'inféodation de l'étang consenti audit Guy, par les trésoriers généraux de France, le 3 avril 1628, moyennant un droit d'entrée de 50 liv. et une censive annuelle et perpétuelle de 6 den. par mojade; — les lettres patentes de Louis XIII, du 20 avril 1630, qui avaient approuvé et ratifié cette inféodation. (Transc. dans la procédure de vérification du dénombrement des consuls, f° 129 du présent cartulaire.)

F° 129. — **1631** (24 septembre); — **1633** (15 avril). — * Dénombrement fait au nom des consuls, par maître Claude Rathery, leur avocat, devant Jean de Seigneuret, baron de Fabrezan, trésorier général et grand voyer de France au bureau des Finances de Montpellier, transféré à Pézénas, pour les fiefs, arrière-fiefs, droits et biens de la ville, et pour les biens et possessions des hôpitaux, dont les consuls sont les administrateurs nés. — Procédure pour la vérification de ce dénombrement faite par ledit Jean de Seigneuret, commissaire, d'abord à Narbonne, et ensuite à Fabrezan où son bureau avait été transféré à cause de la maladie contagieuse qui s'était déclarée à Narbonne. (Transc. au cartulaire B, f° 41 v°.)

F° 144 v°. — **1633** (3 mars). — Arrêt du conseil d'État, rendu à la requête des consuls et habitants de Narbonne, motivée « sur la fidellité qu'ils ont témoignée au service « du roi en l'occasion des derniers mouvemans du Lan- « guedoc, » par lequel l'exemption des tailles, du taillon, des crues et autres impositions royales de toute nature, accordée à la ville, demeure fixée à la somme de 11,468 liv. 15 s. 6 d. (1), au lieu de celle de 5,734 liv. 6 s. 9 den. à laquelle elle avait été précédemment arrêtée dans les états de distribution des finances de la généralité de Montpellier, à la charge de payer le surplus de sa quote-part desdites tailles, crues et autres impositions. — Lettres patentes d'attache expédiées pour l'exécution de cet arrêt.

F° 146. — **1633** (19 mars). — Ordonnance des trésoriers généraux des Finances au bureau de Montpellier, rendue pour l'exécution de l'arrêt du conseil d'État et des lettres patentes du 3 du même mois, qui fixent à 11,468 liv. 15 s. 6 d. au lieu de 5,734 liv. 6 s. 9 d. l'affranchissement des tailles et autres impositions royales accordé à la ville. En ce qui concerne l'année courante, l'ordonnance dispose que les receveurs généraux de la province tiendront quitte de cette somme le receveur du diocèse, et que celui-ci, à son tour, en fournira quittance à la ville.

F° 148. — **1633** (25 mai). — Arrêt de la cour des Comptes, Aides et Finances de Montpellier, rendu pour l'enregistrement de l'arrêt du conseil d'État et des lettres patentes du 3 mars 1633, qui fixent à 11,468 liv. 15 s. 6 d. le montant de l'affranchissement des tailles royales accordé à la ville.

F° 149. — **1634** (19 novembre). — Arrêt du conseil d'État, rendu à Château-Thierry, lequel, en conséquence de l'arrêt du 7 mai de la même année (vid. supra f° 105), dont le receveur général des finances de la province refusait le bénéfice à la ville, sous prétexte que cet arrêt n'avait pas pourvu à sa décharge entière vis-à-vis des receveurs généraux des finances ni à celle de ces derniers vis-à-vis du trésorier de l'épargne et de l'ordinaire des guerres, ordonne : — que cet arrêt sera exécuté selon sa teneur ; —

(1) Les états de distribution des finances de la généralité de Montpellier, que l'on désignait le plus souvent sous la dénomination d'états du roi, contenaient l'emploi qui devait être fait du produit des impositions, c'est-à-dire les dépenses auxquelles il devait parer. La ville de Narbonne figurait dans ces états pour la somme représentant l'évaluation de l'exemption des tailles dont elle jouissait. On serait, d'après cela, porté à supposer que, d'un côté, la ville était comprise, comme à l'ordinaire, dans les mandes des impositions royales, et que, d'un autre côté, il lui était compté, par voie de remboursement, une somme égale au montant de son exemption. Il n'en était pas ainsi. L'exemption des tailles donnait lieu à une opération de comptabilité moins élémentaire et cependant bien simple, qu'il peut être utile de faire connaître. Il faut remarquer que la ville, quoique exempte des tailles, n'était pas rayée de la mande de la province. Elle y figurait, au contraire, comme si elle n'avait pas eu d'exemption, pour une part proportionnelle à son importance et qui variait chaque année suivant la quotité des impositions votées par les États. Mais cette part était immédiatement réduite du montant auquel l'exemption était fixée dans l'état d'emploi ou de distribution des finances. Ainsi, l'opération de comptabilité à laquelle donnait lieu l'exemption des tailles dont jouissait la ville n'était, comme cette exemption elle-même, qu'une réduction dans le montant des tailles. Le chiffre de cette réduction, fixé d'avance par le conseil d'État, était déduit de la mande de la province, qui variait chaque année, et la ville devait supporter la différence.

que la ville jouira de l'exemption des tailles, des crues, des droits héréditaires, taxations, garnisons et autres impositions royales, à la charge de payer la solde des 300 hommes de la morte-paye, sans aucune non-valeur; — qu'à cet effet, les élus de l'élection de Narbonne ne devront pas, à l'avenir, comprendre ces impositions dans leurs rôles; — qu'ils seront tenus quittes de celles des années antérieures; — enfin, que les contraintes exercées contre la ville pour leur paiement seront tenues pour nulles et sans objet. — Lettres patentes d'attache expédiées pour l'exécution de cet arrêt. (Transc. au présent cartulaire, f° 154 v°.)

F° 151 v°. — **1633** (8 juin). — Lettre de Louis XIII, datée de Fontainebleau, qui donne avis aux consuls de la nomination du duc d'Hallvin à la charge de gouverneur du Languedoc, et leur ordonne de le recevoir « avec « l'honneur et le respect quy sont deubs a sa qualité et a « la dignité de sa charge. »

F° 152. — **1633** (15 septembre). — Lettre de M. de Schomberg, duc d'Hallvin, accompagnant la lettre du roi, du 8 juin, par laquelle les consuls sont avisés de la nomination du duc à la charge de gouverneur du Languedoc. M. de Schomberg, par cette lettre, annonce à ces consuls qu'il arrivera à Carcassonne le 15 du mois de septembre, et qu'il se mettra en route pour arriver à Narbonne et faire son entrée dans cette ville, le 18 du même mois.

F° 152. — **1633** (20 septembre). — Ordonnance du duc d'Hallvin, qui, sur le rapport de M. de Persy, gouverneur de Narbonne, permet aux sieurs François d'Autemar, sieur de Vires, Jean d'Autemar, sieur de Tauran, Vireboso, Tarailhan, Rossel, Lastours et autres, désignés dans l'arrêt du conseil d'État du 16 octobre 1632, de rentrer dans la ville de Narbonne « et en leurs familles, pour y « vivre en bons habitans et fideles serviteurs et subjects « de S. M. » Cette ordonnance est datée de Narbonne, et contre-signée par Miron, Le Camus et J. Balthazar.

F° 153. — **1633** (21 novembre, — 5 décembre). — Ordonnance du duc d'Hallvin, gouverneur du Languedoc, qui, pour remédier aux inconvénients « de la liberté « que plusieurs habitans prennent de requérir et presser « la convocation (des assemblées de la maison de ville) « sous prétexte de choses frivolles, par le moyen des« quelles ils ne laissent pas de donner de mauvaizes im« pressions ausd. habitans et contreres au repos et tran« quilité qu'il est nécessaire de maintenir parmy eulx, » fait inhibitions et défenses aux consuls de Narbonne de convoquer « aulcunes assemblées générales ou parti« cullieres sans la permission du sieur de Persy, gouver« neur de la ville, et, en son absence, du sieur de Ricar« delle, lieutenant...... au gouvernement dud. Narbonne, « lequel y pourra acister et prézider toutes foys et quantes « que bon luy semblera. » De plus, comme il peut être important, pour le service du roi et pour le bien du peuple, « qu'il ne se fasse aulcung cry public dans lad. ville, » il est défendu aux consuls, par la même ordonnance, de faire aucune publication à son de trompe ou de tambour sans la permission du gouverneur ou de son lieutenant, en cas d'absence, « et ce sur peyne de désobeyssance. » — Notification de cette ordonnance à Bernard Caunes, Guillaume Fabre, Jacques Alaux et Pierre Ombret, consuls de la ville, par le sieur Sicre, sergent royal de Narbonne.

F° 154. — **1633** (31 décembre). — Ordonnance du duc d'Hallvin, rendue sur les observations présentées par les consuls de Narbonne pour faire maintenir les droits et privilèges qui sont accordés à la ville par les lettres patentes du 12 juin 1338 (v. AA. 11; AA. 99, 1er thal., f° 55), par les lettres patentes du mois de juin 1609, etc., par laquelle, sous forme d'interprétation de l'ordonnance du 21 novembre précédent, il est déclaré que « les crys « publics des ventes » ne sont pas interdits par cette dernière ordonnance, « lesquels se pourront fere a son de « trompe ainsin qu'il est accoustumé, sans en advertir lesd. « gouverneur et lieutenant, » et que, pour le surplus, les consuls et le gouverneur de la ville se pourvoiront devant le roi. Cependant, par manière de provision, l'ordonnance décide « qu'encores que (ladite ordonnance du 21 novem« bre) porte qu'il ne se pourra tenir aulcungs conseils « généraux et ordinaires, tant de justice que police, sans « le fere scavoir ausd. gouverneur et lieutenant et qu'ils « n'y acistent cy bon leur semble, néaulmoings les consuls « ne seront obligés de les en advertir que pour la tenue « desd. conseils généraulx, et pourront de leur chef con« voquer les conseils ordinaires de justice et police, aus« quels le sieur de Ricardelle pourra mesme acister, sy « bon luy semble, suivant le rang de sa matricullo. »

F° 154 v°. — **1631** (19 novembre). — Arrêt du conseil d'État, rendu à la requête des consuls et habitants de Narbonne pour l'exécution de l'arrêt du 7 mai 1631, qui déclare la ville exempte des tailles royales, des crues et impositions, conformément à ses privilèges, ordonne qu'elle jouira de cette exemption, fait défenses aux élus de l'élection de Narbonne de comprendre la ville dans leurs rôles des impositions, et casse les poursuites faites contre elle pour la contraindre au paiement de la quote-part qui lui a été attribuée dans ces impositions, pour les années 1629 à 1631. — Lettres patentes d'attache expédiées pour l'exécution de cet arrêt. (Transc. au présent cartul., f° 149.)

F° 157. — **1634** (6 février). — Ordonnance de Robert Miron et Antoine Le Camus, conseillers du roi, intendants de police, justice et finances du Languedoc, rendue à la suite du « déreiglemant survenu dans l'eslection du consu-« lat de Narbonne, » faite le 2 du même mois de février. Cette ordonnance renvoie au conseil d'État la décision ultérieure qui devra être prise sur l'élection, et, provisoirement, en maintenant en fonctions les consuls anciens, elle fait *défenses aux consuls élus de prendre possession de leur charge*, sous peine de désobéissance, et aux gens du roi de les y installer et recevoir leur serment, sous la même peine. Elle rappelle en ces termes les circonstances au milieu desquelles s'était produite l'élection qu'elle infirme : « Sur « l'advis que..... au lieu de procéder selon l'uzage antien « et reiglemant porté par les arretz du conseil de S. M., « mesme de celluy du moys d'octobre 1632, sur la propo-« zition faicte par l'ung des antiens consuls, que M. le duc « d'Hallvin, gouverneur de la province, l'avoit chargé de « fere entandre a lad. assemblée que son intantion estoit « que le sieur de Fabrezan feust premier consul, et ung « nommé Laredorte mis en la seconde place, que les gens « du roy l'auroint ainsy requis, et le viguier l'auroit pro-« noncé, et que, les premiers opinans n'acquiessant a lad. « santance, ce seroint lesd. officiers, consuls et greffier « retirés, et ceulx quy restoint en lad. assemblée auroient « estably ung advocat pour tenir le lieu du viguier, et « apellé Boulhade, notaire, pour servir de greffier a lad. « eslection, ou les nommés de Thoulouse, sieur de Saint-« Martin (de Favas), Horliac, Gilabert, Camps, Cazalbon « et Paquier auroient esté désignés consuls; surquoy, veu « le proces verbal de lad. eslection,.... nous avons, pour « l'importance de l'affaire, ordonné que led. proces verbal « seroit envoyé au roy pour régler lad. eslection.... » Une attestation mise par le greffier du consulat à la suite de cette ordonnance, sur le cartulaire, constate qu'elle fut notifiée aux consuls par le prévôt diocésain de Nîmes, qui en était porteur, et qui retira l'original après sa transcription et sa notification.

F° 158. — **1634** (8-9 février). — Arrêt du Parlement de Toulouse, rendu à la requête du syndic des habitants de Narbonne, par lequel il est enjoint au viguier du roi de recevoir, dans le jour du commandement qui lui en sera fait, le serment des consuls nouvellement élus, à peine de 1,000 liv. d'amende. — Notification de cet arrêt aux consuls anciens, en la personne de Guillaume Fabre, l'un d'eux.

F° 159. — **1634** (1er avril). — Arrêt du conseil d'État, rendu à Chantilly, sur le vu du procès-verbal des intendants de la province contenant la relation des circonstances de l'élection consulaire de Narbonne, faite le 2 février précédent, ainsi que « les empeschemans faictz de la part « dud. viguier en lad. ville et viguerie de Narbonne, et de « l'advocat du roy en icelle viguerie, les contestations « survenues sur lad. eslection entre les consuls et matri-« cullés de lad. ville et les depputés des parroisses, et la « nomination faicte des nouveaulx consuls en l'absance « dud. viguier, desd. antiens consuls et d'aucungs desd. « matricullés et depputés. » Par cet arrêt l'élection dont il s'agit et l'arrêt du Parlement de Toulouse du 8 février, sont déclarés nuls, et il est ordonné qu'il sera immédiatement procédé à une autre élection consulaire, en présence de l'un des intendants de la province, qui, à cet effet, se rendra tout exprès à Narbonne, pour diriger cette élection en suivant les formes accoutumées et d'après les dispositions de l'arrêt de règlement du 16 octobre 1632, et pour recevoir le serment des consuls qui seront élus. En outre, et jusques à ce que la nouvelle élection ait été effectuée, les consuls anciens sont maintenus en leur charge, et il *leur est enjoint, ainsi qu'au viguier et au procureur du roi, d'assister aux assemblées qui seront légalement tenues pour l'élection* des consuls de la ville, et ordre est donné au viguier, de dresser procès-verbal des troubles, oppositions et contestations qui pourront s'y produire, lequel devra être immédiatement envoyé au Parlement de Toulouse, chargé d'y pourvoir ainsi qu'il appartiendra. — Après avoir visé le procès-verbal dressé sur l'élection elle-même, par M. Jean de Gibron, viguier, l'arrêt mentionne : — l'acte de la signification de cette élection faite audit viguier, avec sommation de se trouver au consulat, le 3 février, pour recevoir le serment des nouveaux consuls; — un procès-verbal du viguier, daté du 2 février, contenant les réquisitions du procureur du roi et son propre jugement contre l'élection; — la commission décernée à l'un de ses membres par le Parlement de Toulouse, le 16 février, pour faire exécuter son arrêt du 8 février, nonobstant toutes oppositions ou appellations; — enfin, un jugement des intendants de la province, du 1er mars, par lequel il est fait nouvelles défenses aux consuls élus de s'immiscer en l'exercice des fonctions consulaires, avec assignation à comparaître dans huitaine pour avoir à répondre de la contravention qu'ils avaient commise à l'encontre des premières défenses. — Lettres patentes d'attache expédiées pour l'exécution de cet arrêt.

F° 161 v°. — **1634** (18 avril). — Lettre de Louis XIII, datée de St-Germain-en-Laye, par laquelle il informe les anciens consuls de la décision que le conseil d'État vient de prendre pour annuler l'élection consulaire faite le 2 du mois de février, et en ordonner une nouvelle. Afin de faire cesser « les divisions et partialitez » qui se sont produites dans la ville à la suite de cette élection, le roi a chargé l'un des intendants de la province de faire procéder à la nouvelle élection en sa présence, et comme « il est important « que la premiere et seconde charge soient ramplyes de « personnes dont la fidellité et affection soient cognues, » il signifie auxdits consuls sa résolution dans les termes qui suivent : « nous voulons et entendons que vous admettiez et establissiez le sieur baron de Fabrezan en lad. « premiere charge, et de Laredorte en la seconde, et ce « par prefferance a tous autres, a quoy vous ne manquerez « de satisfaire, ainsin que les.... intandans de la justice, « police et finances de nostre province du Languedoc vous « feront particullierement entandre estre de nostre intention, nous promettant que vous fairez tout bon debvoir « de vous conformer et suivre les avis et conseils qu'ils « vous donneront conservant vostre repos et tranquillitté. »

F° 162 v°. — **1634** (27 décembre); — **1635** (11 janvier). — Provisions de la charge de capitaine de la morte-paye accordées à Jean de Bélissen, en remplacement de Sébastien Peyrat, décédé. Les consuls avaient présenté au roi, pour cette charge, le sieur Antoine de Guissanne; mais leur présentation avait été écartée, « pour ceste fois seullemant, » par cette considération qu'il était important pour le service du roi que la charge fut occupée par une personne de fidélité reconnue. — Serment prêté par le nouveau titulaire entre les mains de M. de Persy, gouverneur de la ville.

F° 163 v°. — **1634** (30 juin). — Arrêt du conseil d'État, rendu sur une requête des consuls de Narbonne, par laquelle ils demandent l'annulation de l'arrêt de la cour des Comptes de Montpellier relatif à l'enregistrement de l'arrêt du même conseil et des lettres patentes d'attache, du 29 janvier 1620, qui autorisent : 1° la levée du droit de robinage perçu tant sur les marchandises voiturées par la rivière d'Aude que sur les barques servant à leur transport, droit dont le produit est affecté aux réparations de ladite rivière; 2° la levée des droits de leude, de poids et équivalent en la forme pratiquée depuis la date des lettres patentes de concession de ces droits (vid. AA. 112, 12e thal., f°s 88 et 96 v°), affectés au paiement de la solde de 200 hommes de la morte-paye; 3° et la levée d'une crue de 4 s. 6 d. sur chaque minot de sel vendu aux dix-sept greniers de la province, pour parer à la solde des 100 hommes dont la morte-paye avait été augmentée, sans limitation de temps et aussi longuement que l'effectif total de la morte-paye serait de 300 hommes. Les consuls devaient eux-mêmes consentir les baux à ferme de ces droits, et le produit devait en être perçu par le clavaire de la ville, qui devait en rendre compte aux consuls seulement. Dans son arrêt d'euregistrement, la cour des Comptes, au contraire, avait limité à dix années la jouissance de la crue de 4 s. 6 d.; elle avait, en outre, obligé les consuls à ne passer les baux à ferme des droits autorisés qu'en présence du procureur du roi, et à rendre compte de leur produit, de trois en trois années, devant la cour. Par l'arrêt du conseil, la demande des consuls est déclarée en partie fondée, et il est ordonné « que lesd. consuls et habitans de lad. ville de Narbonne « jouiront, comme ils ont faict par le passé, desd. droictz « de robinaige, de leaude et du poidz, dont ilz feront les « beaulx a ferme, pour estre les deniers en provenans « receuz par le receveur et clavaire de lad. ville, qui sera « teneu d'en compter pardevant lesd. consuls conformément ausd. lettres patentes et arrest du conseil (du 29 « janvier 1620)...; que la levée de lad. creue de 4 s. 6 d. « sur chacun minot de sel..... sera continuée, et que les « supplians en jouiront, comme par le passé, tant et sy « longuemant que lesd. 300 hommes seront entretenus en « garnison en lad. ville pour la garde et deffauce d'icelle, « a la charge d'en compter de trois en trois ans devant la « cour des Comptes, Aides et Finances de Montpellier. » — Lettres patentes d'attache expédiées pour l'exécution de cet arrêt.

F° 166 v°. — **1627** (20 mars, — 27 avril). — Arrêt de la cour des Aides de Montpellier, qui, statuant sur l'appel relevé par Pierre et Guillaume Péredoux de la cotisation dont ils étaient l'objet au rôle cabaliste de l'année 1625, pour leurs cabaux et lucrats, à raison de la société « en marchandise » qu'ils avaient formée au capital de 4,500 liv., modère la cotisation des appelants à la somme de 200 liv. au lieu de 350 liv., et enjoint aux consuls de la ville et aux députés chargés de la confection du compoix cabaliste d'observer les règlements de la cour concernant la taxe des cabaux et meubles lucratifs, lesquels doivent être cotisés au même taux que les immeubles, c'est-à-dire sur le pied de 25 livres une livre, et non sur le pied de 18 livres. — Notification de cet arrêt faite aux consuls en la personne de Jean Montanier, l'un d'eux.

F° 167 v°. — **1635** (4 juillet). — Requête des consuls à M. de Schomberg, duc d'Hallvin, gouverneur du Languedoc, dans laquelle ils demandent que, conformément aux règlements arrêtés par M. d'Arpajon, gouverneur du Languedoc, et par M. de Persy, gouverneur de la ville, concernant la garde bourgeoise « jugée nécessaire pour « conserver lad. ville a l'obéissance du roy,....... nul ne « demure exampté ny excusé de faire lad. garde a son « tour, » et que la commission en vertu de laquelle les consuls ont le pouvoir de faire monter la garde à « toutte « sorte d'habitans, de quelque condition qu'ils soint, » et de punir par amendes ceux qui s'y refusent, leur soit continuée. C'était principalement les gens pourvus d'offices qui refusaient de faire le service de la garde bourgeoise. — Ordonnance conforme du duc d'Hallvin, qui porte, dans son dispositif, « que tous les habitans, tant officiers que « bourgeoix de lad. ville, de quelle qualité et condition « qu'ils soint, iront ou envoyeront gens capables a lad.

« garde et guet, tant de jour que de nuict, a tour de roolle, « en la forme et maniere accoustumée, sans nuls excepter, « fors et a la réserve de ceulx quy en ont exemption de « S. M., ou du gouverneur, auxquelles il doit estre obey, « a peine, contre les défaillants, de l'amende ordinaire. »

F° 168 v°. — **1635** (17-27 juillet). — Arrêt du Parlement de Toulouse, qui ajourne M. de Revel à comparaître devant la cour pour y répondre sur le contenu d'un procès-verbal dressé contre lui par les consuls de Narbonne, et qui fait, en même temps, injonction tant audit sieur de Revel qu'à tous autres habitants de la ville, quelle que soit leur condition, de se rendre à la garde bourgeoise et d'y observer les ordres donnés par les consuls conformément aux règlements, sous les peines qui y sont contenues en cas de désobéissance. — Notification de cet arrêt à M. Antoine de Revel, procureur du roi en la viguerie de Narbonne, par le sieur Barrau, sergent royal de la ville.

F° 169 v°. — **1635** (8 août). — Arrêt de la cour des Comptes, Aides et Finances de Montpellier, rendu sur l'appel relevé par Étienne Martin, en qualité de syndic de divers habitants de Narbonne, contre la cotisation portée au compoix cabaliste de l'année 1634, pour « les cabaux, « meubles lucratifs et industrie des habitants, » par lequel il est ordonné que, conformément aux dispositions de l'arrêt de la même cour, du 24 mars 1635, qui sortira son entier effet, « les consuls s'assembleront en conseil général pour « deslibérer sur le pied desd. cabaux, meubles lucratifs, « argent a l'inthérest et a pention, et, par maniere de « provision, que lesd. cabaux, meubles lucratifs et argent « a l'inthérest et a pention seront compésiés et alivrés, « conformémant au compoix terrien, pour la valleur de « cent livres en argent a raison d'une livre et un tiers de « compoix. » Les appelants demandaient, par la requête de leur syndic, la restitution des sommes par eux indûment payées. En cette partie, la cour les déclare mis hors de cause. Comme justification de leurs moyens de défense sur l'appel, les consuls avaient produit, devant la cour, divers contrats de vente établissant que la mojade de terre s'était vendue, dans le territoire de la ville, au-dessus du prix de 300 liv. pendant les années 1610, 1623, 1628, 1630, 1631 et 1633.

F° 171 v°. — **1635** (26 septembre). — Lettres de M. de Schomberg, duc d'Hallvin, pair de France, gouverneur du Languedoc et lieutenant général du roi en l'armée de ce pays, par lesquelles il met sous la protection et sauvegarde du roi et sous sa sauvegarde spéciale, « la « maison du sieur de St Hipoly, demeurant a Narbonne, « ou lad. maison est scize et scituée, » et il le déclare exempt : 1° de tout logement des gens de guerre, soit à pied soit à cheval, avec défenses à tous capitaines, chefs et conducteurs de troupes de loger chez lui; 2° du guet et de la garde bourgeoise de la ville qu'il serait tenu de faire en sa qualité d'habitant. Comme signe de cette sauvegarde et des exemptions qu'elle couvre, le sieur de St-Hipoly est autorisé à faire apposer les armoiries du duc au-dessus de toutes les portes d'entrée de sa maison.

F° 172. — **1636** (5 avril). — Lettre écrite par un sieur Bertrand, maître apothicaire, au sieur Gabriel Taules, aussi apothicaire, par laquelle il prie ce dernier de permettre qu'un sieur de St-Jean visite pour lui et en son absence les pauvres de l'hôpital, en fournissant lui-même et de sa boutique les médicaments nécessaires, dont le prix lui sera payé directement par les consuls.

F° 172 v°. — **1636** (17 novembre). — Lettre de M. de Schomberg, duc d'Hallvin, datée de Montpellier, écrite aux consuls à la suite de l'empêchement qu'ils avaient mis à la sortie de 800 setiers de blé achetés par un sieur Daubas, et au sujet desquels il avait déjà écrit au gouverneur de la ville. Par cette lettre, le duc ordonne aux consuls de laisser sortir ledit blé à *lettre vue*.

F° 172 v°. — **1636** (31 décembre). — Lettre de M. de Schomberg, duc d'Hallvin, par laquelle il fait connaître aux consuls, à la suite de l'opposition qu'ils avaient formée à l'embarquement de certaine quantité de blé pour laquelle il avait donné un *passeport* au porteur de sa lettre, qu'il a réduit cette quantité à 4,000 charges. Il les prie ensuite de tenir la main à ce que ces 4,000 charges soient embarquées à mesure que le remplacement en sera fait dans la ville et avant qu'il puisse être effectué aucune autre exportation déjà autorisée ou à autoriser. Quoique le blé dont il s'agit fut destiné aux troupes du roi, les consuls en avaient ajourné et refusé la sortie jusqu'à ce qu'ils eussent vérifié avec certitude quelle quantité il en resterait encore pour l'approvisionnement de la ville.

F° 173. — **1637** (11 février). — Lettre de l'archevêque de Bordeaux, datée de Toulon, par laquelle il prie les consuls de ne mettre aucun empêchement à la sortie du blé qui est déjà acheté à Narbonne ou y sera acquis par des habitants de Toulon, pour la subsistance de cette ville et pour celle de l'armée navale qui s'y trouve réunie. — La formule de cette lettre est conçue dans les termes les plus pressants. Elle constate que Narbonne était à ce moment, et sans doute d'une manière permanente, l'un des grands centres du commerce des blés sur le littoral de la Méditerranée. Aujourd'hui, la situation est complètement changée. Les expressions employées dans la lettre de l'archevêque sont autant d'indications certaines pour faire juger de l'étendue de la transformation qui s'est opérée depuis. En voici le contenu : « Il me samble que quand Monsieur le « premier consul de ceste ville (Toulon) vous aura repré- « santé la nécessitté en laquelle l'armée navalle et ceste « ville sont par le manque de bledz pour leur subcistance, « vous n'apporterez aucune difficulté de laisser passer, non « seulement les bledz que ceulx de Tholon ont acheptó, « mais aussy ceulx qu'ils achepteront de nouveau, puisque « dela deppand le maintien et de l'armée navalle et des « habitans de ceste ville, quy sont a la veille de manquier « de bledz tout a coup, tant il en fault a l'armée navalle « pour sa subcistance, laquelle n'a poinct d'autre recours « pour cela dans la province que Tholon. Ce quy me faict « espérer que vous contribuerez de tout vostre pouvoir a « ce que les bledz que led. sieur consul pourra fere sortir « ne resoivent aulcung empeschement pour le moins. Je « vous en supplie de tout mon cœur. »

F° 173 v°. — **1637** (11 mars). — Lettre de M. de Schomberg, duc d'Hallvin, datée de Montpellier, par laquelle il se plaint vivement aux consuls de ce qu'ils communiquent au conseil, pour délibérer sur leur exécution, les *passeports* qu'il délivre pour *tirer* du blé de la ville. Le duc déclare qu'il ne peut croire à cette communication et qu'il ne pourrait la tolérer, « puisque, dit-il, « je ne vous adresse les uns et les autres qu'affin que vous « teniez la main a ce qu'ils soient promptement exécuttés « soubz les précautions que je y fais insérer. » Du reste, sous forme comminatoire, il les engage à suivre ponctuellement les instructions qu'il a chargé l'un de leurs collègues de leur transmettre, s'ils veulent *l'obliger à demeurer affectionné à leur faire service.*

F° 174. — **1637** (12 mars). — Ordonnance du duc d'Hallvin, datée de Béziers, par laquelle, afin de lever toutes les difficultés qui se sont présentées dans la sortie de 5,500 setiers de blé dont il avait autorisé l'embarquement le 6 mars, à destination de Toulon pour le service de l'armée navale, il commet le sieur Daniel de Torches, docteur et avocat, pour dresser tous procès-verbaux nécessaires, tenir la main à ce que lesdits 5,500 setiers soient embarqués sans interruption, quelles que soient les quantités qui se trouveront dans la ville et nonobstant toutes ordonnances à ce contraires, avec injonction, en outre, de dresser un état de tous les blés existants dans les magasins des marchands et les greniers de la ville pour en être exactement informé. Le chargement des 5,500 setiers devait s'effectuer sous le contrôle du sieur d'Homps. De plus, il est fait injonctions formelles aux habitants et aux marchands de déclarer exactement les quantités de blé qu'ils possèdent, à peine de désobéissance, et à M. de Ricardelle, lieutenant au gouvernement de la ville, au maître des Ports, aux consuls, aux officiers de l'amirauté, de favoriser ledit chargement et y tenir la main « sans aulcune remise « ou dellay, » à peine de répondre en leur nom du *retardement* qui pourrait en résulter pour le service du roi.

F° 175 v°. — **1637** (28 juillet). — Lettre de M. Bertier, premier président au Parlement de Toulouse, par laquelle il invite les consuls à donner aide et assistance à M. de Gramont, président aux enquêtes, en ce qu'il pourra avoir à leur demander pour l'exécution de la commission dont il est chargé par la cour.

F° 175 v°. — **1637** (4 septembre). — Lettre de M. de la Vrillière, adressée aux consuls en réponse à celle qu'ils lui avaient écrite concernant leurs différends avec M. de Persy, gouverneur de la ville, relativement à l'attribution et à la garde des clefs des portes et des râteaux. M. de Persy, de son côté, se plaignait du mépris dont il était l'objet, du peu de respect et de déférence qui était porté à ses ordres, de divers actes par lesquels les consuls avaient porté atteinte aux attributions et aux prérogatives de sa charge, etc. Par sa lettre, M. de la Vrillière s'efforce de rassurer les consuls touchant la conservation de leurs droits et privilèges; mais, pour la mériter, ils doivent se montrer obéissants envers le roi en la personne de M. de Persy, qui est le représentant de son autorité dans la ville, etc. Enfin, il les engage à remettre leurs différends à l'arbitrage de MM. Robert Miron et Dupré, intendants de la province, qui ont reçu du roi l'ordre de les aplanir au moyen d'un règlement conforme à leurs droits et aux devoirs de leurs charges respectives.

F° 176 v°. — **1637** (26 juin). — Provisions accordées à M. de Bélissen, pour la charge de sergent-major de Narbonne, qui était devenue vacante par la démission que M. Dufaure en avait faite. M. de Bélissen était alors et depuis plusieurs années aide-major de la ville.

F° 177 v°. — **1637** (18 octobre). — Ordonnance du duc d'Hallvin, datée de Béziers, qui déclare M. de Bélissen admis à la charge de sergent-major de Narbonne après avoir reçu de lui le serment requis, et enjoint à M. de Persy, gouverneur de la ville, de l'installer en cette charge et de le faire reconnaître ensuite par les consuls et par les habitants.

F° 178. — **1637** (17 octobre). — Ordonnance de M. de Schomberg, duc d'Hallvin, gouverneur du Languedoc, datée de Béziers, par laquelle sont déclarées révoquées les deux ordonnances des 17 août et 5 septembre derniers, qui font défenses, dans toute l'étendue de la province, à tous patrons et marchands, ainsi qu'à toutes autres personnes, sans distinction de qualité et condition, d'exporter du blé, des avoines et légumes, pendant deux mois, « attandu « la disette et nécessitté du Bas-Languedoc et l'antrée des

« ennemis dans led. pais. » Par cette ordonnance, il est permis à tous marchands, patrons, facteurs, agents et commis « d'achapter, charger et transporter, tant par eau « que par terre, tous les bledz, advoines, légumes et aultres « grains dont ils auront besoing, pour leurs uzaiges ou « pour le négoce et traffiq aux autres pais de l'obéissance « de S. M., » sous la condition de payer les droits de foraine dus au roi en raison de la circulation des grains. Elle est rendue sur les représentations faites par le syndic général de la province, d'après lesquelles une vérification qui vient d'avoir lieu « dans la montaigne et Haut-Languedoc, » établit que l'abondance de la dernière récolte est suffisante pour « assister ceulx du Bas-Languedoc dans le besoing « qu'ils en avoient, comme aussy les trouppes des gens de « guerre qui y sont tenues pour repousser lesd. ennemis. » Les motifs qui rendent nécessaire la circulation des grains sont pris de ce qu'elle est le seul moyen qui reste à la province « pour recouvrer de l'argent, afin de satisfaire aux « grandes charges ausquelles elle s'est teneue tant envers « le roy que ses créantiers. » Le duc d'Hallvin déclare qu'il l'a rend, « apres qu'il a plu a Dieu octroyer aux armes de « S. M., sous sa conduicte, la victoire signallée (1)..... « remportée sur les ennemis de cest Estat, » et parce que les provinces du royaume sont obligées de se secourir et entr'aider les unes les autres.

F° 179 v°. — **1638** (8 avril). — Lettre de Louis XIII, datée de Versailles, par laquelle il ordonne aux consuls de fournir les chevaux et bateaux nécessaires à l'évêque d'Aire, pour faire conduire, de Narbonne ou de Leucate à La Nouvelle, d'après les ordres de M. de la Meilleraye, grand maître de l'artillerie de France, douze des canons pris sur les Espagnols « a la journée de Laucatte, » en se conformant pour cette fourniture aux ordres qui seront donnés par le maréchal de Schomberg. Ces douze canons devaient être ensuite expédiés à Blaye.

F° 180. — **1638** (23 mai). — Lettre du maréchal de Schomberg, datée de Montpellier, qui invite les consuls à fournir le plus promptement possible à l'évêque d'Aire les chevaux, mulets et charrettes nécessaires pour conduire à Toulouse « les quatre canons restants a Laucatte, parfai- « sant le nombre de douctze canons » qui doivent être ensuite envoyés à Blaye. Les consuls devaient faire remplacer les quatre canons de Leucate par un égal nombre de pièces à prendre de celles qui se trouvaient sur le port de Narbonne.

F° 180 v°. — **1637** (18 décembre). — Provisions accordées au sieur Pierre du Cos dit l'Espérance, pour la charge d'aide-major de la ville en remplacement du sieur de Bélissen, dernier titulaire de cette charge.

F° 181. — **1638** (13 juin). — Ordonnance du maréchal de Schomberg, duc d'Hallvin, gouverneur du Languedoc, qui reçoit le sieur Pierre du Cos en la charge d'aide-major de la ville, le déclare installé dans cette charge en remplacement du sieur de Bélissen, et enjoint à tous officiers et sujets du roi de le reconnaître en cette qualité et de lui obéir en tout ce qui s'y rapporte.

F° 181 v°. — **1638** (26 juin). — Ordonnance rendue par les consuls à la suite de la délibération prise par le conseil général de la ville, le 24 du même mois de juin, relativement à la réception qui devait être faite aux provisions accordées à M. Pierre du Cos, pour la charge d'aide-major de Narbonne. Cette ordonnance décide que les provisions dont il s'agit seront enregistrées au greffe du consulat, « sans préjudice ausd. consuls et communaulté de « Narbonne de fere tres humbles remonstrances a S. M., « pour n'estre cy apres préjudicié a l'arrest randu en l'an « M VI^c XXXII, portant qu'en cas de vacation des cappi- « teneries et aide major aux morte payes dud. Narbonne, « par mort, desmission ou aultremant, les consuls en conseil « de ville doibvent fere nomination de trois personnes pour « en estre prins par Sad. M. telle que bon lui semblera, et « a quoy par ce présent registre ne sera, comme dit est, « nullement préjudicié.

F° 182. — **1638** (3 juillet). — Ordonnance du maréchal de Schomberg, rendue sur les représentations à lui faites par les consuls, par laquelle la ville demeure déchargée de la fourniture de deux capouls et une tartane « avec leurs « attratz et marinieres pour trajetter de la terre a Brescou, » qui lui avait été imposée par une ordonnance du 19 juin précédent. Cette décharge est motivée sur « le travailh qu'ils « (les habitants) sont obligés de faire en lad. ville de « Narbonne pour s'opposer vigoureusemant aux ennemis « de l'Estat en cas de siége, ne pouvant par ce moien « travailher ailheurs. »

F° 183. — **1638** (5 septembre). — Lettre de Louis XIII, datée de St-Germain-en-Laye, par laquelle il donne connaissance aux consuls de l'heureux accouchement de la reine, leur recommande d'assister au Te Deum d'action de grâce qui sera chanté pour remercier Dieu « d'ung bien qui est si advantageux.... pour le général du royaume, » de se rendre en corps à la procession générale dont il sera suivi, de faire tirer le canon et faire les feux de joie ainsi qu'il est accoutumé en semblable circonstance, « donnant ordre qu'il « soit mis de lumieres aux fenestres de touttes les maisons

(1) La victoire dont l'ordonnance fait mention est celle que le duc d'Hallvin venait de remporter sur l'armée espagnole, campée sur le plateau de Leucate, entre le grau de la Franqui et l'étang (v. note C, à la fin du volume).

« estans sur rue,.... suivant ce qui sera ordonné tant de la « part du gouverneur de la province que de celle du sieur « archevesque. »

F° 183 v°. — **1635** (8 mai). — Règlement arrêté à Narbonne par le vicomte d'Arpajon, marquis de Sévérac, lieutenant général du roi au gouvernement du Languedoc, contre-signé par M. de Persy, gouverneur de Narbonne, pour assurer le service et la discipline de la garde bourgeoise. Voici le résumé de ses dispositions : — les habitants se rendront *une heure de jour* à la maison de ville; — les sergents tireront au sort qui des deux fera le service de la garde dans ladite maison et le service sur les remparts; — les six caporaux et les huit escouades de la garde tireront également au sort pour le même service et de la même manière; — l'escouade pour la garde de nuit sera commandée par l'un des sergents ou des caporaux désigné par le sort; — elle relèvera la garde précédente demi-heure avant la fin du jour; — celui qui doit faire les rondes sera désigné par le sort; — si les capitaines de la garde bourgeoise se rencontrent avec ceux de la morte-paye dans les rondes et patrouilles, ils passeront sans se faire donner le mot d'ordre, et il en sera de même des sergents, des caporaux et des soldats; mais le sergent le donnera au capitaine, le caporal au sergent et le soldat au caporal; — à l'exception du gouverneur et du lieutenant général de la province, du gouverneur et du lieutenant de la ville, et du sergent-major de la place, tous les officiers devront donner le mot en passant au corps de garde; — dans les rondes, les capitaines ne pourront être accompagnés de plus de deux hommes; — lors des rondes, les capitaines devront donner le mot aux officiers généraux déjà nommés, chacun suivant sa charge; — pour l'ouverture de la porte, les escouades destinées aux places d'armes iront ensemble à la porte, la garde bourgeoise prenant la droite; cette garde restera au corps de garde placé dans l'intérieur, pendant que la morte-paye s'établira dans les deux corps de garde extérieurs; — deux hommes seront placés à la porte pour surveiller l'entrée et la sortie et en rendre compte au capitaine de la morte-paye ainsi qu'à celui de la garde bourgeoise; — les gardes des remparts seront placées sur les murailles elles-mêmes et sur les bastions, depuis la diane jusques à demi-heure après l'ouverture de la porte; ensuite, elles se retireront dans leurs corps de garde en ne laissant sur les murailles que les sentinelles de service, lesquelles seront relevées d'heure en heure et ne pourront jamais être laissées plus de deux heures en faction, soit de nuit soit de jour; — en cas d'alarme, toutes les compagnies de la garde bourgeoise et de la morte-paye, qui ne seront pas de service, devront se rendre sur la place d'armes pour y attendre les ordres du gouverneur ou des chefs qui auront le commandement.

F° 185. — **1635.** — Ordonnance du vicomte d'Arpajon, marquis de Sévérac, lieutenant général au gouvernement du Languedoc, rendue à la suite de certain désordre qui s'était produit dans la garde bourgeoise. Une alarme s'étant répandue, les hommes de cette garde s'étaient rendus, confusément et avec précipitation, sans chefs et sans ordres, sur les remparts et aux portes, ce qui pouvait n[ui]re à la sécurité et à la défense de la ville. Pour préveni[r l]es dangers de cette confusion, l'ordonnance dispose : — que les capitaines de la garde bourgeoise qui ne seront pas de service devront, en cas d'alarme, assembler leurs hommes en leurs propres logis; — que tous les officiers et habitants devront s'y rendre; — que, de là, ils seront conduits sur les Barques du Bourg et sur celles de la Cité, où se rendra, pour donner les ordres, l'officier qui aura le commandement. — L'habitant qui arrivera au logis de son capitaine après que celui-ci en sera parti avec sa compagnie devra aller rejoindre cette compagnie aux Barques. — Les contraventions à cette ordonnance sont punies de mort.

F° 185 v°. — **1639** (24 janvier). — Arrêt du Parlement de Toulouse, qui prononce le rejet des requêtes qu'avaient présentées maître Pierre Boyssière, greffier et *propriétaire* du domaine en la Vicomté de Narbonne, notaire et procureur en la viguerie de ladite ville, Antoine Ferrier et Pierre Noguier, procureurs en cette même viguerie, P[ier]re Falconis, notaire et secrétaire du chapitre St-Just de Narbonne, garde du *sceau royal en propriété* de ladite ville, Jean-Antoine Sigean, maître apothicaire juré, et Paul Boutes, marchand, à l'effet d'être *haulcés* de leurs bancs à des bancs supérieurs de la matricule. L'arrêt, se fondant sur l'arrêt du conseil d'État du 23 septembre 1636, déclare les demandeurs démis de leurs requêtes, « sauf a estre pourveu par le conseil général de la ville « au haucemant demandé, le cas y échéant. »

F° 186 v°. — **1637** (?). — Arrêt (fragment de l') rendu par la cour des Comptes, Aides et Finances de Montpellier sur l'appel qu'y avait relevé le syndic du chapitre St-Just, prenant la cause d'Étienne Causse et Claude Cassan, ses fermiers, contre deux sentences du viguier de Narbonne des 7 juin et 6 juillet 1636, pour faire maintenir la transaction passée, le 11 mars 1492, entre les consuls et les gens d'Église, relativement à la taille des biens ruraux ecclésiastiques. Cette transaction avait été homologuée par l'archevêque de Narbonne, le 17 mars 1493, en ce qui concerne la partie par laquelle le chapitre cède à la ville une portion du moulin du Gua. (Vid. cette homologation AA. 101, 2e thal., f° 170; AA. 103, 3e thal., f° 103 v°.)

F° 188. — **1639** (28 novembre). — Lettre de Louis XIII, par laquelle il fait connaître aux consuls qu'ayant donné ordre au sieur de Persy de venir lui rendre compte de l'état de la place de Narbonne, il avait en même temps mandé à Pierre de Comty, sieur d'Argentcour, maréchal de camp, d'aller prendre le commandement de cette place, et qu'ils doivent reconnaître ce dernier en ladite charge et lui obéir en tout ce qui regarde la sûreté de la ville.

F° 188. — **1640** (1er mai). — Lettre de Louis XIII, datée de Chantilly, adressée au prince de Condé, par laquelle, en témoignage de la conduite tenue par « quelques « particuliers de la ville » auxquels le séjour en a été dé- « fendu par arrêt du conseil d'État du 16 octobre 1632 (v. f° 109 v° du présent cartul.), et de l'affection qu'ils ont portée au service du roi pendant l'année 1639, il l'autorise à les déclarer rétablis dans la ville « au mesme estat qu'ils « estoient auparavant led. arrest, » et à donner à cet effet tels ordres qu'il jugera nécessaire. — Une note mise sur le cartulaire, à la suite de la lettre, constate qu'elle a été lue au conseil général de la ville par le prince en personne, qui en retira l'original après avoir été transcrit par le notaire greffier du consulat.

F° 189. — **1640** (1er mai). — Lettre de Louis XIII, datée de Chantilly, par laquelle il fait connaître aux consuls la décision qu'il vient de prendre pour le rétablissement, en leur premier état, des habitants exilés de la ville par l'arrêt du 16 octobre 1632. Il leur ordonne, en même temps, de déférer à tous les ordres qui leur seront donnés par le prince de Condé, qui est chargé de ce rétablissement.

F° 189 v°. — **1640** (10 juin). — Ordonnance rendue à Narbonne par Henri de Bourbon, premier prince du sang, duc d'Enghien et Montmorency, commandant des armées de Guyenne, Languedoc, etc., pour l'exécution de l'ordre du roi relatif au rétablissement des habitants exilés de la ville en l'année 1632. Cette ordonnance, après avoir déclaré rétablis en leur état ces habitants, qui sont le sieur Jean d'Autemar, sieur de Tauran, l'abbé d'Osne, Virebosc, le cadet de Vires, son frère, Tarailhan, Roussel, Cogomblis, second consul, Angles, troisième consul en ladite année 1632, de Rouch, viguier, Ducup, juge, Rouch, procureur du roi, Seigneuret, Granier, Dumas, Curdechesne, Garrigues, Jérôme Rouch, Jean-Paul de Cogomblis, Raulin de Reboul et Louis Malède, dispose qu'ils jouiront des mêmes privilèges et prérogatives que les autres habitants de Narbonne; qu'ils auront le droit de demeurer dans la ville, et qu'ils pourront avoir séance et voix délibérative dans les assemblées de la matricule et être admis comme auparavant aux charges consulaires. En conséquence de ce rétablissement, elle ajoute : « sera « le tableau des consulz de lad. année..., estant aud. hostel « de ville, parachevé et adjousté a icelluy le portrait desd. « Cogomblis et Angles, consuls en lad. année, en leur rang « et ordre, et demeurera led. arrest.... et tout ce qui s'en « est suivy comme non advenu tant a l'esgard des sus « nommés que des feuz sieurs de Vires, de Lastours, « Férayroles et Daubine despuiz lors décédez. »

F° 190 v°. — **1640** (18 juin). — Lettre du prince de Condé, datée de Pézénas, par laquelle il déclare aux consuls que les mérites du sieur Chambert, habitant de la ville, l'obligent à leur exprimer le désir de le voir *maintenu au rang de la seconde échelle* lorsqu'il entrera dans la *chambre* de ville.

F° 191. — **1627** (23 septembre). — * Arrêt du conseil d'État, rendu entre les consuls de Narbonne, demandeurs en maintenue de l'arrêt du même conseil du 30 mars 1627, d'une part, et Jean-François de Chefdebien, écuyer, sieur d'Armissan, Pierre Saurin, agissant au nom de divers habitants syndiqués, Jean Berthellier, Jean Broussat, Bénigne Bourlier et François Abbes, avocats, d'autre part, par lequel il est ordonné : — que la transaction passée entre les consuls de Narbonne et les représentants de divers habitants syndiqués, en date du 31 mai 1627, sera exécutée ; — que, conformément à cette transaction et au règlement fait par le roi, ce même jour 23 septembre 1627, suivant le consentement des habitants de la ville consigné dans un rapport de M. de Nesmond, conseiller d'État, du 26 mai de ladite année, « le nombre de quatre vingts con- « seillers matriculés de la ville sera augmenté de vingt « quatre, faisant en tout le nombre de cent douze, outre « les six consuls ; » — que ces vingt-quatre conseillers seront répartis entre les cinq dernières échelles dans les proportions suivantes, savoir : huit pour la seconde échelle et quatre pour chacune des autres; — que ces conseillers seront actuellement nommés par le roi, et ensuite par le conseil général de la ville, en la manière accoutumée; — qu'un cas de vacance, par mort ou démission, survenant dans la première échelle, Me Jean Berthellier et, après lui, Me Jean Broussat, nommés par l'arrêt du Parlement de Toulouse du 9 février 1626, entreront dans la matricule par préférence à tous autres, à peine de nullité de l'élection qui en serait faite; — enfin, qu'une somme de 7,000 liv., représentant les frais exposés par les habitants syndiqués pour la poursuite de l'instance à laquelle l'arrêt met fin, sera imposée sur l'ensemble des contribuables de la ville, pour être affectée au remboursement de ces frais. En outre, cet arrêt enjoint aux habitants de Narbonne « de vivre « en bonne union et concorde les ungs avec les autres, » et leur fait inhibitions de s'assembler sous prétexte de syndicat ou de *confrérie*, sous peine d'être traités comme perturbateurs du repos public de la ville. (Transc. au présent cartulaire, f° 222 v°.)

F° 192 v°. — **1627** (23 septembre). — Lettres patentes d'attache expédiées pour l'exécution du précédent arrêt. (Transc. au présent cartulaire, f° 225.)

F° 193. — **1627** (23 septembre). — * Arrêt du conseil d'État rendu, sur le rapport de M. de Nesmond, entre les consuls de Narbonne, demandeurs en maintenue de l'arrêt du conseil du 30 mars 1627, d'une part, et Jean-François de Chefdebien, écuyer, sieur d'Armissan, et Pierre Saurin, syndics de divers habitants de Narbonne, d'autre part, formant règlement pour l'organisation de la matricule de la ville. Résumé du dispositif de ce règlement: — la matricule de la maison consulaire sera composée de cent douze conseillers, outre les six consuls, sans que ce nombre puisse être encore augmenté pour quelque cause que ce soit; — aucun étranger ne pourra être reçu en qualité d'habitant de la ville, qu'après y avoir résidé pendant dix ans, et il ne pourra être admis aux charges municipales que lorsqu'il aura obtenu ses *lettres de naturalité;* — la première échelle de la matricule sera composée, suivant les anciennes coutumes, de personnes nobles ou vivant noblement, et de docteurs et avocats ou gradués, les uns et les autres étant habitants de la ville depuis 6 ans au moins, y payant leurs contributions, ou bien dans le diocèse, et ayant des propriétés pour une valeur en capital de 5,000 livres; — la seconde échelle sera composée d'officiers ou de bourgeois vivant *bourgeoisement* sans faire *aucune fonction mécanique*, ou de marchands faisant le négoce sans tenir boutique ouverte, ayant en compoix, dans la ville et dans le diocèse, un allivrement de 300 livres, représentant en biens fonds une valeur de 7,500 livres. Cette dernière condition n'est pas générale. Il y est fait exception en faveur des « califiés « de la ville, les peres et ayeuls desquels ont esté places « en lad. eschelle ou en la premiere, et quy peuvent estre « recommandables tant par leur proppe meritte que celluy « de leurs peres. » Ces qualifiés peuvent être placés dans la seconde échelle pourvu qu'ils aient un allivrement de 150 livres de compoix; — la troisième échelle sera formée de marchands qui tiennent ou auront tenu boutique ouverte et ont vécu pendant longtemps dans le trafic, ainsi que d'autres personnes honorables et de qualité, possédant des biens pour une valeur de 300 livres en allivrement au compoix et de 7,000 livres en capital; — la quatrième échelle sera formée de marchands vendant en détail, de procureurs, de notaires, chirurgiens, apothicaires, et autres *honnêtes* gens ou négociants, ayant 100 livres de biens en allivrement, ou 3,000 livres en capital; — la cinquième échelle sera composée d'autres marchands, négociants, procureurs, notaires, apothicaires, chirurgiens, praticiens et autres honnêtes gens possédant 60 livres en compoix ou 1,500 livres en capital; — la sixième échelle sera composée de personnes des mêmes conditions, qui possèderont 40 livres en compoix, ou 1,000 liv. en capital; — les conseillers des quatre dernières échelles ne pourront être portés à une échelle supérieure qu'à la condition d'avoir été consuls pour l'échelle dont ils font partie; — nul ne pourra être élu conseiller s'il n'est âgé de vingt-cinq ans; — conformément à l'arrêt du Parlement de Toulouse, donné en l'année 1605, les élections de conseillers aux places devenues vacantes par mort, changement de domicile ou démission, auront lieu régulièrement le dimanche avant la Purification, le dimanche de Quasimodo et le dimanche après la fête de la Toussaint, excepté en ce qui regarde les nobles, « quy « pourront pour quelque temps avoyr changé de domi- « cile; » — ainsi que le prescrit un arrêt de la cour des Comptes, Aides et Finances de Montpellier, du 31 mars 1621 (v. f° 42 du présent cartulaire), le motif de l'imposition sera indiqué en tête du compoix et du livre de collecte; — les deniers qui seront imposés par mandement des États généraux de la province et de l'assiette particulière du diocèse seront distingués par nature et par articles; — à l'avenir, pour la confection du compoix terrier et du compoix cabaliste, les députés devront être pris, par moitié, parmi les conseillers de la matricule et parmi les autres habitants de la ville. (Transc. au présent cartulaire, f° 226.)

F° 195. — **1627** (23 septembre). — Lettres patentes d'attache expédiées pour l'exécution du précédent arrêt. (Transc. au présent cartulaire, f° 230.)

F° 195 v°. — **1640** (10 juillet). — Arrêt du Parlement de Toulouse, qui prononce le rejet de l'appel relevé par Jean de Gros, sieur d'Homps, et Jacques Lenoir, bourgeois, contre la sentence du 1er août 1639, rendue entr'eux et les sieurs Jean Daydé et Brice Cantier, fermiers des droits d'équivalent de la ville de Narbonne, par le prieur et les consuls de la Bourse des marchands de Toulouse. L'appel portait sur la taxe de 10 liv. par journée, qui avait été allouée aux appelants pour leurs frais de voyage et séjour à Paris en qualité de députés de la ville.

F° 196 v°. — **1640** (13 juillet). — Ordonnance de François de Cambolas, conseiller au Parlement de Toulouse, qui fixe, en qualité de commissaire, la taxe des journées employées par Jean de Gros, sieur d'Homps, et Jacques Lenoir, dans leur voyage et leur séjour à Paris pour les affaires de la ville, à six livres par journée.

F° 197. — **1640** (21 septembre). — Lettre datée de St-Germain-en-Laye, par laquelle Louis XIII annonce aux consuls la naissance du duc d'Anjou, son second fils, dont la reine est heureusement accouchée le même jour, et il les invite à assister au Te Deum et à la procession d'action de grâces, et à faire « tirer le canon avec feux de joye, » suivant l'ordre qui leur en sera donné par le maréchal de Schomberg, gouverneur de la province.

F° 197 v°. — **1640** (7 octobre). — Lettre du maréchal de Schomberg, datée de Béziers, par laquelle il donne aux consuls l'ordre de faire tirer le canon, d'allumer des feux de joie et d'organiser des réjouissances publiques à l'occasion de la naissance du duc d'Anjou, second fils du roi. Les consuls devront, en outre, assister, « en robes « consulaires et avec le meilleur nombre d'habitans qu'il « se pourra, » au *Te Deum* qui sera chanté par l'ordre de Mgr l'archevêque.

F° 198.— **1632** (24 décembre); — **1633** (6 janvier). — Arrêt de la cour des Comptes, Aides et Finances de Montpellier, rendu pour fixer la préséance entre maître Barthélemy d'Automar et Pierre de Villa, visiteurs généraux des gabelles du Languedoc, d'une part, et Pierre de Thoulouse, sieur de St-Martin de Favas, maître des ports et passages en la sénéchaussée de Carcassonne, d'autre part. Cet arrêt décide, par forme provisoire : — que dans toutes les assemblées publiques et particulières, en tous actes et honneurs publics, les visiteurs généraux des gabelles précèderont les maîtres des ports et passages, lesquels ne pourront en cela leur donner aucun trouble sous peine de 500 livres d'amende. — Parmi les pièces visées dans cet arrêt figure un arrêt du Parlement de Toulouse, rendu entre M. Meyssonat, maître des ports et passages en la province de Narbonne, et le sénéchal, les lieutenants et conseillers en la sénéchaussée et la cour présidiale de Carcassonne et Béziers, du 11 mai 1575, portant, entre autres choses, que lorsque les conseillers et magistrats des siéges du sénéchal et du présidial de Carcassonne et Béziers se trouveront en corps, le maître des ports et passages marchera après le juge mage et le juge criminel de Carcassonne et après le lieutenant principal et le juge criminel de Béziers, et que les autres lieutenants, conseillers et magistrats viendront après. — Notification de cet arrêt aux consuls de Narbonne, en la personne de M. de St-Martin, l'un d'eux.

F° 199 v°. — **1640** (31 août).— Provisions accordées au sieur Pierre Massol, tailleur, originaire du diocèse de Rodez, pour l'une des quatre maîtrises créées dans chacun des arts et métiers en toutes les villes du royaume, par édit du mois de septembre 1638, « en faveur de la joieuse nais- « sance du Dauphin. » D'après ses provisions, le nouveau maître devait user de son titre et de tous les droits et prérogatives en dépendant, « mesme du pouvoir d'assister aux « assamblées quy se feront au corps dud. mestier pour « entrer en son ordre a la jurande, plainement et paisible- « ment ainsin que les maistres receus par chef d'œubre, » sans être astreint à produire de chef-d'œuvre, ni à subir aucune épreuve, à payer aucuns banquets et festins, ni aucuns droits de confrérie, « de boites, » ni autres frais accoutumés suivant les statuts du corps.

F° 200 v°. — **1640** (31 août). — Provisions pour une maîtrise de tailleur d'habits en la ville de Narbonne, accordées à Balthasar Théron et à Antoine Cabos, sous les avantages et exemptions qui figurent dans les provisions précédentes accordées au sieur Pierre Massol.

F° 201.— **1640** (25 septembre).— * Arrêt du conseil d'État, qui valide et confirme l'ordonnance du 10 juin 1640, par laquelle le prince de Condé rétablit divers habitants dans la matricule, décide que les portraits des sieurs Cogomblis et Angles seront ajoutés au tableau des consuls de l'année 1632, dont ils avaient été déclarés exclus par arrêt du conseil du 26 février 1633, etc. Cet arrêt constate : — que l'exécution des nouveaux règlements relatifs à l'organisation de la matricule a été l'occasion de désordres extrêmement dommageables pour le repos public ; — que l'une des principales causes de ces désordres tient à ce que la matricule devant être composée de 80 conseillers, depuis l'arrêt du Parlement de Toulouse, du 9 février 1626, qui défend de porter à la matricule les parents dans les degrés de père à fils, de frères, oncles et neveux, souvent il n'a été possible de compléter le nombre des conseillers qu'en admettant des étrangers ou des gens de *petite* condition qui n'ont point d'intérêt aux affaires communes de la ville; — que le règlement du 23 septembre 1627 nuit à la bonne composition de la matricule en ce que, par la disposition qui défend de porter les conseillers d'une échelle à une autre, avant qu'ils n'aient été consuls dans leur présente échelle, il maintient dans les dernières échelles, « quelque « grand qu'ait esté despuis l'accroissement de leurs facultés « et de leur estat et condition, par le moyen dès alliances, « des offices ou employs, » des conseillers que le *sort* de l'élection n'a pas portés au consulat, mais qui pourraient être à la première échelle ou à la seconde; — que cette situation fâcheuse est aggravée par le règlement de l'année 1632, qui réduit encore, pour ces mêmes conseillers, la possibilité de l'élection au consulat en décidant que les consuls seront pris par moitié, alternativement, en dehors de la matricule, ce qui engendre de grandes jalousies et inimitiés entre les habitants, parce que « l'on prend sou- « vent des habitants de fort basse condition et l'on les faict « consulz en ung rang plus éminant que ceux quy sont « dans la matricullo quoyque de condition plus relevée, » etc.— Pour remédier à cet état de choses, l'arrêt décide que les beaux-pères, les gendres, oncles et neveux pourront être admis ensemble dans la matricule, et que les conseillers matriculés pourront monter d'échelle sans avoir été consuls, pourvu qu'ils remplissent les autres conditions portées par l'arrêt du 16 octobre 1632, ce qui devra être fait par l'élection, en assemblée générale de la matricule. De plus, il statue que les places actuellement vacantes dans la matricule seront données à des personnes capables et de la qualité requise, suivant le choix qui en sera fait par le prince de Condé, ou par l'élection en la forme ordinaire, s'il le juge à propos, et que ce qui sera par lui ordonné, tant pour ces places que pour toute autre affaire concernant la matricule, sera exécuté nonobstant toutes oppositions ou appellations. Enfin, il déclare maintenus les précédents règlements du conseil d'État et ceux du Parlement de Toulouse pour les parties auxquelles il n'est pas dérogé par le présent arrêt, et il enjoint aux consuls ainsi qu'aux habitants « de vivre ensamble en bonne union, amitié et « concorde pour le bien du service du roi, repos et utillitté « de lad. ville. »

Fº 204 vº. — **1640** (25 septembre). — Lettres patentes d'attache expédiées pour l'exécution du précédent arrêt.

Fº 205 vº. — **1640** (31 août). — Provisions pour une maîtrise de tailleur d'habits en la ville de Narbonne, accordées au sieur Louis Candelou, originaire de ladite ville. — Mention de la prestation du serment du nouveau maître entre les mains des consuls.

Fº 206 vº. — **1641** (12 octobre). — Provisions de la charge de gouverneur de la ville accordées à Pierre de Comty, sieur d'Argentcour, maréchal de camp aux armées du roi, en remplacement de M. de Persy, qui avait dû se démettre de cette charge.

Fº 207 vº. — **1641** (2 novembre). — Attache délivrée par Henri de Bourbon, prince de Condé, pour l'exécution des provisions accordées à M. d'Argentcour pour la charge de gouverneur de la ville. Cette attache est datée de Narbonne.

Fº 208 vº. — **1641** (22 août). — Déclaration de Jean d'Autemar, sieur de Vires, Jean de Seigneuret, sieur de Caude, Michel Roussel, bourgeois, Jean Vignes, bourgeois, Pierre Boyssière, notaire royal et procureur, et Paul Romieu, maître chirurgien, consuls de la ville, constatant qu'ils ont reçu de Daniel de Feuilhette, sieur de Fay, commissaire général des poudres et salpêtres de France, par les mains de Fleury Marsa, son commis dans le Languedoc, 30 milliers de poudre à canon et à mousquet, menue et grainée, dans des tonneaux de cent et deux cents livres; qu'après l'avoir essayée, ils l'ont reconnue bonne et du titre du roi, et qu'ils l'ont ensuite déposée dans le magasin de St-Félix pour être tenue à la disposition de l'archevêque de Bordeaux, lequel doit la faire prendre sur un ordre du cardinal de Richelieu.

Fº 209. — **1641** (20 septembre). — Ordonnance du prince de Condé, gouverneur des provinces de Bourgogne, de la Bresse et du Berry, commandant des armées de Guyenne, du Languedoc, du Roussillon et de la Catalogne, et commandant au gouvernement du Languedoc, par laquelle il est enjoint aux consuls de livrer au sieur Pierre Ducos, garde provincial de l'artillerie, les 30 milliers de poudre qui leur ont été remis le 26 du mois d'août précédent, pour « partie du ramplacement des cinquante miliers « de poudre quy a cy devant esté envoyée a Monsieur « l'archevesque de Bourdeaux pour l'armée navalle devant « Tarragonne en Catolounie, quy a esté prinse dans les « magasins dud. Narbonne. » Lorsque les 20 milliers de poudre qui restent pour compléter l'entier remplacement seront arrivés à Narbonne, ils devront être également remis au sieur Ducos.

Fº 209 vº. — **1641** (26 octobre). — Déclaration du sieur Pierre Ducos, garde ordinaire et provincial de l'artillerie du Languedoc et de l'arsenal de Narbonne, portant qu'il a reçu des consuls les 30 milliers de poudre qui avaient été mis entre leurs mains par ordre du roi, « pour remplacer « pareille quantité de poudre faisant partie de cinquante « miliers quy ont esté fournis...., des magasins de Nar« bonne, a Monseigneur l'archevesque de Bourdeaux, « commandant l'armée navalle devant Tarragonne. »

Fº 210. — **1641** (5 novembre). — Ordonnance de M. Charles de Machault, intendant de justice, police et finances près la personne du prince de Condé « et es ar« mées » du Roussillon et du Languedoc, et de M. Hercule Vauquelin, sieur des Yveteaux, intendant de police, justice et finances dans le Languedoc, rendue entre les consuls de Narbonne, poursuivant l'exécution de l'arrêt du conseil d'État, du 23 septembre 1627, qui fait défenses à tous habitants de la ville « de s'assambler particulierement « soubs prétexte de syndicat, confrérie ou aultrement, » d'une part, et les sieurs Antoine Passenaut, charpentier, Pierre Delclergue, chaudronnier, et autres artisans syndiqués, d'autre part, en ce qui concerne les cotisations des artisans aux tailles ordinaires de la ville. Ces artisans s'étaient liés en syndicat par deux actes, l'un du 6 juillet 1640, passé dans le moulin du Gua, hors de la ville, l'autre du 9 janvier 1641, passé dans l'intérieur de la ville, et ils avaient obtenu à ce titre un arrêt dispositif de la cour des Comptes, Aides et Finances de Montpellier, en date du 22 mars 1641. Par cette ordonnance, l'arrêt dont il s'agit demeure infirmé, la cotisation portée sur les artisans par les consuls est maintenue, et il est enjoint auxdits artisans « de porter honneur et hobéissance aux consuls, » avec défenses tant à eux qu'à tous autres habitants, quelles que soient leurs qualité et condition, de faire aucunes assemblées générales et particulières, sous quelque prétexte que ce soit, dans la ville ni au dehors, sous peine de la vie, sauf à eux à se pourvoir chacun en particulier, par les voies de droit, s'ils se trouvent surchargés aux tailles.

Fo 211. — **1642** (26 février). — Lettre de Louis XIII, datée de Montélimart, par laquelle, en annonçant aux consuls sa prochaine arrivée à Narbonne, il leur ordonne de ne pas laisser sortir les habitants en armes, pour aller au devant de lui, de venir eux seuls pour lui rendre « brièp« vement leurs debvoirs.... en la maniere accoustumée, » et de ne faire tirer le canon qu'après qu'il aura fait son entrée dans la ville et sans le faire charger à *balle*. Il leur ordonne aussi de faire réparer les chemins, qui « ce trou« vent difficilles pour les chariotz en quelques endroictz. »

Fo 211 vo. — **1642** (22 mars). — Ordonnance, datée de Narbonne, par laquelle Louis XIII enjoint aux consuls « de faire garde aux portes de la ville pour arrester tous « les soldatz, tant de cavallerie que d'infanterie, des armées « de Catalougne et Roussillon, qui s'y présenteront retour« nant desd. armées sans avoir congé signé du mareschal « de la Meilleraye. » Lorsque les soldats arrêtés seront au nombre de dix ou plus, les consuls devront en donner connaissance à M. de Choisy, intendant de justice, police et finances près la personne du roi et auxdites armées, qui demeure chargé d'aviser.

Fo 211 vo. — **1635** (24-30 mars). — Arrêt de la cour des Comptes, Aides et Finances de Montpellier, rendu entre 1o le syndic des *créanciers des habitants* de la ville, appelant de la délibération consulaire du 30 juillet 1634, qui porte que les dettes actives des habitants seront cotisées au compoix cabaliste; 2o Charles Chambert, bourgeois, Raphaël Cathala, contrôleur au grenier à sel de Narbonne, demoiselle Gabrielle de Trégoin, veuve de Jean de Reynoard, Marguerite de Reynoard, veuve d'Antoine Escalier, appelants de l'imposition dont ils ont été l'objet au compoix cabaliste de l'année 1634, fait en conséquence de ladite délibération; 3o et Jean Azam, Pierre Rouch, Guillaume Péredoux, Pierre Schomber, Antoine Malard, etc., appelants du même compoix, d'une part, et les consuls de la ville, poursuivant l'annulation de la délibération du conseil, en date du 20 février 1622 (1), d'autre part. Cet arrêt rejette l'appel des consuls contre cette dernière délibération; il décharge la demoiselle Marguerite de Reynoard de la cotisation dont elle est l'objet, sur la preuve qu'elle n'a ni maison ni domicile dans la ville, et ordonne : — que les estimations et cotisations faites au compoix de l'année 1634 sortiront à effet pour le tiers seulement; — que le bétail gros et menu sera cotisé à proportion du compoix terrier et de celui de l'industrie, aussi *également* que faire se pourra; — que, pour le règlement de la cotisation des cabaux, meubles lucratifs, argent à intérêt et à pension, les habitants de la ville s'assembleront en conseil général pour délibérer sur le taux de compoix qui devra être adopté; — que jusque là, par manière de provision, ces cabaux, meubles lucratifs, argent à intérêt et à pension, seront cotisés, compésiés et allivrés conformément au compoix terrier, à raison d'une livre et un tiers pour 100 livres; — que les prud'hommes nommés par les consuls pour dresser le compoix cabaliste y procèderont suivant les règlements de la cour, et en dresseront un procès-verbal « contenant par le menu les noms et surnoms des habitants, « les dires et responces de ceux qu'ilz auront assermantés « relativement a la valeur de leursd. cabaux et meubles « lucratifz; » — que le total des sommes auquel il s'élèvera sera mis à la fin du compoix cabaliste; — que les mandes et commissions relatives aux impositions seront insérées en tête du livre des impositions; — que, pour chaque habitant et pour chaque article du compoix, la portion de cotisation concernant les deniers royaux sera mise séparément de celle qui regarde les deniers municipaux; — que la *cotité* du compoix cabaliste y sera également séparée de celle du compoix terrier; — enfin, que la totalité des impositions sera portée à la fin du livre de ces impositions, le tout sous peine de 500 livres d'amende. — Lettres patentes d'attache délivrées pour l'exécution de cet arrêt.

(1) Cette délibération, qui a pour but de faciliter les emprunts, exempte de toute cotisation cabaliste les fonds prêtés à la ville.

Fo 213 vo. — **1642** (27 juin). — Lettre de M. d'Argentcour, datée du camp devant Perpignan, par laquelle il loue les consuls « de leur soin et bonne conduite, » et il les invite à relâcher le patron Cadiquières en lui rendant tout ce qui lui appartient, sans permettre qu'il lui soit occasionné aucun préjudice, parce qu'il « n'a point heu aulcun « mauvais dessain, mais sulement faute de conduitte. »

Fo 214. — **1642** (6 mai). — Ordonnance de Louis XIII, datée du camp devant Perpignan, contenant le rôle des localités qui dépendent du gouvernement de Narbonne. D'après cette ordonnance, les habitants desdites localités sont tenus de recevoir et exécuter les ordres donnés par le gouverneur de la ville, tant pour la défense de la place que pour les corvées qu'exigent ses fortifications. Les localités composant le gouvernement de Narbonne sont portées au rôle dont il s'agit dans l'ordre suivant : Narbonne, Capestang, Montels, Pothes, Puisserguier, Crusy, Quarante, Argeliers, Sallèles, Cuxac, Bize, Ginestas, Ste-Valière, Paraza, Roubia, Argens, St-Nazaire, St-Marcel, Mirepeisset, Pouzols, Mailhac, Vinassan, Coursan, Pérignan, Armissan, Gruissan, Ouveilhan, Nissan, Salles, Moussan, Marcorignan, Névian, Montredon, Bizanet, Ventenac, Asparets, Lésignan, Ferrals, Conilhac, Escales, Fontcouverte, Tourouzelle, Roquecourbe, Montbrun, Camplong, Moux, Castelnau-d'Aude, Canet, Raissac, Villedaigne, Cruscades, Luc, Ornaisons, Homps, Pépieux, Azille, Laredorte, Rieux, Peyriac-Minervois, Trausse, Laure, Villeneuve, Caunes, Lespinassière, Citou, Montertre, Dones, St-Laurent, Thézan, Fabrezan, Tournissan, Talairan, Albas, Cascastel, Bages, Peyriac-de-Mer, Séjan, le Lac, Portel, Tuchan, Paziols, Padern, Maisons, Dernacueillette, Davejean, Félines, Villerouge, St-Martin, Mayronnes, Quintillan, Valmigère, Bouisse, Albières, Aufiac, Lanet, Mouthoumet, Salza, Montjoie, Vignevielle, Montgaillard, Duilhac, Soulatgé, Cubières, Camps, Massac, la Roque-de-Fa, Termes, Ribaute, Roufflac, Cucugnan, Lairière, la Calmette, Palairac, Villesèque, Fontjoncouse, Coustouge, Jonquières, St-Jean-de-Barou, Durban, Castelmaure, Fraissé.

Fº 216. — **1642** (13 août). — Ordonnance du maréchal de Schomberg, duc d'Hallvin, gouverneur du Languedoc, *général de l'armée du roi* dans le Roussillon, datée du camp devant Perpignan, qui mande à exécution, pour tous ceux à qui il appartiendra, l'ordonnance du roi contenant les localités dépendant du gouvernement de Narbonne.

Fº 217. — **1641** (30 septembre). — Ordonnance du prince de Condé, par laquelle, en exécution de l'arrêt du conseil d'État du 25 septembre 1640, qui lui donne pouvoir de terminer les différends survenus entre les habitants de la ville à raison du consulat et de la matricule, il nomme, sur sa propre demande, le sieur Samson Lacroix à la seconde échelle de la matricule, nonobstant tous *syndicats* et toutes oppositions dont il a pu être l'objet. L'ordonnance se fonde sur ce que ledit Samson Lacroix « est d'une des « bonnes familles dud. Narbonne et qu'il tient rang parmi « les bourgeois et plus honnestes gens de la ville et princi- « paux tailhables d'icelle. »

Fº 217 vº. — **1640** (2 décembre). — Ordonnance du prince de Condé, datée de Pézénas, par laquelle, pour remplir les places devenues vacantes en la matricule, il nomme à la première échelle les sieurs de Tauran, de Pradel et de Portel, qui ont les qualités requises par l'arrêt du conseil d'État du 25 septembre 1640.

Fº. 218 vº. — **1643** (14 mai). — Lettre de Louis XIV, datée de Saint-Germain-en-Laye, qui annonce aux consuls la mort du roi son père. La mort du roi, « apres tant de « travaux et de fatigues ou il a passé son regne pour ac- « quérir une paix profonde et estable a cest estat et a toute « la chrestienetté, a laissé ce bon œuvre » inachevé; mais Dieu bénira les soins de la reine régente pour la conduite et la bonne administration des affaires. L'un des plus sûrs moyens de parvenir à ce résultat étant l'union et la concorde, le roi ordonne aux consuls de la maintenir entre les habitants, et de veiller à la sûreté et à la conservation de la ville en son obéissance et en sa fidélité.

Fº 219. — **1643** (29 avril). — Provisions de la charge de capitaine de la morte-paye, accordées au sieur Jean Torches, habitant de Narbonne, en remplacement de Guillaume Contadis, récemment décédé, qui commandait l'une des trois compagnies de cette morte-paye.

Fº 220. — **1643** (29 mai). — Lettre de Louis XIV, adressée à l'archevêque de Narbonne, par laquelle il lui mande d'avoir « a fere fere un service solemnel, » dans toutes les églises du diocèse, « pour implorer la bonté de « Dieu a ce qu'il luy plaise recevoir l'ame du défunt roy... « en son paradis. »

Fº 220 vº. — **1643** (29 mai). — Lettre de la reine régente, qui prie l'archevêque de Narbonne d'ordonner des prières publiques dans toute l'étendue du diocèse pour le repos de l'âme du défunt roi.

Fº 221. — **1643** (31 mai). — Lettre de Louis XIV, datée de Paris, par laquelle il annonce à l'archevêque de Narbonne « la victoire signallée » remportée sur les ennemis par le duc d'Enghien, à la bataille de Rocroy, et il lui mande de faire chanter solennellement dans l'église cathédrale et dans toutes les églises du diocèse, un Te Deum pour en « louer Dieu et le prier de continuer son acistance « favorable pour pouvoir restablir a son honneur et a sa « gloire un ferme et assuré repos en toute la chrestienetté. »

Fº 221 vº. — **1643** (24 juillet). — Arrêt du Parlement de Toulouse, donné à la requête du procureur général du roi, par lequel il est fait défense à toutes personnes « de « fere achaptz et amaz des grains au della des provisions « nécessaires pour leurs familles, soit en gerbes et sur les « champs ou aultrement, n'y pareilhement transporter ou « fere transporter iceux hors du ressort, par eau ou par « terre, » à peine de confiscation des grains et de 4,000 livres d'amende. Cet arrêt commet les capitouls de Toulouse pour son exécution dans toutes les villes du ressort, où ils devaient se transporter à l'effet de procéder contre les coupables. Le procureur général du roi expose dans sa requête « qu'il y a pluzieurs personnes en divers endroits « quy font de grands amaz et achaptz de bleds et aultres « grains, et iceulx traduizent hors du ressort de la cour, « soit par eau ou par terre, d'ou commence de naistre « grande chertté et dizertté a la foulle du peuple. »

Fº 222 vº. — **1627** (23 septembre). — * Arrêt du conseil d'État, par lequel il est ordonné : — que la transaction intervenue entre les consuls et divers habitants syndiqués, représentés par M. Jean-François de Chefdebien, sieur d'Armissan, et Pierre Saurin, au sujet de l'organisation de la matricule, sera exécutée; — que le nombre des conseillers matriculés sera augmenté de vingt-quatre, et porté de quatre-vingts à cent douze, non compris les six consuls; — que ces vingt-quatre nouveaux conseillers seront ainsi répartis: huit dans la seconde échelle et quatre dans chacune des quatre échelles suivantes; — que ces conseillers seront nommés par le roi et ensuite par le conseil général de la ville, à mesure des vacances, dans la forme accoutumée, etc. (Transc. au présent cartulaire, f° 191.)

F° 225. — **1627** (23 septembre). — Lettres patentes d'attache expédiées pour l'exécution du précédent arrêt. (Transc. au présent cartulaire, f° 192 v°.)

F° 226. — **1627** (23 septembre).— * Arrêt du conseil d'État, rendu, sur le rapport de M. de Nesmond, entre les consuls de Narbonne et les syndics de divers habitants de la ville, formant règlement pour la composition de la matricule. Cet arrêt dispose: — que la matricule sera composée de cent douze membres, non compris les six consuls; — qu'aucun étranger ne pourra être reçu en qualité d'habitant de la ville qu'après y avoir résidé pendant dix ans, et qu'il ne sera admis aux charges municipales que lorsqu'il aura obtenu des lettres de naturalisation; — que la première échelle de la matricule sera composée, suivant les anciennes coutumes, de personnes nobles ou vivant noblement, et de docteurs et avocats ou gradués, habitant dans la ville depuis six ans, au moins, y payant leurs contributions ou les payant dans l'étendue du diocèse, et ayant des propriétés pour une valeur de 5,000 livres en capital, etc. (Transc. au présent cartulaire, f° 193.)

F° 230. — **1627** (23 septembre). — Lettres patentes d'attache expédiées pour l'exécution du précédent arrêt. (Transc. au présent cartulaire, f° 195.)

F° 231 v°. — **1643** (20 octobre). — Provisions de la charge de sergent-major de Narbonne accordées à Jean de Bélissen, en remplacement de Louis de Bélissen, son père, qui s'en était démis en sa faveur, et à condition de survivance. Jean de Bélissen était capitaine d'infanterie au régiment de Rebé.

F° 233. — **1642** (10 avril). — Traité passé entre les consuls de la ville et les membres composant *la bande des violons*, par lequel, moyennant l'exemption de leur cotisation au rôle cabaliste pour leurs industries exclusivement, ces derniers promettent et prennent l'engagement « de se « trouver avec leurs aubois ou violons a la disposition des « consuls en toutes actions ou ils seront par eulx appellés, « sans y pouvoir fere reffus ny aporter aulcun dislayement « ... saulf les actions des entrées quy pourront estre faictes « en lad. ville, le sallaire desquelles leur serra payé .... à « l'arbitre des consuls. » La bande des violons était reconnue nécessaire « pour l'honneur de plusieurs actions qui « se rendent durant l'année ou les consuls se trouvent avec « leurs livrées, comme le jour de leur création, quy sont « acompaignés chez eulx par le corps de la matriculle et « autres habitans, en feux de joye et baptizes, estant ces « actions prou fréquentes. »

F° 233 v°. — **1644** (15 octobre). — Ordonnance rendue sur les plaidoiries des parties, par laquelle Jean Balthasar de Malherbe, intendant de police, justice et finances du Languedoc, décharge les consuls de la demande en paiement de 1,464 setiers de blé, qui avaient été pris du magasin du sieur Jean Laguzon, marchand de grains à Narbonne, sur un ordre du maréchal de Schomberg, pour l'armée du roi. Le remplacement de ce blé ayant été assigné par le maréchal sur le diocèse de Saint-Papoul, l'ordonnance renvoie le demandeur à se pourvoir contre le syndic de ce diocèse.

F° 235. — **1644** (20 octobre). — Lettre de Gaston d'Orléans, datée de Fontainebleau, par laquelle il annonce aux consuls que les affaires du royaume ne lui permettant pas de se rendre aux prochains États de la province, il a délégué le maréchal de Schomberg pour y assister en son absence, « et faire entandre les intentions de LL. MM. pour « le soulagement et pour le repos de la province. » Il *conjure* les consuls de se rendre à ces États en toute diligence, et de contribuer de tout leur possible à faire accorder les secours qui seront demandés pour « les nécessités « urgentes de cet Estat. »

F° 235. — **1644** (16 novembre). — Arrêt du conseil d'État, qui décharge les gentilhommes, les communautés et particuliers possédant des fiefs et domaines mouvant du roi, dans le ressort de la cour des Comptes, Aides et Finances de Montpellier et des autres cours et chambres des Comptes du royaume, du renouvellement des *foi et hommages* qu'ils doivent à cause de l'avénement du roi. Néanmoins les taxes dues pour le droit de confirmation de ces fiefs demeurent maintenues.

F° 235 v°. — **1644** (5 décembre). — Ordonnance de François Bosquet, intendant de justice, police et finances du Languedoc, datée de Narbonne et contre-signée par le sieur Verduron, qui ordonne la lecture et la publication du précédent arrêt en toutes les sénéchaussées et les siéges présidiaux de la province.

F° 236. — **1645** (2 janvier). — Lettres de provision de la charge de grand vicaire au spirituel et au temporel de l'archevêché de Narbonne, données par Mgr Claude de Rebé à messire Jean-Pierre de Casteras, sieur de Villemartin, chanoine en l'église St-Just. — Témoins présents à l'expédition de ces lettres : maître Antoine Guyot, chanoine de St-Paul, et Maurice Dumolier, recteur de l'église d'Escales.

F° 238. — **1645** (25 mars). — Ordonnance du maréchal de Schomberg, duc d'Hallvin, datée de Narbonne, contre-signée par le sieur de Charmois, qui prescrit aux capitaines de la morte-paye de tenir exactement leurs compagnies au nombre des hommes fixé par les lettres de son établissement, et qui impose aux consuls l'obligation de ne payer, lors des montres et revues desdites compagnies, que les soldats qui auront effectivement et réellement fait leur service. Cette ordonnance est rendue sur une requête des consuls dans laquelle ils exposent « que des« puis quelque temps les cappitaines de lad. morte paye « ne tienent point leurs compaignies complettes du nombre « des soldatz dont elles doibvent estre composées par leur « establissemant, et néaulmoings venans a fere lesd. mons« tres ils présentent leursd. compaignies en cest estat def« fectueux et prétextent avoir fait faire le service pour les « absans, ou bien, sy lesd. compaignies sont complettes, « ce sont des passe volans qu'ils ramassent dans la ville ou « ailheurs, n'ayant jamais fait la function de soldat, d'ou « s'ensuit que les consuls demeurent privés du droit de « nomination desd. soldatz lhorsqu'ils en manquent, et « encor, ce quy est le plus considérable, que la garde de « lad. ville, ou ilz ont aussy un particulier inthérest pour « en avoir la moytié des clefz, ce trouve extremement « mal faitte par l'abbus desd. cappitaines. »

F° 238 v°. — **1645** (5 juillet). — Lettre du maréchal de Schomberg, datée de Montpellier, par laquelle il félicite les consuls d'avoir empêché la vente de certaines marchandises qui avaient été saisies, dans la ville, au préjudice de l'ordonnance qu'il avait accordée à *ceux* de Pézénas en faveur de leur foire, et dont il avait depuis donné mainlevée.

F° 239. — **1645** (6 juillet). — Lettre du maréchal de Schomberg, datée de Montpellier, par laquelle, afin de prévenir l'exagération « que des spritz mal intentionés peu« vent donner a la sédition arrivée en ceste ville, quy a « commancé et finy en trois jours, » il leur annonce que la ville est calme, que les séditieux ont reconnu leur faute, et qu'ils recherchent les moyens d'en obtenir le pardon. « Leur repantir, ajoute le maréchal, et la crainte du chas« timant doibvent servir a contenir les autres villes de ceste « province en leur debvoir, et quoyque je ne doibve pas « doubter que vous n'employez vos soings pour maintenir « les habitans de la ville de Narbonne dans l'obéissance, « je ne laisse pas de vous exorter encor de tesmoigner en « ce rencontre vostre fidélitté et affection pour le service « de S. M. »

F° 239 v°. — **1645** (7 juillet). — Lettre de M. Bosquet, intendant de la province, relative aux troubles survenus à Montpellier. En annonçant aux consuls que M. Ducup, l'un d'eux, leur fera la relation exacte de l'état présent de cette ville, il leur dit que la sédition de ces jours passés « n'a « esté que l'effect d'une soudaine fureur du bas peuble « mal informé, laquelle a cessé par la conduitte de M. le « mareschal de Schomberg et par les soings des habitans « principaux de lad. ville. Le sérieus repantir que les ungs « et les autres tesmoignent restablit l'authorité du roy, « laquelle prévaut tousjours sur les spritz de ses subjectz, « en quelque estat qu'ils se trouvent. »

F° 239 v°. — **1645** (30 juillet). — Ordonnance du maréchal de Schomberg, duc d'Hallvin, *vue* par MM. de Malherbe et Bosquet, intendants du Languedoc, par laquelle il est sursis à la levée des sommes imposées sur les vingt-deux diocèses de la province pour les deniers du *quartier d'hiver* et autres taxes, jusques à la réunion des prochains États. Cette ordonnance est rendue sur les représentations faites par les consuls des principales villes, établissant « que le peuple estant apauvry tant par le passaige « et fréquans logemens des gens de guerre que par les « diverses taxes qu'il a esté constraint d'aquitter, il est « impossible maintenant qu'il puisse payer les tailhes et « deniers ordinaires imposés pour le roy, fraix de la pro« vince et autres extraordinaires. »

F° 240 v°. — **1645** (23 juillet). — Lettre du maréchal de Schomberg, par laquelle il mande aux consuls de faire chanter le Te Deum pour remercier Dieu de la prise de Mardick par S. A. R., de la prise de La Mothe par le marquis de Villeroy, et des deux grandes victoires remportées, dans la Catalogne, par le comte d'Harcourt, au passage de la Serge et dans la plaine de Llorens et Balaguier.

F° 240 v°. — **1620** (12 décembre). — Déclaration du roi concernant les étrangers et gens inconnus, qui maintient en leur entier effet les lettres patentes du 9 novembre 1617, par lesquelles il est ordonné « que toutes personnes « estrangeres et aultres de nostred. royaulme, de quelque « qualitté et condition qu'ils soient, quy ce vouldront ha« bittuer dans les villes desquelles il ne seront originaires, « ayent auparavant que d'y faire leur habittation a aller « déclairer a la maizon commune, par devant les maires, « consuls, eschevins et magistratz ordinnaires d'icelles, la « rézolution qu'ilz auront prinze d'y demurer, en quelle « occasion, ensemble donner cognoissance du lieu de leur « naissance et de leurs vie, mœurs et qualités, pour en estre « faict registre. » Expliquant la pensée de ces lettres patentes et complétant leurs dispositions, la déclaration ajoute les prescriptions suivantes : — les étrangers, de quelque pays et nation qu'ils soient, ne pourront être reçus dans les villes et les bourgs, villages ou autres lieux de la campagne s'ils n'en ont auparavant obtenu une permission du roi, et n'ont, en même temps, fait connaître leurs résolutions devant les officiers royaux de ces localités, en donnant connaissance du lieu de leur naissance et en justifiant de leurs vie, mœurs et qualité. Ils devront, de plus, se soumettre aux charges, lois et coutumes desdites localités.

F° 241. — **1620** (30 décembre). — Arrêt du Parlement de Toulouse, qui ordonne l'enregistrement de la déclaration précédente et sa publication dans toutes les sénéchaussées du ressort. Dans chaque localité, il devait être fait recherche de tous les étrangers qui, depuis deux ans, étaient venus s'y établir. Il devait en être dressé, par les consuls, des procès-verbaux constatant leurs qualités, les lieux où ils demeuraient auparavant, la cause de leur changement de domicile, et ces procès-verbaux devaient être envoyés, dans le délai d'un mois, à la cour du Parlement, qui se réservait d'y statuer.

AA. 117. — Registre (papier), 251 feuillets grand in-f°; cartonnage couvert de parchemin.

1619-1799. — CARTULAIRE E.

F° 1. — **1695** (12 avril). — Quittance de la somme de 8,533 liv. 7 s. payée par la ville de Narbonne, par les mains et deniers de messire Antoine de Niquet, sieur de Montrabech, pour la finance du rachat de l'office de conseiller du roi trésorier alternatif de ladite ville, créé par édit du mois de mars 1694, à titre héréditaire, et réuni au corps de la communauté. D'après l'édit de création de son office, le trésorier alternatif était chargé de la recette des deniers des impositions ordinaires et extraordinaires faites au profit du roi ou pour l'acquittement des dettes et charges de la ville, ainsi que des revenus et émoluments des biens patrimoniaux, des emprunts, des deniers de l'aide et octroi, du produit de la subvention et autres deniers sans exception. Il lui était attribué 14 den. pour livre du montant de ses recettes. Il jouissait de plusieurs priviléges, qui consistaient en l'exemption de la cotisation de l'industrie, de toutes charges de tutelle, curatelle et séquestration, du logement des gens de guerre, de l'ustensile des troupes et de toutes autres charges personnelles. Il prenait rang, séance et voix délibérative, dans toutes les assemblées, immédiatement après le maire et avant les consuls; il ressortissait au sénéchal pour toutes ses causes civiles et criminelles, sauf appel au Parlement de Toulouse, et à la cour des Comptes, Aides et Finances de Montpellier pour raison de ses fonctions et de ses priviléges. Enfin, il avait le droit de porter des armes, dans la ville et à la campagne, même des armes à feu, et il pouvait établir pour faire sa recette un commis qui jouissait personnellement de tous les priviléges attribués à l'office.

F° 1. — **1695** (12 avril). — Quittance de la somme de 8,533 liv. 7 s. payée par la ville de Narbonne, par les mains et deniers de messire Antoine de Niquet, sieur de Montrabech, pour la finance du rachat de l'office de conseiller du roi trésorier triennal de ladite ville, créé à titre héréditaire par édit du mois de mars 1694. Les avantages et les droits et priviléges de cet office étaient les mêmes que ceux de l'office de trésorier alternatif créé par le même édit.

F° 1 v°. — **1695** (12 avril). — Quittance de la somme de 8,533 liv. 7 s. payée par la ville de Narbonne, par les mains et deniers de messire Antoine de Niquet, sieur de Montrabech, pour la finance du rachat de l'office de conseiller du roi trésorier ancien de ladite ville, créé à titre héréditaire par édit du mois de mars 1694, aux mêmes avantages, droits et priviléges que l'office de trésorier alternatif.

F° 2. — **1695** (12 avril). — Quittance donnée par Denis Tribus, receveur de la finance du rachat des offices de trésorier des villes et communautés du Languedoc, pour la somme de 853 liv. 7 s. payée par la ville de Narbonne, par les mains et deniers de messire Antoine de Niquet, sieur de Montrabech, pour les 2 s. pour livre de la finance du rachat de l'office de trésorier alternatif de ladite ville.

F° 2. — **1695** (12 avril). — Quittance donnée par Denis Tribus, receveur de la finance du rachat des offices de trésorier des villes et communautés du Languedoc, pour la somme de 853 liv. 7 s. payée par la ville de Narbonne, par les mains et deniers de messire Antoine de Niquet, sieur de Montrabech, pour les 2 s. pour livre de la finance du rachat de l'office de trésorier ancien de ladite ville.

F° 2 v°. — **1695** (12 avril). — Quittance donnée par Denis Tribus, receveur de la finance du rachat des offices de trésorier des villes et communautés du Languedoc, pour la somme de 853 liv. 7 s. formant le montant des 2 s. pour livre de la finance du rachat de l'office de trésorier triennal de ladite ville. Cette somme est payée pour la ville par messire Antoine de Niquet, sieur de Montrabech.

F° 2 v°. — **1695** (8 mai). — Requête des consuls à M. de Lamoignon, intendant de la province, présentée pour obtenir l'homologation du contrat passé par la ville à messire Antoine de Niquet, sieur de Montrabech, le 12 janvier 1695, à raison du prêt de 28,160 liv. que ce dernier lui avait consenti pour le rachat des trois offices de trésorier ancien, trésorier alternatif et trésorier triennal de ladite ville. —

Ordonnance conforme de l'intendant de la province. — D'après les conditions du contrat, le montant du prêt devait être remboursé par la ville en deux paiements, l'un de 3,160 liv., au moyen du recouvrement que M. de Niquet devait faire, à ses risques, des deniers provenant de l'affranchissement des lods et censives des maisons dépendant de la directe du roi, et l'autre de 25,000 liv., payable dans six années. En représentation de l'intérêt de cette dernière somme, la ville avait cédé à M. de Niquet, à titre de bail, pour ces six années et moyennant un droit de 14 den. pour livre, la levée des impositions ordinaires et de tous les deniers de la ville autres que ceux des revenus patrimoniaux et des dons et octrois.

Fº 3. — **1707** (24 septembre). — Procuration donnée par messire Antoine de Niquet, écuyer, seigneur de Montrabech, Sérame, Lingous et Montfort, lieutenant pour le roi au gouvernement d'Antibes, ingénieur général des fortifications dans le Languedoc et la Provence, à dame Marguerite d'Augier, sa femme, pour retirer paiement de toutes les sommes à lui dues, en capital et intérêts, par la ville de Narbonne, par l'effet du contrat du 12 janvier 1695, ainsi que pour retirer du diocèse les sommes dont il lui a fait l'avance, l'année dernière, pour l'achat des semences. — L'acte est reçu par M. Arnaud, notaire à Toulon, en présence de Henri Sanson, procureur, et Charles Panon, praticien de la même ville. —Attestation délivrée par Étienne Beaussier, juge civil et criminel de Toulon, constatant la qualité du notaire qui a retenu l'acte.

Fº 4. — **1708** (24 février). — Lettre de Louis-Auguste de Bourbon, duc du Maine, datée de Versailles, par laquelle il dispense les consuls, à la suite des représentations qu'ils lui avaient faites, du paiement de l'indemnité de logement que le sieur Guyon, garde de l'artillerie, leur réclamait, quoique depuis trois ans il ne résidât plus dans la ville.

Fº 4. — **1708** (28 février,-24 mars). — Déclaration du roi, portant que, conformément à l'arrêt du conseil d'État du 29 novembre 1707, les biens ajoutés aux compoix terriers des communautés du Languedoc pour être cotisés aux tailles et impositions, seront estimés à dire d'experts nommés par ces communautés, et que les possesseurs de ces biens ne pourront être reçus à contester l'estimation qui en aura été faite, ni à en demander une autre contradictoirement avec eux, qu'après qu'ils auront payé par provision les sommes imposées sur lesdits biens. Pour détruire la présomption de nobilité des biens, les communautés ne seront tenues de produire d'autres preuves que les acquisitions d'héritage, sauf aux tenanciers de ces biens à en prouver la nobilité. — Mention de l'enregistrement de cette déclaration en la cour des Comptes, Aides et Finances de Montpellier.

Fº 5. — **1708** (1er-16 décembre). — Arrêt de la cour des Comptes, Aides et Finances de Montpellier, rendu entre les maire, lieutenant de maire et consuls de la ville, et M. Jean de Laplace, fermier général du domaine dans le Languedoc, et Pierre Blanc, son sous-fermier à Narbonne, concernant la levée, dans la ville, des droits dits du vicomte, la connaissance des contraventions qui y sont commises, les visites chez les boulangers, bouchers, cabaretiers, pour la recherche des faux poids et des fausses mesures, la rédaction des procès-verbaux constatant les contraventions reconnues dans ces visites, etc. Cet arrêt dispose : — que les maire et consuls connaîtront sommairement et sans frais des contestations survenues entre M. de Laplace, ou ses sous-fermiers, et les débiteurs des droits dits du vicomte; — que les habitants des lieux circonvoisins dépendant de la Vicomté de Narbonne, qui apporteront du bois dans la ville par charrette ou à dos de bête de somme, seront tenus de *raisonner* ce bois, d'en déclarer la quantité au bureau du fermier du domaine, et de lui en payer le droit d'entrée conformément au règlement du 26 février 1677 et à l'arrêt de la cour, du 9 mai 1695, à peine de confiscation;—que les consuls devront remettre au fermier du domaine, pour en faire le recouvrement, l'état exact de toutes les amendes prononcées par le bureau de la police, sans distinction; — que lesdits consuls ne pourront retenir ou lever aucune de ces amendes, à peine de concussion;— enfin, qu'ils feront les visites relatives à la police des poids et mesures toutes les fois qu'ils en seront requis par le fermier du domaine, et se transporteront à cet effet sur tous les points qui leur seront signalés, sous peine de demeurer responsables de tous dommages en cas de refus. — Notification de cet arrêt faite aux maire et consuls de la ville, en la personne du sieur Joulia, l'un deux, par Jacques Bordenove, huissier à Narbonne.

Fº 7. — **1709** (19 octobre,-29 novembre). — Requête et réplique des consuls, présentées à M. de Lamoignon, intendant de la province, contre M. d'Augier, maire de Narbonne, auquel ils contestaient 1º le droit de proposer au conseil de ville la réception des étrangers au droit d'habitanage; 2º la présentation, au gouverneur, des candidats aux places vacantes de soldat de la morte-paye. — Ordonnance de l'intendant, contre-signée par Carouge, portant que le maire proposera au conseil de ville les étrangers qui se présenteront pour être reçus habitants, et que la présentation des candidats aux places de soldat de la morte-paye devenues vacantes continuera d'être faite conformément à l'arrêt du conseil du 16 octobre 1632. — Pour combattre la prétention du maire, en ce qui concerne les réceptions au droit d'habitanage, les consuls expliquent en ces termes les précautions dont les usages du conseil les avait entourées : « En premier lieu, on a exigé du demandeur

« qu'il visitât tous ceux qui composent le conseil, afin que « chacun ayant une connoissance particulière du préthen- « dant pût représanter dans l'assemblée les raisons qui « pourroient l'en exclure. En second lieu, on l'oblige de « présenter une requête pour faire ceste demande, que le « maire ou celui qui préside répond d'une ordonnance de « soit communiqué au fermier ou directeur du domaine, « parce qu'il a droit de discuter cette prétention pour « l'inthérest du roy, tout habitant receu jouissant de plu- « sieurs exemptions de droits qui appartiennent à S. M. « Enfin, cette requête est rapportée dans un conseil géné- « ral, où on opine fort mûrement, et on délibère à la « pluralité des suffrages sur la réception, et on charge le « reçu d'aumôner les pauvres de l'hôpital sellon ses facultés, « et la taxe que le conseil renvoye ordinairement à MM. les « maire et consuls. Jusques icy ces formalités ont esté « pratiquées, et messieurs les maires et leurs lieutenants « ne l'ont jamais contredit, ayant souvent acisté et opiné à « ces délibérations, et ont signé les lettres d'habitanage « avec les consuls. »

F° 8 v°. — **1709** (23 novembre). — Arrêt du conseil d'État, contenant règlement pour la nomination des collecteurs forcés des tailles. Cet arrêt est rendu sur une requête du syndic général du Languedoc, dans laquelle il est dit qu'à cause de la stérilité des récoltes de l'année aucun collecteur volontaire ne s'était présenté, et que les collecteurs forcés que les communes avaient désignés s'étant pourvus contre leur nomination devant la cour des Aides de Montpellier, la levée des tailles, ni celle de la capitation n'avaient pu encore être faites.

F° 10. — **1710** (2 janvier). — Délibération des États du Languedoc, qui vote l'impression du règlement relatif à la nomination des collecteurs forcés des tailles, et son envoi aux syndics des diocèses, et par ces syndics aux communautés.

F° 10. — **1693** (26 janvier). — Arrêt du conseil d'État, portant acceptation de l'offre faite par les maire, consuls et habitants de Narbonne, par délibération du conseil de ville, d'une somme de 45,000 liv. plus les 2 s. pour liv., comme prix de l'affranchissement des censives, rentes foncières et redevances en argent ou en nature, droits de lods et ventes auxquels sont sujettes les possessions de divers particuliers dans la ville de Narbonne. Cette offre est faite et acceptée sous la condition que la ville répètera, contre les propriétaires de ces possessions, les trois quarts de la somme de 45,000 livres avec les intérêts, qu'elle prélèvera à son profit le quart de ces censives, rentes foncières et redevances, lods et ventes, et qu'il lui sera fait cession et délaissement perpétuel de ces droits, par le roi, à faculté de rachat. — D'après cet arrêt, l'évaluation des droits dont il s'agit, qui avaient déjà été aliénés au profit du chapitre St-Just, est portée annuellement à 68 liv. 11 s. pour les censives, et à 200 liv. pour les lods et ventes. Les trois quarts de la somme de 45,000 liv. répétés par la ville contre les débiteurs des droits faisant l'objet de l'affranchissement devaient être perçus dans un délai de trois ans, et les comptes de la recette en provenant, ainsi que ceux de la dépense, devaient être rendus devant l'intendant de la province.

F° 11. — **1709** (22 septembre). — Provisions de la charge de lieutenant au gouvernement de Narbonne, accordées à M. de Pombarat, brigadier aux gardes du corps, en remplacement du sieur des Isles, décédé. A la date de ses provisions, M. de Pombarat avait 43 années de service. — Mention de l'enregistrement desdites provisions en la cour des Comptes, Aides et Finances de Montpellier, le 15 mai 1710, et, le lendemain, au bureau des Finances de la même ville.

F° 11 v°. — **1710.** — Note constatant qu'à la suite de la nouvelle de la descente opérée par les Anglais et les Hollandais à Agde et à Cette, le duc de Noailles, commandant en chef de l'armée de Catalogne, était passé à Narbonne et avait donné ordre aux consuls de fournir les vivres et le fourrage nécessaires pour 2,300 hommes de troupes, tant d'infanterie que de cavalerie et d'artillerie.

F° 12. — **1710** (31 juillet). — Lettre du duc de Roquelaure, adressée à M. de Pombarat, lieutenant au gouvernement de Narbonne, par laquelle il exprime sa satisfaction pour le zèle et la bonne volonté dont les consuls ont fait preuve pour assurer la défense de la ville, et « pour qu'il « n'y arrivât rien contre le bien du service du roy. »

F° 12. — **1710** (31 juillet). — Lettre de l'intendant de la province, par laquelle il déclare aux maire et consuls de Narbonne qu'il a « touts les sujets du monde » d'être content de ce qu'ils ont fait pour les troupes, lors de leur passage à Narbonne, et il les prie d'en faire autant à leur retour en Catalogne. « Ces troupes, leur dit-il, nous ont « trop bien servi pour ne leur pas faire un bon traitemant. »

F° 12. — **1710** (29 août). — Lettre, datée de Paris, par laquelle l'archevêque de Narbonne écrit aux consuls qu'il a fait « un très bon usage » de la lettre qu'ils lui ont adressée « au sujet de l'empressement et du zelle pour le « service du roy qu'ont témoigné Messieurs les habitans « de Narbonne, au passage des troupes du Roussillon qui « marchoint contre les Anglois. » L'archevêque en a parlé au roi, et il en a éprouvé une si grande joie qu'il a voulu les informer de la satisfaction de S. M., en les « congratu- « lant d'avoir tenu une conduite si sage et si digne de l'an- « cienne et constante fidélité de la ville de Narbonne. »

F° 12 v°. — 1711 (8 juillet). — Brevet de la charge de capitaine des portes de la ville, accordé à M. du Bos de Prémont, en remplacement du sieur Montrut de Sevin, décédé. M. du Bos de Prémont était garde du corps depuis dix ans. Il avait perdu un bras à la bataille de Malplaquet.

F° 12 v°. — 1680 (23 septembre). — Ordonnance du roi, portant règlement entre M. de la Maurensanne, lieutenant au gouvernement de Narbonne, et les « dignittés, « chanoines et chapitre » de l'église St-Just, au sujet de la place qui devait être attribuée au lieutenant du roi dans ladite église, lorsqu'il s'y rendait pour les cérémonies publiques et les offices divins, avec ou sans les consuls. D'après cette ordonnance, le lieutenant du roi a sa place dans le chœur de l'église, à la seconde chaise du côté droit, et les six chaises suivantes sont réservées pour les consuls. S'il arrive que les consuls ne soient pas présents, leurs six chaises devront rester vides.

F° 13. — 1713 (2 juillet). — Note relative à la publication de la paix conclue entre la France, l'Angleterre, le Portugal, la Prusse, la Savoie et les États des provinces unies des Pays-Bas. Cette publication se fit en la forme suivante : « Les maire, lieutenant de maire, consuls et leur « secrettaire, à cheval, avec housses caparaçonnées d'é« carlate, brodées d'un galon d'or, précédés de deux com« pagnies des marchands, les mariés tenant la droite, et « les jeunes hommes à la gauche, et M. Fabre fils, guidon, « estant à la teste, au milliou de M. Tapier, cappitaine, et « M. Maraval, lieutenant, faisant le même front, précédés « des timballes et de deux trompettes, aussi à cheval, lesd. « maire, lieutenant et consuls estant encore précédés des « halebardiers, hautbois, valets de ville et trompettes, « pareillement à cheval, auroint esté en cest ordre aux « places, dans la cour du pallais archiépiscopal, portes, « carrefours et autres endroits de la ville publier la paix, « par la lecture faicte à haute et intelligible voix, par le « secrettaire portant la robe noire, de l'ordre du roy et de « celluy du duc de Roquelaure annonçant la paix, ayant « fait faire la distribution de deux cens exemplaires qui « avoint esté imprimés, et donnés au peuple, avec quan« tité de dragée pour rendre la paix publique et magnifi« que. » Il fut ensuite chanté un Te Deum dans l'église métropolitaine St-Just, et le soir la municipalité assista, précédée « de la même cavalerie, des marchands, tim« balles, trompettes et hautbois, avec six compagnies de « la garde bourgeoise, au feu de joie, au feu d'artiffice et « aux fuzées de l'eau, pendant que le commandant de la « place fit faire trois décharges à la bourgeoisie et cava« lerie, et à vingt-six pièces de canon, pour terminer ceste « réjouissance peublique. »

F° 13 v°. — 1713 (4 juillet). — Lettre du duc de Roquelaure, qui remercie les consuls de l'envoi de la relation qu'ils lui avaient adressée concernant la publication de la paix.

F° 13 v°. — 1713 (4 juillet). — Lettre de M. de Lamoignon, par laquelle il mande aux consuls qu'il a trouvé « très beau le dessein » qu'ils lui avaient envoyé au sujet des réjouissances relatives à la publication de la paix, et il les remercie du zèle dont ils ont fait preuve en cette circonstance.

F° 13 v°. — 1713 (3 juillet). — Lettre de M. de Mérinville, gouverneur de Narbonne, datée de Paris, dans laquelle il exprime le plaisir que lui avait fait éprouver l'envoi du « dessein du feu de joie fait pour la paix. » Il écrit, à ce sujet, aux consuls : « Je le trouve très beau et « conforme à vostre zelle pour la gloire et le service du « roy. Vostre ville s'est aussi tousjours distinguée par sa « fidélité, qui lui a tiré des priviléges que presque aucune « ville du royaume n'a. »

F° 14. — 1713 (1er avril,-3 juillet). — Provisions de la charge de major de la ville accordées à M. de Soubleiras, en remplacement de M. de St-Mézard, décédé. M. de Soubleiras avait auparavant la charge d'aide-major. — Mention de l'enregistrement de ces provisions en la cour des Comptes, Aides et Finances de Montpellier, ainsi qu'au bureau des Finances de la même ville.

F° 14 v°. — 1713 (4 avril). — Brevet de la charge d'aide-major de la ville accordé à M. du Bos de Prémont, capitaine des portes, en remplacement de M. de Soubleiras.

F° 14 v°. — 1713 (5 avril). — Brevet de la charge de capitaine des portes de la ville accordé au sieur Goupy, garde du corps, ayant 33 années de service, en remplacement de M. du Bos de Prémont.

F° 15. — 1713 (24 septembre). — Lettre de M. de Lamoignon, par laquelle il mande aux consuls que le roi a supprimé l'usage existant dans la province de présenter les clefs des villes à d'autres qu'à sa personne même. Cet usage était contraire aux règles du royaume. A l'avenir, il ne devra plus faire partie du programme des cérémonies

F° 15. — 1713 (12 septembre). — Arrêt de la cour des Comptes, Aides et Finances de Montpellier, relatif aux terres abandonnées, par lequel il est ordonné, en exécution de la déclaration du roi, du 27 juin 1702 : — que les maires et consuls des villes et lieux du ressort de la cour seront tenus de faire tous les ans, dans le mois de novembre, la vérification de tous les fonds du taillable, qui sont abandonnés, pour les bailler en adjudication ; — qu'à la suite de cette vérification, ils dresseront un état séparé des biens qui n'auront pas été cultivés dans l'année et dont les propriétaires n'auraient pas payé la taille; — que ces propriétaires seront sommés, par exploit, de les mettre en culture dans un délai de trois mois, passé lequel ces biens seront baillés à ferme ou à culture, moyennant le paiement des tailles et des droits seigneuriaux, pour une durée de trois années; — que si ce bail n'a pu avoir lieu, faute de prétendants, la taille sera reportée sur l'ensemble de la communauté ou sur les récoltes de l'année suivante, etc. En cas de non exécution de ces obligations, les consuls devaient répondre en leur privé nom de tous dommages et intérêts.

F° 16. — **1714** (10 septembre, — 4-5 octobre). — Arrêt du conseil d'État, rendu au sujet du rang et de la préséance tant à l'église qu'aux assemblées générales et dans les cérémonies publiques, entre les maire, lieutenant de maire et consuls de la ville, et le sieur Revel, juge royal en la viguerie. Cet arrêt réforme un arrêt du Parlement de Toulouse, du 29 août 1712, qui adjuge la préséance au juge royal sur les consuls, et il décide que, conformément à l'art. 55 de l'édit de création des offices de maire, les maire, lieutenant de maire et consuls de Narbonne sont maintenus en leurs anciens usages et dans le droit d'occuper à l'avenir, comme par le passé, dans l'église primatiale St-Just, ainsi que dans les autres églises de la ville, les six premières places immédiatement après le lieutenant du roi, et, en son absence, après le commandant de la ville, et d'avoir le pas et la préséance dans toutes les assemblées, marches, processions et cérémonies publiques avant M. Revel et les autres officiers de la juridiction royale de la ville. Pour défendre dans la contestation élevée par M. Revel, les consuls s'étaient fondés, 1° sur l'ordonnance du 23 septembre 1680, rendue entre les chanoines de l'église St-Just et le lieutenant du roi au gouvernement de la ville, qui décide que le lieutenant du roi aura sa place à la seconde chaise du fond du chœur, au côté droit, et que les consuls auront les six chaises suivantes; 2° sur l'usage de la ville de Narbonne, qui est en cela différent de celui des autres villes du royaume, d'après lequel ils sont en possession « de temps immémorial d'avoir les places de « distinction dans l'esglise et aux cérémonies publiques « où ils ont seuls coutume d'assister, les officiers de justice « n'ayant jamais esté dans l'habitude de le faire, parce que « leur possession a esté sur cella tousjours constante et non « interrompue. » — Lettres patentes d'attache expédiées pour l'exécution de cet arrêt. — Notification de l'arrêt et desdites lettres d'attache à M. Revel, juge royal, en la personne du sieur Calas, greffier en chef de la viguerie, et à MM. des chapitres St-Just, St-Paul et St-Sébastien, en la personne de M. Duchar, prévôt, pour le chapitre St-Just, de M. Fabre, chanoine et prévôt, pour le chapitre St-Paul, et de M. Solier, chanoine, pour le chapitre Saint-Sébastien. La même notification est faite à M. Farrieu, curé de la paroisse N.-D. la Major.

F° 17 v°. — **1716** (19 août). — Provisions de la charge de substitut de M. le procureur général du Parlement de Toulouse près la viguerie de Narbonne, accordées par M. Le Mazuyer, procureur général audit Parlement, à M. Antoine Girard, avocat, en remplacement de M. Hyacinthe Baliste, nommé substitut en la juridiction royale de Coursan.

F° 18. — **1716** (6 janvier). — Requête présentée à M. de Lamoignon, intendant de la province, par M. Guillaume Morel, lieutenant de maire, à l'effet de faire renvoyer l'élection consulaire, qui devait avoir lieu le 2 février, au 1er mars suivant, et celle des conseillers matriculés, qui devait être faite deux jours après celle des consuls, au 3 dudit mois de mars. — Ordonnance conforme de M. l'intendant de la province. — Ce renvoi est motivé sur l'intérêt que M. Guillaume Morel, qui se trouvait alors aux États du Languedoc en sa qualité de lieutenant de maire, avait à assister aux élections de la maison de ville tant pour le service du roi que pour la conservation des avantages de sa charge.

F° 18 v°. — **1717** (21 janvier). — Ordonnance de M. de Lamoignon, intendant de la province, rendue à la requête de M. Guillaume Morel, lieutenant de maire, par laquelle, pour les motifs mentionnés en l'article qui précède, l'élection consulaire est renvoyée au 2 mars 1717, et celle des conseillers politiques de la ville au 4 du même mois. Les consuls en charge devaient conserver leurs fonctions jusqu'au jour nouvellement fixé pour l'élection.

F° 19. — **1717** (23 janvier). — Commission de garde-magasin de l'artillerie à Narbonne, délivrée au sieur Roullon par Louis-Auguste de Bourbon, duc du Maine, gouverneur et lieutenant général du roi dans ses provinces du Haut et du Bas-Languedoc.

F° 19 v°. — **1717** (28 août). — Arrêt du conseil d'État, rendu pour l'exécution de l'édit du mois de juin précédent, qui porte suppression des offices de maires, lieutenants de maires, échevins, consuls, capitouls, jurats, avocats et procureurs du roi, assesseurs, etc., et ordonne qu'il sera procédé à l'élection des maires, échevins, consuls, capitouls, etc. de la même manière et aux mêmes dates qu'avant la création desdits offices. Par cet arrêt il est statué que les intendants et commissaires des provinces et généralités du royaume assisteront en personne ou par leurs subdélégués aux assemblées convoquées pour procéder à la dite élection « pour ceste première fois seulement. » En cas de contestation à ce sujet, la connaissance en était spécialement réservée au conseil d'État.

F° 19 v°. — 1717 (6 octobre). — Ordonnance de Nicolas de Lamoignon, intendant de la province, qui délègue le sieur Rome pour assister à l'assemblée convoquée au 17 octobre, dans l'hôtel de ville de Narbonne, à l'effet d'élire les consuls et autres officiers municipaux.

F° 19 v°. — 1717 (12 octobre). — Lettre de M. de Lamoignon, intendant de la province, par laquelle il mande à M. Rome, son subdélégué, qu'il doit présider l'assemblée convoquée pour l'élection consulaire, et recevoir le serment des consuls élus, s'il est prêté immédiatement après l'élection; qu'il doit amener son greffier sans que cela puisse empêcher celui de l'hôtel de ville d'y être présent, et que, puisqu'il n'y a que quatre consuls actuellement, tandis qu'il y en a six à élire, il faudra observer pour leur présentation l'usage qui était suivi dans la ville, avant 1690, dans le cas où une ou plusieurs vacances venaient à se produire dans le courant de l'année.

F° 20. — 1710 (8 novembre). — Ordonnance de M. de Lamoignon, intendant de la province, qui autorise le *moins-imposé* fait par les consuls en l'année 1709, de la somme de 12,250 liv. provenant des deniers de la subvention, et de celle de 5,250 liv. provenant du droit d'équivalent appartenant à la ville, afin de soulager d'autant les habitants de Narbonne, qui se trouvaient dans l'impossibilité d'acquitter leurs entières contributions à cause de la pénurie des récoltes. Dans la requête que les maire, lieutenant de maire et consuls de la ville avaient présentée pour obtenir cette ordonnance, ils avaient exposé que la vérification faite par experts, devant M. Robert, subdélégué, pour constater, suivant une première demande, l'état de la récolte, avait prouvé « le mauvais estat de lad. récolte dans « le terroir, qu'il n'y eut pas un quart du bled de l'année « précédante, que le plus grand nombre des habitans n'en « eurent pas pour ensemancer et pour se nourrir, et des « seigles un tiers de moins, tous les olliviers perdus, ce « qui met la désolation dans ceste ville. »

F° 20 v°. — 1718 (21 juin). — Ordonnance de M. de Bernage, intendant de la province, rendue sur une requête de noble Henri de Lescure, citoyen de Narbonne, communiquée aux consuls, par laquelle les frais de voyage exposés par ce dernier à la poursuite des procès soutenus par la ville devant le Parlement de Toulouse, concernant le pacage du troupeau de la boucherie et le projet de construction d'un nouveau moulin, sont fixés à 8 liv. par journée de marche et à 6 liv. par journée de séjour.

F° 21 v°. — 1718 (14 juillet). — Ordonnance de M. l'intendant de la province, rendue sur une requête de la partie intéressée, communiquée aux consuls, par laquelle les frais alloués à M. Hyacinthe Baliste, avocat, pour la poursuite devant la cour des Comptes, Aides et Finances de Montpellier du procès relatif à la restauration de la chaussée du moulin de la Ville, qui avait croulé le 23 juillet 1717, sont fixés à 8 liv. par journée de marche et à 6 liv. par journée de séjour.

F° 22 v°. — 1666 (14 mai). — Transaction passée entre les consuls de Narbonne, qui sont MM. Jean-Baptiste Fabre, docteur et avocat, Gabriel Escalier, Martin Gaja et François Grasset, assistés de MM. Guillaume Fabre, receveur des tailles du diocèse, Barthélemy Léonnard, sieur de la Mothe, Paul Vignes et Pierre Rathery, avocats, Guillaume Morel et Hugues Marqueyret, députés du conseil général de la ville, d'une part, et M. Martin-Melchior Dufort, consul de Séjan, syndic du diocèse de Narbonne, assisté de François Portesan, consul de Capestang, noble Jean-François Daban, chevalier de Moux, député de Laure, Barthélemy Malbert, consul d'Ouveillan, Félix Soulatge, consul de Lésignan, et noble Gabriel d'Alibert, sieur de Villemoustaussou, député de Caunes, tous députés de l'assiette diocésaine par délibération du 13 mai 1666, d'autre part, relativement à la nomination du syndic du diocèse, à la tenue des assiettes, à la part que la ville devait prendre dans le montant des impositions mises à la charge de ce diocèse, etc. Par cette transaction, qui met fin aux divers procès qu'avaient suscités l'exécution et l'interprétation de la transaction relative au même objet, intervenue en l'année 1570, il est convenu, conformément à l'appréciation que M. de Tubœuf, intendant de la province, en avait faite : — que la ville de Narbonne contribuera à toutes les impositions faites par les États généraux de la province et par l'assiette du diocèse, de quelque nature quelles soient, même pour les dettes contractées ou à contracter, sur le pied du septième du total de ces impositions, à commencer de l'année 1666, sans que le diocèse puisse élever aucune prétention à cause de la crue d'un sol accordée à la ville par le roi pour la dédommager de sa quote-part dans les frais des États généraux; — que la nomination du syndic du diocèse sera faite annuellement et par tour (1) « sur le nombre de vingt cinq consulats, la ville « de Narbonne comprise, sans que led. syndic puisse estre « continué ni confirmé au préjudice du consulat de tour, « soubs quelque prétexte que ce soit; » — que les non-valeurs ne seront pas mises en commun et seront supportées par chaque communauté en particulier, à moins que la communauté tout entière ne soit tombée en non-valeur; — que la ville de Narbonne supportera seule les pensions du

(1) Antérieurement les fonctions de syndic du diocèse avaient été triennales.

collége, celles de l'hôpital de la Charité, l'entretien des enfants-trouvés, les frais d'ameublement du logement du gouverneur, les frais des entrées du roi, du gouverneur de la province et autres seigneurs, et les feux de joie; — que les localités du diocèse supporteront de même, chacune en son particulier, les frais de même nature; — que, suivant la coutume observée depuis la transaction de 1570, les consuls de la ville de Narbonne, le syndic du diocèse et le député diocésain en tour, assisteront aux États du Languedoc; — que les assiettes générales du diocèse se tiendront dans la maison consulaire; — que les consuls de la ville assisteront à ces assiettes et y auront tous ensemble une seule voix, laquelle sera comptée sans préjudice de celle qui leur appartient en leur qualité de commissaires ordinaires auxdites assiettes; — que lors des assiettes particulières du diocèse il n'y assistera qu'un seul consul, le premier; — que dans ces assiettes toutes les affaires seront résolues à la pluralité des suffrages, sans toutefois qu'il puisse y être voté aucun don ni aucune gratification, lesquels, dans le cas contraire, demeureront exclusivement à la charge de ceux qui les auront proposés ou consentis; — que les archives du diocèse, qui sont placées dans la maison consulaire, seront fermées à trois clefs, suivant l'ancienne coutume; l'une de ces clefs sera au pouvoir des consuls de la ville, l'autre au pouvoir du syndic du diocèse, et la troisième au pouvoir du greffier de ce diocèse; lorsqu'il arrivera « que la ville de Narbonne sera de tour du « syndicat » au bout de la vingt-cinquième année, la clef qui doit être en la possession du syndic sera remise à tel de ses membres que l'assemblée générale de l'assiette désignera; — que la ville fera compte au diocèse, pour l'année 1665, de la somme représentant la différence existant entre sa contribution de ladite année, qui n'a été calculée qu'au huitième des impositions du diocèse, et celle qu'elle aurait dû payer en la calculant au septième, taux adopté par la présente transaction. Il demeure réservé entre les parties qu'il sera procédé « a la recherche et compoix général des « biens de la ville et du dioceze, ce qui sera fait a la pre« miere réquisition de l'une d'elles et pour le bien de leurs « communes affaires,.... ou il sera comprises les terres « et possessions sujettes a la taille, qui pourroient avoir esté « obmises a la derniere recherche (1) ou qui ont esté ouver« tes puis icelle, afin que par lad. nouvelle recherche et « compéziement tant lad. ville que chacun village dud. « dioceze en particulier puisse prendre et porter le juste « pied que lad. recherche leur donnera. » L'acte est reçu par Jean Gaubert et André Rigaud, notaires royaux à Narbonne. Il a été déposé aux minutes de ce dernier en qualité de greffier du diocèse. — Témoins de cet acte : Jacques Gillabert et Pierre Laur, bourgeois de Narbonne, noble Marquis du Laur, sieur de la Trivalle, citoyen de Caunes, et maître Jean Izar, notaire de Capestang.

F° 24. — **1667** (28 juin). — Arrêt de la cour des Comptes, Aides et Finances de Montpellier, rendu à la requête des consuls de la ville et du syndic du diocèse, qui ordonne l'enregistrement de la transaction intervenue, le 10 juin 1666, entre ces derniers, concernant les impositions, la nomination du syndic du diocèse, les assiettes, les archives, etc.

F° 24. — **1718** (22 février). — Transaction intervenue conformément à l'avis de M. de Basville, intendant de la province, et de M. le président de Boucaud, entre le chapitre St-Just, le chapitre St-Paul, M. Charles Léonnard, conseiller du roi, visiteur général des gabelles du Languedoc au département de Narbonne, et Barthélemy de Cogomblis, sieur du Rivage, propriétaires de sept portions du moulin dit de la Ville, dont la ville de Narbonne possédait les deux portions restantes, ces derniers représentés par messire François-Henri de Lastours, prêtre, chanoine en l'église primatiale de Narbonne, d'une part, et les consuls de ladite ville, représentés par M. Hyacinthe Baliste, leur procureur fondé, d'autre part, pour le règlement de leurs différends relatifs à la restauration de la chaussée du moulin de la Ville, qui avait été emportée l'année précédente. Il est convenu par cette transaction : — que la chaussée dont il s'agit sera rétablie aux dépens de la ville de Narbonne, d'après le devis qui en sera dressé par M. de Niquet, ingénieur général de la province, publié, affiché et ensuite délivré en la forme ordinaire à celui qui fera la meilleure condition; — que les travaux de reconstruction de la chaussée seront reçus par des députés nommés par la ville et par les autres propriétaires du moulin, après avoir été préalablement vérifiés par l'auteur du devis; — que la chaussée ainsi reconstruite demeurera commune à la ville pour servir à la navigation du canal et auxdits propriétaires pour l'usage du moulin; — qu'en conséquence, elle sera entretenue, réparée ou même refaite, s'il en est besoin, à frais communs, auquel effet il sera nommé annuellement un syndic par l'une et l'autre des parties; — que les eaux du canal seront entretenues au niveau déjà marqué ou qui pourra l'être à l'avenir par M. de Niquet; — que les gardes-écluses employés par la ville seront obligés de tenir la main à ce que les eaux conservent ce niveau, à peine pour les consuls de répondre du dommage qui pourrait résulter pour les propriétaires du moulin, soit de la trop grande

(1) Nous ne connaissons pas d'autre recherche générale du diocèse de Narbonne que celle qui a été faite en l'année 1538. Les procès-verbaux de cette recherche générale, qui sont divisés en deux catégories, l'une pour les terres, l'autre pour les maisons, avec des cahiers séparés pour les possessions nobles, font partie des archives départementales de l'Aude, au fonds de l'administration syndicale du diocèse.

élévation des eaux, soit de leur perte à travers les écluses; — que la ville ne pourra être recherchée pour raison du chômage qui sera occasionné par la reconstruction de la chaussée; — que le canal pourra être mis à sec pendant vingt jours de chaque année, « même en plusieurs reprises, » pour les réparations des écluses, le curage du canal, les travaux réclamés par les besoins de la navigation, etc., et, pendant un pareil nombre de jours, pour les réparations du moulin, sans que les parties aient à se faire aucune demande pour raison de chômage, si ce n'est pour le temps excédant ces vingt jours, auquel cas les propriétaires des moulins seront tenus « de rapporter l'estat des indemnités « accordées à leurs fermiers à cette occasion, ou le produit « de leurs moulins pendant le temps desd. chaumages, et « le produit de pareil temps de l'année précédante, s'ils les « ont tenus en régie, pour vérifier si la différence est « considérable; » — enfin, que les frais exposés par chacune des parties, pour le règlement du différend, demeurent à sa charge, et que ces parties se quittent respectivement pour toutes les demandes qu'elles pourraient avoir à se faire, sauf en ce qui concerne le projet de construction d'un nouveau moulin près de l'écluse de Raonel, pour lequel tous leurs droits contraires demeurent expressément réservés. — L'acte est passé dans l'hôtel de l'intendance, à Montpellier, par maître Étienne Bissés, notaire royal de ladite ville. — Témoins qui y figurent: MM. de Lamoignon, intendant de la province, du président de Boucaud et de François Gardelle et Jean Soubeyran, habitants de Montpellier.

F° 29. — **1718** (7 mai). — Transaction intervenue entre les consuls de Narbonne et les propriétaires des moulins de la Ville et du Gua, à la suite du différend auquel avait donné lieu une requête présentée au roi par lesdits propriétaires, à l'effet d'obtenir l'homologation de certain acte de l'année 1699, passé entre ces propriétaires et les consuls, par lequel l'arrêt du conseil d'État du 18 novembre 1690, qui donne à la ville le droit exclusif de construire des moulins sur les écluses du canal de la Robine, leur est rendu commun. Par cette transaction, la ville transporte en entier son droit aux propriétaires du moulin du Gua et aux *portionnaires* du moulin de la Ville, sous les conditions suivantes : — ces propriétaires rembourseront à la ville la moitié des frais de la construction du bâtardeau de Raonel, qui peut être utilisé pour l'établissement d'un moulin; — les propriétaires des moulins auront le droit de passage sur les francs-bords du canal; — le droit de mouture aux moulins à construire et aux moulins de la Ville et du Gua est porté au vingtième du setier au lieu du seizième; — les mesures qui serviront pour le paiement de ce droit seront « eschantillées » par les consuls; — les propriétaires des moulins renoncent à toute espèce de réclamation pour les chômages qu'ils ont subis antérieurement à la transaction du 22 février 1718, et ils s'en tiendront aux termes de cette dernière transaction pour tous les chômages à venir; — la durée de vingt jours pour la mise à sec du canal, à l'effet d'y exécuter les travaux d'entretien et de curage réclamés par les besoins de la navigation, est portée à trente jours, lesquels sont aussi accordés aux propriétaires des moulins pour y faire les travaux nécessaires; — la valeur de la cession faite par la ville auxdits propriétaires sera évaluée à 7,500 livres, pour servir de base à la fixation des droits de contrôle. — L'acte est reçu par Étienne Bissés, notaire royal à Montpellier, en présence de M. de Lamoignon, seigneur de Basville, du président de Boucaud et de François Gardelle, Jean Barthés et Jean Soubeyran. — Dans la transaction, les consuls de Narbonne sont représentés par Henri de Lescure, écuyer, et les propriétaires des moulins par messire François-Henri de Lastours, prêtre, chanoine en l'église St-Just, et M. Barthélemy de Cogomblis, sieur du Rivage.

F° 33. — **1706** (3 février). — Vente de l'office de lieutenant de maire de la ville de Narbonne, faite par Joseph Bonnier, « intéressé dans les affaires du roi, » à Guillaume Morel, avocat, juge en la temporalité de l'archevêché de Narbonne, moyennant le prix de 16,300 livres. — L'acte est reçu par Claude Castaing, notaire royal à Montpellier. — Témoins de cet acte : noble Jean-Antoine de Vidal, seigneur de Montferrier, syndic général du Languedoc, et Antoine Coupiat, praticien.

F° 34. — **1704** (14 mars). — Quittance de la somme de 11,500 livres que M. Joseph Bonnier avait payée pour la finance de l'office de lieutenant de maire créé par l'édit du mois de mai 1702. — L'office de lieutenant de maire donnait au titulaire entrée, rang, séance et voix délibérative dans toutes les assemblées générales et particulières de la ville immédiatement après le maire, avec droit de les présider en cas d'absence ou d'empêchement, et la faculté de remplir, conjointement avec ledit maire, les fonctions portées dans la déclaration du 19 août 1702, avec jouissance des mêmes honneurs, prééminences, franchises, libertés, droits, revenus et émoluments, privilèges et exemptions de tailles, subsides, contributions, logement des gens de guerre, etc., dont jouissent les maires. Les gages annuels de l'office de lieutenant de maire étaient de 575 livres.

F° 34 v°. — **1709** (4 juillet). — Quittance de la somme de 3,000 livres payée par Guillaume Morel, lieutenant de maire de la ville de Narbonne, pour jouir, en conséquence de l'arrêt du conseil du 22 mars 1707 et de la déclaration du 9 août de la même année, de l'union et incorporation de l'office de lieutenant de maire alternatif et mi-triennal de la ville, créé à titre héréditaire par édit du mois de décembre 1706, à l'office de lieutenant de maire dont il était déjà pourvu, avec 100 livres de gages et 50 livres d'augmentation de gages, réduits ensemble à 120 livres par les commissaires députés au bureau des quittances à Montpellier.

F° 35. — **1719** (26 juin). — Ordonnance de M. Louis de Bernage, intendant de la province, rendue en exécution de l'édit du mois de novembre 1718, portant rétablissement des titulaires des offices supprimés par l'édit du mois de juin 1717, par laquelle la finance due à M. Guillaume Morel, pour le remboursement de son office de lieutenant de maire ancien et alternatif, est réglée à la somme de 34,204 liv. 5 s. 5 d. — Notification de cette ordonnance faite aux consuls par Mathieu Cazes, huissier royal à Narbonne.

F° 38. — **1720** (27 avril, — 10 mai). — Lettre de M. d'Asfeld, directeur général des fortifications du royaume, adressée à M. de Niquet, par laquelle l'abbé de Saint-Paul est autorisé à prolonger le jardin de sa maison abbatiale jusqu'au bord du rempart, et à construire sur ce point un mur de clôture de 6 pieds de haut. — Lettre de M. de Niquet, qui transmet celle de M. d'Asfeld à M. l'abbé de St-Paul.

F° 38 v°. — **1720** (18 mai). — Requête présentée aux consuls par M. Jean-François de Machéco de Prémeaux, abbé de St-Paul, à l'effet d'obtenir leur consentement au prolongement du jardin de sa maison abbatiale jusqu'au rempart de la ville. Ce prolongement devait incorporer au jardin abbatial un espace de terrain dépendant de la voie publique, ayant une toise et demie de largeur, qui existait entre ce jardin et le rempart.

F° 39. — **1721** (19 octobre). — Lettre de M. Le Blanc à M. de Lafargue, par laquelle il lui mande de se rendre immédiatement à Narbonne, suivant les intentions du régent, pour y commander pendant la maladie de M. de Pombarat, qui en avait la lieutenance.

F° 39. — **1721** (25 octobre). — Commission donnée par le régent à M. de Lafargue, major au régiment d'Angoumois, pour prendre le commandement de la place de Narbonne, pendant l'absence ou la maladie de M. de Pombarat.

F° 39 v°. — **1721** (31 octobre). — Lettre par laquelle le régent écrit à M. de Lafargue qu'à raison de la maladie de M. de Pombarat, auquel il doit succéder dans la charge de lieutenant du roi, il a été choisi pour le remplacer provisoirement dans le commandement de la place de Narbonne. Le régent ne doute pas que « dans une conjoncture « sy importante, où l'activité et la vigilance des commandants est sy nécessaire pour garentir, s'il se peut, de la « maladie contagieuse les villes d'une province sy considérable, » il ne remplisse avec application les devoirs de sa charge.

F° 39 v°. — **1721** (21 novembre). — Ordonnance de M. le duc de Roquelaure, lieutenant général des armées du roi, commandant en chef dans la province du Languedoc, par laquelle il est enjoint aux habitants de Narbonne et aux troupes du roi qui y sont logées de reconnaître M. de Lafargue en qualité de commandant de la place, en l'absence de M. de Pombarat.

F° 40. — **1722** (28 janvier). — Ordonnance de M. Louis de Bernage, qui ajourne au 19 du mois d'avril suivant l'élection consulaire de Narbonne, à cause de la tenue des États de la province, qui étaient assemblés dans ladite ville.

F° 40 v°. — **1722** (18 mars). — Ordonnance de M. de Bernage, qui fixe à 125 liv. les frais de logement de M. de Lafargue à la charge de la ville, pour les six mois commençant au 1er novembre 1721.

F° 40 v°. — **1722** (29 août). — Ordonnance de M. le duc de Roquelaure, par laquelle les hallebardiers de la compagnie du gouverneur de Narbonne sont affranchis du logement des gens de guerre.

F° 41. — **1722** (6 octobre). — Lettre de M. le duc de Roquelaure, par laquelle il déclare aux consuls que, par son ordonnance du 29 août précédent, il n'a pas entendu exempter du logement des gens de guerre ceux des hallebardiers qui exercent la profession de cabaretier.

F° 41. — **1722** (15 décembre). — Arrêt du conseil d'État, qui porte réduction au denier cinquante des rentes et intérêts dus par les villes et communautés du royaume, à partir du 1er janvier 1721. — Lettres patentes d'attache expédiées pour l'exécution de cet arrêt.

F° 42. — **1723** (5 janvier). — Ordonnance de M. Louis de Bernage, qui prescrit l'exécution, la lecture et la publication, dans toute la province, de l'arrêt qui réduit l'intérêt des dettes des communautés au denier cinquante.

F° 42. — **1723** (18-21 janvier). — Délibération du bureau de la santé à Narbonne, portant suppression de la garde qui avait été établie à La Nouvelle. Cette suppression est prononcée en exécution de l'ordonnance royale du 19 novembre 1722, d'après laquelle il ne restait à cette date aucun vestige de maladie dans les villes du Languedoc et de la Provence, qui avaient été atteintes de la peste. — Approbation de cette délibération par MM. de Bernage et de Roquelaure.

F° 43. — **1722** (9 mars). — Lettre de M. Louis de Bernage, intendant de la province, relative à la réduction de l'intérêt des rentes. Cette réduction ne devait être appliquée qu'aux rentes constituées et aux dettes contractées avant le 1er janvier 1721, et non aux propriétaires des offices municipaux rétablis par l'édit du mois de novembre 1718, qui devaient continuer à jouir de la rente représentant le prix du remboursement de leurs offices, sur le pied du denier vingt-cinq. Les rentes des emprunts contractés pour parer aux dépenses de la contagion devront, de leur côté, continuer à être servies sur le pied du denier vingt, pour lequel elles ont été autorisées en faveur des créanciers qui ont de nouveau prêté les capitaux de ces rentes.

F° 43. — **1722** (27 mai). — Lettre de M. de Bernage, dans laquelle il exprime l'avis que M. Magnianis ne peut prétendre à l'exemption du droit de subvention en qualité de secrétaire du roi aux États du Languedoc (?), si l'arrêt qui autorise la perception de ce droit dans la ville porte, ainsi que cela se pratique d'ordinaire, que le droit est perçu sur tous les habitants, privilégiés ou non privilégiés.

F° 43 v°. — **1723** (20 janvier). — Ordonnance de M. Louis de Bernage, intendant de la province, par laquelle l'élection consulaire de Narbonne, qui devait avoir lieu le 2 février, est renvoyée au 15 avril, « pour prévenir les « contestations qu'il pourrait y avoir lors de l'élection. »

F° 43 v°. — **1723** (12 mai). — Fixation des limites du dex dans le territoire de la Cité, faite par Henri de Lescure, écuyer, Guillaume Boutes, bourgeois, Antoine Agnelier, marchand, Jean Costesèque, bourgeois, Jean Barrué, procureur, et Antoine Escanacabres, maître chirurgien, consuls de la ville, et les députés nommés par délibération du conseil général, du 9 mai 1723, qui sont MM. André-Hyacinthe Rigaud-Delbosc, avocat, François Devilla, avocat, Alphonse de Grave, écuyer, Esprit de la Brosse, écuyer, Joseph-Hyacinthe Mirabet, bourgeois, et Pierre Maupel, aussi bourgeois, conseillers politiques de la matricule. Le dex n'avait pas été modifié depuis la fixation qui en avait été faite par les consuls, le 27 mai 1501 (vid. AA. 101, 2e thal., f° 171 v°). Les nouvelles limites de son territoire sont les suivantes : — le canal de la Robine vers le midi, la carrière Salinière, qui commence au lieu dit la croix d'en Sabourre, sur le chemin de Narbonne à Gruissan, à l'exception du ténement de Gazagnepas, appartenant à M. de Moujan, et des prés dits de la Rouquette, qui seront des enclaves du dex; le lieu dit la Fontcouverte, sur le chemin de Narbonne à Vinassan, près de la métairie de Malard; le pont del Lun, sur le chemin de Narbonne à Salles; la vieille carrière de Coursan jusqu'à l'ancien pont où se trouve déjà plantée une borne aux armes de la ville; le pont de St-George, sur le chemin du même nom, à travers les terres de la métairie del Pezet; le pont de la chaussée de la Bastide-Redonde, sur le grand chemin de Narbonne à Coursan, et de là, en suivant la chaussée dans les terres des métairies de Fillère, de la Bastide-Redonde, appartenant au chapitre St-Just, et du Courneu, jusques au chemin de la métairie de la Barque « où l'on « trouve les vestiges d'un pont enterré, qui s'appelle le « pont d'Aby » ou d'Alby; le canal de l'*arrosoir* du Courneu jusqu'au chemin de Cuxac; la croix plantée pour faire la division du chemin de Cuxac d'avec le chemin royal de Coursan; l'abreuvoir du Riveyrot; le Labadou vers le moulin du Gua, et la rivière d'Aude depuis ce dernier point jusques à la carrière Salinière indiquée pour première limite.

F° 45 v°. — **1684** (21 février,-20 avril). — Arrêt du conseil d'État, rendu sur placet présenté par M. de Lassine, major au gouvernement de Narbonne, par lequel l'indemnité de logement due à cet officier par la ville est fixée à la somme annuelle de 150 livres. — Lettres patentes d'attache expédiées pour l'exécution de cet arrêt. — Notification de l'arrêt et des lettres d'attache, faite aux consuls par Raymond Arnaud, archer en la prévôté générale de la province, à la requête de M. de Lassine.

F° 46. — **1685** (22 octobre). — Lettre de Louis XIV, datée de Fontainebleau, par laquelle il fixe à 60 liv. l'indemnité de logement qui doit être payée par la ville à M. Jouve, aide-major au gouvernement de Narbonne.

F° 46 v°. — **1686** (1er avril). — Lettre de Louis XIV, qui fixe à 50 liv. par an l'indemnité de logement attribuée à M. de Paschier, capitaine des portes de la ville.

F° 46 v°. — **1684** (5 mai). — Ordonnance de M. l'intendant de la province, par laquelle l'indemnité de logement attribuée au major de Narbonne est ajoutée au règlement arrêté pour les dépenses ordinaires de la ville.

F° 47. — **1720** (20 mai,-12 juillet). — Délibération par laquelle le conseil général de la ville vote une allocation annuelle de 300 liv. affectée à la réparation du pavage, afin d'éviter les discussions que soulève l'entretien de ce pavage par les particuliers, « quy ne sont pas en état de « fournir à cette dépance, quy revient souvent à cause des « grands charrois de bleds quy dégradent ces pavés. » — Ordonnance de M. l'intendant de la province, par laquelle cette allocation est autorisée.

F° 47 v°. — **1719** (11 janvier). — Lettre de M. de Bernage, par laquelle il autorise les consuls à déclarer au sieur Colondre, garde de l'arsenal, qu'il ne peut prétendre à aucun autre logement que celui qu'avait occupé, dans l'arsenal même, son prédécesseur, le sieur Pierre Ducos.

F° 47 v°. — **1723** (11 février). — Ordonnance des commissaires députés par le roi et par l'assemblée des États du Languedoc pour l'exécution de l'arrêt du conseil d'État du 17 décembre 1685, contenant règlement sur la forme des préambules des rôles des impositions dans les villes et communautés de la province, sur la reddition de leurs comptes, et sur la vérification des dettes contractées pour parer aux dépenses de la contagion. Cette ordonnance est suivie, 1° d'un formulaire de préambule, qui est divisé en six chapitres ayant dans leur rang d'ordre les titres suivants : sommes contenues en la mande; dépenses ordinaires; dépenses imprévues; capitaux et intérêts; moins-imposé; levûres et taxations; 2° d'un modèle de rôle, des impositions, avec une double formule d'arrêté de ce rôle pour le cas où la communauté a un collecteur volontaire, et pour le cas où ce collecteur serait forcé.

F° 50. — **1724** (24 janvier). — Attestation délivrée par les consuls et par les principaux négociants de la ville au sieur Simon Gras, constatant qu'ils l'ont institué leur commissionnaire au port du Somail, sur le canal, pour recevoir les marchandises et mesurer les grains débarqués dans ce port, pour être voiturés ensuite à Narbonne, moyennant un salaire de 15 s. par 100 setiers de grains pour les habitants de la ville, et de 30 s. pour les étrangers.

F° 50 v°. — **1723** (20 mars). — Arrêt du Parlement de Toulouse, rendu entre les consuls de la ville et les sieurs Robert, propriétaire de la métairie de Belvèze, et Theule, propriétaire de la métairie du Courneu, dans leur différend relatif au pacage sur les terres de ces métairies et sur celles du territoire de Narbonne, comprises dans les limites du dex, et réservées pour le pacage du troupeau de la boucherie à l'exclusion des bestiaux des propriétaires du sol autres que ceux de labourage, excepté dans les ténements de Livière, de Gazagnepas, Larnet et St-Paul. Parmi les pièces mentionnées dans les visa de cet arrêt figurent : — la déclaration du vicomte Aymeric, du 2 des kal. de décembre (30 novembre) 1221, qui porte reconnaissance de la concession du pacage faite aux consuls par la vicomtesse Ermengarde (v. AA. 99, 1er thal., f° 1); — la transaction passée entre les consuls et le vicomte Aymeric, le 6 juillet 1388 (v. AA. 111, 11e thal., f° 22), pour terminer les différends qui avaient causé la guerre entre le vicomte et la ville, dont les principaux étaient relatifs au pacage; — une sentence du viguier de Narbonne, en date du 26 février 1427, donnée pour la réformation de divers abus qui s'étaient introduits dans les élections consulaires, par laquelle il est ordonné qu'il sera fait un dex (v. AA. 111, 11e thal., f° 93); — une sentence du même viguier, du 5 janvier 1487 (v. AA. 101, 2e thal., f° 170 v°), qui permet aux consuls d'affermer les herbages du territoire, tant aux habitants de la ville qu'aux étrangers, sous la condition pour ces derniers de consentir *l'accordance* d'usage; — la fixation des limites du dex faite le 27 mai 1501; — la permission accordée par les consuls à l'archevêque de Narbonne, le 20 septembre 1450, de faire entrer 500 bêtes à laine dans le dex pour les y abreuver, etc. Résumé du dispositif de l'arrêt : — il est fait défenses au sieur Robert et aux héritiers Theule, parties au procès, de troubler les fournisseurs de la boucherie de Narbonne dans leur droit de pacage sur les possessions composant les métairies de Belvèze et du Courneu, dans les limites du dex, autres, toutefois, que les vignes, prés et olivettes; — il leur est aussi fait défenses de faire paître leur propre bétail, autre que celui de labourage, dans lesdites possessions; — ils ne peuvent faire paître leur bétail, autre que celui de labourage, dans le restant du territoire de la ville, même dans leur propre fonds, qu'en consentant aux consuls et en leur payant l'accordance d'usage, excepté dans les ténements de Livière, de Gazagnepas, ou Perdipas, Larnet et St-Paul; — les consuls sont maintenus en la possession des herbages et pâturages, et des droits de ban, banderage et *pignore* dans tout le territoire du consulat de Narbonne, sauf les ténements qui viennent d'être indiqués, et il leur est permis, en cas de contravention, de condamner le propriétaire des bestiaux aux peines établies; — il est également fait défenses aux possesseurs de bestiaux, lorsqu'ils seront consuls ou membres de la matricule, d'opiner au conseil dans toutes les questions où il s'agira de pacage, de ban, d'herbages.

F° 55 v°. — **1724** (19 janvier). — Ordonnance de M. de Bernage, par laquelle l'élection consulaire est ajournée au 1er avril, « par raport aux contestations qui naîtroient sur « l'entrée à l'assiette. »

F° 55 v°. — **1704** (5 novembre). — Arrêt de la cour des Comptes, Aides et Finances de Montpellier, rendu à la requête des maire et consuls de Narbonne, par lequel il est ordonné, suivant la demande contenue dans une délibération du conseil, du 26 octobre 1704, qu'il sera fait une vérification des *cotités admises en reprise* (1) dans les comptes des collecteurs, et que les biens qui ont été omis dans le dernier compoix, ou qui ont été défrichés depuis sa date, et ceux

(1) En style de comptabilité municipale on appelait *cotités admises en reprise* les cotes foncières ou cabalistes dont le recouvrement n'avait pu être opéré pour une cause quelconque, l'inexactitude du chiffre même de l'imposition ou du nom du taillable, la position pécuniaire de ce dernier, ou certaines circonstances locales, troubles, maladies, etc. Les clavaires présentaient un relevé de ces cotes, à la fin de leur gestion, pour en faire admettre le montant en déduction

qui n'auront pas été définitivement déclarés nobles, seront allivrés et cotisés en la forme ordinaire. Le produit des cotes reprises et des biens nouvellement allivrés devait être employé en moins-imposé, ou être affecté au paiement des dettes vérifiées.

Fº 56. — **1718** (2 avril). — Arrêt du conseil d'État, portant homologation de la transaction passée à la date du 22 février 1718, entre les propriétaires du moulin de la Ville et les consuls, relativement à la restauration de la chaussée de ce moulin.

Fº 57. — **1724** (27 mai). — Lettre de M. de Beauvau, archevêque de Narbonne, en réponse à celle que les consuls lui avaient écrite au sujet de sa convalescence et de son retour à la santé, après l'incommodité dont il avait été atteint à Lyon.

Fº 57 vº. — **1680** (9 décembre). — * Statuts de la maîtrise des boulangers, pâtissiers, traiteurs et fourniers de la ville de Narbonne, rédigés en 19 articles, et approuvés par le bureau général de la police, qui était composé du viguier du roi et de quatre consuls.

Fº 60. — **1724** (juin). — Arrêt du conseil d'État, qui, pour rendre uniforme le taux de la constitution des rentes sur les tailles, les aides et gabelles, sur les biens fonds appartenant à des particuliers, etc., et pour proportionner ce taux à la quantité des espèces en circulation, et à l'intérêt de l'agriculture, des manufactures et du commerce « qui « sont les véritables richesses d'un État, » le fixe au denier trente dans toute l'étendue du royaume, avec défenses aux notaires, tabellions et autres personnes publiques ayant qualité pour passer des contrats, d'en recevoir aucun à un denier plus élevé, à peine de prévarication, et à tous juges de prononcer aucun jugement portant condamnation d'intérêt à un plus fort denier, sous peine de nullité. — Enregistrement de cet arrêt en la cour du Parlement de Paris, pour être ensuite lu, publié et enregistré dans les bailliages et les sénéchaussées du ressort.

Fº 61. — **1724** (18 juillet). — Ordonnance de M. Louis de Bernage, intendant de la province, qui prescrit la lecture et la publication de l'arrêt analysé dans le précédent article.

Fº 61. — **1724** (11 juillet). — Arrêt du conseil d'État, rendu à Chantilly, qui ordonne que les billets portant constitution ou promesse de passer constitution de rente, pourront être déposés chez les notaires et tabellions durant le délai de trente jours seulement accordé par l'arrêt du mois de juin 1724, sans être soumis aux droits de contrôle ni à aucun autre droit pour les actes qui en constateront le dépôt.

Fº 61 vº. — **1724** (27 juillet). — Ordonnance de l'intendant de la province, qui prescrit la lecture et la publication de l'arrêt porté dans le précédent article.

Fº 61 vº. — **1724** (12 septembre). — Arrêt du conseil d'État, rendu à la requête des consuls et conformément à leurs conclusions, par lequel la demande en indemnité portée par M. de Montredon devant le sénéchal de Carcassonne, suivant exploit du 10 octobre 1724, pour raison du changement de la conduite des fontaines de la ville, est renvoyée devant M. de Bernage, intendant de la province, pour la juger définitivement et en dernier ressort, « comme s'agis-« sant de travaux publics dont la connaissance lui appar-« tient exclusivement. » — La province, qui faisait alors construire le grand chemin de Narbonne à Carcassonne (aujourd'hui route nº 113), avait placé l'assiette de ce chemin sur la conduite même des fontaines, au passage de Cap de Pla, et avait obligé les consuls à dévier cette conduite pour prévenir les détériorations inévitables que lui aurait fait éprouver la circulation des charrettes. M. de Montredon prétendait que les consuls n'avaient pu opérer aucun changement dans la conduite sans son autorisation, et il demandait la démolition des ouvrages exécutés et la remise des lieux en leur état primitif, avec dommages et intérêts. Les consuls avaient répliqué qu'ils étaient en droit « de faire passer la conduite des eaux par le terroir de « Montredon, aux termes de la transaction passée entre « les auteurs de M. de Montredon et les consuls et univer-« sité de Narbonne, le 5 février 1496 (1), par laquelle il est « expressément porté qu'il sera permis aux consuls et uni-« versité de Narbonne de faire passer les eaux des fon-« taines sur la terre de Montredon, dans tel endroit qui « sera le plus utile aux consuls, sans demander aucune « permission aud. seigneur de Montredon, en payant à « chaque nouveau seigneur une redevance d'une paire de « gans de valeur de deux sols six deniers. » — Lettres patentes d'attache expédiées pour l'exécution de cet arrêt.

Fº 62 vº. — **1724** (6 octobre). — Ordonnance de M. Louis de Bernage, qui prescrit l'exécution de l'arrêt analysé au précédent article, et assigne les parties devant lui pour y voir procéder dans le délai de l'ordonnance.

du chiffre total des impositions dont ils devaient compte à la communauté. Si ce relevé était accepté par le conseil, on réduisait d'autant le total des rôles que les clavaires avaient pris en charge par le bail de la levée des impositions, et ces cotes étaient ainsi reprises par la communauté. C'est de là qu'elles étaient appelées cotes ou cotités en reprise.

(1) La véritable date de cette transaction est le 5 février 1195 (vide AA. 103, 3ᵉ thal., fº 72 vº et suivants).

F° 62 v°. — **1721** (29 avril). — Provisions accordées à François-Armand de Moustier, comte de Mérinville, lieutenant de cavalerie en réforme, pour la survivance de la charge de gouverneur de la ville, de la tour ainsi que du port de La Nouvelle, et des villages qui ont été joints au gouvernement militaire de Narbonne, alors occupé par le comte de Mérinville, son père.

F° 63 v°. — **1724** (3 juillet). — Serment de foi et hommage prêté au roi devant la cour des Comptes, Aides et Finances de Montpellier, par maître Jacques Cabanes, au nom et comme procureur des consuls de Narbonne, pour raison des seigneuries, fiefs, directes et droits mouvant du roi et appartenant à la ville, à la charge d'en remettre le dénombrement. Ce serment est prêté par le procureur des consuls « à genoux, les mains jointes entre celles de M. de « Mariotte, » président en ladite cour. Par sa formule il promet au roi « luy estre bon, loyal, fidelle sujet et vassal, « deffendre dans les occasions sa personne et son Estat. »

F° 63 v°. — **1722** (28 avril). — Ordonnance de M. Louis de Bernage, intendant de la province, qui, sur le refus des États de se charger du logement de la nouvelle maréchaussée du Languedoc, et dans l'impossibilité de rendre effectif ce logement, qui serait une charge trop onéreuse pour les villes, le convertit en une indemnité fixe. Assimilant le prévôt général à un lieutenant colonel en pied, les lieutenants du prévôt aux capitaines en pied, et les exempts aux lieutenants en pied, le tout de cavalerie, cette ordonnance alloue au prévôt général, 20 liv. par mois; aux lieutenants, 15 liv.; aux exempts, 10 liv.; aux brigadiers *comme maréchaux de logis*, 6 liv.; au sous-brigadier, 5 liv.; aux archers, 3 liv.

F° 64. — **1725** (5 février). — Ordonnance rendue à Narbonne par les commissaires présidents pour le roi en l'assemblée des États tenus en ladite ville, au mois de décembre 1724, par laquelle il est fait défenses à tous créanciers des diocèses, villes et communautés de la province de faire aucune poursuite ni de se pourvoir ailleurs que pardevant lesdits commissaires, pour se procurer le paiement de leurs créances, et à tous syndics des diocèses, ou consuls des villes et communautés de répondre aux demandes qui pourraient leur être faites devant d'autres juges, à peine de radiation de tous les frais exposés. Les créanciers devront poursuivre devant ces commissaires la vérification des sommes qui pourront leur être dues, et, à cet effet, ils remettront les titres de leurs créances appuyés des pièces justificatives. Enfin la remise de ces titres et des pièces justificatives devra être faite à l'avenir, à commencer de l'année courante, au greffe desdits commissaires, avant la fin du mois d'octobre de chaque année, au plus tard, afin que les dettes puissent être vérifiées pendant la tenue des États, sous peine de restitution des intérêts à courir pendant l'année suivante.

F° 65. — **1725** (5 février, — 14 mars). — Requête de M. de Prémont, aide-major au gouvernement de Narbonne, présentée à M. l'intendant de la province, à l'effet de faire élever à la somme de 100 liv. son indemnité de logement à la charge de la ville, laquelle indemnité n'avait été jusque-là que de 60 liv. — Ordonnance conforme rendue par M. de Bernage. — Notification de cette ordonnance aux consuls de Narbonne, en la personne de M. de Villurbanne, l'un d'eux.

F° 65 v°. — **1725** (14-31 mars). — Requête présentée à M. l'intendant de la province, au nom des consuls, par leur syndic, à l'effet de faire rapporter l'ordonnance du 5 février précédent, qui porte à 100 liv. l'indemnité de logement à payer à M. de Prémont, en sa qualité d'aide-major au gouvernement de Narbonne. Cette requête est basée principalement sur l'inexactitude de l'élévation des loyers que M. de Prémont avait alléguée pour motiver sa demande. — Ordonnance de M. l'intendant qui rejette la requête du syndic des consuls et confirme l'ordonnance attaquée, mais pour l'année courante seulement.

F° 66. — **1725** (10 juillet). — Ordonnance de M. Louis-Basile de Bernage, intendant du Languedoc, rendue dans le différend qui s'était élevé entre les consuls et M. de Montredon, relativement aux changements opérés dans la conduite des fontaines de la ville. Cette ordonnance confirme les consuls dans le droit qu'ils tiennent de la transaction du 5 février 1495, et les maintient en la faculté « de détour- « ner les eaux et les conduire par les aqueducs dans le « terroir de Saint Pierre des Clars, partout où il sera plus « utile et plus convenable, toutes et quantes fois que bon « leur semblera, » et elle les déboute de leurs prétentions concernant le même droit et la même faculté dans le territoire de la seigneurie de Montredon. Néanmoins, attendu la nécessité du déplacement de l'ancien aqueduc et de sa reconstruction pour la conduite des eaux de la ville, elle dispose que les travaux déjà commencés seront continués conformément au devis que M. de Clapiés en avait dressé, à la charge pour les consuls d'indemniser M. de Montredon, suivant leur offre, de tous les dommages résultant de la construction des nouveaux ouvrages, d'après l'estimation qui en sera faite par experts amiables ou nommés d'office, et à la charge, aussi, de payer à M. de Montredon la redevance fixée par la transaction du 5 février 1495.

F° 67. — **1725** (23 septembre). — Provisions accordées à M. du Bos de Prémont, aide-major au gouvernement de

Narbonne, pour la charge de major devenue vacante par le décès de M. de Soubleiras.

F° 67 v°. — 1725 (8 octobre). — Brevet de la charge d'aide-major au gouvernement de Narbonne accordé au sieur de la Caussade, lieutenant de grenadiers au régiment de S. M., en remplacement de M. du Bos de Prémont, nommé major.

F° 68. — 1644 (4 février, — 27 octobre). — Arrêt de la cour des Comptes, Aides et Finances de Montpellier, rendu entre les consuls de Tuchan et ceux de Narbonne, ces derniers appelants de la sentence rendue par le maître des Ports dans leur différend relatif à l'exemption du droit de leude dont les habitants de Tuchan réclamaient la jouissance dans la ville, comme ayant fait partie de la Vicomté vieille de Narbonne. L'arrêt prononce le rejet de l'appel des consuls de Narbonne, et il maintient, par manière de provision, les consuls et habitants de Tuchan au bénéfice de l'exemption du droit de leude réclamé, sur la preuve que leur communauté dépendait de ladite Vicomté vieille, administrée par eux au moyen d'un certificat délivré par un sieur Goty, le 23 juin 1488, d'un autre certificat donné par le viguier du roi à Narbonne, le 5 décembre 1567, et d'un extrait d'un « livre contenant les lieux exempts dud. « droit de leude tiré des archives de la maison commune « de Narbonne, de l'an 1273,» collationné par le juge royal de la viguerie. — Notification de cet arrêt aux consuls de Narbonne, en la personne de maître Pierre Falconis, notaire, l'un d'eux, et à Jean Blanc, commis à la levée des droits de leude de ladite ville.

F° 68 v°. — 1726 (29 janvier). — Ordonnance de M. Louis-Basile de Bernage, intendant de la province, qui ajourne l'élection consulaire au 22 du mois d'avril, afin de ne pas priver les consuls actuels, qui n'avaient été nommés que le 1er avril 1725, de leur entrée à l'assiette diocésaine, « qui est une suite de celle des États » où ils assistaient alors.

F° 69. — 1726 (18 avril). — Ordonnance de Philippe-Charles marquis de La Fare, chevalier de la Toison d'or, gouverneur des Cévennes, lieutenant général et commandant en chef en la province du Languedoc, par laquelle il désigne M. Marc Deloy, capitaine au régiment d'infanterie de Champagne, pour assister au tirage au sort des milices dans toute l'étendue du diocèse de Narbonne, dont la levée est prescrite par l'ordonnance du roi datée du 25 février 1726.

F° 69. — 1726 (7 mai). — Arrêt du conseil d'État, rendu à la requête des maire et consuls de la ville de Narbonne et du syndic du diocèse, par lequel il est permis à ladite ville et au diocèse, conformément à leurs délibérations des 4 et 10 mai 1725, d'imposer annuellement une somme de 275 liv. 9 s. 10 d. destinée à remplacer la diminution qu'avait subie la rente du capital de 5,500 liv. placé sur la ville, pour l'entretien de deux professeurs de théologie au collège de Narbonne, depuis que le taux de l'intérêt avait été réduit au denier 50 par l'arrêt du conseil du 24 août 1720. L'imposition autorisée devait être répartie par moitié entre la ville et le diocèse.

F° 70. — 1727 (28 janvier). — Ordonnance de M. l'intendant de la province, qui ajourne l'élection consulaire au 14 du mois d'avril, pour les motifs qui en avaient nécessité le renvoi l'année précédente, et parce qu'il est utile « que « les consuls actuellement en place en fassent les fonctions « pendant une année. »

F° 70. — 1725 (27 janvier). — Ordonnance de M. l'intendant de la province, par laquelle l'élection consulaire est renvoyée au 1er du mois d'avril. Cette ordonnance est rendue sur une requête des consuls contenant « que leur « élection n'aiant été faite que le 1er avril de l'année der- « nière, ils seroint privés d'entrer à l'assiette du diocèse si « on procédoit à l'élection consulaire le 2 du mois prochain, « auquel jour elle doit se faire suivant l'usage. »

F° 70. — 1721 (7 novembre, — 3 décembre). — Arrêt du conseil d'État, rendu sous une forme générale applicable à toutes les villes et communautés du Languedoc, qui ont été autorisées à établir une subvention sur les objets de consommation, pour l'acquittement de leurs dettes, portant qu'il sera procédé à l'adjudication de la levée de cette subvention, ainsi que des octrois et des revenus patrimoniaux, devant l'intendant de la province ou son subdélégué, nonobstant tous usages contraires, et qu'il sera, de la même manière, justifié de l'emploi du produit de ces droits et revenus. — Ordonnance de M. Louis de Bernage, qui proscrit l'exécution de cet arrêt dans toute la province.

F° 71. — 1727 (12 février). — Requête des consuls de Narbonne, par laquelle ils demandent l'autorisation de prendre, sur les fonds de la subvention, une somme de 200 livres, pour l'affecter au traitement annuel du sieur Delrieu, qui a été nommé commis au greffe durant l'année 1721, afin de suppléer à l'insuffisance dans laquelle se trouvait alors le personnel du greffe consulaire pour l'expédition des écritures extraordinaires occasionnées par la contagion. — Ordonnance conforme de l'intendant de la province.

F° 71 v°. — 1727 (21 mai). — Ordonnance de M. l'intendant de la province, par laquelle l'indemnité de logement due au curé de la paroisse d'Aubian, au diocèse de Narbonne, est fixée annuellement à la somme de 20 livres, jusqu'à ce qu'il soit construit pour son logement effectif une maison presbytérale. Cette somme de 20 livres est payable comme il suit : 15 liv. par les religieux de l'abbaye de Cassan, propriétaires de la terre d'Aubian; 2 liv. 10 s. par les propriétaires de la métairie de Ricardelle; 2 liv. 10 s. par les propriétaires de Pontserme. — Lettre d'envoi de cette ordonnance à M. Rome, subdélégué de l'intendance à Narbonne.

F° 72.— **1727** (?).— Arrêt du Parlement de Toulouse, rendu à la réquisition du procureur général et sur le vu des arrêts des 28 juin, 7 août, 27 septembre 1710, 8 août 1711, 27 juillet 1712, 10 juillet 1714 et 28 août 1722, par lequel il est fait nouvelles inhibitions et défenses à toutes sortes de personnes, sans distinction de sexe et de condition, de glaner dans les champs « aucuns grains ny les herbes de « salicor, salanc, saude ou blanquette, » sous peine du fouet, à moins d'être d'une pauvreté reconnue. Il est également fait défenses, 1° aux travailleurs de refuser de travailler à la moisson lorsqu'ils en seront requis par les propriétaires de leurs paroisses, sous peine de 10 livres d'amende applicable aux hôpitaux; 2° aux propriétaires, à leurs métayers ou métayères et moissonneurs, de s'opposer à ce que les personnes vraiement pauvres entrent dans les champs, vignes et olivettes pour y glaner, après toutefois que les grains et autres fruits auront été enlevés, sous peine de 500 liv. d'amende contre les propriétaires, et du fouet contre les métayers, métayères ou moissonneurs. Cet arrêt était provoqué par les violences qui étaient exercées sous prétexte de glanage par les populations rurales contre les propriétaires. Dans le diocèse de Narbonne en particulier, des gens faisant partie d'attroupements considérables volaient dans les champs et même dans les aires qui servaient au battage de la récolte, en même temps qu'ils volaient le salicor et autres plantes industrielles et les falsifiaient. La réquisition du procureur général du roi contient à ce sujet les explications qui suivent : « dans « plusieurs villes et communautés du ressort de la cour « du Parlement, les glaneurs de tout sexe se sont at- « troupés à centaines et en plus grand nombre, et no- « tamment dans le diocèze de Narbonne, lesquels sous « le prétexte de glaner ont fait des incursions dans les « champs pendant la coupe des bleds et avant que les « propriétaires ayent emporté leur gerbe, ils l'ont suivie « jusques à l'aire la leur enlevant, et, à cause du grand « nombre des attroupés, ny les propriétaires, leurs valets, « leurs métayers, ni leurs moisonneurs n'ont pas été capa- « bles de les contenir. La licence de ces glaneurs de tout « sexe est venue à un tel excès qu'elle s'étend, non-seule- « ment aux choses nécessaires de la vie de l'homme, mais « encore à celles qui ne le sont pas, en telle sorte que le « glanage est devenu un vol en plusieurs endroits du ressort « de la cour. Il y a plusieurs terroirs, dans le diocèze de « Narbonne et autres, que les propriétaires ensemencent « de salicor, qui est une herbe précieuse, laquelle étant « arrachée et méthodiquement brûlée se réduit en pâte, et « forme un roc de sel dont on fait le verre. Ces mêmes « terroirs produisent encore deux autres sortes d'herbes « appelées salanc, saude ou blanquette, la cendre des- « quelles entre dans la composition du savon, que le gla- « nage sert de prétexte pour voler; de toutes lesquelles « herbes et de leur cendre les glaneurs forment un roc « semblable à celui du pur salicor. Ce mélange ne pouvant « pas être connu aux gentilhommes verriers qu'en tra- « vaillant la matière, leur cause un préjudice notable en ce « que cette matière ne se trouvant pas dans sa pureté, elle « ne leur produit pas le même ouvrage en beauté ny en « quantité comme le fait le seul salicor. »

F° 74. — **1727** (19 septembre). — Lettres patentes expédiées pour l'exécution de l'arrêt du conseil d'État, du 10 décembre 1726, par lequel, sans s'arrêter aux ordonnances des trésoriers généraux de France en la généralité de Toulouse, en date des 9 août 1723, 26 mars, 18 juillet, 31 août 1725, et 27 juillet 1726, qui sont déclarées nulles, les États de la province du Languedoc sont maintenus en la direction des ouvrages concernant les constructions, les réparations et l'entretien des chemins et des ponts et chaussées du Languedoc, de la même manière que par le passé, et en se conformant aux ordonnances, arrêts et règlements généraux et particuliers rendus pour cette province, à l'exécution desquels l'intendant devra tenir la main. En conséquence, l'arrêt du conseil d'État du 16 octobre 1724 demeurant confirmé, il est ordonné que les différends et les contestations qui pourront naître à l'occasion des travaux de construction, de réparation et d'entretien des chemins et des ponts et chaussées du Languedoc, seront portés devant l'intendant pour être jugés par lui sommairement et sans frais, sauf l'appel au conseil d'État, et il est fait défenses aux trésoriers généraux de France de rendre à l'avenir aucune ordonnance concernant lesdits chemins, ponts et chaussées. — L'arrêt du conseil d'État du 10 décembre 1726, que les lettres patentes dont il s'agit dans cet article mandent à exécution, est rendu sur les représentations que les États du Languedoc avaient faites pour exposer, d'un côté, la légitimité de leur droit à la direction et à l'administration des chemins, de l'autre, les usurpations dont ce droit avait été l'objet de la part des trésoriers généraux de France en la généralité de Toulouse. Pour expliquer l'origine de ce droit et pour exposer les formes sous lesquelles il est exercé, à des degrés divers, par les États, par les assemblées des diocèses et par les conseils des communautés, ces représentations constatent : — que les États de la province étant chargés de pourvoir aux dépenses des chemins, ils en ont toujours eu la direction; — que c'est pour cette raison que les commissaires royaux qui les président leur recommandent tous les ans de faire réparer ces chemins, et de voter les fonds qui doivent y être employés; — qu'ils nomment des commissaires chargés de diriger, pendant l'année, les ouvrages qui ont été votés et d'en passer les adjudications, au rabais, conjointement avec les syndics généraux de la province; — qu'ils établissent des inspecteurs qui ont mission de faire des visites sur les lieux et de veiller à la conservation des chemins; — que ces chemins ont toujours fait partie de l'administration des États et de l'économie intérieure des affaires de la province; — que les diocèses règlent, dans leurs assemblées, les réparations à faire sur les chemins de traverse, et les fonds qui doivent y être employés; — que le soin de faire observer les règlements arrêtés par les États, pour la surveillance et l'administration des chemins, regarde l'intendant de la province, ainsi que l'a décidé l'arrêt du conseil d'État du 16 octobre 1724, qui lui attribue de nouveau, et sous une forme confirmative, la connaissance de toutes les contestations concernant la construction et l'entretien des chemins; — que cet usage est fondé sur les principes de la justice naturelle, qui veulent que la province étant chargée de prendre sur elle-même toutes les dépenses des chemins, ses États aient la direction des ouvrages, et veillent eux-mêmes à l'utilité de l'emploi des fonds qu'ils y affectent, lesquels se prélèvent, suivant les cas, sur la province en corps, sur les diocèses, ou sur les communautés; — que cet usage est ancien et se trouve confirmé par les arrêts du conseil d'État du 2 janvier 1648, du 4 septembre 1651, etc.; — qu'au préjudice d'un droit aussi bien établi, consacré par une possession légitime et constante, les trésoriers de France en la généralité de Toulouse ont rendu une ordonnance, le 9 août 1713, qui prescrit diverses obligations, l'élargissement des chemins, le creusement de leurs fossés, etc.; — que cette ordonnance n'a pas reçu d'exécution; mais que, depuis, ils en ont rendu une autre, à la date du 26 mars 1725, portant qu'il sera commis dans l'étendue de la généralité « des personnes capables pour tenir la main « à l'exécution des règlements concernant la voirie, les- « quelles se transporteront partout où besoin sera, pour « visiter les grands chemins et dresser procès-verbal de « l'état d'iceux, et des contreventions aux ordonnances; » — qu'en conséquence, ils ont nommé un commis pour visiter les chemins royaux et les chemins de traverse du diocèse Bas-Montauban, et un autre pour faire les fonctions d'inspecteur des chemins dans les diocèses de Lavaur, St-Papoul, Castres et Alby; — que ces mesures, loin d'être d'aucune utilité, sont, au contraire, une cause de troubles et de vexations pour les communautés et pour les particuliers; — enfin, que les actes généraux qui attribuent aux bureaux des Finances la grande et la petite voirie n'ont pas été exécutés dans le Languedoc comme dans les pays d'élection, qui sont régis de toute autre manière, ainsi que les trésoriers de France l'ont eux-mêmes reconnu, puisque jusque-là ils s'étaient contentés d'exercer leur juridiction sur la petite voirie, c'est-à-dire sur les alignements des rues dans l'enceinte des villes, sans s'immiscer en rien dans ce qui concerne les chemins.

F° 76. — **1727** (27 mai). — Requête présentée à M. l'intendant par les consuls de Narbonne, à l'effet d'obtenir qu'il soit fait défenses aux éclusiers et à toutes autres personnes de planter ou faire planter sur la digue ou paissière qui est établie à Sallèles, sur la rivière d'Aude, et sur celles qui sont construites sur le canal de la Robine, « des « canisses ou autres inventions » ou filets, de quelque nature que ce soit, pour la pêche du poisson, à peine de tous dépens, dommages et intérêts — Ordonnance conforme de M. l'intendant de la province. La connaissance des contraventions à cette ordonnance est attribuée au subdélégué de l'intendant à Narbonne. — La requête des consuls n'a pas seulement pour but d'éviter à la ville les dépenses d'entretien que la plantation des pieux qui fixent les canisses aux paissières lui occasionnent; elle est motivée principalement sur les violences réciproques auxquelles se livrent les pêcheurs. Elle s'exprime, à ce sujet, en ces termes : « ..... vous remontrent que certains particuliers « s'ingèrent de planter et faire planter, à refus de masse, « sur les digues et peissières qui sont sur la rivière d'Aude « et canal de la Roubine, appartenant à la ville, certaines « inventions propres à la pesche du poisson, appellées ca- « nisses, et que ces entreprises sont sy préjudiciables à la « ville qu'elles l'engagent à certaines réparations d'entre- « tien, et exposent ces particuliers en des cas les plus vio- « lents, jusques au point de se fuziller entre eux, ce qui « vient d'arriver depuis peu. »

F° 76 v°. — **1728** (16 janvier). — Ordonnance de M. l'intendant, datée de Nîmes, qui autorise les consuls, conformément à leur demande, à imposer annuellement une somme de 30 livres à titre d'augmentation de salaire pour chacun des six valets consulaires et des deux hallebardiers, qui avaient, les premiers, 120 liv. de salaire par année, et les derniers, 150 livres. (Transc. au présent cartul., f° 96 v°.)

F° 77. — **1728** (2 février). — Ordonnance de M. l'intendant, qui, sur la demande des consuls, règle la situation des officiers de l'état-major du gouvernement de la place, en ce qui concerne l'abonnement relatif à la subvention sur la viande de boucherie. Cette ordonnance dispose que lesdits officiers ne pourront faire entrer en franchise aucune sorte de viande, et qu'ils seront tenus de payer le droit de subvention comme les autres habitants, au moyen d'un paiement annuel qui leur sera fait par la ville à titre d'abonnement. Le chiffre de ce paiement est fixé de la manière suivante : pour le lieutenant du roi, 400 livres; pour le major, 50 livres; pour l'aide-major, 30 livres; pour le capitaine des portes, 20 livres.

F° 78. — **1728** (1er juin, — 4 août). — Provisions accordées à M. de Lafargue, major au régiment d'Angoumois, remplissant les fonctions de lieutenant du roi à Narbonne en vertu d'une commission datée du 25 octobre 1721, pendant la vieillesse de M. de Pombarat, pour exercer en qualité de titulaire ladite charge de lieutenant du roi, devenue vacante par le décès de ce dernier. — Enregistrement de ces provisions au bureau des Finances de la généralité de Montpellier, en la cour des Comptes, Aides et Finances de la même ville, et au greffe de la maison consulaire de Narbonne.

F° 78 v°. — **1728** (13 juin). — Lettre de M. de Montlibert, directeur des fortifications du Languedoc, par laquelle il transmet aux consuls l'autorisation donnée par M. d'Asfeld, directeur général, de modifier la porte actuelle de la Cité, dite porte de Béziers, de manière à supprimer le coude qu'elle présente dans son ouverture ou son passage, à la charge pour la ville de souscrire une soumission dans laquelle elle prendra l'engagement de rétablir la porte en son précédent état, si l'intérêt de la défense vient à le commander.

F° 78 v°. — **1728** (juin). — État estimatif des travaux à effectuer pour modifier le passage et les abords intérieurs de la porte de la Cité, dite porte de Béziers, s'élevant à la somme de 2,236 liv., dressé par M. de la Blotière, ingénieur de la province.

F° 79. — **1728** (14-15 juin). — Devis concernant les travaux de modification du passage et des abords intérieurs de la porte de Béziers. On devait utiliser pour ces travaux les pierres provenant de la démolition des arceaux des fontaines (1). A la suite de ce devis, se trouve un état estimatif de travaux supplémentaires qui avaient été indiqués par Mgr l'archevêque, et qui consistaient dans l'exhaussement de la voûte et de la plate-bande de la porte. Ces travaux sont évalués à 792 livres.

F° 81 v°. — **1728** (18 juillet). — Délibération du conseil général de la ville, tenu dans le grand consistoire du consulat, portant approbation du devis et de l'état estimatif des travaux de modification à effectuer à la porte de Béziers, ainsi que de l'adjudication qui en a été passée par M. de la Blotière, ingénieur de la province, en présence et sous la signature de Mgr l'archevêque.

F° 82. — **1729** (8 août). — Ordonnance de M. l'intendant de la province, qui, sur leur demande, autorise les consuls à payer à Antoine Cadas, architecte, et à Joseph Barthez, maître maçon, entrepreneurs des travaux à effectuer à l'ouverture de la porte de Béziers, le montant de leurs ouvrages sur le crédit alloué pour la réparation des ponts et arches de la ville.

F° 83. — **1725** (25 octobre). — Lettre du roi, portant invitation aux consuls de Narbonne de se trouver en l'assemblée des États du Languedoc, convoqués dans ladite ville à la date du 13 décembre 1725.

F° 83. — **1725** (27 octobre). — Lettre de Louis-Armand de Bourbon, datée de Sceaux, accompagnant la lettre du roi relative à la convocation des États de la province, à Narbonne, pour le 13 décembre 1725.

F° 83. — **1728** (12 septembre). — Ordonnance de M. l'intendant, qui permet aux consuls, ainsi que le demande le conseil général de la ville par une délibération du 5 septembre 1728, de prélever une somme de 150 liv. sur les fonds de la subvention sur la viande de boucherie, pour les gages du sieur Darvoy placé en qualité de commis de la santé au port de La Nouvelle. Ce commis avait pour mission d'interdire l'entrée du port aux navires venant des échelles du Levant, ou des États de l'Église, qui étaient atteints de la contagion.

F° 83 v°. — **1722** (6 mai). — Ordonnance de M. l'intendant, par laquelle les appointements de M. Antoine Maleterre, bourgeois, en qualité de syndic de la ville, sont fixés annuellement à la somme de 400 liv., conformément au vote du conseil général exprimé dans sa délibération du 12 avril 1722. La nomination de ce syndic avait été motivée « par le grand détail des affaires de la communauté,.... « attendu qu'elles restaient souvent impoursuivies par le « changement des consuls qui se fait annuellement, et le « recouvrement des sommes dues à la communauté re- « tardé par la multiplicité des affaires, et pour soutenir les « droits et priviléges de lad. communauté. »

F° 84. — **1729** (25 mars). — Ordonnance de M. l'intendant, rendue à la requête des consuls et conformément à une délibération du conseil général de la ville, du 13 du même mois de mars, portant fixation de l'honoraire de M. Bonnifay à la somme de 250 livres par an, pour la surveillance des travaux d'entretien et de réparation exécutés

(1) La ville faisait alors reconstruire la conduite des fontaines, depuis l'olivette dite de Villurbanne, sur un devis de M. de la Blotière qui avait évalué la dépense à 24,500 livres. Ce sont les matériaux provenant des démolitions de l'ancienne conduite qui furent employés aux travaux de la porte de Béziers.

annuellement à la Robine, depuis la paissière de Sallèles, sur la rivière d'Aude, jusqu'au Caragol, « qui est tout près « du port de La Nouvelle. »

F° 84. — **1720** (24 avril). — Ordonnance de M. l'intendant de la province, qui élève les appointements de M. Antoine Maleterre, syndic de la ville, à la somme de 600 livres.

F° 84 v°. — **1619** (17 juillet). — Bail à perpétuité passé aux révérends pères de la Doctrine chrétienne de la congrégation de Soumague, représentés par le père Antoine Vigis, leur provincial en France, pour la tenue du collége de Narbonne et l'instruction de la *jeunesse* de la ville. Ce bail est consenti par Mgr Louis de Vervins, archevêque de Narbonne, Charles de Cazalets, grand archidiacre et official en l'église sainte de ladite ville, Jacques de Bunis, docteur ès-droits, précenteur, François Flassa et Guillaume Juliard, chanoines en l'église Saint-Just, députés du chapitre, et Charles Rouhard, docteur ès-droits, juge en toute la temporalité de l'archevêque, Henri Sartre, Étienne Vignes, Gaspard Pélissier et Jean Denos, consuls de la ville. Il est fait sous les conditions suivantes : — les religieux feront instruire les élèves par des religieux de leur ordre et non par d'autres, « et a cet effet feront six classes, la plus basse « desquelles sera pour aprendre a lire les jeunes enfans « tant ceux de la ville que autres forains et étrangers qui y « pourront venir, et successivement de classe en classe « jusques a la premiere classe inclusivement, en laquelle « sera fait profession de la rhétorique pour rendre les au- « diteurs capables de la philosophie, sans pouvoir exiger « aucun droit ny salaire desd. enfans ou écoliers de la « ville, forains et étrangers, soit ecclésiastiques, religieux « ou lais, pour leur instruction; » — pour rendre les auditeurs plus capables « aux bonnes lettres, » les leçons seront faites en grec et en latin, outre les catéchismes et les leçons de piété, suivant la pratique suivie dans les colléges bien régis; — afin de retirer du collége quelques fruits pour l'édification de la conscience des habitants de la ville, il sera établi quatre religieux en sus des six qui sont exigés pour la tenue des classes, lesquels régiront les études, vaqueront aux confessions, exhortations, prédications et autres exercices et devoirs de la doctrine chrétienne, d'après les règles de l'ordre, et suppléeront aux interruptions qui pourraient se produire par maladie, infirmité ou pour autre cause parmi les régents des six classes; — quatre enfants, qui seront désignés par les consuls, « seront nourris « et entretenus de la dépence de bouche et lit tant seule- « ment dans le collége; ils y seront instruits et enseignés « a la piété et bonnes lettres comme les autres écoliers, » sans être employés à aucune œuvre *mécanique;* — les domestiques nécessaires au collége seront nourris, entretenus et payés par les religieux, en tel nombre et ainsi que bon leur semblera; — annuellement, il sera payé par la ville une somme de 2,000 livres pour la régie du collége; — cette somme, dans laquelle se trouve comprise celle de 600 livres provenant de la prébende préceptoriale affectée au collége par le chapitre St-Just, sera comptée aux pères Doctrinaires en deux paiements égaux, l'un à la Nativité de St-Jean-Baptiste, l'autre à la Noël ; — ils recevront, en outre, du chapitre huit pugnères de sel chaque année; — les bâtiments du collége seront livrés par les consuls en bon état d'appropriation et d'ameublement, « pour une fois tant « seulement,..... suivant la descence et qualité des per- « sonnes et pour l'usage des collégiats; » — les pères Doctrinaires seront ensuite chargés de l'entretien des bâtiments et du mobilier du collége, à perpétuité, sans qu'ils puissent jamais rien réclamer de la ville à ce sujet; — les consuls feront construire une église ayant deux autels ou chapelles, avec les meubles et ornements nécessaires à l'exercice du culte ; cette église sera ensuite entretenue par les pères du collége ; — les quatre collégiats nommés par les consuls seront pourvus par eux des habillements qui leur seront nécessaires, « de telle couleur et livrée que bon leur sem- « blera; » les drogues et médicaments, les visites des médecins, chirurgiens et apothicaires, dont ils pourront avoir besoin, seront aussi à la charge des consuls; — le collége sera exempt de toutes tailles et charges quelconques; — « les religieux et leur famille servant aud. collége « seront exempts de faire garde, en quel cas ou nécessité « que puisse estre, et encore du logement des gens de « guerre; » — l'ouverture des classes aura lieu, chaque année, à perpétuité, le lendemain de la fête de St-Luc; — l'archevêque ou son vicaire général, le chapitre St-Just et les consuls pourront assister à cette ouverture, et y seront convoqués, ainsi « qu'en toutes les histoires et prix publi- « ques.... représentés aud. collége; » — chaque soir, les religieux feront réciter, par les quatre collégiats de la ville, un Salve Regina et un De profundis pour le repos de l'âme de Mathieu Peyronne, fondateur du collége, et tous les samedis et les veilles des fêtes de N. D., complies; — nonobstant tous priviléges spéciaux à l'ordre, l'archevêque de Narbonne, son vicaire général, les membres du chapitre St-Just et les consuls de la ville, ou telles personnes qui par eux en seront chargées, pourront visiter les classes quand il sera jugé à propos, pour surveiller les études; — enfin, en cas d'abus ou de négligence, l'archevêque, le chapitre et les consuls pourront, de commun consentement, faire contraindre les religieux, par les voies ordinaires légales, à l'exécution de leurs engagements. — Le bail passé aux pères Doctrinaires pour la tenue du collége ne se borne pas à la constatation et à l'énumération des clauses sous lesquelles il est réciproquement consenti. Il rappelle, en ces termes, l'importance de l'enseignement des lettres, l'influence bienfaisante qu'il exerce dans l'État, dans la commune et dans la famille. La ville elle-même, en confiant la direction de son collége aux pères Doctrinaires, obtiendra de grands avantages : « Il a été reconnu de tout « tems que, pour entretenir les républiques fleurissantes, « il a été nécessaire, pour icelles maintenir en bon état, « de faire instruire la jeunesse a la piété, religion catho- « lique, apostolique et romaine, es lettres humaines; par « lequel ordre chacun est maintenu a son devoir soit en « ce qui regarde la loi de Dieu et celle des hommes, les- « quelles nous élèvent a la connoissance parfaite de notre « devoir pour rendre nos actions a l'honneur et gloire de « Dieu, l'obéissance a notre prince, et la balance de justice « qui doit estre gardée envers notre prochain, de sorte « que, par ce moyen, les villes en demeurent meilleures; « pour a quoy parvenir auroit été trouvé nécessaire d'avoir « des personnes capables et permanantes a faire lad. ins- « truction, qu'a esté cause que la prudence, zelle et affec- « tion particuliere au bien public de Monseigneur l'arche- « vêque de Narbonne, les peres religieux Doctrinaires de « l'ordre de Soumague ont été appellés pour estre installés « au collége de la ville, par le moyen de laquelle installa- « tion les bonnes familles demeureront entretenues en « leur splendeur, les pauvres qui auront des enfans capa- « bles aux lettres élevés aux charges publiques, ceux qui « aspireront a l'état ecclésiastique dignes d'y estre receus, « les femmes veuves et enfans orphelins soulagés,.... et « autres considérations qui se peuvent rettirer de cette « sainte action. » — L'acte du bail est reçu par maître Senty, notaire, en présence de Jean Berthellier, avocat, secrétaire de l'archevêque, Pierre Salvagnac et Jean Caussat, marchands de Narbonne, appelés comme témoins. En outre des consuls, la ville est représentée dans l'acte par des députés de son conseil général, qui sont Mathurin Valterre, docteur ès-droits, François Cerezon, receveur des décimes du diocèse, Durand Bosquet, notaire, Jean Horliac, receveur des droits de la foraine, Pierre Séguy, chevaucheur de l'écurie du roi à Narbonne, et Philippe Daumelas, procureur, conseillers matriculés.

F° 87. — **1720** (1er juillet). — Ordonnance portant règlement de police sur la petite voirie, rendue par les trésoriers généraux de France en la généralité de Montpellier, pour l'exécution des arrêts et règlements du conseil d'État des 13 janvier 1605 et 19 novembre 1666, des édits du mois de décembre 1607, de l'année 1627 et du mois de mai 1635, ainsi que des ordonnances concernant le même objet, rendues par les trésoriers de ladite généralité les 9 octobre 1634, 27 août 1663, 20 mai 1680, 21 avril 1681 et 3 octobre 1685. Cette ordonnance, qui est rédigée en vingt-deux articles, est applicable aux villes et aux bourgs et villages de la généralité. Voici ses principales dispositions : — il est fait défenses à tous possesseurs, propriétaires et locataires de maisons et bâtiments donnant sur une rue, une place publique ou une rivière, de construire ou réparer aucuns pan de mur, *jambe, étrière* ou encoignure, sans alignement et sans permission préalables, sous peine de 10 liv. d'amende et de démolition; — les rues des villes de la généralité étant si étroites que les charrettes et voitures n'y peuvent circuler que très-difficilement, les propriétaires des maisons formant coin de rue ou de place publique seront tenus, en cas de reconstruction, d'en établir les angles en pan coupé, et même d'en *reculer l'alignement*, ainsi qu'il sera reconnu nécessaire d'après la situation des lieux; — les balcons, marches et ouvrages en saillie ne pourront être réparés qu'après qu'ils auront été jugés sans inconvénient pour la circulation publique; — les enseignes, auvents, contrevents, bancs, râteliers, cages et châssis de boutiques, pas et seuils de portes, bornes ou chasse-roues, contre-mur, et autres ouvrages en saillie sur la face du mur, ne pourront être établis sans autorisation sous peine de démolition et de 10 liv. d'amende; — les auvents seront à 10 pieds du sol et ne pourront avoir plus de 2 pieds et demi de saillie; ils seront soutenus par des chaînes en fer ou des cordes fixées aux murailles, ou par des *potences* qui se redresseront contre le mur si l'utilité publique le rend nécessaire; — les enseignes seront posées à 15 pieds du sol; leur saillie ne pourra dépasser de plus de demi-pied celle des auvents; les bancs de pierre, les pas ou seuils des portes, les marches, bornes ou chasse-roues, ne pourront avoir plus de 12 pouces dans les grandes rues et plus de 8 dans les autres; les bancs de boutique, les établis, râteliers, montres et étalages, ne pourront avoir plus de 6 pouces dans les premières de ces rues et plus de 4 pouces dans les autres; — les toits (forjets) ne pourront excéder les murs que d'un pied et demi dans les grandes rues et d'un pied dans les petites; — les saillies existantes ne seront tolérées qu'à la condition de ne porter aucun préjudice à la circulation; les tuyaux de cheminée sur rue ou sur place publique devront être élevés jusqu'au-dessus des toitures, après avoir été assujétis de 12 en 12 pans par de forts cercles en fer, et les propriétaires demeureront responsables de tous dommages résultant d'accidents pour leurs voisins ou pour les passants; — il ne sera posé à l'avenir, au rez-de-chaussée, ni portes ni contrevents ouvrant en dehors, sous peine de 20 livres d'amende et de démolition; — il est défendu d'étayer aucun bâtiment sur rue ou sur place publique sans permission; les étais ne pourront rester plus de 15 jours, s'ils sont placés sur le sol, et plus de 3 mois s'ils sont placés contre les murs de face; — les ouvertures faites pour nettoyer les aqueducs et androunes devront être effectuées de manière à être refermées avant la nuit, sinon il y sera placé des lanternes afin de prévenir tout accident, sous peine de 20 liv. d'amende avec dommages; — les usurpations commises, sous quelque prétexte que ce soit, sur le sol des rues et places publiques, sont passibles de 100 liv. d'amende; — tous architectes, maçons, charpentiers, menuisiers, serruriers et autres artisans, qui participeront à la construction des ouvrages interdits, seront passibles d'emprisonnement et de 10 liv. d'amende; — il est fait défenses à tous teinturiers, foulons, tondeurs, fripiers, etc., de mettre à sécher, sur perches ou autrement, aux fenêtres donnant sur rue ou place publique, des draps, toiles ou autres objets susceptibles d'incommoder le public, d'offusquer la vue, etc., et aux charrons, charpentiers, menuisiers, maréchaux, fruitiers, regrattiers, marchands et artisans, de tenir, devant leurs boutiques ou à côté, des marchandises, des pièces de bois ou autres choses qui puissent gêner ou incommoder les passants, sous peine de 10 livres d'amende et de confiscation; la même peine est applicable à tous ceux qui laisseront devant leurs maisons des terreaux, des décombres, du fumier, ou qui établiront sur leurs fenêtres « des jardins et préaux, des caisses « et pots à fleurs, » faisant saillie sur la ligne extérieure des murs; — les matériaux nécessaires aux constructions ne pourront être entreposés sur le sol qu'à la condition d'être employés incessamment, et qu'il existera un passage libre suffisant pour la circulation; — l'entrée et l'issue des rues dans lesquelles il s'effectuera des démolitions seront fermées par des pieux; — enfin, les terres, gravois, recoupes, éclats et débris provenant de ces démolitions seront enlevés dans les vingt-quatre heures de leur dépôt sur le sol, sous peine de 10 liv. d'amende. L'exécution de cette ordonnance est confiée aux petits voyers établis dans la généralité, et aux maires et consuls des villes et communautés du ressort.

F° 90. — **1729** (29 août). — Ordonnance du roi, rendue entre les consuls de Narbonne et le gouverneur de la ville, sur leurs contestations et différends relativement au titre de *gouverneurs en paréage* pris par les consuls, à la garde des clefs des portes et des prisons, à la nomination des douze portiers de la ville, aux visites officielles, et aux honneurs publics prétendus de part et d'autre. Cette ordonnance défend aux consuls de prendre à l'avenir, sous quelque prétexte que ce soit, le titre de gouverneurs en paréage; elle les maintient en la garde de la moitié des clefs des portes, ponts-levis et souterrains de la ville, sans aucune réserve; l'autre moitié des clefs est laissée en la possession du gouverneur, et, en cas d'absence, à son lieutenant. — Pour remplir les vacances qui surviendront dans les emplois de portier, les consuls auront à présenter une liste de quatre candidats au gouverneur ou à son lieutenant auxquels les nominations demeurent attribuées, sans qu'en aucun cas les portiers aient à recevoir d'autres ordres que ceux du gouverneur ou de son lieutenant. — Dans l'endroit de la ville qui sera jugé le plus convenable, il sera construit, aux frais de la communauté, des prisons dont le gouverneur ou son lieutenant auront seuls les clefs, et dans lesquelles seront enfermés les officiers et soldats ou même les particuliers qui auront manqué à la subordination, à la discipline, ou qui auront commis quelque désordre ou quelque désobéissance dans les choses qui concernent le service du roi, la garde et la sûreté de la place. — Le droit de faire prendre les armes aux habitants appartient au gouverneur de la ville, à son lieutenant, ou à tout autre commandant ayant commission du roi, et, en cas d'absence, au premier consul ou au second. — Ceux-ci ne pourront cependant user de ce droit que sous l'autorité et par les ordres du gouverneur de la province, si ce n'est pour des cas imprévus, des nécessités urgentes, dont ils rendront immédiatement compte à ce gouverneur. — Quand le gouverneur arrivera dans la ville pour la première fois, ou y rentrera après un an et un jour d'absence, les consuls seront tenus de lui faire une visite dans sa maison, le jour de son arrivée ou le lendemain, en corps et en robe de cérémonie. — Lorsque le gouverneur aura à conférer avec eux, sur des affaires concernant le service du roi ou l'intérêt public, ils se rendront chez lui en chaperon seulement. Ils se rendront également en chaperon chez le lieutenant, pour le même motif, lorsqu'il remplacera le gouverneur. — Lorsque les consuls auront à convoquer les conseils généraux de la communauté, ils en avertiront, la veille, par l'intermédiaire de leur greffier, le gouverneur ou son lieutenant, en les priant « de le trouver bon. » — Pour les processions de la Fête-Dieu, et lorsqu'il y aura lieu de faire chanter le Te Deum, ou de faire des prières publiques, les consuls seront tenus d'aller prendre le gouverneur, en robe de cérémonie, dans sa maison où le lieutenant du roi se trouvera, si bon lui semble, et de le conduire à l'église et ensuite à sa maison. Dans la marche, le gouverneur et son lieutenant se trouveront seuls, au-devant des consuls, sans qu'ils puissent faire placer entr'eux aucun officier, ni domestiques ou autres personnes quelconques, sous quelque prétexte que ce soit. Dans l'église, chacun occupera la place accoutumée. En cas d'absence, la même préséance et les mêmes honneurs appartiendront au lieutenant du gouverneur. — Lors des feux de joie, les consuls iront prendre d'abord l'archevêque et ensuite le gouverneur. Le droit de mettre le feu appartient à l'archevêque. En cas d'absence du gouverneur, les consuls iront de la même manière prendre son lieutenant, mais celui-ci devra se rendre lui-même à la Vicomté. — Si le gouverneur se trouve dans la ville au moment de l'élection consulaire, les consuls doivent lui faire une visite en robe de cérémonie, suivant l'usage. Ils feront avertir le lieutenant de l'heure de cette visite, afin qu'il puisse y être présent si bon lui semble. Si le gouverneur vient ensuite à s'absenter de la ville pour huit jours ou plus, deux des consuls seulement, en livrée, iront rendre visite au lieutenant, dans la maison où il sera logé. Quand le lieutenant se trouvera absent depuis huit jours au moins au moment de l'élection, les six consuls seront obligés d'aller lui rendre visite chez lui, mais sans livrée, s'il rentre dans la ville après que la visite aura été rendue au gouverneur. Enfin, si lors de l'élection le gouverneur est absent et le lieutenant présent, la visite des consuls sera faite à ce dernier dans sa maison, avec le chaperon consulaire seulement. — Ainsi que par le passé, les cas dépendant de la police ordinaire de la ville demeurent réservés aux consuls, et il est défendu au gouverneur ainsi qu'à son lieutenant de s'en mêler en quelque manière que ce soit, directement ou indirectement.

F° 91 v°. — **1729** (6 novembre). — Ordonnance de M. de La Fare, lieutenant au gouvernement du Languedoc, datée de Nîmes, qui prescrit la lecture et la publication de l'ordonnance du roi, du 29 août 1729, relative à la préséance entre le gouverneur et les consuls, et à la garde des clefs de la ville. — Ordonnance de M. de Bernage, intendant de la province, qui prescrit l'exécution de l'ordonnance du roi ci-dessus, et de celle de M. de La Fare.

F° 92. — **1729** (18 novembre). — Lettre de M. de La Fare, lieutenant général au gouvernement du Languedoc, par laquelle, en envoyant aux consuls l'ordonnance du roi relative à la préséance et à la garde des clefs, il les exhorte à concourir, en ce qui les concerne, à son exécution.

F° 92. — **1729** (octobre). — Note en forme de mémoire contenant une relation des réjouissances publiques qui eurent lieu à Narbonne à l'occasion de la naissance du Dauphin. Ces réjouissances, « qui surpassent toutes celles « qui avaient été faites jusques icy,... commencèrent le 16 « du mois d'octobre;..... les consuls, précédés des trom- « pettes et hautbois, se rendirent à l'église primatialle « Saint-Just, où la messe fut solemnellement chantée en « musique; Mgr l'archevêque y assista, MM. les officiers « de l'état-major si trouvèrent; il y eut un grand concours « de noblesse, et tout ce qu'il y a de gens qualifiés dans la « ville si rendirent. Pendant cette cérémonie, 26 pièces de « canon placées sur le bastion St-Cosme ne cessèrent de « tirer. » Après la messe, une cavalcade, sortant de l'hôtel de ville, se rendit d'abord dans la cour de l'archevêché, et ensuite parcourut les principales rues, escortée par la foule, qui acclamait le roi, la reine et le Dauphin. Cette cavalcade était composée de la *jeunesse*, à la tête de laquelle marchait M. Conil, marchand, qui venait d'en être élu chef, portant un *magnifique guidon* aux armes du roi et du Dauphin; à la suite venait un corps de hautbois, qui précédait les marchands mariés, commandés par M. Noguier, leur capitaine, ayant au-devant de lui des timbales et des trompettes. MM. les consuls, revêtus de leurs robes de cérémonie, le syndic et le greffier de la ville, précédés des hallebardiers consulaires et d'un corps de trompettes et de hautbois, fermaient la marche. Après la cavalcade, les consuls et le corps des marchands se rendirent à l'église St-Just et assistèrent aux vêpres, puis à la procession générale, qui fut composée de tous les chapitres, de tous les corps religieux de la ville, des officiers de l'état-major, des consuls, « et d'une infinité de peuple. » Les hallebardiers du gouverneur de la ville formaient la haie. Après la procession, un Te Deum en musique fut chanté dans l'église St-Just. Mgr l'archevêque officiait. Le soir, les consuls, précédés du corps des marchands et de deux compagnies de la garde bourgeoise de cinquante hommes chacune, commandées, la première, par M. de Sorgues, ancien capitaine de grenadiers, la seconde, par M. de Grave d'Argens, écuyer, ancien capitaine d'infanterie, se rendirent à l'archevêché, escortés par des porteurs de torches et par le corps de timbales, trompettes et hautbois, pour assister au feu de joie et au feu d'artifice que Mgr l'archevêque avait fait dresser sur la place de la Cité. Un feu de joie fut aussi dressé sur les Barques du Bourg, un autre devant la maison de M. Guy, en face de laquelle la ville avait fait dresser *un superbe* feu d'artifice, orné de nombreuses devises, et représentant « un corps d'architecture « à quatre faces, dont les quatre angles étaient soutenus « par huit colonnes avec base et chapiteau, orné d'une « frise et d'une corniche au dessus de laquelle régnoit une « balustrade de marbre feint. Au centre de la balustrade « étoit élevé un grand piédestal sur lequel était représentée « en relief la figure de Jupiter porté sur son aigle, la fou- « dre à ses pieds; sur le même piédestal, on voyoit la « France qui supplioit les dieux de descendre du ciel pour « enrichir le Dauphin de toutes les vertus royales. » Aux quatre angles étaient placées les statues de Mars, Pallas, Thémis et Apollon, ornées de leurs attributs et donnant au Dauphin des leçons appropriées à ses hautes destinées. Pendant la durée du feu d'artifice, l'archevêque, qui était à l'une des fenêtres de la maison de M. Guy, « ne cessoit de « jetter de l'argent au peuple. On jetta ensuite plusieurs « fuzées d'eau dans la rivière, qui donnèrent beaucoup de « plaisir aux spectateurs. » Enfin, il y eut un dîner dans la grande salle et dans la cour de l'hôtel de ville, qui, pour la circonstance, avaient été richement décorées et tendues de belle tapisserie. Une illumination générale clôtura la fête. Pendant la journée, quatre fontaines, dont deux placées par l'archevêque et deux par les consuls, distribuèrent du vin au peuple.

F° 94.— **1729** (15 septembre).— Lettre de M. d'Iverny, commandant au gouvernement du Languedoc, en l'absence de M. de La Fare, par laquelle il annonce aux consuls la naissance du Dauphin, dont « la reine est très « heureusement accouchée le 4, à trois heures et demie « du matin. »

F° 94. — **1729.** — Extrait tiré de la *Gazette de Hollande*, du 2 décembre 1729, contenant la description du monument dont se composait le feu d'artifice que les consuls de Narbonne, pour fêter la naissance du Dauphin, avaient fait dresser le 16 octobre 1729. Des devises nombreuses, des inscriptions conçues dans le style allégorique comme les décorations qu'elles venaient compléter, ou inspirées par des réminiscences mythologiques appropriées à la circonstance, ornaient les quatre faces du monument. Ce sont ces devises, ces inscriptions qui font le principal objet de la description de la *Gazette*. Nous en relevons deux à titre de spécimen. L'une, composée des deux vers suivants :

« Dique, Deaque, omnes summo descendite cœlo;
« Delphini vestra est cura. Venite citi, »

est mise dans la bouche de la statue de la France suppliant Jupiter d'enrichir le Dauphin des qualités et des vertus de la royauté. Par l'autre, Jupiter, accédant à la prière de la France, donne l'ordre à Apollon, Mars, Pallas et Thémis de descendre immédiatement sur la terre pour élever le Dauphin, qui doit un jour partager avec eux les gloires de la divinité :

« Phœbo, igitur, propera proprias Delphini doceto
« Artes; mox, fortem fingere Martis erit;
« Haud secùs ac Pallas sapiat; Themis ore loquatur.
« Illius hic veniet gloria quanta Diis. »

F° 95 v°. — **1730** (3 janvier). — Note constatant la visite faite par les consuls à M. de Mérinville, gouverneur de Narbonne, qui venait de faire son entrée dans la ville. La visite est faite par les consuls en robe de cérémonie, suivant l'ordonnance royale du 29 août 1729, dans la maison de M. de Vinassan, où le gouverneur était descendu.

F° 95 v°. — **1730** (6 janvier). — Note constatant le départ de Narbonne de M. de Mérinville, qui en était gouverneur.

F° 95 v°. — **1730** (1er juin). — Lettre de M. de Bernage, intendant de la province, datée de Nîmes, par laquelle il avise M. Rome de l'arrivée du prince et de la princesse de Conti, ainsi que de leur fils, dans la ville de Nîmes, d'où ils devaient repartir le lendemain pour continuer leur voyage jusqu'à Toulouse, en passant par Narbonne. M. Rome devait s'informer exactement du jour de l'arrivée des princes à Narbonne, afin d'aller au-devant de LL. AA. SS., hors de la ville, pour leur déclarer sa qualité de subdélégué de l'intendance, prendre leurs ordres, et leur offrir tout ce qui dépendait de son ministère.

F° 96. — **1730** (27 juin). — Arrêt du conseil d'État, qui, sur les titres produits conformément à l'arrêt du conseil du 29 août 1724, par M. de Lafargue, conseiller en la cour des Aides de Montpellier, en qualité d'héritier de la dame de Rieu, supprime le droit de leude et péage qui était perçu par terre et sur la rivière d'Aude (la Robine) dans le village de Villefalse, dépendant de la baronnie du Lac, dans la sénéchaussée de Carcassonne.

F° 96. — **1730** (10 septembre). — Lettre écrite à M. de Prémont, major au gouvernement de Narbonne, par M. de La Fare, commandant du Languedoc, en réponse à une lettre qu'il avait adressée à M. d'Angervilliers pour se plaindre de *certaines difficultés* que lui faisaient les consuls. M. de La Fare lui mande, une fois pour toutes, que lorsque le lieutenant du roi est dans Narbonne, le major « n'a rien à prétendre de quelque espèce que ce puisse « être; » que c'est en son absence seulement qu'il a les mêmes honneurs que lui, mais qu'il ne doit se présenter qu'aux cérémonies où le lieutenant a le droit d'assister.

F° 96 v°. — **1730** (17 septembre). — Lettre de M. d'Iverny, commandant du Languedoc en l'absence de M. de La Fare, par laquelle il annonce aux consuls la naissance du duc d'Anjou, qui avait eu lieu le 30 du mois d'août précédent. Les consuls devaient assister au Te Deum chanté dans l'église principale de la ville, et ils devaient faire tirer le canon en signe de réjouissance publique.

F° 96 v°. — **1730** (17 septembre). — Lettre de M. d'Iverny, relative aux réjouissances publiques qui devaient être organisées à l'occasion de la naissance du duc d'Anjou. Suivant la volonté du roi, les consuls devaient se borner à faire un feu de joie *avec du bois simplement.*

F° 96 v°. — **1728** (16 janvier).— Requête des consuls à M. l'intendant de la province, et ordonnance conforme de M. de Bernage, concernant l'augmentation de 30 livres de gages accordée aux six valets de ville et aux deux hallebardiers consulaires, par délibération du conseil général du 16 novembre 1727. (Transc. au prés. cartul., f° 76 v°.)

F° 97. — **1730** (20 octobre). — Lettre écrite par M. d'Angervilliers à M. de La Fare, relativement aux éclaircissements qui avaient été demandés par les officiers du gouvernement de Narbonne au sujet de l'exécution de l'ordonnance du 29 août 1729, concernant les préséances. Après s'être fait rendre compte de l'usage qui était anciennement observé dans les cérémonies publiques, à Narbonne, le roi avait pris les décisions suivantes : — lorsque l'archevêque et son vicaire se trouvent aux cérémonies, le gouverneur et, en son absence, le lieutenant marchent à la gauche de l'archevêque, sur la même ligne ; — lorsque le gouverneur est présent, le lieutenant ne peut marcher qu'en seconde ligne, à la gauche du grand vicaire ; — après eux marchent les consuls, sans aucun intervalle ; — les valets de ville et les hallebardiers du gouverneur sont placés à la tête du cortége, les valets de ville les premiers et les hallebardiers immédiatement devant l'archevêque et le gouverneur ; — le major étant investi, par sa commission, du commandement des armes en l'absence du lieutenant, a les mêmes honneurs que lui dans les cérémonies publiques où il le remplace ; — le premier consul et le second ne peuvent commander les armes qu'en l'absence du major ; — depuis que les sermons ont lieu dans l'une des ailes du chœur de l'église St-Just, la situation ne permettant pas que le lieutenant du roi ou le major aient leurs places parmi les chanoines avec les consuls, comme cela se pratiquait auparavant dans le chœur, la ville fera construire deux bancs dans cette partie de l'église, l'un à cinq places pour le gouverneur, le lieutenant et les autres officiers du roi, qui sera placé à la droite, l'autre pour les consuls, qui sera placé à la gauche ; — pour les cérémonies qui se font dans le chœur de l'église, les places attribuées respectivement aux officiers et aux consuls demeurent maintenues ; — le droit attribué au lieutenant du roi, et, en son absence, au major, de se mettre à la tête des consuls, ne doit être exercé que dans les cérémonies officielles accoutumées, et ces officiers doivent laisser « une entière liberté aux consuls « de faire, dans les occasions de dévotions particulières, « les actes de piété qui regardent uniquement les officiers « municipaux. »

F° 97 v°. — **1730** (24 octobre). — Lettre de M. de La Fare, par laquelle il fait envoi aux consuls de la lettre que lui avait adressée M. d'Angervilliers, relativement à l'exécution de l'ordonnance du 29 août 1729, analysée dans le précédent article. Les interminables discussions des consuls et des officiers du roi au sujet de la préséance, uniquement fondées sur de mesquines distinctions, avaient été sévèrement jugées par la Cour. La lettre de M. de La Fare s'exprime à cet égard dans les termes suivants : « vous vous « conformerez de point en point aux intentions de S.M., « de telle façon qu'à l'avenir il n'en revienne plus aucune « plainte à la Cour, car je vous avertis qu'elle est lassée, « aussi bien que moy, d'entendre parler si souvent de vos « tracasseries. »

F° 98. — **1731** (15 mars). — Procès-verbal dressé par Jean-Baptiste Rome, conseiller du roi, juge d'Ouveilhan, subdélégué de l'intendance au département de Narbonne, en présence de M. de La Fare, chevalier de la Toison d'or, commandant en chef dans la province, pour constater le partage des clefs de la ville fait par moitié entre le gouverneur et les consuls, en execution de l'ordonnance du 29 août 1729. Voici, d'après les données de ce procès-verbal, le nombre des clefs dont se trouvaient munies les différentes portes de la ville :

1° porte de la Cité dite Porte Royale ; — à la première barrière en entrant dans la ville, 4 clefs ; — à la seconde barrière, également 4 clefs ; — à la porte qui ferme après le pont-levis, 10 clefs ; — à la porte d'entrée de l'intérieur, 10 clefs ; — à la porte du souterrain qui mène au-dessous du pont-levis, 2 clefs ; — à la guérite qui est sur la porte, 2 clefs ; — et au corps de garde intérieur, 2 clefs ; en tout 34 clefs ;

2° porte du Bourg appelée porte Connétable : — à la première barrière, 4 clefs ; — au corps de garde placé à la suite de cette barrière, 2 clefs ; — à la seconde barrière, 4 clefs ; — à la porte qui ferme le pont-levis, 10 clefs ; — à la porte du passage qui conduit sous le pont-levis, 2 clefs ; — à la porte d'entrée intérieure, 12 clefs ; — au corselet placé à droite de la porte, 2 clefs ; — au corselet placé à gauche, 2 clefs ; — au corps de garde placé dans l'intérieur de la ville, 2 clefs ; — au souterrain construit derrière ce corps de garde, 2 clefs ; — enfin, à la guérite située sur la porte, 2 clefs ; en tout 44 clefs ;

3° porte neuve des Carmes : — à la porte elle-même, 4 clefs ; — au corps de garde, 2 clefs ; — à la porte qui conduit à la guérite, 2 clefs ; en tout 8 clefs ;

4° porte neuve Sainte-Catherine : — à la première porte, 4 clefs ; — à la seconde porte, 4 clefs ; — au corps de garde placé entre les deux portes, 2 clefs ; en tout 10 clefs pour cette dernière porte, et 96 clefs pour les quatre portes de la ville, desquelles la moitié pour chaque porte est remise à M. de Lafargue, lieutenant du roi, en l'absence de M. le comte de Mérinville, gouverneur de Narbonne, et l'autre moitié aux consuls. Le procès-verbal contient, en outre, les explications données par M. de La Fare, aux officiers de l'état-major de la ville, relativement à l'exécution de l'ordonnance du 29 août 1729 concernant la préséance, qui avait fait l'objet de la lettre de M. d'Angervilliers, du 20 octobre 1730, analysée en l'article qui précède, sous la cote f° 97.

F° 100 v°. — **1733** (6-25 septembre). — * Arrêt du conseil d'État, par lequel, conformément à la demande des États du Languedoc, consignée dans leur délibération du 23 novembre 1688, homologuée par le conseil d'État le 20 septembre 1689, le conseil matriculé de la ville de

Narbonne, composé alors de quatre-vingts conseillers, est supprimé et remplacé par un conseil politique formé de trente-six membres, ayant voix délibérative sur toutes les affaires de la communauté, et dont ils seront responsables quand même ils n'assisteraient pas aux délibérations, s'ils sont présents dans la ville. Ces conseillers politiques sont renouvelables par moitié tous les ans. Ils devront avoir chacun au moins 8 livres d'allivrement au compoix. Leur renouvellement aura lieu le lendemain de la prestation du serment des nouveaux consuls. Pour être consul, tout candidat devra avoir au moins 8 liv. d'allivrement pour le premier rang et pour le second, et au moins 4 liv. pour les autres rangs. Afin d'éviter toute brigue dans la composition du premier conseil politique de la ville, l'arrêt dispose que ce conseil sera formé du maire, président, de tous les consuls en charge, du député du chapitre St-Just, des huit assesseurs en titre, et du procureur du roi, qui sont conseillers politiques nés, et de MM. Robert, avocat, de Cogomblis, sieur du Rivage, d'Olivier, sieur de la Gardie, Bilhard, avocat, Chopy, avocat, Boutes, Laur, Gaja l'aîné, Barthélemy Pech et Bouzinac, bourgeois, Ferrier aîné, procureur, Deloze, marchand, Solier, apothicaire, Bohat, bourgeois, Vincent, procureur, Ferrier, bourgeois, Agnelier, marchand, Arnail, chirurgien, Testafort, marchand, et Besse, aîné, marchand libraire. — La composition de la matricule était devenue dans la province, et principalement à Narbonne, une source d'intrigues et de cabales qui avaient été, durant plusieurs années, une cause permanente de trouble et d'agitation. Il en était résulté, même, des désordres si graves, soit dans les affaires municipales, soit parmi les habitants, que les États du Languedoc s'en étaient émus, et avaient demandé la suppression d'un état de choses inconciliable avec les intérêts et la tranquillité de la province. Voici le résumé des représentations qu'ils avaient adressées au roi à ce sujet : — pour éviter les brigues et les cabales qui se forment dans le sein des conseils, lorsqu'ils sont trop nombreux, il convient d'établir un conseil politique dans chaque ville, et de le composer d'un nombre de membres proportionné à sa qualité et à la quantité de ses habitants ; — il est utile que tous les contribuables qui ont assez d'intelligence et de capacité puissent être admis tour à tour dans le conseil, pour s'appliquer à l'administration des affaires communes, sans détriment pour elles ni pour les affaires particulières, et sans qu'il leur soit possible de former des liaisons nuisibles aux intérêts publics ; — il y a lieu de déclarer les membres de ce conseil renouvelables par moitié, et d'en fixer le nombre à vingt-quatre au plus, dans les grandes villes, et à un nombre inférieur dans les autres ; — depuis la date de l'arrêt du conseil d'État du 20 septembre 1689, quelques changements ont été introduits dans les conseils de certaines localités, où ils étaient devenus urgents ; mais nulle part le besoin n'en est plus grand que dans la ville de Narbonne, dont la matricule, actuellement formée de quatre-vingts membres, « a été « dans une perpétuelle agitation depuis plus de soixante « dix ans, que le nombre de cent douze sujets ayant été « réglé par arrêt de l'année 1627, on reconnut bientôt « qu'il étoit trop grand, et l'arrêt du conseil de l'année « 1632 le réduisit à quatre-vingts ; mais que ce nombre « des matriculés étant encore excessif, il y a eu continu« ellement du désordre, des brigues, des cabales très« préjudiciables au public, n'étant pas possible d'empêcher « que, dans un si grand nombre de personnes fixes et qui « ont droit d'entrer toujours aux conseils de la ville, il se « forme différens partis, qui font naître des contestations « qui ont été souvent suivies d'actions fort violentes, et « qui font presque toujours prendre des délibérations qui « conviennent aux chefs de party et qui sont contraires à « ceux du public ; » — enfin, le désordre s'y est développé à ce point que les conseillers eux-mêmes, dans l'assemblée qu'ils ont tenue le 3 avril dernier (1), ont convenu que le conseil général ne peut subsister en l'état présent, et ont nommé une commission chargée de rechercher les moyens de remédier aux inconvénients « qui mettent le trouble « dans cette ville depuis si longtemps, et qui ne peuvent « cesser qu'en réduisant le nombre de cent douze con« seillers à un nombre beaucoup plus petit. » — Lettres patentes d'attache expédiées pour l'exécution de cet arrêt. — Ordonnance de Nicolas de Lamoignon, comte de Launay, intendant de la province, qui en prescrit l'exécution en sa forme et sa teneur, et en ordonne la lecture en assemblée générale de la communauté, et ensuite la transcription dans les registres de l'hôtel de ville.

Fº 102. — **1659** (15 juillet). — Lettres patentes de Louis XIV, qui accordent aux consuls, pour une durée de neuf années à compter de leur date, la faculté de continuer la levée du droit de robinage perçu sur les marchandises voiturées par la rivière d'Aude, et leur octroyent

(1) C'est le 13 avril 1700 et non le 3, comme le disent les représentations des États du Languedoc, qu'eut lieu la réunion du conseil matriculé, ou conseil général, dans laquelle il fut question de la composition de la matricule. Sur la proposition des consuls, il y fut nommé une commission composée des assesseurs consulaires et de vingt conseillers matriculés, à laquelle il fut donné mission de « dresser incessamment des mémoires au sujet des règlemants tant « du consulat que de la matricule, sur lesquels mémoires sera pour« suivy au conseil un nouveau règlement proportionné à l'état présant « de la ville. » Les désordres de la matricule avaient donc lassé les conseillers eux-mêmes, et l'arrêt qui la supprime, quoique rendu en dehors de leur action, n'est en définitive qu'une mesure dont ils avaient pressenti l'utilité et indiqué la nature, en reconnaissant, par un vote dû à leur propre initiative, la nécessité d'un règlement *qui devait proportionner le conseil à l'état présent de la ville.*

l'autorisation de prélever la crue de 4 s. par minot établie sur le sel vendu dans la province. Cette crue produisait annuellement 16,500 livres. Elle avait été reprise par le roi, à l'expiration des lettres patentes du 21 décembre 1641, pour être remplacée en l'année 1655 par le fonds porté dans les états des gabelles de la province, que les consuls touchaient au moyen du paiement qui leur en était fait par le fermier général des gabelles. L'emploi devait en être fait conformément aux lettres patentes du 8 avril 1604, qui l'affectent au supplément de la solde des trois cents hommes de la morte-paye. Cette somme devait être reçue par le clavaire de la ville, ainsi que les deniers provenant du droit de robinage, et il devait en être justifié, de trois en trois années, devant la cour des Comptes, Aides et Finances de Montpellier, sans qu'elle eût, néanmoins, à s'entremettre dans les baux à ferme du droit dont il s'agit, qui étaient passés par les consuls, ni dans la visite des travaux faits à la rivière, dont lesdits consuls continuaient à demeurer seuls chargés comme de coutume.

F° 102 v°. — **1731** (27 mars). — Arrêt du conseil d'État, rendu à la requête des consuls, par lequel ils sont autorisés à continuer, pendant une durée de douze années, à partir de la date de l'arrêt, la levée d'un droit de subvention de 6 den. par livre de viande vendue à la boucherie, ou dans le territoire de la ville, et de 4 den. sur chaque livre de porc frais ou salé, pour en affecter le produit au paiement des dettes vérifiées. Les deniers provenant de la subvention sur la viande de boucherie, avaient été appliqués au paiement des dettes de la ville, par l'arrêt du 2 avril 1680 (v. AA. 114, cartul. B, f° 213), d'après lequel ces dettes se portaient alors à une somme totale de 261,681 liv. 3 s. 11 den.; mais l'arrêt du 2 juillet 1686 les avait distraits de cette destination pour les porter sur les travaux du canal de Jonction, auxquels ils demeurèrent affectés, avec d'autres revenus de la ville, jusques en l'année 1698, date de la suspension de ces travaux par suite de l'opposition qu'ils avaient suscitée de la part des propriétaires du canal des Mers. De 1686 à 1698, les fermiers du droit de subvention avaient payé une somme de 141,000 liv. pour le montant de leurs fermages. Après 1698, ce droit fut de nouveau reporté sur les dettes de la ville. Cependant, quoiqu'il eut produit plus de 420,000 liv. jusques en l'année 1731, les dettes n'étaient pas encore éteintes. Les dépenses occasionnées par les ouvrages considérables exécutés pour la réparation de l'aqueduc des fontaines (1), la construction de la porte Ste-Catherine, les réparations de celle de Béziers, dite la porte Royale, le service des intérêts, etc., en avaient absorbé la majeure partie, en sorte que les dettes s'élevaient encore, à cette dernière date, à la somme de 193,864 liv. 4 s. 10 den., suivant l'état qui en avait été arrêté par M. de Bernage, intendant de la province. L'adjudication de la ferme du droit autorisé était attribuée à cet intendant, ainsi que la connaissance et la décision de tous procès ou différends relatifs à sa perception, et c'était devant lui que les consuls devaient en produire les comptes, qui, auparavant, étaient soumis à la chambre des Comptes de Montpellier.

F° 103 v°. — **1731** (27 mars). — Lettres patentes d'attache expédiées pour l'exécution du précédent arrêt.

F° 103 v°. — **1731** (15-21 mai). — Ordonnance de M. de Bernage, qui prescrit l'exécution de l'arrêt et des lettres patentes du 27 mars 1731, et en conséquence enjoint aux consuls de faire les publications nécessaires pour annoncer la mise en adjudication de la levée du droit de subvention sur la viande de boucherie. Cette adjudication était fixée au 26 juin 1731, dans l'hôtel de l'intendance à Montpellier. — Lettre de M. de Bernage, qui transmet aux consuls de Narbonne, avec l'ordonnance ci-dessus, l'arrêt du conseil d'État et les lettres patentes auxquels cette ordonnance se rapporte.

F° 105. — **1731** (juin). — Note rédigée à la suite d'une visite des eaux de source, qui avait dû être réclamée par les plaintes que suscitait la qualité défectueuse de ces eaux. Une grande importance fut attachée aux résultats de cette visite. Le style de la note en donne la preuve. En voici la transcription : « Mémoire à la postérité sur les « fontaines. — Soit mémoire qu'au mois de juin de l'année « 1731, MM. les consuls de Narbonne s'étant transportés « à St-Pierre-des-Clars, avec le directeur général des « travaux de la province et autres personnes expérimen- « tées, pour visiter les sources des eaux des fontaines qui « viennent dans cette ville, ayant trouvé dans le regard « commun trois tuyaux qui s'y déchargeoint venant des « sources du Duc, du Bugua et de St-Pierre, ils auroient « supprimé totalement celuy des sources des deux regards « du Bugua, qui est au milieu du regard commun, dont « les eaux furent vérifiées très pernicieuses, de mauvais « goût et chargées de gravier en si grande abondance que « les bourneaux de conduitte se trouvèrent remplis de tuf « grisâtre. — La jonction de ces eaux dangereuses avait « été faite innocemment et sans attention en 1724. »

F° 105. — **1731** (25 octobre). — Lettre de M. de Bernage, intendant de la province, par laquelle il réclame des consuls l'envoi d'un état mensuel indiquant le prix

(1) La ville avait entrepris, d'après un devis de M. de Clapiés, de relever le niveau de l'aqueduc des fontaines de manière à le porter au-dessus des remparts de la porte Connétable, afin d'en amener les eaux jusqu'à la fontaine de St-Sébastien, aujourd'hui fontaine de la place St-Bernard.

moyen du froment, du méteil, du seigle, de l'orge, de l'avoine et autres grains vendus au marché de la ville de Narbonne, suivant la mesure habituelle fixée par son poids de marc.

F° 105 v°. — **1731** (23 août). — Lettre de M. d'Asfeld, directeur général des fortifications du royaume, adressée à M. de la Blotière, brigadier des ingénieurs du roi, directeur des fortifications et ouvrages publics du Languedoc, relativement aux prétentions de M. de Lafargue, lieutenant au gouvernement de Narbonne, sur les terrains des cinq demi-lunes cotées n°s 5, 10, 11, 29 et 33 du plan des fortifications de la place, et sur les deux ouvrages à corne cotés n°s 23 et 36 (1). Cette lettre porte, « que, comme les « propriétaires de ces terrains n'ont point été remboursés « et qu'ils en ont jouy depuis,.... l'intention du roy est « qu'ils continuent à jouir de l'intérieur de ces ouvrages « ainsy qu'ils l'ont fait jusqu'ici. » La lettre ajoute : « c'est « à vous à prendre les mesures convenables pour empé-« cher dans la suitte la dégradation de ces ouvrages, et « que les propriétaires ne labourent qu'aux endroits qui « leur seront indiqués, sans quoy on leur en ôteroit la « jouissance. »

F° 105 v°. — **1731** (18 octobre). — Lettre de M. de la Blotière, par laquelle, en faisant aux consuls l'envoi de la lettre de M. d'Asfeld, qui précède, il les invite à faire « incessamment travailler au rétablissement de la courtine « derrière Lamourguié. »

F° 106. — **1738** (19 octobre). — Arrêt du conseil d'État, rendu sur les conclusions de M. Mailhard de Malosre, procureur général du roi, par lequel Jean-Hercule de Rosset, marquis de Roquezel, ou Roquosel, baron de Pérignan, est confirmé en la faculté de percevoir, 1° le droit de péage ou leude qu'il prélève tant sur la rivière d'Aude, sur la mer, et sur le grau et l'étang de Pérignan, que par terre dans toute l'étendue de la baronnie de Pérignan, conformément à la *pancarte* servant à la levée du droit de leude de la ville de Narbonne, homologuée par arrêt de la cour des Comptes, Aides et Finances de Montpellier, du 12 mars 1611; 2° le droit d'attache perçu, dans ladite baronnie, sur les barques et navires qui y abordent. Il jouira des deux droits conformément à la sentence des requêtes du palais au Parlement de Toulouse, du 23 août 1619, et à l'arrêt du même Parlement du 28 août 1628. Comme condition de cette confirmation l'arrêt impose les charges suivantes : — il ne pourra être perçu d'autres droits ni de plus grands droits que ceux qui sont portés dans l'arrêt; — ces droits ne seront levés qu'une seule fois sur les mêmes marchandises, et toutes celles qui proviendront du crû de la baronnie en seront exemptes; — dans toute l'étendue de la baronnie, l'entretien de l'étang et du grau de Pérignan, ainsi que celui des ponts et chemins, seront à la charge du seigneur; il devra les tenir en bon état pour la commodité publique. — La légalité du droit de leude perçu par M. de Rosset dans la baronnie de Pérignan est établie par des documents nombreux, dont ce droit avait fait l'objet depuis la date du partage de la Vicomté de Narbonne entre le vicomte Aymeric V et Amalric, son frère, tige de la maison de Pérignan, en l'année 1271. Quelques-uns de ces documents existent aux archives de Narbonne, mais la plus grande partie y est étrangère. Voici, des uns et des autres, une nomenclature que nous donnons à cause de leur importance historique. M. de Rosset avait produit : — l'aveu fourni au roi, le 11 des kal. de juin (22 mai) de l'année 1271, par le vicomte Aymeric et Amalric, son frère, tant pour la Vicomté de Narbonne que pour la seigneurie de Pérignan, et pour les leudes et autres droits en dépendant; — une pancarte du mois de janvier 1273, contenant le détail des droits de leude que le vicomte Aymeric percevait sur les marchandises qui étaient apportées, par mer et par terre, dans la ville de Narbonne et dans le lieu de Pérignan; — un acte du 15 des kal. de mars (15 février) 1275, par lequel le même vicomte fait délégation à Henri de Vignesoles, sur le receveur de ses droits de leude et péage de la mer et de ses rivages, pour la somme de 4,000 s. t. qu'il lui devait; — la donation de la terre de Pérignan, avec plusieurs autres fiefs et seigneuries faisant partie de la Vicomté de Narbonne, ainsi que des droits de leude et de péage qui en dépendaient, faite le 3 des ides de janvier (11 janvier) 130[illegible] par le vicomte Amalric à Aymeric de Narbonne, son fils et son successeur, auquel il donnait, huit ans plus tard, la Vicomté de Narbonne en le mariant à Catherine, fille d'Aymar, comte de Valentinois; — un extrait délivré par le garde des archives de la sénéchaussée de Carcassonne, du dénombrement rendu à Charles VI, le 29 novembre 1389, par le vicomte Amalric, de tout ce qu'il tenait en fief de la mouvance du roi dans l'étendue de la sénéchaussée de Carcassonne, dans lequel dénombrement figurent, 1° la terre et seigneurie de Pérignan; 2° le droit de leude qu'il y percevait, par terre ainsi que sur les rivages de la mer; 3° trois portions du droit de leude qui se prélevait sur les radeaux venant de la mer, qui entraient dans le grau de Pérignan; — un acte du 23 février 1405, par lequel les consuls et habitants de Pérignan reconnaissent que le roi jouit, à cause de son domaine de Pérignan, de tous les droits dépendant de la seigneurie, particulièrement d'un droit d'attache des barques ou navires qui entrent

(1) Le lieutenant du roi au gouvernement de la ville avait la jouissance des terrains dépendant des fortifications. Il les affermait à son gré, et s'en appliquait le produit, qui lui était abandonné comme augmentation de solde.

dans l'étang de Pérignan ou qui abordent sur le rivage de la mer, et du droit de leude sur les poissons salés importés par les étrangers dans toute l'étendue du territoire de Pérignan; — une transaction arbitrale, du 29 mars 1561, intervenue sur procès entre Sébastien et Simon de Narbonne et Antoine Martin, viguier de Capendu, tuteurs et administrateurs de la personne et des biens de Guillaume de Bar, fils d'Aymeric de Bar, qu'un arrêt du Parlement de Paris, du 28 avril 1543 (v. la note qui dépend de l'art. AA. 99, 1er thal., f° 379), avait réintégré en possession de la baronnie de Pérignan, d'une part, et Cyprien de Narbonne, prieur et seigneur de Proménie, d'autre part, par laquelle lesdits tuteurs cèdent à ce dernier, pour tous ses droits légitimaires sur la succession de son père, de sa mère et d'Aymeric de Bar, son frère, décédés, entr'autres biens, la place et baronnie de Pérignan avec les droits de leude et péage en dépendant; — un arrêt de la cour des Aides de Montpellier, du 12 mars 1611, contradictoirement rendu entre le procureur général du roi en ladite cour et les consuls de Narbonne agissant pour leurs fermiers des droits de leude et de robinage, par lequel, sur le vu des anciens tarifs de ces droits, datés des années 1153 (v. AA. 103, 3e thal., f° 124), et 1273 (v. AA. 103, 3e thal., f° 115 v°, 120, 153 et 155; AA. 106, 6e thal., f° 109), il a été ordonné que le nouveau tarif arrêté le 7 septembre 1607, en conséquence d'une délibération des consuls et habitants de Narbonne, pour la perception de ces droits dans ladite ville, tant par eau que par terre, ne sera pas suivi, et que leur levée sera faite d'après les anciens tarifs réformés, tels qu'ils sont insérés dans l'arrêt; — l'arrêt de la cour des Aides de Montpellier, rendu le 10 avril 1618, entre Charles de Thézan, seigneur de St-Geniés, et Antoinette de Montmouton, sa femme, fille de Claire Dupuis, à laquelle la baronnie de Pérignan était échue par le décès d'Antoine de Bar, son fils d'un premier lit, d'une part, et le procureur général du roi, d'autre part, dans l'appel que les premiers avaient relevé d'une sentence du maître des Ports au bureau de la foraine de Narbonne, du 6 mars 1617. Par cet arrêt les appelants sont provisoirement maintenus en la faculté de percevoir le droit de leude et péage du territoire de la seigneurie de Pérignan, d'après le tarif de la leude de Narbonne, réformé par l'arrêt du conseil d'État du 12 mars 1611; — le bail du droit de leude perçu à Pérignan sur les bateaux et *carreaux* (1) chargés de marchandises qui entrent dans le grau de l'étang de Pérignan, ou qui abordent dans cet étang, ainsi que du droit de péage et d'attache de ces bateaux et carreaux dans le grau et dans l'étang, moyennant un fermage annuel fixé à 200 livres; ledit bail consenti aux sieurs Page et Dutour par Charles de Thézan et Antoinette de Montmouton, sa femme, le 11 janvier 1619; — l'arrêt rendu en la cour du Parlement de Toulouse, le 23 août 1619, entre lesdits sieur et dame de Thézan, d'une part, et les syndics et habitants de Pérignan, à eux joint le procureur général du roi, poursuivant la cassation de certaine reconnaissance des habitants de Pérignan, datée de l'année 1495, relativement aux droits de la seigneurie, d'autre part, par lequel cette reconnaissance est confirmée et les seigneurs de Pérignan sont maintenus en la faculté de percevoir un droit de douze deniers pour chaque barque, et de quinze sols pour chaque navire abordant à l'étang ou à la mer de Pérignan, et d'exiger le droit de leude et de péage des marchandises et denrées entrant dans le lieu de Pérignan ou en sortant, à l'exception de celles qui proviennent du crû du territoire, ainsi qu'il est porté par l'arrêt de la cour des Aides de Montpellier du 10 avril 1618; — le bail consenti par lesdits sieur et dame de Thézan, au profit du sieur Pierre Bonfils, le 10 décembre 1623, pour les droits de leude et péage leur appartenant sur les marchandises et denrées « qui entroient ou « sortoient, passoient et abordoient, tant par eau que par « terre, au détroit de Pérignan, excepté le droit des radeaux « et carras passant sur la rivière d'Aude, » dont les bailleurs se réservaient la jouissance; — l'arrêt du Parlement de Toulouse, en date du 27 avril 1627, rendu contradictoirement entre Charles de Thézan et sa femme, Antoinette de Montmouton, d'une part, et les habitants de Vendres, d'autre part, par lequel les premiers sont maintenus en la jouissance du droit de leude et péage sur toutes les marchandises « entrant par le grau mage autrement dit nouvel « étang de Pérignan; » — un arrêt du Parlement de Toulouse, du 28 août 1628, par lequel la sentence des requêtes du palais au même Parlement, du 23 août 1619, dont les habitants de Vendres avaient appelé, est confirmée en ce qu'elle permet à Charles de Thézan et Antoinette de Montmouton de prélever douze deniers sur chaque barque, et quinze sols sur chaque navire abordant à l'étang ou à la mer de Pérignan, comme aussi le droit de leude et péage des denrées et marchandises qui entrent dans le territoire de Pérignan, ou qui en sortent, à l'exception de celles qui proviennent du crû; — le contrat du 9 janvier 1651, par lequel Hercule de Thézan, fils de Charles de Thézan, vend à Pierre de Fleury, président trésorier de France au bureau des Finances de Montpellier, moyennant le prix de 75,000 liv., la terre et baronnie de Pérignan, avec ses dépendances, y compris le droit de leude sur la terre et sur l'étang, ainsi

(1) Dans le langage vulgaire, les bois flottés à bûches ou poutres perdues, et à poutres liées par quantités variables, suivant leur diamètre et leur longueur, prennent, les premiers, le nom de menade, les seconds le nom de carras, qui est synonime de radeaux. Carras, pris au singulier, fait au pluriel carrasses. En passant dans le texte du bail consenti par les seigneurs de Pérignan, carras a été rendu par carreaux.

que le droit d'attache des bateaux; — le bail fait par M. de Fleury, à Barthélemy Martin, du droit de leude sur les marchandises et denrées venant par mer et par terre dans le territoire de la baronnie, en la possession desquels il avait été déclaré maintenu par la cour du Parlement de Toulouse; — autre bail semblable, passé par M. de Fleury à Guillaume Lejeune, le 11 décembre 1655; — la reconnaissance consentie par les habitants de Pérignan, à M. de Fleury, le 18 mars 1657, tant pour le droit d'attache de douze deniers par barque et de quinze sols par navire abordant à l'étang et à la mer de Pérignan, conformément à la reconnaissance de l'année 1495, à l'arrêt de la cour des Aides du 10 avril 1618, et à celui du Parlement de Toulouse, du 28 août 1628, que pour le droit de leude et péage des marchandises et denrées entrant à Pérignan ou en sortant, excepté celles du crû, conformément à l'arrêt du Parlement de Toulouse du 27 avril 1627; — les baux à ferme de ces mêmes droits, consentis par M. de Fleury, le 28 décembre 1657, au nommé Quinavers, le 24 décembre 1662, à Jean Soulier, et le 21 décembre 1663, à Blaise Castor; — le jugement des commissaires de la réformation des eaux et forêts en la grande maîtrise de Toulouse, du 20 mai 1670, par lequel Pierre de Fleury, chevalier baron de Pérignan, est confirmé en la possession des droits de leude et péage perçus sur la rivière d'Aude, au lieu de Pérignan, à la charge d'en jouir conformément au leudaire de l'année 1273; — le bail consenti à Jean Chavardés, le 21 octobre 1680, par messire Gabriel de Fleury, du droit de péage et de leude qui est perçu, au lieu de Pérignan, sur les radeaux et les marchandises passant par la rivière d'Aude; — autre bail semblable consenti par M. de Fleury à Jean Caunes, le 19 juillet 1691, à l'exception toutefois de la leude des radeaux, qui était réservée par le bailleur; — le bail des revenus de la seigneurie de Pérignan fait par M. de Fleury à François Doumergue, le 23 décembre 1695, dans lequel est contenue l'énonciation du droit de leude qui est perçu à Pérignan sur les marchandises entrant ou sortant, par mer et par terre, et sur les radeaux et autres bois passant par la rivière d'Aude; — une ordonnance du maître de Ports en la sénéchaussée de Carcassonne, du 28 mars 1690, qui condamne le sieur Templier, fermier général des gabelles du Languedoc, à payer à M. de Fleury, baron de Pérignan, une somme de 27 liv. 10 s. pour le droit de leude de 1,900 minots de sel qu'il avait fait passer par le grau et la terre de Pérignan, à raison de trois deniers par minot; — le bail consenti par M. de Fleury, le 10 janvier 1700, au profit de Bernard Maleterre, de divers revenus et entr'autres du droit de leude « des marchandises et denrées qui entreroient et « sortiroient par le grau mage en venant de Pérignan, et « qui seroient déchargées à la terre ferme dud. lieu ou « venant de la mer, ensemble du droit d'attache des bar- « ques et navires abordans aud. estang à la terre ferme du « côté du couchant, le bailleur se réservant expressément « la leude des marchandises qui passeroient par le canal « de Bourdigou, en allant à Vendres par le même canal, « pour aller à la mer, le droit sur les radeaux qui seroient « menés par la rivière d'Aude, et encore le droit d'attache « des barques aud. canal; » — la reconnaissance consentie par les consuls et la communauté de Pérignan, à M. de Fleury, le 4 mai 1704, pour tous les droits énoncés dans celle du 18 mars 1657; — le bail fait par M. de Fleury, le 20 octobre 1710, au profit du sieur Antoine Boudet, de tout le droit de leude qui lui appartient dans son étang de Pérignan, du côté de Vendres, moyennant la somme annuelle de 180 livres; — enfin, le jugement des commissaires désignés dans l'arrêt du conseil d'État du 22 septembre 1721, rendu contradictoirement, avec les habitants de Vendres, à la date du 2 octobre 1727, par lequel Jean-Hercule de Rosset de Roquosel, baron de Pérignan, a été maintenu définitivement en la propriété et possession d'une partie de l'étang de Pérignan, qui était en litige, et du droit de leude et péage prélevé sur les marchandises qui entrent par le grau mage de cet étang. Par ce même jugement il est ordonné, en ce qui concerne une demande formée contre M. de Rosset, par les habitants de Vendres, en remboursement des frais qu'ils avaient payés pour le recreusement du grau mage de l'étang, qu'il sera procédé, par experts amiablement nommés, à une vérification des travaux effectués pour le recreusement de ce grau, à l'effet d'établir s'ils étaient réclamés par les besoins de la navigation. — Lettres patentes d'attache délivrées pour l'exécution de cet arrêt.

F° 108 v°. — **1731** (13 novembre). — Lettre de M. Maillard de Malosre, procureur général du roi au conseil d'État, qui adresse aux consuls de Narbonne l'arrêt de ce même conseil, du 19 octobre 1728, portant confirmation des droits de leude et d'attache perçus par M. de Rosset dans sa baronnie de Pérignan. Cette lettre invite les consuls à faire leurs observations, s'il y a lieu, sur les dispositions de l'arrêt, de même que sur celles des arrêts relatifs aux péages et bacs voisins, à mesure qu'ils leur seront adressés pour l'intérêt que les habitants peuvent y avoir. En outre, ils devront signaler au contrôleur général des finances ou à l'intendant de la province les contraventions dont ces arrêts pourront être l'objet.

F° 109. — **1731** (23 novembre). — Lettre de M. de Bernage, intendant de la province, par laquelle il informe les consuls du passage de l'Infant don Carlos, qui devait traverser Narbonne en se rendant du Roussillon à Antibes. L'Infant devait être reçu avec les mêmes égards, les mêmes honneurs et le même appareil qu'un fils de France. Cependant, la bourgeoisie ne devait pas prendre les armes. Sa suite devait se composer de 600 personnes environ, et les équipages devaient être d'un nombre semblable de chevaux ou mulets. Les consuls devaient pourvoir à tous les logements nécessaires, ainsi qu'aux approvisionnements.

F° 109 v°. — **1731** (30 novembre).— Note relative au passage de l'infant don Carlos. Les consuls, ayant à leur tête M. des Granges, grand maître des cérémonies de France, allèrent saluer l'infant devant le grand corps de garde de la porte Connétable. Ils se rendirent ensuite à l'archevêché pour complimenter le prince au nom de la ville. De la salle dorée, dans laquelle ils s'étaient arrêtés, ils furent conduits par M. des Granges dans le salon que l'infant occupait. Ils étaient précédés des écuyers consulaires portant leurs masses d'armes. En entrant dans le salon, le maître des cérémonies fit baisser les masses et les fit remettre ensuite sur l'épaule pendant la durée du compliment. M. de St-Estève, chevalier de Saint-Louis, premier consul, porta la parole. Ensuite, il offrit au prince les présents de la ville, qui étaient composés de vin muscat, de vin rouge, de flambeaux en cire blanche et de bougies de table. Un présent composé de la même manière fut aussi offert au comte de Saint-Estevan, chevalier de l'ordre du Saint-Esprit, grand d'Espagne de première classe, qui accompagnait l'infant en qualité de gouverneur et grand maître de sa maison, de capitaine général des troupes du roi d'Espagne en Italie et de ministre plénipotentiaire de S. M. C. — Le prince s'arrêta à Narbonne pendant trois heures. Il dîna à l'archevêché « à son petit couvert. » Les seigneurs de sa cour furent traités par l'archevêque dans le salon de la chapelle. Le couvert était composé de deux tables, dont l'une était tenue par l'archevêque et l'autre par M. le marquis de La Fare, commandant de la province. M. des Granges fut traité par les consuls. Sur l'avis de M. l'intendant, il avait d'abord été décidé qu'il serait fait présent au maître des cérémonies de deux grands barrils du plus beau miel que la ville pourrait fournir. Ce miel fut remplacé par deux grandes caisses de vin muscat, qui lui furent envoyées à Paris.

F° 110 v°. — **1731.** — Note relative aux réparations effectuées, en 1731, pendant le consulat de noble Barthélemy de St-Estève, chevalier de l'ordre royal et militaire de Saint-Louis, Jean Tapier, bourgeois, Jean Martin, notaire, Jean Benausse, marchand, Jean Boizon, marchand, et Honoré Conrad, chirurgien. Cette note constate: — que les consuls firent supprimer la source *dangereuse* des regards du Buga, dont il est fait mention dans une précédente note (v. f° 105 du présent cartulaire); — que les eaux bonnes, en séjournant dans les regards, depuis les sources du Duc et de St-Pierre, y causaient des dépôts et engendraient des sangsues et autres insectes qu'ils firent détruire en jetant de la chaux vive sur tous les *points défectueux;* — que les eaux ayant été ensuite rendues à leur état ordinaire dans la conduite, « et les chaleurs de l'été « étant survenues, le séjour des eaux engendra de nou- « veau quelques insectes, à quoy l'on a remédié, sur les « seise regards les plus susceptibles à engendrer corrup- « tion, en y faisant des canaux de traverse bien cimentés « et soutenus au milieu par une pierre de maçonnerie « appropriée ou par des pièces de bois préparé; » — qu'il a été fait une plantation d'arbres à la promenade des Barques du Bourg, et qu'il y a été placé « des grandes pierres « pour s'asseoir de distance proportionnée; » — enfin, que toutes les écluses du canal ont été réparées, depuis celle de Moussoulens jusqu'à celle de la ville.

F° 110 v°. — **1731** (2 décembre).— Note relative à la cérémonie de la bénédiction des drapeaux du régiment de Médoc, qui eut lieu dans l'église St-Just, par Monseigneur l'archevêque en personne. La note constate que le régiment laissa à l'église St-Just les trois vieux drapeaux qui venaient d'être remplacés.

F° 111. — **1732** (30 janvier). — Lettre écrite par les consuls à M. des Granges, grand maître des cérémonies, pour accompagner le présent « du pot de vin » qu'ils lui avaient offert au nom de la ville lors du passage de l'infant don Carlos. Ce présent était composé de deux caisses de bon vin muscat de vingt-quatre bouteilles chacune, contenant en tout 40 pots, mesure de Narbonne.

F° 111 v°. — **1732** (8 février). — Lettre de remercîment écrite aux consuls par M. des Granges, grand maître des cérémonies, pour l'envoi de leur présent de vin.

F° 111 v°. — **1696** (20 février).— Déclaration du roi, datée de Versailles, qui confirme en leur possession les détenteurs actuels des places qui ont servi aux clôtures, fossés, remparts et fortifications des villes, soit qu'elles leur aient été concédées ou vendues par les maires, échevins ou consuls, par baux emphytéotiques à perpétuité ou autrement, soit qu'ils s'en soient emparés sans titre. Ces détenteurs en jouiront à perpétuité, ainsi que des édifices qu'ils y ont fait construire, sous la condition de payer au domaine les sommes auxquelles ces places et édifices seront *modérément* taxés.

F° 112. — **1696** (4 avril). — Arrêt du Parlement de Toulouse, qui ordonne, sur les conclusions de M. de Bertier, procureur général, l'enregistrement de la déclaration du roi datée du 20 février précédent, et son exécution dans les sénéchaussées, les bailliages et les judicatures royales du ressort.

F° 112 v°. — **1688** (21 février). — Ordonnance des commissaires chargés de la confection du papier terrier du domaine, et de la réception des aveux et dénombrements dans la province du Languedoc, par laquelle, sur le vu du * dénombrement remis par les consuls de Narbonne, le 18 septembre 1687, conformément aux lettres patentes du 17 février 1667 et aux arrêts du conseil d'État des 31 juillet 1683 et 21 juin 1687, pour les biens, droits et facultés que les habitants possédaient en commun dans l'année 1639, et pour ceux qu'ils avaient acquis depuis cette date, il est déclaré : — que la justice haute, moyenne et basse de l'île del Lec est réunie au domaine; — que « le dénombrement « est receu pour obtenir par lesd. consuls lettres d'ammor- « tissement du contenu en icelluy, » sous la condition que les albergues et redevances dues au roi ne pourront être amorties, et que les consuls en continueront à l'avenir le paiement, nonobstant toutes lettres contraires, avec les arrérages depuis 29 années; — que les terres ouvertes dans les garrigues et vacants seront reconnues au profit du roi, conformément à la déclaration de 1686. — D'après le dénombrement des consuls, les biens et facultés dont les habitants de Narbonne jouissaient en 1639, ou dont ils ont depuis acquis la possession se composent : — du consulat, qu'ils tiennent immédiatement du roi, suivant les lettres patentes de Philippe VI, de l'année 1338 (v. AA. 41; AA. 99, 1er thal., f° 55), « tenant titre d'honneur aux consuls » qui sont juges nés de la police; — de la maison commune de la ville, située dans le Bourg, île dite le Consulat, dans la juridiction de l'archevêque, confrontant « du *cers* les bou- « tiques de divers particuliers qui regardent la place et le « commancement du Pont des Marchands, » pour laquelle maison ils font 2 s. de redevance à l'archevêque; — des deux tiers du courtage de l'huile et du miel, et des entiers courtage et botage du vin, du poids du blé et de la farine, ainsi que du courtage des bestiaux et choses quelconques dont il est fait vente et achat dans la ville, avec la faculté d'instituer et de destituer les courtiers et les courtières, d'exiger d'eux le serment requis, et de faire *inquanter* sur toutes les places et dans les carrefours. Tous ces courtages furent acquis du vicomte Aymeric par la ville, ainsi que le constate l'acte de l'année 1272 (v. AA. 2; AA. 99, 1er thal., f° 13; AA. 101, 2e thal., f° 4, etc.), de même que l'exemption de la leude, mentionnée dans le même acte, et confirmée par sentence arbitrale de l'archevêque de Narbonne du 10 novembre 1273 (v. AA. 101, f° 17 v°; AA. 107, 7e thal., f° 31), le tout confirmé par la transaction de l'année 1335 (v. AA. 7; AA. 99, 1er thal., f°s 112 à 118; AA. 101, 2e thal., f°s 95 à 115; AA. 107, 7e thal., f°s 85 à 104), et par Louis XII, en 1508 (v. AA. 51; AA. 104, 4e thal., f° 170), lors de la réunion à la couronne de la Vicomté de Narbonne échangée contre le duché de Nemours; — de la faculté de faire bâtir des moulins sur les remparts et de les bailler à nouvelle emphytéose; — du droit de faire couper et arracher ou détruire tous les empêchements et ouvrages qui s'opposent à l'écoulement des eaux de la rivière d'Aude, depuis le Gua-Rabios, où est construite l'écluse ou paissière de Sallèles, jusqu'au Pont-Vieux de Narbonne, d'après la cession qu'en fit le vicomte le 12 des kal. d'août 1232 (v. AA. 99, 1er thal., f° 19 v°; AA. 101, 2e thal., f° 83, etc.). Pour l'entretien de cette rivière, il a été accordé aux consuls un droit de 5 den. par minot de sel vendu aux greniers de Narbonne, Capestang, Peyriac et Séjean. Ce droit, qui est appelé le petit blanc, a été incorporé dans les crues sur le sel accordées pour servir de supplément à la solde de la morte-paye et aux frais d'assiette et d'État, et le tout est abonné annuellement à la somme de 16,500 liv., affectées à la garde de la ville, aux réparations et à l'entretien des fortifications, ponts-levis, barrières, clédats, etc.; — de la seigneurie *haute, moyenne et basse* et juridiction directe de l'île del Lec, appelée la Clape, depuis la tour du comte Pierre jusqu'à l'étang qui divise la Corbière; — du fief de Prat-du-Rais; — du droit d'herbage sur le territoire de Pontserme et, ensuite, depuis le Gua-Rabios jusques à Goule-d'Aude, et de là jusqu'à l'étang de Peyriès, lequel territoire embrasse l'étang Salin, suivant la concession faite aux consuls par la vicomtesse Ermengarde, et confirmée par Raymond, comte de Toulouse; — du fief de l'École, consistant en la directe indivise avec le roi sur quelques maisons construites dans les îles Ste-Marie, St-Bernard et Ste-Geneviève, et sur quelques parcelles du territoire; — de trois places publiques situées, l'une dans le Bourg et les deux autres dans la Cité, « dont « il y a une fontaine à chacune, pour le service public, « faisant une servitude d'une paire de gans de la valeur « de 2 s. 6 den. payable à l'entrée de chaque seigneur du « lieu de Montredon, une seule fois en sa vie; » — du droit de banderage sur tout le territoire de la ville, excepté sur les ténements de Livière, Gazagnepas, Larnet et Saint-Paul, suivant la transaction passée entre les consuls et le vicomte Aymeric (v. AA. 111, 11e thal., f° 22), en l'année 1388; — du droit de tenir la moitié des clefs des portes de la ville et de commander les armes en l'absence du gouverneur et de son lieutenant. Pour les nominations dans la morte-paye, les consuls avaient le pouvoir de créer et présenter des capitaines, lesquels étaient tenus de déposer leurs charges à chaque mutation consulaire, sauf à y être rétablis par les consuls nouveaux. Mais, depuis, le roi ayant voulu récompenser quelques particuliers qui avaient fait preuve de zèle pendant les troubles et les guerres de la province, leur a octroyé des lettres à vie, et a ordonné ensuite, conformément à l'arrêt du conseil du 16 octobre 1632, que les consuls présenteront à la nomination du [illegible] pour les places [illegible] dans la [illegible] de la ville [illegible] contre [illegible] à la ville [illegible] du conseil [illegible] de l'année 1662 [illegible] du conseil d'État [illegible] construction d'un canal de navigation [illegible] sur les étrangers dans l'intérieur de la ville [illegible] de son territoire [illegible] en vertu des lettres patentes [illegible] arrêt du conseil d'État [illegible] du fermier du domaine; — du droit de [illegible] en vertu desdites lettres patentes [illegible] de la rivière d'Aude [illegible] Charles VII [illegible] de la Ville; — [illegible] sur les étrangers dans la place [illegible] et le territoire de la ville [illegible] janvier [illegible] sur les immeubles [illegible] du droit [illegible] de l'un [illegible] entre la rivière d'Aude [illegible]

[illegible]

de l'acquisition du sieur Jean [illegible], bourgeois, par acte du 25 août 1655, passé devant Mr Jean [illegible], notaire à Narbonne; laquelle boucherie [illegible] et celle [illegible] — [illegible] par actes des 27 septembre 1667 [illegible] janvier, 12 avril et 30 août 1668, lesquelles sont [illegible] à une redevance de [illegible] lv. [illegible] envers le roi; — d'une grande maison qui contient l'écorcherie [illegible] et la [illegible] des bestiaux destinés au fournissement de la boucherie; cette maison est située dans l'île St-[illegible] et [illegible] directe de M. [illegible] laquelle elle fait une albergue annuelle de 17 lv. — d'une maison située dans l'île St-Martin, acquise du sieur [illegible], collecteur de la ville, pour le reliquat de son compte; — d'une maison formée de trois petites boutiques avec quelques chambres au-dessus, dans l'île de la Vicomté, confrontant [illegible] de la ville, qui sont occupées par le receveur de la [illegible] par le [illegible] et par le poissonnier. Les boutiques sont soumises à une redevance annuelle de 2 lv. [illegible] au profit du roi; — enfin, d'une fontaine construite, depuis peu d'années [illegible] de la [illegible] qui est au devant de l'église St-Sébastien; laquelle fontaine est alimentée par une machine établie sur la rivière d'Aude, dont l'exécution a été baillée à Jean [illegible], le 5 avril 1676. — L'ordonnance est datée de Montpellier, et signée par MM. de [illegible], [illegible], de Monceau, Lauriol, Wasser, [illegible] et [illegible]. Elle est contre-signée par M. La [illegible], secrétaire de l'Intendance.

[illegible] N. — [illegible] — [illegible] 25 février. — Lettres d'amortissement délivrées aux consuls de Narbonne, à la suite du dénombrement des biens, droits et facultés dont les habitants de la ville jouissent en commun, qu'ils avaient remis devant les commissaires royaux nommés pour procéder à la réception des dénombrements dans la [illegible], sous la date du 18 septembre 1687. Par le [illegible] de ces lettres, il est permis auxdits habitants de jouir des facultés, héritages et droits dénommés, et ces biens demeurent amortis sans que lesdits habitants ou leurs successeurs puissent être contraints d'en vuider leurs mains, bailler homme vivant, mourant et confisquant [illegible] payer aucuns droits et devoirs [illegible] contribuer au ban et arrière-ban [illegible] aucunes autres [illegible] Les lettres d'amortissement requises [illegible] d'avril 1689 [illegible] de 3 millions [illegible]

[illegible]

[illegible] lettres [illegible] — Hôpital [illegible], affecté aux [illegible] de la ville [illegible] étrangers passants; — [illegible] de la Charité [illegible] — Hôpital Saint-Jacques [illegible] — enfin, le séminaire [illegible] — Mention de l'enregistrement de ces lettres d'amortissement [illegible] Parlement de Toulouse [illegible] la Cour des Comptes, Aides et Finances de Montpellier.

[illegible] — [illegible] août. — Arrêt du Conseil d'État, rendu sur le rapport du conseiller [illegible], contrôleur général des finances, [illegible] commissaires [illegible] arrêt du [illegible] août [illegible], entre le procureur général du roi [illegible] de la Brosse, [illegible] seigneuresse de [illegible] [illegible]. Par cet arrêt [illegible] — Pour justifier sa [illegible] de la Brosse [illegible] [illegible] la garde des archives [illegible] [illegible] Narbonne [illegible] — [illegible]

[illegible] de Villeneuve-[illegible] [illegible] de la Vicomté de Narbonne [illegible] commissaires [illegible] — une commission [illegible] commissaires [illegible] — [illegible] août [illegible] Montpellier [illegible] — [illegible] Montpellier [illegible] — [illegible] trésoriers [illegible] Parlement de Toulouse [illegible] — [illegible]

[illegible]

le bateau, sous la condition pour le preneur de fournir à ses frais les cordages nécessaires à la manœuvre; — le contrat de la vente faite par ladite Marguerite de Seigneuret, mariée en secondes noces à messire Louis-Alexandre de Pins, au profit de Pierre d'Augier, des biens et droits compris dans l'inféodation du 22 juin 1595, moyennant le prix de 54,000 livres; ladite vente, en date du 21 mars 1681, comprenant aussi divers biens nobles ou en roture, que les précédents engagistes de la seigneurie avaient acquis dans l'étendue de son territoire, et le droit de passage sur la rivière d'Orbieu; — le bail fait pour six années par M. d'Augier, seigneur de Fabrezan et de Villerouge-la-Panouse, le 2 janvier 1684, du « droit de leude ou « péage de la barque ou droit de passage sur la rivière « d'Orbieu, » et d'une vigne appartenant au bailleur, moyennant 18 setiers de blé pour le droit de passage et 120 liv. par an pour le droit de péage et pour la vigne; — l'ordonnance du 5 août 1689 des commissaires chargés de la confection du terrier du Languedoc, qui reçoit le dénombrement des terres et seigneuries de Fabrezan et de Villerouge-la-Panouse, remis par Pierre d'Augier le 26 janvier 1688. Ce dénombrement, qui se trouve en entier inséré dans l'ordonnance qui le déclare reçu, comprend *le droit de bateau* sur la rivière d'Orbieu, et le droit de leude sur tout ce qui passe ou se vend dans le territoire de Fabrezan seulement; — une copie délivrée par les consuls de Narbonne le 23 avril 1727, du tarif des droits de leude perçus dans la ville de Narbonne; — une attestation délivrée par les curés de Fabrezan et de Villerouge-la-Panouse, ainsi que par les consuls de Fabrezan, le 12 mars 1732, par laquelle ils déclarent que la rivière d'Orbieu ayant changé de lit depuis l'année 1689, et le bateau étant alors devenu inutile, ils avaient vu percevoir le droit de leude dans Fabrezan par des fermiers auxquels on en passait le bail sous signature privée; que lorsque les seigneurs de Fabrezan ne trouvaient point de fermier, ce qui arrivait souvent à cause de la modicité du revenu, ils faisaient percevoir la leude par leurs domestiques; que ce droit se lève sur le pied du tarif en usage dans la ville de Narbonne, et « que l'on voit encore « sur les grands chemins, près du château de Fabrezan, « deux poteaux de pierre sur lesquels sont gravées les « armes des vicomtes de Narbonne, avec cette inscription : « *Pago la leudo*, en sorte que les passans sont instruits « qu'il y a un droit de leude à payer. » Contre la prétention de la dame d'Augier de la Brosse au droit de percevoir la leude, les habitants avaient produit divers mémoires envoyés au conseil d'État, dans lesquels ils prouvent que le droit de leude ne peut être perçu dans le territoire de Fabrezan parce qu'il n'a pas été compris dans le titre d'engagement de la seigneurie du 22 juin 1595; que ce droit n'étant soumis à aucune charge, la perception qui en a été faite jusqu'à présent est abusive, etc. — Lettres patentes d'attache expédiées pour l'exécution de cet arrêt.

F° 122. — **1733** (8 juillet). — Lettre de M. Meilhard de Malosre, conseiller d'État, maître des requêtes de l'hôtel du roi et procureur général en la commission établie en 1724 pour la vérification des titres des droits de péage et de bac et autres droits de même nature, par laquelle il est fait envoi aux consuls de Narbonne d'une copie de l'arrêt du conseil d'État qui interdit la perception du droit de leude de Fabrezan.

F° 122 v°. — **1733** (10 octobre). — Ordonnance du roi, qui porte déclaration de guerre contre l'empereur d'Allemagne. — Publication de cette ordonnance par les consuls en la forme et dans les lieux accoutumés.

F° 123. — **1733**. — Note relative au passage des troupes espagnoles destinées à la formation de l'armée de Lombardie. D'après cette note, les corps espagnols qui ont traversé la ville et y ont logé, sont : deux escadrons de cavalerie du régiment de Milan et deux escadrons du régiment de Tarragone, logés le 17 novembre; deux escadrons du régiment de Malte et deux escadrons du régiment de Pavie, logés le 19 novembre; un escadron de grenadiers à cheval du régiment Royal-dragons, avec deux escadrons du régiment d'Estramadure, logés le 22 novembre; deux escadrons du régiment de Bourbon et deux escadrons du régiment d'Andalousie, logés le 25 novembre; deux escadrons du régiment de Flandre, logés le 27 novembre; deux escadrons du régiment Royal-carabiniers, logés le 1er et le 2 décembre; deux escadrons du régiment des carabiniers du roi d'Espagne, logés le 3 décembre; deux escadrons du régiment d'Édimbourg, logés le 5 décembre; enfin, trois escadrons du régiment dragons de France, logés le 11 décembre. Ces corps se rendaient à Antibes où ils devaient être embarqués pour l'Italie. La ville fournit le logement, comme aux troupes françaises; mais les vivres et le fourrage furent payés par les commandants des corps, de gré à gré. La discipline des troupes fut bonne, puisqu'elles ne donnèrent lieu, dit le rédacteur de cette note, qu'à de légères plaintes.

F° 123 v°. — **1734** (17 janvier). — Lettre de M. de La Fare à M. de Lafargue, lieutenant du roi à Narbonne, par laquelle il l'invite à se rendre au Te Deum qui sera chanté, par l'ordre de l'archevêque, pour remercier Dieu des bénédictions qu'il a répandues sur les armées du roi. — A la suite de cette lettre se trouve une note dans laquelle les consuls constatent qu'ils ont assisté à ce Te Deum avec M. de Prémont, major de la place, en l'absence du gouverneur de la ville et de son lieutenant.

F° 124. — 1734 (6 janvier). — Lettre de M. de La Fare, par laquelle il invite les consuls, suivant l'intention du roi, à assister au Te Deum qui sera chanté en action de grâces « de la bénédiction qu'il a plu à Dieu de répandre sur ses « armes, » et à faire un feu de joie en signe de réjouissance publique.

F° 124. — 1734 (25 janvier). — Lettre de M. de La Fare à M. de Prémont, major au gouvernement de Narbonne, par laquelle il lui donne avis des ordres donnés par le roi pour faire chanter le Te Deum dans toutes les églises de la province, en action de grâces de la prise du château de Milan. Cette cérémonie devait être suivie d'un feu de joie; ensuite, on devait faire tirer le canon.

F° 124. — 1734 (27 janvier). — Lettre de M. de La Fare, par laquelle il invite les consuls à se rendre au Te Deum qui sera chanté à l'occasion de la prise du château de Milan, et à faire ensuite un feu de joie en signe de réjouissance publique.

F° 124. — 1733 (17 novembre). — Déclaration du roi, qui prescrit la levée d'une imposition du dixième du revenu sur tous les propriétaires, nobles ou roturiers, privilégiés ou non privilégiés, destinée à parer aux dépenses extraordinaires occasionnées par la guerre. Cette imposition devait cesser trois mois après la date de la publication du traité de paix à intervenir. Toutes les terres susceptibles de revenu, même les terres apanagistes ou engagistes, les bois, vignes, pacages, marais, etc., étaient passibles de l'imposition du dixième. Les revenus des maisons de ville ou de campagne, et ceux des charges, emplois et commissions, soit d'épée, soit de robe, de police ou de finance, y étaient également sujets, ainsi que les revenus et rentes du clergé, les rentes constituées sur l'hôtel de ville de Paris, sur les provinces, sur les villes ou sur les particuliers, etc. Enfin, l'imposition portait aussi sur les revenus et émoluments patrimoniaux des villes et communautés, sur leurs droits d'octroi et de subvention, sur les droits de messageries, etc.

F° 126. — 1734 (27 juillet). — Lettre de M. d'Iverny, datée d'Alais, par laquelle il invite les consuls, conformément aux ordres du roi et à ceux du duc du Maine, à organiser des réjouissances publiques dans la ville à l'occasion de la victoire remportée par l'armée française et l'armée du roi de Sardaigne au combat de Parme.

F° 126. — 1734 (6 août). — Lettre de M. d'Iverny, qui informe les consuls de l'ordre donné par le roi de faire chanter le Te Deum dans toutes les églises de France, en action de grâces de la prise de Philisbourg et des autres avantages obtenus en Allemagne par ses troupes. Les consuls devaient assister à la cérémonie, et ils devaient ensuite faire des feux en témoignage de la joie publique. — Une note mise par les consuls à la suite de la transcription de cette lettre constate que M. de Prémont assista au Te Deum et aux feux de joie, quoiqu'il n'eût reçu, de ses supérieurs, aucune communication à ce sujet.

F° 126 v°. — 1734 (29 septembre). — Lettre adressée par le roi à M. de Lafargue, lieutenant au gouvernement de Narbonne, pour lui donner communication de la victoire remportée sur l'empereur d'Allemagne au combat de Guastalle, sur la Sechia, par l'armée française unie à l'armée du roi de Sardaigne. Comme dans les occasions semblables, il devait être chanté un Te Deum d'action de grâces. A la suite de cette cérémonie on devait faire tirer le canon et dresser des feux de joie en signe de réjouissance publique. Le commandant de la place devait « y convier tous « les officiers de justice et autres. »

F° 126 v°. — 1734 (21 novembre). — Brevet délivré à M. de Lamotte, capitaine au régiment de Forest, en réforme, pour la charge de capitaine des portes de la ville, devenue vacante par le décès du sieur Goupil.

F° 127. — 1734-1735. — Note relative au passage des corps de cavalerie espagnole destinés à renforcer les troupes alliées de l'armée de Lombardie. La cavalerie espagnole qui a traversé Narbonne et qui y a été logée, se compose : de trois escadrons du régiment de St-Jacques, logés le 13 décembre 1734; de trois escadrons du régiment de Roussillon, logés le 19 décembre; de trois escadrons du régiment de la Reine, logés le 9 janvier 1735, et de trois escadrons du régiment de Grenade, logés le 19 de ce dernier mois. Conformément à une ordonnance de l'intendant de la province, la ville n'eût à fournir à ces troupes que le logement.

F° 127. — 1734 (14 décembre). — Arrêt du conseil d'État, rendu à la requête des consuls de Narbonne, par lequel la ville est autorisée à faire prélever, pendant quatre années consécutives, à dater du 1er janvier 1735, un droit de subvention de 2 den. par livre petite, sur la viande de boucherie qui se débitera dans la ville ainsi que dans le territoire. Le produit de cette subvention est affecté à l'hôpital, « qui ne peut subsister à cause de la modicité de ses « revenus et du grand nombre des malades dont il est « chargé, » sous la condition, pour ses directeurs, « d'y « faire renfermer les mendians, même d'empêcher la « mendicité. » Le droit devait être perçu en la forme ordinaire, par voie d'adjudication, au plus offrant, devant l'intendant de la province à Montpellier, ou devant son subdélégué à Narbonne. — Lettres patentes d'attache expédiées pour l'exécution de cet arrêt.

F° 128 — 1735 12 février. — Ordonnance de M. Louis-Basile de Bernage, par laquelle il prescrit l'exécution de l'arrêt du conseil d'État et des lettres patentes d'attache qui font l'objet du précédent article, et il décide que l'adjudication de la levée du droit de subvention autorisé sera faite devant M. Rome, subdélégué de l'intendance à Narbonne.

F° 128. — 1735 22 février, -1er mars. — Procès-verbal d'adjudication de la levée du droit de subvention sur la viande de boucherie, autorisé par l'arrêt du conseil d'État du 14 décembre 1734. Ce procès-verbal est dressé par M. Jean-Baptiste Rome, juge royal d'Ouveilhan, subdélégué de l'intendance au département de Narbonne, en la présence de MM. de la Gardie de Pouzols, maire, Cadilhac, lieutenant de maire, Martin, Raynaud, Escanacabres et Molinier, consuls. — Approbation de cette adjudication par M. de Bernage, intendant de la province.

F° 129. — 1735 5 avril, - 4 juin. — Arrêt du conseil d'État, rendu sur la demande du conseil politique de Narbonne, consignée dans ses deux délibérations du 2 mai 1734 et du 7 février 1735, par lequel un marché public est créé dans cette ville, soit pour la vente des denrées et marchandises de ses habitants, soit pour l'achat de celles qui peuvent leur être nécessaires. Ce marché est fixé au jeudi de chaque semaine. Dans ses délibérations le conseil politique exposait : — « que le roy Henri III avait accordé aux habitants, « par ses lettres patentes du mois de janvier 1585 v. AA. « 113, cartul. C, f° 2, deux foires franches à perpétuité, « qui ont été tenues pendant longtemps, mais que, dans « la suite, ces deux foires ayant été transportées, l'une à « Pezénas, et l'autre à Montagnac, ce fut la première cause « de la diminution du commerce de la ville de Narbonne, « qui a cessé totalement depuis la construction du canal de « communiquation des Mers, qui a fait passer en entier « ce commerce aux villes de Béziers, Agde et Montpellier; » — que, pour remédier à cet état de choses, il était nécessaire d'établir, à Narbonne, un marché, qui y ranimerait les affaires; — que, loin de porter préjudice aux villes voisines, cet établissement leur serait profitable, ainsi qu'aux commerçants qui y portent leurs marchandises, « parce que y « ayant le lendemain, vendredi, un marché à Béziers, qui « n'est éloigné que de quatre lieues, et un autre le samedi, « à Pézénas, les marchands fairont passer leurs bestiaux « et autres denrées et marchandises de l'une à l'autre de « ces villes, ce qui leur procureroit l'abondance. » — Mention de l'enregistrement de cet arrêt au Parlement de Toulouse. Transc. au f° 193 du présent cartulaire.

F° 129 v°. — 1735 15 mai, - 4 juin. — Lettres patentes expédiées pour l'exécution de l'arrêt du conseil d'État, du 5 avril 1735, qui autorise la création, à Narbonne, d'un marché public, fixé au jeudi de chaque semaine. Transc. au f° 193 v° du présent cartulaire. — Mention de l'enregistrement de ces lettres patentes au Parlement de Toulouse. — Extrait de l'arrêt du Parlement, qui ordonne cet enregistrement.

F° 130. — 1736 9 septembre. — Arrêt du Parlement de Toulouse, rendu à la réquisition du procureur général du roi, par lequel en renouvelant les précédents règlements, notamment ceux des 7 août 1710, 27 juillet 1712 et 28 août 1722, il est fait défenses d'y contrevenir, d'entrer sous quelque prétexte que ce soit dans les vignes d'autrui, et d'y couper et emporter des raisins, en aucun temps, avant ou après leur maturité, à peine de 100 s. d'amende et de punition corporelle. Il est également fait défenses aux propriétaires : — de prendre des raisins, soit *en verjus*, soit après leur maturité, autrement qu'avec modération et pour leur usage particulier seulement, et de les faire transporter « pour eux » hors du lieu de leur résidence, à peine de 100 s. d'amende et de confiscation, ou même de plus grande peine, s'il y échoit, à moins d'en avoir fait préalablement la déclaration devant le juge ou les consuls de cette résidence; — de faire la vendange avant le jour qui sera indiqué; etc. En outre, il est enjoint à toutes personnes de tenir les chiens attachés, d'enfermer les cochons, oies, canards et volailles jusques après la vendange, à peine de 100 s. d'amende pour chaque contravention, et de répondre des dommages causés, demeurant permis à qui que ce soit de tuer ceux de ces animaux qui ne seront pas enfermés.

F° 131. — 1738 1er mars. — Délibération prise par le conseil politique de la ville, relativement à la demande que M. de Malves, seigneur de Talairan, a présentée au roi, à l'effet d'être autorisé à établir une forge sur la rivière d'Orbieu, « à portée de la mine de fer et des bois qu'il a « dans sa terre de Talairan. » Après une enquête faite sur les lieux, par-devant Me Terrisse, procureur du roi en la maîtrise des eaux et forêts de Quillan, commissaire délégué par le grand maître des eaux et forêts de France au département du Languedoc, le conseil déclare ne plus s'opposer à l'établissement de la forge projetée par M. de Malves, sur sa terre de Talairan, sous la condition, toutefois, qu'il s'engagera, par soumission écrite, à laisser aux habitants de Narbonne la liberté d'aller couper du bois et faire du charbon dans les deux forêts de Fourques et de Fenouillères, situées dans le territoire de Talairan, par préférence aux besoins de sa forge même, moyennant le prix d'un sol par quintal payé par les habitants de la ville chargés de la coupe. M. de Malves devait aussi s'engager à reconnaître la même faculté aux habitants des autres communautés du diocèse, sous les mêmes prix et préférence, pour les besoins des habitants de Narbonne. Enfin, M. de Malves devait s'interdire de prendre du bois ou de faire du charbon dans les forêts des Goures, de las Benes et de las Vals, dans le territoire de la communauté d'Albas, pour l'usage de sa forge.

F° 132 v°. — **1735** 6 juin. — Devis dressé en 11 articles par M. de Clapiès, pour servir de règlement dans les baux d'adjudication de l'entretien « de la nouvelle machine « qui vient d'estre construite dans la ville de Narbonne, « pour porter partie des eaux de la rivière d'Aude à Saint-« Sébastien et autres lieux. » Les points traités dans ce devis sont : — la nécessité du choix d'un bon entrepreneur, — les précautions à prendre pour empêcher la prompte détérioration de la machine ou l'engorgement des tuyaux de conduite, ce que l'on peut prévenir en ne faisant fonctionner la machine que pendant le jour et jamais pendant la nuit, et en ouvrant chaque semaine les robinets placés dans les regards; — le jeu des aliehons dans les étriers, l'allongement des chaînes embrassant les poulies, la descente des pistons sur les soupapes des pompes; — le choix du bois de cormier pour les taquets, préalablement immergé dans de l'huile de noix bouillante additionnée d'une solution de litharge; — l'emploi du cuir bouilli dans la graisse pour les pistons des pompes, — l'équilibre de la grande roue, et le jeu à laisser entre cette roue et la *sole*; — la vérification de la machine, qui doit être effectuée, chaque jour, par un ouvrier capable que la ville aura commis à ces fins, et comme elle le fait depuis huit mois, qui mettra la machine en mouvement, ou bien l'arrêtera quand les eaux seront troubles, ouvrira et fermera les empellements, les robinets, etc., et tiendra un compte exact des réparations qui seront faites, afin d'établir le chiffre de la dépense qui devra être pris pour point de départ de l'adjudication.

F° 134 v°. — **1735**, 6 juin. — Mémoire, rédigé par M. de Clapiès, « sur la distribution des eaux de la machine « de Narbonne, » contenant les conditions de volume et de prix des concessions d'eau à faire aux particuliers. La mesure adoptée pour ces concessions est le pouce fontainier et les fractions du pouce. Le pouce fontainier, à jet non forcé, produit 14 pintes d'eau à la minute, mesure de Paris, soit 72 muids de 280 pintes dans les 24 heures. Ce pouce est une ouverture ronde d'un pouce de diamètre, ou bien de 144 lignes, c'est-à-dire 144 ouvertures rondes d'une ligne de diamètre chacune. Le minimum des concessions doit être de 3 lignes de diamètre ou de 9 lignes circulaires, qui forment le seizième du pouce, et le maximum de 6 lignes de diamètre ou 36 lignes circulaires donnant le quart du pouce. Dans les 24 heures, un tuyau de 3 lignes fournira 4 muids et demi, un tuyau de 4 lignes 8 muids, et un tuyau de 6 lignes 18 muids. Pour les concessions, les prix doivent être établis de la manière suivante : 5 liv. de rente annuelle ou 100 liv. de capital pour un tuyau de 3 lignes; 9 liv. de rente ou 180 liv. de capital pour un tuyau de 4 lignes, 20 liv. de rente ou 400 liv. de capital pour un tuyau de 6 lignes. Si les communautés religieuses avaient besoin d'un plus grand volume d'eau, la dimension du tuyau pourrait être portée à 8 ou 9 lignes, sur le pied de 35 liv. de rente annuelle pour le tuyau de 8 lignes, et de 45 liv. pour le tuyau de 9 lignes. Les prises des concessions seront établies depuis le bassin placé au dessus de la porte du jardin de l'archevêché jusqu'à la fontaine de St-Sébastien. Les concessions qui seront prises dans le bassin même de cette fontaine ne pourront être de moins de 6 lignes, c'est-à-dire d'un quart de pouce, dont le prix sera de moitié moins que pour les prises faites dans la conduite, soit 10 liv. pour un tuyau de 6 lignes, 22 liv. 10 s. pour un tuyau de 9 lignes, 43 liv. pour un tuyau d'un pouce. La quantité d'eau à concéder peut être évaluée à 5 pouces depuis le bassin de la porte de l'archevêché jusqu'à la fontaine de St-Sébastien, qui produiront un revenu de 400 liv., et à 5 autres pouces pour les prises pratiquées dans le bassin de la fontaine, qui produiront un revenu de 200 livres. En son état actuel la machine ne débite pas toute la quantité d'eau qu'elle peut donner, parce que le foulage des pistons sur les soupapes laisse échapper beaucoup d'eau. Quand on aura remédié à cette perte, la quantité d'eau à concéder sera considérablement augmentée.

F° 135 v°. — **1736.** — Note relative au passage des troupes espagnoles dans la ville de Narbonne, à leur retour de la campagne d'Italie. Cette note constate de la manière suivante la composition des troupes et la date de leur logement dans la ville : 14 mai 1736, 4 escadrons du régiment de Lusitanie; 17 mai, 3 escadrons du régiment de la Reine-cavalerie; 19 mai, 3 escadrons du régiment de St-Jacques. 20 mai, 4 escadrons du régiment de Brabant. 22 mai, 3 escadrons du régiment de Grenade-cavalerie. 23 mai, 3 escadrons du régiment de Farnèse-cavalerie, 24 mai, 2 escadrons du régiment des grenadiers à cheval du Roi. 27 mai, 3 escadrons de 6 brigades de carabiniers. 30 mai, 3 escadrons du régiment d'Andalousie-cavalerie, 31 mai, 4 escadrons du régiment de Frise-dragons; 2 juin, 3 escadrons du régiment d'Alcantara-cavalerie, 5 juin, 3 escadrons du régiment de Flandre-cavalerie.

F° 136. — **1284** 25 août. — Fragment de la transaction passée entre les propriétaires des moulins de la Ville et du Gua, et les commissaires du roi aux États de la province, relativement aux chômages de ces moulins. Ce fragment contient les trois dernières clauses de la transaction conclue entre les parties. Il en sera rendu compte à la suite de l'analyse des autres clauses de cette transaction, sous la cote f° 144 du présent cartulaire.

F° 136 v°. — **1285** 31 août. — Note relative à l'arrêvée et au séjour dans la ville de Narbonne de 300 captifs français qui avaient été rachetés à Alger. Ces captifs étaient accompagnés de M. Gaspard Perrin, ministre des chanoines réguliers de la Ste-Trinité de Marseille, de M. Jacques-César-François Camusat, ministre de la maison de l'hôtel-Dieu de Lisieux, de M. Clou Chevillard, vicaire général de la congrégation de la Mercy à Paris, et de M. Joseph Aubanel, commandeur de la maison de la Mercy à Marseille. Ils arrivèrent le 30 août, par la porte royale de la Cité, à 11 heures du matin. Dès leur entrée dans la ville, ils allèrent entendre la messe à l'église de la Trinité. Ensuite ils furent conduits, par les commissaires de la confrérie des Pénitents blancs, dans le cloître du couvent des Carmes où la confrérie leur avait fait préparer un dîner à ses frais. A quatre heures du soir ils assistèrent à une procession où se trouvèrent les consuls avec leurs hallebardiers et valets consulaires, les corps de métiers avec leurs drapeaux, et la confrérie des Pénitents blancs. Pendant la marche de la procession les captifs étaient conduits, deux à deux, « par « des enfants habillés en anges. » Après eux venaient le corps de musique des Pénitents blancs, la confrérie des frères et sœurs de la Rédemption des captifs, avec les deux pennons de la Trinité et de la Mercy, les chanoines réguliers des deux ordres, deux célébrants en chape, les valets consulaires, le corps municipal entouré des hallebardiers, et, enfin, le peuple. Le chant fut composé du psaume *In exitu Israel*. De la Trinité, la procession se rendit à l'église St-Just, à la place de la Cité, et à l'église St-Paul en passant par les Barques de la Cité et celles du Bourg. Elle rentra ensuite à l'église de la Trinité, où un Te Deum termina la cérémonie. Pendant tout le cours de la procession douze commissaires, désignés par MM. les Pénitents blancs, firent une quête dont le produit fut de 800 liv., qui furent remises aux pères de la Mercy. Les captifs rentrèrent ensuite au couvent des Carmes, accompagnés des Pénitents blancs, qui les firent souper. La ville pourvût à leur logement jusqu'à leur départ pour Carcassonne, qui eût lieu le 2 septembre. Deux de ces captifs étaient originaires du pays. L'un, Prosper Cathala, né à Trausse, dans le diocèse de Narbonne, avait été racheté après sept années d'esclavage. L'autre, François Peyre, était de Narbonne même, et de la paroisse St-Paul. Il avait été racheté après une captivité de six mois.

F° 138. — **1785** (11 juin). — Sentence arbitrale rendue par Mes Jean-Joseph-Marie Duroux, Jean-Baptiste Viguier, Pierre-Alexandre Gary, Bernard Ginesty et Jean-Marie Delort, du barreau de Toulouse, entre les religieux Bénédictins de l'église N.-D. de Lamourguié et les consuls de la ville, sur le différend auquel avait donné lieu l'obligation de pourvoir à la dépense des réparations tant principales que de simple entretien de ladite église. Cette sentence déclare l'église N.-D. de Lamourguié église paroissiale de la ville, et, en conséquence de l'édit du mois d'avril 1695 (art. 21 et 22), condamne les consuls à payer et restituer aux pères Bénédictins, 1° une somme de 2,357 liv. 18 s. 4 d. qui avait été avancée par eux provisoirement, pour prix des réparations faites à frais communs à ladite église, en l'année 1773, à la suite d'une convention particulière contenant réserve des droits respectifs des parties; 2° une somme de 502 liv. 11 s. 6 d. représentant la moitié des réparations faites à l'église, en 1780, en vertu de la même convention et sous la même réserve ; 3° les intérêts des deux sommes ci-dessus depuis la date de leur paiement par les pères Bénédictins. Les frais de la sentence arbitrale sont, en outre, mis en entier à la charge de la ville. Ces frais sont ainsi fixés : pour quatorze conférences, 420 liv.; rédaction du rapport, 240 liv.; papier, 12 s. 6 d.; secrétaire, 60 livres. Les arbitres prononcent leur sentence en vertu d'un compromis passé entre parties, devant Me Lagarde, notaire à Narbonne, le 24 mars 1784, renouvelé par deux actes postérieurs des 6 septembre 1784 et 17 juin 1785. Pour justifier leur demande contre la ville, à l'effet de faire conserver à leur église sa qualité d'église paroissiale et d'en faire reporter sur la commune les frais d'entretien et de réparation, les pères Bénédictins de Lamourguié avaient produit devant les arbitres : — la donation du régime ou gouvernement de l'église N.-D. du Bourg de Narbonne, faite en l'année 1078, par Damase, archevêque de Narbonne, à l'abbé de St-Victor; — la confirmation de cette donation faite par le même archevêque audit abbé, en l'année 1086; — autre confirmation de cette donation faite au même abbé par le même archevêque, en l'année 1089; — les procès-verbaux de la visite de cette église faite dans les années 1404, 1602, 1637 et 1677, par l'archevêque de Narbonne; — un bail des réparations faites à l'église en l'année 1614; — une quittance de réparations faites en 1656; — un acte d'accord entre les Bénédictins et les marguilliers et paroissiens de N.-D. de Lamourguié, et une délibération concernant la maison presbytérale de la paroisse, du 20 novembre 1678; — une sentence arbitrale, rendue entre les pères Bénédictins et les marguilliers et paroissiens de ladite église, le 5 avril 1681, avec l'arrêt du Parlement de Toulouse (?) rendu à la suite, le 8 juillet 1697; etc.

F° 139 v°. — **1785** (14 juin). — Acte du dépôt fait en l'étude de Me Monna, notaire à Toulouse, 1° de la sentence arbitrale du 11 juin 1785, rendue entre les religieux Bénédictins de Lamourguié et les consuls de Narbonne; 2° du compromis passé entre les parties le 24 mars 1784; 3° et de l'acte de renouvellement de ce compromis, du 6 septembre 1784. — Témoins de l'acte de dépôt : Jean-David Gramon, marchand apothicaire, et François-Élisabeth Plain, praticien à Toulouse.

F° 140. — **1786** (12 mars, — 7 avril). — Brevet de la charge de major au gouvernement de Narbonne, délivré à Pierre Thoron de Lamée, en remplacement de M. de St-Affrique, démissionnaire. M. Thoron de Lamée était, à la date de sa nomination, exempt en la compagnie des Suisses de la garde du comte d'Artois. — Mention de l'enregistrement de ce brevet en la cour des Comptes, Aides et Finances de Montpellier, et au greffe de l'hôtel de ville de Narbonne.

F° 140 v°. — **1786** (19 octobre, — 5 décembre. — Brevet de la charge de lieutenant du roi au gouvernement de Narbonne, délivré à Jean-Claude Najac de St-Sauveur, en remplacement de M. de Monteil, décédé. M. de St-Sauveur était lieutenant colonel commandant du bataillon de Rohan-Soubise. — Mention de l'enregistrement de ce brevet au greffe de l'hôtel de ville de Narbonne.

F° 141. — **1786** (15 décembre). — Arrêt de la cour des Comptes, Aides et Finances de Montpellier, rendu sur l'appel relevé par Barthélemy Vieules du refus de lui passer le bail d'adjudication de la levée du droit d'équivalent, que lui avaient opposé les consuls, à la suite de l'offre de 26,400 liv. qu'il avait faite par voie de tiercement pour le prix annuel de ce bail. L'arrêt prononce le rejet de cet appel, et il ordonne que le bail du droit d'équivalent de la ville sera passé au sieur François Landrac, auquel l'adjudication en avait été déjà faite par la voie des enchères, sur le pied de 25,800 liv. par an.

F° 142. — **1787** (12 décembre). — Fragment de lettres d'assignation données dans une instance engagée par les consuls de Narbonne et portée devant le conseil d'État par un arrêt de communiqué, en date du 22 mars 1766, contre les officiers de la viguerie royale de ladite ville, « dont le « viguier d'épée au nom duquel se rend la justice dans ce « siége » était M. Dominique d'Augier, depuis lors décédé, et remplacé par M. Hyacinthe d'Augier d'Agel (v. plus bas, f° 202 v°).

F° 143. — **1784** (25 août). — Transaction entre les propriétaires des moulins de la Ville et du Gua, représentés par messire Augustin Léonnard, prêtre chanoine en l'église St-Just, et messire Jacques Mengau, conseiller en la cour des Comptes, Aides et Finances de Montpellier, d'une part, et la ville de Narbonne, d'autre part, représentée par messire Jacques de Viguier, chevalier seigneur de l'Estagnol, ancien mousquetaire de la garde ordinaire du roi, premier consul maire de la ville, dans le différend relatif à l'indemnité réclamée par lesdits propriétaires à raison d'un chômage excédant les trente jours fixés par la transaction du 7 mai 1718 (v. f° 29 du présent cartulaire). Ce chômage avait été occasionné par des réparations majeures faites au canal de la Robine pour le compte de la ville, et il avait déjà fait l'objet d'une sentence donnée aux requêtes du palais en la cour du Parlement de Toulouse, le 23 mars 1776, qui condamne les consuls au paiement de l'indemnité réclamée. Mais cette sentence avait été frappée d'appel, les consuls soutenant que l'indemnité n'était pas due, quoique les réparations faites au canal eussent duré plus de trente jours, parce qu'elles avaient été nécessitées par un cas tout fortuit (1), que la transaction de 1718 n'avait pu prévoir, et auquel elle n'était pas applicable. En l'état, les parties s'interdisent réciproquement toute poursuite du procès, et renoncent mutuellement, par les clauses de la transaction, à toutes leurs exceptions, ainsi qu'à la répétition des frais exposés de part et d'autre, dont elles se tiennent respectivement quittes. — L'acte est reçu par Me Hostalot, notaire à Narbonne, en présence de maître Pierre Durand, bénéficier en l'église St-Just, et Antoine Sagansan, commis au greffe du diocèse de Narbonne, dans la maison de M. Jean-Hyacinthe Lasserre, avocat, syndic de ce diocèse.

F° 144. — **1784** (25 août). — Transaction entre les propriétaires des moulins de la Ville et du Gua, d'une part, et les commissaires du roi aux États du Languedoc, d'autre part, servant de règlement pour l'exercice des droits des parties en ce qui concerne les chômages de ces moulins, non prévus par les transactions précédentes des 22 février et 7 mai 1718. Afin de préciser clairement leurs droits respectifs et leurs obligations, les parties adoptent par les clauses de la nouvelle transaction les conventions suivantes : — les accords contenus dans les transactions des 22 février et 7 mai 1718 seront exécutés en leur entier ; — les propriétaires des moulins et les États pourront respectivement mettre le canal à sec pendant trente jours, soit consécutifs, soit interrompus, pour faire exécuter les réparations annuelles et de pur entretien du canal et des

(1) Durant l'hiver de l'année 1773, à la suite de pluies continuelles qui durèrent douze jours entiers, une inondation extraordinaire envahit toute la plaine de Narbonne et y occasionna les plus grands dégâts. Les récoltes en terre furent emportées et les routes défoncées ; les chaussées du canal de la Robine, depuis l'écluse de Moussoulens jusqu'aux portes de la ville, furent renversées et tous les francs-bords du canal détruits. Dans la ville même, les eaux s'élevèrent à 3 mètres au-dessus du niveau de l'inondation de l'année 1756, qui avait été désastreuse. Le quai de la porte Ste-Catherine, au port des Catalans et des Génois, fut entièrement détruit, ainsi que l'escalier du quai intérieur ; toutes les banquettes furent emportées, et le Pont-des-Marchands lui-même fut grandement menacé. Les dommages occasionnés par cette inondation, à la charge de la ville seulement, furent estimés à plus de 300,000 livres. La rivière, s'ouvrant de larges brèches, s'était frayé un passage à Pardeilhan, à Livière, au pas de Saint-Paul, à las Vaynes, etc. L'étendue des dégâts était telle que la ville ne les avait pas encore entièrement réparés lorsqu'elle fit la cession de son canal aux États du Languedoc, en 1776.

écluses, chaussées ou autres ouvrages qui en font partie, ainsi que celles des moulins et « ouvrades » qui en dépendent, sans qu'il puisse y avoir, pour l'une ou l'autre des parties, aucun droit à des dommages pour raison du chômage qui en résultera; — sous la dénomination de réparations annuelles et de pur entretien, il faut entendre tous les travaux qui ont pour but la conservation des ouvrages tels qu'ils ont été exécutés pour amener et maintenir dans le canal la quantité d'eau nécessaire à la navigation et au fonctionnement des moulins, comme la réparation des écluses, le nettoyage du canal, l'entretien des chaussées, francs-bords et autres ouvrages destinés à contenir l'eau dans son lit, et « dont la dégradation est successive et « s'opère par le laps du temps et le cours ordinaire des « choses; » — la désignation qui précède n'est pas limitative; elle ne pourra exclure de la classe des réparations d'entretien celles qui n'y sont pas mentionnées, mais qui auront exclusivement pour objet la conservation des ouvrages; — si les réparations annuelles d'entretien excèdent une durée de trente jours, les parties s'indemniseront réciproquement des chômages, proportionnellement aux prix des fermes s'il y a des baux, ou à dire d'experts nommés à l'amiable; — quelle que soit la durée des chômages, il ne pourra être exigé, de part et d'autre, aucune indemnité pour raison des réparations extraordinaires nécessitées par des cas fortuits, tels que la rupture des ouvrages de prise d'eau ou de retenue dans les bassins des écluses, le renversement des chaussées, l'ensablement du canal ou des bassins par l'effet d'une inondation, sans que cette désignation puisse exclure des cas fortuits les réparations qui n'y sont pas désignées, et qui seront commandées par des accidents dont l'effet sera de diminuer le volume d'eau nécessaire aux moulins ainsi qu'à la navigation; — si les parties veulent améliorer ou perfectionner leurs ouvrages, dans l'intérêt particulier de chacune d'elles, elles seront tenues de s'indemniser mutuellement dans la proportion et sous la forme qui ont été déjà indiquées, à moins qu'elles n'aient utilisé pour les travaux faits dans ce but tout ou partie des trente jours accordés pour les réparations annuelles d'entretien, ce qu'il leur est loisible de faire. — Dans cette transaction, les propriétaires des moulins sont représentés par messire Augustin Léonnard, prêtre, chanoine en l'église St-Just, et messire Jacques Mengau, conseiller en la cour des Comptes, Aides et Finances de Montpellier, députés de ces propriétaires suivant leur délibération du 23 août 1784, et les États du Languedoc par Jean-Hyacinthe Lasserre, avocat, syndic du diocèse de Narbonne, et l'un des commissaires des États pour les travaux publics de la province. — L'acte est reçu dans la maison de ce dernier, par Me Hostalot, notaire, en présence de maître Pierre Durand, bénéficier en l'église St-Just, et Antoine Sagansan, commis au greffe du diocèse de Narbonne.

Fo 146. — **1777.** — Suite d'un mémoire qui sera analysé plus bas, sous la cote fo 163, présenté par les consuls pour soutenir leur droit au privilége, 1o de commander les armes dans la place en l'absence du lieutenant du roi et du major; 2o de garder en leur possession la moitié des clefs des portes, ainsi qu'ils l'ont pratiqué, en vertu des actes qui fixent leurs attributions consulaires, depuis la création du gouvernement de la ville de Narbonne par François Ier. (V. AA. 105, 5e thal., fo 104 vo.)

Fo 147. — **1777** (5 août). — Lettre de M. de Moncan, commandant de la province, par laquelle il annonce aux consuls, d'après un avis que lui en a donné M. le comte de St-Germain, que l'intention du roi est que les clefs des portes de la place soient remises, suivant l'usage, dans l'hôtel de ville, pendant l'absence du lieutenant du roi et du major.

Fo 147. — **1777** (17 août). — Lettre adressée par les consuls à M. le comte de Moncan, lieutenant général du roi et commandant de la province, pour lui demander une copie de la lettre écrite par M. le comte de Saint-Germain, afin de lui faire connaître les intentions du roi en ce qui concerne la garde des clefs des portes. « Cette pièce, disent « les consuls, pourra prévenir de difficultés qui pourront « se présenter à l'avenir. »

Fo 147 vo — **1777** (19 août). — Lettre de M. le comte de Moncan, datée de Montpellier, accompagnant l'envoi fait aux consuls de la lettre de M. le comte de Saint-Germain, qu'ils lui avaient demandée, concernant la garde des clefs des portes.

Fo 147 vo. — **1777.** — Lettre de M. le comte de Saint-Germain, ministre de la guerre, à M. le comte de Moncan, concernant la garde des clefs des portes de la ville. D'après les éclaircissements fournis au ministère par le prince de Montbarey, M. de Monteil, lieutenant du roi au gouvernement de Narbonne, avait fait porter les clefs de la ville, en prévision d'une absence, chez l'un des officiers du génie employés dans la place, en se fondant sur l'article 7, titre 5, de l'ordonnance du 31 décembre 1776, qui assimile pour le commandement ces officiers à ceux des garnisons. Mais « n'y ayant point de troupes à Narbonne, » le roi, dit M. le comte de St-Germain, a jugé que cet article ne doit pas y être exécuté, et son intention est que les consuls soient maintenus « dans la jouissance d'un droit qui leur a été « spécialement accordé, et que les clefs soient déposées à « l'avenir, sans difficulté, à l'hôtel de ville, pendant l'absence « du lieutenant du roy et du major de la place, conformé- « ment à l'usage constamment observé ci-devant. »

Fº 148. — 1777. — Mémoire adressé par les consuls à deux avocats du barreau de Toulouse, qu'ils consultaient sur la question de savoir à qui, de la commune, de l'œuvre de la fabrique, ou du chapitre, devait incomber la charge des réparations à faire à la nef de l'église paroissiale St-Paul. Ce mémoire pose sous une forme interrogative les points suivants: — y a-t-il moyen de revenir sur une sentence arbitrale de l'année 1417, à laquelle la communauté paraît avoir acquiescé, puisqu'elle a fait exécuter à la nef de l'église St-Paul, aux bas côtés du chœur, aux portes, etc, des réparations dont le montant est de plus de 12,000 liv.? — la communauté ayant fait l'avance de cette somme, est-elle en droit d'exiger que l'œuvre en fasse le remboursement par voie d'emprunt, et paie les intérêts de cet emprunt, en tant que ses revenus y pourront parer, sauf à la communauté, en cas d'insuffisance, à répondre, tant des intérêts que du capital, au bailleur des fonds? — l'offre faite sans autorisation verbale ni écrite, par M. de Richeroye, député de la ville, et en son nom, de fournir aux réparations et à l'entretien de la chapelle paroissiale qui est dans l'église St-Paul, des fonds baptismaux et du cimetière de la paroisse, peut-elle nuire à la communauté? — en raison de sa qualité de pupille, la communauté ne peut-elle maintenant revenir contre ladite sentence arbitrale, dès qu'elle ordonne des dispositions contraires au droit commun?

Fº 148 vº. — 1777 (8 avril). — Consultation rédigée par Mes Verny et Albaret, avocats au barreau de Toulouse, sur le différend existant entre la ville et le chapitre de l'église St-Paul, relativement aux réparations et aux décorations de la chapelle paroissiale de cette église. D'après les conclusions de cette consultation : — la ville est irrecevable à revenir sur la sentence arbitrale du 10 mai 1417, quant aux chefs qu'elle a exécutés ; — cette sentence est juste et légale en ce qu'elle condamne la ville aux réparations de l'église autres que celles du chœur, du clocher et du cloître conformément au droit commun, qui veut que le chœur et le sanctuaire d'une église soient à la charge des décimateurs, et la nef à la charge des paroissiens ; — l'idée de faire rembourser à la fabrique par voie d'emprunt le montant des réparations effectuées n'est pas proposable ; — une fabrique n'est jamais obligée d'emprunter pour les dépenses qui la concernent ; elle ne doit employer que ses revenus courants ; le surplus doit être fourni « in subsidium » par les *fruits-prenants*, ou par la communauté, dans la mesure à laquelle chacun est tenu ; — la prétention du chapitre St-Paul à obliger la communauté à parer aux frais de décoration et ornementation de l'autel de la chapelle paroissiale est mal fondée, parce que le service paroissial est à la charge des décimateurs, puisque les fidèles « les en payent » par la dîme de leurs fruits, suivant la disposition de l'édit de 1695, qui porte les dispositions suivantes : « les ecclésiastiques qui jouissent des dixmes dépendantes « des bénéfices dont ils sont pourvus, seront tenus de ré- « parer et d'entretenir, en bon état, le chœur des églises « paroissialles dans l'étendue desquelles ils lèvent lesdites « dixmes, d'y fournir les calices, ornements et livres né- « cessaires, si les revenus des fabriques ne suffisent pas « à cet effet. »

Fº 149 vº. — 1777 (19 juin). — Consultation rédigée par Mes Delort, jeune, Besolle, Delort, Fage et Ricard, avocats au barreau de Toulouse, sur le différend auquel donnaient lieu, entre les consuls de la ville et le chapitre de l'église St-Paul, les réparations et décorations de la chapelle paroissiale de cette église. Les conclusions de cette consultation sont ainsi posées : — la communauté de Narbonne est tenue de parer aux entiers frais des réparations de la chapelle paroissiale, dans l'église collégiale St-Paul, tant de la toiture que des ouvrages de maçonnerie et d'embellissement; — l'édit de 1695 est la seule loi générale qui ait fixé les obligations des décimateurs et des paroissiens au sujet des réparations des églises paroissiales, en assujétissant les premiers à l'entretien du chœur et du casuel, et les seconds à celui de la nef; — la sentence arbitrale du 10 mai 1417, entre le chapitre de l'église collégiale et paroissiale Saint-Paul et les marguilliers et paroissiens de cette église, relativement aux réparations de la chapelle de paroisse, acceptée par le chapitre et les paroissiens, et constamment exécutée pendant plusieurs siècles, doit être considérée comme un accord solennel qui forme la loi domestique de l'église St-Paul, en réglant les obligations réciproques du chapitre et des paroissiens; — il résulte de ce titre que les marguilliers prétendaient n'être pas tenus d'entretenir la couverture et les ouvrages de maçonnerie de l'église, « reparationem omnimodum saxorum et « tecti ecclesie predicte, de jure communi, usu et obser- « vantia pertinere, ac pertinere et incumbere debere capi- « tulo memorato; » mais le chapitre St-Paul, leur opposant aussi, de son côté, le droit commun, l'usage et la coutume, soutenait que les paroissiens étaient tenus de parer à toutes les réparations de l'église, « pars siquidem venerabilis « capituli memorati opponebat seu e contrario asserebat « quod, tam de jure communi quam de usu et consue- « tudine diutius observatis, parochiani predicti sunt obnoxii « et afficiuntur ad omnes reparationes predicte ecclesie. » La contestation fut vidée par la disposition suivante, qui ne permet aucun doute raisonnable sur l'étendue des obligations des parties : « quod ad ceteras reparationes dicte « ecclesie, tam tecti quam saxorum, vel pilarium, infra « ceptum vel ambitum ipsius, nunc vel infuturum quovis- « modo sive casu emergentium, teneantur et teneri nos- « cantur dicti parochiani et eorum posteritas ; » — l'obligation de la communauté s'étend donc à l'entretien et aux réparations de la chapelle paroissiale, de même qu'aux réparations de l'entière nef et des autres chapelles latérales, et c'est en ce sens que doit être entendue la disposition de la sentence arbitrale du 27 février 1768, par laquelle, sur l'offre faite par le chapitre de réparer le chœur, le clocher, le cloître, les stalles et les portes du chœur et de l'église, le syndic de la communauté est condamné à faire procéder à toutes les autres réparations conformément à la sentence du 10 mai 1417; — en 1417, le service paroissial ne se faisait pas dans le chœur de l'église St-Paul, mais bien dans une chapelle des bas côtés, qui était dédiée à St-Jean, comme l'établit un jugement prononcé par Robalde, abbé de St-Paul, en l'année 1226, dans lequel on voit que les deux prêtres employés aux fonctions curiales, qu'on appelait prêtres chapelains des messes matutinales, célébraient la messe à l'autel de St-Jean; — en ce qui concerne les ornements et vases sacrés, on doit s'en tenir au droit commun, et par conséquent on doit appliquer les revenus de la fabrique à leur destination naturelle et primitive, qui consiste en la fourniture des ornements, linges, livres et vases sacrés, et si ces revenus ne suffisent point, ce sera aux gros décimateurs de la paroisse à y pourvoir, mais leur obligation à cet égard n'est que subsidiaire; — les paroissiens ne peuvent intervertir la destination principale des revenus de l'œuvre, et ce n'est qu'autant que les charges primitives qui viennent d'être désignées sont remplies que le reste de ces revenus peut être appliqué à la décoration de l'église ou au soulagement des pauvres; — les gros décimateurs, comme principaux intéressés à l'emploi régulier des revenus de l'œuvre, sont en droit de se faire représenter les comptes de la fabrique, et de rendre les paroissiens responsables de l'interversion qui serait faite de ces revenus.

F° 152 v°. — **1777** (12 octobre). — Lettre du roi, qui invite les maire et consuls de Narbonne à se rendre aux États de la province, convoqués au 27 novembre 1777, dans la ville de Montpellier.

F° 153. — **1778** (25 juillet). — État des romaines qui sont dans le poids du roi, à Narbonne, et qui ont été remises au fermier de ce droit à charge de les représenter à la fin de son bail. Ces romaines sont au nombre de treize. La portée de leur poids s'échelonne entre 105 livres, portée de la plus faible, et 3,500 livres, portée de la plus forte. Les romaines intermédiaires ont une portée de 600, 840 et 910 livres.

F° 153. — **1778** (2 septembre). — Lettre du roi, portant invitation aux consuls de Narbonne de se rendre à l'assemblée des États de la province, convoqués en la ville de Montpellier, à la date du 29 octobre 1778.

F° 153 v°. — **1779** (25 juin). — Arrêt du Parlement de Toulouse, rendu sur les réquisitions verbales du procureur général du roi, qui renouvelle les défenses relatives au glanage et au grapillage, portées par les précédents arrêts des 28 juin, 7 août, 17 septembre 1710, 8 août 1711, 27 juillet 1712, 10 juillet 1714, 28 août 1727 et 20 juin 1759. Par ce nouvel arrêt, il est défendu à tous propriétaires, *bordiers*, maîtres-valets, moissonneurs ou *métiviers*, de glaner ou grapiller, sous peine de 500 livres d'amende contre les propriétaires et les bordiers, et du fouet contre les métiviers. Les vrais pauvres, « qui sont dans le cas de « glaner, » ne peuvent entrer dans les champs, vignes ou olivettes avant le lever du soleil ni après son coucher; ils ne peuvent non plus y entrer avant que les récoltes ne soient entièrement enlevées, « sous peine d'être poursuivis « extraordinairement du fouet. » L'entrée des troupeaux de bêtes à laine, des chèvres, des cochons, mulets et autres bestiaux dans les vignes est formellement interdite. Elle est punie de la confiscation, avec 500 liv. d'amende. Dans les champs, la dépaissance ne pourra être pratiquée qu'à dater du troisième jour de l'enlèvement de la récolte.

F° 154 v°. — **1779** (9 juillet). — Déclaration par laquelle les consuls de Narbonne, pour satisfaire aux conditions sous lesquelles ils ont été autorisés à construire le cimetière établi vis-à-vis de la face droite du bastion St-Paul, à droite du grand chemin de Narbonne à Perpignan, et à une distance prohibée par les règlements du génie militaire, prennent l'engagement de faire démolir ce cimetière, sans indemnité ni dédommagement, à la première réquisition qui leur en sera faite par l'officier du génie, « employé en chef dans cette place. »

F° 154 v°. — **1781** (22 octobre). — Note relative aux réjouissances publiques organisées à Narbonne, par les consuls et le conseil de la ville, à l'occasion de la naissance du Dauphin. En outre des salves d'artillerie, du chant du Te Deum, de la marche du cortége, lequel était composé du corps municipal et des corps de métiers ayant chacun son drapeau et sa musique en tête, du feu de joie, des illuminations, programme ordinaire des réjouissances publiques, le conseil de la ville, pour donner à la fête un caractère de bienfaisance, dota six jeunes orphelines qui furent mariées le jour même de cette fête. Le repas des noces fut donné dans l'hôtel de ville, et les mariés y furent servis par les officiers municipaux en personne. Dans l'illumination figuraient « des lanternes et des globes peints « aux armoiries du roi et du Dauphin. »

F° 155 v°. — **1782** (14 décembre). — Lettre du roi à M. le comte de Monteil, lieutenant au gouvernement de Narbonne, par laquelle il lui est prescrit d'assister, avec les officiers de l'état-major et la garnison de la place, au Te Deum chanté en action de grâces de la conclusion de la paix qui vient d'être signée, à Versailles, avec le roi d'Angleterre, par la médiation du roi de Hongrie et de Bohême et de l'impératrice de toutes les Russies. M. de Monteil devait inviter tous les officiers de justice, de police, etc., à se rendre à la cérémonie. Il devait, en outre, faire tirer le canon, dresser des feux de joie et organiser les réjouissances publiques usitées en pareil cas.

Fº 157. — **1620** (3 juillet). — Partie finale de l'arrêt du Parlement de Toulouse, relatif aux mesures servant au fermier du droit de courtage et botage de l'huile et du miel vendus dans la ville de Narbonne, qui sera analysé, plus bas, au fº 176 du présent cartulaire.

Fº 159. — **1774** (10 mai). — Lettre de Louis XVI, adressée aux officiers municipaux de la ville de Narbonne, à l'occasion de son avénement à la couronne, après le décès de Louis XV, son ayeul, « qui a fini sa vie avec la piété et « la résignation qu'on devait attendre d'un prince vraiment « chrétien,.... après tant de travaux, durant son règne, « pour maintenir la monarchie dans le haut point de gloire « et de puissance où il l'avait trouvée à son avénement. »

Fº 159. — **1774** (10 mai). — Lettre de M. le duc de la Vrillière, par laquelle il remet aux officiers municipaux de Narbonne la lettre ci-dessus, que le roi leur adresse à l'occasion de son avénement.

Fº 159 vº. — **1776** (21 août). — Seconde consultation, rédigée par Mes Verny et Delort, pour la ville de Narbonne, dans le procès qu'elle soutenait contre les propriétaires des moulins de la Ville et du Gua, relativement au chômage de ces moulins occasionné par les grosses réparations faites au canal à la suite des inondations de l'année 1773. La consultation, en s'appuyant sur ce principe de droit commun que le cas fortuit qui tombe sur la propriété tombe également sur la servitude, déclare la ville bien fondée à relever appel du jugement de la chambre des requêtes au Parlement de Toulouse, qui l'a condamnée aux dommages réclamés, attendu que les réparations qui ont entraîné le chômage des moulins ne sont pas de la nature de celles que les deux transactions de l'année 1718 (v. fos 24, 29 du présent cartul.), passées entre la ville et lesdits propriétaires, ont prévues, soit pour le canal lui-même, soit pour les bâtiments des moulins. C'est à la suite de cette consultation que la transaction analysée précédemment (v. plus haut, fº 143), est intervenue.

Fº 160 vº. — **1746** (15 septembre). — Lettre écrite par M. de Ladevèze, commandant de la province, à M. Merlac, second consul de la ville, en réponse à celle qu'il avait reçue de ce dernier relativement « aux arrangements pris « au départ de M. de Prémont, major de la ville. » M. Merlac doit donner toute son attention au maintien de l'ordre, et il rendra compte au commandant de la province de tout ce qui se passera. (Transc. au fº 189 vº du présent cartulaire.)

Fº 160 vº. — **1776** (29 octobre). — Lettre du roi, relative à la convocation des États du Languedoc, dont la tenue devait avoir lieu dans la ville de Narbonne, à la date du 28 novembre 1776, et où les consuls étaient invités à se rendre exactement, comme d'usage.

Fº 161. — **1776** (27-29 octobre). — Lettre écrite par les consuls à M. d'Aigrefeuille, pour le complimenter à l'occasion de sa promotion à la charge de procureur du roi en la cour des Aides de Montpellier. La ville de Narbonne, disent les consuls, n'oubliera jamais la puissante protection dont elle a été l'objet de la part des ancêtres du nouveau procureur général du roi, et principalement de son père. — Réponse de M. d'Aigrefeuille à cette lettre.

Fº 161. — **1776** (22 avril). — Commission délivrée à M. de St-Affrique, ci-devant garde de la Manche, pour la charge de major au gouvernement de Narbonne, devenue vacante par le décès de M. Gruel.

Fº 161 vº. — **1730** (24 octobre). — Lettre adressée aux consuls par M. de La Fare, commandant de la province, pour leur remettre la lettre qu'il venait de recevoir de M. d'Angervilliers, concernant l'exécution de l'ordonnance du 29 août 1729, relative à la préséance entre les consuls de la ville et les officiers du gouvernement de Narbonne, dans les cérémonies publiques. (Transc. au fº 97 vº du présent cartulaire.)

Fº 162. — **1730** (20 octobre). — Lettre écrite à M. de La Fare, commandant de la province, par M. d'Angervilliers, en réponse à la demande d'éclaircissements qui avait été présentée par les officiers du gouvernement de la ville, sur l'exécution de l'ordonnance du 29 août 1729, relative à la préséance. (Transc. au fº 97 du présent cartulaire.)

Fº 162 vº. — **1777** (25 mai). — Lettre adressée par les maire et consuls de Narbonne à M. le comte de Saint-Germain, ministre de la guerre, en lui envoyant le mémoire qu'ils avaient rédigé pour être maintenus, contre les officiers du gouvernement de la place, en possession du privilége qui leur attribuait, en l'absence du gouverneur et de son lieutenant, la garde de la moitié des clefs des portes qui étaient au pouvoir des officiers de l'état-major de la ville. L'incident avait été provoqué par M. le comte de Monteil, lieutenant audit gouvernement, qui, à la veille de s'absenter, avait remis cette moitié des clefs aux officiers du génie, « établis depuis un mois dans la ville. » — Mémoire des consuls sur cet incident. Dans la suscription de ce mémoire, les consuls déclarent qu'ils sont en mesure de justifier, par les actes les plus authentiques, « qu'ils « avoient anciennement le gouvernement et commandement de la ville, et qu'à eux seuls appartenoit le droit « d'en garder les clefs, lors même que les vicomtes exerçoient dans lad. ville une autorité quasi souveraine, qu'ils « partageoient cependant avec lesd. consuls. » Après avoir affirmé ce droit, les consuls constatent, dans les termes suivants, les autres droits du consulat et les actes qu'ils avaient accomplis en vertu de ses attributions organiques dont ce droit n'était que la conséquence : « ils avoient « le droit de lever des troupes, de déclarer la guerre, de « traiter de la paix et de faire des alliances avec les têtes « couronnées et les républiques. Il existe dans les archives « de la ville des anciens actes qui justifient des différents « traités de paix et alliances faites entre les consuls de « Narbonne et les Génois, les Pizans, la communauté de « Savône, les habitants de Ventimilian, la Sicille, avec « le grand maître de Rodes, avec l'empereur de Constantinople, avec le comte des Ampuries, et avec ceux de « Nice, de Ventimilian, de Toulon et de Marseille. » Cette exposition faite, et en déclarant que, de tous leurs titres au maintien du privilége qu'ils réclament, celui auquel ils attachent le plus de prix est « de n'avoir jamais cessé d'être « bons Français, et d'avoir toujours été fidèles à leur prince « et à leur patrie, » les consuls établissent ensuite : — que le premier capitaine gouverneur de la ville, créé par lettres patentes de François Ier (v. AA. 105, 5e thal., f°s 104 v° et 105), après avoir prêté, entre les mains de M. le cardinal de Sens, le serment requis, remit les clefs de Narbonne, conformément à l'ordre qu'il en avait reçu du chancelier de France, entre les mains des consuls; — que, par son ordonnance de l'année 1613, le connétable de Montmorency, gouverneur du Languedoc, partagea entre les consuls et M. de Ricardelle, lieutenant au gouvernement de la ville, les clefs de la porte Connétable; — que, d'après le dénombrement remis aux commissaires du roi en l'année 1631 (v. AA. 114, cart. B, f° 41 v°, et AA. 116, cart. D, f° 129), et les lettres d'amortissement obtenues par les consuls le 15 avril 1633, ces consuls tiennent la moitié des clefs des portes, ponts-levis et râteaux, « desquelles il a plu au roy « les honorer en reconnaissance du devoir qu'ils ont toujours apporté et apportent à la garde de la ville, » et, en outre, lorsque le gouverneur et son lieutenant s'absentent, ils ont la garde de l'autre moitié des clefs, qui doivent leur être remises dans la maison consulaire, de sorte qu'ils ont alors l'entier gouvernement de la ville; — que des contestations étant survenues entre les consuls et M. de la Maurensanne, lieutenant au gouvernement de Narbonne, elles furent vidées par l'entremise de M. d'Aguesseau, intendant du Languedoc, de M. le cardinal de Bonzy, archevêque de Narbonne, et de M. Boudon, trésorier de France en la généralité de Montpellier, qui décidèrent, conformément aux ordres du roi, qu'en l'absence de M. de la Maurensanne le premier consul et le second auraient, l'un en l'absence de l'autre, le commandement des armes dans la ville, et donneraient le mot d'ordre, ce que les autres consuls, en l'absence des deux premiers, ne pourraient faire, à moins « qu'ils ne fussent assemblés pour le moins « trois dans la maison de ville, avec le chaperon; » et qu'à l'égard des clefs il ne fut rien changé à l'ordre précédemment établi; — qu'il résulte du dénombrement remis le 18 septembre 1687 (v. f° 112 du présent cartulaire), que les consuls ont toutes les clefs des portes lorsqu'ils ont le commandement de la ville, ainsi qu'il est porté par les lettres patentes de Charles V, du 12 mars 1369; etc. Malgré les titres précis sur lesquels est fondé ce privilége, il donna lieu à des contestations qui furent terminées par l'ordonnance du 29 août 1729, par laquelle il est décidé que les consuls continueront à jouir du droit de garder la moitié des clefs des portes et des ponts-levis et souterrains de la ville, de commander les armes en l'absence du gouverneur et de son lieutenant, et qu'à cet effet il sera procédé à un partage des clefs; etc. Après s'être demandé le motif sur lequel le lieutenant du roi a pu s'appuyer pour détruire l'ordre établi dans le gouvernement de la ville et dépouiller ses représentants de l'une de leurs prérogatives, ils concluent en ces termes : « Si la nouvelle ordonnance (31 dé- « cembre 1776) prive l'état-major du commandement des « troupes, le corps de ville n'a garde de prétendre à un « commandement dont le roi a jugé à propos de dépouiller « l'état-major; mais, si en perdant le commandement des « troupes M. le lieutenant du roi reste toujours comman- « dant de la place, et qu'en cette qualité il garde la moitié « des clefs, les consuls, qui ont le droit de le représenter « en cette qualité de commandant, doivent nécessairement « être nantis de la totalité des clefs. La ville de Narbonne... « n'est pas la seule du royaume qui participe aux honneurs « du commandement. Les villes de Toulon, Bayonne et « quelques autres, jouissent des mêmes avantages... »

F° 165. — **1749** (mai). — Partie finale de l'édit analysé plus bas, sous la cote f° 182, qui supprime l'imposition du dixième établie par la déclaration du 29 août 1741, et crée une caisse générale d'amortissement pour le remboursement des dettes de l'État, au moyen de la levée de l'imposition du vingtième attribuée à cette caisse.

F° 165 v°. — **1750** (2 mars). — Ordonnance de Jean Le Nain, baron d'Asfeld, intendant du Languedoc, relative à l'exécution de l'édit du mois de mai 1749, qui crée la caisse d'amortissement et lui attribue le produit de l'imposition du vingtième, faite au profit de l'État, en remplacement de l'imposition du dixième établie par la déclaration du 29 août 1741. Voici les principales dispositions de cette ordonnance : — la perception du vingtième sera faite de la même manière que celle du dixième levée au profit de la province, par les collecteurs des autres impositions ; — tous propriétaires ou usufruitiers, nobles ou roturiers, privilégiés, engagistes du domaine, tuteurs et administrateurs de biens de mineurs, curateurs à successions vacantes, etc., seront tenus de déclarer tous les biens fonds, rentes, pensions et revenus dont ils jouissent de quelque manière et à quelque titre que ce soit; — la même déclaration devra être faite par les corps de justice, les communautés de notaires, procureurs, marchands, artisans, etc., en ce qui concerne les bénéfices qu'ils peuvent réaliser dans l'exercice de leurs professions, industries et métiers; — les seigneurs et propriétaires de fiefs, justices, *terriers*, etc., fourniront également leur déclaration pour les droits féodaux qu'ils se seront réservés dans leurs fermes, sur le pied d'une année commune calculée sur les six dernières années; — les déclarations seront données séparément, et pour les biens situés dans un même territoire; — à l'égard des fermes qui seront consenties, par un bail unique, pour des terres ou domaines s'étendant sur plusieurs territoires, la déclaration sera faite dans la communauté où le principal manoir sera situé; — à cette déclaration il devra être joint une copie certifiée du bail, sous peine du quadruple de l'imposition; — les déclarations contiendront l'indication de la ville, de la communauté, de la paroisse et du diocèse dans le territoire desquels les biens sont situés; elles détailleront les diverses espèces de ces biens, leur nature, leur étendue, leur consistance; la contenance, en arpents ou en *journaux* et autres mesures, des terres labourables, prés, vignes, bois, olivettes, etc.; le nombre des maisons et enclos, des moulins, des forges et martinets; les étangs, les péages, passages, ponts, bacs et bateaux; les droits de pêche, de mesurage, de minage, de messageries, etc. Si les biens sont affermés, elles porteront la date du bail, le nom et la résidence du notaire qui l'a reçu, le détail et la valeur approximative des réserves qui y sont contenues, etc.; elles seront certifiées et signées véritables par les propriétaires eux-mêmes, et appuyées de copies des *pièces probantes*, telles que baux, partages, acquisitions, etc., sur lesquelles il n'existera aucune cause de suspicion ou omission en tout ce qui peut produire un revenu, le tout sous peine du quadruple de l'imposition en cas de déclaration fausse; — les déclarations seront écrites sur papier libre, même celles qui seront faites devant notaire; — elles devront être fournies dans la quinzaine, à dater du jour de cette ordonnance, entre les mains des maires et syndics ou consuls des communautés, sauf en ce qui regarde les gentilhommes, les possesseurs de fiefs, les officiers de justice, et autres privilégiés, qui pourront les remettre directement entre les mains des subdélégués de l'intendance; — les biens et revenus pour lesquels la déclaration n'aura pas été faite dans le délai fixé seront taxés au double; — pour faciliter la rédaction des rôles du vingtième, il est enjoint aux maires et syndics ou consuls des communautés, de fournir un état détaillé des noms et surnoms de tous les habitants possédant des biens ou revenus dans le territoire, ou y réalisant des revenus par l'exercice d'une profession ou d'une industrie; — les propriétaires qui auront remis leurs déclarations, certifiées et signées comme il est dit ci-dessus, seront portés dans les rôles sur le pied de ces déclarations; les autres y seront portés sur le chiffre de l'estimation qui sera faite de leurs biens et revenus par les maires, syndics ou officiers municipaux des communautés; — nul ne pourra obtenir de réduction en cas de surcharge qu'en justifiant, par quittances régulières, qu'il a déjà payé la moitié de l'imposition ; — à l'égard des rentes dues par la province, par les diocèses ou les communautés, l'imposition en sera faite d'après les états de ces rentes, qui seront fournis par le trésorier général de la province, par les receveurs des diocèses et par les maires, syndics ou consuls des communautés, etc. — Mention de la publication de cette ordonnance et de l'édit auquel elle se rapporte, dans les rues de la ville, et de son enregistrement au greffe consulaire.

Fº 168 vº. — **1750** (17-25 mars). — Arrêt du conseil d'État, contenant règlement sur la levée et la destination des impositions faites dans la province pour l'année 1750. Cet arrêt est donné comme suite de celui du 28 février 1750, portant cassation des délibérations des États du Languedoc des 5 et 12 février, en raison desquelles ces États furent dissous, par ordre du roi, le 17 du même mois de février 1750. Toutes les affaires de la province devaient être désormais gouvernées et administrées sous l'autorité du roi, « avec toute l'attention et l'économie nécessaires « pour parvenir à procurer à ses peuples.... tout le soula- « gement qu'ils peuvent se promettre des dispositions « favorables dans lesquelles S. M. a toujours été à leur « égard,.... et qu'elle est dans la résolution de leur conti- « nuer, voulant bien ne leur rien imputer de ses justes « sujets de mécontentement de la conduite qu'ont tenue « les membres des États dans leur dernière assemblée. » — L'arrêt dispose, en conséquence, ce qui suit : — le montant et la destination des impositions de l'année 1750 resteront, sans nul changement, ce qu'ils sont pour l'année 1749; — les rôles seront dressés par les soins des maires, capitouls, syndics ou consuls des communautés, aussitôt après la publication de l'arrêt, et ils seront exécutoires, contre tous les contribuables, comme les rôles de l'année précédente; — si le montant de l'imposition excède les dépenses auxquelles il doit être pourvu, l'excédant sera employé en moins-imposé sur les rôles de l'année 1751; — toutes les dépenses, les rentes et pensions, etc., seront acquittées aux termes ordinaires; — les comptes des administrations et entreprises des années antérieures seront clos par l'intendant de la province, ou par telles personnes qu'il désignera à cet effet; — il est expressément dérogé à tous édits, déclarations, arrêts, contrats et autres actes contraires à cet arrêt; — si des oppositions interviennent, il ne sera pas sursis à son exécution, et la connaissance de ces oppositions est réservée au conseil d'État; — enfin, tout pouvoir de juridiction et connaissance est attribué à M. Le Nain, intendant de la province, pour exécuter cet arrêt et procéder aux opérations qui s'y rapportent. — Lettres patentes d'attache expédiées pour son exécution. — Ordonnance de Jean Le Nain, baron d'Asfeld, intendant de justice, police et finances du Languedoc, qui prescrit la publication de l'arrêt ci-dessus et de ses lettres d'attache, dans toute la province. Comme les États du Languedoc étaient dans l'usage de permettre aux diocèses et aux communautés de traiter avec leurs receveurs pour le renvoi du premier terme au second, pourvu que le taux de l'intérêt n'excédât pas deux et demi pour cent, pour l'avance faite par ces receveurs, l'ordonnance autorise les officiers desdits diocèses et communautés à traiter de ce renvoi dans les mêmes conditions, c'est-à-dire au taux de deux et demi pour cent de l'avance.

F° 171 v°. — **1751** (13 mai). — Note relative au passage et au séjour à Narbonne de Marie-Antoinette, infante d'Espagne, duchesse de Savoie, dans son voyage d'Espagne en Piémont. L'infante fut logée à l'archevêché. Les consuls étaient allés la recevoir à la porte Connétable, en habit de cérémonie. Le soir, ils furent introduits par M. des Granges, lieutenant général, grand maître des cérémonies, et ils offrirent à l'infante leurs présents, qui consistaient en quatre *coffres* de vin rouge et deux quintaux de miel. Des présents en vin rouge et en miel furent aussi offerts par les consuls au chevalier Osorio, grand maître de la maison de l'infante. Enfin, un quintal de miel fut offert à M. des Granges. A son départ de la ville, qui eut lieu le 14 mai, l'infante fut saluée par les consuls à sa sortie par la porte de la Cité.

F° 172. — **1760** (29 février). — Commission de lieutenant du roi au gouvernement de Narbonne, délivrée à Anne-Antoine comte de Monteil, capitaine au régiment d'infanterie de Picardie, en remplacement de M. de Barville, démissionnaire.

F° 172. — **1768** (27 février, — 5 mars). — Sentence arbitrale rendue par Jean-Baptiste-Joseph de Tournier, Jean Désirat, Bernard Laviguerie, Gabriel de Richard, François-Ignace de Sénover et Jean-Pierre Delort, jeune, avocats au barreau de Toulouse, entre le chapitre de l'église collégiale et paroissiale St-Paul et les consuls de Narbonne, sur leur différend relatif aux réparations de cette église qui devaient rester à la charge du chapitre et à celles qui devaient être payées par les paroissiens. Cette sentence déboute les consuls de Narbonne de la demande qu'ils formaient en rejet de certaine transaction intervenue sur le même sujet, entre parties, le 10 mai 1417, et des acquiescements dont elle avait été l'objet de leur part, et sur l'offre faite par le syndic du chapitre St-Paul de réparer, aux frais de ce chapitre, le chœur, le clocher et le cloître, ainsi que les stalles et les battants des portes du chœur et de l'église, elle condamne les consuls, et sous leur nom la communauté, à faire procéder sans délai à toutes les autres réparations de l'entière église, conformément aux termes de la transaction arbitrale ci-dessus mentionnée. — Acte du dépôt de cette sentence dans l'étude d'un notaire de Toulouse, en présence de Jean-Pierre Heylles, praticien, et Dominique Charlas, étudiant à Toulouse.

F° 174. — **1776** (7 juin). — Consultation rédigée par Mes Verny et Delort, avocats au barreau de Toulouse, pour la ville de Narbonne, dans le différend qui s'était élevé entre les consuls et les propriétaires du moulin de la Ville, relativement, 1° au chômage de ce moulin occasionné par les réparations faites à la Robine à la suite des inondations de l'hiver de l'année 1773; 2° et à la répétition des frais de reconstruction de la chaussée ou écluse dudit moulin. Les conclusions de cette consultation sont posées de la manière suivante : — 1° la transaction de l'année 1718 (v. f° 24 du présent cartulaire), qui forme une loi de convention entre la ville et les propriétaires des moulins, doit être exécutée en tous les points qui ont été prévus et réglés; — 2° si, lors de l'inondation de l'année 1766, la ville n'a contribué que pour une moitié aux frais de reconstruction de la chaussée, elle a rempli l'obligation qu'elle s'est imposée par la transaction de 1718; si, au contraire, elle a payé seule les frais de cette reconstruction, elle doit répéter, « per conditionem indebiti, » la moitié de ces frais; — 3° à l'égard des chômages, il faut distinguer deux cas, l'un prévu par la transaction de 1718, l'autre qui n'y a pas été compris, et qui doit dès lors être réglé par le droit commun. Dans le premier cas, il résulte de la convention qui fait la règle des parties que si, pour les réparations annuelles du canal, la ville emploie plus de trente jours, elle est tenue d'indemniser les propriétaires du moulin, et que, par la même raison, si les propriétaires du moulin ne le réparent pas dans un même délai de trente jours, ils doivent indemniser la ville pour le chômage excédant ces trente jours. Mais il ne doit pas en être de même à l'égard des réparations extraordinaires occasionnées par des inondations, parce que nul n'est tenu envers un autre à l'indemniser d'un cas fortuit qu'il n'a pu prévoir ni empêcher, et qui tombe sur une chose dont la faculté est commune; — 4° la ville de Narbonne n'est pas fondée à faire contribuer les propriétaires du moulin aux réparations annuelles d'entretien du canal, ni à celles des cas fortuits. A l'égard des premières, elle les a prises à sa charge par la transaction de 1718, et, en ce qui concerne les secondes, elles sont encore à sa charge, parce qu'en concédant primitivement la faculté de construire un moulin sur le canal, elle a consenti une servitude; or, c'est au propriétaire d'un objet soumis à une servitude qu'incombent son entretien et sa conservation.

F° 176. — **1620** (3 juillet). — Arrêt du Parlement de Toulouse, qui casse les ordonnances du 15 juillet 1619 du bureau des Finances de Béziers, par lesquelles il est permis au fermier du tiers du droit de courtage de l'huile et du miel appartenant au roi, les deux autres tiers de ce droit appartenant à la ville de Narbonne, de faire mesurer l'huile et le miel par des mesures autres que celles des consuls de la ville et par des mains autres que celles de leur fermier. (Transc. au cartul. D, f° 31 v°.)

F° 177. — **1748** (13 avril). — Partie finale de l'ordonnance des commissaires royaux chargés du règlement de tout ce qui concerne l'administration des villes et communautés de la province, dont l'analyse sera donnée, plus bas, sous la cote f° 191 v° du présent cartulaire.

F° 177. — **1748** (13 avril). — État des biens patrimoniaux et octrois de la ville de Narbonne, arrêté à Montpellier par MM. Le Nain, Solas, Saint-Rome, maire de Mende, et Baillarguet, maire de St-Pons, commissaires chargés, en vertu des lettres patentes des 30 janvier 1734 et 25 février 1739, du règlement des affaires administratives des villes et communautés de la province. Cet état est divisé en quatre parties, qui portent les désignations suivantes : 1° biens patrimoniaux dont le produit doit être mis tous les ans en moins-imposé; 2° biens patrimoniaux dont l'évaluation n'a pu être faite; 3° biens patrimoniaux dont le produit ne peut être mis en moins-imposé, attendu leur destination particulière; 4° biens patrimoniaux qui ne produisent aucun revenu.

I. — *Biens patrimoniaux dont le produit est mis annuellement en moins-imposé.*

Ces biens sont les suivants :

— deux portions sur neuf du moulin à blé construit sur la rivière d'Aude, dont le produit est évalué, année commune, à 250 setiers de blé, mesure de Narbonne, qui donnent, déduction faite de tous frais de réparation, régie, entretien, etc. .... 1,300 liv.

— le droit de courtage de l'huile et du miel, dont deux tiers appartiennent à la ville et un tiers appartient au roi, affermé depuis l'année 1746 .... 150 liv.

— le droit de poids, fixé à 3 deniers par quintal de toute espèce de marchandises, évalué à .... 300 liv.

— la maison de la triperie, affermée à .... 100 liv.

— le produit de la faculté des herbages du territoire, donnant, année commune .... 280 liv.

— les droits seigneuriaux de l'île del Lec et les albergues payées par les habitants d'Armissan, de Cuxac, de Pérignan, de Marmorières .... 29 l. 15 s.

— la rente payée par les religieuses de la Croix, pour la maison qu'elles ont acquise dans la directe du roi, dont la ville est engagiste .... 3 l. 3 s. 2 d.

— la rente produite par l'étang de St-Laurent... 6 liv.

— l'albergue à laquelle est soumis le patu d'Antoine Fournier, suivant acte d'obligation du 6 juillet 1703. 6 liv.

— la rente due par le sieur Revial, pour la prise d'eau qui lui a été concédée le 24 juin 1729 .... 10 liv.

— la rente du terrain de l'abreuvoir, due par M. Lhéritier suivant acte du 21 mars 1723 .... 15 liv.

— la rente due par MM. du chapitre St-Paul, pour la jouissance de trois lignes d'eau pendant quatre mois de l'année .... 15 liv.

— la rente due par M. Gairaud, pour la jouissance de trois lignes d'eau qui lui ont été concédées par délibération du 12 octobre 1744 .... 24 liv.

— les sommes dont il est fait fonds annuellement dans les états du roi en faveur de la ville, — 1° pour la décharge des tailles des maisons démolies lors de la construction de la place Royale (place de la Cité), suivant l'arrêt du conseil d'État du 14 mars 1673, 379 liv.; — 2° pour la décharge des tailles accordée aux habitants conjointement avec ceux de la Haute-Corbière, frontière d'Espagne, 2,867 liv.; — 3° l'exemption des tailles des terrains pris pour les fortifications de la ville, réglée par un arrêt du conseil d'État du 4 octobre 1645, 499 liv.; — 4° et pour les trois quarts des épices des maire et consuls de la ville, des deniers des crues et du robinage, suivant les édits des années 1626 et 1631; lesquelles sommes s'élèvent à .... 3,634 l. 2 s. 6 d.

— l'affranchissement du taillon, réglé par l'arrêt du conseil d'État du 6 mars 1633, à .... 1,480 liv.

— la rente imposée par le diocèse de Narbonne, dans le département des frais d'assiette, pour indemnité de celle qui est imposée pour M. Molier, à laquelle la ville ne doit pas contribuer .... 8 l. 15 s. 9 d.

— l'indemnité de la taille des maisons prises pour l'hôpital général, en exécution des lettres patentes du mois de mai 1678 qui établissent cet hôpital, laquelle indemnité est servie par le diocèse de Narbonne...... 98 l. 11 s. 10 d.

— le produit de la prébende préceptoriale du chapitre St-Just affectée à l'entretien du collége, suivant l'acte du 17 juillet 1619........................... 600 liv.

— la rente servie par le diocèse de Narbonne en raison de l'office de trésorier collecteur acquis par la ville, et compris dans la réunion de tous les offices de trésorier collecteur des communautés du diocèse, faite en exécution de l'arrêt du conseil d'État du 19 mars 1695.. 727 l. 10 s.

— enfin, le droit d'équivalent, dont le produit annuel est à mettre en moins-imposé, tant qu'il plaira au roi de surseoir à l'exécution des ouvrages du canal auquel il a été affecté par l'arrêt du 2 juillet 1686........ 4,000 liv.

II. - *Biens patrimoniaux dont l'évaluation n'a pu être faite.*

Le quart des lods de la directe que le roi a donnée en engagement à la ville, par arrêt du conseil d'État du 26 janvier 1694, les autres trois quarts ayant été affranchis par les habitants, et les lods et censives d'une autre directe qui n'a pu être affermée (c'est la directe vendue à la ville, avec le droit de cosse, par Arnaud du Lac, le 30 janvier 1523). (V. AA. 112, 12e thal., fo 16.)

III. - *Biens patrimoniaux dont le produit a une destination particulière.*

Le droit de robinage levé sur les bateaux et les marchandises venant de la mer et entrant dans la ville par la rivière d'Aude (la Robine), ou en sortant pour aller à la mer, dont le produit annuel, qui est affecté à l'entretien de la rivière et aux ouvrages énoncés dans l'arrêt du conseil d'État du 2 juillet 1686, et dont le syndic de la ville rend compte chaque année en la chambre des Comptes de Montpellier, est de........................... 1,300 liv.

— le droit levé sur le canal qui va de Narbonne à la rivière d'Aude, en vertu de l'arrêt du conseil d'État du 18 octobre 1690. Ce droit est de 6 deniers par quintal poids de marc de toutes les marchandises et denrées qui sont voiturées sur le canal. Son produit est affecté à l'entretien des ouvrages du canal, aux gages des commis chargés de la perception, aux gages des quatre garde-écluses. Le syndic de la ville en rend compte tous les ans devant la chambre des Comptes de Montpellier. Année commune, il est évalué à.......................... 4,000 liv.

— le fonds de la morte-paye et de l'état-major, des réparations des ponts-levis, râteaux et arches, sur lequel il reste à la ville, déduction faite des charges énoncées dans la délibération du 9 juillet 1746, une somme de 3,700 liv. également affectée, par l'arrêt du 2 juillet 1686, aux ouvrages du canal. Le syndic de la ville doit en rendre compte annuellement devant la chambre des Comptes de Montpellier. Ce fonds, fixé par l'arrêt du conseil d'État du 15 septembre 1719, est de.................... 9,000 liv.

IV. — *Biens patrimoniaux qui ne produisent aucun revenu.*

Une maison servant de boucherie, située dans l'île Ste-Marie, de la contenance de 23 cannes 4 pans;

— une maison avec enclos, joignant les remparts de la ville et servant d'écorchoir pour les moutons et autres bestiaux de la boucherie. Cette maison est située dans l'île St-Antoine. Sa contenance est de 194 cannes 2 pans;

— quatre boutiques avec les chambres placées au-dessus, qui sont situées sur la place de la Cité, attenant à la maison de la Vicomté, et qui servent aux fermiers des droits de subvention, d'équivalent et de poids;

— la place couverte, appelée place au Blé, située dans le Bourg, avec les mesures qui y sont établies;

— enfin, les trois fontaines de la ville (celles des trois places du Bourg, de la Cité, et de St-Sébastien).

L'arrêté, sous forme d'ordonnance, mis au bas de l'état des biens patrimoniaux de la ville par les commissaires du roi, enjoint aux consuls d'employer en entier, chaque année, le produit des biens à mettre en moins-imposé, conformément à la déclaration du roi, datée du 30 avril 1697, sous peine d'en répondre en leur privé nom. Il doit être fait mention de ce moins-imposé en tête du préambule du rôle des impositions. Un extrait de ce préambule, avec la copie des contrats et baux d'affermage, doit être remis au receveur des tailles du diocèse, pour en surveiller la recette. Enfin, il est fait défenses à MM. les maire, consuls, greffiers et conseillers de la communauté, de *s'intéresser*, directement ou indirectement, dans l'adjudication des fermages des droits et émoluments de la ville, sous peine de 400 liv. d'amende.

Fo 169 vo. — **1748** (14 décembre). — Note relative à la fête organisée à l'occasion de la première entrée à Narbonne du maréchal duc de Richelieu, commandant en chef du Languedoc, à son retour de l'expédition de Gênes. Le corps des marchands forma une compagnie de 100 hommes vêtus d'un uniforme écarlate à boutons d'or, et portant le chapeau bordé d'or. Cette compagnie monta à cheval, et, précédée de timbales et de trompettes, se porta sur la route de Béziers, alla jusque dans le village de Coursan où elle rencontra le duc, et lui servit ensuite d'escorte jusqu'au palais de l'archevêché où son logement avait été préparé. Le soir, il y eut illumination générale suivie d'un feu d'artifice monumental, qui était orné des statues de Jupiter, représentant Louis XV, de Gênes, d'Hercule, représentant le duc de Richelieu, et de la Valeur, la Gloire, la Prudence et la Renommée. Un cartouche placé sur la face du monument portait l'inscription suivante : « Ludovico Francisco « Armando Duplessis, duci de Richelieu et de Fronsac, « pari et marescallo Franciæ, regii ordinis Sancti Spiritûs « equiti, primo nobili regis cubiculario, totius provinciæ « Occitaniæ præfecto, Genuæ senatori necnon liberatori et « conservatori, hoc, qualicumque amoris indicio, gratu- « lantur prætores Narbonenses. »

Fº 181. — **1749** (23 février). — Lettre de M. Le Brun, commandant de la province, qui remet aux consuls l'ordonnance du roi relative à la publication de la paix. Elle prescrivait un Te Deum d'action de grâces, un feu de joie et des réjouissances publiques.

Fº 181. — **1749** (1-19 février). — Ordonnance du roi relative à la publication de la paix conclue entre la France et le roi d'Angleterre, électeur de Brunswick et Lunebourg, et Marie-Thérèse, reine de Hongrie et de Bohême, impératrice des *Romains*. — Ordonnance d'Étienne Le Brun, commandant du Languedoc, qui en prescrit la lecture et la publication dans toute la province.

Fº 181 vº. — **1749** (16 mars). — Note relative à la publication de la paix conclue avec le roi d'Angleterre et la reine de Hongrie. — MM. les consuls, « le procureur « du roi de la ville » et le syndic-greffier, avec le substitut au greffe, tous en habit de cérémonie, montèrent à cheval devant la maison de ville, et, précédés des valets consulaires, des hallebardiers et des trompettes, qui étaient aussi à cheval, ils allèrent publier la paix par la lecture de l'ordonnance du roi, à la place de la Cité, devant la Porte-Roy, aux Barques de la Cité et du Bourg, devant la porte Connétable, et à la place du Bourg. Durant cette publication, le commandant de la place fit faire une décharge de 12 pièces de canon. Pendant la marche, les consuls jetaient des dragées au peuple. Un Te Deum fut chanté dans l'église Saint-Just. Après le chant du Te Deum eut lieu une nouvelle décharge d'artillerie. Le soir, un feu de joie fut allumé sur les Barques du Bourg. A la suite de ce feu de joie, les consuls firent « tirer beaucoup de fuzées en l'air « et une douzaine de fuzées dans l'eau. »

Fº 182. — **1749** (mai). — Édit du roi, qui supprime l'imposition du dixième établi par la déclaration du 29 août 1741, et qui porte création d'une caisse générale d'amortissement pour le remboursement des dettes de l'État, au moyen de la levée de l'imposition du vingtième attribué à cette caisse. Pour amener la diminution progressive des dettes de l'État, qui avaient été occasionnées par les guerres continuelles du règne de Louis XIV et par la guerre de 1733, l'imposition du vingtième est jugée préférable à tout autre mode parce qu'elle répartit la charge de la manière la plus juste sur tous les sujets, dans la proportion de leurs biens et de leurs facultés, et parce que sa levée s'effectuant « sans traité ni remise extraordinaire, » l'État profitera de son entier produit, sans diminution. L'imposition du vingtième porte sur tous propriétaires ou usufruitiers, nobles ou roturiers, privilégiés ou non privilégiés, même sur les apanagistes et engagistes, pour le revenu de tous fonds de terre, prés, bois, vignes, marais, pacages, usages, étangs, rivières, moulins, forges, fourneaux et usines, ainsi que pour les droits seigneuriaux de champart, les censives, les dîmes, les péages, passages, bacs, ponts, canaux, rentes, gages, etc., de quelque nature qu'ils soient, affermés ou non affermés, à l'exception des rentes établies sur l'hôtel de ville de Paris et sur les tailles, des quittances de finance portant intérêt à deux pour cent, des gages réduits au denier cinquante, ainsi que de toutes les rentes exemptées de l'imposition du dixième par la déclaration du 29 août 1741.

Fº 185. — **1735** (14 mai). — Partie finale des lettres patentes d'attache expédiées pour l'exécution de l'arrêt du conseil d'État du même jour, qui porte création d'un marché public à Narbonne, fixé au jeudi de chaque semaine; lesquelles lettres patentes seront analysées plus bas, au fº 195 vº du présent cartulaire.

Fº 185. — **1735** (4 juin). — Arrêt du Parlement de Toulouse, qui ordonne l'enregistrement de l'arrêt du conseil d'État et des lettres patentes d'attache du 14 mai 1735, portant création du marché de Narbonne.

Fº 185 vº. — **1748** (26 mars, — 7 mai). — Arrêt du conseil d'État, qui permet aux maire, consuls et habitants de Narbonne de continuer, pendant douze années à dater du 1er août 1743, la levée, par forme de subvention, de 3 deniers sur chaque petite livre de viande vendue dans la ville et le territoire de Narbonne, et de 2 deniers sur chaque petite livre de porc frais ou salé, vendue aussi dans ladite ville. Le produit de cette subvention était affecté au paiement des dettes de la ville, qui étaient encore, à la date de cet arrêt, de 108,929 liv. Cette subvention était précédemment de 6 deniers sur la viande de boucherie et de 4 den. sur le porc frais ou salé. Elle avait été autorisée par arrêt du 27 mars 1734 pour une durée de douze années (v. fº 102 vº du présent cartulaire). — Lettres patentes d'attache expédiées pour l'exécution de cet arrêt. — Enregistrement de l'arrêt et des lettres patentes en la cour des Comptes, Aides et Finances de Montpellier.

Fº 187. — **1743** (10 décembre). — Arrêt du conseil d'État, qui, sur l'instance pendante entre l'adjudicataire général des fermes et le fermier du droit de robinage de

Narbonne, évoquée au conseil, autorise les consuls de ladite ville à percevoir le droit de robinage sur les sels qui seront voiturés par le canal de la Robine, à raison de 3 deniers par minot ou quintal. M. Jacques Forceville, adjudicataire général des fermes, avait produit au procès un mémoire dans lequel il exposait que les sels devaient être exempts du droit de robinage, « attandu le droit de « canal qui se paye sur ces mêmes sels; que ce canal « étant le même que la partie appelée Robine, ce serait « exiger deux droits sur le même canal, et que, d'ailleurs, « la Robine ayant été navigable dans tous les temps, ainsi « que les consuls l'ont reconnu dans une première re- « quête, elle ne saurait exiger les mêmes réparations « d'entretien que le canal. » — Lettres patentes d'attache expédiées pour l'exécution de cet arrêt.

F° 188 v°. — 1743 (11-16 décembre).— Ordonnance de Jean Le Nain, baron d'Asfeld, intendant du Languedoc, qui déboute M. Bouisset, acquéreur de l'office de troisième consul de la ville de Narbonne, de l'opposition qu'il avait formée à la nomination de M. Merlac, second consul, en qualité de départeur des impositions. — Notification de cette ordonnance à M. Bouisset et à M. Gayraud, receveur du diocèse, par Jean-François Olive, « seul huissier royal » à Narbonne.

F° 189. — 1744 (20 septembre). — Note relative aux réjouissances publiques organisées à Narbonne à l'occasion de la convalescence du roi. Les faits relatés dans cette note sont précédés d'une déclaration dans laquelle les consuls affirment, au nom de la ville, ses sentiments de dévouement à la royauté. Cette déclaration est conçue dans les termes suivants : « La ville de Narbonne, qui ne cède « à aucune pour les sentiments d'amour et de fidélité « qu'elle doit à son souverain, et qui sont redoublés à « l'égard d'un roi à qui tous ses peuples ont donné de « concert le surnom de Bien Aimé, a voulu donner des « démonstrations publiques de sa joie. » — Un arc de triomphe fut élevé devant la grande porte de l'hôtel de ville. Aux quatre côtés de cet arc, une fontaine donnait du vin rouge. Dans la grande salle de l'hôtel de ville, « où se « trouve la chapelle, » qui avait été ornée pour la circonstance, le portrait du roi avait été placé sous un riche dais pendant le chant du Te Deum et la récitation des prières ordinaires, qui eurent lieu au bruit du canon de la place. Le soir, un feu de joie fut allumé sur le plan des Barques du Bourg. « La galerie des entrepôts du sel qui domine ce « plan était couverte par un feu d'artifice qui joua pendant « toute la durée du feu. On jeta beaucoup de fuzées dans « l'air et dans l'eau. » La fête se termina par un repas qui fut donné par les consuls dans le grand consistoire de l'hôtel de ville.

F° 189 v°. — 1745 (29 septembre). — Lettre de M. le comte d'Argenson, ministre de la guerre, par laquelle il décide que, suivant l'esprit de la lettre de M. d'Angervilliers (v. f° 97 du présent cartulaire), lorsque le commandant d'une place est présent dans cette place, et est valide, le major ne peut le représenter dans les cérémonies publiques ; mais que, si le commandant est retenu chez lui pour cause de maladie, le major peut le suppléer comme s'il était réellement absent.

F° 189 v°. — 1746 (15 septembre). — Lettre de M. Ladevèze, commandant de la province, qui répond à M. Merlac, second consul, à la suite des renseignements qu'il avait reçus de lui concernant le départ de M. de Prémont, major de la ville. (Transc. au f° 160 v° du présent cartulaire.)

F° 189 v°. — 1747 (23 octobre). — Lettre de M. le comte d'Argenson, ministre de la guerre, datée de Fontainebleau, qui répond aux observations auxquelles avait donné lieu de la part des consuls un acte de police que M. de Barville, lieutenant du roi, avait exécuté au préjudice de leurs attributions. M. de Barville avait fait arrêter et passer par les verges deux filles accusées de débauche avec des soldats du régiment de Mottet. « Si ces filles avaient « été prises en flagrant délit dans les chambrées des sol- « dats, dit le ministre, il auroit très bien fait de leur faire « subir cette punition ; mais comme il paroit qu'il les a fait « prendre dans leur maison, je lui mande que, dans ce « cas, il auroit deub les faire remettre en votre pouvoir « pour informer de leurs vie et mœurs et les juger selon « que le cas auroit pu le requérir. »

F° 189 v°. — 1748 (13 avril). — Nouveau règlement relatif aux dépenses ordinaires de la ville de Narbonne, arrêté à Montpellier par MM. Le Nain, Solas, St-Rome, maire de Mende, et Baillarguet, maire de St-Pons, commissaires royaux chargés, en vertu des lettres patentes du 30 janvier 1734, de l'administration des affaires des villes et communautés de la province.— Les dépenses ordinaires de la ville sont réglées ainsi qu'il suit :

— Gages, livrées et robes consulaires...... 1,500 liv.

— Gages des six valets des consuls ou escudiers 900 liv.

— Robes et manteaux de ces valets.......... 150 liv.

— Gages des deux hallebardiers de livrée de la maison consulaire.................................. 360 liv.

— Habillement de ces deux hallebardiers...... 75 liv.

— Chandelles de l'hôtel de ville............ 20 liv.

— Charbon pour le chauffage de l'hôtel de ville 100 liv.

— Gages du greffier consulaire et de son commis; façon du rôle de la taille et du compoix cabaliste ; fourniture du papier timbré pour les rôles, les expéditions, les registres des délibérations, etc. 900 liv.

— Gages du syndic de la ville. 600 liv.

— Gages du romainier. 50 liv.

— Gages des portiers (deux) autres que ceux qui sont payés sur le fonds de la morte-paye. 324 liv.

— Gages du commis établi à la place au Blé... 144 liv.

— Robes et habits des quatre collégiats entretenus au collége. 200 liv.

— Fournitures pour les messes célébrées dans la chapelle de l'hôtel de ville. 90 liv.

— Honoraire du prédicateur des stations de l'Avent et du Carême dans l'église St-Paul, suivant les transactions passées avec le chapitre de cette église le 30 décembre 1589 et le 6 juillet 1650. 150 liv.

— Entretien des trois lampes du vœu fait par les consuls lors de la grande peste (1628 à 1632). — Ces trois lampes sont placées dans les églises St-Paul, N.-D. de Lamourguié et St-Sébastien. 75 liv.

— Entretien de l'horloge. 30 liv.

— Entretien des fontaines et de la machine qui porte l'eau à la fontaine de la place St-Sébastien...... 800 liv.

— Entretien des deux tombereaux chargés du nettoyage des rues; gages et habillement des deux valets « servant ces tombereaux ». 780 liv.

— Moitié à la charge de la ville des frais de pavage des rues, l'autre moitié restant à la charge des propriétaires des maisons. 300 liv.

— Gages des quatre *cotisateurs* du rôle de l'industrie. 144 liv.

— Flambeaux des offrandes consulaires dans les églises St-Paul, St-Just et N.-D. de Lamourguié, aux veilles des fêtes de ces églises. 45 liv.

— Flambeaux de la procession de la Fête-Dieu. 90 liv.

— Subvention à l'hôpital de la Charité « pour la subsis- « tance des pauvres ». 1,200 liv.

— Albergue due à Mgr l'archevêque pour l'extinction de sa boucherie et pour les herbages du Vesq et du Fleix, suivant la transaction du 15 juin 1654. 600 liv.

— Loyer du logement du curé de la paroisse Saint-Paul. 100 liv.

— Réserve pour les dépenses imprévues. (Sur cette réserve il était prélevé une somme de 400 liv. pour l'honoraire du secrétaire de l'intendance du Languedoc) 2,500 l.

Par ce règlement, il est formellement interdit aux maire, consuls et greffier de la ville de se faire remettre aucune partie du fonds des dépenses imprévues, ou d'expédier sur ce fonds des mandements pour des dépenses autres que les suivantes : envoi ou réception d'exprès expédiés pour cause légitime; ports de lettres et paquets; passage de la chaîne des forçats; voitures des soldats invalides ou malades; contrôle des délibérations prises par la communauté; criées et proclamations; réjouissances publiques et réparations urgentes, dans le cas où ces deux dépenses n'excèderont pas 20 livres.

F° 191 v°. — **1748** (13 avril). — Ordonnance des commissaires royaux chargés de l'administration des affaires des villes et communautés de la province, qui autorise, par addition au règlement des dépenses ordinaires de la ville de Narbonne, les dépenses annuelles suivantes :

— Logement du lieutenant du roi au gouvernement de la ville. 300 liv.

— Logement du major. 150 liv.

— Logement de l'aide-major. 60 liv.

— Logement du capitaine des portes. 30 liv.

— Logement du lieutenant général d'artillerie. 60 liv.

— Loger des écuries et des greniers à foin servant à la maréchaussée. 100 liv.

— Subvention aux pères Doctrinaires pour l'entretien du collége. 2,000 liv.

— Allocation aux mêmes pères, en exécution des dispositions de l'arrêt du conseil d'État du 10 mai 1740 (distribution de prix aux élèves du collége). 250 liv.

F° 192. — **1740** (12 août, — 2 octobre). — Partie finale des lettres patentes d'attache expédiées pour l'exécution de l'arrêt du conseil d'État du 12 août 1740, analysé plus bas, sous la cote f° 201 v° du présent cartulaire, qui autorise la levée d'une subvention de 2 deniers par livre petite de viande de boucherie, pour la nourriture et l'entretien des pauvres malades. — Ordonnance de Louis-Basile de Bernage, intendant de la province, qui prescrit l'exécution desdits arrêt et lettres patentes, la mise aux publications, pendant trois dimanches consécutifs, de la ferme du droit autorisé, et l'adjudication de ce droit, à l'extinction des feux, devant M. Rome, subdélégué de l'intendance à Narbonne.

F° 192. — **1740-1741.** — Note relative à l'arrivée et à l'installation de Mgr Jean-Louis de Bertons de Crillon, nommé à l'archevêché de Narbonne après la mort de Mgr de Beauvau. Les consuls de Narbonne avaient projeté de décorer l'entrée de la ville et de rendre au nouvel archevêque les honneurs publics que l'usage avait consacrés, et qui avaient été rendus notamment à ses deux prédécesseurs immédiats, MM. de La Berchère et de Beauvau. Ils lui avaient écrit, à ce sujet, pendant la tenue des États, à Montpellier. Mais M. de Crillon refusa toute espèce de démonstrations, et il écrivit aux consuls la lettre suivante pour leur faire connaître sa résolution : « Je vous prie, « Messieurs, de ne point vous occuper du cérémonial de « mon arrivée à Narbonne. Je veux vous en épargner la « peine et la dépense. Je prendray si bien mes mesures

« que vous ne serez même pas avertis du jour que j'y « arriverai. » M. de Crillon arriva à Narbonne le 15 février 1741. Le lendemain, les consuls allèrent lui faire leur visite, en robe de cérémonie, et le haranguèrent. M. de Richeroye, avocat, porta la parole. Le 18, l'archevêque fut reçu et installé par le chapitre St-Just.

F° 192 v°. — **1741** (13 mars). — Note relative au passage de M. le comte de La Marck, grand d'Espagne de première classe, comte du St-Empire, gouverneur de Landrecies, ambassadeur extraordinaire et plénipotentiaire de France près S. M. C., au retour de son ambassade. Sur l'invitation que leur en avait faite M. de Barville, conformément aux ordres du duc de Richelieu, commandant de la province, les consuls lui firent leur visite, en robe de cérémonie, dans le palais de l'archevêché, où il était descendu.

F° 193. — **1741** (20 mars). — Note relative à l'entrée à Narbonne du duc de Richelieu, commandant de la province. A son arrivée, les consuls sortirent de la première barrière, « et s'étant approchés du carrosse de M. le duc, « qui descendit, ils le prièrent de recevoir la harangue « qui devait être faite par Me Lagarde, avocat. M. le duc « les en dispensa et entra dans la ville, où il alla loger à « l'archevêché. Tout de suite MM. les consuls et ledit « Me Lagarde s'y rendirent, et le haranguèrent. »

F° 193. — **1741** (30 avril). — Brevet délivré à M. Morel pour le titre d'aide-major au gouvernement de Narbonne, où il exerçait la charge de capitaine des portes. — Mention de la lecture de ce brevet en conseil politique de la ville.

F° 193. — **1742**. — Relation des réjouissances publiques organisées, dans la ville de Narbonne, à l'occasion de la promotion de Mgr de Crillon à la dignité de commandeur de l'ordre du St-Esprit, lors de son retour des États. Des arcs de triomphe avaient été élevés par les consuls à la porte de la Cité, à l'avenue et à la porte du palais archiépiscopal, à la porte de la maison consulaire. Les 50 hallebardiers du gouverneur, commandés par les officiers de l'état-major de la place, étaient sous les armes dans le revelin de la porte de la Cité, et 9 compagnies du régiment de Bigorre-infanterie, qui étaient en garnison dans la ville en attendant le passage de l'infant, formaient la haie depuis la porte de la Cité jusqu'au palais de l'archevêque. Les consuls complimentèrent M. de Crillon, par la bouche de Me Lagarde, avocat. Un feu de joie et un feu d'artifice accompagné de fuzées volantes et de fuzées d'eau, cloturèrent la fête. Ces feux étaient dressés sur le plan des Barques du Bourg. Un dîner de seize couverts avait été donné dans le grand consistoire de l'hôtel de ville par les consuls. Suivant l'usage de l'époque, le feu d'artifice était un monument à quatre faces ornées de statues et chargées d'inscriptions et de devises. Les statues représentaient la Religion, la France, la Justice, la Prudence, la Force, la Tempérance. Les devises étaient nombreuses. On en comptait douze principales. La dédicace du monument était conçue en ces termes :

« Joanni a Britonibus de Crillon,
« Archiepiscopo ac primati narbonensi,
« Regia munificentia
« Regii ordinis Sancti Spiritus commendatori,
« Regens inaugurato patri patriæ,
« Semper dilecto semper diligendo,
« Hoc, qualecumque gratulationis indicium,
« Pretores Narbonenses posuerunt. »

F° 195. — **1742** (20 mars 1742). — Note relative au passage de l'infant d'Espagne, don Philippe, gendre du roi, venant d'Espagne et se rendant en Provence. L'infant fut complimenté sur la place d'armes de la porte Connétable, vis-à-vis du corps de garde intérieur, par Me Lagarde, avocat, au nom de la ville et des consuls. Lorsque l'infant fut arrivé au logement qui lui avait été préparé dans le palais archiépiscopal, les consuls lui offrirent les présents de la ville, qui étaient portés par les valets consulaires, et qui consistaient en quatre coffres de vin rouge, un quintal de miel et douze flambeaux *de poing* de cire blanche. M. de Santa-Crux accompagnait l'infant en qualité de grand maître de sa maison. Plusieurs arcs de triomphe avaient été élevés entre la porte Connétable et la palais archiépiscopal, sur le parcours que l'infant devait suivre. Les rues avaient été tapissées. Le soir, il y eut une illumination générale. L'infant soupa à l'archevêché avec les seigneurs de sa suite à une table de douze couverts, où se trouvaient le duc d'Agenais, envoyé par le roi pour le complimenter, le duc de Richelieu, commandant de la province, M. l'intendant du Languedoc, l'archevêque de Narbonne, etc.

F° 195. — **1735** (5 avril,-14 mai). — Arrêt du conseil d'État, rendu à la requête des consuls et habitants de la ville, par lequel un marché public, fixé au jeudi de chaque semaine, est créé à Narbonne. — Lettres patentes d'attache expédiées pour l'exécution de cet arrêt. (Transc. au f° 129 du présent cartulaire.)

F° 196 v°. — **1738** (16 avril). — Commission délivrée à M. de Barville, capitaine au régiment d'infanterie Dauphin, pour la charge de lieutenant du roi au gouvernement de Narbonne, vacante par le décès de M. de Lafargue.

F° 197. — **1739** (25 janvier). — Délibération prise par les dames religieuses de la congrégation de la Croix, par laquelle le règlement de l'indemnité due aux consuls de Narbonne à cause de la mutation en mainmorte des deux maisons qu'elles avaient acquises, l'une de M. le vicomte de Montbrun, dans l'île St-Vincent, au prix principal de 1,200 liv., par acte du 12 octobre 1715, l'autre des héritiers de Guillaume Doumerc, île La Major, au prix de 1,600 liv., par acte du 11 janvier 1738, demeure approuvée à la somme de 3 liv. 3 s. 2 den. payable à la ville, le 1er janvier de chaque année, à raison de la directe du roi de laquelle dépendaient ces deux maisons et dont la ville était engagiste. Cette indemnité avait été réglée à la somme annuelle de 3 liv. 3 s. 2 den. sur la base d'un lods dû une fois chaque vingt-neuf années. En effet, la totalité des lods dus, sur le pied du sixième denier de l'acquisition, pour le quart du droit, était de 91 liv. 13 s. 4 den., dont le vingt-neuvième produit la même somme de 3 liv. 3 s. 2 deniers. — La délibération est prise par le conseil de la congrégation, qui était composé de sœur Jeanne Cabanes, supérieure du couvent, Élisabeth Hanot, assistante, Marie Razimbaud, Catherine Pinaud du Calvaire, Anne Thévenin de la Trinité, et Magdeleine-Françoise Leseur, économe.

Fo 197 vo. — **1739** (24 juin). — Lettre de M. d'Iverny, qui transmet aux consuls l'ordonnance du roi, du 28 mai 1739, relative à la publication de la paix conclue entre la France, l'empereur Charles et les seigneurs princes Électeurs de l'empire. Les consuls devaient faire publier cette ordonnance, et faire un feu de joie avec les réjouissances publiques d'usage en semblable circonstance. Ils devaient aussi assister au chant du Te Deum dans l'église principale de la ville.

Fo 197 vo. — **1739** (28 mai,-24 juin). — Ordonnance du roi, datée de Versailles, donnée pour la publication de la paix conclue entre la France, l'empereur Charles et les seigneurs princes Électeurs de l'empire. — Ordonnance de Louis-Auguste de Bourbon, prince souverain des Dombes, comte d'Eu, colonel général des Suisses et Grisons, gouverneur et lieutenant général pour le roi dans le Haut et le Bas-Languedoc, qui en prescrit la lecture et la publication dans tous les lieux *ordinaires* de son gouvernement. — Ordonnance de Louis-Basile de Bernage, intendant du Languedoc, qui mande à exécution les deux précédentes dans toute l'étendue de la province.

Fo 198. — **1739.** — Publication de la paix, faite par les consuls avec le cérémonial accoutumé et les réjouissances d'usage, c'est-à-dire chant du Te Deum, marche officielle, avec trompettes et hautbois, précédée de deux compagnies de la garde bourgeoise, feu de joie, décharges d'artillerie, souper dans l'hôtel de ville, feu d'artifice monumental, etc. — Relation de la décoration et des devises de ce feu d'artifice, qui était composé de huit colonnes d'ordre toscan, supportant un entablement surmonté d'une attique chargée de la statue de la Paix et de quatre Renommées. Le monument était de plus orné des statues d'Astrée descendant du ciel la balance à la main, de Harpocrate, dieu du Silence, de Minerve, du temple de Janus, etc. Au souper officiel donné par les consuls, figuraient le comte de Lautrec, lieutenant général, inspecteur général de l'infanterie, le comte d'Albaret, premier président du conseil souverain du Roussillon, M. de Mus, vicaire général de l'archevêque, M. de Barville, lieutenant du roi au gouvernement de Narbonne, les capitaines des compagnies de la garde bourgeoise, etc., etc.

Fo 200. — **1739** (4-8 août). — Relation des obsèques de Mgr René-François de Beauvau, archevêque primat de Narbonne, décédé dans le palais archiépiscopal le 4 août 1739, et inhumé le 8, après quatre jours d'exposition en chapelle ardente, dans l'église cathédrale St-Just. Dans le deuil, qui était conduit par MM. Baliste et Castella, premier et second consul, figuraient M. de Barville, lieutenant au gouvernement de la ville, et du Rivau, neveux du défunt. Mgr de Beauvau était abbé des abbayes de Bonneval et de St-Victor.

Fo 200 vo. — **1740** (26 mars). — Requête présentée par les consuls à l'intendant de la province, à l'effet d'obtenir le rejet de la demande qu'avait formée M. Pierre Ducos, garde magasin de l'artillerie, pour faire contraindre la ville à lui fournir une indemnité de logement ou un logement autre que celui qu'il occupait dans l'arsenal « ou « la fonderie » de Narbonne, sous prétexte que ce logement était insuffisant. — Ordonnance conforme de l'intendant de la province, signée par M. Rome, subdélégué à Narbonne, en l'absence de M. de Bernage. — Notification de cette ordonnance à M. Ducos, par Jean-François Olive, seul huissier royal à Narbonne.

Fo 201. — **1740** (21 octobre). — Brevet de la charge de capitaine des portes, vacante par le décès de M. de Lamotte, délivré à M. Morel, capitaine réformé à la suite du régiment d'infanterie Douroy. Ce brevet était valable pour trois ans.

Fo 201. — **1740** (5 juillet,-12 août). — Arrêt du conseil d'État, autorisant au profit de l'hôpital des malades (la Charité) de Narbonne, qui ne pouvait « subsister à « cause de la modicité de ses revenus et du grand nombre « des pauvres dont il était chargé, » la levée d'une subvention de 2 deniers sur chaque livre petite de viande vendue dans la ville et le territoire de Narbonne. La dernière subvention, autorisée par arrêt du 14 décembre 1734, était également de 2 deniers qui avaient produit, dans les quatre années de la durée de l'autorisation, 13,600 livres, soit

3,400 liv. par an. Comme pour la précédente, la nouvelle subvention est autorisée sous la condition pour les directeurs de l'hôpital d'y faire renfermer les mendiants et même *d'empêcher la mendicité.* — Enregistrement de cet arrêt au contrôle général des finances. — Lettres patentes d'attache expédiées pour son exécution.

F° 202 v°. — **1787** (12 décembre). — Suite des lettres d'assignation en constitution de nouvel avocat, données dans l'instance engagée en 1766 par les consuls de Narbonne, en matière de préséance (?), contre les officiers de la viguerie royale de ladite ville, devant le conseil d'État. A la date de l'engagement de cette instance, le juge civil et lieutenant criminel de la viguerie était M. Guillaume Revel, depuis remplacé par M. Valentin Lagarde. Le procureur du roi était M. Antoine-Thomas d'Augier, remplacé par M. Gillabert, son légataire (v. plus haut, f° 142 du présent cartulaire.)

F° 204. — **1789** (8 novembre). — Procès-verbal dressé par Louis-François Castan, premier consul, maire, Antoine Doumergue, second consul, lieutenant de maire, Antoine Fournier, Joseph Guilhaumat, Michel Faure et Louis Homps, consuls de Narbonne, sur la publication de la déclaration du roi portant sanction de la loi martiale décrétée par l'assemblée nationale, le 21 octobre 1789. Les colonels et officiers des dragons et de la cavalerie, et les officiers des compagnies des grenadiers rouges et bleus des milices bourgeoises de la ville, avec toutes leurs troupes, assistaient à cette publication.

F° 205 v°. — **1789** (3 décembre). — Procès-verbal des consuls, constatant que la liste des habitants de la ville, dressée en exécution du décret de l'assemblée nationale du 6 octobre 1789, sanctionné par le roi le 16 du même mois, a été affichée sur la porte des deux églises St-Just et St-Paul, par les valets de ville.

F° 206. — **1789** (20 décembre). — Procès-verbal des consuls, constatant que la liste des habitants de la ville est restée affichée pendant huit jours sur la porte de l'église St-Just, et pendant sept jours sur celle de l'église St-Paul. Les consuls constatent aussi, dans ce procès-verbal, qu'ils ont de nouveau réclamé de M. de Puymorin, syndic général de la province, l'envoi des modèles imprimés relatifs à la contribution patriotique.

F° 206 v°. — **1789** (27 décembre). — Procès-verbal dressé par les maire et consuls de la ville, pour constater, 1° qu'ils ont invité les curés des cinq paroisses de la ville à annoncer au prône de la messe paroissiale, le 27 décembre, que tous les habitants qui doivent faire leur déclaration pour la contribution patriotique, sont avertis de se rendre à l'hôtel de ville devant les officiers municipaux, tous les jours, de huit heures du matin à midi, et de deux heures à six heures du soir; 2° qu'ils ont fait faire une publication analogue, dans les rues et places de la ville, par les écuyers consulaires.

F° 207. — **1789** (27 décembre). — Procès-verbal dressé par les consuls, à l'effet de constater que les valets de ville leur ont affirmé avoir remis, aux curés des cinq paroisses, l'invitation relative aux déclarations à fournir par les habitants pour la contribution patriotique, et avoir eux-mêmes fait une publication semblable dans les rues et places de la ville.

F° 207 v°. — **1789** (28 décembre). — Procès-verbal des consuls, constatant que les valets de ville ont retiré de MM. les curés des cinq paroisses les certificats relatifs à l'annonce qu'ils ont faite au prône, le 27 décembre, des déclarations à fournir par les habitants pour la contribution patriotique.

F° 207 v°. — **1789** (28 décembre). — Certificat de MM. les curés des cinq paroisses de la ville, relatif à l'annonce qu'ils ont faite au prône de la messe paroissiale de l'avertissement donné à ceux qui doivent faire leur déclaration concernant la contribution patriotique. Ce certificat est signé de MM. Durand, curé de St-Just, Ponset, curé de St-Sébastien, Rigail, curé de N.-D. la Major, Tallavignes, curé de N.-D. de Lamourguié, et Bonnel, curé de St-Paul.

F° 208. — **1790** (21 juin). — Procès-verbal du maire et des officiers municipaux de la ville, contenant la relation du passage à Narbonne de M. de Mirabeau, colonel du régiment de Touraine, qui avait enlevé les cravates des drapeaux de ce régiment, et ne les rendit qu'après avoir été arrêté à Castelnaudary, par les officiers municipaux de cette ville, à la réquisition de M. Gili, envoyé à sa poursuite par la municipalité de Perpignan.

F° 210. — **1790** (14 juillet). — Relation de la fête de la confédération nationale. MM. les curés des cinq paroisses de la ville avaient été invités à lire au prône les décrets de l'assemblée nationale des 8 et 9 juin concernant la confédération, le discours prononcé à la barre par le maire de la commune de Paris, la réponse du président, le discours du maire de Paris au roi, pour le remercier d'avoir sanctionné les décrets de l'assemblée, et la réponse du roi. — La fête fut annoncée la veille par une décharge de pièces de canon et par le son des cloches de toutes les églises. Les deux compagnies de la garde nationale, le corps de la marine marchande et la brigade de la maréchaussée, furent requis de se trouver sur la place d'armes. L'autel de la patrie, destiné à recevoir le buste du roi, était dressé à l'extrémité de la promenade de la Cité. C'était l'autel sur lequel les gardes nationaux avaient prêté leur serment le 13 mai. Un autre autel, élevé sur une estrade d'une toise de hauteur, avait été dressé pour servir à la célébration de la messe. Il était adossé au rempart, entre la porte Sainte-Catherine et le bastion de la croix de Mission (bastion St-Côme). Les officiers municipaux sortirent de l'hôtel de ville avant midi pour se rendre sur le lieu de la fête. Le corps de la marine ouvrait la marche. La maréchaussée la fermait. En arrivant sur la promenade de la Cité, le corps municipal fut reçu par la compagnie des grenadiers et par la compagnie des dragons. Les grenadiers, réunis aux vétérans, se mirent en haie sur trois rangs à la droite de l'autel de la patrie, les dragons se mirent à la gauche. Le corps de la marine et la maréchaussée étaient autour de l'autel. — Une salve d'artillerie annonça l'ouverture de la fête, à midi précis. Elle commença par la messe, qui fut célébrée par M. Robert, officier municipal; toutes les cloches de la ville sonnèrent pendant sa durée. A la fin de la messe, des musiciens chantèrent les trois versets : Domine salvam fac gentem, Domine salvam fac legem, Domine salvum fac regem, qui furent suivis des oraisons pour la nation, pour la loi, pour le roi. Après la messe, le corps municipal se porta au devant de l'autel de la patrie, sur lequel était exposé le buste du roi, et M. le maire, prenant la parole, adressa au peuple « un discours rempli des « sentiments du plus pur patriotisme, heureusement ter- « miné par le vœu le plus touchant sur le maintien de la « tranquillité publique, qui a été constamment l'objet de « la plus vive sollicitude de MM. les officiers municipaux. » Ensuite, il lut à haute voix le serment fédératif décrété par l'assemblée nationale, et tous les officiers municipaux répondirent à la fois : Je le jure. Après cela, M. Revial, lieutenant-colonel des grenadiers, commandant cette troupe en l'absence de M. Revial, colonel, son frère, se présenta devant le corps municipal, à la tête des officiers du corps, « et prononça à haute voix et du ton le plus énergique » le serment fédératif. Tous ses officiers répondirent unanimement : Je le jure. La compagnie des grenadiers et les vétérans, défilèrent ensuite par divisions devant l'autel de la patrie, et chacun en passant s'écriait: Je le jure. M. Puech, lieutenant-colonel des dragons, en l'absence de M. de Gléon, colonel, député de la garde nationale à Paris, prononça à son tour le serment avec tous ses officiers. Le corps de la marine et la maréchaussée en firent autant. Un grand nombre de citoyens prirent part à la fête et prêtèrent spontanément le serment fédératif. Ensuite, le corps municipal et la troupe se rendirent à la cathédrale St-Just, pour assister au Te Deum qui clôtura la fête. Les grenadiers et les vétérans étaient en avant. Les officiers municipaux, suivis de la compagnie des dragons, occupaient le centre du cortége. Le corps de la marine et la maréchaussée fermaient la marche. Le soir, il y eut illumination générale, avec feu de joie sur les Barques du Bourg.

F° 212. — **1790** (13 août). — Ordre donné par Anne-Joachim Montagu, inspecteur général d'infanterie, commandant la division des troupes du Languedoc et du Roussillon, à une compagnie du régiment des dragons du Roi, de partir de Mèze, le 16 août, pour se rendre le même jour à Pézénas, le 17 à Béziers, et le 18 à Narbonne, pour rester dans cette ville jusqu'à nouvel ordre. Elle devra détacher une demi-compagnie pour se rendre à Séjan. Ce détachement fera des patrouilles entre l'étang de Bages et celui de Leucate, pour veiller à la sûreté de la côte et pour empêcher les embarquements de grains au grau de La Nouvelle et à celui de La Franqui.

F° 212. — **1790** (23 août). — Lettre de M. de Montagu, commandant de la province, par laquelle il prévient le commandant du détachement des dragons en garnison à Narbonne, que ce détachement, qui est chargé d'empêcher l'exportation des grains hors du royaume, ne doit pas s'opposer aux chargements de grains qui se font dans les ports ayant bureau de douane, à destination de Toulon et des autres villes de la côte de Provence, attendu que ces grains ne font que jouir du bénéfice de la circulation générale, qui est permise dans tout le royaume.

F° 212 v°. — **1790** (29 août). — Lettre de M. de Montagu, commandant de la province, adressée à M. Thoron de Lamée, commandant de la place, à Narbonne. La bonne intelligence qui règne entre les deux gouvernements de France et d'Espagne ne permettant pas de craindre que les armements de cette dernière puissance puissent être une menace, toute espèce de dépense pour la surveillance de la côte doit cesser. En conséquence, ordre est donné à M. Thoron de faire désarmer toutes les pièces qui ont été mises en batterie à La Nouvelle et à La Franqui, et de les faire réintégrer dans l'arsenal de Narbonne.

F° 212 v°. — **1790** (30 août). — Lettre écrite par M. Thoron de Lamée, commandant de la place, à MM. les officiers municipaux, pour leur communiquer l'ordre de désarmement de la côte, qu'il venait de recevoir du commandant de la province.

F° 213. — **1790** (septembre). — Lettre écrite aux officiers municipaux par le procureur syndic (M. Solier) du district de Narbonne, accompagnant l'envoi de la lettre du procureur général syndic du département, du 6 septembre 1790, analysée dans l'article qui suit. En faisant son envoi, le procureur syndic du district fait remarquer aux officiers municipaux de Narbonne que la correspondance des municipalités avec le directoire du département ne peut s'échanger que par l'intermédiaire des directoires de district.

F° 213. — **1790** (6 septembre). — Lettre adressée par le procureur général syndic du département aux membres du directoire du district de Narbonne, au sujet du mouvement des troupes, des convois militaires, du service des objets de literie, du matériel d'artillerie, des manufactures d'armes et de poudre, etc. — Les directoires de département étant, aux termes des décrets de l'assemblée nationale, substitués aux intendants des provinces, c'est avec ces directoires que le ministre de la guerre correspondra à l'avenir pour les affaires du service militaire. Ces nouvelles dispositions doivent être communiquées à toutes les municipalités du district, afin d'assurer le service de l'étape et des convois militaires, pour les mouvements des troupes, dont le logement doit continuer à être fourni suivant les règles établies. Le sieur Baudoin, en sa qualité de commissaire général aux transports du département de la guerre, doit être reconnu, à ce titre, dans toute l'étendue du district, afin que toute protection et assistance lui soient données pour la conduite des effets d'artillerie, forges, armes, poudres, etc., qu'il fait voiturer, par terre ou par eau, pour les besoins de l'armement des places, de la défense du territoire, etc.

F° 214. — **1790** (14 septembre). — Lettre adressée par M. Solier, procureur syndic du district de Narbonne, aux officiers municipaux de la ville, au sujet du transport et de la circulation des grains. Les municipalités qui avoisinent le canal doivent être attentives à exiger des marchands et des commissionnaires la déclaration des quantités de grains embarquées, de l'arrivée et du lieu de débarquement de ces grains. Un double de cette déclaration est délivré aux marchands ou commissionnaires, qui devront l'exhiber sur leur route à toute réquisition. Le décret du 17 août 1790 doit être rigoureusement exécuté, et les directoires de district doivent *dénoncer* au directoire du département, aussitôt qu'ils en auront connaissance, toutes les contraventions qui pourront y être commises.

F° 214 v°.— **1790** (5 septembre).— Lettre de M. Farconet, commissaire des guerres, faisant les fonctions d'ordonnateur de la division du Languedoc, à M. Puech, entrepreneur des transports et convois militaires, à Montpellier, au sujet des plaintes qu'avaient provoquées, de la part des officiers municipaux de Narbonne, les commis chargés des transports au gîte de Narbonne et aux gîtes suivants jusqu'à Toulouse. La négligence de ces commis avait obligé les officiers municipaux de Narbonne à « suppléer, par des ordonnances particulières, à la fourniture « des chevaux de selle qui manquaient aux officiers du « régiment de Touraine, » et ces *ordonnances* ayant servi pendant plusieurs jours de suite avaient gravement souffert. Les entrepreneurs des convois sont responsables du dommage causé, et ils doivent prendre à leur charge, 1° les journées des chevaux d'ordonnance, aller et retour, y compris les conducteurs, au prix de 3 livres par journée; 2° la valeur du prix de la journée de chaque cheval pendant tout le temps d'incapacité de travail résultant de son excès de fatigue; 3° les frais de pansement desdits chevaux, avancés par la ville de Narbonne, sauf recours contre les officiers du régiment de Touraine, s'il est constaté que les dommages causés proviennent de leur fait.

F° 215. — **1790** (5 septembre). — Lettre de M. Farconet, datée de Tournon, à M. Dyzarn, commissaire des guerres à Béziers, concernant la fourniture de chevaux d'ordonnance faite par les officiers municipaux de Narbonne pour les officiers du régiment de Touraine. Les faits de négligence imputés aux commis des gîtes, la quantité des chevaux fournis, les dommages causés, etc., devaient être régulièrement constatés par procès-verbaux, ainsi qu'il est prescrit par le bail consenti aux entrepreneurs des convois militaires, le 14 février 1786, par les États du Languedoc.

F° 215 v°. — **1790** (18 octobre). — Tableau de la population de la ville de Narbonne. La population de la ville est répartie de la manière suivante :

	Bourg.	Cité.	Extérieur
Hommes et garçons âgés de plus de 14 ans.	1,566	1,337	467
Garçons âgés de moins de 14 ans...........	682	520	161
Femmes et filles âgées de plus de 12 ans..	1,889	1,768	229
Filles âgées de moins de 12 ans...........	680	415	124
Totaux....................	4,817	4,040	984

Population totale.................. 9,841

A la suite de ce tableau on trouve un état de la population active d'après le recensement fait lors de la convocation des assemblées primaires, pour la nomination des électeurs des membres des administrations de département et de district. Cette population est fixée à 1,052 citoyens. — Lettre d'envoi de ce tableau à M. Solier, syndic du district de Narbonne. Cette lettre est signée par MM. Espéronnier, maire, Robert, prêtre, et Avrial, officiers municipaux.

F° 216. — **1790**.— Mémoire présenté par la ville de Narbonne, pour faire modifier et compléter le projet de construction du canal de Sainte-Lucie, qui, en évitant la traversée de l'étang de Séjan, doit empêcher toute interruption dans le service de la navigation entre Narbonne et le port de La Nouvelle.— Après avoir rappelé les efforts que la ville de Narbonne avait tentés pour ranimer son commerce que la construction du canal de communication des deux Mers avait déplacé au profit de Béziers, d'Agde et de Cette, les dépenses qu'elle s'était imposées pour relier la Robine à ce canal, l'opiniâtreté des oppositions qu'elle avait dû surmonter pour entreprendre ce grand projet dont l'exécution était au-dessus de ses forces, et auquel elle dut renoncer en cédant son droit aux États de la province, etc., le mémoire s'applique à démontrer l'utilité et la nécessité du canal de Sainte-Lucie, l'influence qu'il doit exercer sur le mouvement commercial du port de La Nouvelle en facilitant les échanges avec l'Espagne, et principalement l'exportation des céréales du Haut-Languedoc. — Voici le résumé des considérations qui sont émises à ces derniers points de vue : dans son état actuel, la Robine n'offre qu'une navigation fort incomplète. — Dix ans ont suffi aux États du Languedoc pour exécuter en entier le canal de Jonction, et la première barque qui a parcouru ce canal est entrée à Narbonne en 1787. Cependant, la prospérité que l'exécution du canal promettait au commerce de la ville ne s'est pas réalisée. Cet échec tient uniquement à l'imperfection des ouvrages de la Robine. « Les eaux « bourbeuses de la rivière d'Aude forment à l'embouchure « de la Robine, dans l'étang de Sijean, appelé le Caragol, « un banc de limon que les alléges n'évitent qu'avec la plus « grande peine. Au-delà de ce banc, les patrons sont « obligés de chercher à tâtons des passes variables, qu'ils « ne parviennent à franchir qu'à l'aide de la manœuvre la « plus pénible et en s'allégeant mutuellement. Lorsque le « vent nord-ouest, qui souffle le plus fréquemment dans « notre contrée, fait baisser les eaux de l'étang au Caragol, « en les poussant vers la mer, les barques y sont retenues « quelquefois quinze jours ou trois semaines, et les tar- « tanes qui sont au port de La Nouvelle et dont le même « vent favoriseroit le départ, sont forcées d'y attendre leur « chargement que les alléges leur apportent. A quinze « cents toises de l'embouchure est un signal en maçonne- « rie, appelé le Pilon, placé à la tête d'un canal creusé, « dit-on, par les Romains, sous les eaux de l'étang, qui « conduit au port de La Nouvelle. Vis-à-vis ce signal se « trouve un autre banc qui n'offre aux barques, pour en- « trer dans le canal, qu'un gouleau étroit qu'il est très- « difficile d'embouquer. La plus légère erreur ne leur « laisse que l'alternative inévitable ou de s'enfoncer dans « la vase ou de toucher avec le plus grand danger aux « pierres de la jetée qui sert de base au Pilon. » — Pour éviter les dangers et les inconvénients de la traversée de l'étang, les ingénieurs de la province ont formé le projet de construire un canal dans la presqu'île de Sainte-Lucie. Ce projet a été présenté immédiatement après l'exécution du canal de Jonction, et les États l'ont adopté en considération des avantages qu'il promet au commerce général de la province. Les opérations préliminaires qu'il nécessite sont faites; les nivellements, les sondages ont constaté la facilité de son exécution, et l'adjudication en a été passée au mois de juillet 1789. — D'autres améliorations sont réclamées pour le canal de la Robine. De Narbonne à la mer il n'y a que six pieds et demi de pente. La faiblesse de cette pente ne nécessite que la construction d'une écluse unique, qui doit être placée dans le voisinage de la métairie de Mandirac, à 4,000 toises de la ville. Les eaux de l'Aude, qui alimentent la Robine, seront déversées, par deux rigoles placées au-dessus de cette écluse, dans les étangs voisins de Bages et de Gruissan, « et le limon dont elles « sont chargées au temps des inondations, qui ne fait « qu'embarrasser son embouchure, servira désormais « pour conquérir sur les étangs un terrain qui peut être « un jour précieux pour l'agriculture. » Toute la partie de la Robine qui s'étendra de l'écluse de Mandirac à la mer, par le canal de Ste-Lucie, sera facilement alimentée par les eaux de la mer, qui, en passant par le chenal de La Nouvelle, remontent, dans les étangs de Séjan et de Bages, à plus de 1,600 toises au-dessus de cette écluse. D'après un ingénieur de la province (M. Figeac, inspecteur du port de La Nouvelle), la construction du canal de Sainte-Lucie pourrait devenir accidentellement « l'ouvrage le plus capa- « ble d'assurer constamment, à l'embouchure du grau de « La Nouvelle, la profondeur d'eau nécessaire pour le « commerce qui s'y fait. La barre de sable, qui s'entrete- « noit presque régulièrement à l'ouverture, se laisse aper- « cevoir encore à une petite distance au large; mais il est « à présumer qu'elle ne résisteroit pas à l'action des eaux « dans leur retour des étangs à la mer, forcées et dirigées « par la construction du nouveau canal. » Le canal de Ste-Lucie, projeté seulement en vue d'établir une navigation non interrompue entre Narbonne et la mer, peut donc assurer au commerce un autre avantage inappréciable, « la destruction de cette fatale barre dont on a fait si long- « temps une objection redoutable contre la jonction des « deux canaux. » — Du Somail à Agde, le parcours est de 11 lieues un quart. Il ne sera que de 6 lieues et demie de ce même point à La Nouvelle par le canal de Ste-Lucie. — Par ce canal, la navigation ne sera jamais interrompue, tandis que les barques ne peuvent traverser l'Orb, à Béziers, que par convois, et seulement deux fois la semaine. — Si l'on faisait une objection des inondations de la rivière d'Aude, il pourrait être répondu que cet inconvénient est double du côté de Béziers, à cause des débordements de l'Orb et du Libron. — Lorsque le canal de Sainte-Lucie sera navigable, les négociants du Haut-Languedoc, de la Guyenne, de la Provence, n'ayant plus à craindre des retards dans les chargements au port de La Nouvelle, feront prendre cette nouvelle route à leurs marchandises, et le prix du nolis pour les côtes de la Provence sera nécessairement diminué. — Le commerce des grains avec l'Espagne a pris des accroissements qui doivent encore grandir. — Par sa situation, Narbonne est l'entrepôt naturel des grains du Haut-Languedoc. Le canal de Sainte-Lucie doit y attirer nécessairement les expéditions qui sont dirigées sur Agde et sur Cette. — Les négociants espagnols n'ont besoin pour leurs opérations que de blés communs, comme ceux du Haut-Languedoc. En 1780 et 1786, époques antérieures à la jonction des deux canaux, ils en achetèrent plus de 150,000 setiers. Si ce commerce, malgré les frais du transport par terre qui s'effectuait alors entre le Somail et Narbonne, a été si considérable, quelle importance n'est-il pas appelé à prendre lorsque le transport par Narbonne présentera une économie que ne pourra offrir aucun autre port de la province? — Jusqu'ici, le commerce de Narbonne ne s'est guère porté que sur les grains. De nouvelles branches, non moins productives, pourront s'y développer. Les laines, les huiles, les salicors, les vins surtout peuvent y devenir la source de spéculations fructueuses. — Ces avantages si grands, si évidents, peuvent échapper à la ville de Narbonne si le projet de construction du canal de Ste-Lucie s'exécute d'après le plan que les États ont approuvé, et la jonction de son canal au canal des Mers, qui lui a coûté un siècle de soins, d'anxiétés, de sollicitudes de toutes sortes, ne sera qu'un travail inutile et le témoin d'une nouvelle décadence. Ses commerçants ont demandé à la province que les dimensions du canal de Ste-Lucie et du canal de la Robine soient fixées de manière à ce que les tartanes de 120 à 150 tonnes y puissent naviguer jusques sous les murs de la ville. C'est de là que dépendent la prospérité de son commerce, l'accroissement de sa population. — L'achèvement du canal de Narbonne importe au bien général du commerce; il doit établir une communication plus active et plus directe entre plusieurs provinces du royaume, et avec l'Espagne. — Des considérations non moins graves viennent à l'appui de la demande de la ville relativement à l'élargissement du canal. Les travaux qu'elle entreprit, dans le siècle dernier, pour construire la partie supérieure de son canal (en amont de la ville) lui coûtèrent 250,000 livres, et, lorsqu'elle fit la cession de ses droits à la province, elle venait d'y faire pour 110,000 liv. de réparations. Le bon état des ouvrages de ce canal lui assurait une longue jouissance, grevée d'un simple entretien auquel pouvait facilement parer le produit du droit de robinage, qui était alors de 3,660 livres par an. La ville n'avait cédé à la province une propriété si précieuse que dans l'espoir d'une prospérité prochaine plus grande. Sa demande n'occasionnera qu'un surcroît de dépense de 120,000 livres, et le trésor public en sera bientôt indemnisé par l'augmentation des droits de robinage, qui sont affermés à 8,000 livres par an depuis l'exécution du canal de Jonction. — Enfin, un autre dédommagement, qui tient de près à la prospérité de la ville, serait assuré à l'État. Narbonne renferme un séminaire désormais inutile, douze couvents de religieux, la maison du gouverneur, trois églises paroissiales à supprimer, ainsi que les bâtiments de trois chapitres, les nombreuses maisons attachées aux bénéfices, etc. La concurrence que développerait l'accroissement du commerce donnerait inévitablement à tous ces objets une plus grande valeur, qui tournerait entièrement au profit du trésor.

F° 221. — **1791** (13 février). — Attestation relative à la prise en charge de deux canons, envoyés par la municipalité de Narbonne à celle de Toulouse, sous une escorte de quinze hommes de la garde nationale, commandés par le sieur Montane, adjudant.

F° 221. — **1780** (31 octobre). — Arrêt du conseil d'État, rendu à la requête du syndic général du Languedoc, concernant les baux d'adjudication des boucheries dans la province. Pour éviter les retards et les frais que causent aux communes les contestations suscitées soit par les adjudicataires même de ces boucheries, soit par ceux qui font des moins-dites (rabais) après que l'adjudication a été délivrée, lesquelles sont portées, suivant le caprice des parties, devant le Parlement de Toulouse ou devant la cour des Comptes, Aides et Finances de Montpellier, ou encore devant l'intendant de la province comme s'agissant d'un fait de police, cet arrêt décide: — que, dans toutes les villes, les baux des boucheries auront lieu à jour fixe, un mois avant l'époque où la fourniture de la viande devra commencer, après deux mois d'affiche et de publication dont il sera justifié devant le conseil de ville huit jours avant l'adjudication; — que, trois jours avant la date de cette adjudication, il sera fait une nouvelle publication dans les carrefours et lieux accoutumés, sur laquelle le bail sera délivré au jour indiqué, après une heure de surséance et à l'extinction de trois feux, à celui qui aura fait la dernière moins-dite, sauf le délai de quinzaine, pendant lequel toutes offres nouvelles et autres moins-dites pourront être reçues; — que tous les différends auxquels les baux des boucheries donneront lieu seront portés par-devant l'intendant de la province, pour être jugés sommairement. — Pendant l'année de leur exercice, les consuls ni ceux qui seront désignés comme députés du conseil, ne pourront s'intéresser directement ni indirectement en la fourniture des boucheries, sous peine de 500 liv. d'amende. — Lettres patentes d'attache expédiées pour l'exécution de cet arrêt.

F° 223. — 1791 (22 janvier). — État estimatif des treize romaines qui appartiennent au poids public de la ville. Le prix des romaines est calculé, non sur leur portée, mais sur leur degré plus ou moins avancé de vétusté. Entre la plus grande portée, qui est de 35 quintaux, et la plus faible, qui est de 112 livres, les romaines du poids de la ville ont les portées suivantes, par ordre de décroissance : 1,875 livres, 1,220 livres, 975 livres, 915 livres, 617 livres, 530 livres, 422 livres, 400 livres, 311 livres, 310 livres et 214 livres.

F° 223. — 1791 (26 mars). — Procès-verbal dressé par les maire et officiers municipaux de la ville, pour constater le dépôt et la mise sous scellé, dans les archives de la commune, de diverses reliques, entr'autres de celle de St-Sigismond, que les marguilliers de N.-D. de Lamourguié réclamaient comme appartenant à la paroisse et non aux Bénédictins de cette église. Avant d'être déposée dans les archives de la commune, la relique de St-Sigismond fut exposée à la vénération du peuple, *qui en avait exprimé le désir*, sur l'autel de la chapelle de la maison de ville. Ce procès-verbal est revêtu des signatures suivantes : Merlac, maire, et Campagnac, Robert, prêtre, Surbezy, Barthe, Baron et L. Dureau, officiers municipaux.

F° 223 v°. — 1791 (28 mars). — Lettre écrite par le ministre de la marine aux officiers de l'amirauté de Narbonne, pour leur recommander l'exécution de la loi du 12 décembre 1790, qui maintient provisoirement les statuts et règlements relatifs à la police de la pêche, et qui confirme particulièrement les défenses concernant *la pêche aux bœufs*.

F° 224. — 1791 (3 avril). — Procès-verbal relatif à la cérémonie du Te Deum chanté dans *l'église cathédrale du département de l'Aude*, en action de grâces de la convalescence de Louis XVI, restaurateur de la liberté française, et en exécution de la délibération du conseil général de la commune du 27 mars 1791. Les membres du directoire du district et du tribunal du district, MM. le juge de paix et ses assesseurs, les membres du bureau de conciliation et ceux de la société des amis de la constitution, assistaient à la cérémonie. Sur la place de la Cité, les troupes de la ville avaient été rangées en bataille. Elles se composaient des grenadiers nationaux, des dragons nationaux, des gendarmes nationaux et des dragons du régiment du Roi. — Avant le chant du Te Deum, M. Buseries, professeur d'éloquence au collége de Narbonne, prononça un discours sur la convalescence du roi, dans lequel il exprimait « avec énergie les sentiments de tous « les Français pour un monarque si chéri, et qui leur « donne tant de témoignages de sa tendresse. » A la fin du chant de l'*Exaudiat*, « tous les spectateurs, animés des « mêmes sentiments pour leur roi, qu'ils regardent comme « leur père, n'ont pu retenir leurs transports qu'ils ont « manifestés par des cris répétés de : Vive le roi, qui ont « suspendu la cérémonie. » Le concours des citoyens était si grand, que l'église quoique très-vaste ne pouvait les contenir.

F° 226. — 1791 (11 avril). — État du solde de caisse, en assignats et billets ou en espèces en cours, remis par M. Jousfret, ancien trésorier de la ville, à M. Sabatié, nouveau trésorier, nommé par délibération du 27 mars 1791. Ce solde est de 1,948 liv. 13 s. Un reste de 380 liv. 8 s. 9 d., dû à M. Bernard, pour solde du terrain pris de son hôtel de la Daurade pour l'élargissement de la rue, en fait partie.

F° 226 v°. — 1791 (11 avril). — Procès-verbal d'installation des membres du tribunal de commerce, élus les 6 et 7 avril 1791, en exécution du décret organique du 27 février de la même année. Les membres installés sont MM. Doumergue, président, Causse, Pascal, Coussières et Avrial.

F° 227 v°. — 1791 (29 avril). — Tableau de la population de la ville de Narbonne, remis par les officiers municipaux au directoire du district. Sur une population totale de 9,811 habitants, ce tableau en classe 1,886 dans la catégorie de ceux qui ont besoin d'assistance, soit à peu près le cinquième de la population. Ces 1,886 habitants sont répartis de la manière suivante :

nombre des individus qui ne paient aucune taxe.	399
nombre des individus qui ne paient qu'une ou deux journées de travail.	297
vieillards hors d'état de travailler.	109
vieillards infirmes.	104
enfants pauvres, au-dessous de 14 ans, qui sont hors d'état de travailler.	977

Le nombre des malades pauvres, année commune, est porté à 125, dont 100 sont traités à l'hôtel-Dieu.

F° 228. — 1791 (9 juin). — Lettre de M. Fabre, président du département de l'Aude, relative aux justifications que les officiers municipaux de Narbonne avaient produites concernant l'emploi du fonds de la morte-paye, et à la suppression du droit de 2 den. par livre petite de viande de boucherie, qui se trouve prononcée par les dispositions générales de la loi du 2 mars 1791.

F° 228 v°. — 1791 (15 juin). — État dressé par le sieur Boulas, garde magasin de l'artillerie, et certifié par MM. Najac, lieutenant du roi, et Thoron de Lamée, major au gouvernement de la place, constatant le nombre des fusils qui existaient dans les magasins du roi, à Narbonne, avant la révolution. Ces fusils, tous de l'ancien modèle à baguette de fer, ou du modèle de 1749 à baguette de bois, sont au nombre de 302.

F° 229. — **1791** (14 juillet). — Procès-verbal de l'anniversaire de la fête patriotique de la Confédération nationale. Les décharges d'artillerie, le son des cloches et une publication faite au son des trompettes de la commune annoncèrent cet anniversaire. Les dragons et les grenadiers nationaux joints au 18e régiment de dragons en garnison dans la place, rassemblés d'abord sur le plan des Barques et ensuite sur la place de la Cité, formèrent le cortége, qui se rendit sur l'esplanade située entre les Barques du Bourg et la maison de M. Merlac, maire, lieu destiné pour la cérémonie. L'autel qui servit à la célébration de la messe fut dressé dans le vestibule de la maison de M. Merlac. Après la messe eût lieu la prestation du serment de fidélité à la constitution, que M. Merlac lut à haute voix. Il était conçu dans les termes suivants : « Nous jurons d'être fidèles « à la nation, à la loi, au roi; de maintenir de tout notre « pouvoir la constitution décrétée par l'assemblée nationale « et acceptée par le roi; de protéger, conformément aux « lois, la sûreté des personnes et des propriétés, la circu- « lation des grains dans le royaume, la perception des « contributions publiques, sous quelque forme qu'elles « existent; de demeurer unis à tous les Français par les « liens indissolubles de la fraternité; d'employer les armes « remises en nos mains à la défense de la patrie et au « maintien, contre les ennemis du dedans et du dehors, de « la constitution décrétée par l'assemblée nationale; de « mourir plutôt que de souffrir l'invasion du territoire « français par des troupes étrangères, et de n'obéir qu'aux « ordres qui seront donnés en conséquence des décrets « de l'assemblée nationale. »

F° 230 v°. — **1791** (10 juillet). — Extrait du procès-verbal de l'assemblée nationale, relatif à l'adresse et au procès-verbal « contenant les dispositions sages et coura- « geuses de la municipalité de Narbonne à la nouvelle du « départ du roi. » Dans ces pièces la municipalité de Narbonne déclare que, « cédant au vœu général des habitants, « elle a retiré des mains du commandant pour le roi les « clefs de la ville, des poudrières et de l'arsenal, » et qu'elle attend les ordres de l'assemblée nationale sur la destination que ces clefs doivent recevoir. L'affaire est renvoyée au comité aux rapports.

F° 230 v°. — **1791** (12 juillet). — Lettre du président des comités réunis, relative à l'adresse de la municipalité de Narbonne du 30 juin et au procès-verbal du 26 du même mois, concernant la remise des clefs des portes de la ville, que la municipalité avait exigée du gouverneur de la place à la nouvelle du départ du roi. Les comités ont vu avec satisfaction les mesures de courage et de prudence inspirées à la municipalité par les circonstances; mais ils pensent que la remise des clefs, telle qu'elle a été exigée, est irrégulière. La municipalité a cédé au vœu public dans une occasion critique où le salut public devient la première loi. Cependant il n'y a pas de danger à rendre les clefs à l'officier du roi, puisqu'il jouit de la confiance publique et qu'il a prêté serment à la constitution. Il n'y a que des circonstances impérieuses qui puissent commander des précautions extraordinaires et mettre dans les mains d'officiers municipaux « des objets dont la direction appartient « exclusivement à l'autorité militaire. »

F° 231. — **1791** (21 juillet). — Extrait, en ce qui concerne l'école de Narbonne, du procès-verbal de l'assemblée nationale contenant le décret relatif à la création des écoles publiques et gratuites d'hydrographie.

F° 231 v°. — **1791** (16 août). — Extrait du procès-verbal de l'assemblée nationale, contenant le décret relatif à la formation des paroisses de campagne du district de Narbonne, concertée entre le directoire de ce district et l'évêque du département. Par ce décret sont supprimées : —la paroisse de Céleyran, qui est unie à celle de Salles;— la paroisse de Marmorières, unie à celle d'Armissan; — la paroisse d'Aubian, unie à celle de Cuxac, sauf les territoires de Pontserme et de Ricardelle, unis à la paroisse de Coursan; — la paroisse de Trulhas, unie à celle de Sallèles; — les trois paroisses de Caumont, de Sérame et de Montrabech, unies à celle de Lézignan, sauf le territoire de St-Jacques-des-Cours; — la paroisse de Védilhan, unie à celle de Moussan; — la paroisse de St-Martin-de-Toques, unie à la paroisse créée à Fontfroide, laquelle comprendra les territoires de Fontfroide et ses dépendances, St-Martin-de-Toques, St-Julien-de-la-Vitarelle, Auris, Aussières, Fontlaurier et Quilhanet; — la paroisse de Villedaigne, unie à celle de Raissac, qui comprendra en outre le territoire de St-Martin-entre-deux-Eaux; — la paroisse de Gasparets, unie à celle de Boutenac, ainsi que les territoires de Villemajou et de Prat-de-Bosc; — la paroisse d'Homps, unie à celle de Tourouzelle; — la paroisse d'Argens, unie à celle de Roubia, sauf la partie située dans le territoire d'Olonzac; — la paroisse de St-Marcel, unie à celle de St-Nazaire. Ce même décret unit : — à la paroisse de Névian, le territoire de Villenouvette et la partie du territoire de Villedaigne contiguë au territoire de Névian jusqu'à la rivière d'Orbieu; — à la paroisse de St-André-de-Roquelongue, les territoires de Tauran et de Pradines; — à la paroisse de Bizanet, le territoire de Gaussan, ainsi que la partie du territoire d'Auterive contiguë au territoire de Bizanet jusqu'à la rivière; — à la paroisse d'Ornaisons, l'autre partie du territoire d'Auterive; — à la paroisse de Gruissan, l'île de Ste-Lucie, dans laquelle, cependant, à cause de la distance, il doit être conservé un oratoire où le curé fera dire la messe, tous les dimanches, par un vicaire; — à la paroisse d'Ouveilhan, le territoire de la commanderie de Preisse, ainsi que celui de Fontcalvi jusqu'au canal qui conduit les eaux de l'Aude dans l'étang de Capestang, et celui du Terral.

F° 232 v°. — **1791** (14 septembre). — Procès-verbal dressé par le directoire du district, constatant la remise qui lui était faite par les officiers municipaux de Narbonne de l'argenterie provenant de l'église des Cordeliers. Cette argenterie consistait, 1° en quatre calices avec leurs patènes; 2° un ciboire; 3° un ostensoir; 4° un encensoir avec sa navette et sa cuiller; 5° un bras portant une relique de St-Antoine; 6° un reliquaire en bois, plaqué d'argent, en forme de châsse. — Ce procès-verbal constate aussi la remise d'une caisse scellée contenant l'argenterie de l'église N.-D. de Lamourguié.

F° 233. — **1791** (16 octobre). — Procès-verbal relatif à la proclamation de la constitution française. La façade de l'hôtel de ville avait été décorée de deux arcs de triomphe surmontés de cette inscription: *Exultate cives, civis regnat.* Cette proclamation est faite, en présence de la garde nationale et des troupes de la garnison, en armes: — devant la maison commune, où la musique jouait l'air de: Ça ira; — sur la place d'armes de la porte Connétable; — sur la place d'armes de la porte Royale, — et sur la place de la Cité. Après la proclamation eurent lieu le chant du Te Deum, qui fut entonné par M. Bezaucèle, évêque du département, dans l'église cathédrale, et un feu de joie qui avait été dressé sur la place des Salins.

F° 235. — **1791**. — Mémoire de la commune de Narbonne, sur les divers poids et mesures en usage dans cette ville, présenté dans le but de faciliter le travail « des académiciens chargés de la réduction de toutes les mesures « de l'empire à une seule, qui puisse servir de base et « d'étalon dans tous les pays et à tous les peuples. » — Résumé de ce mémoire: — *Étalons* de pesage. On se sert à Narbonne de la livre poids de marc et de la livre poids de table. Cette dernière est la plus usitée. Elle se divise en 16 onces de 8 gros chacune, et le gros a 72 grains. Cent de ces livres forment un quintal. Ce quintal est inférieur de 20 livres au quintal poids de marc. Le quintal poids de table est très-répandu dans les pays méridionaux. La ville de Narbonne n'a pas de poids particulier. Cependant elle a cru devoir envoyer, avec ce mémoire, un étalon de la livre poids de table, en bronze, *étalonné* en présence de commissaires spéciaux nommés à cet effet. Les étalons du poids de table, en usage à Narbonne, sont: le demi-quart d'once, le quart d'once, la demi-once, l'once, la demi-livre la livre, deux livres, trois livres, quatre livres et cinq livres. Ces dix étalons portent les armes de la ville et le millésime de 1606, époque où ils furent fabriqués à Montpellier, sur la matrice des poids de cette même ville. La commune a dix autres étalons, dont un de 12 livres et demie, deux de 25 livres, deux de 50 livres, un de 75 livres, deux de 100 livres et deux de 150 livres. — Les orfèvres et les entreposeurs de tabac et de sel se servent seuls du poids de marc. — Mesures d'étendue. Ces mesures sont divisées en mesures de longueur ou mesures linéaires, et en mesures de superficie. *Les mesures linéaires* sont de deux sortes: la demi-canne et l'aune. La demi-canne mesure 3 pieds de roi 4 lignes de longueur; l'aune compte 3 pieds de roi 7 pouces 9 lignes. On croit que cette dernière est égale à celle de Paris. Elle se subdivise de la même manière. Le pied de roi est composé de 12 pouces, le pouce de douze lignes et la ligne de 12 points. Une matrice en fer de ces deux mesures est fixée contre le jambage intérieur de la principale porte d'entrée du grand consistoire de la maison commune. *Les mesures de superficie* sont: la canne, la toise, la vie ou voie et la lieue. La canne a 6 pieds de roi 1 pouce et demi. Elle est conforme à celle de Montpellier. Sa valeur est ainsi déterminée dans le compoix terrier de l'année 1696: « Les terres seront arpentées et mesurées, ... et « sera l'arpentement réduit en septerées, et la septerée « sera faite et composée de quatre cent huitante huit cannes faisant cent vingt deux dextres de seize pans de tout « caïré, mesure de Montpellier, divisée en seize pugnières, « chaque pugnière contient trente cannes et demie quar« rées, et quatre cannes forment un dextre. » La toise est composée de 6 pieds de roi. Elle sert pour le mesurage de toutes les superficies autres que celles de territoire. La vie ou voie des chemins est de quatre pans. La vie des charrettes est du double, c'est-à-dire d'une canne. L'étalon de cette mesure est formé de trois pierres en saillie qui sont fixées dans le mur du vestibule de la maison commune. La lieue de pays est composée de 3,000 toises. — Mesures de capacité. Elles sont divisées en mesures servant pour les matières sèches, comme grains et *grenailles*, et en mesures servant pour les liquides. *Mesures servant pour les grains*. La mesure dont on se sert pour les grains est l'émine. On croit la tenir des Romains. Les deux émines font le setier. L'étalon actuel de cette mesure, que la ville possède, est en pierre. Ce n'est pas autre chose qu'un pied cube de roi. C'est peut-être, en France, la seule mesure ayant dans ce moment une base géométrique. Cette circonstance pourrait être une preuve qu'elle n'a pas subi de modification depuis des siècles. L'émine se compose de 2 quartières, la quartière de 4 pugnières. Deux émines font le setier pour tous les grains et légumes, excepté pour l'avoine dont le setier est composé d'une émine de plus, c'est-à-dire de 3 émines. Ce setier prend le nom de *setier cibadier*, du mot roman *cibado*, qui signifie avoine. A Narbonne, il est d'usage de mesurer les grains avec l'émine, à la mesure *rase*, excepté les châtaignes et les noix. Par une exception qui lui est toute particulière, le son est pressé trois fois « avec les « deux mains en croix, avant de combler l'émine. » Les fruits, tels que pommes, poires, pommes de terre, pêches, se vendent, non à la mesure, mais au poids de table. Les oranges et les citrons se vendent à la douzaine ou au millier. Le sel, qui se vendait au détail à la mesure rase, se vend aujourd'hui au poids de table. *Mesures servant pour les liquides*. La principale de ces mesures est le pot. Il se divise en demi-pots contenant chacun 2 feuillettes, subdivisées en demi-feuillettes. De ces pots se forment la demi-pagelle, qui a 16 pots et la pagelle, qui en a 32. La mesure qu'on appelle muid se compose de 8 pagelles. Comme on le voit, le muid de Narbonne se compose de 256 pots. Dans le Languedoc et en particulier à Narbonne, on a, depuis longtemps, adopté l'usage de la jauge diagonale, vulgairement nommée *verge* de Bordeaux, qui donne la contenance des tonneaux exprimée en veltes. La velte contient 8 pintes de Paris, ou 384 pouces cubes. La jauge est très-connue dans tous les pays où se fait le commerce des vins et eaux-de-vie. Elle mesure imparfaitement les tonneaux construits dans le Languedoc, qui ont des proportions particulières; mais malgré ses imperfections on la préfère à la pagelle, à cause de la promptitude avec laquelle on peut mesurer de grandes quantités de vin. L'usage de la jauge n'est pas ancien à Narbonne, ni dans les environs. Ce qui le prouve, c'est qu'il n'en existe, à la maison commune, aucun étalon auquel « on puisse comparer et étalonner celles qui servent « journellement dans le commerce, ce qui est un très grand « mal dans ce pays .... où l'exportation des vins devient « de jour en jour plus considérable. » Une autre mesure en usage à Narbonne est celle qui est appelée « mesure de l'huile. » Elle se divise en 26 feuillettes. Il faut 16 de ces mesures pour faire une charge d'huile. La charge d'huile a donc, à Narbonne, 416 feuillettes qui, généralement, pèsent chacune une livre poids de table. Au détail, on mesure l'huile à la feuillette de la même manière qu'on mesure le vin à la pagelle: « lorsqu'une paille surnage sur la traverse « horizontale qui se trouve fixée au collet de l'étalon, la « mesure est alors censée juste et parfaite. » — *Futailles*. On vend à Narbonne les eaux-de-vie mesurées à la velte bordelaise. Les marchands en détail la vendent au pot. Les tonneaux contenant les eaux-de-vie sont connus dans le commerce sous le nom de *pièces*. Ces pièces sont construites d'après certaines règles. Elles doivent avoir 60 ou 80 veltes de capacité. Le maître tonnelier y grave *l'exactitude* de la pièce. Les mêmes précautions sont prises pour les barriques communément appelées *terserolles*, qui doivent contenir le tiers du muid royal, composé de 90 verges ou 45 pagelles de Narbonne, soit chaque terserolle, 30 verges ou 5 pagelles. La verge contient 5 pots un tiers, mesure de Narbonne, de sorte que 3 verges font 16 pots de Narbonne, et 6 verges font la pagelle de 32 pots. — *Bois*. Le bois de charpente se vend au pied de roi. Celui de menuiserie se vend à la canne, et le bois à brûler au quintal poids de table. — *Charbon*. Le charbon de bois se vend au quintal poids de table « dans de mauvais sacs de grosse toile » dont on déduit la tare. Le charbon de pierre se vend de la même manière. — *Pierre*. La pierre de taille se vend au pied cube de roi, et le moëllon à la toise cube. — *Chaux*. La chaux se vend au quintal poids de table. — *Plâtre*. Le plâtre blanc et le plâtre commun se mesurent à l'émine comme les grains, à la mesure *rase*. Deux émines forment le setier de plâtre, et l'émine pèse ordinairement un quintal poids de table. — Des notes historiques sont ajoutées à ce mémoire, pour suppléer aux actes ou copies d'actes qui étaient demandés à l'effet de servir à la constatation du rapport des mesures de Narbonne avec celles des environs, et qu'il n'était pas possible à la commune de produire. Voici quelques extraits de ces notes : « Tout porte à croire qu'on « a eu, dans ce pays, de tout temps, des mesures (la ville « de Narbonne fut redevable à Tibère, selon les conjectu- « res d'un moderne, du rétablissement de son Capitole et « de ses poids), ou qu'on a adopté, sans trop de réflexion, « celles qu'on a reçues des Romains ou d'autres peuples, « les mesures dont on se sert. — En 1280, toutes les huiles « du pays étaient apportées dans un lieu appelé trolle, « treuil, ou cellier, appartenant aux vicomtes de Narbonne, « qui percevoient un droit sur l'huile qui y étoit mesurée. « Ils le cédèrent ensuite à la commune de Narbonne, qui « continua de le percevoir, et qui n'a cessé depuis d'affer- « mer le droit du botage du vin, courtage du miel, et « mesurage de l'huile qui se vendent à Narbonne. — En « 1293, les consuls de Narbonne demandèrent au sénéchal « de Carcassonne la permission de faire changer en pierre « les mesures, qui étoient alors en bois. — En 1326, on « pesoit les blés et les farines, les consuls ayant donné « l'afferme du susdit poids à Jean Pascal, à raison d'une « obole par quintal. — Les consuls de Narbonne ont tou- « jours conservé la police des poids et mesures quoique « les vicomtes de Narbonne et les archevêques s'avisassent « souvent de la leur disputer. — En 1393, les consuls « étoient dans l'usage de clouer à la porte de leur boutique « les balances et les cannes fausses des marchands qui « s'en étoient servis. — On n'a absolument rien trouvé « d'écrit ou gravé sur les matrices des mesures soit en fer,

« soit en pierre, soit en cuivre, que l'on conserve à la « maison commune et qui servent à y étalonner les me-« sures en usage à Narbonne. — La forme extérieure de « la matrice de l'hémine, placée dans la maison commune, « a des ornements d'un genre gothique. A la place au Blé, « deux mesures en pierre, le setier placé au nord, et la « mesure formant les trois quarts du setier ou quartières, « placée au midi, portent la date de 1751, gravée sur le « cercle en fer qui les couronne. — Le pot et la demi-« pagelle en cuivre, servant de matrice pour les mesures « du vin,... portent, à leur forme extérieure, 1751, année « où elles furent reformées. »

F° 240. — **1791** (29 novembre). — Procès-verbal constatant l'installation et la prestation de serment de M. l'abbé Gara de Saragoity, nommé professeur d'hydrographie à l'école gratuite établie à Narbonne, « dans la « maison ou le ci-devant tribunal de l'amirauté tenait ses « audiences. » L'installation du professeur d'hydrographie est faite par le corps municipal, en présence du conseil des notables, des membres du directoire du district, des membres du tribunal judiciaire et du tribunal de conciliation, et de ceux du tribunal de commerce. Immédiatement après sa prestation de serment, le professeur, sur l'invitation du maire, donne une définition générale de l'hydrographie, ainsi que de l'algèbre, de la géographie et de l'astronomie, qui en font partie.

F° 240 v°. — **1791** (9 décembre). — Lettre du procureur syndic du district de Narbonne, qui informe les maire et officiers municipaux de la ville de la nomination, que le roi vient de faire, de M. Marianne à la place d'inspecteur général, et de M. Nivré à celle de visiteur principal des patentes et des contributions foncière et mobilière dans ce département. MM. Faguel, Demarri, Voillerant, Sauchiel et Vallon étaient nommés aux places de visiteurs de ces mêmes contributions.

F° 241. — **1792** (6 mai). — Procès-verbal relatif à la proclamation de la loi du 20 avril 1792, contenant déclaration de guerre contre le roi de Bohême et de Hongrie, ainsi que de l'acte du corps législatif, non sujet à la sanction du roi, donné le même jour, portant la déclaration des motifs qui déterminent les résolutions de la France et l'exposition des principes qui dirigeront sa conduite dans l'exercice du droit de la guerre. Cette proclamation est faite par M. Merlac, maire, en personne, entouré de tout le corps municipal, sur la place du Bourg, sur la place d'armes de la porte Connétable, sur la place de la Cité et sur la place d'armes de la porte Royale. Le cortége était formé de 34 dragons du 18e régiment, de 50 grenadiers du 51e régiment, alors en garnison à Narbonne, et de la brigade (1) de gendarmerie nationale à pied établie dans la ville. Sur chacun des points où la proclamation est faite, deux pièces de campagne, montées sur leurs affûts et traînées par des mariniers, tirent deux décharges. — Le corps municipal est composé de MM. Baron, Surbezy, Sabatié, Pomarède, Figeac et Enjalric. M. Tardieu y est compris en qualité de procureur de la commune.

F° 242 v°. — **1792** (7 mai). — Procès-verbal relatif à la fête civique de la plantation « du premier arbre de la « Liberté » sur la place de la Cité, et à la proclamation, par les rues de la ville, de la dénomination de place de la Liberté donnée à cette place. L'arbre, coiffé du bonnet rouge et orné de cocardes nationales et de rubans tricolores « dont des dames citoyennes avoient fait présent à la com-« mune, étoit un érable qui avoit été coupé dans le bois « de Coudon, appartenant à M. Girard, notable citoyen « distingué par son patriotisme. »

F° 244 v°. — **1792** (14 juillet). — Procès-verbal dressé par le directoire du district de Narbonne, « sur tout ce qui « venoit de se passer à la fête de la Fédération. » La municipalité de Narbonne et la garde nationale de la ville avaient refusé de se rendre à la maison où siégeait le directoire, et où elles étaient attendues par les membres de ce directoire et par les députations des *campagnes* du district, qui s'y étaient rendues pour composer ensemble le cortége de la fête. Devant l'autel de la patrie, qui avait été dressé sur le bastion de la croix de la Mission (à présent et auparavant bastion St-Côme), elles refusèrent de prêter le serment civique entre les mains des membres du directoire du district, et ne voulurent le prêter que sur l'autel même de la patrie. Le président du district se disposant à prendre la parole, sa voix fut couverte par celle des gardes nationaux, qui criaient : Vive la municipalité ! ou disaient que la conduite que l'on tenait actuellement était pire que celle de l'ancien régime, etc. Ce procès-verbal est dressé à la demande des députations des campagnes, « fortement « indignées de la conduite de la municipalité de Narbonne, « qui est passée devant la porte du directoire sur laquelle « elles l'attendaient pour commencer la marche, ainsi que « de la conduite de la garde nationale, » et il est envoyé au directoire du département « afin qu'il rappelle la muni-« cipalité de Narbonne aux égards qui sont dus aux auto-« rités constituées, et à la garde nationale l'obéissance « qu'elle doit aux autorités établies par la loi. » Il est signé des membres du directoire du district, qui étaient MM. Louis Barthés, président, Agel, vice-président, Roch

(1) Deux mois plus tard, il y avait à Narbonne trois brigades de gendarmerie.

Hérail, Lieuzère et Romieu, administrateurs, Solier, procureur syndic, et de MM. Hérail, maire de Coursan, Boyer, maire de Pérignan, Tourrel, maire de Ginestas, Mas, maire de Ventenac, Andréossy, commandant des dragons de Ventenac, Francès, maire de Bize, Barthès, maire de Cruscades, etc.

F° 246. — **1792** (14 juillet). — Procès-verbal dressé par la municipalité de Narbonne sur les incidents qui s'étaient produits à la fête de la *Fédération*. La municipalité devait assister, ce même jour, dans l'église cathédrale, à la bénédiction des drapeaux des trois bataillons de la garde nationale de la ville. Il avait été délibéré qu'au retour de cette cérémonie le cortège passerait devant la maison du directoire, « et recevroit les membres de cette administra- « tion, ainsi que les autres corps qui pourroient s'y trouver, « comme cela s'étoit pratiqué à Paris, le 14 juillet 1790, « l'assemblée nationale ayant été joindre la municipalité « de cette ville à son passage au pont tournant des Tuile- « ries. » Le président du district avait jeté d'un air *despectueux* son chapeau sur l'autel de la patrie, s'était adossé à cet autel et voulait faire prêter le serment civique entre ses mains, tandis qu'il devait être prêté « à la face du ciel et « sur cet autel même. » Un membre du directoire s'était appuyé « sy indécemment sur l'autel que la sentinelle ... « avoit été obligée de lui dire que sa consigne étoit de ne « point laisser profaner cet autel régénératif, et qu'il eût à « se tenir décamment. » Le président du district, par son attitude, voulait s'arroger un droit que « le peuple français « n'a pas cru de sa dignité d'accorder à son représentant « héréditaire. » Le directoire du district avait souffert que les députations des gardes nationales des campagnes lui présentassent les armes. En prenant congé d'elles, le président leur avait dit : « Nous savons distinguer les bons « citoyens des mauvais. Tranquillisez-vous. Vous aurez des « armes. Nous vous en ferons donner de préférence à tout « autre, » etc.

F° 248 v°. — **1792** (15 juillet). — Procès-verbal dressé par la municipalité de Narbonne pour constater « qu'une « infinité de citoyens, sans armes, précédés de la musique « militaire, » s'étaient présentés pour adhérer à la conduite tenue par elle, la veille, à la fête de la Fédération, et avaient donné leur acquiescement au procès-verbal qu'elle avait dressé pour constater les faits qui s'y étaient produits.

F° 249 v°. — **1792** (30 juillet). — Extrait de la délibération prise par le conseil du département de l'Aude, séant à Carcassonne, extraordinairement assemblé en surveillance permanente, en exécution de l'acte du corps législatif, du 12 juillet, qui déclare la patrie en danger. Cette délibération, sur le vu des procès-verbaux dressés par le directoire du district de Narbonne et par le corps municipal de cette ville, relativement à la fête de la Fédération, désapprouve la conduite du directoire, ainsi que celle de la municipalité, et, pour rétablir la concorde entre ces deux administrations, elle les invite en ces termes à faire le sacrifice de leurs dissentiments : « invite ces deux auto- « rités et les citoyens signataires des procès-verbaux « dressés par elles à se souvenir que la mésintelligence « des corps constitués et la désunion des citoyens met aussi « la patrie en danger, et qu'elle entend, dans ces circons- « tances, de leur amour pour elle, qu'ils éteindront, dans « un sentiment commun de fraternité et de patriotisme, « toute haine et rivalité. »

F° 250 v°. — **1792** (12 novembre.) — Relation de la fête civique célébrée, d'après le vœu de la loi du 28 septembre 1792, à l'occasion de l'entrée des Français à Nice et à Chambéry. Résumé de cette relation. Les corps administratifs et judiciaires et les citoyens invités à cette fête, les citoyennes cantatrices et les amateurs de musique s'étaient rendus à la maison commune, d'où « la pompe qui « s'y était formée » commença à défiler. Elle était composée « d'un grand nombre de citoyens couronnés de fleurs, « remarquables par leur patriotisme. C'était des vieillards « d'une figure imposante, qui tenoient des piques ornées « de laurier ; des hommes faits, qui, armés de fusils et de « sabres, sembloient respirer les combats,; des garçons « de 15 à 16 ans qui chantoient des hymnes à la Liberté ; « de jolis enfants couverts d'une simple tunique blanche et « parés de leurs grâces naturelles ; des filles, enfin, qui « appartenoient à des citoyens les plus distingués par leur « civisme, et dont les traits, la taille et la démarche atti- « roient tous les regards. Elles répétoient ce refrein patri- « otique : Vivre libres ou mourir. Les unes portoient le « réchaud sacré, où de jeunes enfants alloient verser des « parfuns que leur distribuoient, dans des cassolettes, la « citoyenne qui les portoient. Elle avoit à ses côtés celles « qui tenoient à leurs mains des vases de lait et de vin pour « faire des libations à la Liberté. Toutes étoient précédées « de la musique la plus touchante et la plus mélodieuse. » Les gendarmes nationaux ouvraient la marche. Auprès d'eux un citoyen portait un *labarum;* deux autres portaient un pavillon et un drapeau, emblèmes des trophées que les Français avaient enlevés aux armées sardes. Venaient ensuite les citoyens inscrits pour la course qui devait terminer la fête. On portait au milieu d'eux une corbeille contenant les prix réservés aux vainqueurs. « La phalange « citoyenne formoit deux hayes, que les jeunes citoyennes « traversoient quatre de front. » La statue de la Liberté, « dessinée et peinte par Gamelin, » portée d'abord par le maire, et ensuite par le président du tribunal du district, par le président du tribunal de commerce, par celui du bureau de conciliation et par le juge de paix du canton, puis par de simples citoyens, terminait la marche. Elle était entourée des corps administratifs et judiciaires, au milieu desquels le greffier de la municipalité portait une enseigne à la romaine, sur laquelle on lisait : Obéissance sans bornes aux lois de la république, sûreté des personnes, respect des propriétés, indépendance des opinions. « Cette colonne patriotique marchoit à pas lents, « sous la direction de l'ordonnateur de la fête. » Après avoir parcouru les principales rues de la ville, elle se rendit sur la place de la Liberté, où s'étaient formés en bataillon carré les volontaires de Quillan et un détachement du bataillon du Gers. La statue de la Liberté, déposée au pied de l'arbre *précieux* qui décore cette place, reçut l'hommage public des citoyens. Après un discours *brûlant de patriotisme*, le maire renouvela le serment d'adhérer à tous les décrets de la convention nationale, de maintenir et protéger la sûreté des personnes, d'assurer le respect des propriétés et l'indépendance des opinions, et de favoriser la circulation des grains. « Les salves d'artillerie, les « cris de vive la république, le cliquetis des armes, les « fanfares de la musique guerrière, avoient annoncé ce « moment, et le peuple nombreux, témoin de l'engage- « ment pris par le maire, s'unit à la loi par ses acclama- « tions, et se lia par le même serment. Après quoi les « jeunes citoyennes firent les libations à la Liberté, brûlè- « rent des parfums sur son autel, et versèrent à grands « flots le lait et le vin qu'elles avoient apportés. Cette pro- « cession civique, composée de jeunes garçons et de jeunes « filles, qui sembloient se disputer le prix de la décence et « de la beauté, se rendit, dans le même ordre, sur la pro- « menade publique, où l'*arène* des courses avait été pré- « parée. Rien de si imposant que le premier coup d'œil. « La carrière que devoient parcourir les jeunes citoyens « étoit ornée et embellie par la présence des gardes natio- « nales sous les armes et celle de tous les Narbonnois. Les « deux côtés n'étoient qu'un vaste emphithéâtre formé na- « turellement par les bancs de pierre de la grande allée de « la promenade et par les chaises des spectateurs, qui « s'élevoient jusqu'à une très-grande hauteur. Le peuple « abordoit en foule à ce spectacle nouveau. Il alloit, venoit, « montoit, descendoit, crioit, rioit, et se pressoit, se « poussoit, et sembloit braver les officiers qui couroient « de tout côté pour maintenir le bon ordre. Au milieu de « ce tumulte inévitable d'un peuple immense et libre, est « arrivée la pompe, qui a traversé la carrière. Les autori- « tés constituées ont été occuper les *gredins* placés à l'une « des extrémités, au côté droit, et vers le milieu a été « posée la statue de la Liberté. Elle a été gardée par les « vétérans, les vieillards et les jeunes citoyennes, qui « n'ont cessé de l'entourer. A peine le signal de la course « a-t-il été donné, les agiles coureurs, d'un pied léger, « effleurent la surface de la terre. Ils le poursuivent, l'at- « teignent presque, lorsque, plus vigoureux et plus leste, « l'un d'eux s'élance avec la rapidité de l'éclair, et enlève « le drapeau sarde. » — Trente-deux jeunes gens ont pris part à la course. Deux sabres ont été attribués aux vainqueurs. « Les instruments guerriers ont célébré leur vic- « toire, et, haletant encore, ces jeunes gens ont été pré- « sentés au peuple et ont recueilli les applaudissements. « L'ivresse est devenue générale. Tout le monde est heu- « reux. La joie anime tous les regards. Le peuple impatient « descend et se mêle dans l'arène. Les jeunes citoyennes « désirent et brûlent de se mêler à la fête. Les contredanses « se lient, et on danse une heure de la meilleure grâce. « La foule des citoyens s'est écoulée, et la nuit la plus « calme a succédé à la plus belle journée, et couronné cette « fête civique dont la place est marquée dans les annales « narbonnoises et celles du patriotisme. Les Narbonnois « ont senti que cette fête, sans exclure l'économie, leur a « procuré des jouissances plus vives et plus durables que « celles du despotisme, qui ne leur offroit que le vif éclat « d'une flamme dévorante comme lui. »

F° 252. — **1794** (7 pluviose an II (26 janvier). — Tableau de la population de la ville de Narbonne. D'après ce tableau, la population totale est de 9,050 habitants, dont 8,450 pour la ville même, et 600 pour la campagne. Il y avait en tout 1,710 *votants*. Le nombre des votants partis pour la frontière est de 603.

F° 252 v°. — **1796** (28 messidor an IV (16 juillet). — Dénombrement de la population du canton de Narbonne, composé uniquement de la ville, suivi du recensement des bestiaux de toute espèce qui existent dans son territoire. En voici les indications :

POPULATION.

Hommes mariés ou veufs	1,983
Femmes mariées ou veuves	2,284
Garçons de tout âge	2,167
Filles de tout âge	2,574
Défenseurs de la patrie (vivants 136, *morts* 9)	145
Total de la population	9,153

NOMBRE DES BESTIAUX.

Bœufs	340
Vaches	16
Veaux et génisses	4
Chevaux de tout âge	131
Juments de tout âge	90
Mulets et mules	179
Anes et ânesses	103
Moutons et brebis	9,005
Chèvres et boucs	765
Cochons mâles ou femelles	30

F° 253. — **1799** (3 nivôse an VII (23 décembre). — Réponses données par le commissaire près l'administration municipale de Narbonne, à la demande de renseignements que lui avait adressée le commissaire central du département de l'Aude, sur les causes de l'augmentation ou de la diminution des naissances, des mariages et des décès, sur leur rapport avec la population effective et totale en comparant l'état actuel à l'état ancien, sur les obstacles qui ont pu les provoquer, sur les maladies régnantes, etc. Ces réponses constatent : — que la population de Narbonne avait augmenté d'un dixième depuis la révolution, par l'effet des établissements militaires qui y avaient été fondés lors de la guerre des Pyrénées-Orientales ; — que les naissances et les mariages ont diminué par suite du départ d'un grand nombre de jeunes gens qui ont été successivement incorporés dans l'armée comme engagés volontaires, conscrits ou réquisitionnaires : — que les décès, comparativement à ceux qui avaient lieu sous l'ancien régime, ont diminué par suite du desséchement des marais qui avoisinaient la ville ; — que les divorces sont très-rares (il ne s'est présenté que six cas depuis l'émission de la loi qui les autorise) ; — enfin, que les adoptions sont nulles, par ce singulier motif, dit l'auteur de cette réponse, « que Narbonne possède « dans son sein des hospices civils où les orphelins et les « enfants de la passion reçoivent des secours qui réparent « abondamment les revers de la fortune, et conservent à la « république des nourrissons qui, la proie de la misère, « seroient infailliblement les victimes infortunées des actes « peu réfléchis des auteurs de leurs jours. » — A la suite de ces réponses on trouve un tableau du dénombrement de la population, dans lequel elle est ainsi répartie :

Hommes mariés ou veufs	1,828
Femmes mariées ou veuves	2,190
Garçons de tout âge	2,336
Filles de tout âge	2,483
Défenseurs de la patrie vivants	249
Total de la population	9,086

COUTUMES.

AA. 118. — 2 pièces (parchemin), orig. latin ; 1 sc. cire blanche sur ruban noir.

1221 (3 des nones de février (3 février). — * Coutumes des trois Cours ordinaires de Narbonne relatives aux cessions de biens. (Transc., en latin, au 1er thal., f° 83 ; au 9e thal., f° 6 v° ; — en roman, au 2e thal., f° 93 v° ; au 3e thal., f°s 34 v° et 44 v° ; au 6e thal., f°s 16 v° et 28 ; au 8e thal., f° 33 ; au 10e thal., f° 54.)

AA. 119. — 3 pièces (parchemin), orig. et cop. latin ; 1 sc. cire rouge sur cordelette de chanvre.

1232 (14 des kalend. de janvier (19 décembre), pour l'approbation par le vicomte Aymeric ; — 7 des kalend. de mars (24 février), pour l'approbation par l'archevêque de Narbonne ; — **1233** (7 des kalend. de mars (23 février), pour l'approbation par l'abbé de St-Paul. — * Coutumes de la ville de Narbonne. (Transc., en roman, au 3e thal., f° 29 ; au 6e thal., f° 12 v° ; au 8e thal., f° 9 ; au 10e thal., f° 8 ; — en latin, au 1er thal., f° 50 v° ; au 2e thal., f° 1 ; au 3e thal. f° 8 ; au 4e thal., f° 1 ; au 6e thal., f° 2 ; au 9e thal., f° 8 v° ; au 10e thal., f° 89.)

AA. 120. — 1 pièce (parchemin), orig. latin.

1249 (6 des nones de juillet (2 juillet). — * Coutumes de Narbonne et du Narbonnais sur la prescription des créances. (Transc., en latin et en roman, au 3e thal., f° 13 v° ; au 6e thal., f° 9 ; — en latin, au 9e thal., f° 11 ; — en roman, au 8e thal., f° 31 v° ; au 10e thal., f° 51 v°.)

CHARTES DES ROIS, DES PRINCES ET DES SEIGNEURS RELATIVES A LA CONSTITUTION ET AUX PRIVILÉGES ET FRANCHISES DE LA VILLE.

AA. 121. — 1 pièce (parchemin), cop. latin.

1276. — * Copie faite par Mathieu de Vaure, écrivain public de Narbonne, en présence de quatre lettrés, qui sont Raymond de Termes, avocat, Guillaume Cambados, Guillaume Sarrière et Bernard Jacques, clercs de Narbonne, d'un instrument de l'année 1250, par lequel Guillaume de Pia, sénéchal de Carcassonne, à la demande de Guillaume et Bernard Amoros et de Bérenger du Rivage, agissant au nom des bourgeois de Narbonne, déclare qu'il vient de recevoir les lettres de la reine Blanche transcrites dans cet instrument, et qu'après avoir ouvert ces lettres et en avoir donné lecture, il a autorisé leur transcription authentique, « tanquam publicam scripturam » pour être remise auxdits bourgeois. Par ces lettres, la reine Blanche mande au sénéchal de Carcassonne, suivant les recommandations que lui en avait faites le roi *son très-cher fils*, de maintenir en tous leurs droits les habitants de la ville, de les aider selon droit et justice, et de vider les appels qui, de la Cour du vicomte Amalric, seraient relevés devant lui, « prout de jure, et secondum « usus et consuetudines patrie fuerit faciendum. » — L'instrument du sénéchal est reçu par Guillaume Arnaud, notaire de Carcassonne. — Témoins qui y figurent : le chevalier de Cryon, Jean de Burlats, Odard de Maigneville, connétable de la Cité, Guillaume de Lodève, Michel de Navarre, Pierre de Brau, Guillaume de Matha, châtelain de Montréal, et Guillaume de Frenay.

AA. 122. — 2 pièces (parchemin), orig. latin.

1302 (18 des kalend. de décembre (14 novembre). —

Présentation faite par Bérenger Amaron, lieutenant de Raymond-Jean Contastin, et Pierre Amand, lieutenant de Bernard Bonmacip, consuls du Bourg, et par Bernard Amaros, Pierre-Raymond de Montolieu et Pierre Coyran, régents du consulat de la Cité, au damoiseau Albert Assalit, viguier de l'archevêché, et à Raymond Sarralier, lieutenant de Robert d'Usson, official de Narbonne, à l'effet d'en assurer l'exécution, des lettres de l'archevêque Gilles, du mardi avant la fête de la Toussaint, sans date de l'année, par lesquelles : — il mande à ses officiers de juger en sa Cour séculière les criminels qui en sont justiciables, selon les coutumes de cette Cour, et notamment certain homme et certaine femme qui étaient accusés d'homicide; — il défend aux sergents de recevoir, pour leurs exploits et leurs exécutions, un autre salaire que celui qu'ils recevaient anciennement, pourvu qu'il en soit de même des sergents de la Cour du vicomte; — il ordonne de réparer la Robine (1) quand cela sera nécessaire, sauf à contribuer aux frais de la réparation s'il y est tenu; — il prohibe rigoureusement aux fermiers de ses *pasquiers* d'entrer avec leurs troupeaux dans les pâturages qui ne dépendent pas de leurs fermes; — il prescrit aux clercs mariés, qui ne sont ni notaires, ni avocats, ni médecins ou écrivains, de contribuer aux tailles et collectes de la ville, suivant les constitutions du pape Boniface VIII et les règlements arrêtés dans les conciles de la province; — il ordonne qu'il soit fait promptement justice aux habitants de Narbonne relativement à leur droit de prendre librement et sans avoir à payer aucune redevance, des pierres et terres de l'île de Cauquenne; — il défend à son official de procéder contre lesdits habitants par voie d'excommunication avant d'avoir, suivant le précepte sacré, lancé par forme d'avertissement un monitoire canonique.

AA. 123. — 1 pièce (parchemin), orig. latin.

1313 (17 des kal. de février (16 janvier). — Procès-verbal constatant la mise à exécution, par Foulques de Tornac, juge mage et lieutenant du sénéchal de Carcassonne, des lettres patentes de Philippe IV, du 8 décembre 1310, y insérées, qui lui étaient présentées par Bernard de Feudo, procureur ou syndic des consuls du Bourg, agissant aussi comme mandataire des consuls de la Cité. Ces lettres patentes annullent, en tout ce qui peut être contraire aux privilèges des habitants et aux attributions des consuls : — diverses lettres obtenues par le vicomte de Narbonne, concernant le guet et la garde de la ville, le « jus piscium » des vicomtes, etc.; — certaine information autorisée à l'occasion de quelques actes de l'administration consulaire; — l'information relative aux crimes qui pouvaient avoir été commis, depuis 50 ans, par des habitants de Narbonne; — l'enquête commencée pour la constatation de quelques coutumes de la ville, laquelle avait été confiée à d'autres officiers que ceux de la Cour du roi (1), qui devaient seuls en connaître et la terminer, ainsi que toutes autres lettres obtenues tant contre les consuls que contre des habitants de la ville en particulier, au préjudice de leurs priviléges et franchises.

AA. 124. — 2 pièces (parchemin), orig. et vid. latin et français.

1345 (avril); — **1346** (7 avril). — Lettres de Jean, comte de Poitiers, mandant au sénéchal de Carcassonne et à tous officiers justiciers de faire partout garder et exécuter les lettres patentes de son père, Philippe VI, du 15 février 1345, données après délibération et « bon conseil » des prélats, barons, chapitres et bonnes villes du royaume, assemblés à Paris le jour de N.-D. de la Chandeleur. Ces lettres patentes — révoquent la gabelle du sel; — abolissent les impositions établies par la reine et par le duc de Normandie; — réduisent, dans les juridictions, les sergents royaux au nombre où ils se trouvaient précédemment fixés, avec défenses à eux de *sergenter* ailleurs que dans leurs prévôtés ou châtellenies; — interdisent les réquisitions de chevaux, de charrettes, de grains et vivres, qui étaient faites par les princes, le connétable, les maréchaux ou amiraux, excepté celles que pouvaient commander les besoins du roi, de la reine et de leurs enfants, sous peine, pour les auteurs de ces réquisitions, d'être pris et arrêtés prisonniers, sans pouvoir être relâchés, si ce n'est sur lettres du roi « signées par un secrétaire sans relation d'aucun; » — ordonnent que les maîtres d'hôtel de la reine et des

(1) Il est douteux que l'archevêque eût le droit d'ordonner l'exécution des réparations de la Robine, mais il pouvait avoir à y acquiescer. Dès lors, il ne parlait que de la quote-part pour laquelle il devait concourir aux frais des réparations exécutées, à raison de l'utilité qu'elles présentaient pour ses propriétés territoriales, ou bien à raison de la leude de la mer qui était levée au grau de Narbonne, devenu maintenant le port de La Nouvelle, et qui lui appartenait pour une moitié, par suite de la donation qu'en avait faite le vicomte Aymeric, à l'archevêque Arnaud, en 1215.

(1) En 1313, il n'existait encore à Narbonne aucune Cour royale proprement dite. Toutes les juridictions de la ville étaient seigneuriales. En dehors des cas royaux, dont la connaissance était réservée aux officiers des juridictions supérieures, le roi n'avait à Narbonne qu'une partie de la justice, en vertu du pariage qu'il avait conclu avec le vicomte Amalric, en l'année 1309, lequel subsista jusques en l'année 1322. Ce pariage ne pouvait naturellement être saisi que des affaires ressortissant auparavant à la juridiction des vicomtes, c'est-à-dire, de toutes les affaires civiles des particuliers et des causes criminelles qui n'intéressaient ni la sûreté publique, ni l'autorité de la couronne. En parlant des officiers de la Cour du roi, il ne peut donc être ici question que des officiers du sénéchal de Carcassonne ou de ceux de la viguerie de Béziers, dont la ville de Narbonne était une dépendance.

enfants du roi n'auront aucune connaissance de causes juridictionnelles, si ce n'est de celles des personnes de l'hôtel; — défendent la délivrance de lettres d'état pour les gens de guerre par d'autres mains que celles du roi et de ses lieutenants; — défendent à ces maîtres d'hôtel de prononcer aucune amende; — suppriment les lieutenants des maîtres des Eaux et Forêts, et obligent ces derniers à connaître, par eux-mêmes, des délits et contraventions en matière d'eaux et forêts; — défendent aux sénéchaux, baillis et prévôts, ainsi qu'à leurs lieutenants, de faire procéder aux enquêtes autrement que par commissaire *bon et suffisant*, accepté par les parties; — fixent à 40 s. par jour l'honoraire des commissaires nommés par le Parlement; — rappellent et révoquent tous commissaires nommés sur faits d'usure, ou sur contraventions concernant les monnaies. — Vidimus desdites lettres patentes du 15 février 1345, donné par Pons Clari, viguier royal de Béziers.

AA. 125. — 1 pièce (parchemin), orig. latin.

1372 (18 février). — Lettres de Louis, duc d'Anjou, gouverneur du Languedoc, par lesquelles, de l'ordre du roi et suivant son mandement du 19 août 1372, transcrit dans ces lettres, il est enjoint aux viguier et juge royaux de Narbonne de défendre au vicomte et à l'archevêque, ainsi qu'à tous autres seigneurs ayant juridiction dans la ville : — de prendre, sans le consentement des consuls, des conseillers et des habitants, leurs bestiaux, chevaux et autres biens; — de molester ou troubler ces habitants en leurs personnes et leurs possessions; — de s'emparer de leurs biens et les emporter, pour quelque cause que ce soit; — enfin, de rien faire ou attenter contre les privilèges et libertés des habitants de la ville, le tout sous peine de saisie et amende arbitraire et d'être déclarés en état de rébellion, « specialiter dictus vicecomes qui pretextu seu « sub colore officii sui admiratus Francie, cum ad nos seu « gratias nostras accedere seu venire se asserit ac aliter, « personas, eques ac alia animalia dictorum de Narbona, « per gentes suas capi fecit, et eadem animalia extimari, « et aliquosciens extimatos exsolvi prout et quando vult « facit, ipsis de Narbona dominis dictorum animalium et « aliis invitis et quantum possunt contradicentibus, ob « quod aratores... occasione captionis dictorum anima- « lium, aliquosciens cessant et cultura sua. » D'après la suscription du mandement du 19 août 1372, les consuls, lors de leur élection, prêtaient serment entre les mains du viguier, en sa qualité de représentant de l'autorité royale, de laquelle ils tenaient immédiatement leurs fonctions consulaires. Par ce serment, les consuls promettaient de défendre avec vigilance les coutumes, libertés et franchises de la ville. Les soins qu'ils prenaient pour conserver intactes ces coutumes et ces libertés, les rendaient l'objet de la haine et des persécutions de l'archevêque, du vicomte et des autres seigneurs ayant juridiction temporelle dans la ville, toujours portés à la violation de ses privilèges. Le mandement du roi s'explique à ce sujet dans les termes suivants : « Ipsi conjunctim jurent et jurare consueve- « rint in eorum nova consulari creatione, in manibus ba- « juli nostri Narbone, de libertatibus et franquesiis atque « aliis juribus et jurisdictionibus consulatus nostre dicte « ville, quem et quas a nobis, nedum ut rege Francie, set « etiam ut duce et domino Narbone, immediate tenent et « tenere consueverunt, excercendis et custodiendis, ac « bene et fideliter defendendis; ob quod cotidie habent « litigare contra archiepiscopum et vicecomitem Narbone « atque alios juridictiones habentes in dicta villa. Quo- « rum pretextu, iidem archiepiscopus seu vicecomes seu « eorum officiarii, ipsos consules nostros seu consiliarios « eorumdem ac alios singulares dicte ville, odio gerunt « et eosdem prosequi seu dampnificare nituntur tam in « personis quam in rebus suis. »

AA. 126. — 1 pièce (parchemin), orig. latin.

1335 (28 avril). — Déclaration d'Amalric de Narbonne, seigneur de Talairan, datée de la maison de Bonet Contastin, coseigneur de Couize (Cojano), située dans la ville de Narbonne et où il faisait sa résidence, portant que les habitants de la ville sont exempts de toute leude et de tout péage au Lac, à Villefranche-du-Pont-de-Berre (1), et dans tous les autres châteaux et lieux qui lui appartiennent dans le Narbonnais et la Vicomté de Narbonne. Il ajoute que lesdits habitants, d'après ce qu'il en croit, sont de même exempts de leude, de *vectigal* et de péage dans toutes les terres du Narbonnais. — La déclaration est reçue par Pierre Mercadier, notaire royal de Narbonne, en présence de Bernard Stéphani, juriste, Raymond Aymeric et Pierre de Parazols, pareurs, Pierre Corbi, cultivateur, Guillaume de Donos, sergent royal, du damoiseau Raymond-Guillaume de Fabrezan, et de Raymond Sabatte, de Talairan.

AA. 127. — 1 pièce (parchemin), orig. latin.

XIIIe siècle (2). — Acte d'hommage et serment de fidélité fait par le vicomte Aymeric à l'archevêque Gilles.

---

(1) Aujourd'hui Villefalse.

(2) L'élection de Gilles Aycelin, prévôt de l'église de Clermont, à l'archevêché de Narbonne, est du mois de novembre 1290. Très-probablement ce fut peu de temps après son installation que le nouvel archevêque dut exiger du vicomte, son feudataire, le serment de fidélité dû en raison des biens qu'il tenait de lui. C'est donc à cette même année 1290, ou au commencement de l'année 1291, que doit être rapportée la date de l'hommage et du serment de fidélité analysés dans cet article.

pour tout ce qu'il tenait de lui en fief dans le Bourg, pour la moitié de la Cité, et pour les droits qu'il lui reconnaissait sur les habitants de la ville. Cette moitié de la Cité est ainsi décrite dans l'acte d'hommage : « et terminata est hec me- « dietas Civitatis a porta dicta Aquaria, que nunc est fer- « rea subtus palatium nostrum (1), per viam rectam usque « ad quadruvium Crucis. Et ab ipso quadruvio usque ad « furuum qui dicitur de Sancto Justo. Et deinde per mer- « catum vetus usque ad Portam Regiam. » La reconnais- sance des droits de l'archevêque dans cette même moitié de la Cité, par le vicomte, est conçue dans les termes sui- vants : « Item scimus, profitemur et in veritate recognosci- « mus vobis eidem domino archiepiscopo et ecclesie Nar- « bonensi, quod vestri proprii juris sunt et in vestro « proprio alodio et jure divini habetis et tenetis, et habere « et tenere debetis, libere et absolute, in predicta parte « Civitatis quam a vobis tenemus versus circium sicut dic- « tum est, scilicet milites et firmancias militum et familia- « rum eorum et etiam clericorum omnium ac cunctorum « habitantium in domibus eorumdem, et feuales seu feuda- « lia, et albergas militum, et turres cum mansis et muris « ac cum omnibus pertinentiis eorumdem. Quequidem « turres sunt site et instructe diversimodo per ipsum mu- « rum Civitatis, a medio portalis de Porta Regia, in ea « prenominata parte Civitatis, versus circium usque ad « turrim nostram que Mauresca nuncupatur. Que tota « turris Mauresca cum suis tenenciis est et esse debet et « semper fuit de jure et dominio archiepiscopali, et totum « Capitolium (2), et Mansus Arnaldi Amalrici quondam, « et mansus Pontii de Malvis, et mansus qui fuit Petri de « Aviacio, et omnes domos clericorum. »

(1) La Vicomté.

(2) Le Capitole de Narbonne, que l'on désignait, en roman, sous le nom de Capduel, littéralement tête ou chef d'œil, parce que le sommet en était occupé par la sentinelle chargée de faire le guet pendant la nuit, servait de prison, en 1297, pour les justiciables de la Cour de l'archevêque. Cette destination lui avait été donnée depuis l'année 1277, époque où Guillaume du Capitole, qui en était engagiste, le céda à l'archevêque Pierre de Montbrun, moyennant le prix de 12,000 s. melgoriens. Antérieurement il avait été plusieurs fois engagé et racheté par les archevêques. Une sentence arbitrale de 1215, rendue par Raymond II, évêque de Béziers, sur les différends de l'archevêque avec Jean Bistan, l'enleva à ce dernier pour l'attribuer à l'archevêque avec le fief de Perdipas. Mais, peu de temps après, il fut de nouveau engagé pour parer aux frais de la guerre contre les Albigeois.

Le Capitole était bâti sur un terrain confronté au nord par une possession de Bernard Tourreu, de laquelle il n'était séparé que par un patu (surface close de murs) qui s'étendait jusqu'à la porte extérieure, la Porte Royale ou Porte-Roy. Dans la direction du midi du Capitole, vers l'église St-Just, se trouvait le portail Birbal. Le Capitole était donc assis entre deux portes. C'était une grande tour, une forteresse qui commandait et protégeait ces deux portes. L'archevêque Maurin en ordonna la démolition pour en employer les matériaux à la construction de la nouvelle église St-Just. En 1344, il n'en restait plus aucune trace.

AA. 128.— 1 pièce (parchemin), orig. latin.

1298 (16 des kal. d'octobre (16 septembre). — Déclaration du vicomte Aymeric et de Marguerite (1), sa femme, par laquelle ils reconnaissent, sur le témoignage de gens dignes de foi et à la demande de Bernard de St-Étienne, neveu et héritier de Guillaume-Raymond de Bourg, que ce dernier tenait de leurs auteurs la *villication ou viguerie de la seigneurie vicomtale* de tout le Bourg de Narbonne, à l'exception du *faubourg neuf* (2), dans lequel les vicomtes n'ont que les hommages. Par cette déclaration, le vicomte et la vicomtesse confirment Bernard de St-Étienne dans la jouissance de cette viguerie. A ce titre, ce dernier avait : — l'usage des anguilles et des viandes et entrailles « entremuelas » de la boucherie ; — la surveillance de la vente du pain par les *fléquiers* et les *fléquières*, pour l'exercice de laquelle il avait le pouvoir de rompre le pain et de le répandre sur la place s'il était inférieur au poids fixé par le tarif; — la conduite à l'église et à leurs maisons des nouvelles mariées, qui, pour cela, lui devaient l'albergue (3). Si la mariée était conduite sur une haquenée, il devait être payé, de plus, par elle, une mesure d'avoine : « et debetis ducere ad ecclesias et reducere nuptas, sive « novias, et habere inde procurationem, et si habueritis « equitaturam in qua nupta equitet, debetis inde habere

(1) Marguerite de Montmorency, que le vicomte Aymeric avait épousée en secondes noces, après la mort de Guillelmette de Montcade, sa première femme.

(2) Après avoir dit que la viguerie vicomtale dont Guillaume-Raymond de Bourg était feudataire comprend tout le Bourg de Narbonne « vigairiam dominationis vicecomitalis Burgi Narbone de omnibus, » le titre, pour corriger ce texte, ajoute immédiatement : « excepto « manso novo, in quo nichil habemus nisi solummodo potestativum. » Que faut-il entendre par ces expressions ? Manso novo est-il ici employé comme le nom d'un édifice particulier nouvellement construit et qu'un privilége spécial exemptait des droits seigneuriaux des vicomtes? ou bien faut-il y voir toute une partie du Bourg, un vrai faubourg construit ou reconstruit depuis que les vicomtes étaient devenus feudataires de l'archevêque, et dans lequel, pour ce motif ou à cause d'une exception quelconque, les vicomtes n'avaient que le « potestativum, » c'est-à-dire les droits honorifiques? Cette dernière interprétation nous a paru la plus naturelle. Nous l'avons rendue en employant dans notre analyse le mot faubourg pour manso novo.

(3) L'expression latine est *procuratio*, sous laquelle on désignait le droit réservé aux supérieurs ecclésiastiques pour la visite des églises ou des maisons religieuses, aux suzerains pour la visite de leurs emphytéotes. Ce droit consistait en la fourniture du logement et des vivres. A moins qu'il n'y eût de convention particulière, il était payé en nature par l'emphytéote. La « procuratio » attribuée au feudataire du vicomte lui donnait le droit d'assister au repas de noces des nouvelles mariées.

« civatam ipsi equitature; » — il devait se saisir de ceux qui étaient surpris en flagrant délit de vol dans le marché au Blé (1) et les crucifier sur le *costellum*; — il publiait la monnaie nouvellement frappée par les seigneurs de Narbonne et procédait seul à son émission, « et debetis fures « qui furabuntur in mercato Bladi mittere in costello et « condere in crucem ad modum furis. Debetis etiam mo« netam, cum de novo fiet in Narbona, spargere et publi« care per plateas in Civitate et Burgo. » Après avoir été confirmé dans la possession de cette viguerie par le vicomte et la vicomtesse, Bernard de St-Étienne leur en fait hommage, « flexis genibus junctis manibus, » moyennant serment sur les saints Évangiles. — Cette déclaration et l'acte d'hommage qui en est la suite sont reçus par Pierre Martin, écrivain public de Narbonne, notaire du vicomte, dans le *palais rond au-dessus de la porte de fer* (2) de la Vicomté, en présence de Bertrand de Bosco, viguier du vicomte, Guillaume Fabre, Essamène Peyre, Hugues de Perpignan, écuyer du vicomte, et Raymond Escudier, de Narbonne. — Une note écrite sur le verso de ce document constate que la viguerie vicomtale du Bourg a été possédée, dans la suite, par M. de la Bourgade. (Transc. au 1er thal., f° 377; au 3e thal., f° 149.)

AA. 129. — 1 pièce (parchemin), orig. latin.

1331 (24 février). — Hommage et serment de fidélité fait au vicomte Aymeric par Raymond de Foix, dit Bonet, fils de Bérenger de Foix, bourgeois du Bourg, pour la *villication* ou viguerie de la seigneurie vicomtale du Bourg, qu'il tenait de lui en fief d'honneur, moyennant une alberque annuelle de deux chevaliers et demi payable en une seule fois entre la fête de la Nativité et la Septuagésime, et dans les formes et sous les conditions portées par l'acte d'hommage de la même viguerie fait au vicomte Aymeric en l'année 1272 (3), le 14 des kalendes d'avril (19 mars), par Guillaume-Raymond de Bourg, en présence de Guiraud, abbé de St-Paul, de Pierre de Fraissé, juriste, de Raymond Jean et Bernard Dauphin, bourgeois de Narbonne, de Gaubert de Donos, du damoiseau Pierre de St-Étienne, de Raymond de Furnes, bourgeois de Béziers, et de Raymond de Nabors. — Raymond de Foix avait succédé à son père dans la viguerie qui fait l'objet de l'hommage, et celui-ci l'avait reçue dans la succession de dame Mabilie, fille et héritière de Guillaume-Raymond de Bourg, qui était probablement le successeur de Bernard de St-Étienne, neveu et héritier d'autre Guillaume-Raymond de Bourg mentionné dans l'hommage fait en l'année 1228 par ledit Bernard de St-Étienne. — L'acte d'hommage de Raymond de Foix est reçu par Jean Bondonat, notaire du vicomte, en présence de Pierre de Rigaud, licencié ès-lois, Jacques Bonet, Bernard de Montpellier, noble Lagier de Villespassants, de Ginestas, et de Hugues de Bromie, écuyer du vicomte.

(1) La place au Blé était située dans le Bourg, à l'ouest de la tête du Pont-Vieux. Guillaume-Raymond de Bourg y avait fait dresser un *costellum*, c'est-à-dire un échafaud, pour l'exécution des criminels, comme le vicomte avait fait dresser le sien sur la place de la Cité.

(2) Peut-être une tour ronde qui devait se trouver au-dessus de la porte Aiguière, laquelle était réellement en fer.

(3) Cet acte d'hommage est porté ici à sa véritable date, qui est l'année 1272. C'est par une erreur de copiste que, dans sa transcription au 3e thal. (v. AA. 103, f° 149), il a été coté de l'année 1273.

AA. 130. — 1 pièce (parchemin), orig. latin.

1304 (8 des ides d'avril (6 avril), — 2 des ides de juin (12 juin). —* Présentation faite à Francisque de St-Genés, podestat, et à Lanfranc Ferrari, abbé de Savône, par Guillaume Record, notaire, en qualité de procureur de la ville, 1° des lettres patentes de Philippe IV, de l'année 1313, par lesquelles il les prie de bien traiter les marchands originaires de Narbonne, et de les conserver en toutes les libertés et immunités dont ils jouissent dans la ville de Savône et dans les terres qui dépendent de sa domination; 2° des lettres *patentes* des consuls de Narbonne, adressées au podestat, au capitaine et au sénat de Savône, par lesquelles ils se plaignent des infractions journalières dont les immunités et franchises des habitants de Narbonne sont l'objet dans la ville de Savône. Les consuls demandent l'observation de ces immunités. De leur côté ils offrent de traiter avec bienveillance les habitants de Savône, et de respecter tous leurs priviléges dans la ville de Narbonne. Mais ils ajoutent que si leurs vœux ne sont pas accueillis, ils rechercheront ailleurs et par tous les moyens en leur pouvoir le redressement et la réparation des griefs qui motivent leurs plaintes. — Réquisition faite par le procureur de la ville pour l'exécution des lettres présentées. — L'acte de le présentation est dressé dans le chapitre de Savône, par les notaires Aycard de Villemagne, notaire royal en la sénéchaussée de Carcassonne, et Jacques Régine, notaire de la ville de Savône.

CORRESPONDANCE POLITIQUE DES SOUVERAINS,
CORPS D'ÉTAT, GOUVERNEURS, ETC.

AA. 131. — 1 pièce (parchemin), vid. latin et français.

1389 (6 mars). — Vidimus donné par Pierre Boyer, docteur ès-lois, *régent pour le roi* en la sénéchaussée de Carcassonne et Béziers, des lettres de Charles VI, du 28 janvier 1389, datées d'Avignon, qui avisent les consuls de la nomination de l'archevêque de Reims, et des conseillers Pierre de Chevreuse et Jean d'Estouteville, en qualité de commissaires généraux réformateurs des pays de Languedoc et de Guyenne, en matière d'administration, de justice, de finances, de fortifications, de dettes des Juifs, de gages des offices, de serments de *féaulté* à prêter pour les biens mouvant du roi, etc. Les pouvoirs attribués aux commissaires réformateurs par leur commission sont ainsi définis: « Iceulx nos conseillers avons establiz et ordenez et par la « teneur de ces présentes letres ordonnons et establissons, « eulx troys ensemble et les deux, refformateurs généraulx « par touz noz pays de Languedoc et duchié de Guienne, « tant sur les faiz, personnes et cas dessus diz comme sur « quelxconques autres personnes et cas qui des faiz devant « diz et leurs circumstances se pevent et pourront depen- « dre, et de tous aultres cas contra quelxconques personnes « de quelconque estat ou condicion qu'ilz soient. Et yceulx « troys nos conseillers, ou deux d'eulx, mandons et comec- « tons, c'est assavoir: audit arcevesque affin civile, et aux « autres dessus nommés a toutes fins, que par eulx, re- « prins se bon leur semble touz ensaignemens, enquestes « et informations faiez ou temps passé et qui seront en « ceste matiere faiz, tant de nostre commandement comme « de par eulx ou autres, lesquelles choses nous voulons et « mandons a eulx estre bailliées et apportées, plainement « ilz entendrent et diligemment procedent en ceste reffor- « macion et besoigne de jour en jour, prestement et sanz « délay, et tant de leur office et par les voyes qu'ilz ver- « ront plus convenables et meilleurs comme aultrement, « souverainement et de plain, sanz longe figure de juge- « ment ne dilations ordinaires, attendre icelles, et toutes « exceptions qui ne serviroyent au principal et affin pré- « hamtoire cessans, la ou mestier sera ou expédient, sellon « la nature des cas et la considéracion des personnes et de « leur malice, et les coulpables, sellon leur démérites et « exces, contraignez a faire restitution ou il appartiendra, « et les punissent sellon la qualité des déliz, en faisant sur « tout acomplissement de justice et rendant a chascun sa « desserte, tant quant a touz soient la ou le cas se offrera,.. « sans aucun espargner; de veoir et visiter par eulx et « leurs députez l'estat et gouvernement de tous nos officiers « estant a présent es diz pais, tant ceulx qui de nouvel y « ont esté mis come les aultres auxquelx nous avons con- « firmé leurs offices, soient séneschaulx, juges, viguiers, « soubz viguiers, bailles, maiestres de Eaues et de Forez, « et autres quelconques officiers; de savoir et enquérir se « en leurs offices ilz font résidence et leur debvoir, sellon « nostre ordonnance et le serment qu'ilz ont sur ce fait; « de les punir, suspendre ou priver, sellon ce que trouverez « seront coulpables, et de pourvoir es lieux d'eulx par la « maniere que es semblables crimes de officiers cy devant « est contenu; de savoir et enquérir l'estat, le nombre et « gouvernement des capitoulx, consuls, conseillers, sin- « diz, eschevins, procureurs et gouverneurs des cités, « villes et lieux des pays dessus diz, tant de ceulx qui sont « noz subgiez et justiciables saus moyen comme autres; « les corrigir et punir par suspensions, privation ou autre- « ment, sellon qu'ilz seront trouvez culpables et les muer « et changer, et le nombre d'iceulx, se bon semble aux diz « refformateurs et le cas le requiert, modérer et amendir, « et les remener et mettre a tel nombre com bon et expé- « dient leur semblara; de leur faire et bailler, se mestier « est, instructions sur leur gouvernement semblables a « celles dont ilz ont usé, ou autres nouvelles, ainsi et par « telles modiffications que bon semblara auz diz refforma- « teurs, desquelles ilz seront tenuz de user doresenavant;... « de recevoir ou faire recevoir par les séneschaulx desdiz « pays, pour nous et en nostre nom, toutes manieres de « sermens de féaulté qui deuz nous seront par quelxcon- « ques personnes loys desdiz pays a cause des choses « qu'ilz tiennent de nous; de donner souffrance et délay « de faire yceulx sermens de féaulté et tous les homages « qui deuz nous seront es diz pays par quelxconques per- « sonnes exemptes, comtes, vicomtes et bannerez, jusques « au terme de quatre ans et audessoubz, ainsi et par la « maniere que bon semblara ausdiz refformateurs; de « pourvoir sur toutes nouvelles indictions et coustumes, « édicts, ordonnances, ou mises sus, par quelconque ma- « niere que ce soit, depuis le trespassement de nostre tres « cher seigneur et pere, que Dieux absoille; de ycelles « oster, modérer, ou les occtroyer de par nous, ainssi que « bon leur semblara; de faire vyder et procurer le vuy- « dage des forteresses occuppées par nos ennemis et au- « tres gens d'armes, promises a délivrer par nostre ami et « féal cousin le comte d'Armaghac, et la finance qui, « pour ce, a esté imposée ou ordenée estre levée, faire « asembler, cuillir et lever, ou autre telle comme ilz ver- « ront estre nécessaire, se mestier est, faire mettre sus, « imposer, cueillir et lever par la meilleur voye et maniere « et aux moindres fraiz et grevances de noz subgiez qu'ilx « porront aviser, et ce, quand cuilli, levé et asemblé en « sera, faire emploier et convertir ou fait de ladicte vuy- « dange et non autre part;.... » — Le vidimus, revêtu du sceau ordinaire de la sénéchaussée de Carcassonne, est contresigné : de Rieux.

AA. 132. — 1 pièce (parchemin), orig. français.

XIVe siècle. — Réponse de Charles VI à une lettre que les consuls lui avaient adressée pour protester de leurs bons et loyaux sentiments envers le roi et la couronne, et pour lui demander aide et protection. Après les avoir remerciés de leurs bonnes dispositions, le roi leur écrit en ces termes : « et vous prions que tousjours vous vuilles en « ce persévor, si comme nous avons ferme espérance. Et

« quant est de ce que nous vous vuillons conforter et gar-« der, nostre entencion est de envoier briefment par dela « tele et si convenable personne pour vous garder et dé-« fendre que vous en seres contens, et de y aler aussi nous « mesmes en nostre personne. Et en vérité, combien que « les porteurs de ces présentes nous aient bien diligem-« ment poursuy d'avoir ceste response, nous ne l'avons « peu plustost faire, pour certaines grosses besoignes qui « tres grandement touchent l'onneur et proffit de nous et « de nostre royaume, ou il nous a convenu vacquier. »

AA. 133. — 3 pièces (papier), orig. français.

XVe siècle. — * Lettre du duc de Berry et d'Auvergne, lieutenant du roi en Languedoc et en la province de Guyenne, écrite de Paris, par laquelle il mande aux consuls: — de n'ajouter aucune foi aux partisans de « Benoist, naguere « eslu en pape » (1), que le roi, après mûre délibération des princes du sang, des membres de son conseil, et des prélats « et autres hommes notables de son royaulme, qu'il « a faict souventes foys assembler pour ceste cause, » avait refusé de reconnaître, afin de rétablir l'union dans l'Église chrétienne; — de veiller à ce que les prêtres qui favorisent ce pape et qui, dans leurs prédications, ont comparé le roi à Nabuchodonosor, ne séduisent le peuple et ne parviennent à le détourner de son devoir; — de ne donner « audience, « aide, conseil ne confort a ceulx qui sont si présomptueux « de faire le contraire, lesquels en seront courrouciez et « puniz si aigrement que ce sera exemple a touz autres, au « plaisir du benoist filz de Dieu, de qui la chose est. »

AA. 134. — 1 pièce (parchemin), orig. français.

1411 (octobre). — Lettres de Charles VI, qui donnent aux consuls la traduction en français de la bulle du pape Urbain V, « de bieneurée récordation, » conservée au trésor des chartes, registres et priviléges de la Ste-Chapelle, à Paris. Afin d'arrêter « l'effusion du sang des chrestiens « innocens, et les désolacions et larcins de plusieurs églises « et monastiers, les ravissemens et corruptions de femmes « vierges, les desrocherz, robemens et pillaiges des citez, « des chasteaux ... et d'autres biens temporelz, et autres « persécutions innombrables, ja lonc temps a jusques cy « faictes et perpétrées en diverses parties du monde, et en « espécial en royalme de France, » et après avoir reconnu combien est « redoutable et horrible la cruelle inhuma-« nité de ceulx qui, embrasez par ardeur d'avarice, ont « esmuęs guerres et armées, lesquels en mot comun sont « appellez grans compaignes, » le pape fait défense, par cette bulle, « que aucune personne d'Église ou de siecle, « de quelconque prééminence, dignité, estat, ordre ou « condition qu'elle soit, ne présume en quelconque mani-« ere doresnavant assambler, faire, traicter ou ordonner « telle compaigne ou compaignes d'armes, ou icelles com-« paignes assambler, amener dedans ledit roiaume, ne les « envoier ou tenir en icelluy, ... ne présument aucune-« ment prendre capitainerie, ou conestablerie, ou autre « quelconque office ou mestier, ne icellui prins d'ancien « temps ou de nouvel retenir, ne exercer aucunement, ne « drécier ou porter baniere, pannon ou estandart, ne soy « recueillir aucunement ou mesler en telles compaignes ja « faictes ou apres a faire. » Le pape défend, en outre, toute communication avec les princes ligués contre Charles VI; il déclare excommuniés les infracteurs de cette défense, lesquels ne pourront être absous de leur excommunication « fores qu'en article de mort, » et, s'ils sont ecclésiastiques, l'interdit ne pourra être levé que par *l'évêque romain*. De plus, il les prive de leurs villes, châteaux et forteresses, de leurs priviléges, libertés, franchises réelles et personnelles, ainsi que leurs fauteurs et complices. Les communautés et les peuples « coulpables en ces choses, » sont déclarés incapables d'hériter et de tester, et il les punit en leurs enfants et leurs neveux jusques à la troisième génération, lesquels « ne seront receus a aucuns honneurs de siecle « ou d'Esglise, leurs maisons faictes désertes, et, affin que « aucun n'y habite, tous les édifices d'iceulx ramenez en « ruyne et jamais ne soient réparez, afin que le perpétuel « desrochement tesmoigne la tasche et ordure de perpé-« tuelle infamie, etc. »

AA. 135. — 1 pièce (parchemin), orig. français.

1411 (18 octobre). — Lettre du recteur, et des docteurs et maîtres de l'Université de Paris, datée du collége St-Bernard, adressée aux consuls pour leur recommander l'exécution des lettres de Charles VI, du 14 octobre 1411, données au grand Conseil, présidé par M. de Guyenne, et auquel assistaient les comtes de Mortain et de Nevers, messire Gilles de Bretagne, les comtes de La Marche et de St-Paul, les évêques d'Amiens et de Tournay, les sires de Lignié, d'Ossemont, de Blaru, de Chambrillac, Eustache de Lestre, Nicolas d'Orgemont, le prévôt des Marchands, etc., par lesquelles le roi leur mande de persévérer dans son service, et d'exhorter *en chaire* le peuple à lui rester fidèle et à l'aider dans les nécessités et le péril où le place « l'opression » dont il est l'objet de la part de Jean de Berry, son oncle, de Charles d'Orléans, son neveu, et de Jean de Bourbon, Jean d'Alençon, Charles de Lebret, Bernard d'Armagnac, et tout leur parti. — La conduite et les projets de ce parti sont dévoilés en ces termes dans les

(1) Pierre de Lune, que le roi d'Aragon favorisait et qui avait été élu pape à Avignon, sous le nom de Benoît XII, à la mort de Robert de Genève, pendant le pontificat de Grégoire XII.

lettres du roi : « meus et induiz de mauvaiz, inique, per-« vers et dampnable propos, ils ont entreprins et se sont « efforcez et efforcent de nous débouter, desmettre et des-« tituer de nostre estat et auctorité royal, et destruire du « tout... nous et nostre lignée, que Dieu ne vueille, et faire « nouvel roy en France, qui est chose abhominable a oïr « dire et réciter a tous les cueurs de noz bons, vrais et « loyaulx subgiez... et desja sont moult prez de nous, et ont « si avant procédé que par force sont entrez en nostre ville « de Sainct Denis en France, en laquelle sont plusieurs « reliques et corps sains, nostre couronne, nostre oris-« flambe et plusieurs autres précieux et riches joyaulx. « Sont aussi entrez et ont pris le pont de Saint Cloud, et « paravant avoient courus sur nous et noz subgiez, non « mie sur nostre tres cher et tres amé cousin le duc de « Bourgogne, lequel ilz avoient deffié et non pas nous, « et plusieurs autres villes; bouté feux, desrobé esglises, « raençonné, tué, mutilé, efforcé femmes mariées, violé « pucelles, et fait touz maulx que ennemis pourroient faire. » Dans cette lettre est également contenue la traduction en français de la bulle d'Urbain V, mentionnée dans l'analyse précédente, qui défend d'assembler, commander ou soudoyer des compagnies d'hommes d'armes pour les princes ligués contre Charles VI, tient pour infâmes leurs adhérents et leurs fauteurs et complices, les déclare incapables de tester et succéder, les déclare excommuniés, et les punit en leurs enfants et leurs neveux jusques à la troisième génération.

AA. 136. — 2 pièces (parchemin), orig. et vid. français ;
1 sc. cire rouge sur lanière de parchemin.

1417 (6 novembre). — Lettres de Charles VI, qui, sur la révocation des lettres de *pouvoir et gouvernement* données précédemment à la reine, créent et nomment lieutenant général du royaume Charles, dauphin de Vienne, duc de Touraine et de Berry, comte de Poitiers, en considération, y est-il dit, « des bonnes manieres que nostre « dit filz a tenues depuis ou fait de la commission, la par-« faite amour naturelle et obéissance qu'il a a nous, et « qu'il a, comme nous sommes véritablement adcertennez, « toute bonne et entiere voulenté, comme raison et nature « le adstreignent, au bon gouvernement et reffermacion « de nostre dit royaume, a la garde et deffense de noz « subgiez et de les relever des grans charges et oppres-« sions que....... ilz seuffrent chascun jour, ayans aussi « regart que Dieu lui a donné bon entendement a ce « souffisant et tres grant désir de soy y employer, ainsi « que a lui appartient comme nostre seul filz, héritier et « successeur apres nous de la couronne de France, et qui « de tant doit avoir greigneur, soing et diligence a labou-« rer aux choses qui sont au bien et prouffit de nostre dit « royaume. » Ces lettres devaient être publiées dans toutes les bonnes villes et localités du royaume. — Vidimus de ces lettres, expédié le 17 mars 1418 par le damoiseau Durand Fabre, viguier du roi à Narbonne.

AA. 137. — 1 pièce (parchemin), orig. français.

XVe siècle (1). — Lettre de Charles VI, par laquelle, en avisant les consuls de l'ordre qui vient d'être donné par délibération de Charles, dauphin de Viennois, et des gens du grand Conseil, de faire publier les lettres qui dévoilent au pays « les mauvaises manieres que a tenu et tient le « duc de Bourgogne, tendant a la subvercion totale de la « seignorie, que Dieux ne vueille, » le roi leur mande de prêter, dès qu'il leur sera demandé par ses officiers, le serment exigé dans tout le royaume, tant en Languedoil qu'en Languedoc, des gens d'Église, des nobles et des bonnes villes, « de bien et loyalment demourer tousjours « en bonne et vraye obéissance,.... et non obéir aucune-« ment audit de Bourgogne, a ses lettres ne a ses adhérens, « par quelque maniere que ce soit. » En même temps, le roi leur recommande de *contribuer hastivement* à l'aide imposée pour résister aux Anglais, nos anciens ennemis, et de donner en cela l'exemple aux autres. Le roi ajoute : « nous le recougnoistrons en temps et en lieu, et en au-« rons vous et vos affaires en greigneur recommandacion. « Et vous gardez de favoriser ledit de Bourgogne, par « quelque maniere que ce soit, sachans que ceulx qui « feront le contraire nous ferons pugnir tellement que ce « sera exemple a tous autres. » Cette lettre est contresignée par Chastenier.

AA. 138. — 2 pièces (parchemin), orig. et vid. français ;
1 sceau cire blanche, 1 sceau cire rouge.

1417 (27 novembre). — * Lettre de Charles VI, adressée aux gens d'Église, aux nobles et aux consuls, bourgeois et habitants de Narbonne, par laquelle il est ordonné à la noblesse, aux consuls et au *tiers État* de la ville : — de n'obéir en rien aux ordres de la reine, ni à ceux du duc de Bourgogne, qui s'est emparé d'elle à Mermoustiers-les-Bourgs, où elle était allée en pèlerinage le jour des Morts, et dont « il pourchasse l'honneur; » qui cherche « par « trayson et machination parvenir a sa dampnée entencion « et avoir le gouvernement de nous et de nostre seigneurie « et icelle usurper, que Dieu ne veuille; » — de leur refuser l'entrée de la ville; — d'arrêter leurs messagers et agents sans même ouvrir leurs lettres ni en prendre aucune connaissance; — de faire de ces messagers et agents telle

(1) Cette lettre doit être postérieure de peu de temps à la nomination du dauphin au titre de lieutenant général du royaume, que nous avons analysée ci-dessus (v. AA. 136).

punition qu'elle serve d'exemple.— Vidimus de cette lettre, expédié par le damoiseau Durand Fabre, viguier de Narbonne, avec cette suscription : « Letras que lo rey mandava « que el avia revocat lo poder que avia donat a la regina, « et que hom non obesis al duc de Borgonha. »

AA. 139. — 1 pièce (parchemin), vid. latin et français; fragment de sceau cire rouge.

1418 (29 août). — Vidimus expédié, le 18 octobre 1418, par le damoiseau Guillaume Sachet, seigneur de St-Viger et de Privas, écuyer du roi, chambellan du duc de Bourgogne et gouverneur royal des villes et baronnies de Montpellier et d'Aumelas, des lettres de Charles VI, qui confirment la commission donnée par la reine à Louis de Chalons, comte de Genève, fils aîné du prince d'Orange, à Regnault, vicomte de Murat, à Guillaume de Saulieu et à Jean de Terraut, de se transporter en Languedoc, en Auvergne et dans le duché de Guyenne, « pour iceulx re- « mectre, réduire et recevoir en nostre obéissance, en- « sambles les bonnes villes, chasteaulx et forteresses « d'iceulx, et de convoquer, appeller et faire assembler « les prélaz et autres gens d'Église, nobles, consulz, es- « chevins, manans et habitans des bonnes villes et autres « habitans desdiz pays, et de prendre et recevoir le serment « d'iceulx afin d'estre obéissans..., et eulx aidier et garder « de par nous; de veoir et visiter toutes lez villes, chas- « teaulx et forteresses estans ezdiz pais, et de conmettre « a la garde et provision d'icelles telles personnes pour « leur seurté et en tel nombre que bon leur semblera, et « aussi de faire et mener toute guerre mortelle de sang et « de feu, ou autrement, a toutes gens, bonnes villes, « chasteaulx et forteresses que, de leur bon gré, ne se « vouldroient mettre et réduire a nostre obéissance,..... « iceulx pugnir, corriger, destruire ou mectre au néant, « se mestier est;..... de mander tous nobles, vassaulx et « autres, sur peine de confiscation de leurs biens et d'estre « déclarés rebelles et désobéissans;... d'assembler commu- « nes de bonnes villes en tel nombre que bon leur sem- « blera affin de subjuguer par force d'armes ou autrement « lesdiz rebelles et désobéissans; de pardonner et remet- « tre admendes et offenses au regard de ceulx qui seuz « contraincte, de leur bon gré et voulonté, vouldront venir « a obéissance;..... de abatre, démolir et arraser toutes « forteresses et places que ne seront utilles et prouffita- « bles, etc. »

AA. 140. — 1 pièce (parchemin), orig. français.

1429 (10 mai). — * Lettre de Charles VII, signée de sa main et contresignée par Bude, écrite de Chinon, par laquelle il fait connaître aux consuls : — les exploits de ses troupes contre les Anglais, devant Orléans; — la prise des *bastides* de cette ville, principalement de celle de St-Loup et de celle du Pont, du côté de la Sologne; — la reprise de Vendôme, qu'un valet de la garnison avait livrée aux ennemis, etc.; — et « les vertueulx faiz et choses « merveilleuses.... de la Pucelle, laquelle a tousjours esté « en personne a l'exécution de toutes ces choses. »

AA. 141. — 1 pièce (parchemin), orig. franç.; 1 sc. cire blanche sur lanière de parchemin.

1439 (24 février). — * Lettre de Charles VII, datée d'Amboise, adressée aux consuls, bourgeois et habitants de Narbonne. Pour éviter toute méprise sur la conduite qu'il y avait à tenir dans le danger où était placé le royaume par suite des menées du Dauphin, des ducs de Bourbon et d'Alençon, du comte de Vendôme, du bâtard d'Orléans et de leurs adhérents, qui s'étaient réunis en armes sur la Loire, à Blois, pour porter le pillage dans les contrées situées de l'autre côté de la rivière, le roi leur mande de ne donner aucune adhésion à leurs projets, de ne pas leur obéir, de leur défendre l'entrée de la ville, ainsi qu'à leurs envoyés, de leur refuser toute retraite ou faveur, et de leur faire, au contraire, toute guerre et leur porter tous dommages possibles. S'il se présente quelques-uns de leurs gens ou messagers, ils devront être arrêtés et les papiers dont ils seront porteurs saisis sans en prendre connaissance, etc. Cette lettre est contresignée : Bilet.

AA. 142. — 1 pièce (parchemin), orig. français; 1 pièce (papier), copie.

1439 (2 mars). — * Lettres de Charles VII, signées de sa main et contresignées par Dijon, par lesquelles, en avisant les consuls, bourgeois et habitants de Narbonne, de l'envoi d'autres lettres « faisans mention d'aucunes en- « treprinses faictes par aucuns des seigneurs du sang, qui « ont mis et fait joindre avecques eulx le Dauphin pour « conduire leursdictes entreprinses, et faire soubz umbre « de lui plusieurs choses au préjudice de nous et de nostre « seigneurie, » le roi leur mande de ne donner aucune sorte d'adhésion au Dauphin, ni aux seigneurs qui se sont joints à lui, et de se trouver *à la journée* des trois États convoqués à Bourges, ainsi qu'il le leur avait déjà écrit par d'autres lettres. — Copie informe de ces lettres, faite sur la fin du XVIIIe siècle.

AA. 143. — 1 pièce (parchemin), orig. français.

1440 (24 avril). — * Lettres de Charles VII, signées de sa main et contresignées par Dijon, adressées aux consuls, bourgeois et habitants de Narbonne, par lesquelles, en leur rappelant celles qui leur avaient été naguère envoyées au sujet des entreprises des ducs de Bourbon, d'Alençon, du comte de Vendôme et de leurs adhérents et complices, il leur mande, sous peine d'être réputés déloyaux, rebelles et désobéissants, de n'ajouter aucune foi à son fils, le dauphin, ni auxdits seigneurs, leurs gens et messagers; de ne pas les faire entrer ni souffrir qu'ils entrent dans la ville, ou y aient aucune retraite, et d'empêcher qu'il leur soit baillé « harnois, artillerie ne autres « biens; » de garder et retenir sûrement leurs envoyés, d'empêcher qu'ils s'échappent, etc. Les menées et projets des conjurés sont mis à découvert par le roi en ces termes : « par déceptions et enhortemens ont séduit et actrait avec« ques eulx nostre filz, le Daulphin, en le voulant eslever, « mectre sus et faire régenter a l'encontre de nous, de « nostre auctorité et majesté royal, au tres grant dom« mage et préjudice de nostre seignorie,.... ont persévéré « et persévérent encores en leurs mauvaises voulentez,... « et de nouvel ilz ont fait partir nostre dit filz de la ville de « Nyort et fait tirer ou pais de Bourbonnois ou d'Auver« gne, en entencion de séduire et arctraire a eulx, soubz « umbre de lui, par son moyen et par faulx donner a en« tendre, lesdits pais et aussi nostre pais de Languedoc et « autres de par dela, et iceulx brouiller et diviser et mectre « contre nous. »

AA. 144. — 1 pièce (parchemin), orig. français.

1467 (24 juin). — Lettres de Louis XI, datées de Chartres, signées de sa main et contresignées par de La Loere, par lesquelles il informe les consuls de la désignation qui vient d'être faite de l'archevêque de Narbonne, du comte de Roussillon, amiral de France, du président Jean de Popaincourt, d'Olivier Le Roux, du sire de Contressault et d'Alexandre Sextier, argentier du roi, en qualité d'ambassadeurs auprès du roi d'Angleterre, à la suite de l'ambassade dont avait été chargé auprès de Louis XI, qu'il était venu trouver à Rouen, le comte de Varvick, « le plus « grand personnage de l'Angleterre après le roi, » pour traiter des moyens de maintenir les trèves conclues et pour arrêter les conditions de la paix entre les deux royaumes. Ces ambassadeurs étaient aussi chargés d'empêcher le mariage du comte de Charolais avec la sœur du roi d'Angleterre, « pour laquelle matière, ajoute le roi, il a trouvé « moyen de faire venir devers lui l'évesque de Salebry et « autres du conseil dudit roy d'Angleterre, et en ce faisant « veult traicter alience avec les Anglois, noz anciens enne« mys. Ce que, toutesfoiz, il ne peut ne doibt faire sans « grandement mesprendre, veu qu'il est nostre subget et « prouchain parent et ainsi tenu envers nous et la couronne « que chacun scet. Et mesmement que en faisant lesdictes « aliences il romproit le traictié de la paix fait a Arras, « laquelle nostre dict frere et cousin de Charolois jura « publicquement quant estions a Saint-Thierry les Rheims, « apres nostre sacre, a l'eure que receusmes a hommage « nostre bel oncle de Bourgoigne, son pere; lequel traictié « est fait et passé soubz les censures ecclésiastiques et « apostoliques, et si expres et abstrains que plus grandes « ne estroictes obligacions ne submissions ne se pevent « jamais trouver en quelque traicté, selon nostre foy. Et « en rompant lequel traictié de paix seroit mectre nostre dit « royaume en guerre, dont serions desplaisans de tout « nostre cuer, tant pour les maulx qui en pevent avenir, « que, aussi, pour ce que tousjours désirons entretenir « l'amour de nos parens et subgez, ainsi que on l'a peu « cognoistre parce que n'avons point voulu commencer « de rigueurs, quelques entreprinses que nostre dit frere « et cousin de Charolois ait faictes sur noz prévostés de « Beauvoisin et de Vimeu, et sur les places et terres de « Néelle et de Beaulieu. »

AA. 145. — 1 pièce (papier), orig. français.

1576 (31 janvier). — Lettre de Henri III, par laquelle il annonce aux consuls que le duc d'Uzès, commandant pour le roi dans le Bas-Languedoc, a reçu ordre de faire publier et observer la trève « conclute a Champagny, » le 21 novembre précédent, entre la reine mère et le duc d'Alençon. De son côté, le maréchal de Dampville devait en faire autant de la part du duc. Le roi ajoute que cet ordre est expédié « affin de donner par ce moien quelque « relasche a ses pauvres sujets des grands maux qu'ils ont « soufferts, » et pour amener la pacification générale du pays, à laquelle il a travaillé ardemment depuis son avénement à la couronne. Il leur recommande, en outre, d'être « plus soigneux que jamais a résister aux entreprises « de ceulx qui désirent la continuation de ces troubles, en « continuant tousjours la loyaulté et fidellité » à laquelle ils sont obligés par leur devoir, « et en endurant plustost « toutes extrêmités que d'estre distraitz de cette obéis« sance. » Cette lettre, datée de Paris, est contresignée par de Neufville.

AA. 146. — 1 pièce (papier), orig. français.

1581 (6 novembre). — Lettre de Henri III, contresignée par de Neufville, qui avise les consuls de Narbonne de l'envoi de M. de Bellièvre, conseiller d'État, dans le Languedoc, « pour fere entendre, » à tous les sujets de ce gouvernement, « la bonne et droite volunté » du roi de faire exécuter entièrement et loyalement l'édit de pacification du royaume, et de remédier aux désordres qui continuent encore dans la province. Le roi prie les consuls d'ajouter foi aux paroles de cet envoyé, et de tenir la main « a ce que toutes choses ce passent et s'exécutent » selon son désir.

AA. 147. — 1 pièce (papier), orig. français.

1582 (17 juillet). — Lettre de Henri III, datée de Fontainebleau, adressée aux consuls à la suite de la députation, composée du premier consul et d'un bourgeois, qu'ils lui avaient envoyée pour l'assurer *de la dévotion et de la loyauté* des habitants de la ville, en tout ce qui concerne son service. Se fondant sur les raisons qu'ils ont de se méfier de leurs voisins « dans les occurrances qui se « passent, » le roi les invite « d'onceques a y faire tout « debvoir pour se maintenir et comporter en bons et « loyaulx subgectz, » afin de mériter d'être traités, reconnus et gratifiés comme tels, ainsi qu'il en a donné l'assurance à leurs députés.

AA. 148. — 1 pièce (papier), orig. français.

1582 (6 août). — Lettre de Henri III, par laquelle il informe les consuls de Narbonne que, dans la vue de soulager le peuple « apres les grandes afflictions, foulles et « oppressions... senties et souffertes durant les guerres et « troubles passez, » et ne pouvant mieux le consoler « qu'en lui donnant ung asseuré repos » et en faisant exécuter le dernier édit de pacification générale, « de « bons, dignes, notables et expérimentez personnages, « zélateurs de la gloire de Dieu et du bien et tranquillité « publicques, » viennent d'être envoyés « par les pro- « vinces de cesthuy royaulme, et mesmes en celle de Lan- « guedoc, pour scavoir et entendre comment les choses « qui touchent le service de Dieu et les charges et dignitez « eclésiastiques sont faictes et exercées, quelz sont les « déportemens de la noblesse, et comment les finances et « la justice sont administrées. » Lorsque les envoyés seront sur les lieux, les consuls devront se rendre auprès d'eux pour entendre leurs propositions et représentations, pour tenir la main à l'exécution de leurs ordonnances, et y obéir.

AA. 149. — 1 pièce (papier), orig. français.

1583 (20 avril). — * Lettre adressée aux consuls de la ville, par Henri III, pour les complimenter et les remercier de la courageuse résistance qu'ils avaient opposée « a « l'entreprinse que les perturbateurs du repos publiq « avoient brassée sur elle. » C'était la présence du maréchal de Joyeuse qui avait contribué à sauver la ville, et comme les rebelles n'attendaient que son départ pour renouveler leur attaque, le roi avait donné au maréchal l'ordre d'y rester, et de garder avec lui les 200 soldats qu'il y avait fait entrer pour sa défense. L'entretien de ces 200 soldats devait être fourni par la ville jusqu'à ce qu'il y fut autrement pourvu. Le roi se proposait de le faire au plus tôt, afin d'alléger les charges des habitants et en considération de leur fidélité, qu'il se promettait de reconnaitre « éternellement. »

AA. 150. — 1 pièce (papier), orig. français.

1588 (19 mai). — Lettre de Henri III, adressée aux consuls à l'occasion des événements qui l'avaient contraint à s'éloigner de Paris. Le roi informait les consuls de ces événements dans les termes qui suivent : « vous entendrez « de nostre cousin, le s^r de Joyeuse, les occasions qui nous « ont menés de partir de nostre ville de Paris, le VIIIe de ce « moys, et vous dirons par la présente que ça esté avec « tous les regretz et desplaisirs qu'ung prince qui a tant « rendu de preuves de sa bonté et affection avers ses sub- « jets, comme nous avons faict, peult sentir et supporter, « non tant encores pour le respect de nostre absence et « esloignement et la façon de laquelle les choses sont pas- « sées, que pour autre, recogneu et esprouvé véritable- « ment contre nostre attente, la raison et la vérité, que « aulcungs ayent eu pouvoir d'imprimer aux cueurs des « habitants de nostre ville de Paris que nous ayons eu la « volonté de leur donner des garnisons estrangeres et que « nous soyons entrez en double de la fidellité et dévotion « des bons bourgeois d'icelle. Car c'est chose quy n'entra « jamais en nostre pensée, n'ayant onques plus estimé que « domination et puissance vray et naturelle, establie si lé- « gitimement et de si longue main qu'est la nostre et dont « noz subjectz ont en tout temps recu tant de bon traicte- « ment et gratification comme les roys nos prédécesseurs « et nous ont faict preuve si notable de leur loyaulté et « dévotion, eust besoing d'estre fortifiée et appuyée, pour « estre maintenue et conservée comme il apartient, d'aul- « tres forces et colonnes que celles de la piété et justice et « de la bienveuillance et confiance publicque, dont noz « prédécesseurs roys et nous avons toujours faict plus « de fondement que de toute autre chose qu'elle soit, et, « comme l'on a ozé entamer ce desseing par la principalle « et capitalle ville de ce royaulme, sans aultre esgard a « nostre présence, ny mectre en considération et ballance « les grandz bienfaitz et bons traictementz que les habitans « et bourgeois de ladicte ville, tant en général que parti- « cullier, ont receu de nous, nous craignons que l'on la « veulle estendre ez autres villes de nostre royaume a « mesme fin et intention. C'est pourquoy nous vous faisons « la présente, par laquelle nous vous admonestons et « prions de n'adjouster foy a telles inventions, ains au « contraire les condemner et rejecter comme ennemis de « la vérité et de vostre propre bien et pareillement de nos- « tre saincte relligion catholicque, apostolique et romaine ; « d'aultant que nostre vraye intention est de ne rien inno- « ver ne changer en la garde de vostre ville de ce qui a

« été faict et observé jusques a présent, et de vous mons-« trer plus de confiance que jamais que telles inventions « ne peuvent servir qu'a diviser les citoyens et bons « bourgeois de lad. ville, les plonger en des crainctes et « défiances immortelles, et establir des auctorités et puis-« sances extraordinaires qui ne leur peuvent apporter a « présent et a la fin que toute ruine et désolation. C'est « proprement et directement aussy faire les afferes des « héréticques et de toutes sortes de factieux, comme nous « n'avons que trop esprouvé depuis le commencement de « ses dernieres guerres, par le moyen desquelles nos bons « subjectz catholiques ont vescu et vivent encores a présent « en telle craincte et division qu'au lieu de ruiner lesd. héré-« ticques, ils ont acquis plus de force et auctorité aux pro-« vinces ausquelles ilz s'estoient retirez, et ont esté les « autres assaillies de forces estrangeres et aultres maulx « innumérables, qu'ilz ont endurés a nostre tres grand « regret et desplaisir, combien que nous ayons faict tout « ce qui nous a esté possible jusques a souffrir et accorder « plusieurs choses contre nostre dignité, auctorité et per-« sonne, pour réunir nosd. subjectz catholicques, et les « pouvoir conduire et embrasser tous ensemble a embras-« ser et poursuivre avec nous, tout d'ung mesme pied et « d'une vraye, sincere et bonne intelligence et union, la « guerre contre lesd. héréticques, pour laquelle nous « avons sy souvent, et encores rescentement en la route « derniere de ceste puissante armée estrangere, exposé si « heureusement nostre propre personne; au moyen de « quoy nous vous prions et exortons de rechef de ne don-« ner aulcun lieu aux susd. impressions et artifices, vous « tenir fermes, uniz et conjointz avec nous pour nous faire « rendre l'obéissance que vous nous devez, et nous donner « plus de moyen de vous régir et traicter heureusement et « favorablement comme nous avons tres bonne volonté de « faire, et a ceste fin embrasser et effectuer tout ce que « nous recognoistrons que pourra servir a advancer l'hon-« neur et gloire de Dieu. »

AA. 151. — 1 pièce (papier), orig. français.

1588 (18 juin). — Lettre de Henri III, datée de Blois, contenant sa réponse à la missive que lui avaient adressée les consuls pour faire connaître leur résolution de conserver la ville en la fidélité due au roi, et de s'y maintenir eux-mêmes. Pour atteindre ce but, le roi les invite à se réunir au maréchal de Joyeuse « afin d'empescher que les héré-« ticques de ces quartiers ne tirent proffict et advantage « de l'esmotion nagueres survenue en la ville de Paris, « d'autant que l'intention et la volonté du roi étoient de « poursuivre la guerre contre les héréticques plus vivement « que jamais. » La ville de Rouen, où le roi s'était rendu, l'avait reçu « avec tout l'applaudissement et démonstration « de bons subjectz. » Cet exemple devait fortifier les autres *bonnes villes* dans leur obéissance.

AA. 152. — 1 pièce (papier), orig. français.

1589 (17 janvier). — Lettre des gens tenant la cour du *Parlement pour le roi*, à Toulouse, par laquelle, à la suite des événements de Blois, et sur la prétention élevée par M. de Montmorency d'être rétabli dans le gouvernement du Languedoc, les consuls sont invités à nommer un député chargé de se concerter avec les capitouls de Toulouse, à l'effet de traiter de ce qu'il y avait à faire « pour « la manutention de la religion catholique et la conserva-« tion de la ville. » Cette lettre est signée par du Tornoer.

AA. 153. — 28 pièces (papier), orig. français.

1589 (avril, — 31 décembre). — Correspondance d'Antoine Scipion duc de Joyeuse, pair de France, gouverneur pour le roi aux pays d'Anjou, de Touraine, du Maine et de la Perche, commandant pour le service de S. M. dans le gouvernement du Languedoc, au sujet des affaires de ce gouvernement, et plus particulièrement des événements qui se passaient aux environs de la ville de Narbonne. Ces lettres sont datées de Bages, de Villefalse, de Castelnaudary, de Canet, de Conilhac (à l'armée), du camp de Colombiès, de Castelnau, de Berfeil, du camp près de Toulouse, de Lavaur, de Balma, de Baziége, de Castanet, de Limoux et de Chalabre. Elles concernent: — le préjudice qui serait causé à la ville de Narbonne si, dans les mesures concertées pour délivrer Béziers, le village de Cuxac et celui de Cessenon, dont les habitants étaient *mal affectionnés* au service du roi, n'avaient pas de garnison; — un passeport de sûreté, demandé par le commandeur de Monsaunez pour se rendre à Malte; — le désir qu'avait le duc d'empêcher que les ennemis de la ville ne troublent ses habitants dans la levée de leurs récoltes; — un envoi de roues *de canon*, de bandes de fer, de clous de roues, que le duc demandait aux consuls en toute diligence, pour l'honneur de Dieu, car, disait-il aux consuls, « nous « sommes acrochés; » — l'avis donné au maréchal de Joyeuse que les ennemis avaient été repoussés de Pérignan, et la prière que lui fesaient les consuls de placer de la cavalerie à Coursan; — la lenteur que ces *messieurs de Toulouse* (le Parlement) mettaient dans les affaires, ce qui avait retardé le départ du duc; il espérait cependant pouvoir partir le lendemain (24 mai 1589) de Castelnau, « pour marcher avec le canon pour ceux de St-Marcel; » — la réponse faite à la lettre que les consuls lui avaient écrite, pour l'informer des préparatifs de campagne que fesait M. de Montmorency; — les mesures que prenait le duc *pour être sûr que M. de Montmorency ne serait pas plutôt* *en campagne qu'il ne put être bien près de lui;* — l'avis donné aux consuls que le duc ayant enfin pu tout préparer, malgré les lenteurs des MM. de Toulouse, il marchait sur Narbonne, où il espérait être le dimanche (11 juin), avec des forces, « pour faire le gast à Béziers; » — la pensée qu'il avait eue d'attirer les ennemis au combat « par le « moyen de ceux de Barbeyrac. » Il avait fait investir ce village le 15 juin, au matin; « ils estoient 4 ou 5 cens « hommes, que M. de Mirepoix y avoit jettés, casy tous « habitans de Carcassonne, » et le duc ajoute : « je les ay « enfin réduitz a telle extrémité, qu'il estoit a mon pouvoir « de les faire tous pendre a la barbe de leur beau seigneur, « qui ne s'ausa jamais aprocher pour venir aux mains; « mais, pour les considérations que je vous diray moy- « mesmes, je leur ay donné la vie a tres tous, les ayant « renvoyés chascun d'eux désarmé. Je vouldrois que cela « les rendict plus sages, et qu'ilz recogneussent et le pou- « voir et les dessaings de ceulx quy les ont embarqués sy « mal; » — le séjour que le duc avait dû faire à Canet, sur l'avis qu'il avait reçu, par une lettre de M. de Carcassonne, « de ce qui s'i est fait et qu'ilz i sont en rumeur; » — le bétail à fournir pour le transport des vivres au camp de Colombiés, où le duc s'était arrêté en attendant l'arrivée des compagnies de M. d'Hounoux et de M. de Pordéac, celle de M. de Lacourtète s'étant débandée, pour faire vivre ses troupes sur le pays ennemi, afin de « l'incommoder « comme l'on a fait, faisant de beau mesnage a leurs « blés; » — le combat de Colombiés, dont le duc annonce l'issue aux consuls en ces termes : « Vous aves oui les ca- « nouades de nostre combat, qui est Dieu mercy passé a « nostre avantage, bien qu'ilz nous ayent surprins; si est « ce qu'ilz ont esté si bien receus qu'ilz i ont perdu force « gens et force chevaus et beaucoup de blessés, entre « autres St-Geniés, l'ayné, d'un coup de pistolet à la « cuisse. Nous ne scavons pas les particuliers; bien avons « nous sceu par un métaier qui a veu porter quatre char- « rettes de morts, et si encore nous en ont ilz laissé sur « le champ de bataille. Nous n'avons perdu personne de « marque; bien avons nous quelques lieutenants blessés. « Nous n'avons pas laissé pour cela de leur couper leur « blé..... Tant de gens de la ville qui voudront venir au « camp me fairont plaisir. Aujourd'huy, tous ceux de Bé- « ziers qui portent armes estoint dehors » (25 juin 1589); — le logis à donner à M. de Cadenat, blessé à Colombiés. « Sérignan y avait été blessé aussi, de même que Chaus; » — l'envoi de trois ou quatre charretées de fourrage pour les chevaux d'attelage; — la défection des habitants de Toulouse. — Quand le duc fut arrivé à Castelnau (4 octobre), il écrivit aux consuls : « comme j'ay esté ici j'ay « trouvé que tous ceux qui avoint faict de si belles pro- « messes à M. le mareschal dans Toulouse, le cœur leur « a manqué et l'onts tous habandonné de peur, telement « qu'il en est sorti. Je pense le trouver demain a Berfeil. « Au reste, c'est la plus grande pitié que vous vites jamais « de ceste ville; tout i est au pillage, et des gens de bien, « ceux qui ont peu sortir ont suivi M. le mareschal; les « autres i sont misérables et cognoissent bien asteure ce « que c'est que d'un peuple mal gouverné et qui se dévoie « de son devoir. » Dans une note détachée, en forme de post scriptum, le duc disait aux consuls : « j'ay entendu « que vous aves desja des prescheurs qui se licentient; ce « sont de tres dangereux commencements. Prenes exem- « ple au malheur de Toulouse qui ne vient que de la, et « pourvoies i, car cela ne tend qu'a une soulevation du « peuple contre l'autorité des magistrats. J'en écris à M. le « grand archediacre. S'ils continuent et qu'il n'i remédie, « faictes le vous autres et, plustost, sortes les, car ce seroit « une peste qui nous perdroit; » — l'envoi d'une garnison de 15 soldats dans le château de Bages, « pour empescher « qu'on ne remue quelque chose la bas; » — l'avis donné aux consuls sur ce qui se passait à Toulouse. « Je vous « diray, écrivait le duc, qu'a Toulouse on nous tient pour « huguenots et pour Navarristes, par l'artiffice de l'évesque « et du président de Paullo, qui pillent asteure toutes les « bones maisons et i mettent garnisons, et c'est le minime « qui fait les bullettes. Toute la plus grande partie de la « Court est dehors, et des bons bourgeois; tout le diocese « est contre eux, et espere bientost qu'ilz recognoistront « leur faute; » — l'avis relatif aux progrès de l'armée du duc autour de Toulouse. Il disait aux consuls : « Ceux de « Toulouse commencent desja a sentir les fruits de leur « rébellion. Je me vois aujourd'huy loger a demi lieue de « la ville et les boucler de tous costés, ayant desja saisi « tous les villages des environs et les passages de la rivie- « re, si bien que malaysement rien peut sortir ni entrer, « ni de semer il ne s'en parle point. Je croy qu'enfin ilz « cognoistront la meschanseté de leurs chefs, et qu'ilz se « voudront remettre en liberté, qui est tout ce que je re- « cherche d'eux, et chastier les autheurs; » — l'avis du combat livré à la compagnie levée par Mgr de Comenge : « pour « commencement de nostre guerre, Dieu me fit hier (13 « octobre) la grace de me trouver a un combat, avec une « partie de mes volontaires seulement, contre la compa- « gnie de l'évesque de Comenge, qui fut un peu estrillée. « Le lieutenant i fut tué avec sinc ou sis des plus honestes « gens qu'il eût, et le m[al] des logis prins avec trois autres, « et n'i perdis personne, Dieu mercy. J'espere que Dieu, « par ce commencement heureux, nous monstre qu'il nous « veut assister en ceste entreprinse, qui n'est que pour son « honeur et pour remettre la ville de Toulouse en liberté, « ou les tiranies qui se commettent font horreur. Tous « ceux qui sont riches, faut qu'ils se cachent, et ne peuvent

« assurer que ce qu'ilz possedent soit a eux. Le peu qui i « reste de la Court, faut qu'elle soit du tout subjecte a la « volonté des moindres artisans et de la populasse, qui i « gouverne tout; » — l'envoi de deux canons demandés aux consuls pour « serrer de plus pres la ville de Toulouse « et empescher que nulle commodité ni entre; » — l'envoi de munitions à la place des deux canons, lesquels n'étaient plus nécessaires depuis qu'il en avait été pris à Castelnaudary. Le duc espérait qu'au moyen de ces munitions il pourrait remettre Toulouse « en sa liberté et en son pre« mier estat, car mesme les gens de bien, qui sont dans « la ville en plus grand nombre que les autres, nous ont « mandé qu'il ne faloit que les presser pour faire venir a « raison la populasse poussée par l'ambition et la passion « de deux ou trois, » et il ajoutait : « je vous prie, encore « un coup, pour éviter ce malheur parmi vous, que vous « donnies ordre de bonne heure a vos sermons; » — une demande de munitions, au sujet desquelles le duc avait dépêché aux consuls son valet de chambre, qui avait été pris et arrêté à Carcassonne; — l'envoi à Narbonne de M. d'Auterive pour *accommoder* les contraventions commises à la trêve; — le « fait de Bizan » qu'il fallait empêcher de « couler » plus avant. Au sujet de Toulouse le duc écrivait : « nos messieurs de Toulouse deviennent plus doux « et en ont chassé l'évesque de Comenge et le Roquet. « Les députés des Estats i sont, du nombre desquels est « M. Boufflassi, vostre premier consul, qui, j'espere, met« tront les affaires en bon estat. Cela fait, nous serons « libres pour entreprendre ou pour remédier a ce qu'on « voudroit brouiller; » — la conduite tenue à l'égard de la trêve par les habitants de Carcassonne, « qui se plai« gnent, écrivait le duc, mais ilz se soucient fort peu des « contreventions qu'ilz font eux mesmes a la treve, car « tout ce qui c'est fait en ce pais a esté tramé dans leur « ville. Encore depuis peu ilz ont fait prendre force mar« chandises d'ici (Limoux) qui a esté portée a Mirepois, « qui a esté cause que Pech et les autres ne leur ont sitost « rendu la leur entendant s'ilz feroint rendre cesteci; » — le projet d'assemblée formé avec les consuls de Carcassonne pour négocier l'affaire des contraventions à la trêve. Le duc, en invitant les consuls à l'informer de tout ce qui sera fait, leur écrit à ce sujet : « J'ay esté cruelement « offensé de ce que Pech a entreprins au préjudice de la « treve et pour interrompre la négotiation commencée. Je « luy mande de rendre tout, affin que cela ne brouille « rien. S'il ne le fait, je le chastieray si bien qu'il aprendra « aux autres d'obéir. »

AA. 151. — 1 pièce (papier), orig. français.

1594 (20 janvier). — Lettre du cardinal de Joyeuse, datée de Rome, relative à la négociation dont M. de Nevers avait été chargé auprès du pape, touchant l'absolution du roi. Voici un extrait de la partie de cette lettre ayant un intérêt historique : « M. de Nevers s'en est retourné mal « satisfait, parce que le pape luy a faict entendre qu'il ne « lui pouvoit donner aulcune bonne responce pour les « affaires du roy de Navarre, d'aultant qu'il n'avait veu « encor en luy signe de pénitence et que cella estant seroict « trop de scandale et trop de péril a la religion. Comme « j'en auray quelques autres (nouvelles) je ne manqueray « de vous en donner advis. Je vous prie d'en faire ainsi de « vostre côté,... et avoir en recommandation la garde et « conservation de vostre ville comme vous aves heu jus« ques icy. »

AA. 155. — 5 pièces (papier), originaux français.

1594 (28 janvier. — 9 août). — Correspondance du Parlement de Toulouse, signée de MM. Moreau et Maurely, relative aux affaires politiques et à la situation du pays. — Le 28 janvier 1594, le Parlement écrivait aux consuls en ces termes : « d'aultant que nous avons esté « advertis, par lettre de Monseigneur le duc de Mayenne, « que les armes sont levées en France, d'une part et d'au« tre, et que, par le moyen de la fréquentation et entre« mise que les ennemys ont eu durant la treve généralle « ez villes catholicques de nostre party, ilz y pourroient « avoir beaucoup d'intelligences, praticques et menées, qui « pourroient altérer l'estat d'icelles et les destourner du « zele et affection qu'elles ont eu cydevant a la conserva« tion de nostre religion, nous vous avons voleu faire la « présente pour vous exorter et néantmoins enjoindre de « veiller soigneuzement a la garde et conservation de « vostre ville et environs d'icelle, a ce que rien ne puisse « estre changé ny altéré au préjudice de la saincte union « et du party des catholicques, et vous maintenir en paix « et tranquilité entre vous, sans rien changer du repos dont « vous jouysses a présant, ny préjudicier aux treves et « autres reglemens faictz par les gouverneurs, au respect « et obéyssance que vous aves a la Cour, comme estant le « seul moyen de vostre conservation, laquelle vous assis« tera et vous despartira tout le soing paternel qu'elle a « acostumé et pourries espéror d'elle, suivant les occurran« ces, comme vous aves cogneu par les effectz qu'elle a « faict jusques icy. » — Le 30 mars, le Parlement, revenant sur la nécessité d'assurer la conservation de la ville et de ses environs, écrivait ce qui suit : « nous vous avons « cydevant escript que vous eussies a tenir l'œil et veilhier « a ce qu'est de la seurté de vostre ville et envyrons « d'icelle, pour la conserver au party de la saincte unyon « et de la religion catholicque, et vous maintenir soubz le « respect et authorité de la Court et des commendementz « du sieur de Joyeuse, gouverneur et lieutenant général

« en Languedoc, et que vos habitans ne se laissent aller « aux persuasions que les ennemys dudict party porroient « inprimer aux ceurs d'iceulx soubz de prétextes de leurs « inductions, de quoy nous avons vouleu faire encores « ceste recharge, plus pour vous confirmer en la bonne « résolution que nous savons estre de vostre part a c'est « effect, que pour doubte que nous ayons qu'il y aye faulte « de vostre debvoir, auquel nous vous exortons; et néaul« moingz enjoignions de percévérer et continuer en votre « bonne diligence. » — Le 4 avril, l'entrée du roi de Navarre à Paris est annoncée aux consuls sous cette forme: « ayant esté advertis, tout présentement, comme despuis le « despart de monseigneur le duc de Mayenne de la ville « de Paris, le vingt deuxiesme du passé le roy de Navarre « est entré en lad. ville, sur les quatre heures du matin, « avec son armée, par les portes de Sainct Honoré et « Porte Neufve, que luy feurent ouvertes par le sieur « de Brissac, gouverneur de lad. ville et eschevins, nous « vous en avons voleu donner avis comme estimant ceste « nouvelle tres importante, afin que vous ayez a prendre « garde que, au moyen et soubz prétexte d'icelle, rien ne « soict altéré a l'estat et repos de vostre ville et environs « d'icelle, et que vous demeuries tousjours unys avec nous « comme aves faict jusques icy, en attendant une bonne « résolution que nous sommes apres a prendre, sur ceste « occurrance, ensemblement avec le sieur de Joyeuse, « gouverneur et lieutenant général en Languedoc, pour « le bien, repos, tranquilité et conservation tant vostre « que nostre et de tout le général dud. pays, pour laquel« le, sy vous aves quelque chose a remonstrer pour le « particullier de vostre ville, nous le faisant entendre par « homme de qui vous ayes asseurance, le plus prompte« ment qu'il vous sera possible, nous y apporterons tout le « soing et affection qui sera en nous. » — Le 29 avril, le Parlement invite les consuls à dresser et envoyer leurs mémoires sur ce qui pouvait particulièrement intéresser la ville dans la députation que le Parlement avait résolu d'envoyer au roi de Navarre, pour traiter « de l'asseurance « et conservation de nostre religion catholicque et du rep« pos et utillité du pays. » La lettre ajoute ensuite: « et ce« pendant vous tiendrez soigneusement le ceur a la garde « et seurté de vostre ville et des environs, afin que rien ne « soit altéré ne changé des reglementz que vous y aves « establis, et vous maintenir soubz l'authorité de la Court « et commandement de M. de Joyeuse. » — Sous la date du 29 août, le Parlement *enjoint* aux consuls de faire soigneusement observer la trêve qui a été conclue, de part et d'autre, « au grand bien et soulaigement d'ung chacun, » et de ne pas ajouter foi aux personnes « mal affectionnées « du reppos publicque, » qui répandent le bruit que cette trêve sera rompue.

AA. 156. — 1 pièce (papier), orig. français.

1594 (5 avril). — Lettre des capitouls de Toulouse, signée: George d'Espaigne, de Saragosse, Guennen et Jean Escudié, relative à l'entrée du roi de Navarre à Paris. Pour prémunir les consuls contre les suites d'un si important événement, les capitouls leur recommandent en ces termes de veiller avec le plus grand soin à la conservation de la ville: « Vous entendres par les lettres que MM. de la « Cour et Monseigneur de Joyeuse vous escripvent, les « accidans de nouveau advenus en la ville de Paris, et pour « altant que une nouvelle sy importante pourroict esbran« ler quelques uns, et les occazionner d'entreprendre quel« que chose au préjudice de l'estat de vostre ville, il nous « a semblé estre de nostre debvoyr de vous faire la pré« sente pour vous supplier de vous maintenir en la société « que nous avons ensemble, et de moyenner que rien ne « soict altéré, attandant que sur ses nouvaulx événementz « nous puissions unanimement prendre quelque bonne « résollution pour l'assurance de nostre relligion, reppos « et bien général du pais, et depputez s'il vous plaict quel« que ung des vostres par dessa. »

AA. 157. — 8 pièces (papier), originaux français.

1594 (15 janvier); — **1595** (8 janvier). — Correspondance du maréchal de Joyeuse, gouverneur du Languedoc, touchant les affaires de ce gouvernement, la situation générale du pays, l'état des esprits relativement aux événements qui amenèrent la reconnaissance de Henri IV, etc. Les lettres qui composent cette correspondance sont toutes datées de Toulouse. Elles contiennent: — l'avis que le maréchal donnait aux consuls des menées qui se tramaient au couvent des Cordeliers. « Je vous parlay dernyerement, « écrivait le maréchal, avant que partir de Narbonne, de « quelques religieux quy sont au couvent des Cordelliers, « quy ont faict cognoistre par leurs parolles la mauvaise « affection qu'ilz ont au bien de ce sainct party, se mons« trant passionnés pour le roy de Navarre. Il vous en « fault bien prendre guarde, et de toutes ces allées et ve« nues qu'ilz font au contraire party, car cela ne vous « pourroit que du mal. Et sy vous cognoisses qu'ilz s'en « veullent mesler de ces choses la, il les fauldra prier de « se retirer parmy ceulx quy vivent selon leur humeur; » — les démentis donnés pour faire tomber les faux bruits répandus relativement à la reconnaissance du roi de Navarre par le Parlement de Paris et par quelques villes de province (1), et à son absolution par le pape. A ce sujet la lettre du maréchal s'exprime ainsi: « Vous vous estes tous-

(1) Narbonne fut la dernière ville de la province à se prononcer. Elle ne reconnut Henri IV qu'en 1596.

« jours monstrés si zellés a la conservation de nostre « religion catholique et affectionnés au saint party, que « j'ay la dessus prins toute assourance qu'il n'y a rien en « ce monde qui puisse altérer en vous cette bonne et sainte « volonté, ny changer la résollution que vous avez prise « d'y persévérer. Toutesfois, parce que j'ay sceu que les « ennemis font courre divers et faux bruitz, comme que « Orléans et Bourges et autres bonnes villes de ce royau-« me se sont déclarées du party du roy de Navarre, et quel-« ques arretz qu'ils disent avoir esté donnés par la court « du Parlement de Paris, quy sont toutes chòses faulces « pour cuyder, par ces artifices, altérer les volontez du « peuple et en abuser les plus mal advisés, j'ay estimé a « propos, pour ne laysser personne en ces erreurs, vous « en esclaicir et vous dire qu'il n'y a rien de plus faux « que tous ces bruitz, et que, au contraire, toutes ces villes « sont plus fermes et résolues au party qu'elles ne furent « jamais, et, pour la court de Parlement, elle n'a jamais « donné arrest qui aproche de cella, ains font tous les « jours des arrestz contraires pour l'édification e. con-« servation des gens de bien au party. On m'a envoyé ung « imprimé d'une déclaration faicte par le légat de nostre « saint pere, sur ce qui est de l'intention de Sa Sainteté « sur l'absolution que le roy de Navarre luy avoit envoyé « demander par Monsieur de Nevers, et une lettre de « Messieurs des Estatz généraulx assemblés a Paris, a tous « les catholiques de France, par laquelle vous verrez si « la vérité est esloignée de ce que les ennemys publient. « Je vous prie donc de confirmer ung chacung de vos « habitans de demeurer tousjours fermes au party, et ne « désister de la résolution qu'ils ont prise d'y persévérer; » — les renseignements que le maréchal donnait pour atténuer l'impression fâcheuse que devaient produire, sur les partisans de la ligue, la défection récente de quelques villes de l'union, et les avantages remportés dernièrement par le roi de Navarre. « Je vous diray, écrivait-il, que les « afferes de France ne sont pas du tout sy bien que nous « devons désirer, non pour advantage que l'ennemy ayt « gaigné par la force, mais par la légereté d'aucungs et « de quelques villes, qui, oublyans le serement qu'ils « avoient faict, ont abandonné le party et se sont jettés a « a celluy de l'ennemy sans atendre la résolution de nostre « saint pere. Mais ilz ne sont pas tellement désesperez qu'ils « ne puissent bien se remettre, comme j'espere qu'ils feront, « avec l'armée que le roy catholique a freschement en-« voyée pour le party des catholiques, qui est sy belle et « si forte que nous devons nous promettre que, moyen-« nant icelle et l'acistance d'ung bon nombre de princes « et seigneurs catholiques et autres, qui sont demeurés « fermes au party, Monseigneur de Mayenne fera de « beaux exploicts et les rellevera, nous donnant et temps « et loysir pour attendre ce qu'il plaira a nostre saint pere « ordonner sur les afferes de ce royaume. Cependant, il « faut que nous nous maintenions bien uniz tous ensemble, « sans faire comme ces autres, qui, contre leur foy et leur « serment, se sont séparés de nous. Je vous prie donc, « de vostre costé, de demeurer tousjours fermes en nostre « unyon, et vous tenir unis et conjoins avec les autres « villes de ce pays, vous raportans tousjours a ce que cette « ville de Thoulouse, comme la capitalle, fera; laquelle je « recognoy sy affectionnée que rien ne la pourra esbran-« ler de sa résolution. Aussy ne pourrions nous espérer « une meilleure condition que celle de laquelle nous « joyssons maintenant, en laquelle nous devons nous « conserver. Je veuls me prometre le mesme de vous « autres et des autres villes de ce pays, n'y ayant rien qui « puisse nous faire mieulx subsister que cette bonne unyon, « et d'avoir bonne intelligence ensemble, pour nous ra-« porter tous au général, attendant la volonté de nostre « saint pere. De ma part, vous prendrez toute asseurance « que je ne vous abandonneray jamais, et que j'hasarderay « aussy librement ma vye que les miens ont faict pour la « conservation de la nostre religion et de vostre ville; » — l'envoi d'un arrêt du Parlement de Toulouse, qui défend de parler en faveur du roi de Navarre, sous peine de mort; — l'ordre d'empêcher ses partisans de pénétrer dans les villes, dans la crainte que, sous prétexte d'autres affaires, ils ne s'y livrent « a des praticques et monopoles contre « les gens de bien; » — un avis relatif à l'entrée du roi de Navarre à Paris. Cet avis est conçu en ces termes : « J'ay « advis que Monseigneur de Mayenne estant sorty de « Paris pour aller joindre et recevoir l'armée estrangere, « le roy de Navarre y est entré par l'intelligence du gou-« verneur que mondit seigneur de Mayenne y avoit laissé, « du prévost des marchands et eschevins, sans qu'il y ayt « eu aucun massacre. J'espere que, en peu de jours, nous « saurons plus particulierement comme toutes choses y « sont passées pour prendre quelque bonne résolution, « avec messieurs de la Court et de cette ville, sur ce qui « sera a propos pour la conservation de nostre religion et « de cette province. Cependant, j'ay bien voulu vous en « donner avis afin que vous preniez garde que cette occu-« rance et nouveau événement n'aporte de l'altération et « changement a l'estat de vostre ville, laquelle je vous « prie et exhorte tant que je puis de maintenir tousjours « en l'unyon de ce saint party, et vous asseurer que j'ay « ung tel soing de cetted. province, et particulierement de « vostre ville, que je rechercheray tous les moyens possi-« bles pour vour garentir et conserver; » — la réponse à une lettre des consuls et à ce qui avait été dit verbalement au maréchal en leur nom par M. de Labourgade, au sujet de la résolution prise par la ville de rester fermement unie au parti catholique; — un avis relatif à l'arrivée à Toulouse de M. de Villeloing, qui était porteur de nouvelles venant de France. Le maréchal attendait cette arrivée pour arrêter avec le Parlement la conduite à tenir dans les circonstances présentes. Il donne aux consuls l'assurance que rien ne sera fait sans qu'ils en soient avertis, et que l'intérêt de la ville ne sera pas oublié dans le traité à intervenir; — enfin, l'avis de la résolution concertée avec le Parlement relativement à la reconnaissance du roi de Navarre. Cette résolution est communiquée aux consuls en ces termes : « L'incertitude en quoy noz affaires se sont trouvés despuis « quelque temps est cause que je ne vous ay pas escript « sur le subject d'iceux jusques a sthure, que Dieu nous a « faict la grace de les acheminer a un si bon commance- « ment pour le bien et repos de ceste province, que je n'ay « pas voulu différer davantaige a vous faire entendre, par « ceste cy, comme nous avons traitté et accommodé toutes « choses, d'un commun accord avec M. de Vic. Sur quoy « MM. de la court de Parlement et moy résolûmes hier « (7 janvier 1595), qu'apres avoyr eu toutes les assuran- « ces qu'il est nécessaire pour la conservation de nostre « religion, pour le faict du gouvernement, et pour la liberté « de tous les catholicques, nous viendrons a la recognois- « sance du roy de Navarre, sur l'espérance, principalle- « ment, que nous avons qu'il obtiendra de nostre saint « pere le bénéfice de son absolution, afin qu'il ne nous « reste pas en cest acte icy la moindre scrupule de cons- « cience, et que, cependant, toutes choses demeurent en « l'estat qu'elles sont a présent. De quoy je vous ay bien « voulu advertir incontinent, affin que vous soyes informés « au vray de la disposition en quoy sont les affaires de la « province, lesquelz j'embrasseray avec autant de soin et « d'affection que vous cognoistres par le succez d'iceux « et par les effectz qui en réussiront, s'il plait à Dieu, au « gré et contantement de toutes les gens de bien, que je « n'ay rien au monde de plus cher, ny de plus recom- « mandé que cela. Je ne veux pas aussy obmettre a vous « dire le bon estat ou nous sommes de deça mesme en « ceste ville, ou nous ne fusmes jamais en plus grande « tranquillité par la bonne intelligence et union des volon- « tés qui est parmi tous nous autres, que nous sommes a « présent. Je vous prie aussy que, de vostre costé, vous « conteniez toutes choses dans vostre ville comme vous « aves faict jusques icy, et que vous vous assuriez que « j'auray toute ma vie une particuliere souvenance de la « bonne volonté et affection que vous m'aves tousjours « rendu, et que je vous feray paroistre par tous les effectz « que vous scauries attendre de la mienne combien j'en « désire la continuation. Je fays estat d'aller faire bientost « un passaige vers vos quartiers pour le désir que j'ay « de vous voyr, etc. »

AA. 158. — 1 pièce (papier), original français.

1597 (29 avril). — Lettre de Henri IV, contresignée par M. de Neufville, qui invite les consuls à donner leur assistance au maréchal d'Ornano, lieutenant général au gouvernement du Dauphiné, envoyé dans le Languedoc pour affaires *qui importent grandement au service du roi.*

AA. 159. — 1 pièce (papier), original.

1610 (4 juin). — Lettre du connétable de Montmorency, par laquelle, à l'occasion de l'avénement de Louis XIII, il félicite les consuls « de la bonne et saincte « résolution » qu'ils avaient prise de vivre et mourir « pour « le bien de l'Estat et sousténement de ceste couronne, « en rendant les services que la nature et le debvoir obli- « gent. Ce bon chemin, ajoute le connétable, est suivy « unanimement de toutes les villes de ce royaulme, et sera « capable, moyennant la grace de Dieu, de nous y con- « server le repos et tranquilité que le feu roy nous y a « laissé. » La formule du salut, placée avant la signature du connétable, est ainsi conçue : « votre bien affectionné « et parfait amy. »

AA. 160. — 1 pièce (papier), original.

1652 (27 novembre). — Lettre de Gaston d'Orléans, datée de Blois et contresignée par M. de Fromont, dans laquelle il informe les consuls qu'il a obtenu du roi une amnistie, et que, « pour en faire jouir les peuples de son « gouvernement du Languedoc, » il a jugé à propos de réunir les États, dont la tenue est fixée au 10 janvier 1653, dans la ville de Nîmes. Dans la suscription de cette lettre, le prince affirme l'intérêt qu'il porte à la pacification des esprits et au rétablissement de l'ordre dans le royaume et en particulier dans la province, et il le fait en ces termes : « Apres avoir rendu tant de témoignages de la « passion que j'ay pour le bien de l'Estat et pour le repos « public, ne désirant rien plus ardemment que de main- « tenir la paix dans toute l'étendue du royaume, et par- « ticulierement dans la province du Languedoc, dont les « intérests m'ont tousjours esté en toute la considération « possible, j'ay cru que, pour parvenir a cette fin, le « moyen le plus asseuré estoit d'optenir du roy, mon sei- « gneur et nepveu, une amnistie..., comme il lui a plu de « l'accorder...., pour en faire jouir les peuples de mon « gouvernement. »

AA. 161. — 1 pièce (papier), original.

1653 (3 janvier). — Lettre de Louis XIV, qui remercie les consuls des assurances de dévouement et de fidélité « dans les présens mouvemens » qu'ils lui avaient fait donner par la bouche de M. de Rouhard, sieur de Fontarèche, leur député, ainsi que de la bonne résolution qu'ils avaient prise de continuer à persévérer dans le service du roi, comme de bons et loyaux sujets doivent le faire.

CÉRÉMONIES; ENTRÉES DES ROIS ET PRINCES.

AA. 162. — 2 pièces (parchemin), orig. latin; 1 pièce (papier), copie informe.

XIVe siècle (1). — * Remontrances rédigées en 41 articles, présentées au roi relativement à la réformation de la justice et des finances dans le pays. — Par ces remontrances les consuls demandent : — que les sénéchaux ne puissent évoquer à eux les causes ressortissant aux juridictions ordinaires, si ce n'est en cas d'appel des parties ou de deni de justice; — que, puisque le juge criminel de la sénéchaussée de Carcassonne est le seul juge des causes criminelles d'appel, le sénéchal ou tout autre officier ne puissent faire instruire aucune cause criminelle, ni civile, par committimus, si ce n'est à la réquisition des parties ou de l'une d'elles, et que, dans ce cas, le committimus soit adressé aux officiers ordinaires les plus rapprochés, afin que les parties n'aient pas de frais de déplacement à supporter lorsque les localités se trouveront dans le ressort de la juridiction de ces ordinaires, ou n'en aient que de modérés si, pour raison de leur commission, ils ont à sortir de leur ressort; — qu'il soit interdit aux notaires de la sénéchaussée, qui sont *enflammés d'avarice*, de recevoir aucun droit sous forme de don, de prêt, de *commande*, pour leurs écritures, avant qu'elles n'aient été taxées, suivant les ordonnances du roi, par le commissaire qui sera député par le sénéchal de Carcassonne dans chaque localité; — que la taxe de ce commissaire soit rigoureusement exécutée; — que, sous peine de faux, il soit interdit aux mêmes notaires d'omettre volontairement, dans les informations qu'ils rédigent, des dépositions de temoins dans le seul but de rendre ces informations incomplètes et de nécessiter ainsi l'ouverture d'enquêtes qui leur procurent les moyens de faire de nouveaux frais d'écritures; — que les ordonnances de Guy de Vela (2), sénéchal de Carcassonne et Béziers, qui ont été rendues relativement à la taxation du salaire des commissaires délégués, soient maintenues et observées; — que dans les indictions qu'il y aura lieu de faire par feu, dans la ville de Narbonne, pour une cause quelconque « bursam fisci « tangente, » personne ne soit compté pour un feu à moins d'avoir au minimum pour huit livres parisis de biens, en dehors duquel cas il lui serait impossible de payer l'impôt; — que nonobstant toutes lettres d'exception, il soit interdit à l'avocat et au procureur du roi de se charger, à titre d'avocats, d'aucune affaire particulière « cum ex « umbra eorum officii pars adversa perhorescat; » — que les receveurs du fisc royal soient tenus de recevoir, pour l'acquit des impositions, la monnaie ayant cours légal suivant les ordonnances royales; — que l'accusé déclaré absous n'ait aucuns frais d'écritures à payer, même quand il lui a été délivré copie des pièces de la procédure, et que tous frais de cette nature qu'il aurait pu acquitter auparavant lui soient remboursés; etc. — Copie informe de ces remontrances, faite vers la fin du XVIIIe siècle.

AA. 163. — 1 pièce (papier), imprimé, avec signatures.

1581 (26 octobre). — Lettre de Henri III, contresignée par Brulart, invitant les gouverneur, consuls, bourgeois et habitants de Narbonne, « a se disposer et préparer pour « assister, en toute dévotion et révérence, » aux prières publiques et aux processions générales que le roi avait ordonnées pour obtenir de Dieu, comme il l'en avait « or- « dinairement dévotement requis et supplié, par toutes « ses prieres, qu'il veuille bien lui donner un fils. »

AA. 164. — 1 pièce (papier), original.

1610 (9 novembre). — Lettre de M. de Ventadour, écrite aux consuls sur la recommandation expresse du roi, pour leur faire part « du bonheur et contantement « qu'il a receu a son sacre et couronnement. » Il devait en être rendu des actions de grâce à Dieu, par des prières publiques, dans toutes les villes *capitales* de la province.

DÉPUTATIONS ET AMBASSADES; ÉTATS GÉNÉRAUX; ÉTATS PROVINCIAUX.

AA. 165. — 1 pièce (parchemin), orig. latin.

1299 (kalendes d'août (1er août). — Lettres par lesquelles les régents du consulat de la Cité, qui sont Jacques Fabre, Bernard Raymbaud, Raymond de Cominhan et Pierre Rome, accréditent auprès du roi Philippe IV Guillaume-Raymond de Montpellier, leur concitoyen, « super « juribus et libertatibus deffendendis consulatus et civitatis « et universitatis ejusdem tantum. » Par la formule de ces

(1) Ces remontrances paraissent avoir été faites et remises personnellement par les consuls à Philippe VI, lors de son passage à Narbonne, en 1336. C'est l'interprétation la plus naturelle à donner à la partie de leur suscription qui contient les termes suivants : « supplicant..... consules..... in hoc gloriosissimo et desideratissimo « adventu, » et à une note, en roman, mise sur le revers de ces remontrances et qui est ainsi conçue : « Aiso son los articles que « foron datz al rei. »

(2) Guy de Vela était sénéchal de Carcassonne en 1333. Il fut remplacé dans cette charge par Jean de Ruppé, vers la fin du mois de mai de ladite année.

lettres, les régents du consulat, en s'adressant au roi, le supplient à genoux de recevoir avec bienveillance leur député : « vestram excellentem clementiam, flexis genibus, « deprecamur quatinus eundem Guillelmum..... benigne « dignetur exaudire. »

AA. 166. — 1 pièce (parchemin), cop. latin.

1296 (9 des kalendes de septembre (24 août). — Procuration donnée par les consuls de Narbonne (le Bourg et la Cité) et le conseil de la ville, en leur nom et au nom de tous les habitants, à Arnaud Goncellin, pour les représenter auprès de Jacques, roi d'Aragon, comte de Barcelonne, et traiter avec lui de tous les différends existant entre les habitants de Narbonne et les leudiers de Tortose, au sujet de la leude et du péage de cette dernière ville et du cap et grau d'Emposte, ainsi que de la maison et du fonds qui avaient été donnés auxdits habitants, dans la ville même de Tortose, par le comte Raymond Bérenger, en 1148.

AA. 167. — 1 pièce (parchemin), orig. latin; 1 sc. cire rouge sur ruban de soie écarlate.

1305 (4 des nones de mai (4 mai). — * Lettre adressée à Philippe IV, par les consuls de la ville (le Bourg et la Cité) de Narbonne, dans laquelle, après s'être plaints des grands dommages « gravis oppressio et dura servitus » que les Génois causent aux habitants de la ville par suite de l'inobservation de leurs franchises et immunités dans la ville et le district de Gênes, ils prient le roi de donner audience à Raymond-Jean Constantin, bourgeois de Narbonne, qu'ils députent vers lui pour l'en instruire, et de vouloir bien accueillir favorablement les demandes qu'il aura à lui présenter en leur nom et au nom de la ville.

AA. 168. — 1 pièce (parchemin), orig. latin; fragm. de sc. cire rouge.

XIVe siècle. — Instructions données à Bérenger-Vital de Castres, consul de Narbonne, nommé député de la sénéchaussée de Carcassonne (1), « erga dominum nos- « trum regem in partibus Francie. » Ce député avait pour mission d'entretenir le roi : — des surcharges et exactions dont les communautés de la sénéchaussée étaient l'objet de la part du trésorier du roi à Carcassonne, contrairement aux conditions sous lesquelles le dernier subside avait été consenti (1); — de la requête qui avait été présentée à ce sujet aux conseillers du duc d'Anjou, alors gouverneur de la province, et de la réponse que ces conseillers y avaient faite; — des ravages commis par les compagnies du prince de Galles, qui avaient ruiné la sénéchaussée de Carcassonne « loca capiendo, aprisonando, incendium ponendo, « depredando et depauperando patriam et subditos regis... « et alias diversimodo d'ampnificando; » — des fortifications qu'il avait été jugé nécessaire d'exécuter pour prévenir de nouveaux malheurs dans toutes les villes et localités qui s'étaient trouvées ouvertes lors du passage de ce prince, lesquelles fortifications coûtaient des sommes énormes; — des sommes considérables qui avaient été imposées pour servir à la rançon du roi Jean; — des courses journalières que des hommes d'armes faisaient en grand nombre dans la sénéchaussée (2), occasionnant par là aux habitants des dommages irréparables; — de la disette des grains et comestibles, qui durait depuis deux ans dans le pays; — des *pestes* et des mortalités dont il était frappé; — de l'imposition de 12 deniers pour livre de toutes marchandises et denrées vendues, ainsi que du 13e du vin, qui étaient levés dans la sénéchaussée; — des usures auxquelles se livraient les Juifs résidant dans ladite sénéchaussée, « qui « substanciam christianorum devorant; » toutes lesquelles charges succédant à ces dévastations fournissent aux commissaires, aux notaires, aux sergents, aux garnisaires, qui sont en très-grand nombre, les moyens d'appauvrir davantage les habitants, et forcent ceux-ci à faire abandon de leurs habitations et de leurs biens pour se retirer dans le royaume d'Aragon, ou dans le comté de Foix: « propter premissa comissarii, notarii, et servientes ac « comestores quamplurimi cotidie nituntur subditos depau- « perando cum solvere nequeunt onera supradicta, ex- « quibus quamplures subditi, vi et oppressione premisso- « rum, deserunt eorum habitationes et bona que habebant « in dicta senescallia; aliqui eorum in regno Aragonum, « et aliqui eorum in comitatu Fuxi, se transtulerunt et ad- « huc morantur in eisdem, in maximum dicti domini nostri

(1) Bérenger-Vital de Castres dût faire partie de l'une de ces fréquentes députations qui furent envoyées à Charles V, par les sénéchaussées de Toulouse, Carcassonne et Beaucaire, pour exposer la situation du pays, pour faire connaître les plaintes auxquelles donnaient lieu les exactions du gouverneur et de ses officiers, et pour obtenir un allégement aux subsides qui étaient imposés, sous divers prétextes, par le duc d'Anjou, gouverneur de la province. On sait que ces députations finirent par aboutir à la destitution du duc, au commencement de l'année 1380.

(1) Ces exactions doivent s'entendre probablement du subside de 12 francs d'or par feu demandé par le duc d'Anjou, en 1379, pour parer aux frais de la guerre contre les Anglais, ou pour préparer l'expédition de Guyenne, et dont l'imposition avait soulevé les plus vives résistances et occasionné des émeutes dans les principales villes de province.

(2) Le titre fait ici allusion aux dévastations auxquelles se livrèrent, dans le Languedoc, les troupes que le comte d'Armagnac avait mises au service de Jean, duc de Berry, dans la guerre qu'il soutenait contre Gaston Phœbus, comte de Foix, qui lui disputait la possession du gouvernement de la province.

« regis et ejus regni prejudicium atque dampnum depopu- « lationemque (1) et depauperationem senescallie supra- « dicte. » Le député de la sénéchaussée, après avoir exposé la situation des habitants, devait supplier le roi d'y remédier comme il le jugerait convenable, « per viam pacis, « seu longe treugue seu alias. »

AA. 169. — 1 pièce (parchemin), orig. latin, empreinte de sc. sur papier.

1493 (7 octobre). — Nomination de Raymond Belhomme, Jean Durant, Vincent Dissaut et Louis de Labatut, consuls de Narbonne, au titre de députés et procureurs ou syndics de la ville, à l'effet de jurer, au nom de la communauté, de garder, maintenir et défendre le traité de paix et alliance conclu entre Charles VIII, roi de France, et le roi et la reine d'Espagne et de Castille. Cette nomination est faite par le conseil général de la ville, en exécution des lettres de Charles VIII, du 3 octobre 1493 (v. AA. 101, 2e thal., f° 143 v°). — L'acte de nomination est dressé par Mathieu Mouton, notaire du consulat de Narbonne. — Témoins qui y figurent : Jean Colombet vieux, cultivateur, Pierre Bouges et Jean Lachault, écuyers consulaires.

AA. 170. — 1 pièce (parchemin), orig. latin.

1493 (8 octobre). — Acte du serment prêté entre les mains de deux notaires royaux par Raymond Belhomme, Jean Durant, Vincent Dissaut et Louis de Labatut, consuls de Narbonne, en leur qualité de députés de la ville, par lequel ils promettent et prennent l'engagement, en leur nom et au nom des conseillers et des habitants de Narbonne, comme bonne ville et place frontière, de garder, observer et maintenir les obligations contractées dans le traité de paix, alliance et confédération conclu entre la France et l'Espagne. Les deux notaires qui ont reçu le serment sont Mathieu Mouton, notaire du consulat de Narbonne, demeurant dans la Cité, et Thomas Bidaud, originaire de Paris, notaire du Bourg. — Témoins qui figurent dans l'acte : Marc Vital, bourgeois, Jean Vignes, marchand, Jean Sabatier, Jean Bouquier et Gilbert Roques, cultivateurs, Jean Daix et Jean Bonnet, peaussiers, Guillaume Pégas, charpentier, Jean Moyreau, barbier, Guillaume Comte, argentier, et Béraud Villar, aludier, de Narbonne.

AA. 171. — 1 pièce (parchemin), orig. franç.; 1 pièce (papier), copie; fragment de sceau cire blanche.

1320 (30 mars). — Lettres de Philippe V, adressées à ses « amés et féaulx les habitants de Nerbonne, » par lesquelles il leur est mandé d'élire « quatre personnes de la « ville... des plus sages et plus notables,... » pour assister à l'assemblée convoquée à Poitiers « aus huitieves de la « prochaine feste de Penthecoustes. » Pour faire connaître les motifs qui l'ont porté à convoquer l'assemblée de Poitiers, et pour en déterminer le but, le roi s'exprime en ces termes : « désirans de tout nostre cuer et sur toutes les « autres choses qui nous touchent gouverner nostre royau- « me et nostre peuple en pais et transquillité, par l'aide de « Dieu, et refourmer nostre dict royaume et parties ou « il en est mestier, pour profit commun et au profit de nos « subgiez, qui ça en arrieres ont estés grevés et opprimés « en moult de manieres par la malice d'aucunes gens, si « comme nous nous le savons par vois commune et par « insignuacion de plusieurs bonnes gens dignes de foy, « aient ordené a estre en nostre personne, et nostre conseil « avec nous, a nostre ville de Poitiers,.. pour ice adrecier « a nostre povoir, par toutes les voies et manieres que il « pourra estre faict, selonc raison et équité, voillons ice « faire par si grant délibération et si pourveument.... que « ce soit au plaisir de Dieu et au profit de nostre puepple. » D'après ces lettres, les députés des habitants de Narbonne devaient avoir de pleins pouvoirs. Ils devaient être « ins- « truiz et fondés souffisanment de faire, aviser et accorder « avecque nous, disent ces lettres, tout ce que vous pour- « riez faire se tous y estiez présens. » — Copie informe desdites lettres, faite au XVIIIe siècle.

AA. 172. — 1 pièce (parchemin), orig. latin et français; 1 pièce (papier), copie.

1347 (24 avril). — Nomination par les consuls et le conseil juré de la ville, conformément à l'invitation qui leur en avait été faite par lettres patentes du 12 mars 1346, datées du bois de Vincennes, de Jean-Vital de Castres et Barral Dieulafoy, bourgeois de Narbonne, au titre de syndics, procureurs et ambassadeurs ou légats de la ville, pour assister aux États généraux que le roi avait convoqués. Ces députés sont nommés « specialiter et expresse ad « se representandum et comparendum....... coram dicto « domino nostro rege et quibuscumque aliis,... ad dicen- « dum, consulendum, tractandum et explicandum in et « super contentis in dictis litteris regiis. » Leur nomination est reçue, dans le consulat de la ville, par Bernard Sartre, notaire royal, en présence de Bernard Stephani, juriste, Pierre Aymeric, pareur, et Pierre d'Homps, boucher. — Les consuls qui procèdent à cette nomination sont Hugues du Plan, Bernard Amiel, Jacques Bonet, Guillaume de Geniès, Pierre Catala, Pierre Ermengaud, Guillaume Baudon et Guillaume Serrat. — Les lettres patentes qui mandent aux consuls de nommer ces députés sont insé-

(1) Les sénéchaussées de Toulouse, Carcassonne et Beaucaire, qui avaient auparavant plus de cent mille feux, n'en comptait plus alors que trente mille.

rées dans l'acte de leur nomination. Elles motivent en ces termes la convocation des États généraux : « Philippe, par « la grace de Dieu roy de France, a nous amez et féauls « les consuls de Narbonne, salut et dilection. Pour la tres « grant loyauté et affection, bonne et vraye volenté que « touzjorns avons trouvé en vos en toutes nos besongnes, « si come souvent nous et nos prédécessors mainteffoyz « l'avons esprouvé, et pour ce, aussi, que sur toutes autres « choses qui nous tochent et plus avons a cuer nos désirans « faire qui feussent aggréables a Dieu et a nostre pouple « et subgiez, avons ordené, de nostre propre mouvement, « que deux de nos bourgeois des bonnes villes de nostre « royaume stient par devers nous, avec les autres de nos- « tre conseil, pour garder vostre honneur et de nous dictz « subgiez, et pour tractier et ordener des besongnes de « nostre dict royaume que nous avons a feyre maintenant « et de ci en avant, par le conseil et advis desquels des « dictes villes, avec les autres de nostre dit conseil, nous « entendons a l'ayde de Dieu dores en avant a ordener « desdites besongnes a l'onneur et proffit de nous et de « nostre peuple et de tout nostre royaume. » — Copie informe de l'acte de nomination des députés de la ville, faite au XVIIIe siècle.

AA. 173. — 1 pièce (papier), copie informe, français.

XIVe siècle (1). — Avis relatif aux réformes à introduire dans le royaume, donné par les commissaires des États généraux tenus à Paris, à la St-Rémy, dans le couvent des Cordeliers, sur la convocation qu'en avait faite le duc de Normandie, régent du royaume. Les commissaires désignés pour préparer cet avis étaient choisis dans toutes les classes représentées aux États : archevêques, évêques, abbés, moines et doyens, archidiacres, maîtres *en divinité*, seigneurs en loi, maîtres en décrets, barons, bannerets, chevaliers, bourgeois, sages hommes des bonnes villes du royaume. Ils étaient au nombre de plus de 80.— Parmi les conclusions de cet avis figurent les suivantes : — que l'on réorganisât le conseil dont « la coulpe et la négligence » avaient causé les maux dont la France était frappée. « M. le duc qui si grant et si grosse chose a a « gouverner a présent, comme le royaulme de France en « l'estat ouquel il est, et qui est joyne d'aage » devrait avoir en son hôtel un conseil composé de « gens sages, « discrets, et forse Dieu crénians, véritables et ayans « avarisse si comme la saincte Écriture l'enseigne; » — que M. le duc de Normandie « doubtast Dieu et crénist, « amast et honnerast luy et ses ministres, et gardast ses « comandemens, et feist bonne justice et loyal ou royalme, « aussy bien du grant que du petit; il feust miséricords et « piteux et plain de grant clémence, et non mie de grant « vengance; les bons, honnestes, ydoines et véritables « il honnorast, amast et essanchast, et les traassist pres « de luy; les mauvais et les deshonnestes et de mauvaise « vie il eslongast de luy, et corrigast; mauvais rapors, « flateries a vilanie de tout son povoir amitast et esloi- « gnast; pour amour, pour faveur des subgiés qui devant « luy avoint a faire il ne feist partie pour l'un, mais justice « a tous; mais ses convenances et promesses et ce que par « ses lettres ou de ses prédécesseurs seroit encommencié « et promis, il tenist et gardast; son hostel ordenast, et « ce qui seroit prins sur le peuple il paiast; — qu'il esleust, « pour conseil, de ses trois Estats, aucuns grans, sages et « notables du clergié, des nobles, des bourgois anciens et « vieux, qui continuellement pres de li fussent et par qui « il se conselhast, et que riens par les joves, simples et « ignorans du fait du gouvernement du royalme et de la « justice il ne ordenassent, et feussent communicatifs aveuc « les nobles et autres bonnes gens de son royalme, et « doucement et amiablement les apelast; — que, des trois « Estats, M. le duc esleut certain nombre de personnes « notables, puissants, sages, ydoines et loyaulx, en tel « nombre que bon lui sembleroit, qui feussent résidens a « Paris, pour le grant et secret conseil, et iceulx feussent « mis et establis, de part M. le duc, souverains de tous les « offices du royalme, et entendesissent sur le gouvernement du royalme et alassent devers M. le duc, toutes- « fois qu'il plairoit a euls mander, pour conselher des « grosses besoignes qui li venroint, et quant il seroint a « Paris que il allassent chascun jour, de soleil levant, en « une chambre amont, pour despéchier les présans et « grosses besoignes qui venroint, et leur fust enjoint par « M. le duc, par serment, que principalement et diligemment il entendroint sur le gouvernement du royalme et « de la chose publique, et non pas a leur profit singulier, « ne a leurs amis, et tous les jours que il deffaudroint soi, « il perdroint les gages de la journée, etc. »

AA. 174. — 1 pièce (parchemin), orig. français;
1 pièce (papier), copie informe.

1440 (8 décembre). — Lettres de Charles VII, données à Angers, par lesquelles le roi mande aux consuls de Narbonne de se trouver, au nombre de deux ou trois, à l'assemblée des États généraux qu'il venait de convoquer, et dont la réunion devait avoir lieu dans la ville de Bourges. D'après le texte de ces lettres, l'assemblée, qui avait été

(1) Les États généraux de la Languedoil furent convoqués par Charles, duc de Normandie, aussitôt après sa nomination à la régence du royaume. Leur réunion fut fixée à la fête de St-Rémy, premier jour du mois d'octobre 1356. Ces États ayant été dissous le mercredi après la fête de la Toussaint suivante, c'est dans le courant du mois d'octobre de l'année 1356 que doit être placée la date de l'avis analysé dans cet article.

fixée au 13 février 1440 (1), devait se composer de « tous « ceux de la Languedoc et de la Languedoil, tant deça que « dela la Loire et la Seine, » qui ne s'étaient pas rendus à l'assemblée d'Orléans, tenue le 25 septembre 1440, à l'effet de donner « conseil et advis tant sur le raport, disait « le roi, de nostre ambaxade notable qui pour le fait de la « paix généralle d'entre nous et nostre adversaire d'An- « gleterre avoit esté, par nostre ordonnance, a la journée « et convention pour ce tenue pres de Calais, comme sur « la conduite des autres grans affaires de nous et de nostre « royaume. » Ces lettres avaient été remises aux consuls par un courrier à cheval. — Les villes du Languedoc n'avaient envoyé aucun député aux États d'Orléans. Le roi s'en plaignait « comme de tres grant faulte, de laquelle, « disait-il, n'aions esté comme aussi estre ne devons con- « tans, » et afin que la nouvelle convocation eût plus d'effet que la précédente, le roi ajoute, comme dispositions comminatoires, les expressions suivantes : « Et gardez « comment que ce soit, surtant que envers nous doubtez « mesprandre, que faulte n'y ait, car aultrement cougnois- « triez qu'il nous en desplairoit. »

AA. 175. — Cahier (papier), 26 feuillets, in-4°.

1614 (7-9 septembre). — Procès-verbal de l'assemblée des trois États de la sénéchaussée, tenue à Carcassonne pour la nomination des députés aux États généraux du royaume convoqués dans la ville de Sens, au 10 septembre 1614. Cette assemblée était présidée par Mgr Christophe de Lestang, évêque de Carcassonne, et par messire Antoine-Guillaume de Levis de Lomaigne, sénéchal de Carcassonne et Béziers, assistés de maître Philippe de Roux, président présidial et juge mage, de Jean d'Aubusson et Pierre de Rech, avocats du roi, et de Jean de Médailhe, procureur du roi en ladite sénéchaussée. Maître Pierre Duffau, docteur et avocat à Carcassonne, fait partie de l'assemblée et est reçu à y prêter le serment d'usage en qualité de délégué de maître Jean d'Ollive, avocat, syndic général de la province. — Après avoir entendu un discours du sénéchal, dans lequel, en exposant le but de l'assemblée, il exprime l'espoir « que Leurs Majestés en recepvront toutes sortes « de contantement, et qu'on ne fera choix et eslection que « de personnes plaines de probité, d'intégritté, et bien « affectionnées au service du roy et de l'Estat, » et après avoir assisté à la messe du St-Esprit, dans l'église Saint-Vincent, les trois ordres procèdent à l'élection de leurs députés, qui sont : pour le clergé, Mgr Christophe de Lestang, évêque de Carcassonne; pour la noblesse, M. le comte de Rieux, et pour le tiers état, MM. Philippe de Roux, président présidial et juge mage, François Boyer, avocat au siége de Béziers et député de cette ville, et Jean David, sieur de Lespinasse, premier consul de Castres. — Dans l'ordre de préséance des députés des villes composant la sénéchaussée, les députés de Narbonne, « suivant « la coutume de tout temps observée, » prennent rang avant ceux de la ville de Béziers, en vertu d'une décision de l'assemblée. Les membres dont cette assemblée est formée sont Messeigneurs les évêques de Carcassonne, de Castres, de Mirepoix, d'Alet et d'Alby; les vicaires généraux de Béziers, de Lodève et d'Agde (siéges vacants) : MM. le marquis de Mirepoix, pour le sénéchal, son père, le baron de Rieux, le baron de Couffoulens, le baron d'Ambres, le vicomte de Paulin, pour le comte d'Aubijoux, les barons de Capendu et de Clermont, représentés par leurs procureurs; MM. Pierre d'Aubusson, docteur, premier consul de Carcassonne, Pierre Pagés, bourgeois, député de cette ville, noble Louis-Antoine Dumas, sieur de Rougean, et Samson de Lavedan, bourgeois et consul de Narbonne, députés de cette ville, maître Antoine Gnop, premier consul, et François Boyer, avocat, députés de Béziers, Pierre Gausserand, docteur, premier consul et député de la ville d'Alby, Jean David, sieur de Lespinasse, premier consul, et George Fréjeville, docteur, députés de la ville de Castres, Claude Faget, consul de Mirepoix, noble Jean d'Auger, premier consul de St-Pons-de-Thomières, et Jean Bourguignon, députés de ladite ville, Jean Gauzy, consul, et Étienne Taffin, députés de Lodève, Étienne de Lescure, avocat, premier consul d'Agde, maître Jean Pech, consul de la ville d'Alet, Antoine Duston, consul de Limoux; MM. Jean de Russon, syndic et député du diocèse de Carcassonne, Joseph d'Aragon, syndic du diocèse de Narbonne, et Pierre Chambert, consul de Rieux, députés de ce diocèse, Pierre de Solier, syndic et député du diocèse d'Alby, maître Jean Garrigues et maître Pierre Milhet, avocat, premier consul de Graulhet, députés du diocèse de Castres, Jean Maury, premier consul de La Roque-d'Olmes, député du diocèse de Mirepoix, maître Laurent Crouzet, premier consul de la ville de Gignac, et Raymond Archimbaud, premier consul de Clermont, députés du diocèse de Lodève, Claude Gleyses, premier consul de la ville de Pézénas, et Daniel Alquier, consul diocésain, députés du diocèse de St-Pons-de-Thomières, et maître Jacques d'Azam, docteur et avocat, syndic du diocèse d'Alet et Limoux. — Le procès-verbal est dressé par maître Resseguier, notaire, greffier de l'assemblée.

AA. 176. — 1 pièce (parchemin), orig. latin.

1381 (21 octobre). — Délibération par laquelle les consuls et le conseil de Narbonne, étendant les pouvoirs précédemment donnés à Guillaume d'Albières et Bérenger

(1) L'année ne commençant alors qu'à Pâques, on continuait à dater de l'année précédente.

Pélissier, leurs députés auprès du comte de Foix, les autorisent à se rendre de nouveau à l'assemblée des trois sénéchaussées de Toulouse, Carcassonne et Beaucaire, convoquée par le comte pour délibérer des conditions de la paix à traiter avec le duc de Berry (1). Guillaume d'Albières et Bérenger Pélissier avaient fait connaître aux consuls et au conseil que le comte de Foix ne voulant pas séparer sa cause de celle des villes de la province, refusait de traiter seul avec le duc de Berry, et demandait une autorisation formelle et de pleins pouvoirs : « super tractatu quem facit inter dominum ducem Biturricensem et « communitates trium senescalliarum, videlicet Tholose, « Carcassone et Bellicadri, nundum voluit pronunciare. » Ils déclaraient que, n'ayant aucune autorité pour consentir aux demandes du comte, ils avaient quitté l'assemblée pour venir prier les consuls et le conseil *de s'ouvrir à eux à cet égard, afin qu'ils puissent expliquer au comte leurs intentions.* Ceux-ci, après avoir considéré que le comte de Foix s'était montré et se montrait encore compâtissant pour les malheurs du peuple des trois sénéchaussées; qu'il était animé de la meilleure bonne volonté pour l'allégement de ses misères et de ses souffrances, et qu'ainsi ils pouvaient mettre le plus grand espoir en sa loyauté et sa munificence, délibèrent que les deux ambassadeurs reviendront auprès du comte et lui donneront pouvoir de conclure le traité : « voluerunt et consenserunt quod dicti Guilhermus de « Alberiis et Berengarius Pellicerii, qui iterum, pro pre« missis, reverti debent ad dictum dominum comitem cum « ad hoc ipsius domini ducis voluntas intervenerit et con« sensus, cognitionem, declarationem et determinationem « dicti negocii ponant et remittunt ordinationi et disposi« tioni domini comitis supradicti. » Mais ce pouvoir est conditionnel, car les ambassadeurs devront obtenir de Gaston de Foix qu'il prenne l'engagement de faire consentir le duc à une amnistie générale et à la restitution de toutes les confiscations : « advertontes iidem Guilhermus et Be« rengarius quod in premissis adhiciant et deducant, prout « alias, verbo, ipsi eidem domino comiti dixerunt, quod « omnia et singula crimina, per dictam communitatem « Narbone aut populum vel singulares ejusdem in displi« centiam dicti domini ducis, sive sint congregationes, « tumultus, vulnera seu homicidia, seu alia vel aliis aut « aliter comissa, postquam idem dominus dux ad partes « dictarum senescalliarum se transtulit, et omnem penam « civilem et criminalem inde dependentem, idem dominus « dux perdonare, ac dictam communitatem, seu personas « aut singulares ejusdem, que predicta comiserunt, absol« vere, et litteras confirmatorias dictarum perdonationis et « absolutionis a domino nostro rege, sua bonitate et pro « majori relevamine dicte communitatis, obtinere, necnon « et omnia et singula bona mobilia et inmobilia, ubicum« que existentia, hominum et mulierum dicte ville Narbone « et habitantium in eadem, capta ac donata, ac assigna« tiones omnes et singulas super seu de eis in quibuscum« que personis factas, remittere, et illis quorum sunt reddi « et restitui, facere et plenarie debeat et etiam teneatur. » — Les consuls de Narbonne qui figurent dans la délibération sont le damoiseau Bernard de Montpellier, Pons Salvat, Pons Sallèle, Bernard Bertrand, Jean Lac, Guillaume Alric et Étienne Pascal. Cette délibération est prise avec adjonction des chefs de métiers aux membres du conseil. Les conseillers et les chefs de métiers sont le damoiseau Pierre du Lac, maître Guillaume Stephani, Guillaume d'Albières, Bérenger Pélissier, Jean-Vital de Castres, Bernard Clerc, Guillaume Palmes, Jean Albrespy, Guillaume Aymeric, Arnaud Garini, Guillaume Noguier, Paul Bédos, Arnaud de Cabaret, Pierre Bages, Pierre Guiraud, Eustache Gisbert, Jacques Isarn, Benoit Dalet, Arnaud Reynes, Pierre Rouch, Bernard Gavaudan, Antoine de Maisons, Bernard Marqués, Jean Sercil, maître Guillaume Pelaprat, Raymond Aigues, Pierre Gilabert, Bernard Trulhas, Guillaume Savaric, Bernard Reilhard, Bernard Requin, Pierre Almar, Pierre Couers, Pierre Maroffi, Jean Roques, Jean Marie, Pierre Sacriste, Antoine Fortian, Pons Clerc, Bernard Lauredan, Raymond Abadens, Pierre Viguier, Bernard Arquejat, Bernard Perdigon, Guiraud Pélissier, Raymond Matha, Jean Reynes, Bernard Vignes, Bernard Durand, Pierre Moulins, Bernard Gilabert, Jacques Olivier, Alguier Salles, François Villar, Guillaume Audibrand, Guiraud Gaja, Jacques d'Aire, Raymond Baron, Jacques Sabatier, Pierre Barrau, Pierre Boet, Raymond Thézan, Raymond Sabate, Pierre Clerc, Bertrand Sauveur, Pierre Martin, Antoine Villarnaud, Guillaume Catala, Pierre de Melvin, Jean Pascal, Jean de Bonne, Pierre Sapte, Pons Badel, Bernard Balag, Jacques Roger, Guiraud Catala, Arnaud Rossel,

(1) A la suite de la nomination du duc de Berry, oncle du roi, au gouvernement du Languedoc, en remplacement de Gaston Phœbus, comte de Foix, qui avait été nommé à cette charge par Charles V, la plupart des villes de la province, dont les habitants étaient restés attachés au comte à cause de la douceur de son administration, avaient refusé de reconnaître l'autorité du duc. Narbonne fut de ce nombre. De son côté, le comte irrité de l'affront qui lui était fait et encouragé par la noblesse et les communes, qui lui fournissaient des troupes, ne voulut pas abandonner son commandement et appuya la résistance des communes. Ayant défié le duc, il le défit complétement dans la plaine de Revel, et dispersa son armée. Cependant, afin d'épargner à la province les dévastations qu'y commettaient les partisans du duc de Berry, il se démit de son gouvernement par suite d'un accord qui fut ménagé à Capestang, vers la fin du mois de décembre 1381, par l'entremise du cardinal d'Amiens. C'est pour discuter les conditions de cet accord que le comte de Foix avait réuni les députés des villes qui avaient suivi son parti.

Raymond Narbonnés, Pierre Savaric, Bernard Dauret, Pierre Quarante, Jacques Rouch, Guillaume Benoît, Guillaume Bernard, Guillaume Simon, Guillaume Jonquières, Guillaume Pomas, Bernard Massot, Bernard Sabatier, Jean Auriol, Pierre Fraixe, Jean Sabatier, Jean Camplong, Raymond Fons et Jean Salvan. L'un des passages de cette délibération porte que tous ceux qui y prennent part promettent d'en observer le contenu « elevatis « manibus suis ad ymaginem beati crucifixi, loco expressi « juramenti. » — Elle est reçue par maître Bernard Anthony, notaire.

AA. 177. — 1 pièce (parchemin), orig. latin et roman.

1381 (21 octobre). — Approbation par les consuls et le conseil de Narbonne, avec l'adjonction des chefs de métiers, du cahier qui leur était présenté par Guillaume d'Albières, bourgeois, et Bérenger Pélissier, pareur, leurs députés à l'assemblée tenue à Mazères, par les communautés des sénéchaussées, devant le comte de Foix, avec l'assentiment et l'autorisation du duc de Berry, « de voluntate, tamen, « licentia et permissu serenissimi principis domini ducis « Biturricensis, » pour aviser aux moyens d'amener la pacification du pays, de le délivrer des courses des pillards qui le ravageaient, et de pourvoir à la sûreté commune, tant contre ces pillards que contre les ennemis du roi. Ce cahier contient les mesures qui ont été arrêtées dans ce but par l'assemblée de Mazères. La principale de ces mesures est relative à l'organisation d'une armée permanente, au moyen d'une levée d'hommes d'armes répartis par feux entre les communautés des trois sénéchaussées et entretenus à frais communs, sous le commandement d'un capitaine général et de trois capitaines de sénéchaussée. Voici un extrait de la décision prise relativement à cette levée : « Primeyrament, es avis que totz los comus « de lasdictas senescalcias fossan d'un cor et d'una voluntat « de gardar et de deffendre lor el pays dels enemyx, et de « tot home que lor nil pays volria dampnegar, et anar totz « ensemps contra lor en calque part ont fossan de lasditas « senescalcias. — Item, que en cascuna senescalcia feres « hom gens d'armas, balhestiers et servens, totz a cavalh, « per trenta focx reparatz hun home d'armas et hun ba- « lhestier, et hun servent a cavalh o a pe. — Item, que « lasditas gens d'armas, servens et balhestiers, sian homes « acasatz et conogutz, et d'aquels que an suffertat et suf- « fertan mals et greuges per las guerras passadas et pre- « zens, per so que aian la causa miels a cor, et se farian ne- « guna fauta que puescan miels esser punitz. — Item, que « cascun cossolat et loc, segon lo nombre de sos focx, se « acorde, am las gens d'armas, servens et balhestiers, que « deura trametre, on aura lo melhor mercat que puesca. — « Item, semblaria que, segon las coytas que endevendran « sus lo pays, hom agues a mandar et aver totas las gens « d'armas desus ditas, ho la mitat, o lo terez, o lo quart, « segon las coytas que si endevendrian, a la ordenansa et « mandament del capitan. — Item, el quas que los enemix « occupesson negun loc sus lo pays, que encontenent sau- « buda ladita occupation, totz los comus que seria de pres « V leguas aguesson a venir et servir, ab armas, devant lo « loc occupat, ab la mitat de host cominal, al mandament « del capitan general, et aqui star a lor despens per l'es- « pazi de quinze jorns. Et aquels que serian pres de detz « leguas aguessan a venir et servir, ab armas, ab lo quart « de host cominal, per lodig terme de quinze jorns, non « obstant la provezio general de las gens d'armas desus « ordonadas et per la maneyra desusdita, agues hom a « venir al loc ont hom speres aver plassa contra los ene- « myx, a la ordenansa et mandament del capitan general. « — Item, que cascun loc, segon lo nombre de sos focx, « aia a tenir sas gens d'armas prestas, en tal maneyra « que, dedins dos jorns naturals apres la notificatio a lor « fayta, quascun sia prest, en cavalh et en armas, per « anar al loc ont los enemyx serian. Et sus ayso quascun « loc aia a far alcuna provesio et adjuda a sas gens d'ar- « mas, en tal maneyra que puescan las cavalgaduras tenir « aprestadas. — Item, si negun elegit per complir lasditas « causas, quant seria mandat, non era prest en cavalh et « en armas, et aysso per son deffaut, que los cossols « d'aquelh loc aian ad aver encontenen hun autre home « d'armas, a luy semblant, al despens del deffalhent, et a « luy setiffar dels bes del deffalhent. — Item, que las gens « dels locx que seran plus prop dels enemyx, o dampne- « gans, aian a certifficar als autres locx de la senescalcia « lo nombre dels enemyx o dampnages, afin que elhs « sapian quanh secors hy auran a trametre. — Item, que « en cas que los locx requeritz no tramezessan secors als « locx dampneiatz, per losquals serian requeritz, que los- « ditz locx dampnegatz puescan provezir de tantas gens « d'armas, o a pe, quantas losditz requeritz hy deuran « trametre, a lor despens dels requeritz, a la ordenansa « del capitan general. — Item, que negun home d'armas, « servent ho balhestier, que sia estat recceuput al guatge « ordenat, no sia si ausart de vendre, empenhar, cambiar, « prestar, ni donar, lo cavalh nil harnes ab losquals auria « fayta sa mostra, entro per tant que deldig gatge no seria « relaxat per aquels alsquals s'apertendria, sinon per « melhuyrar, ni desamparar la ost ses licentia o manda- « ment del capitan, et aysso en pena de perdre lo cavalh « el arnes.... Item, que si lodig capitan si enneia, ho no « podia vaquar a la causa, ho semblava alsditz cossols et « cosselhiers que no fos profieg a la causa, que losditz « cossols et cosselhiers, fenitz los IIII mezes, ho abans, si « vist lur era am bon cosselh, per la maneyra que desus

« ne aligiscan hun autre. — Item, sia elegit hun notari tal « que sia fizel et lial, loqual aia a demorar am lodit capitan « general, tant quant estara en ost, seguen las armas, et « sian li donatz guatges sufficiens tals qu'en puesca viure « et sostenir justament, a despens de tota la senescalcia, « et lodit notari aia a tenir hun libre en loqual sian escritz « totz los cossolatz de ladita senescalcia, els nombre dels « focx et de gens d'armas que auran affar per la maneyra « que desus, et los noms dels homes d'armas, servens ho « balhestiers a cavalh, que seran en ladita host, et serieure « letras, e totas autras causas necessarias a la capita- « nayria. — Item, que losditz capitaynes de lasditas tres « senescalcias se aian ajustar, am totas lurs ostz, en loc « covinable per anar resistir als enemyx del rey, nostre « senhor, et del pays, en las partidas on lur semblara plus « cochat et miels vist, et a lor cosselh coma desus es dig. « — Item, que si era avist alsditz cossolatz et a lors cos- « sels que aquestas ordenansas desus contengudas agues- « san mestiers de corregir, ho alcuna d'aquelhas, que « aquelhas, apelhatz los capitanis de lasditas senescalcias, « puescan corregir et emendar de IIII en IIII mezes per la « forma que lur seria avist. — Item, que si s'endevenia « quo hom demandes a negun dels comus de lasditas se- « nescalcias alcuna causa per aida de provezio de guerra, « ho de garda de pays, ho autrament, que losditz comus, « sus ladita demanda, aian a comunicar et consultar totz « ensemps, per far acordament totas las III senescalcias la « resposta que lor semblaria fazedoyra. — Item, que al « plus tost que hom poyra anar segurament hom fassa una « enbayzada, bona et honorabla, de bonas et notablas gens « de totas las III senescalcias, al rey, nostre senhor, per « notifficar a luy l'estament del pays, et dire et explicar « totas aquestas causas, et per aver et obtenir de luy licen- « cia et confirmation en tot so que sera necessari en las « causas desus ditas. — Item, que neguna persona ni « degun loc que sia stat receuput en ladita unio no auze « far pati am los enemicx del pays, sens licencia del capi- « tani general. — Item, que quascun home d'armas, ser- « vent ho balhestier, aia a jurar en las mas de son capitani « que no panara ni raubara deguna causa, duran lo servisi « de la guerra, dels bes d'aquels que seran de la unio, et « que aia a revelar tot home que veyra panar o raubar.— « Item, que los capitanis aian a jurar que be et lialment « se auran a profieg del rey, nostre senhor, et de la causa « publica. » — Les motifs qui avaient porté les députés des sénéchaussées de Toulouse, Carcassonne et Beaucaire à organiser régulièrement une force armée permanente, pour veiller à la défense commune, sont exposés en ces termes : « Quar lo pays de las senescalcias de Tholoza, de « Carcassona et de Belhcayre es estat longament damp- « neyat, corregut et pilhat, tant per los enemicx del rey, « nostre senhor, tant per las companhias et malas gens « d'armas, et de present sia en aquelh meteys perilh, ho « major, els pobles sian tant paubres, que per las causas « desus ditas, et per los autres grans et enportables cares « et greuges que an longamen suffertat, no puescan def- « fendre ni sostenir, en la maneyra que al temps passat « los ha hom governatz, per so sembla expedient et ne- « cessari de metre via, o remedi, que los comus de lasdi- « tas senescalcias se puescan gardar et deffendre et adju- « dar la hun a l'autre, ad honor de Dieu, et honor et « profieg del rey, nostre senhor, et a conservation del pays « et dels pobles, et afin que los comus puescan gardar lor, « el pays conservar al rey, et deffendre dels enemicx o « d'autras malas gens. » — L'acte de l'approbation ci-dessus est reçu par Bernard Anthony, notaire royal à Narbonne, en présence de Pierre Vigos, clavaire, et de Pierre Avéroux et Jean Roque, écuyers consulaires.

AA. 178. — 1 pièce (parchemin), orig. latin.

1403 (13 juillet). — Nomination faite par les consuls et le grand conseil de la ville, composé des conseillers ordinaires et des chefs de métiers, « tam consiliariorum « quam capitum ministeriorum, » de deux députés à l'assemblée qui venait d'être convoquée à Carcassonne par Gauthier de Passac et Christophe de Mari, conseillers du duc de Berry, gouverneur de la province, pour délibérer sur une aide que le duc demandait par leur intermédiaire aux communautés des sénéchaussées de Toulouse, Carcassonne et Beaucaire. Les députés nommés sont Jacques Baron, consul, et François Catala, conseiller. Pierre de Parasols leur est adjoint en qualité de licencié en décrets. Ces députés avaient pour mission de se présenter, avec les députés des autres communautés, devant les conseillers du duc de Berry « ad exprimendum eisdem dominis consi- « liariis, cum summa humilitate, miserias, et dampna, « mortalitates, paupertates, exterilitates fructuum, suffo- « cationes populi, diminutiones, et ad regna alia commu- « tationes, aliaque mala, miserias et paupertates, quibus « populus dictarum trium senescalliarum, quam maxime « ville Narbone, multimode perpessus est et diu perpessus « fuit quod vix lingua exprimi posset, et ad supplicandum « eisdem dominis consiliariis, qui protexionem et deffen- « tionem populi predicti, pro et nomine prefati domini « nostri Biturricensis, habent et in manibus suis tenent, « et animum prefati domini Biturricensis in hac parte « gubernant, prout fertur, quathinus universitates ipsas « et earum singulas ad omnia supradicta et singula benigne « audire, et eis omnibus et singulis atentis, petitis et requi- « sitis, virtute sue credencie supradicte, pro Dei miseri- « cordia, de presenti supercedere et cessare dignentur. » Si cet ajournement ne pouvait être accordé par les conseillers du duc, les députés devaient solliciter d'eux l'autorisation de se présenter devant le roi, ou devant le duc en personne, pour exposer la situation du pays et l'impossibilité dans laquelle il se trouvait d'accorder l'aide demandée.

AA. 179. — 1 pièce (papier), orig. latin.

1403 (30 novembre). — Attestatoire donné par Robert de Caylus, sénéchal de Carcassonne, au damoiseau Arnaud du Lac, qui lui en avait fait la demande, pour constater qu'il s'était rendu à Carcassonne, en qualité de représentant de la ville de Narbonne, à l'assemblée que le duc de Berry ou son lieutenant y avait convoquée au huitième jour après la fête de la Toussaint, laquelle assemblée fut ensuite renvoyée au jour de la fête de saint André.

AA. 180. — 1 pièce (papier), orig. français.

XVe siècle (1). — Lettre de convocation adressée « aux « chiers seigneurs et grans amis » les consuls de Narbonne, par l'évêque de Gap et Hugues Comborel, généraux conseillers dans le Languedoc, pour l'assemblée ou grand conseil qui devait se tenir dans la ville de Pézénas, « affin « que par l'advis et délibération de ceux qui seront présens « on puisse proveoir au bien du roy et du pais comme il « est expédient. » Les consuls de Narbonne devaient se rendre à ce conseil au nombre de deux « a tout le moins. » La convocation leur est remise, en personne, par Guinot de Martel, huissier d'armes du roi.

AA. 181. — 4 pièces, dont 3 (parchemin), et 1 (papier), latin et français.

1447-1448. — Arrêt des gens du grand Conseil du roi « estans de présent ou pais de Languedoc (2), » donné à Montpellier, le 22 janvier 1447, sur le procès que maître Jean Vedel, notaire royal et l'un des consuls de Narbonne, avait porté en leur nom devant ledit Conseil contre la ville de Béziers, relativement à la *séance* des députés de Narbonne aux États de la province. Cet arrêt vise « les proces, « enqueste et informacions produiz par les parties, par « lesquelles est appareu lesd. de Narbonne, demandeurs, « avoir mieulx prouvé, » et il porte que, « par maniere « d'estat, » les députés de Narbonne devront précéder les consuls de Béziers « en lieu, siége et oppinion en toutes « les assemblées des trois Estatz de Languedoc et autres « ou ilz se trouveront ensemble, sans y faire difficulté ou « contredit. » Son dispositif est basé sur la preuve administrée par les consuls de Narbonne « que lad. ville « de Narbonne est et a tousjours esté une des anciennes « citez du pais de Languedoc, et de plus, comme fame et « renommée, fondée avant la ville de Rome, comme on « trouve par ystoires anciennes, ainsi qu'ilz dient, et « souloit estre anciennement duché. Dient aussi qu'elle « est cité métropolitaine a laquelle est subjecte en espiri- « tualité lad. ville de Béziers. Dient, oultre, qu'elle a esté « de tout temps bonne, loyale et obeyssante envers le roy, « nostre sire, sans jamais lui avoir fait aucune faulte, « rébellion ou desholbéissance, disans que pour les causes « dessusd. et autres qui longues seroient a réciter, ils ont « acoustumé de toute ancienneté, ou au moins de si long- « temps qu'il n'est mémoire du contraire, précéder et « préférer lesd. de Béziers en toutes assemblées et lieux « ou ilz se sont trouvez ensemble, tant en lieu et siége « comme en parole et oppinion, et mesmement en l'as- « semblée des trois Estatz de Languedoc et par toutes « autres assemblées...., nonobstans tous troubles et em- « peschemens mis au contraire par iceulx de Béziers puis « aucun temps en ça. » Dans leurs répliques, les consuls de Béziers établissaient « que leurd. ville est notable cité « et ancienne, et souloit anciennement estre chief de « séneschaucée, et encores de présent le séneschal de « Carcassonne se nomme séneschal de Carcassonne et « de Béziers. Disent, oultre, qu'elle souloit estre une des « plus grandes et notables vigueries de Languedoc, de « laquelle fourent démembrées les vigueries de Narbonne « et de Gignac, par quoy appert que la justice que le roy « a, de présent, aud. lieu de Narbonne, est partie de lad. « viguerie de Béziers. Dient, aussi, que pour les causes « et raisons dessusd. ilz ont de tous temps acoustumé pré- « céder et préférer en honneur, siége et oppinion, lesd. de

(1) Léger, évêque de Gap, était général conseiller pour le roi et le Dauphin, en Languedoc, dans l'année 1418, pendant que le comte de Genève était capitaine général de la province pour le roi et la reine. C'est donc vers l'année 1418 que doit être placée la date de la convocation de l'assemblée de Pézénas, analysée dans cet article.

(2) En mentionnant cette décision, dom Vaissette l'attribue aux États du Languedoc eux-mêmes. Sur ce point, il y a lieu de faire une distinction importante. Les membres du grand Conseil, que le roi désignait pour présider aux États, fesaient, en cette qualité, partie intégrante de ces États, participaient à leurs délibérations et les signaient comme les autres membres, dont ils n'étaient distingués que par le rang hiérarchique. Les décisions qui étaient rendues de la sorte émanaient bien des États et en prenaient la dénomination. Mais les commissaires du roi étaient, de plus, constitués en bureau spécial, et ils avaient, à ce titre, des attributions administratives et de police qu'ils exerçaient en dehors des États. Les questions de préséance, les instructions envoyées aux diocèses pour la tenue de leurs assiettes, celles qui étaient adressées aux communes sur les formes de leur administration, etc., étaient de leur ressort. C'est ainsi qu'ils rendirent leur décision sur la prétention des députés de Narbonne contre ceux de Béziers, sans y mentionner les États autrement que pour indiquer la fonction dont ils étaient investis vis-à-vis d'eux par l'autorité royale.

« Narbonne, en toutes assemblées, tant desd. trois Estats « de Languedoc comme en toutes autres assemblées faictes « aud. paiz ou ailleurs. » Pour contredire l'assertion des consuls de Béziers qu'ils avaient de tout temps précédé ceux de Narbonne, les consuls de cette ville affirmaient « que ja ne sera trouvé que lesd. de Béziers les ayent « jamais précédez ne préférez en quelconque assemblée « qu'ilz se soient trouvez ensemble, se ce n'a esté de grace « et courtoisie, ainsi qu'il advint une foiz que ung nommé « Jame Lac, lors consul dud. lieu de Narbonne, se trouva « en une assemblée des trois Estatz de Languedoc, en « laquelle estoit envoyé, par lad. ville de Béziers, ung « nommé messire Raymond Roux, a présent juge d'icelle « ville, lequel, pour ce qu'il avoit nouvellement esté faict « docteur, pria et requist aud. Jame Lac qu'il voulsist estre « content qu'il le préférast en icelle assemblée, laquelle « chose led. Jame Lac lui accorda pour icelle foiz, et a « ceste occasion lesd. de Béziers se sont tousjours depuis « voulu efforcer précéder lesd. de Narbonne, et le tirer « a conséquence; mais ja ne se trouve que, par avant, « lesd. de Béziers aient prefferé ceulx de Narbonne. » L'arrêt est contresigné par M. de Voisines. — Ordonnance de Raymond-Aymeric de Basilhac, sénéchal de Carcassonne, du 29 juillet 1448, contresignée par de Malobosco, qui mande cet arrêt à exécution. — Certificat de la notification dudit arrêt faite aux consuls de Béziers, en la personne de noble Jean Fabre, Bertrand Caput, Hugues Duplan et Jean Roman, par Aymeric Jordanet, sergent à cheval du roi au Châtelet de Paris. — Copie informe de cet arrêt, de l'ordonnance du sénéchal et de l'acte de notification, prise au XVIIIe siècle.

AA. 182. — 14 pièces, dont 12 (papier), et 2 (parchemin), copies français.

1539. — Pièces remises aux députés de la ville de Narbonne, à la clôture de la session des États provinciaux tenus à Béziers en l'année 1539. — Ces pièces, sur l'objet desquelles le conseil de ville avait à émettre un avis, ou qui lui étaient destinées soit comme renseignements, soit comme instructions, sont : — les articles dressés pour l'affermage du droit d'équivalent de la province; — les lettres patentes de François Ier, qui, « pour stirper et des« chesser de cestluy royaulme les maulvaises erreurs que « Lucter et autres, ses adhérans et complices desnians de « nostre saincte foy catholique, se sont, par diversces foys « et par faulces et erronées dotrines, effourcez semer et « introduyre en nostred. royaulme pour faire divertir « nostre peuple de nostre saincte foy et dotrine chré« tienne, et icelluy faire adhérer a leursd. erreurs et dia« boliques suasions..., » et pour satisfaire « au debvoir et « tiltre de tres chrestien, advertis aussi que les sénateurs « de ceste infection sont ad ce induictz si persuyadés par « plusieurs gros personaiges qui secretement les recellent, « suppourtent et favorisent en leurs faulces dotrines, leur « aydant et subvenant de leurs biens et des lieux et places « secretes et occultes, es quelles ilz retirent leurs secta« teurs pour les instruyre desd. erreurs et infections.., » ordonnent que les gens des Cours souveraines, les baillis, sénéchaux et leurs lieutenants, pourront indifféremment et concurremment prendre connaissance de ces matières contre toutes personnes, de quelque qualité et condition qu'elles soient, en ce qui touche à la puissance temporelle et séculière, à son autorité et à sa juridiction, et pourront aussi « subvenir et ayder les diocésains, leurs vicaires et « inquisiteurs de la foy, aud. négoce et affere; » — le département, entre les diocèses du Languedoc, du logement de la compagnie du sénéchal de Toulouse, qui était composée de 40 hommes d'armes et de 85 archers; — l'exposé des travaux à faire « pour le contournement de la Garonne » et pour la construction d'un canal partant de cette rivière et se dirigeant sur Carcassonne et ensuite sur Narbonne, en passant par Villenouvelle, Villefranche, Avignonet, la *borde* de Montmaur, « qu'est le plus hault lieu quy soyt sur « le chemin du canal, et ou les eaux se despartent prenant « leur chemin devers Thoulouse et devers Carcassonne, » Mas-S^{tes}-Puelles, Villepinte, « aupres duquel lieu led. canal « se mectra dans la riviere appelée Fresquel, au chemin de « laquelle led. canal s'en yra jusques a la riviere d'Augde, « de demye lieue par dessoubz Carcassonne, » et enfin Narbonne, en suivant toujours la rivière d'Aude; — la délibération par laquelle les États du Languedoc demandent que la traite du blé, des grains et des légumes et châtaignes soit prohibée, et que « faicte respectivement par les « officiers et consuls, chacun en son endroit, serche des « bledz que plusieurs particulliers ont a vendre, » ils soient contraints à en exposer en vente, dans le marché, telle quantité que lesdits officiers et consuls auront désignée; — la délibération des mêmes États portant que les receveurs des diocèses ne pourront demander ni lever les restes des tailles et impositions, dont ils auront pris charge, « passé « trois ans apres le despartement desdites tailles; » — la délibération des États, qui contient le vote d'une somme de 308,840 liv. 6 s. 2 den. obole, pour la part de la province sur les 3,700,000 livres imposées sur le royaume pour l'*aide rebattue*, l'équivalent et l'octroi. Cette dernière délibération porte dans sa suscription la formule suivante : « les gens des troys Estatz du pais de Languedoc, l'Es« glize, nobles et comun estat, représentans le corps mis« tique de la chose publicque d'icelluy, assemblez, etc.; » — l'état des taxations et dépens alloués aux membres des États sur les deniers de l'octroi; — le cahier des doléances des États relatives à la prohibition de la traite du blé et des grains hors du royaume et de la province, « actendu la « rarité et stérilité des fruictz de l'année présente; » à la suppression de l'imposition concernant la solde des 20,000 hommes levés en prévision de la guerre et campés dans la province, qui ne devait pas être maintenue puisque tout danger de guerre avait disparu; à la juridiction en matière criminelle dont étaient investis les consuls de la plupart des villes du Languedoc, et dont ils se trouvaient privés par l'effet de l'édit donné à Moulins en l'année 1537; aux reconnaissances que les commissaires chargés de la confection du terrier royal exigeaient des habitants, « a grandz « censives et oblies, sans exhiber aulcun tiltre ne docu- « ment..., combien que, tant de droit divin et humain, par « coustume immémorialle, que par priviliége et ordonnance « du feu Loys XII, toutes et chacunes les terres et posses- « sions d'icelluy pays ayent esté et soyent de présent libe- « res, franches et allodialles, si autrement n'appert du « contraire, tellement que, de toute ancienneté et despuis « la unyon de la comté de Thoulouse faicte a la couronne « de France, lesd. habitans dud. pays de Languedoc ont « joy de franc allodz; » à la suppression des offices de conseiller et de procureur qui ont été rétablis dans la sénéchaussée de Beaucaire, quoique les États aient déjà traité de la suppression de ces offices et de ceux de la sénéchaussée de Carcassonne moyennant la somme de 42,000 livres, « et jaçoit que toute création et establissement de nou- « veaulx offices soit dommageable tant au roy que a la « chose publicque; » à la nécessité d'imposer aux maîtres des monnaies du pays l'obligation de battre « monnoye du « coing du roy et de bonne loy, tant douzains, lyarts, « lyardes et autres, d'aultant que en ced. pays ne se treuve « aucunement monnoye blanche; » à l'exécution de l'édit perpétuel de l'année 1535, portant que les tailles sont assises sur tous les biens roturiers dans le Languedoc, à laquelle veulent se soustraire : les habitants de la Cité de Carcassonne et de ses faubourgs, sous prétexte de certain privilége relatif au guet; le capitaine de Pézénas « pour « certain boriaige appelé Clayrac, dans la juridiction de « Béziers; » les écoliers, les médecins, docteurs, régents et autres officiers des villes de Toulouse et de Montpellier, etc. Elles sont aussi relatives au droit de 10 s. t. par charge que les fermiers de la foraine exigent indûment sur les *marchandises comestibles* mises en vente dans le pays, alors que ce droit n'est dû que pour les marchandises exportées du royaume; à la suppression des commissions extraordinaires, au moyen desquelles « les pouvres habitans de ced. « pays sont journellement tirez et convenuz hors leurs res- « sortz et jurisdictions, contre le privilége par lequel n'est « permys user de telles commissions ne poursuyvre lesd. « habitans hors leurs limites, et contre le droit escript, « suyvant lequel les juges et jurisdictions ordinaires ont « esté faictes et instituées pour le bien et soulaigement de « la république, et pour obvier a plusieurs véxations, mo- « lestations et despences; » à la liberté de la circulation des vins en tout temps « vers Bordeaux, la Provence, ou « ailheurs hors du royaulme, en payant leurs droits. » Les vins du Languedoc ne pouvaient être dirigés sur Bordeaux que depuis les vendanges jusqu'à la fête de Noël suivante, etc.; — les lettres patentes de François Ier, qui défendent l'entrée et le séjour dans le royaume, en quelque lieu que ce soit, de « certains personaiges incognus qui se « font appeler et nommer Bouesmiens, lesquels s'estans « plusieurs et diverses foys assemblés et soubz umbre d'une « simulée religion ou de certaine pénitence qu'ilz disent « qu'ilz font pour le monde, commectent dans le pays « plusieurs infinis abus et tromperies; » — les lettres patentes de François Ier, données à Villiers-Cotterets (Villers-Costé-Rayz) le 12 septembre 1539, adressées au sir de Montmorency, connétable de France, gouverneur du Languedoc, au seigneur de St-Amans, sénéchal de Toulouse, lieutenant du roi dans le Languedoc en l'absence du gouverneur, à Einard Nicolay, chevalier seigneur de Saint-Victour, premier président en la chambre des Comptes de Paris, à Charles de Pierrevive, seigneur de Lézigny, trésorier de France, à Charles de Plesseys, seigneur de Savonnyères, général sur le fait et gouvernement des finances du Languedoc, et à Charles de Magny, capitaine de la porte de l'hôtel du roi, par lesquelles, en vue de soulager le peuple, les 4,000,000 imposés pour la construction des places frontières et pour l'armement des galères destinées « a oster aux ennemis l'occasion et voulonté de venir « assalhir et envahir le royaume, ce qui est le plus im- « portant, sachant les grandz préparatifs que le Turcq, « ennemy de nostre saincte foy catholique, s'esforce ches- « cun jour a l'encontre de la chrestienté, » sont réduits de 300,000 livres; — les réponses et appointements *donnés* par le roi aux doléances présentées par les précédents États du Languedoc; — les lettres patentes de François Ier, du 31 mars 1538, portant que les receveurs qui ont été, sont ou seront élus par les diocèses, « par la plus grande « partie des oppinions, seront et demeureront en ladicte « charge et recepte sans qu'icelluy eslu, par la plus grande « partie de voix, puisse estre en lad. charge de recepte « troublé aucunement; » — autres lettres patentes de François Ier, données à Romilly, le 21 avril 1539, qui défendent de comprendre dans les décimes et les dons gratuits du clergé, les obits, chapellenies, hôpitaux, dons et aumônes pour les âmes du purgatoire, et autres œuvres « piéables; » d'ajouter, retrancher ou diminuer quoi que ce soit aux départements des frais d'État, après qu'ils auront été arrêtés dans les assemblées de la province; de porter devant la chambre des Comptes établie à Montpellier, à l'instar de ce qui a lieu pour la chambre des Comptes de Paris, d'autres causes que celles qui concernent les deniers des aides et des octrois; de laisser évader, moyennant salaire, les condamnés aux galères perpétuelles, ni d'exiger aucune somme des condamnés qui ont accompli *leur temps de service*, au moment de leur sortie.

AA. 183. — 1 pièce (parchemin), orig. français.

1544 (23 novembre).—Nomination faite par le conseil général de la ville, assemblé à la diligence des consuls, de Paul Vignes, consul actuel, et de Me Guillaume Caurssin, docteur ès-droits, consul de l'année précédente, pour assister en qualité « de procureurs et ambassateurs de la ville en « la congrégation des gens des troys Estats » convoqués par le roi, dans la ville de Béziers, au 25 novembre 1544. Par cet acte, le conseil donne pouvoir aux deux procureurs nommés de « comparoyr et soy présenter pardevant « Messieurs les présidens et commissaires en lad. con- « grégation des gens des troys Estatz par le roy, nostred. « sire, depputez en lad. ville de Bésiers, ou autre part, « et accorder, octroyer, consentir et conclure ainsi que « la plus grande et saine partie des gens desd. Estatz fera, « accordera et conclura, et toutes autres choses faire, « dire et conclure a ce requises et nécessaires,..... pro- « mettans avoyr agréable tout en ce que dessus.... sera « faict, dict, octroyé, conclud et accordé. » L'acte de nomination est reçu par Pierre du Reau, notaire royal, en présence de Pierre Tessier et Pierre Doutre, écuyers consulaires.

AA. 184. — 1 pièce (parchemin), cop. français.

1582 (14 juillet). — Transaction passée à Fontainebleau, devant maître Jean Chesneau, notaire et tabellion « en la cour et suite du roi, » entre Gabriel de Guibal, syndic du diocèse de Narbonne, noble Étienne de Vignalles, syndic général du pays de Languedoc, assistant ledit syndic, d'une part, et Jean Reynouard, docteur ès-droits, premier consul de Narbonne, et Pierre d'Autemar, syndic de ladite ville, d'autre part, au sujet de la *séance* de Narbonne dans l'assemblée des États du Languedoc, et de sa contribution aux frais d'assiette de ces États. — Par cette transaction, les parties renoncent provisoirement à la poursuite du procès pendant entr'elles, et il est convenu que, pour la tenue des prochains États, elles seront remises respectivement « in statu quo ante, » sauf à continuer ensuite l'instance, devant le conseil d'État, suivant les derniers errements. Dans le cours du procès, les consuls de Narbonne avaient présenté au roi une requête, par laquelle ils demandaient la concession de « l'imposition et « levée d'une rêve d'ung sol pour chascung quintal de sel « vendu et débitté dans les trois greniers de Narbonne, « Peiriac et Ségian, pour les dédommager du privilliége et « exemption des frais d'État, » qu'ils avaient obtenus du roi. La présentation de cette requête était une renonciation implicite à l'exemption des frais d'État. Cependant, la ville entendait maintenir son privilége tant qu'il ne serait pas définitivement statué sur sa demande relative à la rêve d'un sol par quintal de sel, et c'est sous la réserve de tous ses droits à cet égard qu'elle consentit à supporter temporairement sa part des frais d'État. De leur côté, le syndic général de la province et le syndic du diocèse n'adhérèrent à l'imposition de la rêve demandée que pour l'année seulement, ainsi que l'établit la partie du dispositif de la transaction intervenue, qui est conçue en ces termes : « cas « advenant que lad. rêve et imposition ne soict trouvée « agréable a la prochaine assemblée des Estatz dud. pays, « lesd. consuls et sciadic de lad. ville de Narbonne ont « promis et promectent ne s'aider des provizions qu'en « vertu de lad. requeste pourront estre obtenues, suivant « le consentement presté par lesd. parties...., sans que « l'une ne l'autre s'en puissent aulcunement aider en « aulcune sorte et maniere que ce soit, ains, au contrere, « seront lesd. parties remizes en leur premier estat et « tel qu'elles estoint avant la présentation de lad. re- « queste... »—Témoins de la transaction : maître Thomas Juvin, procureur en la prévôté de Paris, et le sieur François Fougeron, de Fontainebleau.

AA. 185. — Cahier (papier), 36 feuillets, in-fol.

1591 (28 janvier (1), — 7 mars). — Copie du procès-verbal des États de la ligue assemblés dans la ville de Castelnaudary, remise aux députés de la ville de Narbonne, à leur retour de ces États, qui avaient été convoqués par le duc du Maine, le 10 novembre 1590, en qualité de « lieutenant général de l'Estat royal et couronne « de France. » En procédant à leur ouverture, Mgr le duc de Joyeuse expose la situation du royaume et « sin- « gulierement l'espérance que les princes et seigneurs ca- « tholicques avoient que, aiant entrepris la guerre pour « la conservation de la religion catholique, appostolique « romayne, ilz seroient assistés de tous les catholiques, « apres qu'ilz auroient eu quelque loisir de recognoistre « les artiffices et faulx prétextes avec lesquels les héréti- « ques les avoient abuzés pour se servir de leurs moyens « en l'establissement de l'hérésie. » — Résumé de ce pro-

(1) Dom Vaissette, dans l'Histoire générale du Languedoc, fixe l'ouverture des États de la ligue tenus à Castelnaudary, au 21 janvier 1591. C'est une erreur. Ce n'est que le 28 janvier que ces États furent ouverts par le duc de Joyeuse, en l'absence du maréchal, son père, et par M. d'Hennequin, président du grand Conseil, commissaire envoyé par le duc du Maine.

cès-verbal. — Le président d'Hennequin *salue* l'assemblée de la part du duc du Maine et des membres du conseil « de l'Estat et union catholique de France, » et la prie de continuer à « aider et a subvenir a une si saincte cause « et juste poursuite. » Il lui est répondu, par la bouche de Mgr le cardinal de Joyeuse, archevêque de Toulouse, au nom des États, « que jaçoit ceste assemblée n'eust besoing « d'exortation pour avoir esté tousjours tres affectionnée et « dévotieuze a la religion catholique,..... et encore que le « pays ayt souffert de grandes incomodités a cause desd. « hérétiques, leurs fauteurs et adhérans, qui en occupent « une bonne partie, néaulmoings ilz se parforceront de « faire tout ce qu'il sera en leur pouvoir pour froumenter « les bonnes et sainctes entreprinses et résolutions de « mesd. seigneurs le mareschal et duc de Joyeuse, pour « le soustien d'une si saincte et juste cause, quy est de la « relligion catholique, appostolique romayne. » — Les membres de l'assemblée assistent à la messe du St-Esprit, dans l'église St-Michel de Castelnaudary. — Ces membres sont le cardinal de Joyeuse, archevêque de Toulouse, Mgr Christophe de Lestang, évêque de Lodève, MM. les vicaires généraux de Narbonne, de St-Papoul, de Lavaur et d'Alby; les envoyés de MM. les barons d'Arques, d'Ambres, de St-Félix et de Castelnau-d'Estrètefonds; les capitouls et diocésains de Toulouse; MM. les consuls et diocésains de Narbonne, d'Alby, de Lavaur, de Saint-Papoul, d'Alet et Limoux, de Rieux et du bas diocèse de Montauban; enfin, les diocésains de Carcassonne, de Mirepoix et de Comenge.— Ils prêtent serment, en la manière accoutumée, « de procurer le bien du pays et de ne réveller les « secretz de l'assemblée. » — M. Étienne Vignalz, syndic général du pays, ayant « congratullé et bienheuré l'arrivée « de mond. seigneur l'illustrissime cardinal, » le remercie de l'honneur qu'il lui a plu de faire à l'assemblée par sa présence, et il prie Dieu « de le y voulloir si longuement « qu'il a faict Monseigneur le mareschal, son père, au « gouvernement de la province. » Sous un chef doué de tant de vertus, il ne peut « faillir de prandre de bonnes et « sainctes résolutions a l'honneur de Dieu et manutention « de l'Esglise catholique, appostolique romayne, et soullagement du peuple. » Le cardinal répond qu'il n'a rien en si grande recommandation que le bien du pays et qu'il ne négligera aucune occasion de s'y employer.— Contre l'ordre anciennement observé, d'après lequel il n'est reçu qu'un seul diocésain pour chacun des diocèses de la province, les diocèses de Narbonne et de Toulouse exceptés, il s'est présenté deux députés pour le diocèse de Comenge. Les États décident qu'il n'en sera reçu qu'un seul; c'est le consul de Valentine, capitale du diocèse. — Les consuls et députés de Montréal exposent que la ville basse de Carcassonne étant occupée par les ennemis, le maréchal de Joyeuse a ordonné que leur ville tiendra, en toutes assemblées, la place de Carcassonne, et que les assiettes, de même que les départements et autres assemblées du diocèse, se tiendront dans la ville de Montréal, au même titre qu'elles étaient tenues à Carcassonne avant la prise de cette ville. Ils demandent, en conséquence, d'être admis dans l'assemblée avec le « rang de séance, voix et opinion » qu'y auraient occupé les députés de Carcassonne. Mais, de leur côté, les députés des communautés de Montolieu et de Lagrasse ayant soutenu que, suivant une convention arrêtée dans la dernière assiette générale du diocèse, tenue à Montréal, il avait été délibéré que ladite assiette serait « ambulatoire, » et se tiendrait alternativement à Montréal et à Montolieu, les États décident que, dorénavant et pendant toute la durée de l'occupation de la ville basse de Carcassonne, les consuls et députés de Montréal auront séance et voix délibérative aux États comme représentant la ville capitale du diocèse, et que les consuls de Montolieu et de Lagrasse auront même séance et voix, « chacun par « tour et rang, » comme diocésains, le tout sans préjudice « du rang, préséance et prérogatives deubz aus depputez « de la ville de Narbonne. » — Lecture d'une lettre écrite par Jean d'Argente, envoyé à la Cour par les précédents États. — Nomination des capitouls de Toulouse et des consuls de Narbonne, pour dresser le cahier des doléances du pays. — M. Étienne Vignalz, syndic général, expose les résultats des négociations auxquelles il s'est livré depuis les derniers États, et principalement des oppositions qu'il a dû former contre l'ordonnance du Parlement de Toulouse obtenue par Jean de Blandinières, marchand de ladite ville, relativement à la monnaie. Il en est félicité, par les États, qui lui recommandent, de même qu'aux deux autres syndics, « de s'opposer envers tous qui vouldroient entre- « prendre contre les libertés et franchises des Estats. » — Par son ordonnance, le Parlement de Toulouse décidait, contrairement à la délibération des États, que la monnaie de Toulouse serait délivrée au sieur de Blandinières, avec commandement au syndic de lui en passer le bail. Il avait, en outre, « entreprins sur la délibération des Estatz faite « en faveur des consuls de Montgeard, » et avait affecté certaines sommes au paiement de quelques garnisons, quoique la distribution des deniers du pays appartienne exclusivement au maréchal de Joyeuse. Enfin, dans les plaidoiries relatives à la monnaie, il avait été proféré des paroles injurieuses pour M. Vignalz, syndic des États. Ceux-ci décident qu'il en sera fait remontrance à la Cour, afin qu'elle déclare n'avoir entendu « desroger aulcune- « ment aux préhéminences, franchises et libertés dud. « pays, ne d'empescher que par les Estatz ne soit procédé, « suyvant leurs délibérations, au bail et délivrance de lad. « monnoye et autres affaires du pays. » — Pour faire ces remontrances, les États désignent Mgr le cardinal de Joyeuse, avec pouvoir d'élire et de s'adjoindre tels autres seigneurs des trois ordres qu'il lui paraîtra convenable. Ils devront, en outre, représenter à la Cour « comme lesd. « Estatz sont entierement résoluz (1) de conserver leursd. « libertés et que, s'il y eschoit tant soit peu d'interruption « pendant ses troubles, que lesd. Estatz n'entendent que « les entreprinses de lad. Court soient tirées a conséquen- « ce, et qu'ilz ne seront cause du mal qui en pourroit ad- « venir; mais qu'ilz auroient recours aux moyens qu'ilz « penseront estre plus a proppos pour la conservation de « leursd. libertés. » — Mademoiselle de Montbartier, qui est du parti royaliste, a obtenu du Parlement de Bordeaux un arrêt qui ordonne sa réintégration en la propriété du château de Lux, près de Villefranche. Mais comme ce château est important pour la défense du pays, les États décident que le duc de Joyeuse devra s'en emparer, pour en confier la garde à des catholiques sûrs, afin que les ennemis ne puissent en tirer parti. — La rédaction des articles qui doivent servir de règle pour le bail de l'équivalent sera préparée de manière à ce que ce bail puisse être fait en bloc, par diocèse ou par sénéchaussée. — Afin d'éviter les *monopoles* qui pourraient se former parmi les enchérisseurs, il est décidé que le bail de l'équivalent de la généralité de Narbonne (2), composée du diocèse de Narbonne et d'une partie du diocèse de St-Pons, sera mis avant tout autre en adjudication, pour cette fois seulement, sans préjudice des prérogatives de la généralité de Toulouse. — MM. les vicaires généraux de Narbonne et d'Alby, les représentants des barons d'Arques, de St-Félix et de Castelnau-d'Estrètefonds, et les consuls d'Alby et de Castelnaudary, avec M. de Portes, syndic général, sont désignés pour assister Mgr le cardinal de Joyeuse dans les remontrances qu'il est chargé de faire au Parlement, relativement à la monnaie de Toulouse, aux libertés et prérogatives des États, etc. — Premières enchères pour le bail de l'équivalent. — De retour de son voyage à Toulouse, où il s'était rendu le 31 janvier, le cardinal rend compte de sa mission. Il expose aux États « qu'aiant représanté a la « Court de Parlement les résolutions prinses en ceste « assemblée, l'honneur et le respect que lesd. Estatz ont « tousjours porté a la justice, mesme a la Court, et qu'ilz « n'ont rien en plus grande recommandation d'ailleurs que « a la conservation de leurs libertez et franchises, lad. « Court auroit loué grandement leurs bonnes et fructeuzes « délibérations, et déclaré n'avoir entendu comme elle « n'entend préjudicier, pour quelque occasion que ce soit, « aux privilléges, franchises et libertez dud. pays, ny « d'empêcher qu'il ne soit, par lesd. Estats, procédé au « bailh et délivrance de la monoye de Thoulouse. » Ces explications sont agréées par les États, et ils délibèrent que le bail de la monnaie sera mis aux proclamations et délivré au plus offrant, sans s'arrêter au contrat de ferme qui en avait été passé au sieur César de Montorcin. — La vérification et la clôture des comptes du receveur et du trésorier de l'extraordinaire de la guerre, ainsi que des autres comptables du pays, est confiée au vicaire général du diocèse de St-Papoul, au représentant du baron d'Ambres, aux capitouls de Toulouse, aux consuls de Narbonne, Alby, Alet et Castelnaudary, et aux diocésains de Toulouse, Narbonne et Comenge, avec M. de Portes, syndic. — M. Paul Bourrel, de Cintegabelle, député diocésain de Mirepoix, est reçu en cette qualité à prêter le serment requis, et il prend séance. — Pour faciliter la vérification des comptes du trésorier de l'extraordinaire et de ceux du commissaire des vivres, les députés des diocèses dans l'étendue desquels les dépenses ont été faites, pourront prendre part aux travaux de la commission des comptes précédemment nommée, si bon leur semble. — M. César de Montorcin, auquel le bail de la monnaie de Toulouse avait été passé, au mois d'avril 1590, pour la fabrication des pièces de 5 et de 10 sous, demande que ce bail lui soit maintenu dans les conditions qui lui ont été consenties, et moyennant l'avance d'une somme de 6,000 écus, qu'il ferait aux États, à la charge de n'en être remboursé qu'à la fin de son bail. Cette demande est rejetée, et il est statué que le bail de la monnaie sera remis aux enchères. — Nomination de la commission chargée d'aller à Toulouse pour faire annoncer, à

(1) Cette décision est rapportée par dom Vaissette. Mais la citation qu'il en fait est incomplète. On y remarque des omissions, qui atténuent sensiblement l'énergie de l'attitude prise par les États vis-à-vis du Parlement de Toulouse. Pour la rétablir, nous reproduisons le texte dans toute son exactitude.

(2) Le Languedoc était divisé en deux généralités ou bureaux des finances, qui avaient leurs siéges à Montpellier et à Toulouse. Pendant que le bureau des finances de Montpellier siégeait à Béziers, où il avait été transféré à cause des troubles continuels dont la première de ces villes était le théâtre, une généralité fut créée dans la ville de Narbonne pour le maniement et l'administration des deniers des diocèses de Narbonne et de St-Pons. La date précise de cette création ne nous est pas connue, mais il est naturel de supposer qu'elle dut avoir lieu vers l'année 1589, date des États de Lavaur, dans lesquels les diocèses qui adhéraient à la ligue jurèrent les *articles de l'union* contre les royalistes. A cette époque, les évènements politiques avaient partagé la province entre les deux partis qui se disputaient le pouvoir. Le Haut-Languedoc, formé de tous les diocèses de la généralité de Toulouse, avait embrassé le parti de la ligue. Le Bas-Languedoc, qui était composé des diocèses de la généralité de Montpellier, suivait le parti royaliste. Mais les deux diocèses de Narbonne et de St-Pons s'étant séparés de cette généralité, dont ils dépendaient, pour s'unir à la ligue, il fallut assurer le service de leurs finances. Dans un but d'économie, on aurait pu les rattacher à la généralité de Toulouse; mais l'intérêt politique prévalut et on dut pourvoir à l'organisation de ce service par la création de la généralité dont le procès-verbal des États de Castelnaudary constate l'existence à Narbonne, en 1591.

son de trompe, ainsi qu'aux prônes, la mise aux enchères de la monnaie, et pour en faire la délivrance au plus offrant. Cette commission est composée de M. le vicaire-général d'Alby, du sieur de Cauderoque, représentant du baron de St-Félix, du consul de Limoux et du syndic Vignalz. — Le fermier de la monnaie devait s'engager à fournir, à titre d'avance, une somme quelconque, 6,000 écus ou plus, pour parer aux frais de la guerre; il devait fabriquer au moins pour 3,000 marcs par mois; enfin, il devait rembourser au fermier actuel toutes ses avances. — Les commissaires chargés de procéder à l'adjudication de la ferme de l'équivalent des sénéchaussées de Toulouse et Carcassonne annoncent qu'ils ont consenti cette adjudication, pour trois années, à commencer du 1er septembre prochain, au sieur Arnaud Pellapoix, bourgeois de Toulouse, dernier enchérisseur, moyennant la somme de 48,050 écus. — Les députés de la Cité de Carcassonne demandent le remboursement des avances qu'ils ont faites, tant en vivres qu'en deniers, pour conserver ladite Cité au parti de la ligue. Vérification faite du compte de ces avances, il sera pourvu à leur remboursement. — Sur l'exposé fait par maître Antoine Boscarat, syndic et chanoine en l'église cathédrale St-Nazaire de la Cité de Carcassonne, que « lad. « Cité ayant prins le party de l'union des catholiques dud. « pays, a quoy les chanoines et gens ecclésiastiques au« roient principallement aydé, et les ennemys ne pouvant « venir a bout des entreprinses qu'ilz avoient sur lad. Cité, « auroient prins et ravy tous les fruictz et reveneuz appar« tenans aud. chappitre, prins et saisy certains molins « d'eau et plusieurs autres places leur appartenant pres « lad. Cité de Carcassonne, qu'ils détiennent et occupent « encore, a cause de quoy les chanoines et prebtres de lad. « esglise sont constituez en telle nécessité qu'ilz n'ont « moyen de vivre, » les États décident qu'il leur sera avancé, à titre de prêt, la quantité de 500 setiers de blé, mesure de Carcassonne. De plus, afin de leur donner les moyens de s'entretenir dans la Cité et d'y célébrer les divins offices, ils arrêtent que Mgr le maréchal de Joyeuse sera prié de leur attribuer, jusqu'à concurrence du montant de leurs pertes, les fruits, dîmes, revenus et émoluments appartenant aux prêtres qui suivent le parti des hérétiques. — Ayant été avertis que le sieur Corneilhe, procureur du sieur d'Albenne, opère le recouvrement des deniers de l'évêché d'Alby, contrairement aux précédentes délibérations *du pays*, les États décident qu'il sera présenté requête au Parlement de Toulouse à l'effet de lui faire interdire toute immixtion dans le recouvrement desdits deniers, et de l'obliger à rendre compte des opérations de sa recette et en verser le reliquat pour être affecté aux frais de la guerre. — La monnaie de Toulouse n'a pu être adjugée faute de concurrents. Il ne s'est présenté que le sieur Jean de Blandinières, lequel ne veut consentir à faire aucune avance, et refuse de laisser fixer le nombre de marcs qui doivent être fabriqués par mois. Ce second point est d'une extrême importance pour le pays, « afin « de pouvoir faire estat assuré (1) de la monnaie. » Il sera écrit dans ce sens aux députés envoyés à Toulouse, et, comme ils sont « en lieu et ville de conseil, » les États s'en remettent entièrement à eux et *au bureau du pays*, pour décider sur le tout. — Après avoir entendu la messe, qui a été célébrée par Monseigneur le cardinal de Joyeuse, le duc de Joyeuse et les États assistent à la procession générale faite suivant *l'ancienne et louable coutume*, et ensuite au sermon qui est prêché par le père provincial de la Mercy. — M. Vedelly, recteur et délégué de l'université de Toulouse, expose les avantages que les États ont retirés de cette université, « laquelle, avec une « grandissime curiosité, le pays a de tout temps voulleu « conserver. » Cependant, par suite de la suppression des deux deniers par quintal qui étaient prélevés sur les greniers de la province, dont la plus grande partie se trouve dans les lieux occupés par M. de Montmorency, les docteurs et régents de cette université ne reçoivent plus leurs pensions, et se trouvent ainsi contraints « d'intermettre » leurs leçons ordinaires. Attendu que les deux deniers par quintal n'ont pas cessé d'être recouvrés dans les greniers à sel de Narbonne, de Peyriac et de Séjan, et que le produit de cette crue a été versé à la caisse du receveur du pays, les États décident qu'il sera compté au syndic de l'université de Toulouse, par ce receveur, une somme de 400 écus, « pour donner moyen ausd. docteurs de soy bien employer « en leurs charges. » — La levée des 12,000 setiers de blé dont le *département* a été fait, en l'année 1590, entre les diocèses unis, pour l'entretien de l'armée de Mgr le duc de Joyeuse, sera continuée en vertu des commissions précédemment délivrées, et son produit sera mis dans les magasins qui ont été désignés, le tout sous peine de contrainte à l'égard des récalcitrants. — Une gratification de 1,000 écus est accordée à M. Bertrand, second président au Parlement de Toulouse. — A compte des arrérages de gages qui sont dus à M. Caumelz, avocat du roi audit Parlement, le seul qui soit actuellement en exercice, il lui est alloué une somme de 300 écus. — Les États, avertis de la vente de 5,000 *balles de canon* que M. de Villemartin venait de faire aux capitouls de Toulouse, décident qu'il sera fait un département de charrettes pour transporter ces balles de Limoux à Villefranche, aux frais des diocèses, sous la condition que les capitouls fourniront, au prix de revient, telle quantité de ces balles dont le pays pourra

(1) Faire « estat assuré » de la monnaie, c'était en comprendre les revenus dans les prévisions relatives aux recettes du pays.

avoir besoin. — D'après les privilèges et les anciennes libertés du pays, les habitants ne peuvent être chargés d'aucune imposition nouvelle ou subside extraordinaire sans le consentement des États. Néanmoins, à la faveur des troubles qui se sont produits, plusieurs gentilhommes, capitaines ou consuls de villes, lèvent de forts impôts sur les vivres, et sur les denrées et marchandises lorsqu'elles sont voiturées devant leurs maisons, ou bien quand elles entrent dans leurs villes ou en sortent. Pour faire cesser cet abus, les États décident que l'abolition de ces impôts et péages sera poursuivie devant Mgr le maréchal de Joyeuse, à la diligence des syndics du pays. — Ils arrêtent aussi que des remontrances seront faites au Parlement de Toulouse, à l'effet de faire réprimer les exactions auxquelles se livrent plusieurs greffiers de judicature, en exigeant, pour leurs expéditions, « plusieurs sommes de « deniers oultre et par dessus l'ordre antien desd. judica- « tures. » — Dans le Languedoc, les tailles sont réelles *et l'imposition doit en être faite sur les fonds, et non sur les personnes*, suivant l'ordre anciennement observé. Cependant, certaines personnes ecclésiastiques, gentilhommes ou autres, sans tenir compte de la grande nécessité dans laquelle se trouve le pays, refusent de payer les charges qui sont imposées sur leurs biens ruraux, sujets à la contribution de toute ancienneté. Pour le maintien de cet ordre, les États statuent que toutes impositions, tant ordinaires qu'extraordinaires, qui seront faites dans le pays sur les biens ruraux, auront lieu au sol la livre, à la manière accoutumée, et que les propriétaires de ces biens, qu'ils soient ecclésiastiques, gentilhommes, officiers du roi, ou d'autres conditions, seront contraints au paiement de leurs taxes par toutes voies et comme pour les propres deniers du roi, nonobstant tous privilèges ou exemptions contraires, dont la révocation sera poursuivie devant M. le duc du Maine. — Les habitants du pays ne peuvent être distraits de leurs juges naturels, qui sont les sénéchaux et juges royaux de la province, et, en dernier appel, le Parlement de Toulouse, qui peut juger des causes et crimes de son ressort plus sainement et aux moindres frais. En conséquence, M. le duc du Maine sera supplié de n'admettre ni accorder aucune évocation d'instance, même en matière criminelle. — M. le duc de Joyeuse vient aux États, et il leur expose que « saichant lad. assemblée n'avoir autre « but ne chose en plus grande recommandation que le « bien et conservation du pais a la religion catholique, « suyvant les bonnes et sainctes résolutions qu'elle a si « devant prinses, il a bien voulleu advertir ceste assem- « blée que, suyvant l'instante priere et réquisition a luy « faicte par les Estatz teneus l'année derniere passée, a « Lavaur, et voyant les ennemys se fortifier de jour a « autre en ceste province, par le moyen d'ung grand nom- « bre des catholiques qui, oubliant leur religion soubz de « prétextes vains, auroient prins leur party et renoncé au « serment par eulx si devant faict, il auroit imploré l'ayde « et le secours du roy d'Espaigne, prince catholique, telle- « ment que ceste entreprinse auroit si hureuzement succédé « que au mois de juillet dernier, Sa Majesté Catholique, « pour le soustien et deffence des vrays et bons catholi- « ques de ceste province, auroit envoyé de belles forces « avec lesquelles il auroit reprins plusieurs places aud. « pays, mesmes ez envyrons de Narbonne, occuppées par « les ennemys, et empêché leurs desseings, et que plus est « Sad. Majesté, encore de renfort, auroit envoyé pour le « secours dud. pais plusieurs autres forces, tant de cheval « que de pied, estans a la plaine de Roussilhon, bien pro- « che d'entrer en ce pais. Et d'aultant qu'il a esté adverty « que quelques personnes mal affectionnées a la religion « catholique détractent et entrent en des ombrages dud. « secours estranger, quoyqu'il ne tende que a la conser- « vation du pais, et a l'extrippation des hérétiques et leurs « fauteurs, » le duc requiert l'assemblée d'aviser et de délibérer si le secours offert par le roi d'Espagne doit être accepté ou non. Dans ce dernier cas, et si le pays peut se soutenir par ses propres forces, les troupes étrangères se retireront sans aucune difficulté. Au contraire, si l'assemblée reconnaît que ce secours est utile, elle devra pourvoir à l'entretien de ces forces, en même temps qu'à celui des gens de guerre français, à l'attelage de l'artillerie, aux munitions, etc. Enfin, pour assurer le contrôle des dépenses de l'armée, délibérer sur leur utilité, etc., et pour juger de ses intentions, le duc prie les États de lui adjoindre un conseil composé de telles personnes qu'ils aviseront, « pour « avoir l'intendance, voir l'utillité de lad. despence et « prouvoir aux nécessités qui pourront survenir en lad. « armée, s'en remettant du tout a ce que par lad. assem- « blée sera advisé. » Les États *remercient* Mgr le duc de la peine qu'il se donne pour la conservation du pays, et ils approuvent le secours des troupes étrangères « comme im- « ploré pour leur ayde, bien et deffence, suyvant la déli- « bération prise aux Étatz teneuz a Lavaur. » Ils arrêtent ensuite que Sa Majesté Catholique en sera remerciée par lettre de leur part. L'évêque de Lodève et le capitoul de Toulouse sont chargés de la rédaction de cette lettre. — Pour plus grande démonstration *du zèle et de la sainte affection* des États pour la religion catholique et romaine, ils promettent unanimement de tenir et jurent de nouveau les articles de l'union jurée l'année dernière aux États de Lavaur, et ils décident que le même serment sera renouvelé tant dans les villes capitales du pays qu'en toutes assiettes particulières. — Le sieur de Baraigne s'était emparé du château de Lombez, au diocèse d'Alby, lieu très-important, dont il avait chassé le sieur de Serviès qui y commandait pour « le party du seigneur de Montmorency. » Il pouvait être recherché plus tard pour ce fait, de même que pour le mariage qu'il avait légitimement contracté avec la nièce dudit sieur de Serviés. En considération de ce qu'il a déjà prêté, avec sa femme, le serment de l'union, les États le prennent sous leur protection, et arrêtent 1° que Mgr le maréchal de Joyeuse sera supplié d'agréer et autoriser la prise du château de Lombez, avec ce qui s'en est suivi, 2° et que le syndic du pays interviendra dans les poursuites qu'il y aura lieu de faire à ce sujet devant le maréchal ou à la Cour.— M. Antoine Champart est reçu en qualité de délégué de la ville de Lautrec, au diocèse de Castres, et il prête le serment requis.— M. Rigail, capitoul de Toulouse, demande le remboursement de la somme de 3,430 écus restant due sur celle qui avait été empruntée de divers bourgeois de Toulouse, en l'année 1589, pour parer aux frais de la défense de la ville de Narbonne, alors assiégée par M. de Montmorency. Il est décidé que cette somme sera remboursée par le receveur des décimes du diocèse de Toulouse, ou par le receveur général des décimes de la province de Toulouse, sur les deniers de leurs recettes du quartier d'octobre dernièrement échu.— Quoique, en matière de département des décimes, le principe que *les membres suivent le chef* ait été de toute ancienneté observé, cependant le trésorier de l'extraordinaire de la guerre, établi en Guyenne, a contraint le receveur des décimes du diocèse de Toulouse au paiement des décimes de certains ecclésiastiques qui ont leurs bénéfices en Guyenne, mais dans les dépendances de l'archevêché de Toulouse. Ce même trésorier a obligé les receveurs particuliers des droits forains à lui remettre les derniers de leurs recettes, qui avaient jusque-là et de toute ancienneté été versés à la recette générale de Toulouse. Pour remédier au préjudice que ces deux faits peuvent occasionner aux affaires du pays, il est décidé que le recouvrement des sommes indûment exigées par le trésorier de l'extraordinaire de Guyenne sera poursuivi à la diligence du syndic général, et que les deniers des décimes seront à l'avenir exclusivement affectés aux frais de la guerre, suivant l'intention des États. En outre, Mgr le maréchal sera supplié de faire défenses à tous receveurs généraux ou particuliers de faire dorénavant emploi de leurs fonds autrement que sur ses ordonnances, sous peine d'en répondre en leur privé nom. — Allocation de 3,387 écus pour le paiement de certaine quantité de poudre fournie par la ville de Toulouse. — Approbation du bail à ferme de la monnaie de Toulouse, passé le 21 février, devant Me du Jarryé, notaire, au sieur Étienne Faure de la Roque, marchand à Toulouse. — Allocation, sur le commissaire des vivres, de 12,000 pains et d'une certaine quantité de vin dont la fourniture avait été faite par les consuls de Castelnaudary au régiment du sieur de Rouyre, qui avait séjourné dans cette ville « a cause du siége de Montastruc. » — Pour éviter les abus que commettent les capitaines des *garnisons ordonnées*, il est décidé que les états de paiement de ces garnisons devront être signés et certifiés par les juges et par les consuls et magistrats des villes de ces garnisons. — Par plusieurs délibérations des États, il a été arrêté que les fruits, droits et revenus appartenant aux hérétiques, ou à leurs fauteurs, seront employés aux frais de la guerre. Cependant, plusieurs gentilhommes, de leur autorité privée, et sans avoir reçu aucune provision particulière de « Messeigneurs les mareschal et duc de Joyeuse, » s'approprient ces fruits, sans même payer les charges imposées sur les biens dont ils proviennent. Leurs détenteurs seront contraints d'en rendre compte, à la diligence du syndic général, et le produit en sera employé, suivant l'intention des États, aux frais de la guerre.— Mode à suivre pour le fermage des biens des hérétiques. Ces fermages se feront aux risques et périls des fermiers, lesquels, après la passation de l'acte de fermage, ne pourront former aucune demande en rabais ou décharge. Les deniers provenant de ces fermages seront versés directement à la caisse du trésorier de l'extraordinaire sans entrer, comme auparavant, dans celle du domaine. — Le paiement des garnisons sera contrôlé par les magistrats et les consuls des villes où ces garnisons seront établies. — Le pays se trouvant déjà chargé de dettes considérables, par suite des dépenses des années passées, il est décidé qu'à l'avenir le trésorier de l'extraordinaire ne fera aucune avance de fonds, en sus de ce qui lui sera ordonné par les États, si ce n'est pour cause d'*éminente* nécessité et sur l'ordre qui lui en sera donné par le conseil établi auprès de Mgrs le maréchal et le duc de Joyeuse. — Mgr le maréchal devra se faire représenter les comptes des receveurs généraux de Toulouse et de Narbonne, ainsi que ceux des receveurs des greniers à sel, à l'effet de reconnaître l'emploi qui a été fait des deniers de leurs charges, et d'affecter à la défense du pays les fonds qu'ils peuvent tenir en leurs mains.— M. Antoine Sausion, commis à la recette générale des décimes, est remplacé dans son emploi pour cause de négligence. — Les demandes de délai pour le paiement des décimes, fondées sur la non jouissance, seront jugées à l'avenir par les bureaux des finances établis à Toulouse et à Narbonne, assistés du syndic du pays, aux mains duquel les députés des diocèses remettront un état au vrai des lieux occupés par les ennemis, afin que, sur le vu de cet état, les trésoriers de France et lesdits bureaux « puissent plus solidement juger lesd. non jouissances, estant raisonnable « que, puisque le peuple apporte tout ce qu'il peut pour le « soustien d'une si juste cause, les sieurs du clergé y facent aussy leur debvoir. » — Les particuliers ne pourront être l'objet d'aucune contrainte pour les dettes de leurs diocèses, ni pour le droit d'équivalent. — Les États nomment pour composer le conseil chargé de l'administration des finances et de la guerre auprès du maréchal et du duc de Joyeuse, Mgr l'évêque de Lodève, qui a déjà eu l'intendance de ces affaires pendant deux années, l'un des conseillers du Parlement de Toulouse, qui sera nominativement désigné par ce Parlement, un bourgeois de Toulouse et un bourgeois de Narbonne, qui seront respectivement nommés par les conseils de ces deux villes, et un diocésain de chacun des diocèses du pays, renouvelé tous les deux mois. Les attributions des membres de ce conseil sont définies dans les termes qui suivent : « lesquelz sieurs du « conseil auront l'intendence et conterrolle des finances « dud. pays, recepvront les plaintes du peuble et donrront « advis a Messeigneurs d'y pourvoir, et a tous autres affaires du pais sellon les nécessités et occurrances. » — Les consuls et habitants de la ville du Puy ayant fait connaître, par lettre écrite à Mgr le maréchal de Joyeuse, leur bonne et sainte résolution de se maintenir en la religion catholique, sous son commandement, avec les autres villes catholiques du pays, en exprimant leur regret de n'avoir pu envoyer leurs députés « en ceste assemblée, a cause du « danger des chemins, » les États décident qu'ils seront secourus, assistés et fortifiés, si la nécessité le requiert, au moyen des forces et des ressources du pays, de la même manière que les autres villes catholiques et d'après les articles de l'union jurée par les États. — Après avoir statué que les forces étrangères seront appuyées de 2,500 arquebusiers et de 200 « maistres a cheval » français, les États nomment les députés chargés de dresser l'état de la dépense de ces forces, ainsi que de l'artillerie et autres frais de l'armée. Ces députés sont MM. l'évêque de Lodève, le vicaire-général du diocèse de Narbonne, le capitoul de Toulouse, les consuls de Narbonne, d'Alby, Castelnaudary et Limoux, et M. Vignalz, syndic. — Pour remédier aux abus qui ont été commis précédemment, Monseigneur le duc de Joyeuse sera supplié de ne pas permettre que les compagnies entrent « au camp de bataille pour faire la « montre » si elles n'ont pas le nombre d'hommes fixé par les commissions, et si les capitaines ne présentent le rôle de leurs compagnies contenant les nom et surnom de leurs soldats et le lieu de leur habitation. — Dans les assiettes et départements des tailles ordinaires du Languedoc, les lieux *occupés* sont cotisés comme les lieux *accessibles* dans lesquels le recouvrement de la taille peut être opéré. Les receveurs particuliers des diocèses se retirent ensuite devers les trésoriers généraux de France des généralités de Toulouse et de Narbonne, pour obtenir la décharge des lieux occupés. Mais cette décharge n'est que temporaire et provisoire, et les receveurs doivent se retirer devers le roi pour la rendre définitive. « A cause de la misere du temps « et difficulté des chemins, » le terme de *surséance* qui a été accordé par les trésoriers généraux est arrivé sans que les receveurs particuliers aient pu régulariser leur situation. Ils se sont alors retirés devant lesdits trésoriers pour obtenir un renouvellement de la surséance. Mais ceux-ci avant de prononcer, ont ordonné que les receveurs particuliers et syndics des diocèses leur remettront « l'estat et « compte des deniers extraordinaires dont ilz ont eu des- « charge et mandement, » au préjudice des priviléges du pays, d'après lesquels les receveurs des diocèses ne peuvent ni ne doivent compter des deniers extraordinaires de leur recette ailleurs que devant les assiettes de leurs diocèses. Pour la conservation de ces priviléges et pour éviter aux diocèses les frais que leur recours au roi pourrait occasionner, « attandu les divisions qui ont a présent cours « en ce royaulme, rendant les chemins tres difficilles, » les États statuent que Mgr le maréchal de Joyeuse « sera « supplié tres humblement, de la part du pais, de prouvoir, « soubz le bon plaisir de Sa Majesté, ausd. recepveurs « particuliers sur la descharge de la portion desd. lieux « occuppez, soit sur les advis cy devant obtenus desd. tré- « soriers de France et des enquestes, attestatoires et infor- « mations qui en seront légitimement faictes, appellé le « procureur du roy, avec inhibitions et deffences ausd. « trésoriers de France de cognoistre, soubz quel prétexte « ny subject que ce soit, desd. deniers extraordinaires ny « d'autres que de ceulx qui, de toute anciennetté, ont « accoustumé entrer ez receptes générales dud. pays, suy- « vant les privilléges d'icelluy. » — Approbation du cahier des remontrances à faire à Monseigneur le duc de Mayenne. — Dans le cas où, contrairement aux articles accordés au pays par Mgr le duc de Mayenne, des personnes seraient pourvues, par importunité ou autrement, des *états* de second avocat du roi, tant au Parlement qu'au siége présidial de Toulouse, les États décident que le syndic s'opposera à leur installation, et que toutes poursuites nécessaires seront faites au nom et aux dépens du pays. — Sur la proposition des députés chargés de dresser l'état des dépenses de l'armée, les États décident qu'il sera imposé sur les diocèses présents et sur les *lieux accessibles non occupés par les ennemis*, ainsi qu'il a été fait en tous départements d'impositions depuis les derniers troubles (1), une somme de 60,000 écus pour subvenir au paiement des

(1) Cette observation ne s'applique évidemment qu'aux impositions extraordinaires, car, suivant ce qui vient d'être expliqué plus haut, les tailles continuaient d'être départies de manière à comprendre toutes les localités, sans distinction de celles qui pouvaient être occupées par leurs ennemis. On comprend, en effet, que pour avoir des recettes certaines, les États ne pouvaient compter que sur les villes et lieux libres qui suivaient le parti de la ligue.

garnisons nécessaires et aux frais de l'armée. Cette imposition est votée « encore que la misere et paouvretté du pais « soit grande, et qu'il se treuve chargé de grandz debtes. » Elle aura lieu « au sould la livre et esgallité gardée, » sur les ordonnances qui seront expédiées par Mgr le maréchal de Joyeuse, et sera payable à la caisse du trésorier de l'extraordinaire, en trois termes égaux, dans les premiers jours des mois d'avril, juillet et octobre prochains. — Afin que l'allocation qui vient d'être accordée pour le service de la guerre soit employée « avec la plus grande « mesnagerie que faire se pourra au soullagement du « peuble, » il est arrêté que des articles seront rédigés par Mgr l'évêque de Lodève, M. de Villemartin, vicaire-général du diocèse de Narbonne, les capitouls de Toulouse, les consuls de Narbonne et les députés des diocèses de Toulouse et d'Alby, pour régler la police des gens de guerre et la distribution des deniers alloués.— Une somme de 700 écus, provenant des deniers des gratifications et autres *menues parties* (menus crédits), n'a pu être payée par M. Bertrand de Rech, dernier trésorier de la bourse du pays, aux consuls de Limoux et autres villes auxquels elle reste due. Les États décident qu'elle sera soldée par M. Michel de Lafont, nouveau trésorier, au moyen des deniers qui proviendront des restes dus par divers diocèses sur leurs impositions des années précédentes.— En raison de la *qualité* de M. le président d'Hennequin, et en considération « du zele et affection qu'il a a la religion catho« licque, et de la peyne qu'il a prinse en sa déléguation, » les États arrêtent que l'*assignation* de 600 écus qui lui a été donnée par M. le duc du Maine, sur la recette générale de Toulouse, lui sera payée des premiers et plus clairs deniers qui proviendront du quartier d'avril de cette recette. — Sur la remontrance faite par les consuls de Berfeil, chef-lieu de la baronnie et temporalité de Mgr le cardinal de Joyeuse, archevêque de Toulouse, contenant que la réunion de cette temporalité au corps du diocèse de Toulouse a eu lieu en l'année 1548, et que, depuis cette époque, ils ont eu entrée, séance et opinion aux assiettes dudit diocèse, ce qui a été confirmé par plusieurs délibérations diocésaines et par provision expresse du roi portant confirmation de ces délibérations, les États, ouï M. Jean de Rahou, avocat, député du diocèse de Toulouse, statuent que les consuls de Berfeil, « qui est la principalle et cap« pitalle ville de lad. temporallité, » auront séance et voix délibérative aux assiettes du diocèse de Toulouse, comme les autres *villes maîtresses et capitales*, et y jouiront des mêmes prérogatives. — Vérification et clôture du compte des recettes et dépenses faites par M. Salvy de Lafont, trésorier de l'extraordinaire de la guerre, pour l'année dernière 1590. Ce compte solde par un excédant de dépenses de 31,000 écus. « Attendeu l'occupation de la ville de « Montpellier, ou estoient les archifs du pays, » le compte de M. de Lafont avec les acquits et pièces justificatives qui en font partie, ainsi que les comptes des autres comptables, « seront remis dans ung coffre servant d'archifz « dans les sacresties des esglises Saint Estienne ou Saint « Sernin de Toulouse, dont le syndic dud. pays tiendra « une clef et le greffier une autre, pour y avoir recours « quant besoing sera. » — Sursis accordé au receveur du diocèse de Lavaur, pour le recouvrement d'un reste de 300 écus provenant de l'occupation de Roquevidal et autres localités de ce diocèse, qui s'est produite depuis les derniers États. — Approbation des articles préparés par les commissaires des États pour la police des gens de guerre. — Allocation de 15,000 écus pour le paiement des gages des membres du Parlement de Toulouse, à prendre, 1° 12,000 écus sur les deniers de la recette générale de Toulouse, 2° et 3,000 écus sur les deniers de la crue de 5 sous par quintal de sel, « de tout temps affectée pour leur paiement. » — Sur les remontrances faites par M. César de Montorcin, relatives aux services qu'il avait rendus au pays « en s'em« ployant a la fabricque des pieces de cinq et dix solz « a la monnoye de Toulouse, » les États décident que s'il venait à être vexé ou molesté pour raison de ses services, le syndic du pays prendra sa cause et fera toutes les poursuites et diligences nécessaires au nom et aux dépens des États. — Commandement à faire à M. Antoine Sausion, receveur général des décimes, pour le contraindre à donner quittance des sommes que les receveurs particuliers des décimes, en vertu des ordonnances de Mgrs le maréchal et le duc de Joyeuse, ont versées à la caisse du receveur de l'extraordinaire de la guerre. — Suivant une résolution précédente des États, il est arrêté que Mgr le maréchal de Joyeuse sera supplié de commettre à la recette générale des décimes telle personne qui lui sera indiquée par *le bureau des États* établi à Toulouse.— M. de Ciron, vicaire-général du diocèse, avait demandé que les fruits de l'évêché d'Alby, qui avaient été appliqués à l'extraordinaire de la guerre, comme provenant d'un office vacant régi par économat, fussent attribués à messire Alphonse d'Albenno, récemment pourvu de cet évêché, et qui en avait pris possession au mois de novembre 1589. Il exposait que Mgr d'Albenne avait été sacré en la ville de Lyon; qu'il avait été reconnu par le clergé de son diocèse et avait même passé les baux d'affermage des fruits de son bénéfice, en l'année 1590, sans difficulté ni empêchement, et qu'étant canoniquement pourvu de son titre, il devait avoir la jouissance entière des revenus qui en dépendent, et ne pouvait y éprouver aucun trouble « estant certain que ceulx quy troublent ou « donnent empeschement aulx ecclésiastiques sont excom« muniés par les saintes constitutions. » Il ajoutait que Mgr d'Albenne avait une bulle expresse du pape; qu'il était très-bon catholique, prêt à jurer l'union des catholiques ; qu'il n'avait jamais adhéré aux hérésies, et qu'il faisait sa résidence depuis quinze ans en Savoie, où il exerçait l'office de conseiller au Parlement de Chambéry « pour S. A., quy « en a donné de tres bons et suffisans tesmoignages. » Enfin, il déclarait que « quant bien seroict que M. le che- « valier, son frere, auroict favory le party du roy de Na- « varre, il ne seroict raisonnable d'imputer la faulte dud. « chevalier aud. sieur évesque, sur lequel il n'a aucune « puissance. » Les États, se fondant sur ce que les lois du royaume n'autorisent les évêques à jouir des fruits de leurs bénéfices qu'après avoir, au préalable, prêté le serment de fidélité, ce que Mgr d'Albenne n'avait pas encore fait, décident, en conséquence des précédentes délibérations, que les fruits, revenus et émoluments de l'évêché d'Alby continueront à être affectés à l'extraordinaire de la guerre. — Allocation d'une somme de 100 écus à M. Étienne Vignalz, syndic du pays, et à M. de Roux, bourgeois de Toulouse, pour les vacations qu'ils ont employées « a l'entendement « et contrerolle de la monoye de Thoulouse. » — Ledit M. Vignalz, et M. Bernard de Lafont, bourgeois et délégué de Toulouse, sont commis au contrôle de ladite monnaie pour l'année courante.— Sur la demande de M. Guillaume Revellat, *commis et ayant charge* de M. Olivier Alary, receveur des décimes du diocèse d'Alby, chargé par les États de faire la recette des deniers de l'économat de l'évêché d'Alby, il est décidé que ledit M. Alary sera remboursé de ses avances, notamment de celles qui proviennent des dépenses des garnisons qui ont été ordonnées par M. le duc de Joyeuse pour la garde des maisons dépendant dudit évêché, au moyen des premiers deniers qui proviendront de la recette de son économat pour l'année courante. — Les États, conformément aux délibérations précédentes, statuent que tous les fruits des bénéfices régis par économat, ou qui appartiennent aux hérétiques ou à des personnes favorisant leur parti, seront affectés aux frais de la guerre. — Les quantités de blé qui ont été empruntées pour l'entretien de l'armée, de même que celles qui peuvent être dues aux procureurs de la Cité de Carcassonne, seront acquittées, après vérification par le trésorier de l'extraordinaire de la guerre. — Sur la demande de M. Raymond Servat, consul et député de la ville de Rieux, énonçant que « pour reprandre les lieux de Montaud, Daumezan et « autres occupés tant a leur dioceze que ez environs par « les ennemis, ilz auroient dressé une bonne et forte ar- « mée, soubz le bon plaisir de Mgr de Joyeuse, conduicte « par le seigneur de Montberaud, commandant aud. dio- « ceze en son absence; a quoy ilz auroient despendeu (dé- « pensé), en vivres ou en munitions et frais de deux pieces « d'artillerie, » plus de 2,000 écus, non compris 500 écus dépensés pour les douze soldats tenus en garnison, suivant l'ordonnance de Mgr le duc de Joyeuse, au moulin de Nohé, lieu important pour ce pays, les États décident que la garnison dudit moulin sera mise à la charge de ses propriétaires, et que le surplus de la dépense sera « esgalé » sur toutes les communautés du diocèse de Rieux, lors de la prochaine assiette de ce diocèse. — Il sera tenu compte au syndic du diocèse de St-Papoul, au moyen d'une réduction sur la part de l'imposition du blé qui lui sera attribuée pour l'année courante, de la quantité de 200 setiers de blé qu'il a fournis pour l'armée de Mgr le duc de Joyeuse, campée à Lasbordes.— Pour remédier aux abus qui se sont précédemment produits « a la conduite des chevalz de « l'artillerie, » les États arrêtent qu'il sera fait département sur les divers diocèses, en la manière accoutumée, de 232 chevaux, « pour servir au charroy et attellaige de lad. « artillerie, » et de 60 charrettes, dont l'intendance sera confiée à un homme de bien, et que lesdits diocèses seront tenus de fournir, d'ici au 1er avril prochain, en tel lieu qui sera ordonné par Mgr le duc de Joyeuse. S'il arrivait qu'un diocèse ne pût fournir, au temps fixé, les chevaux et charrettes dont il aura été chargé, il devra en verser le prix entre les mains du commissaire nommé, sur le pied de 25 écus par cheval et de 10 écus par charrette. — Il sera également fait sur les diocèses département d'une levée de 400 pionniers, qui seront commandés par un capitaine.— Afin de diminuer les charges excessives qui pèsent sur le peuple, à cause du nombre exagéré des officiers de finance, les États en décident la suppression, et, en attendant qu'elle soit prononcée par Mgr le duc du Maine, ils arrêtent que le quart des gages des trésoriers, des receveurs et contrôleurs généraux, ainsi que de tous autres officiers de finance, seront affectés aux frais de la guerre. — Suivant les priviléges du pays, il sera permis aux diocèses de bailler leur recette particulière à la moins-dite des enchères, nonobstant tous actes et tous titres contraires. — Il sera pourvu au remboursement de la surcharge supportée, en l'année 1588, par le diocèse de Narbonne, à cause de la diminution de l'équivalent, au moyen des deniers ordinaires à imposer, dans les prochains États, sur les localités de la généralité de Narbonne. — Afin que M. de Villemartin puisse exécuter le contrat qu'il a passé avec le pays pour la fourniture de balles de canon, Mgr le maréchal de Joyeuse sera prié de pourvoir au paiement de cette fourniture dès qu'elle sera due. — Les États, « vollant satisfere le plus « favorablement que faire se porra a l'assignation de la « somme de 600 escus de Monsieur le président Danc- « quin, » arrêtent que cette somme lui sera comptée par le trésorier de l'extraordinaire de la guerre si elle ne peut lui être payée sur les deniers de la recette générale de Toulouse.— Mgr le duc de Joyeuse sera supplié de se contenter d'un seul commissaire des vivres pour son armée, lequel ne pourra employer que douze commis au plus. — Ce commissaire des vivres sera assisté du contrôleur général des vivres, du syndic du diocèse où l'armée se trouvera et de M. de Portes, syndic du pays. — La portion assignée au diocèse de Narbonne et aux diocèses circonvoisins sur la fourniture du blé étant déjà employée, et « d'aultant « que..... maleaysément les blés a quoy les diocezes de « Thoulouse, Alby et aultres, quy sont en restes, porroient « estre transportés aud. Narbonne, » pour la nourriture de l'armée, le commissaire des vivres est autorisé à vendre la quantité de 1,000 setiers de blé provenant des reliquats de ces diocèses, sauf à en acheter une quantité égale dans la ville de Narbonne. — Afin que les membres du conseil qui sera établi auprès de Mgrs le maréchal et le duc de Joyeuse, puissent plus *commodément* remplir leur charge et pourvoir aux nécessités de l'armée, le trésorier de l'extraordinaire de la guerre sera tenu « de faire registrer au registre dud. conseil, » jour par jour, toutes les ordonnances et les mandements qui lui seront remis, et de fournir, de huit en huit jours, un état au vrai de sa recette et de sa dépense. — Nonobstant l'insistance et l'opposition du syndic du diocèse de Toulouse, qui ne pourra porter l'affaire qu'en l'assemblée des États, suivant les priviléges du pays, les États statuent que les consuls de Montgeard auront entrée, voix, séance et opinion aux assiettes du diocèse de Toulouse, aux lieu et place de la ville de Montesquieu. — Avertis du dommage éprouvé par le sieur de l'Albaresse, « qui a esté naguieres faict prisonnier par les « ennemis, » les États décident que Mgr le duc de Joyeuse sera supplié de l'employer selon son mérite. — Les deniers de l'extraordinaire et les frais du pays devant être payés nonobstant toutes occupations, il est arrêté que les deniers restant dus sur les impositions par les diocèses reliquataires « seront mis ez mains des recepveurs du pays, » et que Mgr le maréchal de Joyeuse sera supplié de permettre à ces diocèses de reprendre la portion des lieux occupés pour en faire le répartement, à la prochaine assiette diocésaine, entre les autres localités. — Approbation de la lettre de remerciements adressée au roi d'Espagne par les États. Cette lettre sera accompagnée d'une lettre du maréchal de Joyeuse, qui sera prié de faire parvenir l'une et l'autre « par la plus asseurée voye que faire se porra. » — En considération des pertes récemment éprouvées par M. Desplas, et des services qu'il a rendus au pays, les États lui allouent une somme de 200 écus. — M. Salvy de Lafont est confirmé en sa charge de trésorier de l'extraordinaire de la guerre, en considération de l'avance de 8,000 écus qu'il a offerte « pour fournir aux gens de guerre français « que Mgr le duc de Joyeuse a destinés pour aller recep- « voir le secourz estranger. » — Cancellation du bail passé avec ledit Salvy de Lafont, sous la caution de Michel de Lafont, son frère, au mois d'avril 1589, pour la recette de la somme de 200,000 écus votée par les États. — Pour le remboursement des sommes dues tant à M. Salvy de Lafont qu'aux procureurs des consuls de la Cité de Carcassonne, il sera fait imposition de 25,000 écus. Et afin que cette imposition soit moins onéreuse au peuple, les États arrêtent « qu'il sera permis aux diocezes dud. pays de prendre et « enlever, pour leur remboursement, leur part et portion « de la quantité de trante mil quintalz sel, dont a ces finz « sera faict despartement, des greniers a sel de Narbonne, « Séjan et Peyriac, sans y payer aultre droit que celluy « des propriétaires et les crues ordineres accordées pour « le payement des officiers de la justice. » Moyennant ce département, la vente du sel venant d'Espagne demeurera interdite. — Après vérification de la valeur des charrettes et du bétail d'attelage perdus à l'armée, il sera pourvu au remboursement de cette valeur par les prochains États. — A l'avenir, quelque nombre de vacations que les auditeurs des comptes puissent employer à leurs opérations, il ne leur sera alloué qu'une somme de 16 écus 40 s. en total. — Mgr l'illustrissime et révérendissime cardinal de Joyeuse, président des États, exhorte l'assemblée « a continuer le « zele et saincte affection qu'elle a tousjours eue a la con- « servation et manutention de la religion catholicque, « appostollique et roumaine, et de conserver les bonnes « villes en l'union qu'ilz ont jurée, et il leur donne sa « bénédiction suyvant l'entienne coustume. » Le lendemain, 7 mars, date de la clôture des États, tous les membres de l'assemblée se rendent en corps auprès de Mgrs le maréchal et le duc de Joyeuse, « au logis de Mgr le ma- « réchal, ou auroict esté faict l'octroy des deniers ordi- « naires, a la maniere acoustumée, qu'auroict esté la fin « desd. Estatz. »

AA. 186. — 1 pièce (papier), imprimé.

1655 (4 mars). — Délibération des États de la province assemblés en la ville de Montpellier, prise pour remédier aux abus qui pouvaient s'être glissés, au préjudice des règlements, dans l'entrée aux États des personnes des trois ordres, et principalement pour rétablir à cet égard l'ancienne coutume. Cette délibération, qui est dressée en forme de règlement, porte : — que les règlements faits en l'année 1636 et en l'année 1649, seront observés selon leur forme et teneur; — que *nuls* grands-vicaires ne seront reçus à ce titre, à moins qu'ils ne remplissent effectivement et actuellement leur charge, dans leurs diocèses, depuis six mois au moins avant la convocation des États; qu'ils ne soient réellement prêtres ordonnés, et qu'ils n'aient le pouvoir de conférer les bénéfices; — que les représentants ou envoyés de MM. les barons doivent être gentilhommes de nom et d'armes, faisant profession de l'épée, et qu'ils doivent posséder un fief noble dans le diocèse ou au moins dans la sénéchaussée où est située la terre pour laquelle ils seront envoyés, duquel fief ils prendront la qualité dans leurs procurations. — Ils devront, en outre, être porteurs d'un certificat des sénéchaux, et non de leurs lieutenants, qui constatera qu'ils sont de ladite qualité et que le fief leur appartient. Voici les dispositions qui concernent le tiers état : — aucun officier du roi ne sera admis avant d'avoir préalablement justifié de sa démission et de la nomination de son successeur six mois avant la réunion des États; — les consuls qui seront en charge lors de l'arrivée, dans leur ville, de la lettre de convocation des États, assisteront à l'assemblée; — les syndics ou consuls qui auront le droit d'assister aux États ne pourront céder leur place sans légitime empêchement, et toute place sera occupée par celui auquel elle appartient de droit, selon la coutume des lieux, sans qu'il soit loisible d'en choisir une autre, ni de traiter du droit d'entrée.

AA. 187. — 1 pièce (papier), cop. français.

1662. — Mémoire remis à MM. Léonnard et Rouch, députés de Narbonne aux États de la province tenus à Béziers, en l'année 1662, contenant les demandes qu'ils devaient faire à ces États au nom de la ville. Ces demandes ont pour objet : — les réparations à faire par la province à l'embouchure du canal de la Robine dans l'étang, à Goule-taillade et au port de La Nouvelle. Les États avaient délégué deux de leurs membres, MM. Petit et Terrisse, pour vérifier et reconnaître les lieux. Dans l'intérêt de la navigation, les consuls de Narbonne avaient avancé devant ces délégués, 1° que le point « dudit étang appelé Goule « taliade (1), asses proche du port de La Nouvelle, quy « est un canal quy se trouve formé dans le rocher, » nécessitait un recreusement; 2° que l'embouchure du canal dans l'étang se trouvait ensablée « par ce défault « que la murailhe du cers n'est pas asses avancée dans « l'estang pour couvrir lad. embouchure dud. vent de « cers; » 3° que le port a, lui-même, besoin d'être recreusé, puisqu'il n'a que « deux pans d'eau; » 4° que ces réparations ne peuvent être à la charge de la ville, qui n'a, pour y pourvoir, que le droit de robinage produisant annuellement 1,000 écus, et qu'elles doivent incomber à la province « pour l'intérest qu'elle a que led. port de La Nou- « velle soit navigable, ce quy ne sera pas sans exemple, « ayant autresfoys, en l'année 1592, deslibéré la contri- « bution de 8,000 écus pour des mesmes réparations; » — le recouvrement des sommes qui étaient dues à la ville sur le fonds porté en l'état des gabelles du roi, pour les réparations des écluses et chaussées de Sallèles, « ou « commence le canal de la riviere d'Aude a la Robine de « Narbonne; » — l'intervention des États en faveur de la ville, pour faire cesser les oppositions que les gens d'Église et autres privilégiés élevaient contre l'exécution des lettres patentes du 21 août 1659, portant autorisation d'imposer, par forme d'octroi, sur le vin, les grains réduits en farine et la viande, un droit destiné à l'amortissement de ses dettes; — le refus de payer leurs tailles que faisaient les religieuses Ursulines, en s'autorisant du crédit et du pouvoir de Mgr l'archevêque, quoique les consuls n'eussent consenti à leur établissement qu'à la condition d'acquitter les tailles des maisons qu'elles acquerraient pour leur habitation, aux termes de la délibération du 14 juillet 1658.

(1) Ce passage, rapproché des expressions employées dans le texte de divers actes des archives de la ville (v. AA. 99, 1er thal., fos 1 et 379; AA. 101, 2e thal., fo 117; AA. 114, cartul. B, fo 41 vo), prouve que deux ouvrages faisant partie du cours de la Robine avaient reçu la désignation de Goule, du roman Gola, bouche. On distinguait ces deux ouvrages par les noms de Goule-d'Aude et de Goule-taillade. Le premier désignait l'embouchure même de la rivière ou du canal de la Robine, qui avait été creusée dans le grau reliant la mer à l'étang, et le second, une tranchée pratiquée ou taillée dans le roc pour redresser et améliorer le cours de la Robine, dans l'étang même et vers son extrémité, près du port de La Nouvelle.

AA. 188. — 6 pièces (papier).

1746-1754. — Lettres de MM. Satgier, maire alternatif, Carquet, avocat, aussi maire alternatif, et Lelurez, lieutenant de maire, réclamant l'envoi de la procuration dont ils devaient être nantis, suivant les usages du Languedoc, pour représenter la ville aux États de la province.

AA. 189. — 107 pièces, dont 67 (parchemin), et 40 (papier), orig. français.

1447-1788. — Lettres de Charles VII, Charles VIII, Louis XII, François Ier, la reine mère régente, François II, Charles IX, Henri III, Henri IV, Louis XIII, Louis XIV, Louis XV et Louis XVI, portant convocation des consuls de Narbonne aux États du Languedoc, avec les lettres du connétable de Montmorency, de Montbretonpeyre, des ducs de Noailles, de Verneuil et de Roquelaure, de Louis-Auguste de Bourbon, duc du Maine, et autres gouverneurs de la province, qui accompagnaient ces convocations.

Département de l'Aude.

VILLE DE NARBONNE.

INVENTAIRE DES ARCHIVES COMMUNALES ANTÉRIEURES A 1790.

NOTES DE LA SÉRIE AA.

NOTE A.

St-Pierre-des-Clars (v. page 67, 2e col.).

La seigneurie de St-Pierre-des-Clars, confisquée sur la famille de Montredon, qui en était engagiste, fut acquise comme bien national, le 20 germinal an XII, par la dame du Hallet, veuve de messire Joseph-Hyacinthe de Montredon. Dans l'acte de son adjudication, coté n° 20 au registre des aliénations domaniales de l'an IX à 1821—1, Q. 4—des Archives départementales de l'Aude, la contenance totale des terres composant la seigneurie est indiquée pour 505 arpents 99 perches 30 mètres.

En outre de ces terres, l'adjudication comprend les « ruines » du château, une bergerie avec logement pour le berger et « une plâtrerie » en pleine activité.

Les ventes domaniales faites à la suite des confiscations décrétées durant la période révolutionnaire, ne garantissent aux acquéreurs ni la consistance, ni la contenance, ni, surtout, les confronts des biens aliénés. Le domaine vendait avec précipitation ce qu'il tenait de mesures légales, mais violentes et iniques, et il le transmettait *statu quo ante*, comme s'il avait craint d'encourir une part quelconque de la responsabilité des confiscations dont il tirait profit. Cependant il fit, lors de la vente de St-Pierre-des-Clars, diverses réserves au bénéfice de la ville de Narbonne, tout en écartant certaines prétentions que celle-ci avait élevées relativement aux confronts donnés aux terres vendues dans la partie limitrophe de son territoire.

Après avoir indiqué la consistance de St-Pierre-des-Clars, alors composé de champs en culture, de terres vaines et vagues uniquement propres à la dépaissance des troupeaux, de terres récemment ouvertes et défrichées, de vignes, de garrigues, de hermes et de terres défrichables, l'acte d'adjudication du 20 germinal an XII lui donne les confronts suivants : levant, le territoire de Narbonne, chemin allant de Cap-de-Pla à la métairie de Jonquières entre deux, le *rec* de la Combe-des-Loups et les terres de la métairie d'Aussières ; midi, les terres de la métairie de Quillanet ; midi et couchant, le territoire de Bizanet ; couchant, les terres de la métairie de Ste-Croix-du-Grand-Homme ; midi et aquilon, le territoire de Montredon tel qu'il était composé avant que le territoire de St-Pierre-des-Clars y fut incorporé.

La désignation de ces confronts, d'abord consignée

dans le rapport des experts chargés de procéder sur place à l'estimation de St-Pierre-des-Clars, et ensuite adoptée par le domaine comme étendue et limites de la vente qu'il préparait, prenait de ces deux chefs une gravité redoutable pour les territoires voisins. Ceux-ci s'en émurent et ils l'examinèrent avec le soin opiniâtre que l'intérêt méconnu ou même simplement menacé sait mettre en œuvre pour sa défense. Elle leur parut erronée sur plusieurs points, principalement en ce qui touche les territoires de Narbonne, de Bizanet et de Montredon, et donna lieu, de la part des administrations municipales de ces localités, à une réclamation motivée, instruite devant le conseil de préfecture de l'Aude, qui la vida par un arrêté du 29 thermidor an X, devenu la loi définitive des parties puisqu'il ne fut frappé d'appel par aucune d'elles.

En ce qui concernait son propre intérêt, la ville de Narbonne, se fondant sur divers documents dont elle excipait et notamment sur la déclaration du vicomte Aymeric, des kalendes de décembre 1221 (v. AA. 99, 1er thal., f° 1; AA. 101, 2e thal., f° 117) et sur les carrons donnés par la Recherche Générale du diocèse dressée en 1538, prétendait que son territoire devait s'étendre, vers le couchant et au-delà du chemin de Cap-de-Pla ou de la Métairie-Haute à Jonquières indiqué comme limite de St-Pierre-des-Clars, sur des terres inféodées à divers habitants de la ville par le chapitre collégial St-Paul, en qualité de seigneur justicier et foncier de la grande garrigue ou condomine du Veyret, qui était, selon elle, traversée et non limitée par le chemin de Jonquières. En conséquence, la ville de Narbonne demandait, par une délibération du 22 germinal an IX, que toutes réserves de ses droits à l'égard des terres inféodées par le chapitre St-Paul et depuis portées aux rôles des tailles et de la contribution foncière sous les noms des *inféodataires*, fussent spécifiées, par les soins de l'administration départementale, dans l'acte d'adjudication de St-Pierre-des-Clars. Mais cette prétention qui était loin d'être exagérée, puisqu'elle n'élevait pas même la question de propriété, ne fut pas admise, et toutes les terres qu'embrassaient de ce côté les confronts donnés au domaine national de St-Pierre-des-Clars furent maintenues dans la vente.

Toutefois, sur la demande expresse de la ville, cette vente réserva au profit des habitants les droits de dépaissance et de lignerage que la déclaration du vicomte Aymeric leur avait reconnus, ainsi que les droits que la ville avait acquis, à titre onéreux, de Jean de Montredon et de Guillaume de Neveys, engagistes de la seigneurie de Montredon et de celle de St-Pierre-des-Clars, par acte du 5 février 1495 (v. AA. 103, 3e thal., f° 72 v°, ann. CLXXXIX), pour « l'établissement et le « passage de la conduite des eaux de source. »

Cette dernière réserve, qui aurait justifié à elle seule la réclamation de la ville, est formulée dans l'acte d'adjudication de St-Pierre-des-Clars sous les termes suivants : « l'adjudication ne comprendra pas les terrains, aque- « ducs, réservoirs publics et autres ouvrages de maçon- « nerie qui servent à porter les eaux des diverses « sources enclavées dans le territoire de St-Pierre-des- « Clars jusques à la ville de Narbonne. »

Jean de Montredon et Guillaume de Neveys étaient devenus engagistes de St-Pierre-des-Clars et de la seigneurie de Montredon par suite de la vente que leur en avaient consentie, au nom du roi, l'évêque d'Alby et le trésorier du domaine de la sénéchaussée de Carcassonne dans la ville de Pézenas, le jour même où ils traitaient avec les consuls de Narbonne à raison du passage des eaux des fontaines de la ville sur les terres de St-Pierre-des-Clars et de la seigneurie de Montredon, c'est-à-dire le 5 février 1495. L'engagement était commun aux deux engagistes ; mais il dut bientôt intervenir entre eux un partage, puisqu'en 1539 la seigneurie de St-Pierre-des-Clars reposait uniquement sur la tête de Marguerite de Neveys, dame de Boutonnet, seigneuresse d'Ornaizons, qui la tenait sous l'albergue annuelle de 27 liv. 10 s. t., ainsi que l'établissait un livre des hommages faits au roi pour la Vicomté de Narbonne, livre qui fesait partie des archives du château vicomtal de la Cité de Carcassonne, brûlées en brumaire an II par ordre du gouvernement révolutionnaire. Mais cet engagement de St-Pierre-des-Clars changea encore de main et la famille de Montredon en eut plus tard l'entière possession, puisque nous avons déjà vu que ce fut sur la tête d'un membre de cette famille que la seigneurie fut confisquée au profit du domaine national.

St-Pierre-des-Clars était un château fort, que les vicomtes de Narbonne paraissent avoir tout particulièrement affectionné comme l'un des principaux boulevards de leur puissance féodale.

Pendant les guerres de religion qui désolèrent le midi de la France dans la seconde moitié du XVIe siècle, la ville de Narbonne réclama et obtint « le rasement » des fortifications de St-Pierre-des-Clars, qu'elle déclarait, plus que celles de Prat-de-Cest et de Montlaurés, dangereuses non-seulement pour sa propre sécurité mais aussi pour les intérêts de la ligue, dont elle suivait ardemment le parti. Cependant le démantèlement du château, ordonné en 1575, fut loin d'être complet, car des constructions qui en composaient le système il reste encore debout une portion de la plus importante, la haute tour carrée, au sommet de laquelle se tenait « la

« bado » ou vigie chargée d'annoncer les mouvements de l'ennemi, et dont les dimensions et surtout la disposition à petits appareils, qui peuvent la faire attribuer au XIIe siècle, rappellent le style de la tour carrée du château de la Cité de Carcassonne. Il reste aussi un mur d'enceinte dans le même style, dont la disparition des créneaux qui en formaient le couronnement permet de constater sûrement le degré auquel a été poussé le démantèlement que la ville avait réclamé.

Comme on l'a vu plus haut, la seigneurie de St-Pierre-des-Clars était engagée, au nom du roi, dès l'année 1495, à Jean de Montredon et à Guillaume de Neveys. Elle avait donc été précédemment détachée de la Vicomté de Narbonne, dont elle dépendait, pour passer au domaine royal, qui l'aliénait à son tour antérieurement à la réunion de la Vicomté à la couronne, puisque cette réunion fut seulement consommée treize ans après, c'est-à-dire en 1508, par la prise de possession qu'en fit, au nom du roi, Jean de Levis, maréchal de la Foy, sénéchal de Carcassonne.

Jusqu'à quelle époque St-Pierre-des-Clars a-t-il fait partie de la Vicomté de Narbonne? En l'absence de tout document précis, ce point reste encore à établir. Ce qui est certain, c'est que les anciens vicomtes paraissaient attacher à sa possession et à sa conservation une importance particulière, ainsi qu'il faut en voir une preuve dans les stipulations du pariage qui fut conclu, en l'année 1309, par l'entremise de Gérard de Cortone, entre le roi et le vicomte Amalric II.

On sait que ce pariage ne dura que jusqu'à l'année 1322.

A cette époque, Charles le Bel, après les tentatives infructueuses faites par lui et par Philippe IV et Louis X, ses prédécesseurs, pour l'établissement du port de Leucate (La Franqui), ayant jugé inutile toute nouvelle tentative pour la construction de ce port, qui était le principal et peut-être l'unique objectif du pariage, donna au sénéchal de Carcassonne l'ordre de l'annuler, par lettres patentes du 14 juin de ladite année.

Ainsi se trouvait avorté le but poursuivi par le pariage. Mais, dans l'acte qui l'avait constitué, le vicomte avait expressément réservé le château de St-Pierre-des-Clars, que lui, un des meilleurs hommes de guerre de son temps, jugeait nécessaire au maintien de sa puissance.

A la suite et comme conséquence du pariage, une cour de justice, commune au roi et au vicomte, avait été organisée et siégait dans la ville, tandis que le vicomte, qui avait eu ses vues particulières en réservant le château de St-Pierre-des-Clars en même temps que ses justices de Jonquières, de Montredon et de sept autres lieux de la Vicomté, conservait une cour « extra Narbonam » et en établissait le siége à St-Pierre-des-Clars, dont la position fortifiée et à proximité de la ville maintenait le prestige de son autorité féodale au moment même où il en abandonnait une portion au profit de l'autorité royale.

Il faut, du reste, reconnaître que pour un siége de haut justicier le lieu était bien choisi. Le viguier forain du vicomte ou viguier de la cour « extra Narbonam » trouvait, en effet, à St-Pierre-des-Clars, tout à côté de son prétoire, les prisons où il incarcérait ses justiciables et les appareils de torture qui attendaient les condamnés, la roue, les fourches patibulaires, le costellum, etc., sinistres instruments d'une pénalité variée, sans doute en harmonie à ses divers degrés avec les idées de l'époque, mais que nos mœurs déclarent atroce et barbare, et dont les résultats, comme l'établirait facilement une statistique criminelle de ces temps, étaient nuls quant à l'influence moralisatrice que l'on se promettait de l'exhibition des tortures systématiquement lentes et cruelles qui étaient infligées aux suppliciés.

L'enceinte du château de St-Pierre-des-Clars renfermait une église fort ancienne, qu'un bref du pape Luce III, dont le pontificat dura de 1179 à 1185, avait placée sous le patronat de l'archevêché de Narbonne, qui en disposait, suivant sa volonté, pour la collation et l'institution. Ce patronat fut néanmoins contesté à l'archevêque par le vicomte de Narbonne. Mais en 1251 il lui fut définitivement attribué par la sentence que rendirent, sur les nombreux différends qui étaient survenus entre l'archevêque Pons d'Arsac et le vicomte Amalric I, leurs arbitres amiables, l'évêque de Béziers et le célèbre Gui Fulcodi, qui devint lui-même plus tard archevêque de Narbonne et enfin pape sous le nom de Clément IV.

NOTE B.

Le Lac (v. page 72, 2e col.).

Le Lac paraît avoir été, dans le principe, une villa construite par quelque personnage considérable, peut-être par un de ces gallo-romains opulents et menant grande existence, comme l'amphitryon Consentius dont parle Apollinaire, qui formaient l'élite de la partie intelligente et policée de la population de la Narbonnaise avant l'invasion de cette province par les Visigoths, ou même par quelque prince ou chef de cette nationalité, attiré et séduit par le charme du site qui se profile, en pentes onduleuses et souples, d'un côté vers l'étang de Bages, et de l'autre vers la Berre, dont les eaux viennent se jeter dans l'étang au pied de ces mêmes pentes. Ce qu'il y a de certain, c'est que la situation du Lac sur l'unique voie stratégique du littoral en dut bientôt faire un poste important, puisque nous le trouvons mentionné, dans les anciens documents, avec la désignation de château, *castrum Laci Corbarie,* qui n'était donnée, durant les premiers siècles du moyen âge et jusqu'au XIIe siècle, qu'aux bourgs entourés de fortifications ou protégés par une sorte de citadelle, comme on ne donnait, dans le même temps, le nom de ville ou cité, *civitas,* qu'aux villes épiscopales.

D'après les historiens du Languedoc, qui, en cela, ont adopté la version des Annales d'Aniane tout en s'aidant de quelques chroniques d'une moindre notoriété, ce serait près du Lac et sur la rivière de la Berre, qui traverse son territoire dans la direction de l'ouest à l'est, que Charles Martel défit et tailla en pièces, en 737, l'armée sarrasine commandée par le général Amoroz, qu'Ocba, gouverneur d'Espagne, envoyait au secours d'Athima, gouverneur de la Septimanie, enfermé et assiégé par l'armée franque dans la ville de Narbonne, alors le seul point de cette province qui fut encore au pouvoir des Sarrasins.

Malgré l'incontestable autorité des travaux dus aux historiens du Languedoc, M. Émile Cauvet, avocat, membre de la Commission archéologique de Narbonne, vient de rectifier et en même temps compléter le récit que donnent ces historiens sur la rencontre des armées franque et sarrasine, principalement sur les points où l'action dut s'engager et ensuite s'étendre, et sur l'issue de la bataille, qui, par ses conséquences, paraissait devoir décider du sort des possessions sarrasines en deçà des Pyrénées et qui fut néanmoins, sous ce rapport, sans influence aucune, au moins immédiate. Dans une dissertation (1) remplie d'appréciations neuves et hardies et de déductions imprévues, mais toujours savantes, dont il puise le secret dans une rare et profonde érudition, M. Émile Cauvet, armé d'une étude personnelle de la topographie des lieux et des révélations tirées de découvertes récentes, éloigne un peu du château du Lac le début sinon le centre de l'action engagée entre Franks et Sarrasins pour le placer auprès de Villefalse. La bataille a pu s'étendre ensuite et se rapprocher du Lac. Il cite l'emplacement occupé par le camp sarrasin, les points principaux choisis pour la disposition des troupes, pour l'attaque et la défense, entr'autres le Pech-Mau, le plâteau de Gratias, près du Lac, où la phase décisive de la bataille se serait terminée à l'avantage de l'armée franque. En effet, on a découvert sur ce plâteau de nombreux squelettes placés à peu de profondeur dans le sol, des casques, des épées, des débris d'armures, dont quelques beaux spécimens figurent dans les collections du musée de Narbonne.

Le château du Lac fesait partie du patrimoine personnel du vicomte Aymeric II et de la vicomtesse Ermengarde, sa femme. En 1114 ils l'engagèrent à l'abbaye de Lagrasse, en la personne de l'abbé Léon, moyennant 68 livres d'argent fin au poids de Narbonne et 25 onces d'or fin et beau.

Après être rentré, par voie de rachat, entre les mains du vicomte, le Lac fut donné, par un acte du mois de juillet 1208, à Rodrigue de Narbonne par le vicomte Aymeric, son frère, fils du comte Pierre de Lara et de la vicomtesse Ermengarde. Mais il dut ensuite faire retour au vicomte, sans doute par suite du défaut de postérité de Rodrigue, puisqu'il fut compris dans le lot attribué à Amalric de Pérignan lors du partage qu'il fit de la Vicomté avec le vicomte Aymeric, son frère, pour partie de l'affectation garantissant le service de la rente annuelle de 1,000 livres que lui assurait ce partage. L'acte qui en fut passé est du 9 des kalendes d'avril (24 mars) 1271.

Le nouveau possesseur appliqua bientôt ses soins à l'amélioration de l'état social des habitants du château. Par un acte du 9 des kalendes de septembre (24 août) 1277, il leur accordait la faculté de défricher et cultiver tous les terrains qui leur paraîtraient susceptibles de produire des céréales et du vin, « damus, tradimus et « laudamus plenariam facultatem et licentiam plan« tandi et arrabandi ad panem et vinum faciendos, » sous la simple condition de ne porter aucun préjudice à autrui, c'est-à-dire aux défrichements plus anciens, et de payer au seigneur « la tasque des fruits, » droit qui était une dîme au 11e du produit et non au 10e comme la dîme ordinaire. Les habitants du Lac étaient donc, de ce chef, serfs pour toutes les terres défrichées qu'ils tenaient de leur seigneur ; mais il faut reconnaître qu'au taux de ce servage la condition de ceux qui le subissaient était certainement moins onéreuse que celle qu'acceptent, de nos jours, beaucoup d'exploitations

(1) Étude historique sur l'établissement des Espagnols dans la Septimanie, par É. Cauvet, avocat. *Bulletin de la Commission archéologique et littéraire de Narbonne,* tome 1er. — 1876-1877.

agricoles tenues sous forme d'affermage, de colonage ou de métayage.

En 1280, Amalric de Pérignan et Alcayette, sa femme, firent donation du château du Lac à Amalric, leur second fils, dans son contrat de mariage avec Ergulosse, fille du chevalier Bertrand Bocard, qui lui apportait une dot de 50,000 liv. Mais Amalric ne le conserva pas longtemps, soit que la rente qu'il représentait eût été remboursée en principal par le vicomte, soit que ce dernier l'eût réuni de nouveau à la Vicomté par une autre convention de famille.

On voit, en effet, par le pariage de 1309, conclu entre le roi et le vicomte Amalric, que celui-ci abandonnait la moitié de la justice haute, moyenne et basse, mère et mixte impère du Lac.

Ce pariage eut peu de durée puisqu'il fut annulé en 1322, à la suite des difficultés qu'avait éprouvées l'établissement du port de Leucate, but principal sinon unique du pariage. Le vicomte dut alors reprendre la portion de justice qu'il avait cédée et il rentra ainsi en possession de l'entière seigneurie du Lac, qu'il avait à sa main en 1335, comme le prouve une charte du 28 avril de la même année (v. AA. 103, 3e thal., fo 111), par laquelle le vicomte reconnait le privilége qu'avaient les habitants de Narbonne d'être exempts du droit de leude et de péage qu'il levait dans ses châteaux et seigneuries du Lac et de Villefranche-du-Pont-de-Berre (aujourd'hui Villefalse).

Le partage de la Vicomté fait en 1271 entre les deux fils du vicomte Amalric I, ayant lésé divers priviléges des habitants de Narbonne, qui se les virent bientôt contestés, dans certaines localités, sous prétexte qu'elles n'étaient pas de la Vicomté actuelle, ce qui les avait obligés de soutenir judiciairement que ces priviléges s'entendaient de tous les lieux de la Vicomté vieille, ces habitants, non moins soucieux de leurs droits que des moyens d'en assurer la défense, avaient fait de la promesse de ne plus prêter les mains à un nouveau partage la condition expresse d'un traité avec leur vicomte (v. AA. 2; AA. 99, 1er thal., fo 43, etc., ann. LXXIV), et c'est ainsi qu'après avoir été réunie à la Vicomté, comme nous venons de le dire, la seigneurie du Lac y resta incorporée jusqu'au moment de la réunion de cette Vicomté à la couronne, en 1508.

Il faut cependant faire une distinction en ce qui concerne la justice, dont le vicomte dut certainement consentir une nouvelle aliénation, car ainsi qu'on va le voir elle appartenait au roi avant l'année 1340.

Lors de la réunion de Leucate à la couronne, qui eut lieu en 1312 à la suite de l'échange de ce château appartenant à Gaubert de Durban et à Bernard et Raymond, ses frères, ménagé par l'entremise de Gérard de Cortone, avec le château de Villegly, qui avait été réuni au domaine par suite de la mort de Bertrande, fille de Blanche de Minerve, qui en était usufruitière à titre précaire, le roi dut instituer à Leucate un officier pour y exercer le commandement militaire et rendre la justice, deux fonctions que le moyen âge réunissait volontiers sur une même tête, dans les grandes comme dans les moyennes et les petites juridictions. Mais le prestige du châtelain de Leucate, dépositaire de l'autorité royale, ne pouvait rester confiné dans les murs de cette place. Le roi jugea nécessaire de le rehausser et c'est dans cette pensée qu'il agrandit la juridiction de Leucate par l'union à son ressort de plusieurs justices voisines, entre autres celle du Lac. Cette union est de l'année 1340. Rien ne fesant supposer qu'elle ait suscité aucune prétention ni opposition de la part du vicomte, il y a lieu de croire qu'après l'annulation du pariage de 1309, le roi, qui n'aurait pu conserver encore la justice du Lac que grâce à quelque réserve spéciale dont il n'existe pas de trace, dut la rattacher à son domaine par un accord particulier avec le vicomte postérieurement à l'année 1335, afin de pouvoir accroître d'autant l'autorité des châtelains de Leucate.

Après la réunion de la Vicomté à la couronne, la seigneurie du Lac fut aliénée à titre d'engagement à messire Jean de Narbonne, qui reconnaissait, peu avant 1523, la tenir à foi et hommage du roi avec les seigneuries de St-Jean-de-Berre, Albas, Castelmaure, Embres, Villefalse, Ségure, Ortous et St-Martin-de-Toques, sous le service d'un homme d'armes et de deux archers. Elle passa ensuite à Bernard de Narbonne-Lomagne, qui fesait la même reconnaissance vers l'année 1557, et de celui-ci à la famille de Montredon, qui en était engagiste en 1612; plus tard, à la famille de Rieu, dont un membre, messire Jacques de Rieu, conseiller à la cour des Aides de Montpellier, prenait en 1685 le titre de baron du Lac, et enfin à la famille de Monteils, en la personne de Balthasar-Aymar de Monteils, qui en fesait hommage au roi le 11 janvier 1731.

Nous avons dit que la désignation de château, donnée au Lac dans les premiers siècles du moyen âge, prouve que celui-ci devait être alors un centre de population de quelque importance. On verra plus loin ce qu'il était encore à une époque relativement fort récente.

Cette population se livrait surtout à l'agriculture et à la pêche. Pour l'agriculture, elle avait à supporter, comme charge de servage, la tasque qu'elle devait au seigneur, d'après l'acte de 1277 déjà mentionné et dont le bénéfice, qui ne lui avait jamais été contesté, lui fut définitivement assuré par la confirmation que lui en fit noble Balthazar de Montredon, seigneur engagiste du Lac, par un acte du 17 juillet 1612, reçu par M. Durand Bosquet, notaire de Narbonne. Pour la pêche, les habitants du Lac avaient, dans tout l'étang de Narbonne, la jouissance commune avec les pêcheurs de cette ville et la jouissance exclusive de la partie de cet étang désignée sous le nom de canal de Laute, conformément à une décision arbitrale rendue en 1252, par Bernard d'Outreville, entre lesdits habitants et les pêcheurs de Narbonne, qui l'avaient constitué juge arbitre de leurs prétentions respectives.

Comme municipalité, la population du Lac était divisée en trois rangs ou échelles, et trois consuls nommés annuellement par le conseil de la communauté et agréés par le seigneur en avaient l'administration.

Le voisinage de Séjan fut nuisible à la prospérité du Lac.

Les archevêques de Narbonne possédaient la seigneurie de Séjan. Afin d'en accroître la population et la richesse, ils avaient obtenu, grâce à l'influence inhérente à leur grande situation politique, la fixation de l'étape au lieu du Lac, quand la position topographique de cette localité semblait devoir la soustraire à une charge si lourde et si ruineuse, que l'indiscipline des hommes de guerre aggravait singulièrement. Les fréquents passages des troupes employées à la conquête du Roussillon sous Louis XIII et ensuite sous Louis XIV, leur logement en quartiers d'hiver, les escortes, les réquisitions de vivres, de chevaux, de pailles et fourrages, de véhicules, etc., eurent bientôt épuisé les ressources des habitants du Lac. Ils pouvaient, à la vérité, ainsi que cela se pratiquait alors, en faire dresser des rôles, dont le montant, vérifié et arrêté aux assiettes diocésaines, devait être ensuite réparti entre les diverses communautés du diocèse et compris dans leurs impositions afin d'en opérer le remboursement; mais la mesure était de réalisation très-lente et des années s'écoulaient avant que le remboursement poursuivi pût être régulièrement effectué; la ruine était arrivée longtemps avant la réparation. Réduits à la plus grande misère, les habitants du Lac abandonnèrent leurs habitations et la localité demeura déserte. On voit par une délibération du 2 juin 1669, prise à Séjan par les habitants du Lac, qui s'étaient réfugiés dans cette seigneurie ou à Portel et en quelques autres points du voisinage, « que leur lieu étant devenu « désert et inhabité depuis longues années à cause des « fréquents passages des gens de guerre, lors de la « guerre du Roussillon et de Catalogne, ils étaient ré« duits à se réunir à Séjan pour y traiter de leurs affai« res de la communauté. » Depuis cette époque, le Lac, loin de se relever, a perdu son existence en tant que commune distincte et son territoire se trouve compris aujourd'hui dans celui de Séjan. — Les constructions qui s'y montrent ne constituent plus, à peu près, qu'une grande propriété viticole et les exploitations qui en dépendent.

Le Lac a été le berceau et le nom féodal d'une famille considérable, qui, divisée en plusieurs branches, celles de Boutenac, de la Voulte ou la Leigne et Narbonne, et celle de Castres, a donné des familiers aux comtes de Toulouse et aux vicomtes de Narbonne, des chevaliers qui comptaient parmi les premiers du Narbonnais, des légistes, des avocats, qui ont été mêlés, durant de longues années, à l'administration de la ville de Narbonne et aux principales affaires du pays. Sans nous assujettir à conserver sa division par branches, qu'il serait d'ailleurs fort difficile sinon impossible de maintenir avec exactitude en l'absence de toutes sûres indications d'état civil, nous allons donner ici, par ordre chronologique, la liste des membres de cette famille dont nous avons trouvé la trace dans les anciens documents:

Année 1114. — Raymond du Lac et Bérenger, son frère, sont témoins dans l'acte par lequel le vicomte Aymeric et la vicomtesse Ermengarde engagent à l'abbé de Lagrasse, pour trois ans et ensuite d'année en année jusqu'au remboursement du principal, la seigneurie du Lac, « avec son château, sa tour et ses cazals, » moyennant 68 livres d'argent fin au droit poids de Narbonne et 25 onces d'or beau et fin.

1178. — Guillaume du Lac est prieur du monastère de Ste-Eugénie. L'archevêque Pons lui donne les églises de Ste-Eugénie, de Gaussan (1), de St-André-de-Roquelongue et de N.-D. des Olieux, au territoire de Montseret, avec tous leurs droits de dîmes, prémices et autres, sous la réserve du quarton et du synode. — En 1189, de concert avec frères Jean de Vitrac, Guillaume Cornel, Guillaume de St-Marcel, Martin de Matta et Arnaud Pastre, ses compagnons de religion, il se donne à l'abbaye de Fontfroide et y unit son prieuré de Ste-Eugénie avec tous ses biens.

1188. — Pierre-Arnaud du Lac assiste en qualité de juriste au plaid tenu devant la vicomtesse Ermengarde sur les différends auxquels donnaient lieu entre Raymond-Bérenger d'Ouveilhan et Dieudé Geraud, Bérenger Bonnet et Guillaume de Moujau, la propriété et les droits de pêche et de chasse de l'étang « du château bas » d'Ouveilhan. — En 1193, le comte Pierre, vicomte de Narbonne, choisit Pierre-Arnaud du Lac pour arbitre à l'effet de statuer sur le différend auquel donnait

(1) Voyez la note N, à son rang alphabétique.

lieu, entre lui et Guillaume Monédier, certaine maison léguée à celui-ci par Jean Monédier, son frère, sauf les droits « d'usage et de seigneurie » réservés au vicomte. — Dans la même année, Pierre-Arnaud du Lac est témoin de la vente faite avec l'assentiment du comte Pierre, vicomte de Narbonne, par les filles de Guillaume Rodolon, de deux portions de certaine maison située au faubourg de Villeneuve.

1[illegible]2. — Raymond du Lac et Arnaud, son frère, sont témoins de la reconnaissance consentie à l'abbé de Quarante par Calve, fille d'Adalaïs, et Roger de Pech, son mari, pour tout ce qu'ils possèdent au château d'Argeliers.

1203. — Guillaume du Lac est prieur de l'église N.-D. de Lastours d'Azille.

1222. — Raymond du Lac est chancelier de Raymond VII, duc de Narbonne, comte de Toulouse. Il figure avec ce titre dans la donation du droit de pacage sur toute l'étendue de ses terres faite par le comte Raymond à Emmanuel, prieur de St-Gilles.

1229. — Amalric-Raymond du Lac figure parmi les chevaliers du Narbonnais qui prêtent serment de fidélité et hommage au roi, avec le vicomte, les consuls et les habitants de Narbonne.

1232. — Raymond du Lac est l'un des chevaliers en présence desquels le vicomte Aymeric approuve la coutume des chevaliers de Narbonne et du Narbonnais. Raymond du Lac était marié à Saure, fille d'Udalguier de Séjan. Ils possédaient à Séjan des droits seigneuriaux dont ils firent cession à l'archevêque Pierre de Lérida, qui leur donna en échange une maison située à Narbonne sur la paroisse St-Sébastien, sous la réserve d'une albergue annuelle de deux chevaliers.

1240. — Arnaud du Lac, témoin de la reconnaissance consentie à Raymond, comte de Toulouse, par Pierre de Lautrec, pour le château de Labruguière.

1243. — Raymond du Lac, juriste, est nommé arbitre avec Vidian ou Vézian de Bages, à l'effet de vider entre l'archevêque et Ferrand-Rodrigue de Narbonne, seigneur de Montpezat, le différend auquel donnaient lieu les limites respectives de Séjan et de Montpezat, principalement à Costevezade et à l'étang de Pissevaques. — En 1244, il est témoin de la cession faite aux consuls de la Cité par le juif Abraham, fils de David de Montpellier, des droits qu'il avait, en vertu d'une concession de la vicomtesse Ermengarde, sur certain pâtu situé près de la porte Aiguière, donné aux consuls par le vicomte Aymeric en 1236. — En 1251, il est juge de la cour du vicomte. Dans la même année, il reconnaît en faveur de l'archevêque Guillaume de la Broue tenir de lui en fief, sous condition de foi et hommage et sous l'albergue annuelle de deux chevaliers, « un mas avec « sa tour et son enclos de murs, » situé à Narbonne sur le chemin allant à l'église de St-Félix. — En 1253, il assiste en qualité de légiste à l'interprétation de « la leude « de la mer, » faite à Montpellier en présence d'Arnaud de Cantobre, lieutenant de Guillaume de Roquefeuil, qui commandait dans cette ville pour le roi d'Aragon. — Durant la même année, il est pris pour arbitre du différend auquel donnait lieu, entre le vicomte Almaric et les consuls de Narbonne, la faculté que ceux-ci revendiquaient, comme l'une de leurs attributions, d'appeler les habitants en assemblée générale ou en parlement par leurs criours publics ou au son de la trompette. — Enfin, en 1254, il est témoin dans l'acte par lequel l'évêque de Béziers après avoir levé l'excommunication prononcée par l'archevêque de Narbonne contre le vicomte Amalric, pour raison du trouble qu'il lui donnait dans la jouissance de ses droits, impose au vicomte les réparations et satisfactions qu'il doit à l'archevêque. Il est aussi l'un des chevaliers qui jurent pour le vicomte Amalric la ligue offensive et défensive conclue entre ce vicomte et la ville de Montpellier. Les consuls de cette ville l'acceptent ensuite et le reconnaissent pour l'un des arbitres qui seront chargés de fixer la quotité des sommes à payer au vicomte par ladite ville à titre de subsides en cas de guerre.

1256. — Pierre du Lac reconnaît tenir de l'archevêque de Narbonne le fief de la Leigne. — En 1257, il est nommé consul du Bourg de Narbonne. — Marié à Guillelme de la Voulte, il reconnaît en 1273, tant pour lui que pour sa femme, tenir de l'archevêque le fief de la Leigne.

1278. — Udalguier du Lac possède une portion de la seigneurie de Roquefort avec les deux frères Amiel et Ermengaud d'Auriac. — En 1282, il est consul de la Cité de Narbonne.

1293. — Raymond du Lac, fils de Pierre du Lac et de Guillelme de la Voulte, reconnaît le fief de la Leigne au profit de Mgr l'archevêque. — Dans la même année, il fait hommage et prête serment de fidélité à l'archevêque Gilles Aycelin pour la bastide « de la Voulte, qu'il « tient de lui au bout de l'île de la Leigne, au lieu dit « la Gule-d'Aude ou Roubine, » et pour la moitié du Pech de Conilhac.

1303. — Le damoiseau Pierre du Lac, fils de Raymond du Lac, fait son hommage au vicomte de Narbonne pour la seigneurie de Boutenac. Il fut père d'Arnaud du Lac, seigneur « du setier de Narbonne » et de Boutenac, duquel il sera parlé plus loin.

1315. — Pierre du Lac, damoiseau, est élu consul de de la Cité. — Deux années après, en 1317, il reconnaît tenir de l'archevêque Bernard de Fargis sa bastide de la Voulte, située près de la rivière d'Aude, à la Leigne. Il habitait sur la paroisse St-Sébastien à Narbonne. En 1327, il baille à nouveau fief sa tenance de la Leigne, relevant de l'archevêque, à Bérenger Estève, tisserand de Narbonne, sous la réserve de la tasque des fruits, c'est-à-dire de la dîme au 11e de la récolte.

1327. — Noble Alguier du Lac est seigneur de Roquefort. Il soutient à ce titre, contre le damoiseau Hugues du Plan, une procédure devant la temporalité de l'archevêché de Narbonne.

1332. — Pierre du Lac est élu consul de la Cité. En cette qualité, il s'engage envers le roi, avec ses collègues, pour le paiement du subside de 5,411 liv. assigné a la charge de la ville sur les 150,000 livres tournois offertes par la province pour l'extinction de la gabelle des draps. En 1335, il reconnaît tenir de l'archevêque la bastide de la Bouque ou la Voulte, au territoire de la Leigne. — Durant la même année 1335, il est de nouveau élu consul de la Cité. — Il était marié à Bernarde, qu'il institua « tutrice et curatrice testamen« taire » de Pierre du Lac, son fils unique, laquelle reconnaissait, en 1343, que ce dernier, encore mineur, tenait en fief noble de l'archevêque Gasbert du Val sa bastide de la Voulte, la moitié du Pech de Conilhac, et sa maison d'habitation située à Narbonne sur la paroisse St-Sébastien.

1348. — Pierre du Lac, devenu majeur, fait semblable reconnaissance au profit de l'archevêque Pierre de la Jugie, et lui prête comme vassal serment de fidélité et hommage.

1348. — Bérenger du Lac est élu régent du consulat de Narbonne à la place d'Arnaud Loubet, mort de la peste. — En 1350, il est élu consul. — Il reprend cette même charge en 1354. — En 1359, il est choisi par la ville de Narbonne en qualité de député particulier, chargé de se joindre à la députation nommée par les États de la province pour aller visiter le roi Jean, alors prisonnier en Angleterre. Il avait obtenu, à ce titre, un passeport personnel du roi d'Angleterre, qui le lui renouvela, pour son retour, au mois de mai 1359.

1368. — Le damoiseau Pierre du Lac est élu consul de Narbonne. — Il reprend successivement cette charge en 1372, en 1376 et en 1385. — Il était depuis longues années conseiller au premier rang de la matricule. C'est en cette qualité qu'il participait, en 1381, à la délibération étendant les pouvoirs donnés par la ville de Narbonne à Guillaume d'Albières et à Bérenger Pélissier, ses députés aux États des sénéchaussées de Toulouse, Carcassonne et Beaucaire, assemblés par le comte de Foix pour traiter de la paix avec le duc de Berry. — Durant la même année, il fesait partie du syndicat d'habitants qui s'était formé pour faire rapporter l'ordonnance de 1378, par laquelle le duc d'Anjou avait réduit de 12 à 5 le nombre des consuls de Narbonne et de 80 à 30 le nombre de ses conseillers jurés ou matriculés. A ce même titre, il figure dans la transaction du 20 février 1381 qui porte à 7 le nombre des consuls de Narbonne et à 80 le nombre des conseillers jurés de la ville.

1387. — Jean du Lac est élu consul de Narbonne.

1396. — Raymond et Arnaud du Lac, frères, qui, à raison de la bastide qu'ils tenaient de la directe de l'archevêché, entre la Leigne et Goule-d'Aude, s'étaient d'abord opposés à la transaction passée entre l'archevêque, comme seigneur temporel de Gruissan, conjointement avec les habitants de la seigneurie, d'une part, et les consuls de Narbonne, d'autre part, pour la fixation des limites et l'attribution des territoires de la Leigne et du Bruguier, s'associent ensuite à cette transaction et l'approuvent. Raymond et Arnaud du Lac étant en ce moment âgés de moins de 25 ans, se font assister dans cette approbation par leurs cousins, nobles Guillaume et Raymond de Salles.

1398. — Arnaud du Lac, fils du damoiseau Pierre du Lac qui avait fait son hommage pour la seigneurie de Boutenac en 1303, fait hommage au vicomte de Narbonne, le 25 novembre 1398, pour la même seigneurie et pour la portion qui lui appartient sur le droit de cosse des grains vendus dans la ville. — En 1403, il est nommé député de la ville de Narbonne à l'assemblée des États convoqués à Carcassonne, par le duc de Berry, pour le huitième jour après la fête de la Toussaint, et qui furent ensuite renvoyés à la fête de St-André. — En 1409, il est élu consul de Narbonne, et en 1423 il participe à la *bodulation* de la bastide de Ricumar ou de l'Official, appartenant au chapitre St-Just, sur le territoire de laquelle les consuls de Narbonne réclamaient, pour les habitants de la ville, l'exercice de certains droits de lignerage et de dépaissance, et pour les consuls le droit de banderage. Il eut pour fils et héritier Arnaud du Lac, dont il va être parlé.

1434. — Jacques du Lac est élu consul de Narbonne.

1435. — Arnaud du Lac, fils et héritier d'autre Arnaud du Lac pour la seigneurie de Boutenac, élu consul de Narbonne, est député de la ville aux États assemblés à Béziers, sur l'ordre du roi, par le comte de Foix. — Thomas du Lac, probablement son frère, y était député pour le diocèse de Narbonne. L'un et l'autre votèrent l'ambassade extraordinaire que les États envoyaient au roi pour demander la révocation des commissaires de la Réformation, moyennant l'octroi d'une somme de

25,000 moutons d'or, ambassade qui faillit amener la dislocation des États, par suite de l'opposition qu'elle souleva de la part de plusieurs diocèses qui refusaient de contribuer à la dépense sous prétexte « qu'ils avaient « été déjà réformés. » — En 1447, Arnaud du Lac passait un accord avec le comte de Foix pour raison de la justice haute, moyenne et basse de Boutenac. De nouvelles difficultés ayant suivi cet accord, la même justice donna lieu entre Arnaud du Lac et le vicomte, en l'année 1457, à une transaction par laquelle ce dernier consent à ce que la justice haute, moyenne et basse de Boutenac tombe en pariage entre les deux parties. Arnaud du Lac eut pour fils et héritier Antoine du Lac.

1449. — Arnaud du Lac, damoiseau de Narbonne, fait hommage et prête serment de fidélité à l'archevêque Jean de Harcourt pour la bastide de la Bouque, « assise « auprès de la rivière d'Aude, au bout de l'île de la « Leigne, » ainsi que pour la moitié de cette île, « jus- « qu'à l'endroit appelé Goule-d'Aude ou Robine, » et pour la moitié du pech de Conilhac.

1457. — Antoine du Lac, fils et héritier du précédent, fait le même hommage et prête le même serment de fidélité à l'archevêque.

1480. — Antoine du Lac, fils et héritier d'Arnaud du Lac, seigneur de Boutenac, fit son testament le 31 décembre 1480. Il avait épousé Catherine de Monstres de Murasson, de laquelle il eut trois fils, Arnaud, qui suit, Brun et Guillaume.

1523. — Arnaud du Lac, seigneur de Boutenac, fils et héritier du précédent, fait vente à la ville de Narbonne de la portion qui lui appartient sur le droit de cosse des grains vendus par les étrangers dans la ville de Narbonne et dans son territoire, sur le droit de poids « du pain « de flèque » et sur le droit des anguilles. — Quelque temps auparavant, il avait fait hommage au roi pour la seigneurie de Boutenac. Il fit son testament le 15 avril 1530; mais il vécut encore plusieurs années puisqu'en 1537 il fit, des commissaires chargés de la vente du domaine, l'acquisition de la moitié de la justice haute, moyenne et basse de Boutenac, advenue au roi, comme conséquence du pariage dont il a été parlé plus haut, par l'union de la Vicomté de Narbonne à la couronne de France. Il avait pour fils et héritier Jacques du Lac, qui suit.

1546. — Jacques du Lac, seigneur de Boutenac, après avoir fait hommage au roi pour la seigneurie de Boutenac, en toute juridiction, pour la moitié du château de Caragulhes, avec moyenne et basse juridiction, qu'il tenait sous l'hommage de l'abbé de Lagrasse, et pour un fief à Ouveilhan, épousait le 20 octobre 1546 Béatrix de Montela. Le 14 août 1557, il acquit du seigneur de Montmaur, héritier de Marguerite d'Aymeric, dame de Boutonnet et d'Ornaizons, tous les droits que cette dernière avait à Boutenac. A la suite de cette acquisition, il eut à sa main l'entière seigneurie de Boutenac, dans laquelle il fut déclaré en pleine possession par un arrêt du Parlement de Toulouse de l'année 1575. De Béatrix de Montela, sa femme, il eut Bertrand du Lac, qui suit.

1577. — Bertrand du Lac, seigneur de Boutenac, fils et héritier du précédent, acquiert en 1605, du monastère de Fontfroide, la terre de Prat-de-Bosc, avec sa justice haute, moyenne et basse, moyennant l'entrée de 3,000 liv. tourn., sous la condition de la tenir noble, à foi et hommage, avec droits de lods et ventes, et sous l'albergue « d'un grand missel à l'usage de l'ordre, couvert « de basane rouge, à chaque mutation par suite de « vente. » Le 19 mai 1577, il avait épousé Marguerite de Saix, de laquelle il eut François, qui suit, et Louis du Lac, seigneur de Prat-de-Bosc, tige de la branche de Castres, qui eut pour enfants Pons-Pierre du Lac, marié en 1650 à Marguerite de Villeneuve, Melchior du Lac, marié en 1662 à Jeanne de Pelapoul, et Marc-Antoine du Lac, seigneur de Bellegarde. Bertrand du Lac fit son testament le 20 août 1608. Deux ans auparavant, il avait transigé avec le monastère de Fontfroide sur certain différend concernant le territoire de Tenarel, dont il lui fut cédé une moitié, l'autre moitié demeurant à la tenance du seigneur de Gasparets.

1608. — François du Lac, fils de Bertrand du Lac et de Marguerite de Saix, est seigneur de Boutenac et de Caragulhes. Il laisse deux fils, Melchior du Lac, qui suit, son héritier pour la seigneurie de Boutenac, et Louis du Lac.

1633. — Melchior du Lac, seigneur de Boutenac, épouse, le 28 septembre 1633, Marthe de Nigry, dont il a Louis-Dominique du Lac, qui eut la seigneurie de Boutenac, né le 4 août 1640 et marié le 16 octobre 1658 à Françoise de Bénévent de Salles, et Louis du Lac, seigneur de Fontlaurier, qui épousa Anne d'Aragon de Fitou, le 11 juillet 1659.

1652. — Noble Louis du Lac de Boutenac, fils de François du Lac, est élu premier consul de Narbonne. Il n'eut pas d'enfants et laissa sa seigneurie de Fontlaurier à Louis du Lac, son neveu.

NOTE C.

Leucate (v. page 76, 1re col.).

La fondation de Leucate remonte à une époque fort ancienne. Elle paraît devoir être attribuée aux Phéniciens, ou, pour employer l'expression dont se servent les historiens du Languedoc, aux Marseillais, qui lui donnèrent le nom qu'il a reçu à cause de la blancheur des rochers de son rivage, désigné comme formant une presqu'île par Festus Avienus et par Sidoine Apollinaire, qui ont relevé la côte voisine de Narbonne en indiquant les îles situées entre la mer et les étangs de cette côte. Mais les plus anciens titres qui font mention de Leucate sont bien postérieurs puisqu'ils ne datent que du XIe siècle. C'est alors que Gausbert de Leucate est désigné comme seigneur de la localité dans trois actes datés des années 1036, 1060 et 1065. Cent ans après, Ermengaud ou Hermengaud, comme on le voit écrit dans quelques documents, seigneur de Leucate, soutient, au mois de décembre 1152, un plaid devant la vicomtesse Ermengarde, assistée de Guiraud de Laredorte, de Guiraud de Narbonne et de plusieurs autres seigneurs, ses vassaux, à l'occasion d'un différend qui s'était élevé entre lui et Raymond de Caunes.

Ermengaud de Leucate, était l'un des principaux seigneurs de la Vicomté de Narbonne.

Il figure comme témoin dans l'acte passé en 1153 entre la même vicomtesse et Guillaume de Durban de Montseret, qui dût reconnaître, avec ses deux fils, qu'ils tenaient en fief de sa directe le château de Montseret, détruit, « pro justicia, » par le père de la vicomtesse et ensuite reconstruit par eux sans son autorisation. Il figure encore, au même titre, dans la donation du territoire de Fontfroide faite à l'abbé Vital et à ses religieux par la vicomtesse Ermengarde, en 1157, et dans l'acte du serment réciproque de s'aider et se défendre en leurs personnes et leurs biens fait entre le vicomte Raymond Trencavel et l'archevêque Bérenger de Narbonne, en l'année 1158. Enfin, en l'année 1162, il est donné, avec Guillaume de Fitou, pour otage ou garant de la promesse de soumission et de fidélité faite par la vicomtesse Ermengarde à Raymond Bérenger, comte de Barcelone, son cousin germain, en reconnaissance des services qu'elle en avait reçus et des dépenses qu'il avait faites pour la maintenir en la possession des domaines dont elle avait hérité du vicomte Aymeric, son père. Dans la même année 1162, il est aussi indiqué comme l'un des témoins de la charte de concorde et de paix ménagée par le même Raymond Bérenger, comte de Barcelone, entre Raymond Trencavel, vicomte de Béziers, et la vicomtesse Ermengarde.

Leucate dépendait directement de la Vicomté de Narbonne et ses seigneurs particuliers en étaient simplement tenanciers ou feudataires à titre d'arrière-fief. C'est pour ce motif que le vicomte Aymeric IV en fit directement hommage à Simon de Montfort, après la conquête, en 1214, et que le vicomte Aymeric V en fit hommage au roi Philippe le Hardi, en 1271, après le partage qu'il avait fait de la Vicomté avec son frère Amalric, tige de la maison de Pérignan.

Dès le XIIIe siècle, le fief de Leucate était échu à la famille de Durban, qui comptait parmi la grande noblesse du pays. Il est probable qu'il lui fût transmis par voie d'alliance à défaut de postérité mâle d'Ermengaud de Leucate ou de son successeur. En 1258, il appartenait par indivis aux trois frères Bernard, Raymond et Gausbert ou Gasbert, coseigneurs de Durban. Il est vrai que quelques années après, en 1262, dans un acte d'énumération des pays dépendant de la sénéchaussée de Carcassonne, Gausbert de Durban est seul mentionné comme seigneur de Leucate. Mais, dans cet acte, l'indication des seigneurs est très-secondaire et après avoir indiqué l'un des seigneurs l'écrivain a pu croire qu'il était inutile de nommer les autres. Du reste leur existence est certaine, au moins pour l'un d'eux, puisque Bernard fut mis en prison par le vicomte de Narbonne, en 1289, sous l'accusation de s'être rallié à la cause des rois d'Aragon dans la campagne entreprise contre eux par le roi de France et d'avoir formé le dessein de favoriser une descente des Aragonnais sur les côtes de Leucate. Tenu aux fers, par le vicomte, malgré l'intervention du sénéchal de Carcassonne, qui le réclamait de la juridiction du roi comme impliqué de lèse-majesté, il ne fut relâché qu'en 1291, après avoir fait la paix avec le vicomte et l'avoir reconnu pour seigneur de la portion qui lui appartenait sur le château de Leucate, portion qui se composait de la moyenne justice et du domaine utile du château et de son territoire. Enfin, le même Bernard de Durban, « chevalier coseigneur de Leucate, » s'était plaint au roi, en même temps que l'archevêque de Narbonne, en l'année 1298, à raison du trouble que lui donnait le roi d'Aragon, au moyen de barques armées en guerre, dans l'exercice des droits de seigneurie et de leude qui lui appartenaient

« jusques au grau de Salses, par mer, et jusqu'à la font « de Salses, par terre, » malgré la reconnaissance formelle de ces limites faite par le juge mage de Carcassonne en présence des officiers du roi d'Aragon.

En 1309, le vicomte Amalric céda au roi Philippe le Bel la supériorité du chateau de Leucate dans l'acte du pariage qui fut ménagé par Gérard de Cortone, chanoine de Paris, en vue de la création du port de Leucate sur le point de la côte actuellement désignée sous le nom de Lafranqui. De leur côté, Bernard, Raymond et Gausbert cédèrent au roi tous les droits qu'ils avaient sur la seigneurie, en échange desquels ils reçurent, non le château d'Olonzac, ainsi que le disent, par erreur, les auteurs de l'Histoire de Languedoc, mais le château de Villegly, au diocèse de Carcassonne, qui venait d'être réuni à la couronne par suite de la mort de Bertrande, fille de Blanche de Minerve, qui en était usufruitière à titre précaire.

Au moment de son union à la couronne par l'effet du pariage, Leucate se composait de 100 feux, ce qui suppose une population considérable, parce que, outre que les étrangers et les indigents n'étaient jamais comptés au nombre des feux, pour avoir cette qualité qui donnait certains droits et priviléges locaux, alors fort appréciés, en échange de la charge des impôts dont les feux formaient la base quant à la quotité locale, le chef de famille, d'après les règlements de l'époque, devait posséder au moins 10 liv. tourn. de compoix. — Tous les habitants étaient serfs de corps et de casalage, c'est-à-dire soumis à diverses prestations servies en argent ou en nature, comme compensation de la jouissance des biens du casalage et de la protection corporelle due au serf de corps, protection qui relevait sa dignité en fesant de lui une sorte de client romain. Mais ces prestations étaient onéreuses et gênaient les mutations. Le roi les en affranchit par mesure générale, moyennant le paiement d'une somme de 300 liv. tourn.

Après sa réunion à la couronne, consommée en 1312, Leucate fut soumis à l'autorité de gouverneurs qui y commandaient au nom du roi et y rendaient la justice. Ces gouverneurs prenaient le titre de châtelains. Ils étaient directement nommés par le roi. Cependant, le 10 juin 1463, Louis XI donna à Gaston de Foix le droit de nommer pendant deux ans le gouverneur du château de Leucate, dont il lui consentait la remise pour la même durée, avec celle de quelques autres châteaux du voisinage de Carcassonne et du pays de Sault. Ce délai, à ce qu'il paraît, fut ensuite prorogé, probablement pour tout le temps que le roi devait employer à mettre le comte de Foix en la possession, qu'il lui avait promise, des comtés de Roussillon et de Cerdagne et de la vicomté de Soule, ou à lui faire compter une somme de 276,084 écus d'or s'il ne pouvait exécuter sa première promesse. Mais dès l'année 1475 cette nomination avait été rendue au roi, qui y plaçait Arnaud du Chesnay, dont le gouvernement dura plusieurs années puisqu'il était encore en possession de sa charge en 1491.

Dans le principe, la juridiction des châtelains de Leucate ne s'étendait pas au-delà des limites du territoire local. Mais l'importance de la place fit bientôt juger nécessaire d'accroître, en leur personne, un prestige que commandait leur qualité de représentants directs de l'autorité royale. Aussi est-ce dans ce but que les justices du Lac, de Villefaise, Séjan et autres localités voisines furent unies à son ressort en l'année 1340.

Par suite de la cession du Roussillon à l'Espagne, que Charles VIII consentit en 1493, Leucate acquit comme place frontière une certaine importance stratégique et fut entouré de fortifications modernes, en même temps que Narbonne, dans la mesure que comportait sa situation, par les ordres de messire de La Roche-Aymon, seigneur de Chabannes, lieutenant du duc de Bourbonnais, alors gouverneur du Languedoc.

Cette précaution ne tarda guère à être justifiée.

Dès l'année 1496, les Espagnols tentaient de s'emparer de Leucate par trahison. Après avoir déjoué cette tentative, le gouverneur sortit de la place et poursuivit l'ennemi jusqu'à Rivesaltes, mais il y aurait été fait prisonnier. Dans cette sortie, il avait sans doute rallié les troupes au nombre de 100 hommes d'armes, de 150 chevau-légers et de 700 fantassins que le gouverneur du Languedoc avait lancés sur le Roussillon afin d'inquiéter le capitaine-général de cette province, qui préparait des hostilités sur la frontière et qui s'était même déjà emparé du château de Caladroy, au diocèse d'Alet. Ces troupes avaient pris Rivesaltes et emmenaient avec elles beaucoup de bétail ; mais les Espagnols vinrent à la charge et après leur avoir repris une partie du butin les poursuivirent jusques sous les murs de Leucate, qu'ils n'osèrent pourtant dépasser.

La place fut moins heureuse en 1503. L'armée espagnole commandée par le duc d'Albe s'en empara et de là se répandit dans le pays environnant, prit Lapalme, Séjan, Roquefort, Treilles, Fraissé, Castelmaure, Villesèque et St-Jean-de-Barrou, qui furent pillés et livrés aux flammes.

Durant les guerres de la Ligue, en 1590, le château de Leucate avait pour gouverneur Bourcier de Barri, qui s'était déclaré pour Henri de Navarre et avait embrassé sa cause. Instruit du débarquement au port de La Nouvelle des troupes que le duc de Joyeuse avait demandées au roi d'Espagne, il partit aussitôt pour aller avertir le duc de Montmorency et recevoir ses ordres. Mais il fut surpris en route par les ligueurs, qui l'envoyèrent prisonnier à Narbonne, l'un de leurs principaux boulevards. Barri trouva cependant le moyen de faire connaître sa position à Françoise de Cézelli (1), sa femme, fille d'un président de la chambre des Comptes de Montpellier et qui se trouvait alors dans cette ville. Il lui mandait, en même temps, de se rendre immédiatement à Leucate et de défendre la place à outrance contre les Espagnols et les ligueurs. Une partie de l'armée de la Ligue, qui avait pris position le long de la Robine, fut battue par les troupes du roi, que commandait le duc de Montmorency. Elle se replia ensuite sur La Nouvelle, d'où après avoir rallié les Espagnols qui y avaient débarqué elle partit pour aller mettre le siége devant le château de Leucate. Mais Françoise de Cézelli, qui s'y était rendue par mer, avait relevé par sa présence le courage de la garnison. Une pique à la main, la dame de Barri se défendit avec tant de valeur et opposa une si héroïque résistance aux attaques répétées des Espagnols et des ligueurs qu'elle rendit tous leurs efforts inutiles. Les ligueurs proposèrent alors à Bourcier de Barri, qui était toujours leur prisonnier, une riche récompense s'il voulait donner l'ordre de rendre le château de Leucate, ou la mort s'il refusait. Il refusa. Ne pouvant espérer de vaincre sa résolution, les ligueurs s'adressèrent alors à sa femme, lui déclarant que son mari serait mis à mort si elle ne rendait incessamment la place. Françoise de Cézelli offrit toute sa fortune personnelle pour la rançon de son mari et refusa la capitulation demandée, rien ne pouvant être capable de lui faire violer la fidélité que l'un et l'autre devaient à la cause royale. Outrés de ce refus, les ligueurs firent étrangler, ou, suivant quelques auteurs, décapiter Barri, dont ils auraient envoyé le corps à Leucate. Ce dernier fait, qui ne serait qu'une satisfaction en même temps puérile et inhumaine, aurait besoin de preuves s'il n'était, croyons-nous, victorieusement réfuté d'avance par la tradition, qui veut que Barri fut exécuté devant le front même du château et presque sous les yeux de sa femme, qu'on espérait ainsi abattre, mais qui demeura inébranlable, et l'on montre encore dans cet endroit, marquée d'une croix de fer, la place où s'accomplit cet acte barbare qu'expliquent, mais que ne sauraient atténuer, le fanatisme de l'époque et l'acharnement avec lequel catholiques et protestants se faisaient la guerre.

(1) Les historiens du Languedoc l'appellent Constance de Cézelli, tandis que l'auteur de la Monographie du château de Leucate, publiée en 1863, que nous mentionnons plus loin, la désigne sous le prénom de Françoise, que nous continuerons de lui donner.

Comme récompense de sa conduite héroïque, la dame de Barri reçut une pension de 1,000 écus et une gratification de 100,000 liv., qu'elle affecta aux améliorations du château de Leucate, dont elle conserva le commandement jusqu'en 1615. Elle le quitta alors pour se retirer à Béziers dans un couvent où elle finit ses jours. Son fils Hercule Bourcier de Barri de St-Aunés fut nommé gouverneur à sa place.

Une nouvelle entreprise tout aussi infructueuse, mais cette fois plus grave, fut bientôt tentée contre Leucate.

En 1637, une armée espagnole forte de 16 à 18,000 hommes, divisés en trois corps commandés par Serbellon, Mortara et Ciudad-Réal, passa la frontière de Roussillon pour faire le siége de Leucate. Elle s'empara d'abord des villages de Treilles, Fitou, Lapalme et Roquefort, afin de couper toutes les communications de la place, et tenta dans le même but d'occuper Séjan, qui étant défendu par 300 hommes de la morte-paye ou des milices de Narbonne, par le régiment de St-Aunés et par une compagnie de dragons, ne put être emporté.

Pendant ce temps, Barri qui avait négligé de renforcer la garnison de Leucate en vue d'un siége que rien ne lui avait fait prévoir et qui n'avait que 80 hommes formant deux compagnies, qu'il avait d'abord postés dans le bourg de Leucate, au pied même du château, et quelques soldats et paysans qu'il avait, à la hâte, rassemblés dans le voisinage, envoyait en reconnaissance le capitaine de l'une de ces compagnies, qui rencontra bientôt l'ennemi et lui disputa les approches de la montagne de Leucate durant quatre jours. Barri les employa à faire voiturer l'eau de la fontaine du village dans la citerne construite au centre du château et à retirer du bourg les munitions et les vivres qui s'y trouvaient, avec tout ce qui pouvait servir à la défense de la place. Après quoi il fit mettre le feu au village afin que l'ennemi ne pût s'y loger.

Cependant Serbellon ayant établi son camp entre les montagnes de la côte et la plage et occupé la langue de terre qui les unit, entre Roquefort, situé du côté de la montagne, où il plaça sa gauche, et le village de Lapalme où il établit sa droite, tenta la fidélité de Barri par les plus grandes promesses; mais celui-ci les rejeta avec une telle fierté que Serbellon demeura convaincu de l'inutilité de toute nouvelle tentative de même nature. Alors, après avoir assuré les avenues de son camp et l'avoir fortifié, il le laissa à la garde d'une portion de ses troupes et gagna avec le reste la montagne de Leucate, où il employa 4,000 pionniers aux travaux préliminaires du siége et à la construction de batteries qui ouvrirent le feu contre le château le 5 septembre et le canonnèrent sans relâche les jours suivants. Il fit en outre dresser une batterie de mortiers au moyen desquels il lança plusieurs bombes, dont l'usage n'avait pas encore pénétré dans la province. Mais Barri réparait les brèches, se multipliait et répondait si vivement au feu des Espagnols qu'il paralysa longtemps leurs efforts sans réussir néanmoins à les rendre inutiles, puisque après quatorze jours d'attaque tous les ouvrages extérieurs de la place se trouvèrent ruinés, de sorte qu'il se vit obligé, pour continuer la défense, de se retirer dans l'intérieur avec les deux compagnies qui avaient défendu ces ouvrages en y fesant des prodiges de valeur.

Pendant ce temps, le duc d'Hallvin, gouverneur du Languedoc, rassemblait une armée pour voler au secours de Leucate.

Voici comment les historiens du Languedoc racontent, d'après le Mercure de France et les historiens du temps (1), les détails relatifs à l'organisation de l'armée réunie par le duc d'Hallvin et les phases de la bataille meurtrière qu'il livra aux Espagnols, « une des plus « épineuses, disent-ils, qu'il y ait jamais eu dans aucune « guerre. »

« Le duc, qui pour toutes troupes réglées n'avait sous « ses ordres que le régiment d'infanterie de Languedoc « et sa compagnie de gens-d'armes, eut recours à la no- « blesse et aux communes de la province, qu'il con- « voqua, et croyant d'abord que les Espagnols avaient « résolu de se contenter de bloquer Leucate tandis qu'ils « feraient le siége de Narbonne, il mit en garnison dans « cette dernière ville les communes (milices) des diocèses « de Narbonne et de St-Pons, qu'il assembla précipi- « tamment, comme les plus voisines, avec quatorze « compagnies du régiment de Languedoc, 30 maîtres « de sa compagnie de gens-d'armes et 1,000 habitants « de Narbonne armés (la garde bourgeoise). Il écrivit « en même temps aux cours supérieures et aux prin- « cipales villes de la province pour leur demander du « secours, se saisit de tous les deniers des recettes, à « cause de l'urgence, ce que le roi approuva, arrêta le « régiment de Castellan, qui s'assemblait dans le pays « pour aller en Italie, les recrues qu'on avait déjà « levées dans la province pour les régiments de St- « André, de Cornusson et de La Tour, et la compagnie « de chevau-légers du marquis de Ste-Croix, qui avait « son quartier en Languedoc ; fit venir de la Provence « le régiment de Vitry et la compagnie de chevau-légers « de Boissat et donna rendez-vous à toutes ces troupes « à Narbonne pour le 15 septembre. Les catholiques et « les religionnaires de la province donnèrent à l'envi, « dans cette occasion, des preuves de leur zèle pour « le service du roi et se rendirent à Narbonne le « plus promptement qu'il leur fut possible. Le cardinal « de Richelieu envoya en Languedoc Mayolas, lieutenant « de ses gardes, qui ayant joint le duc d'Hallvin à « Béziers pressa l'armement et anima les troupes par « sa présence à repousser l'ennemi.

« Cependant le duc d'Hallvin convoqua à Béziers, le « 11 septembre, les prélats, les barons, et les consuls « des villes des environs, et l'assemblée, qui fut com- « posée de l'archevêque de Narbonne, des évêques de « Carcassonne, St-Pons, Béziers, Agde et Alby, du « marquis d'Ambres, du baron de Fabrezan, des consuls « de Carcassonne, Narbonne, Béziers, Alby et Agde, « et des diocésains de Narbonne et d'Agde, conclut que « la province fournirait 50,000 écus pour le secours de « Leucate. La ville de Toulouse, outre ses communes, « mit sur pied 100 dragons, commandés par Calvet et « Catel, et fournit 100 quintaux de plomb et 100 quin- « taux de mèche, sans compter plusieurs gentilshommes « volontaires qui se rendirent auprès du duc d'Hallvin, « entr'autres de Paulo-Grandval, cornette des chevau- « légers de la compagnie du duc d'Enghien, Noblet, « Balard, gouverneur du château de Penne, Caussi- « dières, Madron, Gargas, Celery, etc. La ville de Mont- « pellier leva une compagnie de chevau-légers, com- « mandée par Sausson ; le diocèse de Nîmes en leva une « autre, sous les ordres de la Cassaigne. L'évêque de « Montpellier arma 400 hommes à ses dépens, celui de « Béziers 200 ; et plusieurs seigneurs s'étant offerts de « lever des compagnies de gens de pied, on leur délivra « des commissions. Le marquis de Mirepoix, les comtes « d'Aubijoux et de Crussol, et les barons de Léran, de « Mauléon, de Magalas, de Bérat, de Cauvisson et de « Spondeilhan se chargèrent de lever des compagnies « de cavalerie. L'évêque d'Alby arriva à Béziers, le « 18 septembre, avec 50 gentilshommes de ses amis et

(1) M. Paulhac, avocat au Parlement de Toulouse, qui prit part à la bataille de Leucate avec les milices de la province, en fit une relation qui fut d'abord publiée dans le Mercure de France et eut ensuite deux éditions, l'une in-4° et l'autre in-12, chacune avec une planche représentant la bataille. Pasqual, notaire de Perpignan, auteur d'un manuscrit qui se trouve à la bibliothèque de cette ville, l'*Histoire de France* manuscrite de la bibliothèque Coislin, aujourd'hui à la Bibliothèque nationale, et la *Gazette de France* de l'époque, donnent également le récit de la bataille de Leucate. C'est de ces écrits que s'est aidé, pour la partie historique et critique de cette bataille, M. le capitaine du génie A. Ratheau, ancien élève de l'École polytechnique, dans la Monographie du château de Leucate qu'il a publiée en 1863, — Paris, — Ch. Tenera, éditeur. L'auteur, qui a eu à sa disposition, comme homme du métier, les archives du ministère de la Guerre, cite également plusieurs écrivains espagnols qui parlent de la bataille de Leucate, notamment Ascargota, Féliu de la Pena et un manuscrit catalan intitulé *Relation sincère*, qui se trouve à la bibliothèque de Madrid.

« le marquis d'Ambres se rendit le lendemain à la tête « de 150 gentilshommes (1).

« Le duc d'Hallvin n'attendit pas la jonction de toutes les troupes pour marcher au secours de Leucate. « Il détacha d'abord St-Aunés, fils du gouverneur de « cette place, pour y jeter quelques troupes; mais il « ne lui fut pas possible. Le duc pourvut cependant à « la conservation du lieu de Séjan, le plus proche du « camp des Espagnols, et il y établit en garnison un « gouverneur avec 300 hommes de la milice de Narbonne. Il envoya des courriers aux chefs de l'armée « navale du roi, qui était sur les côtes de Provence, « pour la faire avancer vers Leucate. La difficulté « d'aborder sur la côte de Languedoc fit qu'on ne tira « aucun secours de cette flotte. Henri d'Escoubleau de « Sourdis, archevêque de Bordeaux, qui la commandait, « vint lui-même en poste à Béziers, où il arriva le 10 « septembre avec quelques officiers de marine, offrir « leur service au duc, qui l'accepta. Ce général ayant « visité deux jours après le grau de La Nouvelle, « près de Narbonne, que les Espagnols avaient fait « sonder, ainsi que le canal de la rivière d'Aude, établit « pour les garder à Ste-Lucie St-Germier, sénéchal de « Castres, avec les milices de ce diocèse. Il alla le lendemain, à la tête de 50 volontaires et de sa compagnie « de gens-d'armes, reconnaître le camp des ennemis et « renforcer la garnison de Séjan. Enfin le duc ayant « fait la revue de ses troupes, le 22 septembre, dans la « plaine de Coursan, son armée se trouva forte de « 9,000 hommes de pied et de 7 à 800 chevaux. Il lui « fit passer le canal de la rivière d'Aude, sous les murs « de Narbonne, sur un pont de bateaux, et vint camper « le lendemain à Séjan, où il s'arrêta le 24 pour attendre la jonction du reste de ses troupes. Il reçut, en « effet, bientôt après, un renfort de 1,200 hommes de « pied et de 200 chevaux. Il y avait encore 6,000 hommes de pied et 500 chevaux dans la province qui « étaient en marche pour l'aller joindre, mais il ne « jugea pas à propos de les attendre. Le 25, au matin, « il rangea son armée en bataille et fit prendre les « devants à l'avant-garde et au corps de bataille, composés de 7,500 hommes de pied et de 400 chevaux « commandés par d'Argentcour, maréchal de camp, qui « attaqua la garnison du château de Roquefort et la « força à se rendre la vie sauve. Sur le soir, on avertit « par des signaux qu'on fit sur la montagne de Desferre-Caval la garnison de Leucate de l'approche du secours.

« Le 26 septembre, à 4 heures du matin, le duc « d'Hallvin partit de Séjan avec l'arrière-garde et la « noblesse volontaire et joignit les deux autres corps. « L'armée se trouva alors composée de 11,000 hommes de « pied et de 1,000 chevaux. Le duc la rangea en bataille « sur les hauteurs de Desferre-Caval, d'où elle marcha « en ordre jusqu'aux cabanes de Lapalme, où il y avait « trois compagnies de cavalerie que le duc fit charger « et qui se retirèrent dans les retranchements de la « montagne de Leucate, laissant la plaine entièrement « libre. L'armée française ayant continué sa marche « sur sa droite pour gagner le terrain qui lui était nécessaire, se tourna ensuite vers la gauche et se trouva « enfin en face des retranchements des Espagnols, dont « le duc d'Hallvin, par le plan qu'il avait formé, fit « embrasser tout le front. Il reconnut ensuite le camp « ennemi et ses avenues, après avoir fait repousser par « ses gardes quelque cavalerie espagnole qui était sortie « des retranchements pour escarmoucher. Il était accompagné des marquis d'Ambres, de Varennes et « d'Argentcour, maréchaux de camp de son armée, de « Mayolas, lieutenant des gardes du cardinal de Richelieu, du comte de Mérinville et de St-Aunés, et soutenu par une partie de sa cavalerie. Il s'avança et « reconnut de fort près l'assiette du camp des Espagnols, malgré le feu de leurs pièces de campagne et « de leur mousqueterie, qu'ils ne cessèrent de tirer « de leurs forts et de leurs retranchements. Trois volées « de canon, qui donnèrent dans l'escadron du marquis « d'Ambres, tuèrent le vicomte de Montfa et Travanet, « et blessèrent Jonquières de Narbonne.....

« Les retranchements des Espagnols sur la montagne « de Leucate avaient six pieds d'épaisseur. Ils occupaient tout le front de la montagne qui regarde la « France, depuis l'étang jusqu'au grau de Lafranqui et « étaient flanqués de demi-lunes et de redoutes. Outre

(1) Les détails consignés dans cette partie du récit que nous empruntons à l'*Histoire de Languedoc*, font à peine mention de l'archevêque de Narbonne, que son titre de président né des États, non moins que sa charge de chef au temporel du diocèse envahi, devaient pourtant mettre en première ligne dans la préparation et l'exécution des mesures propres à repousser l'invasion des Espagnols. Mais son rôle fut loin d'être aussi effacé. — Il est certain, en effet, que, dans cette grave circonstance, Mgr Claude de Rebé se multiplia. Il fut l'âme des conseils qu'il présidait, prépara les vivres et les subsistances de l'armée, pourvut à tous les approvisionnements, réchauffa le zèle des habitants, établit et présida, dans Narbonne, un conseil de guerre qui eut mission d'assurer tous les services et qui siégea en permanence. — Les délibérations du conseil municipal de cette époque reflètent trop vivement son action personnelle pour que le silence puisse la couvrir, et nous ajoutons même que si les archives de l'archevêché n'avaient pas été détruites durant la période révolutionnaire, nous y aurions certainement trouvé la preuve qu'il mit à la charge de sa cassette les frais de la levée et de l'armement des milices de la ville qui prirent part à la bataille.

« ces lignes, les Espagnols avaient extrêmement fortifié « leur camp sur la montagne et l'avaient environné « de fortins. Ils avaient de plus fait des retranchements « au bord de la mer et de l'étang partout où les bar- « ques pouvaient aborder. Ces difficultés, qui parais- « saient insurmontables, ne rebutèrent pas le duc « d'Hallvin et ses troupes, et ce général après avoir « tenu conseil de guerre aux cabanes de Lapalme, « commença par faire attaquer, le lendemain 27 sep- « tembre, la ville de Lapalme, par Dubourg, qui avait « été premier capitaine du régiment de Picardie, à la « tête du régiment des milices de Narbonne et du ré- « giment du baron de Ganges de 800 hommes. Les « Espagnols qui occupaient cette place se rendirent par « capitulation. On permit à 7 de leurs principaux offi- « ciers de se retirer avec leurs armes ordinaires et au « reste de la garnison avec leurs épées seulement et tout « leur bagage, à condition de laisser le butin qu'ils « avaient fait.

« Hallvin s'étant approché de nouveau des retran- « chements des ennemis jusqu'à la portée de la cara- « bine pour les examiner de plus près, reconnut qu'il « y avait quelques avenues plus aisées pour la cava- « lerie du côté de Lafranqui vers la mer. Il forma le « plan de son attaque sur cette connaissance et la pro- « posa le lendemain, 28 septembre, dans un conseil « composé des archevêques de Bordeaux et de Nar- « bonne, des évêques de Béziers, Agde et Alby, prélats « qui étaient venus le joindre pour prendre part avec « lui aux périls de l'expédition, des marquis d'Ambres « et de Varennes et des comtes de Bieule, d'Aubijoux, « de Clermont-Lodève, de Mérinville et de Boissat, qui « l'approuvèrent. En conséquence, on résolut d'entre- « prendre l'attaque des retranchements, le soir même, « par cinq endroits différents. St-Aunés, fils du gouver- « neur de Leucate, fut chargé, avec les milices de Nar- « bonne, de Béziers et du diocèse de Castres, la com- « pagnie des volontaires du baron de Léran et celle des « dragons de Toulouse, commandés par Calvet, trésorier « de France, d'attaquer les retranchements sur la gauche « entre la montagne et l'étang. L'attaque de cet endroit « était la plus difficile et la plus périlleuse parce qu'il « était mieux fortifié que les autres. L'attaque de la « droite des retranchements, à la gauche de l'armée, du « côté du grau de Lafranqui, fut donnée au régiment « de Languedoc, soutenu par Jonquières-Cauvisson et « le baron de Mirepoix, chacun avec un corps d'infan- « terie qu'ils avaient amené. Cette infanterie était sou- « tenue à son tour par le marquis d'Ambres à la tête « des 150 gentilshommes qui l'avaient suivi, par Las « Tronques, guidon des gens-d'armes du comte de « Cramail, à la tête de 50 maîtres de cette compagnie, « et par Spondeilhan qui avait autres 50 maîtres sous « ses ordres. La troisième attaque fut dirigée à la droite « de cette dernière et conduite par St-André à la tête de « son régiment, soutenu par les milices du diocèse de « Nîmes et de la ville de Castres, par le comte de Bieule « à la tête des gens-d'armes d'Hallvin et par le comte « de Clermont-Lodève à la tête de 60 gentilshommes. « A la droite de cette troisième attaque, le régiment de « Castellan fut commandé pour en faire une quatrième « avec un bataillon des milices de Montpellier, un autre « de celles de Carcassonne, commandé par Laroque- « Fontiés, qui étaient soutenus par le comte d'Aubijoux, « à la tête de la cornette blanche composée de 100 gen- « tilshommes, par le marquis de Mirepoix, Moussoulens, « et Mauléon, chacun avec 50 gentilshommes volontaires. « Enfin, le régiment de Vitry, commandé par Clermont, « fut chargé de la cinquième attaque à la droite de la qua- « trième et à la gauche de la première. Il était soutenu « par Vertilhac, le baron de Murviel et Valat, avec « leurs régiments, par les gardes du duc d'Hallvin, « commandés par Andouffielle, par la compagnie des « mousquetaires à cheval de Toulouse, commandée par « Catel, et par la compagnie de chevau-légers de « Boissat, du marquis de Ste-Croix, de Saussan et de « Malves. Les milices de Lodève, de Ganges et des Cé- « vennes et quelques autres furent laissées à la garde « du camp, avec Spondeilhan à la tête de 50 maîtres. « Après quoi le duc d'Hallvin fit dresser une batterie de « quatre canons sur les bords de l'étang de Leucate.

« Tout étant ainsi disposé et les troupes ayant eu soin « de se munir d'échelles et de tout ce qui était néces- « saire pour escalader et forcer les retranchements, « pour les ouvrir à la cavalerie et combler les fossés, « on convint que le coucher du soleil servirait de si- « gnal pour l'attaque. Le duc d'Hallvin suivi du comte « de Mérinville et de Villy, son gentilhomme, se mit à « la tête des enfants perdus, tandis que Varennes et « d'Argentcour, maréchaux de camp, prirent poste d'un « autre côté pour commander les autres corps. On re- « marque que le premier était réellement malade de la « fièvre, ce qui ne l'empêcha pas d'agir avec beaucoup « de vigueur. L'impatience des troupes ne leur ayant « pas permis d'attendre l'heure marquée, elles se met- « tent en mouvement et l'infanterie grimpe sur la « montagne de Leucate, malgré le feu extrêmement vif « de 18 canons braqués sur les retranchements et de « toute la mousqueterie des ennemis. Heureusement un « vent impétueux du nord, qui s'éleva au commence- « ment de l'attaque, la favorisa beaucoup parce qu'il « portait le feu et la fumée dans les yeux des Espa-

« gnols. L'infanterie étant enfin arrivée au pied de la « muraille des retranchements, les uns l'escaladent, « tandis que d'autres travaillent de toutes leurs forces « à la saper et viennent enfin à bout de les forcer. Le « premier corps qui y pénétra fut celui de la gauche, « du côté de Lafranqui, commandé par le marquis « d'Ambres. Le régiment de Languedoc, composé de « deux bataillons, qui était employé à cette attaque, s'y « comporta avec une valeur extrême et s'empara, « entr'autres, du fort royal de Lafranqui, situé à l'ex« trémité de toutes les attaques, sur la gauche. Dès « qu'il y eut une brèche suffisante, le marquis d'Am« bres grimpa avec sa cavalerie sur les bords du re« tranchement et entra le premier dans le camp des « Espagnols, avec Spondeilhan et Las Tronques, et « ayant formé aussitôt trois escadrons, il combattit « contre 400 chevaux espagnols qui venaient pour « chasser l'infanterie française des postes dont elle « s'était emparée et les défit entièrement.

« Il ne fut pas possible à St-Aunés, qui commandait « l'attaque de la droite, de forcer les retranchements de « ce côté, parce que les Espagnols, qui y avaient cons« truit un fort qu'ils appelèrent de Serbellon, du nom « de leur général, y avaient porté leurs principales « forces, et St-Aunés ayant voulu attaquer ce fort, il « fut vivement repoussé et obligé de se retirer après « avoir perdu une partie de ses troupes et avoir « reçu huit blessures. Mais les quatre autres ayant « réussi et les quatre régiments d'infanterie qui y « étaient employés ayant délogé les Espagnols de leurs « retranchements à coups de piques et d'épées, ils les « poursuivirent jusqu'à leurs bataillons et leurs esca« drons, qui marchaient pour les soutenir. D'un autre « côté, d'Argentcour, qui s'était mis à la tête des en« fants perdus, ayant franchi les retranchements, poussa « avec eux les ennemis qui se présentèrent, pour donner « aux troupes le temps de faire des ouvertures aux « retranchements et de les applanir pour faire passer « la cavalerie. La Clotte, mestre de camp du régiment « de Montpellier, ayant fait une ouverture suffisante « en rompant les retranchements, Mayolas avertit « d'Hallvin que la cavalerie pouvait passer. Dans le « même temps, 2,000 soldats de milice ayant été re« poussés par la cavalerie espagnole, se renversent sur « ce général, qui était au pied de la colline prêt à mon« ter. Après avoir tenté inutilement de rallier les « troupes, il fait monter ses gardes à cheval et les « volontaires. Le comte d'Aubijoux, à la tête de la cor« nette blanche qu'il commandait, et le marquis de « Mirepoix, qui commandait un escadron, étant entrés « des premiers, chargent la cavalerie espagnole qui se « présente, tandis que les gardes du duc, après avoir « fait leur décharge sur le reste de la cavalerie espa« gnole, se mêlent avec elle et la poursuivent, suivis de « ces deux seigneurs, jusqu'au penchant de la montagne « vers l'étang. Hallvin entre alors avec les compagnies « de Boissat et de Ste-Croix à sa gauche, suivi de quel« ques gentilshommes, en tout de 70 maîtres, charge « Tarresse qui s'était avancé vers lui avec 4 à 500 che« vaux liégeois, et le renverse entièrement, aidé par « les marquis d'Ambres, de Mirepoix et Spondeilhan, « qui marchèrent à son secours. Les régiments de St« André et de Castellan se saisissent en même temps « des retranchements dans les deux postes de leur at« taque, et après y avoir fait des ouvertures, le comte « de Bieule, qui était à la tête des gens-d'armes, avec « Montbrun et Manse, ses frères, et Sérignan, son en« seigne, entre dans le camp espagnol d'un côté, tandis « que le comte de Clermont-Lodève, Moussoulens et le « reste de la cavalerie y pénètrent d'un autre, poussent « toutes les troupes espagnoles qu'ils rencontrent et « les mettent en fuite.

« Serbellon ayant été obligé de se retirer sous le fort « de son nom, y rallie ses troupes et fait venir du bord « de l'étang 2,500 hommes du régiment du comte-duc « d'Olivarés, composé de la noblesse et de l'élite des « troupes de tout le royaume d'Espagne. Ce détache« ment attaque d'abord en ligne de bataille l'aile droite « de l'infanterie française, qui marchait en désordre. « Le duc d'Hallvin, craignant la défaite de cette infan« terie, s'avance de son côté avec les compagnies de « Boissat, Ste-Croix, Saussan, Andouffielle et quelques « volontaires, charge le détachement et le repousse « jusque vers le penchant de la montagne, du côté de « l'étang, malgré le feu redoublé de l'artillerie qui dé« fendait ce fort. Mais se voyant trop faible pour tenir « longtemps, il envoie dire à d'Argentcour de venir à « son secours avec les troupes qu'il ralliait sur la gau« che. En attendant il fait avancer quelque infanterie « pour déloger les ennemis de leur poste, d'où ils fesaient « un feu continuel sans qu'il pût l'apercevoir ni l'évi« ter à cause de l'obscurité de la nuit, la lune venant « de se coucher. Les ennemis s'étant ralliés à leur « tour, viennent de leur côté au-devant de cette infan« terie, composée de diverses compagnies des régi« ments de Languedoc et de Vitry ; on se bat avec une « égale fureur et il se fait un grand carnage de part et « d'autre. Hallvin étant revenu à la charge avec Boissat, « fait reculer de nouveau les ennemis, qui, secourus « par Philippe Marino, commandant de la cavalerie « espagnole, à la tête d'un escadron, repoussent de « nouveau les Français ; mais ce qui restait de la com-

« pagnie de Boissat, les gens-d'armes d'Hallvin et quelques volontaires ayant fait face à cet escadron, composé de 4 à 500 chevaux, tandis que le duc le prenait en flanc, ils le rompent entièrement. Le régiment du Comte-Duc fesait cependant une résistance incroyable et ayant été percé jusqu'à huit à dix fois par le duc d'Hallvin, qui combattait à la tête des escadrons de Boissat et de Ste-Croix, il se rallie toujours à la faveur du fort de Serbellon, en sorte que pendant cinq à six heures que dura le combat la victoire demeura incertaine. L'infanterie espagnole était soutenue à la gauche par le fort Serbellon, où il y avait quatre canons, et épaulée à la droite par un parc formé de chariots, environné d'une muraille de pierre sèche et flanqué de plusieurs petites redoutes garnies de mousquetaires qui ne cessaient de tirer. L'infanterie française ayant forcé le parc, mit imprudemment le feu à une quantité de poudre qui s'y trouva et qui fit périr une centaine des nôtres, ce qui n'empêcha pas le duc d'Hallvin de faire de nouveaux efforts et de rompre enfin le régiment du Comte-Duc, qui fut obligé de céder et de prendre la fuite après que le duc l'eût chargé jusqu'à huit à dix fois. Ce général voyant que la nuit devenait obscure de plus en plus, et que l'on ne pouvait plus reconnaître les écharpes blanches des Français, fit alors cesser le combat et après avoir rallié ses troupes il prit le parti de passer le reste de la nuit sous les armes sur le champ de bataille. L'archevêque de Bordeaux le joignit vers le même temps. Ce prélat avait suivi au commencement du combat le détachement commandé par St-Aunés et s'était posté ensuite aux ouvertures que nos troupes avaient faites aux autres attaques, où il rallia tous ceux qui se débandaient ou qui étaient repoussés. S'appercevant que le duc d'Hallvin avait besoin de secours, il alla sur le bord de l'étang prendre le régiment de St-Aunés et les communes de Béziers et de Castres, et étant entré dans le champ de bataille, il cria tout haut, en passant auprès du fort Serbellon, qu'il amenait 4,000 hommes de pied et 400 chevaux tout frais; ce qui fit que les Espagnols n'osèrent plus sortir de ce fort et se contentèrent d'entretenir pendant tout le reste de la nuit le feu de l'artillerie qu'ils y avaient placée.

« Le duc d'Hallvin ayant rassemblé toutes ses troupes, les tint serrées sur la pente de la montagne du côté de Lafranqui, à demi-lieue du château de Leucate, dans l'espérance de recommencer le combat au point du jour. Mais les Espagnols profitèrent de la nuit pour se retirer, ce qu'ils firent par le chemin le plus rude de la montagne et ensuite le long de l'étang vers la mer, d'où ils gagnèrent le grau, où ils s'embarquèrent, laissant leur camp, leurs morts, leurs blessés et leur bagage à la merci des Français, et seulement 200 mousquetaires dans le fort Serbellon, pour amuser l'armée française. Sur le point du jour, le duc d'Hallvin s'apperçut de la fuite des Espagnols et fut assuré de la victoire. Il ne jugea pas à propos d'attaquer le fort Serbellon, comptant qu'il ne pouvait lui échapper, et marcha droit à celui de Leucate, où Barri le reçut, et comme le canon et les bombes des Espagnols avaient ruiné la chapelle du château, ce gouverneur le conduisit à un autel qu'on avait dressé à une courtine, où on chanta le *Te Deum*.

« On compte que l'armée des Espagnols, qui avait été renforcée de 2,000 hommes d'élite tirés des garnisons de leurs villes du Roussillon et de la Catalogne, était composée de 14,000 hommes de pied et de 2,000 chevaux, tant de vieilles troupes que de nouvelles levées, tandis que l'armée française ne consistait qu'en 11,000 hommes de pied, dont le plus grand nombre était des milices fournies par les communes de la province, et 1,000 chevaux. D'ailleurs, le duc d'Hallvin avait laissé 4,000 hommes à la garde du camp ou au poste que devait attaquer St-Aunés, du côté de l'étang, avec trois compagnies de cavalerie; ainsi il n'y eut environ que 7,000 hommes de pied français et 800 chevaux, la plupart volontaires, qui combattirent contre l'armée espagnole. On trouva 1,300 Espagnols morts sur le champ de bataille, 1,000 autres se noyèrent dans l'étang. D'autres font monter leurs pertes à 4,000 hommes, tant tués que noyés; mais on ne put le savoir au juste. Le duc d'Hallvin, dans la lettre qu'il écrivit au Parlement de Toulouse pour lui faire part de sa victoire, marque que les ennemis avaient eu 2,000 hommes de tués sur la place, et le roi, dans la lettre circulaire qu'il envoya pour rendre à Dieu des actions de grâces, fait monter la perte des Espagnols à 3,500 hommes tués sur la place et à 500 noyés. Un historien étranger et contemporain rapporte la même chose, et dit de plus que les Français firent 300 prisonniers sur les Espagnols. Il y eut une douzaine d'espagnoles, armées et vêtues en soldats, qui furent tuées à l'attaque des retranchements. Les principaux officiers de l'armée d'Espagne qui périrent en cette occasion furent Tarresse, mestre de camp de la cavalerie liégeoise, Caraffa, napolitain, et Philippe Marino, qui commandait la cavalerie espagnole.

« Il y eut 1,200 français tant tués que blessés et 300 cavaliers de démontés à cette occasion, quoique le roi ne fasse monter la perte des français qu'à 400 hommes dans sa lettre circulaire, parmi lesquels il y avait plusieurs seigneurs et officiers de distinction et

« de mérite. Entre les morts, outre le vicomte de Montfa « et Travanet, dont on a déjà parlé, on compte les « marquis de Mirepoix et de Pérault, le chevalier de « Suze, commandant du régiment de Languedoc, An- « nibal, fils naturel du feu connétable de Montmorency, « les barons de Trébieu, La Prune, Miraval, Pezens et « Alzau, Sueilles, Mazières, d'Autry, écuyer de l'évêque « d'Alby, Roumens, d'Aubays, Jaunet, le jeune Dalon, « Rousson, Marsilhac, lieutenant-colonel de St-Aunés, « Loustalnau, major du régiment de Castellan, etc. Le « marquis d'Ambres, le comte de Clermont-Lodève, « Restinclières, frère du maréchal de Thoiras, d'Am- « boise, de Pujol, de Ribes et de Bonrepos, le marquis « de Murles, St-Aunés, mestre de camp, de Clermont- « Vertilhac, de Paulo-Grandval, Montmaur, Morangés, « de Villa, Villauqués-de-Murles, du Bosc, aide de « camp, le chevalier de Villaudry, de Coursoles frères, « Duriban, Marsal de Montrabech, de Montredon, Féli- « nes, d'Oupia, Gabriac, Montgaillard, Bram, Montar- « naud, St-Affrique, Jonquières, Mazerolles, Bertolenc, « St-Maurice, St-Julia, d'Armissan, les barons de Fau- « gères et de Montfrin, Lambertie, Vinazac, lieutenant- « colonel de Vitry, Rozel, major du régiment de St- « Aunés, Icard, lieutenant-colonel du régiment de « Castellan, St-André, mestre de camp du régiment « de son nom, et plusieurs autres officiers furent du « nombre des blessés. Un grand nombre s'y distin- « guèrent par leur valeur, entre lesquels on compte les « comtes d'Aubijoux, de Mérinville et de Bieule, Mont- « brun et Manse, frères de ce dernier, Mayolas, Gous- « sonville, les barons de St-Géry et de Moussoulens, « Montoussin du Travet, le Puget, le vicomte de Cler- « mont-Rochechouard, Noël, St-Amans, Canac, Ginestet, « Maleyrargues, St-Martin, la Claverie, Belflou, St-Just, « Lacassaigne, Piquebarrau, Destros et plusieurs au- « tres seigneurs et gentilshommes, qui étaient presque « tous de la province. »

Une médaille a été frappée pour perpétuer le souvenir de la bataille de Leucate. Le musée de Narbonne en possède un exemplaire.

Leucate était le siége de l'une des sept amirautés de la province créées par l'édit du mois d'août 1630 et les fonctions de ses officiers furent réglées par une déclaration de Louis XIII, du 27 octobre 1632. A titre de ville frontière, le séjour en avait été défendu aux dissidents durant les troubles et les guerres de religion et l'exercice du culte réformé y avait été interdit, comme à Narbonne, Agde et autres villes frontières, par la déclaration de Charles IX, donnée au mois d'avril 1562.

Après la conquête du Roussillon, le château de Leucate perdit toute importance et en 1664 sa démolition fut résolue. Les travaux qu'elle exigeait furent adjugés à François Carcassonne, maçon de Narbonne, pour le prix de 13,350 liv. fournies par le diocèse de Narbonne, qui en demanda vainement plus tard le remboursement en se fondant sur certaine réserve formulée dans la délibération des États votant l'indemnité de 100,000 livres allouée à M. de St-Aunés pour sa dépossession du gouvernement de Leucate. L'adjudicataire devait en outre recevoir 4,000 livres de poudre à prendre dans les magasins du château. Il s'était engagé à faire table rase de la forteresse au niveau du sol naturel en applanissant les terres sur les ruines de manière à ce qu'elles ne pussent plus être utilisées comme fortification. L'œuvre était terminée dès l'année suivante; mais elle n'était pas aussi complète que l'exigeaient les engagements pris, car il existe encore quelques restes de ce château, mélange de constructions féodales soudées à des fortifications plus modernes, dont le passé n'a pas été exempt de quelque gloire militaire.

Leucate a successivement reçu la visite de Charles IX, de Louis XIII et de Louis XIV.

On voit dans l'Itinéraire des rois de France, publié par d'Aubays, que, dans le voyage qu'il fit à travers le royaume plutôt en touriste qu'en politique, Charles IX avait couché le dimanche, 7 janvier, à Séjan, et qu'il alla « le lundy, 8e de janvier 1565, disner à Locquatte, « qui est une belle forteresse et dernière place de « France, à quatre lieues de Perpignan : et cedict jour « retourna coucher à Syjan. » Louis XIII coucha à Leucate le 22 avril 1642 et Louis XIV, accompagné de la reine, y coucha le 14 avril (1) 1660, « où, dit d'Aubays, « Leurs Majestés furent régalées par le marquis de « St-Aunés. »

La seigneurie de Leucate, consistant en justice haute, moyenne et basse, dépendit du domaine jusqu'à la fin du XVIIe siècle. A cette époque elle fut comprise dans les aliénations prescrites par la déclaration du roi de 1692 et fut adjugée, par la voie des enchères publiques, le 6 février 1696, à noble Marc-Antoine Hubert, commissaire ordonnateur de la marine, pour le prix de 13,130 livres, à la charge de la tenir à foi et hommage du roi et d'en acquitter les droits seigneuriaux en cas de mutation. Mais, soit que l'acquéreur n'en eût pas acquitté la finance, soit que le domaine en dût reprendre la possession par voie de rachat ou autrement, elle devint bientôt la récompense des services militaires de la famille de Calvo, d'origine espagnole.

(1) Il y a évidemment erreur dans la date du mois puisque la conclusion du mariage de Louis XIV avec l'Infante d'Espagne n'eut lieu qu'au mois de juin 1660.

En 1676, un général espagnol, nommé François Calvo, entra avec son grade dans l'armée française et y acquit une grande réputation par sa belle défense de Maëstricht. A la suite de cette action, Louis XIV lui écrivit de sa propre main, le 30 août 1676, une lettre qui est actuellement aux archives des Pyrénées-Orientales, dans laquelle, après l'avoir félicité sur sa conduite, le roi lui promet sa protection la plus absolue, pour lui et pour son frère. Celui-ci, nommé Benoît Calvo, attiré à son tour en France, y prit du service et obtint le grade de brigadier des armées du roi, grade dont il était pourvu lorsque Louis XIV lui fit don de la seigneurie de Leucate en 1701. Mais il fut tué en 1703 à la bataille de Spire, et comme il n'avait pas d'enfants François Calvo lui succéda dans cette seigneurie. Celui-ci, qui avait ajouté à son nom celui de Bessèdes et le titre de comte de Formiguières, la possédait encore en 1723 et en fesait hommage au roi le 19 mai de cette même année. François Calvo n'avait pas d'enfants. Il mourut quelques temps après, ne laissant pour héritière qu'une sœur, mariée à François de Tord, colonel de dragons, auquel elle avait fait donation de la seigneurie. Mais il mourut également sans enfants, et la seigneurie fit retour au domaine qui en ordonna de nouveau la vente conformément à l'arrêt du conseil d'État du 15 mai 1775. Ce fut un sieur Bataille qui en devint adjudicataire; mais comme il ne put en acquitter la finance, il fut déchu du bénéfice de son acquisition et dépossédé de la seigneurie, qui revint ainsi, une fois de plus, au domaine, entre les mains duquel elle se trouvait encore lorsque la Révolution vint supprimer tout ce qui restait debout du régime de la féodalité.

NOTE D.

Gruissan (v. page 53, 2me col.).

La seigneurie de Gruissan paraît avoir fait partie de la dotation primitive de l'église de Narbonne; mais les actes analysés dans l'Inventaire des archives de l'archevêché ne contenant aucune mention bien précise sur ce point, sa solution reste à établir. Toutefois, il est permis de présenter comme présumable que lorsque Pépin eut donné à cette église, entr'autres choses, les droits régaliens qui, dans le diocèse, étaient afférents à la navigation et à l'exploitation des salines, ainsi que nous l'apprend un diplôme de Charles le Chauve, du 20 juin 844, la donataire étendant la libéralité dont la piété royale l'avait gratifiée, s'empara de la partie du domaine maritime formant l'assiette de Gruissan et de son territoire.

Cependant, l'église de Narbonne et, pour elle, son archevêque, n'était pas seul en possession de la seigneurie de Gruissan, puisqu'il résulte d'un partage arbitral de l'année 1084, prononcé entre Bérenger et Guillaume Daudé, fils d'autre Guillaume Daudé, par Bernard de Narbonne, leur oncle, que celui-ci assignait au premier né, c'est-à-dire à Bérenger Daudé, pour droit de primogéniture, le château de Gruissan avec toute dominité et appartenances, terres, vignes, maisons, jardins, prés, garrigues, hermes, terres cultes et incultes, quêtes, usages, services, justices, hommes et femmes, et tous droits de seigneurie, sans exception ni réserve.

Il est certain que Bérenger Daudé, succédant en vertu de ce partage au droit de Guillaume Daudé, son père, se trouva, comme lui, en présence de l'archevêque de Narbonne, qui était, lui aussi, investi de droits certains dérivant de la donation que lui avait consentie Pépin, et l'on voit, en effet, qu'en 1165 le roi Louis VII confirma à l'archevêque les droits qu'il avait sur Gruissan comme dotation de l'église de Narbonne « avec la do- « minité et tout ce qui tient au fisc royal, » droits qui lui furent également confirmés plus tard par S. Louis et qu'une bulle du pape Eugène III, de l'année 1153, lui avait déjà confirmés dans les mêmes conditions. D'où l'on peut conclure que malgré la généralité et l'universalité des termes du partage de 1084, l'archevêque avait des droits réels sur la seigneurie de Gruissan.

S'il était nécessaire d'insister sur ce point on pourrait s'autoriser, avec raison, d'un acte de 1292, par lequel Arnaud de Raissac, qui avait succédé à la famille Daudé, ainsi que nous le dirons plus loin, reconnait tenir de l'archevêque Bérenger de Lérida, à l'occasion de son élévation au siége archiépiscopal, le château de Gruissan, en raison de quoi il lui prête serment de fidélité et lui rend hommage.

Il s'était passé, à l'égard de Gruissan, ce qui s'était produit dans la plupart des seigneuries du voisinage. Il existait simultanément pour chacune d'elles plusieurs seigneurs ayant des droits différents, que le langage des actes ne précise pas d'une manière exacte, et dans la suite des temps celui des coseigneurs qui tirait de sa situation personnelle et de ses relations politiques une puissance plus grande ou des titres mieux établis, comme c'était le cas pour l'archevêque de Narbonne, finissait par obtenir des autres une sorte de reconnaissance de supériorité qui les plaçait, à la longue, vis-à-vis de lui, dans un véritable état de vassalité.

Après les Daudé, le château de Gruissan passa à la famille de Raissac pour la partie dont il va être parlé.

En 1192, Arnaud de Raissac avait prêté serment de fidélité à l'archevêque pour le château de Gruissan, et il lui en avait fait hommage. De plus, il résulte d'un acte de 1208 que dame Nègre ou La Noire, autrefois nommée Aliez-Lavezor, fille de Pierre-Guillaume de Raissac et de Mabile, sa femme, et nièce de Bernard de Raissac, frère dudit Pierre-Guillaume de Raissac, enfants de Marie de Raissac, qui était sans doute la femme d'Arnaud de Raissac, bailla en engagement à Rodrigue de Narbonne, fils du comte Pierre de Lara, conjointement avec Bernard d'Ouveilhan, son mari, la part qui lui appartenait sur la seigneurie de Gruissan, consistant en la moitié de tout le château, avec tous droits seigneuriaux, hommes et femmes, c'est-à-dire la justice, et avec les foriscapes, lods et ventes, usages et autres droits seigneuriaux et *casuels*, champs, vignes, jardins et terres cultes et incultes, moyennant 50,000 s. melg.

Cet engagement, qui n'était qu'un mode de vente à faculté de rachat, pas plus que le partage arbitral dont il a été question plus haut, n'avait affecté les droits de l'archevêque de Narbonne, surtout quant à la supériorité. Ce qui le prouve, c'est qu'en 1224 des différends s'étant élevés entre l'archevêque Arnaud Amalric et les successeurs de Rodrigue de Narbonne, une sentence arbitrale rendue par Élie, abbé de Lagrasse, et Bernard Amiel, attribua la moitié du château de Gruissan à l'archevêque avec tous les droits seigneuriaux en dépendant, moyennant le paiement d'une somme de 6,000 s. melg.

Dès le XIIIe siècle, l'autre moitié de la seigneurie de Gruissan était échue à la famille de Boutenac, alliée aux vicomtes de Narbonne par suite du mariage de Bérenger de Boutenac avec Garsinde, petite-fille de Rodrigue de Narbonne, fils du second lit du comte Pierre de Lara.

Nous voyons, en effet, qu'en 1235 l'archevêque de Vienne, l'archidiacre Pierre Corbière, Guillaume d'Albas et Guillaume Fabre, tous les deux juristes, rendirent en qualité d'arbitres une sentence qui décide que la moitié du château de Gruissan appartient à Bérenger de Boutenac, et que l'archevêque alors existant (Pierre Amiel) en gardera, sa vie durant, la possession et la jouissance, qui reviendront, après sa mort, à Bérenger de Boutenac. La famille de celui-ci finit pourtant et malgré ses grandes alliances par se soumettre à l'archevêque et par se reconnaître, vis-à-vis de lui, en état de vassalité, ainsi que l'atteste l'hommage qu'elle lui fit, à ce titre, dès l'année 1256, et qu'elle renouvela successivement en 1261, 1263, 1273 et 1276.

Cependant elle devait supporter non sans contrainte cet état de dépendance, car en 1296 le damoiseau Bérenger de Boutenac, fils d'autre Bérenger de Boutenac, et Bérenger de Boutenac, fils de Pierre-Arnaud de Boutenac, probablement cousins-germains, résolurent de s'y soustraire et vendirent à l'archevêque Gilles Aycelin toute leur portion du château de Gruissan, y compris les justices mere et mixte impere et tous droits de seigneurie et juridiction qu'ils tenaient de lui à foi et hommage, moyennant le prix de 3,000 liv. melg. Par cette vente, l'archevêque de Narbonne réunit à sa main l'entière seigneurie de Gruissan.

A partir de ce moment les faits qui concernent la seigneurie de Gruissan ressemblent à tous ceux qui forment la trame ordinaire de l'histoire des divers fiefs du pays. Tantôt l'archevêque plaide avec la ville de Narbonne relativement aux limites de la seigneurie et aux droits de dépaissance et de banderage des habitants, comme on peut le voir par deux transactions des années 1345 et 1396. Tantôt il lutte contre le roi, qui lui contestait la possession même de la seigneurie et en avait ordonné et fait opérer la saisie d'autorité de son viguier de Béziers, ainsi que le constatent des lettres de Philippe V, de l'année 1318, par lesquelles, en donnant main levée de la saisie pratiquée au préjudice de l'archevêque, le roi reconnait formellement ses droits à la pleine possession de la seigneurie, « pour n'avoir, y est-il dit, entendu « S. M. estre mise sous sa main pour avoir esté concé- « dée par le roi S. Louis, son ayeul, à l'archevesque de « Narbonne. » Enfin il plaide contre le vicomte de Narbonne, qui, en l'année 1296, avait fait saisir et brûler un navire de guerre que l'archevêque entretenait à Gruissan pour défendre les habitants contre les attaques des pirates. Nous ignorons l'issue de la longue procédure à laquelle donna lieu cette entreprise ; mais il est présumable qu'elle dût tourner à l'avantage du vicomte, qui voyait dans la prétention de l'archevêque une atteinte au commandement militaire qu'il exerçait alors dans sa Vicomté.

Lorsque les archevêques possédaient la seigneurie de Gruissan conjointement avec la famille de Boutenac, de même que lorsqu'ils l'eurent réunie en entier à leur main, ils avaient sur les habitants le droit de justice.

Ce droit fut réglé par un accord arbitral de l'année 1253, intervenu entre l'archevêque Guillaume de Broa ou de La Broue et Bérenger de Boutenac, en ce qui concerne la haute justice, dont ils se contestaient l'exercice. Cet accord stipule que la connaissance des crimes dits de haute justice demeure réservée à l'archevêque et il spécifie ces crimes de la manière suivante : blessures faites avec couteaux, pierres, bâtons ou autres armes ;

vol de nuit; vol domestique commis de nuit ou de jour, une première fois ou par récidive; vol en grand chemin ou en tout autre lieu, avec ou sans armes; incendie; duel; attaque avec armes ayant occasionné la mort ou simplement des blessures; rapt; faux; sacrilége; lèse-majesté, et tous autres crimes publics entraînant peine de sang ou mutilation de membres, comme homicide, adultère et maquerellage. Quant aux crimes n'entraînant pas l'une ou l'autre de ces pénalités, leur connaissance demeure réservée à Bérenger de Boutenac, mais seulement en ce qui concerne les habitants relevant de sa portion de seigneurie.

La paix ménagée par cet accord entre les deux seigneurs ne fut pas de longue durée et, en 1276, de nouvelles difficultés surgirent entre Bérenger de Boutenac, fils du précédent et son successeur à la seigneurie de Gruissan, et l'archevêque Pierre de Montbrun, au sujet de l'exercice des justices mere et mixte impero ainsi que de la directe sur diverses parties du territoire de la seigneurie. Mais, dès la même année, ces contestations furent vidées par une sentence arbitrale rendue par Raymond Barbel, chanoine de Narbonne, et Amiel, official de l'archevêché, qui décidèrent les points suivants:

1° La connaissance et la punition de tous les crimes spécifiés dans l'accord arbitral de 1253 appartiendront à l'archevêque;

2° La connaissance et la punition de tous les crimes n'entraînant pas peine de mort ou de sang, comme on disait alors, ou mutilation de membres, appartiendront à Bérenger de Boutenac quand ils seront commis dans l'étendue de sa seigneurie;

3° En cas de doute à ce sujet, la dénonciation et la décision du doute seront acquises à la juridiction de l'archevêque, à laquelle ressortiront aussi les premières appellations;

4° Bérenger de Boutenac devra reconnaître qu'il tient sa juridiction de l'archevêque, ainsi que son fief, avec les lieux ou ténements désignés sous les noms de Félines, la Planasse et Pech-Maynaut, avec la moitié du Pech-Maurèse dans laquelle se trouve l'église rurale de St-Michel et avec la moitié de la montagne de Gruissan.

C'est à la suite de cette sentence arbitrale que Bérenger de Boutenac prêta serment de fidélité à l'archevêque de Narbonne et lui rendit hommage en l'année 1276, comme nous l'avons vu plus haut.

Du reste, la cession de 1296 mit radicalement fin à toutes autres contestations de même nature en plaçant entre les mains de l'archevêque, à partir de ce moment, l'entier droit de justice, dont aucune partie n'avait été réservée par la cession, en même temps que les autres droits seigneuriaux des vendeurs.

L'archevêque confia d'abord l'exercice de sa juridiction de Gruissan à un officier qui prenait le titre de châtelain et qui rendait la justice à son nom. Nous ignorons à quelle époque furent supprimées les fonctions de cet officier, dont un acte fixait l'honoraire à 30 liv. tourn. par an; mais il est certain que longtemps avant 1790 la justice de Gruissan était exercée par le viguier placé à la tête de la temporalité de l'archevêché, qui se composait de la réunion de toutes les justices appartenant à l'archevêque.

Bien que l'archevêque fut seigneur dominant et justicier, haut, moyen et bas de Gruissan, ainsi que le reconnaissaient les habitants dans leurs serments de fidélité et hommage, et qu'il fut en possession de tous les droits royaux, suivant la confirmation de 1165 et la concession de S. Louis dont il a été parlé plus haut, le roi prenait possession du château en temps de guerre et y plaçait garnison afin d'assurer la protection de la côte, par suite de certaine réserve dont nous ignorons l'origine, et, dans ce cas, les soldats qui la composaient étaient soustraits à la juridiction de l'archevêque, mais seulement en ce qui regardait leur service, ainsi que nous le voyons par une procédure qui fut vidée, en 1289, par un arrêt du Parlement rendu à Toulouse au profit de l'archevêque. De son côté, le chapitre St-Just y possédait également quelques droits, notamment le droit de pêche et de chasse, le droit de boutage du vin et le produit des amendes, droits qu'il tenait en pariage noble avec l'archevêque, ainsi que les droits de lods et ventes, de prélation, *comise et avantage* de tout le territoire de l'Ile, conformément aux reconnaissances qui lui avaient été consenties par les emphytéotes de ce territoire en 1498. Le règlement de ces divers droits avait été fait entre le chapitre et l'archevêque par une transaction de l'année 1315.

En l'année 1242, l'archevêque Pierre Amiel voulant améliorer la condition sociale des habitants de la seigneurie, leur octroya le droit de tester, de vendre ou aliéner et échanger leurs biens meubles et immeubles comme personnes libres, « à l'exception, toutefois, des « biens d'ancienne mazade (mansate), qui demeuraient « en leur précédent état. » Ces expressions, que nous avons relevées dans l'Inventaire de l'archevêché, signifient probablement que de tous les devoirs de servage auxquels les habitants étaient soumis à l'égard de leur seigneur, l'archevêque ne conserva que ceux de casalage, qui fesaient revenir à la main du seigneur les biens composant la mansate quand le serf, ou autrement dit le tenancier de ces biens, qui les avait primitivement reçus de lui à titre de mansate, était décédé sans enfants nés de légitime mariage.

L'archevêque leur avait également concédé certains droits d'exploitation dans sa condomine du Fleix, moyennant l'albergue annuelle d'une charge de poisson. Par suite d'une convention amiable conclue entre les parties, cette albergue fut convertie, en 1363, en une censive ou quête de 40 s. tourn. de forte monnaie comptée à raison d'un florin d'or pour 12 s. tourn., qui était payable le jour de la fête de Ste-Magdeleine. Cette quête fut augmentée dans la suite ainsi que nous allons le voir.

D'après le dénombrement qui fut remis par l'archevêque, devant le sénéchal de Carcassonne, en 1547, sa seigneurie de Gruissan était à ce moment composée comme il suit :

— La justice haute, moyenne et basse ;

— « Un château bien fort ; »

— 5 liv. de quête annuelle pour la charge de poisson que les habitants étaient tenus de lui apporter, à Narbonne, dans son jardin de St-Loup ;

— Le droit de ban et de pignore à raison des dommages causés aux fruits de la terre ;

— Enfin, diverses censives en argent, les droits de lods et foriscape aux mutations de propriété, et la tasque au 11e des fruits sur diverses parcelles tenues à bail emphytéotique.

Le « château bien fort » porté dans le dénombrement de la seigneurie et dont la partie principale existe encore, remonte à une époque très-ancienne. On voit, en effet, dans une charte de 1245, qu'il y existait, dès cette époque, une vieille tour que les archevêques avaient fait élever au milieu de la partie supérieure du château, et une autre charte de 1247 nous apprend qu'outre cette tour, qui, d'abord déclarée commune à l'archevêque et à Béranger de Boutenac par la sentence arbitrale qui partagea le château entre les deux seigneurs, fut ensuite attribuée exclusivement à ce dernier par la charte qui nous occupe, l'archevêque avait depuis fait construire une autre tour, au nord de la partie du château qui lui était dévolue et vers l'entrée de cette même partie, que la nouvelle tour avait mission de défendre. Une entrée séparée existait pour l'autre partie du château, et celui-ci, d'après le système de fortifications alors en usage, était couronné de créneaux sur toutes ses faces.

Mais, durant les troubles de la province, les fortifications de Gruissan furent jugées insuffisantes à cause de la situation de la place sur le littoral et il y fut ajouté un mur d'enceinte, qui ne fut pas muni de fossés parce qu'il était couvert par le château assis sur le pech ou point culminant du village. On entrait dans l'enceinte par deux portes, qui étaient désignées sous les noms de portail En-Bonnet et porte de Pujos.

Pendant les guerres de la Ligue, Gruissan fut occupé, au mois d'août 1589, par les troupes du duc de Montmorency, qui avaient formé le blocus autour de Narbonne. A la suite de la trêve qui suivit, la place fut évacuée par les royalistes ; mais ils la surprirent de nouveau en 1592, au mois de septembre, après avoir inutilement tenté d'emporter également Bages et autres localités voisines pour former l'investissement de Narbonne, qui suivait toujours le parti de la Ligue.

A l'instar de cette dernière ville et dès le XVIIIe siècle Gruissan était administrativement divisé par îles, qui portaient les noms suivants : — dans l'intérieur de l'enceinte, En-Bonnet, l'Hôpital, le Château ou autrement la Cure, Peyre-Bounot, le Four, la Place, l'Église, Pujos, Peyre-Bano, le Pouzot, le Pajet, Rouanes, Jardin-de-la-Cure et le Puits-du-Château ; — hors de l'enceinte, le Four-de-Rouch, Portail-d'En-Bonnet et Porte-de-Pujos.

Dans la seigneurie de Gruissan il n'y avait d'autres biens nobles c'est-à-dire exempts de tailles que le moulin à huile, appartenant au chapitre St-Just, la maison de l'hôtel de ville, située dans l'île l'Hôpital, la maison presbytérale, située dans l'île la Cure, le jardin de la cure avec un champ situé à Garbiron, et la maison servant de corps de garde aux employés du domaine du roi.

NOTE E.

Villedaigne (v. page 90, 2me col.).

Au XIe siècle, Villedaigne, anciennement Vallis Aquitanica, qu'il faudrait rendre par Valdaigne pour ne pas s'écarter des règles de la traduction en français des dénominations latines, était en la possession des archevêques de Narbonne et il est à présumer que cette possession datait de la dotation même de l'église de Narbonne, c'est-à-dire de l'époque contemporaine de l'avènement des Carolingiens, ou des règnes de Pépin et de Charlemagne, qui s'étaient appliqués, au moyen de donations fiscales considérables, à relever cette église de l'état de dénûment dans lequel elle se trouvait par suite des ravages qui signalèrent les invasions des Sarrasins dans la Septimanie.

La possession de Villedaigne comme bien de la dotation

a été plusieurs fois confirmée à l'église de Narbonne, et principalement, dans l'année 1165, en la personne de l'archevêque Pons d'Arsac, par diplôme de Louis VII, qui la désigne sous les expressions suivantes : « concedimus et presentis autoritate rescripti firmamus tibi « prefato Pontio, ecclesie Narbonensis archiepiscopo et « successoribus tuis in perpetuum..... castrum quod « dicitur Villadaniano, cum toto suo districtu..... et « quidquid jus fisci exinde in omnibus exigere poterat, « hoc est omnia regalia jura. » L'entier château de Villedaigne, avec tout son district ou son territoire, la pleine dominité et tous les droits régaliens ou du fisc royal, appartenaient donc à l'église de Narbonne.

Mais les archevêques, aux prises avec les besoins de cette église, qui allaient bientôt s'accroître encore de toute la part qu'elle dut prendre aux frais de préparation de la première croisade, ne purent conserver Villedaigne et ils l'inféodèrent aux vicomtes de Narbonne sous la condition de foi et hommage.

On voit, en effet, par un acte de l'année 1066, que le vicomte Bernard-Bérenger, fils du vicomte Bérenger et de la vicomtesse Garcende de Besalu de Fenouillèdes, fait hommage de Villedaigne, qualifié dès cette époque du titre de château, c'est-à-dire de place fortifiée et de centre de population de quelque importance, à l'archevêque Guiffred de Cerdagne, en lui prêtant, comme feudataire et vassal, serment de fidélité et jurant qu'il lui viendrait toujours en aide contre ses ennemis, sans indiquer néanmoins le devoir seigneurial auquel il était particulièrement tenu de ce chef. Cependant ce devoir seigneurial devait être d'une certaine importance, puisque quelques années plus tard, en 1070, le même archevêque engageait à Bernard Tetmar le château de Villedaigne « avec son église et tout son territoire, « terres cultes et incultes, pâturages, etc., sans aucune « réserve, » c'est-à-dire tous les revenus que lui produisait le *dominium* de Villedaigne, moyennant le prix de 20 onces d'or fin.

Dès cette même époque, il y avait à Villedaigne un moulin à eau, bâti sur la rivière d'Orbieu, tout auprès du château, et qui était désigné sous le nom de moulin de l'Aruelle. Mais la possession de ce moulin ne contribuait guère à l'extension des revenus féodaux de la seigneurie, probablement à cause de la faiblesse habituelle de l'étiage de la rivière, car l'archevêque le donnait par bail emphytéotique ou à nouveau fief à Pons Drudon, peu avant l'année 1070, sous la simple condition de le tenir en bon et dû état. Cependant Jean Drudon ou ses successeurs surent en tirer parti, puisque dès le commencement du XIIIe siècle Raymond Gaubert et Ermessende, sa femme, qui en étaient alors tenanciers, engageaient la moitié de l'une de ses meules pour 2 setiers de froment et 200 s. melg., ce qui représentait une somme relativement considérable.

Lors de cet engagement, le moulin seigneurial de Villedaigne avait déjà changé son nom de l'Aruelle pour prendre celui de Lavaldou.

Des vicomtes de Narbonne le château de Villedaigne était passé à Bernard de Laredorte, qui avait dû, à raison de sa possession, en consentir hommage à l'archevêque Bernard Gaucelin, peu de temps avant la mort de cet archevêque survenue en 1191.

Bernard de Laredorte, ou son successeur, étant tombé « faydit, » c'est-à-dire fauteur d'hérésie, Villedaigne fut confisqué au profit de Simon de Monfort, qui en fit donation à titre de fief et avec la réserve de l'hommage, en 1211, à Bernard Amiel, riche bourgeois et notable de la ville de Narbonne, sous l'albergue annuelle de cinq chevaliers.

Dans cette donation, Simon de Monfort s'étant considéré, de par le droit de conquête que les croisés lui avaient attribué, comme seigneur dominant, n'avait fait nulle réserve ni tenu aucun compte du droit suzerain de l'archevêque de Narbonne. Il avait donné « la « forteresse de Villedaigne, avec ses munitions et « armes, ses appartenances et dépendances, hommes et « femmes (ces expressions s'entendent du droit de « justice) et tous autres droits dépendants de ladite « forteresse. »

Bernard Amiel, devenu feudataire de Simon de Monfort, se tenait pour légitime possesseur de son fief et y avait même ajouté, dans le courant de la même année, par voie d'engagement et moyennant une somme de 3,000 s. melg., le fief particulier que Raymond de Montbrun et dame Plazères, sa femme, avaient « par « droit de seigneurie ou de propriété » dans le château même de Villedaigne et dans son territoire, principalement à Palats et à Villenouvette.

Mais l'archevêque Arnaud Amalric, jaloux de défendre et de relever les biens de son église, attaqua la donation de Simon de Monfort, dès qu'il eut pris possession de son siége, en soutenant qu'elle était nulle de fait et que d'ailleurs le fief était tombé en *comise* parce que Bernard Amiel en avait été investi sans son consentement ou son approbation, tout à la fois signes et garanties de son droit de suzeraineté. L'archevêque attaquait en même temps et pour des motifs dont l'exposé serait ici hors de propos, l'acquisition que Bernard Amiel avait faite « de l'usage des langues des bœufs et « vaches et des lombes ou rables des pourceaux débités « à la boucherie de Narbonne. » Bernard Amiel, de son côté, défendant aux demandes de l'archevêque, le différend fut remis, par composition amiable, à l'arbitrage de l'abbé de St-Paul, de Raymond Lenoir, archidiacre de Béziers, et du chevalier Izarn de Conques.

La sentence des arbitres, rendue au mois d'octobre 1213, donna gain de cause à l'archevêque. Elle reconnut son droit de dominité supérieure et unit l'utilité du fief à cette dominité. Bernard Amiel fut donc condamné à livrer à l'archevêque « le château de Villedaigne, avec « tout son territoire et toute sa juridiction, » en même temps que « l'usage des langues des bœufs et vaches et « des rables des pourceaux de la boucherie de Nar- « bonne. » Mais, par voie de compensation et pour reconnaître la bonne foi de la possession évincée, la sentence décide que l'archevêque devra payer à Bernard Amiel une somme de 5,000 s. melg. et lui inféoder, en outre, les fiefs du décimaire de St-Crescent et de la Garrigue-Plane, situés au Veyret, dans le territoire de Narbonne, sous la censive annuelle de 6 s. narbonnais; la quarte et la seigneurie d'un jardin et d'un champ tenus par Pierre Cotet, vers Porte-Roy, sous la censive annuelle de 12 den. narbonnais, et la condomine de Caytivières sous une même censive annuelle de 12 den. narbonnais.

Malgré cette sentence, l'archevêque de Narbonne ne jouit pas longtemps sans trouble de la seigneurie de Villedaigne. Elle lui fut bientôt contestée par le vicomte Aymeric IV, qui suscita à l'archevêque Pierre Amiel plusieurs différends, portant, les uns sur l'exécution de la composition qu'il avait faite avec l'archevêque Arnaud Amalric, en 1213, à raison de la seigneurie de la moitié de la cité, pour la partie ouest de la ville, « de- « puis la porte Aiguière ou porte Ferrière, placée sous « le palais de la vicomté, jusqu'à la Porte-Roy, » du faubourg et du four de Belvèze, des leudes et péages, etc., etc.; les autres sur la possession de divers châteaux, et en particulier de celui de Villedaigne, pour lequel le vicomte excipait de l'inféodation qui en avait été faite à ses auteurs antérieurement à l'année 1066, date de leur premier hommage.

Ces différends ayant, de commun accord, été déférés en 1232 à l'arbitrage de Bernard, évêque de Béziers, de Roger-Bernard, comte de Foix, et de Guillaume Bonnet, juriste de Narbonne, la pleine dominité de l'archevêque sur le château de Villedaigne, « avec tous ses droits et « dépendances, » lui fut encore consacrée sans réserve, contrairement aux prétentions du vicomte, et celui-ci demeura condamné à lui en laisser l'entière possession.

Depuis cette époque, la possession de Villedaigne n'a plus été contestée aux archevêques de Narbonne, et on voit dans le dénombrement qui en était rendu au roi, en 1547, devant le sénéchal de Carcassonne, par le cardinal Jean de Lorraine, qui occupait alors le siége, que la seigneurie de Villedaigne lui appartenait en toute juridiction, haute, moyenne et basse, avec tous droits de lods et foriscapes aux changements de main, et avec un droit de censive qui produisait annuellement 7 s. 3 den. tourn. d'argent et 8 setiers d'orge.

Néanmoins il existait dans la seigneurie un fief particulier, celui de Villenouvette, que les archevêques de Narbonne avaient dû en détacher anciennement, avec la juridiction, et qui appartenait dès les premières années du XIIIe siècle au chevalier Jean ou Jean-Guillaume de Tourouzelle. Celui-ci mourut vers 1222 et légua ce fief, par testament des ides de février (13 février) de cette même année, au monastère des religieuses Bernardines de Rieumondier ou Rieunettes, qui l'a possédé jusqu'à la suppression des ordres monastiques, en 1790. Villenouvette fut alors déclaré bien national et le Directoire du district de Narbonne en consentit la vente. Aujourd'hui Villenouvette est la propriété de la famille Mignard de Narbonne.

Villenouvette formait non-seulement un fief distinct de la seigneurie de Villedaigne, comme nous venons de le dire, mais un territoire séparé, ayant des délimitations propres, ainsi qu'on le voit par les *carrons* du diocèse de Narbonne, dressés en 1538, qui sont déposés aux Archives départementales de l'Aude.

En 1737, les délimitations de Villenouvette et celles de Villedaigne et de Névian suscitèrent entre l'archevêque de Narbonne, Mgr René-François de Beauvau, seigneur de Villedaigne, le chapitre St-Just, seigneur justicier, foncier et directe de Névian, et dame Jeanne-Françoise de Montcalm de Gozon, abbesse du monastère royal N.-D. de Rieunettes, alors établi dans la ville haute de Carcassonne, seigneur de Villenouvette, divers différends qui furent vidés par une transaction du 1er avril 1737, aux termes de laquelle, après s'en être remises à M. Jean Causse, féodiste, du lieu d'Homps, quant à la fixation des limites précises des trois seigneuries, les parties approuvent et ratifient la relation qu'il en a faite, sous forme de procès-verbal, pour rester annexée à l'original de la transaction reçue par Me Barthe, notaire, de Narbonne.

Villedaigne, assis auprès du confluent de l'Orbieu et de l'Aude, occupe le centre d'une plaine de six à sept kilomètres de diamètre, dépourvue de tout accident de terrain, et seulement traversée dans la direction du midi au nord par l'Orbieu et dans la direction de l'ouest à l'est par la rivière d'Aude.

Suivant les historiens du Languedoc, c'est dans cette plaine, qu'ils appellent la vallée de Villedaigne, que doit être placé le champ de bataille d'Orbieu, où le duc de Toulouse ou d'Aquitaine, Guillaume au court nez, fut défait par Abdelmelec, général de l'armée sarrasine qui avait envahi la Septimanie en 793. Nous leur empruntons la relation qu'ils donnent de cette bataille d'après Eginarius et autres annalistes.

« Issem (fils d'Abdérame, roi d'Espagne), après avoir « vaincu ses frères et soumis toute l'Espagne à sa domi- « nation, résolut de porter ses armes en deçà des Py- « rénées et de ravager les Gaules. Il n'eut pas plutôt « reçu avis du départ de Louis (roi d'Aquitaine) à la tête « de ses troupes pour l'Italie, qu'il fit marcher une « armée sous le commandement d'Abdelmelec, avec « ordre d'entrer en Septimanie. Ce général, après s'être « mis en campagne, ravagea d'abord la Catalogne ou « marche d'Espagne, soumise aux Français; après quoi, « ayant passé les montagnes, il marcha vers Narbonne, « dont il brûla les faubourgs, désola tous les environs « et emmena un grand nombre de prisonniers. Abdel- « melec était dans le dessein de traiter de même toute « la province et d'y porter le fer et le feu ; il avait déjà « pris la route de Carcassonne, quand il rencontra, au « passage de la rivière d'Orbieu, le duc Guillaume campé « de l'autre côté en ordre de bataille. Ce duc, sur le « bruit de la marche des Infidèles, avait ramassé à la hâte « les troupes de son gouvernement et avait été joint par « les comtes ou marquis qui commandaient sur la fron- « tière, lesquels après avoir tenté inutilement d'arrêter « le progrès des armes des Sarrasins, s'étaient battus « en retraite. Le duc et Abdelmelec ne furent pas long- « temps en présence sans en venir aux mains. Guil- « laume donna le signal et attaqua le premier les In- « fidèles, qui soutinrent le choc avec beaucoup de « valeur et repoussèrent les Français. Ceux-ci (attaqués « à leur tour) se défendirent pendant quelque temps, « mais ils furent enfin taillés en pièces et leurs géné- « raux obligés de prendre la fuite. Guillaume fut le « seul qui tint ferme ; quoiqu'abandonné des comtes ou « officiers et de presque toutes ses troupes, il soutint « tous les efforts des Infidèles et abattit à ses pieds un « de leurs généraux. Ce duc fit dans cette occasion des « prodiges de valeur ; mais accablé par le nombre et se « trouvant presque seul au milieu de ses ennemis, il se « retira heureusement avec ce qui lui restait de trou- « pes, après avoir fait acheter bien chèrement aux « Sarrasins le champ de bataille dont ils demeurèrent « les maîtres..... Les Sarrasins ne tirèrent pas grand « avantage de leur victoire; ils se retirèrent presqu'aus- « sitôt après au-delà des Pyrénées, soit qu'affaiblis par « la perte qu'ils venaient de faire dans le combat ils se « vissent hors d'état de continuer leur entreprise, soit « que leurs compatriotes ayant été défaits dans le même « temps, en Espagne, par le roi Alphonse, ils se trouvas- « sent dans la nécessité d'aller promptement leur don- « ner du secours. Ils se contentèrent d'emporter de la « Septimanie tout le butin qu'ils y avaient fait et d'em- « mener avec eux un très-grand nombre de prisonniers, « que l'émir Issem fit servir de manœuvres à la superbe « mosquée qu'Abdérame, son père, avait fait com- « mencer à Cordoue. »

La plaine de Villedaigne, aujourd'hui entièrement couverte de beaux vignobles, qui peuvent soutenir la comparaison avec les meilleurs du Narbonnais, était, il n'y a pas encore bien longtemps, réputée la plus pauvre parmi ses voisines, dont elle est devenue la rivale en fertilité et en richesse grâce à la transformation de son mode de culture.

Avant cette transformation et par suite de la sécheresse et des ardeurs de son climat, elle était à peu près en friche, ne donnait que très-accidentellement des céréales et avait peine à élever quelques rares et chétifs troupeaux, auxquels les bestiaux de labour venaient disputer ses maigres herbages, insuffisants pour les uns et pour les autres.

Pour quiconque traverse actuellement cette plaine, le tableau que nous venons d'en faire pourra paraître chargé. Voici pourtant la description qui en était donnée, en 1697, dans un projet d'irrigation soumis aux États de la province assemblés à Montpellier, projet auquel il ne fut pas donné suite à ce moment, peut-être bien pour le plus grand avantage du sol, qui, certainement, n'eût pas été de nos jours transformé en vignoble s'il avait été disposé pour les cultures fourragères, mais auquel il pourra être utile de songer bientôt s'il est reconnu que le fléau qui désole la vigne, dans des contrées presque limitrophes, ne peut être victorieusement combattu.

« La plaine de Villedaigne, dit le projet en question, « étant défendue par des hauteurs, est tout à fait hors « de l'insulte des rivières qui l'environnent, et n'a pas « besoin des digues et des travaux nécessaires à plu- « sieurs autres pour la mettre à couvert des inonda- « tions.

« Elle contient un bon terrain, d'une grande lieue « de diamètre, extrêmement uni et propre à faire « d'excellentes prairies et de gras pâturages au moyen « des arrosements, parce que cette terre ne pèche que « par faute d'humidité.

« Toute la difficulté se réduirait donc à tirer un « canal de l'Aude ou de l'Orbieu pour l'arroser, ce « qui ne serait pas difficile ni d'une grosse dépense.

« Presque toute cette plaine est abandonnée à cause « de la sécheresse qu'on y voit régner dans les ardeurs « de l'été, qui rebutent tous les laboureurs et leur

« font perdre leur travail et leurs semences, hormis « quand le mois d'avril et de mai donnent des pluies « fréquentes, ce qui arrive rarement. Mais quand cela « arrive, alors cette terre humectée pousse beaucoup « de bonnes herbes propres à la nourriture des brebis, « et ceux qui ont hasardé leur travail et leur semence « y recueillent dans ces occasions de très-belles récoltes « de blé ; ce qui prouve clairement que la terre de « cette plaine est bonne de soi et qu'elle ne pèche que « par faute d'humidité. Tous les champs circonvoisins « sont fort stériles en herbages, et le foin y est si rare « qu'on n'en peut avoir pour nourrir les bêtes de trait « et de labour, ni pour les voitures des passants, non « plus que pour les étapes de Névian, de Roquefort et « d'Oupia, qui ne sont qu'à deux ou trois lieues de « Villedaigne. Cette rareté des foins oblige les étapiers « et autres personnes qui en ont besoin d'en faire venir « de loin, à très-grands frais, savoir : du côté de St-Pons, « de Livière près de Narbonne, et de Lésignan. Mais « ces foins étant aigres et très-grossiers ne font qu'une « méchante nourriture. On fait faire à la cavalerie du « roi un détour, accompagné de grandes incommodités, « car on la fait passer par les montagnes, à Caudiès, où « est l'étape, sur des chemins longs, rudes et scabreux, « où l'on trouve, à la vérité, du foin pour les chevaux, « mais aussi les hommes sont exposés dans cette route « à la rareté des vivres et à l'incommodité des loge- « ments.

« Mais si la plaine de Villedaigne était une fois arrosée « et fertilisée, elle donnerait, dans peu de temps, une « abondance de foin capable de remédier à tous ces « inconvénients et l'on y pourrait planter un très-grand « nombre d'arbres profitables, qui seraient d'un bel « ornement et qui même serviraient à rompre la vio- « lence des vents dont elle est souvent incommodée. »

Villedaigne a formé, jusqu'en 1790, un consulat particulier, qui fut alors supprimé pour être annexé au territoire de la commune de Raissac-d'Aude.

NOTE F.

Cuxac-d'Aude (v. page 104, 2me col.).

En leur qualité de feudataires du roi, les vicomtes de Narbonne possédaient la seigneurie de Cuxac, avec son château et ses dépendances, à titre de fief noble et sous la condition de foi et hommage, ainsi qu'on le voit dans le dénombrement que le vicomte Aymeric et Amalric, son frère, rendirent pour la vicomté de Narbonne, dont ils fesaient entre eux le partage, en 1271, à Barthélemy de Pech et Raimbaud de Salve, juges de Carcassonne, comme députés de l'abbé de St-Denis, de Simon de Nigelle, commissaires du roi, et de Guillaume de Cohardon, sénéchal de Carcassonne. Cuxac demeurant attribué, par le partage, au vicomte Aymeric, celui-ci en fait la reconnaissance dans le dénombrement en ces termes : « Recognovit etiam predictus Aymericus, vicecomes Narbone, quod de predictis tenet ipse a domino « rege in feudum.... castra de Corciano et de Cutciacho, cum feudis et juribus et pertinentiis suis, » dans les mêmes conditions que ces châteaux avaient été tenus par le vicomte Amalric, son père.

La seigneurie de Cuxac ainsi tenue du roi, à titre de fief, par les vicomtes de Narbonne, était subdivisée en plusieurs arrière-fiefs qui relevaient d'eux sous les mêmes conditions de foi et hommage, comme le prouvent les documents suivants, reproduits dans la collection Doat (V. tome 47, pages 155, 161, 247, 324, 344 et 520) :

1° Acte du 3 des nones de mars (5 mars) 1274, par lequel Guillaume-Raymond de Cuxac, fils de Guillaume de Cuxac et de dame Flors, sa femme, se reconnaît le propre homme et le vassal du vicomte de Narbonne pour la moitié du château de Cuxac, qu'il tient de lui sous l'albergue annuelle de sept chevaliers ;

2° Acte du 3 des ides d'août (11 août) 1276, par lequel le même Guillaume-Raymond de Cuxac renouvelle sa reconnaissance au vicomte ;

3° Acte du 8 des kalendes de mai (24 avril) 1298, par lequel le damoiseau Raymond de Cuxac, fils de Guillaume-Raymond de Cuxac et d'Agnès, sa femme, rend foi et hommage au vicomte Aymeric pour la moitié du château de Cuxac, qu'il tient de lui sous l'albergue de sept chevaliers ;

4° Acte du 4 des nones de novembre (2 novembre) 1298, par lequel Guillaume-Raymond de Cuxac reconnaît au vicomte Aymeric qu'il tient de lui la quatrième partie de la haute, moyenne et basse justice de Cuxac, à titre de fief, sous la condition de foi et hommage ;

5° Acte du 4 des nones de novembre (2 novembre) 1298, par lequel Guillaume de Cuxac se reconnaît vassal du vicomte pour tout ce qu'il possède à Cuxac sous l'albergue de trois chevaliers ;

6° Acte du 3 avril 1436, par lequel Jean de Montbrun, seigneur de Roquecourbe, rend foi et hommage au vicomte de Narbonne pour tout ce qu'il tient de lui à Cuxac.

Guillaume de Cuxac, dont le fils se reconnaissait en 1274 vassal et homme-lige du vicomte, ainsi que les auteurs des autres actes de foi et hommage rendus aux vicomtes de Narbonne, avaient été précédés et furent suivis, dans la possession de leurs portions de la seigneurie de Cuxac, par des membres de leur famille qui occupaient un rang élevé parmi la haute noblesse du pays, où quelques-uns même remplirent des charges considérables. Nous citerons, en particulier :

Bernard de Cuxac, qui assistait en 1023, comme chevalier du Narbonnais, au plaid tenu devant le vicomte Bérenger pour le jugement du différend né entre l'abbé Auger et les chanoines du chapitre St-Paul, d'une part, et Raymond Udalguier, d'autre part, relativement à la possession de certain alleu situé dans le territoire de Bages ;

Bernard-Aton de Cuxac, témoin de la donation faite en 1032 « à la chanoinie » de St-Just, par le vicomte Bérenger, d'un alleu situé à Cuxac et consistant principalement en vignes ;

Bernard de Cuxac, qui embrassa l'état ecclésiastique et qui devint, en 1214, le successeur de Bertrand de St-Gervais à l'évêché de Béziers ;

Raymond de Cuxac, qui fit donation à l'archevêque Guillaume de La Broue et au chapitre St-Just, en 1251, de toutes les dîmes et prémices qu'il avait à Cuxac et dans toute la *province* de Narbonne ;

Pierre de Cuxac, juriste distingué, qui fut le premier titulaire de la charge de viguier de la Cour commune qui fut établie dans la ville de Narbonne, en exécution du pariage conclu entre le roi et le vicomte Amalric, en 1309 ;

Bérenger de Cuxac, l'un des *caylans* (1) d'Ouveilhan, qui firent opposition, en 1323, à l'établissement du bailliage royal d'Ouveilhan, lorsque cette seigneurie, rachetée au moyen des fonds offerts au roi par la communauté, fut réunie à la couronne.

Raymond de Cuxac, l'un des familiers et des chevaliers du vicomte Aymeric VII. Il fut témoin du serment par lequel ce vicomte, à l'occasion de son avénement, promet, en l'année 1341, d'observer et maintenir les coutumes et priviléges de la ville de Narbonne.

Nous venons de voir que Raymond de Cuxac avait donné à l'archevêque de Narbonne et au chapitre St-Just ses dîmes et prémices de Cuxac. Cette donation et celle du vicomte Bérenger, de 1032, qui l'avait précédée, étaient loin d'être l'origine de la portion de seigneurie qui appartenait à l'église de Narbonne, car on sait que la comtesse Arsinde, conjointement avec ses fils, Eudes et Raymond, ayant engagé, en l'année 959, à deux juifs nommés Sabron et Barrala, le lieu de Cuxac-du-Narbonnais qui leur appartenait par indivis, il fut racheté postérieurement et du consentement d'Eudes et de Raymond par un de leurs vassaux, nommé Gayre, duquel ils le reprirent en lui donnant, par voie d'échange, la bailie, c'est-à-dire l'administration fiscale de tous les alleux qu'ils possédaient dans le Narbonnais. Ce même Raymond donna ensuite à l'archevêque Ermengaud le tiers qui lui appartenait sur le château de Cuxac, en lui imposant pour condition d'en faire don, à son tour, à l'église St-Just, qui dut être mise en possession de l'objet donné vers l'année 1013, époque de la mort du premier donataire.

A cause des droits dont étaient investis les vicomtes comme feudataires du roi, la seigneurie de Cuxac suivit naturellement le sort de la Vicomté de Narbonne. Ainsi elle passa d'abord à la maison de Foix, lors de la vente de cette Vicomté faite à Tours, le 26 décembre 1447, par le vicomte Guillaume de Tinières et Anne d'Apchon, sa femme, à Gaston de Foix, et fut ensuite réunie à la couronne par suite de l'échange de la Vicomté de Narbonne contre le duché de Nemours consenti en 1508 à Gaston de Foix par le roi Louis XII, son oncle.

Le château de Cuxac, nommément désigné dans l'acte de vente de la Vicomté de Narbonne, portait alors le titre de baronnie.

A partir de l'union de la Vicomté de Narbonne à la couronne de France, les actes de foi et hommage de la seigneurie de Cuxac furent directement consentis au roi. Ces actes figuraient aux livres des aveux et dénombrements de la Vicomté, déposés dans les archives domaniales conservées au château vicomtal de Carcassonne, qui furent malheureusement brûlées par ordre du gouvernement révolutionnaire en brumaire an II. On y voyait, entre autres dénombrements, celui de noble Jean de Bourdain fait pour la moitié de la seigneurie de Cuxac. Ce dénombrement devait être à peu près de l'année de 1540. Un autre avait été fait, pour la même portion de seigneurie, antérieurement à l'année 1523, par autre noble Jean de Bourdain, probablement le grand-père du précédent. Enfin, noble Pierre de Narbonne avait fait un dénombrement, avant l'année 1557, pour son fief de Cuxac, qui passa ensuite à la famille de Mayal, dont un membre, noble Claude de Mayal, était coseigneur de Cuxac en 1636.

Les vicomtes de Narbonne avaient octroyé aux habitants de Cuxac, par voie de coutume ou par écrit, divers

(1) Du roman *castan* ou *castlan*, châtelain ou seigneur.

statuts et ordonnances concernant les droits féodaux et de seigneurie, le personnel, l'administration et le régime de la justice, les bans et *pignores*, les poids et mesures, etc., statuts auxquels ils étaient fortement attachés parce qu'ils constituaient l'ensemble de leurs immunités et franchises, codifiées par le vicomte Aymeric VI, dans un acte public de 1329, et approuvées par le vicomte Gaston de Foix en 1448. Aussi ces habitants n'eurent-ils garde d'oublier d'en demander au roi le maintien et la confirmation lors de la réunion de la Vicomté à la couronne. Cette confirmation est de l'année 1512. L'original a péri durant la période révolutionnaire dans l'incendie des ordonnances du Louvre; mais la commune de Cuxac en avait reçu une expédition, dont elle a conservé une copie avec traduction en français pour la partie latine. Nous donnons ici cette copie dont l'authenticité ne peut être contestée. Elle a été faite au XVIIe siècle, sur la demande des consuls de Cuxac, par M. Guillaume Massiac, docteur ès-droits en la viguerie de Narbonne.

« Louis, par la grâce de Dieu, roy de France, scavoir « faisons à tous, présens et advenir, nous avoir receu « l'humble supplication de nos bien amés les consuls, « manants et habitans de Cuxac, près Narbonne, contenent que de grande antieneté certains statuts et « ordonances ont esté faittes entre eus et les seigneurs « et vicomtes dudict Narbonne, soubz lesquels les supliants ont esté et sont régis et gouvernés, desquels la « teneur s'en suit : Parce qu'il importe fort aux vivans « que les chosses qui ont esté despuis longtemps justement délibérées ne tombent pas dans l'oubli, c'est « pourquoy nous, Aymeric, par la grâce de Dieu, « vicomte et seigneur de Narbonne, sachant et considérant que nous sommes obligés, pour des justes causes, « de comoder et acorder les choses soubz contés à l'universitté et à tous les particuliers de nostre lieu de « Cuxac, présents et advenir, et que nostre esprit et « nostre volonté ont esté sérieusement poussés et « induits, par une juste et prévoyante délibération, « d'exécuter les susdictes choses, considérent aussy « que les témognages des écritures ont esté introduitz « pour la conservation des lois et des canons qui ont « esté établis par l'invantion des hommes à cause de la « fragilité de leur mémoire, qui tombe facilement dans « l'oubly. C'est pour cette raison que nous avons jugé « à propos de faire réduire dans ce présent instrument « public, par le notaire soubzsigné, les concessions, « pactes et conventions que nous acordons à l'universsité et à un chacun des particuliers dudict lieu de « Cuxac, pour en conserver une éternelle mémoire et « qu'il en soit fait pleine foy apperpétuité, soubz l'an « de Nostre-Seigneur mil trois centz vingt-neuf, le « quinziesme jour d'avril, régnant très-illustre seigneur « Philipe, roy des Français. Qu'il soit cogneu à tous, « tant présents qu'à venir, par la teneur de ce présent « instrument public, que nous, Aymeric, par la grâce « de Dieu, vicomte et seigneur de Narbonne, pour « nous et nos héritiers et successeurs, présentz et futurs, « voulons, donnons et concédons gratuitement, de « certaine science et de bonne foy, à l'université des « hommes du lieu de Cuxac, à toux et chacuns dudict « lieu, présens et advenir, et à toy, notaire soubs escrit, « pour eus stipulant et apcetent comme personne publique, que par nous et nos successeurs il ne sera jamais « permis de prandre, ni mander estre prins aucunx « bestiaux, soit asnes, muletz ou autres quelconques de « l'université et comunauté dudict lieu ou d'auquns « d'icellui, pour dépiquer nos *biens* (blés) de quelque « endroit que nous en ayons, soit audict lieu ou ailleurs, « ni pour charier et voiturier lesdicts bleds, ou les « gerbes d'iceux, ni pour aucuns autres usages de nous « ou de nos successeurs, de nostre autorité ou de « nostre domination, à moins que ce ne soit de la volonté et science obtenue auparavant de celui ou de « ceux à qui apartiendront lesdicts bestiaux. Nous « réservons, toutefois, de pouvoir prendre lesdicts bestiaus pour la nécesité des armées de nostre seigneur « le roy des François, de mesme que pour les nostres, « s'il arrive que nous en ayons besoin pour la défence « de nostre terre et de nostre Vicomté; lesquels bestiaux « en ce cas nous pourrons, de nostre propre authorité, « prendre ou faire prendre tout de mesme que nos prédécesseurs avoit acotumé de faire cy-devent.

« Item, voulons et acordons à ladicte comunauté et à « tous et chaquns les particuliers d'icelle, présents et « advenir, et à toy, notaire soubz escrit, pour eus stipulent et apcétent comme dessus, que jamais dans « ledict lieu ne soit mis ny institué aucun bayle comun, « ny aucun ou aucuns sergents, pour nous et les autres « conseigneurs dudict lieu; ni pour nous en nostre « propre nom, ni pour nos successeurs, ni pour les « autres conseigneurs dudict lieu ou leurs successeurs, qu'il ne soit en aucune manière permis mestre, « faire, tenir, instituer ou créer aucun bayle, ny aucun « sergent dans ledict lieu qu'ils ne soint habitans domiciliés et demeurantz actuelement et continuelement « dans le lieu et qu'ils ne soint des hommes de bonne « renommée et d'une vie louable et honette.

« Item, nous acordons aussy à ladicte comunauté et « universitté dudict lieu et à un chacun d'icelle et « à toy, notaire soubz escrit, pour eus stipulent et « apcettant comme personne publique, et à tous leurs « successeurs à perpétuité, et voulons qu'il ne nous soit

« jamais permis, ny à nos successeurs, de tirer dudict « lieu et des prisons d'icelui aucun ou aucuns prisonniers dudict lieu, pour quelque crime ou délit que ce « soit, ny de les transférer dudict lieu ailleurs ; mais « bien voulons que ceux qui seront capturés et faits « prisonniers soint détenus dans les prisons comunes « et y soint jugés par nos officiers et curiaux comuns et « des autres conseigneurs dudict lieu, à la réserve seulement que s'il arrive que lesdictes causes et informations soint dévolues par appel desdicts délinquents, « en ce cas ils soint conduits et renvoiés à nous dans « Narbonne, c'est-à-dire par-devant nostre juge des « appellations, pour conoistre et juger dudict apel, si « bien ou mal il a esté jugé, ou si bien ou mal il a esté « apelé, comme nos prédécesseurs ont acotumé de faire « cy-devent ; sauf et réservé ausy que sy quelqun dudict « lieu délinquoit contre nostre personne, contre nostre « suceseur ou quelqun ou quelques-uns de nos anfants « ou de ceus de nos sucesseurs, contre nos espouses, « ou quelqun ou quelques-uns de nos propres officiers, « ou de nos députés, ou de nos familiers et domestiques, audict cas nous puissions retirer et faire retirer « desdicts prisons lesdicts délinquents qui y auront été « emprisonés et les faire conduire et mener en ladicte « ville de Narbonne, ou ailleurs dans l'étendue de nostre « Vicomté, ainsy qu'il en a esté uzé jusques icy par nos « prédécesseurs, et de les faire punir par nos propres « juges avec justice.

« Item, donnons, octroyons et remetons à ladicte « universitté et à tous les particuliers d'icelle, présentz « et à venir, et à toy, notaire soubz escrit, pour eux « stipulent comme dessus, tout le droit que nous avons « ou pourrions avoir contre ladicte université et les « particuliers d'icelle, pour certaines choses féodales, « ou pour des biens par eux ou par quelqun d'iceux « autrefois acquis des conseigneurs dudict lieu, ou de « tous autres, nos féodataires, jusques à cejourd'hui, et « tout ce que nous pourrions demander ou exiger pour « finance féodale ou arrière-féodale, droit de foriscape « ou de lods, ou pour comis s'ils les avaint acquis sans « permission et authorité de nous ou des nostres, par « quel titre que ce soit, jusques à ce jour ; sauf et réservé que s'y à l'avenir et de cejourd'hui il arrivoit « qu'ils fisent aquisition de quelques fonds, qu'ils soint « tenus et relèvent de nos fiefs, ils soint obligés de nous « en payer les droitz nonobstant la présente concession « que noux leur avons faitte.

« Item, donnons, octroyons et concédons à ladicte « université et à tous et chacquns d'icelle, présens et à « venir, et à toy, notaire soubz escrit, pour eus présent « et acceptent comme dessus, qu'il ne noux soit jamais « permis, ny à nos sucesseurs, de pignorer aucun ou « aucuns dudict lieu pour l'entrée de leurs possesions, « quelles qu'elles soint, dans nostre teritoire apelé de « Tarego et dans les limittes d'icelui, pour la peine « ou ban qu'on disoit avoir esté exigé desdicts habitans « arctonés et sans aucune modération depuis quelque « peu de temps, contre la justice, par quelques-uns de « nos officiers ou de ceux de nos prédécesseurs, et nous « leur concédons l'immunité et la liberté que, nonostant le long ou court uzage qui a esté contre eux « pratiqué conservant ce dessus, ils payent et soint « tenus de payer à nous et à nos successeurs, pour « chacque animal gros ou menu qui entrera ou s'aretera « dans ledict terroir ou dans l'estendue d'icelui, pour « le ban ou la peine, s'il tombe dans le ban, scavoir : « est deus sols narbonois tant seulement, ou leur valeur « d'autre monoye courante, et que chaque personne « dudict lieu qui tombera dans le ban en entrant dans « le fonds d'autrui, paye pareillement deux sols narbonois tant seulement, ou leur valeur d'autre monoye « de cours. Et c'est nostre intantion d'accorder ces « choses et de les entendre des animaux et des personnes qui tomberont dans le ban ou contrevention en « entrant dans le fondz d'autrui dudict territoire, mais « non pas pourtant lorsqu'ils entreront dans leur propre fonds. Nous n'entendons pas pourtant par-là noux « exclurre de nous pouvoir faire payer par les autres « hommes et personnes qui ne seront pas dudict lieu de « Cuxac, qui fairont entrer leurs bestiaux dans ledict « territoire ou qu'ils tomberont en leurs propres personnes dans le ban et contrevention, 60 s. tourn. pour « la peine et ban, comme il est acoutumé d'en estre uzé « par nous et par nos prédécesseurs.

« Item, nous donnons et concédons à ladicte universitté et à tous les particuliers d'icelle, présentz et à « venir, et à toy, notaire soubz escrit, comme personne « publique pour eux stipulent et acceptent, la pleine et « libre puissance et authorité d'establir et de tenir des « poids du bled et de la farine, marqués de nostre « sceau, qui soint bons et fidèles, d'un quintal, demi-quintal, carteron, livres et d'autres poids menus ; « avec lesquels poids ils pourront pezer et faire pezer « le bled ou les blés quy seront portés aux moulins et « qui en seront raportés, affin que, par les meusniers ou « autres personnes, aucune fraude ne puisse pas estre « comisse au sujet desdicts bleds, mais bien qu'ils soint « tenus et obligés de moudre lesdicts bleds, également et « fidèlement. Et afin que les porteurs les raportent fidèlement, voulons qu'ils soint recogneus et repesés avec « lesdicts poids, comme il est acotumé d'estre fait, et « que les farines soint rendues ainsy qu'il est convenable

« pour les bleds qui avoint esté portés à moudre, après « pourtant que les meusniers ou les maistres des mou- « lins auront prins et retenu le droit de moulture deub « et acotumé. Nous concédons ausy auxdicts habitens « et à ladicte universitté le poids de toutes les autres « choses qui puvent estre pesés et fairre pezer lesdictes « choses, les recoignoistre et les fairre repezer s'ils le « demondent, affin qu'aucune fraude ne puisse pas estre « comisse par qui que ce soit, mais que lesdictes choses « soint bien et fidèlement pezées et qu'on puisse vérifier « et recognoistre si elles ont esté bien et fidèlement « pezées, sauf pourtant et réservé à nostre Cour du lieu « de Cuxac le droit qu'elle a coutume d'avoir contre « ceux qui font fraude et qui se trouveront l'avoir « comisse sur ce dessus, pour les punir et coriger « deubement comme il sera du droit et de la raison.

« Item, nous concédons aussy à la comunauté et à tous « et chacquns d'icelle, et à toy, notaire soubz escrit, « pour eux comme dessus stipulent et acceptent, pré- « sens et à venir, que celui ou ceux de ladicte univer- « sitté qui seront dénoncés ou prévenus en la Cour « dudict lieu où dans la Cour de nostre terre au dehors « de Narbonne, qui se tient à Narbonne, ou dans quel- « qu'autre Cour de nostre Vicomté de Narbonne, contre « lequel ou contre lesquels la Cour dudict lieu ou « quelqu'autre Cour de nostre terre, ou nos curiaux, de « nostreauthorité ou de nos prédécesseurs, procéderoint « ou playderoint pour les crimes ou exès, quels qu'ils « soint, ne soint point tenus ny obligés de fournir « aucuns raportz et épices au viguier ou juge et notaire, « ny aucuns nos curiaux et officiers, en aucune manière, « excepté sulement pour la prononciation de la senten- « ce, au cas que lesdicts prévenus ou dénoncés seroint « absous et relaxés ; auxquels officiers, audict cax de « ladicte sentence, ils seront obligés de payer comme « il est de l'usage ; comme aussy qu'ils ne soint point « tenus de rien payer au notaire ou notaires ou gref- « fiers pour leurs écritures, à moins qu'ils n'en deman- « dent copie, auquel cas ils seront obligés de satisfaire « ledict greffier ou greffiers, pour l'expédition des dic- « tes copies, un salaire modéré comme on a cotume « d'en uzer pour lors, estant sulement des écritures « dont ils demanderont copie leur estre expédiée en « tout ou en partie.

« Item, voulons, donnons et concédons à ladicte « université et à tous les particuliers d'icelle, présentz « et à venir, et à toy, notaire soubz escrit, comme per- « sonne publique stipulent et acceptent pour eux, « qu'aucune personne dudict lieu de Cuxac ne soit pas « tenus, pour aucunes causes, procès et questions « civiles ordinaires, soit par appel, soit d'office de la « Cour dudit lieu ou à l'instance de quelque partie, « de quelque manière qu'on agisse à l'avenir en ladicte « Cour et aussy dans la Cour de nostre terre de Nar- « bonne, qui se tient audict Narbonne, ou ailleurs en « quelque endroit que ce soit de nostre Viscompté, dans « les assises ou hors des assises, qui seront meues ou « à mouvoir, tant en demandant qu'en défendent, de « payer jamais aucuns épisses au juge et au viguier « dudict lieu ou autres nos curiaux, ni au greffier ou « greffiers, hormis seulement ausdits greffier ou gref- « fiers pour leurs escritures ; desquelles nous voulons « seulement qu'ils soint satisfaitz des enquêtes, comme « nous avons cy-dessus ordonné, et des causes civiles, « ainsi qu'il a esté pratiqué de les payer. Néantmoins « sy les curiaux et notaires ou greffiers susdicts sont « obligés d'aler et de se transporter audict lieu ou ail- « leurs, dans la terre de nostre Vicompté, à la réquisi- « tion et instance de quelqu'un des parties playdantes « pour les plaideries, jugements ou espéditions desdicts « procès et causes civiles et criminelles ou des appella- « tions, audict cas ladicte partie ou lesdictes parties « requérantes soint tenues de payer ausdicts curiaux « et greffiers, pour leurs voyages ou salaires deubs et « modérés ou autrement, ce qu'ils jugeront leur devoir « estre acordé.

« Item, considérent que nos sergents de nos cours « dudict lieu et juridiction et de nostre terre au dheors « de Narbonne et du lieu de nostre Vicomté (siége de « cette dernière juridiction), le plus souvent font des « actions immodérées pour leurs salaires et travail, « pour le port des lettres qu'ils portent audict lieu, de « nostre mandement ou de celui de nos curiaux, d'office « et ordonnance de nostre dicte Cour ou autrement, pour « nos debtes ou à la réquisition et instance d'une partie « ou de plusieurs parties, pour raisons des estations et « exécutions qu'ils font, veulent avoir et se font payer « pour chacque lettre, lorsqu'ils en portent plusieurs, « tout l'antier salaire, nous, voulant oster un tel abus, « voulons, ordonnons et establisons et concédons en « faveur de ladicte université et de chaqu'un des par- « ticuliers d'icelle, présens et futurs, et de toy, notaire « soubzsigné, comme personne publique pour eux es- « tipulent et acceptent comme dessus, qu'aucun ny « aucuns de nos sergentz, quelque nombre de lettres « qu'ils portent de nostre Cour de Narbonne ou de « nostre terre hors dudict Narbonne ou d'un lieu de « nostre Vicompté audict lieu de Cuxac, pour les sus- « dictes estations et exécutions, ne puissent et ne doi- « vent prendre ny exiger de ceux contre lesquels ils « yront fairre lesdictes exécutions, soit qu'ils aillent à « pied ou à cheval, que tant seulement six deniers

« tournois pour lieue, soit qu'il n'y ayt qu'une lieue « ou qu'il y en ayt plusieurs, en portent lesdictes lettres « du lieu de la datte d'icelles. Et sy pour fairre lesdic- « tes exécutions il estoit nécessaire que lesdicts sergentz « vacassent par l'espace d'un jour ou de plusieurs jours, « ils auront et leur sera payé pour chaque jour, à « chacun, s'il est à pied, deus sols tournois tant seule- « ment, et s'il est à cheval, trois sols tournois tant « seulement, pour chaque journée s'il faut qu'ils y « vaquet une ou plusieurs journées pour fairre lesdictes « exécutions, sauf toutefois que celui ou ceux contre « lequel ou contre lesquels lesdictes lettres seront dres- « sées seront tenus de payer, pour chaque lettre, six « deniers tournois, et pour l'escriture et sceau de « chaque lettre et, outre ce, les dépances qu'ils fairont « pour écrire lesdictes lettres, pour le sceau ou pour « les sceaux, pour la citation ou les citations et autres « exécutions qui seront faittes par le sergent ou sergents « dudict lieu, comme on a acoutumé de payer par cy- « devent aux sergentz dudict lieu, en telle sorte qu'il « ne soit pas permis d'exiger et de lever autre chosse « ainsy qu'on disoit avoir esté pratiqué par cy-devent « par nostre clavaire, pour droit de rêve qu'il exigoit « du tabulaire par droit de clavarice et pour lequel on « estoit obligé de payer à nostre dict clavaire ou à « quelqun ou à quelques-uns de nos curiaux ou ser- « gentz, on estoit obligé de payer lesdicts droitz outre « lesdicts six deniers tournois, voulent que cet abus de « lever ledict droit de rêve de ladicte université et des « habitants d'icelle, présens et futurs, soit entièrement « osté et aboly.

« Item, nous ordonnons, voulons et concédons à « ladicte université et particuliers habitans dudict lieu « de Cuxac, et à toy, notaire soubz escrit, pour eux « comme dessus stipulent et acceptant, qu'à l'avenir « nos sergentz quy saisiront des gages ou ausquels des « gages seront délivrés par le bailly, sergentz ou autres « personnes quelconques dudict lieu, soubz préteste de « quelques debtes, à la réquisition ou instance de quel- « ques créanciers ou de leurs cautions, ou en quelque « autre manière que ce soit, ne puissent pas et ne pré- « sument pas de pouvoir emporter lesdicts gages et « effetz saisis hors du lieu, pendant l'espace de dix « jours, mais soint obligés de les remettre au pouvoir « du bailly ou sergentz dudict lieu et de les y laisser « et tenir pandent lesdicts dix jours, comme il est de « l'usage, et qu'après que lesdicts dix jours seront pas « sés ils puissent vendre et faire vendre lesdicts gages « pour les debtes pour lesquels ils auroint esté saisis, ou « pour l'asurance d'iceux, en la forme de droit et ainsy « qu'on a coutumé de les vendre dans les lieus de « nostre Vicomté et hormis que pandent cest intervale « de dix jours les débiteurs ayent satisfait aux debtes « pour lesquels lesdicts guages avoint esté prins, ou « qu'ils ayent convenu autrement avec leurs créanciers « ou avec lesdicts sergentz de leurs salaires, comme « nous avons cy-devent ordonné.

« Item, nous remetons et quittons à ladicte univer- « sitté et à tous les particuliers d'icelle, présens et à « venir, et à toy, notaire soubz escrit, comme personne « publique pour eux stipulant et acceptent comme « dessus, touttes et chacunes les debtes ausqueles ils « sont ou ont esté obligés envers nous et nostre Cour, à « raison de justices, réclamations, condannations, pour « quelque cause et ocasion qu'ils se trouvent obligés « envers nous et envers nostre Cour, jusques au temps « des cincq dernières années, soit que lesdictes debtes « consistet en nombre, poids ou mezurres, par con- « tratz ou sans contratz, par des condennations de « mulctes, de peines, ou par quelques autres raisons ou « causes que ce soit, jusques au temps de cincq der- « nières années, et nous voulons, dès à présent, que « toutes les asignations et toutes autres escritures quel- « quonques soint nulles et de nul effet et valeur, soit « que lesdictes debtes soint deubes par instrumens ou « sans instrumens, ou de quelque autre manière que ce « soit. Mais à l'esguard des debtes qui se trouveront « deubes depuis le temps de cincq années prochaine- « ment passées, nous voulons qu'elles puissent estre « levées et exigées par nous et par nos curiaux.

« Item, nous louons, confirmons et homologuons, « ratifions et approvons expressément à ladicte uni- « versité et à tous et chacuns les particuliers d'icelle, « présens et advenir, et à toy, notaire soubz escrit, « comme personne publique pour eux stipulent et « acceptent comme dessus, toutes et chacunes les fran- « chisses, libertés et immunités qui ont esté cy-devent « données et acordées par nous ou par nos prédécé- « seurs à ladicte université et particuliers d'icelle, et « dont ils jouissent et ont jouy jusques à présent, en « quelle manière, par quel droit, tiltre ou contemplation « que ce soit, dont nous voulons qu'ils jouissent main- « tenant et à perpétuité, comme ils en ont joui et ont « acoutumé d'en jouir jusques à présent. Toutes les- « quelles choses susdictes, en général et en particulier, « de la manière que nous les avons cy-dessus données, « concédées et remisses à l'université et à tous les par- « ticuliers d'icelle, nous prometons par une stipulation « ferme et solemnelle à ladicte université et à chaqun « des particuliers d'icelle, et à toy, notaire soubz escrit, « pour eux estipulant et recevent, de fairre louer, « homologuer et ratifier de jour en jour par nostre bien

« aymé Amalric, nostre fils ayné, sur le simple mandement et réquisition de ladicte université et des particuliers d'icelle, et que je fairay et proveray que nostre fils Amalric louera et homologuera an cet effet à ladicte université et à tous les particuliers d'icelle toutes les choses susdictes. Toutes lesquelles chosses susdictes et chacqune d'icelles, en la manière qui peut et doibt leur estre plus aventageuse, et à toy, notaire soubz escrit, pour eux et les leurs les recevent, en considération des mérites et services gratuits que nous avons receus d'eux ; pour lesquels nous nous estimons et tenons plenement payés et contens, renonceus de certaine sciance que nous avons desdicts mérites et services à l'exeption de ne les avoir pas receus et à l'action doly, maly et infactum, nous avons promis, par une stipulation valide et solemnelle et de nostre bonne foy, de guarder, tenir et observer, fairre tenir et fairre guarder toutes et chascunes lesdictes choses par nous et nos héritiers et successeurs, nos officiers et notairres, présentz et futurs, et de n'y contrevenir en aucune chosse ny fairre contrevenir pour aucune raison ny aucune ocasion que ce soit, de droit ny de fait, ouvertement ou à cachettes, par nous ou par autres. Ce que nous prometons à ladicte université et aux particuliers d'icelle et à leurs sucesseurs à perpétuité et à toy, notaire soubz escrit, comme dessus pour eux estipulant et apcetent. Renonçant, sur les susdictes choses, de nostre gré et de nostre certaine science, à toutte condition *sans cause et d'injuste cause*, et de *cause deshonete*, de *l'ignorance de fait et de droit*, et à tout *ereur et bénéfice de restitution en entier*, et à la clause générale *s'il nous aparoit de juste cause* et à toutes autres quelquonques, et à tous les autres remèdes de fait et de droit, et aus bénéfices par les quels nous pourrions venir contre ces choses ou nous aider en quelque manière ; desquels nous prometons de ne nous servir pas, en répétant les susdictes stipulations et mesme de bonne foy, contre les susdictes choses ou contre quelqu'une d'icelles.

« Ces chosses ont esté faittes et passées dans Narbonne, en la présence et tesmognage de Guillaume de St-Nasairre, conseigneur de St-Nazairre, Jacques Cristophle, Bernard de Séjean de Narbonne, Me de Palla, docteur ès-droitz, Laurens Rabardan, notaire de Narbonne, et de plusieurs autres, et de moy, Raymond Cathalan, notaire public dudict seigneur vicomte de Narbonne, qui, requis, ay receu ces choses en ma note. Mais, en ma place, Simon Subergis, clerc de Narbonne, a escrit ces choses, et moy, Raymond Cathalan, notaire susdict, me soubzcrits et mets mon seing acotumé. C'est le trapslate. Et au nom de mestre Pierre Setoris, notaire de Narbonne, l'ay transcrit et extrait de mot à mot, n'y adjoutant, changeant ou diminuant rien qui puisse changer le sens ou altérer l'inteligence de l'instrument original que Me Raymond Cathalani avoit escrit ; et en icelluy on lisoit : et certes l'original et ce présent transcrit ont esté veux à l'œil, leux et examinés et trouvés contenir ce dessus par deux notaires publics dudict Narbonne et quatre hommes litérés, scavoir : Jean de Cabassion, Colon de Alacre, Martin Merlas et Jean Cousin, clercs de Narbonne. L'an de Nostre-Seigneur mil trois cents cincquante-quatre, le seigneur Jean, par la grâce de Dieu, roy des François, régnant, ledixième jour d'aoust, ay escrit toutes ces chosses ; et moy, le mesme Pierre Setoris, notaire, me soubzcrits icy et y appose mon signe acoutumé, en témognage des choses sus-mentionés. Et moy, Pons Férier, de Narbonne, notaire public de nostre seigneur roy des Français, me soubzscrits et signe. Et moy, Antoine de Tursonibus, de Narbonne, notaire royal public, me soubzcris icy en tesmognage des susdictes choses.

« Item, certain autre instrument de confirmation desdits privilèges et prestation de serment de fidélité, aussy grossoyé et escrit en parchemin, sans aucun signe de falcification, passé et octroyé ausdicts habitens par feu messire Gaston de Foix, vicomte de Narbonne, duquel la teneur s'ensuit :

« Au nom de Dieu, l'an de la Nativité de Jésus-Christ mille quatre cenx quarante-huit, le sérénissime prince seigneur Charles, par la grâce de Dieu, roy des François, régnant, le vingt-sixième jour d'avril, scachent toutz et chacuns, présentz et à venir, qu'estant personellement establis et constitués dans le lieu de Cuxac et dans la place dudict lieu, soubz l'ormeau, en la présence de l'illustre prince et seigneur Gaston, par la grâce de Dieu, comte de Foix et de Bigorre, et en la mesme présence dudict Gaston, vicomte et seigneur de Narbonne et dudict lieu de Cuxac, et aussy dans le mesme lieu, du mandement du noble homme.... (1) damoiseau de Narbonne, viguier de toute la terre dudict Narbonne et dudict seigneur vicomte, ou son lieutenent, pour prester audict seigneur viscomte, comme leur seigneur direct, le serment de fidélité et d'homage, à scavoir : Jean Gras, Pierre Tort, Guiraud St-Just, Jean Mathelin, consuls dudict lieu, comme il a pareu de leur consulat par un instrument public

(1) Noble Aymeric de Fronsac, qui était en même temps viguier du roi en sa viguerie royale de Narbonne et viguier du vicomte.

« pris dudict lieu et reteneu par Mᵉ Arnaud-Guillaume « de Sira, notaire de Narbonne, de l'an et jour y conte- « tenus, avec la plus grande et plus saine partie des habi- « tans dudict lieu de Cuxac pour prester ledict serment « de fidélité et homage avec lesdicts consuls assemblés, « à scavoir : Guillaume de St-Just, Jean Arquier, Michel « Galabert, Pierre Durand, Jean Ruféry, André Tou- « rouselle, Jean Tort, Jean Gayraud, Pierre Malet, Jac- « ques Sabady, Pierre Rafer de Cazanove, Pierre Cas- « sony, Bernard Terran, Pierre Albin, Icard Baravy, « Pierre Condict, Jean Romanin, Pierre Blanc, Ray- « mond Azémar Bernard Azémar, Antoine Robert, « Jacques Ustard, Mᵉ Durand Sallèle, notaire, Pierre « Causse, Jean Textoris, Estienne Rinaud, Pierre Lenc- « que, Pierre-Raymond Ventitor, Bernard Roger, Jean « Salin, Pons Guiraud, Guillaume Desdasty, Pierre Ray- « mond, Pierre Belloc, Raymond Salin, Guillaume « Durand, faisant la plus grande partie des habitans et « puble dudict lieu de Cuxac, mais lesdicts consuls de « la volonté et exprès consentement de tous les habi- « tans sus-nommés, et lesdicts habitens là présens et « assistans, pour eux et pour les autres habitans dudict « lieu absens, assemblés audict lieu pour, comme dict « a esté, prester ledict serment de fidélité et homage ; « lesquels ont afirmé et confessé, en levant leurs mains « en haut vers le livre missel qui leur étoit montré et « ouvert et les saints Évangilles de Dieu descritz dans « ledict livre misel, en signe de leur confession qu'ils « faisoint un véritable serment de fidélité audict sei- « gneur Gaston, viscomte et seigneur de Narbonne et « dudict lieu de Cuxac, illec présent et pour les siens « estipulant et apcetent, comme de véritables et fidelles « vassaux, qu'ils ont fait et presté en la manière sui- « vante : Et nous, consuls et puple susdictz, scavoir : « nous dicts consuls, ayant de gred touché corporelle- « ment les sacrésaincts Évangilles de Dieu, et nous sus- « dicts particuliers, habitens et puple dudict lieu, ayant « élevé nos mains, comme dict a esté, tant pour nous « icy présens que pour les autres de ladicte université « absens, vous recognoissant et apcettent, susdict sei- « gneur Gaston, présent, et pour vous et les vôtres sti- « pulent et aceptent, en vrai seigneur et directe du pré- « sent lieu de Cuxac, nous confessons que nous sommes « de vous véritables et fidelles vassaux et promettons « qu'à vous et aux vostres nous serons de bons, véri- « tables et fidelles vassaux, et comme tels tenus d'obéir « à vos comendemens et de vos successeurs et officiers, « de procurer vos droitz, vos comodittés et vos avan- « tages, de scavoir garder et protéger et défendre vostre « personne, vos juridictions et vos seigneuries, et de « vos successeurs et de vos officiers, de toutes nos for- « ces, de mesmes que tous vos biens, vostre vie et vos « membres, au dedans et au dehors, et d'éviter et dé- « tourner de tout nostre pouvoir tout ce qui peut vous « estre domageable. Et si nous ou quelqun de nous « vouloit fairre quelque trahison ou quelque domage « contre vostre domination, ou contre vostre personne, « nous prometons de la révéler et de la découvrir à « vous ou à vos officiers incontinent qu'il sera veneu à « la cognoissance de quelqun de nous, et d'y fairre et « payer toutes les choses que nos prédécesseurs estoint « obligés et avoint acotumé de fairre à vos devenciers. « Lesquelles choses nous icy présens dudict Cuxac pro- « metons de garder et défendre de tout nostre pouvoir, « en telle sorte qu'il ne puisse arriver aucun domage « ny préjudice ny à vous, seigneur viscomte, ny à vos « officiers, et enfin de fairre tout ce que des bons, véri- « tables et fidelles vassaux sont obligés et ont acotumé « de fairre envers leur seigneur directe. Ainsy Dieu nous « ayde et les saintz Évangiles de Dieu. Et réciproque- « ment, à mesme temps, dans le mesme lieu, le susdict « seigneur Gaston, vicomte et seigneur de Narbonne et « dudict lieu de Cuxac, recevent ledict serment de fidé- « lité des susdicts hommes, par lesdicts consuls et habi- « tens tant présens qu'absens presté, acceptent lesdicts « consuls et habitens, tant présens qu'absens, en vrais « et véritables vassaux, et lesdicts consuls et habitens « là mesme présens, pour eux et les autres acceptans « et stipulants, ensemble avec moy, notaire bas escrit, « comme personne commune et publique, a presté le « sermant de fidélité sur le susdict missel et les saints « Évangilles de Dieu, en cette manière suivante : Nous « Gaston, par la grâce de Dieu, vicomte et seigneur de « Narbonne et dudict lieu de Cuxac, touchant les sacré- « saints Évangilles de Dieu corporelement, jurons en « nostre âme à vous susdicts consuls et habitans icy pré- « sens, pour vous et pour les autres habitens absens « stipulent et acceptent, ensemble avec le notaire bas « soubscrit, et prometons de sauver, garder, protéger et « deffendre vos personnes et vos biens, vos femmes, vos « enfants et vos successeurs, au dedans et au dehors, et « pareillement les priviléges, libertés, franchises et « usages antiens et aprouvés, à vous et à vos prédéces- « seurs donés et acordés et confirmés par les autres « vicomtes de Narbonne et seigneurs du présent lieu « de Cuxac, nos prédécesseurs, soit qu'elles ayent esté « escrites ou non escrites ; et toutes et chacunes les choses « qui par le seigneur vicomte dernier décédé et autres « ses prédécesseurs viscomtes et seigneurs de Narbonne « et du présent lieu de Cuxac ont esté concédées à la- « dicte universitté et qui lui ont esté transigées, con- « fessées, faittes, recognues, déclarées, confirmées, par

« actes ou sans actes, nous les confirmons, ratifions, « aprouvons et louons pour fermes et valides à perpé- « tuité, nous réservent expressément toutes et chacunes « les choses que nos prédécesseurs vicomtes, seigneurs « dudict Narbonne et du présent lieu et universitté, se « sont retenus et réservés dans lesdictes libertés, « franchises et priviléges qu'ils vous ont acordés et « confirmés. Ausquelles rétentions et réservations, par « ce que dessus, nous n'entendons pas préjudicier ny « déroger. De toutes lesquelles choses, en général et en « particuliers, lesdicts seigneur Gaston, vicomte, et les- « dicts consuls et habitens, pour eux et pour les autres « habitens absents, ont requis qu'il leur feut fait et « reteneu le susdict instrument par le notaire public « bas écrit.

« Ces choses ont esté faittes où il a esté dict cy-dessus, « en présence et témognage de magnifiques et puissans « hommes Mathieu de Foix, comte de Convenat, Jean « comte d'Estrac, Hemeric de Fronsac, demoiseau, vi- « guier royal de Narbonne, Jean de Aulône, maistre « des Ports en la sénéchaussée de Carcassonne, et de « plusieurs autres, et Me Arnaud de Belloc, jadis clerc, « habitent de Narbonne, notaire public et royal, lequel « de toutes et chacqunes les susdictes choses a receu « instrument en note, en estant requis.

« Lesquels status, ordonnances, priviléges et libertés « ont été depuis tenus, gardés et observés. Et parce que « ladicte Vicomté de Narbonne, dont dépend ledict « lieu, terre et seigneurie de Cuxac, est adveneu en nos « mains et domaines, nous ont lesdicts supliants fait « suplier avoir leurs dicts statuts, priviléges et libertés « pour agréables, iceux leur confirmer et aprouver, en « tant que besoin seroit, et sur ce leur impartir nostre « grâce. C'est pourquoy, nous, ces choses considérées, « inclinant à la suplication et requette desdicts supli- « ants, lesdicts priviléges, usages, statuts, concessions « dessus déclarées et à eux d'ancieneté octroyées, comme « dit est, leur avons confirmés, loués, ratifiés et aprou- « vés, et par la teneur de ces présentes, de nostre « grâce spéciale, pleine puissance et autorité royale, « louons, confirmons, ratifions et aprouvons, pour en « jouir et uzer par lesdicts supliants et leurs succes- « seurs à toujours mais perpétuellement et pareillement « tant et sy avent qu'eux et leurs prédécesseurs en ont « par cy-devent jouy et uzé, et qu'ils en jouissent et « uzent de présent. Donnons en mandement, par ces « dictes présentes, audict sénéchal de Carcassonne et « viguier et juge de Narbonne et à touts nos autres « justiciers et officiers, ou à leurs lieutenants, présens « et à venir, et à chacun d'eux cy comme à eux appar- « tiendra, que nos présentes grâces, confirmation, rati- « fication et aprobation ils fassent, souffrent et laissent « lesdicts supliants et leurs sucesseurs jouir et uzer à « toujours, mais paisiblement, sans leur mestre ou « donner, ny souffrir y soit mis ou donné, aucun détour- « bier ou empêchement au contraire; lequel, sy fait, « mis ou donné leur estoit, ou avoit esté mis, le metez « ou faites mestre incontinent et sans délay à plene « délivrance et au premier estat et deu. Et afin que ce « soit chose ferme et estable à toujours, leur avons fait « mestre nostre sel à ces présentes, sauf en autres « choses nostre droit et l'autruy en toutes. Donné à « Blois, au mois de mars, l'an de grâce mil cinq cents « douze et de nostre règne le quinzième. »

A côté des archevêques de Narbonne et du chapitre St-Just, donataire particulier de Jean de Cuxac, du prieuré de St-Félix (Sallèles ?) et de l'abbaye de Fontfroide, qui étaient coseigneurs de Cuxac, figuraient aussi les chevaliers de St-Jean de Jérusalem pour leur commanderie de Narbonne, qui avait, dans sa portion de seigneurie, plusieurs serfs de casalage dont elle favorisa et peut-être aussi rechercha ou réclama l'affranchissement, moyennant un rachat fixé en sous et deniers proportionnellement à la valeur des biens de leur *casalagium*. Nous nous proposons de publier l'acte constatant cet affranchissement, qui est du XIVme siècle, dans le prochain Bulletin de la Commission archéologique et littéraire de Narbonne, où sa place est indiquée d'avance à raison de l'intérêt qu'il présente pour l'étude des questions si intéressantes et si peu connues qui se rattachent au régime du servage en France, régime défiguré à dessein et présenté sous les couleurs les plus odieuses, tandis qu'il n'était, tout simplement, qu'une forme, un mode d'exploitation agricole ou de biens meubles et immeubles, librement débattu entre serf et patron ou seigneur, comme le sont de nos jours le colonage, le métayage, ou le fermage.

L'archevêque de Narbonne avait aussi plusieurs serfs sur son fief de Cuxac, ainsi que l'établit une sentence arbitrale du 11 des kalendes de juillet (21 juin) 1251, rendue par Guy Fulcodi, plus tard archevêque de Narbonne et ensuite pape sous le nom d'Alexandre IV, et Raymond, évêque de Béziers, qui condamne le vicomte de Narbonne à la restitution en faveur de l'archevêque de tout ce qu'il avait exigé de ses serfs à l'occasion de ce qu'il s'était croisé pour la terre sainte.

A part la quatrième partie de la justice haute, moyenne et basse, qui avait été reconnue en 1298, par Guillaume-Raymond de Cuxac, au profit du vicomte Aymeric, il ne paraît pas que la justice de la seigneurie ait été autrement inféodée par les vicomtes, et ceux-ci l'avaient de nouveau entièrement à leur main lors de l'union de la Vicomté de Narbonne et par conséquent de la seigneurie de Cuxac à la couronne. Il y fut alors établi un bailliage royal qui a fonctionné jusqu'à la Révolution (1) et dont les papiers, malheureusement incomplets, font partie de la série B. aux Archives départementales de l'Aude.

L'union de la seigneurie de Cuxac à la couronne n'avait rien changé à la constitution de ses divers fiefs. Celui qui appartenait aux vicomtes passa au roi, avec tous ses emphytéotes, et quant aux autres ils changèrent simplement de mouvance et relevèrent directement du roi au lieu de relever comme précédemment des vicomtes de Narbonne.

Les reconnaissances emphytéotiques du fief du roi furent renouvelées en 1769 et 1770, devant M. Pierre Hostalot, notaire de Cuxac. Une expédition de ces reconnaissances existe aux Archives départementales. Elles forment un registre in-folio de 250 feuillets. Auparavant elles avaient été renouvelées : — en 1392, devant M. Delordatié, notaire, au profit du vicomte Aymeric VII ; — en 1496, devant M. Delaba, notaire, au profit de de Jean de Foix, vicomte de Narbonne ; — en 1644, devant M. Nicolas Faure, au nom des consuls de Cuxac, qui étaient alors engagistes de ce fief ; — et enfin en 1700, devant M. François Robert, en faveur du roi, au nom de S. A. R. Louis-François de Bourbon, prince de Conti, qui tenait la seigneurie de Cuxac à titre d'engagement.

Cuxac, anciennement Cuguciacum ou Cutciachum, avait d'abord porté le nom de Géminian, sous lequel il était désigné au Xme siècle et antérieurement.

Ainsi, on lit dans la donation de l'église de Ste-Marie faite en 940 à Oger, abbé du monastère de St-Pons-de-Thomières, par Rodalde, évêque de Béziers, et le chapitre de cette ville : « laudamus et concedimus..... et « ecclesiam Sancte Marie de Geminiano. » On lit encore dans le testament de Garsinde, comtesse de Toulouse, daté de l'année 974 : « ..... quantum in istis locis visa « sum habere et ecclesiam Sancte Marie, cum omnia que « ibi visa sum habere, dono Deo et Sancte Marie et Sancto « to Pontio Tomerias, que vocant Geminiano. » Enfin le premier testament de la vicomtesse Adelaïde, qui est de l'année 977, contient la donation suivante : « Ipsum « alodem quem habeo in villa Geminiano, quod fuit « Persone et Danielis, et ipsas vineas que fuerunt Go- « drandi, teneat Deusde, presbiter, dum viverit ; postea « vero remaneat ad ecclesiam Sancte Marie quam vo- « cant Quadraginta. » De plus, dans le second testament de la même vicomtesse, qui porte la date de 990, testament par lequel elle fait un legs à Étienne, son vassal, et à sa femme, on lit : « Ad Stephanum et « uxorem suam Purpuram dono in villa Geminiano, « que Cuguciacus vocatur, mansum unum cum curte « et omnes terras et vineas quas ibi comparavi. » On lit enfin dans la donation du 7 des ides de juin (7 juin) 1032, faite par le vicomte Bérenger de Narbonne « à la « chanoinie » de St-Just : « Manifestum quippe est « quia placuit animis meis... ut donem alodium meum « quod habeo in villa Geminiano, que Cuguciacus « vocatur, et in ejus terminio, in canonicam sanctorum « Justi et Pastoris. » Durant la plus grande partie du Xme siècle et, sans aucun doute, auparavant, l'unique dénomination usitée est Géminian ; mais, sur la fin du Xme siècle et au XIme, l'addition de Cuxac comme surnom à cette dénomination semble établir qu'elle était alors peu répandue et déjà à peu près oubliée, ce qui explique pourquoi le surnom resta seul dans les chartes postérieures pour désigner la localité à partir de cette dernière époque.

Par sa proximité de Narbonne, dont il était en quelque sorte un poste avancé, Cuxac avait une certaine importance stratégique. Aussi voyons-nous qu'en 1341 Thimburge de Son, vicomtesse de Narbonne, mère et tutrice du vicomte Aymeric VII, qui n'avait alors que 15 ans, donna l'ordre au viguier de Narbonne « de faire « fortifier le château de Cuxac, aux environs de cette « ville, pour le mettre en état de défense contre les « ennemis du roi et du vicomte. » On verra plus loin que c'est à cette prévoyance que Cuxac dut de ne pas être saccagé et détruit, comme tant d'autres localités voisines, par les compagnies du prince de Galles qui ravagèrent la province.

Les ouvrages dont fut alors muni Cuxac en fesaient une véritable forteresse, une place considérable, ceinte de remparts flanqués de tours et protégés par des fossés et des ravelins, dont le voisinage de la rivière gênait les approches et facilitait la défense. Il fallait un siége en règle pour la réduire. C'est pour ces motifs que le vicomte Aymeric VII, homme fort expert et qui avait fait

(1) Une remarque assez piquante. Sous l'ancien régime, Cuxac, comme du reste toutes les localités du pays, avait son siége juridictionnel, qui fesait droit aux justiciables sans déplacement. C'était le juge qui se déplaçait, s'il ne résidait pas, pour aller au justiciable. Aujourd'hui, à part les habitants, sous ce rapport vraiment privilégiés, des chefs-lieux de département, d'arrondissement et de canton, tous les autres justiciables, c'est-à-dire près des neuf dixièmes de la population, sont obligés de se déplacer, souvent à des distances considérables et non sans fatigue et perte de temps, pour aller au juge. Comme on le voit, la comparaison est loin d'être à l'avantage de l'organisation moderne. Nous pensons qu'il y a là matière à méditation pour les esprits sérieux qui se piquent d'égalité et qui se préoccupent de l'amélioration progressive de nos institutions sociales.

ses preuves en matière de guerre, s'y établit, en 1381, avec les catalans qu'il avait appelés à son aide dans la lutte ardente qu'il engageait contre les habitants de Narbonne.

Voici dans quelles circonstances.

L'archevêque de Narbonne, qui était tout-puissant dans la Cité, avait entraîné les habitants de la ville à faire cause commune avec Gaston de Foix, qui disputait au duc de Berry, oncle du roi, le gouvernement de la province. Le vicomte Aymeric, soutenant, au contraire, le duc de Berry, avait fait, de son côté, de vains efforts pour les ramener à la soumission qu'ils devaient au représentant de l'autorité royale. Il en avertit le duc, qui leur dépêcha le bâtard d'Alaman, écuyer du comte de Savoie, pour les dissuader. Mais loin d'accueillir cet envoyé, ils se jetèrent sur lui, le massacrèrent avec toute sa suite et pillèrent ses effets. Le vicomte lui-même leur devint suspect et il dut s'échapper de la ville après avoir vu son palais attaqué et mis au pillage. Il se retrancha dans Cuxac, bloqua la ville, qu'il avait *défiée,* et ouvrit les hostilités contre elle par un système de destruction impitoyable, qui consistait dans la dévastation des propriétés, l'incendie des constructions, l'enlèvement des récoltes et des bestiaux, le pillage sous toutes ses formes et le rançonnement des habitants qui osaient s'aventurer hors des murs de la ville. La fureur de cette destruction s'attacha surtout aux moulins situés autour de Narbonne, qui furent tous démolis, et aux digues que les habitants avaient fait construire en travers de la rivière, vers Sallèles, pour la ramener dans son lit ancien et naturel placé entre le Bourg et la Cité dans l'intérieur de la ville, à laquelle le vicomte espérait ainsi, faute de communications, intercepter les vivres afin de l'amener à capitulation. A leur tour, les habitants de Narbonne, qui avaient accepté résolûment le défi du vicomte, ne lui firent pas une guerre moins implacable. Ils ravagèrent ses terres, pillèrent sa maison de plaisance de Bougna, assiégèrent sa femme et ses enfants dans son château de Fabrezan, prirent et pillèrent le château de Marcorignan, gardé par des hommes de l'armée du duc de Berry, qu'il y avait mis en garnison, et s'emparèrent par assaut du château de Montredon. Ils entreprirent même le siége du château de Portel, où ils s'étaient portés « en armes découvertes, en ma- « nière de host, avec des bombardes et des canons ; » mais ils ne purent l'emporter et se bornèrent à en brûler les faubourgs et les moulins. Un prêtre nommé Bernard Arquivilant, qui était à leur tête, poussa même une incursion jusque sous les murs de Cuxac ; mais il n'osa rien entreprendre contre ses fortifications, qui défiaient ses moyens d'attaques. Néanmoins la lutte continua, de part et d'autre, s'envenimant à chaque nouvelle entreprise des combattants, et elle durait encore, en 1384, opiniâtre et acharnée, alors que la ville s'était déjà soumise au duc de Berry comme le reste de la province.

L'influence du fait capital du moyen âge, l'affranchissement des communes, s'est lentement fait sentir dans le Midi et la raison en est simple.

A l'abri de libertés qui étaient le patrimoine de tous les centres de population et dont il faudrait rechercher les origines dans l'état social sorti du droit romain, sous lequel vivaient les habitants de la province, ces centres de population, laissant à leurs seigneurs le soin des affaires qu'on pourrait appeler d'utilité générale, s'administraient eux-mêmes, d'une façon toute primitive, si l'on veut, mais qui, pour être dépourvue des savantes combinaisons de notre moderne organisation municipale, qui, soit dit en passant, ne semble jamais satisfaite de son dernier mot, ne leur laissait pas moins la plus entière indépendance pour la conduite des affaires qui n'affectaient que les intérêts de la communauté.

Pour ces centres de population, il n'y avait pas d'intérêt commun permanent et partant pas d'administration permanente. Mais quand un intérêt de communauté surgissait, ils se réunissaient en assemblée dont fesaient partie tous les chefs de famille, même les femmes lorsqu'elles étaient tête de maison, délibéraient *in foro,* en plain air et en pleine liberté, sur l'objet qui avait motivé l'assemblée, sans autre intervention d'un pouvoir supérieur que la simple présence du juge du seigneur, chargé de veiller au maintien de l'ordre et à ce que les résolutions arrêtées fussent exclusivement relatives à l'intérêt commun, et, la délibération prise, ils nommaient, pour la poursuite et l'exécution de leurs résolutions, un ou plusieurs procureurs ou fondés de pouvoirs, auxquels ils donnaient aussi le nom de syndics, dont les fonctions, essentiellement temporaires et définies, duraient juste le temps nécessaire pour mener à bonne fin l'intérêt de communauté qui avait provoqué leur nomination ; le tout sauf à recommencer de même pour chaque nouvelle affaire.

En plein XIVe siècle et même dans le XVe, beaucoup de centres de population, et quelques-uns considérables, n'avaient pas d'autres système d'administration communale.

Cuxac était de ce nombre.

Cependant les habitants de la seigneurie, incités par des exemples voisins et par la vue de Narbonne en particulier, dont le consulat, qui datait des premières années du XIIIe siècle, avait augmenté la puissance de la communauté en défendant avec plus de suite et accroissant ses privilèges, ses libertés et ses prérogatives, résolurent de s'assurer le bénéfice de la création d'une administration communale permanente. Ils s'adressèrent donc, à l'effet d'obtenir l'établissement d'un consulat, non au vicomte de Narbonne, qui n'était que feudataire de la seigneurie, mais au sénéchal de Carcassonne, comme représentant du roi Philippe VI, de qui elle relevait directement, et le roi ayant accueilli leur demande, le consulat de Cuxac fut établi.

L'organisation du consulat de Cuxac fit sans aucun doute l'objet de lettres patentes, qui durent être données vers les premières années du règne de Philippe VI; mais n'ayant pu en retrouver la trace, nous ne saurions indiquer leur date d'une manière plus précise ni encore moins leurs dispositions.

Toutefois, nous allons faire connaître le mécanisme du système municipal qui avait été organisé par ces lettres patentes, au moyen d'une ordonnance rendue durant la captivité du roi Jean, au mois de juin 1357, par Charles, son fils aîné et depuis Charles V, qui avait alors la lieutenance du royaume.

Cette ordonnance, justifiée par des abus qui avaient compromis la tranquillité publique, modifiait le système d'élection des consuls, dont elle restreignait la forme trop libérale. Nous allons la résumer de la manière suivante pour la partie que nous pourrions appeler, avec raison, son exposé des motifs :

Philippe VI avait permis aux habitants de Cuxac d'élire tous les ans, le jour de la fête de la Chaire de St-Pierre, quatre consuls, dont la charge devait durer un an, et plus si ces habitants le jugeaient à propos.

Les nouveaux consuls devaient prêter serment au roi et aux autres coseigneurs de Cuxac, entre les mains du bailly attaché à la seigneurie (1).

Les consuls à leur tour devaient élire chaque année, vingt ou trente conseillers, qui prêtaient serment entre leurs mains.

Ils élisaient aussi, avec le concours des habitants, quatre prud'hommes, qu'ils présentaient au conseil (2).

L'autonomie communale, on le voit, était complète. Le pouvoir royal s'était entièrement défendu de toute immixtion. Au corps des habitants, c'est-à-dire au suffrage universel seul, sans contrôle et sans appel, appartenait la direction et par suite la gestion des affaires communales.

Il ne faut juger d'une époque et de ses institutions qu'avec l'esprit de cette époque, ses idées et son tempérament. Aussi, sans rien livrer à la critique et en dehors de toute opinion ou préférence personnelle, nous poserons-nous cette simple question : aujourd'hui des institutions d'une nature aussi libérale seraient-elles possibles ? Qu'en adviendrait-il, à court délai, au profit ou au dommage du pays ?

La réponse à cette question, en ce qui regarde le passé et peut-être, aussi, comme prédiction pour l'avenir, se trouve dans l'exposé des motifs de l'ordonnance qui a modifié l'organisation du consulat de Cuxac. Nous allons, en conséquence, la transcrire ici, d'après le Recueil des ordonnances des rois de France, tome III, page 174, pour l'édification des hommes de recherche et d'étude :

« Karolus, regis Francie primogenitus ejusque locum « tenens, dux Normannie et dalphinus Viennensis : « Notum facimus universis presentibus pariter et futu- « ris, quod per homines et sindicos castri de Cucciaco, « senescallie Carcassone, fuerit olim senescallo tunc « Carcassone certa supplicatio sub certa forma facta « pro obtinendis consulibus in castro predicto. Que- « quidem supplicatio extitit per dictum senescallum, « retento beneplacito Regie Majestatis, admissa et re- « cepta, et postea per bone memorie dominum Philip- « pum, avum nostrum (Philippe de Valois), concessa et « approbata ac etiam confirmata. In quibus concessione « et confirmatione ipsis hominibus et universitati dicti « castri inter cetera concessum extitisse dicitur, quod « ipsa universitas haberet de cetero quatuor consules « creandos et constituendos per ipsam universitatem, « quolibet anno, in festo Cathedre Sancti Petri, quorum « officium duret per annum in die predicta Cathedre « Sancti Petri incipiendum, et amplius si et quamdiu « placuerit universitati predicte, seu ejus majori parti. « Quiquidem consules annuatim in sui nova creatione « jurare habeant et teneantur in manibus bajuli dicti « castri fore fideles et in suo consulatus officio bone et « fideliter se habere; quodque ipsi consules qui pro « tempore erunt possint eligere, quolibet anno, de « hominibus et habitatoribus dicti castri, viginti seu « trigenta consiliarios, qui in manibus ipsorum consulum « jurare habeant se dictis consulibus in negociis ipsam « universitatem tangentibus, fidele consilium prestitu- « ros. »

« Item, quod dicti quatuor consules possint infra « tempus eorum regiminis, cum dicta universitate seu « ejus majori et saniori parte, alios quatuor probos « homines dicti loci eligere et consiliariis suis presen-

(1) La justice de Cuxac étant alors divisée entre le vicomte et au moins un coseigneur, elle était administrée sous forme de syndicat ou de *caylanie*, par un bailly nommé en commun par tous les coseigneurs justiciers.

(2) Les fonctions de ces prud'hommes ne sont pas indiquées. Nous pensons, toutefois, qu'ils étaient chargés, ainsi que cela se pratiquait ailleurs, d'assister les consuls dans la répartition entre tous les habitants de la quotité des tailles qui étaient imposées à la communauté.

« tare, qui tenentur jurare modo premisso et quorum « duret officium prout superius est expressum, ut hec « et alia in litteris dicti domini avi nostri, super con- « cessione et confirmatione hujusmodi confectis, plenius « contineri dicuntur.

« Verum, cum totius universitatis et tanti populi in « electione hujusmodi convocatio plerumque tendat ad « rixas et propter varias opiniones ipsorum nequeant « faciliter de personis consulum convenire, ymo quan- « doque differtur electio, rixeque, tumultus et conven- « tiones increbescunt et paratur materia deveniendi ad « verbera et datur occasio delinquendi, prout fertur.

« Super quibus nobis supplicaverunt eis et eorum « universitati predicte per nos, de gratia speciali et « auctoritate regia, concedi ut ipsi consules unacum « eorum consiliariis predictis seu ipsorum majori et « saniori parte, possint annuatim consules novos eligere « et creare, non obstante quod alias, sequendo formam « primo eis datam, consueverint dictam universitatem « in electione hujusmodi voce preconia convocare, cum « per hanc novam electionem evitetur tumultus et delin- « quendi materia aufferatur ut in locis insignibus circum- « quaque et ut plurimum in dicta senescallia tales « electiones consueverunt fieri annuatim per antiquos « consules cum consiliariis suis vel eorum majori et « saniori parte dumtaxat, ut asserunt.

« Quocirca, nos, talibus rixis, periculis et aliis incom- « modis, que per multitudinem ipsorum habitantium « evenire possent, obviare cupientes, eorum suppli- « cationi, contemplatione premissorum, inclinati, ipsis « consulibus et eorum universitati predicte concessimus « ac tenore presencium concedimus, de gratia speciali « et auctoritate regia qua fungimur, ut ipsi consules qui « nunc sunt et qui pro tempore erunt unacum predictis « eorum consiliariis, seu majori et saniori parte ipso- « rum, de cetero, in eorum domo communi pro trac- « tando de nova electione consulum, convenire, et con- « sules novos in dicto festo Cathedre Sancti Petri seu « in fine regiminis eorumdem facere, eligere et creare « possint et valeant ; qui quolibet anno in eorum nova « creatione jurare habeant ac teneantur modo predicto, « et eorum duret officium prout in concessione et con- « firmatione predictis plenius continetur. Nolumus, « tamen, quod dicti consules nostra presenti gratia uti « valeant quousque major et senior pars hominum habi- « tatorum dicti castri, sufficienter vocati coram senes- « callo Carcassone seu judice regio Narbone, aut eorum « loca tenentibus vel altero ipsorum, suum prebuerint « in premissis assensum. Mandantes dictis senescallo « Carcassone et vicario ac judici regio Narbone, cete- « risque judiciariis ejusdem domini et genitoris nostri « ac nostris, qui nunc sunt et pro tempore erunt, vel « loca tenentibus eorumdem et cuilibet ipsorum prout « ad eum pertinuerit, ne ipsos consules et universitatem « in casu predicto contra tenorem presentis nostre « gratie impediant seu perturbent, sed ipsos hac nostra « presenti gratia uti et gaudere pacifice faciant et per- « mittant. Quod ut firmum et stabile perpetuo maneat « in futurum, has presentes litteras sigilli Castelleti « Parisiensis in absentia magni dicti domini nostri « munimine fecimus r·borari ; nostro in aliis et om- « nibus quolibet alieno jure salvo. Actum et datum « Parisiis, anno Domini millesimo trecentesimo quin- « quagesimo septimo, mense junii. »

On a vu que les nouveaux consuls devaient prêter serment de fidélité au roi, au vicomte et aux coseigneurs de Cuxac, entre les mains de leur baile. La justice de Cuxac étant alors divisée entre le vicomte et au moins un coseigneur, ainsi que nous l'avons établi plus haut, elle était administrée par voie de syndicat ou de *caylanie* par un baile nommé en commun par tous les co-justiciers.

Cuxac était l'une des 24 communes principales du diocèse de Narbonne qui avaient droit d'entrée aux assiettes diocésaines ainsi qu'aux États de la province, et qui pouvaient prendre, à leur tour, le syndicat du diocèse dans les conditions d'organisation de ce syndicat. (V. AA. 117, cart. E, f° 22 v°; BB. 58, f° 156, t. II, etc.)

Lors du passage des compagnies du prince de Galles à travers le Languedoc, qui fut marqué par elles d'un sillon de sang et de feu, Cuxac dut à ses fortifications d'être complètement épargné. Devant ses tours et ses fossés, que le viguier de la vicomtesse Thimburge avait fait établir, quelques années auparavant, dans les meilleures conditions que comportait le système de défense de l'époque, ces compagnies, ne jugeant pas prudent d'en entreprendre le siége, passèrent outre pour échapper au danger dont les menaçait la marche des sénéchaux de Toulouse et de Beaucaire, qui s'avançaient dans le dessein de les envelopper, et, pour regagner la Guyenne, d'où elles étaient parties, elles se jetèrent dans le Minervois, après avoir brûlé, sur leurs pas, Ouveilhan et Capestang, qui n'avaient que d'insuffisants moyens de défense.

Cuxac fut donc épargné ; mais ses habitants avaient été les témoins d'une de ces exécutions atroces que ne saurait légitimer ni excuser aucune nécessité de guerre et qui semblent faites pour glacer un peuple par l'épouvante ou pour l'exalter jusqu'à l'héroïsme par l'horreur. Le prince de Galles, avant de livrer aux flammes le Bourg et les faubourgs de Narbonne, en avait enlevé tous les notables et les avait amenés devant Cuxac, au milieu de ses compagnies, dans l'espoir de les rançonner à merci. Quelques-uns, au prix de leur ruine, payèrent leur rançon; mais ce fut le petit nombre. Froidement, tous les autres furent passés au fil de l'épée.

Durant les guerres de religion qui désolèrent le pays pendant la seconde moitié du XVIe siècle, Cuxac fut le théâtre des faits militaires que nous allons succinctement rapporter.

Au mois d'avril 1563, le château de Cuxac fut pris sur les catholiques par les religionnaires de Béziers; cependant il fut bientôt dégagé par le seigneur de Caux, qui venait de battre un de leurs corps devant les murs de Ginestas. De cette époque jusqu'à 1574, Cuxac resta au pouvoir des catholiques; mais, le 7 décembre de cette même année, un corps de troupes du maréchal de Dampville le prit par escalade et y fit prisonniers presque tous les soldats de la compagnie de Sarlaboz, qui y était arrivée la veille pour empêcher le coup le main dont le château était menacé.

Un paysan, nommé Paul Conilh, avait livré Cuxac aux confédérés ou royalistes de Dampville, qui s'y maintinrent durant dix ou onze mois, et quelque temps après il machinait encore une semblable surprise contre Narbonne; mais les consuls en ayant été avertis, firent si bonne garde autour de la ville que quoique Paul Conilh eût pénétré jusque dans ses murs, avec quelques-uns des siens, en suivant à la nage la rivière, il n'osa rien entreprendre et rentra dans le château de Cuxac, dont la ville et le diocèse de Narbonne ne tardèrent pas à préparer la reddition.

Fort incommodée par les courses journalières des religionnaires, installés à Cuxac « en ennemys et rebelles « au roy, » la ville de Narbonne avait levé une compagnie de cavalerie qui avait pour mission de surveiller leurs sorties et de leur courir sus lorsqu'ils s'aventuraient dans la plaine. Elle fit ravager toutes les cultures autour de Cuxac et couper toutes les communications pour empêcher le ravitaillement du château et le réduire par la famine. Cette tentative demeura sans succès. Cuxac était toujours au pouvoir des religionnaires et la ville de Narbonne, renonçant à une action isolée pour les en chasser, dut concerter avec le diocèse les moyens de l'enlever, en organisant une action commune qui serait en même temps poussée contre Bize, également au pouvoir des religionnaires.

L'assiette diocésaine ayant pris l'affaire en mains, la ville de Narbonne décida, conformément à l'avis de M. de Rieux, son gouverneur, qu'elle contribuerait aux frais de la campagne pour un sixième. M. le baron de Rieux mit donc le siége devant Cuxac et devant Bize. Mais, soit défaut de moyens, soit prudence commandée par la difficulté des opérations, elles marchèrent si lentement que la ville de Narbonne, qui était la première à souffrir de cette lenteur, se détermina à offrir une somme de 10,000 liv. tourn. au baron de Rieux « pour « estre payée s'il lui estoit possible recouvrer par com- « position lesdits lieux de Cuxac et Bizan soubz l'obé- « issance du roy, tant par subtilz moyens de ceux qui « sont dans lesdits lieux commandans iceulx, que par « aultres personnages en estans hors. »

Cependant l'offre de la ville n'était ni accueillie ni refusée et les religionnaires tenaient toujours à Cuxac, continuant leurs courses dans la plaine et jusqu'aux portes de Narbonne, enlevant les troupeaux et leurs gardes, détruisant les récoltes, « fesant plusieurs meur- « tres et massacres de catholicques » et devenant de jour en jour plus audacieux par la faiblesse de la résistance qui leur était opposée à cause de l'insuffisance des troupes placées sous le commandement de M. le baron de Rieux.

Dans cette situation, la ville de Narbonne s'adressa au comte de Laviston, officier de mérite, qui était gouverneur de Carcassonne et qui venait de reprendre aux religionnaires deux places importantes, Cuxac-Cabardès et Montlaur, dont ils s'étaient emparés par surprise. M. Berre, l'un des consuls de la ville, lui fut envoyé afin de l'amener à disposer de ses troupes pour déloger les religionnaires de Cuxac et de Bize. Le comte de Laviston promit de se rendre dans le diocèse de Narbonne, mais seulement dès qu'il aurait purgé celui de Carcassonne des religionnaires qui l'infestaient.

Cet ajournement temporaire profita aux méditations des consuls de Narbonne, qui, arrêtés par la crainte de provoquer un conflit de commandement entre le capitaine de Laviston, dont ils voulaient se ménager, en cas de besoin, la capacité militaire et les services, et M. le baron de Rieux, dont ils ne voulaient pas blesser la susceptibilité, modifièrent leur premier plan et pour sortir d'embarras s'adressèrent à Mgr l'archevêque pour faire régler entre les deux officiers la question du commandement des troupes qui devaient être employées pour la campagne organisée contre Cuxac et Bize.

Les négociations entreprises dans ce but par Mgr l'archevêque de Narbonne n'eurent pas de résultat direct, mais elles eurent pour conséquence, ce qui était tout aussi important pour la ville, de déterminer M. le baron de Rieux à pousser plus activement les opérations qu'il avait commencées.

Bize fut emporté après quelques jours de vive attaque, vers le milieu du mois d'août 1575.

La rapidité et l'importance de ce succès avaient dû nécessairement déconcerter les religionnaires en augmentant la confiance des troupes de la Ligue ; mais leur influence, dont pouvait sortir un brusque changement dans la face des choses, ne fut pas mise à profit par M. le baron de Rieux, car, au lieu de se jeter avec la même vigueur sur Cuxac, sans donner à sa garnison le temps de se reconnaître et d'organiser plus vivement la résistance, il rentra dans son gouvernement de Narbonne pour parlementer avec la ville relativement aux conditions de la prise de Cuxac. Au cours des négociations qui s'engagèrent, il promit « d'aller camper en brief » devant Cuxac ; mais il demandait que les 10,000 liv. tourn. que la ville avait promises pour la prise de Bize et de Cuxac lui fussent comptées d'avance, afin disait-il « de « subvenir à l'antretenement du camp et armée que « convyendra lever en bon nombre parce que ledict « *lieu de Cuxac est fort, assiz en plaine.* » Mais la ville refusa de se lier et répondit à sa demande en la renvoyant aux commissaires de l'assiette pour savoir d'eux dans quelle mesure le diocèse contribuerait à la dépense. En même temps elle délégua à une commission de douze conseillers le soin de délibérer avec M. le baron de Rieux « sur les affaires du camp et sercher secrète« ment tous les moyens pour exécuter et reprendre « ledit lieu de Cuxac. »

Il n'apparaît d'aucun document que les religionnaires aient été délogés de Cuxac par les armes, et les historiens du Languedoc paraissent être dans la vérité quand ils avancent que le château se rendit par composition. Une chose certaine, c'est que les catholiques souillèrent leur triomphe par une exécution odieuse. Ils passèrent la garnison de Cuxac au fil de l'épée et tuèrent tous les habitants qui avaient favorisé les religionnaires ou pactisé avec eux. On ne saurait trop flétrir des actes de cette nature, que rien ne légitime, mais qu'expliquent sans les amnistier le fanatisme de l'époque et l'acharnement avec lequel la guerre était conduite de part et d'autre.

Dans une délibération du conseil général de Narbonne prise à la date du 5 novembre 1575, on voit que la ville consent au paiement des 10,000 liv. tourn. promises « pour reprandre et réadvoir à l'hobéissance du roy « le lieu de Cuxac, » sous la condition que M. de Rieux « fera abbattre les tours qui sont aux murailhes dudict « lieu, les deffances d'icelles murailhes, revelyns, por« tes, combler les fossés et autres forteresses qui sont « dedans et dehors ledict lieu, pour le rendre indeffan« sible aux ennemys. » Il venait donc d'être repris à ce moment sur les religionnaires, qui l'avaient occupé durant près de onze mois.

Mais qu'advint-il des conditions que la ville avait mises au paiement des 10,000 liv. tourn. que la reddition de Cuxac avait coûtées !

Le baron de Rieux, qui avait jusque-là servi les intérêts de la Ligue, passa dans le camp de M. de Montmorency et devint l'un de ses principaux officiers dans la guerre qui se termina par le triomphe du parti royaliste. Il ne s'occupa en aucune sorte du démantèlement des fortifications de Cuxac et on peut voir dans les délibérations municipales de Narbonne que la ville dût s'occuper à nouveaux frais de ce démantèlement par l'entremise de M. d'Audric, viguier du roi et lieutenant au gouvernement de Narbonne.

En effet, le 14 décembre 1575, la ville acquitte entre les mains de M. Jean d'Audric, écuyer, sieur de Savignac, viguier du roi et lieutenant de M. de Rieux au gouvernement de Narbonne, « l'entier paiement de la quotité, « part et portion qu'elle doit et est tenue de pourter « de la somme de 10,000 liv. promise par ladite ville « et diocèse pour la réduction du lieu de Cuxac à « l'obeissance de S. M., ce que auroit été fait par ledit « sieur gouverneur, » sous la promesse qu'elle exige de M. de Savignac « de fere abatre les tours dudict Cuxac, « combler les fossés, comme est pourté par délibération « de conseilh général tenu le 6 novembre passé, et c'est « entre cy et la fin de janvier prochain venant. »

Mais malgré sa vigilance la ville n'en avait pas encore fini. M. de Savignac négligeait le démantèlement promis et pour l'obtenir enfin elle dut, au mois de février 1576, le faire sommer et requérir « de démolir les tours et « murailles de Cuxac et détruire ses fossés pour empê« cher les ennemis de s'en emparer et les tourner contre « la ville. »

Les tours de Cuxac furent enfin démolies et ses fossés disparurent ; mais les remparts restèrent debout. Du reste, ils n'étaient pas manifestement compris dans le démantèlement, dont les conditions premières ne visaient que les ouvrages extérieurs, inquiétants pour la sûreté de Narbonne, et ils furent conservés pour la défense des habitants dans une guerre qui paraissait interminable et dont le principal système consistait en surprises et coups de main.

Un chemin de ronde continu, qu'on appelait l'Allée de la Muraille, donnait accès sur les remparts de tous les points de l'intérieur. Ces remparts, qui n'étaient percés que de deux portes, ont aujourd'hui disparu, en détail, par suite de la transformation de la localité et de l'accroissement de ses constructions.

Le 15 août 1585, 400 religionnaires tentèrent de s'emparer de Cuxac, occupé par les ligueurs. Mais ceux-ci les reçurent vivement et les forcèrent à battre en retraite après leur avoir tué beaucoup de monde. Le capitaine Palet et le capitaine Raynaud de Clermont y périrent. En se retirant, les protestants pillèrent plusieurs métairies au voisinage de Cuxac et détruisirent presque en entier le village de Montels.

En 1589, Cuxac fut occupé par les troupes du duc de Montmorency qui formaient le blocus autour de Narbonne, dont les habitants étaient toujours restés partisans résolus de la Ligue. Ces troupes s'y maintiennent en 1590, font des courses dans la plaine, ravagent les récoltes, et s'avancent même jusque sous les murs de Narbonne dont elles tentent, par la porte fausse de l'Est, une escalade de nuit qui n'échoue que grâce à la vigilance de l'*escoute* (1) du bastion de St-Côme.

La ville, inquiète pour sa sûreté et alarmée des entreprises audacieuses de la garnison de Cuxac, s'adressa au duc de Joyeuse pour le déterminer à faire le siége de cette place, lui offrant dans ce but tel nombre de soldats et de pionniers qu'il jugerait nécessaires. S'étant rendu aux vues de la ville, le duc de Joyeuse fit enlever Cuxac (2) par les régiments de Bidon, de St-Marsal et d'Auzils, dont fesaient partie MM. de Chalabre, d'Ambres, d'Hounoux, de Vaumenon, le baron de Castelnau, d'Auterive, nommé gouverneur de Narbonne durant la défection de M. de Rieux, qui était passé au camp royaliste ainsi que nous l'avons déjà vu, enfin M. de Jonquières et autres jeunes gentilshommes de la meilleure noblesse du pays.

Mais les habitants de Cuxac, moins dévoués à la Ligue et aux diocèses catholiques qu'enclins à favoriser le parti royaliste, ouvrirent de nouveaux leurs portes aux troupes de ce parti et le capitaine Jaille put s'y établir. Cependant il évacua quelque temps après la place et lorsqu'il s'y représenta, avec sa compagnie de huguenots, postérieurement à la reconnaissance de Henri IV par la ville de Narbonne, en 1596, ces mêmes habitants, fatigués des maux que les troubles incessants des dernières années avaient fait fondre sur eux, s'opposèrent résolûment à son entrée et le forcèrent à la retraite.

Nous terminons cette note par le relevé de tous les biens nobles, c'est-à-dire exempts de tailles, que renfermait le territoire de Cuxac.

Ces biens se composaient :

— de 137 sétérées de terre situées aux ténements de St-Pierre, St-Jean, St-Michel, St-Antoine et St-Baulèry, formant, avec le moulin à vent de St-Joulia, un fief que M. de Beauxhostes d'Agel possédait peu de temps avant l'année 1595 ;

— d'une maison et de 15 sétérées de terre appartenant à l'hôpital de Cuxac ;

— de 10 sétérées de terre appartenant à la chapelle St-Michel ;

— de 26 sétérées de terre appartenant aux chevaliers de St-Jean de Jérusalem ;

— de 3 sétérées de terre appartenant au prieuré de Sallèles ;

— de 16 sétérées de terre appartenant à l'aumône de Sallèles ;

— de la maison dite le Capitoul, de la maison presbytérale et de 15 sétérées de terre au Bosc de Séré, appartenant au chapitre St-Just de Narbonne ;

— du four communal, d'un pâtu et du moulin à huile appartenant à la commune ;

— enfin, de 6 pugnères de terre affectées au service du vicaire perpétuel de la paroisse.

NOTE G.

Séjan, *alias* **Sigean** (v. page 107, 1re col.).

L'origine d'un grand nombre de localités n'est pas connue. La plupart d'entre elles doivent leur naissance et leur développement à une industrie spéciale nécessitant le groupement d'une certaine quantité de personnes, qui formaient bientôt un centre de population. Pour Séjan, il est présumable que l'exploitation des salines, à laquelle se joignait la culture de la vigne et de l'olivier, qui, du temps des Romains, était très-importante dans le Narbonnais (v. Desjardins, — *Géographie de la Gaule romaine*, tom. 1, page 442), fut la cause principale sinon unique de sa formation.

On a avancé que Séjan, ministre de Tibère, créa les salines auxquelles la localité paraît devoir son origine et qu'il leur donna son nom. Pour soutenir cette opinion, on se fonde sur ce qu'il a été découvert, en 1689, dans les substructions de la grande saline actuelle, une certaine quantité de médailles, en or et en argent, à la double effigie de Tibère et de Séjan, ayant en exergue les mots TIB. AELIO SEIANO, et dont quelques spécimens font partie des collections du Musée de Narbonne. Walckenaer, *Géographie des Gaules*, tom. 1, page 109, le géographe d'Anville, *Éclaircissements sur l'ancienne*

(1) Corps de garde mobile, placé à l'extérieur des ouvrages de défense.

(2) La prise de Cuxac, en 1590, par les troupes du duc de Joyeuse, n'est pas mentionnée dans l'Histoire générale de Languedoc.

Gaule, pensent que la localité s'appelait primitivement Ad Signa, parce qu'on y avait établi des signaux pour diriger les navigateurs. Mais il devait en être de même pour tous les points de la côte qu'il fallait indiquer aux marins, et alors l'explication ne pourrait bénéficier à l'un plutôt qu'à l'autre de ces points. De ce seul chef, la conclusion ne paraît guère admissible. Mais le premier se fonde sur la teneur d'un diplôme de Louis le Débonnaire daté l'année 822, qui donne à l'abbaye d'Aniane des salines désignées sous le nom de Ad Signa.

« Idcirco notum sit omnibus, dit le diplôme, quia « placuit nobis pro mercedis nostre augmento, ad mo- « nasterium quod dicitur Aniana.... aliquid ex rebus « tradere nostris, id est.... et in pago Narbonensi « salinas que sunt in loco nuncupante Ad Signa, quan- « tascumque eis noster missus Leibulfus comes desi- « gnavit, cum terminis et laterationibus suis. »

Les auteurs de l'Histoire de Languedoc, prenant à la lettre l'expression *in pago Narbonensi*, placent avec raison ces salines dans le territoire du Narbonnais ; mais ils vont trop loin, pensons-nous, quand ils ajoutent : « il est vraisemblable que le lieu appelé Ad Signa est « le même qu'on nomme aujourd'hui Sigean, dans le « diocèse de Narbonne. » Rien n'est moins certain que cette opinion, parce que rien dans le diplôme de Louis le Débonnaire ne désigne pour l'assiette des salines données un point du territoire Narbonnais plutôt qu'un autre. De plus, le comte Leibulfe, qui avait délimité ces salines, avait agi, non comme comte du pays sur lequel elles étaient situées, mais en qualité d'envoyé, *missus*, ou commissaire du roi, ce qui lui donnait pouvoir d'exercer partout l'autorité dont il était investi. Mais, d'ailleurs, il est admis qu'une dizaine d'années avant la donation Leibulfe était comte de Béziers, d'où l'on pourrait induire que les salines en question pouvaient se trouver dans son comté, où il est certain qu'il en existait de considérables, et, peut-être, du côté de Lespignan ou de Vendres, points de la côte annexés ou tout au moins contigus au Narbonnais et qui avaient dû également être signalés aux marins avec autant de raison que celui qu'indiquent les historiens du Languedoc.

Quoiqu'il en soit, les chartes et documents qui font mention expresse de la localité, tels que la liève des droits et revenus de la seigneurie, continuée jusqu'au XVIIe siècle et qui fait partie du fonds de l'archevêché de Narbonne aux Archives départementales de l'Aude, l'Inventaire des archives de l'archevêché dressé à la même époque, et, à leur tour, les historiens du Languedoc jusqu'au même temps, ont obéi, pour sa désignation, à l'opinion qui en attribue, non sans quelque autorité, il faut le reconnaître, la fondation ou l'origine au ministre de Tibère. Aussi, sur le fondement d'un exemple si général, avons-nous cru devoir la désigner sous le nom de Séjan, et non Sigean, dans notre Inventaire des archives communales de Narbonne.

Dans les anciens documents il n'est, pour la première fois, véritablement question de Séjan, Sejanum, qu'au Xe siècle.

En effet, en 931, Teuderic et Sposia, sa femme, donnaient à l'archevêque Aymeric de Narbonne tous les biens qu'ils possédaient à Séjan « in locum dictum de « Sejano, vel infra ejus terminio, omnia qui nobis « advenit per scripturas emptionis in villa de Sejano, « sunt casis, casaliciis, curtis, oglatis, ortis, etc. » Les biens donnés se composaient, d'après cet acte, de bâtiments situés dans l'intérieur du village et de propriétés rurales, champs, vignes ou olivettes, etc., constituant un alleu que les donateurs avaient eux-mêmes acquis.

Jean, le descendant médiat du réfugié espagnol qui avait été le fondateur de Fontjoncouse, donna au même archevêque, en 963, le 15 des calendes de mai (v. *Bulletin de la Commission archéologique et littéraire de Narbonne, 1876-1877*), conjointement avec sa femme, nommée Ode ou Odette, non-seulement Fontjoncouse, mais encore une vigne et un jardin qu'ils possédaient à Portel « in ipso loco quem vocant Portellum, » et tout ce qu'ils avaient à Séjan, « portionem meam debitam « quam habeo in Sejano. » Dans l'acte de la donation, il est déclaré que les biens situés à Portel et à Séjan constituaient un alleu, c'est-à-dire étaient libres et exempts de toutes charges et servitudes et ne relevaient d'aucun fief « et ex ipso alode investitura teneat. »

L'archevêque eut l'entière seigneurie de Séjan. Mais l'indication que nous venons de relever, laquelle figure également dans l'acte de 931, prouve que par l'une et par l'autre donation l'archevêque de Narbonne n'acquit que des biens particuliers ; de sorte qu'il faut chercher ailleurs comment il devint seigneur de Séjan.

Séjan n'est pas indiqué dans les diplômes de Charles le Chauve qui énumèrent les libéralités dont il gratifia l'église de Narbonne. Il se trouve pour la première fois dans les deux chartes de 1157 et 1165, par lesquelles Louis le Jeune confirme aux archevêques les donations qu'ils tenaient de la piété de ses prédécesseurs. On y « lit : Concedimus itaque et nostri privilegii auctori- « tate communimus... castrum de Sejano, cum villa « sua et terminis et omnibus ad idem castrum perti- « nentibus. »

La généralité des termes de la confirmation suppose aux droits qui en sont l'objet une existence certaine et antérieure.

Cette existence se révèle, en effet, dans une charte de 1110, établissant que l'archevêque Richard de Milhau traita avec Guillaume-Raymond de Fabrezan, héritier de Guillaume-Pons, son ayeul, en vue d'obtenir de lui le désistement de tous les droits qu'il avait sur l'église de Séjan (1), ainsi que sur toutes les choses ecclésiastiques et divines comprises dans la seigneurie, moyennant 600 s. melg.

La maison de Fabrezan n'était pas la seule qui eût des droits dans la seigneurie de Séjan. Un personnage du nom de Bernard-Raymond, ayant rang parmi les chevaliers et la noblesse du pays, figure à ce titre dans un acte du mois de mai 1080, par lequel l'archevêque Pierre, de la maison de Narbonne, et ses neveux Aymeric, Hugues et Bérenger, donnent aux chanoines de l'église St-Just la dîme du sel produit dans le territoire de Séjan et du poisson pêché en eau douce, en mer ou dans les étangs, depuis Coursan et Pérignan jusqu'à Leucate. Disons en passant, sur ce dernier point, que les habitants de Leucate contestèrent aux archevêques de Narbonne leurs droits sur la pêche et qu'un arrêt du Parlement de Toulouse, rendu en 1467, les déclara mal fondés dans leur demande.

Plusieurs seigneurs, on le voit, coexistaient à Séjan. En 1145, il y avait Bernard de Coursan, Raymond de Durban, Udalguier de Séjan et Guillaume de Fitou. Dans un acte de cette même année, nous voyons qu'ils règlent, en cette qualité, avec l'archevêque Arnaud de Levezon, un différend qui résultait de leur prétention bizarre et exhorbitante d'avoir le droit, à l'exemple des grands vassaux du pays, de s'emparer, comme seigneurs de Séjan, de tous les biens meubles que l'archevêque avait dans la seigneurie au moment de son décès. Le même archevêque obtint également d'eux le désistement du droit de vet concernant le vin et la vendange.

Un an ne s'était pas encore écoulé depuis le débat qui avait été réglé en 1145, qu'Udalguier de Séjan, fils de Rengarde, consentait à l'archevêque de Narbonne un acte de foi et hommage. C'est le premier acte de cette nature. Mais à partir de 1157, probablement sous l'empire de la confirmation accordée à l'archevêque, par Louis VII, pour le château et la seigneurie de Séjan, ces actes d'hommages se succèdent sans interruption, et comme ils émanent de personnages différents il faut en conclure que la seigneurie de Séjan était divisée en un certain nombre de *fivatiers*, suivant l'expression consacrée dans le pays. Cela n'a rien de surprenant, car, dans le Languedoc, sous l'influence du droit romain, un tel fait était fréquent et les seigneuries possédées par quatre, cinq coseigneurs et plus encore, n'y étaient pas rares. Seulement il arrivait qu'à la longue le plus puissant, le plus riche d'entre eux, finissait par absorber les diverses portions de la seigneurie dont il n'avait eu d'abord qu'une part. Or, il faut reconnaître que l'Église par sa prépondérance, ses richesses et sa perpétuité, était mieux que tout autre en situation d'opérer ce travail d'absorption.

Ainsi, en 1195, Raymond de Coursan engage à l'archevêque Bérenger de Lérida tout ce qu'il possède dans la seigneurie de Séjan, et en 1200 il renonce au droit de rachat qu'il s'était réservé. En 1198, un des membres de la maison de Fabrezan cède au même archevêque sa portion de seigneurie, et en 1233, une demoiselle de Lansac, agissant comme héritière de Pierre de Sieré, son grand-père, par représentation de sa mère, vend à l'archevêque Pierre Amiel, moyennant 1,500 s. melg., toute la seigneurie de Séjan, qu'elle prétendait lui appartenir, savoir : le château, les terres cultes et incultes, les hommes et femmes, les quêtes, services, justices, quartes, quints, tasques, foriscapes et tous usages agriers. Remarquons à ce sujet que la vilité du prix consigné dans l'acte, établissant que la demoiselle de Lansac vend toute la seigneurie de Séjan pour 1,500 s. melg., alors que de simples portions de cette seigneurie étaient vendues pour 6,000 et 7,000 s. de la même monnaie, semblerait prouver qu'il s'agissait moins, dans cet acte, d'une vente réelle, que d'une transaction sur un différend ou des contestations dont le caractère n'est pas défini.

Les archevêques de Narbonne avaient à Séjan les droits de haute, moyenne et basse justice. Un règlement donné en 1359 par l'archevêque Pierre de la Jugie contenait certaines dispositions relatives au droit d'appellation. Malheureusement l'Inventaire des archives de l'archevêché, dressé en 1640, mentionne ce règlement sans en donner l'analyse.

En 1340, le roi ayant agrandi le ressort de Leucate par l'union de diverses justices du voisinage, notamment de celles du Lac, de Villefalse, de Lapalme et de Séjan, l'archevêque de Narbonne, comme seigneur de la localité, et les consuls de cette commune en appelèrent et firent reconnaître que la prétention du châtelain de Leucate à la justice de Séjan n'avait aucun fondement.

(1) D'après une pieuse légende, la première église de Séjan aurait été construite par l'archevêque Pierre de Montbrun, sur la fin du XIIIe siècle, au moyen des largesses que lui aurait faites Charles le Boiteux, comte de Provence, à la suite d'une apparition miraculeuse à laquelle il devait sa délivrance des mains du roi d'Aragon, qui l'avait fait prisonnier dans un combat naval en 1284. Si l'acte de 1110 ne détruit pas entièrement la légende, il prouve du moins qu'il existait une église à Séjan deux siècles auparavant.

Pour l'exercice de son droit de justice, l'archevêque avait établi un baile à Séjan. Il est présumable que les attributions de cet officier, qui étaient, à l'origine, principalement judiciaires, perdirent ce caractère, dans la suite, alors que la temporalité de l'archevêque eût juridiction sur tous les habitants de la seigneurie. L'office de baile, devenu purement fiscal, prit le nom de bailie et était donné à ferme. En 1551, noble Roger de Lubés, seigneur d'Albas, devint fermier de la bailie de Séjan pour le prix de 1,920 liv. Mais quelques années plus tard, ce prix tombait à 1,550 liv. pour se relever ensuite à 2,300 liv.

Le baile était chargé des actes d'exécution et de l'instruction criminelle. Il commandait aussi la troupe qui veillait à la garde du château. On sait que le moyen âge réunissait volontiers dans les mains des mêmes personnages les fonctions judiciaires et le commandement militaire.

En 1285, durant la guerre d'Aragon, Philippe le Hardi avait fait prendre et garder par un de ses officiers le château de Séjan, auquel son voisinage de la frontière donnait quelque importance stratégique ; mais l'archevêque, se fondant sur sa qualité de seigneur, réclama contre la mesure, qui était une violation de ses droits, et en obtint la révocation en 1342. La réparation fut longue à venir, comme on peut le voir ; mais pour s'être fait attendre elle n'en consacrait pas moins au profit de l'archevêque des droits supérieurs qui s'imposaient même à l'autorité royale.

Les bailes étaient chargés encore des recettes et des dépenses faites pour le compte de l'archevêque. Les registres qu'ils avaient tenus de leurs opérations de comptabilité, formaient une collection remontant à l'année 1336 qui fesait partie des archives de l'archevêché de Narbonne. Malheureusement cette collection a été détruite, avec le reste des mêmes archives, à la suite d'ordres inqualifiables donnés pendant la période révolutionnaire.

On ne saurait le nier, au moyen âge, la crosse et la mitre étaient essentiellement protectrices et organisatrices. Rien à ces deux points de vue ne leur était étranger, et, les premières, elles s'occupèrent de la règlementation, non-seulement de la justice, mais aussi des actes de la vie civile. Dès le commencement du XIIIe siècle, l'archevêque avait établi des offices de notaire à titre de bénéfice personnel dans sa juridiction de Narbonne, et il en établissait un à Séjan en 1270. Le premier titulaire de cet office fut un écrivain du nom de Jean Sicard, qui en fit l'acquisition au prix de 20 liv. tourn.

Un tribunal composé d'inquisiteurs et chargé des poursuites dirigées contre les Albigeois, fut établi à Séjan dans les premières années du XIIIe siècle. La juridiction de ce tribunal s'étendait sur les pays de Fenouillèdes, de Donezan et du Capsir. Au moyen d'une lettre mentionnée dans l'Inventaire des archives de l'archevêché, lettre non datée, mais qui doit être postérieure à l'année 1226 puisque c'est seulement en cette année que le Fenouillèdes fut donné au comte de Roussillon, on voit même que le roi d'Aragon enjoignit au baile de Perpignan de diriger sur Séjan les habitants qui étaient accusés d'hérésie. Par une autre lettre, celle-ci datée de 1244, le même roi d'Aragon promet à l'archevêque Pierre Amiel de renouveler les ordres qu'il avait déjà donnés à son baile, à l'effet d'assurer l'exécution des sentences prononcées par les inquisiteurs du tribunal de Séjan et de ne pas permettre que les biens confisqués sur les hérétiques convaincus leur fussent restitués, ni livrés à leurs familles. S'il faut voir simplement dans ces décisions du roi d'Aragon une preuve de son zèle pour la défense de la religion catholique, ou une marque de reconnaissance pour les services que l'archevêque Pierre Amiel lui avait rendus en Espagne, contre les Maures, ou dans la conquête du royaume de Mayorque, il n'en résulte pas moins une indication très-précise sur l'importance du ressort qui était dévolu au tribunal de l'Inquisition établi à Séjan.

Outre le territoire dont se compose actuellement la commune de Séjan, distraction faite du territoire du Lac, qui n'y a été uni qu'après 1790, la seigneurie de Séjan comprenait le territoire de La Nouvelle, érigé en commune depuis l'année 1844, plus les objets suivants : 1° une partie de l'étang Mage, que l'archevêque Claude de Rebé inféoda aux habitants de Séjan en 1644, moyennant un droit d'usage annuel de 12 onces d'argent fin et la tasque ou 11e partie de la pêche ; 2° une portion du territoire de Mandirac. En effet, en 1382, Eustache Brun, agissant au nom de l'archevêque Jean-Roger de Beaufort, baille à titre de fief à Guillaume Feuilla 40 mojades de terre herme, à prendre sur Mandirac dans la partie dépendant de la seigneurie de Séjan, pour y établir une saline. Durant l'année suivante, le même Eustache Brun donne au même nom, et par bail à nouvel achept ou nouvelle emphytéose, 70 mojades de terre à Paul Bédos, Jean du Lac, Mathieu de Balastres et autres emphytéotes, à prendre sur la même partie de Mandirac, sous la condition d'y établir des salines et de payer annuellement à l'archevêque la 16e partie du sel produit.

Les salines de Séjan, baillées d'abord à fief par les archevêques, furent aliénées en 1181 sous la réserve de la quarte du sel récolté. Mais en 1235 l'archevêque Pierre Amiel, pour améliorer la situation des *saulniers*, consentit à la réduction de cette réserve au cinquième.

Ainsi qu'ils en usèrent dans toutes leurs seigneuries, les archevêques de Narbonne préférant l'emphytéose, qui attachait le serf à la terre en lui assurant tout le bénéfice de l'amélioration, au mode de l'affermage, qui était, peut-être, plus productif pour eux, mais en même temps plus dur pour le serf, baillèrent peu à peu, à titre emphytéotique, aux habitants de Séjan, toutes les terres composant la seigneurie. Ils leur inféodèrent de cette manière plus spécialement, en 1271, l'étang de Pissevaques, aujourd'hui de Ste-Croix et entièrement livré à la culture, sous la condition de l'assécher, d'en cultiver les terres et de payer annuellement la tasque, c'est-à-dire la dime ou 11ᵉ du produit des récoltes. Mais à cause de la difficulté du dessèchement, l'inféodation ne put être suivie d'effet ; le bail fut cancellé et l'étang resta livré au seul mode d'exploitation dont il était alors susceptible, la pêche. Cependant l'archevêque ne renonçait pas définitivement aux avantages que le dessèchement de l'étang devait procurer à la population de Séjan, et en 1664 Mgr François de Fouquet renouvelait l'inféodation au profit de M. François Pascal, de Marseille, moyennant la rente annuelle d'un écu d'or de 60 s. d'argent, d'un grain d'or pour l'octroi du gardiage et du ban, et sous la réserve de la dime. Cette fois, le dessèchement fut couronné de succès, et dès l'année suivante les eaux de l'étang abandonnaient les terres qu'elles couvraient pour s'écouler rapidement, au moyen d'un aqueduc construit à l'est de l'étang, dans le canal dit de la Prade, destiné, suivant la pensée qui présida à sa conception, à relier directement Séjan au port de La Nouvelle.

La preuve que les archevêques de Narbonne avaient presque tout inféodé à Séjan, résulte de leurs actes de dénombrement de la seigneurie.

Ainsi, vers le milieu du XVIᵉ siècle, la seigneurie de Séjan n'était plus composée que de la manière suivante, d'après un dénombrement remis par l'archevêque Jean cardinal de Lorraine devant le sénéchal de Carcassonne : — 2 fours, 1 jardin et 1 pré ; — les droits de lods et foriscape ; — certaine redevance sur les bœufs et les vaches de la boucherie ; — le 20ᵉ du poisson pêché à l'étang de Pissevaques ; — le 5ᵉ du sel fabriqué aux salines ; — enfin une redevance de 3 setiers de froment et 1 pugnère d'orge, que les habitants de Séjan payaient en corps de communauté.

En ce qui concerne les fours de l'archevêque, le droit de banalité étaient amiablement réglé, depuis l'année 1362, à raison de 1 pain sur 25. Mais malgré la reconnaissance de ce droit résultant implicitement du règlement de 1362, les habitants de Séjan contestèrent à l'archevêque la banalité des deux fours en se fondant sur l'opinion des juristes, qui soutenaient, avec raison, qu'en droit, la banalité des fours et moulins n'étant pas un attribut de la seigneurie, devait être virtuellement établie par un titre. Ils formèrent donc le projet de construire un four communal sous prétexte que le titre fesait absolument défaut à l'archevêque. Mais ce projet ne put aboutir et sur une simple attestation de notoriété, judiciairement délivrée, le 16 juin 1689, par M. Angles, juge de l'Amirauté, le droit de banalité fut maintenu au profit de l'archevêque.

Séjan avait un marché fort suivi, créé par lettres patentes de Philippe VI, vers l'année 1336, sur la demande de l'archevêque. Un grenier à sel y avait été également établi et son importance le plaçait parmi les principaux de la province. Divers documents et plus spécialement des lettres patentes de 1342, avaient donné aux habitants de Séjan la faculté d'exploiter leurs salines sans trouble ni empêchement, et d'en exporter le sel sous la condition du paiement d'un simple droit de 4 den. pour livre. Enfin d'autres lettres patentes, de 1346, avaient supprimé en leur faveur le droit de gabelle.

Nous arrivons maintenant à l'organisation communale de Séjan, qui était certainement l'œuvre des archevêques, mais que l'absence de documents nous empêche d'exposer, dans ses origines et ses développements successifs, dont il serait si intéressant de pouvoir suivre la marche en fesant la part de ce qui était dû à l'initiative émancipatrice des archevêques et de ce qui était le fruit des progrès et des aspirations de la population.

CONSULS. — Les consuls étaient au nombre de trois. Ils étaient élus par le conseil de la commune, divisé en trois rangs ou échelles, sur une liste de deux candidats que présentaient pour chaque rang ou échelle les consuls sortants. Le vote avait lieu échelle par échelle, mais les trois échelles votaient pour chacun des consuls à élire. L'élection donnait la charge au candidat qui avait réuni le plus de suffrages dans chaque échelle.

Primitivement les élections consulaires avaient lieu vers la fin du mois d'août ou au commencement de septembre, sans désignation de jour propre. Une ordonnance de l'archevêque fixa ensuite l'élection au 1ᵉʳ septembre. Elle était faite, dans le château seigneurial, sous la présidence du viguier de l'archevêque.

Les consuls n'étaient pas immédiatement rééligibles. Un intervalle d'une année au moins devait s'être écoulé entre la cessation de leurs fonctions et leur réélection. Ils pouvaient passer d'une échelle à une autre, mais seulement en suivant l'ordre du degré, ou, en d'autres termes, ils pouvaient être portés de la troisième échelle à la seconde et de celle-ci à la première, mais non de la troisième à la première.

En dehors du titre d'habitant ou de l'habitanage, suivant l'expression usitée, et des incapacités qui résultaient de condamnations encourues, aucune condition d'éligibilité n'était imposée aux candidats. Toutefois une délibération du conseil, datée de l'année 1587, décide que « attendu la réquisition faicte par tous les habitans, « doresnavant dans chasque consulat le premier consul « devra savoir lire et escripre, ainsi que le second si « c'est possible. »

Avant d'entrer en fonctions, les consuls devaient prêter serment entre les mains du viguier de l'archevêque, « les genoulx à terre, teste découberte, touchant « avec leurs mains le *Te igitur.* » (*Ord. de Mgr l'archevêque de* 1667.)

Il n'existe d'autre formule du serment exigé des consuls que celle qui fut employée en 1590. Les consuls jurèrent en cette année « de bien et duement exercer « leurs charges, tenir le lieu à l'obéissance du roy et « du duc de Joyeuse et de la saincte union des catholic- « ques, protéger et défendre les pauvres orphelins et « les veufves de toutes oppressions et molesties. » On le voit, cette formule se ressent des événements dont la province était le théâtre et de la crise que traversait le pays. Séjan, à l'exemple de Narbonne, suivait le parti de la Ligue et la promesse de tenir le lieu « à l'obéissance « du duc de Joyeuse et de la saincte union des catholic- « ques, » n'était qu'une conséquence accidentelle de sa conduite politique. Elle sortait du cadre ordinaire du serment prêté par les consuls, dont les termes devaient être naturellement limités, durant les époques normales, aux autres parties de la formule, qui, il n'est pas indifférent d'en faire la remarque, ne visaient que l'intérêt du roi, confondu avec l'intérêt public, et l'intérêt communal, sans s'occuper autrement de celui du seigneur.

Conformément à une ancienne coutume, les consuls qui sortaient de charge étaient de droit marguilliers de St-Félix durant l'année suivante.

A Séjan, les consuls étaient investis de toutes les attributions dévolues aux offices de même ordre dans le plus grand nombre des communes du midi de la France. Primitivement, ils étaient juges des contraventions de police ; mais à partir de 1663 on leur adjoignit, pour former le bureau de la police, trois conseillers, qui étaient désignés par le conseil.

Conseil de la commune. — Depuis un temps fort ancien, les membres du conseil de Séjan étaient au nombre de cinquante, répartis de la manière suivante entre les trois échelles du conseil :

A la première échelle, — dix-sept membres ;
A la deuxième échelle, — quinze membres ;
A la troisième échelle, — dix-huit membres.

Dans la suite, les deux premières échelles furent composées de seize membres, tandis que la troisième échelle demeurait comme précédemment composée de dix-huit membres.

Rien n'indique les conditions exigées des candidats au conseil, ni celles qui les fixaient dans l'une des trois échelles, ni enfin si, comme les consuls, les conseillers pouvaient être avancés d'une échelle à une autre. Il est toutefois probable que, sur ce dernier point, les conseillers n'étaient pas moins favorablement traités que les consuls. L'exception n'eut pas été adroite et les esprits étaient alors bien trop pratiques pour refuser au corps dans lequel se recrutait le personnel consulaire, les moyens de reconnaître, par un avancement légitime, les capacités acquises, les dévouements constatés, alors qu'ils accordaient le même avancement à ce personnel.

Les conseillers étant nommés à vie les vacances ne se produisaient que par suite de décès, de démission, ou de perte d'*habitanat*. Dans ces cas, le conseil nommait à la majorité des suffrages le candidat qui devait remplir la vacance.

En exécution d'une ordonnance de Mgr de Vervins, datée de l'année 1606, les nominations de conseillers avaient lieu deux fois par an, le premier dimanche de Carême et le dernier dimanche du mois d'août. Plus tard et en vertu d'une ordonnance de Mgr Claude de Rebé, de l'année 1658, elles ne se firent plus qu'à cette dernière époque, c'est-à-dire une fois par an.

Le conseiller qui changeait de résidence perdait l'*habitanat* et, à ce titre, était remplacé ; mais par une bizarrerie qui ne s'explique guère dans les habitudes de l'époque, qui était jalouse du nombre et de la forme jusqu'à l'étroitesse, le conseiller remplacé reprenait son rang dans le conseil lorsqu'il revenait habiter la commune. Il en résultait souvent que le nombre des conseillers dépassait le chiffre réglementaire et il est même établi qu'en 1579 le nombre des conseillers s'était élevé, pour cette cause, à soixante-dix membres. C'était un véritable abus. L'ordonnance de 1658 en prohiba d'une manière très-expresse le renouvellement.

Aux termes de cette même ordonnance, les habitants pouvaient contester la nomination des conseillers et se pourvoir à cet effet devant les officiers de Mgr l'archevêque.

Le conseil prenait le nom de Conseil général des habitants conseillers matriculés de la maison consulaire. Ses membres étaient convoqués individuellement par le premier consul ou par le second. Ils étaient, en outre, avertis de l'heure de la réunion au son des cloches. Le conseil se réunissait, soit dans la maison consulaire, soit dans la chapelle dédiée à St-Martin dépendant de l'église

St-Félix, soit enfin dans le château seigneurial. La réunion dans ce château était obligatoire lorsqu'il s'agissait de l'élection consulaire, et, dans ce cas, les conseillers étaient convoqués par le viguier de l'archevêque.

Le conseil pouvait délibérer quel que fut le nombre des membres présents (ord. de Mgr de Vervins de 1604). Toutefois, ceux qui n'assistaient pas aux séances étaient condamnés, à défaut d'excuse légitime, à une amende de 25 liv. au profit de l'archevêque (délib. municipale du 1er septembre 1573). Avant de délibérer, les conseillers devaient jurer « de saynement oppiner et tenir « secrettes les délibérations prinses (ord. de 1604). »

Agents de la commune. — Le greffier consulaire était nommé, par le conseil, sur une liste de trois candidats présentés par les consuls. — Le clavaire, qui était chargé des recettes et des dépenses et que l'on appelait aussi collecteur-clavaire ou simplement exacteur, était nommé directement par le conseil. En 1616, le conseil avait autorisé les consuls à donner la levée des impôts aux enchères publiques et à la « moins-dite. » Mais cette décision ne fut pas exécutée.

Les clavaires rendaient leurs comptes à des auditeurs nommés par le conseil. Ces comptes devaient être rendus dans le mois qui suivait la nomination des auditeurs et ceux-ci, à leur tour, étaient tenus de procéder à l'examen qui leur était confié dans le mois suivant, sous peine d'une amende personnelle de 25 liv. au profit du baille de l'archevêque (délib. municipale du 1er septembre 1573) et de ne pouvoir être admis à la charge de conseiller (ordon. de Mgr l'archevêque de 1607). L'arrêté de compte du collecteur de l'année 1598 porte la recette totale à la somme de 443 écus 0 s. 1 den. et la dépense à celle de 442 écus 48 s. 5 den.

Après le vote de l'impôt et de son emploi, l'audition des comptes constituait l'une des plus importantes franchises de l'autonomie communale. On sait que ces franchises disparurent, une à une, sous l'action envahissante de la puissance attribuée aux intendants de la province. Sous cette action, le vote de l'impôt fut réglementé, son emploi fut assujetti à un contrôle préalable, et l'audition des comptes fut transportée à un auditeur du diocèse. La commune de Séjan subit, sous ces rapports, la loi générale qui était appliquée à toutes ses voisines.

Outre le greffier consulaire et le clavaire, il existait à Séjan plusieurs autres officiers, qui étaient nommés par le conseil à la pluralité des voix. Primitivement leur nomination était fixée au 1er dimanche de septembre. Elle se fit plus tard dans la huitaine qui suivait l'élection des consuls.

En combinant la délibération municipale de 1573 et l'ordonnance de Mgr l'archevêque de 1607, déjà citée, on peut ainsi déterminer les officiers dont il est ici question. C'étaient : — les ouvriers de l'église St.-Félix ; — le procureur des Sept-Cierges de N.-D. ; — les procureurs de St-Antoine et de St-Sébastien ; — les ouvriers du Purgatoire ; — les ouvriers de St-Éloi ; — ceux de N.-D. du Chapelet ; — les procureurs de l'hôpital Ste-Anne, de l'étang Bouyer et del Pla ; — enfin les estimateurs, les arrière-estimateurs, les carreyriers et les bandiers du territoire. En outre, la commune payait les gages du capitaine qui commandait la milice, de celui qui était préposé à la garde des portes et d'un agent « désinfecteur de la contagion. »

En 1617, les consuls furent chargés par le conseil de faire les démarches nécessaires à l'effet d'obtenir la création de courtiers des fruits et denrées ; mais la cour des Aides de Montpellier ayant refusé d'obtempérer aux vœux de la commune, le projet de création fut abandonné.

Il y avait aussi à Séjan un abbé et un *cap de Jovent*, chefs l'un et l'autre de la jeunesse et dont la création remontait à l'année 1610. Même pour ses plaisirs, l'individu n'était pas isolé à cette époque et pour être soumis à une sorte d'association, dont chaque membre retirait la part qu'il y apportait augmentée de la jouissance commune, les délassements de la jeunesse n'en étaient ni moins libres ni moins fréquents. La morale, l'union des esprits y trouvaient aussi leur avantage. L'abbé et le *cap de Jovent* étaient nommés le dimanche avant la fête de Pentecôte, par les consuls, le conseil de la commune et la jeunesse, sur la présentation faite par les titulaires sortants. On nommait encore à Séjan, il n'y a que quelques années, le *cap de Jovent*. C'était là un débris d'usages locaux auxquels nos devanciers attachaient justement une grande importance et que notre époque fiévreuse laisse, à tort, disparaître l'un après l'autre, emportant avec eux jusqu'au souvenir du cachet d'originalité et d'individualité que chaque centre de population leur avait emprunté.

Il nous reste actuellement à donner quelques détails sur l'état de la localité, ainsi que sur les événements qui s'y sont passés et dont nous avons pu retrouver la trace.

Dès qu'il est mention de Séjan dans les anciens documents, il est toujours désigné sous le nom de château, c'est-à-dire de bourg ou d'agglomération de population importante, ayant un système de murs et remparts ou quelque fortification susceptible d'en assurer la défense. Sa population s'étant encore accrue lui a mérité ensuite le nom de ville.

Séjan, aujourd'hui entièrement ouvert, était en effet, complétement entouré de murs, dans lesquels on pénétrait autrefois par quatre portes, dont trois existent encore. Ce sont celles de St-Félix, de Johannés et de St-Antoine. De nos jours, cette dernière est désignée sous le nom de Portail-d'Aval.

Plusieurs pièces d'artillerie défendaient la place.

Durant les guerres que la France eut à soutenir contre l'Espagne, Séjan, comme ville frontière, avait une importance relative. Aussi les consuls et le conseil ne négligeaient-ils rien pour tenir ses fortifications en bon état. De plus, ils entretenaient une milice considérable. En 1610, le gouverneur de Narbonne, dont le commandement s'étendait à toutes les places du diocèse, à l'exception de Leucate, ayant demandé communication du rôle de cette milice, les consuls lui répondirent que le nombre des miliciens se portait à 400 et que la ville en avait besoin pour sa défense. Cependant ils offraient au gouverneur de disposer de 100 hommes s'ils lui étaient nécessaires.

La milice de Séjan était exercée au maniement des armes, ainsi que le prouve une lettre du duc de Montmorency écrite aux consuls sous la date du 27 avril 1608. Il y est dit « qu'il institue un prix d'arquebuse destiné « à exercer les habitants, ce qu'il reconnaissait néces- « saire à cause de la situation de la ville prosche de la « terre d'Espagne et de la mer, afin qu'ils puissent « résister aux Turcs et autres ennemis voisins, comme « il est arrivé il n'y a pas longtemps, qu'une galiote « turque estant venue aborder par le moyen du vent « de levech (levant) à la coste située entre Leucate et « Séjan, prosche du cap de Romani, se seroient soulevés « ceux qui la montaient et défendus contre ceux de « Séjan pour n'avoir esté assaillis avec les armes néces- « saires. »

Lorsque le Roussillon appartenait à l'Espagne, la position de Séjan, ville frontière assise sur l'unique route stratégique conduisant à Narbonne et qui n'était couverte que par les fortifications du château de Leucate, placé sur la même route, était fortement exposée. Dans le cours du XVIe siècle, trois attaques successives mirent Séjan en ruines.

En 1503, la ville avait été surprise par les Espagnols, sous la conduite du duc d'Albe, qui, après l'avoir pillée, la livrèrent aux flammes. Sous François Ier, une nouvelle invasion espagnole s'étant produite, Séjan fut une seconde fois pillé et dévasté par les flammes, de même que les localités voisines. Enfin la ville se relevait à peine, qu'elle fut de nouveau pillée, en 1560, par un corps de troupes espagnoles qui, profitant des troubles religieux dont la province était le théâtre, avait franchi la frontière, ravageant tout le pays jusqu'aux portes de Narbonne.

Le souvenir des excès de toute sorte commis à ces tristes époques par les Ginètes, les Reîtres et autres troupes indisciplinées de l'Espagne, qui ne comprenaient la guerre que comme prélude de pillage, était resté vivant dans le pays et entretenait dans tous les rangs de la population la pensée d'une garde vigilante et d'une vigoureuse défense. C'est ce qui explique les mesures prises par les habitants pour entretenir et armer les fortifications en vue de se garantir de nouvelles surprises.

Au commencement du XVIIe siècle les Séjannais ayant appris que les Espagnols préparaient une nouvelle invasion, établirent une *escoute* à La Nouvelle (1609) et l'année suivante ils firent réparer leurs murailles et les entourèrent de palissades.

En 1637, lors du siége de Leucate, qui se termina par la défaite des Espagnols, le comte de Serbellon, leur général, s'empara le 29 août des villages de Treilles et de Fitou, et le 30 il marcha sur Lapalme, qui, bien qu'entouré de murs, se rendit après la première sommation, et sur le château de Roquefort, que le seigneur défendit pendant deux jours. Pour le moment le général de Serbellon borna là ses faciles victoires et sans pénétrer plus avant dans le pays il transmit aux consuls de Séjan, le 16 septembre, la sommation de se rendre. Mais la ville était gardée par 300 hommes de la milice de Narbonne, placés sous le commandement du capitaine Fabre, et par la milice de la commune, qui était, comme nous l'avons déjà vu, d'environ 400 hommes. Les uns et les autres étaient également déterminés à défendre résolument la place. Toutefois, par surcroît de précaution, le duc d'Hallvin, gouverneur de la province, augmenta cette garnison du régiment de St-Aunés et d'une compagnie de dragons, qui s'installèrent à Séjan le 18 septembre.

Nous ne savons rien officiellement de l'état de Séjan durant le siége de Leucate, si ce n'est que l'armée rassemblée par le duc d'Hallvin pour secourir la place campa plusieurs jours autour de Séjan. Les consuls de la ville, sans doute absorbés par les préparatifs de la défense ou les conséquences de l'action engagée contre les Espagnols, ne couchèrent aucune délibération sur les registres du conseil à partir du mois de juin jusqu'au mois de novembre 1637. Mais le curé de la paroisse eut plus de liberté d'esprit ou plus de loisirs, et c'est ainsi qu'il a consigné dans les registres de l'État civil, entre un acte de baptême, de mariage ou de sépulture, et l'acte suivant, ou mieux dans le corps même de ces actes, sous forme de notes dont la brièveté n'exclut pas la précision, ses impressions personnelles et les événements qui arrivaient à sa connaissance.

On lit dans une de ces notes : « Le vingt-neuf aoust « seize-cens trente-sept, jour de la Décollation de « St-Jean, l'Espaniol entra dans le Languedoc pour « assiéger Leucate. Il en feust chassé par les Français le « 28 septembre, de 8 heures du soir jusqu'à minuit, « veille de la Dédicace de St-Michel. »

En 1639, la guerre ayant éclaté de nouveau entre la France et l'Espagne, une armée française commandée par le prince de Condé, fut réunie, sur l'ordre du roi, à Séjan, où elle fut passée en revue le 9 juin. Partie de cette ville le lendemain, elle campa aux Cabanes de Lapalme, pénétra ensuite dans le Roussillon, s'empara de Salses le 19 juillet et de Tautavel le 6 septembre. On lit dans une délibération du conseil de Séjan, du 8 septembre, se rapportant à ces deux événements : « Le « conseil étant assemblé, lesdicts consuls ont proposé « qu'ils ont reçu une ordonnance de Mgr le maréchal de « Schomberg, pour fournir le bétail nécessaire pour la « voiture et port de La Nouvelle jusques à Salses de 26 « ballots fer pour le service du roy. — Délibéré que les « consuls prendront les bestails nécessaires pour les-« dicts ports aux frais de la commune. »

Ces approvisionnements étaient dirigés vers Salses, dont les Espagnols avaient résolu de former le siége pour reprendre la place aux Français.

L'investissement de Salses par les Espagnols commença le 19 septembre.

C'est pendant la durée de ce siége que se passa l'événement suivant, consigné en ces termes dans les registres de l'État civil de Séjan : « Le 16 octobre, les « Espagnols dirigèrent un détachement de 3,000 hom-« mes sur Séjan pour s'en emparer et brûler les maga-« sins que le prince de Condé y avait établis. Mais le « maréchal de Schomberg les battit près de Roquefort « et les força de battre en retraite. » L'indication du lieu de ce combat est intéressante à relever parce qu'elle vient compléter ce que disent les historiens du Languedoc au sujet de cette petite rencontre. On lit encore dans le même registre : « Le 17 octobre 1639 a été « ensevely, dans la grande esglise, Gabriel de Bresson, « seigneur de Clermont-d'Auvergne, chevau-léger de « Mgr d'Amboise, ayant été tué par les Espagnols, le « jour auparavant, prosche Roquefort. » La rencontre avait donc eu lieu le 16 octobre, ce que les mêmes historiens ont omis de rapporter.

Le prince de Condé, qui était rentré en France, et s'était rendu à Narbonne afin d'y assembler la noblesse et les milices ou communes du Languedoc, pour l'exécution du dessein qu'il avait formé d'obliger les Espagnols à lever le siége de Salses, partit de Narbonne le 22 octobre, à la tête de l'armée de 28,000 hommes, levés pour la plus grande partie aux frais des évêques de la province et en particulier de l'archevêque de Narbonne, qui avait été rassemblée sous les murs de cette dernière ville, pour aller au secours du château de Salses, dont les Espagnols continuaient le siége. Il arriva devant cette place le 24 du même mois, se proposant de commencer dès le lendemain l'attaque des retranchements des assiégeants ; mais dans la nuit il s'éleva un violent orage, suivi de pluies torrentielles qui l'obligèrent à disperser son armée et à l'éloigner, afin d'éviter de la voir submergée par les eaux d'inondation qui transformèrent la plaine en un vrai lac autour de la place assiégée. Sur l'ordre de Richelieu, il se rapprocha cependant de Salses, et livra bataille aux assiégeants le 2 novembre. Mais ayant été repoussé il dut battre en retraite. D'après le rapport qu'il adressa au cardinal, il eut 600 hommes tués ou blessés ; parmi eux figuraient 150 officiers. L'armée française poursuivant sa retraite, passa à Séjan le 4 novembre. A cette date, on lit dans le registre des actes de l'État civil : « Le 4 novembre fust ensevelly, dans « l'église « parrochialle, M. de Lure, lieutenant-colonel au régi-« ment de Montagnac, ayant esté tué à Salses. » — Le « mesme jour, fust ensevelly, dans l'église de MM. les « Pénitents, M. Pyolin, capitaine au régiment de Nor-« mandie, ayant aussi esté tué à Salses. »

Despenau, qui était gouverneur du château de Salses, capitula le 20 novembre et livra la place le 6 janvier suivant, après un siége de quatre mois. La garnison qui l'avait gardée sortit libre, avec armes et bagages, et rentra en France. En passant à Séjan, elle y laissa les blessés et les malades. On lit encore dans les actes « de l'État civil : « Le 11 janvier, Guy d'Aumale mou-« rut à Séjan de ses blessures et fust ensevelly dans « l'église. »

La guerre continuant dans le Roussillon pendant les années 1640 et 1641, la possession du château de Salses par les Espagnols exposait le château de Leucate et la ville de Séjan à des attaques imprévues et subites. Influencé par cette situation, le conseil de Séjan délibéra qu'il serait fait des fermetures neuves aux portes de la ville, et qu'en attendant le placement de ces fermetures on murerait trois portes, le portail dit de la Place devant seul rester ouvert. En même temps, il ordonna la division de la milice en six escouades, commandées chacune par un capitaine, et promut à ce titre six habitants de la localité, qui étaient MM. Dufort, Allary, Fabre, Delmon, Candellou, Razouls et Bellissent. Il ordonna encore de mettre des gardes, tant de jour que de nuit, au col de St-Jean, pour surveiller les mouvements de l'ennemi. A la moindre alerte, ces gardes devaient donner l'éveil aux habitants de Roquefort et de Lapalme et se replier sur Séjan. (Délib. du 18 novembre 1640.)

Il faut dire qu'avant d'avoir fait prendre ces mesures, les consuls, autorisés par le conseil, avaient envoyé des ouvriers à Leucate pour travailler aux réparations du château (délib. du 12 mai 1640), et qu'ils y avaient fait transporter des approvisionnements de vin que son gouverneur, M. Despenau, avait achetés. (Délib. du 16 octobre 1640.)

Nous ajoutons, en passant, que M. Despenau était maréchal de camp et que, après la capitulation qui avait livré le château de Salses aux Espagnols, sa belle conduite durant le siége qu'il y avait soutenu lui avait valu d'être nommé gouverneur de celui de Leucate et de plus commandant de toutes les troupes échelonnées entre cette dernière place et la ville de Narbonne. C'est à ce titre qu'il écrivait aux consuls de Séjan de conduire en personne à Prat-de-Cest 100 hommes, munis de poudre, de balles et de mèches. (Délib. du 18 août 1640.)

Durant ces mêmes années 1640 et 1641, les troupes espagnoles et principalement la cavalerie fesaient des incursions fréquentes dans le territoire de Séjan. Diverses escarmouches eurent lieu entre l'ennemi et les milices de la commune, et plusieurs Espagnols, faits prisonniers, furent remis à l'archevêque en vertu d'une délibération du mois de novembre 1640. La situation était telle que les habitants devaient être toujours sur la défensive. Ainsi ils furent avertis, vers la fin du mois d'avril 1641, par l'archiprêtre de Roquefort, que les Catalans se disposaient à prendre et à brûler Séjan pour se porter de là sur la Pinède de Villesèque et autres lieux voisins. Cet avertissement fut communiqué au conseil, qui ordonna, par une délibération du 24 avril 1641, de doubler la garde et de placer une *escoute* au col de St-Jean.

Vers la fin du mois de décembre 1641, Perpignan étant assiégé par les Français, sous le commandement du maréchal de Brézé, Louis XIII résolut de se rendre devant cette place. Il était précédé par une armée de secours, qui arriva à Séjan le 12 mars 1642 et fut logée une partie dans la ville et le reste dans les localités environnantes. Le régiment des Gardes, celui de Champagne et deux compagnies Royales (Royal-infanterie) logèrent à Séjan.

Le registre des délibérations du conseil parle en ces termes de l'arrivée et du séjour de Louis XIII à Séjan : « L'an 1642 et le vingtiesme jour du mois d'april, Louis « tréchiesme, roy de France et de Navarre, a fait son « entrée au lieu de Séjan, ayant séjourné une nuit et « le lendemain, s'en allant mettre le siége devant la « ville de Perpignan, accompagné du maréchal de « Schomberg, gouverneur du Languedoc, et de M. le « grand écuyer. Antoine Guiraud, François Delmon et « Barthélemy Ferrier, consuls, avec un nombre des « habitants du lieu, l'allèrent recevoir dehors ce lieu, « au chemin de Peyrou (1), en procession, avec les « solempnités requises. »

Le roi Louis XIII logea dans la maison Ferrier, aujourd'hui à M. Delteil, ancien maire de la commune. Cette maison est située au fond de la place. Le prince Condé y avait déjà logé, et Louis XIV y logea plus tard. La chambre où ils couchèrent et qui existe encore a toujours porté le nom de Chambre du Prince.

On pense que Molière, alors âgé de 20 ans, accompagna Louis XIII jusqu'à Perpignan et qu'il logea à Séjan dans la maison d'un nommé Dufort, relayeur des convois militaires. C'est là un point que nous éclaircirons plus tard, lorsque nous aurons à parler, dans la série GG. de l'Inventaire des archives de Narbonne, du séjour que le grand écrivain a fait dans cette dernière ville.

Avant son mariage avec l'Infante d'Espagne, qui fut conclu le 2 juin 1660, Louis XIV parcourut le midi de la France. Il visita la Provence, entra dans le Languedoc, arriva le 9 avril à Narbonne et coucha ce même jour à Séjan, d'où il repartit le lendemain pour se rendre à Perpignan (2). Il quitta cette dernière ville le 14 au matin, déjeuna à Leucate (3) et arriva, dans l'après-midi de ce même jour, à Séjan, où il coucha. Dès son arrivée à Séjan, le roi fit une partie de chasse sur l'étang de Pissevaques, aujourd'hui de Ste-Croix. Ces diverses circonstances sont rapportées dans le registre des délibérations du conseil, où on lit : « Le roy Louis quator« ziesme avant d'aller exposer *(sic)* l'Infante d'Espagne « du costé de Bayonne, venant de Marceille pour la « construction d'une citadelle qu'il y a ordonnée pour « soubzmettre la ville, passa en ce lieu, allant à Per« pignan, où il coucha le neufviesme d'avril 1660, et à

(1) Le Peyrou était la direction que prenait la voie romaine à l'avenue de Séjan, et la route royale la suivait encore au XVIIe siècle. Elle n'a été changée qu'au commencement du nôtre pour suivre la ligne qu'occupe la route actuelle.

(2) Voir à cet égard *Mémoire de Mlle de Montpensier*.

(3) D'Aubays, l'auteur des *Pièces fugitives*, — Itinéraire des rois de France, commet une grande erreur dans cette partie de sa publication en fesant coucher le roi et la reine, le 14 avril 1660, à Leucate. « où, dit-il, Leurs Majestés furent régalées par le marquis de St-Aunés. » D'abord, le mariage de Louis XIV ne fut conclu qu'au mois de juin 1660, et de plus, la délibération que nous rapportons constate que le roi, qui avait couché le 9 avril à Séjan, en se rendant à Perpignan, y coucha de nouveau, à son retour de cette ville, le 14 avril, après avoir seulement déjeuné à Leucate. Il ne pouvait donc se trouver la même nuit sur ce dernier point.

« son retour dudit Perpignan, qui feust le quatorze « dudit mois, y coucha et feust à la chasse ledit jour, en « arrivant, à l'estang de Pissebacque, avec de grands « seigneurs, sur des bateaux qu'on y avait préparés ; « et feust le roi sur le bateau conduit par François « Guigou et André Gatiniol ; y receut audit estang, par « un courrier au galop, la nouvelle que l'Infante partait « de Madrid. Il partit le lendemain, quinziesme, et « print, le seize, à Narbonne, la poste jusqu'à Carcas- « sonne. »

NOTE H.

Fontfroide (abbaye de Bernardins). — v. page 114, 2me col.

M. Émile Cauvet, avocat, membre de la Commission archéologique et littéraire de Narbonne, a publié en 1875 une *Étude historique sur l'abbaye de Fontfroide.* — Montpellier, Félix Séguin ; Paris, A. Durand et Pédone-Lauriel.

Nous allons résumer dans cette note les principales notions que fournit sur l'abbaye, son extension et ses développements, cette savante Étude, saluée à son apparition par d'unanimes éloges, que justifient, de la part de l'auteur, une grande science critique et une rare habileté d'exposition, nées d'une érudition profonde à laquelle les matières les plus variées sont familières.

Pour déterminer l'origine de l'abbaye de Fontfroide, M. É. Cauvet a emprunté à l'Inventaire des titres de la mense abbatiale les lignes qui suivent : « L'abbaye de « Fontfroide, diocèse de Narbonne, sénéchaussée de « Carcassonne, est des plus anciennes de l'ordre de « Citeaux, et quoique elle dépende *médiatement* (il « fallait dire immédiatement) de celle de Grandselve, « diocèse de Toulouse, elle était néanmoins consacrée « au service de Dieu et de la Sainte-Vierge *longtemps* « *auparavant* que saint Bernard, abbé de Clairvaux, « envoyât des religieux pour fonder l'abbaye de Grand- « selve, d'où les saints hommes qui habitaient le désert « de Fontfroide *tirèrent ceux qui leur apportèrent la* « *règle et l'habit de Citeaux*. C'est ce qui est démontré « par divers monuments et actes, particulièrement par « celui du 12 des kalendes de juin 1093.

« L'ordre de Citeaux ne commença à paraître qu'en 1098. Grandselve n'y fut uni qu'environ l'an 1115 et « peu après le fameux chapitre où l'ordre de Citeaux « naissant avait assemblé ses religieux pour composer « le résultat de ses constitutions, appelé communément « la carte de Charité.

« Cette ancienneté de l'abbaye l'a fait appeler, à « l'égard de Grandselve, dont elle est la fille, Filia ante « matrem, selon la chronique de ladite abbaye. »

Il résulte de là que le monastère de Fontfroide existait sur la fin du XIe siècle et que ce n'est pas en 1157, ainsi que l'a pensé Catel (*Hist. de Languedoc,* — 592), que l'abbaye fut fondée, opinion qui a été combattue par les auteurs du Gallia christiana (VI, 198) et par ceux de l'Histoire générale de Languedoc (chap. XVII, 76).

Ange Manrique (*Ann. Cist.*, t. II, chap. 19, art. 2) qui utilisa, lorsqu'il écrivit les Annales de Citeaux, les chroniques que possédait l'abbaye de Fontfroide, déclare que cette abbaye s'affilia à l'ordre de Citeaux peu après sa fondation, « paulo post Cistorciense institutum, » que Bernard en fut le premier abbé et qu'il avait les vertus du grand réformateur dont il portait le nom, « virtutes referebat simul cum nomine. » Or, il est certain que Bernard fut nommé abbé en 1118, qu'il conserva cette dignité jusqu'en 1132, et qu'il eut pour successeur dom Sanche, Sanxius, qui mourut en 1154 et fut remplacé par dom Vital, à qui la vicomtesse Ermengarde fit la donation de 1157.

L'abbaye de Fontfroide existait si bien avant cette dernière date, qu'en l'année 1138 Ermengaud de Fabrezan et Guillaume, son frère, lui firent donation de tout l'honneur qu'ils possédaient dans le territoire de Fraissinel ou Fraixinel (*Doat,* t. 59, page 4). En outre, une bulle du pape Innocent II contient ce qui suit : « In pago Narbonensi locum Fontisfrigidi, « cum decimis et pertinentiis suis, quem Aimericus « vicecomes Narbonensis, ad edificandum ibi abbatiam, « pro redemptione anime sue, predicto abbati et fratri- « bus in perpetuum contulit. » Innocent II monta sur le trône pontifical en 1130 et mourut en 1143. Il parlait donc du monastère antérieurement à la donation d'Ermengarde, et, de plus, il précise que ce qui était à ce moment possédé par les religieux leur était advenu par une donation d'Aymeric, père de celle-ci.

Par un acte du 15 des kalendes de février (18 janvier) 1149, Bérenger IV, comte de Barcelone, donna « Deo, « beate Marie Fontisfrigidi et fratribus ibi Deo famu- « lantibus, in manu domini Sancii, » (2e abbé de Fontfroide) le jardin de Poblet (Espagne).

Enfin, Alphonse II, roi d'Aragon, déclare, dans une charte du 15 des kalendes d'août (18 juillet) 1172, qu'il prend sous sa protection le couvent de Fontfroide et tout ce qu'il possède « dono Aimerici, vicecomitis, et « Ermengarde, filie ejus. »

Ces actes démontrent évidemment que l'abbaye était déjà fondée au moment où Ermengarde succéda à son père. Dès-lors, nous tiendrons pour erronée, non-seulement l'opinion de Catel, mais encore une tradition conforme admise de tout temps dans le Narbonnais, qui attribue le titre de fondatrice de Fontfroide à cette vicomtesse.

On a dejà vu que le pape Innocent II parle, dans sa bulle, d'une donation qu'il applique au vicomte Aymeric, tandis que la charte d'Alphonse II, de 1172, déclare que cet Aymeric est le père d'Ermengarde. De là naît une difficulté. Deux Aymeric se sont immédiatement succédés dans la Vicomté de Narbonne, Aymeric I, grand-père de la vicomtesse Ermengarde, mort dans la Palestine entre 1104 et 1106, et Aymeric II, son fils et son successeur, père de la vicomtesse et mort en 1134. La date de 1093, qui, d'après l'Inventaire des titres, est celle de la fondation de Fontfroide, s'appliquerait donc au grand'père et non au père d'Ermengarde, d'où il faudrait conclure, pour tout concilier, que le grand-père dut faire aux premiers religieux la donation d'une partie de Fontfroide, ou du moins les autoriser à s'y établir, en 1093, et que ces religieux, déjà établis *dans le désert de Fontfroide,* obtinrent antérieurement à l'année 1134, du père d'Ermengarde, un titre régularisant leur possession ; qu'enfin la libéralité de la vicomtesse Ermengarde vint compléter cette possession, en 1157, par la donation de l'entier domaine de Fontfroide.

La prospérité de Fontfroide eut de rapides développements, qui firent parvenir l'abbaye en peu de temps au comble de la fortune et de la puissance. Dès le XIIIe siècle, ses revenus dans le seul diocèse de Narbonne étaient évalués à vingt-cinq mille liv. tourn. de rente annuelle, et comme la livre tournois valait alors 20 fr. 26 centimes de notre monnaie courante, la valeur commerciale de l'argent étant à ce moment cinq fois plus élevée qu'elle ne l'est de nos jours, d'après les évaluations les plus minimes ces 25,000 liv. de rente représenteraient aujourd'hui plus de 2,500,000 fr. Il faut ajouter que les biens dont jouissait l'abbaye dans le diocèse de Carcassonne et dans le Roussillon devaient lui procurer un revenu tout aussi considérable. Aussi était-elle réputée en possession de grandes quantités d'or et d'argent que les religieux étaient accusés d'exporter en Catalogne.

Les religieux de Fontfroide fondèrent deux abbayes, savoir : celle de Poblet, en 1149 ; celle de Valbonne, en 1242. L'abbaye absorba de plus, par voie d'annexion, le prieuré de Ste-Eugénie en 1189 et le prieuré de Montlaurés en 1211. Ils fondèrent, en outre, trois abbayes ou monastères de femmes, qui sont l'abbaye des Olieux, dans le diocèse et le territoire de Narbonne, en 1201 ; l'abbaye N.-D. de Rieunette près de la Val-de-Daigne, vers 1246, dans le diocèse de Carcassonne, et enfin le monastère d'Eule, dans le Roussillon, à une date qui est encore inconnue.

Nous avons dit un mot des revenus immenses de l'abbaye de Fontfroide. Voici l'indication des biens qui les produisaient.

L'abbaye possédait :

1° La seigneurie de St-Nazaire, qui lui fut vendue, le 12 février 1257, par Olivier de Termes, à qui Louis IX l'avait donnée, antérieurement à 1240, après sa confiscation sur la famille Alfaric, dont le représentant était tombé faydit ;

2° La seigneurie de Ste-Valière, qu'elle acquit du même Oliver de Termes, à la même date. Les habitants de Ste-Valière étaient tous serfs de mansate. L'abbaye les affranchit de cette servitude, par un acte daté du 13 février 1360, dont l'Inventaire des titres de la mense abbatiale donne l'analyse en ces termes, que nous reproduisons exactement à raison de leur intérêt pour l'étude de la question du servage dans le midi de la France au moyen âge : « L'abbaye ayant été humblement « requise par les habitants de Ste-Valière, de vouloir « bien les affranchir de la servitude de la mansate, « à laquelle ils étaient soumis, leur permet de faire « testament, de se choisir des héritiers et de disposer « pleinement de tous leurs biens, sauf les droits de « ladite abbaye qu'elle a accoutumé de lever et exiger « audit lieu, les déchargeant du joug de toute la servi- « tude de la mansate, les déclarant libres avec toute « leur postérité née et à naître ; les déchargeant en « outre de toutes boattes et azenattes. (1) En recon- « naissance de quoi ladite communauté payera annuel- « ellement, pour lesdites boattes et azenattes, 100 s. le « jour de la Toussaint, et 15 liv. pour la queste générale, « aussi annuellement, et que les habitants payeront, « pour l'entrée des nouveaux achepts faits par ladite « abbaye aux habitants, la 11e partie de tous les bleds, « légumes, vins, huiles et carnens (2) pendant un an : « consentant ladite abbaye que toutes les terres et pos- « sessions qu'elle jouit en propriété soient données à « nouvel achept aux habitants, à l'exception d'un jar- « din et fératjal ; »

(1) On appelait *boattes* les corvées ou journées de travail d'animaux de l'espèce bovine, dues au seigneur par le serf, et *azenattes* celles qui étaient dues pour des ânes.

(2) On désignait par carnens ou carnenc le produit des bestiaux élevés pour le croît.

3° La seigneurie de Marcorignan, qui lui fut vendue, après la confiscation sur Alfaric de St-Nazaire de la portion qui lui appartenait, partie par Olivier de Termes, à qui Louis IX en avait fait donation, et partie par les vicomtes de Narbonne. Les deux ventes sont du 6 des kalendes d'avril (27 mars) 1252 et du 15 des kalendes de décembre (17 novembre) 1259 ;

4° La seigneurie de Pradines ou de Colonégo, près de Marcorignan, qui fut donnée à l'abbaye, avec le consentement du chapitre St-Just, le 5 des kalendes d'août (28 juillet) 1148, par l'archevêque Arnaud de Levezon ;

5° La seigneurie de Mailhac, vendue à l'abbaye, le 7 des kalendes de juillet (25 juin) 1320, par le vicomte Amalric, moyennant le paiement d'une rente annuelle de 1,000 liv. tourn., vente qui fut confirmée par Amalric et Marie Auteroche, sa femme, dans le mois de novembre de la même année, sous la réserve de l'exercice et de la cavalcate, ainsi que de l'hommage et des droits d'amortissement;

6° La seigneurie du Terral, donnée par la vicomtesse Ermengarde à l'église de Narbonne, en 1176, et qui fut vendue, avec son autorisation, à l'abbaye, par l'archevêque Bernard Gaucelin, au mois de mars 1188, pour la somme de 6,500 s. melg. ;

7° La seigneurie de Fontcalvy, limitrophe de la précédente, qui lui fut vendue, le 10 des kalendes de janvier (23 décembre) 1203, pour deux tiers, par les Hospitaliers de St-Jean de Jérusalem, qui les tenaient de Guillaume d'Ouveilhan et de Bérenger de Fontcalvy, et au mois de mai 1199, par Pélerine et Bérengère d'Ouveilhan, pour le tiers qu'elles tenaient de la succession de Bernard d'Ouveilhan, leur père ;

8° Le domaine de Preissan, que l'abbaye de Lardorel, de l'ordre de Citeaux, diocèse d'Alby, lui vendit dans la première moitié du XIIIe siècle ;

9° La seigneurie de Montseret, que lui transmit, pour partie, le prieuré de Ste-Eugénie, lors de son annexion à l'abbaye, en 1189. Cette partie fut complétée ensuite par des acquisitions successives faites à titre onéreux, ou à titre gratuit, d'Amat de Montseret, le 3 des ides de juillet (13 juillet) 1224 ; de Bernard Roger, au mois de juillet 1255, et de Guillaume de Montpellier, fils de Pierre-Raymond de Montpellier, le 3 des kalendes d'octobre (29 septembre) 1311. Malgré ces acquisitions, il restait encore une portion de seigneurie qui était, vers cette dernière époque, entre les mains de Bernard de St-Étienne, de qui elle dut passer aux vicomtes de Narbonne et ensuite au roi, car nous voyons que la seigneurie était, plus tard, tenue en pariage entre le roi et l'abbaye;

10° La seigneurie d'Auterive, qui avait une importance considérable, et que l'abbaye acquit, en 1166, au moyen d'une donation de Bernarde de Luc, en sa qualité d'héritière d'Arnaud de Luc, son cousin, donation qui fut confirmée à l'abbaye, le 6 des ides de mai (10 mai) 1173, par Autier, mari de la donatrice, et dans le mois de janvier 1192, par Roger, son fils ;

11° Le domaine de Gaussan, limitrophe du précédent, qui fera l'objet de la note N placée à son rang d'ordre alphabétique à la fin du volume ;

12° Dans la seigneurie de Durban, le domaine de Caturcins, acquis d'Arnaud de Fontjoncouse, le 2 des nones d'octobre (6 octobre) 1201, et augmenté par des acquisitions successives faites, le 10 des kalendes de juillet (22 juin) 1267, de Pierre-Hugues de St-Martin, et le 4 des ides de mars (12 mars) 1285, de Bernard de Mégalas, comme héritier d'Algaye, sa mère. Elle y possédait également un fief, dit le fief de Durban, qui lui était advenu, partie par la rentrée dans l'abbaye des religieux qui en étaient sortis pour s'établir à St-Victor-de-Montveyre, et partie par une vente du mois de juillet 1203 que lui consentit Arnaud de Fontjoncouse ;

13° Le domaine de Ripaul, assis entre Tauran et Fontjoncouse, donné pour partie à l'abbaye par Bérenger de Vic, aux ides de mars (15 mars) 1184, et vendu pour autre partie par Guillaume Subre, le 2 des nones de juin (4 juin) 1184 et par Gaucerand de Fontjoncouse, au mois de juin 1189. Le restant, qui appartenait aux maisons de Foix et de Narbonne, fut donné à l'abbaye, au mois d'octobre 1207, par Raymond-Roger, comte de Foix, et au mois de décembre 1209, par le vicomte de Narbonne Aymeric IV.

14° Le domaine de Viviers-Parazols, qui fut donné à l'abbaye par Bernard de Durban, Rayne, sa femme, et leurs enfants, le 6 des ides de mars (10 mars) 1182, donation que Bernard confirma par son testament du mois de février 1196, en y ajoutant une portion de Caragulhes, avec ses hommes et femmes, c'est-à-dire la justice, le fief feudataire et tout ce qui en dépendait ;

15° Le domaine de Béreille, situé entre Gléon, Tauran et Fontjoncouse, qui fut donné à l'abbaye, au mois de mai 1211, par Guillaume de Fontjoncouse, qui le tenait d'Olivier de Treilles à titre d'engagement. Celui-ci avait confirmé cette donation le 16 des kalendes d'août (17 juillet) 1227 et quatre ans après il donnait à l'abbaye les cinq huitièmes des censes, tasques et agriers qu'il s'était réservés ;

16° Le domaine de Tauran, limitrophe du précédent, qui fut donné à Fontfroide par Arnaud Bédos de Séjan et Udalguier de Séjan, en 1189 et en 1194 ;

17° Le domaine de Lastours, que l'abbaye acquit par l'union du prieuré de Ste-Eugénie, en 1189, et auquel il faut joindre de nombreuses parcelles de terre qui étaient situées à Portel et aux Ouviels.

18° Le domaine de Mattes, donné pour une moitié par Gaubert de Donos, dans son testament du 2 des kalendes d'avril (31 mars) 1291, à l'abbaye, qui acquit l'autre moitié, au mois de juin 1332, de Saurine, femme de noble Guillaume de Châteauneuf, laquelle l'avait reçue de Bérenger de Boutenac, seigneur de Bizanet.

19° Le domaine de Quillanet, qu'elle avait acquis, partie de Raymond de Quillanet, suivant acte de donation du 3 des ides de mai (13 mai) 1189, et partie de Bérenger de Quillanet, qui lui légua sa portion par son testament du 3 des ides de décembre (11 décembre) 1208 ;

20° Le domaine d'Aurits, qu'elle acquit en partie par une donation de Pierre de Quillanet, faite au mois de mai 1190, avec le consentement de Blanche, sa femme. L'autre partie, qui était divisée entre les trois enfants des donateurs, Pierre, Guillaume et Bernard de Quillanet, était passée à l'abbaye, savoir : pour la portion de Pierre de Quillanet, par une donation du 2 des ides d'avril (12 avril) 1200, qu'il confirmait par son testament de l'année 1208 ; pour la portion de Guillaume de Quillanet, par une donation du mois d'avril 1217, et pour la portion de Bernard de Quillanet, par une vente du 12 décembre 1220 ;

21° Le domaine de St-Julien-de-Septime, donné à l'abbaye de Grandselve et à celle de Fontfroide, le 3 des ides d'octobre (13 octobre) 1145, par ses copossesseurs, qui étaient Amiel de Cers et Ermessende, sa femme, Raymond de Durfort et Ermengarde, sa femme, Bérenger de Durban et Bernard de St-Martin, avec Pierre et Hugues, ses frères ;

22° Le domaine d'Aussières ou Orsières, donné au prieuré de Montlaurés, par le vicomte de Narbonne, le 3 des kalendes d'octobre (29 septembre) 1065, et advenu ensuite à l'abbaye par la transmission que ce prieuré lui fit de tous ses biens (v. page 42, 2e col. note (1) ;

23° Le domaine de Fraissinel ou Fraixinel, qui fut donné à l'abbaye par Ermengaud de Fabrezan et Guillaume, son frère, le 14 des kalendes de juin (19 mai) 1138 ;

24° Le domaine de Jonquières, que l'abbaye acquit, partie au moyen d'une donation testamentaire de Bernard de Montpezat, du 7 des ides de juillet (9 juillet) 1261, et partie au moyen de la vente que lui consentit, le 6 des nones de juillet (2 juillet) 1271, Gentiane de Jonquières, fille de Raymond de Jonquières, avec le consentement de Jean Amiel, son mari ;

25° Le domaine de Pradines-le-Haut, situé dans la seigneurie de St-André-de-Roquelongue, qui lui fut vendu, partie en 1143, par la dame de Cerdagne, et le reste le 2 des kalendes de janvier (31 décembre) 1157, par Pons Guiffred, Aladaysse, sa femme, et leurs enfants, qui étaient Raymond, Pierre et Guillaume, et par Jean Guiffred, son frère, et Aladaysse, sa femme ;

26° Dans la seigneurie de Coursan, de nombreuses salines et plusieurs parcelles, qui lui venaient en partie du prieuré de Montlaurés et en partie des donations que lui firent, Argile, avec le consentement de Reine, sa femme, en 1174 ; Raymond de Bages, en 1176, Bernard et Lombarde, sa femme, en 1192. — Le sol sur lequel les salines de l'abbaye étaient assises fait aujourd'hui partie de la fertile et belle plaine de Coursan, et comme elles existaient encore en plein XIVe siècle, il faut en conclure que la sédimentation de ce sol, produit des apports limoneux de la rivière d'Aude et où croissent aujourd'hui la vigne et toutes les cultures graminées et fourragères, est relativement très-moderne ;

27° Dans la seigneurie de Cuxac, des propriétés considérables, qui furent successivement inféodées, et dont la principale constituait un fief que Pierre Dassier avait donné à l'abbaye dans le mois d'avril 1230 ;

28° Dans la seigneurie de Moussan, des parcelles éparses, mais en très-grand nombre, qui embrassaient une portion considérable du territoire de Moussoulens, dont elle avait acquis la portion principale de l'abbaye N.-D. de Quarante, par un acte de vente du 14 des kalendes de mai (18 avril) 1318 ;

29° La seigneurie de Pouzols, qui lui appartenait dès le XIIIe siècle et où elle levait, d'un grand nombre de tenanciers, des droits de tasque et d'agrier, stipulés dans des reconnaissances de l'année 1268 ;

30° Dans la seigneurie de Fabrezan, le domaine de l'Estagnol, qui lui venait d'une donation de l'année 1145, d'Ermengaud de Fabrezan, dont la famille comptait parmi les plus puissantes du Narbonnais, et les propriétés de Moders, de Montmija et du Pech-de-l'Escalle, dont le fils d'Ermengaud de Fabrezan lui fit donation en 1206 ;

31° Dans la seigneurie d'Armissan, un fief dont Gentiane, fille de Raymond de Jonquières, lui avait fait donation, de concert avec Jean Amiel, son mari, le 8 des kalendes de novembre (25 octobre) 1311 ;

32° Dans la seigneurie de Montredon, les territoires de Boccacers et de l'Estang, qui constituaient deux fiefs inféodés à divers emphytéotes et qui lui venaient principalement de donations faites par Guillaume d'Argens en 1152, par Bérenger d'Argens en 1171, par Arnaud de Raissac en 1194, par Guillaume de Porte-Roy et Géraud Dubreuil en 1195, et par Arnaud de Mailhac en 1197 ;

33° Dans la seigneurie de Védilhan, un domaine que l'abbaye avait formé par des acquisitions successives faites : — en 1161, d'un membre de la famille de Porte-Roy, qui habitait Narbonne ; — en 1174, de Pierre de Minerve, beau-frère de Pierre-Raymond de Béziers ; — en 1202, du vicomte Aymeric IV, — et en 1205, de Raymond de Peyrepertuse. Hugues comte des Empuries et Mathilde, sa femme, accrurent ce domaine par la donation qu'ils firent à l'abbaye des terres qu'ils avaient près de Pontsorme et à St-Pierre de la Mer. La vicomtesse Ermengarde lui avait également donné une partie du territoire de Matefor. L'abbaye avait aussi à Védilhan un décimaire qu'elle avait principalement acquis de Pierre-Raymond du Capitole et de Florence, sa femme, le 2 des kalendes de janvier (31 décembre) 1177, et de Pierre-Raymond de Jonquières, en 1223 ;

34° Dans la seigneurie de Bizanet, diverses parcelles qui lui avaient été données dans le courant du XIIe siècle et du XIIIe ;

35° Dans la seigneurie de Villesèque, plusieurs mansates avec les serfs qui les tenaient d'elle et dont la donation lui avait été faite, le 5 des kalendes de décembre (27 novembre) 1231, par Guillaume de Villesèque, et le 4 des nones de novembre (2 novembre) 1240 par Pierre de Parazols. Le 4 des kalendes de janvier (29 décembre) 1300, Bérenger Cenaht, homme libre, s'était donné à l'abbaye pour homme propre, ou homme-lige, avec tous ses enfants nés ou à naître ;

36° Dans la seigneurie de Montpezat, un domaine qui lui avait été donné, le 4 des kalendes de juin (29 mai) 1196, par Raoul de Montpezat et son frère. En 1200, Guillaume Marin accrut ce domaine par la donation des vignes qu'il possédait dans le territoire de la seigneurie ;

37° Dans la seigneurie de Fitou, tout le territoire de St-Julien, qui lui était advenu par l'union du prieuré de Ste-Eugénie, auquel un clerc, nommé Bérenger, en avait fait donation le 2 des kalendes de juillet (30 juin) 1168, avec le consentement d'Ermengaud de Leucate, qui devait sans doute avoir la directe de ce territoire ;

38° Dans la seigneurie de Lapalme, une redevance de deux *pezats* ou plutôt *pegats* d'huile, dont Bernard, archiprêtre de la Corbière, lui avait fait donation par testament du 5 des kalendes de novembre (28 octobre) 1296 ;

39° Au Lac, une parcelle de terre qui lui avait été donnée, le 2 des ides d'octobre (14 octobre) 1335, par Bermond de Séjan, seigneur de Treilles, qui lui donnait en même temps faculté de dépaissance pour ses troupeaux dans tout le territoire de la seigneurie ;

40° Dans la seigneurie de Gléon, un fief dont Gaubert, fils d'Eybrin de Durban, avait fait à l'abbaye une donation que celui-ci confirma, avec Alamande, sa femme, en l'année 1228 ;

41° Dans la seigneurie de Sallèles, diverses parcelles dont lui avaient fait donation Géraud de Laredorte, le 3 des kalendes de février (30 janvier) 1214, et Bérenger de Sallèles, au mois d'avril 1220 ;

42° Dans la seigneurie de Puisserguier, la terre de Lodazan, dont l'origine n'est connue que pour la moitié qui lui avait été vendue, le 11 des kalendes d'août (22 juillet) 1244, par Sicard et Bertrand d'Ouveilhan ;

43° Dans la seigneurie de Ginestas, diverses parcelles qui lui venaient, en partie, d'une acquisition faite en 1192, et le reste, de l'annexion des biens du prieuré de Montlaurès ;

44° Dans la seigneurie de Laredorte, un grand nombre de parcelles, qui lui furent apportées par Géraud de Laredorte, dans l'année 1188, lorsqu'il prit l'habit religieux dans l'abbaye ;

45° Dans la seigneurie de Séricate, un certain nombre de parcelles qu'elle avait acquises successivement durant les années 1165, 1212, 1297 et 1299 ;

46° Dans la seigneurie de Montels, un domaine considérable, qui lui venait, pour une partie, des donations que lui firent, en 1177 et en 1208, Guillaume de Parazols et Bérenger de Bassan, reçus en qualité de frères convers, et pour l'autre partie, de la vente que Bérenger de Moujan lui consentit le 2 des kalendes de septembre (31 août) 1208 ;

47° Dans la seigneurie de Capestang, plusieurs propriétés importantes, qui lui venaient, entre autres donations, de celle que lui fit Hulard de Capestang lorsqu'il prit l'habit de convers dans l'abbaye, le 3 des ides de décembre (11 décembre) 1166, et d'une vente que lui fit Bozon de Blanques le 20 novembre 1314 ;

48° Dans la ville de Narbonne et dans son territoire, un grand nombre de parcelles, qu'elle avait inféodées dès le milieu du XVIe siècle, et vingt-huit maisons ou mas qui se répartissaient comme il suit dans les sept paroisses de la ville : — 21 dans la paroisse St-Paul, y compris la maison d'exploitation dite le Mas-de-Fontfroide, dont le sol servit en 1608 pour la construction de la porte Connétable ou porte de Perpignan ; — 7 dans la paroisse St-Félix ; — 2 dans la paroisse St-Sébastien ; — 2 dans la paroisse de Lamourguié ; — 1 dans la paroisse St-Étienne ; — 1 dans la paroisse de La Major ;

49° La seigneurie de Tuchan, dont partie lui venait de la vente qu'Olivier de Termes lui consentit, le 3 des nones d'avril (3 avril) 1260, avec toutes ses appartenances et dépendances, hommes et femmes, c'est-à-dire les justices, moulins, fiefs feudataires, etc., et avec le château de Ségure, pour tenir le tout sous la mouvance du roi, qui confirma cette vente dès le mois d'octobre de la même année; partie des ventes que lui firent, le 4 des ides de mars (12 mars) 1293, Fine de Durban, femme de Raymond de Villemagne, et le 19 des kalendes de septembre (14 août) Raymond et Bérenger de Durban, ses neveux, fils de Bernard de Durban, son frère, pour la portion de seigneurie qu'ils avaient recueillie dans la succession de Raymond de Durban, leur commun père; et enfin, partie de la vente qui lui fut consentie, au mois d'octobre même année 1293, par Ermessende et Bernard, enfants de Guillaume de Montesquieu ;

50° La seigneurie de Paziols, confisquée sur Amiel d'Auriac, tombé *faydit*, et advenue pour ce motif au roi, qui la donna à Olivier de Termes, lequel la vendit à l'abbaye en même temps que le château de Tuchan, le 3 des nones d'avril (3 avril) 1260 ;

51° Dans la seigneurie de Villerouge, qui appartenait à l'archevêque de Narbonne, divers fiefs qui lui venaient principalement de la donation que lui avait faite Roger de Villerouge, le 3 des kalendes de novembre (30 octobre) 1185, et Bérenger de Villerouge, son frère, le 12 des kalendes de juillet (20 juin) 1192 et au mois de février 1195 ;

52° Dans la seigneurie de Soulatgé, tout le val de Sédeilhan ou Sédellan, dont Bertrand d'Auriac lui avait fait donation, au mois de mars 1210, sous la réserve de la directe des seigneurs de Peyrepertuse ;

53° Dans la seigneurie de Peyrepertuse, un champ dont Bérenger de Peyrepertuse lui avait fait une vente que Guillaume de Peyrepertuse, son fils, confirma le 8 des ides de juillet (8 juillet) 1205 ;

54° La seigneurie de Ségure, qui lui fut vendue, ainsi que nous l'avons déjà vu, par Olivier de Termes, en même temps que la seigneurie de Tuchan, le 3 des nones d'avril (3 avril) 1260 ;

55° Dans la ville de Carcassonne, une maison au bourg St-Michel, qui lui fut donnée, le 15 des kalendes d'août (18 juillet) 1182, par Pierre Mercier et Avranches, sa femme ; une autre maison dans le bourg St-Vincent, qui lui appartenait dès l'année 1198; une troisième maison dans le bourg Neuf, qui lui fut apportée par Robin, lors de sa prise d'habit dans l'abbaye, au mois de juillet 1252, et une quatrième maison dont Raymond, évêque d'Elne, lui fit donation, le 3 des nones de juillet (5 juillet) 1292 ; enfin, un verger que le roi Charles VI lui donna en l'année 1417 ;

56° Dans la seigneurie de Rieux-en-Val, une moitié de cette seigneurie, qui découlait de la donation que lui avait faite, au mois de mai 1270, Guillaume de Rieux, écuyer, au moment de son départ pour la croisade. Elle avait, dans cette seigneurie, le droit de justice pour 11/32 en particulier et pour 21/32 en pariage avec le roi et avec Bérenger Daban, Jean de Belcastel et Udalguier des Arches, qui avaient, en parts inégales, l'autre moitié de la seigneurie ;

57° Dans la seigneurie de Fenouillet et de Caudiès, une maison et diverses parcelles, qui lui venaient principalement de la donation contenue au *testament verbal* d'Arnaud de Fenouillet, fait en l'année 1173 et authentiqué par une déclaration de Bertrand d'Auriac et d'Olivier de Termes faite devant l'archevêque de Narbonne et devant la vicomtesse Ermengarde ;

58° La seigneurie de Parahou, qui lui fut donnée, le 16 des kalendes de juillet (16 juin) 1160, par Guillaume de Niort, Pierre d'Albezon et autres seigneurs du voisinage, sous la réserve des épaules des sangliers qui seraient abattus dans la seigneurie, et par la famille de Laval, le 17 des kalendes de septembre (16 août) 1160 ;

59° Dans la seigneurie de Bugarach, un certain nombre de parcelles, dont la principale partie lui venait de la donation que lui avait faite, en l'année 1194, Pierre, recteur de la paroisse, lorsqu'il entra dans l'abbaye comme religieux ;

60° Enfin, l'abbaye avait, dans le Roussillon, des biens considérables, qu'elle tenait, pour la plupart, à titre d'alleux ou fiefs francs. Ces biens, dont la plus grande partie fut aliénée à partir de l'administration d'Augustin Trivulce, cardinal du titre de St-Prisce, qui fut abbé commendataire en 1546, ont fait l'objet d'une notice que son auteur, M. de St-Malo, a donnée en 1836 dans le Publicateur des Pyrénées-Orientales. Leur indication détaillée n'ayant qu'un intérêt secondaire pour le Narbonnais, nous allons nous borner à donner le nom des localités sur le territoire desquelles ils étaient situés, en adoptant l'ordre qu'a suivi M. É. Cauvet dans sa savante *Étude sur l'abbaye de Fontfroide*, page 405 et suiv. Ces localités sont : Perpignan, St-Hippolyte, Salses, Vespeilhes, Vingrau, Claira, Opoul, Thuir, Tura, Canemals, Pya, Toureilles, Villeneuve-de-la-Raho, St-Félix-du-Pin, Ste-Eugénie-de-Labéjan, St-Étienne-d'Orle, Pujols, St-Cyprien, Banyuls, Planés, Soanges, Maryaus, Ascaro et Roja.

Plusieurs religieux célèbres sont sortis de l'abbaye de Fontfroide.

Il faut citer, en particulier : — Pierre de Castelnau, qui fut, avec Raoul, autre religieux de Fontfroide, chargé de combattre l'hérésie albigeoise en qualité de légat du st-siége. Pierre de Castelnau a été l'une des grandes figures de son époque, et sa mort, après la vigueur qu'une nature forte et ardente lui avait permis de déployer dans la lutte que sa mission l'avait chargé d'engager contre l'hérésie, lui a mérité, avec le titre de martyr, les honneurs du culte dans plusieurs diocèses (v. É. Cauvet, 439); — Arnaud de Novelli, abbé régulier de Fontfroide, élu en 1305, professeur en l'un et l'autre droits, vice-chancelier de l'église romaine, ensuite cardinal du titre de St-Prisce et légat du saint-siége en Angleterre, mort à Avignon en 1317 et enterré sous le maître-autel de l'abbaye de Fontfroide, qu'il avait gouvernée pendant cinq ans et de laquelle il s'était séparé, après son élévation, mais dont il ne s'était pas détaché et à laquelle il fit de nombreuses et importantes libéralités (v. É. Cauvet, — 468); — Jacques Fournier dit de Novelli, à cause du précédent, dont il était le neveu par sa mère. Jacques Fournier, d'abord simple religieux dans l'abbaye de Boulbonne, fut le successeur d'Arnaud de Novelli, son oncle, comme abbé de Fontfroide, en 1311. Il fut ensuite élu évêque de Pamiers en 1317 et évêque de Mirepoix en 1326, créé cardinal du titre de St-Prisce en 1327, et enfin élu pape, sous le nom de Benoît XII, en 1334 (v. É. Cauvet, — 475).

La fondation de l'abbaye de Fontfroide date, ainsi qu'on l'a déjà vu, du XIe siècle, et il est certain qu'elle existait dès l'année 1093. Mais les chartes ne nous ont pas conservé les noms des abbés qui l'ont gouvernée depuis cette époque jusqu'à 1118.

A dater de cette dernière année et jusqu'à la création de la commende, en 1476, l'abbaye de Fontfroide a eu cinquante-sept abbés réguliers, et à partir de la commende jusqu'à la réduction de l'abbaye à l'état de simple bénéfice ecclésiastique, en l'année 1764, quinze abbés commendataires, desquels nous allons donner la double liste chronologique.

Abbés réguliers.

I. Bernard I. . . . . 1118.
II. Sanche. . . . . 1134.
III. Vital I. . . . . 1154.
IV. Arnaud I. . . . . 1168.
V. Vital II . . . . 1169.
VI. Bernard II . . . . 1173.
VII. Vital III . . . . 1174.
VIII. Bernard III . . . . 1180.
IX. Bertrand-Pierre I . . . . 1193.
X. Bernard IV . . . . 1194.
XI. Raoul I . . . . 1217.
XII. Ximenès I. . . . . 1217.
XIII. Raoul II . . . . 1217.
XIV. James . . . . 1218.
XV. Marquez. . . . . 1220.
XVI. Ximenès II . . . . 1220.
XVII. Hélias ou Élie I. . . . . 1221.
XVIII. Bernard V . . . . 1224.
XIX. Pierre II . . . . 1230.
XX. Arnaud II. . . . . 1231.
XXI. Bernard VI . . . . 1231.
XXII. Pierre III. . . . . 1236.
XXIII Othon I . . . . 1241.
XXIV. Dalmace. . . . . 1242.
XXV. Arnaud III. . . . . 1243.
XXVI. Vital IV. . . . . 1264.
XXVII. Arnaud IV . . . . 1268.
XXVIII. Pierre IV. . . . . 1270.
XXIX. Othon II . . . . 1271.
XXX. Vital V . . . . 1271.
XXXI. Arnaud V. . . . . 1273.
XXXII. Bernard VII. . . . . 1281.
XXXIII. Pierre V. . . . . 1284.
XXXIV. Jean Montassin I . . . . 1287.
XXXV. Bernard VIII . . . . 1288.
XXXVI. Montassin II . . . . 1289.
XXXVII. Bernard IX . . . . 1292.
XXXVIII. Arnaud VI . . . . 1296.
XXXIX. Antoine I . . . . 1301.
XL. Arnaud VII de Novelli . . . . 1305.
XLI. Jacques Fournier de Novelli. . . . . 1311.
XLII. Géraud. . . . . 1317.
XLIII. Pierre VI . . . . 1325.
XLIV. Arnaud VIII . . . . 1333.
XLV. Antoine II . . . . 1335.
XLVI. Bérenger I. . . . . 1342.
XLVII. Bernard X. . . . . 1346.
XLVIII. Jean I . . . . 1355.
XLIX. Pierre VII . . . . 1357.
L. Bernard XI . . . . 1398.
LI. Jean II. . . . . 1400.
LII. Pierre VIII. . . . . 1415.
LIII. Jean III. . . . . 1426.
LIV. Bernard XII. . . . . 1431.
LV. Pierre IX Ferer. . . . . . . 1442.
LVI. Martial de La Rue . . . . 1451.
LVII. Pierre X . . . . 1473.

Abbés commendataires.

I. Antoine-Pierre de Narbonne, évêque de Vabre, et abbé de Grandselve. . . . 1476.
II. Louis de Narbonne, frère du précédent et son successeur à l'évêché de Vabre et à l'abbaye de Grandselve. . . . . 1499.
III. George de Narbonne, protonotaire apostolique, abbé de Grandselve et de St-Germer, mort en 1536, mais qui s'était démis en 1531. . . . . 1519.

IV. Bernard Taillecorne, nommé aussi Théocrène ou Isocrène, italien d'origine et précepteur des enfants de François Ier, mort en 1535 . . . . 1532.

V. Augustin Trivulce, noble milanais, cardinal du titre de St-Adrien et St-Prisce, évêque de Grasse et abbé de Nanteuil, nommé après une vacance de 11 ans. . . . . 1546.

VI. Hippolyte d'Este, cardinal de Ferrare, qui se démit en 1555. . . . . 1548.

VII. Janus de Frégose, évêque d'Agen, nommé par François II, mais qui ne prit possession de l'abbaye qu'après une régie de 26 ans . . . . 1582.

VIII. Alexandre de Frégose, qui se démit au profit du suivant. . . . . 1587.

IX. Dominique de Frégose, chanoine de Vérone, mort en 1646 . . . . 1620.

X. Jean de Noblet Despères, neveu de Mgr Claude de Rebé. Il prit possession de l'abbaye en 1655. L'archevêque, son oncle, l'avait régie jusqu'à cette date par économat. . . . . 1655.

XI. Henri-Achille de La Rochefoucauld, fils de François VI duc de La Rochefoucauld, et de dame Andrée de Vérone. 1667.

XII. Henri de La Rochefoucauld, oncle du précédent, qui avait déjà les commendes de la Chaise-Dieu, de N.-D. de Colles, de Ste-Colombe, et celle du prieuré de Lanville. . . . . 1698.

XIII. Roger de La Rochefoucauld et de La Rocheguyon, fils de Charles VII de La Rochefoucauld et de La Rocheguyon, et de dame Magdeleine-Charlotte Letellier de Louvois. . . . . 1708.

XIV. Emmanuel-Henri-Timoléon de Cossé de Brissac, prêtre, docteur en théologie, conseiller et aumônier du roi, vicaire-général de Lyon et de Fécamp, agent général du clergé, conseiller d'État et de Finances, qui était en même temps abbé de St-Urbain et St-Roquebert et devint évêque de Condom. . . . . 1733.

XV. Jacques de Grasse, évêque d'Angers, qui a été le dernier abbé commendataire de Fontfroide . . . . 1754.

Après la mort de Jacques de Grasse, survenue en 1764, des lettres patentes du 15 avril de la même année, données sur la demande de messire François-Alexandre de Cardeval de Gouy d'Avrincourt, évêque d'Elne et Perpignan, supprimèrent le titre abbatial de Fontfroide et incorporèrent à perpétuité au siége épiscopal de Perpignan les biens, droits, fruits, revenus et émoluments quelconques de la mense abbatiale de Fontfroide. Le monastère tomba par ce fait au rang de simple bénéfice ecclésiastique et il resta uni à l'évêché de Perpignan jusqu'à l'avènement du régime révolutionnaire.

Grâce à l'administration des abbés commendataires, chez quelques-uns desquels elle descendit jusqu'à une vraie dilapidation, l'abbaye de Fontfroide, qui avait été auparavant florissante et prospère, marcha rapidement vers sa décadence matérielle, sinon, il faut oser le dire, morale, quant à la règle. En 1790, et cela durait depuis longtemps, il n'y avait plus que sept religieux, quand, au XIIIe siècle, ils avaient dépassé le nombre de quatre-vingts. Les sept religieux qui formaient le personnel de Fontfroide, au moment de la suppression des corporations religieuses, étaient dom de Malian, prieur ; dom Gout, sous-prieur ; dom Montbernard, dom de Curel, comptable ; dom Riblot, dépensier ; dom Mollot et dom Venderbach. A ce moment, tous les biens de Fontfroide, confisqués au profit de la nation, furent mis en vente par le Directoire du district de Narbonne, qui en fit l'ajudication, aux enchères publiques, par procès-verbal collectif des 21 et 22 mai 1791, inséré aux registres des aliénations du district de Narbonne, série L, Archives départementales de l'Aude.

Singulière destinée! Fontfroide a dû d'échapper à la fureur de destruction qui semble s'imposer à tout mouvement tumultueux populaire, non moins à son isolement au milieu d'une contrée montueuse et déserte et à son éloignement de tout centre important, qu'au prestige que l'abbaye, malgré sa décadence, avait conservé au sein des populations environnantes, maintenues dans un profond sentiment religieux par l'influence protectrice et toute-puissante des archevêques de Narbonne. Ses objets d'art, peu nombreux, il est vrai, mais remarquables, et entr'autres ses statues en marbre blanc de N.-D. de Fontfroide, de St-Bernard et de St-Bruno, qui font l'ornement de l'église St-Michel de Carcassonne, lui furent enlevés et le monastère fut transformé en grange ; cependant il ne subit aucune autre atteinte durant la tourmente qui a vu ou fait détruire tant d'autres asiles religieux, et aujourd'hui, par un de ces retours ménagés dans les desseins de la Providence, les mêmes murs qui avaient abrité les Bernardins durant huit siècles voient refleurir, à leur ombre et dans la retraite, le premier esprit et les mâles vertus de l'ordre de Cîteaux.

NOTE I.

Ouveilhan (v. page 135, 2me col.).

Parmi les documents qui font mention d'Ouveilhan, en latin Ovilianum ou Ovelianum, les plus anciens remontent au Xe siècle.

A cette époque, le chapitre St-Félix de Girone et l'évêque de cette ville y possédaient, en commun, un alleu dont ils consentirent la vente à la vicomtesse Adelaïde, femme du vicomte Matfred. L'église de la même ville y avait aussi un fief considérable, que l'évêque Arnulphe vendit à la même vicomtesse. Celle-ci, après les avoir gardés longtemps à sa main, disposa du fief en faveur des chanoines du chapitre St-Just de Narbonne, par son premier testament, qui est de l'année 977, et de l'alleu en faveur de l'abbaye N.-D. de Quarante, par son second testament, daté de l'année 990.

Afin de préciser la situation de l'alleu qu'elle donne, la vicomtesse dit qu'il est situé « in villa de Oviliano. » Or, comme on employait alors le mot *villa* ou le mot *villare*, indistinctement, pour désigner un lieu peu considérable, un hameau, un centre d'exploitation agricole ou une grande résidence rurale, de rapport ou d'agrément, plutôt qu'une agglomération de population ayant quelque importance et donnant l'idée que nous nous faisons aujourd'hui de la population composant un village, il faut en conclure qu'au Xe siècle Ouveilhan était de fondation récente, ou qu'il avait peu progressé s'il faut lui attribuer plus d'ancienneté, puisqu'il n'était à ce moment qu'une simple villa, c'est-à-dire une localité ouverte et peu considérable, qui ne méritait pas le nom de château, *castrum*, qu'on donnait à cette même époque aux localités importantes ou munies d'ouvrages de défense. Mais on verra bientôt que le titre de château lui était donné avec raison deux siècles plus tard.

Les chanoines de l'abbaye de N.-D. de Quarante, qui devaient jouir en communauté de la donation de la vicomtesse Adelaïde, conformément à sa volonté formellement exprimée, pas plus que les chanoines du chapitre de St-Just, qui vivaient également en communauté, n'aliénèrent les biens légués, et nous verrons qu'ils les conservèrent en leurs mains, tandis que le reste de la seigneurie passait en la possession de la maison de Béziers, dont un membre, qui figurait parmi les principaux seigneurs de la province et se faisait appeler Pierre-Raynard de Béziers, à cause de sa descendance, avait réuni la propriété sur sa tête.

Pierre-Raynard de Béziers ne vécut pas en bonne intelligence avec le vicomte Roger, dont il était devenu le vassal, à cause d'Ouveilhan, depuis que le roi Louis VII avait donné à ce vicomte la suzeraineté sur tout le Minervois à l'occasion de son mariage avec Adelaïde, sa nièce, fille du comte de Toulouse. A la suite de cette donation, qui le faisait vassal immédiat du roi, le vicomte Roger voulut exiger le serment de fidélité de ses nouveaux feudataires. Mais Pierre-Raynard, allié à Pierre de Minerve, qui avait épousé l'une de ses sœurs et dont cette suzeraineté avait froissé les intérêts, dut le lui refuser, car le vicomte fut amené à lui faire une guerre dont Ouveilhan eut particulièrement à souffrir.

On voit, en effet, par le testament de Pierre-Raynard de Béziers, daté de l'année 1173, que celui-ci, après s'être réconcilié avec le vicomte Roger et avoir traité de la paix, dispose de tous ses biens au profit de ses sœurs et donne à Cécile, l'une d'elles, femme de Pierre de Minerve, le château d'Ouveilhan, en spécifiant que le vicomte Roger lui devait une somme de 4,000 s. melg. pour les dommages qu'il avait causés à ce château et à ses vassaux durant la guerre qu'il lui avait faite.

Ouveilhan justifiait bien à cette époque le titre de château qui lui était attribué. Sa population, accrue par le trafic que provoquaient les salines établies sur son étang, était devenue assez considérable pour former une paroisse et nécessiter la construction d'une église, près de laquelle la vicomtesse Ermengarde venait tenir ses assises, et son enceinte, qui, du bord de l'étang, s'était étendue et avait gagné la colline élevée qui le borne au nord et sur le sommet de laquelle l'église était posée, avait dû être protégée par des ouvrages défensifs qui, pour avoir souffert des entreprises du vicomte Roger, ne durent pas moins résister à ses coups.

Ces ouvrages consistaient en deux châteaux : l'un placé au bord de l'étang et qui portait le nom de château bas ou château vieux d'Ouveilhan ; l'autre, placé sur la colline, prenait le nom de château haut, ou simplement le fort. Tous les deux étaient couverts par des remparts percés de trois portes, dites le Portail-d'Amont, le Portail-d'Avail et le portail-Salinier ou Portail-Salé. Des fossés, dont la propriété fut maintenue à la commune par ses lettres d'amortissement, en défendaient les approches.

L'étang d'Ouveilhan, inoffensif aujourd'hui depuis qu'il a été complétement desséché, était une cause d'insalubrité dont la population avait maintes fois souffert jusqu'au point d'être décimée. Le défaut de documents officiels empêche de suivre avec exactitude les désastreux effets de cette insalubrité ; mais on peut en juger par la comparaison de l'état actuel d'Ouveilhan avec celui qui ressort de deux recensements faits en 1758 et en 1770.

Par le premier recensement la population d'Ouveilhan est portée à 709 âmes. Dans le second, elle descend à 576, présentant ainsi une diminution de 133 âmes, soit de plus du quart de la population, occasionnée « par la « fièvre maligne qui commença de sévir sur la fin du « mois de décembre 1767 et dura jusqu'au mois de « septembre 1768. »

En 1188, l'étang d'Ouveilhan donna lieu à une contestation qui fut vidée, à Ouveilhan même, dans un plaid tenu devant la vicomtesse Ermengarde, près de l'église, sur le *pech*, en présence d'Adhémar de Murviel, de Pons d'Olargues, de Guillaume d'Ouveilhan, qui était sans doute alors l'un des principaux feudataires d'Ouveilhan, et de Pierre Fournier.

Raymond-Bérenger d'Ouveilhan, d'un côté, et Dieudonné Gérald, Bérenger Bonnet et Guillaume de Moujan, de l'autre, se disputaient la propriété de l'étang et du sel qui s'y fabriquait, ainsi que des produits de la chasse et de la pêche. Le premier prétendait avoir régulièrement acquis, du chapelain Ugon, la moitié « du château « bas d'Ouveilhan. » A cela les autres répliquaient que lui ni le chapelain n'avaient jamais rien possédé dans l'étang, quant à la pêche ou à la chasse ; seulement, ajoutaient-ils, « quando sal ibi fiebat et stagnum erat « dessicatum, habebant ibi unam faixiam. » Par sa sentence, la vicomtesse Ermengarde tranchant le différend au bénéfice de Raymond-Bérenger d'Ouveilhan, lui attribue pour la pêche, la chasse et le sel, la troisième partie de l'étang indivise et par moitié avec l'église d'Ouveilhan, les deux autres tiers de l'étang demeurant la propriété des adversaires.

Après être passé de la maison de Béziers à celle de Minerve, Ouveilhan fut réuni à la Vicomté de Narbonne et il figure dans l'aveu et dénombrement que le vicomte Aymeric et Amalric, son frère, fils du vicomte Amalric, firent au roi, en l'année 1271, quelques mois après la date de l'accord qu'ils avaient conclu relativement au partage de la Vicomté, et à la suite de ce partage il passa entre les mains d'Amalric de Pérignan.

Aymeric de Narbonne, seigneur de Pérignan, l'un de ses successeurs, qui avait déjà engagé le château d'Ouveilhan à l'archevêque de Narbonne pour une somme de 1,200 liv. tourn., ayant promis, par un acte du 7 avril 1322, de lui en faire la vente définitive moyennant le prix de 5,000 liv., avec tous ses fiefs et arrière-fiefs, sa justice haute, moyenne et basse, mere et mixte impere, avant la fête de St-Jean-Baptiste de la même année, sauf l'autorisation et l'agrément du roi, dont les vicomtes et la maison de Narbonne étaient feudataires, et à qui, par conséquent, appartenait le droit d'investiture, le roi refusa de se prêter à cette vente et il préféra reprendre le château à sa main, avec tous ses droits de justice et de seigneurie. Après une enquête de *commodo et incommodo*, faite par Hugues de Hélérion, sénéchal de Carcassonne, il résolut de racheter Ouveilhan, et à ces fins il accepta l'offre qui lui était faite par les consuls et la *communauté* de lui fournir le prix de son acquisition, soit 5,000 liv. tourn., en dix payements annuels et d'année en année de 500 liv. tourn. chacun. Les consuls réservaient dans leur offre que « le château et « la seigneurie » seraient à perpétuité réunis à la couronne et ne pourraient plus être aliénés par donation, échange ou vente ; qu'il y serait établi un baile royal, natif de la seigneurie, pour exercer la justice, et que tous les priviléges, libertés et franchises de la *communauté* et de ses habitants seraient confirmés. Au lieu de céder la seigneurie d'Ouveilhan à l'archevêque de Narbonne, conformément à l'engagement qu'il en avait pris, Aymeric de Pérignan dut, en conséquence, la vendre au roi, qui usait en cela de son droit de suzeraineté, et l'acte en fut passé le 23 juin 1323, dans le château de la Cité de Carcassonne, en exécution des lettres patentes du 24 mai précédent qui avaient accepté la vente et autorisé l'acte à intervenir.

Hugues de Hélérion, sénéchal de Carcassonne, prit aussitôt possession d'Ouveilhan au nom du roi, et y installa, pour l'exercice de la justice, un bailliage royal, dont le premier titulaire fut Mᵉ Jean Audiguier, auquel « il donna deux avocats pour assesseurs et deux « sergents pour l'exécution de tous les actes de la « juridiction. »

Au moment de sa réunion à la couronne, la seigneurie d'Ouveilhan comprenait, outre le fief de l'abbaye de Quarante et celui du chapitre St-Just, plusieurs fiefs dont nous dirons quelques mots plus loin, qui appartenaient à Raymond d'Auxion, à Bérenger de Cuxac, Adhémar de Murviel, Ermengaud de Fabrezan, Bérenger d'Ouveilhan, Bérenger Hulard, et au monastère de Fontfroide. Ces feudataires prétendaient, à ce titre, avoir l'entière juridiction civile et inférieure sur tous leurs emphytéotes, en même temps que la juridiction criminelle, celle-ci réduite à la connaissance de tous larcins emportant peine du fouet et à l'exécution de tous actes ressortissant à cette juridiction.

Une sorte de syndicat avait été formé entre eux.

Ils avaient réuni les droits de justice qui leur appartenaient entre les mains de curiaux nommés en commun, et ceux-ci rendaient la justice au nom collectif des feudataires, qui étaient appelés *caylans* (caslans, châtelains) du mot caylanie (châtellénie) sous lequel on désignait leur syndicat.

La vente d'Ouveilhan ne devait susciter aucune opposition de la part des caylans. Ils suivaient le sort de la seigneurie sans autre modification dans leur situation féodale que de relever directement du roi, leur seigneur suzerain et immédiat, au lieu de relever de la maison de Narbonne, qui en était simplement feudataire.

Cependant ils en jugèrent tout autrement quant à la juridiction, et l'organisation du bailliage royal fut de leur part l'objet d'une opposition collective qu'ils appuyaient sur les prétentions dont nous venons de parler. Mais ils ne purent les justifier et le bailliage fut déclaré installé et mis en pleine possession de l'entière justice de la seigneurie par les commissaires auxquels le sénéchal de Carcassonne avait confié le soin de procéder à son organisation.

En 1355, Ouveilhan, qui avait beaucoup souffert en 1348 de la peste noire, qu'on appela dans les documents contemporains « la grande mortalité, » à cause de ses terribles ravages, ne put, malgré ses ouvrages de défense, résister aux compagnies du prince de Galles, qui s'en emparèrent et le livrèrent aux flammes.

On voit dans une enquête faite au commencement du XVe siècle, à l'effet d'établir que les titres du fief de St-Jean-l'Évangéliste, vocable de la paroisse d'Ouveilhan, avaient été détruits dans l'incendie du village, la déposition d'un vieillard, témoin oculaire de la prise et de la ruine d'Ouveilhan, conçue dans les termes suivants : « quando princeps Galarum fuit in loco de « Oviliano, cum gentibus suis, fecit eum comburere et « omnes scripturas tangentes libertates et privilegia « dicti loci. »

La destruction d'Ouveilhan, par le prince de Galles, fut si complète qu'il en demeura désert, comme son territoire, qui fut en friche pendant plus de cent ans. Elle marque le point extrême qu'atteignit le prince dans la course qu'il avait entreprise pour saccager la province. Ayant appris là et pendant que les ruines d'Ouveilhan fumaient encore, que le sénéchal de Beaucaire venait à sa rencontre, tandis que le comte d'Armagnac s'avançait sur ses derrières, avec les troupes qu'ils avaient rassemblées à la hâte, dans le dessein de l'arrêter et de lui couper la retraite, il résolut alors qu'il s'était apprêté à jeter ses compagnies sur Capestang, d'échapper au double danger qui le menaçait en se jetant sur la gauche de sa première route pour traverser le Minervois, pays ouvert et qu'il couvrit également de ruines, et ensuite les montagnes du Cabardés, abruptes, sans passages ni chemins et réputées inaccessibles, qu'il franchit pourtant, chargé de butin, sans avoir éprouvé le moindre trouble dans sa marche audacieuse.

On sait que les habitants d'Ouveilhan avaient fourni au domaine, en 1323, le prix du rachat de la seigneurie, sous la condition qu'après avoir été réunie à la couronne elle n'en serait plus séparée.

A cette époque, les populations invoquaient avec confiance la main du roi, qui leur laissait la plus entière liberté pour la gestion de leurs affaires communales, tout en se montrant toujours prête à les défendre contre les intérêts opposés, et souvent, après avoir reconnu, par des largesses spontanées et volontaires, sa bienfaisante intervention, qu'elles avaient sollicitée, elles recherchaient les moyens de s'en assurer le bénéfice pour l'avenir par des stipulations écrites, par des engagements formels.

Les habitants d'Ouveilhan, en formulant la réserve insérée dans leur don, n'avaient pas poursuivi d'autre but. Ils tenaient à cœur d'abriter désormais leur condition sous le prestige alors tout-puissant de l'autorité royale.

Cependant l'oubli né de la surannation de cette réserve, ou peut-être, dans les dispositions des nouveaux habitants d'Ouveilhan qui avaient perdu la tradition de leurs droits, un changement amené par l'effacement graduel des abus de la féodalité, car ce régime a eu les siens comme toute institution humaine, l'avaient si bien couverte que la seigneurie d'Ouveilhan après être restée unie pendant deux siècles à la couronne, qui l'avait encore en 1497, ainsi qu'en témoignent les reconnaissances consenties au roi dans cette même année, devant le notaire Delaba, put être aliénée de nouveau sans éveiller aucune réclamation.

Du reste, le domaine avait offert aux habitants d'Ouveilhan le remboursement de leur don de 5,000 liv. Mais ceux-ci le refusèrent jusqu'à ce que la seigneurie étant passée sur la tête du prince de Conti, ils en firent gracieusement l'abandon à ce prince, en 1763, « dans la « joie et la satisfaction qu'ils avaient d'être délivrés de « M. de Gléon, » précédent seigneur engagiste.

La nouvelle aliénation d'Ouveilhan dut avoir lieu peu de temps après l'union de la Vicomté de Narbonne à la couronne de France, qui est de l'année 1508.

On voyait, en effet, dans un livre des hommages et dénombrements faits au roi entre les années 1539 et 1557, qui fesait partie des archives du château vicomtal de la Cité de Carcassonne, brûlées en brumaire an II par ordre du gouvernement révolutionnaire, les hommages faits pour la seigneurie d'Ouveilhan par messire Bernard d'Olive, qui déclarait la tenir en fief du roi « pour les deux parts, » et par messire Pierre de Narbonne, pour l'autre part; hommages dont la formule était renouvelée par celui-ci, peu de temps après, suivant un autre livre d'hommages faits entre les années 1540 et 1558, en ajoutant que de ce chef et pour les fiefs qu'il avait à Sallèles, à Cruzy, à St-Marcel et à Villespassants, il devait au roi le service d'un archer à pied. La seigneurie passa ensuite à la maison de Nigry ou Lenoir de Laredorte, dont un membre, messire Louis-Antoine de Nigry de Laredorte, en fesait hommage au roi, le 22 septembre 1723, et après elle à la famille de Gléon, des mains de laquelle le domaine la racheta pour la remettre en vente. On a vu plus haut que le prince de Conti en était engagiste en 1763. Une dizaine d'années plus tard, il intentait, contre la commune, une action aux fins de se faire déclarer à ce titre maintenu en la possession de tous les étangs de son territoire.

Les diverses ventes de la seigneurie avaient peu touché ses habitants. Mais celle qui se préparait après la retraite de la famille de Gléon les émut vivement et motiva, de leur part, une opposition, qui, du reste, n'eut pas de suites, puisqu'ils finirent, ainsi qu'on l'a déjà vu, par se montrer fort satisfaits de leur changements de seigneur.

L'engagiste qui tenait la seigneurie en 1712 prétendait avoir la disposition de ses vacants et il avait intenté une action contre des habitants qui s'y étaient livrés à la cueillette du salicor; mais la commune prit leur défense et revendiqua la propriété de tous les vacants, fondée sur la donation que lui en avait faite Amalric de Narbonne, son seigneur, par une charte du 29 avril 1304. Il ne paraît pas que l'engagiste ait persisté dans sa prétention.

La seigneurie d'Ouveilhan comprenait, comme on l'a déjà établi, plusieurs fiefs distincts, qui, baillés à titre emphytéotique par leurs feudataires, étaient productifs de droits de lods et ventes, et de censives pour la plupart stipulées en nature, c'est-à-dire en grains, qui devaient être payés « à la mesure d'Ouveilhan. »

Voici quels étaient ces fiefs.

Le fief de l'abbaye N.-D. de Quarante. Il s'étendait sur le plus grand nombre des terres qui étaient cultivées dans les ténements de Carteyrade, d'Escandebec ou les Mizels, de la Poulvérouse, de Taillesang et de St-Pierre-de-Montpaon. Il comprenait aussi divers bâtiments et enclos situés dans l'intérieur d'Ouveilhan, au quartier dit le Portail-Salé. Des reconnaissances en furent consenties à l'abbaye, en 1399 devant Mᵉ Montaud, en 1487 devant Mᵉ Mauhanie, en 1509 devant Mᵉ Decord, en 1649 devant Mᵉ Malric, et en 1688 et 1689 devant Mᵉ Galinier.

Le fief de l'œuvre de St-Jean-l'Évangéliste et de la Charité d'Ouveilhan, dont les marguilliers avaient fait l'aveu et dénombrement en 1777, devant MM. Guillaume de Massia et Gros de Besplas, commissaires de la chambre des Comptes de Montpellier. Il s'étendait sur les ténements du Paxel, du Puits, des Fonts, de Bagne-Boutons, de la Corbayrole, de la Nouguère, de Cayrelanes, de Taillesang, de la Nazoure, de la Croix, de la Praxine, du Buscaillet, du col de Loum, de la Resclause, et des Ilières. Il était productif de droits de lods et ventes, comme toutes les directes, et de censives en argent et en nature, payables, les premières à la fête de Noël, les secondes, à la fête de St-Just et St-Pasteur pour les grains, et à la fête de St-Vincent pour les liquides. Ses emphytéotes en avaient consenti des reconnaissances, à Ouveilhan, en 1358 devant Mᵉ Bernard de Villepinte, en 1385 devant Mᵉ Jean Baronis, en 1493 devant Mᵉ Denis de Villenis, en 1612 devant Mᵉ Jacques Bonnet, et en 1692 devant Mᵉ Jean-Pierre Galinier, et à Bize en 1460 et 1461 devant Mᵉ Jean Baronis. A ces diverses dates, il avait eu pour principaux emphytéotes Pierre de Prats, Raymond de Bize, Hercule de Marion, seigneur de Sallèles, Jean Scarron, Josué de Villa, Michel de Taules, Alexandre de Frégose, François de Laraye, écuyer, seigneur de Murviel, Bernard Mouynes, d'Ouveilhan, noble Henri de Goudail, seigneur de Graniés, noble François de Bédos, Jean de Bordavy, messire Guillaume de Massia, seigneur de Sallèles, noble Blaise, de Grave, seigneur d'Argens, et noble Henri Dupac, seigneur de Lassalle.

Le fief du chapitre St-Just, pour lequel des reconnaissances avaient été consenties par les emphytéotes, en 1434 devant Mᵉ Ricols, en 1466 devant Mᵉ Contadis, en 1512 devant autre Mᵉ Ricols et en 1617 devant Mᵉ Jean-Pierre Bonnet.

Le fief du Roi, le plus considérable de tous, qui avait été reconnu par ses emphytéotes, en 1498 et 1499 devant Mᵉ Delaba, et en 1669 et 1670 devant Mᵉ Guibal. La commune d'Ouveilhan en avait acquis la possession par l'acte de vente que lui consentit, le 30 août 1607, M. Jean de Capelles, qui l'avait lui-même acquis des commissaires royaux chargés de la vente du domaine, en l'année 1596. Il fut ensuite cédé par la commune et réuni de nouveau au domaine, sous la condition qu'elle ne paierait plus aucun droit d'usage ou de censive, ni de lods et ventes, mais seulement une albergue annuelle de six écus.

Le fief d'Erminis, dont les emphytéotes avaient consenti reconnaissance, en 1432 devant Mᵉ Arnaud, et en 1625 et 1637 devant Mᵉ Garrigues. Ce fief appartenait en l'année 1625, par indivis avec le chapitre St-Just, à noble Jean-Jacques de Capelles, seigneur de Lagarde. Il passa ensuite à sa fille, Claire de Capelles, qui en fit le dénombrement à Montpellier en 1687. Plus tard, il était entre les mains de la famille de Frégose, qui le possédait encore en 1767. En 1454 il appartenait à messire Bernard de Narbonne et en 1552 à messire Pierre de Narbonne, seigneur de Loupian ou de Villespassants. Il avait été antérieurement la propriété de Pierre de Gayde, coseigneur de Ginestas, auquel les emphytéotes en consentirent nouvelle reconnaissance, en l'année 1304, devant Mᵉ Jean Porquier, notaire.

Le fief de Bordavy, possédé par la famille de Frégose en 1772, à laquelle il appartenait, dès l'année 1730, en la personne de noble Paul-César de Frégose, comme représentant et ayant-cause de noble Esprit de Juer, chanoine de Narbonne, qui l'avait acquis de Catherine de Lenoir, veuve de François de Villa, et de Jean-Pierre de Lenoir, son frère, par acte du 19 décembre 1692. Il avait appartenu, auparavant : 1° à messire François de Lenoir, du chef de Catherine de Cousin, sa femme, qui l'avait possédé de 1609 à 1639 ; 2° à noble Jean de Rocque, qui le possédait en 1517 ; 3° à dame Alix de Cuxac, fille de noble Jean de Cuxac et femme de noble Jean de Bordavy, en 1475 ; 4° à noble Jean-Vital de Castres, auquel les reconnaissances furent consenties, devant Mᵉ Bernard de Villepinte, notaire d'Ouveilhan, en 1351. Les emphytéotes renouvelèrent leurs reconnaissances à noble Paul-César de Frégose en 1730, et à messire Marc-Joseph comte de Frégose, seigneur de Bordavy et de Loupian, en 1772.

Le fief du Fese, qui fut vendu, avec sa justice haute, moyenne et basse, à Bernard d'Autrivay, le 3 mai 1703, moyennant le prix de 1,500 liv. tourn. et l'albergue annuelle d'une paire d'éperons d'or, de la valeur de 5 liv. tourn. Ce fief dépendait de la seigneurie d'Ouveilhan mais il était enclavé dans le territoire de Capestang. La famille d'Autrivay le conserva jusqu'au 19 juin 1771, jour où noble André d'Autrivay en consentit la vente à messire Marc-Joseph comte de Frégose, pour 4,000 liv. Il avait une contenance de 752 sétérées.

Le fief de Bédos, dont la directe appartenait à M. de Nigry, qui en fit vente, pour partie, le 31 janvier 1744, à noble Louis de Cazis-Lapeyrouse de Cruzy, et le 30 novembre 1768, pour le reste, devant Mᵉ de Cazis, notaire de Narbonne, à messire Marc-Joseph comte de Frégose, moyennant le prix total de 2,400 liv. tourn. Les dernières reconnaissances du fief de Bédos sont de l'année 1708.

Enfin le fief de Villespassants ou de Loupian, qui, après avoir appartenu entre 1540 et 1558 à messire Pierre de Narbonne, passa à messire Pierre de Sabatier, sieur de Labourgade, président au Parlement de Toulouse, et fut vendu par Jacques de Sabatier, sieur de Labourgade, son fils, trésorier du domaine en la généralité de Toulouse, à noble Jean de Capelles, receveur des finances au diocèse de St-Pons, par acte du 2 janvier 1598, moyennant le prix de 333 écus 20 s. tourn.

Vers le milieu du XIIIᵉ siècle, Ouveilhan n'était pas encore érigé en consulat. Toutes ses affaires communales étaient traitées par des syndics ou *acteurs* temporaires et spéciaux que les habitants élisaient sous l'approbation et en présence du juge et du procureur fiscal du seigneur, ainsi qu'il en était, du reste, dans toutes les localités qui n'avaient pas encore acquis le précieux avantage de s'administrer elles-mêmes et directement au moyen d'une organisation permanente. Mais son consulat dut être certainement constitué durant la seconde moitié de ce même siècle, soit par la conversion graduelle de ses syndics spéciaux et temporaires en syndics à fonctions périodiques et ensuite en syndics annuels, avec approbation expresse ou tacite du seigneur, soit par concession directe et formelle émanant de son initiative ou accordée à titre onéreux, puisqu'il était en pleines fonctions au commencement du XIVᵐᵉ siècle, comme on le voit : dans la donation des vacants de la seigneurie, faite à la commune par Amalric de Narbonne, en 1304 ; dans une procédure de 1319, entre les habitants d'Ouveilhan et ceux de Cuxac, relative à la propriété de certaine garrigue qui fut mise sous la main du roi sur commission de Gérald de Coganne, juge du Minervois ; dans l'acte d'achat et de réunion de la seigneurie à la couronne, du 23 juin 1323, et autres actes de cette époque.

Dès la constitution de l'administration syndicale du diocèse, c'est-à-dire au commencement du XVIᵉ siècle, Ouveilhan, comme centre important du Narbonnais, figurait dans la roue diocésaine et avait sa place parmi les vingt-quatre communes qui avaient droit d'entrée aux États de la province et aux assemblées des assiettes diocésaines, et qui pouvaient prendre et exercer le syndicat du diocèse à tour déterminé.

En 1765, il fut substitué à Narbonne par ordonnance du marquis de Montpezat, gouverneur de la province, comme gîte d'étape des troupes de passage, faveur dont ses habitants durent médiocrement se réjouir à cause des énormes charges, sans compensations équivalentes, qui en résultaient pour eux.

Durant les guerres de religion, sa proximité de Narbonne et sa situation sur l'une des routes qui y conduisaient furent les motifs de son occupation, en 1589, par les troupes du duc de Montmorency qui formaient le blocus autour de Narbonne. Ces troupes s'y maintinrent en 1590, firent des courses dans la plaine et jusqu'aux portes de Narbonne, ravageant les cultures, rançonnant les gens et enlevant les bestiaux, et, ralliées à celles de Cuxac, elles tentèrent contre cette ville, par la courtine de la porte fausse de l'Est, une escalade dirigée par M. de Sérignan, leur chef, qui n'échoua que par la vigilance d'un soldat de l'*escoute* extérieure du bastion de St-Côme.

Pour se soustraire aux courses et aux agressions fréquentes de ces troupes, la ville de Narbonne dut s'adresser à Mgr le duc de Joyeuse, qui vint mettre le siége devant Cuxac avec les régiments de Bidon, de St-Marsal et d'Auzils, dont faisaient partie MM. de Chalabre, d'Ambres, d'Hounoux, de Vaumenon, le baron de Castelnau, d'Auterive, de Jonquières et autres jeunes gentilshommes de la meilleure noblesse du pays. 800 pionniers, armés de piques, furent levés pour ce siége par le diocèse de Narbonne et la ville en fournit 200 en sus de son contingent particulier, qui était du septième de la levée totale. Avant d'ouvrir le feu contre Cuxac, le duc de Joyeuse ayant forcé Montmorency à lever le siége de Quarante, qui tenait pour la Ligue, les troupes qui occupaient Ouveilhan ne jugèrent pas prudent de s'y retrancher et abandonnèrent la place.

Ouveilhan a été le nom d'une famille qui, pendant deux siècles, comptait parmi les chevaliers du Narbonnais. Nous allons relever ici, par ordre chronologique, ceux de ses membres dont nous avons trouvé la trace dans les chartes du pays.

Année 1121. — Pierre d'Ouveilhan est témoin dans l'acte de la donation « propter nuptias » faite à Guillelme de Montpellier, par son mari, Bernard comte de Melgueil.

1152. — Raymond d'Ouveilhan et Adalaïs, sa femme, vendent à l'archevêque Pierre d'Anduze tout ce qui leur appartient dans la viguerie et sur les droits de foriscape du Bourg de Narbonne, moyennant 300 s. melg. — En 1153, il est témoin dans la transaction intervenue entre la vicomtesse Ermengarde et Guillaume de Durban et ses deux fils, Bernard et Raymond, relativement à la réédification du château de Montseret, que le père d'Ermengarde (le vicomte Aymeric II) avait fait démolir et dont ils reconnaissaient, à son profit, la mouvance. — Ce même Raymond d'Ouveilhan obtient de la vicomtesse Ermengarde, vers ce même temps, la permission « d'entourer de murs et de fossés sa villa « de Belvèze, qui est vers Coyran, excepté du côté qui « est tourné vers ledit Coyran. » En échange de cette permission, il donne à la vicomtesse son four de Belvèze, avec toutes ses dépendances, et outre ce four « l'albergue dans toute la ville, en telle sorte que la « vicomtesse et ses successeurs pourront héberger les « montures de leurs hôtes sans qu'il leur coûte ni « pailles, ni herbes, ni avoine. » Moyennant cette albergue, la vicomtesse permit à Raymond d'Ouveilhan, de même qu'à ses voisins, dont il servait ainsi les intérêts, « d'entrer dans la ville par Coyran, qui est vers « le mur de l'hôpital de St-Jean-de-Jérusalem (aujour-« d'hui chapelle des Pénitents bleus). »

1153. — Guiraud ou Géraud d'Ouveilhan et Bernard, son frère, s'accordent avec Bernard de Polhes, leur beau-frère, pour raison du fief de St-André-du-Terral ou de Montels, qui avait été de Gaucerand d'Ouveilhan, et ils lui cèdent la quatrième partie de ce fief, qui relevait de la directe de Bérenger de Sallèles et Hugon, son frère.

1163. — Bérenger d'Ouveilhan est témoin dans l'acte de confirmation, par la vicomtesse Ermengarde, de la donation du château de Cémérac faite par Ponce de Cémérac et Bernard de Molières, son mari, à l'abbaye N.-D. de Quarante. — En 1173, il acquiert le château du Terral, avec sa dominité et tous ses droits seigneuriaux, de Guillaume de Lacaune et de Saisse, sa femme, moyennant le prix de 6,000 s. melg., et il le vend, à son tour, 3 ans après, à l'archevêque Pons d'Arsac, pour le prix de 4,700 s. de même monnaie.

1188. — Guillaume d'Ouveilhan assiste, en qualité de chevalier assesseur, au plaid dont il va être parlé.

1188. — Raymond-Bérenger d'Ouveilhan plaide pour la propriété de l'étang d'Ouveilhan, devant la vicomtesse Ermengarde tenant ses assises « sur le pech « situé auprès de l'église d'Ouveilhan. » Par sa sentence, la vicomtesse lui attribue « un tiers de l'étang situé « sous le château bas d'Ouveilhan, indivis et par moitié « avec ladite église. »

1208. — Bernard ou Bertrand d'Ouveilhan est marié à Nègre, autrement dite Fille-Noire et autrefois appelée Aliez-Lavezer, fille de Pierre-Guillaume de Raissac et de Mabile. Ils baillent en engagement à Rodrigue de Narbonne, fils du comte Pierre de Lara, la moitié du château et de la seigneurie de Gruissan, pour le prix de 50,000 s. melg. — Bernard d'Ouveilhan mourut avant l'année 1328, laissant d'Aliez-Lavezer deux enfants, Pierre-Raymond et Bérenger d'Ouveilhan, qui vendent en cette même année, conjointement avec leur mère, à l'archevêque Pierre Amiel, une maison située près de la porte de l'archevêché et « contiguë au « mur de la Cité, » pour le prix de 2,500 s. melg.

1208. — Raymond d'Ouveilhan est possesseur d'un fief noble au faubourg de Coyran, à Narbonne. Il est probablement fils d'autre Raymond d'Ouveilhan et d'Adalaïs, dont il est parlé plus haut. — En 1220 il est marié à dame Leddière, qui avait, à Narbonne, un fief directe sur les maisons occupant l'espace compris entre la porte Ayguière et l'emplacement formant aujourd'hui l'assiette de la grande tour de l'archevêché, alors la salle capitulaire du chapitre St-Just.

1217. — Pierre d'Ouveilhan et sa fille Adalaïs, mariée à Guillaume Alguier, vendent à la Charité de la Cité une maison située sur la paroisse St-Sébastien, à Narbonne, dans le fief d'Adalaïs de Jonquières.

1229. — Bernard d'Ouveilhan. Il figure au nombre des chevaliers du Narbonnais qui prêtent serment de fidélité au roi « ad consolidationem fidei. » — En 1242, il est témoin dans l'hommage fait au vicomte Amalric par Pierre de Fenouillet, pour son château de Fenouillet et pour ses terres du pays de Fenouillèdes, qui relevaient de la Vicomté de Narbonne depuis la donation que Raymond-Bérenger comte de Barcelone avait faite, en 1112, du domaine utile de ce pays en faveur du vicomte Aymeric II, qui était son frère utérin.

1239. — Raymond d'Ouveilhan et Grègue, sa femme, affranchissent du lien d'hommage auquel était tenu vis-à-vis d'eux Pierre de Simière, leur homme-lige, « ensemble toute sa lignée, avec puissance de gagner « et acquérir toute sorte de biens et les posséder jusqu'à « la fin du monde, et avec faculté de tester et disposer « de ses biens comme il l'entendra. » En même temps ils transportent à l'archevêque de Narbonne « la juri- « diction qui leur appartient sur leur affranchi. »

1240. — Pierre-Raymond d'Ouveilhan et Bérenger, son frère, fils de Bernard ou Bertrand d'Ouveilhan et d'Aliez-Lavezer, vendent à la maison des Mizels de la Cité la censive annuelle et les droits de lods et foriscape, c'est-à-dire de directe, qu'ils ont sur certaine maison située dans le faubourg de Villeneuve, à Narbonne.

1260. — Raymond-Bérenger d'Ouveilhan, qui prête serment de foi et hommage à l'archevêque Guy Fulcodi, pour tout ce qu'il tient de lui en fief d'honneur dans la seigneurie de St-Marcel.

1323. — Bérenger d'Ouveilhan, l'un des *caylans* ou châtelains d'Ouveilhan. Il s'oppose en cette qualité, avec les autres *caylans*, à l'établissement du bailliage royal d'Ouveilhan, dont l'organisation et l'installation étaient confiées par le roi au sénéchal de Carcassonne.

NOTE K.

Peyriac-de-Mer (v. page 186, 1re col.).

La seigneurie de Peyriac-de-Mer appartenait aux archevêques de Narbonne et fesait partie de la dotation primitive de l'Église.

Plusieurs documents attestent cette provenance.

Ainsi un acte sans date, mais dont l'époque est déterminée par la durée de l'archiépiscopat durant lequel il a été passé, contient une déclaration du comte Roger, de la maison de Barcelone, fils d'Arsinde, qui avait succédé au vicomte Raynard, par laquelle il reconnait tenir de l'archevêque Ermengaud de Narbonne, fils d'Adalaïs, qui occupa le siége de 977 à 1016, la moitié du fief de Peyriac, pour lequel il lui promet fidélité et lui jure qu'il n'aura paix, amour ni société, avec ceux qui tenteraient de lui ravir son bien jusqu'à ce qu'il l'ait complétement recouvré. Enfin un autre acte, daté de l'année 1215, contient une déclaration du vicomte Aymeric IV, par laquelle en se désistant de tout droit « de seigneurie, juridiction et jouissance, » sur le château de Peyriac, sur le villar de l'Isle, sur le villar de Granières et sur le villar d'Andraz (1), le vicomte, qui le lui avait, sans doute, injustement contesté, reconnait en faveur de l'archevêque Arnaud Amalric « que ce « droit appartient d'ancienneté à l'église de Narbonne, « par la libéralité et largesse des empereurs et rois. »

Le désistement du vicomte Aymeric fut confirmé par une bulle du pape Honoré III, de 1222. Malgré cela, de nouvelles contestations surgirent bientôt entre l'archevêque Pierre Amiel et le même vicomte, qui en compromirent la solution à l'arbitrage de Bernard, évêque de Béziers, Roger-Bernard comte de Foix, et Guillaume Bonnet, juriste de Narbonne. Le jugement fut prononcé par les arbitres en 1232. Il reconnait les droits de l'archevêque, auquel le château de Peyriac fut attribué avec toutes ses appartenances, sauf toutefois la moitié des bans et des proclamations. Cette réserve, qui affectait le droit de justice, fut encore l'occasion d'un nouveau différend. Le vicomte Aymeric V contestait à l'archevêque les justices mere et impere du château de Peyriac et avait fait dresser, pour affirmer son droit, des fourches patibulaires au ténement de Ste-Eugénie; mais l'archevêque en appela aussitôt au sénéchal de Carcassonne, qui délégua le juge du Minervois pour connaître de la contestation et la trancher. Cette fois encore l'archevêque eut raison des prétentions du vicomte et il

(1) Ces villars, qui avaient été des centres populeux, se trouvaient alors abandonnés; leurs habitants s'étaient réfugiés à Peyriac-de-Mer, dont les fortifications leur offraient de meilleures garanties de sécurité.

fut statué à son profit, en l'année 1293, par le juge du Minervois, que les justices mere et impere lui appartenaient exclusivement avec pouvoir de tenir les fourches patibulaires.

La possession de l'entière seigneurie de Peyriac fut ainsi définitivement attribuée à l'archevêque.

Mais, au cours des contestations vidées, les archevêques n'avaient pu toujours assurer le triomphe de leurs droits, dont ils étaient, peut-être, peu certains, par suite de l'absence de titres ou à cause des troubles du pays, et ils s'étaient même reconnus feudataires du vicomte, comme le prouve un acte de l'année 1156, par lequel l'archevêque Bérenger de Narbonne, fils de la vicomtesse Mahauld ou Mahalde, fait hommage à la vicomtesse Ermengarde pour raison du château de Peyriac « qu'il tient de sa directe, » ce qui n'avait pas le moindre fondement ainsi que l'établit la déclaration du vicomte Aymeric IV, de 1215, dont nous avons déjà parlé.

Durant le XIIe siècle, les archevêques de Narbonne avaient inféodé ou engagé la majeure partie de la seigneurie, qui tomba de la sorte, directement ou par cession et transmission, aux mains de diverses familles et principalement des familles d'Outreville, de Rivière et de Coursan, pour revenir de nouveau à l'archevêque.

En 1156, Raymond-Guillaume, fils de Vierne, baillait sous forme d'engagement à Raymond d'Outreville tout son fief noble de St-Paul de Granières et de Peyriac, consistant en maisons, jardins, hommes et femmes (c'est-à-dire la justice), censives, usages, quêtes, « bouay.ies « et azenayries (1), » pâturages, prés, garrigues, bois et chasses, terres cultes et incultes, et tous autres droits seigneuriaux, pour le prix de 1,200 s. melg.

Raymond d'Outreville, marié à Mabile, fille d'Ermengaud de Fabrezan, qui était, sans doute, l'un des premiers feudataires ayant reçu l'investiture, était beau-frère de Raymond-Guillaume, dont nous venons de parler, et d'Ermengarde de Fabrezan, qui lui fit également vente d'une part du fief, en 1170, moyennant le prix de 500 s. melg. A son tour, Raymond d'Outreville avait inféodé, par bail emphytéotique, des portions de son fief à Bernard Tranier et Arnaud Jourdan, et en l'année 1200 il cédait l'utilité de ce bail emphytéotique, avec le titre de fief d'honneur, à Guillaume-Pons d'Outreville, son frère, sous l'albergue noble et annuelle de deux chevaliers. Enfin, dix ans plus tard, il cé‹ it à Gentianne de Rivière et à ses enfants, qui étaient Bérenger, Pierre-Raymond et Raymond-Bérenger, « tout le château village de Peyriac et de Granières » et tout ce qu'il avait à l'île de Peyriac, aux étangs et dans tout le territoire de Peyriac, à titre de fief noble, moyennant 21,450 s. melg. Le vicomte Aymeric IV, qui contestait alors la possession de la seigneurie à l'archevêque de Narbonne, fut appelé à donner son approbation à la cession et à accorder l'investiture aux nouveaux feudataires, comme si le fief relevait directement de lui. Mais nous avons déjà vu que l'attribution en fut définitivement confirmée à l'archevêque.

Dès l'année suivante, c'est-à-dire en 1211, un partage était intervenu entre les enfants de Gentianne de Rivière. Mais des descendants de Raymond d'Outreville élevèrent des prétentions. Ainsi Raymond et Ermengaud Benoît vendirent en 1215 à l'archevêque Arnaud de Levezon tout le droit qu'ils avaient sur Pierre-Raymond de Rivière, en déclarant qu'ils stipulaient comme petits-fils de Raymond d'Outreville et de Mabile de Fabrezan et comme fils de Raymond, leur fils. Ils transmettaient de la sorte à l'archevêque tout ce qu'ils pouvaient prétendre du chef de ces derniers sur le fief de Peyriac, avec la portion qui leur venait de Pierre-Raymond de Rivière.

Bérenger de Rivière fut marié à Richarde et mourut sans enfants. Sa veuve fit vente à l'archevêque Pierre Amiel, en 1244, de la portion qu'elle tenait de sa succession, qui consistait en la moitié du château bas de Peyriac et de St-Paul de Granières, avec tous droits seigneuriaux, moyennant le prix de 8,300 s. melg.

Quant à la portion de Raymond-Bérenger de Rivière, elle passa à son fils Pierre-Raymond de Rivière, qui la grossit de certaines mansates dont il fit l'acquisition du chevalier Guillaume de Laur et de dame Marie, fille d'Olivier de Philippe. Ainsi accrue, elle vint, par voie de rachat, à la main de l'archevêque, postérieurement à l'année 1258, car à cette même date Pierre-Raymond de Rivière baillait encore à Arnaud Mattes, « son propre homme de mansate, en augmentation de sa « mansate, » une pièce de terre de sa directe, pour la tenir « sous la charge de mansate. » Nous avons relevé soigneusement ces expressions dans l'analyse de l'acte de bail à mansate que nous donne l'Inventaire des archives de l'archevêché, parce qu'elles jettent quelque jour sur la question si difficile et pourtant si légèrement tranchée du servage, et nous y ajoutons la note suivante, par laquelle l'auteur de l'Inventaire, qui écrivait au commencement du XVIIe siècle, mieux placé que nous, par conséquent, pour juger d'une institution qui n'était en définitive, comme l'emphytéose qui l'a supplantée, qu'un mode de fermage approprié aux besoins d'une époque rapprochée de la sienne et qui lui avait laissé,

(1) C'était le droit de bouate et asenate, c'est-à-dire les corvées ou journées de bœufs, ânes et autres bêtes de somme ou de trait, réservées de seigneur à emphytéote.

peut-être, des souvenirs contemporains, nous paraît avoir exactement défini le sens précis de la mansate. « La charge de mansate estoit, dit-il, le nom propre « qu'on attribuait à un homme serf qui ne pouvoit « disposer de ses biens (1) qu'en faveur de ses enfants « légitimes. »

La famille de Coursan apparaît, dès 1192, comme engagiste d'une portion de la seigneurie de Peyriac-de-Mer.

En cette même année, Pierre-Raymond de Coursan et dame Ermengarde, sa femme, qui n'était autre, peut-être, qu'Ermengarde, fille d'Ermengaud de Fabrezan et belle-sœur de Raymond d'Outreville, desquels il a été fait plus haut mention, établissent un baile pour la garde de leurs vignes et de celles que les habitants de Peyriac tiennent de leur directe, qui passa à leurs fils, Bertrand et Pons de Coursan, dont l'archevêque reçut l'hommage en 1201. Cette directe passa ensuite à Pierre de Coursan, qui en fit hommage à l'archevêque Arnaud de Levezon, en 1214. Par son hommage Pierre de Coursan reconnaît tenir le château de Peyriac de la directe de l'archevêque, moyennant l'albergue annuelle de quinze chevaliers, et il promet de lui rendre ce château, qui était le château haut ou château supérieur de Peyriac, quand il pourra lui convenir de le reprendre, en temps de paix comme en temps de guerre; mais dans ce dernier cas, l'archevêque devra assurer la garde du château à ses propres dépens.

Dans les engagements ou inféodations de seigneuries, il était souvent stipulé des réserves bizarres, variées, dont le caprice du seigneur ou la vanité de l'engagiste semblent être l'unique mobile, mais dont la portée complique singulièrement l'étude des institutions de la féodalité en apportant au sens précis des dénominations usitées les atténuations ou les modifications les moins prévues. Ainsi, tandis que le droit de lausime ou de foriscape et le droit de retrait censuel aux mutations sont considérés comme inhérents au droit de directe, Pierre de Coursan déclare dans son hommage que l'archevêque devra donner la lausime en cas d'aliénation, c'est-à-dire approuver la vente, mais sans prendre le foriscape, sauf à exercer le droit de prélation ou de retrait censuel moyennant le remboursement intégral du prix de l'aliénation.

Pierre de Coursan eut deux fils, Bertrand et Pierre-Raymond de Coursan, qui lui succédèrent en la seigneurie du château supérieur de Peyriac, et deux filles, Ermengarde ou Ergulhouse de Coursan, qui fut mariée en 1229 à Guillaume de Durban, seigneur de Dones, et Marie de Coursan, qui maria Jeanne, sa fille unique, en 1276, à Gaubert de Durban de Leucate, fils du chevalier Pierre-Arnaud de Durban, en lui fesant don « en « faveur des enfants procréés de ce mariage » de tout ce qu'elle avait à Peyriac « des chefs paternel, maternel « et fraternel ou autrement avec droit de retour à ladite « Jeanne en cas de survivance. »

Bertrand et Pierre-Raymond de Coursan consentirent reconnaissance du château de Peyriac et en firent hommage à l'archevêque Jacques de St-Aphrodise, en l'année 1258. Une particularité de cette reconnaissance nous apprend que, pour rendre sensible la situation respective du seigneur et des feudataires, Bertrand de Coursan et Pierre-Raymond, son frère, « sortent du « chasteau supérieur de Peyriac, où ils font leur rési- « dence, et en baillent les clefs à l'archevêque, qui les « leur remet à l'instant, après qu'ils ont déclaré qu'ils « sont tenus vis-à-vis de lui à une albergue annuelle « de quinze chevaliers. »

Comme on le sait, le droit d'albergue était le repas en nature réservé de seigneur à feudataire.

Pour le château supérieur de Peyriac, l'albergue due, d'après le titre primordial, était de quinze chevaliers.

L'archevêque Jacques de St-Aphrodise ayant voulu exercer ce droit l'année qui suivit son élévation au siége archiépiscopal, c'est-à-dire en 1258, il en fut dressé un acte dont nous extrayons le passage suivant, pour faire connaître le côté curieux d'un cérémonial destiné à exercer une influence considérable sur des populations déjà habituées à un régime qui donnait l'autorité en échange de la protection, et dont l'esprit était plié aux idées de hiérarchie à tous les degrés de l'échelle sociale qui sont le trait dominant des institutions du moyen âge. « L'archevesque, dit cet acte, reçut « l'albergue du château de Peyriac de Bertrand de « Coursan, de Pierre-Raymond, son frère, et de Rixende, « leur mère, et print son repas au bout dudict chasteau « avec quinze personnes de sa compaignie. Et avant le « disner, deux trompettes montèrent sur la tour dudict « chasteau, et là, sonnèrent pendant ung long temps des « trompettes, criant par plusieurs fois : Narbonne! « Narbonne! pour Jacques, archevesque de Narbonne; « Peyriac! Peyriac! pour Jacques archevesque de Nar- « bonne ; Sainct-Just ! Sainct-Just ! pour Jacques, « archevesque de Narbonne. » Ce devait être là une forme généralement usitée pour acclamer le seigneur lorsqu'il se trouvait dans sa seigneurie, car nous voyons par l'Inventaire des archives de l'archevêché, tom. 3, f° 491, que les habitants de Fontjoncouse suivi-

(1) *Disposer de ses biens* doit être entendu de ses biens de mansate et non de ses biens propres, qu'il pouvait posséder concurremment avec les biens de la mansate et dont il disposait en toute liberté.

rent le même programme et proférèrent absolument les mêmes cris dans la visite que leur fit un archevêque, leur seigneur.

Bertrand de Coursan et Pierre-Raymond, son frère, renouvelèrent leur hommage pour le château supérieur de Peyriac en 1260, en présence de l'archevêque Guy Fulcodi ; mais le second étant mort sans enfants, le château était passé, en 1263, à Pons-Guillaume et Pierre-Raymond de Coursan, frères, enfants de Bertrand de Coursan, et les nouveaux feudataires firent, en cette même année, leur hommage à l'archevêque Maurin, successeur de Guy Fulcodi, qui avait été élu pape.

Pierre-Raymond de Coursan eut une fille, mariée à un membre de la famille de Rivière ; mais devenu veuf il entra dans les ordres et devint chanoine au chapitre St-Paul. En 1275, il fit un testament, par lequel il institua Jésus-Christ pour son héritier et successeur à sa portion de seigneurie, en la personne du chapitre dont il a été membre. D'un autre côté, son frère, Pons-Guillaume, mourut sans enfants, après avoir fait un legs personnel de 500 s. melg. à Bernard d'Olargues, abbé de St-Paul, et sa succession était réclamée à titre de substitution par Bérenger de Rivière. De là suivit la nécessité d'un partage du château supérieur de Peyriac et de ses droits de seigneurie, d'une part, entre les exécuteurs testamentaires de Pierre-Raymond de Coursan, dont l'un était Guillaume Arnaud, clerc tonsuré de l'église St-Paul, et Gaubert de Durban fils de Guillaume de Durban et de dame Ermengarde ou Ergulhouse, fille de Pierre de Coursan, dont il avait droit et cause, et autre Gaubert de Durban, fils du chevalier Pierre-Arnaud de Durban et gendre de Marie, autre fille du chevalier Pierre de Coursan, de laquelle il avait droit et cause, d'autre part ; et entre Pierre Arnaud de Naysse, bourgeois de Narbonne, exécuteur testamentaire de Pons-Guillaume de Coursan, d'une part, et lesdits Gaubert de Durban, fils d'Ermengarde ou Ergulhouse de Coursan, et Gaubert de Durban, gendre de Marie de Coursan. Ce partage eut lieu, par voie de transaction, en l'année 1276. Il contenait les dispositions suivantes : « la portion de Pierre-Raymond « de Coursan, qui avait institué Jésus-Christ pour son « successeur, sera d'une troisième partie et un quart « d'une autre troisième partie de tout le château supé- « rieur de Peyriac, avec tous droits seigneuriaux et « appartenances ; — Gaubert de Durban, gendre de « la dame Marie de Coursan, aura un autre quart de « cette troisième partie dudict chasteau, avec tous ses « droits seigneurieux et appartenances, libre de tous « legs ou toutes dettes de Pons-Guillaume et de Pierre- « Raymond de Coursan : — auxdicts Gaubert de Dur- « ban, fils de dame Ergulhouse, et Gaubert de Durban, « gendre de Marie de Coursan, sera l'usufruit de la « troisième partie et du quart d'autre troisième partie « adjugés à l'exécuteur testamentaire de Pierre-Ray- « mond de Coursan durant la vie desdites dames, préa- « lable paiement fait des 6,000 s. melg. que ce dernier « avait légués pour son âme. » Le reste, c'est-à-dire une troisième partie et la moitié d'autre troisième partie, demeurait donc à l'exécuteur testamentaire de Pons-Guillaume de Coursan.

Dès l'année qui suivit le partage, les exécuteurs testamentaires de Pierre-Raymond de Coursan firent vente à l'archevêque Pierre de Montbrun de la portion qui leur avait été attribuée sur le château supérieur de Peyriac-de-Mer, moyennant la somme de 937 liv. 10 s. tourn. En 1278, Gaubert de Durban de Leucate lui vendit aussi la sienne, qui était d'un tiers et un quart d'autre tiers, pour la somme de 5,000 s. melg. Quelques temps avant, Gaubert de Durban de Dones lui avait également vendu la portion représentant les droits d'Ergulhouse, sa mère, pour 1,000 s. tourn., et l'année suivante, c'est-à-dire en 1279, Bernard d'Olargues, abbé de St-Paul, fit don au même archevêque du legs de 500 s. melg. que lui avait fait, sur ce même château, Pons-Guillaume de Coursan. Enfin Pierre-Arnaud de Naysse, exécuteur testamentaire de ce même Pons-Guillaume de Coursan, fit vente, en 1289, à l'archevêque de Narbonne, le siége vacant (1), de la portion de château qui appartenait au testateur, pour une somme de 113 liv. melg.

Cette dernière vente fut l'objet d'une contestation entre Gilles Aycelin, successeur de Pierre de Montbrun, et Bérenger de Rivière, bourgeois de Narbonne, neveu de Pons-Guillaume de Coursan, lequel prétendait devoir recueillir sa succession « par droit de substitution « héréditaire. » Il s'en suivit une longue procédure, qui prit fin en l'année 1318 au moyen d'une transaction intervenue entre Pierre-Raymond de Rivière, fils de Bérenger de Rivière, et l'archevêque Bernard de Fargis, dont la clause principale stipule l'abandon des droits du demandeur en retour d'une indemnité de 400 liv. tourn. à payer par l'archevêque.

A la suite de cette transaction l'entière seigneurie de Peyriac était revenue à la main des archevêques.

La haute justice n'avait jamais été aliénée ni contestée. Mais à l'occasion de la juridiction dépendant du fief de la famille de Coursan, l'exercice de la justice

(1) On sait qu'à la mort de l'archevêque Pierre de Montbrun, survenue en 1286, le siége de Narbonne éprouva une vacance de quatre années.

avait fait l'objet d'une transaction de l'année 1265, intervenue entre l'archevêque Maurin et Pons-Guillaume et Pierre-Raymond de Coursan, qui dispose ce qui suit d'après l'analyse que nous en relevons dans l'Inventaire des archives de l'archevêché : — « Les ravisseurs de « vierges, les adultères, les parricides, les larrons qui « ravissent par la force ès chemins publics, en la mer « ou aux estangs, nommés pirates ; ceux-là qui com- « mettraient le crisme de lèse-majesté, les ravisseurs « de personnes libres, les larrons nocturnes, faussaires, « boute-feux ; ceux qui ruinent les champs et les lar- « rons qui seroient convaincus par aucunes fois en « quelque cour et qui auroient accoustumé souventes « fois de desrober, en sorte que leur maléfice requist « condamnation d'estre marqués avec un fer chaud, « ou leur estre coupé quelque membre, la procédure « contre telles personnes comme aussi de tous autres « crismes appartenant à la haute justice qui requist « condamnation à mort, coupure de membres ou ban- « nissement perpétuel, seroit faicte et jugée en la cour « de l'archevêque ; — si pour raison de tels crismes il « y avoit confiscation de biens relevant de la directe « desdits Pons-Guillaume et Pierre-Raymond de Cour- « san, ledit archevêque en ce cas feroit vendre les biens « de telle confiscation dans l'an à compter d'icelle, à « un prix ordinaire, s'il trouvait achepteur ; et s'il n'en « trouvoit point, lesdits de Coursan retiendroient les « choses confisquées à un prix compétent, à l'estimation « d'experts ; — pour raison des crismes méritant le fouet « et toutes les basses justices et excès faits par glaive, « fer, pierre ou bâton, ou par autre sorte d'instrument, « duquel mort ne s'en ensuivit, la connaissance en « appartiendroit auxdits de Coursan, comme aussi la « punition des crismes ou maléfices qui ne requerroient « que amende pécuniaire. Et là, toutesfois, où il y « auroit doubte si la plaie seroit mortelle ou non, la « cour dudit archevesque tiendroit prisonnier le malfai- « teur jusques à ce que le frappé fut guéri ou mort par « telle blessure. Et lorsqu'il apparaistroit la plaie n'estre « point mortelle, la cour dudit archevêque rendroit le « malfaiteur auxdits de Coursan. Mais si les larrons, « boute-feux, outre la peine du corps, convenaient du « dommage donné, en ce cas lesdits de Coursan en « pourroient connaistre et juger. Mais pour raison des « faux témoins, qui déposeroient faux en la cour desdits « de Coursan, ils les pourroient punir pécuniairement. « Et quant aux criées et fustigations qui se feroient pour « raison des grands crismes appartenants audit arche- « vêque dans le château desdits de Coursan ou dudit « archevêque, telles préconisations et fustigations se « feroient d'autorité tant dudit archevêque que desdits « de Coursan. Et si pour un simple larcin était fustigé « ou crié, cela se feroit d'autorité dudit archevêque et « non desdits de Coursan et ce, toutefois, dans le lieu « et seigneurie dudit archevêque et non dans celle des- « dits de Coursan, lesquels feroient de même dans leur « directe si par leur cour était crié ou fustigé : demeu- « rant toutes les autres criées communes entre parties. « Et s'il sortait doubte pour les choses susdites ou autres « semblables, ou crismes exprimés ou non, si la con- « naissance en devait appartenir audit archevêque ou « auxdits de Coursan, en ce cas là la cour dudit arche- « vêque créeroit un juge pour la juger. »

Antérieurement à cette transaction, l'exercice de la justice de Peyriac avait donné lieu, entre les seigneurs justiciers et le vicomte et les consuls de Narbonne, à un débat fort grave, qui prit les proportions d'un événement et occasionna des voies de fait dont nous trouvons le récit dans un acte de l'année 1250, analysé à l'Inventaire des archives de l'archevêché, t. 3, f° 89 v°. Cet acte constate que la veille de N.-D. de Septembre, une proclamation faite par ordre du vicomte Amalric, dans la ville de Narbonne, ordonnait à ses habitants « de suivre le vicomte avec armes et enseignes. » Durant cette proclamation, qui fut suivie d'une vraie prise d'armes, il vint à la connaissance de la cour de l'archevêque que l'emprisonnement d'un habitant de Peyriac, nommé Bernard Aribert ou Azibert, en était l'occasion. Les consuls de la Cité réclamaient le prisonnier en soutenant qu'il était leur concitoyen, tandis que Bertrand de Coursan et son frère, seigneurs d'une partie de Peyriac, soutenaient qu'étant leur vassal ils avaient le droit de le retenir prisonnier. Le vicomte et les habitants de Narbonne paraissant résolus à tenter une attaque contre le lieu de Peyriac au préjudice des droits des seigneurs, l'official de l'archevêque, afin d'empêcher l'exécution d'un pareil dessein, fit représenter aux consuls de Narbonne que Bertrand de Coursan et son frère tenaient de l'archevêque le lieu de Peyriac, à titre de fief, pour une partie ; que l'autre partie était à la main de l'archevêque et qu'ainsi ils n'avaient aucun droit de rien entreprendre contre le lieu de Peyriac, l'archevêque leur offrant d'ailleurs de faire rendre bonne et prompte justice s'ils avaient quelque légitime sujet de plainte contre le prisonnier. Malgré ces représentations, dont les consuls ne tinrent aucun compte, le dessein annoncé fut mis à exécution « et venafits avec « grande troupe de gens armés au lieu de Peyriac, ils « firent grand dégast, coupants les arbres, ruinants les « maisons et emportants les meubles. » A la suite de cette agression, les habitants de Narbonne furent sommés de restituer tout ce qu'ils avaient emporté et de réparer les dommages qu'ils avaient causés, dans un délai de quinze jours, sous peine d'être traités comme « infracteurs de la paix. » Cette sommation, qui avait fait l'objet de « lettres patentes » de l'archevêque, leur fut publiquement notifiée par son official ; mais ils n'y firent aucune réponse. L'archevêque de Narbonne n'avait plus que deux moyens d'obtenir la satisfaction qu'il poursuivait vis-à-vis des auteurs de l'attentat dont sa seigneurie de Peyriac avait été l'objet, et il les employa tous les deux à la fois : il lança contre eux l'excommunication ecclésiastique et il eut recours au sénéchal de Carcassonne, qui ordonna, par sa sentence, la réparation du dommage causé à l'archevêque et à ses feudataires et vassaux.

D'après le dénombrement de la seigneurie de Peyriac-de-Mer, que l'archevêque eût à faire, en 1547, devant le sénéchal de Carcassonne, cette seigneurie était alors composée de la manière suivante :

— la juridiction haute, moyenne et basse;

— un château « ruiné par guerres ; »

— une censive de 20 s. 6 den., 12 setiers d'orge, 2 pégats d'huile, 6 setiers de froment et 3 gélines;

— la 20ᵉ partie du poisson pêché dans l'étang Pudre ;

— les droits de lods et foriscape;

— et certaines tasques et droits d'agrier ou champart.

En 1678, ces derniers droits furent réduits, par transaction amiable, au droit unique de la demi-tasque, c'est-à-dire au 22ᵉ du produit des fruits et récoltes, moyennant une déclaration de banalité du four, qui fut consentie par les habitants de Peyriac, et le paiement d'une soulte de 7,000 liv. tourn.

Les consuls de Peyriac portaient le chaperon. En échange de cette faculté, que l'archevêque leur avait donnée en 1609, la commune devait lui servir annuellement une albergue de trois paires de perdrix, payable à la fête de Noël.

Peyriac-de-Mer était l'une des vingt-quatre principales communes du diocèse qui avaient droit de présence aux États de la province et aux assiettes diocésaines, et qui pouvaient prendre et exercer la charge de syndic diocésain à tour déterminé.

Le 28 mars 1682, le cardinal de Bonzy, archevêque de Narbonne, inféodait la seigneurie de Peyriac-de-Mer à noble Paul de Juer, sous la réserve d'une albergue noble, annuelle et perpétuelle, d'une paire de gants de la valeur de 10 s. tourn. L'acte de cette inféodation, reçu par Mᵉ Menuéty, notaire de Narbonne, donne permission au nouveau feudataire de l'archevêque de percer le rocher qui sépare son étang dit du Doul du grand étang de Peyriac, afin de mettre en communication les eaux des deux étangs. Il lui accorde, en même temps, la faculté « de se servir de l'eau du ruisseau qui « passe près de sa métairie, située dans le territoire de « Peyriac, au moyen d'une canonnade, pour l'arrosage « de son jardin. » En 1733, noble Pierre de Juer, fils du précédent, fait hommage de la seigneurie à Mgr René-François de Beauvau, archevêque de Narbonne.

A la date de l'inféodation dont nous venons de parler, les habitants de Peyriac-de-Mer jouissaient des priviléges qui suivent :

— droit de chasse aux pigeons sauvages et à tous autres oiseaux dans tout le territoire de la seigneurie, à l'exception du territoire de l'Isle, dont la chasse est réservée à l'archevêque ;

— droit de pêche dans toutes les eaux de la seigneurie, excepté dans l'étang du Doul, baillé par l'archevêque en accapit ou nouvel achept à la famille de Juer.

— droit de pêche dans le clos des salins mêmes, sans licence de leurs propriétaires ;

— droit d'affouage, sans aucune réserve, et cueillette de toutes les herbes vertes ou sèches, champêtres ou silvestres, également sans aucune réserve ;

— droit de prendre la pierre à bâtir sur tous les points de la seigneurie ;

— faculté de vendre le bois de l'affouage et lesdites herbes et pierres à quelques personnes que ce soit sans licence du seigneur ;

— droit de *pignore* pour toutes les *talles* ou dommages causés par les troupeaux et bestiaux, gros ou menus, avec pouvoir de conduire les auteurs de ces dommages devant le viguier de l'archevêque pour y être punis du ban 3 liv. ;

— abreuvage des bestiaux et troupeaux à la Berre, au Lac, à Portel, à la Bastide-de-Prat-de-Cest, à Estarac, et sur tous les points « en passant, allant ou revenant, « lian ou délian, » c'est-à-dire en conduisant ces bestiaux au parcours et au travail ou en revenant ;

— faculté de vendre *toutes choses trouvées* dans le territoire de la seigneurie, pour en remettre le produit à l'œuvre de l'église à l'effet de parer à l'enterrement des pauvres « et leur faire dire du bien ; »

— obligation pour le recteur et le vicaire de la paroisse d'entretenir deux lampes allumées, l'une à St-Paul de Gramont (de Granières), l'autre dans l'église paroissiale, avec deux cierges *ardents* pendant toute la durée de l'office des festivités. Ils doivent aussi tenir deux prêtres et un clerc, *bons et suffisants* pour le service religieux de la paroisse ; enfin ils doivent dire « deux messes en note chaque jour et toutes les fêtes « d'apôtre, de N.-D. ; les dimanches, ils doivent dire les « vêpres, complies, tierces, sextes, et faire la procession, les cloches sonnant ; »

— faculté de tenir dans l'église paroissiale deux paniers, l'un pour le pain que « les bonnes âmes donnent pour les âmes du purgatoire ; l'autre pour le « pain donné pour le luminaire de N.-D. »

— enfin, privilége d'instituer tous officiers municipaux nécessaires et leur bailler le serment requis, avec pouvoir d'assembler le conseil quand bon semblera, sans licence ou permission du seigneur, ni de ses officiers.

NOTE L.

Homps (v. page 219, 1re col.).

Peu de localités, aussi anciennes ou plus connues, ont moins de documents que celle d'Homps. En effet, de ce centre qui, au milieu de la terre des Volces et plus particulièrement dans le pays des Bébryces ou peuples établis autour de Narbonne, était cependant l'un des lieux d'étape de la voie romaine qui traversait dans toute leur longueur les contrées dont a été formé le Languedoc, il ne reste que quelques indications que nous avons dû principalement colliger soit dans les chartes relatives à d'autres localités du même pays, soit dans les archives communales de Narbonne, soit, enfin, dans les archives départementales de la Haute-Garonne, au fonds de la Commanderie de St-Jean de Jérusalem, dont les chevaliers s'y étaient établis dès le XIIe siècle.

Homps a son chemin *romieu*. On sait que l'on désigne sous ce nom, dans le Midi, les tronçons qui nous restent des voies militaires ou stratégiques que les Romains y avaient construites.

D'après les anciens itinéraires, deux gîtes ou stations d'étape existaient dans le pays des Bébryces, qui habitaient autour de Narbonne. L'un de ces gîtes était situé au midi de cette ville, sur la route des Albères ou de l'Espagne; l'autre était au nord-ouest, vers le Toulousain. M. de Marca, *(Hist. de Languedoc,* t. I, liv. II, 55) après avoir placé le premier, qui était appelé Ad Vigesimum, dans les environs de Fitou, vers le Roussillon, sur la route stratégique du littoral, pense que l'autre, qui était appelé Hosverbas ou Userva, devait être situé à ou vers Homps, dont la distance de Narbonne dans la direction de Toulouse correspond, en effet, à celle qui se trouve fixée par ces itinéraires. L'opinion de M. de Marca sur ce point n'est qu'une conjecture, et, du reste, il ne la donne pas autrement; mais elle est singulièrement fortifiée par l'existence du chemin *romieu* qui traverse la localité, et on peut reconnaître, sans rien aventurer, que, par sa situation à distance à peu près égale entre Béziers et Carcassonne, Homps semble être le seul point où les Romains aient pu camper, sur la route qui leur ouvrait le haut pays, l'étape des troupes qu'ils dirigaient du Biterrois vers le Toulousain, et vice versa.

Les plus anciens documents qui font mention expresse d'Homps, en latin Ulmum, sont du Xe siècle.

L'abbaye de Bénédictins de St-Jean-de-Mallast ou de Montolieu, qui avait diverses possessions dans les comtés de Carcassonne, du Razés et de Narbonne, en obtint la confirmation en l'année 932, par un diplôme du roi Raoul, qui désigne parmi elles Homps avec une église portant le vocable de Ste-Cécile, « Ulmis, dit le « diplôme, cum ecclesia Sanctæ Ceciliæ. »

Il semble prouvé que les Bénédictins de Montolieu ne gardèrent Homps à leur main que peu de temps.

Nous voyons, en effet, que la vicomtesse Adelaïde, veuve du vicomte Matfred, dispose en faveur de Gaudin, fils d'Aribert, dans son second testament, daté de l'année 990, de tout ce qu'elle possède à Homps pour l'y avoir acquis par achat ou par donation, « ad Gaudindum, « filii quondam Ariberti, dono quantum habeo in villa « Columbarios et in Ulmos, qui mihi advenit per com- « parationem vel donationem. » D'un autre côté, l'archevêque Arnaud de Levezon, avec le consentement de ses archidiacres Pons et Roger, fit donation de l'église d'Homps à l'hôpital de St-Jean de Jérusalem, par un acte de l'année 1148 dont nous donnerons plus loin une analyse.

Du reste, et dès le XIIe siècle, l'abbaye de Montolieu ne possédait plus rien dans la seigneurie d'Homps, qui était alors partagée inégalement entre plusieurs coseigneurs, savoir : le roi, le commandeur d'Homps, la famille de Varaigne, et la famille d'Homps. En 1313, d'après l'accord approuvé par lettres patentes de Philippe VI, de 1344, qui fut conclu entre ces coseigneurs relativement à l'organisation de la justice haute, moyenne et basse, mere et mixte impere, à la nomination du juge, à l'attribution des revenus de la justice, etc., les portions de ces coseigneurs étaient de un quart pour le roi, un quart et demi pour la famille de Varaigne, un quart pour le précepteur de la commanderie et demi-quart pour la famille d'Homps. Plus tard, ainsi qu'on le voit par une transaction du 12 mars 1599, le chapitre St-Just de Narbonne eut une moitié de la seigneurie, formée sans doute du quart et demi de la famille de Varaigne et du demi-quart de la famille d'Homps. Enfin, plus tard encore et au XVIIe siècle, une nouvelle famille d'Homps, qui portait le patronymique de Gros, et fut remplacée au XVIIIe siècle par la famille Ducup, était rentrée dans la seigneurie au moyen de la cession que le chapitre St-Just lui avait faite de la moitié qu'il avait longtemps possédée comme ayant-cause de l'ancienne famille d'Homps et de la famille de Varaigne. L'autre moitié de la seigneurie appartenait alors, et depuis est restée, pour un quart au roi et pour un autre quart à la commanderie de St-Jean de Jérusalem d'Homps, qui dépendait du grand prieuré de St-Gilles.

Cependant cette division ne s'appliquait pas à toute la seigneurie d'Homps prise en corps féodal; car, par un effet du morcellement presque extrême et souvent bizarre et confus que les seigneuries subissaient dans le Midi, où le droit romain exerçait partout une influence que la féodalité avait pu amoindrir mais non effacer, tandis que la seigneurie se trouvait partagée dans les proportions que nous venons d'indiquer, sa justice présentait la division suivante, qui a existé jusqu'à la révolution de 1790 (v. BB. tome II, page 1012), un quart au roi, un quart et demi à la commanderie et un quart et demi au chapitre St-Just.

A Homps, la commanderie de St-Jean de Jérusalem possédait une ancienne église, un château et des terres, prés et vignes. Elle avait, en outre, la métairie de Lagarde-Roland, avec bois et garrigues, et la terre de Jouarres. Ses membres étaient les domaines d'Albas et de Laroque-de-Fa, avec juridiction, seigneurie, droits de directe, et les terres de Carcassés, Massac, Roquefort, Lesquerdes, St-Arnac, Le Puech-de-Toulouse et Prugnanes. En 1707, son revenu annuel était de 14,780 liv. t. 8 s. (v. de Grasset, *Essai sur le grand prieuré de St-Gilles*, 42). M. de Grasset a oublié dans son énumération le moulin d'Homps, assis sur la rivière-d'Aude, dont la commanderie était en possession dès le XIIe siècle.

Placé sur les bords de la rivière d'Aude et assis, avec son port sur le canal des Mers, au milieu d'une plaine étendue et fertile, susceptible des meilleures et plus productives cultures, Homps paraissait destiné à prendre un développement que d'autres localités ont réalisé dans des conditions certainement moins favorables. Olonzac, Lésignan, et autres centres voisins, paraissent avoir pris à sa place l'extension que sa situation topographique semblait lui réserver. Quand, au Xe siècle, le testament de la vicomtesse Adelaïde ne lui donne pas même le nom de *villa* ou *villare*, c'est-à-dire village, aujourd'hui c'est encore l'une des moins considérables résidence du Narbonnais, et si l'attention peut être éveillée à son égard c'est uniquement par sa commanderie, qui primait celle de Narbonne en dignité et en importance.

On sait que les commanderies de St-Jean de Jérusalem devaient, conformément aux statuts de l'ordre, remettre au fur et à mesure de leur préparation tous leurs actes et documents aux grands prieurés dont elles dépendaient.

Cependant, et bien que dépendant du grand prieuré de St-Gilles, dont les papiers se trouvent, croyons-nous, aux Archives départementales des Bouches-du-Rhône, la commanderie d'Homps versait les siens au grand prieuré de La Tournelle et ils se trouvent aujourd'hui aux Archives départementales de la Haute-Garonne, où nous avons pu les consulter à loisir grâce à l'obligeant empressement de M. A. Baudoin, le savant archiviste de ce département.

A cause des précieuses indications que les documents composant le fonds de la commanderie d'Homps contiennent sur la seigneurie, la justice, la topographie, les droits seigneuriaux d'Homps, dont l'un, au moins bizarre, ne pourraient s'expliquer sans les soins et les secours directs qui étaient donnés aux pauvres et aux malades par les membres de l'ordre de St-Jean de Jérusalem, nous allons donner ici, par ordre chronologique, l'analyse de ces documents, qui formeront un jour, nous en avons l'espoir, l'une des plus intéressantes pages du Cartulaire du Narbonnais.

1148 (7 des ides de mai (9 mai). — Donation de l'église St-Étienne d'Homps et de ses dépendances, faite par Arnaud (de Levezon), archevêque de Narbonne, avec le consentement de ses archidiacres Pons et Roger, à Bernard de Pexiora, prieur, et aux autres frères de St-Jean de Jérusalem d'Homps, sous la condition de la tenir de la main de l'archevêque et sous la réserve que les chapelains élus pour faire le service divin dans cette église, après la mort du prieur, donataire, seront *originaires et ordonnés* prêtres de la province de Narbonne.

1162 (3 des kalendes de février (30 janvier). — Donation de 200 s. melg. faite à Dieu, à la sainte Vierge, à S. Jean-Baptiste et au saint hôpital de St-Jean de Jérusalem, en la présence de Gaucelme et de Bernard de Roquenégade, par dame Amantru, pour la rédemption de son âme et de celle de Pierre de Moux, son mari, sous la condition que ces 200 s. seront employés à l'achat d'un fief dont elle aura les deux tiers en jouissance, sa vie durant, et qu'elle sera reçue à participer à tous les avantages du titre de sœur dudit hôpital, ce qui lui est accordé par les donataires.

1190 (8 des kalendes d'octobre (24 septembre). —

Confirmation par Sicard de l'Isle, Raymond, son frère, Reine, leur sœur, et leurs autres frères et sœurs, présents et à venir, enfants d'Amalric de l'Isle et d'Adalaïs, sa femme, de la vente de deux parts du moulin de Plancard, situé sur la rivière d'Aude, faite par ces derniers à la maison de St-Jean de Jérusalem d'Homps, représentée par Pierre Mir, prieur de la province de Narbonne, Raymond d'Escalcs et Isarn de Roquefort. Pour cette confirmation, l'hôpital paye une somme de 40 s. melg., au moyen de laquelle Sicard de l'Isle et ses consorts renoncent à tous leurs droits sur l'objet vendu.

1307 (7 des kalendes de décembre (25 novembre). — Échange de deux pièces de terre, consenti entre Raymond de Maurières, précepteur de la maison de St-Jean de Jérusalem d'Homps, et Jean Caroli, d'Oupia. La pièce de terre cédée à ce dernier est située partie sur le territoire d'Oupia et partie sur celui de Lagarde-Roland. Elle est soumise, au profit de la commanderie, à la tasque, dîme au 11e des fruits récoltés, ainsi qu'au paiement des droits de lods et foriscape. La pièce de terre cédée au commandeur d'Homps est contiguë à la bergerie de Lagarde-Roland.

1328 (28 février). — Le chevalier Raymond de Laurac, lieutenant de Guillaume Ayssa, précepteur de la maison de St-Jean de Jérusalem, Gilles et Gaufrid de Varaigne et le damoiseau Pierre d'Homps, agissant comme coseigneurs d'Homps chacun pour la portion qui le compète, nomment Bertrand de Montjuif, juge ordinaire de Carcassonne, du Cabardés et du Minervois, pour exercer la charge de juge d'Homps, aux gages annuels de 7 liv. 10 s. tourn., et ce dernier prête serment entre les mains des coseigneurs d'Homps, sur la preuve administrée par eux que ses prédécesseurs, et notamment Pierre Roques, nommé dans les mêmes conditions juge d'Homps, en 1307, avait prêté le même serment.

1340 (6 juillet). — Nomination de Pierre de Chogio, juge ordinaire de Carcassonne, du Cabardés, du Minervois et de la châtellenie de Montréal, en qualité et aux fonctions de juge d'Homps, faite par Raymond de Samonne, lieutenant de Raimbaud Alaman, précepteur de la maison de St-Jean de Jérusalem d'Homps, et Hodde d'Homps, fils de Pierre d'Homps. Il est dit dans cet acte que Pierre de Chogio est nommé juge d'Homps parce qu'il est juge du Minervois. Le nouveau juge prête serment entre les mains des coseigneurs sous la réserve des droits du roi et sur la preuve administrée au moyen de titres transcrits dans l'acte de nomination que les anciens juges d'Homps, ses prédécesseurs au siége du Minervois, avaient prêté le même serment, et notamment : 1° Raymond Rossel, nommé en 1323, par Guillaume Ayssa, précepteur d'Homps, Gilles et Gaufrid de Varaigne et Pierre d'Homps ; 2° Bertrand de Montjuif, nommé en 1328 par les mêmes coseigneurs ; 3° Pierre Roques, nommé en 1307 (v. l'acte qui précède).

1343 (21 février). — Accord conclu entre Gérard de Ronsilion, sénéchal de Carcassonne, au nom du roi, d'une part, Gilles et Jean de Varaigne, son neveu, fils de Gaufrid de Varaigne, Raimbaud Alaman, précepteur de la maison de St-Jean de Jérusalem, et Pierre d'Homps, d'autre part, qui étaient coseigneurs d'Homps dans les proportions suivantes : un quart pour le roi, un quart et demi indivis entre Gilles et Jean de Varaigne, demi-quart pour Pierre d'Homps et un quart pour le précepteur de la maison de St-Jean de Jérusalem. Cet accord, approuvé par les lettres patentes qui suivent, concerne : — l'organisation de la justice haute, moyenne et basse, mere et impere d'Homps et de son territoire ; — la nomination du juge, qui ne devait plus être de droit le juge du Minervois, etc. Il est conclu à titre onéreux par Gilles et Jean de Varaigne, le précepteur de la commanderie et Pierre d'Homps, qui offrent au roi d'abord 150 liv. tourn., ensuite 200 petites liv. tourn. et enfin 200 liv. tourn. de forte monnaie alors courante, le tourn. d'argent de cette forte monnaie compté pour 15 den. tourn. petits.

1344 (mois de janvier). — Lettres patentes de Philippe VI, portant confirmation et approbation de l'accord ci-dessus conclu entre le sénéchal de Carcassonne, au nom du roi, Gilles et Jean de Varaigne, Raimbaud Alaman, précepteur de la maison de St-Jean de Jérusalem, et Pierre d'Homps, coseigneurs d'Homps, concernant l'organisation et les dépenses de la justice haute, moyenne et basse, mere et impere d'Homps et de son territoire, la nomination du juge, qui ne devait plus être de droit le juge du Minervois, etc.

1347 (18 mai). — Déclaration faite par Hugues de Villeneuve, habitant du château de Rieux-en-Minervois, par laquelle il reconnaît qu'il est tenu de faire annuellement à la maison de St-Jean de Jérusalem d'Homps une migère d'huile bonne, payable le premier jour de Carême, à titre d'aumône, d'usage annuel, ou de tout autre cens ou droit.

1391 (24 avril). — Reconnaissance consentie à frère Bernard Fabre, précepteur de la maison de St-Jean de Jérusalem d'Homps, par Guillaume Fournier, habitant du même lieu, pour un champ situé à la Lécune, ou au Pla-des-Prêtres, dans le territoire d'Homps, tenu sous la condition du paiement du droit de tasque ou dîme au 11e du produit de la récolte.

1401 (27 octobre).— Inhibitions et défenses faites par

le baile, lieutenant du juge d'Homps, et son sergent royal, à Guillaume Bergond, hôtelier d'Homps, en exécution de lettres obtenues au sénéchal de Carcassonne, de renouveler les injures qu'il a proférées contre le précepteur de la maison de St-Jean de Jérusalem d'Homps, au mépris de la sauvegarde royale qui couvre cette maison et ses dépendances.

1401 (27 octobre). — Acte constatant la présentation faite par frère Pierre Salvan, procureur de frère Jean Raynard, précepteur de la maison de St-Jean de Jérusalem d'Homps, et Pierre-Jacques Bastier, sergent royal de la cour du Minervois, à Jean Ricord, baile d'Homps et lieutenant de Jean Banut, juge d'Homps pour le roi et les autres coseigneurs, des lettres de sauvegarde royale accordées au commandeur d'Homps, en l'année 1324, pour avoir à les faire publier au profit du commandeur et à faire placer, en témoignage permanent de cette sauvegarde, des fleurs de lys sur la porte de la commanderie, opérations dont l'acte constate l'exécution.

1405 (11 août). — Acte notarié par lequel Pierre Fournier, du lieu d'Homps, majeur de quatorze ans et mineur de vingt-cinq, se fait donat de la maison de St-Jean de Jérusalem d'Homps, et lui apporte tous ses biens, meubles et immeubles, présents et à venir, sans énonciation plus spéciale, entre les mains de Pierre Franc, prêtre, religieux de ladite maison, le tout sauf l'approbation du supérieur ou précepteur d'Homps, qui est frère Jean Raynard, alors absent.

1418 (17 septembre). — Acte par lequel Guillaume Gombert, du bourg de Carcassonne, se donne personnellement à la maison de St-Jean de Jérusalem d'Homps, avec tous ses biens présents et à venir. Cet acte d'oblation est reçu par le précepteur de la maison, sous la réserve de l'approbation de son commandeur.

1453 (12 novembre). — Transaction ménagée par Antoine de Murat, commandeur de Labessière, et Pierre Bosquet, commandeur de Marseillette, entre Guiraud d'Auriac, commandeur d'Homps, et les habitants de cette localité, par laquelle le droit de prendre *le meilleur lit de tout mourant chef de maison* d'Homps, que les habitants contestaient au commandeur, est remplacé par une journée de cheval ou de mule, que tout habitant chef de maison d'Homps sera tenu de fournir annuellement pour le battage de la récolte du commandeur, tous dépens de bouche à la charge de ce dernier, et pour le transport des gerbes de la dîme sur l'aire du commandeur, transport qui sera à la charge du dîmé et qui devra être effectué le jour même où il enlèvera le restant de la récolte. Quant aux étrangers demeurant à Homps et qui viendront à y décéder, le commandeur pourra prendre leur meilleur vêtement, robe ou habit, ou bien 12 den. tourn. si c'est un enfant. En aucun cas il ne prendra les étoffes qui envelopperont les bières au moment du transport des défunts dans l'église St-Michel et St-Étienne d'Homps, ni les torches funéraires, etc.

1529 (12 mars). — Transaction entre le chapitre St-Just de Narbonne, seigneur d'Homps pour une moitié, et frère Guillaume Valette dit Parisot, chevalier de l'ordre de St-Jean de Jérusalem, précepteur de la commanderie d'Homps, qui avait un quart de la seigneurie, sur la haute justice d'Homps, sur la nomination des officiers communs, sur le renouvellement des reconnaissances, la levée des censives, usages, foriscapes et autres droits seigneuriaux, etc.

1535 (27 juin). — Transaction entre frère Guilhot ou Guillaume de Parisot (sans doute le précédent), précepteur de la commanderie d'Homps, et les consuls de cette localité, par laquelle la dîme de tous les fruits et du carnenc, que le précepteur, en sa qualité de recteur primitif de la paroisse, prétendait exiger sur le pied du huitième dans le décimaire de St-Étienne d'Homps et dans celui de St-Julien-de-Bacan, juridiction d'Olonzac, demeure fixé au neuvième, avec un taux particulier pour le carnenc, fixé par portée ou par quantité maximum et minimun d'élevage, c'est-à-dire à une tête de volaille, oies, poules ou canards, payable par chaque habitant quelle que soit la quantité de l'élevage, à demi-porc pour chaque portée au-dessous de cinq têtes, et à un porc entier pour chaque portée au-dessus de cinq têtes, etc.

1543 (22 octobre). — Bail à ferme de la commanderie d'Homps, avec le membre de Minerve, les fiefs de Tourouzelle, le « boriage » de Lagarde-Roland et le décimaire de St-Julien, consenti, pour 3 ans, à Guillaume Turc, d'Olonzac, moyennant le prix de 500 liv. tourn. par an. Le moulin d'Homps, dépendant de la commanderie, est compris dans la ferme, ainsi que les censives, agriers, foriscapes, dîmes, tasques et autres droits seigneuriaux du commandeur.

1544 (15 mars). — Lettres monitoires d'Antoine de Castres, vice-légat d'Avignon, accordées à noble frère Jean de St-Martin, précepteur de la commanderie d'Homps, portant sentence d'excommunication, avec aggravation et réaggravation en cas d'obstination, contre les auteurs, complices ou fauteurs ; — des usurpations qui ont pu être commises sur les biens, terres, prés, censives et revenus de la commanderie ; — de l'enlèvement ou de la soustraction de ses reconnaissances, de ses baux à nouvel achept, lausimes, donations et autres actes ; — du déplacement des bodules (bornes) de ses parcelles ; — du vol de ses meubles, ustensiles, objets de décoration ou d'approvisionnement, etc.

1546 (4 janvier). — Arrêt du Parlement de Toulouse, qui rejette l'appel relevé par Jean Rossel, prêtre, recteur d'Homps, contre la sentence du sénéchal de Carcassonne portant entérinement de lettres royaux, obtenues par frère Jean de St-Martin, en réintégration « du « délai à faire enquête » dans l'instance en paiement de la dîme des fruits et des bestiaux de la commanderie, que l'appelant réclamait de l'appelé et que celui-ci lui refusait en se fondant sur les privilèges généraux de l'ordre de St-Jean de Jérusalem.

1554 (24 juillet). — Vente faite à noble Claude d'Albe, seigneur et commandeur d'Homps, par Barthélemy Talyon, Catherine Alengry, sa femme, Michel et Barthélemy Talyon, leurs enfants, d'un champ de 7 sétérées, relevant de la directe du commandeur et de celle du chapitre St-Just de Narbonne par indivis, situé dans le territoire d'Homps, au ténement dit la Palette, moyennant le prix de 15 liv. tourn., payées en 3 doubles ducats de 5 liv. tourn. la pièce.

1573 (14 avril). — Vente d'une maison située à Homps, faite par Raymond Hugony, agissant pour lui et pour ses successeurs et héritiers, présents et à venir, à Bertrand Périlhoux, du lieu de Labruguière, au diocèse de Lavaur, moyennant le prix de 22 liv. tourn., payé en 2 écus d'or sol de 2 liv. 15 s. tourn. la pièce, en 1 écu pistolet bon or, de 2 liv. 13 s. tourn. « et en « testons et bonne monnaie blanche. »

1603 (9 août). — Titre de nomination et présentation à Mgr l'archevêque de Narbonne, ses vicaires généraux, ou son vénérable chapitre St-Just, fait devant notaire par Claude Izouard de Materon, seigneur de Chenevilhes, comme procureur général de son frère, messire François Izouard, chevalier de St-Jean de Jérusalem, seigneur et commandeur d'Homps, à M. Antoine Tailhades, prêtre, pour remplir l'office de vicaire perpétuel « de la rectorie » d'Homps, dont le commandeur est recteur primitif.

1603 (3 septembre).— « Forma dignum » ou lettres de collation et institution de M. Antoine Tailhades, prêtre, du diocèse de St-Pons, en la vicairie perpétuelle de l'église paroissiale d'Homps, dont la nomination et la présentation appartiennent au commandeur.

1606 (17 juillet). — Lettres de réception de M. Antoine Tailhades, prêtre, pourvu de la vicairie d'Homps, en 1603, par titre de présentation du commandeur et par « Forma dignum » de Mgr l'archevêque, en qualité de religieux d'obédience de l'ordre de St-Jean de Jérusalem, après avoir reçu la croix de l'ordre et avoir prononcé les vœux de chasteté, de pauvreté et obéissance, à l'effet de pouvoir exercer ladite « rectorie, » y célébrer le service divin et administrer les saints sacrements.

1610 (18 décembre). — Nomination de M. Pierre de Mouret, docteur ès-droits, procureur du roi en la sénéchaussée de Carcassonne, aux fonctions de juge du lieu d'Homps. Cette nomination est faite, en exécution de la transaction passée entre les coseigneurs justiciers d'Homps au mois de février 1343, confirmée par lettres patentes de 1344 : — par M. de Roux, juge mage de Carcassonne, au nom du roi, qui a un quart de la justice d'Homps; — par M. Pierre de Gros, qui a une moitié de cette justice comme ayant-cause du chapitre St-Just de Narbonne, suivant acte des commissaires chargés de la vente et aliénation du temporel du diocèse, daté du 2 juillet 1578; ladite moitié provenant de Gilles et Jean de Varaigne et de Pierre d'Homps; — par frère Joseph d'Amalric d'Esclangon, commandeur d'Homps, qui possède en cette qualité l'autre quart de ladite justice.

1617 (8 juillet). — Arrêt donné aux Requêtes du Palais à Toulouse, entre frère Philippe Séguier-Lagravière, chevalier de St-Jean de Jérusalem, commandeur d'Homps, et le syndic des consuls et habitants du même lieu, qui condamne ces derniers à faire tous les charrois et manœuvres nécessaires pour la construction de l'église St-Étienne d'Homps, et à payer la dîme de tous les fruits et récoltes sur le pied de la neuvième part.

1631 (31 août). — Cession faite à messire Melchior de Barras-Clumane, chevalier de St-Jean de Jérusalem, commandeur d'Homps, des droits que M. Noël Auriol, prêtre, du lieu de Beaufort, peut avoir, en sa qualité de fils de Guilhelmette Périlhoux, sur une maison acquise en 1573 par Bertrand Périlhoux, père de cette dernière, et qui était néanmoins restée à la main du commandeur pour servir au logement du vicaire perpétuel de la paroisse. La cession est faite moyennant le prix de 21 liv. t.

1692 (1er février). — Arrêt du Parlement de Toulouse, rendu entre messire Melchior de Barras-Clumane, commandeur d'Homps, d'une part, et Jean Combes et Cyprien Sicre, habitants du lieu d'Homps, d'autre part, qui prononce le rejet de l'appel que ces derniers ont relevé de certain jugement des Requêtes du Palais, en date du 18 janvier 1690.

1716 (12 juin). — Constitution d'une rente de 132 liv. 17 s. 7 den., au principal de 2,657 liv. 11 s. 9 den., en faveur de messire Jean-Augustin de Grille, commandeur d'Homps, et de ses successeurs en ladite commanderie, par le syndicat de la petite Robine de Moulon, au territoire d'Arles, représenté par MM. Guillaume de Picquet et Pierre de Valleriolle, ses syndics.

1717 (8 mai). — Acte de sommation fait aux habitants d'Homps à la requête du commandeur, messire Jean-

Augustin de Grille, receveur et lieutenant au grand prieuré de Toulouse, pour le renouvellement des reconnaissances de la commanderie.

1717 (13 mai). — Acte de supplique et protestation fait à M. le chevalier de Grille, commandeur d'Homps, par Bernard Cathala, consul unique d'Homps, Guillaume Barrau, curé de la paroisse, Guillaume Belleville et autres habitants d'Homps, au sujet du renouvellement des reconnaissances féodales, que ceux-ci prétendent, conformément aux usages du Parlement de Toulouse, n'être tenus de consentir que de 29 en 29 ans.

1717 (22 mai). — Consultation délibérée par MM. Miramont et Carrière, avocats à Toulouse, concernant le renouvellement des terriers et reconnaissances de la commanderie. Les conclusions de la consultation sont contraires aux prétentions du commandeur.

1719 (22 mai). — Bail à nouveau fief consenti par M. Jean-Augustin de Grille, commandeur d'Homps, à M. Jean Coussé, de Toulouse, d'une pièce de terre de 3 sétérées 1 pugnère, située au ténement de la Poularié, juridiction d'Olonzac, sous la réserve du droit de lods et ventes et moyennant le paiement annuel d'un droit de tasque, agrier ou champart, fixé au 11e des fruits ou récoltes.

1732 (14-18 novembre). — Constitution d'une rente annuelle de 100 liv., au principal de 2,500 liv., en faveur de M. le chevalier d'Homps (messire d'Hautpoul, commandeur d'Homps), par le monastère de Lagrasse. — Délibération capitulaire de ce monastère, qui vote l'emprunt de 2,500 liv. ci-dessus et commet frère Joseph Goudard, syndic des religieux, pour le conclure et en consentir obligation.

Les familles de Varaigne, d'Homps et de Gros, celle-ci éteinte au XVIIIe siècle dans la famille Ducup, dont il existe encore un représentant dans la localité, ont possédé, comme nous l'avons dit plus haut, des portions de la seigneurie d'Homps. La famille de Varaigne a disparu de la seigneurie, vers la fin du XIVe siècle, par la cession de ses droits au chapitre St-Just de Narbonne, qui s'en défit, à son tour, pour la part qu'il eût à prendre dans l'aliénation de biens votée par le clergé de France, sous forme de subside, pour les frais de la guerre civile occasionnée par les dissensions de la seconde moitié du XVIe siècle, qui, sous prétexte de préférences plutôt que de convictions religieuses, déchaîna sur le pays des ambitions qui l'arrosèrent de sang et le couvrirent de ruines. Les deux autres familles se sont longtemps maintenues à Homps, et plusieurs de leurs membres ont occupé des situations en évidence, principalement dans la ville de Narbonne, à l'administration de laquelle ils ont été souvent et activement mêlés. Nous allons relever ici les notions que nous avons pu recueillir sur les principaux membres de ces deux familles.

Année 1270. — Raymond-Jean d'Homps est consul du Bourg de Narbonne. Il reprend cette charge en 1291 et en 1294.

1273. — Pierre-Étienne d'Homps est consul du Bourg. En 1277 il figure comme partie dans le compromis qui remet à Bernard Gras, sacriste majeur de St-Paul, et à Pierre de Fraissé, juriste de Narbonne, la solution du différend auquel donne lieu, entre certains habitants du Bourg et les consuls en exercice, l'élection consulaire, sa forme, son époque, les attributions des consuls, etc. (V. AA. 101, 2e thal., fo 44 vo; AA. 103, 3e thal., fo 59 vo, etc., ann. LXXXVII, la sentence qui fut rendue sur ce différend en 1278).

1296. — Guillaume d'Homps est consul du Bourg. Lors de l'élection de son successeur, il est représenté, comme consul sortant, par Raymond-Jean d'Homps, son frère.

1299. — Bernard-Benoît d'Homps est consul du Bourg. Il reprend cette charge en 1300, en 1313, en 1319 et en 1323. Bernard-Benoît d'Homps laissa une fille dont il sera parlé plus loin.

1302. — Raymond-Jean d'Homps, qui avait déjà représenté son frère, comme consul du Bourg, lors de l'élection de son successeur, est l'un des douze prud'hommes avec l'assentiment desquels l'élection consulaire du Bourg doit être faite. En 1306, il est élu consul de ce même Bourg. Trois ans après, en 1309, il est chargé de représenter les habitants devant le Parlement de Paris, pour y déduire leurs moyens de défense à l'occasion de l'ajournement dont ils avaient été l'objet, de la part du sénéchal de Carcassonne, « pour raison d'un « faux document relatif à la mouvance du consulat du « Bourg, » que le vicomte de Narbonne et l'archevêque contestaient au roi.

1328. — Le damoiseau Pierre d'Homps nomme, avec les autres coseigneurs d'Homps, M. Bertrand de Montjuif en qualité de juge ordinaire d'Homps et reçoit le serment de cet officier.

1340. — Hodde d'Homps, fils du damoiseau Pierre d'Homps, nomme, avec les autres coseigneurs, en qualité de juge ordinaire d'Homps, maître Pierre de Choglo, qui était juge de Carcassonne, du Cabardès, du Minervois et de la châtellenie de Montréal.

1343. — Pierre d'Homps, fils du précédent, participe à l'accord conclu entre le roi et les autres coseigneurs d'Homps, relativement à l'organisation de la justice haute, moyenne et basse, mere et mixte impere d'Homps, et contribue pour le demi-quart représentant sa portion de seigneurie au paiement des 200 liv. tourn. de forte monnaie (1) offertes au roi comme équivalant des avantages que l'accord assure aux autres coseigneurs.

1373. — Benoite d'Homps, fille de Bernard-Benoit d'Homps, fait son testament, par lequel elle augmente de 12 liv. le revenu annuel, fixé à 12 liv., de la chapelle fondée par son père dans l'église N.-D. de Lamourguié. Cette chapelle, placée sous le vocable de St-Benoit, appartenait, pour la nomination et la présentation, aux consuls de Narbonne, et pour la collation et l'institution, à Mgr l'archevêque.

1382. — Raymond-Jean d'Homps est l'un des familiers du vicomte Aymeric VII et son représentant à l'assemblée des délégués des États, tenue à Lésignan, à l'effet de traiter des conditions de la paix ménagée par l'entremise de ces États entre le vicomte et la ville de Narbonne. En 1405, Raymond-Jean d'Homps est élu consul de Narbonne. Il acquiert la seigneurie directe de Roquefort, que son fils possédait encore au milieu du XVe siècle. Celui-ci paraît avoir été le dernier représentant de la famille.

1595. — Noble Pierre de Gros est seigneur d'Homps pour la moitié qu'il avait acquise du chapitre St-Just de Narbonne dix-sept ans avant, lors de la vente des biens aliénés d'Église. En 1610, de concert avec le sénéchal de Carcassonne, agissant au nom du roi, et avec le commandeur d'Homps, qui ont par égales parts l'autre portion de la seigneurie, il nomme M. Pierre de Mouret, procureur du roi audit sénéchal, en qualité de juge d'Homps. Pierre de Gros était premier consul de Narbonne en 1598. Il meurt de la peste en 1629.

1629.— Noble Raulin de Gros, son fils, lui succède dans la possession de la moitié de la seigneurie d'Homps.

1640. — Noble Jean de Gros, succède à Raulin de Gros, son père, est élu conseiller au premier rang de la matricule consulaire de Narbonne, et meurt en 1654.

1654. — Noble Gaspard de Gros succède au précédent. En 1667, un arrêt du Parlement de Toulouse donne raison à l'appel dont son élection, au premier rang de la matricule consulaire de la ville de Narbonne, a été l'objet de la part de M. Jean Fabre, avocat, qui lui conteste le rang et l'obtient à sa place. En 1671, les consuls de Narbonne installent noble Gaspard de Gros dans le même rang, à la place de M. Ducup, décédé, en exécution d'une ordonnance de M. l'intendant de la province, rendue, en l'année 1667, au cours de l'instruction de l'appel dont son élection était frappée et qui lui réservait la première vacance. Quoique cette ordonnance eût été maintenue par un arrêt du conseil privé du roi, donné au mois d'avril 1668, à la suite de l'appel dont elle avait été l'objet de la part de M. Gaspard de Gros, le conseil de Narbonne, qui refuse de l'admettre et la considère comme non avenue, procède dans les formes ordinaires au remplacement de M. Ducup, et fait porter le résultat de l'élection sur noble Gaspard de Gros, qui, de candidat imposé, devient par ce fait le candidat de son choix. En 1665, noble Gaspard de Gros avait été condamné par arrêt du Parlement de Toulouse à être banni pendant cinq ans du ressort de la sénéchaussée de Carcassonne. Mais des lettres de grâce l'avaient relevé de cette condamnation, puisque deux ans après il participe à l'administration de la ville de Narbonne.

1751. — Noble Gaspard de Gros, petit-fils du précédent, est coseigneur d'Homps. Il est élu premier consul de Narbonne en 1766. En lui s'éteint la famille de Gros, qui s'est fondue dans la famille Ducup ainsi que nous l'avons dit plus haut.

NOTE M.

Lésignan, *alias* **Lézignan** (v. page 220, 1re col.).

Les habitudes de la pratique générale aidée des usages administratifs, ont fait prévaloir, pour le nom de cette localité, une orthographe qui nous paraît vicieuse. D'accord avec les anciennes chartes, les historiens (*Hist. Languedoc,* t. I, liv. x, 544) l'écrivent Lésignan, du nom latin Ledinhano ou Lesinhano, ou encore Liciniano, qui lui est donné par la plupart des documents du moyen âge, entr'autres par la donation de Charlemagne, de l'année 806, dont nous allons bientôt parler, par la bulle du pape Gélase II, de l'année 1120, par le feudaire d'Alaric, des premières années du XIIIe siècle, etc. En français le *d* latin se rend mieux par *s* que par *z*, et c'est ainsi que du verbe *ledere,* qui a donné, peut-être, la racine de ce nom, on fait *léser* et non *lézer*. Il semble donc plus conforme à la bonne règle de rendre le nom latin Ledinhano, non par Lézignan, mais bien par Lésignan. Aussi nous sommes-nous arrêté, dans notre Inventaire des archives municipales de Narbonne, à cette dernière orthographe, que nous avons exclusive-

(1) Les tournois de forte monnaie valaient un quart de plus que les tournois ordinaires ou tournois de petite monnaie.

ment employée, dans la pensée qu'elle est destinée à avoir un jour raison de celle que des négligences irréfléchies lui ont substituée.

Comme pour le plus grand nombre des centres habités du Midi, il est tout aussi impossible d'assigner une époque précise à la fondation de Lésignan que d'indiquer son origine. Aucune mention n'en est faite dans les anciens itinéraires, ce qui rend problématique son existence durant la période gallo-romaine, à moins, cependant, qu'il ne soit permis de la reconnaître, avec quelque raison, sous le nom d'Hosverbas ou Userva, qui était la première étape, au-delà de Narbonne, sur la route romaine dirigée vers le Toulousain, étape que M. de Marca *(Hist. gén. de Languedoc,* t. I, liv. II, 55) place à ou vers Homps, bien que ce point s'écarte un peu de la direction naturelle qui semble avoir dû être donnée à cette route.

Quoiqu'il en soit, dès l'époque carolingienne, Lésignan était un centre considérable, populeux, ayant plusieurs églises, sinon plusieurs paroisses, dont Charlemagne accrut encore l'importance en y appelant, par l'appât de l'aprision (1) que facilitait la grande étendue de la plaine au milieu de laquelle il est assis, les réfugiés que l'invasion sarrasine avait chassés des marches d'Espagne. On voit, en effet, dans un diplôme du 27 mai 847, rapporté par Baluze (*Marc. hisp.*, 356, 382), que Charles le Chauve, étant dans son palais d'Attigny, confirme au profit d'Adefonse et de Gomesinde et Durand, ses neveux, la possession des biens qu'ils avaient à Lésignan, à Caumont et à Ste-Candide, dans le comté de Narbonne, pour les avoir recueillis des Espagnols réfugiés, leurs ancêtres, à qui Charlemagne les avait donnés à titre d'aprision.

Au IXe siècle et auparavant, Lésignan avait pour nom officiel, s'il est permis d'employer ici une pareille expression, Vallis Borriana ou Vallis Barriana ; Lésignan n'était qu'un surnom, peut-être une désignation vulgaire et locale, qui a fini par rester seule après avoir supplanté l'autre. Il est désigné sous le nom de Vallis Borriana par Charlemagne, lorsque, poursuivant son dessein de fonder la puissance civile de l'Église pour lui attacher les peuples de son immense empire, il dote l'abbaye de Lagrasse, déjà confirmée en l'année 778 dans ses possessions, par un nouveau diplôme de l'année 806, transcrit dans le Livre vert de l'abbaye : « Damus, est-« il dit dans ce diplôme, Deo et jamdicto monasterio et « presenti abbati Infridio et omnibus successoribus « suis et omnibus monachis ejusdem loci, presentibus « et futuris, de rebus nostris propriis quæ sunt in comi-« tatu Narbonensi, Vallem scilicet Borrianam, quæ « nunc Licinianus appellatur. »

Dès cette époque, Lésignan avait trois églises urbaines, avec cimetières contigus, comme il était alors d'usage, placées sous les vocables de St-Félix, qui est resté le patron de la paroisse, de St-Nazaire et de Ste-Candide. Ces églises avaient dû être précédemment dotées, car elles avaient, à ce moment, des dîmes et prémices, des oblations et autres revenus ecclésiastiques, des serfs, des fiefs que la donation de Charlemagne transporte en totalité à l'abbaye de Lagrasse : « cum ecclesiis ibi « constructis, una in honorem Sancti Felicis, altera in « honorem Sancti Nazarii, tercia in honorem Sanctæ « Candidæ, cum decimis et premicias, oblationibus et « et cimiteriis et ecclesiasticis suis, cum omnibus vil-« laribus et parrochis in eadem Valle consistentibus, « et cum omnibus terris cultis et incultis, vineis, pratis, « pascuis, silvis, garricis, ortis, ortalibus, arboribus « fructiferis et infructiferis, aquis aquarumque decur-« sibus, fontibus, puteis, stagnis, paludibus, rivis, « viis, omnia que supra memorata sunt et adhuc dici « vel memorari possunt, jure ecclesiastico, perpetualiter « ad habendum et possidendum, ut illis fuit necessitatis « supplementum et nobis divinæ misericordiæ emolu-« mentum. »

Ainsi qu'on vient de le lire, Charlemagne n'avait donné à l'abbaye de Lagrasse que les trois églises de Lésignan, avec les biens qui, « jure ecclesiastico, » leur appartenaient. Mais l'abbaye voulait y voir une donation plus générale et l'étendait à toute la localité de Lésignan, habitations et territoire, et elle avait dû soutenir cette prétention.

Dans le Livre noir de cette abbaye figure, en effet, un dénombrement qui paraît être du XVe siècle et dont un extrait, qui mérite d'être res[p]ecté scrupuleusement et non sans raison, à cause de [l]a bizarrerie qu'il emprunte de son temps, a été [do]nné avec traduction en 1670 par le notaire Bouniol. On y lit, comme justification de la prétention dont nous parlons : « Item ont lesdicts « abbés, couvent et religieux, de la fondation ancienne « dudit monastère de Lagrasse, une vallée dite Barriana, « que modo Lesinhanus vocatur, en la province de « Narbonne, una cum omnibus villatoribus et parrochiis « in eadem Valle existentibus, cum omnibus terris cultis « et incultis, pratis, vineis, pascuis, silvis, garrigis, « hortis hortaliciis, arboribus fructiferis et infructiferis, « aquis, aquarum decursibus, fontibus, puteis, stagnis, « paludibus, rivis, viis, et omnibus aliis in eadem Valle « existentibus, ut in litteris donationis Caroli Magni

(1) On sait que sous le nom d'aprision on désignait les terres vacantes que les donataires, ou premiers occupants, avaient mises en culture après en avoir fait le défrichement.

« legitur. Lequel lieu de Lésignan et tout ce que dessus, « combien qu'il soit duement amorti et de la fondation « dudit monastère, néantmoings le comte de Castres ou « ses officiers occupent le tout, tellement que le pauvre « monastère n'en peut jouir, excepté que d'aucungs « usages que de présent se lèvent au terme de Cazilhac « et au terroir et limites de Lésignan. »

Au moyen de ce dénombrement, que l'abbaye de Lagrasse dut, sans doute, fournir à l'occasion de ses revendications vis-à-vis du domaine du roi, elle déclare que Lésignan est amorti à son profit, mais elle n'en donne aucune preuve. Aussi le domaine dut n'y voir alors qu'une simple allégation, et il se trouva même, plus tard, dans l'obligation de lui demander « un dé« nombrement par le menu » des biens qui lui avaient été jusqu'à ce moment concédés comme découlant de la donation de Charlemagne.

Le nouveau dénombrement fut remis par l'abbaye de Lagrasse en l'année 1648 et l'ordonnance des commissaires du roi qui l'homologue est du 6 septembre de la même année. Nous extrayons de cette ordonnance le passage suivant, qui fixe la situation respective de l'abbaye, surtout pour son fief de St-Estève ou de St-Étienne-de-Cazilhac, et des seigneurs qui ont successivement possédé la seigneurie de Lésignan, soit comme donataires du roi, soit comme simples engagistes : « Ce« jourd'hui a comparu M. Henri de Dames, procureur « du prévôt de l'abbaye N.-D. de Lagrasse, qui nous « aurait dit sa partie avoir été assignée à dénombrer par « le menu les droits seigneuriaux qu'il prend annuel« lement audit Lésignan en qualité de seigneur directe « dudit lieu ; pour ce à quoi satisfaire, il aurait remis « son dénombrement et pour justifier la vérité d'icelui « il aurait aussi remis les actes énoncés à l'inventaire « (joint au dénombrement). Duquel dénombrement « résulte que ledit prévôt possède deux fiefs directe « dans le terroir de Lésignan, desquels dépendent « quelques maisons et pièces de terre qui ont été recon« nues audit prévôt en 1535, qui sont aujourd'hui pos« sédées par MM. Laura, juge en ladite baronnie, Jean « Soulages, Jean Vidal et autres habitants. Comme « aussi que dans le décimaire de St-Étienne-de-Cazilhac « ou étang Moussel (1), ledit prévôt est en droit de « prendre la moitié des tasques, censives, lods et ventes « et autres droits seigneuriaux qui sont dûs par ceux « qui possèdent lesdites terres; lequel décimaire en « conséquence du procès pendant entre le comte de « Castres, baron de Lésignan, et ledit prévôt, fut borné « dans la transaction qui fut faite entre parties en « l'année 1500. Lesquelles bornes commencent à un « croisié de deux chemins, l'un desquels va dudit « Lésinhan à Fabrezan et l'autre du lieu de Conilhac à « Luc, et dudit croisié va ladite bodulation le long « dudit chemin de Fabrezan jusqu'au chemin de Cau« mont; auquel lieu, quittant celui de Fabrezan, prend « le long du chemin de Caumont, vers le midi, jusqu'à « un autre chemin sive ruisseau appelé des Josieux, « et de là le long dudit ruisseau va vers le midi jusqu'à « la rivière d'Orbieu, et suivant ladite rivière vers « l'aquilon jusqu'à certaines grandes rives et certain « ruisseau et allant le long dudit ruisseau, vers le cers, « jusqu'à un chemin qui va de l'église St-Étienne audit « Lésignan et jusques au chemin qui va de Conilhac à « Luc jusques audit croisié ci-dessus. Ayant été convenu, « entre ledit comte et ledit prévôt, par ladite transac« tion, que toutes les tasques, tant en vin, huile, blé et « autres fruits qui se recueillent dans ledit ténement, « seront partagées par égales portions entre ledit comte « et ledit prévôt, et qu'il en sera fait de même des cen« sives, lods et ventes ; comme aussi que les terres « vaines et vagues délaissées et déguerpies dans ledit « ténement, seront baillées à inféodation conjointement « et en commun par le comte et le prévôt. Laquelle « transaction fut confirmée en l'année 1559 par acte « reçu par Me J. Saury, notaire. »

(1) Cet étang, aujourd'hui entièrement desséché et livré à la culture, était situé au sud-ouest de Lésignan. Il ne doit pas être confondu avec les terres portant actuellement le nom d'étang de Belle-Isle, du nom du maréchal de Belle-Isle qui en a fait le desséchement.

Avec la moitié du revenu du fief ou décimaire de St-Étienne-de-Cazilhac, qui s'étendait, comme on vient de le voir, sur une partie à peu près équivalente au quart du territoire de Lésignan et en était, peut-être, la plus fertile, le dénombrement comprend : 12 maisons situées dans les murs de Lésignan, 7 jardins, 5 ferratjals ou paissieux, et 12 champs, vignes ou olivettes, dépendant des ténements suivants : le Carrayron-de-St-Nazaire, le Santoul, la Citerne, le Colombier, Chemin de Luc, le Calla, la Femade, Rec de la Femade et Chemin-bas de Carcassonne, et enfin 50 sétérées de terre situées au Pla-de-Caumont.

Après avoir visé: — « le don fait par le roi Charles le « Grand, l'an VII de son règne et le 18 des kalendes de « juillet » (14 juin) ; — l'hommage et serment de fidélité rendu au roi par le procureur du chapitre de Lagrasse le 23 mai 1470 ; — le procès-verbal d'exécution de l'arrêt rendu sur le procès vidé en 1490, entre le comte de Castres et le syndic dudit chapitre, à la suite du dénombrement contenant, de la part de l'abbaye de Lagrasse, la prétention dont nous avons déjà parlé ; — les transactions passées entre Bernard Valette, procureur général d'Alain d'Albret, comte de Castres, baron de Lésignan, et ledit chapitre, par lesquelles le fief de St-Étienne-de-Cazilhac est limité et borné, avec indication des droits seigneuriaux qui en dépendent et de la forme de leur levée; lesdites transactions datées l'une du 5 mai 1500 et l'autre de l'année 1559; — enfin les reconnaissances consenties à l'abbaye en 1535 et au roi en l'année 1493, l'ordonnance d'homologation du dénombrement de l'abbaye de Lagrasse fait « par le « menu » de ses droits seigneuriaux de Lésignan, dispose que le prévôt et le chapitre de Lagrasse sont maintenus « en la possession et jouissance de la moitié de la « directe des pièces situées dans le ténement de St- « Étienne-de-Cazilhac, comme il est limité et confronté « par la transaction de l'année 1500; avec la faculté de « pouvoir bailler à nouveau fief, conjointement avec « les officiers du roi, les terres vaines et vagues qui sont « dans ledit ténement de St-Étienne-de-Cazilhac, et de « pouvoir prendre et exiger la moitié du droit d'entrée « d'icelles; comme aussi en la perception de la moitié « du droit de champart et censives que feront lesdites « terres, et finalement en la jouissance de la directe que « ledit prévôt a dans Lésignan ou aux environs d'icelui, « énoncée dans son dénombrement; lui permettant de « la faire reconnaître, à l'exception du champ de Louis « Azéma, situé au Pla, et de la vigne de Jean Soulages, « située à la Citerne, qui appartiennent au roi d'après « les anciennes reconnaissances. »

Nous avons vu que Charles le Chauve avait reconnu et confirmé, en 847, les droits d'Adefonse ou Alphonse et de ses neveux, Gomesinde et Durand, sur leurs possessions de Lésignan, de Caumont et de Ste-Candide, qu'ils tenaient des Espagnols réfugiés à qui Charlemagne en avait fait donation, à titre d'aprisionnaires, afin de les fixer dans le pays, qui se trouvait dépeuplé et presque entièrement désert à la suite des révolutions et des guerres qui avaient désolé les marches ou frontières de son royaume. On pense que cet Alphonse n'était autre que le personnage portant le même nom dont la présence est mentionnée, avec le titre de vicomte du Roussillon, dans le plaid tenu à Elne, en 832, qui ordonna, au profit de l'abbaye d'Arles, la restitution des biens dont elle fut dépouillée durant le gouvernement de Gauzelme, comte du Rousillon. L'origine des droits d'Alphonse est constatée en ces termes dans le diplôme de Charles le Chauve: « quasdam res nostræ proprietatis, quæ sunt « sitæ in locis quos dicuntur Liciniano, Cabimonto, « Sancta Candida, quas ipsi et patres eorum per aprisionem habuerunt » (Dom Bouquet, VIII, 450).

Outre les possessions de l'abbaye de Lagrasse et des aprisionnaires, une grande partie de Lésignan, peut-être le quart, restait encore à la main du fisc royal, qui en disposa, en 899, à titre d'alleu, au profit d'un seigneur du voisinage, qui possédait déjà plusieurs seigneuries dans le Narbonnais, entr'autres Védilhan et Raissac.

Ce fut Charles le Simple qui donna cette portion de Lésignan: « Ad deprecationem, dit-il dans son di- « plôme, daté de la septième année de son règne (899), « venerandi archiepiscopi sanctæ Narbonensis ecclesiæ « Arnusti, cuidam fideli nostro, nomine Stephano, « quasdam res in jure proprietatis suæ largire et nos- « tra liberalitate in alodem perpetualiter habendum « concedere. Quæ siquidem res sunt sitæ in pago Nar- « bonensi; hoc est.... villa Liciniano, cum finibus et « adjacentiis ac villaribus, ab omni integritate quar- « tam partem, una cum ecclesiis ibidem sitis in honore « Sancti Nazarii et Sancti Felicis; et in eodem pago « villa Manazeto, quam vocant Caput-Monte. » (Dom Martène, tom. I, 58. — *Hist. Lang.*, tom. II, pr. 40).

Entre les mains de qui la seigneurie de Lésignan s'est-elle trouvée ensuite et depuis la donation de Charles le Simple jusqu'au XIII siècle? L'absence complète de titres se rapportant à cette période rend impossible toute réponse précise à cette question. Mais, du moins, une induction semble permise. Durant cette longue période, c'est, peut-être, l'abbaye de Lagrasse qui a pu, sans trouble, posséder la seigneurie, grâce non-seulement à la puissance civile qu'elle avait acquise, mais aussi au titre légal qu'elle tirait, en en étendant singulièrement la portée, de la donation qui lui avait été faite par Charlemagne, ainsi que nous l'avons déjà rapporté.

Quoi qu'il en soit, vers la fin du XIIIe siècle, la partie de Lésignan qui dépendait du fisc royal se trouvait dans la maison de Montfort de Castres, dont le chef, Guy de Monfort, en avait été mis en possession, à l'époque de la conquête, par Simon de Montfort, son frère.

La maison de Montfort était représentée à Lésignan par deux officiers, l'un militaire et judiciaire, l'autre fiscal. Le premier prenait le titre de sénéchal, comme pour les grandes juridictions royales, le second celui de baile. Plus tard, le sénéchal fut remplacé par un châtelain.

En 1290, Jean de Montfort, qui avait précédemment donné au monastère de Fontfroide une rente annuelle de 50 s., « à prendre sur la quête des revenus que la « communauté de Conilhac avait accoutumé lever à « Lésignan, » déclare qu'elle est applicable à la dotation d'un anniversaire fondé pour le repos de l'âme d'Éléonore de Sayte, son aïeule, et il mande « à ses sénéchal « et baile » de Lésignan de contraindre la communauté de Conilhac au paiement de cette rente.

Jean de Montfort avait succédé à Philippe de Montfort, son père, dans le comté de Castres, dont Lésignan, qui avait alors le titre de baronnie, était une dépendance, comme le prouvent ses mutations successives toujours liées à celles du comté de Castres jusqu'au partage qui suivit l'exécution de Jacques d'Armagnac, ainsi que nous le verrons plus loin, quoique les historiens du Languedoc aient prétendu qu'il était constitué à l'état de fief distinct et séparé.

S'étant attaché à la fortune de Charles Ier et de Charles II, rois de Naples et de Sicile, Jean de Montfort leur rendit de grands services. Il fut d'abord élevé à la dignité de comte de Squillace et de Monte-Caveoso et ensuite créé chambellan du royaume de Sicile. Il n'avait pas de postérité. A sa mort, survenue à Foggia, dans le le royaume de Naples, le 1er décembre 1300, Éléonore de Montfort, sa sœur, mariée à Jean comte de Vendôme, réclama toute sa succession en se fondant sur la coutume de Paris, qui n'admettait pas la représentation, c'est-à-dire les médiats, à l'exclusion des enfants des deux autres sœurs du défunt, mortes avant lui, lesquelles étaient Jeanne, mariée au comte de Forez, et Laure, mariée au comte de Comminge. Ces médiats, au contraire, soutenaient que la succession de Jean de Montfort, leur oncle, était soumise, non à la coutume de Paris, mais au droit écrit de la province, et en conséquence ils réclamaient le partage de la succession en trois parts égales correspondant aux trois branches qui représentaient la succession.

Jean comte de Forez, fils de Jeanne de Montfort, prétendait, en particulier, que *la seigneurie de Castres était un fief masculin*, ce qui fit naître une grande contestation, suivie d'un procès durant lequel le roi fit mettre sous sa main, par le sénéchal de Carcassonne, le comté de Castres et toute la succession de Jean de Montfort. Mais les parties convinrent enfin d'un compromis, pour l'exécution duquel le comte de Forez prit comme arbitre Raoul, connétable de France.

De son côté, le comte de Comminge demandait d'être reçu à faire hommage au roi pour le tiers de la succession de Jean de Montfort, au nom des enfants nés de son mariage avec Laure de Montfort, qui se trouvaient alors à la guerre. Cependant la comtesse de Vendôme défendait à leur demande et un arrêt du Parlement de Paris, rendu le mercredi après la fête de la Chaire de St-Pierre de l'année 1302, les en débouta.

L'arrêt du Parlement de Paris jugeait que la succession de Jean de Montfort appartenait en entier à Éléonore de Montfort, sa sœur, comtesse de Vendôme, conformément à la coutume de France, et qu'elle ne pouvait être réglée par le droit écrit de la province, ainsi que le soutenaient les comtes de Forez et de Comminge. La comtesse de Vendôme demeurait seule, par là, dame de Castres, de même que des domaines qui en dépendaient et par conséquent de la baronnie de Lésignan. Elle traita même, en cette qualité, au mois d'avril de l'année 1302, avec la veuve de Jean de Montfort, son frère, devenue femme de Robert de Dreux, relativement à son douaire, et reçut ensuite le serment d'hommage de ses vassaux.

Cependant le comte de Forez ne se tint pas pour battu par l'arrêt du Parlement de Paris de 1302 et il prétendit avoir une partie, au moins, de la baronnie de Lésignan, située dans le diocèse de Narbonne, parce que le droit écrit était le seul en usage dans ce diocèse. Il soumit sa prétention au roi et en obtint, en l'année 1304, des lettres de *committimus* qui chargeaient l'évêque de Beauvais et le juge ordinaire de Toulouse d'instruire la cause et de rapporter ensuite leur enquête au Parlement. Mais l'affaire n'avançait guère, s'il est certain même que son instruction eût été ouverte, car le comte de Forez et Laure, sa sœur, qui représentaient Jeanne de Montfort, d'un côté, et Éléonore de Montfort, comtesse de Vendôme, leur tante, de l'autre, également impatients d'arriver à la solution de leur différend, le compromirent entre les mains de Jean comte de Dreux, et celui-ci rendit en l'année 1307 un jugement arbitral, aux termes duquel toute la succession de Jean de Montfort demeurait adjugée à la comtesse de Vendôme, sous la condition de payer une somme de 3,000 liv. tourn. au comte de Forez et à sa sœur « pour le bien de la paix et par « amitié. »

Nous savons que ce succès partiel du comte de Forez et de sa sœur exerça une influence considérable sur le sort des prétentions du comte de Comminge, dont l'intérêt était absolument identique au leur dans la succession de Jean de Montfort. En effet, quoique l'issue de la contestation soulevée par cette succession fût basée, en ce qui concernait les demandes du comte de Forez, sur la coutume de Paris, au détriment du droit écrit de la province, ce qui semblait établir que la baronnie de Lésignan, unie au comté de Castres dont elle suivait la fortune, était jouie par les descendants de Guy de Montfort, frère de Simon de Montfort et premier donataire de la baronnie, conformément aux us et coutumes de Paris, que ce dernier avait introduits dans la province après la conquête, le comte de Comminge renouvela plus tard sa demande et la comtesse de Vendôme dut se résigner, en l'année 1315, à compromettre l'affaire à un nouvel arbitrage. Celle-ci choisit pour son arbitre Guillaume d'Appiau, seigneur de Verdun, tandis que le comte de Comminge et Bernard et Guy, ses neveux, représentants de Laure de Montfort, choisirent le damoiseau Barthélemy du Falgar, chevalier de Labastide, avec le chevalier Jean de Blainville pour tiers. Ces arbitres, sans trancher l'affaire à point de droit, donnèrent en partie raison aux demandeurs, qui eurent, par suite, une portion des domaines d'Albigeois compris dans le comté de Castres.

Au reste, et durant le procès, qui n'était pas encore terminé dix ans après le compromis, la baronnie de Lésignan fut jouie en commun par les parties. Ainsi le 14 avril 1326 il intervint entre Éléonore de Monfort, comtesse de Vendôme, le comte de Comminge et les habitants de Conilhac et de Lésignan, d'une part, et noble Jean de Vassadel, écuyer, coseigneur de Luc et Canos, d'autre part, une transaction relativement aux droits d'usage du Pla-de-Caumont. Les habitants de Conilhac et de Lésignan prétendaient qu'ils avaient toujours été en possession et « privilége de longue usance » de faire du bois et de mener paître et abreuver leurs bestiaux, tant de jour que de nuit, de cueillir et emporter les herbes silvestres, la ramille et les petites bûches, dans toute l'étendue de la garrigue dite le Pla-de-Caumont. A la suite de cette transaction, qui reconnaît et confirme les droits des habitants de la baronnie, des bornes furent établies pour délimiter la garrigue contentieuse et un instrument du 8 des kalendes de septembre (25 août) 1328, reçu par M. Descaziers, notaire de Lésignan, constata cette délimitation qui fut confiée, d'ordre d'Arnaud de Boutenac, châtelain de Lésignan pour la comtesse de Vendôme et le comte de Comminge, par Pierre Clarou, Raymond André, Guillaume Vassadel et Raymond Barathier.

D'Éléonore de Montfort, comtesse de Vendôme, la baronnie de Lésignan passa d'abord à Bouchard son fils, et ensuite aux enfants de celui-ci, Jean et Pierre de Vendôme. Il dut survenir entre ces derniers un partage, car en 1360 la baronnie était entre les mains de Pierre de Vendôme, marié à Jeanne de Ponthieu et auquel succéda Bouchard de Vendôme, son fils, qui transigea en 1366 avec Bouchard et Jean de Vendôme, ses cousins. Bouchard de Vendôme de Ponthieu étant mort sans enfants, Catherine de Vendôme, sa sœur, lui succéda. Catherine de Vendôme, mariée à Jean de Bourbon, était dame de Lésignan en 1386.

De son mariage avec Jean de Bourbon, Catherine de Vendôme et de Castres, dame de Lésignan, avait deux fils, Jacques de Bourbon, comte de La Marche et de Castres, et Louis de Bourbon, comte de Vendôme, entre lesquels elle fit le partage de tous ses biens, par un acte du 15 septembre 1386, qui ne fut mis cependant à exécution qu'après sa mort, arrivée en 1412. Jusqu'à ce moment elle avait possédé la baronnie de Lésignan, qui passa alors entre les mains de Jacques de Bourbon, comte de La Marche, son fils aîné.

En 1416, Jacques de Bourbon, comte de La Marche et de Castres, devenu roi de Jérusalem, de Hongrie et de Sicile, après avoir été capitaine général du Languedoc, confirme en qualité de baron de Lésignan la donation faite en 1290, au monastère de Fontfroide, par Jean de Montfort, de la rente de 50 s. « pour un anniversaire « de dame Éléonore de Sayte, son ayeule, à prendre « annuellement, à la Toussaint, sur la quête des reve- « nus que la communauté de Conilhac avait accoutumé « lever au lieu de Lésignan. » Dans l'acte de cette confirmation, Jacques de Bourbon mande à ses officiers de Lésignan de faire payer la rente de 50 s. au monastère de Fontfroide, par ses receveurs de la baronnie, avec toutes contraintes nécessaires. Sept années plus tard, en 1423, Jacques de Bourbon créait deux places de religieux dans le monastère de St-Antoine de Vienne, et ce fut sur la baronnie de Lésignan qu'il hypothéqua les 7,000 liv. qu'il avait affectées à leur dotation.

Jacques de Bourbon avait alors perdu le royaume de Naples, où il avait été appelé par son mariage avec Jeanne II, reine de Sicile, et il s'était réfugié dans la république de Venise. Le 24 janvier 1435, il fit son testament par lequel il déclare vouloir être inhumé « auprès de sa révérende et benoîte sœur Colette, mère « et réparatrice de l'ordre et observance de Madame « sainte Claire, en quelque église que son corps repo- « sera. » Il donne, en outre, 60 écus d'or à chaque couvent de la sœur Colette et met tous ces couvents, parmi lesquels devaient figurer celui de Lésignan, qui existait dès l'année 1430, ainsi que nous le verrons plus loin, sous la protection de ses héritiers. Pour son héritière universelle, il institue Éléonore de Bourbon, sa fille unique, née de son mariage avec Béatrix de Navarre, sa première femme, et devenue comtesse de Pardiac par son mariage avec Bernard d'Armagnac. Jacques de Bourbon substituait Jacques d'Armagnac, son filleul et son petit-fils, à Éléonore de Bourbon, sa mère, sous la condition de porter son nom et ses armes et le titre de comte de La Marche et de Castres. Il prit ensuite l'habit religieux de St-François dans le couvent de Besançon, où il mourut en 1438. Bernard d'Armagnac, comte de Pardiac, père de Jacques d'Armagnac, succéda ainsi à Jacques de Bourbon, son beau-père, dans les comtés de La Marche et de Castres et leurs dépendances, et dès l'année 1432 il avait reçu l'hommage de ses vassaux.

Jacques d'Armagnac, son fils, duc de Nemours, lui succéda dans les comtés de La Marche et de Castres et dans la baronnie de Lésignan.

On sait la fin tragique de ce personnage.

Après son exécution, en 1477, à la suite de ses conspirations contre les intérêts du roi au profit du duc de Bourgogne, et des actes de rébellion dont il s'était rendu coupable, la baronnie de Lésignan fut confisquée, avec tous ses autres biens, conformément aux clauses d'un traité, daté du 17 janvier 1470, aux termes duquel il consentait à ce que toutes ses possessions, une première fois confisquées et qui venaient de lui être rendues, fussent réunies à la couronne s'il lui arrivait jamais de manquer à la fidélité qu'il devait au roi et qu'il lui avait promise par serment sur la croix de St-Cloud. Cependant Louis XI ne voulut pas les conserver et il en disposa en faveur de divers seigneurs. Jean de Foix, vicomte de Narbonne, eut le comté de Pardiac, avec la seigneurie de Montlezun. Bouffile de Juge, italien d'origine, que le roi avait fait chambellan et vice-roi du Roussillon et de la Cerdagne, reçut le comté de Castres et la baronnie de Lésignan, qu'il devait posséder, lui, ainsi que ses descendants, mâles ou femelles, sous la simple redevance annuelle d'une coupe de vermeil du poids de 2 marcs.

Bouffile fit son hommage au roi, le 19 août 1477, entre les mains de Louis d'Amboise, évêque d'Alby, commissaire du roi en Languedoc, qui le mit en possession de la baronnie le 30 octobre de la même année.

Cependant Jean d'Armagnac, évêque de Castres, frère du duc de Nemours, qui avait été exilé, après l'exécution de celui-ci, sur les dénonciations de Bouffile, et qui s'était réfugié à Rome, ne laissa pas subsister sans protestation le partage des biens de Jacques d'Armagnac et il cita Bouffile de Juge devant le Parlement de Toulouse, où l'affaire fut plaidée en 1485 et en 1486. Mais elle traîna en longueurs et les parties en vinrent à se faire une guerre ouverte qui donna lieu à toute sorte de violences. De part et d'autre, des troupes, portées à plus de deux mille hommes, furent mises sur pied. Cependant la guerre demeura circonscrite aux terres et seigneuries voisines de Castres. Lésignan n'en éprouva aucun trouble, et à la mort de Jean d'Armagnac, évêque de Castres, arrivée en 1493, Bouffile de Juge put jouir paisiblement de la baronnie.

Bouffile, de son mariage avec Marie d'Albret, n'eut qu'une fille, appelée Louise. Celle-ci fut mariée par sa mère, sans le consentement de Bouffile, à Jean de Montferrand, écuyer, qui, de concert avec sa femme et sa belle-mère, obligea bientôt Bouffile à lui déclarer la guerre, à cause de ses entreprises à main armée sur les châteaux de Lombers et de Roquecourbe. Cependant leur réconciliation fut ménagée par l'entremise du sénéchal et des principaux seigneurs du comté de Castres, et il intervint un traité entre le beau-père et le gendre, le 3 mai 1494, aux termes duquel Bouffile pardonnait à sa femme et approuvait le mariage de sa fille avec Jean de Montferrand, malgré l'infériorité de sa naissance, qui le fesait simple cadet de maison et dénué de tout.

Mais la réconciliation qui avait suivi le traité dont nous venons de parler fut loin d'être sincère.

Bouffile de Juge, profondément humilié du mariage de sa fille, en conserva un vif ressentiment et il résolut de la déshériter en la réduisant à une simple légitime. C'est ce qu'il exécuta par un acte du 22 septembre 1494.

Par cet acte, Bouffile fait donation entre-vifs en faveur d'Alain d'Albret, son beau-frère, à cause des services qu'il en avait reçus, du comté de Castres et des baronnies de Lombers, de Curvalle, de Lacaune et de Lésignan, dont il se réserva seulement l'usufruit jusqu'à sa mort, qui survint en 1497.

Alain d'Albret, exécutant la donation, se mit en possession et fit hommage-lige au roi pour le comté de Castres et la baronnie de Lésignan, par un acte du 28 juillet 1498. Il renouvela ensuite cet hommage, dans le château d'Amboise, le 27 janvier 1515. Nous avons vu même plus haut qu'il avait transigé, en 1500, avec l'abbaye de Lagrasse, relativement à leurs droits respectifs sur le fief ou décimaire de St-Étienne-de-Cazilhac, qui était entre eux en pariage.

Mais sa possession ne fut ni paisible ni longue.

D'un côté, Marie d'Albret, sa sœur, veuve de Bouffile de Juge, et Louise de Juge, leur fille, femme de Jean de Montferrand, unies aux enfants de l'infortuné Jacques d'Armagnac, duc de Nemours, baron de Lésignan, dont la culpabilité était mise en doute, lui disputèrent vivement la baronnie ainsi que le comté de Castres. Le procureur général du domaine intervint à son tour, pour faire revivre l'opposition qu'il avait formée contre la donation du comté de Castres et de ses dépendances à Bouffile, et soutint que le roi n'avait pu en disposer légalement après sa confiscation sur Jacques d'Armagnac et sa réunion à la couronne. L'opposition du procureur général du domaine fut reçue par un arrêt du Parlement de Paris, du 1er février 1510, et, durant le procès, Louise de Juge obtint même, par un arrêt provisionnel du 23 février 1516, la jouissance du comté de Castres et de la baronnie de Lésignan, sa dépendance. Mais l'issue du procès ne lui fut pas favorable, car l'arrêt final, rendu le 10 juin 1519, la débouta de ses prétentions et, sur les conclusions du procureur général, réunit pour toujours le comté de Castres et la baronnie de Lésignan à la couronne.

Cependant cinq ans plus tard, c'est-à-dire en 1524, Louise de Savoie, régente de France pendant la captivité de François Ier en Espagne, disposa de nouveau, mais seulement à titre d'usufruit viager, du comté de Castres et de la baronnie de Lésignan en faveur de la marquise de Salusses et de son fils, pour les récompenser des services qu'ils avaient rendus au roi durant la guerre d'Italie.

Après leur mort, la couronne reprit possession de la baronnie de Lésignan. Mais le domaine en fit bientôt la vente, car, au livre des aveux et dénombrements faits au roi par les feudataires de la Vicomté de Narbonne, durant les années 1539 à 1557, livre qui fesait partie des archives du château vicomtal de Carcassonne, brûlées en brumaire an II par ordre du gouvernement révolutionnaire, on voyait à côté de l'hommage fait par l'abbaye de Lagrasse pour sa part de la seigneurie de Lésignan, l'hommage de noble Jacques de Verseilhe fait « pour le domaine de la baronnie de Lésignan et « ladite baronnie, » dont il déclarait avoir détaché « le « lieu de Sérame à hommage, avec la quatrième partie « de la triple juridiction, » c'est-à-dire de la juridiction haute, moyenne et basse.

Après la famille de Verseilhe, le domaine reprit encore la baronnie de Lésignan à sa main, pour en faire de nouveau la vente, à titre d'engagement, en l'année 1655, au marquis de St-Aunés, avec les terres de Livière et de Bougna, voisines de Narbonne, moyennant le prix de 240,000 liv. La baronnie fut ensuite rachetée vers 1670, non à l'engagiste, mais à son fils, après sa sortie de la Bastille, où il avait été enfermé à raison de certaines licences irrévérencieuses vis-à-vis du roi, qu'il s'était permises durant le séjour qu'il avait fait en Espagne, où il avait pris du service, et Louis XV la donna au maréchal de Belle-Isle en échange du domaine de ce nom.

Enfin, du maréchal de Belle-Isle, la baronnie de Lésignan passa au marquis de La Croix de Castries, son neveu, pour rester dans sa famille jusqu'à la révolution de 1790, époque où le domaine utile qui en dépendait était sur la tête de messire Charles-Eugène de La Croix de Castries, émigré. Ce domaine fut adjugé aux enchères publiques, par le Directoire du district de Narbonne, les 15, 25 et 27 nivôse an II de la République. Il se composait uniquement des terres de Belle-Isle, que le Directoire du district de Narbonne avait fait diviser en quarante-quatre lots afin d'en faciliter la vente.

Le domaine de Belle-Isle, formé principalement de l'étang de ce nom, desséché par le maréchal de Belle-Isle au moyen de l'établissement d'un canal d'écoulement qui porte le nom de Mayral de Lirou, comprenait, au moment de la vente, 302 sétérées en champ ou terre labourable, 26 sétérées en vigne, 43 sétérées en herme et 6 sétérées en pré, paissieu ou pacage, en tout 377 sétérées de 488 cannes à la mesure de Montpellier, soit 19 ares 52 cent. par sétérée. La vigne est aujourd'hui sa culture exclusive.

L'église de Lésignan, placée sous le vocable de St-Félix, avait le titre de prévôté.

Par une bulle du pape Nicolas V, de l'année 1453, la prévôté de Lésignan, c'est-à-dire la régence de son église paroissiale, avait été unie et incorporée au monastère de Lagrasse, bulle « per quam constat, » dit un inventaire des documents de ce monastère, rédigé au XVe siècle, « quod ad requestam domini Ludovici de « Lebretto, administratoris perpetui dicti monasterii et « religiosorum ejusdem, papa ipse univit seu unire « mandavit, per officialem Narbone, conventui dicti « monasterii, preposituram de Lesinhano. »

D'après la procédure de cette union, faite par l'official de Narbonne en la même année 1453, le couvent de Lagrasse devait tenir à Lésignan, pour le service de la paroisse et outre le vicaire perpétuel, qui devait être, lui-même, religieux de l'abbaye, « duos monachos et « unum clericum pro juvando vicarium in horis tam « nocturnis quam diurnis. » Pour sa portion des revenus de la prévôté, le vicaire devait recevoir quatre muids de vin et la huitième partie de la dîme des grains et du carnene. Les deux religieux et le clerc étaient à la charge du vicaire pour tout leur entretien.

Cette situation fut modifiée, quatre ans plus tard, sur la demande des consuls de Lésignan, qui obtinrent de Louis de Lebrettes la substitution d'un prêtre séculier à l'un des deux religieux donnés pour aides au vicaire perpétuel de la prévôté : « loco unius religioso- « rum tenebit conventus, » dit la transaction amiable qui fut passée entre les parties en 1457, « unum pres- « byterum secularem, qui juvabit dictum vicarium « quando celebrabit, vel ejus locum tenens, omnibus « diebus celebrari consuetis. »

A cause de l'union de la prévôté à l'abbaye de Lagrasse, celle-ci était tenue de prêter serment d'hommage et fidélité au baron de Lésignan, qui avait, sur cette prévôté, la supériorité résultant de la donation des églises de St-Nazaire et de St-Félix faite à Étienne, son vassal, « fideli nostro, » par Charles le Simple, en l'année 899.

Nous n'avons pu découvrir, parmi les documents de l'abbaye, aucun serment de cette nature prêté directement aux barons de Lésignan. Mais nous avons relevé, sur l'Inventaire de ses titres, l'article suivant, qui se rapporte au serment prêté par l'abbaye aux commissaires du roi Louis XI, en 1470, pendant que la baronnie se trouvait sous le coup de la première confiscation des biens de Jacques d'Armagnac, duc de Nemours, et baron de Lésignan à cause de son comté de Castres. Nous transcrivons ici textuellement cet article à raison de son importance historique et de sa contemporanéité avec des événements qui sont controversés : « Juramentum fidelitatis prestitum per dictum conventum, seu « ejus scindicum et procuratorem, domino nostro regi « seu ejus commissariis, pro dicto prepositatu de Lesinhano, ista de causa videlicet domino nostro regi « Ludovico pertinens, eo, ut dicebatur per procuratorem « regium, quia Jacobus de Armanhac, dux de Nemours, « consobrinus dicti domini nostri regis, multas machinationes et conspirationes contra dictum dominum « regem fecerat et ejus personam, multipliciter crimen « lese magestatis committendo. De quibus misericorditer « abolitionem a dicto rege obtinuerat, promittendo et « jurando sibi bene et fideliter deservire, dampna « evitare et siquid conspiratum fuisset contra eum et « commodum regni ejus, si ad sui notitiam deventum « foret, eidem regi notificaret, et si contrarium reperiretur voluit quod omnia ejus bona, dominia et alia « bona sibi pertinentia, dicto regi, de facto, confiscata « essent ; tamen, his non obstantibus, incidit in crimen « predictum lese magestatis, ut fertur per dictum dominum procuratorem regium. Ob quam causam, res, « dominia, terre et alia jura dicti domini comitis de « Nemours, fuerant dicto domino regi confiscata, et « super hoc littere per ipsum regem concesse, directe « dominis Claromonti de Lodeva et magistro Ludovico « de Laverneda, primo presidenti patrie Lingue occitane. « Qui commissarii juramentum fidelitatis predicte, a « procuratore dicti conventus, receperunt. »

Anciennement, les visites pastorales des églises, à cause de la situation prépondérante que donnait au clergé sa participation active à l'administration politique et civile du pays, étaient loin d'être exclusivement circonscrites, comme aujourd'hui, au cercle étroit des intérêts de la paroisse. A l'égal de ces intérêts, elles s'occupaient de la commune, de la morale et de l'assistance publiques, et, sous ces rapports, elles contiennent des révélations que ne consultent pas sans fruit les esprits sérieux sollicités par l'étude des anciennes institutions. Pour ces considérations, nous allons transcrire ici, d'après le Livre noir de l'abbaye de Lagrasse, quelques extraits de la visite de la prévôté de Lésignan, faite sur la fin du XVe siècle par Jean de Corsier, vicaire-légat de Mgr l'archevêque de Narbonne : « Die « dominica qua cantatur, in Ecclesia Dei, Letare Jérusalem, intitulata nona mensis martii, hora tertiarum « vel circa, dominus Johannes Corserii, vicarius et « subdelegatus, accessit ad locum de Lesinhano pro « visitando parrochialem ecclesiam Sancti Felicis, martiris, cujus est prepositus, ut dicitur, cardinalis « Penestrensis, et dicta prepositura deppendet a « monasterio beate Marie de Crassa. De quo monasterio « consueverunt ibi depputari certi monachi (1) cum « preposito pro regimine dicte prepositure. Predicte « ecclesie parrochialis est vicarius perpetuus dominus « Petrus de Peyrono, qui, ut dictum fuit, debet presentari ad dictam ecclesiam per dominum abbatem de « Crassa, ad quem presentatio dicte ecclesie spectat, et « institutio pertinet ad dominum archiepiscopum Narbonensem.

« In visitatione predicta fuerunt facta que sequntur.

« Primo, pulsantibus campanis cum longis classitibus, « tam pro missa magna quam pro receptione dicti « domini visitantis, dictus dominus visitans paravit se « in domo Raymundi Gauterii, consulis dicti loci, et « parata processione in introitu cimiterii, ante ecclesiam, idem dominus visitans supervenit, et reverentia « facta, cantando Veni creator Spiritus, reversi sunt ad « ecclesiam predictam. In qua, finito himpno et dictis « collectis, fuit processum ad missam usque ad Offertorium inclusive.

. . . .

« Item, visitavit altare majus consecratum. Et ibidem « est aliud altare constructum et sex alia altaria adhuc « construenda (2).

. . . .

« Deinde inquisivit generaliter in presentia populi, « inter quos erant dictus dominus vicarius, dominus « Johannes Roque, presbyter, dictus Raymundus Gauterii, Guillelmus Bonnerii et Guillelmus Soriano, « consules.....

. . . .

« Item, dixerunt quod ecclesia est bene reparata et « est adhuc in fine ecclesie edificanda, et edificabitur de « die in diem, Deo permittente, ut dixerunt parrochiani « predicti.

« Item, dixerunt quod sunt de confessione circa VI « et singuli confitentur, communicant, audient divina « officia et solvunt bene jura ecclesiastica.

« Dicta die, idem dominus visitans accessit ad

(1) La date exacte de la visite n'est pas indiquée : mais ce passage permet de la fixer entre l'année 1453, date de la procédure d'union de la prévôté à l'abbaye de Lagrasse, et l'année 1457, époque où l'abbaye n'eut plus à fournir qu'un religieux au lieu de deux pour le service de la paroisse.

(2) L'église actuelle de Lésignan, qui a remplacé l'église carolingienne de St-Félix, n'était pas encore complétement terminée à cette époque.

« hospitale dicti loci, quod est extra locum, et est in « regimine consulum dicti loci, qui consueverunt « depputare, singulis annis, certos pro regimine dicti « hospitalis et ipsi reddunt rationem, annis singulis, « dictis consulibus. Hospitalerius est Johannes Abrinus, « qui bene regit. In dicto hospitali sunt lecti sufficientes « et in quantitate bona. Item, partem stant in duabus « cameris honestis et capellam, in una parte, et mulieres « in alia camera. Et omnia bene stant reparata.

« Item illud hospitale habet XX[ti] sextaria ordey « usaticis.

« Item quilibet infirmus habet in dicto hospitali « expensas hospitalis et denarios pro vita sua, singulis « diebus, qui solvuntur per dictos gubernatores. »

Une autre visite pastorale de l'église de Lésignan avait eu lieu en 1404. Cette visite fesant connaître la situation de la prévôté antérieurement à son union à l'abbaye de Lagrasse, nous en donnons un résumé pris dans l'Inventaire des archives de l'archevêché de Narbonne : « L'église paroissiale de Lésignan est placée sous le « vocable de St-Félix. Elle a le titre de prévôté. Le « prêtre qui la dessert est de la présentation de l'abbé « de Lagrasse. L'archevêque de Narbonne en a l'insti- « tution, qui appartenait, auparavant, au chapitre St- « Just, auquel en avait fait donation, en 991, une dame « nommée Ermessende (1), avec ses dîmes, prémices « et oblations, pour n'en jouir, cependant, qu'après sa « mort et celle de Frédolde, son fils. Cette église a trois « chapellenies, placées sous l'invocation de Ste-Cathe- « rine, de St-Jean-l'Évangéliste et de St-Nazaire. Celle « de Ste-Catherine est des consuls pour le patronat et « du prévôt pour l'institution. Elle a une rente de 20 « setiers de blé. Celle de St-Jean-l'Évangéliste est de la « présentation des hoirs du fondateur, et, à leur défaut, « des consuls, et de l'institution du prévôt (2). Le comte « de La Marche doit entretenir deux chapellenies dans « la chapelle de Lésignan, qui sont placées sous l'invo- « cation de St-Jacques (3). »

Lésignan, assis au milieu d'une plaine fort étendue, sinon très-fertile, d'où viennent converger dans ses murs les productions des nombreux et importants villages situés dans ses environs, est devenu un centre considérable, qui voit grandir de jour en jour, en même temps que sa population, le mouvement d'affaires qu'y appelle le trafic des vins renommés que cette plaine produit en abondance. Après avoir tenu longtemps la première place parmi ces villages, Lésignan a vu développer sa prospérité à un degré qui l'égale sinon le fait supérieur à beaucoup de villes dont la situation est due, moins à l'activité industrieuse de leurs habitants, qu'à un concours de circonstances heureuses qui ont fait d'elles des centres administratifs, sans autre effort de leur part que de savoir profiter des avantages de cette situation.

Sous les administrations syndicales diocésaines, les communes composant le diocèse temporel de Narbonne étaient divisées en quartiers qui étaient désignés sous les noms suivants : la Plaine, la Corbière, Alaric et le Minervois. Lésignan était le chef-lieu du quartier d'Alaric, qui prenait son nom de la montagne abrupte formant, aux limites de ce quartier, le dernier relief important des Corbières, dont les ramifications vers le nord se terminent, sur son territoire, en simples mamelons qui diminuent d'altitude progressivement jusqu'aux berges de la rivière d'Aude.

C'est aussi de cette montagne que la leude qui était levée à Lésignan avait reçu son nom de leude d'Alaric (v. AA. 103, 3e thal., f° 112).

Dès l'origine des États de Languedoc, les consuls de Lésignan, qui étaient au nombre de trois, y avaient droit d'entrée. Ils figuraient, en particulier, dans les États de l'année 1426, qui furent convoqués à Béziers par Jean comte de Foix, gouverneur de la province, et qu'il transféra ensuite à Montpellier.

C'est à Lésignan que les États de la province de l'année 1382, après avoir tenu dans la ville de Carcassonne leur assemblée consacrée aux affaires générales du pays, réunirent les délégués qu'ils avaient désignés pour arrêter les conditions de la paix ménagée par leur intermédiaire entre le vicomte Aymeric et la ville de Narbonne, à laquelle le vicomte avait déclaré et fait la guerre dans le but de l'intimider et de forcer ses consuls à se désister de certaines procédures qu'ils poursuivaient contre lui.

Enfin Lésignan était l'une des vingt-quatre principales communes du diocèse de Narbonne qui entraient aux assiettes diocésaines et qui pouvaient prendre et exercer le syndicat du diocèse à tour déterminé.

Les habitants de Lésignan eurent beaucoup à souffrir, en 1285, du passage des soldats dont se composait l'armée réunie par Philippe III pour la guerre qu'il entreprit contre le roi d'Aragon.

On sait quelle fut la fin malheureuse de cette guerre, décidée, en apparence, pour tirer raison de la conduite

(1) Sans doute une descendante ou ayant-cause du seigneur Étienne, qui en avait reçu le don, de Charles le Simple, cent ans avant.

(2) Il n'est rien dit de la situation canonique de la troisième chapellenie, qui était fondée sous le vocable de St-Nazaire.

(3) Il est à présumer que ces deux chapellenies furent dotées par Jacques de Bourbon, comte de La Marche, vers 1423, époque où il dotait également l'abbaye de St-Antoine de Vienne.

de Pierre III vis-à-vis du roi de Majorque et de Sicile, mais en réalité pour faire la conquête du royaume d'Aragon au profit de Charles de Valois, second fils de Philippe le Hardi, en faveur duquel le pape avait fait des offres à ce dernier après avoir excommunié le roi d'Aragon. L'indiscipline de ces soldats, levés pour une guerre dont on déguisait le véritable but, semblait la condamner d'avance. Philippe III les commandait en personne, mais il ne les dominait pas. Dans la traversée de la baronnie, ils commirent de tels dégâts qu'ils soulevèrent la population, et, dès son arrivée à Narbonne, le roi, pour calmer les esprits et faire cesser les plaintes qui lui arrivaient de tous côtés, dut ordonner à Guy de Nanteuil, sénéchal de Carcassonne, de faire estimer immédiatement, par des commissaires, les dommages causés, afin de désintéresser ceux qui les avaient soufferts et en particulier les habitants de Lésignan.

Durant les guerres de la Ligue, dont furent le prétexte des préférences plutôt que des convictions religieuses, tandis que l'ambition en était l'unique mobile et le peuple la dupe, Lésignan tenait pour la Ligue comme toutes les localités dépendant du gouvernement de Narbonne ou qui subissaient l'influence de cette ville. Mais les religionnaires s'en emparèrent, en 1576, sous le commandement du capitaine Mazamet.

Ce coup de main hardi, exécuté par surprise, avait pour but de couper la route aux troupes de M. de Joyeuse, qui avait fait annoncer par M. de Mirepoix qu'il se disposait à passer dans le diocèse de Narbonne, afin de s'opposer aux entreprises que le maréchal de Dampville, alors chef des religionnaires, méditait contre ce diocèse et en particulier contre la ville de Narbonne. La perte de Lésignan, à la suite du succès du capitaine Mazamet, jeta une vraie panique dans la ville de Narbonne, en lui fesant craindre un blocus dont les conséquences pouvaient être funestes au parti qu'elle défendait. Mais son ardeur fut loin d'en être atteinte, et, pour se voir troublée dans sa sécurité, fondée tout autant sur la force de ses remparts que sur le courage et la valeur de ses habitants, elle n'en montra pas moins une résolution et une énergie qui conjurèrent les dangers dont elle était menacée.

Pour neutraliser les effets de la prise de Lésignan, qu'elle voulait rendre inutile pour les occupants, elle décida la formation immédiate d'un camp destiné à tenir Lésignan sur la menace continuelle d'une attaque ; fit fermer toutes les cours de justice et même cesser tout négoce ou trafic, afin d'empêcher l'introduction de religionnaires ou gens suspects dans ses murs, et jeta ainsi le découragement parmi les troupes du capitaine Mazamet, qui ne jugèrent pas prudent de se maintenir à Lésignan, où elles couraient le risque de se trouver prises entre deux attaques.

Les historiens du Languedoc ont fixé la prise de Lésignan par le capitaine Mazamet au 4 mars 1576 (*Hist. gén. Lang.*, t. V, liv. XL, 347). C'est une erreur que nous avons rectifiée dans la note mise au bas de la page 63, 2ᵉ col., t. I, série BB. de l'Inventaire des archives de Narbonne. La prise de Lésignan eut lieu, non le 4 mars mais le 5 mai 1576, d'après une indication dont l'exactitude n'est pas contestable, puisqu'elle résulte de la communication qui fut donnée de ce fait militaire, par les consuls de Narbonne, à leur conseil municipal, auquel ils proposaient, sous le coup de l'émotion qu'il avait produite, l'adoption des mesures de précaution et de sûreté que leur commandait la circonstance.

Cet événement, le seul qui ait troublé l'union de Lésignan au parti de la Ligue, a eu son contre-pied dans la situation que ses habitants, sans souci des dispositions de leurs voisins, prirent en 1632 à l'occasion de la révolte du duc de Montmorency. L'exemple de Narbonne, pas plus que les recommandations de Mgr l'archevêque Claude de Rebé, ne purent les maintenir dans le devoir, et ils répondirent aux incitations coupables du duc en ouvrant les portes de la place aux troupes qu'il y envoyait, pour en prendre possession, sous le commandement de M. d'Alue.

Nous terminons ces lignes par la notice qui suit, relative au couvent des dames Clarisses de Lésignan. Cette notice est empruntée à l'Histoire manuscrite de l'Église de Narbonne, que possède la Bibliothèque nationale.

« On appelle Clarisses les religieuses du second ordre « de St-François, à cause de sainte Claire, leur fondatrice. « On les appelait auparavant *Pauvres-Dames* ou *Damia*-« *nistes*. Elles durent ce dernier nom au monastère de « St-Damien, dans un faubourg de la ville d'Assise, « où saint François avait établi sainte Claire.

« L'abbaye de Lésignan est située à environ 4 lieues « à l'ouest de Narbonne, près de la petite rivière de la « Jourre (1).

« On ignore l'époque de sa fondation et le nom de « son fondateur. Mais on connait par une bulle du pape « Martin V, en date du 4 mai 1430, le temps où a été « introduit dans ce monastère la stricte observance qui « s'y maintient encore. Ce pape permet de les établir « et François (Mgr François de Couzié), archevêque de « Narbonne, y donna son consentement.

(1) Contrairement à ce que laisserait supposer la forme par trop vague de ces expressions, on verra plus loin que les Clarisses étaient établies dans l'intérieur des murs de Lésignan et que leur couvent était même contigu à l'église de St-Félix.

« Le 26 mai 1431 et le 11 février 1432, Pierre, évêque « de St-Papoul, muni de la permission du chapitre de « Narbonne, donnée pendant la vacance du siége mé- « tropolitain, consacra l'église, le cimetière et le cou- « vent de Lésignan.

« Avant cette cérémonie, ce prélat déclare que la « consécration de l'église, du cimetière et du monas- « tère, ne porterait aucun préjudice au curé de la pa- « roisse de St-Félix et St-Nazaire, qui continuerait à « enterrer ses paroissiens, et que le monastère ne don- « nerait la sépulture qu'aux personnes qui y feraient « leur résidence.

« Les Clarisses continuent depuis ce temps à mener « la vie la plus austère, à ne vivre que des bienfaits de « la providence et des dons de leurs voisins, qu'elles « récompensent par leurs ferventes prières.

« L'abbesse est élue tous les trois ans.

« Nous devons à M. de Gagnères, disent les auteurs « du Gallia christiana, les noms des cinq premières « abbesses du monastère de Lésignan. Nous nous en som- « mes rapportés, pour les suivantes, à l'exactitude des « recherches de notre confrère Dom Jérôme Dedier. »

Abbesses de Lésignan.

I. Jeanne. — Jeanne Tarvarde, abbesse en 1499, le 16 novembre, et le dernier jour d'août 1504.
II. Marguerite. — Marguerite de Lagarde, le 11 janvier 1506 et le 15 septembre 1513.
III. Jeanne. — Jeanne de Castelnau-Verdun, le 15 septembre 1518.
IV. Marie. — Marie Abraham, le 27 août 1544.
V. Françoise. — Françoise de Lodèze, le 16 avril 1561.
VI. Gabrielle. — Gabrielle Danois, le 14 juin 1633.
VII. Magdeleine. — Magdeleine de Caumont.
VIII. Anne. — Anne de Don, morte en 1653.
IX. Catherine. — Catherine de Mercier.
X. Catherine — Catherine des Quars, décédée en 1662.
XI. Jeanne. — Jeanne de Caumont, morte en 1664.
XII. Louise. — Louise de Lanet, morte le 2 juillet 1669.
XIII. Germaine. — Germaine de Durban, morte le 4 octobre 1673.
XIV. Catherine. — Catherine de Floris.
XV. Marthe. — Marthe de Barrau.
XVI. Catherine. — Catherine de Floris, abbesse pour la troisième fois en 1679, morte le 1er février 1700.
XVII. Claire. — Claire de Laprade, morte le 20 mai 1691.
XVIII. Marthe. — Marthe de Barrau, abbesse pour la troisième fois en 1679, morte le 1er février 1702.
XIX. Anne. — Anne de Vigier, en 1675, morte le 16 novembre 1676.
XX. Françoise. — Françoise de Grave, en 1677.
XXI. Louise. — Louise de Graffan, en 1680.
XXII. Marie. — Marie de Maurin, en 1683.
XXIII. Louise. — Louise de Régis, en 1686, morte le 1er octobre 1687.
XXIV. Marie. — Marie de Maurin, abbesse pour la seconde fois, en 1688.
XXV. Jeanne. — Jeanne-Johannés de Donos de Martrin, en 1690.
XXVI. Marie. — Marie de Maurin, abbesse pour la troisième fois, en 1693.
XXVII. Jeanne. — Jeanne-Louise de Donos de Martrin.
XXVIII. Marie. — Marie de Maurin, abbesse pour la quatrième fois, en 1699.
XXIX. Jeanne. — Jeanne-Johannés de Donos, abbesse pour la seconde fois, en 1702.
XXX. Thérèse. — Thérèse Puginier, en 1705.
XXXI. Jeanne. — Jeanne-Louise de Donos de Martrin, abbesse pour la seconde fois, en 1708.
XXXII. Marguerite. — Marguerite de Poissière, en 1711.
XXXIII. Claire. — Claire Grandis, en 1713.
XXXIV. Hélène. — Hélène d'Heirisson, en 1716.
XXXV. Philippe. — Philippe de David, en 1721.
XXXVI. Marie. — Marie-Rose de Fontasuc, en 1722.
XXXVII. Bonne. — Bonne de Vidal, en 1725.
XXXVIII. Claire. — Claire Grandis, abbesse pour la seconde fois, en 1728.
XXXIX. Hélène. — Hélène d'Heirisson, abbesse pour la seconde fois, en 1732.
XL. Claire. — Claire Grandis, abbesse pour la troisième fois, en 1735.

Nous avons emprunté la liste qui précède à l'Histoire manuscrite de Narbonne, dont elle indique ainsi la date. Les recherches que nous avons faites pour la compléter jusqu'à l'époque de la suppression des corporations religieuses, n'ont pas entièrement satisfait notre désir; mais nous pouvons y ajouter le nom des abbesses qui suivent, dont nous sommes redevables à l'obligeance empressée et intelligente de M. Bénet, notaire de Lésignan, qui a bien voulu nous permettre de consulter, à loisir et avec son aide, les cèdes de son étude antérieures à 1790. Notre meilleure manière de le remercier, c'est de lui souhaiter des imitateurs.

XLI. Marie. — Marie-Rose Mazué, abbesse en 1743, avec sœur Marie-Rose de Fontasuc pour mère vicaire.
XLII. Marie. — Marie-Hélène Poudcroux, abbesse en 1753, avec sœur Marie-Thérèse Crousals pour mère vicaire.

XLIII. Marie. — Marie-Hélène Pouderoux, abbesse pour la seconde fois, en 1756, avec sœur Marie-Rose Mazué pour mère vicaire.

XLIV. Marie. — Marie-Hélène Pouderoux, abbesse pour la troisième fois, en 1760, avec sœur Catherine Thore pour mère vicaire.

XLV. Marie. — Marie-Hélène Pouderoux, abbesse pour la quatrième fois, en 1774.

XLVI. Félice. — Félice Mazard, abbesse en 1780, avec sœur Françoise Gélis pour mère vicaire.

XLVII. Marie. — Marie-Hélène Pouderoux, abbesse pour la cinquième fois, en 1783, avec sœur Bonaventure d'Arnaud pour mère vicaire.

XLVIII. Françoise. — Françoise Gélis, abbesse en 1786, avec sœur Subra pour mère vicaire.

XLIX. Marie. — Marie-Hélène Pouderoux, abbesse pour la sixième fois, en 1789, avec sœur Salvy pour mère vicaire.

Le couvent des religieuses Clarisses était situé dans l'intérieur de Lésignan et en confrontait les murs vers la partie nord-est. Ses constructions étaient contiguës à l'église paroissiale de St-Félix. Il n'en reste presque plus aujourd'hui aucune trace.

A côté de l'abbesse, l'administration du couvent comportait une mère vicaire, dont les fonctions constituaient la titulaire en une sorte de stage avant sa promotion à la dignité d'abbesse, une mère sacristaine et huit mères discrètes ou conseillères. Vers les derniers temps de l'existence du couvent, la dotation des religieuses, garantie ou payée au moment de la profession, était fixée à 1,600 liv.

L'abbesse seule portait simplement ses noms et prénoms, comme personne civile. Les autres religieuses prenaient un nom de religion, qui était suivi de leur nom patronymique, ou en était précédé.

Lors de la prise de Lésignan, en 1576, par les religionnaires placés sous le commandement du capitaine Mazamet, les Clarisses purent s'échapper. Elles vinrent se réfugier à Narbonne. Les habitants de la ville, zélés catholiques et partisans de la Ligue, les reçurent avec empressement. Mais elles avaient tout abandonné dans leur couvent et s'étaient sauvées complétement démunies de ressources, fidèles à la règle de l'ordre, qui leur fesait tout attendre des bienfaits de la Providence. Leur confiance ne fut pas trompée. Elles trouvèrent leur Providence dans l'administration consulaire de Narbonne, qui les autorisa à faire « une quête de pain « à domicile, une fois la semaine, durant tout le temps « de leur séjour dans la ville. »

En 1790, M. Jean Viennet, administrateur du Directoire du district de Narbonne, eut à faire, en exécution des décrets de l'Assemblée Nationale des 14 et 20 avril de la même année, l'inventaire *du personnel* et des biens meubles et immeubles du monastère, ainsi que des documents dont se composaient ses archives.

Nous allons résumer ici ce travail, que M. Viennet exécuta en compagnie de M. Louis-Marc Labadié, maire de Lésignan.

Le personnel du monastère est de vingt religieuses, dont seize de chœur, l'abbesse comprise, et quatre converses.

L'abbesse est sœur Marie-Hélène Pouderoux. Les autres dignitaires du couvent sont S[r] de l'Enfant-Jésus Salvy; Sr Ste-Catherine Thore; S[r] St-François Gélis du Sacré-Cœur; S[r] St-Bonaventure d'Arnaud; Sr Ste-Hélène Falcou; S[r] St-Jean Andral; Sr Ste-Anne Albert; S[r] St-François d'Arnaud; Sr de la Trinité Cassan et S[r] des Anges Théron.

Le mobilier du couvent comprend 20 lits, placés au dortoir commun. Ces lits sont en bois. Leur garniture (les religieuses couchant sur la paille conformément à la stricte observance) se compose de rideaux de toile, d'une paillasse, d'un drap de lit et d'une couverture de laine. Les lits de l'infirmerie ont seuls un matelas. Ces lits sont au nombre de six.

Pour le service de la chapelle, confié à un aumônier, qui est M. François-Marc Delsuc, les religieuses disposent de 19 chasubles, 2 dalmatiques, 4 chapes, 1 ciboire, 1 ostensoir et 2 calices.

Les ressources du couvent se composent de 45,000 liv. de capitaux placés à 5, à 3 et à 2 pour cent, dont le produit annuel est de 1,500 liv; d'un troupeau de 400 bêtes à laine, logé « dans le ramonettage et con-« tigu au couvent, » ainsi que des terres, champs, prés, vignes et olivettes dépendant de ce *ramonettage* et composant environ une paire de labourage, dont le produit net peut être évalué annuellement à 1,000 liv.; de sorte que les revenus des Clarisses sont de 2,500 liv. environ par an.

Quant aux archives du couvent, l'auteur de l'inventaire, laissant de côté quelques papiers qui lui ont paru, dit-il, sans utilité, relève seulement ceux qui suivent, dont il fait une brève analyse comme ils se sont présentés à sa main, mais auxquels nous allons donner l'ordre chronologique afin d'en augmenter l'intérêt, en fesant remarquer, non sans le regretter profondément, que ce relevé est tout ce qui reste aujourd'hui des archives des Clarisses de Lésignan, malheureusement détruites par ordre du gouvernement révolutionnaire et par conséquent perdues pour l'histoire du pays, comme la plupart de celles des autres corporations religieuses.

1431 (26 mai). — Extrait de confirmation de la fondation du monastère (1).

1435 (29 avril). — Fondation de la chapellenie de St-Jacques par le roi Jacques (de Bourbon, roi de Jérusalem, de Hongrie et de Sicile, baron de Lésignan à cause de son comté de Castres).

1463 (14 avril). — Fondation de la chapellenie de St-François, par Jacques d'Armagnac.

1497. — Fondation de la chapellenie de N.-D.

1500 (4 janvier). — Fondation de la chapellenie de Ste-Anne.

1578 (21 avril). — Ordonnance de NN. SS. les trésoriers généraux de France relative aux droits de tasque du couvent.

1584 (24 janvier). — Lettres patentes relatives au paiement de la pension des chapellenies de St-Jacques et de St-François (2).

1613 (19 octobre). — Ordonnance de NN. SS. les trésoriers généraux de France relative aux droits de tasque du couvent.

1619 (9 janvier). — Autre ordonnance desdits trésoriers relative aux mêmes droits.

1634 (3 janvier). — Ordonnance de NN. SS. les trésoriers généraux de France, portant que les dames religieuses Clarisses de Lésignan seront payées annuellement de 10 liv. de rente, en vertu d'une pension à elles accordée par le roi Louis (3) pour leur habillement.

1655. — Fondation de trois chapellenies par M. Henri de St-Aunés, baron de Lésignan.

1656 (1er mars). — Délégation de 32,000 liv. affectées par M. Henri de St-Aunés à la dotation des trois chapellenies qu'il a fondées.

1665 (23 mai). — Cession faite en faveur des religieuses Clarisses sur la communauté d'Ouveilhan.

(1) Cette confirmation était probablement de Jacques de Bourbon, baron de Lésignan, dont la sœur, sainte Colette, pourrait bien être la fondatrice même du couvent des Clarisses.

(2) Ces chapellenies ayant été fondées et dotées par Jacques de Bourbon et Jacques d'Armagnac alors qu'ils possédaient la baronnie de Lésignan, le roi dut confirmer leur dotation au moment où la baronnie fit retour au domaine, après avoir été reprise par voie de rachat sur la famille de Verseilhe.

(3) C'est probablement Louis XI qui dut accorder cette rente aux Clarisses après la confiscation de la baronnie de Lésignan sur l'infortuné Jacques d'Armagnac.

1675 (10 janvier). — Constitution d'une rente de 60 liv., au principal de 1,200 liv., par la communauté de Lésignan.

1677 (6 mars). — Obligation de 800 liv. consentie aux dames Clarisses par M. de Montels.

1688 (20 février). — Dénombrement du fief noble du monastère par lesdites dames.

1696 (10 octobre). — Obligation de 650 liv. faite aux Clarisses par la commune de Pépieux.

1733 (30 décembre). — Constitution d'une rente de 450 liv. au profit du monastère de Lésignan sur le diocèse de Carcassonne.

1762 (14 janvier). — Constitution de 45 liv. de rente annuelle sur les religieux Bernardins de l'abbaye de Villelongue.

1770 (13 juillet). — Constitution d'une rente de 8 liv. 1 s. sur la commune de Tourouzelle.

1770. — Constitution d'une rente, sans indication de quotité, sur le corps des maîtres chirurgiens de Narbonne.

1774 (17 avril). — Obligation de 300 liv. consentie aux religieuses Clarisses par la commune de Lésignan.

1780 (24 novembre). — Constitution d'une rente de 70 liv. 11 s. 6 den. au profit des Clarisses sur le diocèse temporel d'Alet.

1782 (12 janvier). — Obligation de 4,000 liv. consentie aux dames religieuses Clarisses de Lésignan par la ville de Narbonne.

1786 (1er janvier). — Obligation de 2,000 liv. consentie par la même ville en faveur du monastère de Lésignan.

1788 (3 février). — Constitution d'une rente annuelle de 300 liv., au capital de 6,000 liv., sur le diocèse temporel de Narbonne.

(Sans date). — Constitution d'une rente annuelle de 32 liv. sur le couvent des religieux Augustins de Montpellier.

(Sans date). — Registre des reconnaissances consenties aux dames Clarisses de Lésignan par les emphytéotes du monastère.

Sous le gouvernement révolutionnaire, les immeubles des Clarisses de Lésignan, d'abord confisqués au profit de la nation, furent adjugés à divers particuliers par la voie des enchères publiques, le 15 mars 1791, après avoir été divisés en trente-deux lots qui produisirent une somme totale de 60,540 liv.

NOTE N.

Gaussan (v. page 382, 2me col.).

Gaussan, l'un des plus importants parmi les domaines considérables qui formaient le patrimoine du monastère de Fontfroide, au moment de la suppression des corporations religieuses, a été vendu par la voie des enchères publiques, comme bien national, le 22 mai 1791, à M. Jacques-Joseph Dartiguelongue, pour le prix de 74,800 liv., par le Directoire du district de Narbonne. Il est aujourd'hui la propriété de M. Lambert de Ste-Croix, membre du Sénat pour le département de l'Aude.

Au moyen âge, Gaussan était surtout un territoire de parcours et de vaine pâture, dont les meilleurs sols étaient occupés par quelques prairies arrosables et des champs exploités en céréales, principalement en orge et en épeautre, qui entraient alors, pour une large part, dans l'alimentation publique. La vigne, aujourd'hui la culture à peu près exclusive de Gaussan, y était presque inconnue et l'olivier s'y montrait si rare qu'un sauvageon, dont la naissance était, sans doute, due au hasard, et qu'on appelait l'Olivier-Pagés à cause de sa nature infructifère, avait eu le privilége de donner son nom à un coin de ce territoire.

L'origine et la dénomination de Gaussan sont dues à une chapelle rurale, placée sous le vocable de St-Étienne de la Joie (de Gaudia, dont on a fait Gausia et ensuite Gaussa, puis Gaussan, par la substitution généralement usitée de l'*s* au *d* dans la traduction en roman et en français des dénominations latines), que les archevêques de Narbonne avaient fait édifier sur ce point, et que l'un d'eux, l'archevêque Pons d'Arsac, unit, en l'année 1178, avec ses dîmes, ses prémices et ses oblations ou offrandes volontaires, au prieuré régulier de Ste-Eugénie, établi dans son voisinage, sur la demande et en la personne de Guillaume du Lac, qui en était alors prieur.

Les recherches historiques spéciales, qu'encourage la critique moderne, ont renversé beaucoup de préventions, de préjugés, que des écrits de mauvaise foi s'étaient appliqués à répandre pour fonder le scepticisme pratique en toutes matières sur la ruine des anciennes croyances. Aujourd'hui, en dépit de ces écrits, le moyen âge étudié dans ses origines, dans ses documents authentiques, dans ses institutions sociales et dans ses monuments contemporains, n'apparaît plus comme une époque de superstitions religieuses et de fanatisme, de tyrannie organisée et d'oppression publique, où la faiblesse était sans cesse et de toutes manières exploitée par la force. On peut dire maintenant et soutenir, au moyen des preuves les moins contestables, qu'une époque qui a su et pu créer de toutes pièces et porter au plus haut degré de perfection un style d'architecture qui n'emprunte rien de ses devanciers et dont l'imitation nous est encore un difficile problème, qu'un état social qui a pu donner au peuple le talent et les loisirs de produire, dans tous les métiers, des chefs-d'œuvres que se disputent, à prix d'or, les collections publiques et privées, styles et chefs-d'œuvres qui ont exigé la collaboration, non de simples ouvriers, mais de tout un monde d'architectes, de sculpteurs, de vrais artistes, qui ont travaillé, fouillé le bois, la pierre, les métaux, avec la même finesse merveilleuse et le même succès, n'ont pu être systématiquement ni tyranniques ni oppressifs. Les arts, pour naître et s'épanouir, ont besoin de sécurité et d'indépendance. Il faut qu'ils aient la certitude du lendemain et qu'ils se sachent et se sentent libres. Si les arts ont enfanté de pareilles créations, durant le moyen âge, c'est donc que nos pères avaient la sécurité et la liberté, et qu'ils n'étaient ni aussi tourmentés ni aussi sevrés de bien-être qu'on a voulu le prétendre. Longtemps obscurcies à dessein, la lumière s'est fait jour et la vérité a jailli au moyen de savants travaux dus à des esprits judicieux, qui, loin d'accueillir les faits et d'en tirer des déductions sur la foi d'écrivains plus ou moins entachés de partialité, les commentent sérieusement et ne les acceptent que sur le fondement de preuves irrécusables, de titres originaux, écrits au jour le jour sans autre prétention que celle de servir à la constatation précise et fidèle des incessantes et multiples manifestations de la vie sociale.

Ainsi, dans une dissertation intitulée : Du mariage des serfs au moyen âge, insérée au 1er volume du Bulletin de la Commission archéologique et littéraire de Narbonne, années 1876-1877, M. É. Cauvet, avocat, qui, à la faveur d'une organisation privilégiée et tout en se fesant un nom justement honoré dans le barreau, a su accumuler de vrais trésors de science et d'érudition, nous apprend qu'un vieux dicton, fort répandu au moyen âge, fesait dire au peuple : « Il fait bon vivre « sous la crosse. »

Ce dicton, naïve expression de la reconnaissance populaire, toujours certaine quand l'instinct des masses n'a pas été perverti, trouve une nouvelle justification, parmi de plus éclatantes sinon mieux méritées, dans ce qui s'est passé à Gaussan.

Les archevêques de Narbonne avaient construit là une chapelle rurale, qu'ils patronnaient avec toutes ses dépendances, et dans laquelle étaient d'abord célébrés quelques services de dévotion particulière, les offices de la fête votive. Peu à peu, les avantages de ce patronat, qui se mesuraient à la puissance des archevêques, le sentiment religieux, l'amour de la paix et de la sécurité, peut-être aussi le besoin de consolation et d'assistance contre les amertumes et les défaillances de la vie, y appelèrent quelques habitants, suivis bientôt par d'autres attirés par les mêmes motifs, qui s'établirent à leur tour et se groupèrent, comme les premiers, auprès de la chapelle, et y formèrent une agglomération qui s'accrut de telle sorte qu'au moment de son union au prieuré de Ste-Eugénie, en 1178, cette chapelle avait déjà pris assez d'importance pour mériter le titre de paroisse, impliquant nécessairement l'existence d'une certaine population. Nous voyons même, dans l'acte de son union, que le prêtre chargé de la desservir était tenu de se rendre, tout comme les prêtres des paroisses urbaines, aux synodes de la province ecclésiastique de Narbonne, afin de s'y instruire des mandements et des préceptes qui étaient édictés pour la conservation de la discipline religieuse.

Du reste et malgré son union au prieuré de Ste-Eugénie, qui l'unit ensuite, avec lui, au monastère de Fontfroide, la paroisse de Gaussan n'en continua pas moins d'exister jusqu'en 1791, époque où elle fut supprimée pour être fondue dans la paroisse de Bizanet.

Les Bernardins de Fontfroide employèrent un siècle pour réunir à leur main l'entier domaine de Gaussan, fractionné auparavant et morcelé en parcelles allodiales de faible contenance, ou en petits fiefs ou honneurs particuliers, directement tenus et exploités par leurs propriétaires ou bien donnés à nouvelle emphytéose, c'est-à-dire à bail de 29 en 29 ans, qui durait indéfiniment tant que l'emphytéote en remplissait les conditions.

Parmi ces divers fiefs, il n'y en avait guère que trois de quelque importance. Ce sont, le fief du prieuré régulier de St-Laurent, dont l'abbaye de Lagrasse facilita sinon provoqua l'acquisition par les religieux de Fontfroide, en 1180, afin d'amoindrir d'autant ce qui pouvait rappeler au prieuré son ancien état d'abbaye indépendante; celui de Bernard de Durban et Ave, sa sœur, enfants de Raymond de Durban, qui fut donné à Fontfroide vers 1185, et enfin celui de Pierre et Amat de Montseret, que ce même monastère acquit définitivement en 1194, sauf à le racheter de ses feudataires ou tenanciers, ainsi qu'il le fit bientôt soit par des acquisitions successives, réalisées à titre onéreux, soit par des donations pies.

A cette même époque, c'est-à-dire sur la fin du XIIe siècle et au commencement du XIIIe, le monastère de Fontfroide, qui avait réuni à sa main à peu près tout le territoire de Gaussan constitué en un fief unique, fit plusieurs fois constater ses limites, particulièrement dans l'acte de vente que lui consentirent les deux frères Pierre et Amat de Montseret pour leur fief de Gaussan et pour les droits seigneuriaux qu'ils avaient dans ce territoire.

C'est aussi, très-probablement, vers ce même temps, que les religieux de Fontfroide firent élever à Gaussan, comme à Auterive, domaine situé dans le voisinage, ces solides constructions que l'on voit encore, non sans quelque étonnement, sur les deux domaines, vraies forteresses plutôt que résidences rurales et agricoles, qui furent commandées aux religieux, dans ces lieux écartés et dépourvus d'intérêt stratégique, par la nécessité de mettre en lieu sûr et à l'abri d'un coup de main que l'isolement de la contrée pouvait rendre possible, les fruits de leurs récoltes et principalement les nombreux troupeaux qu'en habiles agronomes ils entretenaient sur toutes leurs exploitations.

Les constructions de Gaussan durent constituer l'abbaye de Fontfroide en une dépense fort considérable. A défaut de documents explicites, il n'est pas possible de la préciser; mais il est permis de s'en faire une idée, au moins approximative, par la dépense de 240 francs d'or qu'atteignirent quelques réparations qui durent y être effectuées vers le milieu du XIVe siècle. Le franc d'or, comme valeur vénale, était alors de 20 s. tourn.; mais il faut rappeler que sa valeur relative, eu égard à la rareté des espèces, était si considérable que des maîtres charpentiers étaient payés à raison de 4 den. tourn., c'est-à-dire un tiers de sou par jour, en travaillant dans l'eau, au cœur de l'hiver, à la construction de la chaussée de Sallèles, que la ville de Narbonne dut entreprendre afin de faire rentrer « dans son lit naturel » la rivière d'Aude, qui venait de se jeter vers Coursan en se traçant un nouveau lit à la suite d'inondations considérables survenues en 1329.

Ce n'est pas sans raison et par accident que les limites de Gaussan ont été insérées dans l'acte de cession du fief de Pierre et Amat de Montseret. Comme avec le domaine utile, dont la directe appartenait à l'abbaye de Lagrasse à cause de l'union du prieuré de St-Laurent, domaine utile que Guillaume de Montseret, leur père, et Humbert ou Imbert de Montseret, leur oncle, avaient vendu au monastère de Fontfroide, en l'année 1181, ainsi que nous le verrons plus loin, Pierre et Amat de Montseret cédaient également « toutes leurs tasques « et directes, avec la sixième partie de toutes les dîmes « qu'ils avaient au Pech-Carbonnier » et sur d'autres points expressément reconnus par eux pour être des dépendances du territoire de Gaussan, les religieux de Fontfroide, en hommes non moins soucieux de leurs droits que respectueux des droits d'autrui, exigèrent des vendeurs la *confirmation* des limites alors acceptées pour ce territoire, afin de faire constater une fois de plus l'étendue de leur possession et de la rendre de ce chef inattaquable. La cession consentie par Pierre et Amat de Montseret fut donc suivie d'une clause additionnelle contenant les limites de Gaussan, et l'acte en question les porte de la manière suivante, d'après l'analyse que nous en avons relevée dans l'Inventaire des titres de la mense conventuelle de Fontfroide : « à scavoir que le « terme de Gaussan va de la rivière de St-Quentin « jusqu'à une borne qui est entre l'honneur qui fut de « St-Laurent et celui de Roquelongue, et de ladite « borne va à une autre qui est au pied du Mont-de-la-« Crose (la Croix ?) et va de ladite borne à certaine « roque naturelle qui est vers le bout dudit Mont, du « costé d'occident, et de ladite roque jusqu'à une pierre « mise autrefois vers le champ de Pierre Clément, et va « de ladite pierre jusqu'à une borne entre ledit champ « et le Pech-Carbonnel (Carbonnier), et va de ladite « borne jusqu'au bout d'un champ du terroir de Roque-« longue, et va de là au chemin de Roquelongue jusqu'à « Gadrèses et jusqu'à la font qui est audit Gadrèses. »

Nous avons dit que le monastère de Fontfroide avait employé un siècle entier pour réunir à sa main les parcelles allodiales et les fiefs ou honneurs épars entre lesquels le territoire de Gaussan se trouvait morcelé. La nomenclature de ces parcelles allodiales et de ces fiefs, de leurs possesseurs, de la date de leur acquisition par le monastère, etc., nous ayant paru offrir, quoique non exempte de quelque aridité, beaucoup d'intérêt au double point de vue historique et d'économie sociale, puisqu'elle fournit une preuve indiscutable de ce fait, peu connu ou nié de parti pris, que, en plein moyen âge, et par suite de la division, non pas seulement des gros héritages, mais même des simples parcelles de terre, par moitiés, par tiers, par quarts, suivant le nombre des cohéritiers, la propriété territoriale était plus démocratisée qu'on ne le pense de nos jours, nous avons cru devoir publier cette nomenclature par ordre chronologique et en la dépouillant de toute réflexion personnelle, qui n'ajouterait aucune force à son mérite historique.

Voici cette nomenclature extraite de l'Inventaire de la mense conventuelle de Fontfroide (1), dressé en l'année 1654.

1169. — Pons d'Aussou vend au monastère de Fontfroide le champ du Trular, moyennant le prix de 40 s. melgoriens (2).

1170. — Bernard Laudry, Guillaume, son frère, avec leurs femmes et leurs enfants, vendent au monastère une pièce de terre allodiale, au territoire d'Aussou, lieu dit le Trular, pour 40 s. melg.

1175. — Pons Gayral vend au monastère une pièce de terre allodiale, située à Gaussan, pour 40 s. melg.

1176. — Le même Pons Gayral vend au monastère une pièce allodiale, située au Rosar, pour 50 s. melg.

1177. — Guillaume Gleyses vend au monastère une pièce de terre allodiale, située au Rosar, pour 20 s. narbonnais (3).

1177. — Pons Baron, ses neveux et Garcende, sa sœur, leur mère, vendent au monastère un champ situé au Rosar, moyennant le prix de 100 s. melg.

1177. — Guillaume d'Auterive, Raymond-Bernard, Bérenger et Pierre, ses enfants, vendent au monastère leur champ, situé au Trular, pour le prix de 32 s. 1/2 melg.

1177. — Guillaume de Villerouge, Mabilie, sa femme, et leurs enfants, vendent au monastère un champ, situé au Trular, moyennant le prix de 70 s. melg.

1177. — Hugues de St-Martin et Bernard, son frère, vendent au monastère la troisième partie « d'un carré « de pré » situé à la Prairie-de-Gaussan, avec la troisième partie d'une pièce de terre contiguë au pré, et avec la faculté « d'ouvrir une aiguille à travers leur fief pour « conduire l'eau dans le pré » et d'y établir un chemin pour aller à Auterive, le tout moyennant le don d'un cheval estimé 200 s. melg.

(1) Cet inventaire est d'autant plus précieux qu'il est l'une des rares épaves qui soient restées des archives du monastère de Fontfroide, gaspillées ou détruites, comme tant d'autres, durant la période révolutionnaire. On avait bien tenté de sauver ces archives et dans ce but elles avaient été cachées, aux approches de la tourmente, dans l'un des clochers de l'église St-Just, qu'on était loin de croire menacé à son tour. Mais elles en furent tirées pour être livrées en très-grande partie aux arsenaux, qui en firent des gargousses, et pour le reste aux acquéreurs des biens confisqués sur le monastère, qui les ont fait servir, peut-être, à de moins avouables usages. Dans tous les cas, cette dernière partie n'est pas moins perdue que la première pour les études historiques et l'Inventaire de la mense conventuelle de Fontfroide, qui est conservé aux Archives départementales de l'Aude, forme, avec l'Inventaire de la mense abbatiale existant aux mêmes archives, tout ce qui subsiste encore, à peu de chose près, de ce fonds d'archives qui était très-considérable.

(2) Le sol melgorien valait 4 s. ou 48 den. tourn.

(3) Le sol narbonnais valait 15 den. tourn.

1177. — Bernard-Hugues, fils de Pierre-Hugues de St-Martin, vend au monastère la troisième partie « d'un « carré de pré » situé à la Prairie-de-Gaussan et la troisième partie d'une pièce de terre contiguë au pré, moyennant le prix de 100 s. melg., plus 8 setiers de froment et 4 setiers d'orge.

1178. — Pons Bérenger et sa femme vendent au monastère un champ, situé au Rosar, pour le prix de 20 s. melg.

1179. — Pons-Raymond de Villerouge vend au monastère la quatrième partie d'un champ, situé aux Vignals, moyennant le prix de 50 s. melg.

1179. — Pons Baron vieux et Amielle, sa femme, vendent au monastère deux pièces de terre, situées au Canier et à Peyres-Grosses, pour le prix de 40 s. narbonnais.

1180. — Le prieur et les religieux de St-Laurent, du consentement de l'abbaye de Lagrasse, à laquelle ces religieux étaient unis depuis l'archiépiscopat de Dalmace, donnent à nouvel achept au monastère de Fontfroide tout leur fief de Gaussan, en quoi qu'il consiste, avec exemption « de tout devoir emphytéotique, » sous la réserve de la demi-tasque annuelle, c'est-à-dire de la dîme au 22e des fruits récoltés et moyennant un droit d'entrée de 1,300 s. melg. Ce bail est confirmé, dans le cours de la même année, par Henri, évêque d'Albe, légat du saint-siége.

1180. — Pons Baron vieux se donne pour religieux au monastère, avec quinze pièces de terre, situées à Peyres-Grosses, à Chanteperdrix, à Fontanilles, à l'Horte-Pagèse, aux Aspères, au Gua-de-Gasparets, au Rosar, au Pré-du-Saule, à la Falguière et à Arzille.

1180. — Pierre Sicre, de Bizanet, donne au monastère la moitié d'un champ, situé aux Vignals, avec une partie de son champ Majou, au territoire d'Aussou, « vers « lequel l'eau du Réal doit couler dans Aussou, » et avec la faculté de construire dans ledit champ une aiguille depuis le Réal jusqu'à Aussou.

1180. — Pons Baron, sa mère, ses frères et sa sœur, vendent au monastère la moitié d'un champ, situé au chemin d'Aussou, moyennant le prix de 30 s. melg.

1180. — Pons Bérenger, Nonce, sa femme, et leurs enfants, avec Pons d'Aussou, sa mère et sa fille, vendent au monastère une pièce de terre, située au Rosar, pour le prix de 60 s. melg.

1180. — Guilhelmette Dutreuil, du consentement de Pierre de Tourreilles, son mari, vend au monastère deux pièces de terre allodiales, situées à la Condamine-de-Gaussan, pour le prix de 40 s. melg.

1180. — Bernard de Durfort, Brumase, sa femme, et leurs enfants, vendent au monastère le tiers de la dîme du territoire de Gaussan, avec l'albergue que leur sert le prêtre de la paroisse, le tout engagé pour 725 s. melg. à Raymond de Montbrun et Mabilie de St-Martin, sa femme. Les vendeurs lui donnent en outre « le libre pas« sage jusqu'à Auterive sur les terres de St-Martin-« de-Toques. »

1181. — Raymond de Montseret et Ermessende, sa femme, donnent au monastère la quatrième partie des tasques et directes du territoire de Gaussan, qu'ils tiennent du monastère de Lagrasse.

1181. — Bernard Roz et Plaisance, sa femme, vendent au monastère une pièce de terre de 3 sétérées, située au Motar, pour 15 s. melg.

1181. — Guillaume et Humbert ou Imbert de Montseret vendent au monastère l'entier fief qu'ils tiennent du monastère de Lagrasse, à Gaussan, à cause du prieuré de St-Laurent, fief qui s'étend sur les ténements du Villar, de la Combe-Carbonnière et de Pech-Serme, pour le prix de 150 s. melg.

1181. — Pons Baron vieux et Amielle, sa femme, vendent au monastère deux champs ayant une contenance de trois sétérées, situés au Villar et au Rosar, moyennant le prix de 20 s. melg.

1182. — Guilhelmette Dutreuil, du consentement de Pierre de Tourreilles, son mari, vend au monastère une pièce de terre, située à la Piale, pour le prix de 8 s. melg.

1182. — Raymond de Montseret et sa femme et leurs enfants vendent au monastère : 1° la quatrième partie des tasques et directes du territoire de Gaussan ; « 2° des « dîmes de la culture du monastère à Pradines et à « Lebrettes, » pour le prix de 20 s. melg.

1182. — Bérenger de Montseret et Aladaïs, sa femme, vendent au monastère les droits qu'ils ont sur le fief du monastère de Lagrasse, dont celui de Fontfroide a droit et cause, moyennant le prix de 300 s. melg.

1182. — Pierre d'Albas et Ermengaud, son frère, vendent au monastère leur entier honneur de Gaussan et tous les droits qu'ils ont sur son territoire, avec leur part de la dîme des terres que le monastère cultive à Gasparets, moyennant le prix de 400 s. melg.

1182. — Guillaume Gleyses donne au monastère, qu'il substitue à Pomette, sa fille, tout l'honneur qu'il possède à Gaussan, sous la condition de compter à cette dernière, le jour de son mariage, une somme de 100 s. melg.

1182. — Pierre de Tourreilles et Guilhelmette Dutreuil, sa femme, donnent au monastère une pièce de terre, située à Cogomelle, sur le chemin de Gaussan à Bizanet.

1182. — Fimenjarde avec Guillaume et Raymond-Bérenger, ses enfants, fait vente au monastère de deux pièces de terre, l'une de deux sétérées, située au Pla-de-Bizanet, l'autre d'une émine, située au Pas-d'Aussou, moyennant le prix de 15 s. melg.

1182. — Pons Baron vieux et Amielle, sa femme, vendent au monastère 5 sétérées de terre, assises à Cogomelle et aux Agulhes, pour le prix de 31 s. melg.

1183. — Le chapitre St-Paul de Narbonne donne à nouvel achept au monastère tout le fief qu'il possède à Gaussan, sous le droit d'entrée de 50 s. melg. et moyennant le service annuel de la demi-tasque.

1183.— Pons Baron, Pierre Bernard et autres copossesseurs, vendent au monastère trois pièces de terres allodiales, situées aux Prés-de-Cogomelle, une pièce de terre à la Falguière, une pièce de terre au Canier, deux pièces de terre, actuellement prés, au Rosar, et une pièce de terre à Peyres-Grosses, moyennant le prix de 100 s. melg.

1183. — Pons Baron vieux et Amielle, sa femme, vendent au monastère la moitié de l'honneur qu'ils acquirent du chapitre St-Paul, au Rosar, au col de Roquelongue et à Peyres-Grosses, moyennant le prix de 45 s. melg.

1183. — Raymond de Toques et Suave, sa femme, vendent au monastère une pièce de terre allodiale, située au Rosar, un champ situé au Canier et un pré assis aux Prés-de-Gaussan, moyennant le prix de 10 s. melg.

1183. — Jean Cathala vend au monastère deux pièces de terre, situées aux Prés-de-Gaussan, pour le prix de 20 s. melg.

1184. — Pons Mir et Bonnette, sa femme, et leurs enfants vendent au monastère une pièce de terre, située à Cogomelle, pour le prix de 20 s. melg.

1184. — Étiennette, veuve de Pierre Serène, vend au monastère une pièce de terre, située aux Prés-de-Gaussan, moyennant le prix de 16 s. melg.

1184. — Pons Baron vieux et Amielle, sa femme, vendent au monastère deux pièces de terre allodiales, situées l'une au Pré-du-Saule, l'autre à la Falguière, moyennant le prix de 40 s. melg.

1184. — Saurine, veuve de Raymond Martin, et Étienne, son fils, vendent au monastère une pièce de terre, située à l'Espinat, pour le prix de 40 s. melg.

1184. — Pierre et Bérenger Daudé, enfants d'Ode Ventosse, vendent au monastère une pièce de terre, située à Cogomelle, moyennant le prix de 9 s. melg.

1184. — Pons Baron, Guillaume Bernard, son frère, et Garcende, leur mère, donnent pour la part d'hérédité de Pierre-Bernard-Pons Baron, leur fils et frère, convers au monastère de Fontfroide, moyennant une soulte de 110 s. melg. à la charge dudit monastère, dix pièces de terre situées au Canier, à Arzillas ou Arzille, au col de Roquelongue, à la Font-de-Gaussan, au Gros-Carbonnier, au Cimetière de Gaussan et au Quinta.

1185. — Bernard de Durban confirme la donation faite par Bernard et Ave, sa sœur, enfants de Raymond de Durban, son frère, du fief qu'ils avaient à Gaussan. Pour cette confirmation, le monastère lui donne une somme de 100 s. melg.

1185. — Pierre de Tourreilles donne Guillaume, son fils, au monastère, avec une pièce de terre située à Cogomelle.

1190. — Udalguier et Pierre-Raymond de Villars, frères, Brunessende, femme de Raymond-Aymeric de Barbairan, et Izar, son frère, vendent leur fief de Gaussan au monastère, moyennant le prix de 700 s. melg.

1193. — Pierre de Gaussan donne au monastère, par testament, tout l'honneur qu'il possède dans le territoire de Gaussan, sous la charge d'un service annuel de trente messes, qui seront célébrées dans le Carême, pour le repos de son âme.

1193. — Bernard de Montseret reconnaît qu'il n'a aucun droit de tenir courtal (bergerie) au ténement de la Vernède « jusqu'au sommet de la montagne » et que le Pech-Carbonnier est une dépendance du territoire de Gaussan.

1194. — Pierre et Amat de Montseret donnent au monastère toutes les tasques et directes qu'ils ont au territoire de Gaussan, avec la sixième partie de toutes les dîmes qui leur appartiennent dans ce même territoire. Ils confirment en même temps la vente faite au monastère par Guillaume de Montseret, leur père, et Humbert ou Imbert, leur oncle, de leur fief de Gaussan et de St-Martin de la Vernède, ainsi que du Pech-Carbonnel ou Carbonnier, qu'ils reconnaissent être du territoire de Gaussan, et de plus leur deux parts des dîmes de la Vernède, sous la charge de les racheter de leurs feudataires, le tout moyennant le prix de 100 s. melg.

1194. — Pierre de Tourreilles et Guilhelmette, sa femme, vendent au monastère « un chemin à prendre « sur leur champ pour aller du monastère à Gaussan, » moyennant le prix de 10 s. melg.

1194. — Pierre Amiel jeune donne par testament au monastère tout l'honneur qu'il a dans le territoire de Gaussan, sous la condition de payer une somme de 29 s. melg. et 2 setiers de froment à un légataire particulier.

1194. — Raynard, fils de Raymond Tourreilles, Garcende, sa femme, et ses frères, vendent au monastère une pièce de terre située à Valmaneyre, le long de la rivière, au prix de 170 s. melg. dont 100 s. représentent l'amende à laquelle les vendeurs ont été condamnés à raison de certaines violences commises au préjudice du monastère.

1195. — Guillaume Gayral donne par testament au monastère tout l'honneur qui lui appartient dans le territoire de Gaussan.

1195. — Bernard Paul et Guillaume, son frère, vendent au monastère, pour 5 s. melg., tous les droits qu'ils peuvent avoir sur deux pièces de terre situées au Champ-Rosier ou le Rosar.

1195. — Guilhelmette Dutreuil, du consentement de Pierre de Tourreilles, son mari, donne au monastère une pièce de terre située à la Font-de-Peyres-Grosses.

1195. — Pons Baron vieux donne au monastère cinq pièces de terre situées au Canier, à la Falguière et à Peyres-Grosses.

1196. — Pierre Amiel cède au monastère tout le fief qu'il tient de sa directe, à Gaussan, dans les ténements suivants : l'Olivier-Pagés, Peyres-Grosses, Champ-Rosier, le Canier, les Cazals, Gaussan, Col-de-Gaussan, Prat-de-Gaussan et la Roquignole, sous la charge de racheter ce fief qui est engagé pour 54 s. melg.

1196.—Bertrand et Pierre Tourreilles, se donnent au monastère avec leur héritage, qui consiste en un champ situé à Valmaneyre.

1196.—Le monastère rachette de Vassende d'Auterive, pour le prix de 45 s. melg. moins 1 den., l'honneur que Pierre Amiel lui avait engagé pour 54 s. melg.

1196. — Jean de Tyriac et Raymonde, sa femme, vendent au monastère une pièce de terre, située au Canier, pour 7 s. melg.

1196. — Bernard Roz et Plaisance, sa femme, vendent au monastère deux pièces de terre, situées à la Piale, moyennant le prix de 30 s. melg.

1196. — Paul Baron et Rixende, sa femme, vendent au monastère deux pièces de terre situées, l'une aux Vieilles-Ayes, l'autre à la Rivière, moyennant le prix de 100 s. melg.

1196.—Pierre de Tourreilles et Guilhelmette Dutreuil, sa femme, vendent au monastère une pièce de terre, située au Rieu-Martin, moyennant le prix de 26 s. melg.

1196. — Bernard Amiel et Ermengarde, sa femme, vendent au monastère moyennant le prix de 60 s. melg., la quatrième partie de dix pièces de terre qu'ils tiennent de lui et que le monastère avait acquises de Pierre Amiel, leur oncle, et autre Pierre Amiel, son frère.

1196. — Pierre de Tourreilles vend au monastère un *ferrage* (1), moyennant le prix de 10 s. melg.

1196. — Pierre Daudé, Benoite, sa femme, et Bérenger Daudé son frère, vendent au monastère une pièce de terre pour le prix de 30 s. melg.

1196. — Mainpleine, veuve de Ventosse Daudé, vend au monastère une pièce de terre, située à Albespine, moyennant le prix de 15 s. narbonnais.

1197. — Raymond et Pierre de Toques vendent au monastère une terre allodiale, au ténement de la Falguière, pour 10 s. melg.

1197. — Amielle, femme de Pons Baron, et ses enfants vendent au monastère une pièce de terre, située à la Piale, moyennant le prix de 30 s. melg.

1197. — Pierre de Tourreilles, sa femme et leurs enfants, vendent au monastère une pièce de terre, située à Cogomelle, pour le prix de 26 s. melg.

1197. — Bernard Gilles, de Quilhanet, vend au monastère le droit qu'il tient de sa femme, veuve de Pierre Amiel jeune, sur l'honneur que ce dernier a légué au monastère (1194) par son testament, moyennant le prix de 20 s. melg.

1197. — Pons Baron jeune, Rixende, sa femme, et Guilhelmette, leur fille, donnent au monastère une pièce de terre allodiale située au ténement de Peyres-Grosses.

1198. — Honrade, veuve de Guillaume de Monseret, et Rixende, sa fille, donnent au monastère 2 sétérées de terre assises au Col-de-Cogomelle.

1198. — Pierre Séguier, qui avait précédemment fait donation au monastère d'un honneur situé à Gaussan, confirme cette donation moyennant le prix de 160 s. melg.

1198. — Rixende Xatmar et Péronelle, sa sœur, vendent au monastère la moitié d'un champ, situé à Cogomelle, pour le prix de 15 s. melg.

1198. — Bernard Baron et Garcende de Toques, sa femme, fille de Raymond de Toques, vendent au monastère une pièce de terre, située à la Font-de-Gaussan, pour le prix de 20 s. melg.

1199. — Bernard Bérenger donne au monastère deux pièces de terre, situées à l'Ile-des-Ormes et à la Rivière de Peyreux.

1199. — Raymond Peyre et Françoise, sa femme, vendent au monastère deux pièces de terre, situées à l'Olivier-Pagés et à la Font-de-Gaussan, moyennant le prix de 35 s. melg.

1200. — Guillaume Bernard se donne pour religieux au monastère, avec tout ce qu'il possède dans le territoire de Gaussan, sous la clause que si dans un délai de quatre ans il n'a pas quitté le monde, le monastère ne sera tenu, vis-à-vis de lui, à aucune charge, tout en conservant le bénéfice de la donation.

1202. — Pons Fabre et son neveu donnent au monastère cinq pièces de terre situées à l'Olivier-Pagés, à Peyres-Grosses et à Valmaneyre.

(1) Ferrage ou ferratjal, terre de pâture.

1203. — Étienne Duportal, avec le consentement de sa femme, vend au monastère deux pièces de terre, situées entre le pech de la Piale et Gaussan, moyennant le prix de 26 s. melg.

1203. — Guillaume Adalbert donne au monastère par son testament tout « l'allodial » qui lui appartient depuis le *rec* de St-Quentin jusqu'au Gadrèses.

1203. — Bernard de Durfort confirme la vente faite au monastère, en 1180, par Bernard de Durfort, son père, et Brumase, sa mère, sous la charge pour le monastère de lui compter une somme de 150 s. melg.

1203. — Rangars, femme de Martin de Toques, et Guillaume-Martin, son fils, donnent au monastère une pièce de terre à l'Espinat.

1208. — Raymond de Montseret, Bérenger et Bernard-Roger, ses frères, donnent au monastère la faculté de faire paître son bétail et celui de ses serviteurs dans le territoire de Montseret et généralement dans tout leur fief. Ils déclarent, en outre, avoir injustement troublé le monastère à l'occasion de Gaussan, de Roquelongue, des Olieux et de la Vernède, et moyennant 200 s. barcelonais (1) ils lui cèdent tous les droits qu'ils pouvaient prétendre sur ces territoires.

1212. — Rixende Paulet, femme de Raymond Tourreilles, donne au monastère, avec le libre passage pour ses troupeaux dans son honneur, une pièce de terre, qu'elle tient de sa directe, au ténement dit la Rivière-de-Toques.

1216. — Bernard Martin et sa femme donnent au monastère un alleu ou terre allodiale de 2 sétérées assises au ténement de Valmaneyre.

1227. — Guillaume Adalbert donne au monastère le fief qu'il possède au *rec* de St-Quentin et son champ situé aux Clapiers-de-Gaussan.

1230. — Pierre Daudé et sa femme vendent au monastère trois pièces de terre, situées au Canier et à la Coste, moyennant le prix de 70 s. melg.

1230. — Raymond André cède gratuitement au monastère une pièce de terre qu'il tient de sa directe au Gadrèses.

1239. — Bérenger Guiffre donne au monastère la pièce de terre qui lui appartient à la Condamine de Gadrèses.

1266. — Raymond Baron, fils de Pons Baron, donne par testament au monastère trois pièces de terre situées aux ténements de Gaussan et de Torrifres.

A partir de ces acquisitions, Gaussan s'est trouvé, ainsi que nous l'avons dit, à peu près entièrement à la main de l'abbaye de Fontfroide, et, en effet, il n'a plus donné lieu, à partir de ce moment, qu'à quelques acquisitions par voie de donation ou vente, rares et d'ailleurs sans importance, qui n'ont pas sensiblement modifié sa constitution comme corps de domaine.

En 1323, Gaussan fut placé sous la sauvegarde de la puissance royale, par des lettres adressées au sénéchal de Carcassonne, qui en remit l'exécution à deux sergents de la sénéchaussée.

On sait en quoi consistait l'exécution des lettres de sauvegarde royale et quel était son effet, en ces temps où l'autorité du roi, partout acceptée comme résumant la souveraine puissance, avait conservé, auprès des populations, son prestige tutélaire. Les sergents exécuteurs se rendaient sur les lieux, publiaient, à haute voix, les lettres de sauvegarde, apposaient des fleurs de lys sur les bâtiments gratifiés de la protection spéciale découlant de cette sauvegarde, et enfin « plantaient « des bâtons royaux, » c'est-à-dire des pieux chargés des armoiries royales, sur les principaux points du territoire dont la sauvegarde garantissait la maintenue aux possesseurs.

La sauvegarde donnée à Gaussan avait surtout pour but d'en défendre le pacage en indiquant, comme son « devez » propre, les terres dans lesquelles ce pacage était exclusivement réservé au profit des troupeaux du monastère.

Les points sur lesquels furent plantés, à Gaussan, les bâtons de sauvegarde, sont : « le lieu appelé Genesta, « vers la bousole qui divise le terroir de Bizanet d'avec « celui de Gaussan, le pas de St-Martin, le pas de la « Lause, vers le chemin Salinier, le Pech-Carbonnier, « le pas de Garasse (1), vers le chemin de Lagrasse, le « champ Carbonnier, vers le chemin de Gaussan à « Montseret, les lieux dits St-Quentin et St-André, vers « le chemin qui va de Gaussan sur ces deux points, Cogomelle, Carbayrolles, le Pech-Serme, le Pech-de-la-« Piale, vers les fourches patibulaires, et le pont qui « est sur le chemin du monastère à Gaussan. »

D'abord administré directement par l'abbaye au moyen de convers, ainsi qu'elle en usait pour ses domaines principaux et surtout pour ceux qui étaient assis à de faibles distances dans son voisinage, Gaussan fut ensuite exploité par affermage, et lors du partage des biens de l'abbaye entre la mense abbatiale et la

(1) Le sol barcelonais était reçu au cours de 65 pour le marc d'argent fin.

(1) Probablement le pas, gué ou passage, désigné plus anciennement, dans les actes d'acquisition de Gaussan, sous le nom de Gadrèses.

mense conventuelle, en 1594, il fut attribué à cette dernière mense. On ne doit pas oublier que les religieux restés attachés à l'abbaye par pur dévouement à la règle et à l'esprit de l'ordre, virent réaliser, avec satisfaction, ce partage, comme unique moyen de salut pour l'abbaye dont la commende livrait la fortune au gaspillage. C'est ainsi que Gaussan dut d'échapper au gouffre dans lequel vinrent s'engloutir la plupart des biens que l'abbaye avait péniblement amassés au temps de sa prospérité; mais il subit le sort commun à tous les biens des corporations religieuses supprimées en 1790, et fut vendu, après sa confiscation au profit de l'État, par le Directoire du district de Narbonne, ainsi que nous l'avons fait connaître au début de cette note.

Afin de faciliter les adjudications et de les rendre en même temps plus productives, le gouvernement révolutionnaire avait prescrit le morcellement des domaines confisqués. Mais la mesure, qui poursuivait aussi un autre but, la démocratisation de la terre, ne pût être appliquée à Gaussan à cause de sa situation isolée qui l'éloigne de tout centre de population, et il fut adjugé, par corps de domaine, en l'état d'exploitation que lui avait donné le système d'agriculture adopté par les religieux de Fontfroide.

TABLE DES ARTICLES

CONTENUS DANS LA SÉRIE AA.

INVENTAIRE

DES ARCHIVES COMMUNALES

ANTÉRIEURES A 1790.

ANNEXES DE LA SÉRIE AA.

www.ingramcontent.com/pod-product-compliance
Lightning Source LLC
Chambersburg PA
CBHW060228230426
43664CB00011B/1579

* 9 7 8 2 0 1 2 6 3 1 6 1 8 *